서울대학교 학습창의센터 학술사업 시리즈 1

학습동기

이론, 연구 그리고 교육

Motivation in Education (3rd ed.)

Dale H. Schunk · Paul R. Pintrich · Judith L. Meece 공저
서울대학교 학습창의센터 · 대표역자 신종호

학지사

Motivation in Education: Theory, Research, and Applications, 3rd Edition
by Dale H. Schunk, Paul R. Pintrich and Judith Meece

Authorized translation from the English language edition,
entitled MOTIVATION IN EDUCATION: THEORY, RESEARCH, AND APPLICATIONS, 3rd Edition,
ISBN: 0132281554 by SCHUNK, DALE H.; PINTRICH, PAUL R.; MEECE, JUDITH, published by
Pearson Education, Inc, publishing as Prentice Hall, Copyright © 2008 Pearson Education, Inc.

역자 서문

학술서적을 번역할 때마나 느끼는 공통점은 번역 작업의 쉽지 않음이다. 번역이란 자연스럽게 저자의 생각과 의도를 전달하는 것이기에, 완전히 내용을 이해하고 이를 우리말로 풀어 쓰는 수고를 얼마나 하느냐에 따라 그 질이 결정되기 때문이다. 흔히 번역 작업을 제2의 창작이라고 말하는 것도 이와 무관하지 않아 보인다.

이 책은 저자들이 모두 학습동기 분야에서는 너무나 잘 알려진 연구자들이라는 특징을 넘어서 책 내용 구성 자체로서 중요한 특징을 갖는다. 무엇보다도 기존 학습동기 책과는 구별되게 이 책은 교육상황을 중심으로 학습동기 이론과 연구를 재해석하고 설명하고 있다. 이 책을 읽어보면 단순히 학습동기이론을 아는 것을 넘어서, 실제 교육장면에서 학생들의 학습동기를 어떤 관점에서 이해하고, 학생들의 학습동기를 향상시키기 위해 구체적으로 어떤 노력을 기울일 수 있는지를 생각하게 된다. 실제 저자들은 매 장을 교육장면에서 접할 수 있는 사례를 들어 시작하고 있고, 이를 학습동기 이론과 연구를 소개하는 과정에서 계속 연계하는 수고를 아끼지 않고 있다. 또한 〈적용〉이라는 섹션을 만들어 각 장에서 소개한 이론과 연구가 교실현장에 어떻게 접목될 수 있는지에 대한 구체적 사례를 제시하고 있음도 교육심리학도들에게는 이론과 실제를 연계하는 데 많은 도움을 준다.

이 책의 또 다른 특징으로는, 저자들이 학습동기를 학생의 개인 내적 문제로만 보지 않는다는 것을 들 수 있다. 학습동기는 개인의 내적 심리 상태이지만 개인을 둘러싸고 있는 환경과 문화에 의해 영향을 받으며, 이들 환경과 문화를 이해하는 것이 학생들의 학습동기를 이해하고 변화시키는 데 중요한 의미를 갖는다는 입장을 저자들은 책 내용 구성에 반영하고 있다. 저자들은 이러한 관점에서 마지막 세 개의 장(8장 사회문화적 영향, 9장 교사 영향, 10장 학교와 학급 영향)에서 개인을 둘러싸고 있는 환경과 문화 요인들이 어떻게 학생들의 학습동기와 구체적으로 연관될 수 있는지를 소개하고 있다. 사회문화적 관점에서 학생들의 학습동기를 이해하는 것은 개인의 심리적 실체로서 학습동기를 이해하는 것만큼 중요한 것임에 역자 역시 동의하는 바다.

이 번역서가 나오기까지 많은 시간이 걸렸다. 원래 이전 판인 2판에 대한 번역 작업을 2007년에 시작하였는데, 중간에 3판이 나오는 바람에 3판을 가지고 다시 작업을 하는 과정을 거쳤다. 6년간 번역 작업을 진행하는 과정에서 서울대학교 인지학습연구회 대학원생들이 거의 모두 이 번역 작업에 참여해 주었다. 참여한 모든 대학원생들에게 감사의 마음을 전하고 싶다.

우리나라 학생들이 가지고 있는 낮은 학습동기를 생각하건데 이 책이 우리 교육에 주는 시사점은 너무도 중요하다고 생각한다. 많은 이들이 이 책을 읽고 학생들의 학습동기를 어떻게 향상할 수 있는지를 고민해 보았으면 한다.

2013년

관악에서

신종호

동기 분야의 연구는 계속 발전되어 왔다. 인간 행동에 관한 최근 이론들은 학업성취 상황에서 학습자들의 신념, 인지, 정서 및 가치들을 함께 아우르는 구성주의적 이해를 강조하고 있다. 연구자들은 사회적 · 문화적인 요인들과 학습자의 신념과 인지의 상황적 특징에 큰 관심을 보이고 있다. 이러한 상황적 관점은 학습이 어떻게 이루어지고, 다른 맥락적 요인들이 학생들의 학습과 동기에 어떻게 영향을 미치는지에 대한 관심을 더욱 이끌어 냈다.

연구자와 실무자들은 점점 동기가 교육과 학습의 모든 측면에 걸쳐 매우 중요한 요소임을 인정하고 있다. 동기화된 학생들은 활동에 흥미를 보이고, 자기효능감을 느끼며, 성공하기 위해 더 많이 노력하고, 과제를 지속하려 하며, 학습하기 위해 적절한 과제와 인지적이고 자기조절적인 전략을 사용한다. 동기화된 교사는 자신이 학생들의 학습을 도울 수 있으며, 교육 계획을 위해 더 많은 시간을 투자하고, 학생들이 지식과 기술을 잘 숙달하고 배우도록 도와준다. 동기화된 학교장은 학교에서의 교육과 학습을 용이하도록 도와준다. 만일 동기가 감소되면, 교육적인 측면에서 매우 나쁜 결과를 가져온다.

이 책의 주제

이 세 번째 개정판의 주요 주제들은 두 번째 개정판과 유사하다. (1) 주요 동기 이론 및 원리는 물론, 학생들이 동기 과정의 복잡함을 이해하는 데 도움이 되고자 주요 동기 이론과 원리 그리고 연구 결과들을 매우 자세히 소개하고 있다. (2) 교육 상황에 적용할 수 있는 동기 개념과 원리들의 예를 제공하고 있다. 비록 동기에 대한 다양한 관점들을 보여 주고 있지만, 이 책에서는 먼저 교육과 학습 과정에서의 개인의 인지와 신념의 역할을 가장 먼저 강조하고 있다. 이는 학습자를 정보를 수동적으로 받아들이는 수신자가 아니라 활동적이고 구성적인 참여자로 바라보는 인간 행동의 인지론적 관점과 일맥상통하다. 이 책에서는 동기가 어떻게 다양한 교실 및 맥락적 요인들에 의해 놓여지고 제한되는지에 대한 학습동기에 초점을 맞추고 있다.

이 책의 구성

이 책은 10개의 장으로 구성되어 있다. 1장에서는 각 장들에 대한 소개를 한 후, 2장부터 7장까지는 동기에서 개인의 인지, 신념, 정서, 그리고 가치의 역할에 대한 이론적이고 개념적인 관점에 초점을 맞추고 있다. 이들 장에서는 기대-가치, 귀인, 사회인지, 목표와 목표 지향성, 흥미와 정서, 그리고 내재적 동기와 외재적 동기 등을 살펴봄으로써, 동기 분야에 대한 일반적인 인지적 관점을 반영하고 있다. 마지막 3개의 장에서는 동기를 촉진시키는 다양한 맥락적 요인들의 중요성에 대해 보다 자세히 살펴보고, 사회적 · 문화적 영향, 교사 및 학교에 대해 살펴보고 있다.

모든 장은 비슷하게 구성되었는데, 각 장들은 먼저 해당 장에서 다루는 내용에 맞는 상황극으로 시작한다. 그러고 나서 주요 이론적 원리와 주요 개념, 그리고 주요 연구 결과들을 고찰한다. 우리는 교실 및 다른 학습상황에서 어떻게 동기가 이루어지는지에 대한 응용연구뿐 아니라, 동기의 효과 및 동기에 영향을 미치는 요인들에 대한 기본적인 연구들을 정리하여 제공하고 있다. 우리는 성별이나 인종과 같은 다양한 주요 개인차 변인들과 함께 동기에서 발달 요인들의 매개 역할을 적절하게 설명하려고 하였다. 우리의 관심은 차이를 강조하는 것이 아니라, 개인의 인지 및 동기 변인들이 학생들의 발달적 및 개인적 차이와 성취 간의 관계를 설명하는 데에 얼마나 도움이 되는지를 설명하는 데 있다.

각 장에 걸쳐, 우리는 교육적 실천을 위한 이론과 연구 결과들의 적용에 대해 논의하고 있다. 교재에서 수많은 일상적인 사례들과 함께, 각 장에서는 교육 상황에 동기부여 원리를 통합하기 위한 상세하고 특수한 사례도 포함하고 있다. 우리는 유치원부터 고등학교까지 각각의 교육에 가장 맞는 사례를 제시하고 있으나, 사례에서 제시된 많은 제안들은 다른 상황(예: 집, 박물관, 직장과 같은 학교를 벗어난 상황)뿐만 아니라 다른 학습자(예: 고등교육)에게도 충분히 적용 가능하다.

이번 개정판의 새로운 내용

이번 개정판은 심리적 · 교육적 이론과 경험적 연구의 강조 등과 같은 부분에서는 2판과 상당 부분 유사하다. 하지만 이와 동시에 동기 분야에서의 중요한 변화들을 상당수 포함하고 있다. 보다 일관성 있는 흐름을 위해 주제들을 재구성하였고, 독자들이 동기 원리가 실제 학습 상황에서 어떻게 적용되는지에 대해 더 잘 이해할 수 있도록 더욱 많은 사례와 적용들을 포함하였다. 또한 새로운 내용이 추가되었기 때문에, 우리는 적절한 길이와 내용 범위를 유지하고자 기존의 내용을 편집하여 요약하고자 노력하였다.

사회적 · 문화적 요인들이 최근 동기 분야에서 매우 강조됨에 따라, 우리는 교재의 마지막 3개 장에서 이 부분을 강조하여 설명하였다. 부모 참여, 교사 효능감, 그리고 학교 개혁과 같은 화제들은 교육 분야에서 새롭지는 않으나, 최근 몇 년 전부터 이들과 동기 간의 관계에 대해 많은 연구가 진행되기 시작했다. 우리는 앞으로 이들에 대한 연구가 보다 훌륭하게 통합되기를 바라는 바다.

이번 개정판의 또 다른 새로운 특징은 각 장마다 응용연구에 관한 내용이 추가되었다는 것이다. 교육자, 학생, 일반 시민들을 포함한 많은 사람들이 공유하고 있거나, 종종 기삿거리로 등장하는 일반적인 문제들을 살펴보고, 이를 동기 이론이나 관련 연구들에 근거하여 설명하고자 하였다. 비록 이 책은 학습동기에 초점을 맞추고 있지만, 동기 이론들은 학교 학습을 넘어서서 보다 넓은 범위에서의 상황에 적용 가능하기 때문이다. 용어 해설 부분은 150편이 넘는 새로운 인용을 통해 새롭게 수정되었다. 모든 장에서는 끝부분에 '추천 읽기자료'를 넣어 더 많은 정보를 얻을 수 있는 선별된 참고문헌들을 제시하고 있다.

이 책은 심리학자와 교육학자뿐만 아니라 교육심리 분야에 대해 어느 정도 지식이 있고, 학습동기에 대해 좀 더 알기를 원하는 교사, 대학원생, 대학생들을 위해 구성되었다. 이 책은 학습, 발달, 동기, 그리고 교육심리 분야를 소개하는 입문 강좌에 적절하며, 또한 해당 분야의 대학원 및 특수 강좌에도 적절한 책이다. 우리는 독자들이 심리적 개념과 연구 방법에 어느 정도 익숙하다는 가정하에, 연구 결과들의 통계적인 측면의 논의를 최소한으로 포함하고 있다.

감사의 글

우리는 이 책이 출판되기까지 도움을 준 많은 사람들에게 감사의 마음을 전하고 싶다. 먼저 동기 과정에 대해 소중한 통찰력을 제공해 준 많은 동료 교수들에게 감사한다. 특히, 미국교육학회(American Educational Research Association: AERA)의 학습동기 분과 소속 동료들에게 많은 도움을 받았다.

수년간, Dale은 Albert Bandura, Curt Bonk, James Chapman, Lyn Corno, Peg Ertmer, Marilyn Haring, Carolyn Jagacinski, Dave Lohman, Judith Meece, Sam Miller, 고인이 된 John Nicholls, Frank Pajares, 고인이 된 Paul Pintrich, Don Rice, Claire Ellen Weinstein, Allan Wigfield, Phil Winne, Barry Zimmerman과의 대화를 통해 많은 것을 얻을 수 있었다. 미시간 대학교 교육심리 통합과정의 교수들과 학생들은 Paul에게 끊임없는 자극과 동기 연구를 위한 환경을 제공해 주었다. 그에게 객관적인 비판과 따뜻한 격려를 제공해 준 Phyllis Blumenfeld, Jacque Eccles, Stuart Karabenick, Marty Maehr, Ron Marx, Bill McKeachie, 고인이 된 Carol Midgley, Scott Paris, Kai Schnabel에게도 감사의 말을 전한다. 특히, Allan Wigfield, Eric Anderman, Lynley Hicks Anderman, Juliane Blazevski, Stasia Danos Elder, Teresa Garcia, Barbara Hofer, Lidi Hruda, Toni Kempler, Lisa Linnenbrink, AnneMarie McEvoy, Helen Patrick, Rob Roeser, Allison Ryan, Karen Strobel, Tim Urdan, Scott VanderStoep, Chris Wolters, Allison Young, Shirley Yu, Akane Zusho에게 특별히 감사의 마음을 전하고 싶다. Judith는 동기 전문가로서 활동하면서 동료들에게 많은 도움을 받았다. 특히 그녀에게 교실에서의 동기에 관한 깊은 영감을 준 Carole Ames, Phyllis Blumenfeld, Jere Brophy, 고인이 된 John Nicholls에게 감사하다.

이 책이 나오기까지 수년 동안 지원해 준 여러 기관들, 미국 교육부(Office of Educational Research and Improvement in the Department of Education), 국립과학재단(National Science Foundation), 스펜서 재단(Spencer Foundation), 켈로그 재단(Kellogg Foundation), 국립정신건강연구소(National Institute of Mental Health), 노스캐롤라이나 대학교 채플힐 캠퍼스, 미시간 대학교, 퍼듀 대학교, 휴스턴 대학교에도 감사의 말을

전한다. 또한 우리와 함께 연구를 진행해 준 많은 수의 학교와 학교장, 교사, 학생에게도 감사하다.

우리는 Merrill/Prentice Hall의 편집장인 Kevin Davis과 지난 10년간 함께 일해 온 것을 영광으로 생각한다. Kevin은 대단히 놀라운 사람이며, 그의 계속된 지원과 인내, 그리고 지도에 매우 감사한 마음을 가지고 있다. 출판업계에서 Kevin Davis보다 뛰어난 편집장은 없을 것이라고 생각한다. 편집원이었던 Sarah Kenoyer와 Norine Strang에게도 감사의 말을 전하고 싶다. Dale은 노스캐롤라이나 대학교 그린즈버러 캠퍼스의 Melissa Edmonds, Kathryn Kale, Tomi Register, Liz Meeks에게도 감사의 말을 전하고 싶다. 이번 개정판이 나올 수 있도록 많은 의견을 제시해 준 켄터키 대학교의 Eric Anderman, 센트럴플로리다 대학교의 Steven J. Condly, 알비온 대학교의 Michael Meloth, 텍사스 대학교의 Daniel H. Robinson, 콜로라도 대학교 덴버 캠퍼스의 Ellen Stevens에게도 감사하다.

마지막으로, Mil Schunk와 Al Schunk, Teresa Pintrich와 고인이 된 Paul Pintrich, Cheryl Meece, Julie Johnston, Dean Walters의 따뜻한 격려와 애정에 다시 한 번 감사의 마음을 표현하고 싶다. 이 책이 나오기까지 인내해 주고, 이해해 주며, 지원해 준 Caryl Schunk와 Laura Schunk, Elisabeth De Groot와 Bill De Groot에게 깊이 감사하다. 특히, Caryl과 Liz는 수년간의 교사 경험을 통해 이 책의 적용 부분에 대한 많은 아이디어를 제시해 주었다. 우리는 많은 시간 동안 활발한 대화와 지속적인 우정을 만들어 준 몇 년간의 책 작업에 매우 행복하고 감사한 마음을 가지고 있다.

2003년에 갑작스레 우리의 곁을 떠난 Paul Pintrich는 우리가 만났던 그 누구보다도 소중하고 뛰어난 사람이었다. 이번 개정판은 우리 곁을 먼저 떠난 Paul에게 바치고자 한다.

- Dale H. Schunk & Judith L. Meece

차 례

제2장 기대-가치이론 91

제3장 귀인이론 149

제10장 교실과 학교의 영향 551

제1장

동기의 소개와 역사

김수정 선생님은 중학교 1학년 사회 과목을 가르친다. 4교시 수업에서 그녀가 가르치는 학생들은 평범한 학생들이다. 12명의 남학생과 13명의 여학생은 사회경제적 배경이 다르지만 대부분 중산층이다. 이들은 학업성취 정도에 있어 차이가 있지만, 대부분은 수업을 잘 따라오고 있다.

지금 학생들은 모둠 활동 중이다. 김수정 선생님은 각 모둠의 진행 상황을 확인하다가 잠시 휴식을 취하면서 교실을 훑어보았다. 그녀는 학생들에게 시선이 닿자, 학생들 개개인의 학습동기에 대해 생각해 보게 되었다.

1. **명훈**. 명훈이는 머리가 좋은 편이나 사회 과목을 공부하고 싶어 하는 동기가 거의 없다. 그는 주로 친구들과 함께 몰려다니거나, 전자기타를 치고 싶어 한다. 지금 명훈이는 위대한 기타 연주자가 되는 것에 동기화되어 있지만, 김수정 선생님은 명훈이의 공부에 대한 동기를 증가시킬 수 있기를 바란다.
2. **호정**. 호정이는 스스로 배우는 것을 즐기는 지적인 학생으로, 새로운 것을 배우며 도전을 즐기는 것에 동기화된 상태다. 그녀는 자기 자신을 위해 목표를 세우고 자신의 목표가 진행되는 상태를 확인한다. 김수정 선생님은 앞으로도 계속 호정이의 학습동기가 높은 수준으로 유지될 수 있기를 바라고 있다.
3. **승희**. 승희의 학습동기는 다른 사람들보다 더 잘하는 것이다. 그녀는 2등에 만족하지 않는다. 승희는 어떤 과제를 할 때마다, 자신이 얼마나 잘하고 있는지를 알아보기 위해 다른 사람의 결과와 비교한다. 김수정 선생님의 목표는 승희가 경쟁심보다는 협동심을 발휘하고 학습 자체에서 만족감을 느끼도록 도와주는 것이다.
4. **지민**. 지민이는 학급 내에서 가장 공부 못하는 학생이 되고 싶지 않은 것이 공부하는 이유다. 학생들이 과제를 할 때마다 지민이는 자신이 적어도 한 학생보다 더 잘하고 있는지를 확인하기 위해 자신의 결과를 다른 학생의 결과와 비교한다. 그는 학급 내에서 가장 우둔한 학생이 아니라는 생각을 선생님이 하게 되기를 원하고 있다. 김수정 선생님은 지민이가 더 이상 부정적인 방식으로 자기 자신을 생각하지 않도록 만들고 싶다.
5. **진성**. 진성이는 공부에 흥미가 있기는 하지만, 공부에 대한 자신감이 낮

다. 몇 년 전 진성이의 형이 고등학생이었을 때 그는 학교에서 우수한 학생이었고, 지금은 명문 대학에 다니고 있다. 진성이는 자신을 형과 비교도 안 되는 사람으로 생각하고 있다. 이 같은 그의 낮은 자신감은 학습에 나쁜 영향을 미친다. 그는 어려운 과제에 열의 없이 임하고 잘 이해되지 않을 때에는 쉽게 포기하고 만다.

6. 민수. 진성이와 다르게 민수는 포기할 줄을 모른다. 그는 어떤 어려운 문제라도 열심히 하면 해결할 수 있다는 생각과 성공할 수 있다는 생각을 가지고 꾸준히 자신의 일을 추진해 나간다. 김수정 선생님은 그의 끈기를 높이 사지만, 때로 이해가 안 되는 문제가 있어도 선생님께 질문하기보다는 혼자 해결하려고 계속 붙들고 있는 문제를 일으키기도 한다. 민수는 성실하게 노력하여 자신에게 주어진 과제 대부분을 완수해 내고 좋은 성적을 얻고 있다.
7. 윤아. 윤아는 열심히 공부하는 모범생이고 성적도 좋지만 자신의 성공에 대한 신뢰감은 낮다. 그녀가 점수를 잘 받으면 그저 운이 좋았거나 문제가 쉬웠기 때문이라고 생각한다. 그녀는 자신이 그 과목을 잘한다고 말하지도 않고, 자신의 노력 덕분에 성공했다고 믿지도 않는다. 김수정 선생님은 윤아가 자신의 학업 성공과 실패에 대한 개인적 책임을 거의 느끼지 않는다고 걱정하고 있다.

김수정 선생님은 학생들이 서로 많이 다르지만, 어떤 면에서는 상당히 유사하다고 생각했다. 그날 방과 후 김수정 선생님은 교사 모임에 가서 다른 교사들 몇 명과 자신의 학생들에 관한 이야기를 서로 나누었다. 그 대화는 왜 학생들이 서로 다른 방식으로 행동하게 되는지에 관한 논의로 이어졌다.

김수정 선생님은 "제가 보기에는, 학생들은 우리가 자신을 어떻게 다루느냐, 무엇을 보여 주느냐에 따라 다른 방식으로 행동하게 된다고 생각합니다. 사람들은 각자를 둘러싼 환경에 반응합니다. 만일 우리가 학생들을 잘 대한다면, 학생들 역시 보답으로 우리를 잘 대할 것입니다. 만일 우리가 그들을 제대로 대하지 않는다면, 우리는 그들로부터 더 나은 것을 기대할 수 없습니다."라고 말했다.

"김수정 선생님의 말에 동의합니다." 이보예 선생님이 말했다. "나는 간혹 우리 스스로 문제를 만들어 낸다고 생각합니다. 경쟁만 해도 그렇습니다. 어린 아이들이 매우 경쟁적인 것은 의심할 바 없습니다. 그들은 집에서든, 운동을 할 때든, 학교에서든 경쟁을 합니다. 우리는 그들을 단지 우등생이 되어 대학에 들어가게 하려고 점수를 강조하고, 잘하도록 강요함으로써 그들을 더욱 경쟁적으로 만듭니다. 그것이 바로 우리가 학교 내에서 더욱 협력을 강조할 필요가 있다고 생각하는 이유입니다. 아이들에게 함께 일하도록 하는 것은 그들을 더 협력적이고, 덜 경쟁적이 되도록 하는 데 도움이 됩니다."

박철환 선생님은 고개를 저으며, "두 분은 학생들을 꼭두각시처럼 생각하는군요. 우리가 줄을 잡아당기면 그들은 반응을 한다고요. 언제부터 반응이 그렇게 자동적으로 일어났던가요? 여러분은 무언가 잊고 계신 것은 아닌가요? 아이들은 자신만의 인격이 있습니다. 저는 아이들은 매우 다르고 우리가 이들의 인격에 관해 해야 할 일이 많다고 생각하지 않습니다. 아이들의 인격은 태어나면서부터 거의 대부분 결정된다고 생각합니다. 아이들은 세상에 태어난 후 자신만의 일정한 방식으로 행동하게 됩니다. 아기나 학령기 전의 미취학 아동들이 행동하는 것을 한번 살펴봅시다. 이들이 한꺼번에 모든 것을 배울 수는 없습니다. 이 아이들은 유전적으로 결정되어 있음이 틀림없습니다."라고 말했다.

"물론, 그럴 수도 있겠지요. 박철환 선생님." 김수정 선생님이 말했다. "박 선생님 말대로 학생들이 하는 행동 대부분이 타고난 것이라 해 봅시다. 진성이는 태어나면서부터 자신감이 부족했던 걸까요? 승희는 태어날 때부터 경쟁적이었을까요? 지민이는 신생아실에서부터 다른 사람들이 자신을 가장 더딘 아기라고 생각하지 않기를 원했을까요? 이러한 의문들은 어떻게 설명할 수 있을까요?"

"네, 모든 것이 타고난다고는 볼 수 없습니다." 박철환 선생님은 설명을 이어 나갔다. "말하자면 특질(traits)은 시간이 지나면서 드러나게 됩니다. 점차 나타나게 된다는 거죠. 그러나 저는 대부분의 유전적 소인들은 타고난다고 생각합니다. 학생들은 물론 변합니다. 그러나 그것은 가지고 있는 것이 드러난 것이거나 성숙되어 가는 것에 가깝다고 생각합니다. 제 말의 요지는 우리가 학생들이 행동하는 방법에 그다지 많은 영향을 미치지 못한다는 점입니다."

"글쎄요. 다른 방식으로도 생각해 볼 수 있을 것 같습니다." 이보예 선생님이 자신의 생각을 말하기 시작하였다. "학생들이 어떻게 행동하느냐는 그들이 태어날 때 무엇을 가지고 태어나는가 또는 우리가 그들을 어떻게 다루는가 때문이 아닙니다. 오히려 이 둘을 합친 것이 낫습니다. 환경과 행동 사이의 상호작용으로 인성이 결정되는 것이죠. 공격성이 높은 아이를 공격성을 보상하지 않는 환경에 살게 만든다면 그 아이는 덜 공격적으로 행동하게 될 것입니다. 이 아이를 공격성을 조장하는 환경에 살게 만든다면 이들의 공격성은 더 심해질 것입니다. 저는 교사로서 학생들의 행동에 영향을 줄 수는 있지만, 그들이 태어날 때부터 소유하고 있는 매우 강한 경향성이나 소인과 충돌할 것이라고 생각합니다. 우리가 하는 행동이 이러한 소인을 보완할 때 성공할 수 있습니다. 우리가 하는 행동이 그들의 기질에 부딪치는 것일 때 문제가 발생할 수 있습니다."

행동의 원인에 대한 이 논의는 동기에 관한 다양한 관점들을 강조하고 있다. 김수정 선생님은 행동-환경적 관점을 지지하고, 박철환 선생님은 내부 요인의 역할을 강조하며, 이보예 선생님은 둘 모두를 강조하는 절충안을 제안하고 있다. 학급의 전형적인 모습을 보여 주는 김수정 선생님 반 학생들은 교사가 알아야 할 다양한 동기의 패턴을 나타내 주고 있다.

김수정 선생님의 학생들은 또한 학습동기가 모든 학생들의 활동에 고루 영향을 미치는 중요한 속성임을 보여 준다. 동기화된 학생들은 다양한 수업 활동에 흥미를 보이고, 열심히 공부하며, 자신감을 가지고 있으며, 과제에 충실하며, 높은 수행 결과를 보인다. 학생들이 좋지 않은 수행을 보일 때 교사들은 학생들의 학습동기와 무관하게 무조건 더 열심히 노력한다면 나아질 거라고 말할지 모른다. 동기가 학교교육의 모든 면에 영향을 주고 학생들의 수업을 성공적으로 이끈다는 점에서, 학생들의 학습동기를 증진시키는 것은 학교교육의 중요한 목표가 될 수 있다. 매해 많은 학교교육 워크숍과 교사연수 프로그램들은 동기와 관련된 주제로 채워지고 있다. 또한 교사들은 자신의 주된 관심사의 하나로 '학생들을 어떻게 동기화시킬 것인가'를 들고 있음을 흔히 볼 수 있다.

우리는 직관적으로도 동기가 중요하다고 생각하지만, 동기에 대해 알지 못하는 부분이 많다. 전문가들 간에도 동기가 무엇인가, 무엇이 동기에 영향을 주는가, 동기는 어떤 과정을 거쳐 일어나는가, 동기가 학습과 수행에 어떤 영향을 미치는가, 어떻게 동기가 향상될 수 있는가에 대해 서로 의견이 일치하지 않고 있다. 우리의 지식은 인위적인 과제(예를 들어, 고리던지기 게임)를 사용한 실험에 참여한 사람들이나 미로 또는 상자에 들어가 있는 실험실 동물들을 대상으로 한 초기 연구에 의존하고 있기 때문에 제한적일 수밖에 없다. 이러한 연구는 학생들이 어떻게 사고하고, 학습하고, 문제를 해결하게 되는지와 같은 동기의 복잡성을 포함하고 있지 않다. 그러나 다행히도 최근의 연구들은 학교 현장이나 학습 과제에 참여한 학생들을 대상으로 하고 있다.

이 장은 동기와 관련된 기본적인 논쟁을 다루었다. 먼저 우리는 동기를 정의하고 나서, 학습과 수행이 동기와 어떻게 관련되어 있는지를 논의할 것이며, 동기 연구에 있어 이론의 역할을 검토할 것이다. 그 후 여러 동기 연구들을 유형별로 나누고, 동기 지표와 동기 평가방법들을 살펴볼 것이다. 동기 연구를 수행하는 방법과 동기를 측정하는 평가도구의 차이점을 설명하기 위해 실제 연구들이 이 장에서 논의될 것이다.

이후 이 장에서 20세기 초반부터 동기에 관한 인지적 관점이 출현한 1970년까지의 동기 연구들의 역사적 발자취를 간략하게 보여 줄 것이다. 동기이론들을 심도 있게 논의하거나 역사적으로 관련된 모든 연구를 개관하는 것은 이 책의 범위를 벗어나는 것이기 때문에 중요한 내용을 중심으로 동기이론을 다루고자 한다. 동기이론에 관해 더 많은 것을 알고 싶은 사람들은 다른 자료들(Heckhausen, 1991; Heidbreder, 1933; Hunt, 1993; Weiner, 1985b, 1992)을 살펴볼 필요가 있을 것이다. 동기이론에 대한 역사적 고찰에 이어, 이 장의 마지막에서는 현대 동기이론의 기본 가정과 특징을 논의할 것이다.

이 장을 공부한 후, 학생들은 다음 내용에 대해 답할 수 있어야 한다.

- 동기를 정의하고 그것이 학습과 수행에 어떻게 영향을 주는지 설명할 수 있다.
- 상관 연구, 경험 연구, 질적 연구, 실험 연구, 현장 연구의 중요한 특징들을 설명할 수 있다.
- 직접 관찰, 타인평정, 자기보고식 학습동기 평가방법의 장점과 단점을 논의할 수 있다.
- 동기에 관한 다음의 역사적 관점들의 주요 가정을 요약하고, 이러한 관점들이 인간의 동기를 설명하는 데 얼마나 타당한지를 논할 수 있다. 의지실천/의지, 본능, Freud 이론, 행동주의 이론, 추동이론, 유목적적 행동주의, 각성이론, 인지일관성이론, 동기에 관한 기능적 자율성, 인본주의 이론을 이 장에서 다룰 것이다.
- 현대 동기이론의 기본 가정과 공통적인 특징을 설명할 수 있다.

동기의 정의

동기(motivation)라는 용어는 라틴어 동사 'movere(움직이다)' 에서 기원한다. 움직임(movement)이라는 개념은 개인을 움직이게 하고, 움직임을 유지시키며, 개인의 과제 완수를 도와주는 것과 같은 동기에 대한 일반적 상식을 반영하고 있는 개념이다. 하지만 동기의 정의는 다양하게 존재하고 그것의 정확한 본질에 대해서는 일치하지 않은 점들이 많다. 동기의 작용 및 본질에 관한 이러한 차이점들은 이 책에서 다루고 있는 다양한 이론에서 명백하게 나타난다. 당분간 동기는 내적인 힘, 지속적 특성, 자극에 대한 행동 반응, 신념과 정서의 조합이라는 다양한 방식으로 개념화되어 논의될 것이다.

이 장의 후반부에 논의되겠지만, 많은 초기 관점들은 동기를 본능, 특성, 의지실천, 의지와 같은 내적인 힘과 연결시켜 생각하였다. 행동주의 이론들은 동기를 강화(보상)에 의해 야기된 자극에 대한 반응 수준이 증가되거나 혹은 지속되는 것으로 생각했다. 최근의 인지적 관점들은 개인의 사고, 신념, 정서가 동기에 영향을 미친다는 점을 기본적으로 가정한다.

이렇듯 동기의 정확한 본질에 대해 관점의 불일치가 존재하지만, 우리는 동기 연구자와 실천가들이 중요하다고 고려하는 요인들을 포함하여, 학습자의 사고와 신념에 대한 인지적 관점에 보다 일치하는 방식으로 동기에 대한 정의를 다음과 같이 제안한다.

> 동기(motivation)는 목표 지향 활동이 유발되고 지속되는 심리적 과정이다.

이 정의를 면밀히 살펴보자. 동기는 결과라기보다는 과정(process)이다. 과정이기 때문에, 우리는 동기를 직접적으로 관찰하지 못하며, 오히려 행동(예: 과제에 대한 선택, 노력, 끈기)과 언어적 표현(예: "나는 정말로 이것을 공부하기 원한다.")으로부터 유추하게 된다.

동기는 행동의 강도와 방향을 규정짓는 목표(goal)를 포함한다. 동기에 관한 인지적 관점들은 모두 목표의 중요성을 강조하고 있다. 목표는 잘 드러나지 않으며, 경험에 의해 변화 가능하다. 그러나 강조하고자 하는 바는 사람들은 자신이 달성하려 하거나 피하려고 하는 어떤 것을 의식하고 있다는 것이다.

동기는 신체적 또는 정신적 활동(activity)을 필요로 한다. 신체적 활동은 노력, 끈기 또는 다른 분명한 활동들을 수반한다. 정신적 활동은 계획, 시연, 조직화, 모니터링, 의사결정, 문제해결, 과정 평가와 같은 인지적 활동들을 포함한다. 학생들이 참여하는 대부분의 활동은 자신의 목표를 획득하도록 이루어진다.

마지막으로, 동기화된 활동은 유발되고(instigated) 지속된다(sustained). 목표를 향한 출발은 헌신을 다하고 첫걸음을 떼는 과정을 수반한다는 점에서 중요하면서도 때로는 어렵다. 또한 동기 과정들은 행동을 유지하게 한다는 점에서 결정적으로 중요하다. 주요 목표 대부분은 대학 학위를 받고, 좋은 직업을 가지며, 은퇴를 대비해 돈을 저축하는 것과 같이 장기적이다. 동기에 관해 우리가 알고 있는 것 대부분은 사람들이 장기 목표를 추구하는 과정에서 일어나는 어려움, 문제, 실패, 좌절에 어떻게 반응하는지에 대한 것들이다. 기대, 귀인, 감정, 정서와 같은 동기 과정들은 사람들이 어려움을 극복하고 목표 성취를 위한 노력을 지속시키도록 도와준다.

이제 우리는 학교교육에서 중요한 학습동기와 수행과의 관계에 대해 다루고자 한다.

동기 · 학습 · 수행 간의 관계

자신의 학생들에 관한 김수정 선생님의 견해는 교실에서 이루어지는 학습과 수행에 대한 동기의 역할을 직관적으로 이해하도록 도와주는 한 예가 된다. 동기는 이전에 학습한 기술, 전략, 행동의 수행과 새로운 학습 활동 모두에 영향을 미칠 수 있다. 연습과 복습 같은 활동들은 이전에 학습한 기술의 수행을 수반하지만, 수업 시간의 대부분은 사실, 신념, 규칙, 개념, 기술, 전략, 현신, 행동을 새롭게 학습하는 데 소요된다.

동기가 수행에 미치는 영향에 관한 예로서, 김수정 선생님이 학생들에게 복습자료를 완성하도록 지시했고, 학생들은 이 과제에 대해 그다지 열중하지도 않으며 동시에 어떤 열의도 보이지 않는다고 가정해 보자. 이러한 학생들의 동기를 불러일으키기 위해 김수정 선생님은 학생들에게 숙제를 마치면 자유 시간을 주겠다고 말할 수 있다. 만약 학생들이 자유 시간에 가치를 둔다고 하면 우리는 그들이 재빨리 과제를 마칠 것이라고 기대할 수 있다.

동기가 수행에 미치는 영향은 종종 극적인 것처럼 보인다. 그러나 학습하는 동안에 나타나는 동기의 역할 역시 중요하다. 동기는 우리가 무엇을, 언제, 어떻게 배우는가에 영향을 미칠 수 있다(Schunk, 1995). 어떤 주제를 학습하는 데 동기화된 학생들은 학습하는 데 도움이 될 것이라 믿는 활동들, 즉 수업에 집중하고, 배운 자료를 조직화하고 복습하며, 후속 학습을 촉진하기 위해 노트를 정리하고, 이해 정도를 확인하고, 자료를 이해하지 못했을 때 도움을 요청하는 것과 같은 활동(Zimmerman, 2000)을 시도하는 경향이 있다. 통합적으로 이 모든 활동은 학습을 증진시킨다.

반대로 학습에 동기화되지 않은 학생들은 학습을 위한 노력이 조직적이지 않은 경향이 있다. 이들은 수업 시간에 집중하지 않거나, 자료를 조직화하거나 시연해 보는 일을 하지 않는다. 노트 필기에 있어서도 계획성 없이 아무렇게나 하든지 아니면 전혀 하지 않는다. 이들은 자신의 이해 정도를 살피지 않으며, 배운 것에 대해 이해하지 못했을 때도 도움을 요청하는 일이 거의 없다. 학습이 거의 일어나지 않는 것도 당연하다.

한 가지 중요한 점은 동기와 학습, 그리고 수행이 상호 영향을 주고받는 관계라는 것이다. 즉, 동기는 학습과 수행에 영향을 주고, 또 학생들이 행동하고 배우는 것은 그들의 동기에 영향을 준다(Pintrich, 2003; Schunk, 1995). 학생들이 학습목표를 달성했을 때, 목표 달성은 그들이 학습을 위해 필요한 능력들을 갖추고 있다는 사실을 말해 준다. 이러한 신념들은 새롭고 도전적인 목표를 설정하도록 그들을 다시 동기화시킨다. 학습에 동기화된 학생들은 많은 경우 학습을 시작하게 되면 그 학습을 계속하고자 하는 내재적 동기를 갖게 된다.

동기이론과 연구

이 절은 동기 연구에서 이론의 역할을 알아본다. 여기서 우리는 이론적 원리들을 통합하고 연구와 실제가 어떻게 관련되는지를 보여 주고자 한다. 우리는 동기이론에 관한 충분한 이해와 다양한 연구 패러다임에 대한 이해가 교수와 학습 상황에서 동기의 역할을 평가하는 데 반드시 필요한 것이라고 생각한다.

동기에 관한 이론과 연구

대부분의 교사와 같이 김수정, 이보예, 박철환 선생님은 무엇이 학생들을 동기화시키는지에 대한 자신들의 이론을 가지고 있다. 이들의 이론은 자신의 학생들에 관한 직관적 이해를 반영하며, 또한 자신들의 행동에 영향을 미친다. 이러한 직관적 이해는 여러 면에서 유익하다. 그러나 이 절에서는 과학적 견해로부터 이끌어 낸 이론과 체계적인 경험적 연구에서 이러한 이론의 역할에 대해 논의할 것이다. 우리는 이론(theory)을 현상을 설명해 주기 위한 과학적으로 수용 가능한 원리들의 집합으로서 정의한다. 이론은 경험적 관찰을 해석하기 위한 틀을 제공하고 연구와 교육을 연결하도록 돕는다. 이론이 없다면 연구의 발견들은 무질서해지고 공통항을 갖지 않게 될 것이다.

다음 예를 생각해 보자. 많은 연구들은 자신의 능력에 대한 학생들의 신념이 동기와 관련되어 있음을 보여 준다. 학교에서 수행과 학습에 대해 자신감을 느끼는 학생들은 도전할 만한 일을 찾고, 새 자료를 학습하고자 노력을 기울이며, 어려운 과제를 지속한다(Schunk, 1995). 이것이 흥미로운 연구 결과인에도 불구하고 이러한 연구 결과는 동기에 관한 다른 지식들과 관련 짓지 못하고, 또한 교사에게 학생들을 동기화하는 방법에 대한 정보를 주지 못한다. 하지만 만일 우리가 이 연구 결과를 지각된 능력의 역할을 강조하는 동기이론과 연결시킨다면, 우리는 그런 신념들이 어떻게 동기이론의 틀에 들어맞는지를 보게 될 것이고, 무엇이 개인의 이러한 신념에 영향을 미치며, 신념이 동기에 어떻게 영향을 미치는지에 관해 더 좋은 아이디어를 떠올릴 수 있다.

이론은 주변 현상을 반영하고, 가설(hypotheses)을 기반으로 하여 새로운 연구를 발생시키거나, 혹은 경험적으로 검증될 수 있는 가정을 도출시킨다. 가설은 어떤 조건들이 다른 변인들을 동반하거나 또는 뒤따르는지를 제시한다. 예를 들면, 우리는 연구를 통해 다음 가설을 검증해 볼 수 있다. 만일 자신의 능력에 대한 학생들의 믿음이 커진다면, 더 강한 학습동기(과제의 선택, 노력, 지속)를 보여 줄 것이라는 가설이 있다고 해 보자. 연구 결과가 이 가설을 지지하는 것으로 나타나면, 연구가설의 경험적 확인을 통해 관련된 이론(parent theories)들은 강화된다. 연구 결과에 의해 가설이 지지되지 않는 경우 이론의 수정이 필요할지도 모른다. 과학자들은 연구 결과를 통해 의미를 도출하고, 이를 선행 이론과 연관시키기 위해 노력한다(Pintrich, Marx, & Boyle, 1993).

이러한 과정이 교수-학습 상황에서 어떻게 적용되는지 김수정 선생님의 수업 예를 통해 살펴보자. 승희와 그녀의 부모 사이에서 나타나는 상호작용을 통해, 김수정 선생님은 다른 사람들보다 뛰어나고 싶은 승희의 욕구가 기본적인 불안에서 기인함을 직관적으로 이해하게 되었다. 승희는 학교에서 좋은 수행을 보이는 오빠와 언니들이 있는 가정의 막내다. 김수정 선생님은 승희가 자신의 오빠와 언니들보다 부족한 면을 그 어떤 것도 보이고 싶어 하지 않음을 안다. 그러므로 다른 사람들보다 더 나은 수행을 이루려고 노력하는 그녀의 행동은 더 나은 수행을 위한 하나의 수단을 나타낼 수 있다.

이러한 이해에 기초하여 김수정 선생님은 다음과 같은 가설을 세웠다. 만일 승희가 그 자신을 훌륭하고 유능한 사람으로 생각할 수 있게 된다면, 승희는 다른 사람과 덜 경쟁하게 될 것이다. 김수정 선생님은 승희가 이런 생각을 하게끔 할 만한 방법들을 교실에서 사용하기 시작했다. 김수정 선생님은 승희에게 자신의 과제가 다른 사람에게 얼마나 본보기가 될 만한지, 그리고 자신의 기술을 얼마나 향상시켰는지를 알 수 있도록 충분한 피드백을 제공하였다. 김수정 선생님은 승희에게 열심히 공부하도록 격려함으로써 제대로 수행하지 못할 것이라는 두려움을 완화시키려고 노력하였다. 또한 김수정 선생님은 과제를 구조화하고 승희가 숙달할 수 있을 만한 자료를 제시하였다. 김수정 선생님은 또한 승희에게 과제를 완수하기 위해 협동적으로 일하는 학생 모둠에 참여할 기회를 자주 제공하였다. 김수정 선생님은 승희가 가질 수 있는 경쟁 기회들을 감소시킴으로써 더 나은 학습동기를 갖기를 기대했다. 이후 김수정 선생님은 승희의 행동을 관찰하고, 함께 대화를 나누며, 그의 급우들의 반응을 살펴봄으로써 자신이 세운 가설을 평가할 것이다.

가설이 지지되지 않아 이론에 수정이 가해진 좋은 역사적인 예는 Hull(1943)의 체계적 행동이론이라 할 수 있다. Hull은 목표 달성 후에 즉시 큰 보상이 주어졌을 때 행동은 강화되고, 보상의 크기가 줄어듦에 따라 행동의 강도도 줄어든다는, 즉 보상의 양이 학습에 있어서 중요한 변수라는 이론을 제안하였다.

이 아이디어는 직관적으로 매우 매력적으로 보였지만, 실제 연구에 의해 지지되지는 않았다. Tolman과 Honzik(1930)는 잠재적 학습에 대한 연구를 통해 쥐들은 보상 없이도 미로를 달리는 일을 학습했음을 보여 주었다. 다른 연구는 수행의 변화(예를 들어, 미로 달리기의 속도)들은 행동이 학습된 후에 일어나고, 또한 학습 그 자체가 아닌 학습 이후에 나타나는 수행이 보상 크기의 변화에 영향을 받는다는 것을 보여 주었다(Crespi, 1942). 이러한 연구 결과는 행동 강도의 변화 때문이 아니라 학습이 반복적인 보상과 함께 천천히 증가한다고 가정하기 때문이다.

결국 Hull(1952)은 유인동기(incentive motivation) 요인을 포함하여 자신의 이론을 수정하였다. Spence(1960)는 이후 심도 깊게 이 요인을 탐색했다. 그리고 보상이 학습에 영향을 주는 것이 아니라 수행에 더 많은 영향을 주며, 유인동기는 수행 변인이라는 결론을 내렸다. 물론 오늘날 많은 연구자들은 동기가 학습과 수행 둘 다에 영향을 준다는 사실을 인정하고 있지만, 이 실험은 이론이 가설 검증의 결과에 따라 어떻게 수정되는지를 보여 주는 대표적인 예라고 할 수 있다.

때때로 우리는 이론이 거의 없는 상태로 연구를 수행한다. 이러한 상황에서는 가설보다는 답하고자 하는 질문이나 목적을 공식화할지 모른다. 가설, 목적 또는 질문 중 어떤 형식을 사용하는지와 상관없이, 우리는 가능한 한 정확하게 연구조건을 기술할 필요가 있다. 실험 연구에서 연구의 적절성을 평가하기 위해서는 연구가 시행된 절차, 동기와 다른 변인들을 측정하는 데 사용된 도구, 그리고 연구 참여자의 특성을 이해하는 것이 중요한 의미를 갖는다.

동기 연구의 패러다임

이 절에서 우리는 동기 연구에서 공통으로 쓰이는 연구 패러다임(모델)에 관해 논의하고자 한다. 우리는 상관 연구, 실험 연구, 질적 연구의 패러다임을 기술, 비교, 대조해 보고, 실험 연구와 현장 연구의 특성, 장점, 단점을 논의할 것이다. 연구 방법에 관해 지식을 갖춘 독자들은 이 부분을 건너뛰어도 괜찮을 것이다. 그러나 우리는 연구 방법에 대해 잘 모르는 사람들과 동기 연구에 초보자인 사람들에게 도움을 주기 위해 다음 내용을 제공하고자 한다.

상관 연구와 실험 연구

연구자들은 동기와 관련된 연구를 수행하기 위해 다양한 연구 패러다임을 사용한다(〈표1-1〉 참조). 우선 상관 연구와 실험 연구를 비교해보자. 상관 연구(correlational research)는 변수들 사이에 존재하는 관련성을 다룬다. 연구자는 '학생들이 자신의 학습 능력에 대해 더 자신감을 가질수록 그들의 학습동기도 높아진다.'와 같이, 학생들의 학습동기에는 지각된 능력과 정적 상관이 존재한다고 가정할 수 있을 것이다. 이 관계를 알아보기 위하여 연구자는 학생들이 지각하고 있는 자신의 능력과 이들이 과제에서 보여 준 학습동기 수준을 측정할 것이다. 그리고 이 두 변인의 관계 특성과 정도를 살펴보기 위해 동기 점수와 지각된 능력 점수 간에 상관분석을 실시할 것이다.

Pintrich와 De Groot(1990)는 동기, 인지, 학업수행 변인들 간의 관계를 탐구하는 상관 연구를 수행했다. 연구자들은 중학교 1학년 학생들을 대상으로 학습동기전략검사(Motivated Strategies for Learning Questionnaire: MSLQ)를 실시했다. 이 자기보고식 검사는 학생들의 동기적 신념과 학습전략을 측정한다. 동기적 신념 항목들은 자기효

표 1-1 ▸▸ 연구 패러다임

유형	특성
상관 연구	변인들 간에 존재하는 관계에 대해 조사하는 연구
실험 연구	하나 또는 그 이상의 변인을 변화시키고 그 변인이 다른 변인에 미치는 영향을 평가하는 연구
질적 연구	의미에 대한 철저한 기술과 해석과 관련된 연구
실험실 연구	통제된 환경에서 수행되는 연구
현장 연구	참여자들이 일상적으로 학교에서 학습 활동을 하는 상황에서 수행되는 연구

능감(지각된 능력), 내재적 가치(중요성), 시험 불안의 3가지 요인들을 측정한다. 학습 전략 항목들은 인지전략의 사용과 자기조절에 대한 2가지 요인으로 구성되어 있다.

위 연구에서 학습자들이 지각하고 있는 내재적 가치, 자기효능감, 전략의 사용, 자기조절 간의 상관은 정적이었고, 통계적으로 유의했다. 한편, 시험 불안은 자기효능감과 부적 상관을 보였다. 그러나 다른 변인들과 시험 불안 간의 상관은 통계적으로 유의하지 않았다. 연구자들은 또한 이 다섯 변인들과 학업수행(자습과 숙제, 쪽지시험과 형성평가, 글쓰기와 보고서, 학점) 간의 상관을 측정했다. 내재적 가치, 자기효능감, 자기조절은 모든 학업수행 결과와 정적 상관을 보였다. 또한 전략의 사용은 자습을 제외한 나머지 학업수행과 정적 상관을 보였으며, 시험 불안과 성적, 시험점수 간에는 부적 상관이 존재했다. Pintrich와 De Groot는 이 연구에서 단지 변인들 사이에 존재하는 관계들을 보았으며, 그것을 바꾸고자 시도하지 않았기 때문에 그들의 연구는 상관 연구라고 할 수 있다. 연구 결과는 동기 관련 변인들이 교실에서의 성공에 기여하는 인지적 요인들(전략의 사용, 자기조절) 그리고 학업수행 결과와 상호 관련되어 있음을 보여 준다.

실험 연구(experimental research)에서 연구자들은 하나 이상의 변인을 변화시키고 이러한 변화가 다른 변인들에 미치는 영향을 확인한다. 지각된 능력에 관심 있는 연구자는 학생들의 신념을 체계적으로 변화시켜 보고 이것이 학생들의 동기에 어떤 영향을 미치는지를 측정할 것이다. 예를 들어, 연구자는 성취 정도가 낮은 학생들의 자기효능감을 증가시키기 위해 체계적으로 이들 학생들을 칭찬해 볼 수 있으며, 자기효능감의 증가가 학생들의 학습동기를 증진시키는지를 확인해 볼 수 있을 것이다.

Schunk(1982)는 학생들의 학업성취를 노력에 귀인하도록 하는 피드백(3장 참조)을 제공하는 것이 학생들의 학업성취에 어떻게 영향을 미치는지를 조사하기 위해 실험 연구를 수행하였다. 이 연구에서는 뺄셈 기술이 부족한 초등학교 어린이들에게 몇 차례에 걸쳐 이를 학습하고 연습할 기회가 주어졌다. 어린이들이 개별적으로 문제를 푸는 동안 어른 한 사람이 학생들의 학습 활동 과정을 감독했다. 한 집단의 아이들에게 성인 감독자는 "너는 아까부터 열심히 공부하고 있네."(과거귀인집단, prior attribution)라고 말해 줌으로써 어린이들이 자신의 학습 정도를 지금까지의 노력과 연결시키도록 하였다. 다른 집단의 어린이들에게는 "열심히 공부할 필요가 있어."(미래귀인집단, future attribution)라고 말함으로써 앞으로의 노력을 강조했다. 세 번째 집단의 아이들에 대해서는 학습 과정에 대한 감독을 했지만 아무런 귀인적 피드백을 제공하지 않았다(감독집단). 네 번째 집단의 아이들에 대해서는 학습 활동 동안 아무런 감독을 하지 않았다(통제집단).

이 연구는 Schunk가 어린이들이 받는 피드백의 종류를 다르게 하였을 때, 피드백의 종류가 성취결과에 영향을 미치는가를 조사했기 때문에 실험 연구의 일종이다. 예측대로, 과거귀인집단의 학생들은 다른 집단의 학생들보다 자기효능감이 높았으며, 학습결과도 더 높게 나타났다. 과거귀인집단의 학생들은 미래귀인집단과 통제집단의 학생들보다 이후 자습시간에 혼자 뺄셈 문제 연습을 할 때도 더 높은 학습동기를 보여 주었다. 이 연구 결과는 어려운 과제의 미래 이익을 강조하는 것보다 학생의 과거 성공을 노력과 연결시켜 주는 것이 낫다는 것을 보여 준다.

연구의 각 형태는 장점과 단점이 있다. 상관 연구는 변인들 간의 관계를 분명하게 하는 데 도움을 준다. 상관 연구에서 확인된 결과는 종종 실험 연구에 대한 방향을 제시한다. Pintrich와 De Groot(1990)에 의해 확인된 내재적 가치와 학업수행 간의 정적 상관은 내재적 가치를 증진시키는 것이 더 높은 학업성취를 이끄는지에 대한 실험 연구를 가능케 한다. 상관 연구의 단점은 원인과 결과를 정의할 수 없다는 것이다. 내재적 가치와 학업수행 간의 정적 상관이 존재한다는 것은 (1) 내재적 가치가 학업수행에 영향을 주는 경우, (2) 학업수행이 내재적 가치에 영향을 주는 경우, (3) 내재적 가치와 학업수행이 상호 영향을 주는 경우, (4) 내재적 가치와 학업수행이 측정되지 않는 다른 변인들(예: 가정 요인들)에 의해 각각 영향을 받는 경우 모두를 의미할 수 있다.

실험 연구는 원인과 결과 간의 관계를 분명히 할 수 있다. 피드백을 체계적으로 다양화하고 잠재적 원인이 될 만한 다른 변인들을 제거함으로써 Schunk(1982)는 귀인 피드백 유형이 학생들의 학업성취에 영향을 주는지를 확인할 수 있었다. 인과적 관계들을 분명하게 하는 것은 동기의 본질을 이해하는 데 도움이 된다. 한편, 실험 연구는 때때로 연구에서 다루는 범위가 좁다. 연구자들은 일반적으로 오직 몇몇 변인들만을 다르게 하고 다른 모든 변인은 고정시켜 그 영향력을 배제시키려 하는데, 사실상 그렇게 하기도 어려울 뿐더러 다소 비현실적인 측면이 존재한다. Schunk는 자신의 연구에서 오직 한 변인인 귀인 피드백만 조작을 하였다. 하지만 학교 교실은 많은 요인들이 동시다발적으로 작용하는 복잡한 공간이다. 한두 변인이 학업성취라는 결과의 원인이 된다고 말하는 것은 아마도 그 변인들의 중요성을 과대평가하는 것일 수도 있다. 그러므로 대개는 실험을 반복해 볼 필요가 있고, 한 실험 연구 결과를 더 잘 이해하기 위해서는 관련된 여러 다른 변인들도 확인해 볼 필요가 있다.

질적 연구

연구 패러다임의 세 번째 형태는 해석학적, 인류학적, 참여관찰, 현상학적, 구성주의적 연구로 알려진 질적 연구(qualitative research)다(Erickson, 1986). 질적 연구는 집중적 학습, 사건의 기술, 그리고 의미의 해석이라는 특징을 갖는다.

질적 연구는 특별히 연구자가 사건의 구분보다는 사건의 구조에 더 관심을 둘 때, 개인에게 갖는 의미와 관점이 중요할 때, 실제로 실험을 수행하기에는 실험이 비현실적이고 비윤리적일 때, 실험적 방법들에 의해 밝혀지지 않았던 새롭고 잠재된 인과적 관계를 찾고 싶을 때 주로 사용된다. 질적 연구는 다음 질문에 대한 답을 찾는 데 보다 적절한 연구방법이다(Erickson, 1986).

- 현재 이 상황(setting)에서 무슨 행동 또는 일이 발생하고 있는가?
- 이 행동이 관련된 사람과 행동이 발생한 시점에 대해 어떠한 의미를 갖는가?
- 이 행동은 사회 조직과 문화 원리의 패턴을 어떻게 반영하는가?
- 현 상황(예: 교실)에서 일어난 사건은 다른 상황에서 일어나는 사건(예: 학교, 가정, 학교 제도)과 어떻게 연관될 수 있는가?
- 현 상황에서 행동의 구성 방식은 다른 상황이나 시점에 발생한 사회적 사건들의 구성 방식과 어떻게 비교될 수 있는가?

질적 연구는 상당히 다양한 형태로 진행되며, 개별 강의 속에서 일어나는 언어와 비언어의 상호작용에 대한 미시적 분석(microanalysis)에서부터 장기간에 걸친 심층 관찰과 면접 연구들이 있을 수 있다. 구체적 방법으로는 교실 관찰, 현존 문서 분석,

면접, 사고 구술법(참여자들이 과제를 수행하는 동안 소리 내어 말을 하도록 함으로써 내적 사고과정을 확인하는 방법)이 있다. 이들 방법은 반드시 질적 연구에서만 사용되는 연구방법이라고 하기에 어려움이 있다. 이들 방법은 상관 연구와 실험 연구에서도 자료 수집 방법으로 이용되기도 한다. 오히려 이들 방법을 이용한 질적 연구의 특징은 자료 분석의 깊이와 질, 그리고 그 해석에 있다고 할 수 있다.

질적 방법을 사용해 Meece(1991)는 학생들이 갖는 학습목표와 관련 교사들의 차이를 설명하는 데 도움을 줄 수 있는 교실 특성들을 연구한 바 있다. Meece는 한 학년 동안 초등학교와 중학교 교실의 과학 수업을 반복적으로 관찰하였다. 각 교실의 총 관찰 시간은 평균 600분 정도였다. 관찰자들은 현장노트와 음성녹음 테이프 등을 포함한 세부 관찰 기록들을 수집했다. 그들은 수집한 자료들을 모두 전사(轉寫)하였고, 교수방법, 교사와 학생 질문 유형, 피드백 형태, 집단편성 실제, 평가방법, 그리고 동기전략과 같은 수업 활동들을 분석했다. 연구 결과들은 상당히 많은 내용들을 포함하고 있어 여기에서 이를 요약한다는 것은 불가능할 것이다. Meece는 앞서 진술한 활동들의 분석을 통해 교사들 간의 중요한 차이점에 대한 구체적 결과들을 얻었으며, 즉 이러한 교사 특성의 차이가 학생들이 갖는 학업성취 목표 유형의 차이(예: 숙달목표, 수행목표, 회피목표; 구체적 내용은 5장 참조)와 관련되어 있다는 것을 확인할 수 있었다.

질적 또는 해석학적 연구들은 상관 연구와 실험 연구를 통해 얻는 결과보다 훨씬 심도 깊고 통합적인 결과들을 제시한다. 이 연구 패러다임은 또한 교육 현상이나 문제에 대해 다른 전통적인 연구 방법들이 종종 놓치고 있는 새로운 질문이나 관점들을 찾아낸다는 측면에서 중요한 장점을 갖는다. 이 연구 접근은 교수법과 관련해 현재 이용 가능한 지식들의 종합에는 관심을 갖지 않기에, 교수법과 관련된 문제들을 해결하기 위해 일반화가 가능한 해결책을 제공하는 수단은 아니다(Shuman, 1986). 질적 연구에서는 항상 연구 참여자들(예: 교사, 학생)이 많지 않기 때문에 얻은 연구 결과가 신뢰할 만한지 혹은 연구 참여자가 전형적인 표본인지에 관한 논쟁이 있다. 생각해 봐야 할 또 다른 문제는 만일 연구자가 이론적인 틀에 비추어 자료를 해석하려고 시도하지 않는다면 발견한 연구 결과들이 서로 연결되지 않을 수 있고, 이로 인해 결과의 해석이 어려워질 수 있다는 것이다. 이러한 제한점에도 불구하고 질적 연구 모형은 특정 문제나 현상에 대하여 풍부한 자료를 획득하는 데 훌륭한 수단이 된다.

실험실 연구와 현장 연구

지금까지 상관 연구, 실험 연구, 질적 연구 간의 차이에 대해 살펴보았다. 다음으로 통제된 환경에서 수행되는 실험실 연구(laboratory research)와 참여자들의 학교 현장, 삶의 현장, 작업 현장에서 수행되는 현장 연구(field research) 간의 차이점에 대해 살펴보고자 한다. 초기 동기 연구는 고양이, 개, 쥐와 같은 동물을 대상으로 실험실에서 수행되었다. 실험실 연구는 동물과 인간에게 공통된 심리 과정이 존재하며, 통제된 실험이 이들 과정을 분리시킬 수 있으며 동시에 다른 외생 요인들의 영향을 제거할 수 있다는 행동주의 이론하에서 적절한 연구 방법이었다. 한동안 동기에 관한 연구 또한 통제된 실험실 환경하에서 인간을 대상으로 진행되었다. 그러나 학교나 다른 실제 환경에서 일어나는 동기를 강조하게 됨에 따라 최근 많은 연구들은 실제 현장을 중심으로 수행되고 있다.

Meece(1991), Pintrich와 De Groot(1990), Schunk(1982)의 연구들은 학생들을 대상으로 학교 현장에서 수행되었기 때문에 현장 연구의 예다. 대조적으로 Jagacinski와 Nicholls(1990)의 연구는 실험실 연구다. 그들은 대학생들을 서로 다른 집단으로 편성한 후 교실에 앉도록 하였다. 학생들은 미리 작성된 가상 시나리오를 받았고, 그 내용은 교실에서 지금 지능검사를 받고 있는데 문제를 잘 풀지 못해 불안함을 느끼기 시작했다고 상상해 보는 것이었다. 연구에 참여한 학생들에게 주어진 과제는 "당신의 지능이 낮다는 것이 드러나지 않도록 하기 위해 무엇을 하겠습니까?"라는 질문에 대해 가능한 모든 행동들을 스스로 평가하는 것이었다.

실험실 연구의 장점은, 만일 그 실험이 집단 행동과 관련이 없다면 연구자의 주 관심인 독립변인과 관계없는 외생 요인들(위 연구에서 전화기, 사람들간 대화, 밖을 볼 수 있는 교실의 창, 방 안의 다른 사람들)의 영향을 통제할 수 있다는 것이다. 빛, 온도, 그리고 소리도 통제될 수 있다. 또한 실험실 연구에서는 연구자들이 자료와 장비들을 연구 목적에 맞게 임의적으로 구성할 수도 있다.

이러한 통제는 현장 연구에서는 가능하지 않다. 학교는 대체로 소란하며, 연구자들은 통제된 연구 공간을 찾기가 쉽지 않다. 또한 학교 현장에는 다양한 잡음 요인들이 존재한다. 학생과 교사들이 지나다니고, 수업 시간을 알리는 종이 울리고, 학교 방송이 나올 수 있으며, 소방 연습이 실시되기도 한다. 방들은 매우 밝거나 또는 어두울지 모른다. 또한 매우 덥거나 추울 수 있다. 연구를 진행하는 공간은 때로 다른 목적을 위해서도 사용되기 때문에 연구자들은 자신들이 연구하는 매 시간마다 연구에 필요한 장비와 자료들을 가져오고 준비해야 한다. 이 관계없는 수많은 요인들이 실험결과에 영향을 줄 수 있는 것이다.

현장 연구의 장점은 연구가 학생이 생활하는 장면에서 수행되기 때문에 그 결과가 비슷한 상황에 일반화될 수 있다는 것이다. 그러나 실험실 연구를 통해 얻어진 연구 결과를 일반화하기는 상대적으로 어렵다. 지금까지 실험실 연구들은 동기에 관해 중요한 결과들을 보여 주었고, 연구자들은 종종 실험실 연구 결과를 현장 연구를 통해 반복해 보기도 한다.

우리가 실험실 연구나 현장 연구 중 어느 연구 방법을 선택할 것인가는 연구 목적, 참여자의 활용 가능성, 비용, 그리고 연구 결과의 활용과 같은 요인들에 의해 결정된다. 만일 우리가 실험실 연구를 선택한다면, 우리는 일반화 가능성을 잃는 대신 통제를 얻게 된다. 반대로 현장 연구를 선택한다면 통제를 잃는 대신 일반화 가능성을 얻게 된다. 현장 연구에서 연구자는 외생 요인의 영향을 최소화함으로써 얻어진 연구 결과가 연구자가 관심을 가지고 있던 요인에 의한 것임을 보다 확신할 수 있게 될 것이다.

동기의 평가

동기의 평가는 동기 과정이 어떻게 일어나는가를 이해하는 것에 관심이 있고 학생의 동기를 최대화할 수 있는 방법에 관심 있는 연구자들과 실천가들에게 있어 중요한 주제다. 우리는 과제의 선택, 노력, 지속성, 성취와 같은 일반적인 동기 지표에 대한 논의로부터 이 부분의 내용을 시작하고자 한다. 그리고 이후 직접 관찰, 타인평정, 자기보고에 의해 동기를 측정하는 방법을 논의할 것이다. 동기 연구에서 사용되는 연구 방법에 대한 내용과 마찬가지로 동기 연구에서 사용되는 측정 지표에 대해 선행 지식이 있는 독자들은 이 부분의 내용을 읽지 않아도 된다.

동기 지표

우리는 앞에서 동기의 본질과 동기 과정에 대한 조작 간에 불일치성이 존재한다고 언급한 바 있다. 하지만 대부분의 동기 연구자들은 〈표 1-2〉에서 제시된 행동 지표들로부터 동기의 존재를 추론할 수 있다는 점에 동의한다. 이들 행동 지표 가운데 하나가 과제 선택(choice of tasks) 또는 흥미(interests)다. 학생들이 과제를 선택할 때 어느 것을 선택하는지는 그들의 동기가 어디에 있는지를 나타내 준다. 이 행동 지표는 이 장의 앞부분에 제시된 사례에서 김수정 선생님에게 중요한 동기 지표다. 학생들은 학교 내 또는 밖에서 자유 시간을 가질 때 여러 활동들 중 어느 하나를 선택하는 행동을 통해 자신의 흥미가 어디에 있는지를 나타낸다.

초기 연구에서, Lepper, Greene 그리고 Nisbett(1973)는 동기 지표로서 과제 선택을 사용하였다. 그들은 취학 전 아동들의 자유놀이 시간을 관찰했다. 이 연구에서는 자유놀이 시간에 그림을 그리는 데 많은 시간을 보낸 아이들을 세 가지 조건들 중 하나에 할당하였다. 기대 보상 조건의 어린이들은 자유 시간에 그림을 그리면 상장을 주겠다는 제안을 받았다. 예기치 않은 보상 조건의 어린이들은 그들이 그림을 그리면 가끔씩 예기치 못한 상장을 받았다. 무보상 조건의 어린이들은 아무런 보상을 받지 않았다. 이 같은 서로 다른 조건에서의 처치가 끝난 후 2주 후에 어린이들에게 다시 한 번 자유 시간이 주어졌고 이때 어린이들이 어떤 행동을 선택하는지 관찰했다. 기대 보상 조건의 어린이들은 다른 두 조건과 비교해 볼 때 자유 시간에 그림을 그리는 데 보내는 시간이 짧아진 것을 발견했다. 즉, 보상에 대한 기대는 어린이들의 동기를 두드러지게 감소시켰으며, 여기서 동기는 어린이들이 자유 시간 동안 그림을 그리는 데 보낸 시간에 의해 측정되었다.

표 1-2 ▸▸ 동기 지표

지표	동기 관련성
과제 선택	자유 선택 조건에서 어느 한 과제의 선택은 그 과제에 대한 학생의 동기를 보여준다.
노력	많은 노력을 기울이는 것(특히, 어려운 과제에 대해)은 학생의 동기를 나타내 준다.
지속성	오랜 시간 동안 공부하는 것(특히, 방해물이 존재할 때)은 높은 동기와 관련 있다.
성취	선택, 노력, 지속성은 학업성취를 향상시킨다.

직관적으로 생각하면 과제 선택 지표가 매력적으로 여겨짐에도 불구하고, 과제 선택은 종종 학교에서 동기를 측정하는 유용한 지표가 아니다. 왜냐하면 일반적으로 실제 교실에서 학생들은 선택할 수 있는 경우가 거의 없기 때문이다.

두 번째 동기 지표는 노력(efforts)이다. 어떤 과제에 대한 학습은 쉽지 않을 수 있다. 이 경우라도 학습에 동기화된 학생들은 성공하기 위해 노력하는 편이다. 육체적 노력이 운동 과제에서 요구되는 것이라면, 인지적 노력은 이론적인 내용 학습에서 요구되는 중요한 요소다. 배우는 것에 동기화된 학생들은 교육받는 동안 더 많은 정신적 노력을 들이고, 학습을 촉진시킬 수 있다고 믿는 인지전략들을 적극적으로 활용한다. 즉, 정보를 조직화하고 시연하는 것, 이해한 정도를 돌아보고 이전 지식에 새로 학습한 내용을 관련짓는 것(Pintrich, 2003; Pintrich & De Groot, 1990) 등을 적극적으로 수행한다. 하지만 학생들의 기능 수준이 증가함에 따라 적은 노력으로도 주어진 과제를 더 잘 수행할 수 있게 되기 때문에 동기 지표로서 노력의 유용성은 기능 수준에 의해 제한된다고 할 수 있다. 많은 학생들(예를 들면, 김수정 선생님 반의 윤아, 호정, 승희, 지민, 민수)의 목표가 상당히 다르긴 하지만, 그들 모두는 학습하는 데 많은 노력을 기울이고 있는 것을 볼 수 있다.

Salomon(1984)은 자신의 연구에서 학생들의 정신적 노력을 측정했을 때, 정신적 노력이 자기효능감과 관련이 있음을 발견했다. 이 연구에서 학생들은 TV 또는 교재를 이용하여 학습을 할 때 얼마만큼 성취를 할 수 있는지에 대한 자기효능감을 평가했고, TV 또는 교재를 이용해 주어진 학습자료에 대한 학습 활동을 수행하였다. TV 또는 교재를 이용한 학습 활동이 끝난 후 학생들에게 학습 활동에 필요한 정신적 노력의 양을 판단하도록 하였고, 마지막으로 학습내용에 대한 학습평가를 시행하였다. 전반적으로 학생들은 교재를 이용해 학습하는 것이 TV를 이용해 학습하는 것보다 더 많은 정신적 노력이 요구된다고 판단하였으며, 실제 학업성취에서도 교재 학습조건이 높게 나타났다. 구체적으로 연구 결과를 살펴보면, 교재 학습조건에서는 학생들의 자기효능감과 학생들이 판단한 정신적 노력의 양, 그리고 실제 학업성취 간에 유의한 정적 상관이 존재하였지만, TV 학습조건에서는 부적 상관 결과가 나타났다. 이는 TV 학습조건의 학생들이 학습에 관해 더 높은 자신감을 가지고 있었지만, 실제로는 노력도 덜하고, 결과적으로도 낮은 수준의 성취를 보였음을 나타내 준다. 한편, Schunk(1983a)는 어린이들이 수학을 학습하는 동안 얼마나 열심히 공부했는지에 대한 자신의 생각을 평가하도록 했다. 이 연구를 통해 Schunk는 학생들의 학업성취가 노력과 밀접한 관련이 있다는 피드백을 제공하는 것이 학생들 자신이 기울인 정신적 노력에 대한 자기인식을 보다 더 분명하게 한다는 것을 발견했다.

세 번째 동기 지표는 지속성(persistence) 혹은 과제에 대한 시간 투자다. 학습하는 것에 동기화된 학생들은 어려운 상황에 직면했을 때에도 과제를 지속하려는 경향이 있다. 대부분의 학습은 시간이 걸리고 성공은 곧바로 나타나는 것이 아니므로, 성공적인 학습을 위해 지속성은 중요한 요인이다. 지속성은 앞서 언급된 동기의 유지라는 속성과 직접적으로 관련이 있고, 일반적으로 지속성이 높을수록 성취수준도 높아진다. 김수정 선생님의 교실에서 많은 학생들이 높은 과제 지속성을 나타내고 있었지만, 이 중 민수의 지속성이 매우 높은 편이었다.

지속성은 일반적으로 동기의 평가 방식으로서 많은 연구자들에 의해 사용된다.

Zimmerman과 Ringle(1981)은 주어진 과제에 대해 자신감 또는 비관적인 말을 하면서 길거나 짧은 시간 동안 성공적이지 못한 방식으로 퍼즐을 풀고자 노력하는 모델을 어린이들에게 관찰하도록 했다. 그런 후에 어린이들 자신도 그 퍼즐을 풀도록 하였다. 끈기 있게 지속적으로 노력하는 모델을 관찰한 어린이들은 낮은 지속성의 모델을 관찰한 어린이들보다 과제에 더 오랫동안 임했다. 또한 자신감에 찬 모델을 관찰한 어린이는 비관적 모델을 관찰한 어린이들보다 더 오래 과제에 임하는 것으로 나타났다. 노력처럼 동기 지표로서 지속성의 유용성은 개인이 가지고 있는 기능 수준에 의해 제한된다. 학생의 기능이 향상됨에 따라 그들은 더 적은 시간으로도 주어진 과제를 더 잘 수행할 수 있게 된다. 따라서 지속성은 학생이 어려움에 직면했을 때와 학습하는 동안에 가장 의미가 있다.

마지막으로, 학생의 성취(achievement)는 동기의 간접적인 지표로 간주될 수 있다. 과제를 선택하고, 정신적 노력을 기울이며, 지속적으로 과제에 임하는 학생들은 아마 더 높은 수준의 성취를 보일 것이다(Pintrich & Schrauben, 1992; Schunk, 1995). 실제 많은 연구들은 성취와 선택, 노력, 지속성이라는 동기 지표들 간에 정적 상관이 있음을 보고하고 있다(Pintrich, 2003). 예를 들어, Schunk(1983a)는 어린이들이 노력과 인내가 반영된 결과로서 수업 시간 동안 수학 문제를 더 많이 완성하면 할수록 이후 실제 학업성취 검사에서 더 많은 문제들을 정확히 푼다는 것을 발견했다.

평가방법

동기는 직접 관찰, 타인평정, 자기보고와 같이 다양한 방법으로 측정될 수 있다(〈표

표 1-3 ▸▸ 동기 평가방법

범주	정의
직접 관찰	과제 선택, 노력, 지속성과 같은 행동적 사례들
타인평정	학생의 동기 관련 특성에 관한 관찰자의 판단
자기보고	자기 자신에 대한 판단
- 질문지법	문항에 대한 평정이나 질문에 대한 답변
- 인터뷰	질문에 대한 구두응답
- 자극 회상	여러 가지 상황에서 특정한 행동 시 수반되는 사고를 회상하는 것
- 사고 구술법	어떤 과제를 수행하는 동안의 생각, 행동, 감정을 언어화하는 것
- 대화	둘 이상 사람들 사이의 담화

1-3〉 참조). 이들 각각의 방법에 대하여 순서대로 논의하고자 한다.

직접 관찰

직접 관찰(direct observations)은 과제 선택, 노력의 정도, 그리고 지속성과 같은 관찰 가능한 행동적 사례들에 대한 자료수집을 말한다. 이러한 행동들은 관찰자들의 입장에서 추론을 거의 하지 않는다는 점을 고려한다면, 동기에 관한 타당한 지표라고 볼 수 있다. 그러나 오직 드러나는 행동에 초점을 맞춤으로써 직접 관찰은 피상적일 수 있고, 동기의 본질을 완전히 포착하지 못할 수도 있다. 이 장의 앞부분에서 우리는 동기가 추론적이라고 말한 바 있다. 즉, 우리는 개인의 행동으로부터 동기의 존재를 유추한다. 따라서 직접 관찰은 동기화된 행동의 근간이 되는 인지적이고 정서적인 과정을 무시한다. 예를 들어, 호정, 승희, 지민 모두 상대적으로 높은 수준의 노력을 보여 준다. 그러나 열심히 노력하는 그들의 동기, 즉 이유들은 매우 다르다. 이런 이유들은 동기 연구자들이 그들의 연구에서 이해하고자 노력하는 인지적이고 정서적으로 중요한 과정을 나타내는 것들이다.

위에서 언급한 제한점에도 불구하고, 직접 관찰은 동기를 척도화하는 데 흔히 사용된다. 김수정 선생님이 학생의 동기에 대해 아는 것 대부분은 김 선생님이 학생들의 행동들을 관찰해서 얻은 것이다. 김수정 선생님이 학생들이 학습에 동기화되었다고 말할 때, 김 선생님의 생각은 학생들의 과제에 대한 인내심, 과제를 잘 수행하기 위한 노력, 그리고 얼마나 기꺼이 과제에 임하려 했는가 하는 등의 관찰에 기초를 둔다.

Bandura와 Schunk(1981)는 수학에서 학생들의 내재적 동기를 평가하기 위해 직접 관찰을 사용하였다. 학생들은 뺄셈 교육을 받았고, 7회에 거쳐 연습 활동을 수행하였다. 한 집단의 어린이들은 각 회기마다 학습자료 한 세트를 완성하라는 단기 목표를 제시받았다. 또 다른 집단은 마지막 회기가 끝나는 시점에 맞춰 7세트의 학습자료 모두를 완성하라는 장기 목표를 제시받았다. 마지막 집단은 생산적인 방식으로 주어진 과제를 수행하라는 일반적인 목표가 주어졌다. 학생들의 내재적 동기를 평가하기 위하여 연구자들은 어린이들에게 뺄셈 문제와 숫자 상징 문제들을 주었다. 연구에 참여한 어린이들은 주어진 과제 중 어느 하나 또는 두 개의 과제 모두를 수행할 수 있도록 하였고, 25분 동안 혼자서 주어진 과제를 수행하도록 하였다. 관찰자들은 그들이 어떤 과제를 선택했으며, 중간에 선택한 과제를 바꾸었는지, 그리고 얼마나 많은 과제를 완성하였는지를 기록했다. 한편, 앞에서 언급한 Lepper와 동료들(1973)의 연구에서는 동기를 측정하기 위해 학생들이 대상 활동에 참여한 시간을 사용하였다.

타인평정

동기를 평가하는 또 다른 방법은 관찰자(예: 교사, 부모, 연구자)가 동기를 나타내는 다양한 특징별로(예: 강희는 책을 많이 읽습니까? 컴퓨터로 학습 활동을 합니까? 어려운 문제를 풀기 위해 얼마나 노력합니까?) 학생들을 평가해 보는 것이다. 타인평정 도구의 한 예로 학습 과제에 대해 학생들이 가지고 있는 통제와 참여도에 관한 학생들의 지각을 다루었던 Skinner, Wellborn과 Connell(1990)의 연구를 들 수 있다. 이 연구에서 학생들의 지각된 통제는 세 차원(전략 신념, 능력 신념, 통제 신념)을 포함하는, 50문항으로 구성된 자기보고식 도구로 평가되었다. 학생의 참여도는 교사들이 학생들의 수업 참여(예: 이 학생은 수업 논의에 적극 참여한다)와 정서 상태(예: 수업 시간에 이 학생은 행복해 보인다)를 평가하는 10개의 문항으로 측정되었다. 연구 결과, 참여도에 대한 교사들의 평정 결과가 지각된 통제에 대한 학생들의 자기보고와 정적 상관이 있음이 확인되었다.

타인평정의 한 가지 이점은 학생들이 스스로에 대해 평가하는 것(자기보고)보다 더 객관적일 수 있다는 것이다. 타인평정은 종종 행동의 이면에 있는 동기 과정들을 파악하거나 직접 관찰을 통해 얻을 수 없는 자료를 얻는 데 유용할 수 있다. 반면, 타인평정은 직접 관찰보다 더 많은 추론을 요구한다. 학생들의 인지적 참여 수준이나 학습 흥미 등과 같은 것을 외부자가 판단하기는 쉽지 않을 수 있다. 또한 타인평정에서는 학생들이 무엇을 했는지를 관찰자가 기억할 필요가 있다. 인간의 기억은 선택적이고 구성적이기 때문에 타인평정은 학생의 동기적 특성을 나타내 주는 타당한 지표가 아닐 수 있다. 그럼에도 불구하고 타인평정은 흔히 동기 연구에서 사용되고 있으며, 직접 관찰들을 통해 얻을 수 있는 것 이상을 제공하기도 한다.

자기보고

자기보고(self-reports)는 자기 자신에 대한 판단과 진술을 포함한다. 자기보고식 평가방법으로는 질문지법, 인터뷰, 자극 회상, 사고 구술법, 대화가 있다(이 방법들은 대체로 '인위적 방법-자연스러운 방법'이라는 연속선상에서 순서적으로 제시된 것이다).

질문지법(questionnaires)에서는 개인의 행동과 신념에 관해 묻는 질문이나 항목이 응답자에게 제시된다. 응답자들은 어느 과제에 참여했는가, 얼마나 오래 혹은 자주 그 과제를 수행하였는가 등의 질문을 받게 된다(예: "당신은 여가 시간에 무엇을 하십니까?" "지난밤에 몇 시간 공부를 했습니까?"). 일반적으로 개인이 자신이 가지고 있는 느낌과 신념에 따라 수치화된 척도에 자신의 생각을 표시하기도 하고(예: "분모가 다른 분수를 더하는 방법을 배울 수 있다고 자신이 얼마나 확신하는가?"를 1(매우 불확신함)에서 5(매우 확신함)의 척도로 평정하라) 또는 개방형 문제들(예: "당신이 학교에 있을 때 어떻게 느끼십니까?")에 답하도록 되어 있다. Skinner와 동료들(1990)의 지각된 통제 검사는 학습동기전략검사(Pintrich, Smith, Garcia, & McKeachie, 1993)와 마찬가지로 자기보고식 질문지의 한 예다. 이 질문지에서 학생들은 나에게 전혀 맞지 않는다(1)에서 나에게 매우 적합하다(7)의 7점 척도로 각 항목에 대해 평정하도록 되어 있다.

특별한 유형의 질문지(또는 인터뷰) 방법으로는 개인에게 모호한 그림을 보여 주고 질문에 응답하도록 요구하는 투사검사(projective test)를 들 수 있다. 투사검사는 사람들이 성격 특성과 이에 내재하는 동기와 환상을 갖고 있다고 가정한다. 사람들에게 모호한 그림 자료를 보여 주는 것은 사람들의 객관적 경향성을 감소시킴으로써 상황에 대한 사람들의 내재화된 동기와 환상을 무의식적으로 투사하는 것을 가능하게 한다. 내재적으로 존재하는 동기의 유형과 강도를 확인하기 위하여 응답들은 기록되고 분석된다. 로르샤흐(Rorschach) 검사는 참가자가 잉크 반점으로 만들어진 애매한 그림들을 보고 자신이 보고 있는 것이 무엇인지를 보고하도록 구성되어 있는 많이 알려진 투사검사다.

성취 동기와 관련하여 잘 알려진 투사검사로서 성격 연구자인 Murray(1938)에 의하여 개발된 주제통각검사(Thematic Apperception Test: TAT)를 들 수 있다. McClelland와 그의 동료들은 성취 동기를 평가하도록 이 검사를 개정하였다(McClelland, Atkinson, Clark, & Lowell, 1953). 응답자들은 불명확한 상황에 있는 사람들의 그림을 보고 4가지 물음에 응답을 하도록 되어 있다. "무슨 일이 일어났지요?" "무엇이 이러한 상황을 만들었습니까?" "무엇을 필요로 하지요?" "무슨 일이 발생할 것 같습니까?" 응답자들에게는 각 그림에 대한 이야기를 쓰는 데 4분이라는 시간이 주어진다. 응답자들이 적은 내용은 다양한 기준에 의해 채점되고, 이후 개별 이야기에 매겨진 점수의 합으로 총점이 구해지며, 이를 통해 응답자의 성취 동기에 대한 강도를 파악할 수 있게 된다. TAT는 많은 연구에서 활용되어 왔고, 검사결과는 실제 성취 산출물과 정적인 관련을 가지고 있는 것으로 보고된다(Spangler, 1992). 하지만 이 검사는 신뢰도가 낮으며, 다른 성취 측정도구들과의 상관이 항상 높게 나타나는 것은 아니다(Weiner, 1985b). 이러한 제한점에도 불구하고 TAT는 개인의 성취 동기 측정에 계속해서 중요한 역할을 할 것이다.

인터뷰(interviews)는 논의하게 될 문제와 요점을 질문자가 제기하면 응답자가 구두로 답하는 질문지법의 한 형식이다. Zimmerman과 Martinez-Pons(1990)는 자기조절

학습전략들(예: 자기평가, 정보의 조직과 변형, 목표 설정과 계획, 정보 찾기, 기록하기)을 평가하기 위한 자기조절 학습 인터뷰를 개발하였다. 인터뷰 동안 응답자들에게 다양한 학습 상황이 설명된다(예: "학교에서 시험을 치를 때 가능한 한 많은 문제를 잘 풀기위해 특별한 방법을 사용합니까?" "어려운 시험문항이 있다면 어떻게 하겠습니까?"). 각각의 상황에 대해서 학생들은 그들이 사용하는 방법들을 구체화하여 응답하도록 인터뷰가 진행된다. 이후 학생들의 대답은 범주화되고, 각 범주별로 응답 빈도가 계산된다. 연구자들은 자기조절 학습전략들의 사용이 학생의 수리력과 언어 자기효능감과 유의미한 정적 상관이 있음을 발견했다.

자극 회상(stimulated recalls)에서는 먼저 각 개인이 과제를 수행하는 과정이 촬영된다. 이어서 응답자들은 자신의 녹화 필름을 보고 다양한 시점에서 자신이 당시에 했던 생각들을 회상하도록 요구된다. 연구자들은 일반적으로 여러 시점에서 필름을 멈추고 응답자들이 그들의 사고를 회상하는 데 도움을 주기 위한 질문을 한다. 사고를 구체적인 행동과 연결시키는 과정을 통해 자극 회상은 사람들에게 자신의 전형적인 행동을 강제로 판단하게 하는 잘못을 피하게 한다. 하지만 자극 회상은 응답자들의 기억에 의존하는 제한점을 갖는다. 만일 회상 절차가 촬영 후에 너무 오래 지연된다면, 사람들은 그때 그들이 무슨 생각을 하고 있었는지 회상하는 데 어려움을 겪을 수도 있다.

Peterson, Swing, Braverman과 Buss(1982)는 자신들의 연구에서 5학년과 6학년 학생들에게 자극 회상 절차를 사용하였다. 수업 시간 동안 학생들의 행동이 촬영되었다. 이후 학생들에게 수업 시간에 일어난 중요한 사건들을 필름을 통해 다시 보도록 하였고, 개별적으로 인터뷰를 했다. 인터뷰 동안 "당신이 생각하고 있던 것을 기억하도록 노력해 보세요. 무엇을 생각하고 있는 중이었습니까?" "주의를 기울이고 있었습니까?" "당신이 보고 있던 수학 수업의 일부를 이해하고 있었습니까?"와 같은 질문들을 받았다. 인터뷰는 일정 기준에 의해 부호화되었고 다양한 인지 과정에 근거해 점수화되었다. 학생들은 교사의 수업과 제시된 수학 문제들을 이해하기 위해 많은 노력을 기울였다고 보고하였다. 이 중 실제 성공적으로 이해한 학생들의 경우 나중에 제시된 자습 문제와 성취검사에서 높은 결과를 나타내 보였다.

사고 구술법(think-alouds)은 학생들이 그들의 사고, 행동, 감정을 과제를 수행하는 동안 소리 내어 언어화하는 것을 가리킨다(Ericsson & Simon, 1993). 언어화는 관찰자에 의해 기록되고 동기와 관련된 진술에 대해 점수가 부여된다. 비록 사고 구술법이 학생들의 사고가 일어나는 시점에서 즉각적으로 이들의 현재 사고 내용을 파악하는 장점을 가지고 있지만, 학생들은 과제를 수행하면서 자신의 사고 과정을 소리 내어 언어화하는 일에 익숙하지 않다. 몇몇 학생들에게는 어색해하고 수줍음을 느낄지 모르며, 또한 자신의 사고를 언어화하는 것에 어려움을 느낄지 모른다. 따라서 만일 학생들이 자신의 사고 과정을 언어화하지 않으려 한다면, 연구자들은 이들이 언어화하도록 적절한 자극을 통해 고무시켜야 한다.

Diener와 Dweck(1978)은 실패를 경험할 때의 동기 과정들을 탐색했다. 연구에 참여한 학생들은 크게 (1) 숙달 지향형과 (2) 학습된 무력형(자신의 실패를 노력의 부족)이나 그들의 통제를 뛰어넘는 요인들로 귀인하는 학생들로 구별되었다. 그들은 색상, 형태, 기호가 변화하는 두 개의 그림을 포함한 자극 카드들을 제시받았다. 학생들은 올바른 해결책을 위한 가설을 세워야만 했고, 각 카드에 포함된 두 그림 중 하나를 선택해야만 했다. 이때 학생들이 어떻게 대답했는지와 상관없이, 그들의 선택이 잘못되었다는 피드백이 제시되었다.

학생들은 과제를 수행하는 동안 자신의 사고를 소리 내어 말하도록 요구받았다. 학생들이 자신의 사고를 자유스럽게 언어화하도록 하기 위하여, 연구자들은 그들이 점심에 무엇을 먹을지, 방과 후에 무엇을 할지와 같은 것들을 포함하여 과제 이외에 다른 일들에 대해서도 구술할 수 있도록 허용하였다. 연구자들은 학생들의 인지전략이 계속된 실패 피드백으로 인해 어떻게 변화되는가에 관심을 가졌다. 학생들의 사고 구술 결과는 녹음되었고, 이후 범주별로 채점되었다. 학습된 무력감을 가지고 있던 학생들은 좋은 문제풀이 전략의 사용에 있어서 계속적인 감소 형태를 나타내 보였다. 반면에, 숙달 지향 학생들은 그러한 감소 형태를 나타내 보이지 않았고, 몇몇 학생들은 오히려 문제해결 전략의 사용이 더 세련된 모습을 보여 주었다.

대화(dialogues)는 둘 이상 사람들 사이의 담화다. 이 방법을 사용하는 연구자는 학생들이 과제를 수행할 때 또는 교사와 학생들이 쟁점에 대해 논의할 때 나타나는 교실 담화를 기록하게 된다. 기록된 담화는 학생의 동기와 관련된 진술을 확인하기 위하여 이후 분석된다. 대화는 실제 과제 수행 과정에서 이루어진다는 장점을 갖지만, 기록 자료에 대한 해석에 있어 주관성이 개입할 수 있다는 제한점을 갖는다.

Thorkildsen과 Nicholls(1991)는 2학년 학급에서 이루어진 대화를 수집하고, 학생들의 동기 평가를 위해 수집된 대화를 논의 주제와 관련시키는 연구를 진행한 바 있다. 이 연구에서 수집된 자료의 일부를 살펴보면 학생들이 동기에 대해 서로 논의하는 것을 볼 수 있다.

"내가 보기에 너는 도전을 원해." 민수가 말하였다. "너는 다른 누구보다 더 많은 것을 얻기 위해 스스로에게 도전할 수 있어."

"그런데 사람들이 최선을 다해도 더 높은 성취를 하지 못하는 일이 종종 나타나." 하나가 민수의 이야기를 반박하며 이야기했다.

"하지만 노력을 통해 모든 사람들이 무엇인가를 배우고 있잖아." 민수가 이에 대답한다.

"그렇지만," 하나가 다시 말한다. "그들이 할 수 있는 최선을 다하지만 더 나아질 수는 없을 걸."

"넌, 그저 노력하기만 하면 돼." 민수가 말한다. "만일 사람들이 나는 할 수 없다고 말하고 일을 그만둔다면, 몇 년 후에 그들은 '난 돈도 없고 무슨 일을 해야 할지 몰라.' 라는 말을 하게 될 거야."

"사람들은 최선을 다할 수 있어야 해." 옆에 있던 진이가 말하였다.

"최선을 다하는 것이 우리가 할 수 있는 전부야." 용석이가 덧붙였다.

"만일 네가 할 수 있다고 믿는다면, 너는 할 수 있어."라고 진이가 다시 말하였다(pp. 361-362).

자기보고식 검사 방법 중 가장 좋은 방법은 존재하지 않는다. 동기 평가방법의 선택은 평가의 목적과 연구 문제와 부합해야 한다. 질문지들은 효율적인 방식으로 많은 자료들을 다루는 데 유용하다. 인터뷰는 연구자나 교육자들이 학생들이 가지고 있는 동기적 신념과 감정을 깊이 있게 탐색하는 데 관심이 있는 경우 더 좋은 방법이다. 투사 방법들은 개인이 무의식적으로 자신들이 가지고 있는 동기와 환상을 검사 환경에 투사하도록 한다. 자극 회상은 어떤 행동이 일어났을 때 응답자들이 그 당시 자신의 사고를 기억하도록 요구하는 반면에, 사고 구술법은 현재 일어나고 있는 사고를 파악하려고 하는 동기 평가방법이다. 대화는 상호작용 패턴을 확인하는 데 유용한 방법이다.

자기보고식 검사 방법들은 비록 응답자의 자기보고 내용을 근거로 동기를 추론하게 되는 제한점에도 불구하고, 일반적으로 검사의 실행과 채점이 쉽다는 장점을 가지고 있다. 제한점을 고려하건대 자기보고식 검사 방법의 채점 방식을 신뢰할 수 있게 하는 것이 필요하다. 자기보고식 검사 방법의 또 다른 문제들로는 응답자들이 자신의 신념과 달리 사회적으로 바람직한 방식으로 응답을 하는지, 자기보고한 내용이 실제 개인의 행동과 일치하는지, 그리고 어린아이들의 경우 정확하게 자기보고를 할 수 있는지가 포함된다. 한편, 자료의 비밀을 보장하는 것은 응답자들의 신중한 응답을 증진시킬 수 있다. 자기보고식 검사 방법을 보다 타당하게 하는 좋은 방법은 다른 검사 방법과 함께 사용하는 것이다(예: 직접 관찰). 또한 초등학교 3학년부터 자기보고 내용이 개인의 신념과 행동을 타당하고 신뢰할 수 있게 나타내 줄 수 있는 지표라는 증거가 있다(Assor & Connell, 1992). 마지막으로, 연구자들은 자기보고식 검사 방법이 가지고 있는 잠재적 문제들을 최소화하면서 이 방법을 학생들의 동기 평가에 사용하여야 한다.

동기에 관한 역사적 이론

교육 분야에서의 동기 연구는 오랜 역사를 가지고 있다. 이 부분에서 우리는 동기 연구에서 핵심 역할을 해 온 동기에 관한 몇몇 초기 이론들을 알아보고자 한다. 비록 이 초기 동기이론 대부분이 더 이상 타당하지 않음에도 불구하고, 동기에 관한 몇몇 최근 이론들의 역사적 자취를 추적하는 데 도움이 될 수 있을 것이다. 초기 동기이론들에 대하여 잘 알고 있고 현대 동기이론에 초점을 두고자 하는 독자들은 이 부분을 건너뛰어도 좋다.

20세기 초기에는 동기가 오늘날과 같이 분리된 주제가 아니라, 오히려 새롭게 등장하고 있던, 아직까지 체계적으로 정의되지 않았던 심리학 분야에 속해 있었다. 심리학 일반과 동기에 대한 관점은 상당 부분 철학에 기원을 두고 있다. 이와 관련된 동기의 두드러진 두 가지 개념화는 (1) 의지/의지실천과 (2) 본능에 의한 것이었다.

의지/의지실천

일찍이 많은 심리학자들은 플라톤과 아리스토텔레스와 같은 철학자들의 관점에 근거해 정신(mind)을 앎(인지), 느낌(정서), 의지(동기)로 구성되어 있다고 생각했다. 의지(will)는 개인의 바람, 요구, 또는 목적을 반영하는 것이었고, 의지실천(volition)은 의지를 실천하는 행동을 가리키는 것이었다.

Wilhelm Wundt는 의지실천 과정을 연구했고, 1879년 독일 최초로 심리학 실험실을 운영함으로써 과학으로서의 심리학이 탄생하도록 공헌하였다(Hunt, 1993). 그리고 그는 사물이나 사건에 노출되었을 때 개인이 갖게 되는 즉시적인 경험을 언어화하여 보고하도록 요구하는 내성법(introspection)을 소개하였다. 내성법에서는 사람들이 나무 그림을 보게 된다면 나무의 모양, 크기, 색깔, 그리고 결에 대해 지각한 것을 보고하도록 하였다. 이때 사람들은 제시된 자극('나무')에 대해 이름을 붙이는 것과 지식을 보고하는 것, 그리고 그 의미를 보고하는 것을 피하도록 요구받았다. 왜냐하면 이름과 의미들은 의식의 구조를 감춘다고 믿었기 때문이다. 내성법은 다른 과학들로부터 심리학을 구분짓는 데 도움이 되었으나, 실제 그 내성법 자체는 문제가 있고 신뢰할 수 없는 방법이었다. 나무를 볼 때 사람들은 자연스럽게 이름과 나무에 관한 지식을 떠올린다. 이러한 심리적 경향성을 무시하도록 사람들을 강요하는 것은 부자연스러운 것이며, 연구자들이 고차적 정신 과정들(예: 생각하기, 문제해결하기)을 연구하는 것을 막는 것이다.

철학자와 심리학자들은 의지실천 과정이 독립적인 심리 과정인지 아니면 다른 정신 과정들(감각, 지각)의 부산물인지와 관련해 불일치한 의견을 가지고 있었다. Wundt는 의지실천이 인간 행동에 있어서 중심적이고 독립적인 요인이라고 생각했다. 의지실천 과정은 감각, 지각, 주의, 그리고 정신 연합의 형성과 같은 과정들을 수반하는 것이며, 우리의 사고 및 느낌을 행동으로 변환하도록 돕는다.

의지실천에 관한 Wundt의 생각은 매우 일반적이었고 타당성을 입증하기가 어려웠다. 또 다른 심리학의 개척자인 William James는 의지 행동들을 깊이 있게 연구했다 (Hunt, 1993; James, 1890, 1892). James는 의식(consciousness)이 사람과 동물을 자신들의 환경에 적응하도록 도우며, 의지는 우리가 특정한 행동을 갈망하고 그것의 실행이 자신의 힘에 의해 가능하다고 믿는 마음의 상태라고 보았다. 의지실천은 의지를 행동으로 변환하는 절차인 것이다. 때때로 행동에 관한 정신의 표상 그 자체만으로 행동을 동기화하는 데 충분하지만, 다른 경우에는 "명령, 요구, 혹은 동의(consent) 형식의 부가적인 의식 요소가 행동을 중재하거나 선행해야만 행동이 일어날 수 있는 것이다." (James, 1890, p. 522)

James(1890)는 행동에 대한 정신 표상이 그 자체로 행동을 동기화할 수 있을 때 의지실천 요소가 얼마나 작아지는지를 보여 주는 한 예로서 추운 아침에 침대에서 일어나는 행동을 다음과 같이 인용한 바 있다.

> 그 같은 환경조건 아래서 우리는 어떻게 침대에서 일어나게 되는가? …… 이 경우 우리는 어떤 노력이나 결심 없이도 침대에서 일어나게 된다. 즉, 우리는 갑작스럽게 우리 자신이 침대에서 일어나 있음을 발견한다. 이때 다음과 같은 의식의 흐

름이 발생한다. 우리는 순간 따뜻함과 추움을 모두 잊어버린다. 그리고 그날의 삶과 관련된 약간의 망상에 빠진다. 그 망상의 과정에서 '안녕! 나는 이제 더 이상 여기에 누워 있으면 안 돼.' 라는 아이디어가 순식간에 우리의 마음을 스쳐 지나간다. 마음속을 스치는 그 아이디어는 우리 의식 속에 잠재하는 반항적이거나 무기력한 어떠한 생각도 깨우지 않는다. 그 결과, 우리는 침대에서 즉시 일어나도록 만드는 적절한 운동 효과를 만들어 내는 것이다(p. 524).

많은 행동이 자동적으로 발생하는 것처럼 보일지도 모른다. 그러나 의지실천은 정신 표상을 활성화시킴으로써 의도된 행동이 나타나도록 하기 때문에 자동적으로 보이는 많은 행동에 있어 중요한 역할을 수행한다. 의지실천은 다양한 의도가 행동화를 위해 경쟁할 때 큰 영향력을 가진다. 이것이 바로 우리가 그렇게 많은 아이디어를 가지고 있음에도 불구하고 모든 것이 행동화되지 않는 이유다. 우리는 의도와 의지를 행동으로 바꾸기 위하여 의지실천의 요소로서 '명령, 요구, 혹은 동의'가 필요한 것이다.

Ach(1910)는 의지실천에 관한 실험 연구를 했던 초기 개척자 중 하나였다. 그는 의지실천을 목표를 달성하기 위해 설계된 행동들의 집행을 다루는 과정이라고 보았다. 이것은 사람들이 목표를 정하고 그것을 얻기 위해 스스로 노력하는 과정 그 자체를 다루지 않기 때문에 동기에 대한 좁은 관점이라 볼 수 있다(Heckhausen, 1991). Ach는 목표가 행동으로 바뀔 수 있도록 허용하는 과정을 결정 경향성(determining tendencies)이라고 말했다. 내성법을 이용한 일련의 연구를 통해 Ach는 행동이 이전 연합과 갈등을 일으킬 때 결정 경향성이 이전에 학습된 연합 경향성(association tendencies)과 경쟁을 한다고 보았다. 따라서 이전 수행된 과제 유형과 갈등이 되는 단서에 반응하여 나타나는 과제 수행 또는 목표 성취 지시는 목표 성취를 가능케 하는 결정 경향성을 유발할 수 있다. 행동은 목표를 달성하도록 하는 경향성에 의해 결정되는 것이다.

Wundt, James, Ach 등이 제안한 많은 개념들은 애매하고 경험적으로 검증하기가 어려운 것들이다. 또한 이들이 사용한 내성법은 종종 여러 가지 문제를 가져왔다. 비록 의식적인 행동 의지라는 개념이 그럴듯해 보이나, 의지라는 것은 우리의 사고가 그 자체로서 원인이라기보다는 행동을 유발시키는 것이라는 우리의 해석을 실제 반영한 것이다(Wegner & Wheatley, 1999). 의지실천은 목표를 달성하도록 설계된 행동이 실천되는 과정에 국한되는 것이기 때문에 동기에 대한 불완전한 관점을 제공하고 있다고 볼 수 있다. 즉, 이 개념에서는 사람들이 목표를 어떻게 형성하는지가 무시되거나 경시되었다. 그럼에도 불구하고 우리는 의지실천이 새로운 모습으로 현대의 동기이론에 반영된 모습을 4장에서 접하게 될 것이다.

본능

동기에 관한 또 다른 초기 이론은 행동을 통해 드러나는 본능(instincts) 또는 내적 경향(예: 모방, 경쟁, 분노, 원망, 공감)을 강조하는 것이다. James(1890)는 본능이 모든 행동을 설명할 수 있는 것은 아니나, 본능은 습관을 발달시킴으로써 경험이 형성되는 토대를 제공한다고 믿었다. 그는 본능적인 행동은 반사행동과 학습행동을 포함한다고 생각했다.

McDougall(1926)은 모든 행동이 본능적이라고 믿었다. 본능은 특정한 방식으로 행동하도록 하는 기질이 아니라, 오히려 인지, 감정, 그리고 행동 요소들을 포함한다고 보았다. 인지(cognitive) 요소는 본능을 만족시키는 방법들을 인식하는 것을 말하며, 감정(affective) 요소는 본능에 의해 유발된 감성들을 나타낸다. 그리고 행동(conactive) 요소는 본능의 대상 또는 목적을 달성하도록 노력하는 것을 말한다. 그러므로 호기심 본능을 지닌 학생들은 자신들의 호기심을 만족시키는 방법을 알며, 호기심이 생길 때 발생하는 감성을 느끼게 되며, 호기심을 일으키는 대상을 알고자 시도할 것이다.

McDougall은 본능을 일으키는 대상들이 변할 수 있다는 것을 믿었다. 어린이들의 호기심을 유발하는 사건이나 대상들과 학교 활동을 연결시킴으로써, 학교 활동 그 자체가 나중에 학생들의 호기심 본능을 유발할 수 있다는 것이다. 본능적 행동들 또한 변화할 수 있다. 유아들의 호기심은 잡는 것과 기어 다니는 것에 의해 만족되지만, 연령이 증가함에 따라 다른 방법들(예: 읽기, 퍼즐 풀기)로 호기심이 만족된다. 많은 본능들이 한꺼번에 유발될 때 본능은 변할 수 있다. 이때 새롭게 만들어지는 본능은 다른 본능들의 조합인 것이다. 학교에서의 호기심은 때때로 학습 불안과 짝지어진다. 그 결과, 양가감정(ambivalence)이라는 본능이 만들어질 수 있는 것이다. 본능은 특정 대상 또는 상황과 결합될 수 있다. 예를 들면, 학교에서 호기심에 대해 보상을 받지 못한 학생들은 오직 집에서만 호기심을 드러낼지 모른다.

본능 이론은 학생들이 타고난 기질을 가지고 있고, 많은 행동들은, 특히 어린아이의 행동들은 학습을 반영하지 않는다는 A. K. Buerso의 입장과 일치한다. 본능 이론은 또한 인간의 지능과 능력이 학습되는지 아니면 유전에 의해 결정되는지에 대한 현대의 '천성 대 양육' 논쟁에서도 찾을 수 있다.

본능 이론은 강력하지만 과학적 관점에서 보면 문제를 가지고 있다. 모든 행동을 본능으로 분류하는 것은 학습의 역할을 경시하는 것이다. 타당한 동기이론은 본능이 어디에서 끝나고 학습이 어디에서 시작되며, 그들이 서로 어떻게 상호작용하는지를 구체화할 필요가 있다. 언어를 배우는 사람들의 능력은 선천적인 것이다. 그러나 언어는 사회적 상호작용을 통해 학습되는 것이다. 마지막으로, 행동을 본능이라고 명명하는 것은 행동을 기술해 줄 수 있을지 모르나 대상 행동을 설명해 주지는 않는다. 동기에 관한 완전한 이론은 무엇이 행동을 일으키는지, 어떤 요소가 행동과 상호작용하는지, 그리고 어떻게 행동이 수정될 수 있는지를 설명할 수 있어야만 한다.

Freud 이론

동기와 관련 있는 또 다른 초기 이론은 Sigmund Freud의 이론이다. Freud는 성격과 심리치료 방법인 정신분석이론으로 잘 알려져 있다. 우리는 Freud의 이론을 세부적으로 설명하지 않을 것이므로 이와 관련된 더 자세한 사항은 다른 자료를 참조해야 할 것이다(Freud, 1966; Heidbreder, 1933; Hunt, 1993; Weiner, 1985b). 다음은 Freud 이론에서 나타난 동기 원리들을 요약한 것이다.

Freud는 동기를 심리 에너지(psychical energy)라고 생각했다. 그는 개인 내에 존재하는 힘이 행동을 책임진다고 믿었다. 움직이는 힘을 의미하는 독일어 trieb에 관한 Freud의 개념은 동기와 밀접한 유사성을 지닌다. 비록 추동(drive)이 의미상 더 밀접해 보이기는 하지만, trieb는 본능(instinct)으로 번역되었다.

Freud는 사람들이 폐쇄된 에너지 체계를 나타낸다고 믿었다. 각각의 사람들은 비록 에너지의 형태는 변할지라도 변하지 않는 양의 에너지를 가지고 있다고 믿었다. 그 심리 에너지는 원자아(id) 내에 구축된다. 원자아는 기본적 욕구의 충족을 위해 전념하는 성격 구조다. 에너지는 욕구가 있을 때 발달한다. 즉, 욕구는 욕구를 감소시킬 행동에 에너지를 보냄으로써 만족된다. 에너지를 축척하는 것이 유쾌하지 않은 일이기 때문에 욕구의 감소는 즐거운 일이다. 에너지의 목적은 만족이며, 그 대상은 욕구를 만족시키는 수단인 것이다. 그리고 그 출처는 에너지를 활성화시키는 신체적 과정이다. 예를 들어, 가정에서 소외당하는 어린이들은 주의(attention)의 욕구를 가진다. 에너지의 목표는 욕구를 만족시키는 것이므로, 대상(예: 교사)으로부터 주의를 얻는 것은 유쾌한 일이고, 욕구가 만족됨에 따라 그 출처와 에너지가 감소된다. 결국 다른 대상들(친구들)도 그 학생의 주의 욕구를 만족시킬 수 있으나, 때로는 그 어린이가 항상 주목해 주기를 바라는 대상(교사)에게 고착(fixated)될지도 모른다.

에너지는 또한 억압(repressed)될 수 있다. 즉, 개인들은 에너지가 인식되지 않는 지점 내에서 그 힘을 가두어 둘 수 있다. 욕구를 만족시키기 위한 행동이 만족보다는 고통을 유발하는 원인으로 작용할 때 사람들은 에너지의 힘을 억제한다. 하지만 억압은 에너지를 제거시키지는 못한다. 억압된 에너지는 그 자체를 왜곡된 방법으로 나타내기도 한다(예: 신경질적 행동). 억압은 대체적으로 무의식적이다. 즉, 우리는 다른 일에 몰두함으로써 그 힘을 인식하지 못하거나, 또는 왜 우리가 특정 행동을 하는지 도저히 이해하지 못하는 경우가 있다. 겉으로 드러나는 행동이 그 내면의 동기를 잘 나타내지 못할 수도 있다. 예를 들어, 억압된 성적 에너지는 과식 행동으로 나타날 수 있다.

Freud 이론은 너무 광범위하여 그것이 옳은지를 묻는 것은 전혀 의미가 없을 수 있다. 몇 가지 관점들은 지금까지 타당한 것으로 여겨지지만, 다른 일부는 지지를 받지 못하고 있다(Weiner, 1985b). 심리 에너지 개념은 직관적으로 그럴듯해 보인다. 이와 관련하여 몇몇 연구자들은 동기의 추동이론을 제안한 바 있다. 하지만 Freud의 많은 개념들은 그 자체가 모호하고, 경험적으로 증명하기 어려운 것이 대부분이다. 동기가 무의식적인 내부의 힘으로부터 나온다고 가정함으로써, Freud의 이론은 개인의 인지적 요인과 환경적 요인의 중요성을 감소시킨다. 학생들의 동기를 개선하기 위하여 교사는 학생들의 목표, 흥미, 그리고 가치를 알 필요가 있으며, 학생들이 교사나 다른 학생들에 의해 어떻게 영향을 받는지, 그리고 동기를 향상시키기 위해 어떻게 가르쳐야 하는지를 알 필요가 있다. Freud 이론은 이러한 관점에서 볼 때 전혀 도움이 되지 않는다.

행동주의 이론

행동주의 이론은 20세기 초에 미국에서 나타나 반세기 동안 심리학 분야에서 주도권을 행사했다. 세 가지 중요한 행동주의 이론으로는 Thorndike의 연결주의(connectionism), Pavlov의 고전적 조건화(classical conditioning), Skinner의 조작적 조건화(operant conditioning) 이론을 들 수 있다.

이들 행동주의 이론을 설명하기 전에, 우리는 동기에 관한 행동주의 이론과 인지이론의 차이점에 대해 설명하고자 한다. 먼저 이들 동기이론의 일반적 가정들을 이해하는 것은 인간 동기에 내재해 있는 주요 개념들을 이해하고 어떻게 이론적 원리들이 도출되었는지 이해하는 데 많은 도움이 될 것이다.

먼저 가장 기초적인 논쟁은 어떻게 동기가 발생하는지에 대한 것이다. 행동주의 이론(behavioral theory)은 환경 사건과 자극의 작용에 따른 행동(반응) 발생의 빈도, 속도, 또는 유형의 변화로서 동기를 바라본다. 어느 자극에 대한 반응은 자극과 반응이 이전에 얼마나 많이 짝을 이루어 발생했는지, 또는 반응에 뒤따라 어떤 결과가 제시되는지에 따라 미래에 일어날 가능성이 영향을 받게 된다. 강화 결과물은 미래에 반응행동이 더 많이 발생하도록 하는 반면, 처벌 결과물은 반응행동이 덜 발생하도록 한다(Skinner, 1953). 행동주의 이론에서 보면 동기는 바로 행동의 발생 빈도나 가능성의 변화로 정의된다. 학습동기가 낮은 학생들과 비교할 때 학습에 동기화된 학생들은 과제에 더 적극적으로 참여하며, 과제를 지속적으로 수행하며, 더 많은 노력을 과제 수행에 쏟는다. 이때 행동주의에서 관심을 갖는 동기화된 상태를 나타내 주는 특징들은 바로 관찰 가능한 행동들이라는 것이다. 행동주의 이론가들은 관찰 가능한 현상의 관점에서 동기를 설명한다. 행동주의 이론가들은 동기에 대한 설명을 위해 사고나 감정과 같은 내적 요소들을 포함시킬 필요가 없다고 주장한다. 오히려 사람들은 환경적 사건들에 의해 동기화된다고 주장한다. 앞서 제시된 사례에서 김수정 선생님은 행동적 관점을 따르는 것으로 볼 수 있다.

심리학에서 행동주의 이론의 부흥은 내성법이 가지고 있는 한계에서 시작했다고 볼 수 있다. 행동주의 이론의 강력한 초기 지지자 중에 한 사람인 John B. Watson(1924)은 심리학이 개관적인 실험과학이 되려면, 미치 물리학이 그런 것처럼, 객관적이고 실험할 수 있는 과학 현상에만 관심을 가져야 한다고 주장했다. 심리학자들에게 있어 행동은 관찰 가능한 것이나, 현실에 기초를 두지 않고 주관적 진술에 의존하는 내성법은 관찰될 수 없기 때문에 과학적이지 않다는 것이다. Watson(1914)은 인간의 의식이 내성법을 통해서만 연구될 수 있다면, 내성법 그 자체가 매우 믿을 수 없는 것이기에 의식 자체도 연구되어서는 안 된다고 주장하였다.

이와는 대조적으로 인지이론(cognitive theory)은 정신 구조의 원인적 역할과 정보와 신념의 처리를 강조한다. 동기는 그 자체가 내재적 과정이며, 따라서 우리는 동기를 직접 관찰하는 것이 아니라 그것의 산물(행동)을 관찰하게 된다는 것이다. 인지이론가들이 정신 과정의 중요성에 모두 동의함에도 불구하고, 어느 정신 과정이 중요한지에 대해서는 서로 다른 의견을 가지고 있다. 서로 다른 동기에 관한 인지이론들은 귀인,

능력 지각, 가치, 정서, 목표, 그리고 사회적 비교와 같은 서로 다른 인지과정들을 강조하고 있다. 이 장 시작 부분에 언급된 박철환 선생님의 설명은 인지이론에서 강조하는 내재적 과정을 지지하는 것이다.

행동주의 이론은 행동에 대해 가법(加法)적인 관점을 가진다. 복잡한 행동은 단순한 행동의 연속물로 나누어 볼 수 있다는 것이다. 행동 변화는 계속적이고, 행동을 조합해 감으로써 행동의 계열성을 만들 수 있다고 믿는다. 복잡한 행동을 설명하기 위해서 따로 새로운 원리가 필요하지는 않다. 오히려 행동주의 이론은 모든 행동에 적용될 수 있는 원리를 포함한다. 행동주의 이론은 학생들이 환경자극에 적절하게 반응할 수 있도록 교사들이 환경을 배치하여 해야 한다고 제안한다. 반면, 인지이론은 학습자의 생각, 신념, 그리고 감정을 강조한다. 교사는 교실에서 그런 정신 과정이 어떻게 나타나고, 어떻게 수업 변인과 사회적 변인들이 학생들의 생각과 행동에 영향을 미치는지를 고려할 필요가 있다.

연결주의

Thorndike(1913)의 행동주의 이론은 학습이 감각 경험들(자극이나 사건의 지각)과 행동적으로 나타나는 중립적 충동(impulses) 사이의 연합(연결)이 형성되는 과정이라고 주장한다. 학습은 종종 시행착오(선택과 연결)에 의해 일어난다. 유기체들(사람, 동물)은 스스로 목표에 도달하려고 노력해야 하는 문제 상황에 놓여 있음을 발견하게 된다. 그들이 수행할 수 있는 다양한 반응들로부터 하나를 선택하고, 그것을 수행하며, 그 결과가 어떻게 나타나는지를 경험한다. 이때 학습은 점진적으로 일어난다. 즉, 계속된 시도를 통해 성공한 행동반응들이 형성되기 시작하고 실패한 것들은 버려진다. 자극에 대한 행동의 연결은 반복적인 성공과 실패를 통해 '각인되거나' (stamped in) 또는 '사라지게' (stamped out) 된다.

연결주의(Connectionism) 이론의 핵심 원리 중 하나가 효과의 법칙(Law of Effect)이다.

> 상황과 반응 사이에 수정 가능한 연결이 만들어지고, 만족할 만한 사건이나 결과가 동반되거나 뒤따르게 되면, 연결의 강도는 증가한다. 그러나 불쾌한 사건이나 결과가 동반되거나 뒤따르게 되면, 연결의 강도는 감소된다(Thorndike, 1913, p. 4).

효과의 법칙은 행위의 결과가 동기 역할을 수행하며, 학습을 생산한다고 가정한다.

보상 결과물을 가져오는 반응들은 학습되고, 처벌 결과물들을 가져오는 반응들은 학습되지 않는다. Thorndike(1932)는 연구를 통해 보상 결과물들은 연결을 강화시키지만, 처벌 결과물들은 반드시 연결을 약화시키지는 않는다는 것을 알게 되었기 때문에 이후 효과의 법칙을 수정하였다. 기존 연결은 처벌 결과물이 아니라 대안적인 연결이 강화될 때 약화된다. 따라서 적절한 행동이 무엇인지에 대하여 가르쳐 주지 않고 단지 잘못된 행동에 대해서만 어린이를 혼내는 것은 잘못된 행동을 바로잡는 효과적인 방법이 될 수 없다.

동기와 관련된 또 다른 법칙은 준비의 법칙(Law of Readiness)으로, 어떠한 행동을 할 준비가 되어 있을 때 그 행동을 하는 것은 만족을 주고 그 행동을 하지 않는 것은 불쾌감을 준다는 법칙이다. 이 동기 관련 개념을 학습에 적용해 보면, 학생들이 학습할 준비가 되어 있을 때 학습 활동에 참여하는 것이 활동에 대한 만족감을 느낄 수 있고 더 나은 학습결과를 도출할 수 있다는 것이다. 반대로, 학생들이 준비가 되어 있지 않은 상태에서 강제로 학습 활동에 참여하도록 하는 것은 그 자체가 불쾌한 경험이 되는 것이다.

중요한 함의는 학생들이 학습을 하기 위한 준비가 되어 있을 때, 그리고 제시되는 결과가 긍정적일 때 학생들의 학습동기가 긍정적으로 형성된다는 것이다. 즉, 학생들은 새로운 학습을 위해 필요한 선수조건들을 가지고 있어야 하고, 학습에 뒤따르는 바람직한 결과물들을 경험해야만 하는 것이다. 이는 학습의 과정에서 학생들이 새로운 기술을 수행하고, 학습의 가치를 인식하며, 긍정적인 피드백을 제공받는 것을 포함한다. Thorndike의 원리들은 직관적으로 그럴듯함에도 불구하고, 인지 과정과 동기의 복잡한 특성을 무시했기 때문에 교육현장에 적용함에 있어 한계를 갖는다.

고전적 조건화

Pavlov(1927, 1928)의 고전적 조건화(Classical Conditioning) 이론은 학습이론 분야에서 중요한 의미를 가지며, 동기 분야에도 확장되어 적용될 수 있다. 조건화는 무조건 반응(UCR)을 이끌어 내기 위한 무조건 자극(UCS)을 제시하는 것을 포함한다. 원래의 실험에서는 끈으로 묶여 있는 허기진 개 한 마리를 실험 장치 내에 놓는다. 그 개는 고기(무조건 자극)가 주어질 때 침(무조건 반응)을 흘린다. 조건화 과정에서 무조건 자극 이전에 중립 자극(예: 종소리)이 짧게 제시된다. 초기에는 개가 종소리에 대해서는 침을 흘리지 않는다. 하지만 조건화가 반복되면 개는 종소리에 대해서 침을 흘리기 시작한다. 이때 종소리는 무조건 반응과 유사한 조건 반응(CR)을 이끌어 내는 조건 자극(CS)이 되는 것이다([그림1-1]). 하지만 조건 자극만이 반복적으로 제공되면 소거(extinction)가 나타나기 시작한다. 즉, 조건 반응의 강도가 약해지기 시작하고 거의 사라지는 것처럼 보이게 된다.

강화물(무조건 자극)의 제시는 조건 자극과 무조건 자극의 연결을 강화시킨다. 무조건 자극과의 반복적 제시를 통해 조건 자극은 행동(조건 반응)을 유발하는 무조건 자극의 동기적 잠재성을 획득하게 된다. 이처럼 중립 자극은 동기적 특성을 갖는 무조건 자극과 짝지어짐으로써 행동을 유발하는 힘을 갖게 되는 것이다. Pavlov는 조건화가 반복적인 조건 자극-무조건 자극의 결합적 제시에 의해 발생한다고 믿었지만, 연구들은 조건화가 자동적인 것이 아니라 인지적 과정에 의존한다(Fuhrer & Baer, 1965)는 것을 보여 준다. 조건화가 일어나기 위해서는 조건 자극이 개인들에게 무조건 자극이 뒤따를 것이라는 정보를 주어야만 한다(Rescorla, 1972, 1987). 조건 자극은 사람들로 하여금 무조건 자극이 제시되는 시간, 장소, 양, 질에 관한 기대를 형성하도록 도움을 준다. 만일 사람들이 조건 자극과 무조건 자극의 연결을 깨닫지 못한다면 조건화는 발생하지 않을 것이다. 어떤 조건 자극이 무조건 자극의 예측자 역할을 수행할 때 만약 또 다른 조건 자극이 더 나은 예측자 역할을 수행한다면 이전 조건 자극은 더 이상 조건화를 유발하지 않는다. 조건화를 통해 형성된 기대는 분명히 개인들로 하여금 강화물을 기대하도록 동기화한다.

그림 1-1 Pavlov의 고전적 조건화(UCS = 무조건 자극, UCR = 무조건 반응, CS = 조건 자극, CR = 조건 반응)

중립 자극에 의해 유발되는 감성적 반응들(예: 유행)은 중립 자극을 무조건 자극과 짝지음으로써 조건화된 것이다. 학교에서 교사, 교실, 학교 건물들을 학생들이 피하려는 사건(예: 시험 실패)과 짝지으면, 학생들은 이들 요인에 대해 불안반응을 갖게 될 것이다. 이러한 학생들의 불안반응을 완화시키기 위해서는 이들 자극 요인을 유쾌한 느낌을 이끌어 내는 무조건 자극과 짝지음으로써, 불안을 만들어 내는 단서를 역조건화(counterconditioning)하는 것이 필요하다. 만일 교실이 불안을 만들어 내는 단서가 된다면 교사는 유쾌한 사건들(예: 칭찬, 긍정적 피드백)과 교실을 연합시킬 필요가 있다.

Pavlov의 이론은 교육에 대해 흥미로운 아이디어를 제시해 준다. 학습이 만족적 결과들을 수반해야 하며, 교사는 일반적으로 그들의 교실을 유쾌하게 만들려고 노력해야 한다는 그의 생각은 매우 중요하다. 조건화된 정서반응들은 학교에 대한 공포, 그리고 시험 불안과 같은 현상에서 뚜렷이 나타난다. 그러나 Pavlov의 이론이 인지적 과정을 무시하고 있기 때문에, 이 이론은 행동에 관한 완전한 설명을 제공하지는 못한다. 이 이론은 또한 학습과 동기에 대해 수동적 관점을 대표한다. 만약 조건이 같다면 사람들이 무엇을 하느냐와 관계없이 조건화는 일어날 것이다. 하지만 지금까지 연구 결과는 조건화가 절대로 자동적으로 일어나지 않는다는 것을 보여 준다 (Rescorla, 1987). 더욱이 우리는 이 교재 전체를 통해 학습자들이 정신적으로 적극적이고 자신의 학습과 동기 과정에 대해 통제를 구사한다는 것을 보여 줄 것이다.

조작적 조건화

B. F. Skinner(1953)의 조작적 조건화(Operant Conditioning) 이론은 동기 분야에 있어, 특히 교육 분야에 있어 영향력 있는 이론이다. 이 이론은 행동에 영향을 미치는 개인 외적 변인들을 강조한다. 가장 기본적 조건화 모델을 제시하면 다음과 같다.

선행자(Antecedent) → 행동(Behavior) → 결과(Consequence)

이 ABC 모델에서 선행 자극은 행동이 일어나는 상황을 말하며, 행동에 이어 결과가 뒤따르게 된다. 여기서 결과란 특정 자극이 존재할 때 나타나는 반응행동의 출현 가능성 또는 반응 비율에 영향을 미치는 자극이나 사건을 말한다. **강화**(reinforcement)는 반응행동의 비율이나 가능성을 증가시키는 것을 말한다. **정적 강화물**(positive reinforcer)은 반응행동이 일어난 후에 주어졌을 때 그 상황에서 발생하는 반응행동의 비율이나 가능성을 증가시키는 자극을 말한다. 정적 강화(positive reinforcement)는 반응행동 후에 정적 강화물을 제시하는 것을 가리킨다. 교실에서 열심히 공부하는 학생들은 교사로부터 칭찬을 받을 수 있다. 만일 그 이후 학생들이 더 열심히 공부하려고 하거나 더 많은 노력을 기울인다면, 우리는 칭찬을 정적 강화물이라고 부른다.

부적 강화물(negative reinforcer)은 반응행동이 일어난 후 제거되면 그 상황에서 발생하는 반응행동의 발생 비율이나 가능성을 증가시키는 자극을 가리킨다. 부적 강화(negative reinforce)는 반응행동이 일어났을 때 부적 강화물을 제거하는 것을 말한다. 앞의 예에서 교사가 열심히 공부하는 학생들에게 추가적으로 주어지는 숙제를 하지 않아도 된다고 말할 수 있을 것이다. 만일 이후 학생들이 공부를 더 열심히 한다면, 추가로 주어지는 숙제가 부적 강화물이고, 그것의 제거는 부적 강화를 의미한다.

처벌(punishment)은 반응행동의 비율 또는 가능성을 감소시키는 것을 말한다. 처벌은 반응행동 후에 정적 강화물을 제거하거나 부적 강화물을 제시하는 것과 관련될 수 있다. 앞의 예에서 학생들이 시간을 낭비하고 있다고 가정해 보자. 교사는 학생들에게 주어지는 자유 시간을 없애거나 또는 추가로 과제를 제시할지 모른다. 만일 이후 학생들이 시간을 덜 낭비하게 된다면, 우리는 학생들이 시간을 낭비하는 행동에 대해 정적인 강화물(자유 시간)을 제거하게 하거나 부적인 강화물(숙제)을 제시하는 것을 통해 처벌을 받았다고 말할 수 있다. 강화와 처벌의 예는 〈표 1-4〉에 제시되어 있다.

일단 반응행동이 형성되고 난 후라도 그것은 소거될 수 있다. 소거(extinction)는 반응행동에 대해 강화가 이루어지지 않음으로 인해 반응행동이 줄어드는 것을 가리킨다. 교실에서 발표를 하고자 손을 드는 학생들에게 발표 기회가 계속 주어지지 않는다면, 그들은 발표를 하기 위해 더 이상 손을 들지 않을 것이다. 소거는 강화의 역사에 의존한다. 소거는 반응행동들이 이전에 거의 강화되지 않았으면 빠르게 일어난다. 장기간 강화를 받은 반응행동은 강화를 받지 못하더라도 상대적으로 오랫동안 유지된다.

조작적 조건화는 우리가 행동에 뒤따르는 결과의 영향을 결정한다는 가정을 필요로 한다. 강화와 처벌로서 기능하는 것들은 사람마다 그리고 상황에 따라 다를 수 있다. 대부분의 학생들에게 칭찬은 많은 부분 강화로서 기능하는 반면, 때때로 칭찬이 행동을 강화하지 못하고 오히려 처벌하는 경우도 있을 수 있다(예: 학생이 교사의 관심을 바라지 않을 때 주어지는 칭찬). 심지어 가치 있게 여겨지는 강화물도 시간이 지남에 따라 변화될 수 있다. 또한 너무 자주 적용되는 강화물은 사람들을 싫증나게 하며, 따라서 반응행동을 감소시키는 결과를 낳는다.

표 1-4 ▸▸ 강화와 처벌

사건	자극	반응	결과
정적 강화(정적 강화물 제공)	교사가 학생에게 과제를 내주었다.	학생이 과제를 마쳤다.	교사가 과제를 마친 것에 대해 학생을 칭찬했다.
부적 강화(부적 강화물 제거)	교사가 학생에게 과제를 내주었다.	학생이 과제를 마쳤다.	교사는 학생에게 추가로 제시된 과제를 하지 않아도 좋다고 말했다.
처벌(정적 강화물 제거)	교사가 학생에게 과제를 내주었다.	학생이 과제를 마치지 못했다.	교사가 학생의 자유 시간을 박탈했다.
처벌(부적 강화물 제공)	교사가 학생에게 과제를 내주었다.	학생이 과제를 마치지 못했다.	교사가 추가로 숙제를 내주었다.

더 가치 있는 활동에 참여할 수 있는 기회는 덜 가치 있는 활동에 참여하는 것을 강화한다는 프리맥 원리(Premack principle)는 강화물을 순서화하고 어떻게 결과들이 기능할지를 예상하는 데 체계적인 수단을 제공한다(Premack, 1962, 1971). 어떠한 강화물이 효과적일지 미리 정하는 것은 행동 변화 프로그램을 계획하는 데 매우 중요하다(Timberlake & Farmer-Dougan, 1991). 가치(value)는 명시적 강화물이 없는 상황에서 나타나는 반응행동의 정도 또는 그 행동에 소비된 시간으로 정의된다. 프리맥 원리는 다음 세 가지 경우들을 예견한다. (1) 만일 두 번째 사건(부수 사건, contingent event)의 가치가 첫 번째 사건(수단 사건, instrumental event)보다 크다면, 첫 번째 사건의 발생 가능성이 증가할 것이다(보상 가정, reward assumption). (2) 두 번째 사건의 가치가 첫 번째 사건의 가치보다 더 낮다면, 첫 번째 사건의 발생 가능성은 감소할 것이다(처벌 가정, punishment assumption). 예를 들어, 만일 은혜가 자유 시간 동안 주로 수학보다 컴퓨터를 가지고 시간을 보낸다면, 부수 사건으로서 컴퓨터 작업 기회는 수단 사건으로서 수학 공부를 하도록 유도하는 데 효과적인 강화물이 될 수 있다.

조작적 조건화는 동기를 설명하기 위해 학습이론에서 제시된 원리들 외에 추가로 새로운 원리들을 필요로 하지 않는다. 동기화된 행동은 효과적인 강화물에 의해 만들어진 증가된 또는 유지된 반응행동이라는 것이다(Skinner, 1968). 조작적 조건화에서는 반응에 수반되는 내적 과정들(예: 욕구, 추동, 인지, 정서)이 행동을 설명하기 위해 필요하지 않다. 앞의 사례에서 은혜의 행동은 그녀의 강화 역사(과거에 그녀가 강화를 받은 내용)와 현재의 환경에 의해 영향을 받는다(Skinner, 1953). 학생들이 동기화된 행동을 하는 것은 이전에 그 행동이 강화받은 적이 있으며, 또한 그 행동을 했을 때 이용 가능한 효과적인 강화물이 현재 환경에 존재하기 때문이다.

조작적 조건화는 많은 교육적 원리들을 포함한다. 학교교육에서 강화와 처벌의 동기적 중요성은 칭찬, 꾸중, 타임아웃, 자유 시간, 규칙, 특권, 성적, 그리고 토큰체제와 같은 실제적 적용에서 분명하게 찾아볼 수 있다. 조작적 조건화와 다른 행동주의 이론들이 제시해 주는 원리들 가운데 교수-학습 상황에 적용될 수 있는 것들을 사례들을 통해 알아보면 〈적용 1-1〉과 같다.

적용 1-1 교실에서 행동주의 이론을 적용하기

1. **학생들이 배울 준비가 되었는지 확인하라.** 4학년 교사인 현선희 선생님은 분수 덧셈을 가르치려고 한다. 현 선생님은 분수 덧셈을 가르치기 전에 자신의 학생들이 정수 덧셈을 모두 할 수 있는지를 확인하였다. 확인 결과, 두 학생이 여전히 정수 덧셈에 어려움을 겪고 있는 것으로 나타났다. 그래서 현 선생님은 그들이 정확하게 정수 덧셈을 할 수 있도록 보충 수업을 실시하였다.

   최진모 선생님은 5학년 학생들에게 나누기를 학습한 후에 야구 선수들의 타율을 계산할 수 있을 것이라고 학생들에게 말해 주었다. 학년 중반 즈음에 최 선생님은 학생들이 나눗셈을 충분히 잘할 수 있다고 생각했다. 그때서야 최 선생님은 야구 선수들의 타율을 구하는 방법(안타 수를 타석에 들어선 횟수로 나누는 것)을 학생들에게 가르쳐 주었다.

2. **자극과 반응 사이의 연합을 형성하도록 학생들을 도와라.** 3학년 교사인 신정철 선생님은 보고서를 쓸 때 각 단락마다 소제목을 붙이도록 학생들을 가르치고 있다. 그는 학생들이 모든 교과에서 보고서를 쓸 때 소제목을 쓰게끔 하고 있다. 그는 학생들이 보고서(자극)를 쓸 때면 언제든지 소제목(반응)을 써야 한다는 사실을 배우기를 원하는 것이다.

   초등학교 2학년을 맡고 있는 박정필 선생님은 자신의 학생들에게 날마다 곱셈 문제를 숙제로 내주고 있다. 박 선생님의 목표는 학생들이 '9×7=' (자극)과 정답 '63' (반응)을 연합시키도록 하는 것이다.

3. **만족스러운 결과물을 교실 활동 및 학습에 연합시켜라.** 4학년 원미연 교사는 매 금요

일 수업에서 자신의 학생들이 측정을 제대로 이해하고 적용할 수 있도록 하기 위하여 요리 활동을 활용하기로 결정하였다. 이 수업에서 학생들은 정확한 측정으로 요리를 준비하고 만든 후에 자신들이 만든 것을 먹도록 하였다.

중학교 미술 교사인 송선영 선생님은 학생들에게 조각과 광택 기술을 가르치고 있다. 송 선생님은 수업 시간에 학생들이 몇 개의 소품을 완성한 후에는 자신의 집에 가져갈 수 있는 커다란 조각을 만들 수 있도록 허용하였다.

4. **바람직한 행동들을 강화하고 그렇지 않은 것들은 소거시켜라.** 김진숙 선생님은 교실을 이리저리 다니면서 학생들의 자습을 감독한다. 그녀는 학생들의 행동 중 바람직한 면들을 지적하고(예: "좋구나, 정훈아, 너는 참 열심히 하고 있네.") 때로는 학생들에게 더 나은 공부 방법을 이야기해 준다("그 페이지는 적절치 않구나, 미화야. 여기 이 페이지에 있는 예시를 봐라. 그것을 이렇게 한번 시도해 보면 좋겠다.").

준이는 줄 밖으로 민지를 민다. 홍명수 선생님은 이것을 목격하고 즉시 다음과 같이 말하였다. "준이야, 다른 사람을 밀어서는 안 되지. 그리고 누군가를 떠밀면 벌칙으로 자유 시간이 없다는 것을 알고 있지? 너는 오늘 자유 시간이 없어." 다음날 준이는 줄을 서서 기다리는 동안 잘못된 행동을 하지 않았다. 홍명수 선생님은 "준이야, 줄을 잘 서고 있네. 내일 우리 반 줄반장을 하면 좋겠구나."라고 말했다.

5. **학습과 행동에서 나타나는 긍정적 변화를 강화하라.** 한초록 선생님은 자신의 고등학교 영어 수업 시간에 학생들이 글쓰기에 관한 포트폴리오를 만들도록 하였다. 주기적으로 그녀는 개별적으로 학생들과 글쓰기 과제를 검토하고 개선해야 할 부분을 지적하였다. 이러한 활동 결과, 학생들은 자신들의 글쓰기가 발전하고 있다는 것을 알게 되었다.

초등학교 음악 교사인 윤동민 선생님은 자신이 맡은 2학년 학생들이 1학기 과정에 있는 6가지 노래를 학습하는 데 어려움을 느끼고 있다는 것을 알았다. 윤 선생님은 6가지 노래들을 목록화한 표를 만들고는 학생들이 매 시간 노래를 배우면 표에 별을 붙일 것이라고 말하였다. 그리고 6개의 별을 모두 붙이면 교실에서 과자 파티를 갖자고 학생들에게 제안하였다.

6. **덜 가치 있는 활동에 참여하면 더 가치 있는 활동에 참여할 수 있도록 조건을 만들어라.** 5학년 학생인 예은이는 읽기 숙제를 하고 싶어 하지 않는다. 그러나 그녀는 컴퓨터에 이야기 쓰는 것을 좋아한다. 성민지 선생님은 예은이가 읽기 과제를 완성하면 여분의 시간에 컴퓨터를 할 수 있다고 말한다.

문영길 선생님은 고등학교에서 국어를 가르치고, 학생들의 드라마를 지도하고 있다. 그는 학생들에게 실제 연극 공연에 참여하려면, 20번의 연습 중 적어도 15번은 출석해야 한다고 말한다.

조작적 조건화 원리는 실제적으로 유용한 제안들을 포함하고 있다. 그러나 이 이론 역시 동기에 관한 불완전한 설명을 제공할 뿐이다. 조작적 조건화 이론은 학습과 동기를 구분하지 않고 있으며, 오히려 두 행동을 설명하는 데 같은 원리들을 사용한다. 우리는 이 책에서 동기와 학습이 관련되어 있음에도, 이 둘이 서로 같지 않다는 것을 강조하고 싶다(Schunk, 1995). 또 다른 논점은 강화와 처벌이 학생들을 동기화하지만, 그 효과가 자동적이지는 않다는 것이다. 오히려 그 효과는 강화와 처벌에 대한 학생들의 신념과 관련이 있다. 학생들은 강화될 것이라고 '믿는' 활동에 참여하고, 처벌받을 것이라고 '믿는' 활동을 피한다(Bandura, 1986). 또한 강화의 역사(reinforcement history)가 현재의 신념과 갈등을 일으킬 때, 사람들은 신념을 기초로 행동을 한다(Brewer, 1974). 지금까지 동기에 관한 연구들은 학생들을 동기화하는 많은 인지 요소들(예: 목표, 사회적 비교, 귀인, 성공 기대)을 확인해 주고 있다. 하지만 조작적 조건화 이론은 이들 인지적 요소들을 무시함으로써 인간이 가지고 있는 동기의 복잡성을 완전하게 설명하지 못한다.

추동이론

20세기 전반에는 행동주의 이론만이 학습과 동기에 영향을 미치는 유일한 동기이론은 아니었다. 또 다른 동기이론으로서 추동이론(Drive Theories)은 행동에 영향을 미치는 내적인 요소들을 강조했다. 추동은 항상성(homeostasis)을 유지하고자 하는, 또는 신체 기제들이 최적의 상태를 유지하도록 하는 내적인 힘이다. 유기체가 생명 유지를 위한 기본적 요소(예: 음식, 공기, 물)의 박탈로 인해 욕구를 경험할 때, 추동이 활성화되며, 이것이 유기체로 하여금 반응하도록 유도한다. 필요로 하는 요소를 얻게 되면, 욕구는 만족되며, 추동은 감소하게 된다.

추동은 강도, 방향, 지속성의 특징을 가지고 있다(Woodworth, 1918). 강도(intensity)는 추동이 행동을 활성화하는 정도를 나타낸다. 강도는 행동을 활성화하기 힘든 아주 낮은 수준부터 극도로 높은 수준까지 다양하다. 방향(direction)은 추동의 대상이나 목표를 가리킨다. 추동이 촉발되면 욕구를 충족시키기 위한 방향으로 행동을 활성화시킨다. 예를 들어, 배고픔 추동은 사람들을 물보다는 음식을 찾도록 만든다. 지속성(persistence)은 목표가 획득되고 욕구가 감소될 때까지 행동이 지속됨을 가리킨다.

추동이론에 근거해 이루어진 많은 연구들은 단순한 행동과 관련된 동물 실험 연구에 의존해 이루어져 왔다. 전형적인 실험 상황은 실험조건들을 달리하면서 배고프거나 갈증을 느끼는 동물들이 미로를 빠져나가 강화물을 얻기까지 걸린 시간을 측정하는 것이었다. 추동이라는 개념은 동물과 인간의 단순한 행동들을 설명하는 데 적절할지 모른다. 하지만 인간의 동기를 특징짓는 복잡한 행동을 설명하는 데에는 부족한 면이 많은 것이 사실이다(Weiner, 1985b).

체계적 행동주의 이론(systematic behavior theory)

추동과 함께 Hull(1943)은 습관의 강도와 억제가 행동에 중요한 요소임을 제안하였다. 습관 강도(habit strength), 또는 자극-반응 연합의 강도는 자극-반응 연합에 대한 강화의 수와 함께 증가한다. 억제(inhibition)는 계속된 반응으로 인한 피로와 반응하지 않을 때 제공되는 강화로 인해 발생한다. 욕구와 습관 강도는 유기체를 반응하도록 이끄는 반면, 억제는 반응하지 않도록 한다. 효과적인 반응 잠재성(effective reaction potential), 즉 행동의 발생 가능성은 추동, 습관 강도, 그리고 억제에 의해 결정된다.

동기는 "학습된 혹은 습관화된 움직임이나 행동 패턴이 나타나도록 하는 요소"(Hull, 1943, p. 226)라고 할 수 있다. 타고난 행동들은 주로 욕구를 충족시키는데, 학습은 이러한 타고난 행동이 효과가 없을 때 발생한다. 학습은 유기체가 생존을 할 수 있도록 환경에 적응할 수 있는 힘이다. 많은 행동들이 일차적 욕구를 만족시키도록 기능하는 것은 아니다. 이차적 강화물(예: 돈)은 일차적 강화(돈으로 식품을 구입)와 연합됨으로써 강화의 힘을 얻게 된다.

Hull의 이론의 문제점 중 하나는 욕구가 항상 추동 감소로 이어지는 추동을 유발하는 것은 아니라는 점이다. 음식이나 물에 대한 욕구는 비생리적인 욕구(예: 중요한 과제들을 끝내고자 하는 욕구)로 얼마든지 바뀔 수 있다. 추동은 생물학적 욕구 없이도 존재할 수 있다. 강렬한 성 추동은 즉시적 생존 욕구와 관련이 없는 상황에서도 상대를 가리지 않는 성 행동으로 나타날 수 있다.

또 다른 Hull의 이론의 문제는 많은 인간의 행동들이 장기 목표를 획득하는 데 그 목표를 둔다는 것이다. 즉, 직업을 얻거나, 대학 학위를 취득하거나, 대회에서 우승하는 것 등이 그 예다. 사람들이 이들 장기 목표를 추구하는 동안 이들의 욕구 상태는 계속해서 높게 유지되지는 않는다. 또한 높은 수준의 추동이 오랜 기간 이루어지는 수행 또는 복잡한 과제에 대한 수행을 이끌어 내지는 못한다(Broadhurst, 1957; Yerkes & Dodson, 1908). 시간이 지남에 따라 사람들은 일반적으로 높은 수준의 동기와 낮은 수준의 동기들을 번갈아 경험한다. 장기적 측면에서 성공하기 위한 열쇠는 바로 슬럼프에 빠져 오랫동안 그곳에 머물지 않는 것이다.

유인 동기

Hull의 이론은 동기를 더 잘 설명하기 위해 이후 보다 더 정교해졌다. 초기 Hull의 이론은 강화가 습관 강도와 효과적인 반응 잠재성을 증가시킨다고 제안하고 있었다. Hull(1943)은 큰 보상이 작은 보상보다 더 나은 학습(즉, 더 강한 습관 강도)을 이끌고, 목표 달성 즉시 큰 보상이 제시되었을 때 습관 강도가 더 강하게 형성된다고 주장하였다.

하지만 Hull의 이 아이디어들은 쥐들이 보상 없이도 미로 학습을 할 수 있다는 것을 보여 주었던 Tolman의 잠재적 학습 연구(이 장의 후반에 논의됨)에 의해 반박되었다. 또한 다른 연구자들은 동기의 변화(예: 미로를 빠져나오는 과정에서 쥐들의 달리기 속도)가 보상 크기의 변화에 의해 기인한다는 것을 밝힌 바 있다(Crespi, 1942). 이 때 동기의 변화가 습관 강도의 변화에 의해 발생했다고 할 수는 없다. 왜냐하면 Hull의 이론에 따르면 습관 강도는 반복된 강화에 의해 계속해서 증가해야만 하기 때문이다.

Hull(1951, 1952)은 자신의 이론을 수정하였고, 수정된 이론에 유인 동기(incentive motivation)라는 개념을 포함하였다. Hull에 의하면 유인 동기는 목표 달성을 위한 동기이며, 학습과 관련된 변인이라기보다는 수행과 관련된 변인이라는 것이다. 이후 Spence(1960)는 복잡한 동기 변인을 만들기 위해 유인 동기가 추동과 가법적(addictively) 방식으로 결합된다고 제안한 바 있다. 보상이 학습이 아닌 수행에 영향을 준다는 생각은 이후 경험적 연구를 통해 지지되었고(Bandura, 1986), 또한 동기에 관한 많은 인지이론들이 이 점에 대해 높은 관심을 나타냈다.

Mowrer의 이론

Mowrer(1960)는 감정(emotion)의 역할을 강조하는 추동이론을 제안하였으며, 이 때 감정은 자극과 반응 사이를 중재하는 역할을 한다고 가정하였다. 고전적 조건화와 유사하게, 정서의 시작과 연합된 단서들이 실제 정서를 유발하는 자극 이전에 정서를 이끌어 낼 수 있다. 이처럼 예상에 의해 발생하는 정서는 실제 정서를 유발하는 자극에 접근하거나 또는 이를 회피하기 위한 수단적 행동을 만들어 내게 된다.

Mowrer의 이론은 두려움, 안도, 희망, 실망이라는 네 가지 주된 정서를 포함한다. 두려움(fear)은 지각된 위험을 회피하도록 행동을 일으키며, 고통에 대한 기대나 예견을 나타낸다. 두려움은 음식 박탈과 충격과 같은 상황들에 의해 야기되는 증가된 추동으로 인해 발생한다. 안도(relief)는 유기체가 두려운 상황으로부터 벗어나도록 해주는 반응에 의해 두려움이 감소될 때 생겨난다. 안도는 두려움과 연합된 단서가 제거될 때 당시 존재하는 자극과 연결된다. 만일 실험 장치에 있는 동물이 전기 충격을 받기 직전에 빛이 비추고, 이때 실험 장치에 있는 레버를 누름으로써 빛을 제거할 수 있다면, 레버의 존재는 유기체가 안도를 느끼도록 조건화될 수 있다.

추동 감소는 희망(hope)과 동반될 수 있다. 만일 배고픈 동물이 먹을 것을 얻기 위해 레버를 누르도록 배운다면, 그때 음식을 얻는 것은 욕구를 감소시키고 희망을 만들어 낸다. 레버 누르기와 연합된 단서들(예: 레버를 누르고 난 후 음식이 도착할 때 제시되는 빛) 또한 조건화될 수 있다. 왜냐하면 이들 단서들은 추동 감소와 희망 증가가 임박했음을 알려 주기 때문이다. 실망(disappointment)은 추동 감소를 예견하는 희망 단서가 실제 추동 감소를 가져오지 않을 때(예: 갑자기 빛이 꺼지고 레버를 눌러도 음식이 제공되지 않을 때)와 같이 반응 결과에 의해 희망이 감소될 때 발생한다. 두려움과 같이 실망은 부정적이고, 유기체에게 실망을 표시하는 단서들을 제거하도록 동기화한다. 따라서 동물은 레버 누르기를 중지하고, 자신들이 음식을 얻을 수 있는 다른 방법이 있는지를 알아보기 위해 다른 행동들을 만들어 내기 시작한다.

Mowrer의 이론은 몇 가지 동기적 행동들이 어떻게 학습되는가에 대한 그럴듯한 설명을 제시해 준다. 행동은 단서들에 조건화된 정서들에 의해 동기화된다. 두려움, 희망, 안도, 그리고 실망은 학교 상황(예: 시험)에서 우리가 확인할 수 있는 학생들의 공통적인 정서들이기도 하다.

Mowrer의 이론은 이미 습득된 행동의 수행은 잘 설명할 수 있으나, 새로운 행동의 출현에 대해서는 그렇지 않은 단점을 가지고 있다(Miller, 1963). 일단 실험 동물이 미로에 존재하는 어떤 단서가 음식이 미로의 끝에 있다는 희망과 연합되어 있다는 사실을 학습하고 난 뒤에는 미로를 탐색하는 행동을 계속할 것이나, 그 같은 조건화가 일어나기 이전인 초기에 왜 실험 동물이 미로를 탐색하는지를 설명하지는 못한다. 또한 적은 수의 정서를 강조하는 것은 인지의 역할과 성취 동기에 관한 설명 가능성을 제한한다.

획득된 추동

Hull은 추동을 생존을 위한 선천적 수단으로서 보았지만, 추동도 학습될 수 있다. Miller(1948)는 문에 의해 두 구획으로 나뉜 상자를 사용하여 획득된 추동(acquired drives)을 탐색하였다. 쥐들이 상자의 첫 번째 구획에 있는 동안 전기 충격이 주어졌고, 이후 실험자가 문을 열어 주어 쥐들이 두 번째 구획으로 피할 수 있도록 하였다. 그 후 쥐들이 첫 번째 구획에 놓여졌을 때 전기 충격을 주지 않고 두 번째 구획으로 문을 통해 피할 수 있도록 하였다. 이때 쥐들은 두 번째 구획으로 연결되는 문을 열기 위해서 첫 번째 칸에 있는 바퀴를 돌리는 것과 레버를 누르는 것을 학습해야만 했다. 쥐들의 절반가량이 두 행동을 성공적으로 학습했고, 여러 시행을 통해 나아진 수행을 나타냈다. 하지만 학습에 실패한 쥐들은 두 행동의 학습을 저해하는 습관(예: 공간에서 몸을 웅크리는 행동)을 만들기 시작하였다.

Miller의 연구는 첫 번째 구획에 있던 중립 단서들(바퀴와 레버)이 전기 충격과 연합된다는 것을 보여 주었고, 또한 이들 단서들이 두 번째 구획으로의 회피행동에 대한 강화를 통해 쥐들이 새로운 행동들(바퀴 돌리기와 레버 누르기)을 학습하도록 동기화시켰음을 보여 주었다. 첫 번째 구획으로부터 벗어나려는 동기는 그것이 충격과 짝지어졌기 때문에 후천적으로 획득된 것이라 할 수 있다. 이 동기가 쥐들이 충격을 피하는 행동을 학습하도록 도왔다. 다른 추동이론과 마찬가지로 획득된 추동이론도 동기에 대한 설명에 있어 제한성을 갖는다. 왜냐하면 이 이론도 인간의 사고를 경시하고 있으며, 인간의 모든 동기가 궁극적으로 일차 추동들과 연결되어 있다고 가정하기 때문이다.

유목적적 행동주의

기계적인 조건화 이론, 그리고 추동이론과는 대조적으로, Tolman(1932)의 유목적적 행동주의(purposive behaviorism) 이론은 목표를 강조하는 입장을 취한다. 환경 자극들은 목표 성취를 위한 수단을 제공하고 행동의 맥락에서 연구되어야 한다. 일류대학에 진학하고자 하는 고등학생들은 열심히 공부한다. 하지만 연구에서 오직 공부에만 초점을 맞추는 것은 목표를 무시하는 것이다. 학생들은 공부하는 행동에 대한 강화를 받아 왔기 때문에 공부를 할 뿐만 아니라, 공부하는 것이 학습을 촉진하고, 시험에서 높은 점수를 받을 수 있게 하며, 그리고 대학 합격의 가능성을 높인다고 믿기 때문에 공부를 하는 것이다.

Tolman은 자극-반응 연합의 한계를 뛰어넘었음에도 불구하고, 인지적 용어의 사용이 객관적으로 정의되었기에 사용한 것이다. 사람을 포함한 모든 유기체들은 자신이 목표를 추구하는 것처럼, 그리고 목표 성취를 위한 수단을 선택하는 것처럼 행동한다. Tolman의 이론이 행동주의적 측면에 초점을 맞추고 있음에도 불구하고 인지적 기제에 대한 많은 함의를 포함하고 있는 것도 사실이다.

기대 학습

Tolman(1932)은 자극들($S_1 \rightarrow S_2$) 간, 또는 자극, 반응 그리고 자극들($S_1 \rightarrow R \rightarrow S_2$) 간의 관계를 포함하는 것으로 기대를 정의하였다. 자극들 사이의 관계는 어떤 자극이 다른 어떤 자극에 뒤따르기 쉬운지와 관련이 있다. 예를 들어, 내가 번개(S_1)를 본다면 그 뒤 천둥(S_2)을 보게 된다. 자극-반응-자극 간의 관계에서 사람들은 어느 한 자극에 대한 반응이 결과를 가져올 것이라는 신념을 발전시킨다. 예를 들어, 만일 내가 이 책(S_1)을 공부(R)한다면, 나는 시험(S_2)에서 좋은 점수를 얻게 될 것이다. 단순한 자극-반응 연합이 종종 기대를 만들어 내기도 한다. 기대는 사람들로 하여금 목표를 성취하도록 도움을 준다. 사람들은 자신의 목표를 달성하기 위해 필요한 행동들에 대한 기대를 포함하는 인지지도(cognitive maps), 혹은 내부 계획들을 형성한다. 사람들은 목표를 알려 주는 신호를 따르고, 단순한 행동보다는 의미를 배우고, 목표를 달성하기 위해 인지지도를 사용한다(Tolman, 1949).

Tolman은 창의적인 방법으로 자신의 생각을 검증하였다. 한 연구(Tolman, Ritchie, & Kalish, 1946)에서 쥐들은 미로를 빠져나가도록 훈련을 받았다. 이후 미로를 빠져나갈 수 있는 경로를 막았다. 조건화 이론가들은 쥐들이 이전에 이용했던 통로와 근접해 있는 통로를 선택할 것이라 예견했다. 왜냐하면 인접해 있는 통로는 이전 강화 경험과 연합되었을 가능성이 높기 때문이다. 하지만 쥐들이 가장 많이 선택한 통로는 이전 통로와는 입구가 멀리 떨어져 있지만 빠져나가는 방향이 같은 통로였다. 이것은 동물들이 음식의 위치 정보를 담고 있는 인지지도에 근거해 행동한다는 생각을 지지하는 것이다.

잠재적 학습

인지지도 학습을 지지하는 부가적인 증거는 목표나 강화가 없는 상황에서 일어나는 학습인 잠재적 학습(latent learning)에 대한 연구에서 찾을 수 있다. 잠재적 학습은 행동의 변화가 나타나기 위해서는 강화된 연습이 필요하다는 조작적 조건화 원리와 상반된다.

Tolman과 Honzik(1930)은 두 집단의 쥐를 여러 차례에 걸쳐 미로를 빠져나가도록 하였다. 이때 한 집단에게는 미로를 빠져나가게 되면 보상으로 먹이가 주어졌고, 또 다른 집단에게는 보상이 주어지지 않았다. 보상이 주어진 쥐 집단에서는 미로를 빠져나가는 시간과 실수의 횟수가 감소하였지만, 그렇지 않은 다른 집단에서는 반복된 시행에도 불구하고 시간과 실수가 여전히 높게 유지되었다. 하지만 이후 먹이 보상이 주어지지 않았던 집단의 일부 쥐들에게 보상을 주자 이들이 미로를 빠져나가는 데 소요된 시간과 실수가 먹이 보상이 항시 주어졌던 집단의 수준으로 급격하게 떨어지는 것을 확인할 수 있었다. 하지만 계속해서 먹이 보상이 주어지지 않은 쥐들의 수행 결과는 향상되지 않았다. 이 결과들에 의하면 보상이 주어지지 않은 상황에서도 미로를 빠져나가는 방법을 쥐들이 학습했지만, 보상이 주어지지 않는 경우 자신이 학습한 것을 행동으로 나타내지 않는다는 것을 보여 주는 것이라고 해석할 수 있다.

잠재적 학습 연구를 통해 Tolman은 학습이 보상이나 추동 감소 없이 발생할 수 있다는 것과 보상(유인)이 학습 과정보다는 학습한 것을 행동화하는 과정인 수행에 영향을 미친다는 것을 증명하였다(Weiner, 1990). 교사들은 때때로 그들이 아는 것을 수행하도록 학생들을 동기화시키려 노력한다(예: 복습 시간). 그러나 학생들에게 학습하도록 동기화하는 데 많은 시간이 소비되는 것을 볼 수 있다. 학습이 보상 없이도 발생할 수 있다는 교육적 메시지는 중요한 것이다. 이러한 통찰을 제공함에도 불구하고 Tolman의 이론은 동기에 영향을 미치는 다양한 요인들을 완전하게 설명하지는 못한다.

각성이론

각성이론(arousal theories)은 정서의 관점에서 동기를 설명한다. 이 이론들은 본질상 행동적이지 않으며, 또한 인지적이지도 않다. 각성이론들은 동기가 정서적인 과정에 강하게 의존한다고 주장한다. 연구자들은 정서가 학교 학습과 동기에서 중요한 역할을 한다는 것을 점차 보여 주고 있다(6장 참조).

이 부분에서 우리는 James-Lange 이론, 최적의 각성수준 이론, 그리고 Schachter의 정서이론을 논의하고자 한다. 이 책에서 다루어진 것 외에 각성이론에 대해 더 깊은 관심을 가진 독자들은 다른 자료들을 참조할 수 있을 것이다(Arnold, 1968; Russell, 1970).

James-Lange 이론

19세기 말엽에 있었던 대중적 관점 중 하나는 감정적 각성이 자극 지각과 행동 간의 관계를 중재한다는 생각이었다. 예를 들어, 만일 우리가 위협적인 뱀을 만나게 되면, 뱀에 대한 지각은 두려움을 일으키게 되고, 뱀에 대한 두려움이 회피행동을 이끌어 낸다. 이 과정은 다음과 같이 묘사될 수 있다.

지각(perception) → 감정(emotion) → 행동(behavior)

James(1884, 1890)와 Lange(1885)는 이 관점에 대해 서로 독립적으로 다른 의견을 제시하였다. 감정에 대한 James-Lange 이론은 정서가 행동의 선행(원인) 요인이라기보다 행동의 결과이며, 각성을 일으키는 상황에 대한 유기체의 반응 자체의 지각을 포함한다고 규정한다. 이때 반응은 자율신경계통의 반응들(예: 심장 박동, 땀, 신체적 고통)뿐만 아니라 실제 행동들을 포함하는 것이다. 정서는 바로 겉으로 나타나는 행동과 신체 내에서 일어나는 반응들에 대한 의식적인 경험인 것이다. 이 관점에 따르면 우리가 뱀을 보게 되면 먼저 회피행동을 하게 되고, 그 다음에 회피행동에 대한 지각을 통해 두려움의 정서를 만들어 내는 내적 증상들을 우리가 경험하게 된다는 것이다. 이 관점에서의 인과적 순서는 다음과 같이 나타낼 수 있다.

지각 → 행동 + 내적 반응 → 감정

James-Lange 이론은 정서를 행동의 원인이라기보다 결과로 보기 때문에 정서의 동기적 중요성을 낮춘다고 할 수 있다. 뱀으로부터 회피하고자 하는 동기는 정서 이외의 다른 요인들에 의해 일어난다고 보는 것이다(예: 뱀이 위험하다는 것을 학습한 결과).

Cannon(1927)은 James-Lange 이론의 타당성에 대해 이의를 제기하였다. Cannon은 뇌로 피드백을 제공하는 신체 변화들이 제거되었을 때조차도 감정을 느낄 수 있다고 보았다. 그는 고양이의 신체 변화가 일어나지 않도록 하기 위해 관련된 뇌 부분의 신경세포들을 제거했으나, 그 고양이는 짖는 개에 대한 반응으로 여전히 분노를 나타냈다. 그는 또한 동일한 신체 변화에 대해 우리가 서로 다른 감정들을 경험할 수 있음을 증명하였다. 예를 들어, 우리가 분노와 두려움을 경험하는 동안, 혈당량은 증가하고, 동공은 확대되며, 심장 박동은 증가하는 신체 변화들이 나타난다. 반대로 이들 신체 반응들은 James-Lange의 이론이 예측하는 것처럼 우리가 어떤 정서를 경험할 것인지를 결정할 수는 없다는 것이다.

Cannon이 제안하는 대안적 설명은 아래와 같이 내적 반응과 감정에 지각으로 인해 나타나는 공통 결과이고, 이것이 이후 행동을 유발한다는 것이다.

지각 → 내적 반응 + 감정 → 행동

정서를 유발하는 자극은 시상(thalamus, 뇌의 한 구조)에 있는 신경세포 순환계를 활성화시킨다. 이 순환계는 자율적인 신체 각성을 일으키는 척추 부분으로 메시지를 전달하고, 동시에 정서 경험을 유발하는 대뇌 피질 부분으로 메시지를 보낸다. 따라서 우리가 뱀을 보게 되면 자율적 신체 증상과 정서적 인식을 동시에 경험하게 되는 것이다. 이러한 관점은 동기에서의 정서 역할을 강조하는 것으로 볼 수 있다. 왜냐하면 정서가 뒤따르는 행동을 결정하는 것을 돕기 때문이다.

최적의 각성수준

또 다른 각성이론으로서 최적의 각성수준(optimal level of arousal)이 동기를 유발한다고 보는 관점을 들 수 있다. Hebb(1949)은 학습에 관한 자신의 신경생리학 이론을 통해 동기가 지식을 나타내며 동시에 반복적 자극을 통해 점진적으로 개발되는 세포 집합(cell assemblies)으로부터 만들어진다고 가정하였다. 세포 집합은 인지 과정들에 의해 안내되는 행동들과 생리학적 관점에서 일치하는 개념인 국면 계열들(phase sequences)에 의해 서로 연결된다. 세포 집합과 국면 계열들의 활동성을 유지하기 위해서는 적절한 수준의 각성이 필요하다. 각성이 너무 낮으면 계열들이 제대로 기능하지 않으며, 너무 높아도 계열들이 파괴되는 결과를 가져온다.

Berlyne(1960, 1963)의 이론에서 각성은 대체로 추동과 동등한 의미를 갖는다. Berlyne은 탐색적 활동들이 주로 높은 수준의 각성을 가져오며, 자극의 일부 두드러진 특징들(예: 신기함, 모호함, 불일치, 놀람)이 각성에 영향을 준다고 가정하였다. 각성은 적응적인 특성을 가지며, 우리는 최적의 각성수준을 유지하려고 한다. 만일 각성이 매우 낮으면 지루함이 생기게 되고, 우리는 각성을 증가시키도록 동기화된다. 만일 각성이 너무 높으면, 우리는 각성수준을 낮추도록 동기화된다. 신기하거나 불일치하는 자극들은 그것들을 탐색하는 방향으로 행동을 동기화시킨다. 왜냐하면 이들 자극들이 각성수준의 변화를 만들어 내기 때문이다.

Hebb(1966)은 각성의 적절한 변화가 뇌 자체가 활동을 요구하기 때문에 강화 작용을 수행한다고 가정하였다. Hebb은 각성을 놀이(play)와 연결시켰는데, 놀이는 다른 욕구들이 활성화되지 않을 때 발생한다고 제안한다. 이때 놀이는 신체적인 것일 수 있으며, 또한 지난 사건들과 규칙에 대한 기억을 필요로 하기 때문에 정신적일 수도 있다. 바로 놀이는 지루함의 결과로서 나타나며, 최적의 각성수준을 제공하는 기능을 수행하는 것이다.

Berlyne과 Hebb은 최적의 각성수준 이상이나 이하로 이탈해 있는 경우 최적의 각성수준으로 되돌아가고자 하는 동기가 발생한다고 보았다. 이 견해는 Hull의 이론과 대조된다. Hull은 유기체가 각성을 감소시키고 항상성 상태(고요한 상태)로 되돌아가려고 하는 추동이 바로 동기라고 보았다. 이처럼 Berlyne과 Hebb은 각성의 동기적 기능을 확장시켰다고 할 수 있다. 다음에 제시된 〈적용 1-2〉는 지금까지 제시된 생각과 관련된 예시들을 제공한다.

적용 1-2 교실에서 각성이론 적용하기

교사들은 학생들의 경계심, 흥미, 동기를 유도하기 위해 교실에서 신기함, 모호함, 그리고 불일치를 사용하는 것이 갖는 가치를 안다. 교사들은 보통 밝은 색으로 게시물들을 만들며, 놀라운 결과를 보여 주거나, 또는 불일치하는 정보(예: "만일 우주가 까맣다면, 하늘이 파란 이유는 무엇일까?")를 제시한다. 동시에 지나치게 많은 신기함과 모호함은 교실 수업을 혼란스럽게 만들거나 학생들에게 학습에 대한 불확실성과 의심을 갖도록 한다. 각성은 동기에 있어 중요한 요소이며, 우리는 학생들의 각성이 최적 수준을 유지하도록 노력해야 한다. 이를 위해 몇 가지 제안들을 하면 다음과 같다.

1. **학생의 동기를 최적 수준으로 유지하라.** 즉, 학생들이 지루함과 높은 불안을 느끼지 않도록 하라. 중학교 1학년을 가르치는 신임 과학교사가 학생들에게 주어진 과제를 빨리 끝낸 후 남은 시간 교실에서 자유스럽게 있도록 하였다. 학생들이 자유시간에 지루해 한다는 것을 알고 그는 학생들이 과제를 마치고 난 후 할 수 있는 몇 가지 실제적 활동들을 개발하였다. 그로부터 2일 뒤 교사는 학생들의 행동이 많이 개선되었음을 확인할 수 있었다.

   유치원 교사인 강희연 선생님은 매일 울음을 터뜨리는 몇몇 아이 때문에 고민이 생겼다. 다른 교사들과 의논한 후 그녀는 아이들이 우는 원인이 그녀가 아이들에게 너무 많은 활동을 완수하도록 기대했기 때문이라는 것을 알았다. 이후 훨씬 적은 활동을 수업 시간에 시행한 결과, 아이들은 안정감과 자신감을 가지고 수업 활동에 참여하는 모습을 보였다.

2. **교수와 학생 활동에 신기함과 불일치를 결합시켜라.** 한 고등학교 과학교사가 학생들이 다양한 물질들이 특정 화학물질과 어떻게 반응하는지를 알도록 하기 위해 수업 활동을 개발하였다. 수업 활동을 더 흥미롭게 만들기 위해 그녀는 학생들이 짝을 이루어 화학물질에 반응하는 결과를 바탕으로 어떤 물질이 용액 안에 포함되어 있는지를 알아내도록 과제를 주었다.

   초등학교 3학년 교사가 나뭇잎과 나무껍질을 수집하도록 학생들을 데리고 숲으로 현장 체험을 갔다. 이후 학생들은 자신들이 현장 체험에서 수집했던 것들을 분류 수업 시간에 활용하였다.

3. **학생들이 학습에 대해 불확실함이 아닌 긍정적 정서를 가질 수 있도록 하라.** 수지는 나눗셈 문제를 푸는 데 어려움을 겪고 있었다. 김정희 선생님은 수지에게 "내가 방과 후에 너를 돕게 되어 기쁘구나. 나는 수지가 나눗셈을 어떻게 하는지 배울 수 있다고 믿어."라고 말했다. 수지는 "고마워요, 선생님. 작년에 다른 선생님은 내가 결코 수학에 관한 어떤 것도 배우지 못할 것이라고 말한 적이 있었어요."라고 대답했다.

   황진희 선생님은 특수학급에 있는 자신의 학생들이 과학 프로젝트를 완성하는 데 어려움을 겪고 있었기 때문에 매우 지쳐 있었다. 그녀는 자신의 학생들이 일반학급 학생들을 따라갈 정도로 똑똑하지 못하다고 생각하고 있는 것이 아닌지 자기 스스로를 반성해 보았다. 이후 그녀는 개별적으로 학생들을 만나 학생들이 정시에 프로젝트를 마칠 수 있도록 일정표 만드는 것을 도와주었다.

Schachter의 정서이론

Schachter(1964; Schachter & Singer, 1962)는 정서가 생리학적 각성과 인지적 명명 또는 귀인(지각된 원인)을 포함한다고 제안한다. 만일 이 가운데 어느 하나가 없다면, 경험된 정서는 불완전한 것이 될 것이다.

대부분의 상황에서 우리는 생리학적 각성에 이름을 붙일 수 있다. 왜냐하면 생리학적 각성이 단서들과 함께 일어나기 때문이다. 만일 누군가가 당신을 고의로 민다면,

당신은 정서적인 각성과 그 정서를 분노라는 이름으로 명명할 수 있는 분명한 단서를 경험하게 된다. Schachter는 인지가 경험된 감정(예: 화, 두려움, 분노)을 결정한다고 생각했다. 인지는 현재의 상황으로부터 발생되고 우리의 이전 경험들에 비추어 해석된다. 그러나 때로는 각성을 경험하긴 하지만 정서를 명명할 단서들이 불명확한 경우들이 있다. 이러한 일이 발생했을 때 우리는 설명을 위해 환경을 탐색하게 된다.

Schachter와 Singer(1962)는 자신의 이론을 확인하기 위해 성인들을 대상으로 연구를 수행하였다. 연구에 참여한 사람들은 이들이 비타민제가 시력에 미치는 영향에 관한 연구에 참여한다고 들었지만, 실제 이들에게는 에피네프린 또는 위약(placebo) 중 하나가 주어졌다. 에피네프린은 혈압, 심장 박동, 그리고 호흡을 증가시키며, 얼굴이 빨개지는 현상을 가져온다. 에피네프린을 제공받은 사람들은 다시 세 집단으로 구분되었다. 첫째, 복용한 약(참여자는 이것이 비타민제라고 믿고 있음)이 어떤 신체 반응을 가져올지에 대해 정확한 정보를 제공받은 집단(진정보조건)이다. 둘째, 복용한 약이 발 부분의 무감각이나 가려움을 일으킬 수 있다는 잘못된 정보를 제공받은 집단(오정보조건)이다. 세 번째 집단은 그냥 아무런 부작용이 없을 것이라는 말만 들었다(무정보조건). 연구에 참여한 사람들은 또 다른 참여자라고 속여 소개된 연구 공모자(confederate)와 짝을 이루도록 하였고, 연구 공모자도 비타민제를 똑같이 복용했다는 거짓 정보를 제공받았다. 연구에 참여한 사람들에게 잠시 기다리라고 이야기하고 연구자가 나간 사이, 연구 공모자는 화가 난 것처럼 행동하거나 또는 행복감에 도취된 것처럼 행동하도록 하였다. 연구 참여자의 행동들은 이들이 인식하지 못하게 관찰되었고, 연구자들은 참여자들에게 이후 자기보고식 기분검사를 완성토록 요청하였다.

먼저 오정보조건과 무정보조건의 연구 참여자들은 진정보조건의 참여자들보다 행복감을 더 많이 보고하였다. 관찰 결과를 분석해 보면, 오정보조건이 무정보조건에서보다, 무정보조건이 진정보조건에서보다 연구 참여자들이 더 기분 좋게 행동하는 것을 볼 수 있었다. 비록 통계적으로 유의하지는 않았지만, 분노 조건에서도 이와 유사한 결과가 나타났다. Schachter와 Singer는 진정보조건의 연구 참여자들의 경우 복용약이 가져오는 신체 변화에 대한 정보를 정확하게 제공받았기 때문에 자신들이 경험하고 있는 신체 변화에 대한 정확한 귀인을 하고 있었다고 볼 수 있다. 반면, 오정보조건이나 무정보조건의 경우 자신들이 경험하고 있는 신체적 변화에 대한 설명을 위해 단서들을 찾아야 했고, 이때 옆에 있던 연구 공모자의 분노 또는 행복감에 도취된 행동이 자신이 현재 경험하고 있는 신체 변화와 관련해 발생하고 있는 정서를 분노 또는 행복감으로 명명하도록 하였다고 볼 수 있다.

Schachter의 정서이론은 정서의 원인으로서 인지적 귀인을 추가한 것을 제외하고는 James-Lange의 정서이론과 비슷하다. Cannon과 같이 Schachter는 정서에 관한 인지적 관점을 강조하였다. Schachter의 정서이론은 정서를 경험하기 위해서는 신체적 각성과 인지가 필요하다는 것을 보여 주는 강력한 사례라고 할 수 있다.

Schachter와 Singer(1962)의 연구 절차에는 몇 가지 방법적 문제들이 있으며, 이후 수행된 반복 연구들은 성공적인 결과를 보여 주지 못하였다(Cotton, 1981). 정서의 본질과 동기에 있어서 정서의 역할에 대한 전문가들의 논쟁은 계속되고 있다. 우리는 3장에서 정서와 관련 인지의 역할을 강조하는 귀인이론을 살펴보게 될 것이다. 이들 이론에서 확인할 수 있는 한 가지 중요한 시사점은 학생들이 사건을 어떻게 해석하는가가 감정과 동기에 영향을 준다는 점이다.

인지 일관성

인지 일관성(cognitive consistency) 이론은 20세기 중반을 전후하여 발전되었으며, 이 이론은 인간의 인지에 대해 관심을 기울이고 어떻게 인지가 사람들의 행동에 영향을 미치는지를 밝혀냄으로써 행동주의 이론이 그 영향력을 상실하는 데 많은 영향을 미쳤다. 인지 일관성 이론은 동기가 인지와 행동 간의 관계로부터 기인한다고 가정한다. 이 이론들은 인지와 행동 간의 불일치로 인해 긴장이 발생하면 이를 일관되게 유지하기 위한 욕구가 발생하며, 이후 내적 평형을 회복하게 된다고 주장하기 때문에 항상성 이론이라 할 수 있다. 인지 일관성 이론과 관련하여 Heider와 Festinger는 중요한 두 가지 관점을 제기한 바 있다.

균형 이론

Heider(1946)는 사람들은 사람, 상황, 사건 사이의 관계에서 인지적으로 균형을 이루려는 경향성을 가지고 있다고 주장하였다. 기본적 상황은 사람, 상황, 사건의 세 요소들과 이들 간의 긍정적 혹은 부정적 관계로 구성된다. 균형은 모든 세 요소들이 서로 긍정적으로 관계될 때 혹은 긍정적 관계 하나와 부정적 관계 둘이 존재할 때 이루어진다. 예를 들어, 내가 만일 덕호와 지희를 좋아하고, 덕호가 나와 지희를 좋아하고, 지희가 나와 덕호를 좋아한다면, 나-덕호-지희 이들 세 사람 간의 관계는 균형을 이룬다고 할 수 있다. 불균형은 하나의 부정적인 관계와 두 개의 긍정적 관계가 존재할 때, 그리고 모든 요소들이 부정적 관계를 가지고 있을 때 나타난다. 만일 내가 덕호와 지희를 좋아하고, 덕호와 지희도 나를 좋아하나, 덕호와 지희는 서로 좋아하지 않는다면 균형은 깨진 상태라고 할 수 있다. 이 이론에서는 세 요소가 균형을 이룰 때에는 어떠한 행동도 나타나지 않지만, 불균형이 존재할 때에는 갈등을 해결하려고 사람들이 노력하게 된다는 것이다.

사람들이 인지적 균형을 유지하기 위해 노력한다는 점은 직관적으로 보아 그럴듯해 보인다. 하지만 인지적 균형 이론 역시 약간의 문제점을 내포하고 있다. 먼저 균형 이론은 개인이 언제 인지적 평형을 회복하기 위해 노력할지에 대해서는 예측할 수 있지만, 어떻게 평형을 회복하는가에 대해서는 설명하지 못한다. 또한 이 이론은 불균형 관계의 중요성을 적절히 고려하지 못하고 있는 문제점을 가지고 있다. 우리는 자신에게 가치 있는 사람들 사이에 불균형이 존재할 때에는 이에 대해 많은 신경을 쓰지만, 가치를 별로 두지 않는 사람들 간의 불균형 문제에 대해서는 이를 회복하기 위해 노력하지는 않는다. 이러한 측면에서 볼 때 동기이론으로서 균형 이론은 불완전한 이론이라고 할 수 있을 것이다.

인지 부조화 이론

일관성 이론의 두 번째 유형으로 들 수 있는 것이 인지 부조화 이론(cognitive dissonance theory)이다. Festinger(1957)는 사람들이 자신의 신념, 태도, 의견, 행동 등에 있어 이들 간에 일관된 관계를 유지하려고 노력한다고 제안한다. 이들 간의 관계는 서로 일치하거나, 무관하거나, 또는 부조화할 수 있다. 즉, 하나의 생각이 다른 생각으로부터 기인하거나 또는 다른 생각과 서로 어울릴 때, 우리는 두 인지(생각)가 서로 일치한다(consonant)고 말한다(예: 나는 지현이를 좋아하지 않는다. 그리고 나는 가능한 한 지현이를 피한다). 서로 무관한(irrelevant) 관계는 요소들 간에 서로 관련성이 없다는 것을 말한다(예: 나는 파란색을 좋아한다, 내가 좋아하는 개 이름은 복순이다). 부조화 관계는 서로 간에 상반된 요소들이 동시에 공존할 때 나타난다(예: 나는 지현이를 싫어한다. 나는 항시 지현이를 만난다). 부조화는 추동과 같이 감소(reduction)를 유도하는 특성을 지닌 일종의 긴장(tension) 상태라고 할 수 있다. 부조화는 인지들 간의 불일치 정도가 증가함에 따라 같이 증가된다. 이때 이들 인지들이 갖는 중요성 또한 함께 고려된다. 중요하지 않은 인지들 간의 불일치는 대부분 부조화를 일으키지 않지만, 중요한 인지들 간의 불일치는 작은 불일치라 할지라도 부조화를 일으킬 수 있다.

부조화를 감소시키는 한 가지 방법은 불일치된 인지를 변화시키는 것이다. 위의 불일치 예에서 '나는 실제 지현이를 좋아한다.'로 나의 신념을 변화시킨다면, 부조화는 감소될 것이다. 또 다른 방법은 불일치 관계에 있는 어느 한 인지를 정당화하는 것이다(앞 예의 경우, '내가 지현이를 항시 만나는 것은 단지 지현이와 일을 해야 하기 때문이다.'라고 자신의 생각을 정당화하는 것이다). 세 번째 방법은 내가 가지고 있는 인지들의 중요성을 격하시키는 것이다. 즉, '내가 좋아하지 않는 사람들이 많이 있고, 지현이는 그들 중 한 사람으로, 지현이를 좋아하지 않는 것은 그리 중요한 일이 아니야.'라고 생각하는 것이다. 마지막으로, 자신의 행동을 변화시킴으로써 부조화를 해결할 수 있을 것이다. 위 예에서 지현이를 더 이상 만나지 않도록 그를 피하는 것이 이에 해당한다.

부조화 이론은 인지적 갈등이 어떻게 해소될 수 있는가에 관심을 갖는다(Aronson, 1966). 부조화가 우리를 동기화시킨다는 생각은 설득력이 있어 보인다. 부조화 이론은 인지들의 불일치 관계를 폭넓게 다룸으로써, 균형 이론처럼 세 요소 간의 관계 틀에 제한되지 않는다. 그러나 부조화 이론도 균형 이론이 가지고 있는 문제를 가지고 있는 것 또한 사실이다. 먼저 부조화라는 개념을 정의하기가 모호하고 실험적으로 이를 증명하기가 쉽지 않다는 것이다. 부조화 이론에서는 인지들이 서로 갈등을 일으키기 위해서는 반드시 개인에게 중요한 것으로 인식되는 것이어야 하기 때문에, 주어진 상황에서 인지들이 서로 갈등을 일으킬지에 관해 일반화하여 예측하는 것이 어렵다는 문제를 갖는다. 또한 이 이론은 부조화가 어떤 과정을 통해 감소하는가에 대해서는 예측하지 못한다. 부조화 이론을 통해 학생들의 동기를 설명하기 위해서는 부가적인 다른 요인들에 대한 고려가 필요한 것이 사실이다. 예를 들어, Shultz와 Lepper(1996)는 부조화에 관한 지금까지 연구에서 보고된 불일치한 연구 결과를 서로 조정할 수 있는, 그리고 다른 동기 변인들과 부조화 이론을 통합할 수 있는 새로운 모델을 제시한 바 있다.

동기의 기능적 자율성

특질 심리학(trait psychology)은 대략 1930년에서 1950년까지의 기간 동안 활발하게 이론화되고 연구되었던 영역이다. 특질(trait)은 개인 내의 독특한 실체로서, 모든 상황에 걸쳐 상대적으로 일관되게 나타나는 개인의 행동을 설명하는 데 도움이 된다(Hunt, 1993). 특질 심리학은 행동주의 기반으로부터 인지이론으로 동기이론들이 진화해 나가도록 하는 데 중요한 역할을 했다.

Gordon Allport는 영향력 있는 특질 이론가였다. 5장에서 논의될 욕구 이론의 대표적 학자인 Henry Murray 또한 이 시대의 또 다른 주요 인물이었다. 이들 학자들이 이론에 관심을 가진 사람들은 Winter, John, Stewart, Klohnen과 Duncan(1998)의 글을 참조하길 바란다.

Allport(1937)는 인간을 목표를 향해 끊임없이 진화하고 노력하는 독특한 체계로 보는 것이 인간에 대한 가장 정확한 관점이라고 제안했다. 특질은 이러한 체계의 일부분이지만 개인마다 다르며, 오직 개인을 대상으로 한 개별적 연구를 통해 확인될 수 있다고 보았다. Allport는 동기를 Freud가 이야기한 것처럼 어린 시절의 어떤 힘 또는 McDougall과 Murray가 이야기한 것처럼 본능이나 욕구로부터 유래한다고 생각하지 않았다. 그는 동기의 기능적 자율성(functional autonomy of motives)을 제안하였다.

> 여기서 제안하는 역동(dynamic) 심리학은 성인의 동기를 무한하게 변화하며 과거 체제로부터 성장을 한 것인지만, 자생적인 현재적(contemporary) 시스템이며, 기능적으로도 과거 시스템으로부터 독립적인 것으로 여긴다. 어린이가 점차 부모들에게 의존하는 것을 거부하고, 자기 스스로의 의지를 개발하며, 스스로 활동하면서 자기결정적이 되고, 자신의 부모보다 오래 사는 것과 마찬가지로, 동기도 그러한 특성을 갖는다. 개개인의 동기는 분명한 근원점을 가지며, 이 근원점은 가설적인 본능, 혹은 유기체적 긴장이나 흥분의 발산에 있을지도 모른다……. 이론적으로도 모든 성인의 목적은 유아 시절의 태초 형태로 역추적할 수 있을 것이다. 그러나 개인이 성정해 감에 따라 과거와의 결속은 깨지게 되며, 그 연결은 역사적인 것이지 결코 기능적인 것은 아니다(Allport, 1937, p. 194).

특질은 사람들로 하여금 다양한 상황들을 동일하게 혹은 기능적으로 동질한 것으로 보게 하며, 이는 여러 상황에 걸쳐 동일하게 나타나는 인간 행동의 일관성을 설명하는 데 도움을 준다. 여러 상황에 걸쳐 나타나는 행동의 일관성은 동기 영역 내에서 뜨거운 논쟁이 되어 왔다. 예를 들어, 이는 정직이라는 특질을 소유한 사람이 가게에서 물건을 구입한 후 거스름돈을 받을 때, 다른 사람에게 귀중품을 찾아줄 때, 소득세를 정리할 때 등과 같은 다양한 상황에서 언제나 정직하게 행동해야 한다고 믿는다는 것을 의미한다. 하지만 인간의 행동이 모든 상황에 걸쳐 일관되게 나타날 수 있느냐와 관련해 상반되는 증거들이 제시되고 있는 것이 사실이다(Mischel, 1968).

Allport의 생각은 Maslow와 Rogers와 같은 인본주의 심리학자에 의해 일부 계승되었다고 할 수 있다. Allport의 특질 개념은 매우 일반적인 것으로 볼 수 있으며, 따라서 쉽게 경험적으로 검증되거나 실제에 적용될 수 있는 것들은 아니라고 할 수 있다. 인간 동기 연구에 있어 Allport의 주된 공헌은 다양한 상황에서도 두드러지게 나타나는 특질의 영향력에 사람들이 관심을 갖도록 한 것이다.

인본주의 이론

특질 이론과 마찬가지로 인본주의 이론(humanistic theories)은 행동주의 주장에 도전을 제기한다. 인본주의 이론가로서 가장 많이 알려진 사람으로 Abraham Maslow와 Carl Rogers를 들 수 있다. Maslow의 이론은 개인이 자신이 가지고 있는 잠재력을 온전히 개발하고자 하는 동기를 강조하며, 이것은 구체적으로 5장에서 논의될 것이다. 다음에서 우리는 인본주의 이론의 가정과 Rogers의 이론을 요약하여 살펴보고자 한다.

인본주의 이론의 가정

인본주의 심리학은 사람들의 능력과 잠재성을 강조한다. 제3의 심리학으로서 인본주의 심리학은(정신분석이 제1의 심리학, 행동주의가 제2의 심리학이라고 할 수 있음) 개인의 삶에 있어서 선택과 통제를 강조한다. 이 두 요소는 7장에서 다루게 되겠지만 내재적 동기의 중요한 요소들이다. 인본주의 심리학은 무의식에 잠재해 있는 개인의 강력한 내적 힘의 관점에서 인간의 행동을 설명하지 않으며, 행동의 결정자로서의 환경 자극에 초점을 두지 않는다.

인본주의 이론들은 많은 공통 가정들을 가지고 있다(Weiner, 1985b). 첫째, 인간에 대한 연구는 총체적(holistic)이어야 한다는 것이다. 사람들을 이해하기 위하여 연구자들은 사람들의 행동, 사고, 감정 모두를 연구해야 한다. 인본주의 이론은 개별적 자극에 대한 각각의 반응을 연구하는 행동주의적 접근을 따르지 않는다. 오히려 개인이 자기 자신과 환경에 대해 가지고 있는 주관적인 인식을 강조한다.

둘째, 인간의 선택, 창의성, 자기실현이 인간에 대한 연구에 있어서 중요한 주제라는 것이다. 사람을 제대로 이해하기 위해서는 연구자들이 동물들을 대상으로 연구를 수행해서는 안 된다. 인간의 동기에 관한 연구가 갖는 독특성은 바로 창의적인 결과를 위해 노력하고 자신의 잠재력을 최대한 실현하려는 인간을 대상으로 이루어질 때 가장 잘 나타나게 되는 것이다. 비록 동기가 인간의 기본적 욕구를 충족시키는 데 필요한 것은 사실이나, 인간이 의식주 욕구를 해결하기 위해 취할 수 있는 방법은 자신의 잠재력을 극대화하기 위해 취할 수 있는 방법과 비교할 때 그 선택의 수가 매우 적은 것이 사실이다.

세 번째 가정은 방법론과 관련된 것이다. 인본주의적 관점에서는 연구 문제의 중요성 자체가 연구 주제를 선정하는 데 가장 중요한 기준이 되어야 한다고 본다. 중요한 문제에 대해 약간은 덜 정교환 방법을 가지고 연구하는 것이 사소한 문제에 대해 아주 복잡한 방법을 가지고 연구하는 것보다는 나은 것이다. 이처럼 인본주의 관점에서의 연구 초점은 잘 통제된 연구를 수행하는 것이 중요하다는 전통적 심리학 연구 전통과 대조가 된다고 할 수 있다. 불행하게도 연구들은 사소한 문제를 가지고 복잡한 방법론을 적용한 것들로 가득 차 있는 것 같다.

내담자 중심 치료

Carl Rogers는 내담자 중심 치료(client-centered therapy)로 알려진 상담기법으로 유명한 심리치료사였다. Rogers(1963)에 따르면, 삶은 개인적 성장 혹은 완전함을 성취해 나가는 과정이라고 할 수 있다. Rogers는 이 과정을 실현 경향성(actualizing tendency)이라 하였고, 이는 선천적으로 타고나는 것이라고 믿었다. 실현 경향성은 Rogers의 이론(Rogers, 1963)에서 가장 중요한 동기 구인인 것이다. 즉, 다른 모든 동기들(예: 배고픔, 갈증, 쉼터)은 실현 경향성으로부터 기인한다. 실현 경향성은 개인적 성장, 자율성, 그리고 외부적 힘에 의한 통제로부터의 자유를 지향한다.

> 요컨대, 우리는 항상 동기화되어 있는, 항상 '어떤 것에 이르려고 하는', 그리고 지속적으로 무엇인가를 추구하는 유기체를 다루고 있는 것이다. 나는 인간 유기체 안에 에너지의 중심 원천이 존재한다고 믿는다. 즉, 그것은 유기체의 어떤 한 부분이라기보다 전체 유기체의 기능이다. 그리고 그것은 유기체의 성취, 실현, 유지와 발전을 향하는 경향성으로 가장 잘 개념화될 수 있다(Rogers, 1963, p. 6).

긍정적 존중에 대한 욕구

실현 경향성은 선천적으로 타고나는 것이나, 이 경향성은 환경에 의하여 영향을 받는다. 우리가 갖는 경험과 경험에 대한 해석은 우리의 성장을 촉진시키거나 방해한다. 발달함에 따라 사람들은 자신의 존재와 기능에 대해 더 잘 인식하게 되며, Rogers는 이것을 자기경험(self-experience)이라 불렀다. 이러한 인식은 중요한 사람들과의 상호작용이나 환경과의 상호작용 결과로서, 이후 자기에 대한 개념으로 정교화된다(Rogers, 1959).

자기인식의 발달은 긍정적 존중(positive regard)에 대한 욕구를 만들어 낸다. 긍정적 존중은 존경, 좋아함, 온정, 공감, 그리고 수용과 같은 느낌을 의미한다. 우리가 타인에 대해 이러한 감정들을 가질 때 타인에 대한 긍정적 존중을 경험하게 된다. 마찬가지로 타인이 이러한 감정을 우리에게 느낀다고 믿을 때 우리는 우리가 긍정적 존중을 받는다고 인식하게 된다. 또한 긍정적 존중의 효과는 상호적이다. 즉, 사람은 자신이 타인의 긍정적 존중에 대한 욕구를 충족시켰다고 느낄 때, 그들 자신의 긍정적 존중에 대한 필요가 충족됨을 동시에 경험한다.

사람들은 또한 긍정적 자기존중(positive self-regard)에 대한 욕구, 또는 자기경험으로부터 도출되는 긍정적 존중에 대한 욕구를 갖는다(Rogers, 1959). 긍정적 자기존중은 사람이 다른 사람들로부터 긍정적 존중을 경험할 때 발달하며, 이것은 그들 자신에 대한 긍정적 태도를 창출해 낸다. 그다음 긍정적 태도는 자기경험의 결과로서 더 강하게 형성된다.

긍정적 존중과 자기존중의 발달에 있어서 중요한 요소는 무조건적인 긍정적 존중(unconditional positive regard), 즉 어떠한 조건이 같이 결부되지 않은 수용과 존중의 태도를 개인이 받는 것이다. 무조건적인 긍정적 존중은 대부분의 부모들이 자녀들에게 갖는 것이라 할 수 있다. 부모들은 자기 자녀의 모든 행동이 가치 있거나 수용할 만하지 않을 때에도 자신의 자녀들을 항시 가치 있게 여기고, 수용하며, 소중히 여긴다. 무조건적인 긍정적 존중을 경험한 사람은 자신이 자신의 행위와 관계없이 가치 있다고 믿는다. 이들은 무조건적인 긍정적 존중의 자기경험을 받아들이기 때문에 실현 경향성은 성장을 향해 나아가게 된다. 이처럼 자기 자신에 대한 지각은 그들이 받게 되는 타인으로부터의 피드백과 일치하는 방향으로 형성되는 것이다.

문제는 사람들이 조건적 존중(conditional regard), 즉 특정 행동과 관련하여서만 존중을 받을 때 발생한다. 타인이 존중 가치가 있다고 믿는 어떤 경험들을 추구하거나 또는 회피하고자 할 때, 개인은 존중 가치와 관련하여 주어진 조건과 일치하는 방향으로 행동을 하게 된다. 이때 조건적 존중은 사람들이 주어진 조건에 맞게 행동할 때만 타인에 의해 수용되거나 가치 있게 받아들여진다고 느끼기 때문에 일종의 긴장을 만들어 내며, 따라서 조건적 존중은 개인의 실현 경향성과 성장을 방해하게 된다. 조건적 존중의 경험을 통해 발생하는 불안은 사람들로 하여금 스스로를 보호하기 위한 방어기제를 사용하도록 유발한다. 방어기제들은 사람들이 자신의 경험을 선택적으로 지각하게 하거나 왜곡하도록 하며, 어떤 경우 자신의 경험에 대한 인식 자체를 부인하게 한다.

불행히도, 사회가 사람 자체와 행동을 구별하지 않고, 수용 가능한 행동은 보상하고 수용 불가능한 행동은 처벌하기 때문에, 사람들은 일반적으로 조건적 존중을 경험한다. 사람들은 일정한 정도의 조건적 존중에 대해서는 나름대로 대처하고 올바로 기능할 수 있으나, 그 정도가 과도할 때는 방어적이 되거나 자신의 성장에 심각한 방해를 경험할 수 있다.

Rogers와 교육

Rogers는 『학습의 자유(*Freedom to Learn*)』(1969)라는 책에서 자신의 이론을 교육에 적용하였다. 유의미한 경험학습은 전인적 인간(whole person)과 관련이 있고, 개인적 관여를 포함하며(학습자의 인지와 감정을 수반함), 자기주도적이며(개인 내면으로부터 오는 학습에 대한 충동), 개인에게 전반적인 영향을 미치며(학습자의 행동, 태도, 그리고 인성에 모두 영향을 미침), 그리고 학습자 자신에 의해 평가된다(개인의 욕구를 충족시키는지, 목표 성취를 가져오는지 기준에 의해 평가됨). 무의미한 학습은 유의미한 학습과 구별된다. 무의미한 학습은 학습자 스스로 학습 활동에 집중하도록 이끌지 못하여, 학습 활동이 타인에 의하여 주도되며, 학습자의 다양한 측면에 영향을 주지 못하고, 마지막으로 학습이 학습자의 필요를 만족시켰는지가 학습자에 의해 평가되지 않는다.

Rogers(1969)는 사람들이 학습에 대해 타고난 잠재력을 가지고 있고, 자신의 세계에 관해 호기심이 있으며, 배우기를 갈망한다고 믿었다.

> 나는 학생들이 '동기화' 되어야 한다는 견해에 매우 화가 나게 되었다. 어린이들은 본질적으로 매우 강하게 내재적으로 동기화되어 있다. 환경의 많은 요소들은 어린이들을 위한 도전들로 구성되어 있다. 그들은 호기심 많고, 발견하는 것을 좋아하며, 알기를 원하고, 문제를 해결하고자 한다. 교육에서 안타까운 부분은 어린아이들이 학교에서 여러 해를 지낸 다음에 이러한 내재적 동기를 잃어버리게 된다는 것이다. 그러나 여전히 내재적 동기는 존재하며, 우리의 과제는 그 동기를 자극하는 방향으로 학습을 촉진시키는 것이며, 어린아이들에게 실제적으로 어떤 것이 도전이 되는지를 알아내고, 그러한 도전들을 성공적으로 경험할 수 있는 기회를 제공해야 한다는 것이다(Rogers, 1969, p. 131).

유의미한 학습은 학생들에 의해 관련성이 있는 것으로 지각된다. 그들은 유의미한 학습이 자기 자신을 유지하거나 발전시킨다고 믿는다. 유의미한 학습을 위해 가장 좋은 학습방법은 활동적인 참여다. 학습은 학습자에 의한 자기비평과 자기평가를 필요로 하며, 동시에 학습이 중요하다는 믿음을 필요로 한다.

다른 사람에게도 똑같이 가르쳐질 수 있는 학습경험은 그다지 중요하지 않으며 개인의 행동에도 영향을 거의 주지 않는다. 교사들은 학습내용을 전달하는 것이 아니라 학습의 촉진자(facilitators) 역할을 담당해야 하며, 유의미하고 중요한 학습을 지향하도록 학급 분위기를 만들고, 학생들이 학습에 대한 분명한 목적을 갖도록 도와야 한다. 촉진자는 또한 학습이 일어나도록 자료들을 준비한다. 촉진자로서 교사는 스스로가 학습의 재원이 되어야 하며, 자신의 느낌과 생각을 공유함으로써 학생들이 자신을 활용할 수 있게 하여야 한다.

학생들에게 배움의 자유를 제공하기 위해서는 전형적인 교수-학습 방법의 수정이 필요하다. 수업 계획안을 작성하는 데 많은 시간을 보내는 대신에 촉진자로서 교사들은 학생들이 자신의 필요를 경험적으로 충족할 수 있도록 학습자원을 제공해야 한다. 학생들이 동일한 시간 동안 동일한 자료를 가지고 학습하는 틀에 박힌 전형적 학습 과정보다는 학생 개개인의 필요를 반영하는 학습계약을 맺을 필요가 있다. 학습계약은 학습 과정에 일정한 틀을 부여하지만, 학생들이 스스로 계약을 만들고 학습목표와 시간 계획을 세우는 데 상당한 자유를 허용한다. 여기에서 이야기하는 자유 그 자체도 강요되어서는 안 된다. 교사의 지도를 더 많이 원하는 학생들은 교사의 지도를 더 받을 수 있어야 한다. Rogers는 학생들에게 학습 자유를 제공하기 위해 탐구방법, 시뮬레이션, 프로그램 교수법, 그리고 자기평가와 같은 방법들을 최대한 활용해야 한다고 제안하였다. 이러한 생각들은 수업 지루함과 관련해 제시된 | 응용연구 1-1 | 에 잘 나타나 있다.

| 응용연구 1-1 |

왜 그렇게도 많은 학생들이 학교에서 지루함을 느끼는가?

부모: 오늘 학교에서 어땠어?

자녀: 지루했어요.

부모: 뭐 했는데 그러니?

자녀: 아무것도 안 했어. 수학시간에 좀 졸았어요.

부모: 그래서 너 아무것도 안 배웠니?

자녀: 배운 게 하나도 없어요.

이 대화는 '많은 학생들이 학교가 지루한 곳이라 생각하고 있다.'는 당면 문제를 잘 부각시켜 준다. 학생들은 배우는 것에 관심이 없고, 시간을 낭비하고 있으며, 수업 시간에 졸고, 비학업적인 측면(예: 친구, 운동, 활동)에서만 즐거움을 찾는다.

왜 그렇게도 많은 학생들이 학교에서 지루함을 느끼는 것일까? 동기이론가들은 이러한 질문에 대하여 서로 다른 답을 제안한다. Carl Rogers도 『학습의 자유』(1969)라는 자신의 책에서 이 주제에 대하여 언급하고 있다. 학생들이 지루함을 느끼게 되는 것은 학교에서 배우는 것이 의미 없고, 자신들의 목표나 관심과 관련되어 있지 않으며, 자신들의 삶에 의미가 없다고 하는 이들의 인식 때문이다. 무의미한 학습에서는 학습 활동이 다른 사람들에 의해 주도되고, 학습자들의 적극적 참여가 거의 요구되지 않으며, 학습 활동이 아주 작은 측면에서만 학습자들에게 영향을 미치며 자신들의 목표와 무관한 것으로 인식되는 특징을 갖는다. 불행하게도 많은 교실 수업들이 교사들의 일방적 강의와 학생들의 수동적 참여로 인해 이러한 인식을 강화하고 있는 것이 사실이다.

단지 배우는 것이 왜 중요한지를 설명하는 것만으로 학생들이 학습을 의미 있게 받아들이도록 할 수는 없다(예: 수학을 열심히 배우면, 미래에 네가 소득세를 계산하는 데 도움이 될 거야). 오히려 유의미한 학습은 교수-학습 과정의 재조직을 통해 가능하다. 교사들은 학생이 자신들의 목표를 달성하도록 자원을 제공하거나, 학습자 자신이 중요한 문제를 스스로 풀도록 도와주는 학습 촉진자가 되어야 한다. 교사들이 학생들의 학습 활동에 대한 자신들의 책임을 포기하라는 것은 아니다. 오히려 목표 달성에 이르는 과정에 초점을 두고 학생들을 지도하라는 것이다. 모든 학생들이 같은 시간에 같은 과제를 하는 것보다는, 학생의 특성과 요구에 따라 집단 학습 또는 개별 학습 방식으로, 또는 교실 내 학습 또는 교실 외 학습 방식으로 학습 활동이 다양하게 차별화될 수 있도록 해야 한다. 비록 이러한 다양성을 반영하는 접근이 모든 수업 활동에 적용될 수는 없겠지만, 학생들에게 선택의 기회를 줌으로써 학습의 유의미성에 대한 학생들의 인식을 높이고 동시에 지루함을 감소시킬 수 있을 것이라 예측할 수 있다.

Rogers의 이론은 심리치료 상황에 광범위하게 적용되어 왔다. 사람들이 도전을 위해 노력하도록 하고 그들의 잠재력을 최대화하도록 돕는 것에 초점을 두는 것은 교수-학습과 밀접한 관련을 갖는다. 하지만 Rogers의 이론은 일반적인 용어들로 기술되어 있으며, 동시에 정의하거나 측정하기 어려운 구인들로 이루어져 있는 것이 사실이다. 개인의 자기존중이 어떻게 행동에 영향을 끼치고 어떻게 향상될 수 있는지에 관하여 보다 명확한 설명이 요구된다. 또 다른 문제는 실현 경향성이 목표와 확고하게 연결되지 않는다는 것이다. Rogers는 성장에 대한 노력을 강조하였지만, 그 과정이 무엇인지 명확히 설명하지 못하고 있다. 많은 연구들이 구체적인 목표가 일반적인 목표들보다 개인을 더 동기화한다는 것을 보여 준다(Locke & Latham, 1990). 세 번째 문제는 타인에 대한 긍정적 존중이 어떻게 그들에게 영향을 주고, 어떻게 사회적 요인(예: 사회적 비교, 동료 피드백)이 타인에 대한 긍정적 존중과 자기존중에 영향을 주는가가 불분명하다는 것이다. 다행히도 이러한 우려들을 분명히 하기 위한 연구들이 인본주의적 전통 내에서 진행되고 있다는 것이다. 교실에서의 인본주의 원칙들의 적용 예는 〈적용 1-3〉에 제시되어 있다.

적용 1-3 교실에서 인본주의 이론을 적용하기

다음은 교실에서 인본주의 이론들을 어떻게 활용할 수 있는지에 관한 몇 가지 제안들이다.

1. **학생들에 대해 긍정적 존중을 보여라.** 중학교 2학년을 가르치는 이세현 선생님은 학교 조리실에서 학생들과 요리실습 수업을 하고 있었다. 병기는 과자를 굽기 위해 큰 오븐을 사용해야 했는데, 오븐 사용을 두려워하고 있었다. 이를 안 이 선생님은 병기를 안아 주었고, 자신이 오븐을 사용할 때 가급적 그를 오븐에서 멀리 떨어져 있도록 배려하였다.

   고등학교 윤리 담당인 신정호 선생님은 학생들에게 질문을 던졌다. 선생님의 질문에 성진이가 손을 들고 말했다. "선생님, 저는 질문을 이해하지 못했습니다. 바보 같은 질문이지만 다시 첫 번째 부분을 말씀해 주실 수 있습니까?"

   이에 대해 신 선생님은 "성진아, 이 교실에서 가치 없는 질문이란 없단다. 너를 비롯한 다른 사람들이 말하는 내용은 모두 중요하다. 당연히 질문이 무엇인지 다시 말해 줄 수 있단다."라고 말했다.

2. **학생과 그들의 행동을 분리하라.** 즉, 그들이 어떻게 행동하느냐보다는 그들 자신이

누구인가로 학생들을 받아들여라. 김영미 선생님이 담당하는 영어 수업에 소위 불량학생이라고 알려진 훈이라는 아이가 있었다. 다른 선생님들은 김 선생님에게 훈이에 관해 부정적인 이야기들을 계속하고 있었다. 그러나 김 선생님은 오히려 훈이의 뛰어난 글쓰기 능력을 발견하고 이를 개발해 주기 위해 훈이와 같이 노력하였고, 이 과정에서 훈이의 적극적 노력에 대해 칭찬을 하였다.

1학년인 복희는 종종 운동장에서 다른 아이들을 때린다. 임수진 선생님이 복희에게 말했다. "나는 정말로 너를 좋아한다. 그리고 나는 네가 우리 교실에 있어서 정말 기쁘단다. 나는 단지 네가 하는 행동을 좋아하지 않을 뿐이야. 다른 학생들을 때리면 안 된단다."

3. **학습 활동을 주도적으로 시작하고 자신의 목표를 설정하도록 기회 및 선택을 제공함으로써 학생 개인의 성장을 북돋아 주어라.** 경도장애를 가진 진주는 국어 수업을 임요한 선생님으로부터 받게 되어 매우 기쁘게 생각하고 있었다. 임요한 선생님은 읽기 활동을 위해 문학책을 사용했고, 자신의 학생들에게 가능한 한 많이 글쓰기를 하도록 했다. 진주는 읽기와 쓰기를 좋아했다. 임요한 선생님은 수업 전에 개인적으로 진주를 만나 수업 시간에 있을 주요 활동과 읽기 및 쓰기 과제들을 설명해 주었다. 그리고 진주에게 수업 시간에 자신이 편안하게 느끼는 활동들을 선택해서 해도 괜찮다고 말해 주었다. 그 후 매주 임요한 선생님은 진주가 수업 시간에 할 수 있는 활동의 수를 증가시켜 나갔다.

고등학교 윤리 담당 선생님이 학생들에게 열 가지 서로 다른 지역사회 프로젝트들 중 하나에 참여하도록 선택권을 주었다. 프로젝트를 선택한 후 학생들은 자신의 일상생활을 고려해 최적의 방식으로 프로젝트에 참여할 수 있는 계획안을 세우도록 허용되었다.

4. **학습계약을 활용하라. 그리고 학생들이 자신의 학습을 평가하게 하라.** 송수련 선생님은 사회교과에 있는 한 단원의 내용 학습과 관련하여 개별적으로 학습계약을 만들기 위해 학생들을 만났다. 그 학습계약은 교재 읽기, 교실 내 활동 참여, 그리고 학습센터에서 주어지는 과제 완수하기를 포함하고 있었다. 학생들이 각자 계약을 완수한 후 시험을 치르고 보고서를 쓰도록 하였다. 시험은 학생 각자가 채점을 하도록 하였고, 송수련 선생님을 만나 보고서를 같이 검토하도록 하였다. 이후 학습계약 완수 여부, 시험 점수, 보고서 검토 활동 등을 근거로 그 단원에 대한 최종 점수를 받도록 하였다.

국어 담당의 박상철 선생님은 학생들과 만나 글쓰기 과제를 완성하기 위한 학습계약을 만들었다. 학생들은 글쓰기 과제를 완성한 후 박 선생님과의 논의를 통해 자신의 과제를 평가하고, 스스로 다음 과제에 포함될 수 있는 개선 목록들을 만들도록 하였다.

5. **학생들에게 필요한 학습재원과 격려를 제공함으로써 학습을 용이하게 하라.** 미술 담당 홍기원 선생님은 학생들에게 6주 동안 수행할 프로젝트를 각자 선택하도록 하였다. 홍 선생님은 학생들에게 필요한 재료들(예: 진흙, 물감, 분필, 종이, 가위 등)을 충분히 제공해 주었고, 학생들이 최고로 좋아하는 매체를 활용하여 각자 작업하도록 격려하였다. 그러고 난 후 홍 선생님은 수업이 진행되는 6주 동안 교실을 돌아다니며 필요한 도움과 긍정적인 정보를 제공하고자 노력하였다.

   초등학교 2학년을 맡고 있는 우주희 선생님은 '동물들을 위한 집'이라는 학습 프로그램을 개발했다. 우 선생님은 학생들을 세 명씩의 모둠으로 나누고, 만들기 재료들(예: 벽돌, 막대기, 뜨개실, 접착제)을 선택하도록 한 후 상상 속의 동물을 하나 생각하고 이 동물을 위한 집을 만들도록 하였다. 학생들이 작업을 하는 동안 우 선생님은 학생들의 작업 진척 상황을 확인하고 격려해 주기 위해 교실 이곳저곳을 돌아다녔다.

동기를 바라보는 현대적 관점

지금까지 우리는 교육과 관련한 동기이론에 대해 역사적 개관을 했다. 지금부터는 동기에 대한 현대적 관점에 대해 살펴보려고 한다. 동기에 대한 현대적 관점은 많은 측면에서 이전 동기이론과 다른 점들을 가지고 있다.

현대적 관점은 동기 과정이 인간 행동에 내재되어 있다는 전통적인 생각을 받아들인다. 하지만 동기 과정의 본질이나 기제에 대해서는 역사적 관점에 동의하지 않는다. 그럼에도 불구하고 현대 동기이론들은 인간 동기의 본질에 관한 몇 가지 공통된 가정을 가지고 있다. 우리는 여러분들이 현대 동기이론의 복잡성에 관해 공부할 때 기억해야 할 틀이라는 측면에서 지금까지 공통적으로 확인된 결과들을 다음에 제시하고자 한다.

첫째, 최근 동기이론들은 동기가 인지, 즉 사람들의 사고, 신념, 목표, 그리고 자기

표상을 포함한다고 가정한다. 이들 이론들은 정신 과정의 인과적 역할을 강조한다. 즉, 학습자들은 성취와 관련된 자신들의 행동을 인지적으로 지시한다. 각 이론들은 어떤 인지가 가장 중요한지에 대해서는 의견이 일치하지 않지만, 동기가 인지적 요소를 포함하고 있다는 것을 강조한다는 점에서는 공통점을 가지고 있다.

둘째, 동기가 학습, 수행, 자기조절과 같은 성취결과와 동의어가 아니라는 점이다. 오히려 현대 동기이론들은 동기가 이들 요인과 상호적 관계를 갖고 있다고 가정한다. 동기는 이러한 요인들에 영향을 미치고, 또 이들 요인에 의해 영향을 받는다. 따라서 높은 학습동기를 가진 학생들은 더 많이 학습하고, 더 높은 성취를 보이며, 학습에 더 강한 흥미를 보이고, 보다 나은 자기조절 노력 등을 보여 준다. 또다시 이러한 결과들은 미래 동기를 강화시킨다. 왜냐하면 학생들이 학습의 향상을 경험할 때 계속해서 공부하고자 하는 동기가 증가되기 때문이다.

셋째, 현대 동기이론들은 동기가 다수의 개인적, 사회적, 맥락적 요인들에 의존하는 복잡한 현상이라고 본다. 단순히 한두 가지 동기 요인을 가지고 있는 것(예: 개인적 목표들과 그것을 성취하기 위한 높은 자기효능감)이 학생들이 학습 또는 성취를 위해 노력하도록 동기화된다는 것을 보장하지 않는다. 한 상황에서 학생들을 동기화시키는 요인이 다른 상황에는 일반화되지 않을 수 있다. 이 책에서 우리는 동기에 영향을 미치는 다양한 개인적, 사회적, 맥락적 요인들을 논의할 것이다. 그리고 이들 요인들이 차별적인 동기 과정을 만드는 데 어떻게 결합되는지를 기술하고자 한다.

현대 동기이론이 가지고 있는 네 번째 공통 가정은 동기가 개인이 발달함에 따라 변화한다는 것이다. 이것은 동기에 영향을 미치는 변인들, 동기의 외현화 형식, 그리고 동기가 영향을 미치는 변인들이 개인이 발달해 감에 따라 변화한다는 것을 의미한다. 따라서 동기를 연구함에 있어 우리가 논의하는 대상이 누구인지를 명확하게 하는 것이 필요하다. 교사들이 초등학생들을 동기화하는 방법은 중·고등학생들을 동기화하는 방법과 다르기 때문에 대상을 명확히 해야 한다는 것은 교수활동과 관련해 중요한 시사점을 가진다. 교사들은 자신이 가르치고 있는 학생들의 발달 수준에 맞추어 동기에 대해 이해함으로써, 학생들의 동기를 최적화시킬 수 있을 것이다.

현대 동기이론의 마지막 공통 가정은 동기가 개인적, 집단적, 문화적 차이를 반영한다는 것이다. 연구자들은 이러한 차이를 탐구하여 왔고, 동기가 문화, 사회경제적 지위, 인종, 성별, 능력 수준에 따라 달리 나타날 수 있다는 것을 알게 되었다. 이것은 우리가 동기와 관련해 그 결과를 일반화할 수 없다는 것을 의미하는 것이 아니라, 우리가 대상으로 하는 학습자의 특성을 고려하여 조심스럽게 결론을 내려야 한다는 것을 의미한다.

지금까지의 논의를 종합해 보면, 역사적 관점과 비교할 때 현대 동기이론은 동기가 다수의 개인적, 사회적, 맥락적 전제와 결과를 포함하며, 성취와 관련된 다양한 결과물과 상호 관련성을 가지고 있는 복잡한 과정이라고 본다. 이것은 동기가 학습이나 성취에 대한 연구에서 주요한 변인이며, 연구자와 교육실천가들이 집중적으로 연구할 만한 변인이라는 것을 의미한다. 비록 동기에 대한 많은 질문들이 대답되지 않은 채 남아 있지만, 이 책에서 우리는 동기의 복잡성을 가능한 한 명확하게 밝히고, 모든 학습자들의 학습동기를 향상시킬 수 있는 방법들을 제안하고자 한다.

요약

동기란 목표 지향적 활동이 유발되고 유지되는 과정을 의미한다. 동기는 새로운 행동을 학습하고 이전에 배운 행동을 수행하는 데 영향을 주기 때문에 모든 교실 활동에 영향을 준다고 볼 수 있다. 동기는 학습과 행동에 영향을 미치고, 학습과 활동은 후속되는 과제 동기에 영향을 미치기 때문에 동기, 학습, 수행은 상호 관련성을 가지고 있다고 할 수 있다.

비록 누구나 자기 자신 및 다른 사람의 동기를 이해하기 위하여 직관적인 생각들을 이용할 수 있으나, 동기에 관한 과학적 연구는 이를 안내하는 이론적인 원리들을 필요로 한다. 동기 연구는 가설을 검증하고, 목표를 설정하고, 연구 문제에 답함으로써 진행된다. 연구자들은 변인 간의 관계를 다루기 위한 상관 연구, 변인들을 조작하고 이를 통해 다른 변인에 미치는 영향을 확인하기 위한 실험 연구, 그리고 사건의 심도 있는 기술과 그 의미를 해석하는 것을 특징으로 하는 질적 연구들을 수행한다. 동기에 관한 연구들은 실험실에서 이루어질 수도 있고 현장(예: 교실)에서 이루어질 수도 있다. 각각의 연구 패러다임에는 나름의 장점 및 단점이 존재한다. 따라서 어떤 연구 패러다임을 적용할 것인가는 연구 목적에 따라 달라져야 한다.

과제 선택, 노력, 지속성, 성취와 같은 동기를 나타내 주는 나양한 시표들이 있다. 동기는 직접 관찰, 타인평정, 자기보고를 통해 평가될 수 있다. 직접 관찰은 행동의 실제 예들을 참조한다. 타인평정이란 동기의 지표라고 볼 수 있는 여러 특성과 관련하여 타인이 학생들을 관찰하고 판단하는 것이다. 자기 자신에 대한 판단과 진술인 자기보고 방법은 질문지법, 인터뷰, 자극 회상, 사고 구술법, 대화 등의 방법을 통해 이루어진다. 자기보고 방법에 활용되는 각 평가방법들에는 각각 장단점이 있다. 따라서 어떤 연구 방법을 사용할 것인가는 연구자의 연구 목적에 부합하여 결정되어야 한다. 분명한 것은 다양한 평가방법을 사용하는 것이 하나의 방법을 사용하는 것보다 더 풍부한 자료를 제공한다는 것이다.

동기에 관한 초기 이론들은 의지(욕구, 필요, 목적)와 의지실천(의지를 사용하는 행동)의 관점에서 동기를 정의하였다. 또 다른 초기 관점은 행동과 관련해 두드러지게 나타나는 선천적 특성, 즉 본능의 역할을 강조했다. 한편, 심리치료 분야의 대표 학자 중 한 사람인 Freud는 동기를 심리 에너지로 보았다.

행동주의 이론은 자극과 반응의 연합을 강조한다. 대표적인 행동주의 이론으로 Thorndike의 연결주의 이론, Pavlov의 고전적 조건화 이론, Skinner의 조작적 조건화 이론을 들 수 있다. 추동이론은 항상성 또는 신체 기제의 최적 상태를 추구하는 내적인 힘을 강조한다. 추동이론은 Woodworth, Hull, Spence, Mowrer, 그리고 Miller에 의해 형성되었다. Tolman은 행동주의 전통을 깨고 유목적적 행동주의, 즉 행동의 목표지향성을 강조하였다. 기대와 잠재적 학습에 관한 그의 관점은 인지이론에 중요한 선구자 역할을 수행하였다.

몇몇 이론은 동기를 정서적 각성과 관련시킨다. James-Lange의 이론은 감정이 행동의 결과이고, 현 상황에 대한 반응의 지각을 포함한다고 주장한다. Hebb과 Berlyne은 신체 기능을 위한 최적의 각성수준이 중요하다고 가정한다. Schachter는 정서가 생리적 각성과 인지적 귀인을 수반한다고 제안하였다.

인지 일관성 이론은 항상적인 특성을 가지며, 동기가 행동과 인지 사이의 불일치로부터 기인한다고 가정한다. Heider의 균형 이론과 Festinger의 인지 부조화 이론은 인지 일관성 이론의 대표적 예다.

심리적인 특질 이론과 인본주의 이론은 경험 또는 발달과 함께 나타나는 심리과정의 선천적이고 질적인 차이에 초점을 둔다. Allport는 동기가 선행 시스템으로부터 기인하지만, 발달과 함께 독립적이 된다는 동기의 기능적 자율성을 제안하였다. Allport의 생각들은 많은 인본주의 이론에 반영되었다. 인본주의 심리학자 Carl Rogers는 내담자 중심의 상담치료 방법을 개발하였다. Rogers는 인간의 삶 속에서의 중심 동기는 실현 경향성이며, 이는 개인 성장과 전체성(wholeness)을 성취하는 지속적인 과정이라고 믿었다. 사람들은 긍정적 존중과 자기존중을 필요로 하며, 이 둘을 발전시키는 데 결정적인 요소는 무조건적인 긍정적 존중을 받는 것이다. 교육에서 교사의 역할은 학습자원들을 제공하고, 학생들이 목표를 분명히 하도록 돕고, 긍정적 존중의 분위기를 조성하는 것을 통해 학습을 촉진하는 것이다. Rogers의 이론은 학습계약, 탐구방법, 그리고 자기평가의 기회를 활용할 것을 제안한다.

현대 동기이론들은 동기에 내재해 있는 정신 과정과 성취 상황에서 동기의 작동에 대해 관심을 갖는다. 최근 동기이론들은 여러 방식으로 차별화될 수 있지만 다음 측면에서 몇 가지 공통된 가정을 가지고 있다. 동기는 인지를 포함한다. 동기는 다른 성취 결과(예: 학습, 수행, 자기조절)와 동의어가 아니지만, 이들과 상호 관련되어 있다. 동기는 복잡한 심리적 요소이며, 다수의 개인적, 사회적, 맥락적 요인에 의존한다. 동기는 발달에 따라 변화된다. 마지막으로, 동기는 개인적, 집단적, 문화적 차이를 반영한다.

추천 읽기자료

Festinger, L. (1957). *A theory of cognitive dissonance*. Stanford, CA: Stanford University Press.

Hunt, M. (1993). *The story of psychology*. New York: Doubleday.

Pintrich, P. R. (2003). A motivational science perspective on the role of student motivation in learning and teaching contexts. *Journal of Educational Psychology, 95*, 667–686.

Rogers, C. R. (1969). *Freedom to learn*. Columbus, OH: Merrill.

Skinner, B. F. (1968). *The technology of teaching*. New York: Appleton-Century-Crofts.

Weiner, B. (1990). History of motivational research in education. *Journal of Educational Psychology, 82*, 616–622.

제2장

기대-가치이론

중학생 몇 명이 점심시간에 모여 이야기를 나누고 있다.

준영: 얘들아, 사회 시험 잘 봤어? 그 시험 우리가 풀기엔 너무 쉬운 거 아냐?

현미: 글쎄, 그런 것 같지는 않아. 하지만 많이 지루했어. 200년 전에 무슨 일이 일어났는지 누가 신경이나 쓰겠어? 그런 건 내 삶에 아무런 관련도 없잖아.

준영: 정말? 난 사회 좋아하는데. 재밌잖아. 내 생각에는 예전에 일어났던 일이 오늘날에 중요한 문제가 될 수 있을 것 같아. 또 사회는 내가 잘하는 거니깐. 오늘 시험도 잘 본 거 같아. 난 그동안 점수도 잘 받았고, 과제도 잘해 왔기 때문에 내가 사회를 잘한다고 항상 생각해 왔어. 나는 초등학교 때부터 사회는 잘했고, 대학에 가서도 사회학을 전공할 거야.

병주: 으악, 정말로? 넌 너무 모범생인 거 아냐? 난 싫어. 난 이번 시험에서 점수 잘 받기 글렀어. 아마 낙제일 거야. OX 문제들은 날 혼란스럽게 해. 선생님들이 우릴 놀리려고 만든 문제같아. 그리고 과제가 얼마나 어려운지 아니? 뭐라고 써야 할지 전혀 모르겠어. 너무 어려워. 그냥 책에 있는 거 똑같이 써서 내는 수준이지. 난 축구하는 게 더 좋아. 축구는 내가 정말 잘하는 거고, 좋아하는 거야. 근데 사회는 정말 못하고, 싫어.

현미: 난 운동에도 정말 소질이 없는데. 난 사회 과목도 못하고, 운동도 못해.

준영: 음, 나도 축구는 못해. 근데 축구는 못하지만, 야구는 정말 잘해. 난 정말 야구하는 게 좋아. 난 대학교에서도 계속 야구를 하고 싶고, 그러면 프로야구 선수도 될 수 있을 거야. 만약 대학교에서도 계속 운동을 하면 장학금도 받을 거고, 프로에서 돈도 많이 벌 수 있겠지.

앞의 대화에서 학생들은 성공할 수 있는 자신의 능력에 대한 신념들을 토론하며, 학업과 운동에 관한 자신들의 흥미와 가치, 미래의 성공 여부에 대한 기대를 이야기하고 있다. 그들은 과제를 성공적으로 할 수 있는 능력을 갖추고 있는지, 과제를 잘 할 수 있는 기술과 지식이 있는지, 그리고 과제를 시도했을 때 그들이 기대한 바가 실현될 수 있을지에 대하여 관심이 있다. 또한 그들은 어떤 것을 좋아하거나 싫어하는지, 그것이 그들에게 중요한지 사소한지에 대한 나름의 의견도 제시하고 있다. 위 학생들은 모두 다양한 방식으로 동기이론 가운데 두 가지 핵심적인 개념, 즉 기대와 가치 신념을 토론하고 있는 것이다.

기대는 과제의 성공적 수행을 위해 필요한 자신의 능력에 대한 신념과 판단이다. 대부분의 사람들은 자신이 실패할 것이라고 기대하는 과제는 선택하지 않을 것이며, 또한 과제에 계속 참여하지도 않을 것이다. 그들이 비록 과제에 흥미가 있고 가치를 부여한다고 해도 만약 그 과제에서 반복된 실패를 경험하면 앞으로도 계속 실패할 것을 기대하게 되고, 결국 그 과제에 참여하지 않으려 할 것이다. 앞의 이야기에서 준영이는 자신이 사회 과목을 잘한다고 이야기하면서 동시에 대학교 진학 시 이를 자신의 전공으로 선택할 것인지를 깊이 생각하고 있다. 병주는 사회를 잘할 수 있을 것이라는 기대를 하지 않고 있으며, 너무 어렵다고 생각하고 있다. 또한 현미는 사회 과목이나 운동을 그다지 잘하지는 못한다고 생각한다. 일상적 언어로 표현한다면, 기대란 '내가 이 과제를 잘할 수 있을까?' 라는 질문에 대해 답을 하는 것이다. 만약 그 답이 '그렇다' 라면 대부분의 사람들은 그 과제에 참여하려 할 것이다. 만약 답이 '아니요' 이거나 자신의 능력에 의심이 생긴다면, 그 사람은 과제에 참여하려 하지 않을 것이다. 이러한 내용은 많은 동기이론의 기본적 견해이나 특히 기대-가치이론에서 가장 구체적으로 다루어지는 내용이다.

기대-가치이론의 또 다른 주요 요소는 가치 요인에 관한 것이다. 가치는 과제에 참여할 이유와 관련하여 학생들이 가진 신념들을 의미한다. 일상적 언어로 표현한다면, 가치란 '내가 이 과제를 수행하기 원하는가? 그리고 왜 원하는가?' 라는 질문에 대한 답이다. 학생들이 과제를 수행하기 원하는 이유로는 여러 가지가 있을 수 있다. 예를 들어, 과제가 재미있다거나, 그 과제 수행을 좋아한다거나, 그 과제가 그들에게 중요하다거나, 어떤 면에서 유용할지 모른다고 생각하기 때문일 수 있다. 또한 그 과제를 하게 되면 성적 · 점수 · 사탕과 같은 보상을 얻게 되거나, 선생님이나 부모님을 기쁘게 해 드릴 수 있거나, 처벌이나 문제 발생을 피하고 싶어서일 수도 있다. 위의 대화에서 학생들 모두는 학업에 대해 얼마나 좋아하는지 혹은 싫어하는지에 대하여 진술하고 있다. 현미는 사회가 지루하다고(흥미와 반대의 개념) 했고, 병주는 사회는 싫어하지만(좋아하는 것과 반대의 개념) 축구가 좋기 때문에 축구를 하고 싶다고 했다. 반대로 준영이는 사회가 재미있고, 대학에서 이를 전공으로 선택할 것이라고 했다. 이렇듯 세 학생 모두에게 있어 그들이 좋아하는 것과 그들이 가지고 있는 과제에 대한 흥미 신념은 미래에 그들이 학업 혹은 운동과 관련된 과제에 계속 참여하기를 원하는지에 영향을 미치게 된다.

기대-가치이론에서 기대와 가치는 학생들이 미래에 선택할 행동, 참여, 지속성, 실제 성취를 예측하는 데 중요한 요소로 작용한다. 학생들은 자신이 어떤 과제를 잘할 수 있고 성공할 수 있다고 자신하는 경우에도 과제에 가치를 두지 않는다면 그 과제에 참여하지 않으려 할 것이다. 마찬가지로 과제나 활동이 그들에게 흥미롭거나 중요하다고 생각하지만 그 과제를 잘할 수 없을 것이라 기대하면 결국 이 학생들도 그 과제에 참여하려 하지 않을 것이다. 기대와 가치를 이해하는 것은 학생의 행동을 예측하기 위해서 매우 중요하다.

이 장을 공부하고 나면 여러분은 다음과 같은 내용을 이해할 수 있어야 한다.

- Lewin의 포부 수준을 정의할 수 있다.
- Atkinson의 성취 동기 이론의 주 요점을 요약할 수 있다.
- Eccles와 Wigfield의 기대-가치이론의 주요 변인을 논의할 수 있다.
- 기대와 가치의 다양한 유형 간 차이를 정의하고 설명할 수 있다.
- 기대와 가치가 동기화된 행동과 결과에 어떻게 연계되는지를 설명할 수 있다.
- 연령, 성별, 인종이 기대 및 가치와 동기적 결과 간의 관계에 어떻게 영향을 미칠 수 있는지 논할 수 있다.
- 기대-가치이론의 원리와 연구 결과를 교실 상황에서의 교수-학습 장면에 적용할 수 있다.

기대-가치이론에 대한 역사적 관점

기대-가치이론은 동기에 대한 일반적인 인지적 관점을 반영한다. 비록 현대의 동기이론이 인지적인 관점을 반영하고 있지만, 행동주의 이론의 전성기에도 행동주의의 기본 가정에 도전하는 이론가들이 있었다(1장 참조). 예를 들어, Tolman(1932)은 보상이 자극과 행동을 자동적으로 연합시키는 것이 아니며, 이보다는 유기체가 특정 행동을 하면 어떤 결과가 주어질 것이라는 기대를 학습하는 것이라고 주장하였다. 그는 이러한 기대에 대한 학습은 인간뿐만 아니라 동물들에게도 해당한다고 제안했다. 즉, 동물들 역시 어떤 상황에 대해 어떤 행동을 함으로써 받게 되는 보상(또는 처벌)을 기대한다는 것이다. Tolman의 기대라는 인지적 개념은 Hull의 추동 모형(drive models)의 습관(habit)이라는 기계론적 개념을 대체했다(Weiner, 1992). 성취 측면에서 보면 어떤 과제를 성공할 수 있을 것으로 기대하거나 그 과제를 잘할 수 있을 것으로 기대하고 있는 학생들은 미래에 그 과제를 다시 시도하려는 경향을 가지고 있다.

현대의 기대-가치이론에 주요한 영향을 준 두 가지 구체적인 역사적 이론으로는 Lewin의 포부 수준과 Atkinson의 성취 동기 이론이 있다. 여기서는 이 두 이론에 대해 먼저 이야기하고자 한다.

Lewin의 포부 수준

보상과 습관을 강조하는 행동주의 이론으로부터 기대와 가치를 포함하는 인지이론으로의 변화는 행동을 유발하고 활성화하는 요인들(예: 보상, 본능, 추동, 욕구, 습관)에 대한 가정의 필요성을 감소시켰다. 인지이론은 선천적으로 인간이 지속적으로 자신의 환경에 대하여 배우고 적응하도록 동기화되어 있다고 가정한다(White, 1959). 따라서 인지동기이론은 행동의 방향성, 즉 어떻게 사람들이 추구할 목표와 경로를 결정하고 자신의 에너지, 호기심, 활동의 초점을 맞추는지에 더 많은 관심을 둔다.

Lewin(1935; Lewin, Dembo, Festinger, & Sears, 1944)은 포부 수준(level of aspiration)이라는 구인이 기대와 가치 요소를 통합시킴으로써 인간의 인지적 의사 결정 과정을 설명할 수 있다고 주장했다. 포부 수준은 개인 스스로 설정한 목표나 기준으로 정의되며, 이는 과제에 대한 과거의 경험과 친숙성에 기초한다. 포부 수준을 평가하는 전통적 방법은 '고리 던지기(ring toss) 게임'을 이용하는 것으로, 이 게임에서 사람들은 다양한 거리에 있는 말뚝에 고리를 던져 꽂아야 한다. 던지는 지점으로부터 멀리 떨어진 말뚝에는 더 높은 점수(가치)가 부여되는데, 이는 먼 곳에 있는 말뚝에 고리를 정확하게 던지기가 더 어렵기 때문이다. 이 게임의 참가자들은 10번 정도 연습 게임을 한 후, 다음 10번 동안 던지기에 대한 자신의 목표를 정하도록 요구받는다(다음 10번 시도에서 얼마나 많은 링을 어느 곳에 있는 말뚝에 정확하게 던질 수 있을까?). 참가자들이 선택하는 다양한 거리와 가치의 조합은 과제에 대한 기대(고리 던지기의 성공 가능성)와 가치(시작점으로부터 말뚝까지의 거리)를 평가할 수 있게 해 준다.

많은 연구들이 이러한 포부 수준 방법론을 사용하여 이루어졌고, 이를 통해 몇 가지 중요한 연구 결과가 발견되었다(Weiner, 1992). 첫 번째 발견은 참가자들이 객관적인 기준(예: 5번의 고리 던지기 성공)이 아니라 그들 스스로 세운 주관적인 목표나 수준을 성취했을 때 성공적인 느낌을 보다 더 많이 갖는다는 것이다. 이러한 상황은 학급 안에서도 발생한다. 두 학생이 100점 만점인 시험에서 똑같이 85점을 맞았을 때(객관적인 도달 수준이 같을 때), 한 학생은 더 높은 점수를 받을 것으로 기대했기 때문에 기분이 좋지 않지만, 포부 수준이 낮은 다른 학생은 그 점수에 대해 매우 만족해 할 수 있다. 두 번째 일반적 연구 결과는 포부 수준이 그 과제에서의 이전 경험과 관련된다는 것으로, 과거의 성공 경험은 포부 수준을 증가시키지만, 실패 경험은 일반적으로 포부 수준을 감소시킨다는 것이다. 마지막으로, 포부 수준에서 개인차와 집단차가 존재한다는 것이 발견되었다. 우수한 능력을 가진 사람들은 능력이 낮은 사람들보다 높은 포부 수준을 설정하는 경향이 있다. 또한 참가자들은 집단 목표와 수행에 의해 영향을 받고, 집단의 기준에 따라 자신들의 포부 수준을 조절하는 것으로 나타났다(Weiner, 1992).

비록 포부 수준에 대한 연구들이 흥미로운 결과를 제시하고 있지만, 고리던지기 게임과 같은 연구 방법은 연구 결과를 학급과 같이 생태학적으로 실제적인 환경에 일반화하기에 어려움을 가져다준다. 또한 포부 수준 연구들은 포부 수준이라는 한 변인에만 상당한 중요성을 부여하고 있지, 개인적 능력, 가치, 기대 등과 같은 다른 인지적 변인들의 잠재적인 영향을 고려하지 못하고 있다. 이는 동기에 대한 더 나은 설명을 제공할 수 있기 위해서는 다른 변인들을 고려하는 이론들이 필요함을 보여 주는 비판이라 할 수 있다.

Atkinson의 성취 동기

John Atkinson은 기대와 포부 수준이라는 일반적인 구인과 Lewin(1935)의 유인가(valence) 개념(개인이 주어진 환경에서 어떤 대상에 부여한 가치)에 기반하여 자신의 이론을 구축하였다. Atkinson(1957, 1964)은 욕구, 기대, 가치를 하나의 포괄적인 틀로 결합시키는 성취 동기 이론을 제안하였다. 그는 행동(behavior)이 동기(motives), 성공 가능성(probability for success), 유인 가치(incentive value) 등 세 가지 요소의 곱셈 함수로서 나타난다고 제안했다. 동기는 학습되고 안정되며 일관적인 개인차 혹은 성향을 나타내며, 성공을 추구하는 동기(성공 접근 동기)와 실패를 피하려는 동기(실패 회피 동기)의 두 가지 기본적 성취 동기들을 포함한다. 이 동기들은 본질적으로 정서적인 특성을 가지고 있으며, 또한 발생할 정서에 대한 예측이라는 면에서 불 때 기대 요소를 포함하고 있다(Covington, 1992). 성공에 대한 동기(motive for success: Ms)는 개인의 성공에 대한 희망이나 예측을 나타내고, "결과 성취 시 자부심을 경험하는 능력"(Atkinson, 1964, p. 214)을 반영하고 있다고 가정한다. 성공에 대한 동기가 높을 때 각 개인은 성취 과제에 접근하고 참여하려 할 것이다. 이와는 대조적으로 실패를 회피하려는 동기는 실패했을 때 부끄러움과 수치를 경험하는 능력을 반영한다. 이 동기가 높을 때 개인은 과제에 참여하는 것을 회피하고자 한다.

연구자들은 전형적으로 주제통각검사(Thematic Apperception Test: TAT)를 가지고 성공에 대한 동기를 측정하였다. 이 검사는 개인들에게 애매한 그림 장면을 보여 주고 그림에 대해 일정한 이야기를 말해 보라고 요구하는 형식으로 구성된 투사검사다(Atkinson, 1958; McClelland et al., 1953). 성공에 대한 동기를 측정하기 위해서 일상적인 과업을 수행하고 있는 사람들의 그림을 피험자에게 제시하고(예: 기계가 많은 공장에서 근무하고 있는 두 사람의 그림), 그림에 대한 피험자의 설명 중 성취와 관련된 내용(예: "공장에 있는 두 사람은 회사의 사업을 발전시키기 위해 새로운 물건을 발명하고 있다.")이 무엇인지를 채점하는 방식을 취한다. 반면, 실패 회피 동기는 자기보고식 검사인 시험 불안 질문지(Test Anxiety Questionnaire: TAQ)(Mandler & Sarason, 1952)를 사용하여 일반적으로 측정되었다. 이 질문지는 피험자가 시험 상황에서 느끼는 불안(예: "지능검사를 하는 동안 얼마나 불안을 느끼나요?"라는 질문)을 자기 스스로 평정하도록 구성되어 있다.

비록 주제통각검사에 관한 연구 결과와 성취 욕구를 측정하는 자기보고식 검사에 대한 메타분석(meta-analysis) 결과는 두 검사의 결과가 실제 행동과 관련성이 있다고 제안하고 있지만, 주제통각 검사는 여전히 신뢰도와 타당도 문제 때문에 비판을 받고 있다(예: 검사 점수가 경우에 따라 실제 성취와 관련이 없다고 보고됨)(Lilienfeld, Wood, & Grab, 2000; Spangler, 1992). 주제통각검사 활용과 관련한 연구가 지속되고 있으며, 보다 객관적인 성취 욕구에 대한 검사도구 개발도 계속해서 진행되고 있다(Smith, 1992). Linliefeld와 동료들(2000)은 성취 욕구라는 암묵적 동기를 측정하는 방법으로서 McClelland와 동료들(1953)이 개발한 TAT 채점시스템이 합리적인 구인타당도와 과학적 유용성을 가지고 있다고 결론을 내린 바가 있다.

Atkinson은 두 동기가 서로 독립적이라고 가정하였지만, 대부분의 후속 연구들은 이 두 동기가 단일 연속선상에 위치하는 것으로 보고 연구를 진행해 왔었다. 즉, 높은 성공에 대한 동기가 한쪽 끝에, 그리고 높은 실패에 대한 회피 동기가 반대쪽 끝에 위치한 것으로 가정하는 것이다. 하지만 Covington(1992)은 두 동기가 독립적이라는 원래 모형이 성취에 관한 다양한 접근들에 대해 보다 포괄적인 이해의 틀을 제공한다고 제안한다. 만약 이러한 두 동기들을 독립적이라고 간주한다면, 서로 다른 4가지 접근 방식을 설명해 주는 4개의 유형으로 구성된 2×2 행렬표가 [그림 2-1]과 같이 만들어질 수 있다(Covington, 1992; Covington & Omelich, 1991; Covington & Roberts, 1994). 이 행렬표는 과제에 접근하는 방법과 관련하여 네 가지의 일반적인 학생 유형이 있다고 제안한다. 이들 네 유형은 성공지향자, 실패회피자, 과잉노력자, 실패수용자다.

		성공 접근 동기	
		낮다	높다
실패 회피 동기	낮다	실패수용자	성공지향자
	높다	실패회피자	과잉노력자

• 그림 2-1 • 성취 욕구에 대한 4분면 모형

출처: Covington, M. V., & Roberts, B. (1994). Self-worth and college achievement. In P. R. Pintrich, D. R. Brown, & C. E. Weinstein (Eds.), *Student motivation, cognition, and learning* (p. 160). Millsdale, NJ: Erlbaum.

성공지향자는 성공에 대한 동기가 높고 실패의 두려움이 낮은 학생들로, 성취 활동에 높은 참여를 보이고, 수행 결과에 대하여 불안해하거나 염려하지 않는다. 1장에서 호정이는 이런 유형의 학생을 대표한다. 호정이는 성취수준이 높고, 잘해야 된다는 불안함이나 걱정을 보이지 않는다. 그 정반대의 유형은 실패의 두려움이 높고 성공에 대한 동기가 낮은 실패회피자로, 이 유형의 학생들은 매우 불안해하고, 어떤 일을 시작할 때 늑장을 부리거나 자기손상화전략(self-handicapping strategies)들을 사용함으로써 실패를 회피하려고 한다(Covington, 1992; Garcia & Pintrich, 1994). 이 유형의 학생들은 학업성취와 관련해 활동에 참여하는 것을 꺼린다. 성취 욕구의 네 가지 유형 중 대부분의 연구들은 이 두 가지 유형을 중심으로 이루어져 왔다.

과잉노력자는 성공과 실패에 관련된 두 동기가 모두 높은 학생들이다. 그들은 성공을 위해 적극적으로 노력하지만, 동시에 실패에 대한 두려움도 매우 크다(Covington, 1992). 이러한 학생들은 공부를 매우 열심히 하지만, 실패의 두려움 때문에 매우 불안해하며 스트레스를 많이 받는다. 이러한 유형의 학생들은 대부분 학급에서 잘하는 학생들이지만, 선생님께 항상 자신의 성적을 확인하고 자신이 갖고 있는 염려와 걱정을 나타내려고 한다. 마지막으로, 두 동기 모두가 낮은 학생은 실패수용자로 분류된다. 이런 학생들은 기본적으로 성취에 무관심하다. 이러한 무관심은 관심과 배려의 부족 또는 분노와 성취 가치에 대한 반항에서 기인할 수 있고, 이러한 경향성은 일부 소수 민족 학생들에게서 확인되곤 한다(Covington, 1992).

Atkinson의 이론에서 제시된 성공 접근 동기와 실패 회피 동기는 내적이고 개인적인 요소가 동기에 미치는 영향을 나타내 주는 것이라 할 수 있다. 또한 Atkinson은 상황이나 과제에 보다 밀접히 연관되어 있다는 점에서 자신의 동기 모형에 환경적인 측면을 나타내는 기대와 가치 구인을 포함시켰다고 할 수 있다. Atkinson의 기대 구인은 반응과 보상의 연합이라는 점에서 기대 형성에 대한 Tolman의 주장과 매우 유사하다. Atkinson은 기대 구인이 본질적으로 인지적이며 개인이 가진 성공의 가능성에 대한 주관적인 신념을 반영하고 있기 때문에 Tolman과는 달리 인간을 대상으로 자신의 생각을 검증하였다. 성공 기대 혹은 가능성(expectance or probability for success)은 자주 Lewin에 의해 개발된 고리 던지기 게임을 사용하여 측정되거나(예: "당신은 말뚝에 얼마나 많은 고리를 걸 수 있겠습니까?") 각 개인에게 퍼즐 과제를 주고 그들이 얼마나 많은 문제를 풀 수 있을지 평가하도록 요구함으로써 측정된다(Weiner, 1992). 이러한 주관적인 성공에 대한 기대 신념들은 개인 자신 내부의 신념을 반영하는 것이 분명하나, 이와 동시에 동기에 영향을 주는 환경적 요인들을 반영한다고 가정할 수 있다. 왜냐하면 성공에 대한 기대 신념들은 과제 난이도(예: 사람의 위치와 말뚝 간의 거리, 타인들이 푼 퍼즐의 개수 정보)를 반영할 수 있기 때문이다.

Atkinson의 이론에서 동기의 세 번째 구성 요소는 성공에 대한 유인 가치(incentive value of success)로서, 이는 정서(특히, 성취에 대한 자부심) 측면으로 정의될 수 있다. 너무 쉬운 과제는 성공했을 때 높은 자부심을 만들어 내지 못하기에 매력적으로 보이지 않는 반면, 어렵지만 노력하면 가능한 과제는 성공했을 때 더 높은 자부심과 자기가치(self-worth)를 가지게 함으로써 매력적으로 보이게 된다(Weiner, 1992; Wigfield & Eccles, 1992). 따라서 유인 가치는 과제 난이도와 비례한다고 할 수 있다. 예를 들어, 어려운 과목에서 A학점을 받은 경우 쉬운 과목에서 같은 점수를 받은 경우보다 더 높은 자부심을 경험하기 때문에 유인 가치가 더 높다고 볼 수 있다(Weiner, 1992).

또한 성공 가능성도 과제 난이도와 역방향의 관계를 갖는다. 즉, 쉬운 과제는 어려운 과제보다 높은 성공 가능성을 갖는다. 따라서 성공에 대한 유인 가치는 성공에 대한 가능성과 부적인 관계가 있다고 볼 수 있다. 쉬운 과제에서 성공에 대한 기대가 증가할 때 유인 가치는 감소하는데, 이것은 사람들이 쉬운 과제에서의 성공을 가치있게 여기지 않기 때문이다. 같은 방식으로 어려운 과제는 성공의 가능성이 낮기 때문에 유인 가치가 높아질 것이다. 이러한 관계를 생각해 낸 Atkinson은 유인 가치를 '1-성공 가능성' 이라는 수식으로 정의한 바 있다. 이 관계는 유인 가치가 성공 가능성이 낮은 과제에서 높아짐을 의미하고, 이는 사람들이 쉬운 과제와 비교해 더 어려운 과제에 보다 더 많은 가치를 둔다는 것을 반영한다. 예를 들어, 사람들은 의사와 같은 특정 직업에 더 높은 가치를 두는데, 이는 이들 직업을 가지는 것이 어렵다고 생각하기 때문이라는 것이다(Weiner, 1992).

비록 유인 가치와 성공 가능성 간의 반비례 관계가 논리적이고 직관적으로 이해할 수 있는 것이긴 하지만, 유인 가치를 '1-성공 가능성' 으로 정의함으로써 Atkinson은 유인 가치를 알기 위해서 성공 가능성을 결정할 필요가 있도록 자신의 모델을 규정했다고 할 수 있다. 하지만 성공 가능성과 유인 가치의 관계는 사실상 이후 Atkinson의 수리 모형에서 유인 가치가 제거되는 결과를 가져왔다. 즉, 연구자들은 개인의 성공 가능성을 결정할 수 있는 한 유인 가치를 측정할 필요가 없는 것이다. 유인 가치는 단순히 '1-성공 가능성' 이기 때문이다. 이 같은 유인 가치와 성공 가능성에 대한 개념적 관계 규정은 성취동기에 대한 연구 대부분을 성공에 대한 가능성과 기대에 대해서만 오랫동안 초점을 두도록 만들었다. 따라서 최근까지 대부분의 경험 연구에서 유인 가치는 상대적으로 주목받지 못했다(Eccles, Wigfield, & Schiefele, 1998; Parsons & Goff, 1978; Wigfield & Eccles, 1992).

유인 가치와 성공 가능성 사이에 반비례 관계가 있다는 Atkinson의 수학 모형은 과제 난이도가 중간 수준일 때 성취동기가 가장 높을 것이라는 예측을 가능하게 해준다. 즉, 모든 기대-가치이론에서 성공 가능성이 0.5(과제가 성공할 가능성이 절반)일 때 성공에 대한 유인 가치 또한 0.5(유인 가치=1-0.5)가 된다. 결과적으로 개인이 가지게 되는 성취동기, 혹은 성공 가능성과 유인 가치를 곱한 결과는 다른 조건과 비교할 때 성공 가능성이 중간일 때 가장 크게 나타난다(예: 0.5×0.5=0.25). 예를 들어, 성공 가능성이 0.1(학생은 10번 중 1번만 성공할 것이다)이면 과제가 어렵기 때문에 유인 가치는 높을 것이고(1-0.1=0.9), 성공 가능성과 유인 가치를 곱한 값(0.1×0.9=0.09)은 과제 난이도가 중간 수준일 때(0.25)보다 낮아진다. 성공 가능성과 유인 가치 간의 반비례 관계를 가정하게 되면 이처럼 항시 과제 난이도가 중간일 때 성취동기 수준은 가장 높게 나오게 된다.

동기는 중간 정도의 과제 난이도 수준에서 가장 높다는 논리는 성취동기 연구에서 가장 자주 인용되는 결과 중 하나다. Weiner(1992)는 중간 수준의 난이도와 관련된 연구 결과의 일반화 가능성에 대해 연구를 종합한 바 있으며, 과제 선택과 지속성에 대한 실험실 연구가 이들 연구 결과들을 지지한다고 결론을 내렸다. 그러나 그는 Atkinson의 모형에서 동기의 세 번째 결정 요소인 성공에 대한 동기와 실패에 대한 두려움이 기대와 가치 요인 이상으로 중요한 역할을 한다고 언급하였다. 실제로 Atkinson의 모형은 성공에 대한 동기는 높고 실패에 대한 두려움은 낮은(그가 '높은 성취 욕구'라고 불렀던) 사람들은 난이도가 중간 정도인 과제를 선택할 가능성이, 그리고 실패에 대한 두려움이 높고 성공에 대한 희망이 낮은(그가 '낮은 성취 욕구'라고 불렀던) 사람들은 매우 쉽거나 어려운 과제를 선택할 가능성이 높다고 예측하였다. 후자의 경우, 실패에 대한 두려움이 높은 개인들이 쉬운 과제를 선택하는 것은 이것이 성공을 보증하는 것이며, 이를 통해 실패에 대한 두려움을 최소화할 수 있기 때문이다. 한편, 실패에 대한 두려움이 높은 사람이 매우 어려운 과제를 선택하는 것은, 소수의 사람들만이 매우 어려운 과제에서 성공할 것이라는 기대를 하기 때문에 이것이 실패에 대한 두려움을 더 크게 만들지 않기 때문이다.

Atkinson의 추론에는 긍정적 정서(positive affect)는 최대화하고, 부정적 정서(negative affect)는 최소화하려 한다는 쾌락의 원리가 기저에 내재되어 있다(Weiner, 1992). 실제 경험적 연구 결과들은 실패의 두려움이 높은 사람들에 대한 차별적 예측을 지지해 주고 있다. 즉, 실패에 대한 두려움이 높은 사람들보다 성공에 대한 동기가 높은 사람들이 중간 수준의 난이도를 가진 과제를 더 많이 선택하는 경향이 존재하기는 하지만, 성공과 실패에 대한 동기를 고려하지 않더라도 대부분의 사람들은 중간 난이도의 과제를 대체적으로 선택하는 것으로 나타난다(Weiner, 1992).

연구자들은 중간 정도의 난이도 과제를 선택하는 것을 쾌락의 원리보다는 정보의 원리(informational principle)로 설명될 수 있다고 제안했다(Trope, 1975; Weiner, 1992). 즉, 중간 난이도 과제가 개인의 노력과 능력에 대해 가장 많은 정보를 제공한다는 것이다. 반면, 너무 쉽거나 어려운 과제는 개인보다는 과제에 대해 더 많은 정보를 제공한다. 개인적 능력에 대한 정보는 자기평가에 유용하고, 정확한 자기정보는 실용적이고 적응적인 특성을 갖는다(Weiner, 1992). 아무튼, 서로 다른 동기 유형이 과제 선택에 차별적 결과를 가져오지 않는다는 사실은 성공 기대와 가치와 같은 인지 및 환경 구인이 개인의 성격적 동기(personality motives)보다 과제 선택에 더 많은 영향을 미칠 수 있음을 보여 준다.

종합하면, 기대와 가치 구인에 대한 초기 연구들은 외적 행동, 추동, 욕구, 습관 등과 대조하여 인지와 신념의 역할을 강조하였다. 이러한 연구는 동기 심리학이 단순한 자극-반응 심리학에 대한 의존에서 벗어나 보다 합리적이고 인지적인 패러다임으로 이동하도록 하였고, 이는 현대에 이르러 지배적인 이론이 되었다. 더욱이 동기에 대한 초기 인지 모형들은 행동의 중재 요인으로서 개인의 지각과 신념의 중요성을 강조하였고, 이를 통해 개인의 주관적이고 현상학적인 심리에 대한 연구에 초점을 두게 되었다.

특히 초기 모형들은 과제를 수행할 수 있다는 신념(성공에 대한 가능성과 기대)과 과제 수행에 대한 중요성 · 가치 · 열망에 대한 신념(동기, 유인 가치) 간의 구별을 가능하게 만들어 주었으며, 동기화된 행동은 이 둘 간의 조합을 통해 나타난다고 주장하였다. 우리가 어떤 과제를 수행할 수 있다고 생각하지만 그것에 가치를 느끼지 못한다면 그 과제에 덜 참여할 것이다. 같은 방식으로 어떤 과제가 가치 있다고 생각하지만 그 과제를 수행해 낼 수 있다고 생각하지 않는다면, 우리는 그 과제에 덜 참여할 것이다. 최근 기대와 가치에 대한 연구들은 연구 모형에 맥락적 요인들과 그 영향을 포함하려 시도하고 있지만, 이러한 개인의 두 가지 일반적인 신념(기대와 가치)에 초점을 맞춘 전통은 계속 유지되고 있다. 이 장의 남은 부분에서는 최근에 제안되고 있는 동기에 대한 기대-가치 모형에 대해 논의할 것이다.

최근의 기대-가치이론

이론적 틀

이 장에서는 기대와 가치 구인을 포함하는 많은 동기 이론들 중, 교실 상황의 학업 성취에 관한 연구에 가장 많이 영향을 준 한 동기이론을 집중적으로 살펴보고자 한다. 이 이론은 Eccles, Wigfield와 동료들(Eccles, 1983, 1987, 1993, 2005; Eccles et al., 1989; Wigfield, 1994; Wigfield & Eccles, 1992, 2000, 2002; Wigfield, Eccles, & Rodriguez, 1998; Wigfield, Tonks, & Eccles, 2004)의 연구를 기반으로 제안된 것으로서, Lewin과 Atkinson의 초기 기대-가치 모형과 유사점을 가지고 있다. 이 이론은 학업 성공에 대한 학생들의 기대와 학업 과제에 대한 가치 인식에 초점을 두고 있으며, 성격 · 사회 · 발달 심리학에 기초한 일반적인 사회인지 관점으로부터 유래하였다. 이와 다른 기대-가치 모형에 관심 있는 독자들은 다른 자료를 참조하길 바란다(Heckhausen, 1977; Pekrun, 1993; Rheinberg, Vollmeyer, & Rollett, 2000).

사회인지적 기대-가치이론을 단순화시킨 모형이 [그림 2-2]에 제시되어 있다. 이 모형에서 학업성취 행동을 예측하는 데 가장 중요한 두 요소는 기대와 과제가치(task value)다. 이 두 요소는 Atkinson의 모형에서 상세히 기술되었던 세 가지 구인에 속한다는 사실에 주목하는 것이 중요하다. 기대 구인은 Atkinson의 모형에서 성공 가능성으로 불렸었고, 과제가치 구인은 유인 가치로 불렸었다. 사회인지적 측면에서 보다 상황에 초점을 두고 있는 Eccles와 Wigfield의 이론은 성공에 대한 욕구나 실패에 대한 두려움과 같은 동기에 주목하지 않지만, 이러한 암묵적 동기들은 정서적 기억의 일부분으로 개인은 이를 기반으로 과제가치 신념을 만들게 된다. 예를 들어, 실패에 대한 두려움은 예견되는 심리적 비용과 관련이 있으며, 성공에 대한 욕구는 획득가치(attainment value)나 흥미와 관련이 있다. Eccles와 Wigfield의 모형에서는 과제가치가 Atkinson이 주장한 것처럼 단순히 성공 가능성과 역관계를 가지고 있는 요소가 아닌, 보다 중요하고 차별화된 역할을 수행하는 요소다.

[그림 2-2]에서처럼 학업성취 행동은 기대와 가치라는 두 구인으로 예측될 수 있다. 이 구인들은 그림에서 점선 안에 표시되는데, 이것은 외현적인 학업성취 행동과 대조적으로 기대나 가치가 개인의 내적인 인지 신념이라는 사실을 나타내기 위해서다. 일상적 용어로 표현하면, 가치 구인은 "내가 왜 이 과제를 해야만 하나?"라는 질문에 대한 답과 관련이 있다(Eccles, 1983; Eccles et al., 1998). 이 질문에 대한 답들에는 흥미('나는 이 주제에 흥미가 있다.'), 중요성이나 유용성('이 주제는 미래의 내 경력에 중요하고 유용해.'), 비용('만약 내가 이 어려운 과목을 공부한다면, 운동할 시간이 없을 거야.') 등이 포함된다. 이 장 첫머리에 제시된 예화에서 사회 공부와 축구를 싫어한다는 현미의 말은 자신의 가치 신념에 대한 표현이라고 할 수 있다.

반대로 기대 구인은 "내가 이 과제를 할 수 있을까?"와 같은 질문에 대한 답과 관련이 있다(Eccles, 1983, 2005; Eccles et al., 1998; Pintrich, 1988a, 1988b; Wigfield,

1994; Wigfield & Eccles, 1992, 2002). [그림 2-2]에서 보면, 기대(성공에 대한 미래의 기대)는 다가올 시험이나 미래에 일어날 일에 대해 잘할 수 있을지에 대한 개인의 믿음이다. 앞의 예에서 준영이는 사회 과목에서 좋은 성적을 낼 것으로 기대하고 있지만, 병주와 현미는 잘하지 못할 것으로 기대하고 있다. 기대 구인은 보통 학생들에게 미래의 어떤 과제나 분야에 대하여 얼마나 잘해 낼 수 있을지 스스로 예측해 보도록 요구함으로써 측정된다(〈표 2-1〉 참조). 성공에 대한 기대는 단순히 자신의 능력이 어느 정도인지 인식하는 것보다 미래의 경향성이나 방향성에 대한 정보를 포함한다. 이러한 이론적 전통에 속한 많은 연구는 성공에 대한 높은 기대가 성취와 선택, 지속성을 포함하여 다양한 학업성취 행동들과 긍정적인 관계가 있다고 보고하고 있다(Eccles, 1983, 2005; Eccles et al., 1998; Wigfield, 1994; Wigfield & Eccles, 1992).

[그림 2-2]에 제시된 또 다른 동기 요인으로 학생의 정서적 기억(affective memories)과 함께 목표(goal)와 자기 도식(self-schema)을 볼 수 있다. 정서적 기억은 경험이나 과제 유형에 대한 개인의 정서적 경험을 말한다. 비록 이러한 기억들이 Eccles와 Wigfield 모형에서 경험적 연구 방법을 통해 많이 연구되지는 않았지만, 정서적 기억들은 과제 참여 예상을 통해 촉진될 수 있고, 고전적 조건화나 직접적인 연합을 통해 활동에 대

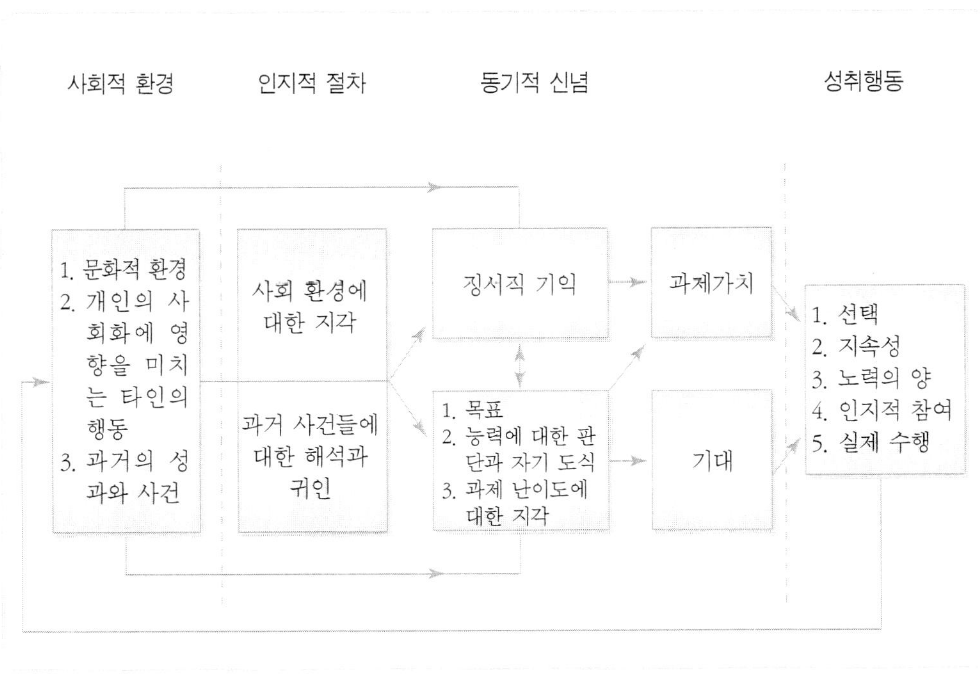

그림 2-2 성취동기의 사회인지적 기대-가치 모형

표 2-1 ▸▸ 다양한 기대와 가치의 개념을 측정하는 데 사용된 여러 가지 자기보고 문항

기대-가치이론의 기대 구인	유능성에 대한 지각 (Harter)	기대-가치이론의 과제가치 신념
5점 또는 7점 리커트 척도 활용	Harter는 1~4점으로 구성된 강제선택척도를 사용한다. 학생들은 긍정적 진술과 부정적 진술 중 하나를 선택한 후, 선택한 진술에 포함된 숫자인 (1, 2) 또는 (3, 4) 중 하나를 선택하도록 한다.	별로 중요하지 않은 것(흥미, 유용성)에서 매우 중요한 것(흥미, 유용성)으로, 또는 나에게 전혀 해당되지 않는 것부터 나에게 해당되는 것의 순서로 척도가 구성되며, 일반적으로 응답자들은 5점 또는 7점 리커트 척도에 응답하도록 되어 있다.
성공 기대 다음 수학 시험을 얼마나 잘 볼 수 있다고 생각합니까? 다른 학생과 비교해서 올해 수학 점수를 얼마나 잘 받을 것 같습니까? 내년에 공부하게 될 수학에서는 얼마나 잘할 수 있을 것 같습니까? 미분과 같이 어려운 수학 내용을 얼마나 잘할 수 있다고 생각합니까? 과제 특수적 자기개념 당신은 스스로 얼마나 수학을 잘한다고 생각합니까? 수학 교과에서 1등부터 꼴찌까지 등수를 준다면 반에서 자신은 몇 등이라고 생각합니까?	나는 물건들을 잘 기억한다. 나는 학교 공부를 잘한다. 나는 학교 공부를 빨리 끝마친다. 나는 다른 아이들만큼 현명하다. 나는 내가 읽은 것을 잘 이해한다. 나는 학교 과제에 대한 답을 생각해 낼 수 있다.	획득가치 또는 중요성 수학에서 좋은 점수를 받는 것이 당신에게 얼마나 중요합니까? 나는 수학 문제 해결이나 수학적 사고를 잘하는 것이 매우 중요하다고 생각한다. 학습자료에 담긴 내용을 배우는 것은 중요하다. 교과 내용을 이해하는 것은 나에게 있어 매우 중요하다. 흥미 대체로 나는 수학 숙제를 하는 것이 즐겁다고 생각한다. 수학을 얼마나 좋아합니까? 나는 이 과목의 구체적 내용에 매우 흥미를 가지고 있다. 나는 이 과목에서 다루는 전반적 주제를 좋아한다. 효용가치 당신이 졸업을 하고 일자리를 찾는 데 고등학교 수학이 얼마나 유용합니까? 당신이 학교 밖 일상생활에서 고등학교 수학을 배웠던 것이 얼마나 유용했습니까? 나는 이 과목에서 배운 것을 다른 과목에서 사용할 수 있다고 생각한다. 나는 이 과목에서 배운 주제가 나에게 유용하다고 생각한다.

다른 과목과 비교해서 자신은 수학을 얼마나 잘한다고 생각합니까? 금년에 수학 공부를 잘해 왔다고 생각합니까? 과제 난이도에 대한 지각 다른 과목들과 비교해서 수학이 얼마나 어렵습니까?		지각된 비용 당신이 수학 과목에서 잘하기 위해 들이는 노력이 가치가 있다고 생각합니까? 당신이 수학 공부를 하기 위해 쓰는 시간이 당신이 좋아하는 다른 일을 하는 데 필요한 시간의 얼마를 빼앗아 간다고 생각합니까?

한 긍정적 또는 부정적 가치들을 이끌어 낼 수 있다. 예를 들어, 만약 한 개인이 야구 경기를 했던 초기 경험에서 불쾌하거나 난처한 경험을 했다면, 이 정서적 기억은 다음에 야구를 할 때 고전적 조건화를 통해 야구 활동에 대해 덜 긍정적인 가치를 두도록 하는 동시에 부정적인 정서를 활성화시킬 것이다. 이러한 경험은 야구 활동에 대한 회피로 이어질 수 있고, 다른 운동으로도 일반화될 수 있다. 같은 방식으로 학생들은 수학과 같은 학교 교과목에서 부정적 경험을 할 수 있는데, 이것은 수학에 대한 가치와 흥미를 떨어뜨리며, 결과적으로 수학 교과목에 대한 회피로 이어질 수 있다.

목표와 자기 도식은 개인의 장 · 단기 목표와 마찬가지로 그들의 일반적인 자기 도식을 포함한다. 자기 도식은 개인의 신념과 그들 자신의 자기개념(self-concepts)을 반영한다. 예를 들어, 사람들은 신체적 매력, 운동 능력, 학업 능력, 사회적 능력에 관한 영역 특수적 자기개념과 마찬가지로 그들의 성격과 정체성에 관한 신념들을 포함하여 그들이 어떤 사람이고, 어떤 사람이 되어야 하는지(실현 가능한 자아, 이상적 자아)에 대한 신념을 가지고 있다(Eccles, 1983; Harter, 1983, 1985a; Markus & Nurius, 1986; Marsh, 1989, 1990b). 개인 자신의 능력에 대한 영역 특수적 판단들은 Bandura(1997)의 이론에서 말한 자기효능감 판단과 유사하다. 하지만 개인 자신의 능력에 대한 판단은 결과 기대(outcome expectation)라는 개념과는 다른 것이다(Eccles et al., 1998; 4장 참조).

목표는 학생들이 추구하는 것 또는 성취하기 위해 노력하는 것의 인지적 표상이다. 단기 목표는 '화학 과목에서 A를 얻기' 지만, 장기 목표는 '의사가 되는 것' 이 될 수 있다. 목표들은 자기 도식과 자기개념에 의해 형성될 수 있다. 예를 들어, 자기 도식이나 정체감의 일부분으로 '나는 다른 사람을 돕는 사람이다.' 라는 생각을 가지고 있는 것은, 그 사람이 의사나 선생님 같은 직업을 갖는 것을 자신의 장기 목표로 세우도록 작용할 것이다. 장 · 단기 목표들은 4장에서 논의될 것이다. 하지만 이 목표들은 5장에서 논의될 목표 지향성(숙달목표, 수행목표) 개념과는 다른 개념임을 파악하는 것이 매우 중요하다.

목표와 자기 도식 요소와 관련된 마지막 요소는 과제 요구(task demands)에 대한 지각을 포함한다. 과제지각(task perception)은 학생들의 과제의 다양한 양상(과제가 얼마나 흥미 있나고 생각되는지와 같은)에 대한 판단뿐만 아니라 과제 난이도에 대한 판단(Lewin과 Atkinson 공식과 유사한)과 관련된다. Eccles와 Wigfield는 이러한 과제 난이도 지각이 비교적 영역 특수적인 것으로 가정하였다. 그들은 자신들의 연구에서 영역에 대한 조작적 정의로서 교과목(예: 영어, 수학, 과학)을 사용하였지만, 성취에 영향을 미칠 수 있는 이러한 신념들이 보다 더 세분화된 영역 특수성을 가질 가능성을 열어 놓았다(예: 학업 · 신체 · 사회 능력과 같은 차별적 자기개념, 대수학, 기하학, 미적분학과 같은 과제 난이도 신념).

이러한 신념들은 두 가지 다른 변인에 의해 영향을 받는다([그림 2-2] 참조). 그중 한 가지는 학생들이 그들에게 일어난 사건들을 어떻게 지각하고 해석하는지에 관한 내적인 인지 처리를 포함한다. 특히, 이 같은 내적 해석은 학생이 과거 사건과 실제 수행에 대해 만드는 귀인 유형에 의해 영향을 받는다. 결과에 대하여 지각된 원인인 귀인(attribution)은 유능성에 대한 자기지각과 기대를 형성하는 데 매우 결정적이다. 귀인에 대해서는 3장에서 논의할 예정이다.

인지 과정의 또 다른 측면은 학생들이 그들의 사회문화적 환경을 어떻게 지각하고 있는지를 포함한다. 여기에는 활동에 대한 고정관념과 성역할과 같은 사회적 역할에 대한 개인의 지각과 해석뿐만 아니라, 개인의 사회화에 영향을 미치는 다양한 사람들(부모, 선생님, 친구들)이 가진 신념에 대한 개인의 지각이 포함된다. 인지적 구성주의 접근과 일치하는 측면으로서, 부모나 교사의 신념들과 행동들은 학생들에게 직접적인 영향을 미칠 뿐만 아니라, 사회적 환경이 개인에게 미치는 영향은 이들 환경에 대한 학생들의 지각에 의해 매개된다고 가정한다. 예를 들어, 여학생들이 수학 수업을 받을 때 교사가 가진 편견을 지각하지 못할 수 있다. 따라서 실제 교사 편견이 존재하지만 학생 개인이 이를 지각하지 못한다면, 결과적으로 교사 편견이 학생 개인의 동기적 신념에 미치는 영향은 적을 수 있다.

학생들의 동기적 신념에 영향을 미치는 또 다른 변인으로 실제 문화와 사회적 환경을 들 수 있고, 여기에는 사회문화적 환경, 부모, 동료, 교사와 학생 간의 상호작용 특성, 그리고 학생들의 실제 능력뿐만 아니라 과거 수행과 성취가 포함된다. 이 요인들의 영향은 [그림 2-2]의 맨 왼쪽 점선 바깥쪽에 나타나 있는데, 이는 이 요인들이 학생 외적 요인으로 가정되기 때문이다. 그럼에도 불구하고, 이러한 외적 요인들은 학생들의 동기적 신념에 매우 큰 영향을 미치는데, 이는 학생들이 다양한 학업 및 비학업과 관련된 활동들에 참여함에 따라 이 외적 요인들이 학생들을 둘러싼 맥락을 설정하기 때문이다. 이러한 맥락들은 개인의 신념과 행동과 관련해 기회 또는 제한이 될 수 있다. 따라서 여기서 다루어진 기대-가치 모형이 사회인지적 과정을 통해 학생들이 동기적 신념을 어떻게 구성하는지를 강조하고 있지만, 학생들의 동기적 신념들이 학생들의 세계를 구성하는 사회문화적 맥락에 기반을 두고 있다는 측면을 또한 가정하고 있는 것이다.

능력에 대한 자기지각과 기대의 역할

능력에 대한 자기지각과 기대

능력이나 유능성에 대한 자기지각(self-perception of ability or competence), 그리고 기대와 관련이 있는 수많은 결과물들이 있을 수 있다. 우리는 여기서 세 가지 일반적 결과물, 즉, (1) 실제 성취 및 수행, (2) 인지적 참여, 노력, 끈기를 포함하는 과제 관여(task involvement), (3) 선택(choice)을 중심으로 능력에 대한 자기지각과 기대가 미치는 영향에 대해 논의하고자 한다. 성취결과들(achievement outcomes)은 표준화 학업성취검사에서의 학생들의 수행, 다양한 교과목에서의 성적, 교실에서 보는 쪽지시험이나 과제에 대한 수행결과와 같은 다양한 학습결과를 포함한다. 인지적 참여(cognitive engagement)는 학생들이 어떻게 인지적으로 과제에 관여하는가를 일컬으며, 이는 다양한 종류의 인지전략, 메타인지전략, 자기조절전략(self-regulatory strategy) 등의 사용을 포함한다. 선택은 의사 결정 과정에서 자율성이 주어질 때 학생들이 어떤 유형의 선택을 하는지에 관심을 둔다. 예를 들면, 수학이나 과학이 졸업 필수 과목이 아닌 경우에도 학생들이 이러한 과목들에 대해 수강신청을 할 것인가? 학생들이 특정 유형의 과제나 활동을 다른 유형의 과제나 활동 대신 선택할 것인가? 학생들이 교육학과 심리학 중 어떤 것을 전공으로 선택할 것인가? 이러한 결과들은 개인의 기대 신념과 능력에 대한 자기지각과 긍정적으로 관련되어 있다.

일련의 대규모 현장 상관 연구를 통해 Eccles, Wigfield, 그리고 동료들은 기대와 능력에 대한 자기지각이 학업성취에 미치는 영향을 연구하였다(Eccles, 1983; Eccles et al., 1989; Wigfield, 1994; Wigfield & Eccles, 1992). 이들은 횡단연구와 종단연구 설계를 모두 사용하였다. 이들은 초등학교 고학년과 중학생을 대상으로, 학년 초와 말에 수학과 영어에 대한 과제가치 신념뿐만 아니라, 성공에 대한 기대와 능력에 대한 자기지각을 자기보고 방식을 이용해 측정하였다(〈표 2-1〉 참조). 연구자들이 수행한 일부 다른 연구들에서는 같은 학생들이 몇 년 동안 종단적으로 추적되었으며, 이들에 대해 매년 학년 초와 말에 동일한 측정이 실시되었다. 연구자들은 또한 표준화 학업성취검사 점수와 교과목 성적 자료들을 수집하였다. 연구자들은 경로분석과 구조방정식모형을 사용하여 초기 기대와 능력 지각이 성적과 비교해 이후 이 동기 변인과 성적에 미치는 상대적 영향력 크기를 분석하였다.

수행된 연구들은 학생들의 능력에 대한 자기지각과 성공 기대가 이후 수학과 영어 성적에 가장 강력한 예측 변인이 됨을 보여 주었고, 심지어 이전 성적보다 이후 성적을 더 잘 예측함을 보고하였다. 또한 이들 연구들은 수학 및 영어 영역에서 능력에 대한 자기지각 및 성공에 대한 기대가 학생들의 노력과 끈기를 설명하는 강력한 예측 변인임을 밝혔다. 많은 연구들을 통해 확인된 이 같은 연구 결과는 학생들이 가지고 있는 성공 기대와 능력에 대한 자기지각이 중요함을 보여 주고 있으며, [그림 2-2]는 이 동기 요인들이 환경 및 문화적 맥락과 실제 성취행동 및 참여 사이를 연결하는 매개 변인임을 보여 준다. 더욱이 이 연구들은 실제 교실 상황에서 실시되었고, 몇 년 간에 걸쳐 학생들을 추적하여 이루어졌기 때문에 연구 결과의 생태학적 타당성이 높다고 할 수 있으며, 따라서 여러 상황에 걸쳐 일반화할 수 있는 가능성이 크다고 볼 수 있다.

표준화 학업성취검사에서의 결과, 교사가 학생들에게 준 성적, 그리고 노력과 지속성에 대한 결과 외에도, 연구자들은 학생들의 성공 기대와 능력에 대한 자기지각이 학생들의 인지적 참여와 관련되어 있음을 확인하고자 하였다. 상관관계를 사용한 일련의 현장 연구를 통하여 Pintrich와 동료들(Pintrich, 1989, 1999a, 1999b; Pintrich & De Groot, 1990; Pintrich & Garcia, 1991, 1993; Pintrich & Schrauben, 1992; Wolters, Yu, & Pintrich, 1996)은 자기 유능성 신념(self-competence beliefs)과 학생들이 사용하는 인지전략(예: 바꾸어 말하기, 요약하기 등과 같은 정교화 전략), 메타인지전략, 자기조절전략(계획, 확인, 검토) 간의 관계를 연구하였다. 인지전략과 메타인지전략의 활용은 학생들이 더 많은 노력을 기울이는 것뿐만 아니라 학습자료를 보다 깊게 처리하도록 하며, 결과적으로 높은 수준의 이해와 학습결과로 연결된다. 비록 Pintrich와 동료들이 동기와 전략 사용에 대해 자기보고식 검사를 사용하긴 했지만, 능력에 대한 높은 자기지각이 인지전략과 메타인지전략의 사용과 높은 상관이 존재함을 중학교, 대학교 학생 표본 모두에서 일관적으로 확인하였다. 다른 연구자들도 능력에 대한 자기지각과 인지적 참여 사이에 유사한 결과가 있다는 연구 결과를 보고한 바 있다(Paris & Oka, 1986; Shell, Murphy, & Bruning, 1989).

유능감 지각과 인지적 참여, 실제 학업성취 간의 관계에 대한 연구 결과와는 달리, 선택에 대한 연구 결과는 명확하고 일관되게 나타나고 있지 않다. 비록 Atkinson과 다른 연구자들이 수행한 초기 연구들에서 기대 신념이 고리 던지기 과제에서 학생들의 거리 선택행동과 관계가 있음을 보여 주었긴 하지만, 학생들의 학업적 선택에 대한 최근 연구들은 기대 신념의 강력한 역할을 확인하지 못하고 있다. 오히려 중요성, 유용성, 흥미와 같은 과제가치 요소들이 수학 공부를 계속할 것인지, 실제 수강신청을 했는지와 같은 선택행동에 대해 더 좋은 예측 변인임을 보여 준다(Feather, 1982, 1988; Wigfield, 1994; Wigfield & Eccles, 1992). 따라서 기대-가치 관점에 의하면, 기대 신념이 실제 학업성취와 인지적 참여와 더 높은 관련을 보이고, 가치 신념은 학생들의 선택행동과 더 밀접하게 연결되어 있다고 할 수 있다. 기대 요소를 어떻게 교실 상황에 적용할 수 있는가는 〈적용 2-1〉에 제시되었다.

적용 2-1 학생들이 성공에 대한 현실적인 기대를 갖도록 돕기

기대와 가치 신념에 대한 연구는 교수활동에 많은 시사점을 제공한다. 다음은 교사들이 교실에서 활용할 수 있는 지침으로서, 이 지침은 특정 교실 맥락에 맞게 조정하여 적용할 필요가 있다.

1. **학생들이 정확하면서도 높은 기대와 유능감 지각을 갖도록 하고, 무능력 환상(illusion of incompetence)을 갖지 않도록 도와야 한다.** 학생들은 자신이 과제를 완성할 수 있다고 믿을 때, 과제 참여와 성취를 위해 동기화된다. 교사들은 학생들이 자신의 능력에 대해 합리적인 인식을 갖도록 정확한 피드백을 제공해야 하지만, 동시에 이들의 능력과 기술이 계속해서 발전할 수 있다는 메시지를 전달할 수 있어

야 한다.

정명훈 선생님은 학생들의 글쓰기 과제에 대하여 긍정적이면서도 정확한 피드백을 제공한다. 선생님은 학생들이 제출한 보고서에 그들이 보인 노력의 정도뿐만 아니라 내용의 이해 수준에 대해 자신의 피드백을 적는다. 어떤 학생들은 과제를 성급하게 하는데, 선생님은 이것을 피드백으로 적어 반드시 학생들에게 전한다. 선생님은 이러한 학생들을 개별적으로 만나서 왜 열심히 하지 않았는지, 혹은 왜 잘 해내지 못했는지를 물어보기도 한다. 이렇게 알게 된 정보를 토대로 선생님은 학생들이 자신들의 노력이나 수행을 개선할 수 있는 방법을 알도록 도와준다. 간혹 선생님은 이전 학급에서 했던 학생들의 보고서를 보여 줌으로써 잘한 보고서의 예를 학생들이 이해할 수 있도록 한다. 또한 동시에 선생님은 학생들에게 어떻게 하면 그와 같은 보고서를 쓸 수 있는지 그 방법을 설명해 준다. 이때 선생님은 학생 모두가 잘못하고 있는 것이 무엇인지를 알도록 한다. 정 선생님은 단지 학생들의 자존감을 북돋워 주기 위해 거짓된 피드백을 제공하지는 않는다.

2. **학생들의 능력에 대한 자기인식은 교사의 정확한 피드백뿐만 아니라 도전적인 학습 과제에서의 실제 성공을 통해서 발전한다.** 과제와 숙제가 도전적이면서도 적합한 수준의 난이도를 유지하도록 하는 것이 중요하다. 비록 쉬운 과제에 대한 연습이 기술의 자동화에 도움이 되지만, 동기화와 새로운 기술 학습을 위해 학생들에게 도전적인 과제들이 제시될 필요가 있다. 과제 난이도는 대부분의 학생들이 일정한 노력을 기울여서 해결할 수 있는 수준으로 설정되어야 한다. 과제는 너무 쉽지 않아야 하며, 특히 너무 어려워서 대부분의 학생들이 실패하도록 해서도 안 된다.

현선희 선생님은 과학시간에 학생들에게 줄 다양한 난이도 수준의 수업 과제들을 가지고 있다. 여러 해 동안 현 선생님은 다양한 프로젝트, 실험, 워크북 과제를 수집하여, 학생들에게 다양한 수준의 도전 과제를 제공하고 있다. 현 선생님 수업의 모든 학생들은 중학교 1학년 수준의 동일한 과학 내용을 배우지만, 기본 과제 수준보다 높은 과제를 할 수 있는 학생들에게는 추가 점수를 받을 수 있는 도전 과제를 제공한다. 또한 해당 학년의 기본 과제를 잘 수행하지 못하는 학생들에게도 추가 점수를 받을 수 있는 또 다른 수준의 과제를 제공한다. 공통 기본 과제와 더불어 개별화된 과제를 복합적으로 제공하는 현 선생님의 교수활동은 학생들에게 성공할 수 있는 기회를 제공하면서 동시에 도전의 기회를 제공하는 것이다.

3. **능력에 대한 학생들의 지각은 영역 특수적인 것이며, 전반적인 자존감과는 다른 것이다.** 학생들의 전반적인 자존감보다는 능력에 대한 자기지각이 향상되도록 돕는 것

이 학업에 있어서 더 생산적이다. 비록 전반적인 자존감이 일반적인 정신 건강에는 더 중요하지만, 학업 영역에서는 학생들이 수행에 대한 정확한 피드백을 받고, 자신의 능력에 대한 정확하고 긍정적인 지각을 갖도록 하는 것이 더 중요하다. 특히, 학생이 학업에 어려움을 느끼고 있다는 것을 알고 있을 때, 학생의 전반적 자존감을 변화시키는 것은 그다지 도움이 되지 않을지 모른다. 특히, 나이 든 학생들은 솔직하지 않은 칭찬을 신뢰하지 않으며, 오히려 자신이 과제를 수행할 능력이 부족하다고 결론을 내린다.

이 장 처음에서 현미, 준영, 병주는 수업이나 운동 과제에 대한 자신들의 신념이 영역 특수적이라는 것을 보여 주었다. 이 학생들의 선생님들은 각 과목에서 보여 준 이들의 수행에 대하여 정확한 피드백을 제공하였다. 이 선생님들은 학생들에게 포괄적이고 구체적이지 않은 피드백("너는 좋은 사람이야." "너는 어떤 부분에서 매우 특별해." "너는 너 자신에 대해 좋게 느껴야 한다.")을 주지 않고 실제 수행과 관련해 구체적인 피드백을 제공하였다.

자기개념 신념

유능성과 자기개념을 학생들 자신이 어떻게 지각하고 있는지에 대한 연구는 기대-가치에 대한 연구와 매우 유사하다(Harter, 1982, 1985a, 1990, 1998). 유능성에 대한 자기지각의 정의는 Eccles와 Wigfield의 이론적 틀에서 제안하고 있는 과제 특수적 자기개념 정의와 일치한다. 유능성에 대한 자기지각은 학생들이 일정한 과제들을 성취할 수 있는 자신의 능력에 관한 자기평가적 판단(self-evaluative judgments)이다(Harter, 1985a). 유능성에 대한 자기지각은 어떤 영역 또는 과제와 관련한 자신의 능력에 대한 인지적 평가이지(예: '난 수학을 잘할 수 있어.'), 개인이 자신에 대하여 어떻게 느끼는지와 관련된 자아존중감(self-esteem)이나 자기가치의 일반적인 측정(예: '나는 내 일을 할 때 기쁘다.')은 아니다(Harter, 1998; Wigfield & Karpathian, 1991). 또한 유능성 지각에 대한 연구는 자아와 자기정체성 발달에 대한 발달적 관점으로부터 기인하며, 기대-가치 모형에서와 같이 동기에 관심을 가지는 것은 아니다. 이러한 학문적 뿌리의 차이로 인해 유능성 지각과 기대-가치 연구는 연구 및 이론적 토대에 있어서 다소 차이를 갖는다.

학생들의 유능성 지각에 관한 일부 연구는 아동들의 자아정체감 개념에 대한 연구와 자기개념에 대한 연구(Damon & Harter, 1998; Harter, 1998; Markus & Nurius, 1986;

Marsh, 1984a, 1984b, 1990b)와 밀접하게 관련되어 있다. 자기개념 연구에서 중요한 논점은 자기지각에서의 영역 특수성이다. 자기개념에 대한 많은 초기 연구는 이론적 기반이 부족했었고, 구인에 대한 올바른 정의가 내려지지 않았으며, 많은 연구에서 자기개념을 상당히 총체적인 구인으로 가정했었다(Wylie, 1974, 1979, 1989). 오늘날 연구는 아동들이 자신들의 유능성에 대한 지각을 영역에 따라 어떻게 다르게 인식하는가에 초점을 둔다(Byrne, 1984). 비록 유능성에 대한 자기지각이 연령에 따라 차별화되지만, 대부분의 연구자들은 현재 아주 어린 아동(초등학교 1, 2학년)도 유능성에 대한 영역 특수적 자기지각을 가지고 있다는 관점을 가지고 있다(Eccles et al., 1998). 또한 영역 특수성의 수준과 관련해 학자들 간의 의견 불일치가 있기는 하지만, 대부분의 연구자들은 학업적 유능성, 사회적 유능성, 그리고 신체적 유능성을 서로 구별된 것으로 받아들이고 있다(Harter, 1982, 1998; Wigfield & Karpathian, 1991).

학업적 유능성은 학교 과제에 관한 학생들의 유능성 지각과 관련이 있다. 〈표 2-1〉에 나타난 유능성 지각은 Harter(1982)의 유능성 척도로부터 나온 것이며, 학교 과제에 대한 일반적인 유능성 느낌을 반영하고 있다. 또 다른 자기개념 측정도구인 Marsh의 자기기술질문지(Self-Descriptive Questionnaire: 아동용 SDQ Ⅰ, 청소년용 SDQ Ⅱ, 성인용 SDQ Ⅲ)는 학교 교과목 영역을 포함하고 있다(측정도구를 살펴보고자 한다면 Byrne, 1996 참조). 사회적 영역은 타인과의 상호작용에서의 자신의 유능성에 대한 지각을 반영한다. Harter의 유능성 지각 검사 개정판인 자기지각 프로파일(self-perception profile)(Harter, 1985b)과 Marsh의 SDQ는 부모와의 관계와 동료나 친한 친구와의 관계에 대한 독립된 척도를 가지고 있다. 또한 Harter와 Marsh의 검사 모두는 청소년과 성인용 척도에서 타인과의 로맨틱한 관계에서의 지각된 유능성을 측정하고 있다. 신체적 영역에 대한 Harter와 Marsh의 척도는 운동 같은 신체적 활동에서의 유능성과 신체적 매력이나 외모에 대한 일반적인 지각도 측정하고 있다.

학업적, 사회적, 신체적 유능성 척도들 간의 검사 점수는 정적 상관을 보여 주지만, 연구들은 이들 영역들이 경험적으로 분리된 영역이라고 제안한다. 따라서 학생들은 영역에 따라 서로 다른 자기지각을 가질 수 있다(예: 수학에서는 높지만 읽기에서는 낮고, 신체적 능력에서는 높지만 동료와의 관계에서는 낮은 유능성 지각). 연구자들과 교사들은 유능성 지각에 대한 이러한 영역 간의 차이점에 민감할 필요가 있고, 모든 영역에서의 수행을 반영하는 단일한 일반적 자기개념이 있다고 가정해서는 안 될 것이다.

많은 영역에 걸친 전체적 수행과 관련된 일반적 자기개념이 존재한다는 생각은 단순한 생각이며 받아들여지지 않고 있다. 하지만 유능성 지각이 영역 특수적이라는 가정은 여전히 자기지각들 간의 위계적 관계 가능성에 대한 논쟁에 답하지 못하고 있다. 이 논쟁은 복수의 하위 영역들과 이들 하위 영역들의 특수성에 의해 야기된 문제라고 할 수 있다. 예를 들어, 만약 한 학생이 영어, 수학, 과학, 사회 같은 학업 영역들에 있어 서로 다른 유능성 자기지각을 가지고 있다면, '이러한 자기지각이 항상 일반적인 학업 자기개념으로 통합될 수 있는가?' 와 같은 질문이 제기될 수 있다. 만약 통합된다면 이 학업 자기개념은 자기에 대한 위계에 있어서 신체 자기개념(달리기, 테니스, 체조, 축구, 야구 등과 같이 다양한 신체적 활동들에 대한 자기지각의 통합)과 사회 자기개념(친구들이나 학급 동료, 부모님이나 다른 성인과의 관계에 대한 자기지각의 통합)과 같은 수준에 있게 될 것이다.

이 논쟁에 대한 연구 결과는 다소 혼재되어 있다. Harter(1983, 1985a)는 영역에 대한 요인분석 연구를 통해 비위계적 모형을 지지하였으며, 이는 영역 특수적인 자기지각들이 분리되어 구성되어 있다는 분류적(taxonomic) 입장과 일치한다(Byrne, 1984). 이와는 반대로 Marsh, Shavelson 등이 수행한 연구 결과는 자기지각이 위계적으로 구조화되어 있으며, 각 학업 영역에서의 유능성 자기지각이 일반적인 학업 자기개념으로 수렴된다고 제안하였다. 단지 위계적 구조의 정도가 연령에 따라 달라져, 청소년기 후기와 성인기에서 덜 위계적으로 나타났다(Marsh, 1990b, 1993; Marsh, Byrne, & Shavelson, 1992; Marsh & Hattie, 1996; Marsh & Shavelson, 1985; Shavelson & Bolus, 1982).

Wigfield와 Karpathian(1991)은 이런 상이한 연구 결과들이 학생들의 발달 차이에 기인하고, 이는 시간이 흐름에 따라 비위계적 자기개념에서 위계적 자기개념으로, 그리고 다시 비위계적 자기개념으로 발달하여 가는 일반적인 발달적 변화 경향성을 반영한다고 제안하였다. Harter 연구의 대부분은 어린 아동을 대상으로 하였는데, 어린이들은 자기개념의 다양한 영역들을 통합할 능력이나 동기가 낮다고 볼 수 있다. 반대로 Marsh의 연구에서는 청소년기 초기 학생들을 대상으로 하였으며, 연구에서 이 학생들은 위계적으로 조직화된 자기개념을 나타냈다. 이는 청소년기 학생들이 다양한 정보를 인지적으로 통합할 수 있고, 청소년기 자기정체감 추구 특성으로 인하여 상이한 자기 영역(self-domains)들을 자아로 통합하도록 동기화되어 있기 때문이라 볼 수 있다. 마지막으로, Marsh와 Shavelson의 연구에서 청소년기 후기 학생들과 성인들이 덜 위계적인 구조를 나타냈는데, 이는 대학생이나 성인들이 모든 영역에 적극적으로 참여하지 않으며(대부분의 성인들은 수학, 과학, 사회 과목과 같은 것을 학습하지 않는다), 또한 영역들 간의 차이를 보이는 것에 관심을 덜 가지고 있으며, 일관적이지 않은 다중 정체성(multiple identity)을 가지고 있는 것을 불편하게 느끼지 않기 때문이다. Wigfield와 Karpathian(1991)이 지적했듯이, 이들이 수행한 연구들 대부분이 횡단연구 방법을 적용해 수행된 것이었다. 따라서 이들 학자들이 말한 것처럼 자기개념의 위계성에 대한 발달 경향을 설명하기 위해서는 종단연구가 수행될 필요가 있다. 또한 자기재념의 위계적 성격과 관련하여 발달적 차이뿐만 아니라 개인 차이와 문화 차이가 있을 수 있다(Harter, 1998). 따라서 이에 대한 연구가 이루어질 필요가 있다.

또 다른 쟁점은 유능성의 지각과 일반적 자아존중감 간의 관계와 관련이 있다. 자기개념에 대한 초기 연구에서의 논쟁이 있은 후 최근에는 유능성에 대한 자기지각과 자아존중삼이 이론적으로나 경험적으로 구별되는 구인이라는 것이 폭넓게 수용되고 있다(Harter, 1998; Wigfield & Karpathian, 1991). 유능성에 대한 지각은 기술이나 능력에 대한 개인 자신의 인지적인 판단을 말한다. 예를 들면, 사회 공부를 잘할 수 있다거나, 축구를 잘할 수 있다거나, 친구를 잘 사귈 수 있다는 신념 등이 그것이다. 반대로, 자아존중감은 보다 더 전체적이고 정서적인 개인 자신에 대한 반응과 평가다. 예를 들어, 사회 과목에서 좋은 성적을 받지 못했기 때문에 무능하다고 생각할 수 있고, 축구를 잘하기 때문에 유능하다고 생각할 수도 있으며, 친구가 없기 때문에 무능하다고 생각할 수도 있다. Harter(1985a, 1986)와 Marsh(Marsh & O' Neill, 1984; Marsh & Shavelson, 1985)의 경험적 연구들은 자아존중감이 유능성에 대한 자기지각과 구별됨을 보여 주지만, 동시에 두 구인 간에 정적 상관이 존재함을 보여 주고 있다. 직관적으로, 우리는 유능성에 대한 지각이 자아존중감과 정적으로 상관이 있을 것이라고(예: 높은 자존감을 갖는 학생들은 자신들이 더 잘할 수 있다고 생각한다) 생각할 수 있지만, 이 두 구인 간의 관계 특성은 명확하지 않다.

초기 미국 심리학을 이끌었던 사람 중 한 명인 William James는 자아존중감을 자부심(pretension) 또는 목표에 대한 성공의 비율로 생각했으며, 자신의 목표들을 더 많이 성취한 사람일수록 자아존중감이 높다고 생각하였다(James, 1890). 좀 더 근대에 와서 Harter(1985a, 1986, 1990, 1998)도 비슷한 주장을 하였다. 그는 일반적 자아존중감이 다양한 영역들에 대한 자신의 유능성 지각과 그들 영역에 대하여 개인이 부여하는 중요성과 관계가 있다고 주장하였다(이는 기대-가치이론에서의 예측과 유사하다). 따라서 학생들이 일부 학업 영역에 대해서 자신의 유능성을 낮게 지각하고 있다 하더라도 이들 학업 영역이 다른 영역에 비하여 중요하지 않거나 중심적 위치에 있지 않다면 이들 영역에 대해 학생들이 반드시 낮은 자아존중감을 가지고 있지는 않을 것이다. 예를 들어, 준희가 자신의 테니스 실력이 부족하다고 생각하지만 테니스가 그에게 중요하지 않다고 또한 생각한다면, 자신이 가진 테니스에 대한 낮은 유능성 개념은 그의 자아존중감에 영향을 미치지 않을 것이다.

Harter(1986)는 이러한 중요성 평가절하(discounting)에 관한 증거를 초등학교 5학년부터 중학교 1학년까지의 학생들을 대상으로 한 연구에서 확인하였다. 이 연구에서 자아존중감이 높은 학생들은 낮은 학생들보다 유능성과 중요성 평정 간의 차이가 작았다. Wigfield, Eccles, Mac Iver, Reuman, & Midgley(1991) 또한 중학생을 대상으로 유사한 결과를 발견했다. Steele(1988, 1997)은 많은 소수민족 학생들, 특히 흑인 학생들이 '평가절하 전략'을 사용하며, 이 전략은 자신이 스스로 능력을 낮게 지각하는 학업 영역에 대한 가치를 낮게 평가하도록 함으로써 자신의 자기가치와 자아존중감을 보호한다고 주장했다. 반대로 Marsh(1986)는 고등학생과 대학생들을 대상으로 한 연구에서 자아존중감이 유능성 지각 및 중요성 모두와 밀접하게 관련되어 있다는 증거를 발견하지 못하였으며, 오직 유능성에 대한 지각이 개인의 자아존중감을 예측할 수 있다고 주장하였다. 연구 참여 학생들의 연령에 따른 발달 차이가 이러한 상이한 결과의 설명 요인이 될 수 있지만, 유능성에 대한 자기지각과 자아존중감 사이의 관계에 대한 연구가 더 많이 필요한 것이 사실이다(Wigfield & Karpathian, 1991).

마지막으로, 자기개념에 대한 연구자들은 유능성에 대한 지각, 자기개념, 성취 간의 관계에 대하여 관심을 가져왔다. 앞에서 언급한 바와 같이 기대-가치 연구들에 따르면 아동들의 유능성에 대한 지각은 성취행동(예: 인지적 참여와 실제 성취)과 관련되어 있다고 한다. 하지만 최근 자기개념 연구자들이 더 많은 관심을 가지고 있는 것은 자기개념과 성취 간의 인과관계 방향성이다. 일부 연구자들은 자기개념이 성취에 영향을 미친다고 주장하는 반면, 다른 연구자들은 성취가 자기개념을 결정짓는다는 반대 입장을 취한다(Byrne, 1984; Caslyn & Kenny, 1977; Hansford & Hattie, 1982; Scheirer & Kraut, 1979). 이러한 입장은 수업장면에서 서로 다른 시사점을 갖는다. 자기개념 증진이라는 관점에서는 교사가 학생들이 성공할 수 있다는 확신을 가지게 해야 하고 이것이 차후 학생들의 더 높은 성취를 가져올 것이라고 생각한다. 하지만 자기개념보다 성취가 선행되어야 한다는 관점에서 교사들은 학생들이 먼저 성공하기 위한 학업 기술을 가지게 해야 하고 이를 통해 성공을 경험하면 유능성에 대한 자기지각은 따라온다고 주장한다.

이 논쟁에 대한 가장 현명한 견해는 무엇이 무엇의 원인이 되는지에 관한 질문 그 자체가 의미가 없을 수 있다는 것이다. 오히려 이 두 요인들 간에 상호적 관계가 존재한다는 것인데, 이는 자기개념이 미래의 성취에 영향을 주고 실제 성취는 자기개념에 다시 영향을 미친다는 것을 말한다. 뛰어난 성취는 학생이 자기개념을 개선시키고 더 향상되도록 동기화한다. 학습을 잘할 수 있다는 느낌은 학생들의 동기를 향상시키고 더 나은 성취로 연결되는 것이다. 또한 자기개념과 성취 간의 관계에서 본질적으로 개인차, 발달차, 맥락적 차이가 존재할 수 있다(Marsh, 1990a; Skaalvik & Hagtvet, 1990). 연구자들과 실천가들은 자기개념과 성취 간의 관계가 생각보다 복잡하며, 단순한 선형적 관계 모형으로는 교실 상황을 제대로 반영하지 못한다는 것을 깨달아야 한다. 추후 연구에서는 다양한 연령, 다양한 학생들, 다양한 맥락에서 자기개념과 실제 성취가 어떻게 미래의 학업 행동에 영향을 미치는가를 확인하는 데 관심을 가져야 한다. 교사는 학생들이 학업 과제를 숙달하기 위하여 필요한 인지적 기술들을 가르치는 동시에 학생들이 과제에 참여할 수 있는 동기적 자원, 즉 유능성에 대한 올바른 자기지각을 확보할 수 있도록 해야 한다.

요약하면, 지금까지 기대와 유능성에 관한 연구들은 학생들의 자기평가가 갖는 기능과 자기평가와 동기, 그리고 성취 간의 관계에 관심을 기울여 왔다. 일반적으로 이 연구들은 과제를 할 수 있고 나아가 잘할 것으로 기대하는 학생들은 실제 높은 성취를 보이며, 더 많은 인지적 참여를 하며, 어렵고 시간이 오래 걸리는 과제를 해결하려는 시도를 더 많이 한다는 것을 일관되게 보여 주고 있다. 또한 최근 연구들은 능력에 대한 학생들의 자기지각이 일반적이지 않고 영역 특수적임을 제안하고 있다. 따라서 추후 연구에서는 학업 영역 내에서의 유능성 지각을 적어도 일반 교과(예: 영어, 수학, 과학, 사회, 제2외국어, 미술, 음악 등) 수준으로 세부화하는 것이 필요하다. 학생들이 모든 학업, 사회, 신체 영역들에 걸쳐 적용되는 전체적 특성으로서 낮은 자기개념을 가지고 있다고 생각하는 교사는 학생들에게 도움이 되지 못할 뿐더러 학생들을 잘못된 방식으로 지도할 수 있다. 교육자들은 유능성의 자기지각이 각 영역별로 다르고, 이러한 개인 내 차이는 학생들의 동기에 서로 다른 영향을 미칠 수 있다는 것을 인식해야 한다. 〈적용 2-2〉는 학생들이 자신에 대한 긍정적 자기개념을 갖도록 하는 데 적용할 수 있는 방법들을 소개하고 있다.

적용 2-2 학습에 대한 학생의 신념을 변화시키기

1. **개인의 역량이나 능력은 변화 가능하고 통제 가능한 발달 요인이라는 믿음을 갖도록 하라.** 유치원에서 고등학교 시기까지 학교에서 배운 지식과 기술의 대부분은 모든 학생들이 배울 수 있는 것이다. 본래 어떤 학생들은 지식이나 기술을 숙달하는 데 다른 아이들보다 시간이 오래 걸리지만, 학생들의 학습 능력에 있어 고정적인 타고난 한계는 거의 없다. 만약 학생이 노력을 통해 교재 내용을 숙달할 수 있다는 것을 안다면 이후 더 많은 노력을 기울이려고 할 것이다. 교사는 나이, 능력, 성별, 인종에 관계없이 이러한 방식의 긍정적이고 높은 기대를 전달할 필요가 있다.

이 장 시작 부분에서 세 명의 학생들은 사회 과목에서 자신들이 인식하는 능력에 대하여 서로 이야기를 나누고 있었다. 준영이는 능력에 대한 높은 신념이 있지만, 현미와 병주는 사회 과목에 대한 자신의 능력을 낮게 평가하고 있다. 박정랑 선생님이 담당하는 교실에는 현미나 병주처럼 낮은 자기개념을 가지고 있는 학생들이 많다. 토론하는 동안 학생들은 다른 사람들은 모르는 다양한 방식의 학습전략을 언급한다. 노력의 정도와 공부 시간이 시험 성적에 영향을 미치는 요소로서 이야기된다. 그 후 박정랑 선생님은 학생들이 모두 사회 시험을 잘 볼 수 있다는 것을 체험해 보도록 하기 위해 토론에서 논의된 아이디어들을 실제 수업에 사용한다. 선생님은 노력, 공부 시간, 다양한 학습전략의 사용을 강조한다. 또한 모든 학생들이 사회 과목을 잘 배울 수 있다는 선생님 자신의 신념을 학생들에게 말한다. 박 선생님이 학생들에게 전하는 요점은 선생님이 학생들 모두에 대하여 높은 기대를 가지고 있다는 것과 사회 과목을 잘 학습하기 위한 능력이 어떤 학생들에게는 있고 어떤 학생들에게는 없는 것이 아니라는 점이다.

2. **학생들에게 공개적으로 제시되는 개인의 능력(성취)에 관한 상대적 순위 정보를 제한하라.** 어떤 선생님들은 학생들의 점수나 성적을 교실에 붙이거나 수업 중 시험 점수를 학생들에게 불러 주는 것을 통해 학생들 간에 상대적인 비교를 쉽게 하도록 한다. 이러한 방식은 어린 학생들이 사회적 비교 정보를 더 많이 활용하게 만들어, 좀 뒤쳐지는 학생들은 오히려 자신의 능력에 대한 시각을 낮게 갖도록 한다.

수학 담당의 김은주 선생님은 수업 과제와 이들 과제에 대한 학생들의 성적을 모두 적어 놓은 게시판을 교실에 가지고 있다. 선생님은 이처럼 학생들의 과제 수행 결과를 모든 학생들이 볼 수 있게 하는 것을 좋아한다. 김 선생님은 이를 통해 자기 스스로도 학생들이 무엇을 했는지에 대한 정보를 놓치지 않고, 학생들 자신도 자신이 끝낸 과제가 무엇이고 또 완성해야 할 것이 무엇인지를 알 수 있도록 도와준다고 생각한다. 특히, 김 선생님은 학생들이 자신을 귀찮게 하지 않으면서도 그날의 과제를 했는지, 무엇을 더 해야 하는지를 게시판을 통해서 확인할 수 있기 때문에 이것이 매우 효과적인 관리 도구라고 생각한다. 이 시스템을 사용하기 시작한 이후 김 선생님은 다음에 무엇을 해야 하는지에 대하여 학생들로부터 계속적인 질문을 받지 않게 되었다. 이를 통해 얻은 자유는 김 선생님이 학생들의 지나친 방해 없이 소집단이나 개별 학생들을 보다 철저하게 지도할 수 있게 해 준다.

하지만 김은주 선생님은 수업이 진행됨에 따라 항상 몇몇 학생들이 과제를 따라오지 못하고, 낮은 점수를 받으며, 쉽게 과제 수행을 포기하는 것을 알게 되었다. 김 선생님이 학생들에게 무슨 일을 하고 있는지를 물으면 이들은 자주 게시판을 가리키며 이렇게 말한다. "선생님, 게시판을 보면 제가 해야 하는 일들이 너무 많아요. 저는 너무 많이 뒤처져 있고요. 무슨 소용이 있죠?" 혹은 "저는 너무 멍청해서 수학을 잘할 수가 없어요. 공부 잘하는 애들은 저를 조롱해요. 그들은 게시판에 적힌 저의 낮은 점수를 가리키며 웃지요. 저는 정말 수학이 싫어요. 그리고 수학을 잘하는 애들은 그냥 공부만 잘하는 멍청이들이에요." 이러한 답변은 학생들이 수학을 잘하고 또 즐기기를 원하는 김 선생님을 당황하게 했다.

김은주 선생님의 게시판은 자신의 능력에 대한 학생들의 인식을 훼손시키는 것처럼 보인다. 잘하지 못하는 학생들은 다른 학생들과 부정적인 상호작용을 하며 자신들의 능력에 대하여 부정적인 사회적 비교를 한다. 게시판은 수업에 있는 모든 학생들의 시험과 과제에 대한 점수를 매우 공적인 방식으로 모두에게 보여 준다. 김 선생님은 학생들 간의 차이를 강조하는 이런 방식의 공적인 행동을 피하려고 노력했어야 한다. 성적 정보를 사적으로 관리하고 마지막 성적을 매기는 데 사용할 수 있었지만, 모든 학생들이 공개적으로 이 정보에 접근하도록 하는 것은 도움이 되지 않는다. 만약 김 선생님이 여전히 수업 관리 목적으로 공적 게시판을 사용하기를 원한다면, 완료 여부에 대하여 간단한 표시를 하는 것이 성적을 공적으로 게시하는 것보다 공정한 방법일 것이다. 학생들의 완성 과제에 대하여 지속적으로 점검하기 위해 보다 개별화되고 사적인 방법(예: 개별 학생 폴더나 포트폴리오)을 적용하는 것이 좋을 것이다.

과제가치 신념의 역할

Atkinson과 그의 동료들은 유인가를 성공 가능성에 대한 역함수로 여겼기 때문에 이를 분리된 독립 요소로 연구하지는 않았으나, 다른 연구자들은 이를 분리된 요소로 연구하기 시작하였다. 예를 들어, Battle(1965, 1966)은 획득가치(attainment value)를 "개인이 주어진 과제에 대하여 느끼는 중요성으로서…… 그 일을 지속하는 시간을 결정한다."(Battle, 1965, p. 209)고 정의한 바 있다. Battle은 또한 과제 자체의 중요성을 의미하는 절대적 획득가치와 다른 과제들과 비교하여 결정되는 상대적 획득가치를 구분하였다(Wigsfield & Eccles, 1992).

Battle(1965)은 중학생을 대상으로 한 연구에서 수학 과제에 대한 지속성에 있어 기대와 획득가치 간에 정적 상관이 있음을 밝혀냈다. Crandall, Katkovsky와 Preston (1962)은 획득가치가 초등학교 저학년생들, 특히 여학생들이 어떤 지적 활동을 선택하는지를 설명해 준다는 사실을 발견하였다. Battle(1966)은 후속 연구에서 중학생들의 수학과 영어에 대한 실제 수행을 연구하였으며, 이 연구를 통해 기대가 절대적 혹은 상대적 획득가치보다 수행과 더 밀접한 관련이 있음을 보여 주었다. 이와 같은 기대와 수행, 그리고 획득가치와 선택 및 지속성 간의 밀접한 상호 관련성은 Wigfield와 Eccles(1992)의 연구에서도 발견되었다. 그러나 Battle(1966)은 Atkinson이 제안한 유인가와 성공 확률 간의 역함수 모형과 대조적으로, 기대와 획득가치 간에 정적 상관이 존재하며, 유인가가 1에서 성공 확률을 뺀 값으로 정해지는 역함수 관계를 갖지 않는다는 것을 보여 주었다. 따라서 학생들은 그들이 잘할 수 있을 것으로 기대하는 과제에 가치를 두려는 경향이 있고, 중요하다고 생각하는 과제를 잘할 것으로 기대할 수 있다는 것이다(Wigfield & Eccles, 1992).

Feather 모형

전통적인 기대-가치이론 연구자 중 한 명인 Feather(1982, 1988) 또한 기대-가치 요인 중 가치에 보다 더 관심을 가졌다. 그의 모형은 Rokeach(1979)의 일반적 가치에 대한 이론과 전통적인 성취동기에서의 기대-가치이론을 통합하는 것이었다. Rokeach(1979)에 따르면 가치란 "모든 개인과 사회가 열망하는 것들의 핵심 개념"(p. 2)이다. 가치는 어떤 행동이 바람직하고 접근해야 하며, 반대로 어떤 행동은 바람직하지 않고 회피해야 하는지에 대한 신념과 판단 기준으로 작용함으로써 인지, 동기, 행동을 이끄는 역할을 한다. Rokeach(1979)는 18가지 최종 가치(terminal value)를 제안하였는데, 여기에는 성취감(sense of accomplishment), 지혜(wisdom), 자유(freedom), 자존감(self-respect), 편안한 삶(comfortable life), 성숙한 사랑(mature love), 세계 평화(world peace), 내적 조화(inner harmony), 국가 안보(national security) 등이 포함된다. Rokeach는 이들이 인생의 궁극적인 목표를 대표한다고 믿었다. 또한 Rokeach는 18개의 도구적 가치(instrumental value)를 제안하였다. 예를 들면, 여기에는 야망(ambitious), 정직(honest), 지적능력(intelligent), 독립성(independent), 용기(courageous), 사랑(loving), 유용성(helpful), 예의(polite), 순종(obedient), 청결(clean), 자기통제(self-controlled) 등이 포함된다. Rokeach는 도구적 가치들을 최종 가치를 획득하기 위한 구체적 행동양식(modes of conduct)으로 보았다. 교육에서 가르침의 덕을 옹호하는 사람들이 Rokeach의 도구적 가치와 관련된 것들을 제안한 것은 주목할 만하다(Bennet, 1993).

Feather(1982, 1988)의 기대-가치 모형에서 개인적 가치는 광범위하고 일반적인 가치로서 Rokeach의 도구적 가치에 기초한다. 이러한 개인적 가치는 Feather의 모형에서 과제가치라고 불리는 특수 과제에 대한 가치를 결정한다고 가정된다. 과제가치는 Atkinson의 유인가와 비슷한 기능을 하고, 성공에 대한 기대와 함께 선택, 지속성, 실제 수행과 같은 성취행동을 결정한다. Feather(1988)는 대학생들의 인문학, 사회과학, 자연과학 과목들에 대한 수강 선택이 수학 및 영어에 대한 기대와 과제가치와 관련되어 있음을 밝혀냈다. 수학에 보다 높은 과제가치를 두고 있고 수학에 대한 능력이 있음을 잘 인식하고 있는 학생은 자연과학 과목을 보다 많이 수강하고, 영어에 보다 높은 과제가치를 두고 있고 영어에 대한 능력이 있음을 보다 잘 인식하고 있는 학생은 자연과학보다는 인문학 과목을 보다 많이 수강하였다.

또한 Feather는 수학과 영어에 대한 과제가치가 Rokeach의 도구적 가치에 기초한 개인적 가치의 다양한 유형과 관련이 있음을 밝혀냈다. 제한적 통제(restrictive control, 청결, 순종, 예의, 책임감, 자기통제에 대한 개인적 가치)에 높은 개인적 가치를 가진 학생들은 수학에 보다 높은 과제가치를 갖고 있었다. 반대로 높은 친사회적 관심(prosocial concern, 관대, 도움 제공, 사랑에 대한 개인적 가치)에 대해 높은 가치를 가진 학생들은 영어에 보다 높은 과제가치를 갖는 경향을 보였다. 하지만 이러한 제한적 통제와 친사회적 관심과 같은 개인적 가치는 어떤 과목을 수강할 것인지와 관련해 '직접적' 관련성은 없는 것으로 나타났다. 이러한 효과는 영어와 수학의 과제가치를 매개로 나타나는 것으로 확인되었다. 일반적인 개인적 가치는 특수한 과제가치에 영향을 미치는 것처럼 보이며, 특수한 과제가치는 적어도 수강 과목 선택이라는 점에서 성취행동과 더 밀접하게 관계되어 있는 것으로 나타났다. 또한 Feather(1988)는 Battle(1966)과 유사하게 기대가 과제가치와 정적 상관이 있음을 밝혀냈고, 이는 성공에 대한 기대와 유인가 사이에 역의 관계가 존재한다는 Atkinson의 이론적 가정과는 반대되는 것이었다.

과제가치에 대한 최근 관점

Eccles와 Wigfield(1995)는 과제가치에 대한 가장 최근의 관점을 제공한다. 그들은 성취 과제가치를 〈표 2-1〉에 제시된 것처럼 4가지 요소로서 정의하였다. 각각의 구성 요소는 선택, 지속성, 수행과 같이 성취행동에 영향을 미칠 수 있다. 또한 이러한 가치들은 획득가치와 비용이라는 측면에서 각각 성취 욕구나 실패에 대한 두려움 같은 암묵적 동기와 관련성을 갖는다. Eccles와 Wigfield는 주관적 과제가치(subjective task value)라는 용어를 사용했으며, 이 개념은 과제나 실제 활동에 대하여 개인이 지각하고 있는 흥미와 가치를 의미한다. 이것은 객관적 과제가치(objective task vale) 혹은 사회적 승인을 지닌 가치(예: 학교 과제는 일반적으로 사회에서도 가치 있는 것으로 여겨진다)로 불리는 것들과 대조가 된다. 그러나 Eccles와 Wigfield의 관점이 본질적으로 구성주의적이고 심리학적인 것을 감안한다면, 가장 중요한 측면이 가치에 대한 개인적 지각과 신념이라고 할 수 있다. 4가지 구성 요소 중 획득가치, 내재적 흥미(intrinsic interest), 외재적 효용가치(extrinsic utility value)의 세 가지는 확인적 요인분석을 통해 경험적으로 구분할 수 있는 구성 요소임을 확인한 바 있다(Eccles & Wigfield, 1995).

획득가치 또는 중요성은 Battle(1965, 1966)의 정의와 유사하게 과제를 잘하는 것에 대한 중요성으로 정의된다. 또한 획득가치는 어떤 과제를 중요하다고 생각하거나 중요하지 않다고 생각하는 정도 또는 자신의 자기 도식에서 과제를 얼마나 중심적인 것으로 인정하느냐의 정도로 정의된다(Wigfield & Eccles, 1992). 이러한 의미에서 [그림 2-2]에는 목표, 자기 도식, 가치 간의 관계에 대해 화살표가 표시되었다. 예를 들어, 운동을 잘한다는 것이 어떤 학생에게는 매우 중요할 수 있는데, 그 이유는 그 학생의 자기정체성의 핵심이 바로 좋은 운동선수로서의 자신이기 때문이다. 이 경우 대부분의 운동 종목에 대한 그 학생의 획득가치는 매우 높을 것이다. 다른 학생의 경우 학업에 대한 자기개념이 자기정체성에서 더 중심부를 차지할 수 있고, 이 경우 학업 가치가 더 높은 획득가치를 갖게 될 것이다. Wigfield와 Eccles(1992)가 지적했듯이, 남성적 가치(masculinity value)와 여성적 가치(femininity value)와 같은 다른 가치들도 개인의 자기 도식 내에서 더 두드러지거나 두드러지지 않을 수 있다. 과제들이 이러한 일반적 가치를 표현하고 있는 정도에 따라 그 과제에 대한 획득가치는 다르게 나타날 수 있다. 예를 들어, 수학을 남성다운 활동으로 여기고 여성적 가치와 차이가 있다는 편견을 가지고 있는 여학생은 수학에 대해 낮은 획득가치를 가질 것이고 수학에 시간을 덜 투자할 것이다. 남성적 가치와 여성적 가치와 같은 일반적인 개인적 가치(global personal values)를 획득가치와 연결시킴으로써 Wigfield와 Eccles(1992)는 Rokeach(1979)와 Feather(1982, 1988)의 일반적 가치를 자신들의 이론적 틀로 통합하고자 하였다.

또한 [그림 2-2]에서 정서적 기억과 가치 간의 연결이 보여 주는 것처럼, 성취 욕구와 같은 암묵적 동기는 획득가치와 연결되어 있으며, 성취 욕구가 높은 사람들은 성취과제(achievement tasks, 예: 학교에서 공부를 잘하는 것, 운동에서 탁월해지는 것)에 대하여 높은 획득가치를 가질 것이다. 반대로 높은 친애 욕구(need for affiliation)나 소속 욕구(need for belongingness)를 가진 사람은 성취보다는 다른 사람과 같이 일하거나 지내는 것에 더 높은 획득가치를 가질 것이다.

과제가치의 두 번째 구성 요소는 내재적 흥미(intrinsic interest) 또는 내재적 가치(intrinsic value)로서, 이는 사람들이 과제를 수행할 때 경험하는 즐거움이나 과제 내용에 대한 주관적인 흥미로 정의될 수 있다(Wigfield & Eccles, 1992). 내재적 흥미는 Deci와 Ryan(1985; 6장 참조)의 내재적 동기이론과 개념적으로 유사한 것으로 6장에서 논의될 것이고, 개인적 흥미와 몰입에 대한 연구는 6장과 7장에서 언급될 것이다(Csikszentmihalyi, 1975; Renninger, Hidi, & Krapp, 1992; Schiefele, 1991; Tobias, 1994). 내재적 흥미는 과제의 목표(결과)보다는 과제의 수단과 과제를 하는 즐거움에 더 밀접하게 관련되어 있다. 사람들은 내재적 흥미가 높을 때 과제에 더 많은 시간을 투자하고, 더 오랫동안 지속하며, 과제에 대해 내재적으로 동기화된다(Wigfield & Eccles, 1992).

과제가치의 세 번째 구성 요소는 효용가치(utility value)다. 효용가치는 직업 목표를 포함해 미래 목표의 측면에서 개인이 과제에 대해 갖는 유용성으로 정의된다. 이는 과제를 수행하기 위한 수단보다는 과제 수행의 결과인 목표와 더 관련이 있는 것이다. 예를 들어, 영희는 유기화학에 내재적 흥미를 갖고 있지 못하지만, 장래에 의사가 되기를 바라고 있기 때문에 이 과목에 대해 높은 효용가치를 가질 수 있다. 이러한 측면에서 효용가치는 Deci와 Ryan(1985)의 모형에서 언급되는 과제 수행의 외재적 이유와도 어느 정도 유사하다.

이 모형의 마지막 구성 요소는 비용 신념(cost belief)으로, 이는 과제에 관여하는 것의 지각된 부정적 측면으로서 정의된다(Wigfield & Eccles, 1992). 예를 들어, 개인이

한 과제에 참여하면 일반적으로 동시에 다른 과제에 참여할 수 없는 것이 비용의 한 예다. 어떤 과제를 선택하는 것에는 이에 수반되는 일정한 비용이 있다는 것이다. Eccles와 Wigfield는 비용이란 과제를 하는 데 필요한 노력의 양과 예상되는 정서적 상태(예: 수행에 대한 걱정, 실패의 두려움)를 포함한다고 가정하였다. 예를 들어, 준섭이가 과학이나 수학 수업을 듣는 데 너무나 많은 노력이 필요하다고 생각했다면, 다음 학기에는 과학이나 수학을 계속해서 선택하지 않을 것이다. 그 과목을 선택하는 것이 많은 공부 시간을 요구한다면 다른 사람을 만나거나, 운동을 하거나, 사회적 활동 같은 또 다른 활동에 참여할 시간을 빼앗기게 되는 것이다. 혜진이는 낯선 사람들과 만나 상호작용하는 것에 대한 두려움과 불안 때문에 사회적 모임을 피할지도 모른다. [그림 2-2]에서 정서적 기억과 가치가 화살표로 연결된다고 제안하였듯이, 이러한 비용과 부정적 정서는 과거에 유사한 활동에서 경험한 정서적 기억으로부터 발생할 수 있다.

과제가치에 대한 이러한 4가지 구성 요소는 동시에 작용하여 어떤 과제에 대해 개인이 가진 성취 가치를 결정한다고 가정된다. 따라서 사람들은 일반적으로 과제의 획득가치, 흥미, 효용가치에 대한 지각과 더불어 과제와 관련된 비용을 함께 지각한다. 가치의 개념화는 다른 기대-가치이론 및 목표이론과 유사하게 동기에 대한 합리적인 의사 결정 모형을 보여 준다(Locke & Latham, 1990). 나아가 Eccles와 Wigfield 등은 이러한 가치 구성 요소가 어떻게 실제 학교 장면에서 학생들의 성취행동에 영향을 미치는 기대 신념으로 연결되는지에 초점을 맞추었다. 이러한 높은 생태학적 연구의 타당성으로 인하여 이들의 연구는 기업 상황에서의 현장 연구나 대학생 대상의 실험실 연구보다 일반 학교의 학생 동기를 보다 적절하고 타당하게 설명하는 것으로 알려진다.

가치에 관한 연구의 대부분은 초등학교 고학년부터 중학생을 대상으로 하고 있으며, 이들이 가지고 있는 수학과 영어에 대한 가치와 기대에 초점을 맞추고 있다. 이러한 연구들은 방법론적으로 많은 학생들을 표본으로 선정하여 상관 연구와 종단연구를 수행하도록 설계되었다. 일반적으로 이들 연구에서는 학생들의 가치와 기대를 어느 한 시점에 조사하고 나서 나중에 성적, 수행, 표준화 검사에 나타난 결과를 이전에 측정된 이 신념 요소들이 얼마나 잘 예측하는지를 확인하는 것이었다. 이 연구자들은 선택에 대해 관심을 가지고 있었기 때문에 중학생들을 대상으로 이들이 고등학교와 대학에서 수학을 계속 공부할 의도를 가지고 있는지를 물어보는 방식을 사용하였다. 이들은 이 학생들을 종단적으로 추적함으로써 실제 어떤 선택행동을 했는지를 확인하고, 이것이 이전에 측정된 이 학생들의 기대와 가치 신념과 어떤 관련성이 있는지를 확인하고자 하였다.

이 연구의 주요 결과는 매우 명확하였다. 자기개념, 능력 지각, 성공에 대한 기대를 포함하는 기대 신념이 성적이나 표준화 검사에서의 실제 성취를 예견하는 것으로 확인되었다. 가치는 실제 성취와 정적인 상관을 가지고 있지만, 기대 신념과 가치 모두가 성취를 예측하는 변인으로 사용될 때에는 기대 신념이 통계적으로 유의한 예측 변인이 되지만 가치는 그렇지 않은 것으로 나타났다. 반대로 미래에 과목 수강과 같은 과제 선택을 종속 변인으로 하면 기대 신념보다는 가치 신념(획득가치, 내재적 흥미, 외재적 효용가치)이 더 좋은 예측 변인으로 나타났다(Eccles, 1983; Meece, Wigfield, & Eccles, 1990; Wigfield & Eccles, 1992).

따라서 성취 가치는 행동 선택에 있어 더 중요하며, 학생들의 실제 과목 선택을 예측한다. 그러나 일단 과목을 선택하고 나면 가치는 기대 신념만큼 실제 수행에 있어 중요하지 않은 것으로 나타났다. 이는 교사들이 교실에서 학생들의 성취를 증가시키기 위해 학생들이 지각하는 가치나 교과 내용에 대한 흥미를 증가시키기 위해 노력하기보다는 적합한 기대와 자기 유능성 신념을 가지도록 노력하는 것이 더 중요함을 의미한다. 하지만 가치와 흥미 수준을 증가시키는 것은 그 과목을 계속해서 선택하도록 이끌어 주고, 또한 가치와 성취 간에 정적 상관이 존재한다는 것을 감안할 때 가치와 흥미를 증가시키는 것은 수업 성취에 긍정적인 결과를 가져올 것이다. | 응용 연구 2-1 |에서는 학습에서 가치의 역할에 대하여 추가적으로 논의하고자 하였다.

기대-가치 변인들 간의 이론적이고 개념적인 관계에 대한 연구들에서 일관되게 나타나는 몇 가지 결과들이 있다. 첫째, Eccles와 Wigfield는 확인적 요인분석을 통해 구인타당도에 대한 연구를 수행한 결과, 자기개념, 능력에 대한 자기지각, 성공에 대한 기대와 같은 다양한 기대 변인들이 서로 구별되지 않음을 밝혀냈다(Eccles & Wigfield, 1995). 능력에 대한 자기개념이 어느 정도 안정적이고 일반적인 것이며, 성공에 대한 기대는 과제 특수적이고 상황 특수적이라는 점에서 이 두 요인이 이론적으로는 구별 가능하지만, 자기보고식 설문에서 학생들은 이러한 구별을 하지 않는 것으로 나타났다. 둘째, Eccles와 Wigfield의 연구는 획득가치, 내재적 흥미, 외재적 효용가치라는 세 가지 가치 요소가 서로서로 구별되는 요인들이며, 기대 요소와도 경험적으로 다른 것임을 보여 주고 있다. 학생들은 중요성, 흥미, 효용성에 관한 차별적 판단을 하고 있는 것으로 나타났고, 동일 과제에 대해서도 이러한 요소들의 차이는 다양하게 확인할 수 있다. 예를 들어, 학생들은 영어에 내재적 흥미를 가지고 있지만,

영어의 중요성이나 효용가치에 대해서는 낮게 보고하는 것을 볼 수 있다. 더욱이 Eccles와 Wigfield의 연구는 가치 요소가 기대 요소와 정적 상관이 있음을 보고하였는데, 이는 학생들이 자신이 잘한다고 생각하는 활동에 대해 상대적으로 더 높은 가치를 두려는 경향이 있음을 의미한다(Eccles & Wigfield, 1995). 이 정적 상관은 연령의 증가에 따라 더 강해지는 것으로 보고된다(Eccles et al., 1998). 학생들이 학교 공부를 가치화하도록 돕는 몇 가지 방법에 대해서는 〈적용 2-3〉에서 다루고 있다.

이러한 결과들은 Battle(1966)과 Feather(1988)의 주장과 동일한 것으로, 기대와 가치 구성 요소 각각에 정적인 관계가 존재하고, 처음 Atkinson(1964)에 의해 제기된 것과 같이 서로 반대의 관계가 아니라는 것을 경험적으로 보여 주는 확실한 예다. 하지만 Eccles와 Wigfield는 어떤 것이 원인이고 결과인지에 대한 의문은 여전히 남아 있다고 주장했다(Eccles et al., 1998). 아동들이 과제에 대한 유능성을 개발하고 나서 과제에 대한 가치를 가지게 되는지, 아니면 가치가 과제에 더 많은 참여를 유도하고 점차 유능성이 증가되면서 개발된 것인지는 여전히 불명확하다. 연구자들은 이러한 논쟁을 해결하려 하겠지만, 여전히 두 요소들의 발달적 관계에 대한 의문은 제기될 수 있을 것이다.

| 응용연구 2-1 |

학생들은 자신들이 배우는 모든 것을 가치 있게 여겨야 하는가?

간단한 답변은 "아니다. 하지만 그것이 도움은 될 것이다."다. 가치에 대한 연구 결과는 학습에 대하여 가치 있게 여기는 것이 학습을 지속적으로 수행하도록 선택하거나 동기화되도록 하는 것과 관련됨을 보여 준다. 학습을 높이 평가하는 학생은 과제에 대한 지속성이 상대적으로 높으며, 해당 과목에서 더 많은 수업을 듣는 경향이 있다. 또한 가치는 대학의 전공이나 진로 분야의 선택에 긍정적으로 연관되어 있다.

가치는 또한 성공이나 자기효능감에 대한 기대를 증진시키면서 학습에 간접적으로 영향을 미칠 수 있다. 학습을 가치 있게 여기며 과제를 지속하는 학생들은 자신들의 기술을 증대시키고, 자신이 향상되고 있다는 생각은 이들의 자기효능감을 높인다. 성공에 대한 기대와 자기효능감은 지속적으로 개인이 자신을 향상시키도록 동기화한다.

이러한 이점에도 불구하고 학생들이 모든 학습을 높이 평가하는 것이 반드시 필요한 것은 아니다. 우리는 당시에는 별로 가치를 느끼지 못하는 것들을 많이 배운다. 대부분의 학생들은 각 주의 수도를 외우는 것, 무리식에서 분모를 유리화시키는 방법, 문학 작품에서 상징적 요소에 대하여 배우는 것과 같은 과제에서 가치를 찾지 못한다. 많은 경우 학생들이 학습에 참여하는 것은 공부하는 것을 가치 있게 여기기 때문이 아니라, 오히려 학습은 할당된 과제를 의미하며 그것을 완료하는 것이 완료하지 않는 것보다는 더 나은 결과를 가져오기 때문이라고 말하는 것이 더 적절할 것이다.

그럼에도 불구하고, 아이들이 학습에서 가치를 찾도록 도와주는 것이 교사와 학부모의 의무다. 가치는 장기적으로나 단기적으로 모두 매우 중요한 동기적 이점을 가지고 있다.

적용 2-3 긍정적 가치 개발하기

학생들이 학교에서의 학습에 대하여 긍정적 가치를 개발하도록 돕는 것은 학습에서 홍미를 발견하고, 추가적인 학습과정에 지속적으로 참여하며, (간접적으로는) 성공에 대한 기대를 가지도록 이끌어 주는 데 매우 중요하다.

1. **공부의 중요성과 효용가치에 대한 논의를 포함하여 학업을 해야 하는 근본적 이유를 제공하라.** 수업을 하는 것에 추가하여, 교사들은 학습의 가치에 대하여 학생들에게 메시지를 전해야 한다. 예를 들어, 7학년 과학 담당의 박혜미 선생님은 과학이 얼마나 중요한지를, 학교에서 학습과 학교 밖에서의 생활을 이해하기 위해서만이 아니라 특정 직업 선택이 가능하기 때문이라는 것을 수업시간에 이야기한다. 선생님은 엔지니어들과 의학박사들이 왜 고등학교와 대학에서 굉장히 많은 과학 과목을 수강하는 것이 필요한지에 대해 설명한다. 이러한 설명은 과학 과목과 그 내용이 특정 직업에서 어떻게 활용되는지를 알려 준다.

2. **수업이나 단원의 내용에서 가치와 흥미에 대한 모범을 보여라.** 선생님들은 가치와 흥미라는 동기적 측면뿐만 아니라 과제의 인지적 측면까지도 학생들에게 스스로 모범이 될 수 있다. 권현주 선생님은 고등학교에서 영어를 가르치는데, 그녀가 중점을 두는 단원에는 셰익스피어의 『맥베스』가 포함된다. 이 단원을 통해 선생님은 연극에 대한 자신의 관심과 단원 내용들이 자신으로 하여금 다른 주제들에 대하여 어떻게

느끼고 생각하게 만드지에 대하여 말해 준다. 또한 선생님은 연극의 주제가 부모와 자식 간의 관계나 야망 있는 타인들과의 관계 측면에서 현재 삶 속에서 나타나는 문제들에 관해 자신을 어떻게 생각하게 만드는지와 어떻게 그러한 삶의 문제를 다룰 수 있는 방식을 생각하도록 도움을 주는지를 설명해 준다.

3. **선택과 통제의 기회 제공을 통해 개인적 흥미를 활성화시켜라.** 학습에 대한 관심은 교사가 학생들로 하여금 자신들의 학습에 대한 선택과 통제를 연습할 수 있는 기회를 제공할 때 개발될 수 있다. 왕현아 선생님은 4학년 수업을 위해 많은 책과 이야기를 수집해 오고 있다. 이러한 책과 이야기들의 범위는 초등학교 1학년부터 중학생의 수준(난이도 수준의 범위에서)으로 다양하며, 많은 주제를 포함하고 있다. 선생님은 자신의 학생들이 각자의 흥미와 읽기 능력을 고려하여 자신들이 읽을 책을 선택하도록 한다. 대부분의 학생들은 자신들의 이해력 수준에 맞춰 책을 적절하게 선정하는 것을 참 잘한다. 선생님은 어려운 책을 고른 학생들에게 더 많은 도움을 주고자 하며, 늘 너무 쉬운 책만 고르는 학생에게는 좀 더 어려운 책을 시도해 보라고 격려한다.

기대와 가치의 발달 차이

기대-가치 연구는 두 가지 중요한 일반화 가능한 연구 결과를 제시하고 있다. 첫째, 자신의 능력에 대해 긍정적인 자기지각과 성공에 대한 긍정적 기대를 가지고 있는 학생들이 학업 과제에 보다 적극적인 태도를 가지고 참여하려 하며, 과제 수행 시 더 많은 노력을 기울이고, 더 높은 지속성을 보이며, 더 많은 인지적 참여를 나타내는 등 보다 긍정적인 수행과 학습을 나타내 보인다. 둘째, 학업 과제에 가치와 흥미를 느끼는 학생들은 더 높은 수행결과와 학습결과를 보여 주고, 과제에 더 적극적으로 참여할 뿐만 아니라 미래에도 유사한 과제를 더 많이 선택하는 것으로 나타났다. 교육에서 이 두 가지 일반화 가능한 연구 결과의 중요성을 받아들인다고 할 때 이러한 일반화에 대한 예외가 존재하는지에 관하여 질문을 던지는 것은 매우 중요하다. 이 연구 결과들은 모든 학생들에게 적용 가능한 것인가? 모든 연령의 아동에게 적용 가능한 것인가? 여학생이나 남학생, 서로 다른 인종에도 동일하게 적용할 수 있는 것인가? 이 절에서는 기대와 가치 구인의 발달 차이에 대해 알아본 후, 다음 절에서는 어떻게 성차와 인종차가 기대와 가치 구인의 일반화를 완화시키는지에 대해 알아볼 것이다.

유능성에 대한 자기지각의 수준과 정확성

성취에서 유능성에 대한 자기지각이 중요하기 때문에, 아동의 유능성에 대한 자기지각이 연령과 관련하여 어떻게 변화하는지를 살펴본 발달연구들이 지금까지 많이 있어 왔다. 이들 발달연구에서는 아동의 '유능성에 대한 자기지각의 수준과 정확성'과 '능력과 노력에 대한 정의' 간에 중요한 개념적 구별을 해 오고 있다(Blumenfeld, Pintrich, Meece, & Wessels, 1982). 후자의 경우는 능력과 노력에 대한 심리학적 의미와 관련이 있는데, 이에 관해서는 3장 귀인이론에서 자세히 알아볼 것이다. 이 장에서는 유능성에 대한 아동들의 자기지각의 수준과 정확성에 대해서만 논의할 것이다.

아동의 유능성에 대한 자기지각에 발달차가 존재함을 보여 주는 연구들은 아동이 사춘기에 접어듦에 따라 유능성에 대한 자기지각의 평균 수준이 감소함을 일관되게 보여 주고 있다(Eccles & Midgley, 1989; Eccles, Midgley, & Adler, 1984; Eccles et al., 1998; Harter, 1990, 1998; Stipek & Mac Iver, 1989; Wigfield, Eccles, & Pintrich, 1996). 유능성에 대한 (자기지각의) 최대 감소 시기에 대해 Marsh(1989)는 중학교 2학년이나 3학년일 때라고 주장하지만, 대체로 아동이 중학교로 올라가는 시기인 초등학교 6학년이나 중학교 1학년 때라고 보아야 한다(Eccles, 1993; Eccles et al., 1991). 이러한 연구들 대부분은 횡단연구로 진행되었지만, 종단연구를 통해서도 연령의 변화에 따른 감소 현상을 확인할 수 있으며(Eccles et al., 1998; Wigfield et al., 1991), 성취 영역에 따라서도 이러한 변화는 다르게 나타남을 확인할 수 있다(Jacobs, Lanza, Osgood, Eccles, & Wigfield, 2002).

연령에 따라 유능성에 대한 자기지각 평균이 감소하는 현상에 대한 설명은 방법론적 설명, 인지발달적 설명, 맥락에 근거한 설명 방법으로 구분할 수 있다. 첫째, 방법론적 측면에서 보면 학생들의 유능성에 대한 자기지각을 측정하는 대부분의 연구는 리커트 척도를 사용한다. 이들 연구에서는 학생들은 유능성을 가장 낮게 지각하는 수준(예: 1점)에서부터 유능성을 가장 높게 지각하는 수준(예: 연구에 따라 4, 5, 7, 11점)에 따라 다른 수량의 평정척도를 사용한다. 초등학교 저학년 아동들은 리커트 척도의 양극단에 있는 점수들을 평정할 가능성이 높으며, 특히 척도의 가장 높은 점수를 선택할 경향성이 높다. 하지만 이들이 성장해 감에 따라 점차 가장 높은 점수를 선택하는 행동은 줄어들고, 척도 전체에 걸쳐 그들의 반응이 분산되는 변화가 나타난다. 그 결과 일반적으로 연령이 증가함에 따라 평균이 감소한 것처럼 나타나게 된다. 비록 이것이 사실인 것처럼 보이긴 하지만, 리커트 척도에 제시된 극단의 점수에 표시하려는 경향이 원래 리커트 척도의 방법론적 인위성을 반영하는지는 확실하지 않다. Assor와 Connell(1992)은 설계와 실시과정에서 일부 예방조치가 취해지기만 한다면, 리커트 척도가 아동들의 유능성에 대한 자기지각을 측정하는 데 타당한 측정 방법이 될 수 있다고 주장했다. 그들은 4점 척도가 어린 아동들에게 요구되는 정확성을 제공할 수 있으므로, 4점 척도보다 범위가 큰 척도는 필요하지 않다고 제안한다.

두 번째 설명은 발달차를 보여 주는 내적 인지 심리기제와 관련된 것이다. 전체적으로 평균이 낮아지는 현상과 관련한 인지적 설명에는 두 가지가 있을 수 있다. 한 가지는 자기지각의 정확성에 관한 것이고, 다른 하나는 어린 아동이 갖는 낙관적 자기지각과 관련된 것이다.

능력에 대한 자기지각의 정확성과 관련한 첫 번째 문제는 유능성에 대한 자기지각의 적합성을 평가해 볼 수 있는 아동의 유능성에 관한 객관적 지표의 존재 또는 아동이 행동으로 드러난 능력과 지각한 능력을 얼마나 잘 연관시킬 수 있는지와 관련이 있다. 대부분의 연구에서 학업 능력에 대한 객관적 지표로서 표준화 시험, 성적, 교사 평정 등을 사용해 왔다. 일반적으로 이들 연구들은 초등학교 3, 4학년에서는 유능성에 대한 아동의 자기지각과 객관적 평가결과 간에 일치도가 낮지만, 초등학교 5, 6학년이나 중학교 2, 3학년이 되면 둘 간에 높은 일치도가 나타난다고 제안한다(Eccles et al., 1998; Harter, 1985a). 더욱이 학년이 어린 학생들이 나타내 보이는 불일치의 대부분은 이들이 자신의 유능성을 높게 지각하기 때문이다. 이들의 자기지각은 고학년으로 올라감에 따라 자신을 조심스럽게 평가하려는 경향이 있기 때문에(Frey & Ruble, 1987; Harter, 1985a; Stipek, 1981, 1984; Weisz, 1983), 자신의 유능성에 대해 더 객관적인 평가를 내리게 된다(Phillips & Zimmerman, 1990). 그럼에도 불구하고 초등학교 저학년 아동 대부분이 자신의 유능성에 대한 평가를 높게 한다는 것은 유능성의 지각과 실제 성취 간의 상관이 점점 줄어들게 됨을 의미한다. 많은 연구에서 초등학교 저학년에서는 상관이 매우 낮고, 초등학교 고학년이나 중학교로 올라가면서 상관이 높아짐을 보고하고 있다(Eccles et al., 1998). 이 결과는 연령이 능력에 대한 지각과 실제 성취 사이의 관계를 매개하는 역할을 하며, 그 결과 학생들의 연령이 증가함에 따라 이 두 변인 간의 관련성도 높아진다는 것을 보여 준다.

여하튼 자신들의 유능성과 효능감에 대해 너무 과도하게 낙관적이거나 비관적인 것보다는 어느 정도 수준에서 낙관적인 자기지각을 하는 것이 더 좋은 것으로 보인다(Assor & Connell, 1992; Phillips, 1984, 1987). 최근 동기이론에 대한 사회인지적 관점과 구성주의적 관점에서 볼 수 있듯이, 능력에 대한 자기지각과 실제 객관적인 성취지표 간의 일치 여부가 능력에 대한 자기지각이 동기적 측면이나 학습결과 측면에서 중요한 의미를 갖는다는 사실보다 더 의미 있는 것은 아니다. Assor와 Connell(1992)은 실제 성취보다 자신의 유능성에 대해 과대평가하는 아동이 가지는 유능성 환상(illusion of competence)과 실제 성취보다 유능성에 대해 과소평가하는 아동이 가지는 무능력 환상(illusion of incompetence)에 대한 다수의 연구들을 검토한 바 있다. 이 두 능력에 대한 주관적 환상은 실제 중요한 결과들을 초래한다. 자신의 유능성을 과대평가하는 학생은 더 많이 참여하려 하고 결과적으로 더 높은 수준의 성취를 얻는 반면, 자신의 유능성에 대해 과소평가하는 학생은 더 많이 과제를 회피하려 하고 더 높은 불안 경험을 보고하며 결과적으로 성취결과도 낮았다. Assor와 Connell은 교사의 평가나 성취검사와 같은 외부의 객관적 기준과 유능성에 대한 주관적 자기지각 간의 일치성에 대한 관심은 능력에 대한 아동의 자기지각 측정도구들이 아동 자신의 유능성에 대한 지각을 실제로 반영하고 있는지와 같은 타당도 연구처럼 중요한 것은 아니라고 설명한다.

> 관련 연구들에 대한 검토 결과, 초등학교 3, 4학년 시기부터 고등학교 시기까지, 중산층 이상의 학생들로부터 하층의 학생들에 이르기까지, 효능감과 유능성에 대한 자기보고식 평가방법이 타당하지 않은 척도라고 볼 수 있는 경험적 근거는 없다고 할 수 있다(Assor & Connell, 1992, pp. 41-42).

두 번째 문제는 어린 아동이 갖고 있는 특징인 낙관적 신념과 관련 있다. Assor와 Connell(1992)은 실제 성취수준보다 유능성 지각이 더 높게 나타나는 부정확한 자기지각이 몇 가지 이점을 갖는다고 말한다. 그들은 고등학생들을 대상으로 2년간의 종단연구를 실시한 결과, 실제보다 과장된 능력에 대한 자기지각이 후에 긍정적인 수행결과를 예측한다고 보고했다. 또한 실제 능력보다 낮게 능력에 대한 부정확한 자기지각(자기평가절하)을 가진 학생들은 보다 낮은 수행결과를 나타내 보였으며, 이런 연구결과는 다른 연구 결과들과 일치하는 것이었다(Phillips & Zimmerman, 1990). 따라서 능력에 대한 주관적 자기평가는 성적, 표준화검사, 성인들의 평가와의 일치 정확성

여부와 관계없이 미래 성취에 영향을 미치는 중요한 동기 변인이다. 연구자들은 정확하고 타당한 방법으로 능력에 대한 아동의 자기지각을 평가할 수 있는 방법에 주의를 기울여야 할 것이다. 즉, 겸손함이나 사회적 바람직성(social desirability)보다는 정말 아동의 자기신념을 평가할 수 있도록 평가방법을 연구해야 한다.

또한 자기지각의 정확성에 대한 발달적 차이뿐만 아니라 유능성에 대한 자기지각의 정확성에 있어서 개인 간의 차이가 존재한다. 유능성에 대한 자기지각의 부정확성은 유능성에 대한 과대평가(객관적으로 측정된 것보다 더 높은 유능성을 가지고 있다고 믿는 것)에 기인한 것일 수도 있고, 유능성에 대한 과소평가(객관적으로 측정된 것보다 더 적은 유능성을 가지고 있다고 믿는 것)에 기인할 수도 있다. Phillips(1984, 1987; Phillips & Zimmerman, 1990)는 높은 성취를 보이는 초등학교 3학년, 5학년, 그리고 중학교 3학년 학생을 대상으로 유능성에 대한 지각의 정확성을 조사한 바 있다. 그는 표준화 시험 점수와 교사평가 결과와 학생들의 능력에 대한 자기지각을 상호 비교하였다.

Phillips는 과대평가하는 학생(실제 성취보다 더 높게 유능성 지각을 하는 학생)과, 정확하게 지각하고 있는 학생(지각과 성취가 일치하는 학생), 과소평가하는 학생(객관적으로 측정된 기대치보다 더 낮은 유능성을 가지고 있다고 지각하는 학생)이 있음을 발견하였다. 무능력 환상을 가지고 있는 마지막 세 번째 집단이 관심을 끌었는데, 이는 그 집단에 속한 모든 학생들의 성취수준이 표준화시험에서 상위 25%에 속하고 있었기 때문이다. 이러한 과소평가자들은 미래의 성공에 대하여 매우 낮은 기대를 가지고 있고, 자신의 부모와 교사가 그들을 낮게 인식하고 있다고 생각하였으며, 학업 과제에 대한 지속성과 어려운 과제에 도전하려 하는 정도가 낮았다(Phillips & Zimmerman, 1990). 대부분의 학생들은 상급 학교로 진학함에 따라 유능성에 대한 자기지각을 점차 더 정확하게 하게 되지만, 여전히 일부 학생들은 무능력 환상을 가지고 있었고 이는 부정적인 동기 결과들을 초래하였다.

능력에 대한 자기지각이 실제 일어나는 현상이고 아동들이 자신의 능력을 보다 높게 지각하려 한다는 사실을 고려할 때 연구자들은 자기지각의 부정확성으로 이를 단순히 설명하려 하기보다 왜 이러한 현상이 나타나는지를 설명하려고 해야 한다. 인지적 설명은 어린 아동들에게 일반적으로 나타나는 낙관적 지각과 관련한 발달적 설명 근거를 제시한다. 이 설명은 어린 아동들이 정보를 통합하고 사회적 비교를 할 수 있는 정보처리 기술을 아직 갖고 있지 못하다는 가정에 기초하고 있다(Blumenfeld et al., 1982). 예를 들어, Parsons와 Ruble(1977)은 어린 아동들이 미래의 수행에 대한 예측을 정확히 하기 위해 활용해야 할 단서들을 모두 활용하는 데 어려움을 느끼고 있다고 주장했다. 또 다른 연구자들은 아동이 성인과 같은 방식으로 과제 난이도에 관한 피드백을 해석해 내지 못함을 보여 주었다. 예를 들어, Meyer와 동료들(1979)은 중학교 3학년 학생과 성인은 쉬운 과제의 성공 후 받는 칭찬을 유능성이 낮음을 의미하는 것으로 생각하고 어려운 과제의 실패 후 받는 피드백은 유능성이 높음을 의미하는 것으로 생각하지만, 초등학교 3학년과 5학년 학생들은 과제 난이도와 상관없이 높은 유능성의 지표로 칭찬을 사용한다는 점을 발견했다.

정보처리과정에서의 이러한 차이뿐만 아니라 많은 연구들은 어린 아동들은 중·고등학교 학생들이나 성인들에 비해 유능성을 판단하는 상대적인 기준이나 준거를 사용하는 데 어려움이 있음을 제시해 준다. 예를 들어, Blumenfeld, Pintrich와 Hamilton (1987)은 초등학교 2학년 정도의 어린 아동들이 그들의 유능성을 판단하는 데 절대적인 기준을 사용하려 하며, 과제의 완결 자체에 초점(예: "나는 읽을 수 있다." "나는 내 수학 과제를 할 수 있다.")을 맞추려 한다고 주장하였다. 반면, 초등학교 6학년 학생들은 자신의 유능성 판단을 요청받았을 때 "나는 다른 학생들보다 더 빨리 수학 문제를 풀 수 있다."와 같이 비교 정보를 활용하려고 한다. Ruble과 동료들(Ruble, 1983; Ruble & Frey, 1991)은 어린 아동이 사회적 비교 정보를 유능성을 판단할 때만 사용하지 않을 뿐만 아니라 사회적 비교 정보를 항상 찾는 것도 아니라고 제안했다. 이처럼 사회적 비교 정보에 대한 어린 아동들의 흥미 부족과 사용 실패는 어린 아동들이 유능성에 대한 지각을 보다 높게 유지할 것임을 의미한다. 만약 어린 아동들이 다른 사람과 자기 자신을 비교하지 않는다면, 다른 아동들이 자신보다 더 잘하는 것을 보고 유능성에 대한 자기지각을 낮추는 일은 일어나지 않을 것이다.

학생들이 성장해 감에 따라 능력 지각이 감소하는 현상에 대한 세 번째 설명은 맥락적으로 학생들이 성장해 감에 따라 발달적 환경이 변화한다는 점에 초점을 맞춘다. 환경 요인 중 하나인 교실과 학교는 변화한다. 많은 연구자들(Blumenfeld et al., 1982; Eccles & Midgley, 1989; Eccles, Midgley, Wigfield, Reuman, Mac Iver, & Feldlaufer, 1993; Harter, Whitesell, & Lowalski, 1992; Marshall & Weinstein, 1984; Rosenholtz & Simpson, 1984)이 지적한 것처럼, 초등학교와 중학교는 조직적인 면과 구조적인 면에서 학생의 능력 지각에 영향을 미치는 방식에 있어 차이가 있다. 미국의 중학교의 경우 교실 구조의 특성이 변화하는데, 초등학교 때는 한 장소에서 대부분의 과목을 교사 한 명이 가르치지만, 중학교에서 아동들은 매시간 다른 교실과 교사를 찾아 학생들이 직접 움직인다. 평가의 특성 역시 변화한다. 대부분의 초등학교에서는 학생들을 평가하는 데 준거-숙달체제(criterion-mastery system)를 사용한다. 아동은 다른 사람이 어떻게 수행했는지와 관계없이 단지 과제, 프로젝트, 시험에서의 자기 수행결과에 의해 평가를 받는다. 반대로 중학교와 고등학교에서는 상대평가 방법을 사용하기 때문에 학생의 평가는 다른 학생들이 어떻게 수행했는지에 비추어 부분적으로 결정된다. 따라서 잘하지 못하는 학생의 경우에 유능성에 대한 자기지각이 중 · 고등학교 시기에 더 낮아지는 것은 전혀 놀랄 만한 일이 아니다. 또한 능력별 학급편성은 일반적으로 학년이 올라감에 따라 시작된다. 이것은 저성취 학생들의 능력 지각을 더 낮게 만드는 결과를 가져오게 된다(Mac Iver, 1988; Rosenholtz & Simpson, 1984).

사실상 학생들이 중학교로 진학함에 따라 교실에서 일어나는 많은 모습들이 달라지고, 이러한 변화들의 대부분은 학생들이 자신의 유능성에 대한 상대적 판단을 하는 데 사용 가능한 정보를 증가시킨다(10장 참조). 모든 학생들이 자신의 유능성을 낮게 판단하는 것은 아니지만(Harter et al., 1992; Mac Iver, 1998; Reuman, 1989), 인지가 발달하고 상급 학년으로 올라갈수록 학생들은 자신의 능력 평가에 활용하는 요인들을 증가시키며, 따라서 모든 학생들의 자기평가가 높은 점수대에 모이는 일을 없앤다. 이러한 변화는 능력에 대한 자기지각의 더 많은 개인 간 편차를 만들어 내고 아동들의 연령이 증가함에 따라 전체적인 평균이 낮아지는 결과를 가져온다. 인지발달 요인들과 맥락 요인들은 아동들의 능력 지각을 감소시키는 기능을 수행하는 것으로 보인다. 차후 연구들은 이러한 두 설명이 어떻게 아동들의 능력 지각의 발달차에 대한 이해를 돕도록 통합될 수 있을 것인지를 연구해야만 할 것이다.

가치의 발달적 변화

과제가치에 대한 Eccles와 Wigfield의 연구 중 하나인 가치의 발달차에 관한 연구는 학교라는 환경에서 가치가 시간이 지남에 따라 어떻게 발달해 가는지에 초점을 맞춰 진행되었다. 초기 연구에서는 왜 여학생들의 수학 성적이 초등학교와 중학교에서는 남학생과 차이가 없다가 고등학교나 대학교에 진학하면서 나빠지게 되는지와 같은 실제적인 문제에 관심을 가지고 있었다. 이 연구자들은 시간이 지남에 따라 기대와 가치 신념이 어떻게 발달해 가는지, 가정과 학교 맥락과 어떻게 관계되는지, 미래 성취행동에 어떻게 영향을 미치는지의 관점에서 가치 문제에 접근하였다.

발달차에 관한 연구에서 Eccles, Wigfield, 그리고 동료들은 몇 가지 쟁점을 제기하였다. 첫 번째 쟁점은 아동이 발달과정을 통하여 어떻게 다양한 가치 구인을 구별하여 가는지에 대한 것이다. 그들은 일반적으로 초등학교 5학년에서 고등학교 3학년 학생들은 중요성, 흥미, 유용성의 세 가지 구성 요소를 구별할 수 있다고 밝혔다(Eccles & Wigfield, 1995). 그러나 Wigfield와 Eccles(1992)는 초등학교 저학년 아동들이 과제가치의 세 가지 구성 요소를 확실하게 구별하지 못한다고 보고하였다. 연구자들은 확인적 요인분석을 실시한 결과, 단지 흥미와 유용성/중요성이라는 두 가지 구인만 찾아낼 수 있었다고 한다. 흥미는 발달 초기부터 구별되는 구인인 반면, 유용성과 중요성의 구별은 초등학교 고학년이 되어서야만 나타나기 시작한다는 것이다(Eccles et al., 1998). 아동들이 다양한 과제와 활동을 경험해 나감에 따라 중요성과 흥미가 다른 것임을 알게 되고, 점차 과제가치를 구성하는 요소들을 구별하기 시작한다는 것이다.

비록 과제가치 신념이 초등학교 저학년에서는 세 가지 구성 요소로 구별되지 않을 수 있지만, Eccles와 Wigfield는 초등학교 저학년에서도 기대와 과제가치 신념이 서로 구별되는 것임을 일관되게 보고하고 있다(Eccles, Wigfield, Harold, & Blumenfeld, 1993; Eccles et al., 1998; Wigfield & Eccles, 1992). 이 연구들은 어린 아동들이 수학, 읽기, 컴퓨터, 음악, 사회적 활동, 스포츠와 같은 다양한 영역에 대해서 자신이 가지고 있는 기대와 가치 신념을 구별할 수 있음을 발견했다. 따라서 초등학교 저학년과 같이 아주 어린 아동이라 할지라도 자신들이 좋아하거나 중요하다고 생각하는 것과 서로 다른 영역에서의 자신의 능력 지각을 서로 구별해 낼 수 있다(Eccles et al., 1998; Wigfield, 1994; Wigfield & Eccles, 1992).

발달적 측면에서 중요한 의미를 갖는 두 번째 쟁점은 아동의 성취 과제가치의 수준 변화와 관련된다. 학업적 과제가치 신념에 대한 일반적인 연구 결과는 학교에서 배우는 과목들에 대한 흥미, 중요성, 유용성에 대한 평가가 연령이 증가함에 따라 점점 낮아진다는 것이다(Eccles & Midgley, 1989; Eccles et al., 1998; Wigfield, 1994; Wigfield & Eccles, 1992). 이러한 현상에는 영역차가 존재하는데, 초등학교 고학년 학생들은 중학교와 고등학교 학생들보다 수학을 더 중요하고, 흥미롭고, 유용하다고 평가하는 반면, 영어의 과제가치 신념은 초등학교에서 고등학교까지 증가하는 것으로 나타났다(Wigfield & Eccles, 1992). Jacobs와 동료들(2002)은 성장곡선분석을 사용하여 세 가지의 성취 영역에서 초등학교 1학년부터 고등학교 3학년까지 학생들의 가치 인식 변화를 조사했다. 학년이 증가함에 따라 수학, 언어, 운동에 관련된 학생들의 가치 인식은 감소했으며, 수학에 대한 가치는 고등학교에서 가장 빨리 감소했다. 다른 연구들도 초등학교에서 중학교, 고등학교로 진학함에 따라 수학과 영어에 대한 흥미와 중요도에 대한 평가가 유의미하게 감소함을 보여 주고 있다(Eccles et al., 1989; Wigfield et al., 1991).

반면, 초등학교 1, 2, 4학년을 대상으로 한 연구에서 수학의 과제가치 평가는 다른 과목이나 활동에 비해 높게 평가되지는 않았지만, 학년이 증가함에 따라 감소하지 않는 것으로 나타났다(Eccles, Wigfield et al., 1993). 읽기, 음악, 컴퓨터 활동에 대한 평가는 연령이 높은 아동에게서 낮게 평가되었고, 이러한 아동들은 스포츠를 더 흥미롭고 중요하다고 평가하였다. 같은 아동들에 대해 Wigfield, Eccles, 그리고 동료들이 실시한 후속 종단연구에서 읽기와 음악의 과제가치 평가는 감소한 반면, 수학과 스포츠에 대한 흥미는 시간이 지나도 감소하지 않음이 관찰되었다. Wigfield(1994)가 지적했듯이 이러한 연구 결과는 아동의 연령과 마찬가지로 영역과 활동에 따라 과제가치 신념을 연구하는 것이 중요함을 보여 주는 것이다. 즉, 아동의 과제가치 신념이 연령 증가에 따라 감소하지만, 중요한 영역차와 발달차가 존재한다는 것을 확인할 수 있다.

아동의 과제가치 신념이 감소하는 것에 대해 일반적으로 두 가지 설명이 가능하다. 먼저 인지발달적 설명은 능력 자기지각의 감소에 대한 설명과 유사하게 아동의 전략이나 신념의 내적 변화에 초점을 맞추고 있다(Blumenfeld et al., 1982; Wigfield & Eccles, 1992). 예를 들어, 연령이 증가함에 따라 능력의 본질에 대한 그들의 신념(3장 참조)은 능력에 대한 증가적 관점으로부터 더 고정적인 관점으로 변화한다(Dweck, 1999; Dweck & Leggett, 1988). 만약 학생들이 특정 영역에서 낮은 수행을 보인다면, 그 원인을 안정적인 특성을 가진 자신의 낮은 능력에 귀인할 것이며, 전반적인 자기가치를 보호하기 위하여 이 과목에 대한 가치 인식 또한 낮출 것이다(Steele, 1988; Wigfield & Eccles, 1992). 또한 연령이 증가함에 따라 학생들은 다른 사람과의 사회적 비교에 더 흥미를 가지게 되며, 자신의 신념에 사회적 비교 정보를 통합할 수 있는 능력을 발달시켜 나가게 된다(Blumenfeld et al., 1982; Ruble & Frey, 1991). 앞에서도 이야기된 바와 같이, 사회적 비교를 사용할 수 있는 능력의 발달적 변화는 또한 능력에 대한 낮은 지각을 이끌어 낼 수 있다. 능력 지각과 가치 인식이 연령 증가에 따라 감소한다면 능력 지각과 과제가치 신념 간에는 일반적으로 정적인 관계가 있다고 할 수 있을 것이다.

과제가치 신념의 감소에 대한 두 번째 설명은 학생들의 신념을 조성하는 데 영향을 미치는 교실 환경에 대한 맥락적인 논의를 반영한다(10장 참조). Eccles와 동료들은 대부분의 중학생들에게 자신의 신념 및 발달적 욕구와 학교의 구조 및 조직 간에 발달적 불일치가 존재한다고 제안했다. 그들은 중학교에 입학하는 학생들이 자율과 통제에 대한 강한 욕구, 그리고 자기통제와 조절을 위한 인지적 기술을 갖는다고 제안한다. 그러나 자율과 통제의 기회가 실제로 학교에서는 학생들에게 제공되지 못하는 것이 현실이다. 오히려 학생들은 낮은 수준의 인지 과제, 상대평가의 강조, 더 적은 기회의 절대평가와 마주치게 된다. 이렇듯 학생들의 요구와 학교 환경 간의 불일치는 청소년기 초기 학교에 대한 학생들의 학습동기의 유의미한 감소를 가져오게 된다(Eccles & Midgley, 1989; Eccles, Midgley, & Adler, 1984; Eccles, Midgley, Wigfield, Buchanan, Reuman, Flanagan, & Mac Iver, 1993; Eccles, Wigfield, Harold, & Blumenfeld, 1993; Wigfield & Eccles, 1992). 이 논의는 아동의 능력 자기지각의 감소에 관한 Rosenholtz와 Simpson(1984)의 설명과 유사한 것이다.

인지적 변화와 맥락적 변화에 관한 이러한 두 입장의 통합은 기대와 가치의 감소에 대한 가장 설득력 있는 설명으로 대표된다. 환경적 변화뿐만 아니라 학생들의 인지 능력과 동기의 변화, 그리고 이 요인들 간의 상호작용이 학생들의 학습동기를 감소시키는 데 영향을 미치게 된다. 따라서 우리는 학생들의 동기를 설명하기 위해 이 요인들의 변화를 통합적 관점에서 볼 수 있는 모형을 발전시킬 필요가 있을 것이다.

기대와 가치의 집단 차이

능력의 자기지각과 가치 신념에서 발달차가 나타나는 것과 같이, 많은 연구들은 기대와 가치와 관련하여 성차와 민족(인종)차가 존재한다고 제안한다. 그러나 성차와 민족차를 일반화시키는 데에는 많은 문제가 존재한다. 첫째, 집단 차이에 집중한 많은 연구들은 여성이나 소수민족 집단 내 자체에 존재하는 차이를 무시하는 문제를 갖는다. 둘째, 사회경제적 지위(socioeconomic status: SES)의 영향이 동시에 고려되지 않기 때문에 집단차에 대한 성 또는 민족의 상대적 설명력 차이를 평가하는 것이 어려울 수 있다(Graham, 1994; Pollard, 1993). 대다수의 연구들은 중간이나 중상 정도의 경제적 배경을 가지고 있는 백인 학생과 경제적으로 하층에 속하는 흑인 학생을 비교함으로써 민족과 사회경제적 지위를 서로 혼동하고 있다. 더욱이 Pollard(1993)는 아동의 성취동기와 관련하여 성, 민족, 사회경제적 지위 간에 중요한 상호작용 영향이 있을 수 있다고 지적한 바 있다. 서로 다른 여러 집단에 복수로 속해 있음으로써 학생들이 가질 수 있는 다양한 소속과 역할을 충분히 고려하지 못한 연구들은 오해를 불러일으킬 수 있고, 현실은 훨씬 더 복잡한데 민족과 같은 한 가지 요인에 고착되어 단순화된 결론을 내릴 수 있다. 셋째, 민족 차이에 대한 많은 연구들은 결함 모형에 근거하고 있으며, 특정 속성의 높고 낮음이라는 단순한 이분법에 근거해 다양한 민족 집단을 비교하여 왔다(Betancourt & Lopez, 1993; Graham, 1994; Pollard, 1993). 따라서 비록 일부 경향성이 나타나기는 하지만, 성차나 민족차에 대한 연구 결과는 일반화하는 데 있어 문제가 있다고 할 수 있다.

기대의 성차

능력 자기지각에 대한 연구에서 성차가 발견되는 경우 대부분 그 차이가 성에 대한 사회적 규준이나 고정관념을 따르는 경향이 있다. Eccles, Wigfield, 그리고 동료들은 능력에 대한 자기지각의 성차를 계속해서 연구해 왔으며, 이러한 성차는 학생 각자가 얼마나 문화적 고정관념을 인정하는지와 같은 성역할에 대한 문화적 고정관념에 의해 조절된다는 것을 확인하였다(Eccles et al., 1998). 예를 들어, 남학생들은 수학과 체육에서 높은 능력 자기지각을 가지고 있었는데, 이 두 활동은 남성다운 것이라는 사회적 고정관념을 갖는 것들이다. 반면, 여학생은 여성답다는 고정관념이 있는 읽기나 영어, 사회 같은 과목에서 상대적으로 높은 능력 자기지각을 하고 있었다(Eccles, 1983; Eccles & Harold, 1991; Eccles et al., 1989; Eccles, Wigfield, Harold, & Blumenfeld, 1993; Eccles et al., 1998; Jacobs et al., 2002; Watt, 2004; Wigfield et al., 1991). 중학교 1학년에서 고등학교 2학년 호주 학생들을 대상으로 한 Watt(2004)의 연구는 남학생들이 수학을, 여학생들이 영어를 더 좋아한다는 증거를 얻었다. 또한 Marsh(1989)는 자기개념에 있어서 성차가 존재함을 보고하였다. 비록 그가 찾아낸 성차가 자기개념 변량을 단지 1%밖에는 설명하지 못하지만, 남학생들은 신체적 외관, 신체적 능력, 수학에 대한 평가에서 높은 자기개념 점수를 부여한 반면에, 여학생들은 말하기, 읽기 과제와 학교 생활에 대한 평가에서 높은 자기개념 점수를 부여하였다. Phillips와 Zimmerman(1990)의 연구에서는 여학생들이 남학생들보다 능력에 대한 자기지각이 더 낮음을 발견하였는데, 이러한 차이는 초등학교 3, 4학년에서는 나타나지 않았고, 중학교 3학년에서만 존재하는 것으로 확인되었다.

그러나 다른 연구들은 능력 지각에 대한 성차가 더 낮은 학년에서도 나타난다는 것을 보고하고 있다. 예를 들어, Entwisle과 Baker(1983)가 실시한 연구와 Frey와 Ruble(1987)이 실시한 연구에서는 초등학교 저학년 아동들에서도 여학생이 남학생보다 낮은 능력 자기지각을 가지고 있음을 확인할 수 있었다. 운동은 예외지만, 성차는 심지어 실제 숙련도(skill levels)의 차이가 없을 때에도 나타난다. 비록 이러한 차이가 남학생들은 자신을 더 높게 추켜세우고 여학생들은 좀 더 겸손한 반응을 보이기 때문이지만(Eccles, Adler, & Meece, 1984; Wigfield et al., 1996), 이러한 성차가 자주 확인되기 때문에 우리는 이 현상에 대해 좀 더 심각하게 생각할 필요가 있다. 능력에 대한 자기지각이 학습 참여, 실제 성취와 밀접하게 연결된다는 일반적인 연구 결과는 성에 따라 다르게 나타날 가능성이 있기 때문이다.

분명한 것은 이러한 성차의 본질과 어떻게 학교와 교실 환경이 성차의 증가를 가져오는지에 대한 더 많은 연구가 필요하다는 것이다(Bailey, 1993; Kahle, Parker, Rennie, & Riley, 1993; Meece & Eccles, 1993). | 응용연구 2-2 |에서 왜 많은 여학생들이 과학과 수학에 흥미를 느끼지 않는지에 대하여 다루고 있다.

| 응용연구 2-2 |

왜 여학생들은 과학과 수학에 점점 더 흥미를 갖지 않는가?

이 질문은 지금까지 많이 다루어진 복잡한 주제이며, 이에 대해 다양한 설명이 제안되어 오고 있다. 어떤 이들은 수학이나 과학 내용을 이해하는 데 있어 남학생들에게 유리한 유전자가 존재한다고 주장한다. 한편, 다른 이들은 여학생들이 이들 영역에 대하여 관심을 지속시키도록 사회적으로 격려되지 않았다고 주장한다. 이러한 설명들은 성차(수학과 과학은 남성적 영역이고, 이러한 직업을 갖고자 하는 여학생들은 여성적이지 않다), 차별(이 분야에서 일하는 대학교수나 고용인들은 대부분 남성이며 남자들과 일하기를 선호한다), 사회적 기대(여성은 어린아이들을 우선적으로 돌보아야 하는 사람으로 기대된다), 역할 모델(과학과 수학 분야에 두드러진 여성들이 거의 없다) 등의 논의를 불러온다.

기대-가치이론에서 가치는 선택에 중요하게 관련되어 있고, 여학생들은 남학생들만큼 과학과 수학을 가치 있게 여기지 않는다고 설명할 수 있다. 비록 여학생들의 기대가 때로 남학생들의 기대보다 낮지만, 여학생들은 일반적으로 과학이나 수학에서 남학생들만큼 잘한다는 것도 엄연히 사실이다. 따라서 핵심은 과학과 수학에 대한 여학생들의 가치 인식을 개선시켜야 한다는 것이다. 이를 위해서는 과학이나 수학이 의학이나 공학뿐만 아니라 다른 많은 직업(예: 사업, 법)에서도 중요하다는 것을 알게 할 필요가 있다.

또한 과학과 수학이 남성들의 영역이라는 성차별적 낙인을 깨뜨리도록 해야 할 것이다. 여성의 사회적 역할은 계속해서 변하고 있으며, 직업의 기회도 계속해서 확장되고 있다. 오늘날 여성 의학박사들, 여성 우주인들, 과학 관련 기업 여성 사장들, 수학과 과학 분야의 여성 대학교수들을 많이 찾아볼 수 있다. 직업을 고민하는 여학생들을 위한 역할 모델로서 이 여성들은 여학생들이 여성 역할에 대한 대중적 인식을 형성하도록 도와야 하며, 이들이 불필요하게 여성에 대한 직업 선택을 제한하는 사회적 고정관념을 극복하도록 관심을 가져야 할 것이다.

기대의 민족 차이

인종 또는 민족 차이에 관한 연구들은 중산층 백인 아동과 하층의 소수민족 아동들을 상호 비교함으로써 민족/인종 차이와 사회계층 차이를 혼동하는 우를 범하고 있다 (Graham, 1992, 1994; Wigfield et al., 1996). 일반적으로 두 가지 주제가 논의되고 있다. 첫째, 능력에 대한 자기지각, 가치, 또는 다른 동기 변인들에 있어서 민족 간 차이가 실제 존재하는가? 둘째, 동기 변인들이 주류 학생들에게 영향을 미치는 것과 동일한 방식으로 소수민족 학생들에게도 영향을 미칠 것인가? 즉, 서로 다른 민족 집단에 대해서 다른 동기 모형을 만들 필요가 존재하는가?

첫 번째 주제와 관련하여 Graham(1994)은 미국 흑인 학생들의 성취동기에 대한 연구들을 고찰하였다. 그는 미국 흑인 학생들이 낮은 성취수준과 경제적 어려움 때문에 능력에 대한 자기지각이나 성공에 대한 기대가 낮을 것이라는 일반적 가설이 실제로는 거의 입증되지 않음을 발견하였다. 성공에 대한 기대와 관련하여, Graham(1994)은 미국 흑인 학생과 백인 학생들에게 과제를 제시하고 과제 성공에 대한 이들의 기대를 조사한 14개의 실험 연구를 고찰하였다. 연구들 중 일부는 학생들에게 조작되었거나 또는 실제 성공과 실패 결과를 제시한 후 이들의 성공에 대한 기대를 판단하도록 요구하였다. Graham(1994)은 14개의 연구 중 12개에서 미국 흑인 학생들은 백인 학생들보다 더 높은 성공에 대한 기대를 가지고 있음을 확인할 수 있었다. Graham (1994)은 또한 능력에 대한 자기개념을 조사한 18개 연구를 고찰하였는데, 여기에서도 미국 흑인 학생들이 낮은 능력에 대한 자기개념을 가지고 있었다는 지지 증거를 거의 찾지 못했다. 18개 연구 중 2개의 연구만이 백인 학생이 더 높은 능력 지각을, 7개의 연구는 흑인 학생들이 더 높은 지각을 갖는 것으로 보고하고 있었으며, 나머지 9개 연구에서는 두 집단 간에 차이가 혼재되어 있거나 없는 것으로 보고되었다. Graham

(1994)에 대한 메타분석 추후 연구에서 Cooper와 Dorr(1995)는 미국 흑인 학생들이 백인 학생들에 비해 높은 수준의 자기개념을 안정적으로 가지고 있다는 사실을 확인하기도 하였다.

Cooper와 Dorr(1995)의 메타분석 연구 결과는 표준화 검사와 GPA에서 낮은 점수를 보이는 흑인 학생들이 능력 지각에 있어서도 낮은 결과를 보일 것이라는 일반적 상식과 반대되는 것이다. 또한 이 연구 결과는 능력 지각과 실제 성취 간에 밀접한 관련이 있을 것이라는 것을 흑인 학생들에게 일반화하는 것은 타당하지 않다는 것을 의미하는 것이다. 예를 들어, Stevenson, Chen과 Uttal(1990)은 백인 아동의 능력 지각이 수행과 관련되어 있지만, 이는 흑인 아동의 경우에는 해당되지 않는다고 주장하였다. Graham(1994)이 제안한 것처럼, 이러한 흑인 학생의 특징은 적응적인 기능을 가질 수 있다. 즉, 낮은 성취수준에도 불구하고 높은 능력 지각을 가지고 있는 것은 흑인 학생들을 동기화시키는 기능을 수행하며, 따라서 낮은 성취수준에도 불구하고 학생들의 학습 참여를 유지하도록 도와주는 기능을 수행할 것이다. 또한 흑인 학생들이 자신의 자존심을 지키기 위해 학교에서 공부를 잘하고 있다고 말하는 경우에서처럼, 낮은 성취에도 불구하고 높은 능력 자기지각을 갖는 것은 일종의 자기방어기제라고 볼 수도 있다(Graham, 1994).

그러나 자기조절의 관점에서 볼 때, 능력에 대한 자신의 판단과 실제 수행 간의 불일치는 미국 흑인 학생들이 자신을 정확히 평가하지 못한다는 것을 보여 줄 수 있다. 이러한 불일치는 자신들이 잘하고 있다는 잘못된 생각을 가지도록 함으로써 더 잘하기 위해 인지와 행동을 변화시키거나 조절하도록 스스로를 동기화시키는 데 제한을 가져올 수 있을 것이다(Pintrich, 2000d). 예를 들어, 만약 종윤이가 책을 읽고 난 후 내용을 전혀 이해하지 못했지만 스스로 내용을 이해했다고 생각한다면, 그는 앞부분으로 돌아가 다시 이해가 되지 않는 부분을 읽는 등 자신의 이해를 향상시키기 위한 전략적 행동을 하지 않을 것이다. 여하튼 다른 민족 집단 간에 능력 판단과 수행 간의 관련성(불일치성) 문제는 더 세심한 향후 연구가 필요한 주제라 할 것이다.

두 번째 주제와 관련하여 일부 연구에서는 소수민족 학생들이나 백인 학생들이나 능력에 대한 자기지각이나 자기효능감이 동일한 방식(보통 정적 상관)으로 학업성취와 관련됨을 제안한다(Pollard, 1993; Taylor, Casten, Flickinger, & Roberts, 1994). 그러나 Graham(1994)은 많은 연구들을 고찰한 결과, 성적이나 표준화 성취검사 같은 실제 수행 결과에서 흑인 학생들이 능력에 대해 높은 자기지각을 가지고 있었지만, 수행 수준은 낮게 나타나고 있음을 확인하였다. 이는 유능성에 대한 자기지각과 실제 성취 간의 관계가 백인 학생에 비해 흑인 학생들에게 있어서는 그렇게 높지 않음을 제안하는 것이라 할 수 있다(Stevenson et al., 1990).

흑인 학생들에게 있어 나타나는 두 변인 간의 약한 관련성을 설명하기 위해 여러 연구가 수행되었다. 예를 들어, 일부 연구자들은 흑인 학생들의 동기적 역동성(motivational dynamics)이 다를 수 있고, 학교에서의 반복된 실패로 인해 그들은 학업성취에 낮은 가치(낮은 과제가치 신념)를 부여할 수 있다고 주장하였다(Fordham & Ogbu, 1986; Steele, 1988, 1997). 흑인 학생들이 비교적 높은 능력 자기지각을 가지고 있을 수 있지만, 이러한 자기지각이 백인 학생처럼 실제 성취와 밀접하게 연결되지는 않는다. 또 다른 이유로는 다른 사회적 비교집단을 사용하기 때문이라고 생각할 수 있다. 예를 들어, 흑인 학생들은 백인 학생들보다는 다른 흑인 학생들과 자신을 비교하기 때문에 상대적으로 높은 자기지각을 유지할 수 있다는 것이다(Rosenberg & Simmons, 1971). 한편, 흑인 학생들은 편견과 같은 외부적 요인을 낮은 수행의 원인이라고 생각하고 있기 때문에, 성취와 무관하게 높은 능력 자기지각을 유지하고 있을 수도 있다(Crocker & Major, 1989).

Graham(1994)은 이러한 설명들이 현재 동기에 관한 문헌들에서는 뒷받침되지 않고 있음을 주목하였다. 그녀는 동기에 대한 최근 이론과 원리들이 소수민족 학생들에게도 적용될 수 있어야만 한다고 주장한다. 이를 위해서는 동기이론들이 집단 간의 차이를 설명하기보다는 집단 내의 개인차를 설명하는 것이 더 중요할 수 있다. 예를 들어, 왜 일부 소수 집단이나 여학생들이 다양한 장애물에 많이 직면해서도 높은 성취를 유지하는 것처럼 보이는가? Graham은 소수민족 학생의 성취에 대하여 다른 심리학을 적용하기보다는 오히려 동기에 대한 차후 연구에서 더 많은 소수민족 학생들을 다루어야 한다고 주장한다. 즉, 연구에서 다루는 표본들이 폭넓은 사회경제적 수준과 다양한 소수민족을 포함해야 한다고 주장한다. 여하튼 소수민족 집단의 아동과 주류 집단 아동 간의 능력에 대한 지각에 있어서 차이가 생기는 근본적인 이유를 따져 봐야 하며, 소수 집단 학생의 능력 지각과 실제 학업성취 간의 관계를 설명하기 위한 또 다른 이론적 모형에 대해서도 더 많은 연구가 이후 수행될 필요가 있다.

과제가치에서의 성차 및 민족 차이

과제가치에 대한 성차를 조사한 일부 연구에서는 성차가 있다고 보고하고 있지만, 연구들 간에 일관성이 부족하며, 연령 집단에 따라서도 결과가 달리 보고되고 있다

(Wigfield & Eccles, 1992). Wigfield와 Eccles는 사춘기 연령의 남학생과 여학생이 수학(남학생이 더 가치를 둠), 영어(여학생이 더 가치를 둠) 같은 교과목에 대해 상대적으로 다른 가치를 가지는 것으로 보이지만, 이러한 차이가 어린 아동에서 항상 발견되지는 않는다고 말한다. Wigfield와 Eccles는 초등학생들을 대상으로 한 연구에서 남학생들이 운동에 더 가치를 두고, 여학생들이 읽기와 음악에 더 가치를 두기는 하지만, 성별에 따라 수학이나 컴퓨터에 대한 가치 인식에 있어 차이는 없다고 보고하였다. 성차가 교실이라는 맥락에서 어떠한 방식으로 나타나게 되는지와 선택, 지속성, 성취와 같은 동기적 결과와 가치신념 간의 관계가 성에 따라 어떻게 달리 나타나는지에 대한 더 많은 연구가 필요할 것이다.

Eccles, Wigfield, 그리고 동료들은 많은 학생을 대상으로 과제가치를 평가해 왔지만, 그들의 연구 표본을 보면 다양한 민족 집단을 포함하지 않고 있기 때문에 과제가치에 대한 민족(인종) 간 차이를 타당하게 보기는 어렵다. 최근 Graham, Taylor와 Hudley(1998)는 초등학교 6학년부터 중학교 2학년 아프리카계, 히스패닉계, 유럽계 학생들을 대상으로 이들의 학업성취 가치를 조사하였다. 이들은 교육의 중요성과 유용성에 관한 자기보고식 설문에 대해 학생들이 보이는 사회적 바람직성 반응을 고려해 다른 자료수집 방법을 사용하였다. 그들은 학생들에게 성취 가치의 지표로서 동료학생 중 누가 가장 모델로서 좋고, 누구를 존경하고, 누구처럼 되고 싶은지를 지명하도록 요구했다.

Graham과 동료들(1998)은 아프리카계, 라틴계, 유럽계 여학생들이 모두 감탄하고 존경하는 사람들로 높은 성취를 보인 여학생들을 지명한다는 결과를 통해 성과 민족 요인의 효과를 확인할 수 있었다. 반면, 아프리카계와 라틴계 남학생은 가장 감탄하고 존경하는 사람으로 낮은 성취를 가진 남학생들을 지명하였다는 것이다. 한편, 유럽계 남학생들은 여학생들의 반응패턴과 유사하게 감탄하고 존경하는 학생으로서 높은 성취를 보이는 남학생들을 지명하는 것으로 확인되었다. 종합적으로 볼 때 이 연구 결과는 아프리카계와 라틴계 남학생들이 여학생들이나 유럽계 남학생과 달리 성취행동에 그 다지 높은 가치를 두고 있지 않음을 보여 주는 것이다. 물론 이 연구에서 사용된 지명방법이 기대-가치이론에서 정의된 것처럼 과제가치에 대한 간접적 측정 방식이지만, 이 연구로부터 얻게 된 결과는 매우 의미 있는 것들이다.

미국 흑인 학생들의 교육과 학교에 대해 가지는 동기와 가치의 원동력에 관하여 유사한 논쟁이 있어 왔다. 예를 들어, Mickelson(1990)은 미국 흑인이 지속된 인종차별과 불평등으로 인해 노력과 성공 간의 유관성을 인지하지 못했기 때문에 교육에 대한 가치를 낮게 인식하는 것이라고 주장한다. Ogbu(1987; Fordam & Ogbu, 1986)는 흑인 학생들이 학교에서 열심히 노력해서 좋은 성적을 내는 다른 흑인 학생들을 '백인처럼 행동하려는 학생들' 이라고 생각한다고 했다. 이러한 인식은 흑인 학생들로 하여금 학교나 성취행동에 낮은 가치를 두도록 이끈다. 그러나 흑인 학생들이 성취를 저평가한다는 증거가 거의 없다는 연구 결과들도 존재한다(Ford & Harris, 1996; O' Connor, 1997; Taylor et al., 1994). 이와 관련하여 고정관념 위협(stereotype threat)에 대한 연구(Steele, 1997)가 더 많은 경험적 지지를 받고 있다. 이 연구들은 수행에 관한 부정적 고정관념(여학생들은 수학을 잘 할 수 없다, 소수 집단 학생들은 공부를 잘 하지 못한다 등)이 활성화되면, 이것이 실제로 수행 감소를 가져올 수 있다는 것을 보여 준다. Steele은 고정관념 위협이 수행과 성취에 미치는 영향과 더불어 학교에 대한 부정적 인식을 가져올 수 있다고 제안한다.

비록 많은 연구들이 흑인 학생들에 초점을 맞춰 진행되어 왔을지라도, 방향은 반대지만 유사한 논의가 아시아계 학생들에게도 이루어지고 있다. 일반적으로 높은 성취수준을 보이는 '모범적' 소수민족 학생들로서 아시아계 학생들은 교육과 학교에서의 노력의 중요성에 대해 높은 가치를 두고 있기 때문에 성취수준이 높은 것이라는 주장이 있다(Chen & Stevenson, 1995; Holloway, 1988; Slaughter-Defoe, Nakagawa, Takanishi, & Johnson, 1990). 하지만 어떻게 이러한 가치들이 학생들에게 전달되고, 미국 사회로의 문화화나 사회화 기간에 따라 차이가 나타나는지에 대해서는 연구가 더 필요하다(Fuligni, 1997; Hess, Chang, & McDevitt, 1987; Sue & Okazaki, 1990). 가치를 포함해 동기에서 나타나는 민족차에 대한 연구는 현재 활발하게 진행되고 있으며, 새로운 발견들이 계속해서 나오고 있다. 그럼에도 불구하고 어떻게 서로 다른 민족 집단의 학생들이 동기화되는지, 그리고 이들의 동기적 신념과 실제 성취, 교육적 획득 간에 관계가 어떻게 형성되는지에 대한 이론에 기반한 연구가 더 많이 필요하다는 것은 분명하다.

요약

기대-가치이론은 성취동기 연구에서 오랜 전통을 지닌 이론이며, 최근 기대-가치 이론은 교육 환경에서 가장 강력하게 경험적 뒷받침을 받는 이론이라 할 수 있다. 기대 구인은 성취행동에 영향을 미치는 가장 중요한 매개 요인 중 하나다. 기대 구인에 대한 초기 연구는 극단적으로 단순화된 행동주의 심리학의 의존에서 벗어나 오늘날 영향력을 미치고 있는 합리적, 인지적 패러다임으로 이동하였다. 또한 초기 인지적 동기이론들은 행동의 매개 요인으로서 개인의 지각과 신념의 중요성을 강조하였고, 개인의 주관적이고 현상학적인 심리에 초점을 맞추었다. 초기 이론들은 성공에 대한 사람들의 기대와 과제에 대해 가지고 있는 가치에 초점을 맞추었다. 기대와 가치 구인에 대한 최근 연구들이 맥락 변인들을 포함하려고 한다고 할지라도, 기대와 가치라는 개인의 일반적 신념에 초점을 맞춘 기존의 전통 안에서 계속 진행된다.

Lewin과 Atkinson은 두 가지 중요한 역사적 관점을 제공한 사람들이다. Lewin은 포부 수준, 즉 사람들이 과제 수행 시 스스로 세운 목표나 기준이 중요한 동기 변인이라고 제안했다. 포부 수준 연구에 따르면, 사람들이 스스로 세운 목표를 달성했을 때 더 성공적이라고 느끼고, 포부 수준은 이전 과제 경험과 관련되며, 우수한 능력을 가진 사람들일수록 포부 수준을 높이 설정하는 경향이 있다고 밝히고 있다.

Atkinson에 따르면, 행동은 동기, 성공 가능성, 성공에 대한 유인가를 곱한 함수에 의해 결정된다고 한다. 동기에는 성공 접근 동기와 실패 회피 동기가 있다. 높은 성공 접근 동기를 가진 경우 성공에 대한 높은 동기를 갖지만, 높은 실패 회피 동기를 갖는 경우 성취 과제에 관여하기를 꺼리게 된다. 성공 가능성은 사람들의 성공 가망성에 대한 기대를 말한다. 유인 가치는 정의적인 것이며, 성공에 대한 자신감을 반영했다. 성취동기는 과제 난이도를 중간 정도로 인식했을 경우 가장 높게 나타난다.

Eccles, Wigfield, 그리고 동료들은 동기에 대한 최근의 인지적 패러다임을 반영함으로써 Atkinson의 기대-가치 모형을 보다 더 사회인지적 모형으로 발전시키고 있다. 그들은 학교를 대상으로 한 종단연구와 대규모 상관연구를 통해 학업 과제에 대한 가치뿐만 아니라 학생들의 성공에 대한 기대와 능력에 대한 지각에 초점을 맞추어 연구를 수행해 왔다. 이들의 연구는 학교와 교실 과제에 초점을 맞추어 왔고, 같은 학생들을 종단적으로 추적하여 시간이 지남에 따라 어떻게 동기 신념이 미래 행동을 예언하는지를 연구하였다는 점에서 생태학적으로 타당한 연구를 수행해 왔다고 할 수 있다. 그들은 과목 성적뿐만 아니라 표준화 검사에서의 성취와 능력에 대한 학생들의 기대 신념 간에 정적인 관계가 있다는 것을 일관되게 확인해 왔다. 또한 이들의 연구는 획득가치, 효용성, 흥미와 같은 가치 신념이 미래의 수업 신청과 같은 선택행동과 밀접하게 관련되어 있다는 것을 보여 준다.

능력과 가치에 대한 자기지각 연구는 아동, 청소년, 성인을 대상으로 발달적 관점에 기초하여 진행되어 왔다. 비록 영역 특수성이 무엇이냐에 대한 분명한 합의가 없기는 하지만, 최근 연구는 유능성에 대한 자기지각과 가치 신념이 일반적인 것이 아니라 영역 특수적인 것임을 제안하고 있다. 또한 능력에 대한 자기지각은 자아존중감과 이론적 · 경험적으로 구별되는 것이다. 능력에 대한 자기지각은 어떤 영역에서 그들의 능력을 자신이 어떻게 판단하는지와 관계있으므로 보다 인지적인 평가라 할 수 있다. 반면에 자아존중감은 자신에 대한 보다 더 정의적이고 전체적인 반응이다. 비교적 어린 초등학생을 포함하여 대부분의 학생들은 특수한 영역에서 자기 자신의 능력에 대해 비교적 정확한 자기지각을 가지고 있다. 능력에 대해 정확하지 않은 자기평가를 하는 학생들 대부분은 능력을 낮게 평가하기보다는 오히려 높게 평가하는 성향을 가지고 있었다. 실제 자신의 능력을 낮게 평가하는 학생들은 성취와 수행에 있어 부정적인 결과를 나타내 보인다. 최근 연구들은 능력에 대한 자기지각이 실제 성취나 수행과 상호적 관계를 맺고 있다고 제안한다.

학생들이 가지고 있는 기대와 가치 신념에는 발달차와 성차, 민족차(인종차)가 존재한다. 발달차에 관한 연구들은 어린 아동들이 자신의 능력에 대해 상대적으로 높은 지각을 가지고 있는 것으로 보고하고 있으며, 연령이 증가함에 따라 능력에 대한 학생들의 전체적인 평균 수준은 감소한다는 제안을 하고 있다. 이와 비슷하게 가치도 연령이 증가함에 따라 점차 감소하는 것으로 보인다. 관련 연구들은 학생들이 중학생이 되었을 때 능력 지각과 가치 신념의 감소 정도가 가장 크다고 제안하고 있다. 이와 같은 감소에 대해서는 심리학적 설명과 함께 사회학적 설명이 존재한다. 심리학적 설명은 연령 차이의 중재자로서 학생들의 인지적 기술과 신념의 변화에 초점을 맞추고 있는 반면, 사회학적 설명은 아동이 중학교에 입학함에 따라 나타나는 학교 환경의 변화를 강조한다. 성차와 민족차(인종차)에 대한 연구 결과의 해석은 성, 사회경제적 지위, 민족(인종)이 혼재되어 있기 때문에 종합화하거나 일반화하기가 어렵다. 그렇지만 지금까지 연구를 통해 볼 때 중재 변인으로서 성과 민족(인종) 변인이 기대와 가치 구인이 동기에 미치는 영향에 대해 일정한 역할을 하고 있음을 확인할 수 있다. 이러한 집단차에 대해 이론에 기반한 연구가 앞으로 더 많이 필요하다.

추천 읽기자료

Atkinson, J. W. (1957). Motivational determinants of risktaking behavior. *Psychological Review, 64*, 359-372.

Eccles, J. (1983). Expectancies, values and academic behaviors. In J. T. Spence (Ed.), *Achievement and achievement motives* (pp. 75-146). San Francisco: Freeman.

Eccles, J., Adler, T., & Meece, J. (1984). Sex differences in achievement: A test of alternate theories. *Journal of Personality and Social Psychology, 46*, 26-43.

Graham, S., Taylor, A. Z., & Hudley, C. (1998). Exploring achievement values among ethnic minority early adolescents. *Journal of Educational Psychology, 90*, 606-620.

Lewin, K., Dembo, T., Festinger, L., & Sears, P. (1944). Level of aspiration. In J. McV. Hunt (Ed.), *Personality and the behavioral disorders* (Vol. 1, pp. 333-378). New York: Ronald Press.

Wigfield, A., & Eccles, J. (2000). Expectancy-value theory of achievement motivation. *Comtemporary Educational Psychology, 25*, 68-81.

제3장

귀인이론

귀인 모형의 개관

귀인의 선행 요인

환경적 요인의 역할

개인적 요인의 역할

귀인의 결과

자발적인 귀인 탐색을 촉진하는 조건

귀인 사고의 내용

귀인의 동기적 차원

기대 신념과 귀인 차원의 관련성

정서와 귀인 차원의 관련성

책임 판단의 역할

귀인에서의 발달 및 집단 차이

발달 차이

성차와 민족적 배경의 차이

귀인 재훈련

요 약

추천 읽기자료

영수와 미영이는 중학교 3학년 같은 반에 재학 중이다. 영수는 수학에서 최고 점수를 받는 것은 아니지만, 수학시험을 통과할 정도의 평균 성적은 받는 학생이다. 영수는 보통 B를 받고 대단원 마무리 시험에서는 가끔씩 C를 받기도 한다. 일상적인 숙제에서는 한두 문제 정도 틀리며 대부분의 문제는 잘 푸는 편이다. 반면, 미영이는 반에서 수학 성적이 가장 우수한 학생 중 한 명이다. 미영이는 보통 A학점을 받으며 아주 가끔씩 B를 받기도 한다. 미영이의 숙제는 대부분 완벽하다.

학생들은 지금 2차 방정식과 그래프 그리는 법을 공부하고 있다. 반 전체 학생들은 이 부분을 공부하면서 보통 때보다 조금 더 어려워하고 있다. 김영숙 선생님은 많은 시간을 들여 제곱근 문제를 푸는 법을 설명하고, 그래프를 손으로 그리거나 계산기로 그리는 법을 보여 주고 있다. 영수와 미영이는 둘 다 수업에 열심히 집중하고 있는데, 미영이는 질문을 많이 하는 반면, 영수는 거의 질문을 하지 않는다.

영수는 2차 방정식에 관한 숙제에서 대부분의 문제를 틀렸지만, 그 원인을 확실히 모른다. 영수는 선생님이 고쳐 놓은 숙제를 보면서 스스로 궁금해한다. "여기서 내가 뭘 잘못한 거지? 이 문제는 이해가 안 가. 이건 너무 추상적이야. 이게 어떤 부분하고 연결되는지 모르겠어. 난 못하겠어. 이건 나한테 너무 어렵다고. 내 생각에는 난 수학이랑 안 맞는 것 같아." 영수는 수학 숙제로 받은 문제를 평상시만큼 열심히 풀지 않았다.

미영이 역시 약간 어려움을 겪고 있다. 숙제에서 평상시보다 많은 문제를 틀린 것이다. 그러나 미영이는 숙제를 돌려받았을 때 쭉 훑어보면서 혼잣말을 한다. "이 부분은 이해가 안 가네. 선생님께 여쭤 봐야겠다. 어쩌면 내가 충분히 공부를 안 해서 그런 것일지도 몰라. 책이랑 노트를 다시 보면서 내가 뭘 잘못한 건지 다시 한 번 살펴봐야겠다." 미영이는 더 많은 시간 동안 수학을 공부했다.

영수와 미영이 반은 전체적으로 이 단원의 마지막 평가에서 좋은 성적을 거두지 못했다. 반 전체의 평균이 보통 때보다 낮아졌다. 영수는 D를 받았고, 미영이는 C를 받았다. 영수는 D라는 점수에 무척 당황했고 부끄러웠다. 다른 단원 마무리 평가에 비해서 왜 이렇게 나쁜 점수를 받았는지 궁금했다. "나도 내가 숙제를 하면서 좀 문제가 있었다는 건 알아. 그리고 열심히 하지도 않았어.

하지만 내가 이렇게 바보는 아닌데…… 아마 내게 더 수준 높은 수학을 공부할 능력은 없나 보지. 내 수학 능력으로 할 수 있는 만큼 다한 거야." 영수는 성적이 너무 창피해서 누구에게도 이 이야기를 하지 않았다. 그리고 그날부터 다른 과목들을 공부하는 데 더 많은 시간을 들이고, 수학에는 많은 노력을 기울이지 않았다. 그의 수학 점수는 계속 떨어져서, 결국 학기말에 최종적으로 C를 받았다.

미영이도 C라는 성적에 충격을 받아 크게 상심했다. 다른 어떤 과목에서도 C를 받은 적이 없었기 때문이다. "엄마, 아빠께서 무척 화를 내시겠지? 외출금지 당할 게 분명해. 이번엔 시험 공부를 꽤 열심히 했는데, C를 받다니 창피한 일이야. 김 선생님이 화가 나서 난리시겠다. 내 생각엔 우리 반 애들 대부분이 좋은 점수를 받지 못했을 거야. 아마 이게 너무 어려운 시험이었기 때문에 나도 잘 못한 것일 거야." 미영이는 반 친구들과 이야기하면서 이번 시험의 최고 점수는 B였고, 수학 최고 우등생이 B를 받은 주인공이라는 사실을 알게 되었다. 그녀는 안심하고 수학에 열중했으며, 결국 최종 성적에서 A를 받았다.

이 사례는 귀인이론의 여러 중요한 측면들을 보여 준다. 이 단원에서는 귀인 모형들에 대해 논의하면서 영수와 미영이의 이야기를 다시 살펴볼 것이다. 위의 사례에 비추어, 당신은 영수와 미영이가 학년말 수학 평가에서 가지고 있는 성공에 대한 기대 수준과 자기효능감이 어떨 것이라고 예상하는가? 또한 어떤 학생이 수학 과목을 더 많이 신청할 것이라고 예상하는가?

바로 앞 장에서 우리는 기대와 가치를 구성하는 동기 구인들을 알아보고, 이 구인들과 성취행동의 관련성에 대해서 논의했다. 기대와 가치는 동기적 역학에서 매우 중요한 요인이므로, 어떻게 개인들이 이러한 신념을 형성하는지와 무엇이 이러한 신념의 발달에 영향을 미치는지를 이해하는 것은 중요하다. 이 장에서는 귀인(attribution), 즉 결과와 관련하여 지각된 원인이 개인의 기대 신념을 어떻게 형성하고 다양한 경험 속에서 어떤 정서적 반응을 이끌어 내는지에 대해 살펴볼 것이다. 귀인이론에 대하여 무수한 연구들이 존재해 왔지만, 귀인이론에 가장 큰 공헌을 한 사람은 성취 맥락에서의 귀인이론을 만든 Bernard Weiner다. 이 장에서는 그의 연구와 저서를 중심으로 개인의 기대신념, 정서와 직접적인 연관을 가진 귀인과정에 대한 연구와 귀인이론을 살펴볼 것이다(예: Weiner, 1979, 1985a, 1986, 1992, 1995, 2005).

여러분들은 이 장을 공부하고 난 후, 다음과 같은 것들을 할 수 있을 것이다.

- 각기 다른 상황에서 개인의 귀인에 영향을 미치는 요인들을 이해할 수 있다.
- 다양한 귀인들을 귀인의 소재(locus), 안정성(Stability), 통제 가능성(controllability)의 세 측면으로 범주화하고, 귀인이론에서 각 차원의 기능을 설명할 수 있다.
- 학업에서의 성공과 실패에 대해 서로 다른 유형으로 귀인을 하는 경우, 이에 따라 나타나는 기대 신념, 정서적 반응, 후속 행동 등을 분석할 수 있다.
- 귀인이론에서 행동과 정서를 유발하는 책임에 대한 판단의 역할을 이해할 수 있다.
- 신념과 행동의 관점에서 어떻게 귀인적 피드백이 성취를 보다 적응적으로 증진시킬 수 있는지 논할 수 있다.
- 교육 현장과 교실 상황에 귀인이론의 개념을 적용할 수 있다.

귀인 모형의 개관

귀인이론은 동기의 인지이론으로, 인간은 의식적이고 이성적인 의사결정자라는 사고에 기반한다(Weiner, 1992). 귀인이론은 두 가지의 일반적 가정을 전제로 한다. 첫 번째 가정은 사람들의 동기가 세상과 자기 자신을 이해하고 숙달하려는 목표에 의해 유발된다는 것이다(White, 1959). 사람들은 세상을 보다 잘 예측하거나 통제할 수 있는 대상으로 만들기 위하여 세상을 이해하고 숙달하려 하는데, 이러한 목표는 다른 목표나 필요, 동기, 추동(예: 성공을 위한 동기, 실패에 대한 두려움, 애정 요구, 권력 요구)을 포함한 어떤 내재적 동기들에 앞서는 행동 촉발 요인이다. Kelly(1971)는 "귀인하는 사람은 단순한 귀인자가 아니라, 지식을 추구하는 자다. 즉, 지식을 추구하는 인간의 잠재적인 목표는 그 자신과 환경을 효과적으로 관리하는 것"(p. 22)이라고 말했다. 이와 같은 이해와 숙달을 위한 끈질긴 노력은 인간이 환경을 배우고 이에 적응하도록 하는 데 일조한다.

귀인이론의 두 번째 가정은 사람들이 세계를 이해하고자 하는 초보 과학자라는 것으로, 특히 다른 이들의 행동뿐만 아니라 자기 행동의 인과적인 결정요인(casual determinant)을 이해하려고 노력한다는 것이다. 인과적 결정요인을 탐색하기 위하여 인간은 특정 사건들이 왜 일어나며, 사람들이 왜 그렇게 말하고 행동하는지를 이해하려고 노력한다. 예를 들어, 학교에서 학생들은 영수와 미영이처럼 자신의 시험점수가 왜 좋은지 혹은 안 좋은지에 대해서 알고자 할 것이다. 교사의 경우에는 어떤 학생은 그토록 쉽게 배우는 내용을 다른 학생은 왜 어렵게 느끼는지에 대해 이해하려고 노력할 것이다. 앞에 제시되었던 예처럼, 수학 담당의 김영숙 선생님도 평소에 수학에서 높은 성취를 보이던 미영이가 왜 이번 시험에서는 낮은 점수를 받았는지 의문이 들었을 것이다. 사실 김 선생님은 왜 모든 학생들이 2차 방정식에 어려움을 느끼는지, 혹시 자신의 수업 방식에 일부 책임이 있는 것은 아닌지를 알아내려 노력했어야 한다. 동시에 귀인이론은 사회적 관계 형성(affiliation)과 같은 일상생활에도 적용될 수 있다. 예를 들어, 어떤 사람은 왜 상대방이 자신과 데이트를 하지 않는지 이해하려 노력할 것이다. 성취나 사회 관계와 관련된 문제뿐만 아니라, 원인을 찾고자 하는 행위는 다른 많은 영역에서도 일어나는 일반적인 현상이다. 예를 들어, 스포츠("내가 가장 좋아하는 팀이 왜 이기거나 진 것일까?"), 정치("이 사람이 왜 대통령 선거에서 당선된 것일까?"), 경제("당신의 친구는 왜 직업을 잃은 것일까?"), 범죄나 사회정의("이 사람은 왜 이런 죄를 저지른 것인가?") 등에 이르기까지 사건의 원인을 찾으려는 시도는 많은 영역에서 나타나는 공통적인 현상이다.

일반적인 귀인 모형은 [그림 3-1]과 같다(Weiner, 1986, 1995). 이 장에서 그림에 대한 세부적인 설명을 제공하겠지만, 가장 중요한 부분들을 대략적으로 살펴보는 것은 선행조직자로서 큰 도움이 될 것이다. [그림 3-1]의 둘째 열과 셋째 열에 제시된, '지각된 원인'과 이에 내포되어 있는 '원인 차원'이 모형의 핵심을 이룬다. 어떤 사건에 대해 지각된 원인은 일반적으로 선행조건을 구성하는 두 가지 요인인 환경적 요인과 개인적 요인([그림 3-1]의 첫째 열)의 영향을 받는다.

환경적 요인과 개인적 요인이 귀인을 형성하는 데 미치는 영향을 귀인과정(attribution process)이라고 한다(Kelley & Michela, 1980). 환경적 요인은 구체적 정보(예: 교사가 미영이와 영수에게 시험에서 낮은 점수를 받은 것은 그들이 열심히 공부하지 않았기 때문이라고 말했는지의 여부)뿐만 아니라 사회적 규준과 정보(예: 다른 이들은 시험을 어떻게 보았나, 혹은 그 문화에서 일반적으로 수학은 어떻게 이해되는가)도 포함한다. 개인적 요인은 사람들이 시험이나 자신에 대해 가지고 있는 사전 신념을 포함한다(예: 미영이와 영수의 경우, 이전의 수학시험 결과를 통해 자신들의 수학 능력에 대한 사전 신념을 가지고 있었다). 이 두 가지 일반적 요인은 사람들의 귀인에 실질적인 영향을 주어 그들이 시험 실패를 능력 부족, 불운, 시험 난이도, 노력 부족, 좋지 않은 분위기, 피곤함, 또는 다른 어떤 이

선행 조건 →	지각된 원인 →	원인 차원 →	심리적 결과 →	행동적 결과
환경적 요인 구체적 정보 사회적 규준 상황적 특성	다음 요인으로의 귀인 능력 노력 운 과제 난이도 교사 기분 건강 피로 등	안정성 소재 통제	성공에 대한 기대 자기효능감 정서	선택 지속력 노력 정도 성취도
개인적 요인 인과적 도식 귀인 편향 사전지식 개인차				
귀인과정	귀인후과정			

• 그림 3-1 • **일반적인 귀인 모형 개관**

출처: Weiner(1986, 1992).

유에 귀인을 할 것인지에 영향을 미친다.

귀인이 결과에 대한 지각된 원인이라는 것을 아는 것은 중요하다. 귀인들은 실제 원인일 수도 있고 아닐 수도 있다. 하지만 영수가 자신이 수학에서 낮은 점수를 받은 것이 수학 실력이 부족했기 때문이라고 결론지었을 때, 이렇게 지각된 귀인은 특정한 결과를 낳는다. 즉, 영수가 낮은 수학 점수를 수학 능력 부족 때문이라고 귀인하면 실제 원인(영수가 열심히 하지 않았을 수도 있고 시험문제가 매우 어려웠을 수도 있음)과 상관없이, 어떤 심리적 결과(부끄러움)와 행동적 결과(수학에 노력을 덜하게 됨)를 낳게 된다는 것이다. 이러한 점에서, 귀인이론은 실재 자체가 아니라 개인의 실재 형성에 중점을 두며, 이는 Bruner, Piaget, Vygotsky의 이론으로 대표되는 인지와 학습에 대한 구성주의 관점들과 그 맥을 같이한다고 할 수 있다. 따라서 사람들의 귀인이 정확한지에 대한 우려가 존재한다 하더라도(Nisbett & Wilson, 1977), 귀인의 정확성은 심리적이거나 행동적인 결과를 낳는 귀인과정에서는 필수적인 요소가 아닌 것이다.

한 개인의 동기와 감정, 행동에 대한 귀인의 결과들은 귀인후과정(attributional process)으로 설명된다(Kelley & Michela, 1980). [그림 3-1]에 나타나 있듯이, Weiner(1986)의 모형에 따르면 귀인은 안정성(stability), 소재(locus), 통제(control)의 세 가지 차원으로 범주화될 수 있다. 심리적인 힘을 가지고 있는 이러한 원인 차원들은 성공에 대한 기대, 자기효능감 신념, 정서, 실제 행동에도 영향을 미친다([그림 3-1]의 넷째, 다섯째 열). 귀인이론에는 귀인이 무수히 많이 존재하지만, 이것은 세 가지 차원에 따라 범주화될 수 있다고 가정한다. 안정성 차원은 귀인이 시간의 흐름에 따라 얼마나 안정적인지를 의미하는 것으로서, 안정적인 것에서 불안정적인 것까지로 나뉜다. 원인들은 소재의 차원에서 내적인 것과 외적인 것으로 분류될 수 있으며, 통제의 차원에서는 통제 가능한 것과 통제 불가능한 것으로 분류될 수 있다.

따라서 영수의 경우, 낮은 능력이라는 원인은 안정적이며(그의 능력은 시간이 흘러도 동일할 것이다), 영수의 내부에 존재하며, 영수가 통제할 수 없는(그가 수학 능력을 변화시키기 위해 자신이 할 수 있는 일은 그리 많지 않다) 범주에 속한다. 귀인이론과 그 연구들은 안정성 차원이 성공에 대한 기대와 가장 밀접하게 연관되어 있음을 보여 준다(Weiner, 1986). 예를 들어, 영수는 수학 시험에서 낮은 점수를 받았고, 그것을 '수학 능력이 부족하다.' 라는 안정성 차원으로 귀인했기 때문에 다음 수학 시험에 대해서 높은 기대를 가질 수 없다는 것이다. 반대로, 만약 영수가 시험에서 성공했고, 그 원인을 높은 수준의 수학 능력(안정성 원인)으로 귀인했다면 그는 다음 시험에서도 성공할 것이라고 기대할 것이다. 반면, 미영이도 시험에서 좋은 점수를 받지 못했지만, 시험에서 낮은 수행을 보인 원인을 과제의 어려움(외부적 원인)에 귀인하였고 앞으로 더 열심히 노력해야겠다고 생각했다. 따라서 미영이의 귀인은 영수와 같이 부정적인 결과를 가져오지 않을 것이다.

한편, 귀인의 차원과 정서는 서로 연결되어 있다(Weiner, 1986, 1992, 2000). 존중감과 관련된 정서는 소재 차원과 연관되어 있고(예: 우리는 일반적으로 성공적인 결과가 우리 자신의 내적인 무언가의 영향이라고 생각할 때 자긍심을 느낀다), 수치심이나 죄책감과 같은 사회적 정서는 통제 차원과 연관되어 있다(예: 영수의 경우에서와 같이 통제할 수 없는 원인에 의해 실패한 경우에는 수치심을 느끼게 되고, 통제할 수 있는 원인이었는데도 실패한 경우에는 죄책감을 느끼게 된다).

이러한 기대 신념과 정서는 귀인 모형의 마지막 단계인 행동적 결과와 관련이 있다. 2장에서 언급하였듯이 높은 기대와 가치를 가지고 있는 학생들은 과제 해결을 시도하려는 경향을 보인다. 또한 선택한 과제에 대해서는 더 열심히 노력하고 오랫동안 지속하기 때문에, 결과적으로 높은 성취를 기대할 수 있다. 같은 맥락에서 긍정적인 정서는 과제에 대한 선택, 노력, 지속성과 같은 더욱 동기화된 행동을 유발하는 반면, 부정적인 정서는 향후에 유사한 과제를 회피하도록 만든다. 앞의 예시를 살펴보면 영수가 수학 시험에서 실패한 원인을 능력 부족으로 귀인한 후에는 수학 수업에 노력을 덜 기울일 것이다. 반면, 미영이는 실패를 과제 난이도에 귀인하였으므로 이후 수학 공부에 더욱 지속적으로 노력할 것이다. 이제 우리는 귀인이 어떻게 형성되며, 어떠한 심리적, 행동적 결과들을 가져오는지 좀 더 세부적으로 살펴보도록 하겠다.

귀인의 선행 요인

귀인이론은 인간이 행동의 원인을 결정하는 요인을 추론(귀인)하기 위하여 데이터와 같은 다양한 정보적 원천을 사용할 것이라고 가정한다. [그림 3-1]에서 볼 수 있듯이, 행동 원인과 관련된 정보는 두 가지의 일반적인 원천으로부터 얻어질 수 있는데, 하나는 개인의 내부에 존재하는 지식이나 도식 등을 포함하는 개인적 원천이고, 다른 하나는 환경에서 얻을 수 있는 외부적인 단서와 정보 등에 관한 환경적 원천이다. 개인이 어떤 사건에 대한 인과관계를 파악하려고 노력하는 것처럼, 귀인이론은 인간이 지각자로서 원인과 결과 간의 공변화(covariation)를 파악하려고 하는 것을 주된 과제로 정의한다(Heider, 1958).

환경적 요인의 역할

구체적 정보와 사회적 규준

사람들이 공변화를 파악하는 데 활용할 수 있는 정보의 원천과 단서들은 수없이 많다. 먼저 사람들은 행동의 원인에 대한 직접적인 지식을 제공해 주는 구체적인 정보에 접근할 수 있다. 예를 들어, 영수와 미영이의 경우, 시험을 위해서 자신들이 얼마만큼 노력하였는지를 알고 있었다. 만약 그들이 시험 준비를 하나도 하지 않았다면, 노력 부족이 시험에서의 실패 원인이 충분히 될 수 있다. 그러나 둘 다 공부를 했기 때문에 두 사람 모두 시험 성적이 저조한 원인을 전적으로 노력의 부족에 귀인할 수는 없었다. 흥미롭게도 영수와 미영이는 자신들의 노력 정도에 대한 구체적인 정보를 가지고 있었다. 따라서 자신의 실패 원인이 노력 정도에 따른 것인지 살펴볼 수 있지만, 김영숙 선생님은 이러한 정보가 없었다.

즉, 김 선생님은 학생들의 노력 수준에 대한 구체적 정보를 가지고 있지 않았기 때문에, 성취에 대해 학생들과 다른 귀인을 형성하였다. 실제로 미영이는 김영숙 선생님이 자신이 시험을 망쳐 버린 것으로 생각하는 것은 아닌지 궁금해 했으며, 자신이 시험 공부를 안 했다고 생각할까 봐 걱정했다. 이러한 예는 우리가 이후에 보다 자세히 논의할 행위자(영수와 미영이)와 관찰자(김영숙 선생님)의 구별과 관련된 문제다. 여기서 행동과 결과를 단순히 관찰하기만 한 사람들보다 행위자 본인이 자신의 행동과 그런 결과를 가져온 원인에 대해서 더 구체적인 정보를 가지고 있다는 점은 중요하다(예를 들어, 김영숙 선생님은 학생들이 집에서 얼마나 공부를 하는지 알지 못하며, 미영이의 경우에는 예전 성적이 우수한 학생이므로 집에서도 어느 정도 노력을 할 것이라고 추측을 할 수 있을 뿐이다).

개인의 귀인에 영향을 줄 수 있는 또 다른 구체적 정보는 다른 사람들이나 과제 자체로부터 얻은 피드백이다. 학생들이 받을 수 있는 가장 직접적인 정보 중 하나는 교사의 피드백이다. 교실에서의 교사 피드백은 매우 직접적인 방식으로 학생이 자신의 능력과 노력을 인지하는 데 영향을 미친다(Pintrich & Blumenfeld, 1985). 교사의 피드백은 일반적으로 노력을 강조하며(예: "네가 더 열심히만 하면 더 잘할 수 있다는 걸 선생님은 안다."), 능력에 대한 피드백은 그다지 자주 주어지지 않는다(Blumenfeld et al., 1982; Blumenfeld, Hamilton, Bossert, Wessels, & Meece, 1983). 만약 김영숙 선생님이 영수에게 수학에서 낮은 점수를 받은 것은 그의 수학 실력이 낮기 때문이라고 말한다면, 다른 정보가 없는 상태에서 영수는 교사의 말 속에 담긴 귀인이 자신의 주요한 실패 원인이라고 받아들일 것이다. 이와 같이 능력 부족에 귀인하는 피드백은 교사가 어쩌다가 한 번 사용하는 경우 학생들에게 더욱 강력하게 받아들여진다. 한편, 교실에서 일상적이고 빈번하게 발생하는 피드백과 빈도는 적지만 잠재적으로 매우 강력한 영향을 주는 피드백이 주어졌을 때, 학생들이 어떻게 통합하는지에 대해서는 더 많은 연구들이 필요하다(Blumenfeld et al., 1982).

과제 난이도에 대한 정보는 수행결과에 대한 귀인의 유형에 영향을 줄 수 있다. Weiner와 Kukla(1970)는 실험 참가자들에게 특정 과제를 수행한 사람들의 성공과 실패에 대한 상대적인 정보를 제공하였다(성공 비율을 1~99% 범위로 제공). 그런 후, 실험참가자들에게 과제를 수행한 사람들 중 한 명을 지목하여 그 사람이 자신의 실패나 성공에 얼마나 책임이 있는지를 평정하도록 하였다. 연구 결과, 실험 참가자들은 지목한 특정인과 그 외의 다른 사람들의 결과가 일관적일 때 성패의 원인을 과제에 귀인하는 경향을 나타냈다. 즉, 대부분의 사람들이 어떤 과제에서 성공하거나 실패했다면, 특정인의 성패 결과는 상대적으로 과제가 매우 쉽거나 어려웠기 때문이라고 귀인한다는 것이다. 반대로, 어떤 사람이 대부분의 사람들이 실패한 과제에서 성공하거나, 대부분 성공한 과제에서 실패했다면 귀인은 그 사람에게로 돌아간다(Weiner, 1992). 다시 한 번 영수의 경우를 살펴보자. 만약 영수네 반의 거의 모든 학생들이 시험에서 좋지 않은 성적을 받았다면, 아마도 그 시험이 너무 어려웠기 때문이라고 추측할 것이다. 그러나 만약 시험에서 낮은 점수를 받은 사람이 영수 한 명뿐이고 다른 사람들은 좋은 점수를 받았다면, 시험이 쉬웠다고 생각하고 실패의 원인을 개인적인 특성(예: 능력, 기술, 노력의 부족이나 기분이 좋지 않았던 것)으로 돌릴 것이다. 다른 학생들의 수행결과와 비교하면서 과제의 난이도를 판단하는 모습을 통해 사람들이 어떻게 사회적 규준을 정보로 활용하여 귀인을 형성하는지 알 수 있다(Weiner, 1992).

일치성, 일관성, 현저성

사람들은 구체적 정보와 사회적 규준을 단서로 귀인의 유형을 정하는데, Kelley(1967)는 귀인과정에 영향을 줄 수 있는 요인에 따라 사용되는 정보를 범주화될 수 있다고 제안한다. Kelley에 의하면 사람들이 직면하는 기본적인 질문은 원인을 어떻게 개인 또는 환경에 돌리느냐라는 점이며, 이는 행동이 개인과 환경 두 요소의 영향을 받는다는 일반적 원리를 반영하는 것이다. 이 질문에 답하기 위해서 사람들은 귀인과정에 영향을 미칠 수 있는 세 가지 요인으로서 실체(entity)에 대한 현저성(distinctiveness), 사람들 간의 일치성(consensus), 시간과 상황에 걸친 일관성(consis-tency)을 고려한다.

Kelley(1967)는 귀인과정에 미치는 세 가지 요인들의 작용과 영향력을 설명하기 위해 영화 보기를 예로 든다. 영희가 진수에게 어떤 영화를 보러 가자고 제안했다면, 진수는 그 영화를 보러 갈지에 대한 결정을 내려야 한다. 이때 진수는 그 영화(실체) 자체가 좋은 작품인지, 아니면 영희만의 어떤 특성(사람) 때문에 영희가 그 영화를 보자고 한 것인지 판단해야만 한다. 만약 진수가 영희는 영화에 따라 다른 반응을 한다는 것을 알고 있다면, 즉 영희가 어떤 영화는 좋다고 하고, 어떤 영화는 좋지 않다고 한다면(높은 현저성), 진수는 그 영화 자체(실체)에 뭔가 좋은 점이 있다고 추론할 것이다. 반면, 진수가 영희뿐만 아니라 다른 사람들에게도 그 영화가 좋은 작품이라는 얘기를 들었다면(높은 일치성), 진수는 실체에 대하여 귀인을 형성할 가능성, 즉 영화 자체가 좋다고 판단할 가능성이 높아질 것이다. 같은 방식으로 만약 영희가 이미 여러 번 봤는데도 여전히 그 영화를 좋아하고(시간에 걸친 높은 일관성), 영희가 다양한 상황(예: 친구들과 극장에서 보거나, 집에서 DVD로 혼자 보는 등)에서도 영화를 봤다면 (다양한 상황에 걸친 일관성), 진수는 영희가 그 영화를 추천하는 것이 작품성 때문이라고 생각하고 실체에 대한 귀인을 형성할 것이다. 이처럼 높은 현저성, 높은 일치성, 높은 일관성이 나타나는 경우에는 실체(여기에서는 영화)에 귀인할 것이다. 반대로, 낮은 현저성(영희는 모든 영화를 다 좋아한다)과 낮은 일치성(다른 사람들은 그 영화를 좋아하지 않는다)을 보인다면 사람에 대한 귀인(영희가 그 영화를 좋아하는 것은 영희만의 어떤 특성 때문일 것이다)을 형성할 것이다.

현저성, 일치성, 일관성의 세 가지 차원은 교실 상황에도 적용될 수 있다. 예를 들어, 중학교 1학년 과학 담당의 이수영 선생님이 첫 학기를 보내면서 성희라는 학생이 왜 부적응 행동을 하는지에 대해 고민하는 경우를 생각해 보자. 물론 결과(부적응 행동)는 교실 상황(실체)과 학생(사람)과의 상호작용으로 인하여 나타나지만 정보의 현저성, 일치성, 일관성의 차원에서 다양한 유형의 귀인이 형성될 수 있다. 만약 성희의 부적응 행동이 이수영 선생님 시간에만 나타나고 다른 시간에는 나타나지 않고(높은 현저성), 이 선생님의 수업시간에는 매번 같은 행동이 나타난다면(높은 일관성), 이수영 선생님 수업의 무언가에 부적응 행동을 나타나게 하는 책임이 있다고 보아야 한다. 또한 첫 학기가 시작되는 시점에서 많은 학생들이 이수영 선생님의 수업시간에 부적응 행동을 보인다면(사람들 간의 높은 일치성), 그 원인은 이수영 선생님의 수업에 있다고 볼 수 있을 것이다. 반대로, 성희가 모든 수업에 부적응 행동을 하는 반면(낮은 현저성), 다른 학생들은 그런 행동을 보이지 않는다면(낮은 일관성), 잘못된 행동에 대한 귀인은 성희 개인에게 돌아가야 할 것이다. 〈적용 3-1〉은 현저성, 일치성, 일관성이 교실에서 적용되는 방식을 보여 준다.

Kelley의 공변화 모형은 귀인과정에 대한 매우 합리적인 모형이다. 단, 사람들은 항상 세 유형의 정보를 똑같이 사용하지는 않는다(Fiske & Taylor, 1991)는 연구 결과들이 있다. 사회심리학적 연구 문헌에서는 일반적으로 일관성 정보가 가장 유용한 정보이며, 일치성 정보는 가장 효용이 적은 정보라고 제시한다(Kruglanski, 1977; Major, 1980; Olson, Ellis, & Zanna, 1983). 교실에서의 교사, 기대, 귀인에 대한 연구들을 검토한 Peterson과 Barger(1984)의 연구에 의하면, 일관성 정보는 대부분의 교사들에게서 두드러지게 나타난다고 한다. 연구자들은 교사들이 학생 대부분의 결과(행동)에 대한 귀인을 그 학생에 대해 이전에 알고 있던 신념에 근거해서 판단한다고 결론지었다. 예를 들어, 평소 높은 수준의 성취를 나타내는 학생의 수행결과가 좋으면 교사들은 기존의 믿음을 유지하면서 수행에 대한 귀인을 학생의 능력으로 돌린다. 반대로, 평소 낮은 성취를 보이던 학생이 우수한 수행결과를 나타내면 이는 기존에 가지고 있던 믿음과 불일치한 현상이므로 교사들은 운과 같은 지속적이지 않은 귀인으로 원인을 돌리게 된다는 것이다(Clark & Peterson, 1986).

적용 3-1 현저성, 일치성, 일관성 정보 이용하기

귀인이론은 학생들이 자신의 실패와 성공의 이유(귀인)를 지각하는 방식이 어떻게 학생들의 성공에 대한 기대, 자기효능감, 실제적인 성취행동에 영향을 미치는지에 대한 구체적인 이론 모형을 교사들에게 제공한다. 이 모형은 교사의 실제적 적용에 중요한 함의를 준다.

교사들이 과학적인 방식으로 학생들의 행동에 대한 이유를 파악하려는 노력은 많은 이점을 가져올 수 있다. 이러한 방식에는 학생들에 대한 다양한 정보를 모으고 이용하며, 행동의 원인에 대한 최종 결론을 내리기 이전에 정보의 현저성, 일치성, 일관성을 결정하는 시도가 포함된다. 만약 박찬희 선생님이 왜 규영이라는 학생이 계속 교실에서 심하게 장난치는지 알아내려 한다면, 규영이의 행동에 대한 구체적인 정보를 파악하려고 시도해야 할 것이다. 즉, 규영이의 그러한 행동이 특정 유형의 활동이나 과제에서만 나타나는지(현저성 단서의 사용), 그리고 규영이의 행동이 다른 수업에서도 일관적으로 나타나는지(이를 위하여 다른 교사들에게 물어볼 수 있다)뿐만 아니라, 다른 교사들의 귀인이 일치하는지도 살펴보아야 한다.

한편, 학생들의 포트폴리오는 행동을 과학적으로 이해하는 또 다른 하나의 수단이 될 수 있다. 학생들은 자신들이 그 과목에서 수행한 과제를 모아 포트폴리오를 만들어 교사에게 제출한다. 최미리 선생님은 고등학교 경제 수업에 학생들에게 포트폴리오를 제출하도록 했다. 최 선생님은 학생들 개개인의 포트폴리오 자료를 검토하면서, 과제물의 다양성을 통해 학생들의 수행에 대한 현저성, 일관성, 일치성 정보를 얻을 수 있었다. 예를 들어, 철수라는 학생이 좀 더 구조화된 과제는 잘하지만, 비교적 개방형 과제인 에세이나 보고서 작성에서는 일관되게 어려움을 보인다는 사실을 알게 되었다. 게다가 포트폴리오의 모든 정보는 교사에게 동시에 제시되기 때문에 교사는 학생의 모든 수행결과를 동시에 평가할 수 있어서 최신효과(recency effect, 역자 주: 여러 자극이 제시될 때 처음 자극에 대한 기억력이 높은 현상)에 따른 평가의 왜곡을 피할 수도 있다.

개인적 요인의 역할

사람들에게 제공되는 정보들은 분명히 귀인을 형성하는 데에 영향을 미치며, 개인적 요인들 또한 귀인과정에 영향을 미친다. 우리는 이러한 개인적 요인들을 4개의 범주인 (a) 인과적 법칙과 도식, (b) 귀인 편향(인과적 도식의 한 유형), (c) 사전지식, (d) 개인차로 분류하였다([그림 3-1]).

인과적 법칙과 도식

인과적 법칙과 도식은 사람들이 귀인을 형성할 때 사용하는 인과관계에 대한 개인의 다양한 원리와 신념을 포함한다. 이러한 법칙과 도식은 개인이 인지적으로 학습하고, 저장하며, 표상하는 것이므로, 주어지는 환경과 상황적 단서가 무엇인지에 따라 각기 다르게 활성화될 수 있다. 사람들은 인과관계를 수립하는 데 몇몇 기본 원리들을 사용하며, 이러한 원리들은 약 3세에 이르면 형성되는 것으로 보인다(Kassin & Pryor, 1985; White, 1988). 이와 관련하여 Fiske와 Taylor(1991)는 사람들이 인과관계를 판단할 때 사용하는 여섯 개의 일반적인 원리들을 제안했다.

- 원인은 반드시 결과보다 앞선다. 심지어 세 살짜리 어린아이도 특정 사건에 뒤따라 일어난 사건이 그 사건의 원인이 될 수 없다는 것을 안다. 수학시험에서 낮은 점수를 받은 영수의 예를 다시 떠올려 보자. 영수가 수학시험을 망친 지 2주가 지난 후에 여자 친구와 싸우게 되었다면, 여자 친구와 싸운 일은 영수가 시험을 망친 원인이 될 수 없다.
- 특정 사건과 시간적으로 근접해서 일어난 사건은 인과 요인처럼 보이는 경향이 있다. 만약 영수가 수학시험 전날 밤에 여자 친구와 싸운 것이라면, 영수는 시험을 망친 원인을 여자 친구와의 감정적인 싸움 때문이라고 귀인하기 쉽다.
- 특정 사건과 공간적으로 인접한 사건은 더욱 인과적으로 연관되는 것처럼 보이는 경향이 있다. 만약 수학시험을 보는 날 교실 창밖에서 학교 밴드가 연주를 하고 있다면, 교실에서 멀리 떨어진 축구장에서 밴드가 연주하고 있는 경우와 달리 영수는 시험을 못 본 이유를 교실 창밖의 밴드 연주라는 방해물 때문이라고 귀인할 수 있다.
- 지각적으로 현저히 구별되는 자극은 배경 자극보다 인과관계를 갖는 것으로 생각하기 쉽다. 시험 보기 전날 저녁에 여자 친구와 다투는 일과 같은 두드러진 사건은 매일 주어지는 수학 숙제를 제대로 못하는 것과 같은 일상적인 사건보다 더욱 인과적인 요인으로 보일 수 있다.
- 원인은 결과를 닮는다. 사람들은 큰 결과를 큰 원인에, 작은 결과를 작은 원인에 귀인하는 경향이 있다(Fiske & Taylor, 1991). 영수의 경우, 기말고사를 망친다거

나 낙제하는 것과 같은 큰 실패는 매일 주어지는 숙제를 제대로 못했다는 작은 원인보다는 여자 친구와 헤어진다거나 부모님이 이혼하는 것과 같은 큰 원인에 귀인하고 싶어 할 것이다.

- 대표적인 원인으로 결과가 귀인된다. 사람들은 유사한 사건의 결과와 현재의 결과를 종종 비교하고, 같은 원인이 현재 사건의 결정적인 요인이라고 추측한다(Fiske & Taylor, 1991). 예를 들어, 영수가 이전의 수학시험에 실패한 원인을 잘못 가르치는 교사에게 배웠기 때문이라고 생각하고 있다면, 이번 시험에 실패한 이유도 선생님이 실력이 없어서라고 귀인할 가능성이 높다.

이런 일반적인 원리 이외에 사람들은 도식(schema), 즉 귀인을 탐색하고 추론하는 정보처리과정에 도움을 주는 일반적인 신념을 사용하여 귀인을 형성할 수 있다. 특히, 도식은 놀라운 사건(예: 성공이 당연하게 기대되는 상황에서 실패한 경우)이나 새로운 상황과 같이 어떤 사건이 이전에 여러 번 발생하지 않은 경우에 종종 사용된다(Weiner, 1992).

Heider(1958)는 일반적인 보완(compensatory) 도식을 제안하였는데, 이 도식을 이용해 한 원인이 존재하지 않거나 약한 경우 다른 원인이 이를 보완할 수 있다. 일반적으로 학업성취 상황에서는 노력이 능력을 보완할 수 있다고 가정되며, 그 반대의 경우도 성립된다(Weiner, 1992). 대부분의 사람들은 만약 영수의 수학 능력이 낮다면 더 높은 수준의 노력을 통해 능력을 보완해야 하며, 이를 통해 훨씬 좋은 성취 결과를 가져올 수 있다고 믿는다.

Kelley(1972)는 사람들이 이용할 수 있는 완전한 정보가 없을 때 인과적인 추측을 하도록 돕는 두 가지 구체적인 인과적 도식을 제안했다. 다중충분도식(multiple sufficient schema)과 다중필요도식(multiple necessary schema)은 인과관계를 결정하거나, 다른 원인들이 존재하는 상태에서 결과를 예상할 때 사용될 수 있다(Weiner, 1992). 두 도식 모두 결과(E)는 두 원인(A, B)과 관련되어 있다고 가정한다. 다중충분도식은 A, B, E 간의 분리적인 관계, 즉 E가 일어나기 위해서 A와 B 중 하나만 존재해도 성립하는 관계를 말한다. 반면, 다중필요도식은 A와 B가 모두 존재해야만 E가 일어나는 결합관계를 말한다.

예를 들면, Kun과 Weiner(1973)는 실험에서 성인들에게 어떤 인물의 성공 혹은 실패 여부, 과제 난이도, 능력 혹은 노력 수준에 대한 정보를 제공하고, 정보로 주어지지 않은 다른 원인(능력 혹은 노력 수준)이 존재할지 여부에 대해 얼마나 확신하는지를 평정하도록 했다. 실험 결과를 살펴보면 과제 난이도가 높은 상황에서 성공했을 경우, 대상자의 능력(혹은 노력) 수준이 높다는 말을 들은 피험자들은 이 대상자의 노력(혹은 능력) 수준 또한 높다고 평정했다. 이 경우 실험 참가자들은 어려운 과제에서 성공하기 위해서는 노력과 능력이 모두 필요하다는 다중필요도식을 사용하였음을 확인할 수 있다. 그러나 쉬운 과제에서 성공한 경우에는 노력이나 능력 등의 보완적인 원인이 존재했다고 판단하는 경향은 나타나지는 않았다. 이 경우 참가자들은 쉬운 과제에서의 성공은 대상자의 능력(혹은 노력)만으로도 충분했다고 여기는 다중충분도식을 사용한 것이다. 반면, 과제에서 실패한 상황에서는 결과가 다소 반대로 나타난다. 만약 대상자가 어려운 과제에서 능력이 부족하여 실패를 했다면, 이 대상자가 능력뿐만 아니라 노력도 부족했기 때문이라고 생각하지는 않는다(다중충분도식). 반대로, 낮은 능력을 가지고 쉬운 과제에 실패한 경우, 실험 참가자들은 노력의 부족 또한 실패의 원인으로 평정하는 경향이 있었다(다중필요도식). 이와 관련하여 Weiner(1992)는 다음과 같이 지적한다.

> 사슬은 가장 약한 연결 고리만큼 강하다는 속담을 떠올릴 수 있다. 즉, '성공'을 위해서는 모든 요소들이 강해야 하고, '실패'를 위해서는 하위요소 중 어느 하나만이라도 약하면 그것으로 충분하다. 그러므로 성공과 실패에 대한 귀인은 각각 다소 다른 심리적 법칙에 의하여 나타난다(p. 242).

귀인 편향

귀인과정에 대한 연구들은 사람들이 귀인을 형성할 때 사용하는 많은 도식과 추론들이 종종 정확하지 않고 자신의 지각에 치우친 편향(bias)을 보인다고 말한다(Fiske & Taylor, 1991; Nisbett & Ross, 1980). 〈표 3-1〉은 다양한 상황에서 학생과 교사가 어떻게 편향을 일반적인 전략과 함께 사용할 수 있는지 보여 주고 있다.

기본귀인오류(fundamental attribution error)는 결과와 부분적으로, 혹은 훨씬 더 인과적으로 연관성을 가질 수 있는 환경적 요인을 무시하고 다른 사람들의 행동을 그들의 특성이나 개인적 요인으로 귀인하는 것을 의미한다(Heider, 1958; Nisbett & Ross, 1980; Ross, 1977). 이러한 편향과 관련하여 많은 연구들은 상황으로 인해 행동이 결정되지만, 사람들은 그 원인을 성격이나 태도 탓으로 돌리는 경향을 보여 준다. 예를 들어, Jones와 Harris(1967)의 고전 연구를 살펴보자. 실험 참가자들은 마리화나의 합법화와 같이 논쟁의 여지가 있는 주제에 대한 에세이를 읽거나 연설을 들어야 했다.

그러나 실험에 앞서 실험 참가자들은 그 에세이의 저자나 연설자가 자신의 실제 의견과는 무관하게 대립된 의견 중 어느 한쪽을 지지하도록 무선으로 배정받은 것임을 들어서 알고 있었다. 그러나 실험 참가자들은 여전히 에세이나 연설의 의견에 대해서 저자나 연설자가 무선으로 배정받았다는 사실을 뒤로 한 채, 그 의견을 저자와 연설자의 개인적 특성으로 귀인하는 경향을 보였다(Ross & Nisbett, 1991). 〈표 3-1〉에서 볼 수 있듯이 이런 일은 학교 교실 상황에서도 흔히 나타나는데, 교사들이 학생의 행동을 교실 환경보다는 개인적 특성 중 무언가에 귀인할 수 있다.

표 3-1 ▸▸ 학생과 교사 관점에서 나타나는 일반적인 귀인 편향

귀인	학생 관점	교사 관점
기본귀인오류 다른 사람의 행동을 특성이나 기질에 귀인함	학생들은 모든 교사의 행동을 기질의 작용으로 지각한다. "박지민 선생님은 항상 냉정해." "손민규 선생님은 여성과 소수민족에 대해 선입견을 가지고 있어."	교사들은 모든 학생들의 행동을 기질의 작용으로 지각한다. "형수는 게으른 학생이야. 결코 열심히 하지 않는다니까." "현선이는 과학에 소질이 없어."
행위자-관찰자 관점 편향 다른 사람들의 행동은 기질에 귀인하나, 자신의 행동은 상황에 귀인함	학생들은 자신의 행동은 상황의 작용으로 지각하지만, 교사의 행동은 기질에 귀인한다. "그 아이가 나를 귀찮게 해서 때렸어. 하지만 선생님은 나를 좋아하지 않기 때문에 항상 나만 지적하고 벌을 주셔."	교사들은 자신의 행동을 교실 상황의 작용으로 지각하지만, 학생들의 행동은 기질에 귀인한다. "너는 공격적인 아이이기 때문에 지금 난 단지 이 수업을 통제하려고 노력하고 있는 거야."
자기접대 편향 성공에 대한 개인적인 책임감은 받아들이고, 실패에 대한 책임감은 부인함	학생은 성공이 자신의 행동 때문이라고 지각하지만, 실패는 다른 요인으로 귀인한다. "나는 똑똑하기 때문에 수학을 잘했어. 하지만 영어를 가르치는 선생님이 너무 끔찍했기 때문에 영어 점수가 낮아."	교사들은 자신의 성공은 자신의 행동 때문이라고 지각하는 반면, 실패는 다른 요인으로 귀인한다. "나는 수학 단원을 잘 가르쳤어. 하지만 국어 시간에는 학생들이 참여하려고 하지 않아."

자기중심 편향 성패와 상관없이, 함께 결정한 결과에 대해 개인적인 책임감을 더 많이 느낌	학생들은 다른 사람들의 행동 때문에 생긴 결과에 대해서도 결과에 대한 책임을 더 느낀다. "나는 이 프로젝트에서 우리 소집단의 다른 어떤 학생들보다도 많은 일을 했어."	교사들은 다른 사람들의 행동 때문에 생긴 결과에 대해서도 결과에 대한 책임을 더 느낀다. "이번 수업의 토론은 정말 훌륭했어. 난 정말 토론을 잘 이끌어 낸다니까."
잘못된 일치효과 자신의 신념과 행동이 대부분의 사람들처럼 전형적이라고 생각함	학생들은 자신의 신념과 행동이 다른 학생들의 신념과 행동을 대표한다고 생각한다. "나는 수학을 싫어하는데, 다른 여학생들도 대부분 나처럼 수학을 싫어해." "다른 아이들이 다 커닝을 하니까 나도 괜찮아."	교사들은 자신의 신념과 행동이 다른 교사들의 신념과 행동을 대표한다고 생각한다. "이 학교의 다른 교사들이 생각하는 것처럼 난 학생들의 동기가 유발되지 않는 것이 가장 큰 문제라고 생각해."

행위자-관찰자 관점 편향(actor-observer perspective bias)은 사람들이 어떤 상황에서 자신이 행위자의 입장인지 아니면 관찰자의 입장인지에 따라 귀인을 다르게 하는 경향을 의미한다. 귀인 연구는 행위자가 종종 그들의 행동을 상황적 특성에 귀인하는 반면, 관찰자는 행위자의 행동을 개인적 특성이나 기질적 특성에 귀인한다고 제시한다(Jones & Nisbet, 1972; Weiner, 1992). 이 편향은 교실 상황에서 어떤 일에 대한 원인을 학생은 교사의 개인적 특성으로, 교사는 학생의 개인적 특성으로 귀인하도록 유도하기도 한다(〈표 3-1〉의 예시 참조).

이러한 편향에 대해 경험적 증거들은 지각적(perceptual) 설명과 정보적(informational) 설명 모두를 지지한다(Fiste & Taylor, 1991). 지각적 설명에 의하면 관찰자는 다른 사람의 행동을 볼 때 행동을 가장 두드러진 자극으로 지각하는 반면, 환경은 그 사람의 배경으로 지각한다. 반대로, 동일한 상황에서 행위자에게는 자신의 행동이 아니라 상황이 가장 두드러진 자극이 된다는 것이다. 이처럼 지각과 주의에 있어서의 차이 때문에 행위자와 관찰자 간의 관점차가 나타나게 되는 것이다(Storms, 1973). 정보적 설명에 의하면, 행위자는 비슷한 과거 상황에서 자신이 어떻게 행동했는지에 대한 정보뿐만 아니라, 그 상황에 대한 자신의 생각, 감정, 의도 등 자신에 대한 많은 정보를 가지고 있다. 따라서 행위자는 이러한 정보를 바탕으로 현재 상황에서 자신의 행동이 어떻게 달라질 수 있는지를 깨닫는다. 반대로, 관찰자는 이 정보에 접근할 수 없으며, 다양한 상황에서 행위자가 어떻게 행동하는지를 파악할 수 없기 때문에 결과의 원인을 행위자의 개인적 특성으로 귀인할 가능성이 높아지게 되는 것이다(Eisen, 1979; Fiske & Taylor, 1991).

자기접대(self-serving) 혹은 쾌락편향(hedonic bias)은 추론의 오류로서 성공적인 결과에 대해서는 개인적인 책임감에 귀인을 하고(자기고양 편향, self-enhancing bias), 실패한 결과에 대해서는 개인적인 책임감을 부인하는 경향성(자기보호 편향, self-protective bias)을 의미한다. 예를 들어, 당신이 테니스 경기에서 이겼다면 그것은 상대방보다 더 잘했기 때문이고, 졌다면 그것은 운이 없거나 코트장의 조건이 좋지 않았기 때문이라고 귀인하는 것이다. 이러한 자기접대 편향은 운동경기, 정치, 도박, 학습을 포함한 다양한 상황(Mullen & Riordan, 1988; Weiner, 1992)뿐 아니라 다양한 문화에 걸쳐 경험적으로 증명되었다(Fletcher & Ward, 1988).

사람들이 자기접대 귀인을 하는 데에는 몇 가지 이유가 있다. 사람들은 대부분 자신이 좋게 보이기를 원하는데, 이런 귀인은 자신에 대한 다른 사람들의 인상을 조절하는 데 사용될 수 있기 때문이다. 자기접대 귀인은 개인의 자아(ego)와 자기가치(self-worth)를 보호할 수 있다. 혹은 인지적이고 합리적인 관점에서의 설명도 가능하다. 즉, 대부분의 사람들이 성공하기를 기대하고 성공하기 위해서 고군분투하기 때문에, 자신이 성공했을 때는 과거에 이루어 낸 다른 성공을 회상하면서 현재의 성공을 자기 자신에 의한 것으로 귀인하는 경향이 있다는 것이다(Fiske & Taylor, 1991; Weiner, 1992).

교실 상황 연구에서 학생들이 수행에 대해 교사들이 자기접대 귀인을 하는지(예: 학생들이 잘할 때는 교사의 뛰어난 수업 때문이고 학생들이 잘 못할 때는 학생들의 동기부족으로 귀인함)는 일관되게 확인되지 않고 있다(Clark & Peterson, 1986; Peterson & Barger, 1984). 몇몇 연구들은 교사들이 자기고양 귀인을 한다고 본다(Beckman, 1970; Brandt, Hayden, & Brophy, 1975; Johnson, Feigenbaum, & Weiby, 1964; Wiley & Eskilson, 1978). 하지만 이들 중 세 연구는 예비교사나 심리학 전공생들이 가상의(fictitious) 학생들을 가르치도록 한 실험 연구였다. 반면, 대학생들을 교사와 학생으로 역할을 나누어 상호작용하도록 했던 Ames(1975)와 Ross, Bierbrauer와 Polly(1974)의 연구에 의하면, 교사들은 성공의 원인을 학생에게로, 실패의 원인을 자신의 교수행위로 돌리는 경향을 보였다고 한다. 또한 실제 교실 상황과 유사하게 교사와 학생들 사이에서 직접적인 상호작용을 하도록 한 후속 연구에서는 교사가 자기접대 귀인을 하지 않았다.

또한 사람들은 실패에 대한 책임을 부정하는 것보다 성공에 대한 인정을 더 잘 받아들인다는 연구 결과들이 있다(Fiske & taylor, 1991; Miller & Ross, 1975). 사실 실패를 자신이 통제할 수 있는 내적 요인으로 귀인하는 것이 보다 적응적일 수 있다. 만약 어떤 사람이 실패의 원인을 노력이나 학습기술의 부족으로 돌린다면, 노력을 더 많이 하거나 그 기술을 배우려고 시도하여 미래의 성공 가능성을 높일 수 있다. 반대로, 실패의 귀인을 통제 불가능한 사건이나 외적 요인으로 돌리면서 지속적으로 자기파괴행동(self-defeating behavior, 의도적으로 시험 전날 파티를 하거나 잠을 늦게까지 안 자는 행동 등)을 하는 것은 매우 부적응적일 것이다. 자기접대 편향은 자기가치를 유지하는 데에는 도움을 주지만 그에 상응하는 대가 또한 치르게 한다(Covington, 1992).

대부분의 경우 개인적 요인과 다른 사람을 포함한 상황적 요인이 결합하여 결과에 영향을 미친다. 자기중심 편향(self-centered bias)은 실제적인 성공이나 실패와는 상관없이, 함께 만든 결과에 대해서 자신이 더 많은 책임감을 느낄 때 나타난다. 예를 들어, 남편과 아내가 모두 자신이 집안일의 반 이상을 하고 있다고 생각하는 경우, 또는 두 명의 공동저자가 자신이 연구에 대한 책임을 더 많이 지고 있다고 생각하여 논문을 출판할 때 자신이 제1저자가 되어야 한다고 생각하는 경우가 이에 해당된다. 〈표 3-1〉에서와 같이 대부분의 행동이 교사와 학생 간의 상호작용을 통해 나타나는 교실 상황에서 자기중심 편향은 토론이 잘 이루어졌을 경우 교사로 하여금 그 이유가 학생들이 토론에 대한 사전 준비를 잘하였고 토론 주제에 잘 참여했다는 사실보다는 교사 자신 때문이라고 생각하도록 만든다. 〈표 3-1〉에 있는 소집단 과제 상황의 예에서도 자기중심 편향을 가진 학생들은 다른 사람들보다 소집단 과제에 자신이 더 많이 공헌하였다고 생각하는 편향을 갖는다.

잘못된 일치효과(false consensus effect)는 자신의 행동과 태도를 같은 상황에서 대다수의 사람들이 나타내는 반응을 전형적으로 대표하는 것으로 생각하는 현상을 가리킨다. 이 효과에 대해서는 다양한 설명이 가능한데, 사람들이 비슷한 관점을 가진 타인들을 찾으려 하며 그들과 친밀한 관계를 맺고 지내는 경향, 자신의 의견만을 강조하고 다른 관점들은 무시하는 경향, 새로운 상황을 과거의 믿음이나 미리 결정된 행동으로 해석하는 경향, 자신의 신념이 옳고 좋으며 전형적이라고 해석하는 경향 등이 포함된다(Fiske & Taylor, 1991). 교실 상황에 비추어 보면, 이런 유형의 편향으로 인하여 교사들은 교수활동을 바라보는 관점이 비슷한 교사들을 서로 찾으려고 하고, 다른 관점을 가진 교사나 관리자와는 대치하여 각각의 신념과 행동을 강화하려고 한다. 이런 상황은 학생과 교수활동에 대한 경직된 신념을 가져올 수 있고, 나아가 학교 변화나 발전을 저해할 수 있다.

사전지식과 개인차

사전지식(prior knowledge)과 개인차 역시 귀인과정에 영향을 줄 수 있다. 사전지식이나 개인차는 모두 귀인이론의 일반적인 원리의 예외에 해당한다.

원래 귀인 모형은 다양한 귀인과정(예: 현저성, 일관성, 일치성 정보)과 인과적 도식이 어떤 영역에서도 적용될 수 있는 탈맥락적인 과정이라고 주장한다(Heider, 1958; Kelley, 1972). 그러나 최근의 연구들은 사람들이 자신의 귀인과정을 이끌어 갈 때 구체적인 영역에 대한 사전지식을 사용한다고 제안한다(Fiske & Taylor, 1991). Hilton과 Slugoski(1986)는 비정상 조건 귀인 모형(abnormal conditions attribution model)을 제안하면서 결과가 예상하지 못했던 것이었을 때 사람들은 그 사건을 설명하기 위해서 노력한다고 주장했다. 이런 상황에서 사람들은 비정상적인 사건이 나타나게 된 조건을 찾아 원인으로 삼을 것이다. 또한 이 모형은 사람들이 특정한 각본을 가지고 있어 정상적인 행동이 무엇인지에 대해 비교적 높은 수준의 합의가 이루어진 상황(예: 식당에서 음식을 먹을 때의 순서에 대한 각본)에 대해서는 상당량의 사전지식을 가지고 있다고 본다. 만약 각본과 다르게 일상적이지 않은 일이 발생하면, 관찰자들은 예상치 못한 차이가 발생하게 된 조건을 찾아 귀인할 것이다.

예를 들어, 아주 어린아이들을 제외한 대부분의 학생과 교사는 교실에서 일어나는 사건들을 설명할 수 있는 교실, 교수, 학습에 대한 일반적인 지식들을 지니고 있다. 이러한 사전지식들은 비록 교실에서 일어나는 갖가지 사건들에 대한 잠재적 원인이 많다 하더라도 가장 그럴듯한 원인에 제한하여 탐색하게 되므로, 정보처리과정에서 부하를 줄여 준다. 게다가 교실에서 이루어지는 많은 활동들은 각본화되어 교사와 학생 모두가 어떤 일이 일어날지 예상할 수 있다. 털털하고 재미있던 선생님이 평소와 다르게 이성을 잃는다거나 학생들에게 소리를 지르는 것과 같이 각본과 다른 비정상적인 상황이 발생하면 학생이나 교사는 귀인 탐색을 하게 된다. 이런 비정상적인 상황에서 학생들은 교사가 소리 지르는 행동을 보인 것이 그날 기분이 좋지 않았기 때문이라고 교사의 개인적인 문제로 귀인한다. 아니면 자신들이 뭔가 비정상적인 행동을 일으킬 만한 잘못을 한 것은 아닐까 하고 귀인한다. 반대로, 항상 학생에게 소리를 지르는 교사가 있다고 생각해 보자. 학생들은 그 교사의 행동 원인을 그날 자신들의 행동에 귀인하기보다는, 교사의 성격이나 평소 습관에 기인한 것이라고 귀인하게 될 것이다.

이러한 각본들은 학교, 교실, 교사, 학생들과 관련된 일반적인 지식과 관련되어 있다. 개인들도 마찬가지로 사건을 지각하고 이에 반응하는 방식에 대하여 일관성 또는 개인차가 반영된 개인적 지식, 각본, 자기 도식(목표, 정서, 신념을 구성하는 인지 체계) 등을 가지고 있다. 예를 들어, 2장에서 논의되었던 것과 같이, 사람들은 대부분 다양한 영역에서 여러 가지 일을 수행하는 데 필요한 자신의 역량을 인식하고 있다. 이런 자신에 대한 사전지식은 사람들이 각기 다른 상황에서 형성하는 귀인 유형에 영향을 줄 수 있다(Ames & Felker, 1979). 예를 들어, 수학에서의 자기효능감이 높고 실패의 경험이 많지 않은 학생은 상대적으로 낮은 효능감을 가진 학생과 비교할 때, 실패가 능력의 부족보다는 노력의 부족이나 높은 과제 난이도 등 때문이라고 귀인할 것이다. 귀인과 관련하여 가장 일관성을 보이는 개인차가 바로 통제 소재(locus of control)다(Rotter, 1966). 어떤 사람들은 자신의 행동과 성취 결과가 서로 관련이 있다고 지각하는 경향이 있으나(내재성), 다른 사람들은 자신의 행동과 성취 결과가 강한 연관성이 없다고 생각하는 경향성(외재성)이 있다. 예를 들면, 어떤 결과가 주어졌을 때, 내재적 경향성을 가진 사람들은 내적 유형의 귀인을 형성하는 반면, 외재적 경향성을 가진 사람들은 외적 유형의 귀인을 형성한다. 통제 소재에 대해서 많은 연구들이 수행되었지만(Crandall, Katkovsky, & Crandall, 1965), 일반적인 통제 소재의 구인은 통제 신념이라는 보다 정교하게 분석된 구인으로 대체되었다(Connell, 1985; Peterson et al., 1993; Skinner, Chapman, & Baltes, 1988b). 게다가 Weiner(1986)는 통제 소재의 구인은 분리되어야 할 두 차원, 즉 '내재성-외재성'과 '통제 가능성-통제 불가능성'이 함께 포함되어 있음을 보여 주었다. 이러한 최근 연구를 고려하면, 동기 연구에 있어서 일반적인 통제 소재를 계속 사용하는 것은 별로 유용하지 않다.

Heider, Kelly, Weiner가 성립한 귀인이론은 개인차를 고려하지 않고, 사건에 대한 원인을 규정하는 일반적인 원리다. 반면, 학습된 무기력(Learned helplessness) 이론은 개인차를 강조하여 적응적인 행동을 꽤 믿을 수 있게 예측하는 이론이다(Peterson et al., 1993; Seligman, 1975). 학습된 무기력이란 실제의 행동과 결과 사이에 거의, 또는 아무런 관련이 없다고 인식하는 것이며, 이것은 사람을 수동적으로 만들 뿐만 아니라 희망이 없다고 느끼게 하고 우울증을 수반할 수도 있다. 학습된 무기력 모형은 개인이 특정 사건(특히, 학교에서의 실패, 대인관계 문제, 건강의 악화, 경기에서의 실패 등 부정적인 사건들)을 인과적으로 설명하고자 하고, 향후의 사건에 대한 기대에 영향을 준다고 가정한다. 그리고 이 향후 사건에 대한 기대는 다시 수동성, 불안, 긴장, 우울과 같은 행동적 반응을 유발하게 되는 것이다(Peterson et al., 1993). 학습된 무기력 모형은 [그림 3-1]의 귀인 모형과 기본적으로 동일하다.

두 모형은 학습된 무기력 이론이 인과적 귀인의 유형에 영향을 주는 설명양식(explanatory style) 혹은 귀인양식(attributional style)에서 개인차가 있다고 주장하는 데에 주된 차이가 있다(Peteson & Seligman, 1984). 설명양식은 사건에 대해 설명하는 습관적 방식으로 개인의 인지적인 특성을 반영한다(Peterson et al., 1993). 설명양식이라는 구인은 종종 귀인양식검사(Attributional Style Questionnaire: ASQ; Peterson, Semmel, Von Baeyer, Abramson, Metalsky, & Seligman, 1982)를 사용하여 일반적인 사건(긍정적 결과 반, 부정적 결과 반)이 일어난 이유를 설명하도록 하는 방식으로 평가된다. ASQ를 활용한 연구에서는 비교적 일관성 있는 개인차가 있음을 보여 준다. 예컨대, 어떤 사람들은 사건을 내적이고, 안정적이며, 전반적인 귀인으로 돌리는 경향이 있다.

다른 연구들은 이와 같은 안정적인 개인차가 새로운 상황에서 형성되는 사람들의 귀인유형을 예상할 수 있다고 제시한다(Peterson et al., 1993). 즉, 설명양식은 새로운 상황을 일반화하고, 사람들은 자신의 설명양식에 따라 새로운 상황을 해석한다. 설명양식은 새로운 상황에서 활성화되는 신념이나 사전지식의 한 유형으로서 정보처리과정과 귀인과정을 유도한다. 만일 어떤 학생이 학교생활에서의 실패에 대해 '나는 멍청하고 변화될 수 없어.' 와 같이 내적이고 지속적이며 전반적인 원인에 귀인하는 설명양식을 가졌다면, 상급 학교(중학교, 고등학교, 대학교)로 진학하여 실패를 경험했을 때 보다 결정적인 환경적 요인(새로운 학교가 훨씬 더 힘든 경우)이 있더라도, 이전과 같은 방식으로 귀인할 가능성이 높을 것이다.

정리하면, 환경적 요인과 개인적 요인은 둘 다 귀인과정에 영향을 미친다. 귀인이론은 귀인의 상황적 특성을 강조하면서, 특정 상황에서 실제 귀인을 형성하는 데 영향을 줄 수 있는 개인의 일반적인 인지적 법칙과 도식을 고려한다. 또한 연구들은 귀인과정에 영향을 미치는 자기신념과 설명양식에 의하여 지속적인 개인차가 존재할 것이라고 제안한다. 〈적용 3-2〉는 교실에서 귀인 편향을 피하기 위해 참고할 수 있는 방법을 제안한다.

적용 3-2 귀인 편향 방지하기

귀인 연구는 사람들이 편향된 귀인을 만들어 내는 경향이 있다는 것을 보여 주었다. 교사들의 귀인은 종종 정확하지 않을 수 있다. 특히, 교사들은 학생의 행동이나 수행에 대해 기본귀인오류를 범하거나 개인적 기질 혹은 특성에 귀인하는 오류를 범하지 않도록 유의해야 한다. 교사는 학생들의 행동 대부분이 개인의 고유한 특질(trait) 때문에 나타난다고 가정하기 때문에, 교사로서 학생의 행동을 바꾸거나 그 행동에 영향을 줄 수 있다는 사실을 믿지 않으려는 경향이 있다. 이러한 신념을 가진 교사는 학생들의 행동을 변화시킬 수 있는 새로운 학급운영이나 교수전략을 시도하지 못한다. 기본귀인오류를 피하는 것은 쉽지 않기 때문에, 되도록 학생에 대해 많은 정보를 수집하여, 단지 몇 번의 상호작용으로 형성된 처음의 인식에 의존하지 않는 것이 유용한 전략이 될 수 있다.

예를 들어, 주민혜 선생님이 중학교 1학년에게 수학을 가르친다고 하자. 그의 학급에는 사회경제적 지위가 낮은 다섯 명의 소수민족 아이들이 있는데, 현재 배우는 6단원에서의 학습결과가 좋지 않다. 처음에 그는 학생들의 실패 원인을 지속적인 노력이 부족하기 때문이라고 귀인하였고, 부모들이 학교에 높은 가치를 두지 않아 교육적 자원이 부족하다고 생각했다. 그런데 학부모의 밤 행사 때, 다섯 명의 학생 중 두 명의 부모가 그에게 와서 고민거리를 털어놓았다. 부모들은 자신의 아이가 열심히 공부하지 않는다고 지적하면서 수학은 매우 중요한 과목이기 때문에 아이들이 수학을 좀 더 잘할 수 있도록 수학 선생님의 도움을 받고 싶다고 말했다. 이 일은 주 선생님을 놀라게 했고, 다섯 명의 학생에 대한 자신의 귀인을 다시 생각해 보게 하였다. 그는 아이들 각각을 불러 수학 성적에 대해서 대화를 나누었다. 그 결과, 부모가 찾아오지 않은 세 명 중 두 명의 학생들은 수학을 꽤 열심히 공부하고 있지만 그 단원을 이해하는 데 실제적인 어려움을 겪고 있다는 것을 알았다. 그는 어려움을 겪고 있는 두 학생을 돕기 위해서 방과 후 함께 공부하는 계획을 세웠다. 수학 개념을 이해하는 데 어려움은 없지만 열심히 공부하지 않는 것처럼 보이는 다른 세 아이를 위해서는 학부모와의 상담을 통해 새로운 책임 시스템을 정하기로 했다. 가정에서 부모에게 매일 저녁 숙제를 점검받고 학교에 와서 교사에게 숙제노트를 제출하도록 한 것이다.

귀인 편향을 피하는 다른 중요한 방법은 학생들의 능력에 대한 긍정적인 신념을 유지하는 것이다. 교사들은 가르쳐야 할 지식과 기술을 모든 학생들이 배울 수 있다는 신념을 유지하기 위해 노력해야 한다. 학생의 능력에 대한 신념은 변할 수 있다. 비록 어떤 학생들은 선천적으로 학습내용을 숙달하는 데 다른 학생들보다 많은 시간이 걸리기도 하지만 대부분의 학생들은 그 단원을 배울 수 있다. 물론 긍정적인 신념을 유지하는 것이 부정확한 신념을 유지하라는 의미는 아니다. 즉, 따라오지 못하는 학생이 분명히 있는데 모두가 잘 배우고 있다고 믿으면 안 된다는 것이다. 또한 어떤 학생의 학업 실패를 통제 가능하고 덜 안정적인 요인에 귀인하도록 노력하는 것이 바람직하다. 예를 들면, '똑똑하지 못해서' 와 같은 학생의 개인적 기질 특성에 귀인하기보다는 교사와 학생 둘 다의 입장에서 노력이 부족하지는 않았는지, 다시 가르칠 필요성이 있는 것은 아닌지 고려해 보는 것이 좋다. 교사들은 과제에 대하여 학생들과 귀인에 대한 이야기를 함으로써 기대 수준을 제시할 수 있다. 성공에 대한 낮은 기대를 보여 주는 이야기(예: "너희들 대부분이 이 문제는 못 풀 거야. 그렇지만 어쨌든 열심히 노력해 봐.")는 피해야 한다. 대신, 대부분의 학생들이 해낼 수 있는 과제를 부여하고, 이를 학생들에게 말해 주어야 한다(예: "이 문제가 쉬운 문제는 아니지만, 너희들이 열심히 하면 해낼 수 있을 거라고 생각해.").

귀인의 결과

[그림 3-1]에 나타난 바와 같이, 귀인과정의 결과물은 사건의 원인으로 지각된 귀인을 의미한다. 이 모형은 어떤 사건(시험에서의 실패나 성공, 운동경기에서의 승패, 대인관계에서의 부정적이거나 긍정적인 상호작용)에 대한 특정한 결과가 주어졌을 때, 사람들은 그 결과에 대해 지각된 원인을 탐색한다고 가정한다. 지각된 원인을 고려하여 형성하는 귀인이 없이는 모형의 다음 단계로 이동할 수 없기 때문에([그림 3-1] 참조) 이 과정은 귀인 모형에서 매우 핵심적인 부분이다. 반면, 지금까지 우리가 논의해 온 귀인과정은 구체적인 상황에서 작용하여 다양한 개인적 요인과 환경적 요인을 형성하는 귀인의 내용(content)에 관한 것이다.

자발적인 귀인 탐색을 촉진하는 조건

사실 귀인과정은 귀인이 언제, 어떤 조건에서 형성되는지에 대해 구체적으로 제시하지 않는다. 이와 관련하여 자발적인 귀인적 사고라는 주제는 지금까지도 많은 논쟁이 되고 있다(Smith & Miller, 1983; Weiner, 1985a, 1986). 대개 비평가들은 많은 귀인 연구들이 실험 참가자들에게 상상 속의 사건이나 가설로 세운 사건을 가지고 귀인을 하도록 요구한 실험 연구라는 점을 비판한다. 연구자들은 개방형 질문지를 통해 실험 참가자들에게 귀인을 생성하게 하고, 특정 귀인들을 목록화하여 그 중요성들을 평정하도록 하였다. 비평가들은 이런 종류의 연구들은 반응적(reactive)일 수밖에 없으며, 이때 나타난 귀인들은 실험적 절차에 의해 만들어졌기 때문에 사건에 대한 실질적인 인과적 사고를 반영하지 못한다고 비판한다(Weiner, 1986). 또한 어떤 연구자들은 사람들이 실생활에서는 자발적으로 귀인적 사고를 거의 하지 않기 때문에 귀인은 그렇게 중요하지 않다고 주장하기도 한다(Smith & Miller, 1983).

Weiner(1985a, 1986)는 귀인의 자발적인 사용에 대한 연구를 정리하면서 사람들이 실생활에서 귀인을 형성한다는 좋은 경험적 증거가 있다고 결론지었다. 이 주장은 선별된 귀인을 제시하고 이를 평정하도록 하는 전통적인 실험과는 매우 다른 방법들을 사용한 연구 결과에 기반을 두고 있으며, 귀인에 관한 진술이 적힌 신문기사나 보고서, 편지, 일기, 잡지 등의 문서 자료에 대해 분석하는 방법도 포함된다. 예를 들면, 신문의 스포츠 면에는 주로 팀의 승패 원인이나 선수의 승패 원인에 대한 귀인적인 진술들이 실린다. 사실 Peterson과 동료들(1993)은 프로 운동선수들이 자신의 과거에서의 성공과 실패에 대해 진술할 때 드러내는 귀인이 그들의 미래 수행과 관련이 있다고 제안했었다. 자신이 성공한 원인을 기술(skill)이 좋았기 때문이라고 귀인하는 선수들이 운이 좋았기 때문이라고 귀인하는 선수들보다 수행결과가 좋다. 또 다른 실험 방법으로는 소리 내어 생각하기(think-aloud protocols: 과제를 수행하면서 드는 생각과 감정을 말로 표현하는 것)를 통해 언어적 진술을 해석하는 방법, 그리고 간접적인 측정 방법(귀인 실험인 것을 감추고 자유 회상 과제나 문장 채우기 과제)이 있다. 이러한 대안적인 방법을 이용한 연구들은 사람들이 자발적으로 활발하게 귀인 탐색에 참여하여 귀인에 관하여 진술한다고 제시한다(Weiner, 1986).

한편, 사람들은 예기치 못한 사건이 발생할 때, 귀인 탐색에 보다 집중하게 된다(Weiner, 1986). 예를 들어, 몇 년간의 학교 생활을 경험한 학생들은 스스로의 능력에 대한 자기지각을 비롯하여 앞으로의 성공과 실패 수준에 대한 기대를 갖게 된다. 만약 평소 높은 성취를 보이던 학생이 미영이처럼 시험에서 갑자기 낮은 점수를 받게 되어 자신의 기대가 무너진다면, 그 학생은 의식적으로 실패의 원인을 찾으려 할 것이다. 반대로, 과거 자신의 경험과 일관된 기대 수준으로 높은 점수를 받은 학생은 귀인 탐색에 열중하지 않는 경향이 있다.

스포츠 영역에서는 기대불일치원리(expectancy disconfirmation principle)라는 것이 있는데, 이것 또한 가장 좋아하는 팀이 지거나 늘 지던 팀이 승리를 했을 때 귀인 탐색이 더 많이 일어나는 경향을 일컫는다(Weiner, 1986). 사회적으로, 만약 어떤 사람이 강의 시간에는 정숙해야 한다는 보편적인 규준을 무시하고 크게 떠들 경우, 사람들은 왜 모두가 규준을 따르고 조용히 하는 것일까에 대한 탐색보다는 왜 저 사람은 규준을 따르지 않는 것인가에 대한 귀인을 할 가능성이 훨씬 높다. 같은 방식으로 개인 내적인 감정과 관련하여 한 학기 동안 매주 정기적으로 데이트를 해 온 커플이 있다고 가정해 보자. 만약 한 사람이 갑자기 이번 주말에는 만날 수 없다고 말한다면, 다른 한 사람은 이 사람이 왜 데이트를 거절하는지에 대한 귀인을 탐색하게 될 것이다. 아마 일상적이었던 지난 주말의 데이트와 관련된 귀인을 탐색하려고 하지는 않을 것이다.

Weiner(1986)는 또한 사전 기대와 상관없이 부정적인 결과는 귀인 탐색을 유발하는 경향이 있다고 말한다. 따라서 학생들은 성공보다는 실패와 관련하여 지각된 원인을 찾으려는 경향이 있다. 마찬가지로 교사들은 잘 진행된 수업보다는 매끄럽게 진행되지 못한 수업에 대해 귀인 탐색을 더 많이 하는 경향이 있다. 실패에 대한 이런 반응은 적응성의 측면에서 긍정적이라 할 수 있다. 다시 말해 사람들이 실패의 원인을 이해한다면 이를 극복하기 위해 무언가를 시도할 수 있다는 것이다. 학생들은 학습전략을 바꾸거나 더 노력할 수 있고, 교사들은 지도안을 변경하거나 다음 수업에서는 뭔가 다른 것을 시도할 수 있다.

귀인을 활성화시키는 이러한 일반적인 두 조건 외에도 Weiner(1986)는 사건이나 결과가 개인에게 흥미롭거나 중요한 경우에 귀인 탐색 가능성이 증가할 수 있다고 보였다. 예를 들어, 매주 영어 시간에 보는 단어 시험 중 하나에서 낮은 점수를 받은 것이 기말고사에서 낮은 점수를 받는 것만큼 중요하지는 않다. 또는 기대를 충분히 하지 않거나 사전지식이 별로 없는 비교적 새로운 상황에서 귀인 탐색이 활발하게 일어난다. 예를 들어, 학생들이 새로운 학교로 전학을 갔다거나 새로운 학교 수준에 적응해야 할 때(중학교에서 고등학교로 갔을 때), 학생들은 새로운 환경이 지닌 특성과 함께 환경에 익숙하지 않은 자신의 정서에 더 많이 귀인할 것이다.

결론적으로, 이렇게 다양한 범위의 연구 방법들을 사용하여 이루어진 실험들은 자발적인 귀인 탐색이 존재한다는 풍부한 증거가 되고 있다. 더불어 귀인 탐색은 사건의 결과가 예상 밖이거나 부정적이거나 개인에게 중요한 것일 때에 더 활발히 나타나는 경향이 있다. 이제 우리는 귀인의 내용에 대해 논의해 볼 것이다.

귀인 사고의 내용

사람들이 결과에 대해 만들어 내는 귀인 유형에 대한 연구들은 매우 폭넓게 이루어져 왔다. 귀인을 형성하는 상황에는 시험, 운동경기, 게임, 직업적 수행 등과 같이 성공과 실패와 관련된 맥락뿐 아니라 영화를 보러 가자는 제안에 동의하는지 아니면 거절하는지 등과 같은 대인관계에서의 매력도와 관련된 상황, 또는 정치적인 선거, 건강, 빈부, 범죄의 판단 등이 포함된다(Weiner, 1986). 〈표 3-2〉는 다양한 영역에서 확인할 수 있는 일반적인 귀인들을 보여 준다. 그러나 제시된 목록이 개인에게 일어나는 모든 사건이 가능한 원인을 포함하는 것은 아니다. 사실 어떤 사건의 결과에 대해 가능한 원인들은 무수히 많을 것이다. 게다가 어떤 영역에 관련된 것이냐에 따라 가능한 원인은 매우 달라진다(예: 빈곤의 원인으로서 정부의 정책을 드는 것은 합리적인 귀인이 될 수 있지만 이 귀인이 한 개인의 불어 시험에서 실패한 원인이 되지는 않는다). 동시에 어떤 원인들은 영역 간 중첩되는 부분도 있는데, 예컨대 성취 상황에서의 실패를 설명하기 위해서 건강 상태가 나쁘기 때문이라고 귀인할 수도 있고, 튼튼한 체력과 힘을 요구하는 직업에 채용되지 못한 이유로 건강 상태에 귀인할 수도 있다(Weiner, 1986).

초기 귀인 연구들은 실험 참가자들이 성공과 실패의 귀인을 단순히 능력, 노력, 과제 난이도, 운의 네 원인으로만 평정하도록 했다. 귀인의 역할에 대한 연구가 더욱 진행되면서 연구자들은 8~10개에 이르는 더 포괄적인 목록이나 실험 참가자들이 직

표 3-2 ▶▶ 다양한 영역의 지각된 원인의 요약

성 취	대인관계에서의 매력	부/빈곤	건강/질병
적성, 소질	신체적 매력	가정환경	유전
기술	개인적 취향	지능	성격
안정적 노력	신체적 위생상태	노력	가족력
불안정적 노력	성격	학력	생활 스트레스
과제 난이도	사회적 지위	정부 정책	피로
운	시기와 시간적 여유	편견과 차별	좋은/나쁜 습관
흥미	건강	운	날씨
기분	기분	건강	세균에의 노출
피로	재력		운
건강			
다른 사람들의 도움			

출처: Weiner, B. (1986). *An Attributional Theory of Motivation and Emotion*. New York: Springer-Verlag. 저자 허락하에 수정함.

접 도출한 자유응답 목록을 사용하기 시작했다. 이렇게 개방형 방법과 총괄적인 방법을 사용한 연구들은 성공과 실패에 대해서 한층 더 잠재적인 원인을 생성하는 데 기여했지만, 결국 이 모든 원인들은 원래 제시되었던 네 가지 원인으로 포함되었다(Weiner, 1986). 또한 비교문화 연구를 통해 능력과 노력이라는 요소는 대부분의 나라에서 성공과 실패를 결정짓는 공통적인 원인으로 받아들여지고 있다는 것을 발견했다. 예를 들어, Triandis(1972)는 이러한 현상이 미국, 일본, 그리스 문화에서 나타난다는 것을 발견했고 그가 연구했던 네 문화 중 유일하게 인도만이 예외적인 결과를 나타냈다. Miller(1984)는 인도의 힌두인은 사람들이 사회에 적응하지 못하고 비정상적인 행동을 보이는 이유를 개인적인 기질이나 특성으로 귀인하려는 경향이 미국인들에 비해 덜하다는 것을 발견했다. 그러나 Fletcher와 Ward(1988)는 대부분 귀인의 내용은 서구문화와 일본, 인도 등의 비서구문화 간에도 어느 정도 비슷한 점이 있다고 결론 내렸다. 서구문화와 비서구문화의 귀인 차이는 단순히 귀인의 내용을 넘어서서, 다양한 귀인들이 차원에 관하여 어떻게 분류될 수 있는가에 대한 것이다. 귀인의 관점에서 볼 때, 이러한 차원의 분류는 동기에서 중요하다.

귀인의 동기적 차원

귀인이론에서는 인과구조에 대한 분석에 근거하여 각 차원을 구분하는 것이 귀인을 하고자 하는 동기를 유발한다고 본다. 즉 지속성, 내재성, 통제 가능성으로 표현되는 귀인 차원의 특성은 학생들의 기대 신념, 정서, 그리고 동기적 행동에 많은 함의점을 시사한다.

귀인의 인과구조 분석은 일반적으로 논리적인 분석과 경험적인 분석이라는 두 가지 방식으로 이루어져 왔다(Weiner, 1986). 논리적인 분석에서는 연구자들이 다양한 귀인들을 연구한 후 이론적인 고찰에 기초하여 이것을 다양한 범주나 차원(예: 내적/외적 요인)으로 구분하였다(Weiner et al., 1971). 경험적인 분석은 귀인 연구에서 비교적 후반에 등장했으며, 귀인에 대한 사람들의 평정이 실제로 어떻게 군집을 이루는지를 확인하기 위해서 다차원 평정과 요인분석 등 통계적 방법을 사용하였다(Weiner, 1986). 논리적인 분석과 경험적인 분석은 모두 인과구조의 일반적인 세 가지 차원의 중요성에 대해 많은 일치성을 보였다. 즉, (1) 원인이 내적 혹은 외적으로 지각되는가에 관한 소재 차원(locus dimension), (2) 원인이 안정적인지 아닌지를 지각하는가에 관한 안정성 차원(stability dimension), (3) 통제 가능한 원인인지 아닌지를 지각하는가에 관한 통제 가능성 차원(controllability dimension)이다(Weiner, 1986). 비록 이 세 가지 차원의 정확한 본질에 대해서 의견이 일치되고 있지는 않지만, 각각의 차원이 인간의 동기와 정서에 대한 중요한 함의를 내포하고 있다는 점에 대해서는 이견이 없다.

소재 차원

소재 차원은 원인이 개인 내적으로 인지되느냐, 외적으로 지각되느냐에 관한 것이다. 예를 들어, 과제 난이도와 운은 외적 원인으로 분류되는 반면, 능력과 노력은 내적 원인으로 분류된다. 원인이 내적인지 외적인지 구분하는 것은 인간의 행동에 대한 개인적 요인과 환경적 요인의 상대적인 영향력과 관련하여 귀인이론에서 핵심적인 질문에 해당한다(Heider, 1958).

역사적으로 심리적 구인으로서 소재 차원을 가장 일반적으로 적용한 연구로는 Rotter(1996)의 '통제소재'에 관한 연구를 들 수 있다. 앞에서도 언급했듯이, 사람들이 어떤 결과가 자신의 행동으로부터 기인된 것이라고 믿는다면 내적인 성향을 지닌 것으로 분류되었고, 반대로 어떤 결과가 자신이 통제할 수 없는 외적 요인들, 예컨대 운, 운명, 타인 등에 의해 결정된다고 생각하면 외적 성향을 지닌 것으로 분류되었다. 즉, 내적 귀인 소재의 학생들은 자신의 성적이 능력이나 기술, 노력에 의한 것이라고 믿는 반면, 외적 귀인 소재의 학생들은 자신의 성적이 단지 운이나 교사, 혹은 다른 어떤 외적 요인 때문이라고 믿는다. 교사들에게도 내적 · 외적 경향성이 나타난다. 내적 성향을 가진 교사들은 학생들이 어느 정도 자신의 통제권 아래에 있으며 교사의 노력이나 기술에 따라 학생들을 변화시킬 수 있을 것이라고 믿는다. 그러나 외적 성향의 교사들은 자신이 학생들에게 할 수 있는 것이 거의 없으며 운이나 기회, 또는 부모나 가정환경 등과 같은 외적 요인이 학생의 학습에 영향을 미치는 주요 결정 요인이라고 믿는다.

통재소재와 유사한 방식으로 de Charms(1968)는 사람들이 통제 가능한 내적 소재로 귀인을 하는 '주인(origins)' 유형과 통제 불가능한 외적 소재로 귀인하는 '하인(pawns)' 유형으로 구분될 수 있다고 제안했다. 최근에는 Bandura(1986)가 어떤 행동에 기대되는 결과에 대한 믿음으로서 동기에 영향을 미치는 결과 기대(outcome expectation)라는 개념을 제안했다. Connell, Skinner 등의 연구자들(Connell, 1985; Skinner, 1996; Skinner et al., 1988a, 1988b)의 연구를 통해 통제 신념의 본질에 대하여 다시 관심을 갖게 되었으며 다양한 종류의 통제 신념을 의미 있게 구분할 수 있도록 구체화하게 되었다(7장 참조).

안정성 차원

통재소재는 직관적인 호소력을 가지고 있으며 우리의 삶에 쉽게 적용될 수 있다. 반면, Weiner와 동료들(1971)은 통제소재가 내향성과 안정성이라는 두 가지 차원을 포함하며, 다양한 내적 원인들이 안정성에 따라 중요한 차이를 보인다고 판단했다. 예를 들어, 상대적으로 능력은 안정적으로 나타나는 반면, 노력은 상황에 따라 달라질 수 있다. 능력과 노력은 둘 다 내적 원인으로 Rotter의 이론에 따르면 비슷한 결과를 가져오지만, 귀인 연구에서는 두 귀인이 동일한 결과를 가져오지는 않는다고 본다(Weiner, 1986). 그래서 어떤 사람이 과제에서 실패했을 때 좀 더 긍정적인 미래를 기대하기 위해서는 능력의 부족보다는 노력의 부족으로 귀인해야 한다. 논리적 분석과 경험적 연구의 결과들은 모두 공통적으로 소재 차원뿐 아니라 이차적으로 안정성 차원에 대한 고려가 필요하다고 주장한다.

안정성 차원이란 그 원인이 상황과 시간에 관계없이 변하지 않는 안정적인 것인지, 아니면 변하기 쉬운 불안정한 것인지에 주목한다. 즉, 귀인을 개인의 지속적인 특성으로 고려할 것인가 아니면 일시적인 상황으로 해석할 것인가의 문제다. [그림 3-2]는 귀인이 안정성과 소재에 따라 어떻게 분류될 수 있는지를 보여 준다. 먼저 제시되어 있는 Weiner와 동료들이 만든 최초 도식([그림 3-2]의 윗부분)은 귀인 연구자들이 탐구한 네 가지 귀인을 단순히 분류한 것이다. Rotter의 통제소재 이론에서와 같이 능력과 노력은 둘 다 내적 소재로 분류되어 있지만, 안정성 측면에서 이 둘의 차이점은 노력은 불안정한 것으로, 능력은 안정적인 것으로 볼 수 있다는 것이다. 반대로 과제 난이도와 운은 공통적으로 외적 소재로 분류되지만(Rotter의 통제소재 이론에서와 같이) 운은 보통 불안정한 것으로, 과제 난이도는 안정적인 것으로 지각된다.

그러나 네 개의 일반적인 귀인, 혹은 적어도 처음 귀인에 붙여진 이름은 통재소재의 안정성 관점에서 다소 잘못 이해될 수 있음이 드러났다. 최근의 연구들은 [그림 3-2]의 아랫부분에 제시된 용어들이 사람들의 생각을 더 정확하게 반영한다고 본다(Weiner, 1986). 따라서 안정적이고 불변하며 내적인 개인 특성인 적성(aptitude)이 능력(ability)이라는 용어보다 적절한 표현이다. 반대로 시간에 따라 학습되는 능력이라고 일컫어지는 기술(skill)은 내적이고 불안정한 능력을 표현하는 데에 더 적절한 용어다. 예를 들어, 어떤 사람들은 미술, 음악, 운동 등의 분야에서 탁월한 적성이나 재능을 가질 수 있다. 그러나 동시에 대부분의 사람들은 시간이 흐름에 따라 다양한 영역에서 수행 수준을 향상시키는 기술을 배우게 된다. 이와 유사한 방식으로 사람들은 여러 가지 일상 과제를 꾸준하고 성실하게 수행할 뿐만 아니라, 수학 기말고사와 같은 특정한 과제에 대해서 우선적인 노력을 기울이기도 한다. 따라서 비록 노력이 항상 내적인 것으로 분류된다고 하더라도 이것은 안정적인 것일 수도 있고 불안정적인 것일 수도 있다.

과제 난이도와 운에 대해서도 같은 방식으로 살펴보면, 사람들은 대부분 과제 난이도를 개인의 능력과 노력 수준에 대한 상대적인 것으로 지각하며 시간의 흐름에 따라 변화 가능한 것으로 여긴다. 그러나 [그림 3-2]의 최초 도식에서는 과제 난이도가 외적 소재이고 안정적인 것으로 분류되어 있다. Weiner(1986)는 외적이고 안정적인 원

〈 최초 도식 〉

안정성	소재	
	내적	외적
안정적	능력	과제 난이도
불안정적	노력	운

〈 수정 도식 〉

안정성	소재	
	내적	외적
안정적	적성 장기간의 노력	객관적인 과제 특성
불안정적	기술/지식 일시적 혹은 상황적인 노력	기회

그림 3-2 **소재와 안정성에 의한 귀인 분류 도식**

출처: Weiner, B. (1986). *An Attributional Theory of Motivation and Emotion*. New York: Springer-Verlag. 저자 허락하에 수정함.

인을 지칭하기에 적합한 용어로 과제 난이도 대신에 객관적 과제 특성(objective task charateristic)을 제안한다. 객관적 과제 특성이라는 용어는 과제의 본질에 초점을 맞추고 있으며 그 과제를 시행하는 개인들과는 독립적이다. 마지막으로, 운은 종종 어떤 사람들의 안정적인 특성으로 여겨질 수도 있으므로(예: "그는 항상 운이 좋아, 어떤 게임에서도 이겨."), Weiner는 개인의 특질보다는 외부 환경에 의해 나타난다는 의미에 초점을 두고 기회(chance)라는 용어를 제안하였다.

한편, 학습된 무기력을 다룬 연구자들은 안정성 차원과 관련하여 일반성(globality)의 차원이 있다고 제안하였다(Peterson et al., 1993). Peterson과 동료들은 개인의 행동을 일반적 기질과 상황적 특성을 기준으로 구분하는 것처럼, 귀인도 일반성-특수성 차원에 따라 구분할 수 있다고 하였다. 예를 들어, 사람들은 자신들이 모든 학교 과목에 소질이 없다고 귀인할 수도 있지만(일반적), 단지 수학(상당히 특수적)에 소질이 없다거나, 기하학(훨씬 더 특수적)에 소질이 없다고 귀인할 수도 있다(특수적). 학습된 무기력에 관한 연구에서는 귀인의 일반성-특수성을 매우 중요한 차원으로 간주하며 수많은 상황에서 어떤 원인이 일반적으로 작용하는 것처럼 보일 때 학습된 무기력이 유발될 수 있다고 본다(Peterson et al., 1993). 한편, Weiner(1986)는 요인분석과 다차원 분석법을 통한 연구에서 대부분 일반성-특수성 차원이 분리된 요인으로 나타나지 않았다고 지적한다. 한편, Peterson과 동료들의 경험적인 연구에서는 소재는 분리된 차원으로 나타나고 안정성과 일반성은 매우 높은 상관성을 보여, 예상했던 세 요인이 아니라 오직 두 요인만이 확인되었다. 귀인에 대해 안정성과 일반성 모두를 고려하는 차원이 있다는 것은 매우 의미 있는 논점으로 향후 연구로 제안될 수 있다. 여기에서는 Weiner(1986)와 같은 관점에서 이를 안정성으로 포괄하여 살펴볼 것이다.

통제 가능성 차원

논리적이고 경험적인 분석을 통해 인과성의 세 번째 차원으로 통제 가능성, 즉 사건의 원인에 대해 가진 통제권의 정도가 제안되었다. 통제 가능성의 차원은 Rotter의 외재성과 내재성에 대한 기존 개념의 일부를 포함한다. 그러나 통제소재는 소재와 통제라는 두 가지로 구별되는 구인을 포함한다(Weiner, 1985a, 1986). 예를 들어, Rotter의 이론에서는 적성과 노력이 모두 내적 통제소재를 대표하는 것으로 분류되었지만, 사람들은 보통 노력은 통제할 수 있다고 생각하는 반면, 적성(즉, 예술적 능력, 운동신경, 음악적 재능)은 그렇게 생각하지 않는다. 따라서 소재와 통제 가능성이라는 두 가지 차원을 분리하여 고려하는 것은 매우 중요하다.

소재와 안정성 차원은 2×2 행렬로 간단하게 나타낼 수 있을 뿐만 아니라 각 칸에 해당하는 원인을 쉽게 채워 넣을 수 있지만([그림 3-2] 참조), 소재×안정성×통제 가능성 행렬로 나타낼 때는 원인들을 8개 각각의 칸에 분류하는 것이 쉽지 않다. 특히 통제가 가능하면서도 외적 원인이 있는지에 대해서는 상반된 의견이 존재한다. Stipek (1998)은 외적 원인은 개인이 통제할 수 없는 것이므로 해당 칸은 비워야 한다고 주장한다. 그러나 Weiner(1986)는 행위자 자신은 아니지만 다른 사람들에 의해서 통제할 수 있는 외적 원인이 존재한다고 주장한다. 예를 들어, 수학시험을 망친 학생이 그 원인을 자신에 대해 편견을 가지고 있는 교사 때문이라고 믿을 수 있다. 이때 편견은 교사에 의해 통제되는 것이므로 학생은 교사의 책임이라고 생각할 것이다. Weiner가 제시한 또 다른 예를 보자. 시험에서 낮은 점수를 받은 이유를 친구들이 자신을 도와주지 않았기 때문이라고 생각하는 학생이 있다면, 친구들의 도움이라는 원인은 친구들에 의해서 통제 가능한 것이다. [그림 3-3]은 8개 칸이 모두 채워진 완전한 행렬을 보여 주며 일반적인 귀인은 소재와 안정성, 통제 가능성의 세 차원으로 분류되었다. 이 그림에 의하면, 우리는 외적이며 통제 가능한 원인을 가질 수 있다.

다차원 분석법과 요인분석에서 종종 확인되는 또 다른 차원은 의도성(intentionality)이다. 일반적으로 의도성과 통제 가능성의 변화는 공통성을 가지고 있으나, 둘을 구별하는 것이 합리적이다. 성취 맥락의 차원에서 사람들이 의도적으로 노력을 하지 않는 경우는 있지만, 의도적으로 문제해결에 나쁜 전략을 사용하는 경우는 거의 없다. 예를 들어, 객관적인 기준에서 볼 때 좋지 않은 전략을 사용할 수는 있지만(예: 세로 열로 된 두 자리 뺄셈 문제를 풀 때, 일의 자리 숫자 크기와 상관없이, 일의 자리 숫자를 십의 자리 숫자에서 빼고자 하는 것), 자신의 관점에서는 그다지 나쁜 전략이 아니라고 인식한다(세로 열의 행의 수에서 일의 자리 숫자가 더 작을 때는 십의 자리 숫자에서 일의 자리 숫자를 빼게 되므로). 전략과 노력은 둘 다 통제 가능하지만([그림 3-3] 참조) 노력과 나쁜 전략 사용의 의도를 비교해 보면 그 차이를 쉽게 이해할 수 있다. 사실 학습전략에 관한 문헌(Weinstein & Mayer, 1986)을 살펴보면 이러한 구분은 매우 중요한 것이다. 대부분의 학습전략을 다루는 교육에서는 학생들이 전략을 효과적으로 사용하지 않는 이유는, 의도적으로 나쁜 전략을 사용한 것이 아니라, 전략을 적절하게 사용하는 방법을 알지 못하기 때문이라고 가정한다.

Weiner는 이런 구분이 유용하기는 하지만 일반적으로 의도성이 원인 그 자체를 의미하지는 않는다고 지적한다. 예를 들어, 사람의 행동은 의도적이었으나 사건 자체를 유발한 원인이 의도적이었다고 할 수 없는 경우에 있으므로, 어떤 귀인을 '의도적' 인

안정성	소재			
	내적		외적	
	통제 가능	통제 불가능	통제 가능	통제 불가능
안정적	장기간의 노력	적성	교사의 편견/편애	학교나 수업의 요구 수준 정도 (난이도)
불안정적	기술/지식 시험을 위한 일시적 노력	시험 당일의 건강 기분	교사나 친구로부터의 도움	기회

◦ 그림 3-3 ◦ **소재, 안정성, 통제 가능성의 차원에서 분류한 학업성취 귀인**

출처: Weiner, B. (1986). An Attributional Theory of Motivation and Emotion. New York: Springer-Verlag. 저자 허락하에 수정함.

것이라 여기기는 어렵다. 따라서 이 의도성은 귀인과 원인의 특성을 설명하는 데 용이한 차원은 아니다. Weiner(1986)는 일반성 차원이 안정성 차원에 포함되는 것처럼 의도성은 통제 가능성에 포함되어야 한다고 제안한다. 후속 연구에서는 아마도 이런 논의들을 해결하는 것이 가능하겠지만 현재는 소재, 안정성, 통제 가능성의 세 차원만으로 충분하다.

기대 신념과 귀인 차원의 관련성

귀인의 세 가지 차원은 개인의 성공에 대한 기대에 영향을 미친다. 만약 성공에 대한 귀인이 내적이고 안정적(예: "난 똑똑하기 때문에 시험을 잘 본 거야.")이라면, 학생은 미래에도 성공할 것으로 기대할 것이다. 반면, 성공을 불안정한 것(예: "나는 운이 좋아서 시험을 잘 본 거야.")에 귀인한다면, 학생은 미래에 잘 해낼 것이라고 기대하지 않을 것이다. 즉, 실패에 대해 불안정하고 통제 가능한 원인에 귀인하는 것이 보다 적응적이다. 예를 들어, 시험에서 실패했을 때 해당 과목을 공부하지 않은 것(노력 부족)에 귀인을 돌리는 것이 좋다. 부족한 공부량은 변화될 수 있고, 학생이 통제할 수 있다.

즉, 학생은 다음 시험을 위해 앞으로 노력하는 한 더 나아질 수 있을 것이라고 기대할 수 있다. 이러한 관점에서 실패를 안정적이고 내적이며 통제 불가능한 원인으로(예: "나는 수학에 소질이 없어서 실패했다.") 귀인하는 것은 성공에 대한 기대를 하는 데에 해롭다.

귀인 판단은 실제적이고 미래의 결과에 따라 손상되지 않아야 그 효과가 지속된다. 만약 어떤 학생이 자신의 성공을 능력 때문이라고 생각하고 동기가 향상되는 효과를 얻자마자, 곧 어려움에 봉착한다면 귀인의 긍정적 기능은 사라질 것이다. 마찬가지로

| 응용연구 3-1 |

성공하는 사람들은 자신이 높은 능력을 가졌다고 믿을까?

대부분 그렇다. 그들은 성공을 여러 번 경험했고, 많은 사람들에게 훌륭하다는 평가를 들어 왔다. 그러나 더 중요한 질문은 왜 그들은 스스로 높은 능력을 가졌다고 생각하게 되었으며, 어떻게 자신의 능력을 유지하고 발전시킬 수 있다고 믿게 되었느냐 하는 것이다. 이에 대한 답은 귀인과 관련되어 있다.

성공한 사람들은 흔히 성공하기 위해서는 능력 이상의 것이 필요하다고 입을 모아 말한다. 그들은 열심히 일하는 것의 가치를 강조한다. 비즈니스, 스포츠, 교육 등 다양한 직업에 종사하는 최고의 사람들은 전형적으로 늦은 시간까지 일하고, 더 많이 연습하고, 다른 사람의 조언을 구하기도 하며, 자신의 일을 해내기 위한 더 좋은 방법을 찾아본다. 귀인 연구자들은 능력과 노력을 강조하면서 성공귀인의 가치를 입증한다(예: "나는 이런 것을 잘해. 또한 난 열심히 일하지."). 성공한 사람들은 자신이 열심히 노력함으로써, 자신의 능력을 향상시킬 수 있다고 믿는다. 또한 그들이 실패했을 때는 변화 가능한 요인 때문에 실패했다고 믿는다(예: "난 이번에 전략을 잘못 썼어. 다음 번엔 더 좋은 전략을 알아내야겠다.").

짚고 넘어가야 할 것은, 비록 자신이 훌륭한 능력을 가졌다고 믿는 것이 동기를 촉진시키기는 하지만 능력을 지나치게 강조하면 실제 동기를 저하시킬 수도 있다는 점이다. 왜냐하면 성공하기 위해서 최선을 다해 노력할 필요가 없다고 생각할 수도 있기 때문이다. 스포츠에서 진 팀이 상대 팀보다 훨씬 우월하다고 믿고 있는 경우 종종 다툼이 일어난다. 능력에 대한 귀인이 강하지만 지나치게 높지 않은 것이 동기를 발전시킬 가능성을 높인다.

실패를 노력 부족에 귀인한 학생이 열심히 노력했는데도 실패한다면 그 학생은 더 이상 노력을 지속하지 않을 것이다. Försterling과 Morgenstern(2002)이 발견한 바에 의하면, 실제적인 능력 평가가 사람들로 하여금 과제를 수행하는 데 적정한 시간을 분배하도록 하기 때문에 가장 좋은 수행 효과를 낸다. 이는 자신의 능력이 우수하다고 지각하면 적은 시간을, 능력이 미흡하다고 지각하면 긴 시간을 배분하는 것이 가능하기 때문이다. 반면, 비현실적으로 능력을 지각하면 분별 없이 시간을 배분한다. 따라서 현실적인 귀인이 동기에 미치는 긍정적 기능은 아무리 강조해도 지나치지 않을 것이다. | 응용연구 3-1 |은 이 점에 대해 추가적인 정보를 제공하고 있다.

성공에 대한 기대와 귀인 차원의 관계에 대해선 많은 연구들이 이루어져 왔다. 소재 차원과 달리 안정성 차원은 미래의 성공에 대한 기대와 훨씬 더 밀접하게 연관되어 있다(Weiner, 1986). 발생한 결과에 대해 형성한 귀인이 안정적인 것으로 분류될 때, 사람들은 미래에도 같은 결과가 나타날 것이라고 기대한다는 것이다. 반대로 안정적이지 않은 것으로 귀인하면, 다음 번 결과는 바뀔 수도 있다고 기대한다. Weiner(1986)는 연구들을 종합하여 하나의 기대 원리와 이에 따른 세 가지 추론을 제안하고 있다.

기대 원리(Expectancy principle): 사건의 원인에 대한 안정성에 따라 성공에 대한 기대가 변화한다.

- **추론** 1: 만약 사건의 결과가 안정적인 원인에 의한 것이라고 귀인한다면, 미래에도 동일한 결과를 예상하는 기대와 확신이 증가할 것이다.
- **추론** 2: 만약 사건의 결과가 불안정한 원인에 의한 것이라고 귀인한다면, 결과에 대한 기대나 확신은 변하지 않거나, 미래는 과거와 다를 것이라고 예상할 것이다.
- **추론** 3: 안정적인 원인에 귀인하면, 불안정한 원인에 귀인하는 것보다 그 결과가 미래에 다시 일어날 것이라고 더 확실하게 예상할 것이다.

예를 들어, 만약 어떤 학생이 수강과정이나 시험에서 성공할 것이 해당 내용에 대한 자신의 소질(안정적인 원인) 때문이라고 귀인한다면, 그는 아마 비슷한 내용의 다른 수강과정이나 시험에서도 잘 해낼 것이라고 기대할 것이다(미래 성공 기대에 대한 높은 확실성). 이와 유사하게 교사가 교수행위라는 자신의 소질로 인하여 수업이 성공적이었다고 귀인한다면 자신이 미래에도 학생들을 성공적으로 가르칠 수 있을 것이라고 기대할 것이다. 마찬가지로 실패의 원인을 적성의 부족으로 귀인하는 학생이나 교사들은 미래에도 실패할 것이라고 예상할 것이다(추론 1과 3). 반대로, 학생들이 단지 운이 좋아서 결과가 좋았다는 식의 불안정적인 원인에 귀인한다면 안정적인 원인으로 귀인하는 사람들보다 성공에 대한 기대가 낮아질 것이다. 초보 교사들이 수업을 잘 이끈 원인을 초심자의 운 혹은 좋은 학생을 맡은 덕분으로 돌리는 경우에 적용한다면, 이 교사는 다음 해 수업이 반드시 성공적일 것이라 기대하지 않을 것이다(추론 2, 3). 즉, 추론 1, 2, 3에서는 결과(성공/실패), 귀인 차원(안정성/불안정성), 미래 성공에 대한 기대라는 세 가지 변인을 고려하여 그 의미를 살펴보아야 한다.

여기서 꼭 기억해야 할 점은 미래에 대한 기대에 영향을 주는 것은 지각하는 사람이 안정성에 따른 귀인을 어떻게 분류하느냐에 달려 있다는 것이다. 따라서 능력은 보통 안정적인 것으로, 노력은 불안정적인 것으로 분류된다 할지라도 미래 기대에서 가장 중요한 것은 사람들이 그 귀인의 안정성을 어떻게 지각하는가라는 점이다. 예를 들어, 학생들이 수학시험에서의 실패 원인을 능력에 귀인하더라도 수학 능력은 불안정한 것이라서 학습을 통해 변화시킬 수 있다고 지각한다면, 이 귀인은 미래의 수학 성취에 대한 기대에 해로운 영향을 미치지 않을 것이다. 하지만 수학 능력이 안정적이고 변화하지 않는다고 지각하는 경우에는 악영향을 줄 것이다.

더 나아가 문화비교연구에 따르면, 서로 다른 문화권에서는 귀인들을 다른 차원으로 분류하는 경향이 있다. Holloway(1988)는 귀인의 내적-외적 차원은 문화마다 다소 다르게 작용하기 때문에 가족이나 가정이 1차 사회집단 단위인 일본과 개인이 1차 사회집단 단위인 미국에 차이가 있을 수 있다고 주장했다. 일본과 같은 집단주의적 문화, 혹은 상호의존적인 문화의 경우에는 자신을 사회집단과 동일시하기 때문에 일반적으로 외적 귀인(예: "나는 가족이나 나의 선생님을 실망시켜 드리지 않으려고 정말 열심히 공부했어.")으로 분류되는 원인을 외적 귀인이라고 지각하지 않는다. 이와 유사하게 Weisz, Rothbaum과 Blackburn(1984)은 일본에서는 통제 가능성 차원이 서구문화에서와 같은 방식으로 작용하지 않는다고 제안한다. 이것은 서구문화가 타인과 사건들에 대한 개개인의 일차적 통제(primary control)를 강조하기 때문으로(Holloway, 1988), 타인과 사건에 적응하거나 조화로운 적응방식에 만족하는 것을 의미하는 이차적 통제(secondary control)와는 대립된다. 그러나 Fletcher와 Ward(1988)는 많은 경험적 비교문화연구가 원 분류 도식인 3차원 모형을 지지한다고 밝혔다. 따라서 분류의 기준이 되는 [그림 3-3]에서 비록 어떤 단일 귀인이 8칸 행렬과 다른 칸에 분류된다 할지라도 3차원은 일반화할 수 있는 것으로 볼 수 있다.

서구문화권과 비서구문화권에서 이 주제에 대해 심층적 연구의 필요성이 제기되면서(Fiske, Kitayama, Markus, & Nisbett, 1988; Hong, Moriss, Chiu, & Benet-Maritinez, 2000) 다양한 관점과 모형이 등장하고 있다. 그중 일반적으로 인정되는 가정은 문화권에 따라 사람들의 지각, 추론, 사고, 동기, 행동에 각기 다른 암묵적이거나 명시적인 관점과 이론이 존재할 수 있다는 것이다. 이러한 구성주의적 관점은 같은 문화에 있는 개인들 간에도 서로 다른 이론을 가질 수 있을 뿐만 아니라 동일한 개인도 지역이나 문화의 맥락에 따라 다양한 이론들을 적용할 수 있다는 점을 시사한다. 귀인이론에 따르면 개인이 노력이나 능력에 대해 가지고 있는 신념과 안정성, 소재, 통제 가능성의 차원을 반영한 귀인들은 이러한 문화적 차이에 민감할 수밖에 없다. 귀인이론에 대한 구성주의의 일반적인 입장은 서구문화와 비서구문화에서 모두 개인마다 자신이 독특하게 세운 세 가지 차원에 의하여 귀인을 분류한다는 것이다. 그러므로 귀인에 대한 개인의 분류 도식을 이해하는 것이 가장 중요한 일일 것이다. 여기에 기대와 차원 간의 일반적인 관련성을 결합시킴으로써, 우리는 개인의 동기를 이해할 수 있게 된다.

정서와 귀인 차원의 관련성

귀인이론은 일반적인 기대-가치 모형과 관련되어 있지만, Eccles과 Wigfield의 모형(2장)처럼 획득가치이나 효용가치 같은 가치 요소를 포함하지는 않는다. Weiner(1986)의 귀인이론에서는 가치가 귀인의 결과로 나타나는 자신감, 수치심, 죄책감, 동정심과 같은 정서에 의하여 나타난다. 이런 정서들은 기대 신념과 결합되어 선택, 지속성, 성취행동을 예상 가능하게 한다. 즉, 정서란 기본적으로 귀인을 형성하는 인지적 과정의 결과물이며, 일상적으로는 우리가 어떻게 생각하느냐가 어떻게 느끼는지에 영향을 미친다고 표현할 수 있다(Weiner, 1986).

정서가 인지적인 평가 과정에 종속된다는 관점은 정서에 관한 다른 인지적 모형들과도 일치한다(Lazarus, 1991; Ortony, Clore, & Collins, 1988; Schachter & Singer, 1962). 하지만 행동과 정서가 어떤 상황에 대한 기대의 반응으로 발생하는 공통적 결과라는 Bandura의 주장은 다소 차이를 보인다. Weiner의 이론은 또한 정서가 무의식적 과정으로부터 발생한다고 보는 정신역동 모형(예: Freud의 모형) 또는 정서가 추동이나 우연적으로 발생한 강화의 결과에 의해서 나타난다고 보는 행동주의 모형(예: Skinner의 모형)과 많은 차이가 있다. 그러나 Weiner(1986)는 정서에 관한 그의 인지적 모형이 고전적으로 조건화된 정서(어릴 때 개에게 물린 경험 때문에 계속되는 공포심)처럼 인지적 평가 없이도 나타나는 정서뿐만 아니라 생리적 변화와 관련된 정서(호르몬의 작용으로 유발된 우울)도 모두 포함한다고 주장한다. 또한 Weiner는 의학적으로 우울증에 빠진 사람이 일관되게 부적응적인 설명(귀인) 유형을 나타내는 것에서 볼 수 있듯이 정서가 인지에 영향을 미칠 수 있음을 밝혔다(Peterson et al., 1993). 그럼에도 불구하고 그는 정서에 영향을 미치는 주된 요인 중의 하나는 우리에게 발생한 사건을 우리가 어떻게 지각하고 생각하는지에 달려 있다고 가정한다(Weiner, 1986).

한편, 귀인이론에서는 어떤 정서들이 인지적 평가 과정의 함수가 아니라고 본다. 이런 정서들은 어떤 과제에 대한 성패 결과의 함수인 '결과종속적 정서(outcome dependent emotions)'라고 한다. 일반적으로 이런 결과종속적 정서들은 가장 기본이 되는 긍정적 혹은 부정적 감정들로 결과와 연결되어 있다. 예를 들어, 사람들은 일반적으로 시험에서 좋은 결과를 얻었을 때나 자신의 일에서 성공했을 때, 또는 운동경기에서 훌륭한 수행을 해냈을 때에 행복을 느끼며, 반대로 같은 상황에서 좋지 못한 성과를 보였을 경우에는 슬픔이나 좌절을 느낀다. 이러한 단순한 감정들은 인지적 평가 없이 실제적인 결과에 의해서 자동적으로 발생하는 것이다. 그렇지만 귀인이론에 의하면 사람들은 귀인분석을 실시한 이후에야 더 복잡한 정서를 실제로 경험할 수 있다.

[그림 3-4]는 원인 차원, 정서, 행동 결과들 간의 관계에 대한 기초적인 귀인 모형

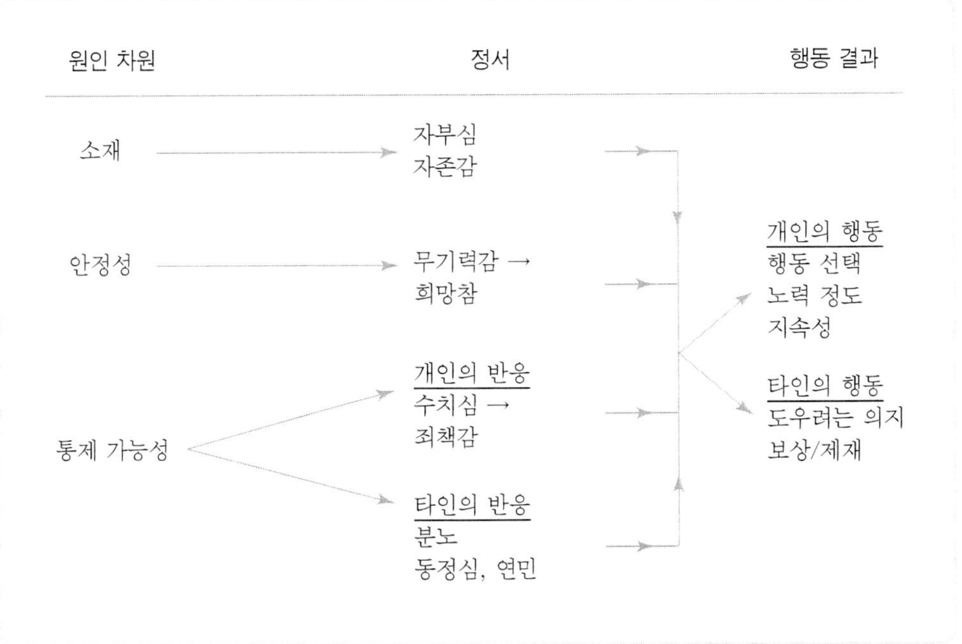

그림 3-4 **원인 차원, 정서, 행동 결과 간의 관계**

출처: Weiner(1994)로부터 수정함.

이다. 귀인이론의 논리에 따르면 정서를 발생시키는 것은 귀인 하나만이 아니라, 소재, 안정성, 통제 가능성이라는 세 가지 차원이다. Weiner(1986)는 여러 연구 결과들을 기반으로 모형을 제시하였는데, 예를 들면 사람들이 어떤 상황에 대한 이야기나 삽화를 보고 그들이 어떻게 느꼈는지, 혹은 그와 같은 상황에서 다른 사람들은 어떻게 느낄지를 보고하도록 한 연구가 있다. 일부 연구에서는 사람들에게 분노나 동정심, 죄책감, 자신감을 느낀 시기에 대해 생각해 보도록 요구하면서, 이런 자기생성사건(self-generated events)에 대해서 어떤 인과적 차원을 적용할 수 있을지 평정하도록 하였다(Weiner, 1986).

하지만 인지적 과정을 보다 요구하는 연구의 특성상 실제 정서를 환기시키기보다는 단순히 정서에 대한 기억이나 인지에 동반되는 기억을 표현했을 가능성은 유념해야 할 것이다. 연구에 참가한 사람들이 실제로 어떠한 정서를 느꼈는지는 정확하지 않다. 오히려 그들은 정서에 대한 자신의 인지 혹은 암묵적 이론을 보고했으므로 귀인과 정서의 관계는 귀인과 미래 기대 신념의 관계처럼 직접적이지는 않을 것이다. 귀인이 정서의 생성에 중요한 역할을 하는 것은 분명하지만 귀인과 정서의 관계에 대한 보다 많은 연구들이 필요하다.

소재 차원과 정서

[그림 3-4]에서 볼 수 있듯이, 소재 차원은 자부심과 자존감, 혹은 자기가치의 정서와 관련이 있다(Weiner, 1986, 1994). 사람들이 성공 경험을 내적 원인 때문이라고 귀인한다면, 성공을 자랑스러워하며 자기가치를 상승시키는 경향이 있다. 그런데 실패를 내적 원인으로 귀인한다면, 대개 자존감이 떨어지는 결과를 낳는다. 교사들은 학생들이 좋은 성과를 내지 못했을 때 그 원인을 능력 부족 때문이라고 하기보다는 과제가 너무 어려워서 그런 것이라고 설명하여 학생의 자존감이 저하되지 않도록 도와줄 수 있다. 운동 경기에서 실패했을 경우에도 함께 참여한 동료들이나 코치, 부모님과 같은 사람들이 그 원인을 외부(예: "오늘은 바람이 너무 셌어. 그래서 네가 잘못 판단하고 날아오는 공을 떨어뜨린 거야.")로 돌림으로써 자존감을 유지하도록 도움을 줄 수 있다. Weiner(1986)는 인간관계와 관련된 상황(예: 데이트 신청)을 다룬 연구를 통해 대부분의 사람들은 만약 데이트 거절의 이유를 내적 원인에 둔다면(예: "나는 너랑 데이트하기 싫어. 왜냐하면, 너는 외모적으로 매력이 전혀 없으니까."), 상대방의 자존감에 상처를 줄 것이라고 생각한다. 따라서 많은 사람들은 사실을 말하기보다는 거절당하는 사람의 자존감을 지켜 주기 위해서 다른 핑계를 만든다고(예: "회의에 참석해야 합니다.") 제시하였다.

안정성 차원과 정서

안정성 차원은 미래 성공에 대한 가치와의 연관성처럼, 희망이나 절망과 같은 정서와 연관된다. Weiner(1986)의 기대 원리(후에 논할 것이다)에 의하면, 결과에 대한 귀인을 안정한 원인에 둘 경우에는 미래에도 같은 결과가 일어날 것이라고 기대한다. 반면, 결과에 대한 귀인을 불안정적인 원인에 둘 경우에는 미래의 결과가 이전과는 다를 것이라고 기대하게 된다. 이 원리를 정서에 적용하여 실패의 원인을 안정적 원인에 귀인하면, 자포자기하는 감정을 낳게 된다. 예를 들어, 시험에 떨어진 것을 능력 부족 때문이라고 믿는 학생들은 능력이 변할 수 없다고 믿기 때문에 미래에 더 잘할 희망이 전혀 없다고 느끼게 된다. 반대로, 시합에서 진 것을 훈련이나 준비 부족 때문이라고 믿는 운동선수들은 다음 시합에서 더 잘할 수 있다는 희망을 여전히 가지게 된다. 왜냐하면 훈련이나 준비는 변할 수 있는 것이기 때문이다. 안정성 차원과 정서의 관계에 대한 연구는 통제 가능성과 정서의 관계에 대한 연구에 비해 많지 않은 것이 사실이다. 그러나 Weiner, Russell과 Lehman(1978)은 실패에 대해 내적이고 안정적인 귀인은 무기력감, 우울, 절망과 같은 정서를 야기할 수 있다는 많은 증거를 제시하였다.

통제 가능성 차원과 정서

통제 가능성 차원과 정서에 대한 연구는 개인이 자기 자신의 수행에 대한 반응으로 경험하는 정서와 타인의 수행에 대해 평가하고 반응함으로써 경험하는 정서 모두에 초점을 둔다. 자신의 수행에 대한 개인적인 반응을 다룬 연구들은 개인적인 통제 가능성이 수치심이나 죄책감과 연관되어 있다고 말한다(Weiner, 1986). Weiner(1994)는 통제 가능성이 개인적 책임감과 연관되어 있다고 주장한다. 만약 원인이 통제 가능한 것처럼 보인다면 사람들은 책임감을 느끼게 되는 반면에, 통제 불가능한 원인에 대해서는 책임감을 덜 느끼게 된다. 일반적으로 통제 불가능하다고 분류될 수 있는 능력에 실패의 원인을 귀인한다면 그 결과로 수치심이나 당황, 혐오감을 느낀다(Brown & Weiner, 1984; Covington & Omelich, 1979). 게다가 이런 부정적이고 수치심과 관련된 정서는 아마도 개인의 과제 몰입이나 수행 수준을 감소시킬 것이다([그림 3-4]).

예를 들어, 과학시험에서 실패하고 그 원인이 통제 불가능한 능력 부족 때문이라고 믿는 학생은 자신의 실패에 당황할 것이고, 향후 과학과 관련된 수업을 선택하지 않을 뿐만 아니라 현재 과학 수업의 수행에도 부정적인 영향을 미칠 것이다. 반대로, 학생이 실패의 귀인을 통제 가능한 자신의 노력 부족으로 돌린다면, 자신의 노력 부족과 저조한 수행결과에 대해 죄책감(혹은 후회나 양심의 가책과 같은 죄의식과 관련된 감정)을 느낄 것이다(Weiner, 1994). 이러한 죄책감은 다음 시험에서 많은 노력을 기울이게 하여 수행의 향상을 이끌 것이다. 물론 어떤 학생들은 그들의 수행 원인이 개인적으로 통제 가능한 것으로 보인다 할지라도 죄책감을 느끼지 않을지도 모르지만, Weiner(1986)는 일단 죄책감을 경험하게 되면 책임감과 관련된 요소들을 느끼게 된다고 주장한다. 예를 들어, 학생들이 시험에 실패해서 부모가 낙심했을 때 죄책감을 느낀다거나, 시험 중 부정행위를 들켰을 때 수치스러워하거나, 또는 거짓말을 했을 때 양심의 가책을 느끼게 되는데, 이런 상황은 대부분 개인적으로 통제 가능한 것으로 지각한다(Graham, Doubleday, & Guarino, 1984; Weiner, Graham, & Chandler, 1982).

타인에 대한 반응 또한 [그림 3-4]에서 살펴볼 수 있는데, 이것은 통제 가능성 차원에서 시작하여 분노와 동정심의 정서를 거쳐 행동 결과로 이어지는 경로로 나타낼 수 있다. 평가자가 대상자의 수행을 판단할 때 느끼는 정서와 반응에 대한 귀인분석은, 교사와 학생 간 상호작용에 적용되어 교사가 학생의 수행에 대해 반응하고 평가할 때 반영된다. 실제로 많은 실험실 연구들은 참여자들에게 자신이 교사라고 상상하도록 한다. 실험 참가자들은 학생들에 대한 성격 특성과 그들의 성취수준을 가상으로 제시받은 후, 이 학생들에 대해 어떻게 판단했는지, 그리고 이들에 대해 느낀 정서와 행동적인 반응들을 보고하도록 하였다.

이런 연구들은 평가자들의 정서적이고 행동적인 반응이 통제 가능성 차원과 연관되어 있음을 보여 주었다(Weiner, 1986). 예를 들어, 학생의 시험 실패가 능력 부족과 같은 통제 불가능한 원인에 있다고 판단한 경우, 교사는 학생에게 동정심과 연민을 느끼는 것으로 나타났다. 이 경우 실패는 능력 부족에서 나타난 것이기 때문에 그 학생이 수행에 대해 책임이 있지는 않다고 판단하기 때문이다. 타인의 수행결과가 통제 불가능한 원인으로 발생했을 때 그들에 대해 동정이나 연민의 정서를 느끼는 것은 개인이 행위자로서 자신의 실패가 통제 불가능한 원인에 있을 때 느끼게 되는 수치심과 서로 보완적이다(Weiner, 1994). 또한 연구에서 교사는 학생의 수행 실패가 학생의 잘못이 아니라고 생각할 때에는 학생을 처벌하지 않겠다고 보고하는 것으로 나타났다(Weiner, 1986). 더불어 Brophy와 Rohrkemper(1981)의 연구에서 교사들은 문제의 원인을 학생들이 통제할 수 없다고 생각하는 경우 더 많은 도움과 지도, 지지를 제공하는 것으로 나타났다. 즉, 문제의 원인을 반항심과 같이 학생 스스로 통제 가능한 것이라고 생각하는 경우, 교사들은 도움보다는 처벌과 위협적인 반응을 더 많이 하게 되는 것으로 보인다. 도움 행위에 대한 다른 연구들(Barnes, Ickes, & Kidd, 1979;

Weiner, 1980a, 1980b)은 동료들 간에도 유사한 양상이 나타난다는 것을 보여 주었다. 예컨대, 대학생들은 해변에 놀러 가느라 수업에 빠진(통제 가능한 원인) 친구보다는 질병(통제 불가능한 원인) 때문에 수업에 빠진 친구에게 노트 필기를 더 잘 빌려 주는 경향이 있었다.

타인이 실패한 것이 통제 불가능한 원인 때문이라고 생각하는 경우에는 연민과 같은 긍정적인 정서가 유발될 뿐만 아니라 도움을 주거나 처벌하지 않는 등의 긍정적인 행동이 나타나는 반면, 실패하게 된 원인이 통제 가능한 것이었다고 생각한 경우에는 평가자들은 보통 부정적인 행동과 감정을 나타낸다. 예를 들어, 학생이 노력이 부족하여 시험에서 실패한 경우 교사나 부모가 가장 흔히 나타내는 반응은 분노다(Weiner, 1986). 교사나 부모는 노력 부족이 학생의 통제와 책임감에 달려 있다고 생각하며 학생이 그 과제에 더 열심히 노력하지 않은 것에 대해서 화를 내는 경향이 있다. 평가자가 통제 가능한 원인에 대해 느끼게 되는 분노와 같은 정서적 반응은 행위자로서 노력 부족에 대해 느끼게 되는 죄책감과 같은 정서 반응과 상보적이다. 평가자들은 노력 부족에 대해서 학생들을 더 처벌하며 도움을 주지 않으려는 경향이 있다(Weiner, 1986; Weiner & Kukla, 1970).

귀인의 차원, 경험된 정서, 그리고 이에 따르는 행동 사이의 연관성은 우리가 교실에서 학생과 교사의 감정이나 행동을 이해하는 데 도움을 준다. 비록 실제 교실 상황에서의 귀인과 정서에 대한 더 많은 연구들이 필요하겠지만, 이 연관성은 경험적인 연구들에 의해 지지받고 있다. 많은 교사들은 학생들이 과제를 잘할 수 있는데 노력하지 않아서 낮은 수행을 보이는 경우 분노하게 된다. 마찬가지로 많은 부모들, 특히 사춘기 자녀를 가진 부모들은 자녀가 능력을 지녔지만 학업 활동을 우선시하지 않고 노력하지 않는 경우 분노를 경험한다. 귀인이론을 통해서 우리는 이러한 정서 반응을 이해할 수 있는데, 특히 교사의 반응은 도움, 교수, 지원 차원에서 학생의 학습과 발달에 매우 중요한 영향을 미치기 때문에 중요하다.

책임 판단의 역할

이 장은 개인적인 성취동기에 초점을 두었지만, 사실 귀인과 통제 차원, 그리고 개인적인 책임감, 정서, 행동 결과 사이의 관계는 단지 교실 상황에서뿐만 아니라 일상생활에서도 적용할 수 있다(Weiner, 1992, 1995, 2000, 2005). 예를 들어, 복지 규정이나 실업 연금에 대한 논쟁은 전형적으로 통제 가능성과 개인적 책임감에 대한 인식과 관련시킬 수 있다. 정부의 연금 확대를 선호하는 사람들은 연금에 대한 개인적 필요를 나쁜 경제 상황, 교육 시설의 부족, 그리고 인종 및 계급 차별 등 개인이 통제할 수 없는 원인으로 귀인한다. 반대로, 연금의 축소를 선호하는 사람들은 그 문제를 개인적인 노력, 습관적인 게으름, 학습 기피 등의 통제 가능한 요인들로 귀인하는 경향이 있다.

또한 Weiner(1986, 1992, 1995)는 통제 가능성과 개인적 책임감과 관련된 이러한 역할이 가석방 결정, 의료적 결정, 에이즈 환자에 대한 반응, 비만이나 알코올 중독, 공격성, 결혼생활 부적응에서 어떠한 역할을 담당하는지를 제시하였다. 예를 들어, 사람들은 알코올 중독자, 비만증 환자, 에이즈 환자의 발생 원인을 위험한 성관계, 과식과 운동 부족, 과음과 같은 통제 가능한 것으로 지각하기보다는 수혈에 의한 에이즈 감염, 갑상선 문제에 의한 비만, 유전적 경향에 따른 알코올 중독 등 통제 불가능한 것으로 지각하였을 때 보다 긍정적으로 반응한다. Weiner(1992)는 또한 정신건강 전문가들은 환자 상태의 원인이 개인적인 책임과 관련된 경우를, 반면 의사들은 환자 상태의 원인이 개인적으로 통제 불가능한 것과 관련된 경우를 자신들의 치료 영역으로 간주하는 경향이 있다고 지적한다. 결혼생활에서는 저녁식사에 늦거나 중요한 가족모임에 빠지는 등의 부정적인 사건이 생겼을 때, 그 원인을 교통체증과 같은 통제 불가능한 것이 아니라, 늦게까지 일하기로 결정한 것과 같은 통제 가능한 것으로 여긴다면 불화가 생길 수 있다. 또한 과실에 의한 공격적 행동, 예를 들면 인파가 붐비는 거리에서 타인과 부딪치는 것과 같은 행동은 분노나 보복심을 야기하지 않지만, 의도적인 공격적 행동(고의로 남을 밀치는 것)은 분노와 복수심을 낳는다.

[그림 3-5]는 성취와 사회적 맥락에서 책임 판단의 역할을 요약해서 나타내 준다. 첫째 열에는 사건들이 나열되고, 사람들의 반응에 따른 결과와 사건의 발생 원인이 제시된다. 예를 들어, 성취 실패, AIDS나 비만이라고 오명을 쓰는 상황, 음주나 학업 문제로 도움이 필요한 상황 등 모든 사건은 [그림 3-5]에서 제시된 귀인 유형들을 형성할 수 있다. 그림 상단의 귀인들은 개인이 통제 가능한 것으로, 학생은 노력이 부족해서 성취에 실패한 것이고, 위험한 성관계 때문에 AIDS에 걸린 것이며, 운동을 하지 않고 과식했기 때문에 비만이 되었고, 술을 마시기로 결정했기 때문에 음주 문제를 겪고 있는 것이다. 동시에 의도적으로 공격한 행위는 통제 가능한 것으로 보이기 때문에 개인은 이 행동들에 대해 책임을 져야 하고 때로는 타인의 분노를 발생시키기도 한다.

행동적 결과에 관하여, 교사나 부모는 학생들의 노력이 부족했기 때문에 학생에게 실패의 책임이 있다고 판단하여 보통 분노를 나타내고 학생을 질책할 것이다. AIDS나 비만의 책임이 개인에게 있다고 생각되면 제재를 받는다. 음주나 학업 관련 문제

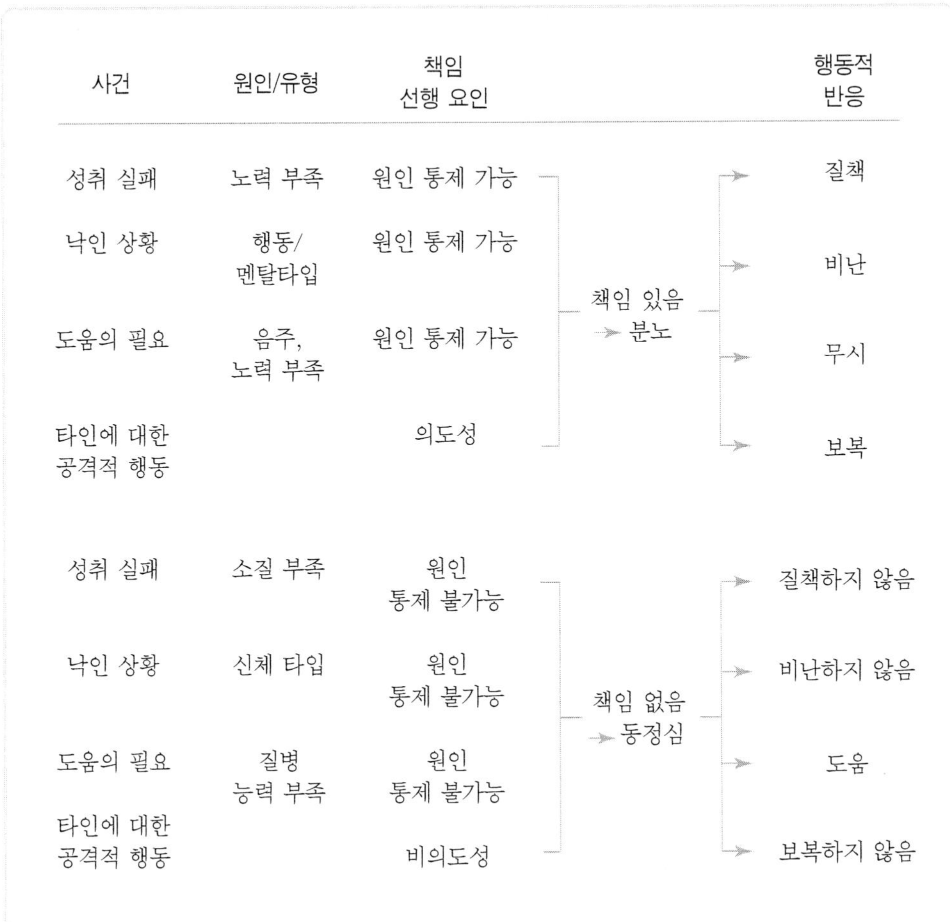

그림 3-5 **사건, 귀인, 책임 판단, 결과 간의 관계 요약**

출처: Weiner, B. (1995). *Judgment of Responsibility: A Foundation for a Theory of Social Conduct*. New York: Guilford Press. 저자 허락하에 수정함.

로 도움이 필요한 경우, 해당 문제가 의도적 혹은 의지적 행동 때문인 것으로 보인다면 그들은 도움을 받지 못하거나 무시될 것이다. 또한 의도적인 공격적 행동은 대개 분노와 일종의 보복을 유발한다([그림 3-5] 참조). 반면, 문제의 원인을 개인에게 책임이 있는 것으로 보지 않고 통제 불가능한 것이라 인식하면 [그림 3-5]의 하부에 나타난 것처럼 정서적이고 행동적인 역학이 다른 양상으로 나타난다. 학습장애나 신체적 문제와 같은 특별한 문제나 능력 부족과 같은 통제 불가능한 원인 때문에 학업에서 실패한 학생은 교사나 부모에게 분노가 아닌 동정심을 유발시키며 일반적으로 처벌받지 않고 도움을 받는다.

[그림 3-5]의 하단에 제시된 사건들 또한 책임 판단의 유사한 양상을 보여 준다.

Weiner(1995)는 누군가 수혈을 잘못 받아서 AIDS에 걸렸거나 의학적인 문제로 비만인 경우, 혹은 질병 때문에 도움이 필요한 경우에 다른 사람들은 그 사람에게 개인적 책임이 없는 것으로 여기며 동정을 하게 된다고 말한다. 게다가 책임이 없다고 인정을 받으면 처벌과 비난에서 벗어나 도움을 더 받게 되는 경향이 있다. 또한 공격적 행동을 비의도적인 것으로 여긴다면 보통 처벌이 따르지 않는다([그림 3-5] 참조).

이와 같이 개인의 성취와 사회적 행동의 역학을 통합함으로써 상당히 이질적인 사건들과 이에 대한 사람들의 반응을 하나의 이론적이고 개념적인 틀 아래에 통합시켰다. 그 결과, 어떻게 사람들이 자신의 개인적인 성공과 실패에 대해 생각하는지, 그리고 어떤 사람들은 실패했을 때 부적응적인 방식으로 고군분투하는 반면, 다른 사람들은 어떻게 실패를 극복하여 생산적이고 적응적인 방식으로 성취를 이루는지에 대해 이해할 수 있도록 한다. 더불어 교사와 부모와 같은 타인의 정서적이고 행동적인 반응에 대한 통찰력을 제공하여 다른 사람을 돕기 위한 방안에 대한 시사점을 제공한다.

귀인에서의 발달 및 집단 차이

귀인이론에 있어서 발달과 집단에 따른 차이에 대한 연구는 두 가지 일반적인 질문에 초점을 맞추어 왔다. 첫째, 아동과 성인, 여성과 남성, 혹은 소수집단과 비소수집단 학생들이 귀인적인 추론을 형성할 때 사용하는 정보처리 단서나 정보처리전략에 차이가 존재하는가? 둘째, 귀인의 차원이 갖는 '의미'와 귀인 내용, 그리고 이들과 성공에 대한 기대 간의 연관성과 관련하여 발달 또는 집단 차이가 존재하는가?

발달 차이

발달적인 관점에서 진행된 연구들에서는 연령에 따라 귀인이론의 적용이 달라진다는 점을 제안했다(Blumenfeld et al., 1982; Kassin & Pryor, 1985; Nicholls, 1990). 아동과 성인이 귀인을 형성할 때 사용하는 정적 단서, 내용 지식, 그리고 추론 도식의 방식에서 발달 차이가 존재한다([그림 3-1]에서 1열과 2열). 다양한 차원으로 분석한 귀인들에 대한 심리학적 의미에도 발달 차이가 있는 것으로 보인다([그림 3-1]에서 3열과 4열). 한편, 아동과 성인의 귀인후과정에서의 차이는 서로 다른 맥락에 노출되었기 때문에 일부 발생한다.

단서에 근거한 정보처리에서의 차이는 이 장의 앞에서 논의했던 인과관계에 대한 일반적인 원리를 따르는 아동의 능력과 관련이 있다. Kassin과 Pryor(1985)는 심지어 약 3세 정도의 매우 어린아이들도 인과관계를 추론할 때, 원인이 먼저 발생한다는 순서 우선 법칙(ordinal priority rule)을 따른다고 주장했다. 또한 3세 정도의 어린아이들은 원인과 결과가 시간과 공간적으로 인접한다는 공간-시간적인 인접성의 원리를 따른다. 동시에 이전에 논의되었던 세 번째 원리로서, 아동들은 명백하게 두드러지는 자극을 다른 자극보다 원인으로 인식하는 경향이 있다. 물론 성인들도 민감하지만 Kassin과 Pryor(1985)에 따르면 아동들은 오히려 이러한 자극에 더 민감하게 반응하여 사건 간의 공변화에 관한 더 밀접하고 논리적인 정보를 무시하여 부정확한 귀인을 형성하기도 한다.

이러한 일반적인 정보처리전략에서의 차이뿐만 아니라, 아동들은 귀인에 대한 내용 특수적(content-specific) 신념에 있어서도 차이를 보인다(〈표 3-3〉). 많은 연구들은 아동이 성인이 사용하는 귀인들과 같은 방식으로 의미를 부여할 수는 없다고 주장한다(Blumenfeld et al., 1982; Blumenfeld, Pintrich, & Hamilton, 1986; Dweck & Leggett, 1988; Nicholls, 1990). 즉, 능력과 노력, 운, 과제 난이도를 소재, 통제, 안정성이라는 일반적인 세 가지 차원에 따라 규준적으로 분류하는 것이 아동에게는 유효하지 않다는 것이다. 귀인에 대한 심리적 의미의 차이로 성공에 대한 기대와 정서에 차이가 나타날 수 있다.

아동과 성인이 노력과 능력, 그리고 둘의 공변화를 이해하는 데에는 당연히 발달차가 존재한다(Nicholls, 1990). 서구문화권의 성인들은 노력과 능력을 두 가지 유형의 관계에 기초하여 이해한다. 첫째, 대부분 노력과 능력이 서로 반대로 작용한다고 이해한다. 즉, 능력이 좋으면 노력은 덜 필요하고, 많은 노력을 요구한다는 것은 능력이 부족하다는 것을 의미한다. 둘째, 성인들은 대체로 '능력이 곧 가능성' 이라는 신념을 가지고 있다. 즉, 열심히 노력하면 어느 정도는 성공할 수 있지만 능력에 한계가 있으므로 노력만으로는 일정 정도 이상의 성공이 불가능하다고 믿는다. 이는 능력이 안정적이고 변화하지 않으며 통제 불가능한 개인의 특질이라는 신념을 나타내며, 그 결과 성인들은 능력을 내적이고 안정적이며 통제 불가능한 차원으로 분류한다. 그러나 아동들에게서는 이러한 믿음이 나타나지 않았으며 아동들은 대체로 능력을 점점 증가하는 변화 가능한 것으로 보는 경향이 있었다(Dweck & Leggett, 1988).

Nicholls(1978, 1990)는 노력과 능력에 대한 신념의 발달을 네 수준으로 정리하였다. 첫째 수준은 노력과 능력의 결과를 동등하게 여기는 만 6세 이전 아동의 신념이다. 이

표 3-3 ▶▶ 능력, 노력, 난이도, 운에 대한 아동의 개념에서 나타나는 발달차

능력과 노력의 차이	능력과 난이도의 차이	능력과 운의 차이
1. 노력이나 결과는 능력이다(만 3~5세). 더 열심히 한 사람이 똑똑한 사람이다. 더 높은 점수를 받은 사람은 더 노력한 것이고 더 똑똑한 것이다.	1. 자기중심적(만 3~5세) 과제 난이도는 개인의 성공 능력에 관련 있다. '어렵다'는 것은 '나에게 어렵다'는 것과 '나는 이것을 잘 못한다'는 것을 의미한다.	1. 운과 기술은 다르지 않다(만 3~5세). 운과 기회에 의해 좌우되는 과제는 기술을 요구하는 과제보다 쉽거나 노력을 덜 요구하는 것처럼 보인다.
2. 노력은 결과의 원인이다(만 6~8세). 똑같이 열심히 한 사람은 능력에 상관없이 똑같은 결과를 얻는다.	2. 객관적(만 5~6세) 과제 난이도의 수준은 성공한 개인의 수준과는 독립적인 것으로 볼 수 있다. 그러나 실패 귀인은 여전히 낮은 능력과 높은 과제 난이도가 결합되어 있다. 즉, '이건 어려워'라는 것은 여전히 '난 이 분야에선 똑똑하지 못해'라는 의미다.	2. 기술과 운은 부분적으로 다르지만, 불명확한 기반에 의한 것이다(만 6~8세). 노력은 두 과제 모두에서 과제 수행을 향상시킬 것으로 기대되지만, 기술 과제는 노력에 더 영향을 받는 것처럼 보인다.
3. 노력과 능력은 부분적으로 다르다(만 9~10세). 똑같이 열심히 한 사람이라 할지라도 능력에 따라 똑같은 결과를 얻지 못할 수도 있다. 그러나 이 원리를 체계적으로 따르지는 않는다.	3. 규준적(만 7세까지) 능력과 과제 난이도는 다른 사람의 성공 비율의 관점에서 구분된다. 성공한 사람이 거의 없는 과제는 더 어렵고 더 많은 능력을 요구하며, '어렵다'는 것은 '이것은 나에게 어렵다'는 것과 다른 의미다.	3. 기술과 운은 부분적으로 다르지만, 그 기준이 명시적이진 않다(만 9~10세). 노력은 여전히 과제 수행을 향상시킬 것으로 기대되지만, 기술 과제는 노력에 더 영향을 받는 것처럼 보인다. 왜냐하면 개인은 기술 과제에서 검사 자극을 비교할 수 있기 때문이다.
4. 능력은 역량이다(만 12~13세). 능력과 노력은 분리되어 있고 함께 변화할 수도 있다. 능력 수준은 역량을 제한할 수 있고 따라서 노력이 강요될 수 있다. 만약 능력이 낮다면, 노력 수준에 상관없이 결과에도 제한이 가해진다. 또한 결과가 같다 하더라도 낮은 노력은 높은 능력을 의미한다.		4. 기술과 운은 충분히 다르다(만 12~13세). 노력은 운에 좌우되는 과제의 결과에 영향을 미칠 수 없고, 반면에 노력은 기술이 필요한 과제의 수행에 영향을 미칠 수 있다.

출처: Nicholls(1990)로부터 수정함.

경우 아동은 능력, 노력, 결과를 구분하지 못한다. 과제에서의 성공은 열심히 했다는 것과 능력이 있다는 것을 의미한다. 열심히 했는데 타인들처럼 잘 해내지 못했다고 하더라도 아동은 여전히 열심히 하는 것이 열심히 하지 않는 사람들보다는 똑똑한 것이라고 생각한다. 둘째 수준은 아동이 학교에 다니기 시작하는 만 6세에 나타나며, 노력과 결과를 구분하기 시작한다. 아동은 노력과 능력은 긍정적으로 함께 변화할 것이라고 기대하며 열심히 노력한 사람은 그렇지 않은 사람보다 더 성공할 것이라 생각한다. 만약 사람들이 똑같이 열심히 했다면 똑같은 결과를 얻어야 한다. 그러나 노력의 정도에 차이가 있었지만 그 결과가 같았을 때 아동은 덜 열심히 했지만 같은 결과를 얻은 사람은 일정 기간 동안 정말 열심히 했기 때문이며, 더 열심히 하고도 같은 결과를 얻은 사람은 그들의 노력이 잘못 적용되었다(열심히 빨리 일했지만 실수를 한 것)고 생각한다.

셋째 수준은 만 8세 정도에 나타나며 아동은 노력과 능력을 구분하기 시작한다. 아동은 덜 열심히 했지만 같은 결과를 얻은 학생은 더 똑똑하거나 더 잘하는 것이라고 믿는다. 그러나 이 수준에 있는 아동은 체계적으로 구분하지는 못하며 여전히 똑같이 열심히 일한 사람은 능력과 상관없이 똑같은 결과를 얻어야 한다고 생각한다. 마지막으로, 넷째 수준은 만 13세 정도에 나타나며 성인처럼 가능성으로서의 능력 개념을 가지고 노력과 능력을 분명히 구분한다. 능력이 부족하면 성공적인 결과를 얻기 위해 많은 노력을 필요로 하며, 능력이 우수하고 동시에 노력을 많이 할 때 수행 수준을 높일 수 있다고 믿는다(Nicholls, 1990).

Nicholls와 Miller(1983, 1985)는 과제 난이도와 능력 간의 관계와 운과 능력 간의 관계에 대한 아동의 이해 역시 나이에 따라 변화함을 보여 주었다(〈표 3-3〉). 능력과 과제 난이도를 구별하여 생각하는 것은 자기중심적인 수준에서 객관적인 규준을 따르는 발달적 순서를 반영하는 것으로 보인다(Nicholls & Miller, 1983). 대략 3~5세 정도의 자기중심적 수준에 있는 아동은 과제 난이도를 자신들의 능력에 비례하는 것으로 본다. 만약 그들이 과제를 할 수 있으면 그 과제는 '쉬운' 것이고 그 과제를 할 수 없으면 그 과제는 '어려운' 것이다. 게다가 과제가 쉬우면 그들은 그 과제를 잘하거나 똑똑하다고 생각하며, 과제가 어려우면 자신이 과제를 잘하지 못하거나 똑똑하지 않다고 생각한다. 자기중심적인 관점에 따라 아동은 다른 아동이 그 과제를 잘할 수 있는지의 여부에 근거한 규준이 되는 정보를 고려하지 않는다. 즉, 다른 아동들이 그 과제를 할 수 있는지에 대한 것을 고려하지 않고 자신의 수행 수준에 중점을 두는 자기중심적 관점에서 과제 난이도와 능력에 대한 혼동이 비롯된다.

만 5~6세 정도가 되어서야 아동은 과제의 성격(많은 연구에서 다양한 퍼즐이 사용되었으며 객관적으로 어려운 과제는 더 많은 조각이 제공된 퍼즐이었다)에 따라서 과제가 더 쉽거나 더 어려울 수 있다는 것을 이해할 수 있는 객관적인 수준을 나타낸다. 그러나 객관적 수준에 있는 아동도 자신이 실패하는 이유는 과제가 어렵기 때문이라고 생각했으며 자신은 그 과제를 해낼 능력을 전혀 가지고 있지 않다고 믿었다. 즉, 여전히 과제 난이도와 능력을 혼동하고 있는 모습을 보였다. 만 7세 정도가 되면 아동은 과제 난이도로부터 능력을 분리해 낼 수 있는 것으로 보이며 어떤 과제는 모두에게 어렵고 어떤 과제는 특정 사람들에게만 어렵다는 것을 이해하면서 다른 아동과의 사회적 비교를 판단의 규준으로 사용한다. 동시에 아동들은 많은 사람들이 과제를 할 수 없기 때문에 어려운 것이라면 더 많은 능력이 필요하다는 것을 깨닫게 된다.

운과 기술의 분리 또한 일반적인 발달 양상을 따르는 것으로 보인다(Nicholls, 1990; Nicholls & Miller, 1985; Weisz, 1984). 어린아이들은 운과 관련된 과제와 기술과 관련된 과제를 구분하지 않고, 노력의 차이로 두 가지 과제가 구별된다고 생각한다. 점차로 아이들은 과제를 구분하기 시작하고, 노력이 기술과 관련된 과제에 더 도움이 된다고 믿게 된다. 만 12~13세가 되면 아동은 기술을 요구하는 기술 과제와 운에 좌우되는 과제를 분명하게 구분하고 노력에 따라 운 과제에 차이가 나타날 것이라고 생각하지 않았다. 흥미로운 점은 기술과 운을 구분하는 능력이 대체로 사춘기 초기에 나타나기는 하지만, 복권을 하거나 슬롯머신 같은 다른 모험성 게임을 하는 많은 성인들을 보면 그들도 여전히 노력이나 전략이 우승을 가져올 수 있다고 믿는다는 것이다. 그 결과, 성인은 복권에서 당첨되는 숫자를 고르거나 슬롯머신에서 손잡이를 당기는 방식에 대해 정교화된 전략을 개발하기도 한다.

아동의 정보처리전략에서의 발달차, 귀인의 분류 차원과 정의에 대한 다양성을 설명하는 제3의 요인은 환경 특성의 변화다. 교실은 학생의 지각과 귀인에 직접적인 영향을 미친다. 만약 교실 환경의 특징이 변화한다면, 발달적인 차이가 아동의 내적인 심리기제의 변화 때문에 나타나는 것인지, 교실 맥락이 달라졌기 때문에 나타나는 것인지를 결정하기 어렵게 만든다(Blumenfeld et al., 1982; Rosenholtz & Simpson, 1984). 예를 들어, 중학교의 특성에 대한 연구(Eccles & Midgley, 1989; Eccles, Midgley, Wigfield, Reuman, Mac Iver, & Feldlaufer, 1993)는 학교의 구조와 조직이 학생들의 동기 신념에 매우 큰 영향을 미치고 있다고 주장한다. 대부분의 연구에서 중학교는 사회적 비교와 학생의 능력을 강조하는 방식으로 조직되어 있으며, 초등학교에 비해 학생들에게 자율성과 통제성을 발휘할 기회를 덜 제공하는 것으로 나타났다. 중학교 시기가 내적이고 심리적인 변화와 외적이고 환경적인 변화가 상호작용하는 시기이므로,

성인과 같은 인식을 하게 되는 것은 자연스러운 현상이다. 이러한 내적이고 심리적인 변화와 외적이고 환경적인 변화의 결합으로 아동의 귀인에서의 발달차가 발생한다.

귀인이론에서의 능력, 노력, 난이도, 운에 대한 아동 신념에서의 발달 차이에는 몇몇 함축된 의미가 담겨 있다. 첫째, 소재, 통제, 안정성의 차원을 따르는 규준적인 분류에 있어서의 발달 차이는 더 어린 아동에게는 유효하지 않을 수 있다는 점을 제안한다. 특히, 능력에 대한 아동의 신념은 안정적이지 않다고 했는데, 이는 발달에 대한 일반적이고 경험적인 관점과 일치한다. 어린 아동은 끊임없이 새로운 과제에 직면하고(예: 신발 끈을 매거나 그림을 그리거나 자전거를 타는 등) 이것들을 수행하는 능력을 향상시켜 나간다. 그러므로 아동이 자신의 능력이 고정되거나 안정적인 것이라고 여기는 것이 아니라 지속적으로 증가하고 변화하는 것으로 지각하는 것은 자연스러운 일이다(Dweck & Leggett, 1988). 둘째, 귀인이론에서 능력의 안정성에 대한 지각과 관련된 문제다. 만약 능력이 안정적이지 않고 변화 가능한 것이기에 시간에 따라 향상된다면, 과제 실패를 능력으로 귀인하더라도 어린 아동은 미래에 대한 성공 기대를 낮추지 않을 것이다. 이와 같이 능력을 불안정적이고 통제 가능하며 내적인 것으로 여기는 것은 실패를 노력 부족으로 귀인하는 것과 개념적으로 동일한 것이다. 예를 들어, Nicolls의 모형에서 첫째 수준은 노력과 능력을 동일시하였다. 어린 아동은 실패의 원인을 낮은 능력에 귀인할 수 있지만 시간이 지나고 나이를 먹으면 향상될 것이라고 예상하기 때문에 여전히 미래의 성공을 기대할 수 있다.

성차와 민족적 배경의 차이

성차는 심리학에서 긴 역사를 가지고 있으며 동기 분야에서도 예외는 아니다. 성취에 대한 남녀의 동기 차이는 종종 성취에 있어서의 남녀 차이를 설명하기 위해 제안되었으며, 최근에는 남성에 비해 여성들이 수학과 과학에서 성공을 적게 나타내는 이유에 대한 설명을 제공하고 있다(Meece & Eccles, 1993).

귀인양상에서의 성차 연구들은 서로 대립되는 결과를 보이고 있다. 어떤 연구들은 여성이 성공을 외적 요인(유, 과제 난이도 등)이나 불안정한 원인(노력이나 열심히 시도하는 것 등)에 귀인하고, 실패는 능력 부족 등의 내적이고 안정적인 요소에 귀인한다는 측면에서 귀인에서의 성차가 존재함을 보여 주었다. 그러나 다른 많은 연구들은 이런 성차를 확인하지 못했다(Diener & Dweck, 1978; Dweck, Davidson, Nelson, & Enna, 1978; Dweck & Repucci, 1973; Eccles et al., 1998; Meece, Parsons, Kaczala,

Goff, & Futterman, 1982; Ruble & Martin, 1998; Sohn, 1982). Eccles과 동료들(Eccels, 1983; Eccles et al., 1998; Meece et al., 1982)은 귀인 확인의 방법론적 차이, 실제 교실 상황과 실험실 상황에서의 과제 차이, 귀인이 발생했을 때의 시간적 측정 차이(실험 연구에서 성공과 실패에 대한 피드백을 과제의 성공과 실패 전에 주었는가 후에 주었는가 등), 표본집단의 동일성(고성취자 혹은 저성취자 등) 등으로 인하여 이러한 연구들을 요약하는 것은 쉽지 않은 일이라고 결론을 내렸다. 따라서 2장에서 지적했듯이, 일반적으로 여성은 유능성에 대해 다소 부정확하고 낮은 지각과 낮은 기대를 갖지만(Eccles et al., 1998), 귀인이 이러한 성차를 가져오는 것인지는 명확하지 않다.

정보처리를 위한 단서 사용과 관련하여 민족적 차이를 다룬 초기 연구는 흑인들과 백인 간에는 정보처리단서를 사용하는 관점에서 차이가 나타난다고 보고했다. 즉, 가상의 타인을 평가할 때 백인들보다 흑인 학생들은 노력에 대한 정보처리를 덜 자주, 덜 체계적으로 사용하는 것처럼 보였다(Lipton & Garza, 1977; McMillan, 1980; Weiner & Peter, 1973). 그러나 Graham(1994)은 이 주제에 대한 최근의 더 많은 연구들은 이러한 민족차를 보여 주지 않는다고 주장했다(Whitehead, Smith, & Eichorn, 1982; Wong, Derlaga, & Colson, 1988).

학생들이 자신의 성취에 대해 내리는 귀인의 민족적 차이와 관련하여 통제소재에 대한 연구가 많이 진행되어 왔다. 통재소재는 이미 살펴본 바와 같이 성격연구에 기반을 두고 있으며, 귀인이론의 소재 및 통제와 개념적으로 일치한다. 초기 연구들은 여성에 대한 연구와 유사하게, 흑인이 외적 신념에 더 많은 점수를 주는 경향이 있다고 보았다. Graham(1994)은 아동과 성인을 포함하여 통제소재에서의 민족 차이에 대한 몇몇 논문을 정리한 결과, 어떤 차이도 발견하지 못한 연구보다는 흑인들에게서 외적 지향성을 발견한 연구들이 많았고 매우 소수의 연구들만이 흑인이 다른 민족 집단보다 내적 지향성을 나타낸다고 보고했다고 요약하였다. 그러나 Graham(1994)은 다른 성취 관련 변인들과 통제소재의 관계를 탐색한 연구들에서는 흑인의 외적 지향성이 성취에 미치는 어떤 부정적인 영향도 찾을 수가 없었다고 언급한다. 이런 연구 결과들을 통해, 그녀는 외적 지향성과 지각된 통제 불가능성은 흑인들에게 부적응적이지 않고 실제로는 적응적으로 작용하지만, 통제소재에 대한 연구들은 이러한 주제에 대해 역점을 두어 다루지 않았다고 지적한다.

한편, Graham(1994)은 학생들이 자신의 행동에 대한 귀인을 특정 과제에서의 성패에 따라 형성하도록 하는 상황적 관점의 초기 귀인이론 연구에서는 흑인이 운이나 과제 난이도 등의 외적 귀인을 더 선호하는 반면, 백인들은 노력이나 능력 등의 내적 귀인을 더 강조하는 경향이 있었다고 지적한다(Friend & Neale, 1972). 그러나 더 최근의 연구들은 흑인 학생들에게서 원인의 소재를 외적 차원에서 찾는 경향성이 나타나지 않았고, 귀인양상에서 흑인 학생과 백인 학생 간의 차이를 발견하지 못했으며 오히려 중산층 흑인은 실패를 백인 학생들과 비교하며 노력에 귀인하면서 매우 적절한 귀인양상을 가지고 있다고 보고한다(Graham, 1984; Graham & Long, 1986; Hall, Howe, Merkel, & Lederman, 1986).

요약하면, 귀인의 관점에서 흑인 학생과 백인 학생이 만드는 귀인 유형에는 유사점이 더 많은 것처럼 보인다. 그러나 민족 차이에 대한 대부분의 연구는 귀인의 내용에 집중하고 있다(Graham, 1991, 1994). 따라서 민족 차이에 대한 더 많은 연구, 특히 귀인, 귀인 차원, 기대, 그리고 정서 사이의 관계에 대한 연구를 수행할 필요가 있다.

귀인 재훈련

이 장에서 요약하여 제시한 이론과 연구들은 귀인이 성취 신념, 행동, 정서에 중요한 영향을 미친다는 것을 보여 준다. 귀인을 변화시키는 프로그램은 학생들의 성공과 실패에 대한 귀인을 변화시킴으로써 동기와 행동을 증진시키려고 시도한다. 학생들은 종종 새로운 학습자료를 배울 때 어려움을 겪는다. 어떤 학생들은 이러한 문제를 자신의 능력 부족으로 귀인하는데, 자신이 과제를 잘 해낼 능력이 없다고 믿는 학생들은 나태한 태도로 과제에 임하기 때문에 기술을 향상시키는 데 방해가 된다. 연구자들과 교사들은 이러한 귀인 양상에 속하는 학생들을 찾아내어 실패의 귀인을 능력 부족이 아닌, 노력 부족이나 부적절한 전략 사용과 같은 통제 가능한 요인으로 귀인하도록 가르쳐 왔다.

노력은 특히 주목 받아 왔는데, 이는 자신의 실패 원인을 능력 부족 때문이라고 믿는 학생들은 성공을 위해 노력을 하지 않기 때문이다. 노력이 의지에 의해 통제 가능한 것이라는 가정하에 학생들에게 자신이 겪는 어려움의 원인을 노력 부족 때문이라고 가르치게 되면 다음에는 더 잘할 것이라고 기대하게 되어 열심히 노력할 수 있게 된다.

최초의 귀인 재훈련 연구 중에 하나는 Dweck(1975)에 의해 이루어졌다. 이 연구에서는 우선 성공에 대한 기대가 낮고, 실패 후 성취행동(예: 노력, 끈기)이 나빠진 아이들을 선별하였다. Dweck은 이 아이들에게 수학 문제를 주었는데, 이들이 실패한 후에 나타나는 수행의 정도를 평가하기 위해 몇몇 풀리지 않는 문제도 포함시켰다. 아이들은 실패의 원인을 능력 부족으로 강력하게 귀인하였다. 연구가 진행되는 동안 아동들은 매 시도마다 특정 난이도를 가진 문제들을 풀었다. 어떤 아동들에게는 난이도 수준을 예비검사에서 평가된 아동의 능력 수준보다 낮거나 맞춰서 제시하여 성공만 하도록 만들었다. 귀인 재훈련 집단의 아동들에게도 유사한 기준이 대부분의 문제에 적용되었지만, 몇몇 문제는 그들의 능력을 넘어서는 문제가 출제되었다. 몇몇 문제에 실패했을 때 아동들은 열심히 하지 않아서 실패한 것이라는 피드백을 받았다. 사후 검사 결과, 성공만 하도록 한 아이들 집단은 실패 경험 후에 수행이 떨어진 반면, 귀인 재훈련을 받은 아이들은 수행의 감소를 나타내지 않았다. 성공만 경험한 집단의 아동은 여전히 능력 부족에 집중한 반면, 귀인 재훈련을 받은 집단의 아동은 노력의 부족에 보다 관심을 두었다.

Dweck의 연구는 성공에 대한 기대나 자기효능감(4장 참조)을 평가하지 않았기 때문에 귀인의 효과는 결정지을 수 없었다. 그러나 다른 연구자들이 학생들로 하여금 실패를 노력 부족으로 귀인하도록 훈련했을 때 노력에 대한 귀인, 기대, 성취행동이 증가되었다(Andrews & Debus, 1978; Chapin & Dyck, 1976; Relich, Debus, & Walker, 1986).

Schunk와 동료들은 귀인 재훈련의 기능과 복잡성을 밝히기 위해서 일련의 귀인 재훈련 연구를 수행하였다(Schunk, 1982, 1983a, 1984; Schunk & Cox, 1986; Schunk & Rice, 1986). 귀인 재훈련을 진행하는 동안, 수학적 기술이 부족한 아이들은 뺄셈 교육을 받고 연습을 하게 하였고, 그 결과 Schuck(1982)는 다음의 사실들을 확인하였다. 과거의 성취와 노력을 연결하는 피드백(예: "지금까지 열심히 해 왔잖아.")을 주기적으로 받은 아이들은 미래의 성취와 노력을 연결하는 피드백(예: "열심히 할 필요가 있어.")을 듣거나 노력과 관련된 피드백을 듣지 않은 아이들보다 동기와 자기효능감이 더 향상되었고 기술도 더 많이 습득한 것으로 나타났다. 노력 피드백이 효과적이려면 학생들은 그것이 신뢰할 만한 것이라고 믿어야 한다. 즉, 학생들은 현실적으로 성공하기 위해 열심히 노력해야 한다는 것이다. 이러한 노력 피드백은 특히 기술 학습의 초기 단계에서 더욱 영향력이 큰데, 이는 학습 초기 단계에서 전형적으로 더 많은 노력이 필요하기 때문이다.

이 장의 초반부에 우리는 어린아이들이 성공을 노력에 귀인하다가, 만 8세가 되면 노력과 능력을 구분하기 시작한다는 것을 언급했다. 아동의 성장에 따라 능력 귀인은 점점 중요해지는 반면에, 인과 요인으로서의 노력의 영향은 그 중요성이 점차 감소한다(Harari & Covington, 1981; Nicholls, 1978, 1979; Nicholls & Miller, 1984a, 1984b). 이는 비록 노력 귀인 피드백이 성취결과의 향상을 가져올지라도 그 영향력은 한계가 있을 수 있으며 능력 귀인 피드백이 더 큰 영향력을 발휘할 수 있기 때문이다.

이상의 내용을 검증하기 위해 Schunk(1983a)는 수학 성적이 낮은 아동들을 지도하고 연습 문제를 풀게 했다. 아동들이 문제를 푸는 동안 교사는 주기적으로 언어적 피드백을 주었다. 첫 번째 집단의 아동들은 과거 성공에 대한 능력 피드백을 받았고(예: "너는 이런 문제 잘 풀잖아."), 두 번째 집단의 아동들은 노력 피드백을 받았다. 마지막 세 번째 집단의 아동들은 능력 피드백과 노력 피드백을 모두 받았다. 결과는 과거 성공에 대한 능력 피드백을 받은 첫 번째 집단의 아동들이 노력 피드백을 받은 두 번째 집단과 둘 다를 받은 세 번째 집단의 아동들보다 자기효능감과 수학 기술이 더 향상된 것으로 나타났다. 이는 세 번째 집단(능력+노력 피드백)의 아동들은 첫 번째 집단(능력 피드백)의 아이들보다 노력을 더 중시하여 능력에 대한 정보는 무시했기 때문인 것으로 보인다.

동일한 연구 방법론을 사용한 후속 연구(Schunk, 1984)에서 첫 번째 집단은 성공에 대해 능력 피드백을 받았고, 두 번째 집단은 노력 피드백을 받았으며, 세 번째 집단은 프로그램의 상반부에서는 능력 피드백을, 후반부에서는 노력 피드백을 받았다. 마지막으로 네 번째 집단은 그 순서를 반대로 했다(노력-능력). 상반부에 능력 피드백을 받은 아동들은 처음에 노력 피드백을 받은 아동들보다 자기효능감과 기술이 향상되었다. 또한 처음에 능력 피드백을 받은 아동들은 노력 피드백을 받은 아동들보다 능력 귀인을 더 강조하였다. 초기 성공이 능력 귀인을 형성하는 데 중요한 근거가 되었다. 아동들에게 능력이 성공을 좌우한다고 말하는 것은 이러한 인식을 보여 주는 것이며 자기효능감을 높여 준다. 노력-능력 피드백을 받은 아동들은 능력 피드백을 무시한 것으로 보인다. 즉, 이들은 자신들의 과거 성공이 노력에 기인하기 때문에 자신이 얼마나 능력이 있는지 궁금해한 것이다. 그래서 비록 노력 피드백이 자기효능감과 기술을 높여 줄지라도 성공이 능력으로 귀인될 경우, 그 전반적인 효과는 약해진다고 하겠다.

귀인 피드백은 특히 학습장애아들에게 유용할 수 있다(Borkowski, Weyhing, & Carr, 1988). Schunk와 Cox(1986)는 학습장애아들을 대상으로 뺄셈을 가르쳐 주고, 스스로 연습을 하도록 했다. 아이들은 프로그램 상반부에 노력 피드백을 받은 집단, 후반부에 노력 피드백을 받은 집단, 피드백을 전혀 받지 않은 집단으로 나뉘었다. 노력 피드백을 받은 집단이 피드백을 전혀 안 받은 집단보다 동기, 자기효능감, 기술이 더 향상된 것으로 나타났다. 그리고 상반부에 노력 피드백을 받은 집단이 후반부에 노력 피드백을 받은 집단보다 성공에 노력이 더 중요한 원인이라고 평가했다.

Schunk와 Rice(1986)는 읽기 장애를 가진 학생들을 대상으로 읽기 수업과 연습을 제공했다. 귀인 피드백 조건은 Schunk(1984)와 동일하게 설계했다. 결과는 네 집단이 이해력에서는 차이를 보이지 않았지만 다른 두 집단에 비해 능력-능력 집단과 노력-능력 집단의 자기효능감이 더 높게 나타났다. 교육 후반에 능력 피드백을 받은 아이들은 후반에 노력 피드백을 받은 아이들보다 성공의 원인으로 능력을 더 강조하였다. 능력-노력 집단은 능력-능력 집단보다 노력을 더 중요한 귀인으로 보았다.

후반부의 능력 피드백의 효과를 보여 주는 이 연구 결과와 초반의 능력 피드백이 더 낫다고 한 Schunk(1984)의 결과는 모순되어 보인다. 그러나 이 두 연구는 대상 학생 집단과 내용, 교수 프로그램의 세션 수와 형태에 있어서 차이가 있다. Schunk와 Rice의 학생들은 심각한 난독 증상이 있었고 학교에서 실패를 많이 겪은 학생들이다. 이 아이들은 이전의 실패가 많아서 능력 피드백을 무시했기 때문에 초기 능력 피드백의 효과가 적었을 수 있다. 그러나 세션이 진행됨에 따라 계속 성공을 경험하게 되면 능력 정보에 주의를 기울일지도 모른다. Robertson(2000)은 학습장애를 가진 아이들에게 귀인 훈련이 효과적이려면 능력, 노력, 전략 귀인이 필요하며, 전략 교육과 더불어 귀인 훈련을 함께하는 것이 좋다고 제안하였다.

귀인 훈련은 교육 분야에서 광범위하게 적용되어 왔다(Försterling, 1985; Schunk, 1994; Tollefson, 2000). 귀인 훈련은 또한 적응적 진로 신념(adaptive career beliefs)과 진로 선택의 촉진(Luzzo, James, & Luna, 1996), 혹은 흑인 소년들의 공격성 감소(Hudley & Graham, 1993)와 같은 여러 분야에서도 효과적으로 사용되어 왔다. 교사들의 귀인과 더불어 아이들의 행동에 대한 학부모의 귀인도 아이들의 성취 관련 신념과 행동에 영향을 미친다는 연구 결과도 있다(Miller, 1995).

학생들의 기능적 귀인을 촉진하도록 돕는 것은 여러 번 강조해도 지나치지 않는다. 귀인 연구뿐만 아니라 발달 연구에서도 청소년이 학업 결과에 대해 비기능적인 귀인을 하는 것은 낮은 학습동기뿐 아니라 1년 뒤의 학습행동과도 관련이 있음을 보여 주었다(Glasgow, Dornbusch, Troyer, Steinberg, & Ritter, 1997). 즉, 부정적 귀인은 꽤 오래 지속될 수 있고 장기간의 효과를 가질 수 있다는 것이다.

위에서 언급한 바와 같이, 귀인에 대한 신뢰를 무척이나 중요하다. 학생들은 자신들의 지각과 일치하지 않는 귀인 피드백은 무시한다. 귀인이 신뢰성을 갖기 위해서는 학생의 행동을 주의 깊게 지켜봐야 한다. 학생들이 열심히 하지 않을 때에는 실패에 대해 노력 피드백이 주어져야 한다. 학생이 조금만 노력해도 쉽게 성공할 때는 성공에 대한 능력 피드백을 주어야 한다. 또한 전략을 바꾸면 더 좋을 결과가 있을 경우에는 전략 피드백(예: "문제해결 단계를 정확하게 따랐다면, 더 잘할 수 있었을 텐데……")을 주어야 한다. 교실에서의 귀인 재훈련에 대한 추가적인 제안은 〈적용 3-3〉에 제시되어 있다.

적용 3-3 귀인 피드백 주기

학생들의 귀인에 영향을 미칠 수 있는 요인은 많이 있지만 무엇보다 교사의 피드백이 핵심이다. 실패와 성공에 따라 귀인을 적용하는 것은 학생들이 동일한 사건에 대해 동일한 방식으로 해석하지 않을 가능성 때문에 다소 복잡하고 차이가 나타날 수 있다. 예를 들어, 이전의 성취가 낮은 몇몇 학생들에게 과제물에서 B학점을 받는 것은 성공일 수 있지만, 학업성취가 우수한 많은 학생들이나 대학생들에게 B학점은 실패 상황일 수 있다. 귀인이론은 사건에 대한 학생들의 지각이 중요하다는 것을 지적하고 있다. 교사들은 학생들을 격려하고 그들의 자기존중감을 지켜 주기 위해서 '믿을 수 없는' 피드백을 주기보다는 '정확한' 피드백을 주기 위해서 노력해야 한다(Blumenfeld et al., 1982). 교사들은 학생들이 자신의 행동에 대해 정확한 귀인을 하도록 돕는 것이 중요하며 이것이 장기적인 관점에서 학생들에게 보다 도움이 된다.

실패 상황에서 교사들은 학생들에게 정확한 피드백을 주기 위해서 애써야 한다. 교사들을 위해 흔히 제안되는 것 중의 하나는 모든 실패의 원인을 노력 부족에 귀인하도록 하여 학생들에게 이를 독려해야 한다는 것이다. 많은 경우, 노력에 대한 강조는 바람직한 조언이다. 왜냐하면 노력은 불안정적이고 내적이며 통제 가능한 원인으로 학생이 바꿀 수 있으므로 미래 상황에서는 더 잘할 수 있다는 의미를 전달하기 때문이다. 그러나 학생들이 실제로 열심히 공부하고 있는데도 과제에 대한 기술이나 지식이 없어서 여전히 성취도가 좋지 않은 경우도 존재한다. 이런 상황에서 학생들은 스스로 열심히 했다는 것을 알고 있기 때문에 교사로부터 더 열심히 하라는 말을 들을 경우, 오히려 좌절하고 교사의 피드백을 믿지 않게 된다. 이런 경우에 교사들은 그 학생에게 부족한 기술이나 지식이 무엇인지 정확하게 지적한 다음, 이러한 기술이나 지식은 불안정한 요소이기 때문에 학습이 가능하다고 하고, 해당 기술과 지식을 가르치는 것이 더 적절하다.

예를 들어, 김순희 선생님은 중학교 2학년 학급에서 영어를 가르치고 있다. 희동이는 단어를 바르게 인식하고 정확하게 발음하는 것을 배우는 데에 어려움을 겪고 있다. 김 선생님은 희동이에게 책상에서 벗어나 둘이서만 단어를 읽었다. 희동이는 읽는 동안 실수를 했으며 "못하겠어요. 너무 어려워요, 이게 한국어였으면 좋겠어요. 그럼 저한테도 쉽고 부모님도 저를 가르쳐 주실 수 있을 거예요."라고 말했다.

김 선생님은 "맞아. 부모님이 도와주실 수 있다면 확실히 더 쉽겠지. 하지만 너도 네가 아직 많이 어리고 영어를 배우고 있다는 걸 알잖니. 이 교실에는 여전히 영어를 배우고 있는 많은 학생들이 있어. 중요한 건 계속 노력하고 사용하려고 애쓰는 것이란다. 매일 너는 새로운 영어 단어를 배우고 있어. 물론 시간이 많이 걸리지. 모든 것을 제대로 알기 전에 너는 포기할 수 없어. 만약 선생님하고 같이 배우려고 노력한다면, 우리는 함께 배울 수 있어. 배운다는 건 어려운 일이지만, 모든 사람들이 배울 수 있단다." 라고 대답해 주었다.

이와 같은 방식으로 교사들은 실제로 그 학생이 정말 노력을 했다는 확신이 들지 않을 때에는 학생들의 성공을 노력에 귀인해서는 안 된다. 어떤 경우에는 학생들이 과제를 잘한 것이 그들의 노력 때문이 아니라 과제가 쉬웠기 때문일 수 있다. 이런 경우, 교사들 자신이 이 사실을 인지하고 이후에는 더 도전적인 과제를 제공하는 것이 보다 바람직하다. 쉬운 과제에서 열심히 했다는 피드백을 받은 학생들은 자신의 능력이 낮다고 생각하거나, 진실하지 않고 부정확한 교사의 피드백을 신뢰하지 않게 된다. 한편으로 과제의 수준이 꽤 높고 학생들도 열심히 노력했다면, 성공의 원인을 학생의 노력과 지식/기술 모두로 귀인하는 것이 옳다.

또 하나 제안하고자 하는 것은 학생이 성공했을 때 안정적인 원인에 그들의 성공을 귀인하라는 것이다. 최윤희 선생님은 초등학교 5학년 학생들을 가르치고 있고 그녀의 반은 과학 프로젝트를 수행하고 있다. 가윤이는 자신의 과제를 완성하자마자 교사에게 보여 주었다.

"훌륭하구나, 가윤아. 이번 프로젝트에서 정말 멋진 능력을 보여 주고 있구나. 이 작품은 시간이 오래 걸렸겠는데. 얼마나 걸렸니?"

"글쎄요. 얼마 안 걸렸어요. 겨우 이틀 걸린 걸요."라고 가윤이가 대답했다.

"정말? 오래 걸린 건 아니네. 넌 과학에 재능이 있는 게 분명하구나."

여기에서, 최 선생님은 처음에 가윤이의 성공적인 수행결과에 대해 가윤이가 얼마만큼의 노력을 기울였는지 확인한 후에 가윤이의 성공을 능력 요인에 귀인시켰다. 만약 학생이 열심히 노력했다면, "넌 항상 열심히 하는 학생이구나."와 같은 안정적인 노력에 대한 귀인이 적절했을 것이다. 이는 교사의 피드백에 대한 중요한 원리를 설명해준다. 즉, 정확한 귀인은 매우 중요하다는 것이다. 학생들은 "그들이 전혀 열심히 하지 않았을 때 노력에 대한 칭찬을 듣는 것처럼 믿을 수 없는 교사의 귀인은 믿지 않는다. 따라서 비록 안정적인 요인에 성공을 귀인하는 것이 중요하다고 할지라도 교사는 믿을 만한 귀인, 그리고 정확한 귀인을 형성하는 것이 더 중요하다.

요약

귀인, 즉 결과에 대해 지각된 원인은 성취행동, 기대, 정서에 중요한 영향을 미친다. 귀인이론은 사람들이 세상을 이해하고 이를 자기 것으로 만들기 위해 동기화되며 어떤 사건의 원인이 무엇인지 판단하기 위해 노력한다고 가정한다. 성취 맥락에서 가장 중요한 사건은 성공과 실패이며, 귀인이론은 그들의 성공과 실패의 원인에 대한 지각이 중요한 결과를 가져온다고 주장한다.

Weiner와 동료들은 성취 맥락에 대한 귀인이론을 발전시켰다. 성공과 실패에 대한 귀인의 선행 요인은 환경적 요인과 개인적 요인이라는 두 범주로 나눌 수 있다. 개인이 만드는 귀인 유형에 영향을 줄 수 있는 환경적 요인은 구체적 정보, 사회적 규준, 상황적 특성을 포함한다. 구체적 정보는 학생들의 수행에 대한 교사들의 직접적인 귀인으로 구성될 수 있다. 과제 난이도에 대한 규준은 다른 학생들의 수행 수준에 대한 정보를 준다. 상황적 특성은 사건에 대한 귀인을 형성하려할 때 학생에게 나타난 단서의 일치성, 일관성, 현저성을 포함한다. 이러한 특성들은 학생들이 과제에서 수행에 대한 귀인을 형성하기 위해서 사용하는 다양한 정보를 제공한다.

귀인의 내용에 영향을 줄 수 있는 개인적 요인에는 인과적 도식, 귀인 편향, 사전지식, 개인차가 있다. 이런 요인들은 귀인 유형에 영향을 줄 수 있는 과제나 그들 자신에 대한 개인의 인지와 신념과 관련이 있다. 인과적 도식은 사람들이 사건들로부터 인과관계를 추론하고 이를 이해하기 위해서 가지고 있는 기본적인 지식 구조다. 귀인편향은 사람들이 특정 상황에 대해 인과 추론을 할 때 사용하는 다양한 발견 학습의 지식이나 법칙들을 포함하는데, 이는 부정확하고 잘못된 귀인을 하도록 만들 수 있다. 사전지식은 과제 자체에 대한 일반적인 지식과 그 과제에 대해 가지고 있는 과거에 수행했던 지식, 모두를 포함한다. 개인차는 서로 다른 많은 상황 속에서도 일관된 귀인을 만드는 개인의 다양한 귀인 양식을 포함한다. 예를 들어, 어떤 사람들은 항상 내적이고 안정적이며 전반적인 원인에 귀인하는 일관적인 설명양식이나 귀인양식을 가지고 있다.

귀인의 내용에 영향을 줄 수 있는 일반적인 맥락과 개인적 특성뿐만 아니라, 학생들이 실제로 귀인형성의 경향이 나타나는 시기에 대한 연구들이 있다. 이 이론은 학생들이 그들에게 일어나는 모든 사건에 대한 귀인을 형성할 것이라고 예상하지 않는다. 귀인이 필요하지 않는 경우도 있고 학생들의 효능감과 과제에 대한 가치 신념이 학생의 동기에 더 크게 작용하는 경우가 있다. 그러나 만약 학생들에게 과제가 새로운 상황이라면 그들이 수행에 대한 귀인을 형성하려고 할 가능성은 증가한다. 귀인 탐색을 증가시키는 둘째 요인은 예상 밖의 결과가 나타났을 때다. 만약 평상시에 높은 성취를 보이던 학생이 갑자기 시험에서 실패한다면 일반적으로 귀인 탐색을 활발하게 한다. 또한 예상 밖의 사건이 긍정적일 때보다 부정적인 결과가 나타났을 때 귀인 탐색이 활발해질 가능성이 훨씬 높다. 마지막으로, 개인적으로 높은 중요도를 가진 사건은 별로 중요하지 않은 사건보다 귀인 탐색을 더욱 촉진한다.

귀인의 실질적인 내용을 살펴보면, 사람들이 성공하거나 실패한 원인을 설명하기 위해서 사용할 수 있는 구체적인 이유는 셀 수 없을 정도로 많다. 그러나 성취 상황에 대한 많은 연구들에서 가장 흔히 사용되는 두 가지 귀인은 능력과 노력에 관련된 형태들로 나타난다. 다른 일반적인 이유에는 과제 난이도, 운, 교사의 도움, 기분, 건강 등이 포함된다. 귀인이론의 중요한 공헌이자 요점은 이러한 다양한 귀인들이 소재, 안정성, 통제 가능성의 세 가지 차원에 따라 분류될 수 있다는 것이다. 이러한 차원들은 개인이 귀인을 생성하면 암묵적으로 활성화되며, 귀인이론에 대한 심리적이고 동기적인 원동력이 된다.

소재 차원은 개인이 어떤 사건의 원인을 내적으로 귀인하느냐 혹은 외적으로 귀인하느냐에 관한 것이다. 안정성 차원은 다양한 시간과 상황에 걸쳐 원인이 변화 가능한가에 대한 것으로, 안정성 차원은 '안정적임' 부터 '불안정적임' 까지의 범위를 가진다. 통제 가능성 차원은 통제의 지각을 포함하며 통제 가능한 것으로부터 통제 불가능한 것까지 다양하다. 논리적이고 경험적인 분석에 의하면, 각각의 귀인은 이러한 차원에 따라 분석될 수 있으며 소재×안정성×통제 가능성으로 이루어진 행렬의 8개 칸 중 하나에 배정되도록 할 수 있다. 비록 서구 국가의 연구에 기반하여 귀인을 이렇게 8개로 구분하는 규범적 분류가 존재하기는 하지만, 세 가지 차원에 따라 귀인이 분류되는 방법에는 문화차, 발달차, 개인차가 있을 수 있다.

다양한 문화와 연령을 포괄하는 연구들은 이 세 가지 차원이 기대 신념, 정서, 행동에 대해 가지는 의미들을 탐색해 왔다. 안정성 차원에서의 발견은 가장 일관적이고 명확한데, 이에 대해 Weiner는 일반적 기대 원리를 제안하였다. 즉, 일반적 기대 원리는 안정적 원인으로의 귀인은 동일 사건이 미래에도 반복될 것이라는 기대를 증가시키는 반면, 불안정한 원인으로의 귀인은 기대 신념을 그대로 유지하거나 저하시킨다는 것이다. 귀인이론과 그 연구들은 소재, 안정성, 통제 가능성의 차원이 자신감, 수치심, 죄책감과 같은 다양한 정서와 관련성이 있다는 것을 보여 준다. 통제 가능성 차원과 책임감 판단은 다른 사람에 대한 행동뿐만 아니라 분노와 동정심 같은 정서와도 관련되어 있다.

귀인 연구들은 학생들에게 귀인 피드백을 제공하는 것과 그들의 성취를 귀인들과 관련시키는 것이 어떤 효과를 가져오는지에 대해 탐색해 왔다. 노력 피드백은 동기와 성취를 증가시키는 데 도움을 주는데, 특히 학습에 대한 어려움을 겪은 적이 있는 학생들에게 효과적이다. 학생들이 기술을 습득함에 따라 피드백은 능력 피드백으로 옮겨가는 것이 보다 효과적인데, 그 이유는 학생들이 성공하는 데 필요로 하는 노력의 양이 점차 줄어들기 때문이다. 학생들이 피드백을 신뢰할 수 있다고 느끼는 것은 중요하다. 다시 말해 피드백은 그들의 지각과 일치해야 한다. 교사의 피드백은 학생의 귀인과 기대 신념에 중요한 영향을 주기 때문에 교사들은 정확하고 믿을 만한 피드백을 제공해야 한다.

귀인이론은 교사들에게 많은 함의를 준다. 귀인이론은 교사들에게 왜 어떤 학생들은 적절한 성취 신념을 형성하는 반면, 어떤 학생들은 부적응적인 귀인을 하는지 이해하는 데 도움을 준다. 학생들의 행동을 더 잘 이해함으로써 교사들은 학생들로 하여금 성취 신념을 가지게 하여 동기가 고양될 수 있도록 도와줄 수 있다. 교사들은 자신과 학생들의 행동에 대한 사고에 영향을 주는 귀인 편향의 잠재력을 깨달아야 한다. 교사들은 학생의 행동에 대해 자신들이 가지는 귀인 유형, 이러한 신념의 형성 과정과 원인, 그리고 현실적인 귀인을 위한 최선의 정보 수집 방법들을 알아냄으로써 매우 많은 도움을 받을 수 있을 것이다.

추천 읽기자료

Heider, F. (1958). *The psychology of interpersonal relations.* New York: Wiley.

Kelley, H. H., & Michela, J. (1980). Attribution theory and research. *Annual Review of Psychology, 31*, 457-501.

Nicholls, J. (1978). The development of the concepts of effort and ability, perceptions of academic attainment and the understanding that difficult tasks require more ability. *Child Development, 49*, 800-814.

Schunk, D. H. (1994). Self-regulation of self-efficacy and attributions in academic settings. In D. H. Schunk & B. J. Zimmerman (Eds.), *Self-regulation of learning and performance: Issues and educational applications* (pp. 75-99). Hillsdale, NJ: Erlbaum.

Weiner, B. (1979). A theory of motivation for some classroom experiences. *Journal of Educational Psychology, 71*, 3-25.

Weiner, B. (1986). *An attibutional theory of motivation and emotion*. New York: Springer-Verlag.

제4장

사회인지이론

5학년 담당인 박은정 선생님은 방과 후까지 남아 교실 뒤편에 수족관을 설치하였다. 다음날 아침, 일찍 등교한 몇 명의 학생들이 교실에 들어오자마자 수족관을 구경하기 시작하더니, 점차 수족관 주위는 등교한 아이들로 완전히 둘러싸이게 되었다. 이때 교실로 들어온 태진, 유경, 민수는 아이들이 모두 교실 뒤편에 모여 있는 모습을 보고 어리둥절하였다. 유경이가 "무슨 일이지? 우리도 가 보자."라고 말하자, 세 아이들은 수족관 주위의 아이들에게로 다가갔다.

8시 30분이 되자, 박 선생님은 수업을 시작해야 했기 때문에 학생들에게 수족관은 나중에 보고 자리에 가서 앉으라고 지시하였다. 아이들이 제자리로 돌아가자, 박 선생님은 분모가 같지 않은 분수의 뺄셈과 최소공통분모 찾기에 관한 수학 수업을 시작하였다. 박 선생님은 연산에 대해 설명하고 푸는 공식을 알려 준 후, 아이들에게 모둠을 이루어 문제 푸는 연습을 하도록 지시하였다(안내된 연습). 아이들이 모둠별로 문제를 풀자, 박 선생님은 몇몇 아이들에게 문제를 풀려면 어떻게 해야 하는지 물어본 후, 칠판으로 가서 문제를 풀어 보게 하였다. 몇 분 후에, 아이들에게 각자 스스로 문제를 풀어 보는 활동을 시켰다(개별 연습). 그녀는 학생들에게 필요한 지도를 해 주기 위해서 학생들 주위를 돌아다니며 문제 푸는 것을 살펴보았다. 수업을 마칠 때쯤, 박 선생님은 아이들이 많이 발전했다고 느꼈다. 수학에 어려움을 느끼는 윤성이조차 "저는 이 문제를 푸는 법을 이해한 것 같아요."라고 그녀에게 말했다.

아이들이 개별적으로 연습하는 동안, 은영이와 정빈이가 이야기를 하기 시작했다. 박 선생님은 이 광경을 보았지만 곧 그만둘 것이라고 생각하여 아무 말도 하지 않았다. 그리고는 상익이의 틀린 점을 고쳐 주기 시작하였다. 다른 학생들은 박 선생님은 바쁘다는 것을 알고 떠들기 시작하였다. 많은 아이들이 서로 떠들기 시작하면서 점차 교실은 소란스러워졌다. 이때 박 선생님은 일어나서 큰 소리로 말했다. "지영아, 빨리 문제를 풀어야지. 이야기 그만하고 문제를 풀어라." 그러자 지영이가 조용해졌고 교실 안의 나머지 아이들도 떠드는 것을 멈추었다.

오후 시간, 컴퓨터 교실로 이동하기 위해 줄을 설 시간이 되었다. 아이들은 시끄럽게 떠들면서 서로 잡아당기고 밀었다. 이때 학급에서 인기가 많은 형우가 줄 밖에 서서 큰 목소리로 말했다. "얘들아, 그만하자. 박은정 선생님께서 말씀하셨듯이 우리가 빨리 줄을 맞추지 않으면 컴퓨터 교실로 이동할 수가 없을 거야. 나는 가고 싶단 말이야. 그러니까 그만 떠들자." 그러자 아이들은 형우의 지시에 따라, 조용하고 질서 있게 줄을 섰다.

위의 예는 행동을 하는 데 있어서 사회적 영향의 중요성을 강조하고 있는데, 이것이 바로 사회인지이론의 영역이다. 사람들은 다른 사람을 관찰함으로써 지식, 규칙, 기술, 전략, 믿음, 감정을 획득한다. 행동에 대한 결과를 강조하는 행동주의 이론과는 대조적으로 사회인지이론은 개인의 행동이 자신의 사고, 목표, 믿음, 가치에 기초한다고 주장한다.

이 장은 Bandura(1986)의 사회인지이론에 초점을 맞추고 있다. Miller와 Dollard (1941)의 연구(후에 논의됨)에 영향을 받은 Bandura는 이론의 개념적인 기초를 세우는 데 도움이 되는 모델링에 대한 많은 중요한 연구들을 하였다(Bandura & Walters, 1963). Bandura는 행동주의 이론들이 인간 행동을 완벽하게 설명할 수 없다고 생각하였다. 왜냐하면 행동주의 이론들은 동물의 학습이나 비사회적인 상황에서의 인간 행동을 강조했을 뿐 사회적 모델의 영향에 대해서 언급하지 않았기 때문이다.

사회인지이론은 학습과 이전에 학습한 행동을 수행하는 것을 구별한다. 사람들은 모델을 관찰함으로써 기술과 전략을 배우지만 이것은 행동으로 즉시 나타나지 않을 수 있다. 오히려 학습한 행동은 이후에 그 행동을 하도록 동기가 부여되고 그 행동을 하는 것이 적합하다고 생각될 때 나타나게 된다. 이러한 현상에 대한 사례는 셀 수 없이 많이 있다. 몇 년 전, 저자들 중 한 명이 5세 소년이 하임리히 요법(목에 걸린 물체를 꺼내기 위해 흉곽 바로 아래 복부를 눌러 주는 것)을 사용하여 6살 소녀가 질식할 뻔한 것을 구해 주었다는 신문 기사를 읽은 적이 있다. 그 소년은 이전에 이러한 생명 구조 기술을 사용해 본 적이 전혀 없었다. 그러나 TV에서 누군가가 질식 상태에 있는 사람에게 이 기술을 사용하는 것을 보고 배운 것이다. 이 어린 영웅은 어떤 기술이 유용하다고 느끼는 상황에 직면했을 때 그 기술을 사용하도록 동기가 부여된 것이다.

일부 역사적 이론들(1장 참조)이 동기를 수행(performance) 변인으로 간주하는 반면, 사회인지이론은 동기적 과정이 학습과 수행에 모두 영향을 미친다고 주장한다(Schunk,

1995). Bandura는 사회인지이론의 영역을 인지적, 사회적, 운동 기술과 전략 및 행동에 대한 학습과 수행으로 확장시켰다. 이 중 핵심 변인은 자기효능감, 즉 어떤 것을 배우거나, 일정 수준으로 해낼 수 있다고 지각된 능력이라 할 수 있다(Bandura, 1993, 1997). 또한 Bandura는 자기조절을 동기적 과정에 포함시켰다(Bandura, 1986, 1988). 이와 같은 이론의 확장은 이론이 가진 설명의 잠재력을 높일 뿐만 아니라, 교실 수업에 중요한 함의를 제공한다.

먼저 사회인지이론에 영향을 미친 역사적 이론에 대해서 설명한 후, Bandura 이론의 주요 가정과 원리를 살펴보며, 모델링 과정을 자세히 다룰 것이다. 그리고 두 가지 중요한 동기적 과정인 자기효능감과 목표에 대해 논의하고, 어떻게 자기효능감과 목표가 동기화된 학습 모델에 적합한가를 살펴보게 된다. 이후 자기조절 과정과 의지의 역할에 대한 논의를 한 뒤, 사회적 비교에 대해서 알아본다. 마지막으로, 사회적 동기에 대해 학습하고, 사회인지이론을 운동 기술, 진로 선택, 그리고 건강과 안녕에 적용해 보는 것으로 이 장은 마무리된다.

이 장을 학습한 후에, 여러분은 다음의 것들을 할 수 있어야 한다.

- 심리 이론에서 모방이 형성되어 온 다양한 방식을 설명한다.
- Bandura의 사회인지이론에서 상호 호혜적인 모델을 설명한다.
- 모델링의 다양한 기능을 예를 들어 설명한다.
- 모델의 특성이 어떻게 동기와 학습에 영향을 주는지 논의한다.
- 자기효능감을 정의하고, 동기화된 학습에 있어서 자기효능감의 역할을 설명한다.
- 목표의 속성, 선택 및 목표 헌신도가 어떻게 동기에 영향을 주는지 논의한다.
- 사회적 비교를 정의하고 동기와의 관계를 설명한다.
- 자기조절을 정의하고, 다양한 조절단계에서 동기가 어떤 역할을 하는지에 대해 논의한다.
- 사회인지이론을 이용하여 집단 동기, 집단 효능감(collective efficacy), 동조, 순종과 관련된 중요한 과정들을 설명한다.
- 사회인지과정이 어떻게 운동 기술, 진로 선택, 건강과 안녕에 영향을 미치는지 설명한다.

역사적 영향

비록 Bandura가 사회인지이론을 발전시키고 확장하는 데 큰 역할을 했지만, 이전의 이론가들 역시 동기에 있어서 사회적 환경의 중요성을 인식하였으며 Bandura에 의해 강조한 것과 유사한 과정을 자신들의 이론에 포함시켰다. 가령 1장에서 우리는 잠재적 학습 개념을 포함하는 목적론적 행동주의 이론인 Tolman의 이론에 대해 논의한 바 있다. 여기서는 모방에 대한 이론과 Rotter의 사회학습이론에 대해서 살펴볼 것이다.

모방 이론

고대 그리스 시대부터 모방은 인간의 행동에 중요한 영향을 미친다고 여겨져 왔다(Rosenthal & Zimmerman, 1978). 그리스어 mimesis는 타인이나 문학 혹은 도덕 양식에 등장하는 추상적 모델의 행동을 관찰함으로써 이루어지는 학습을 의미한다. 모방 이론은 모방을 본능이나 발달 현상, 일반화된 반응 유형 혹은 도구적 행동으로 개념화하였다.

본능

20세기 초반, 인간이 다른 인간의 행동을 모방하는 선천적인 본능을 가지고 있다는 믿음은 일반적인 것이었다(Tarde, 1903). James(1890)는 모방을 본능이라고 믿었다.

> 그러나 몸짓모방(imitating gesture)의 본능은 소리모방의 본능보다 일찍 발달한다……. 손뼉치기 놀이를 하거나, '안녕' 이라고 말하는 것, 혹은 촛불을 불어서 끄는 것과 같은 유아의 다양한 행동은 일반적으로 생후 1년 전에 모방으로 이루어진 것이다. 이후 어린이들은 말 타기 놀이나 군인 놀이 등과 같은 다양한 모방 놀이들에 열중한다. 이때부터의 인간은 본질적으로 모방적 동물인 것이다. 사실상 인간의 모든 교육의 가능성과 모든 문명사는 이러한 모방적 특성에 의해 생겨난 것이다(p. 408).

James는 모방적 본능이란 자연스러운 것이며, 몸짓, 언어, 운동기능, 외적 행동을 포함하는 것이라고 생각했다. 그는 모방이 강력한 사회화 효과를 가지고 있다고 생각했지만, 왜 사람들이 모방하는가에 대해서는 모호한 설명만을 제공하였다.

> 성공적인 흉내는 모방하는 자 또는 모방을 구경하는 자 모두에게 일종의 심미적 즐거움을 준다. 다른 누군가인 척 해 보려는 극적인 충동성은 심미적 즐거움의 요소 중 하나인 흉내의 즐거움에 포함된다. 흉내가 가진 심미적 즐거움의 또 다른 요소로는 낯선 사람의 성격을 포함하는 방향으로 자신의 성격을 확장시켜 나가는 과정에서 느끼게 되는 특별한 힘이 있다(James, 1890, p. 409).

McDougall(1926)은 모든 행동은 본능적이라고 믿었다(1장 참조). McDougall은 모방을 "다른 사람의 신체적인 움직임을 개인의 행동으로 복제하는 것"(p. 106)으로 그 범위를 제한하였다. 모방은 교감신경을 자극하는 인상적인 행동(예: 아동이 엄마가 우는 것을 보고 따라 우는 것), 단순한 관념 운동적인 행동(아동이 다른 사람의 행동을 복제하는 것), 그리고 존경하는 누군가의 행동과 몸짓을 포함한다. McDougall은 모방이 사회화에 있어서 중요한 영향을 준다고 생각했다. 그러나 다른 사람의 행동을 관찰하는 행위가 어떻게 다른 사람의 행동을 모방하는 본능을 이끌어 내는지에 대해서는 애매한 설명만을 제공했다. Thorndike(1912) 또한 모방을 본능으로 여겼고, 모방이 교육에 있어서 중요하다고 믿었다.

본능이라는 개념은 개념적으로 모호하고 증명하기 어렵다. 그래서 행동주의 이론가들은 이러한 생각에 반대했다. 왜냐하면 이들은 추동(drive)이나 심상의 존재를 자극(다른 사람의 행동)과 반응(그 행동을 모방하는 것) 간의 관계 내에 위치하는 것으로 가정했기 때문이다. Watson(1924)은 사람들이 본능이라고 이름 붙인 것이 실제로는 학습된 행동이라고 주장했다.

발달적 현상

발달심리학자인 Jean Piaget(1962)는 인간 발달이 도식(schema) 혹은 인지적 구조의 획득과 수정에 의해서 이루어진다고 제안했다. 즉, 인지적 구조가 조직화된 사고와 행동을 가능하게 하고 인간 발달의 기반이 된다는 것이다. 도식은 사람들이 사건(event)에 어떻게 반응할지를 결정하고, 개인의 전체 지식을 반영하며, 개인이 갖고 있는 기존의 인지적 구조보다 조금 더 진보된 성숙과 경험을 통해 발달한다. 모방은 기존에 존재하는 도식과 유사한 활동으로 제한된다. 아동은 기존에 존재하는 도식보다 훨씬 진보된 행동을 모방하는 것이 아니라, 그들이 이해하는 행동을 모방하게 될 것이다. 따라서 발달이 모방에 우선한다는 관점은 새로운 행동을 학습하는 수단으로써의 모방의 범위와 설명 가능성을 철저하게 제한하게 된다.

그러나 그동안 이루어진 연구들은 Piaget의 입장을 일관되게 지지하지는 않는다. 인지적 기능의 특정 단계에 있는 아동이 비록 이전에는 더 높은 단계에서 나타나는 전형적인 행동들을 한 번도 보인 적이 없었다 할지라도, 더 높은 단계의 기능을 나타내는 행동을 모델링하여 모방할 수 있다는 증거가 있다(Rosenthal & Zimmerman, 1978). 모방과 모델링은 Piaget가 제안한 견해보다 학습과 행동에 영향을 주는 더 강력한 방법이다.

일반화된 반응 유형

행동주의 이론가들은 연합주의적 관점에서 모방이라는 개념을 구축하였다. Humphrey (1921)는 모방을 다음 반응에 자극이 되는 순환적인 반응이라고 생각했다. 조건화를 통하여 형성된 작은 반응 단위들이 점진적으로 더 복잡한 연쇄 반응을 형성한다는 것이다.

Skinner(1593)는 모방을 다른 행동과 동일한 양식으로 보았고, 일반화된 반응의 한 유형이라고 주장했다(1장 참조). 또한 모델화된 행동은 특정 자극이 된다. 따라서 모방은 관찰자가 반응을 수행하고 강화 받을 때 발생한다. 즉, 아동이 성인의 특정 행동을 따라한 것에 대해 강화를 받으면 모방이 일어나는 것이다. 일단 모방이 확립되면, 모방적 반응 유형은 간헐적 강화에 의해 유지된다. 모델들이 특정 자극에 대한 강화를 유지하는 한, 아동은 부모나 동료와 같은 모델들의 행동을 모방하게 된다.

이러한 관점은 모방을 이전에 학습된 행동의 수행으로만 제한한다. 왜냐하면 모방자는 반드시 반응을 수행할 수 있어야 하기 때문이다. 그러나 다양한 기술과 행동 유형은 관찰을 통해서도 학습될 수 있다(Rosenthal & Zimmerman, 1978). 또 다른 제한점은 모방된 행동에 대한 강화의 필요성과 관련이 있다. 관찰자는 모델로부터 학습할 수 있는데, 이는 모델이나 관찰자에 대한 강화가 없는 상황에서도 가능하다. 강화는 학습 자체보다는 주로 관찰자가 학습한 행동을 실제 수행하는 데 영향을 준다(Bandura, 1986).

도구적 행동

Miller와 Dollard(1941)는 모델링에 대한 많은 선행 연구들로부터 발전된 정교한 모방 이론을 제안하였다. 이들은 모방을 "두 사람 사이에서 발생하며, 적당한 단서로 연결되어지는 '대응되거나(matched)' 비슷한 행동이 나타나는 과정"이라고 정의하였다(Miller & Dollard, 1941, p. 10). 그들은 모방이 단순히 흉내를 내거나 강화되어 발생한 행동이라는 생각을 거부했다. 대신에 그들은 Hullian의 이론적 틀을 받아들이고(1장 참조), 모방이 의도적인 반응으로서 유발되며 충동 감소를 목표로 하는 도구적 행동이라고 주장했다. 즉, 모방은 강화를 유도하기 때문에 도구적인 것이다.

모방에는 여러 다양한 유형들이 있다. 동기에서 가장 중요한 유형은 대응의존행동(matched-dependent behavior)이다. 이는 모델이 모방자보다 나이가 더 많거나 더 영리하거나 뛰어난 기술을 가졌을 때 일어난다. 모방자의 행동은 모델의 행동 자극에 달려 있다. 대부분의 교실 활동에서는 대응의존행동의 모습을 쉽게 볼 수 있다. 학생들은 점차적으로 교사, 조력자, 또래의 행동 양상을 따라하게 된다. Miller와 Dollard는 모방 행동에 대한 반복된 강화가 모방을 새로운 상황에도 일반화할 수 있는 2차적인(획득된) 원동력으로 확립시킨다고 믿었다.

Miller와 Dollard의 학습된 도구적 행동으로서의 모방 개념은 모방 연구에서 중요한 발전이었지만 이러한 관점에도 문제가 있다. 모방은 학습된 행동의 수행을 나타내기 때문에 새로운 반응은 모방을 통해서 만들어질 수 없다. 또한 이 이론은 모방자에게 강화되지 않는 모방 행동이나 모델을 보여 준 뒤, 얼마간의 시간이 지난 후에 모방자가 이와 일치된 반응을 나타내는 지연된 모방을 설명할 수 없다(Bandura & Walters, 1963). 이 좁은 개념은 모델이 묘사한 행동과 밀접하게 대응되는 행동만을 설명할 수 있다. 추후에 우리는 모델링이 동기와 학습에 대해 밀접한 관계를 가진 매우 강력한 현상임을 더 논의하게 될 것이다.

사회학습이론

Rotter(1954)는 학습이론과 성격이론을 통합하는 이론을 공식화하였다. 그의 요점은 "중요하거나 기본적인 행동양식들은 사회적 상황에서 학습되며, 타인의 중재(mediation)에 대한 욕구와 불가피하게 융합될 수밖에 없다."는 것이다(Rotter, 1954, p. 84). 그의 이론은 크게 네 가지 기본 요소로 구성된다. 이것은 행동 잠재력, 기대, 강화 가치, 심리적 상황이다(Rotter, Chance, & Phares, 1972).

행동 잠재력(behavior potential)은 개인이 다양한 행동양식 중 특정 방식으로 행동할 가능성을 말한다. 사람들은 어떤 상황이 주어지면 다양한 행동을 취할 것이다. 즉, 행동 잠재력이란 이런 일들이 일어날 가능성을 나타내는 것이다. 여기서 행동은 관찰

가능한 행동뿐만 아니라, 행동을 통해 드러날 수 있는 생각이나 계획과 같은 관찰 불가능한 행동도 포함된다.

기대(expectancy)는 특별한 강화물이 특정 행동에 뒤따라 나타날 것이라고 믿는 개인의 신념이다. 이것은 2장에서 논의한 성공에 대한 기대와 완전히 똑같은 구조는 아니지만 어느 정도 관련되어 있다. 다양한 결과물들은 행동에 뒤따라 나타날 수 있으며, 그 각각의 결과물은 서로 다른 발생 가능성을 가진다. 기대는 주관적이며 현실과 일치할 필요가 없다. 학생들은 비록 수업에서 해야 하는 모든 과제에서 낮은 평가를 받았더라도, 기말 보고서에서 A를 받는다면 이 수업에서 A학점을 받을 것이라고 생각할지도 모른다.

강화 가치(reinforcement value)는 발생 가능한 다른 결과에 비해 특정 결과가 얼마나 개인에게 가치가 있는지를 말한다. 기대와 강화 가치는 서로 독립적이다. 즉, 가장 일어날 것 같은 결과가 가장 가치 있는 것일 수도 있고 아닐 수도 있는 것이다. 이것은 2장에서 보았던 기대-가치이론(expectancy-value theory)의 가치 요소와 비슷하다고 하겠다.

심리적 상황(psychological situation)은 행동 맥락의 중요성을 강조한다. 개인이 상황을 어떻게 보는가가 강화 가치와 기대에 영향을 준다. 개인이 심리적으로 즐거움을 느끼지 않는 상황에서는 모든 잠재적 결과물을 부정적인 것으로 보기도 하며, 그나마 가장 덜 부정적인 결과물을 가장 바람직한 것으로 여기기도 한다.

핵심적으로, Rotter의 이론에서 인간은 행동의 결과로 있음직한 것에 대해 기대를 형성하며, 잠재적인 결과물이 지니는 기대와 가치에 따라서 행동한다고 말한다. 만일 인간이 강화가 발생할 것이라고 믿고, 강화를 받은 그 결과를 가치 있게 여긴다면, 인간은 주어진 방식대로 행동할 것이다. 따라서 학생들은 어떤 결과물이 교사의 칭찬이나 동료의 인정을 받을 수 있는 것이라 기대하고 이러한 칭찬이나 인정을 가치 있게 생각한다면, 비록 어려운 과제라 할지라도 스스로 도전하게 된다.

Rotter의 이론은 동기의 영향력에 대한 중요한 통찰을 제공한다. Bandura의 이론에서는 많은 Rotter의 생각들이 발견되지만, Bandura는 자기효능감과 자기조절과정을 포함하여 Rotter의 입장을 보다 의미 있게 확장시켰다.

Bandura(1986, 1997, 2001)의 이론은 몇 가지 주요 가정에 기초한다. 즉, (1) 개인, 행동, 환경 요인들 간의 호혜적 상호작용, (2) 학습과 동기의 관련성, (3) 직접학습과 대리학습이 이에 해당한다(Zimmerman & Schunk, 2003).

호혜적 상호작용

Bandura(1986)는 3요인 간의 호혜적 상호성(triadic reciprocality)을 아래와 같이 설명한다.

> 사회인지적 관점에 따르면 인간은 내적인 힘에 의해서만 움직이는 것도 아니고, 외부 자극에 의해 자동적으로 형성되거나 통제되는 것도 아니다. 오히려 인간의 기능은 호혜적 상호성 모델의 개념으로 설명된다. 즉, 개인의 행동, 인지를 포함한 개인 요인, 그리고 환경적 사건들은 상호작용을 통해 서로에게 영향을 미치며 작동한다(p. 18).

이러한 모델은 [그림 4-1]에서 확인할 수 있다. 행동과 환경 요인이 서로 관련이 있다는 사실은 교사가 교수활동을 위해 정보를 제시하고 학생의 주의를 돌리는 활동을

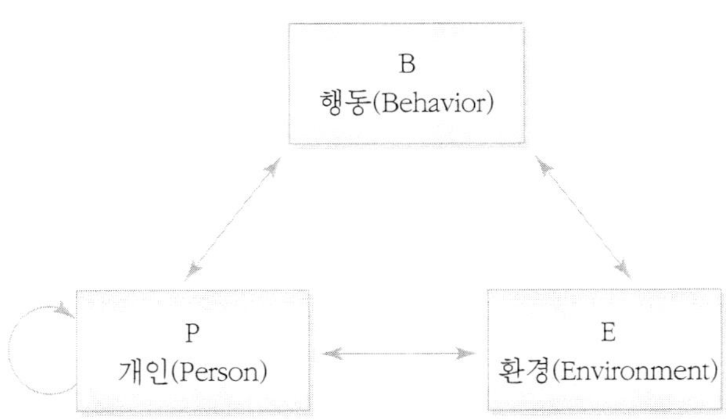

그림 4-1 3요인 호혜적 상호성 모델

살펴봄으로써 확인할 수 있다. 행동에 대한 환경의 영향은 교사가 "여기를 보렴."이라고 말할 때 학생들이 자동적으로 주의를 집중하는 모습에서 나타난다. 학생의 행동이 교수 환경을 바꾸기도 하는데, 예를 들어 교사의 질문에 학생이 잘못된 대답을 하는 경우를 생각할 수 있다. 이때 교사는 새로운 정보를 제시하기보다는 교재를 다시 가르치게 된다.

행동과 개인 요인 간의 상호작용은 자기효능감을 통해 확인할 수 있다. 자기효능감(개인 요인)은 과제를 선택하고, 지속하고, 노력하는 것과 같은 성취행동에 영향을 준다(Schunk, 1989c, 1995; Schunk & Pajares, 2002). 한편, 학생들의 행동은 자기효능감을 조절하기도 한다. 학생들은 과제를 할 때 자신이 설정한 목표를 달성해 가는 진전 정도를 스스로 관찰한다. 학생들은 이러한 진전도를 통해서 자신들이 학습과 수행을 보다 잘할 수 있다고 예상하며, 이후 학습에 대한 자기효능감을 강화시킨다.

개인과 환경 요인 간의 또 다른 상호작용 사례는 학습에 대해 대부분 낮은 자기효능감을 가진 학습장애 학생들에게서 확인할 수 있다(Licht & Kistner, 1986). 개인 요인이 환경에 영향을 줄 수 있다는 사실은 사람들이 학습장애를 가진 학생들을 대하는 것을 보면 알 수 있다. 즉, 사람들은 학습장애를 가진 학생의 실제 능력보다는 그들의 전형적인 특성에 기초하여 그들을 판단한다. 어떤 교사들은 학습장애를 가진 학생들을 비장애 학생들에 비해 그들의 학습 능력이 떨어진다고 판단하며 심지어 그들이 이전에 충분한 수행을 보인 영역에서조차 학문적으로 더 낮은 기대를 한다(Bryan & Bryan, 1983). 반대로 교사의 피드백(환경 요인) 역시 자기효능감(개인 요인)에 영향을 준다. "아주 잘했어!"와 같은 교사의 말은 "네가 이것을 배울 수 있을지 모르겠구나."라는 말보다 자기효능감을 높이는 데 더 효과적이다.

세 요인 간에 영향을 주는 방향은 항상 일정하지 않다. 일반적으로 하나 또는 두 개의 요인이 우세하게 나타난다. 교실생활이 엄격히 조직화되어 있고 많은 규칙과 절차가 있을 때에는 환경 요인이 우세하다. 반면에 환경적 영향이 약할 때에는 개인 요인이 우세하다. 학기말 보고서와 관련하여 주제 선택의 폭이 넓은 경우에 학생들은 그중에서 자신이 좋아하거나 흥미가 있는 주제를 선택할 것이다.

일반적으로 교실 상황에서 세 요인은 상호작용한다. 교사가 수업 내용을 제시하면, 학생들은 교사가 말하는 것을 받아들인다(환경이 인지, 즉 개인 요인에 영향을 준다). 요점을 이해하지 못한 학생들은 손을 들고 질문한다(인지가 행동에 영향을 준다). 교사는 요점을 다시 설명한다(행동이 환경에게 영향 준다). 마지막으로 교사는 학생들에게 성취 경험을 할 수 있는 과제를 제공한다(환경이 행동에 관련된 인지에 영향을 준다). 학생들은 과제를 수행함으로써 자신들이 학습을 잘할 수 있을 것이라고 믿게 된다(행동이 인지에 영향을 준다). 그리고 학생들은 자신이 과제를 계속할 수 있을지에 대해서 교사에게 물어본다(인지가 행동에 영향을 준다).

[그림 4-1]에 나타난 개인 요인에서 나온 작은 원형 고리는 개인 요인이 또 다른 개인 요인에 영향을 주는 것을 의미한다(Zimmerman, 2000). 그러므로 효과적인 학습전략의 사용은 학습과 관련된 전략을 이해하고 그것을 적용할 수 있기 때문에 기술의 획득을 증진시키고 학생들이 학습에 대해 좀 더 자신감을 가질 수 있도록 이끌 수 있다. 또한 높아진 자기효능감은 이후 학생들의 전략 선택에 다시 영향을 끼치게 된다. 그러한 개인 내의 상호작용은 추후 논의될 자기조절에서 매우 중요하다.

학습과 동기

사회인지이론은 학습을 이전에 학습된 행동의 수행과 구분한다. 사람들은 모델을 관찰함으로써 많은 것을 학습하지만 그들이 획득한 지식과 기술은 학습과 동시에 나타나지 않는다(Rosenthal & Zimmerman, 1978). 사람들은 학습한 행동을 표현하도록 동기를 부여 받기 전에는 학습한 기술을 드러내지 않는다. 이전에 학습된 기술을 수행하도록 하는 동기는 그 기술이 상황에 적합하고 결과가 긍정적일 것이라는 믿음으로부터 나온다. 학습과 수행의 구별은 앞에서 언급한 하임리히 요법을 적용함으로써 질식할 뻔한 친구를 구해 준 소년에 대한 이야기에서 분명하게 드러난다. 사회인지이론은 특정 기술이 획득되더라도 행동으로 드러나지 않을 수 있다고 가정하며, 그러한 기술의 사용이 개인 요인과 상황 요인에 의해 어떻게 영향을 받는지에 대해서 설명해 준다.

동기는 학습과 수행 모두에 영향을 준다. 비록 동기가 학습을 촉진한다 할지라도 동기가 학습에 필수적인 것이 아님은 잠재적 학습(latent learning)에서 그 증거를 찾을 수 있다(1장 참조).

직접학습과 대리학습

사회인지이론에서 "학습은 주로 행동의 구조와 환경적 사건에 대한 정보가 행동을 안내하는 상징적 표상으로 변형되도록 하는 정보처리 활동"으로 설명된다(Bandura, 1986, p. 51). 직접학습(enactive Learning)은 실제로 행동하며, 행동 결과를 경험하면서 학습하는 것이다. 성공적인 행동은 계속 유지되고, 실패한 행동은 버려진다.

대리학습(vicarious Learning)은 학습자에 의한 외적 수행이 일어나지 않을 때 발생한다. 가령, 사람과 같이 살아 있는 생생한 모델을 관찰하거나, 사람의 형태 혹은 사람이 아닌 형태의 상징적 모형(예: TV 속의 사람이나 만화 캐릭터), 혹은 인쇄물에서 관찰되는 모델(예: 각본이나 조립설명서)로부터 대리학습이 일어나는 것이다. 대리학습은 무엇인가를 배우기 위해 매번 모든 활동을 직접 수행할 경우보다 학습을 촉진시키며 학생들이 그 활동의 결과로 겪을 수 있는 부정적인 경험으로부터 지켜 준다. 복잡한 기술을 학습하는 것은 일반적으로 직접적이면서도 대리적으로 일어난다. 학생들은 교사가 기술을 설명하고 실제로 시연하는 것을 관찰한다. 관찰을 통해서 학생들은 기술의 일부 구성요소를 학습할 수 있지만, 일부 다른 기술은 학습하지 못하기도 한다. 연습을 통해 교사는 학생들이 자신의 기술을 갈고 닦을 수 있도록 정확한 피드백을 제공할 수 있게 된다.

Bandura(1986)는 행동 결과가 Skinner(1953)가 주장했던 대로 행동을 강화시키는 것이라기보다는 직접 경험했든 관찰했든 이것에 상관없이 학생들에게 정보를 알려 주고 동기를 부여하는 것이라고 주장한다. 행동의 실제 결과는 학생들에게 그 행동을 했을 때 일어날 수 있는 일들에 대한 정보를 알려 준다. 만일 학생들이 직접 실패를 경험하거나 모델이 실패하는 것을 관찰한다면, 그들은 무언가 잘못되었다는 것을 배우고 그 문제를 수정하려고 조치를 취할 것이다. 동기적 관점에서 보면 학생들은 모델 행동이 유용할 것이라고 믿을 때 모델에 주의를 기울이고 이를 학습할 가능성이 크다.

모델링의 과정

사회인지이론의 주요 공헌 중에 하나는 모델링 과정에 대한 설명이다. 여기서는 모델링에 대해 살펴보고 교육과의 관련성을 논의하고자 한다.

모델링의 기능

모델링은 하나 혹은 그 이상의 모델을 관찰함으로써 나타나는 행동적, 인지적, 정서적 변화를 말한다(Bandura, 1969, 1989; Rosenthal & Bandura, 1978; Schunk, 1987). 모델링은 억제/탈억제, 반응촉진, 관찰학습이라는 여러 다른 기능을 수행한

표 4-1 ▸▸ 모델링의 기능

기 능	관찰자에게 미치는 효과
억제/탈억제	모델화된 행동과 유사한 결과에 대해 기대를 형성한다.
반응촉진	사회적 자극은 관찰자에게 유사한 행동을 야기시킨다.
관찰학습	새로운 기술과 행동들이 습득된다.

다(〈표 4-1〉).

억제/탈억제

모델을 관찰하는 것은 억제를 강화시킬 수도 있고 약화시킬 수도 있다. 만약 모델이 위협적이거나 금지된 행동을 했음에도 불구하고 부정적인 결과가 뒤따르지 않는다면 관찰자 역시 스스로 그 행동을 할 것이다. 그러나 모델이 처벌을 받는다면 관찰자의 반응은 억제될 것이다. 억제(inhibition) 및 탈억제(disinhibition) 효과는 자신이 따라서 행동하면 비슷한 결과가 일어날 것이라는 관찰자의 믿음에서 생긴다. 억제 및 탈억제 행동은 관찰자가 행동하기 이전에 학습한 것이며 동기는 행동을 더하게 만들기도 하고 덜하게 만들기도 한다.

이 장의 시작 부분에 나왔던 예에서 박은정 교사는 각자 연습하는 동안 학생들이 떠드는 행동을 중지시키지 않았기 때문에 학생들의 행동은 탈억제되었다. 그런데 박은정 교사가 지영이를 혼내자 교실에서 떠들던 다른 아이들도 떠드는 것을 멈추었다. 비록 그 효과가 자동적으로 나타나지 않는다 해도, 잘못된 행동을 처벌하지 않은 것은 관찰자들로 하여금 잘못된 행동을 하도록 이끌 수 있다. 교사가 잘못된 행동에 대해 한 학생을 혼냈을 때 잘못된 행동이 멈춘 것은 관찰자들이 자신들 역시 계속해서 잘못된 행동을 하면 혼날 것이라고 믿었기 때문이다.

반응촉진

반응촉진(response facilitation)은 모델의 행동을 적절하게 따라하는 관찰자가 사회적 자극을 받을 때 일어난다. 앞의 예에서는 태진, 유경, 민수가 다른 학생들이 모여 있는 것을 보고 교실 뒤로 갈 때 반응촉진이 일어난 것이다. 무리지어 있는 아이들은 이 세 명의 아이들이 그 집단과 함께 하도록 사회적 자극을 제공한다. 반응촉진은 행동 자체가 학생들이 이미 학습한 행동을 반영하고 있기 때문에 동기가 부여된 현상이다. 또한 억제 및 탈억제 효과와는 다르게 반응촉진 행동은 사회적으로 허용되는 것이며 잠재적인 구속성을 동반하지 않는다(Bandura, 1986).

관찰학습

모델링을 통한 관찰학습(observational learning)은 관찰자가 특정 행동에 대한 모델링 이전에는 나타내지 않았던 새로운 행동이 모델링을 통해 나타났을 때 일어난다(Bandura, 1969; Rosenthal & Zimmerman, 1978). 관찰학습은 각 반응이 직접 수행되고 강화될 경우에 일어날 수 있는 학습을 넘어서기 때문에 보다 확장된 학습의 범위와 정도로 이해된다. 박은정 선생님의 학급 학생들은 교사의 모델화된 설명을 관찰한 후 분수 계산을 수행하면서 관찰학습이 일어난 것이다. 인지적 모델링(cognitive modeling)은 언어적으로 표현되는 모델화된 설명, 수행 행동에 대한 모델의 생각과 이유를 통합한다(Meichenbaum, 1977).

관찰학습은 주의, 기억, 생산, 동기라는 네 가지 하위 과정을 포함한다(〈표 4-2〉). 여기서는 동기를 분리해서 논의하기보다는 동기가 어떻게 다른 세 가지 하위 과정들과 상호작용하는지 살펴보도록 하겠다.

주의(attention)는 관찰자가 모델화된 행동을 의미 있게 지각하기 위해서 필요하다. 언제 어디에서든 학생들이 주의를 기울일 수 있는 단서들은 수없이 많다. 크기, 모양, 색깔, 소리, 특이한 공간 등과 같이 다른 것과 차별화되는 특징들은 주의를 기울일 수 있게 한다. 교사는 이 원리를 적용하여 주의가 요구되는 부분을 선명한 색깔로 표시하거나 쌍방향 컴퓨터를 사용할 수 있다.

동기는 관찰자가 모델화된 행동에 얼마나 기능적 가치를 두는지에 따라 주의에 영향을 준다. 여기서 관찰자는 결과가 중요하고 가치 있다고 판단한 행동에 주의를 더 기울이게 되는데, 특히 학생들은 주의를 기울이지 않으면 부정적인 결과가 예상되는

표 4-2 ▸▸ 관찰학습의 과정

과정	활동
주의	모델 행동의 구별되는 특징에 주의 기울이기
기억	저장을 위한 모델화된 정보의 부호화 및 변형, 정보 시연
생산	모델화된 사건의 시각적이고 상징적인 개념을 행동으로 변형하기
동기	긍정적인 결과가 기대되고 가치 있다고 생각하는 활동들을 수행하기

경우, 또는 교사의 행동이 매우 기능적으로 보여서 모델화된 행동을 학습해야겠다고 생각한 경우에 교사에게 주의를 기울인다. 더욱이 학생들은 대체로 교사를 유능하다고 여기는데, 일반적으로 사람들은 지식이 풍부하다고 믿는 사람을 주목하려는 경향을 보인다.

기억(retention)은 모델화된 정보를 기억에 저장하기 위해 부호화하고 변형하는 것뿐만 아니라 마음속으로 정보를 시연하는 것을 포함한다. 관찰자는 심상적이고 언어적인 형태로 모델화된 표현을 저장한다. 테니스 서브와 같은 운동기술에서 몸의 움직임은 유연하면서도 연속적이고 순간적으로 일어나기 때문에 언어로 설명하기 쉽지 않은 활동에 포함되는데, 이런 활동을 기억하기 위해서는 심상적 부호화가 중요하다. 반면, 대부분의 인지적 기술 학습에서는 과정이나 전략을 언어적으로 부호화하는 것이 중요하다.

주의 과정에서처럼, 동기는 기억 과정에서도 영향을 미친다. 관찰자가 중요하다고 믿는 모델화된 행동은 더 잘 기억되는 반면에, 관찰자가 가치가 없다고 여기는 행동은 학습되지 않는다. 기억 활동은 학습과 동기의 상호작용을 명확하게 보여 준다.

생산(production)은 모델화된 사건의 시각적이고 상징적인 개념을 행동으로 변형하는 것을 말한다. 생산 과정에서 일어나는 문제들은 정보가 부적절하게 부호화되었거나 학습자가 부호화된 정보를 행동으로 변형하는 것에 어려움을 겪기 때문에 발생하게 된다. 대부분의 복잡한 기술들은 모델링, 안내된 훈련, 정확한 피드백을 통해서 학습되는데, 학습자는 모델을 관찰함으로써 복잡한 기술에 접근하며, 훈련과 정확한 피드백을 통해 자신의 기술을 개선시킨다.

관찰을 통해 획득한 모든 지식과 기술, 행동이 밖으로 드러나는 것은 아니다. 행동에 대한 동기(motivation)는 직접적이고 대리적이며 자기생산적인 경험으로부터 유발된다. 사람들은 이전에 자신에게 성공적이었거나 모델에게 성공적이었던 행동과 자신이 가치 있게 여기는 활동은 수행을 하지만, 만족을 느끼지 못한 활동은 피한다(Schunk, 1987). 가령, 사람들은 불법적인 사업 활동과 같이 정당하지 못한 보상을 받게 된다고 판단되는 경우에는 그러한 활동이 돈, 명예, 권력과 관련이 된다고 하더라도 피하곤 한다. 모델링을 교실에 적용시키는 예는 〈적용 4-1〉에서 볼 수 있다.

적용 4-1 교실에서 모델링 적용하기

1. **억제 사용**

윤이현 선생님 반에는 몇몇 학생들이 과제를 다 마치지 않은 채 놀고 있다. 쉬는 시간이 되기 몇 분 전, 윤 선생님이 한 학생의 책상을 두드리며 "재현아, 과제를 마치지 못하면 쉬는 시간은 없을 거야."라고 말했다. 그러자 재현이는 과제를 열심히 하기 시작했고, 아직 과제를 끝내지 못한 몇몇 학생들도 과제에 집중하기 시작했다.

김태진 선생님은 군악대 행렬의 줄이 똑바른지를 살펴보는 중이었다. 김 선생님은 첫 번째 줄을 따라 걸으면서 줄이 맞지 않은 학생들의 자리를 맞추었다. 그러자 다른 줄에 있는 학생들도 스스로 줄을 똑바로 맞추기 시작했다.

2. **탈억제 사용**

송연수 선생님은 사회 시간에 학생들이 토론에 거의 참여하지 않는 것이 걱정스러웠다. 어느 날 어떤 주제에 대해 토론을 하는데 몇몇 학생들이 자발적으로 자유롭게 자신의 의견을 제시했다. 그러자 곧 더 많은 학생들이 토론에 참여하기 시작하였고, 송 선생님은 그 반의 참여도가 월등하다고 칭찬해 주었다.

지민이는 수줍음이 많은 3학년 학생이다. 어느 날 지민이가 다른 두 여자 친구들에게 다가가 말을 걸기 시작했다. 선생님은 지민이에게 다른 친구들과 잘 어울리는 것을 보니 너무 기쁘다고 말해 주었다. 지민이의 사회적 상호작용은 이후 며칠간 계속 증가하였다.

3. **반응촉진 사용**

체육 담당인 김 선생님은 처음 교실에 들어온 학생 세 명에게 체육관 트랙을 뛰라고 지시하였다. 다른 학생들도 교실에 도착하자 자동적으로 처음 세 명과 함께 체육관 트랙을 뛰기 시작했다.

과학 담당인 강재경 선생님은 기계에 대한 단원을 수업하기 위해 손수 만든 로봇들을 여러 개 가져왔다. 그는 학생들이 오자 교실 뒤에서 로봇들을 작동시켰다. 학생들 모두 교실에 들어오자마자 자신의 책상으로 가지 않고 로봇을 보기 위해 교실 뒤로 모여들었다.

4. **관찰학습 사용**

1학년 담임인 김세진 선생님은 학생들에게 뺄셈하는 방법을 알려 주기 위해 수학보조물을 사용하였다. 김 선생님은 각 문제를 설명한 후에 학생들이 각자 책상에서 수학 보조물을 사용하여 똑같은 연산을 수행하도록 하였다.

테니스 코치인 최무현 선생님은 테니스 스윙의 여러 유형들을 여러 차례 시범을 보여 주었다. 각 유형을 시범 보인 후, 그는 학생들에게 각자 스윙 연습을 하게 하였다.

효과적인 모델의 특성

모델링은 관찰자와 모델이 짝을 이루었을 때 자동적으로 나타나는 것이 아니다. 관찰자는 모델에게 주의를 기울여야 하고 모델에게 배우기 위해 동기화되어야 한다. 게다가 모델링에 대한 이론과 연구들은 모델의 능력, 지각된 유사성, 신뢰, 열정과 같은 모델의 특성이 모델링에 중요한 영향을 끼친다고 말한다.

능력

관찰자가 지각한 모델의 능력(competence)은 관찰학습에 도움을 준다. 왜냐하면 학생들은 능력이 부족한 모델을 따라하기보다는 성공적인 수행을 한 모델에게 더 많은 주의를 기울이게 되고 그 모델을 따라하게 되기 때문이다(Schunk, 1987). 또한 유능한 모델은 정확한 기술을 보여 주기 때문에 학생들이 잘못 학습할 가능성을 감소시킨다. 그러나 이것이 우월한 능력을 가진 모델이 관찰자에게 항상 가장 좋은 교사가 된다는 것을 의미하는 것은 아니다. 만약 성인 모델이 형편없는 수행을 보인다 할지라도 아동들은 성인이 가진 지위 자체를 의식하여 그가 완전히 잘못하지는 않았을 것이라 생각하여 어쨌든 그 행동을 배우도록 노력할 것이다. 일반적으로 아동은 교사보다는 자기 또래의 잘못을 더 쉽게 지각하는데, 특히 교사가 설명하는 내용이 아동에게 덜 친숙할 때 그렇다. 지각된 유능감 또한 동기에 긍정적인 영향을 주는 것만은 아니다. 복잡한 기술을 완벽하게 설명하는 교사를 관찰한 학생들이 자신은 결코 그러한 능력을 가질 수 없을 것이라고 믿을 수도 있는 것이다.

자신을 스스로 평가할 때에 가장 좋은 모델은 능력이 비슷하거나 관찰자보다 약간 높은 학생들일 것이다. France-Kaatrude와 Smith(1985)는 1학년과 4학년 학생들에게 동일한 과제를 수행하도록 했다. 그리고 아동들에게 자신보다 더 높거나, 더 낮거나, 혹은 동등한 능력을 가진 또래와 비교하도록 하였다. 아동들은 자신과 유사한 수준으로 수행하는 또래와 자신의 수행을 자주 비교하였고 높은 수행 지속성을 보였다. 어린 아동일수록 나이가 많은 아동보다는 비슷한 수준의 또래와 더 자주 자신의 수행을 비교하였다.

자기평가 시 아동들은 일반적으로 자신의 수행을 또래의 수행과 비교한다(Schunk, 1987). 비슷한 능력을 가진 것으로 판단되는 또래와의 사회적 비교는 높은 동기를 유발한다. 같은 나이이지만 능력이 더 낮은 경우처럼 모델의 나이와 능력이 불일치할 때 아동들은 능력 정보에 더 많이 의존한다. 이것은 교사가 학생들의 모델로서 더 어리지만 유능한 아동을 제시할 수 있음을 시사한다. 이러한 나이 어린 모델의 사용은 또한 관찰자의 자기효능감을 강화시킬 수 있다. 왜냐하면 관찰자가 어린 아동이 학습할 수 있다면 자신도 할 수 있다고 믿게 되기 때문이다.

관찰자는 종종 직책, 직업적 책임, 사회적 위치에 의해 정의되는 높은 지위의 모델이 보이는 행동을 따라한다. 이 장의 앞부분에서 제시된 사례에서 형우는 높은 지위에 있는 모델로서 그의 지시에 따라 아이들이 질서 있게 줄을 서는 모습을 보여 주었 보여주었다. 높은 지위에 있는 모델의 행동을 모방하는 것은 기능적이기 때문에, 특정 모델이 해당 분야에서 능력이 있고 전문성 있는 모습을 보여 준다면 관찰자들은 모델의 행동을 더 많이 따라할 것이다. 그러나 운동선수가 건강보호식품 광고를 할 때와 같이 모델이 그들의 전문영역에서 벗어난 행동을 할 때에는 그 모델의 지위가 문제가 될 수 있다.

지각된 유사성

모델과의 유사성은 중요한 정보 원천이 되며 동기를 부여할 수 있다(Bandura, 1986). 관찰자는 모델과의 유사성을 통해 행동적 적합성을 판단하고 결과 기대(즉, 행동의 결과에 대한 믿음)를 형성하는 데 도움을 받는다. 관찰자가 모델과 더 유사할수록 관찰자가 행한 유사한 행동은 사회적으로 더 적합하다고 인정받으며 모델과 필적할 만한 결과를 생산하게 될 가능성이 커진다(Bandura, 1986; Schunk, 1995). 모델의 특성은 종종 행동의 기능적 가치를 예측하는데, 그중에서 유사성은 관찰자가 기능적 가치에 대한 정보를 거의 가지고 있지 않을 때 높은 영향력을 보인다. 예를 들면, 친숙하지 않은 과제이거나 즉각적으로 결과가 나타나지 않는 경우에 그렇다(Schunk, 1987).

또한 모델 유사성은 관찰자의 자기효능감에도 영향을 준다. 자신과 유사한 다른 사람의 성공을 관찰하는 것은 관찰자의 자기효능감을 증진시키고, 다른 사람이 성공했으니 자신도 성공할 수 있다고 믿게 만들어 과제를 하도록 동기를 부여할 수 있다.

한편, 모델의 실패를 관찰하는 것은 자신이 이것을 성공하기엔 능력이 부족하다는 생각을 하도록 하거나, 과제를 시도하는 것조차 포기하도록 만들 수 있다. 이처럼 유사성은 학생들이 과제에 대한 친숙함이 부족하거나, 자기효능감을 판단하는 데 사용할 만한 정보가 거의 없거나, 혹은 이전에 유사 과제에 대한 어려움을 경험하여 자기의심(self-doubts)을 가지고 있을 때처럼 자신의 수행 능력에 대한 확신이 없을 때 특히 중요하다(Bandura, 1986; Schunk, 1995).

학생의 성취행동에 대한 지각된 유사성의 효과를 검증한 어떤 연구에서는 아동들이 성인의 행동보다 오히려 또래의 행동을 모방하는 경향이 적다는 것을 보여 주었다(Schunk, 1987). 그렇지만 관찰자에게 모델과 자신의 유사성은 행동의 적합성을 판단하는 믿을 만한 단서가 된다. 무엇을 해야 할지 확신이 없을 때 아동은 또래가 하는 것을 보고 일치되게 행동하기 때문이다. 이러한 연령의 유사성은 기술, 규칙, 새로운 반응을 학습할 때보다는 학습의 지각된 가치에서 더 중요하게 작용한다. 능력 또한 중요하다. 만약 또래가 성인과 똑같은 능력을 보인다고 느낀다면 또래의 행동은 모델화될 것이지만, 또래의 능력이 의심스러울 때 또래 대신 성인을 모방하게 된다. 또한 아동이 자신의 능력에 대해 자기의심을 가질 때에는 또래가 더욱 효과적인 모델이 될 수 있다. 어떤 학습 상황에서 또래가 성공적으로 과제를 수행하는 것을 관찰하는 것은 성인을 관찰하는 것보다 아동의 자기효능감을 증진시킨다(Schunk & Hanson, 1985). 성인이 너무 높은 수준의 능력을 가지고 있게 되면 아동이 자신은 그러한 능력을 결코 가질 수 없을 것이라고 단념해 버릴지도 모르기 때문이다.

결점 없는 완벽한 수행을 보이는 숙달모델(mastery model)과 초기에는 전형적인 공포감과 결점을 보이지만 점차 자신의 수행을 향상시키고 자신감을 얻는 대응모델(coping model) 사이에는 중요한 차이가 있다(Thelen, Fry, Fehrenbach, & Frautschi, 1979). 대응모델은 어려움을 극복하기 위해 어떻게 노력하며 어떻게 긍정적인 사고를 하게 되는지를 보여 주기에, 특히 이전에 어려움을 겪었던 학습자에게 효과적이다. 아동은 대응모델을 통해서 급속도로 숙달을 하기보다 처음에는 어려움을 느끼지만 이후 점진적으로 향상하는 모습을 확인한다. 이러한 점을 볼 때 대응모델을 관찰하는 것은 숙달모델을 관찰하는 것에 비해 아동의 자기효능감을 향상시킬 수 있다(Schunk & Miller, 2002).

Schunk과 Hanson(1985)은 기술을 습득하는 데 있어 성인모델(교사)이 있는 경우와 없는 경우의 또래숙달모델과 또래대응모델의 성취 효과를 비교하였다. 또래숙달모델은 재배열하여 뺄셈을 해야 하는 문제를 정확하게 풀었고 높은 자기효능감과 높은 능력, 그리고 낮은 과제 어려움을 나타냈으며 긍정적인 태도를 보였다. 또래대응모델은 처음에는 실수를 했고 부정적인 진술을 하였으나, 이후 "하고 있는 일에 주의를 집중할 필요가 있어." 등의 대처 반응을 보이더니 결국에는 긍정적인 진술을 하며 숙달모델만큼의 수행 수준을 보였다.

또래 모델을 관찰하는 것은 교사 모델을 관찰하는 경우 또는 모델이 없는 경우보다 효능감과 성취를 더 증가시켰다. 그리고 교사 모델을 관찰한 학생들은 관찰할 모델이 없었던 학생들보다 높은 수행 수준을 보였다. 또한 모델을 관찰하는 것은 문제해결과정에서 동기를 향상시켰으며, 숙달모델과 대응모델 간에는 차이가 나타나지 않았다. 이는 아동은 모델이 성공할 수 있다면 자신도 성공할 수 있다고 분명히 믿기 때문이다.

Schunk, Hanson과 Cox(1987)는 대부분의 아동들이 성공하지 못하는 분수 과제를 주었다. 연구자들은 대응 혹은 숙달과 같은 다양한 모델을 관찰하는 것뿐만 아니라, 한 대응모델을 관찰하는 것이 한 숙달모델을 관찰하는 것보다 더 나은 결과를 가져온다는 사실을 발견하였다. 또한 두 모델을 각각 아동은 자신이 숙달모델보다 대응모델의 능력과 더 유사하다고 판단하였으며, 다양한 모델의 관찰은 아동의 자기효능감에 강력한 대리학습의 효과를 발휘하였다.

또한 자신의 수행을 스스로 관찰하는 것에서 기인한 인지적이고 행동적 변화를 가리키는 자기모델링(self-modeling)을 다루는 연구들도 있다(Dowrick, 1983; Hartley, Bray, & Kehle, 1998). Schunk과 Hanson(1989b)은 아동이 문제를 푸는 모습을 비디오로 찍은 다음, 이를 아동에게 보여 주었다. 녹화는 했지만 비디오를 보여 주지 않은 학생들과 아예 녹화를 하지 않은 학생들에 비해 자기모델링을 한 학생들은 더 높은 자기효능감과 동기를 나타냈다. 이처럼 자기모델 비디오는 기술 획득에서의 향상을 이끌어 내며 자기효능감과 동기를 강화시켰다.

성별 간의 유사성에 대한 연구에서는 성별 유사성이 작업에 대해 적합한 정보를 제공할 때 긍정적 효과가 있다고 말한다(Schunk, 1987). 장난감을 가지고 노는 같은 성의 아동을 관찰하는 것은 관찰자에게 성 적합성(sex-appropriateness) 정보를 제공하게 되는데, 이것은 아동의 동기를 향상시킬 수 있다. 행동의 성 적합성에 대해 확신이 없을 때 아동은 같은 성의 모델이 성역할의 좋은 본보기라고 믿고 그렇게 해야 보상을 받을 수 있다고 믿기 때문에 같은 성의 또래를 모방하게 된다. 여기서 교실에서 일어나는 학습 활동 중 두 가지 성의 또래 모델을 모두 사용하는 교사는 학생의 성역할 적합성에 대한 편견을 바꾸는 데 도움을 줄 수 있을 것이다. 예컨대, 남학생은 수학을 잘하고 여학생은 읽기를 잘한다는 편견에 효과적일 수 있다.

신뢰성

모델의 신뢰성(credibility)은 모델 행동에 대한 관찰자의 동기에 영향을 미칠 수 있다. 관찰자는 자신이 모방하려는 행동을 일관적으로 보이는 모델을 말과 행동이 다르게 나타나는 모델에 비해 더 신뢰할 수 있다고 판단하기 때문에 이러한 모델을 더 많이 모방한다(Bandura, 1986). 자신이 주장하는 바를 그대로 실천하는 모델은 그 행동이 적당하고 유용하다는 자신의 주장을 입증하게 된다. 반대로 모델이 말한 것과 행동한 것이 다를 경우에는 간접적으로 그 행동이 관찰자를 위해 좋은 것이긴 하지만 모델 자신은 수행하지 않는다는 점을 관찰자들에게 전달하게 되어 그 이유에 대해 관찰자의 의구심을 불러일으키게 한다.

Bryan과 Walbek(1970)은 초등학교 아동들에게 먼저 볼링 경기를 해서 이기면 상품권을 받는 성인 모델을 관찰하게 한 후, 그들도 볼링 경기를 해서 상품권을 획득하도록 만들었다. 그리고 탁자 위에 상품권을 모으는 상자를 가져다 놓고 상자 안에 모인 상품권은 가난한 아동에게 기부될 것이라고 공지하였다. 실험에 참여한 성인모델 중 일부는 "오늘 내가 이겨서 돈을 따게 되면 나는 가난한 아동들을 위해 얼마를 기부할 것입니다."라고 관대한 모습을 보였고, 일부 모델은 "오늘 내가 이겨서 돈을 따게 되어도 나는 가난한 아동들을 위해 기부하지 않을 것입니다."라고 이기적인 모습을 보였다. 그러고 나서 각 모델들은 상품권을 기증하기도 하고 기증하지 않기도 했다. 여기서 모델의 행동은 모델의 말보다 아동을 더 동기화시켰다. 이기적인 모델을 관찰한 아동보다 관대한 모델을 관찰한 아동이 더 많은 기부를 하였지만, 여기서 모델의 기부에 대한 다짐만을 듣고 실제로 기부하는 모습을 보지 못한 아이들은 기부하지 않겠다는 말을 들은 아이들보다 더 많은 기부를 하지는 않았다.

열정

자신의 생각을 열정(enthusiasm)적으로 표현하는 모델은 그렇지 않은 모델보다 관찰자의 학습 및 자기효능감이나 귀인과 같은 동기적 과정을 더 강화시킨다(Perry, 1985). TV 스타들부터 열의에 가득찬 연설자들까지 열정적인 모델의 사례는 실생활에 수없이 많다. 이러한 모델들은 자신이 주장하는 대로 관찰자들이 동기화되길 바란다.

사람들은 열정적인 모델에게 더 많은 주의를 기울이기 때문에 모델의 열정은 관찰자에게 영향을 주며 이는 학습을 강화시킨다. 또한 열정적인 모델은 관찰자들이 모방한 기술과 전략을 유지하도록 동기를 부여한다. 열정적인 모델은 과제가치에 대한 관찰자의 인식을 향상시키기도 하는데, 특히 모델의 말과 행동이 동일할 경우에 향상 정도는 더욱 커진다. 열정은 관찰자의 자기효능감을 증진시킬 수도 있다. 왜냐하면 언어적 설득은 효능감 정보의 출처이기 때문이다(이는 다음에서 논의된다). 열정적인 모델이 관찰자들에게 '당신은 그것을 할 수 있습니다.' 라는 태도를 전달하는 한 자기 효능감과 기술을 향상시키기 위한 동기는 증가된다.

교실 연구들은 열정, 공감적 유대(rapport), 활력(dynamism), 카리스마(charisma)와 같은 특성들을 포함하는 교사의 표현성 요소들을 확인하였다(Abrami, Leventhal, & Perry, 1982; Perry, 1985). Naftulin, Ware와 Donnelly(1973)는 청중들에게는 잘 알려지지 않은 학자로 소개되었지만, 사실상 전문 영화배우인 Myron L. Fox 박사에게 교육자이거나 정신건강 전문가인 청중들에게 인간 행동을 설명할 수 있는 수학에 대한 강연을 하도록 하였다. Fox 박사는 특별하고 열정적인 방식으로 자신의 말들을 전달했고 완벽한 몸짓이나 유머를 구사했다. 그러나 내용적 측면에서 Fox 박사의 강연은 별 의미가 없으며 서로 관계없는 내용들이 애매모호하고 불합리적인 표현들로 끼워 맞춰진 것이었다. 그러나 강연이 끝난 후에 청중들은 Fox 박사의 강연을 긍정적으로 평가했으며 인상적이었다고 느꼈다. Naftulin과 동료들은 강연자에게 있다고 여겨지는 권위와 매력적인 성격은 실제로 교육적인 내용이 없어도 학생들로 하여금 학습했다고 믿도록 할 수 있다는 사실을 확인하고서 교육적 유혹(educational seduction)이라는 개념을 제안하였다. Ware와 Williams(1975) 또한 표현을 많이 하는 교수자가 표현을 적게 하는 교수자에 비해 더 좋은 평가를 받으며 학생의 성취를 더 높인다는 사실을 발견하였다.

이런 연구들은 직접적으로 동기를 언급하지는 않는다. 하지만 Perry와 동료들(Perry & Dickens, 1984; Perry, Magnusson, Parsonson, & Dickens, 1986)은 표현을 많이 하는 교수자가 표현을 적게 하는 교수자보다 학생들의 통제소재에 대한 지각, 능력 혹은 노력과 같은 내적 귀인, 자신감, 그리고 성취를 더 강화시킨다는 사실을 발견했다. 이들은 교수자의 특징을 비디오테이프로 녹화하였는데 그들의 표현력은 신체적 움직임, 목소리 조절, 눈 맞춤, 유머에 이르기까지 그 범위가 다양했다.

이러한 결과들은 학습에 있어서 열정적인 교사가 학생들의 흥미와 동기를 촉진시키는 데 도움을 준다는 주장을 지지해 준다. 물론 학생들은 열정적이지 않은 교사에게서도 배울 수 있으며, 지나치게 열정적인 교사는 학생들을 산만하게 만들어 오히려 그들의 학습을 방해할 수도 있다. 또한 Perry의 연구들은 고학년의 학생들로 진행되었기 때문에 어린 아동들을 대상으로 한 후속 연구가 필요할 것이다. 즉, 모델의 적절한 수준의 열정은 학생의 동기를 촉진하고 학습을 향상시키는 데 중요한 요인이 될 수 있다. 이러한 열정과 모델의 다른 특성들을 적용시킨 예는 〈적용 4-2〉에서 확인할 수 있다.

적용 4-2 교실에서 모델의 특성 적용하기

1. **모델로 하여금 기술을 정확하게 보여 주도록 하라(유능감).**

수학을 담당하는 윤아영 선생님은 수업에서 새로운 개념 하나를 소개하였다. 윤 선생님은 문제를 푸는 과정을 보여 주기 위해서 오버헤드 프로젝터(OHP)를 사용하고 나서 학생들에게 자신을 따라 여러 문제들을 풀도록 했다. 윤 선생님은 진아가 문제를 정확하게 푸는 것을 보고, 반 학생들이 볼 수 있도록 진아에게 나가서 칠판에 문제를 풀도록 지시했다.

2. **적합한 높은 지위의 모델을 사용하라(유능감).**

4학년 담임인 백진성 선생님은 학생들에게 지도 만들기 단원을 소개하고 있었다. 백 선생님은 학급에서 지도에 대한 이야기를 나누기 위해 대학 도서관 지도 부서에서 일하는 송영섭 씨를 섭외하였다. 백 선생님과 송영섭 씨는 학생들에게 기호 표를 작성하고 지도를 그리는 법을 보여 주었다.

3. **관찰자보다 능력이 조금 높거나 비슷한 수준의 모델을 사용하라(지각된 유사성).**

유진만 선생님은 수업 시간에 새로운 수학 개념을 소개하고 나서 학생들에게 문제를 풀게 하였다. 이후 그는 그 개념을 이해하는 데 비슷한 수준의 성공이나 어려움을 경험한 학생들끼리 구성된 소집단을 만들었다. 그는 여러 집단을 둘러보고 개별적으로 각 학생과 함께 문제를 풀었다. 각 집단마다 몇몇 학생들이 그 개념을 이해하게 되자, 유 선생님은 그들에게 집단 내의 다른 학생들 역시 그 개념을 확실하게 이해할 수 있도록 함께 문제를 풀도록 하였다.

4. **이전에 어려움을 겪었던 학생들에게 대응모델을 사용하라(지각된 유사성).**

김형진 선생님은 분수 덧셈에 어려움을 겪는 학습장애 학생들을 가르치고 있다. 그는 그들에게 실수하기 쉬운 부분을 보여 주며 말했다. "내가 분수 덧셈을 처음 배웠을 때 종종 이 부분에서 실수를 했었어. 많은 사람들이 실수하는 부분이지. 하지만 너희들은 문제를 풀 때 도움이 되는 것들을 배울 수 있고, 올바르게 푸는 방법을 기억할 수 있을 거야. 자, 이것을 함께 해 보자. 내가 도와주마."

5. **학생들로 하여금 그들 자신의 모델이 되게 하고, 결과를 관찰하도록 하라(지각된 유사성).**

서슬기 선생님은 읽기치료를 받고 있는 은진이가 사회 수업 과제를 하고 있는 모습을 비디오로 녹화하였다. 나중에 서 선생님과 은진이는 함께 그 테이프를 보고 과거에 촬영된 모습과 비교하여 향상된 부분에 대해 함께 얘기를 나누었다. 은진이는 테이프를 보며 자신이 무엇인가를 학습하고 있다는 사실을 실감하였고, 향상된 자기효능감을 경험하였다.

6. **다양한 모델들을 사용하라(지각된 유사성).**

7학년 담당 선생님은 학생들과 창의적인 글짓기 활동을 많이 했다. 학생들이 글짓기 개별 활동을 끝내고 나면, 선생님은 학생들에게 짝을 지어 글짓기 과제에 대해 함께 논의하고 과제물을 수정하도록 지시하였다. 그녀는 글짓기 활동 시간마다 학생들에게 서로 다른 짝을 지어 주었다. 비슷한 수준의 능력을 가진 학생들끼리 짝을 짓기도 하고, 다른 수준의 능력을 가진 학생들끼리도 짝을 지어 줌으로써 논의를 하면서 학생들이 다양한 관점들을 나누도록 하였다. 또한 그녀는 학생들이 향상된 부분에 대해 이야기하고 피드백을 제공하기 위해 개별적으로 학생들을 만나기도 하였다.

7. **모델은 자신이 주장하는 행동을 일관되게 수행하라(신뢰감).**

박진우 선생님은 학생들로 하여금 계산기를 사용하지 않고 숫자열 덧셈을 하도록 지시하였다. 어느 날 중간 시험 평균 점수를 계산하기 위해 박 선생님이 자신의 계산기를 꺼내 들자, 일부 학생들은 그가 계산기를 사용하는 것에 대해 불만을 표시했다. 박 선생님은 학생들에게 일단 긴 숫자열의 덧셈을 모두 이해하고 나면 학생들도 계산기를 사용할 수 있다고 말했다. 봄이 지나고 덧셈에 대한 수업을 모두 마쳤을 때 박 선생님은 학급에서 사용할 계산기를 나누어 주었다.

8. **가르치는 내용에 흥미와 열정을 보여 주고, 학생과 풍부한 상호작용을 하라(열정).**

유치원에서 학생들을 가르치는 유지선 선생님은 학급의 모든 활동에 열정을 가지고 활발하게 참여했다. 그녀는 항상 학생들에게 "얘들아, 너희 모두는 다음에 하게 될 과제를 분명 좋아할 거야. 그것은 아주 재미있을 거야."라고 말하였다. 그녀는 학생들과 전혀 거리낌 없이 어울렸으며 항상 웃으며 아이들에게 말하였다. "우와! 너는 정말 잘하고 있구나!" 그녀의 반 학생들은 학교를 좋아하였고, 교장선생님에게 자신이 학교에서 '가장 똑똑한' 학급에 있다고 말하기도 했다.

관찰된 결과의 기능

모델로부터 관찰된 결과는 관찰자에게 정보를 제공하고 동기를 부여한다(Schunk, 1995). 관찰자는 행동의 기능적 가치를 학습하게 되는데, 성공적인 행동을 수행하는 모델을 관찰하는 것은 관찰자가 수행해야 하는 행동 과정에 대한 정보를 제공한다. 대부분의 사회적 상황들이 구조화되어 있기 때문에 행동의 적합성은 나이, 성별, 지위와 같은 요인에 의존한다. 또한 모델의 행동과 결과를 관찰함으로써 사람들은 어떤 행동이 보상을 받고 어떤 행동이 처벌을 받는지에 대한 기대를 형성한다.

대리적 결과는 관찰자의 동기에 영향을 준다. 타인의 성공, 실패, 보상, 처벌을 관찰하는 것은 관찰자에게 같은 행동을 수행할 때 비슷한 결과를 경험할 것이라는 기대를 만들어 낸다. 과제를 훌륭히 수행해서 칭찬을 받은 다른 학생을 관찰한 학생들은 자신들 또한 성실하게 활동하면 칭찬받게 될 것이라고 믿는 경향을 보인다. 학생들이 교사의 칭찬을 가치 있는 것으로 생각한다면 교사의 칭찬에 대한 기대가 학생들에게 공부를 하도록 동기를 부여할 것이다.

그러나 Zimmerman과 Ringle(1981)은 대리적 결과에 대한 동기 효과는 결과에 따라 자동적으로 형성되지 않을 뿐만 아니라 자기효능감에 절대적으로 의존하지도 않는다는 것을 보여 주었다. 그들의 실험에서 먼저 아동들은 퍼즐 문제를 푸는 모델들을 관찰하였다. 모델 중 일부는 그 문제를 오래 붙잡고 있었고 일부는 금방 포기하는 모습을 보였으며 결국 모든 모델들은 그 문제를 풀지 못했다. 또한 문제를 푸는 동안 일부 모델은 '나는 할 수 있을 거야.'라는 자신감 있는 모습을 보였고 일부 모델들은 비관적인 말을 했다. 그 후 아동들도 스스로 퍼즐 풀기를 시도했다. 비록 퍼즐을 푸는 것에는 실패했지만 문제를 푸는 동안에 높은 지속성과 자신감을 나타냈던 모델을 관찰한 아동들의 동기(지속성)는 향상되었다. 낮은 지속성과 높은 자신감을 가진 모델을 관찰한 아동 역시 자기효능감이 증진되었다. 그러나 높은 지속성을 보였지만 과제 수행에 대해 비관적이었던 모델을 관찰한 아동의 효능감은 감소되었다. 이러한 결과들은 교사들이 모델링을 계획할 때 학생들의 자기효능감을 증진시킬 수 있는 긍정적 언어행동들을 포함해야 함을 시사한다.

호혜적 교수

교사와 또래 모델을 적극적으로 활용하는 교수방법 중 한 가지 사례로 호혜적 교수

(Reciprocal Teaching)를 들 수 있다. 이 접근에 따르면 교사와 학생은 교사의 역할을 서로 번갈아 수행하며, 학습은 교사-학생 및 학생-학생 간에 대화가 이루어지는 가운데 일어난다(Palincsar, 1986; Palincsar & Brown, 1984; Rosenshine & Meister, 1994). 예를 들어, 소집단 읽기 이해 수업에서는 교사가 학생들에게 그들이 학습해야 하는 전략(예: 요약하기, 질문하기)들을 구사하는 방식을 직접 보여 준다. 교사와 학생들이 한 구절을 읽고 나면 교사는 직접 질문을 하고, 내용을 요약하며, 어려운 부분을 명확히 해 주고, 앞으로의 내용을 예측해 보인다. 그다음 교사가 보여 준 방식에 따라 교사와 학생들은 번갈아 가며 교사의 역할을 한다. 만일 교사의 역할에 어려움을 가진 학생이 있다면 교사는 알기 쉽게 바꾸어 말해 주거나 질문을 도와준다. 이러한 절차에 더욱 친숙해지면 학생들은 교사의 도움을 덜 받으면서 전략들을 사용할 수 있다.

호혜적 교수의 예는 Palincsar와 Brown(1984)이 제시한 뱀의 골격에 대한 읽기 단원을 학습하는 학생과 교사 사이에 이루어진 대화에서 볼 수 있다.

> 뱀의 골격과 몸의 부분들은 매우 유연하다. 뱀은 고무호스와 같은 뼈를 가지고 있다. 뱀의 등뼈는 300개의 척추들로 되어 있고 이는 인간의 것보다 거의 10배나 된다. 이 척추들은 움직임을 쉽게 해 주는 물렁물렁하며 탄력 있는 조직들로 연결되어 있다. 이렇게 구부릴 수 있고 휘어질 수 있는 척추 구조 때문에 뱀은 자신의 몸을 거의 모든 방향으로 바꿀 수 있다.

진수: 만일 뱀이 몸을 돌린다면, 몸이 유연하기 때문에 어떤 뼈도 부러지지 않을 거예요.

교사: 그리고 너무나 유연하기 때문에…….

진수: 만일 누군가 뱀의 꼬리를 밟았을 때, 뱀이 유연하지 않다면 움직일 수 없을 거예요.

교사: 맞아요. 매우 유연한 것이 도움이 되는 이유가 설명됐어요. 그럼 무엇이 뱀을 그렇게 유연하게 만들어 줄까요? 이 부분은 우리가 요약할 때 중요하게 다루어야 할 부분이에요.

진수: 그래서 뱀은 더 빨리 이동할 수 있지요?

교사: 그것은 유연함에 대한 또 다른 이유예요. 내가 한번 요약을 해 볼게요. 진수가 맞아요. 우리가 배운 것에서 가장 중요한 것은 뱀이 매우 유연하다는 거예요. 뱀이 매우 쉽게 구부릴 수 있는 것은 뱀의 등뼈가 매우 많고 작은 뼈

들로 이루어져 있으며, 그 뼈들이 각각 따로따로 움직일 수 있기 때문이에요. 이해가 되나요? (p. 142)

전통적인 교수법과 비교하여 호혜적 교수는 학생들의 이해를 촉진시키고, 더 나은 기술과 전략을 지속하도록 하며, 이해를 필요로 하는 과제에 보다 일반적으로 사용할 수 있다고 알려져 있다(Palincsar, 1986; Palincsar & Brown, 1984). 또한 호혜적 교수를 받은 학생들은 질문을 요약하고 대답하는 능력이 질적인 측면에서 많이 향상된 모습을 보여 준다.

호혜적 교수는 Vygotsky(1978)의 근접발달영역(zone of proximal development: ZPD), 즉 혼자 작업할 때와 더 유능한 사람과 함께 작업할 때 보이는 수행의 차이를 반영한다. 비록 근접발달영역이 광범위한 구인이고 문화적 영향을 많이 반영하기는 하지만(Tudge & Scrimsher, 2003), 적정한 교수지원을 받은 한 학생이 배울 수 있는 학습량으로 이해될 수도 있다(Cobb, 1994). 교사와 또래가 근접발달영역 내에서 작용하는 한 학습은 촉진된다. 교사와 또래는 학습자가 유능해지도록 학습자를 지지하고 도와주는 발판/비계(scaffolding) 또는 조력(assistance)을 제공한다.

또한 근접발달영역은 사적 언어(private speech), 다시 말해 사회적 의사소통이 아니라 자기조절적인 자기지시 언어(즉, 사고 구술법)의 역할에 대한 Vygotsky(1962)의 생각과 밀접한 연관이 있다(Berk, 1986, 1992). Vygotsky는 사적 언어가 행동적 자기조절의 일종으로서 사고가 발달하는 것을 돕는다고 믿었다. 사고와 행동에 영향을 주는 사적 언어 능력은 아동 스스로 자기조절적 언어 훈련을 많이 하는 시기인 학령기 이전 몇 년 동안 발달한다. 초기에는 사적 언어가 사고와 행동을 따르지만 언어가 발달함에 따라 사적 언어는 인지와 행동보다 앞서고, 이들에 영향을 주게 된다. 사적 언어는 종종 겉으로 드러나지만(크게 소리 냄), 점차적으로 드러나지 않게 된다(목소리를 거의 내지 않음). Vygotsky는 사적 언어가 부모와 같은 타인에 의해 조절되는 아동의 행동과 내적 언어(사고)에 의해 드러나지 않게 조절되는 아동의 행동 사이를 매개하는 수단이라고 생각했다(Behrend, Rosengren, & Perlmutter, 1992).

만일 사적 언어가 타인에 의한 조절과 내적 자기조절 간의 중간 단계를 의미하고 근접발달영역이 아동이 숙달할 수 있는 과제 범위를 나타낸다면, 아동이 근접발달영역에서 학습하는 동안 사적 언어가 일반적으로 나타날 것임을 기대할 수 있다(Behrend et al., 1992). 이러한 생각은 Meichenbaum(1977)의 자기교수훈련(self-instructional training) 과정에서도 살펴볼 수 있다. Meichenbaum과 Goodman(1971)은 충동적인 2학년을 훈련시키기 위한 특수교육 수업에서 다음의 5단계 과정을 사용했다.

- 인지적 모델링: 성인은 자신이 과제를 수행하는 동안 아동에게 무엇을 해야 할지 말해 준다.
- 명시적 안내: 아동은 성인 교수의 지시 아래 수행한다.
- 명시적 자기안내: 아동은 스스로에게 큰 소리로 지시하면서 수행한다.
- 점점 줄어드는 명시적 자기안내: 아동은 과제를 수행하는 동안 속삭이듯 작은 목소리로 지시를 하며 과제를 수행한다.
- 내면적 자기안내: 아동은 마음속으로 지시를 하면서 과제를 수행한다.

자기교수훈련은 다양한 과제를 가르치는 데 사용할 수 있는데, 특히 학생들이 전략적으로 과제를 수행하도록 가르치는 것에 유용하다(Fish & Pervan, 1985). 예를 들어, Meichenbaum과 Goodman(1971)의 연구에서 한 성인 모델은 학생들이 선 이어 그리기 과제를 하는 동안 작업 속도를 조절하기 위해서 다음과 같이 말하였다.

> 좋아요. 이제 무엇을 해야 하죠? 여러분은 여러 선들을 이용해 그 그림을 따라 그리고 싶을 거예요. 천천히 그리고 조심해야 해요. 맞아요. 아래 선을 그리세요. 그러고 나서 오른쪽으로, 맞아요. 이제 좀 더 아래로 왼쪽이에요. 좋아요, 지금까지 잘했어요. 천천히 그리는 것을 기억하세요. 이제 다시 거꾸로 하도록 해요. 아니, 아래로 그리기로 했었죠. 맞아요, 그 선을 조심스럽게 지우세요……. 좋아요. 실수를 하더라도 천천히 조심스럽게 그려야 해요. 자, 이제 아래로 내려가요. 끝났어요. 드디어 해냈네요(p. 117).

동기 과정

Bandura(1986, 1993, 1997, 2001)의 이론에서 동기는 행동에 따르는 결과에 대한 기대 및 이러한 행동을 수행할 수 있다는 자기효능감에 의하여 유발되고 지속되는 목표 지향적인 행동이다. 학생들은 다양한 행동에 대한 잠재적 결과를 고려하고 이 가운데 가치 있는 결과를 가져온다고 믿는 방법대로 행동하기 때문에 동기의 관점에서 결과에 대한 기대는 중요하다. 가령, 학문적으로 동기화된 학생은 자신이 부지런히 공부하면 좋은 점수를 받게 될 것이라고 믿는다. 또한 그들에게 높은 점수를 받는 것이 가치 있는 일이라면 그들은 열심히 공부해서 자신의 기대를 입증해 보일 것이다.

자기효능감

자기효능감(self-efficacy)은 "특정한 과제를 성공적으로 수행하기 위하여 요구되는 일련의 행동들을 조직하고 수행할 수 있는 능력에 대한 스스로의 판단"으로 정의된다(Bandura, 1986, p. 391). 자기효능감은 행동을 선택하고 노력하며 지속하는 데 영향을 준다. 과제를 성취하는 데 낮은 자기효능감을 가진 사람들은 그 과제를 회피하는 반면, 자신이 과제를 해낼 능력이 있다고 믿는 사람들은 그 과제에 적극적으로 참여한다. 특히 어려운 과제에 부딪혔을 때 자기효능감이 높은 학생들은 자신의 능력을 의심하는 학생들에 비해 더 열심히, 그리고 오랫동안 공부한다. 사람들은 자신의 실제 수행결과, 대리(관찰된) 경험, (타인의) 언어적 설득, 그리고 생리적 상태 등으로부터 자기효능감을 평가하기 위한 정보를 얻게 된다(Schunk & Pajares, 2005).

자기효능감은 과제 특수적 자기개념(self-concept)과 유능감에 대한 자기지각(self-perception)과 유사한 개념이다(Pajares & Schunk, 2002; Schunk & Pajares, 2005; 2장 참조). 즉, 자기효능감은 역시 Eccles와 Wigfield가 주장한 과제 특수적 자기개념과 Harter가 주장한 유능감에 대한 자기지각과 마찬가지로 자신의 능력에 대한 스스로의 판단을 나타낸다. 그러나 이들 간에는 중요한 차이가 있다. 첫째, 자기효능감의 정의는 '일련의 행위 과정을 조직하고 실행하는 것'을 포함한다. 자기효능감 이론은 주어진 영역 내에서 유능한 수행을 위해서 필요한 행동과 인지적 기술을 포함한다는 점에서 지각된 유능감에 비해 더 구체적이고 상황적인 특성을 가진다고 할 수 있다(Bong, 2001; Bong & Clark, 1999; Pajares, 1996; Pajares & Miller, 1995). 예를 들면, 자기효능감은 단순히 학교생활을 잘하고 있다는 자기인식이 아니라, 실제적으로 학습에 필요한 기술을 가지고 있는지에 대한 명확한 판단을 의미하는 것이다. 예를 들어, 다양한 수준의 글을 읽고 요점을 찾는 것, 다양한 뺄셈 문제를 정확하게 푸는 것, 다양한 유형의 문장들을 작문하는 것, 다양한 화학 실험들을 수행하는 것 등과 같은 다양한 학습 활동에 필요한 기술을 가지고 있는지를 명확하게 판단하는 것이다.

따라서 연구자들은 자기효능감을 측정하기 위하여 학생들에게 일련의 과제를 주고 해당 과제를 성공적으로 수행할 수 있는지에 대한 자신감을 스스로 평가하도록 했다. 이때 자기효능감 평정은 주제 찾기나 분수 풀기, 작문하기, 실험 실시하기와 같은 각 영역의 과제를 수행함에 있어 나타나는 자기효능감을 각각 측정하여 이를 평균한 값으로 계산된다.

둘째, 자기효능감이 자기개념 혹은 자기역량(self-competence)과 구별되는 또 다른 측면은 특정 목표의 유형에 한해서만 사용할 수 있다는 점이다. 이러한 측면 역시 기대-가치이론 및 지각된 유능감 연구가 개인 성격적 및 발달학적 관점을 강조한 것과는 대조적으로, 자기효능감은 맥락을 고려하는 상황적 관점임을 반영한다. 이러한 관점을 지지하는 연구의 하나로 Smith와 Fouad(1999)는 자기효능감, 목표, 결과 기대가 모든 영역에 일반화될 수 있는 것이 아니라 영역 특수적인 것임을 주장했다.

자기효능감이 특정한 구체적 목표를 추구한다는 점은 유사 과제에 대한 자기효능감 판단이 개인적 · 환경적 차이에 의해 다양해진다는 점을 의미하기도 한다. 예를 들어, 자신의 10km 달리기 기록을 일정한 수준으로 유지하는 데 있어 달리기 선수의 자기효능감은 계속되는 근육통증 때문에 낮아질 수 있다. 또한 수학을 배울 때 이전에 배운 수학 과정에 비해 보다 어렵다면 특정 주제에 한하여 자기효능감이 낮아질 수도 있다. 쉽게 말해서, 위 사례의 사람들은 주어진 환경으로 인하여 특정 과제를 수행하는 자신의 능력에 대한 '자신감'이 평상시보다 낮아진 것이다.

앞서 언급했듯이 결과 기대는 동기적 행동과 정서와 관련된 두 번째 구인을 형성한다. 반응과 반응에 대한 결과 사이에 일어나는 우연성이라는 결과 기대 개념은 Rotter(1966)가 제안한 행동과 강화 사이에서 발생하는 우연성에 관한 통제소재와 유사하다(Schunk & Pajares, 2005; 3장 참조). 또한 결과 기대는 기대-가치이론에서 나온 성공기대라는 구인과 유사하다(2장 참조). Bandura(1986)의 설명에 의하면, "2미터 높이를 뛰어오를 수 있다고 믿는 것은 효능감에 대한 판단이다. 결과 기대는 이러한 수행에 대해서 기대할 수 있는 사회인지, 칭찬, 우승 기념품, 자기만족 등으로 이루어져 있다."(p. 391). 학습상황에서 학생들은 과제를 수행할 때 자신의 능력, 기술, 지식 등에 대한 효능감을 판단하는 동시에 그 과제에서 받게 되는 점수, 즉 결과 기대를 가진다.

자기효능감 신념과 결과 기대는 일반적으로 서로 관련이 있지만, 학생이 과제에 대하여 상대적으로 높은 자기효능감을 보이면서도 결과 기대가 낮을 수도 있다. 예를 들면, 유기화학 수업을 듣는 어떤 대학생이 수업을 이해하는 데 있어서는 높은 효능감을 느끼지만 시험 성적에 대한 기대는 낮을 수 있는데, 이는 학생들 간의 치열한 경쟁, 그리고 잘하는 학생과 못하는 학생을 상대적으로 구분하는 교수의 평가 기준에서 기인한다.

비록 효능감과 결과에 대한 판단을 연속체로서 생각하는 것이 가장 바람직하나, Bandura(1982)는 단순히 높고/낮은 효능감 및 높고/낮은 결과 기대로 이들을 양분하여 비교하는 것 또한 행동과 정서에 대한 통찰을 제공할 수 있다고 제안하였다. [그림 4-2]는 다양한 자기효능감과 결과 기대를 가진 개인들에게 기대되는 행동적, 정서적 반응을 나타낸 것이다. 둘 다 높은 사람들은 자신의 수행에 대해 자신감과 확신이 있으며 학습 과제에 대해 높은 수준의 노력과 끈기를 가지고 높은 인지적 관여를 한다. 결과에 대한 기대 수준은 낮지만 높은 자기효능감을 가진 학생들은 열심히 공부하고 학습 참여도 높지만 낮은 성적을 가져올 수 있는 평가 체제에 항의하고 이를 바꾸어 줄 것을 청원하기도 한다. 이들은 자신의 학습과 결과(성적) 사이에 관련성이 없다고 지각하기 때문에 비록 자기효능감이 높더라도 학교를 그만두고 떠날 수도 있다.

낮은 자기효능감을 보이고 결과 기대가 낮은 학생들은 포기와 무관심을 나타내며 노력을 하지 않거나 노력하는 것을 꺼리기도 한다. 이러한 특성을 가진 학생들은 학습을 포기하고 노력하려고 하지 않으며, 학습된 무기력을 가진 학생들과 비슷한 모습을 보인다(Peterson, Majer, & Seligman, 1993; 3장 참조). 마지막 유형은 낮은 자기효능감을 가지고 있지만 결과 기대가 높은 경우다. 여기에 해당하는 학생들은 자신이 과제를 성공적으로 수행할 수는 없지만 만약 자신들이 수행할 수만 있다면 자신들도 적절한 보상을 받게 될 것을 인식하고 있다. 이들은 자신의 실패에 대하여 스스로 부정적으로 평가하고 비난하는 경향이 크며, 이는 자기효능감과 결과 기대가 모두 낮은 학생들이 실패의 원인을 자신보다는 환경이 부적절하다는 데 초점을 두는 모습과 사

자기효능감	결과 기대 낮은 결과 기대	높은 결과 기대
높은 자기효능감	사회 운동 항의 불평 사회적 환경 변화	확신에 찬, 적절한 행동 높은 인지적 관여
낮은 자기효능감	포기 무관심 철회	자기평가절하 우울

그림 4-2 다양한 수준의 자기효능감과 결과 기대에서 나타나는 행동적, 정서적 반응

출처: Bandura(1982).

뭇 대조적이다.

결과 기대와 자기효능감이 반드시 서로 관련되어 있는 것은 아니지만, 결과 기대는 종종 자기효능감에 의존한다. "만일 당신이 사람들이 자신의 수행 능력에 대하여 내리는 판단의 정확성을 알 수 있다면, 당신은 그들이 기대하는 결과에 대해서도 상당 부분 설명할 수 있을 것이다." (Bandura, 1986, p. 393) 실제 결과는 사람이 어떻게 행동하느냐에 따라 결정된다. 같은 논리로, 결과 기대 신념은 자기효능감에 의해 좌우된다. Bandura는 굴곡이 심한 산길을 운전하는 것에 자신이 없는, 즉 낮은 효능감을 가진 운전자를 그 예로 들면서 설명하였다. 이러한 운전자는 운전의 결과로서 교통사고로 부상을 당하는 장면을 떠올리는 반면, 자신의 능력에 확신을 가진 운전자들은 산 위에 있을 웅대한 경관을 기대할 것이다. 교사의 경우도 마찬가지로 학생의 학습을 촉진시키는 자신의 능력에 자신감이 없는 교사들은 침체되어 있는 교실 분위기가 계속 마음속에 떠오를 것이다. 그러나 자신감이 넘치는 교사는 의욕에 넘치는 학생들의 모습을 떠올린다.

학습 영역에서 학생들의 자기효능감은 [그림 4-2]의 오른쪽 위 칸과 왼쪽 아래 칸에서 보여 주듯이 결과 기대와 매우 높은 관련성을 보인다. 동시에 앞에서 언급한 유기화학을 수강하는 대학생의 사례와 같이 학생들은 구조적인 제약으로 인해 자기효능감과 결과 기대를 적절하게 대응시키지 못할 수도 있다. 자기효능감은 높으나 결과 기대가 낮은 패턴은 인종이나 민족성, 성별의 편견에 대한 제도적인 차별 때문에 나타날 수 있다. 학교나 교실에서 차별 받는 소수민족 학생, 혹은 수학이나 과학 수업에서의 여학생처럼 차별을 받는 집단의 학생들은 학습 과제를 숙달할 수 있다고 느끼더라도(높은 효능감) 그들이 속한 환경의 차별적인 관습으로 인해 성공할 수 없다.

자기효능감이 동기에 미치는 영향은 매우 크다. 자기효능감이 높다고 지각할 때 개인은 자신의 기술과 능력의 발달을 촉진하는 과제에 적극적으로 참여할 것이다. 그러나 자기효능감이 낮을 때에 사람들은 새로운 기술을 배울 수 있는 새로운 과제에 참여하지 않을 것이다(Bandura, 1997). 더욱이 이들은 이렇게 과제 자체를 회피함으로써 부정적인 자기효능감 지각을 감소시켜 줄 교정적 피드백을 받을 기회조차 없어진다. 일반적으로 어떤 경우라도 자신의 실제 능력보다 약간 높은 자기효능감을 가지는 것이 가장 적응적이다. 지나치게 낙천적인 효능감을 가진 사람들은 자신의 기술과 능력을 훨씬 넘어서는 과제를 시도함으로써 원치 않는 부정적 결과를 초래할 수 있다. 예를 들어, 과도한 자신감을 가진 초보 등산가가 매우 어려운 코스에 도전하여 심각한 상처나 죽음을 겪을 수도 있다. 학습 영역에서 학생들은 자신의 수준을 크게 넘어서는 학습 과제를 선택하여 불필요한 실패를 겪고 이로 인하여 자기효능감이 크게 저하될 수 있다. 반면, 자신의 효능감을 과도하게 평가절하하는 경우, 이들의 학습에 대한 잠재력은 제한되기도 한다. 이들은 불필요한 불안감과 자기의심을 가지고 과제를 수행하고, 과제 수행 과정에서 어려움을 만나면 쉽게 포기함으로써 자기효능감은 더욱 악화된다(Bandura, 1997).

자기효능감은 과제 선택과 마찬가지로 진로 선택과도 관련이 있다. Betz와 Hackett (1981, 1983; Hackett & Betz, 1981)은 진로를 정할 때에는 사회적, 구조적 영향이 분명히 있으나 이러한 외부 영향들을 매개하는 가장 중요한 요소는 자기효능감이며, 자기효능감은 진로 선택과 직접적인 관련이 있다고 주장한다. 또한 진로 선택에 있어서의 성차는 자기효능감의 차이에서 기인하는 것이다. 남성은 모든 직업에 대해서 효능감을 가지고 있지만, 여성은 전통적으로 여성이 가지는 직업에 대해서만 효능감을 가지기 때문에 전통적으로 남성이 가지는 직업에 대해서는 효능감이 없다고 느끼기 쉽다.

자기효능감은 노력 및 과제 지속성과도 밀접한 관련성을 보인다(Bandura & Cervone, 1983, 1986; Schunk, 1995). 학생들이 과제 해결에 필요한 기본적 기술을 가졌을 경우, 자기효능감이 높은 학생일수록 어려움에 직면하더라도 보다 많은 노력을 기울이고 과제를 끈기 있게 지속하는 경향을 보인다. 하지만 학생들이 과제 해결에 필요한 기본 기술을 이전에 습득하지 않았을 경우에는 자기의심이 학습을 보다 촉진할 수도 있다는 몇몇 연구 결과들도 있다. 하지만 Bandura(1986)에 따르면 "자기의심은 학습을 이끄는 자극제가 될 수는 있지만, 이전에 습득한 기술을 능숙하게 사용하는 데에는 방해가 된다."(p. 394)고 말한다. Salomon(1984)은 자기효능감이 높은 학생들은 과제가 어렵다고 생각했을 때 더욱 인지적으로 참여하며, 과제가 쉽다고 생각했을 때에는 노력을 덜하고 인지적으로도 덜 참여한다는 것을 발견했다.

복잡한 정보처리전략을 사용할 때나 일반적으로 학습에 참여할 때에는, 노력의 양뿐만 아니라 노력의 질적 수준이 자기효능감과 밀접한 관련성을 가진다(Graham & Golan, 1991; Pintrich & Schrauben, 1992). Pintrich와 De Groot(1990)는 효능감이 높은 중·고등학교 학생들이 다양한 인지적 학습전략과 자기조절 학습전략을 더 많이 사용한다는 것을 발견했다. 여러 실험 연구에서 Schunk(1982, 1983a, 1983b, 1983c, 1983d, 1984, 1987, 1996)는 자기효능감이 높은 학생들이 자기효능감이 낮은 학생들에 비해 다양한 학습 과제를 보다 잘 숙달한다는 것을 발견했다. 또한 이러한 연구들은 효능감이 학습과 성취를 매우 유의미하게 예측하였음을 보여 주었으며, 이는 이전의 성취수준이나 새인의 인지적 기술을 고려했을 때에도 마찬가지였다.

요약하면, 자기효능감은 성취행동의 모든 유형에 있어서 중요한 매개 요인으로 나타났다(Multon, Brown, & Lent, 1991; Pajares, 1996, 1997; Schunk & Pajares, 2005; Valentine, DuBois, & Cooper, 2004). 과제 특수적 자기개념과 유능감에 대한 자기지각과 유사한 자기효능감은 자신의 능력에 대한 개인의 판단을 나타내지만, 다른 기대 구인에 비해 좀 더 상황 특수적이다. 이러한 가정을 기반으로 연구자들은 상황에 민감한 방식으로, 보다 미시적 분석 수준에서 자기효능감을 측정한다. 예를 들면, 받아올림 혹은 받아내림이 있는 두 자리 뺄셈 문제에 대한 자기효능감을 들 수 있다(Bandura, 1997). 이러한 상황 특수성으로 인하여, 자기개념과 자기유능감에 대한 신념이 정적이고 안정적인 것에 비하여 자기효능감에 대한 신념은 보다 역동적이고, 끊임없이 변동하고 변화 가능하다고 가정된다(Schunk & Pajares, 2002). 매일 주어지는 특정 과제에 대한 개인의 자기효능감은 과제의 특성(양, 난이도)과 사회적 환경(일반적 교실 상황)과 같은 외부적 조건뿐만 아니라 개인의 마음자세와 신체적 상태(아픔, 피곤), 정서적인 기분으로 인해 변화할 수 있다. 그에 반해 자기유능감에서는 유능감의 개념을 수학적 유능감과 같이 보다 광범위하게 규정하며, 유능감에 대한 개입의 믿음이 가진 불안정성을 그다지 고려하지 않는다(| 응용연구 4-1 | 참조).

| 응용연구 4-1 |

'자기 자신에 대해 긍정적으로 인식하는 것' 이 얼마나 중요할까?

교육자들에게 학교교육의 결과로서 고려되어야 할 중요한 변화가 무엇인지 물어보라. 분명한 한 가지 대답은 학생들이 '자기 자신에 대해 긍정적으로 느끼도록 만드는 것' 일 것이다. 자아 강화의 중요성은 인간 존재로서 학생의 가치를 강조하고 칭찬하는 다양한 자존감 향상 프로그램을 통해 강조되어 왔다.

자기효능감이 Bandura의 사회인지이론에서 주요 요소이긴 하지만, 자기효능감이 '자기 자신에 대해 긍정적으로 느끼는 것' 을 의미하지는 않는다. 자기효능감은 특정 과제에 대해 자신이 할 수 있다고 생각하는 믿음이다. 자기효능감을 판단할 수 있는 가장 신뢰할 수 있는 정보는 자신의 실제 성취 결과다. 학습이나 수행과는 관련이 없이 일반적 자존감을 높이고자 한 프로그램들은 과제 특수적인 자기효능감, 동기, 기술을 높이는 데 효과적이지 않다(Pajares & Schunk, 2001).

자기효능감은 다른 사람의 설득을 통해서도 높아질 수 있다(예: "넌 할 수 있어.").

그러나 자기효능감이 이런 방식으로 향상된 경우, 만약 학생이 실제로 과제를 수행했는데 실패한다면 향상된 자기효능감이 오래 지속되지 않을 수도 있다. 자존감 향상 프로그램의 위험성은 학생들의 실제 삶에 대해서는 준비시키지 않는다는 점이다. 모든 사람은 언젠가는 실패하고, 비난을 받고, 낙담할 수 있다. 자존감을 높이는 것보다 더 중요한 것은 아이들에게 좌절을 극복하고 어려움에 대처하는 전략을 가르치는 것이다. 이를 위해서는 학교 교육과정의 변화가 필요해 보인다. 요약하면, 학생들의 자존감을 건강하게 개발하는 것은 훌륭한 교육목표이긴 하지만, 그것이 학교교육의 우선적 목표가 되어서는 안 되며, 자기조절 학습의 기술과 전략을 가르치는 교육과정이 연계되어야 할 것이다.

목 표

목표 설정(goal setting)이란 수행에 대한 양적, 질적 기준을 세우는 것을 의미한다(Locke & Latham, 1990, 2002). 목표 설정은 중요한 동기 과정이다(Bandura, 1988, 1997; Schunk, 1989a). 목표를 가진 학생들은 목표 달성을 위한 자기효능감을 경험하며 목표를 달성하게 한다고 여겨지는 활동에 적극적으로 참여하게 된다. 예를 들면, 이들은 수업에 출석하거나 기억을 잘하기 위해 정보를 반복적으로 학습하며 지속적으로 노력한다. 학습자는 목표수행 과정을 관찰하는 과정에서 자신이 과제를 능숙하게 수행할 수 있다는 정보를 얻게 되며, 이는 자기효능감 향상으로 이어진다(Elliott & Dweck, 1988). 또한 목표수행 과정에서 학생들에게 피드백을 제공하는 것은 자기효능감을 증진시키며(Schunk & Swartz, 1993), 강화된 자기효능감은 동기를 지속시키고 기술을 향상시킨다. 이러한 목표 설정과 자기효능감은 특히 학업성취에 큰 영향을 준다고 한다(Zimmerman, Bandura, & Martinez-Pons, 1992).

동기적 측면에서 목표의 긍정적인 효과는 학습자의 목표 헌신정도(다음 장에서 다룰 것이다)와 목표의 근접성, 특수성, 난이도에 따라 다르게 나타난다. '근접한' 목표는 멀리 있는 목표에 비해 자기효능감과 동기를 더 촉진시키는데, 이는 학습자가 근접한 목표는 멀리 있는 목표보다 목표를 향한 진척 정도를 보다 쉽게 판단할 수 있기 때문이다. 동일한 이유로, '특정한' 수행 기준을 가진 목표는 '최선을 다하자.'와 같은 일반적인 목표에 비해 효능감과 동기를 증가시킨다. 교육적 목적을 위해서는 교사들이 초기 단계에서 쉬운 목표를 제시하고 기술이 증가함에 따라 점차적으로 어려운 목표로 나아가지만, 동기적 관점에서는 '중간 수준의 난이도', 즉 학습자가 도전적이지만 성취 가능하다고 느끼는 난이도가 가장 효과적이다. 어려운 목표를 향해 진전해 가는 것은 학생들이 향상되고 있다는 의미를 전달해 주기 때문에 그들의 효능감을 증진시킨다. 연구들은 근접하고, 구체적이며 적당한 난이도의 목표가 성취에 긍적적이라는 것을 입증한다.

Locke와 Latham(1990)은 목표 설정 이론에서 목표 선택과 목표 헌신도(goal commitment)라는 두 가지 중요한 측면을 제안했다. '목표 선택'이란 개인이 얻으려고 노력하는 실제 목표와 그것을 달성하기 위해서 투입할 노력 정도를 선택하는 것을 의미한다. 그리고 '목표 헌신도'는 개인이 목표에 얼마나 강한 애착을 가지는지, 목표에 대해 얼마나 열정적인지, 이것을 성취하기 위해서 얼마나 굳게 결심했는지를 나타낸다.

목표 헌신도는 행동과 실행을 통해서 평가되는데, 이는 단순히 목표를 선택하는 것만으로는 행동을 유발하는 데 충분하지 않기 때문이다. 목표 헌신도는 분명히 의지적 요소(이는 이 장의 후반부에서 논의될 것이다)를 포함하고 있다. Locke와 Latham(1990)은 다음과 같이 기술하였다.

> 목표가 바람직하며 달성 가능하다고 믿는 것이 개인으로 하여금 그것을 위한 행동을 하도록 자동적으로 만들지는 않는다. 개인은 행동 여부에 대한 판단을 하고 선택을 한다. "그저 '그들을 움직이게 하게끔 만드는' 상황을 언젠가 의식적 혹은 무의식적으로 느낄 수 있을 것이라고 믿고 기다리는 사람들은 아무것도 하지 않거나 그저 목적 없이 표류하는 자신을 발견하게 된다(p. 127).

Locke와 Latham이 목표 선택과 목표 헌신도에 영향을 주는 것으로 확인한 요인의 일부 목록이 〈표 4-3〉에 나타나 있다. 첫 번째 범주는 일련의 개인 요인들을 나타낸다. 이전 수행과 실제 능력/기술 수준은 목표 선택과 목표 헌신도에 영향을 주는 가장 중요한 요인이다. 예를 들어, 모범생일수록 좋은 점수를 받기 위해 더욱 노력하듯이, 사람들은 이전에 성공한 적이 있는 목표에 대해선 그것을 성취하려고 더욱 노력하는 경향을 보인다. 반면에 지속적으로 나쁜 성적을 받은 학생이 모든 과목에서 A를 받겠다는 불가능한 목표를 세우는 예에서처럼, 사람들이 자신의 이전 수행이나 실제 기술 수준을 과다하게 초과하는 목표를 세우는 경우에는 이를 달성하고자 노력하지 않는 경향을 보인다. Locke와 Latham의 이론에서 자기효능감은 개인 목표 설정에 긍

표 4-3 ▸▸ 목표 선택과 목표 헌신도에 영향을 주는 요인들

개인-개별적 요인	사회-환경적 요인
• 이전 수행 • 실제 능력/기술 수준 • 자기효능감 • 원인 귀인 • 유인가/가치 • 기분	• 집단 요인 - 집단 규준, 규준에 대한 정보 - 집단 목표(들) - 또래 집단 • 역할 모델링 • 보상 체제 - 보상의 특성 - 경쟁 • 권위의 특성과 목표 지정 - 합당한 권위 - 지식에 근거한 권위 • 피드백의 특성 - 효능감 정보 전달 - 성취감과 숙달감의 촉진 - 자기발전 기회 수반

출처: Locke & Latham(1990).

정적인 영향을 주는 가장 중요한 요소들 중 하나다. 높은 자기효능감을 가진 사람일수록 더 높은 목표를 설정한다. 또한 자기효능감은 목표 헌신도와 정적인 관계를 갖고 있어서 자기효능감이 높을수록 목표 헌신도도 높다. 원인 귀인(3장 참조)은 목표 설정에서 일정한 역할을 담당한다. 예를 들면, 실패의 이유를 '운이 없었기 때문이다' 혹은 '노력을 하지 않았기 때문이다'와 같이 불안정한 원인에 귀인하는 경우, 다음 과제에서 더 높은 목표를 설정하게 된다.

목표 설정에 영향을 주는 또 다른 개인 요인은 유인가와 기분이다. 유인가(valence)는 목표의 중요성에 대한 개인적인 가치 신념이며 이는 흥미, 유용성, 경제적 가치, 획득가치 신념에 기반한다. 기분(mood)은 목표 선택과 연관될 수 있는데, 긍정적인 기분은 더 높은 목표를 선택하게 한다(Locke & Latham, 1990).

Locke와 Latham의 모델은 조직 또는 업무 환경에서 개발되고 검증되었다. 그래서 이 모델은 다른 동기 모델에 비해 외적 요인의 중요성을 더 강조한다. 집단 규준과 규준에 대한 정보는 일반적으로 개인의 목표 설정에 긍정적인 효과를 가져오는 것으로 나타난다. 즉, 집단 규준이 높을수록 개인은 스스로 더 높은 목표를 설정한다. 그러나 만약 타인에 의해 도달할 수 없는 매우 높은 목표를 지정받고, 이러한 목표(규준 정보)에 도달하는 사람은 거의 없다는 사실을 알게 된다면, 개인적 목표는 오히려 낮

아질 것이다(Locke & Latham, 1990, 2002).

한 집단이나 두 사람 사이의 관계 속에서 설정된 목표를 의미하는 집단 목표는 또한 개인의 목표에 긍정적인 영향을 줄 수 있다. 또래 집단은 집단 구성원에 대해 영향력을 행사할 수 있는데, 집단의 지지 여부에 따라 목표의 증가 혹은 감소를 가져온다. 예를 들어, 교사에 의해 지정된 목표를 집단이 지지하지 않는다면, 그 집단에 속한 구성원들은 개인적으로 그 목표에 덜 헌신하게 될 것이다. 이는 학급 내 협동학습 상황에서도 일어날 수 있는데, 한 소집단이 과제에 대한 교사의 목표를 지지하지 않을 때, 이는 그 집단 구성원들의 과제 참여도에 부정적인 영향을 가져올 수 있다. 반대로, 집단이 목표를 지지하고 집단 구성원에게 지정된 목표를 이루게 노력하도록 압력을 주거나 격려한다면 개개인의 헌신도는 높아질 것이다. 교실 수업에서 협동 집단의 긍정적인 효과 중 하나는 소집단 학생들이 격려나 또래 압력을 통해 공부하기 싫어하는 구성원을 과제에 참여하도록 도울 수 있다는 점이다.

타인에 의한 긍정적인 역할 모델링은 개인의 목표 설정 과정에서 좀 더 높은 목표를 설정하도록 영향을 준다. 교실에서 다른 아동이 다소 높더라도 성취 가능한 목표를 세우는 것을 보거나 들은 아동은 그와 비슷한 목표를 스스로 설정하려고 한다. 예를 들면, 한 아동이 "이 책에 나와 있는 다음 두 개의 이야기를 읽고 나서 그것에 대한 독후감을 쓸 거야."라고 목표를 설정하는 것을 본 다른 아동들은 비슷한 목표를 설정한다. 긍정적인 역할 모델은 목표 설정과 그것을 달성하기 위한 자기효능감 모두에 영향을 줄 수 있다(Schunk, 1995).

개인이 선택하는 목표들에 영향을 줄 수 있는 또 다른 외적 요인은 보상 체제로, 보상 체제와 목표와의 관계는 매우 복잡하며 목표 난이도에 따라 달라진다. 지정된 목표가 너무 어렵거나 실현 불가능할 때에 제공되는 보상은 수행을 증가시키지 못할 것이다. 그러나 목표가 쉽거나 적당할 경우 추가 보상은 수행에 긍정적인 영향을 줄 수 있다. 실질적 보상 이외에도 Locke와 Latham은 경쟁이라는 요소가 목표 설정 수준에는 긍정적으로 영향을 줄 수 있으나, 목표 헌신도에 긍정적인 영향을 주지는 않는다고 주장했다.

목표 수준 및 목표 헌신도에 영향을 주는 요인들을 정리한 〈표 4-3〉의 목록에서 마지막 두 가지 요인들은 권위를 가진 인물의 특성과 피드백의 유형에 관한 것이다. 교실에서의 교사 또는 직장에서의 상사나 관리자와 같은 권위자 특성은 개인의 목표 수준과 목표 헌신도 모두에 영향을 미칠 수 있다. 개인이 목표 설정에 참여하거나 직접 목표를 설정하는 경우에 목표에 대한 통제권을 가지게 되지만, 이러한 목표들이 지정된 목표보다 반드시 더 긍정적인 효과를 가져오는 것은 아니다. 그러나 권위자에 의해 목표가 지정되는 방식은 매우 중요하다. 권위자가 합법적이고 협력적이며 물리적으로 존재하고 믿을 만하며 지식이 풍부하고 호감이 가고 목표에 대한 설득력 있는 근거를 제공하며 합리적인 압력을 행사할 때, 사람들은 지정된 목표에 더 헌신한다. 또한 피드백이 지닌 특성도 중요하다. 이 중에서 긍정적인 자기효능감 정보를 제공하며 도전, 숙달, 자기 향상, 성취를 강조하는 피드백이야말로 가장 중요하다. 피드백이 이러한 방식으로 제공될 때, 지정된 목표와 이에 수반되는 피드백은 긍정적인 결과를 가져올 수 있다. 자기효능감은 목표에 도달하기 위한 결정적인 매개 요인이다. 만약 보상 등의 피드백이 긍정적인 효능감 정보를 제공한다면, 이런 유형의 피드백을 사용하는 것은 긍정적인 효과를 가져올 것이다.

요약하면, 목표 수준과 목표 헌신도는 많은 개인 또는 환경 요인에 의해 영향을 받는다고 할 수 있다. 이런 요인들의 대다수는 사회인지이론(Bandura, 1986, 1988, 1997)이나 귀인이론(Weiner, 1986; 3장 참조)에서 설명하는 것과 유사한 방식으로 작용한다. Locke와 Latham(1990)은 치열한 경쟁, 지정된 목표, 보상의 사용과 같은 여러 외적 요인들이 목표 수준과 목표 헌신도에 긍정적인 영향을 줄 수 있다고 제안하였다. 이와 같은 주제들은 5장에 등장하는 목표지향이론과 6장에 등장하는 내재적 동기에 대해 논의할 때 다시 살펴볼 것이다. 목표 설정을 교실에 적용한 예는 〈적용 4-3〉에 나타나 있다.

적용 4-3 교실에서 목표 설정 적용하기

1. **분명하고 구체적인 목표를 설정하라.** 교사들은 수업 시간에 학생들에게 애매하지 않고 분명한 목표들을 제시해 주어야 한다. Locke와 Latham의 연구는 이런 유형의 목표를 가지는 것이 목표가 아예 없는 환경이나 학생들에게 단순히 최선을 다하라고 격려하는 것보다 훨씬 더 유용하다는 것을 보여 준다.

   고등학교 영어 담당인 신정렬 선생님은 학생들에게 매 학기마다 4권의 책을 읽도록 한다. 신 선생님이 제공하는 도서 목록 중에서 학생들은 4권의 책을 직접 선택할 수 있다.

2. **학생들의 능력 범위를 벗어나지 않는 선에서 도전적이고 어려운 목표를 설정하라.** 학생들에게 많은 시간을 투자해야 하는 도전적인 과제를 부여해야 하지만, 그 난이도

는 학생들을 좌절시키지 않을 정도로만 설정하여 그들의 능력 수준을 과도하게 넘어서서는 안 된다.

초등학교에서 학생을 가르치는 우정순 선생님은 학생들에게 수학 공부를 열심히 하라고 요구한다. 몇 년에 걸친 경험으로 그는 5학년 학생들이 무엇을 할 수 있는지 매우 분명히 파악하게 되었다. 그는 매우 다양한 유형의 수학 문제들을 학생들에게 제공하지만 학생들이 달성할 수 없는 문제는 제시하지 않는다.

3. **학생들을 위한 근접 목표와 미래 목표(distal goal)를 모두 설정하라.** 근접 목표 설정은 자기효능감과 수행에 긍정적인 효과를 가져올 수 있다. 교사들은 학생들이 미래 목표에 도달하기 위한 일련의 하위 목표로 구성된 근접 목표들을 세우도록 도와줄 수 있다.

중학교 과학 담당인 유연희 선생님은 학생들에게 실험보고서와 기말보고서를 요구했다. 그러나 유 선생님은 학생들에게 개요 마감일, 연구 노트 마감일, 첫 초고 마감일 등을 설정해 줌으로써 학생들이 큰 규모의 보고서와 프로젝트를 일련의 하위 목표로 나누어 근접 목표를 세울 수 있도록 도와주었다.

4. **목표 성취를 위해 자기효능감을 증진시킬 수 있는 피드백을 제공하라.** 수행과 관련하여 주어지는 보상이나 언어적 피드백은 개인에게 효능감 정보를 제공하며 목표 달성을 위한 과제 수행을 유지시킨다. 교사들은 외적 보상의 사용을 두려워해서는 안 된다. 그러나 보상은 실제적인 학업 수행에 유관하도록 사용해야 하며, 일상적인 행동 통제를 위한 방법이나 교사에게 순응하도록 하기 위한 방책으로 사용해서는 안 된다.

나병찬 선생님 반에 속한 5학년 학생들은 자신의 학습 속도에 맞춘 읽기 프로그램에 참여하여 자신의 향상 정도를 지속적으로 기록한다. 나 선생님은 2주마다 각 학생들의 향상 정도를 확인하고 지난 2주간의 진전 정도에 따라 학생들에게 자유 시간을 보상으로 제공한다.

동기화된 학습

동기화된 학습(Motivated learning)은 과제를 수행하려는 동기라기보다는 기술과 전략을 획득하기 위한 동기다(Corno & Mandinach, 1983). Schunk(1989c, 1995)는 자기효능감의 역할을 강조하는 동기화된 학습 모델을 제시하였다([그림 4-3] 참조). 학생들은 활동을 시작하는 시점에서부터 학습과 수행에 관한 자기효능감의 차이를 보인다. 이는 능력이나 태도 등의 개인적 특성, 하고자 하는 활동과 동일하거나 유사한 이전 경험, 주변의 중요한 사람으로부터 받는 사회적 지지들 간 차이로부터 발생한다. 특히 사회적 지지의 차이는 부모와 교사가 학생들에게 기술 획득 발달을 위해 격려하는 정도, 학습 자료 및 시설 등 학습 자원에 접근할 수 있도록 도와주는 정도, 그리고 기술 습득 및 정교화를 강화시키는 자기조절전략들을 가르치는 정도 등의 차이에서 기인한다(Ericsson, Krampe, & Tesch-Römer, 1993).

학습 활동에 참여할 때 학생들은 보상이나 교사 피드백과 같은 상황적 요인 및 목표 설정이나 정보처리과정과 같은 개인 요인에 의해 영향을 받는다. 이러한 요인들로부터 학생들은 자신들이 얼마나 잘 수행하고 있는지에 대한 정보를 얻게 된다. 학습동기와 자기효능감은 자신이 능숙하게 수행하고 있으며 보다 유능해졌다고 지각할 때 강화된다. 만약 학생들이 더 노력을 기울이거나 더욱 효과적인 과제 전략을 사용한다면, 더 나은 수행 정도를 보일 수 있을 것이라고 믿고 있다면, 부족한 성공 경험이나 더딘 수행 속도가 반드시 자기효능감과 동기를 저해하지는 않을 것이다(Schunk, 1995).

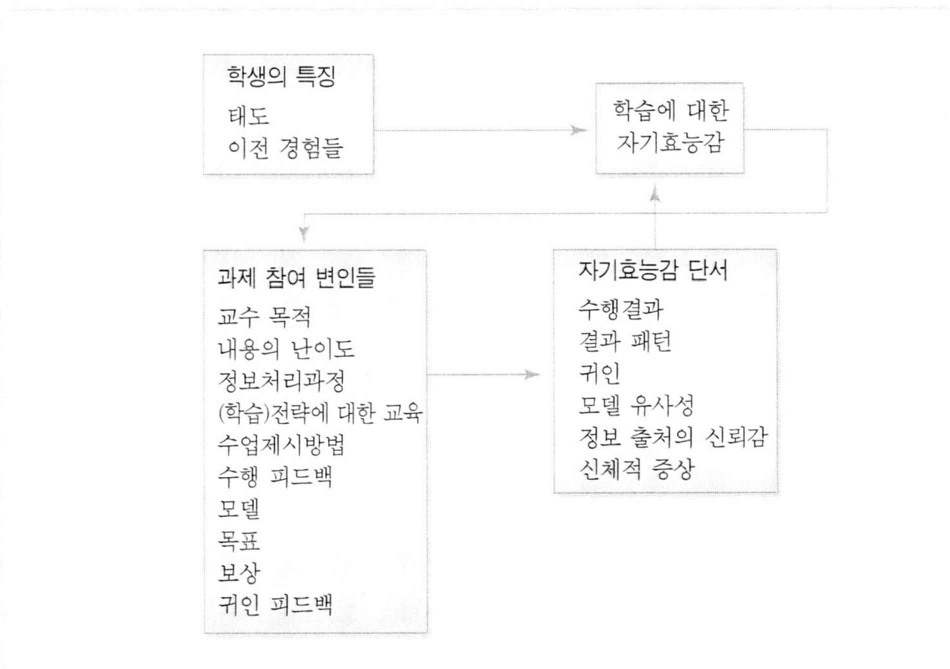

• 그림 4-3 • 동기화된 학습 모델

이전 과제에 대한 자기효능감의 영향

학생들은 각기 다른 개인적 특성, 이전 경험, 사회적 지지를 가지고 과제를 시작하며 이것은 과제에 대한 초기의 자기효능감에 영향을 준다. 개인적 특성은 일반적인 능력, 과제 특수적 기술, 흥미, 태도, 성격을 포함한다. 또한 학생들은 학교 유형, 교사의 수와 유형, 다양한 과목들에 들이는 시간의 양 등과 같은 측면에서 서로 다른 교육 경험을 가지고 있으며, 부모와 교사, 동료와 같은 타인으로부터 얼마나 많은 지원을 받았는지에 대해서도 차이가 난다. 이러한 요인들은 상호 의존적이다. 예를 들어, 학생이 지닌 수학적 능력과 흥미는 그의 성공적인 학습 수행에 공헌하고, 부모나 교사에게 받는 격려는 긍정적인 태도와 흥미를 발달시키는 데 도움을 준다(Schunk, 1995).

또한 이러한 요인들은 학습에 대한 학생들의 자기효능감에도 영향을 준다. 수학적 능력이 뛰어나며 이전의 수학 과제에서 좋은 수행을 보였고 수학적 흥미 형성에 있어 부모의 지지를 받았던 학생은 수학 능력이 부족하여 학습의 어려움을 경험하고 부모의 지지도 받지 못한 학생보다 새로운 수학 기술을 학습하는 데에 높은 자기효능감을 갖는다. 이렇듯 초기의 자기효능감은 학생들을 동기화시키고 학습을 증진시킨다.

동시에 자기효능감은 전적으로 개인 요인에 의해서 결정되는 것이 아니다. Collins (1982)는 학생들에게 표준화된 시험을 실시하고 학생들의 수학 능력을 상, 중, 하로 나누었다. 각 능력 수준에서 수학에 대한 학생들의 높고 낮은 자기효능감을 확인하고 나서 모든 학생들에게 문제를 풀도록 했고, 그 후 틀린 문제를 다시 풀 수 있는 기회를 주었다. 비록 능숙한 수행은 개인의 능력과 정적인 관계가 있지만, 능력 수준에 상관없이 자기효능감이 높은 학생들일수록 더 정확하게 문제를 풀었고 자신들이 실수한 문제를 더 많이 수정하는 모습을 보였다.

과제 참여 변인들

과제 참여 변인들은 교사의 교육이 이루어지는 동안 나타나는 요인들과 학생들이 학습 활동에 직접 참여하는 동안 나타나는 요인들을 포함한다. 중요한 개인적, 상황적 변인들로는 교수 목적, 내용의 난이도, 정보처리과정, 학습전략에 대한 교육, 수업 제시방법, 수행 피드백, 모델, 목표, 보상, 귀인 피드백을 들 수 있다(Schunk, 1989c).

'교수 목적(purpose of instruction)', 즉 학생들이 해당 학습자료를 배우는 것이 어떻게 유용한지에 대한 설명은 과제가치에 대한 정보를 제공하여 학생들의 자기효능감과 동기에 영향을 줄 수 있다. 교사가 방금 학습한 자료가 시험에 나온다고 알려주었을 때 시험에서 낮은 수행을 보인 학생들은 불안을 경험할 수 있으며, 이것은 자기효능감을 저해할 수 있다. 반면에 이전 시험에서 좋은 성적을 받은 학생들은 높은 자기효능감을 보일 것이다.

'내용의 난이도(content difficulty)' 역시 자기효능감 및 동기와 관련이 있다. 즉, 학습하기 어렵다고 지각한 주제는 동기와 자기효능감을 저해할 수 있다. 많은 학생들은 대수 방정식을 푸는 것에 대해 불안감을 가지고 있다. 그러나 곱셈이나 뺄셈과 같은 기술에서 유능하다고 믿는 학생들은 자신의 능력을 의심하는 학생들에 비해 해당 주제에 대한 자기효능감이 높을 것이다.

학습할 때 요구되는 '정보처리과정(information processing)'의 유형도 자기효능감과 동기에 영향을 준다(Winne, 2001). 과제에 필요한 정보처리에 어려움을 느끼는 학생은 자신이 그 과제를 처리할 수 있다고 믿는 학생들에 비해 능력이 낮다고 생각하거나 학습에 대한 자신감이 부족할 것이다. Salomon(1984)은 인쇄물보다는 TV를 통해 배우는 것이 더 쉽다고 생각하는 학생들은 TV를 통해서 학습하는 것에 더 높은 자기효능감을 보일 뿐만 아니라, 학습에 대한 심적인 노력을 훨씬 덜 투자한다는 점을 발견했다. 반면, 인쇄된 자료에 대해 더 높은 자기효능감을 지닌 학생은 학습에 대해 좀 더 폭넓은 노력을 들이는 것으로 나타났다.

'학습 전략에 대한 교육(strategy instruction)'은 학습에 대한 자기효능감을 촉진할 수 있다. 학생들이 학습에 효과적인 전략을 이해하고 적용할 수 있다는 믿음을 가질수록 개인의 학습을 스스로 통제할 수 있다는 믿음이 생기며, 그 전략을 적용하기 위해 자기효능감과 동기를 증진시키기도 한다.

'수업제시 방법(instructional presentation)' 역시 동기와 학습에 영향을 준다. 학생들이 이해할 수 있는 방식으로 자료를 제시하는 교사는 학생들에게 학습에 대해 높은 효능감을 불러일으킨다. 효능감을 평가할 때 학생들은 자신이 다양한 교수방법으로부터 얼마나 잘 학습했는지를 고려한다. 예를 들어, 소집단 활동을 자주 활용하는 교사에게서 배운 학생들 중에서 소집단에서 활동할 때 가장 효과적으로 학습한다고 생각하는 학생들은 대집단으로 활동할 때 가장 잘 학습한다고 생각하는 학생들에 비해 더 높은 효능감과 동기를 나타낼 것이다. Brophy(1985)는 교사가 과제를 어떤 방식으로 소개하느냐에 따라 학생들의 자기효능감이 달라진다는 것을 확인했다. 교사는 학생들이 과제를 즐겁게 잘 수행할 것이라고(잘 수행하지 못할 것이라고) 표현함으로써 학생에 대한 긍정적인(부정적인) 기대를 드러낼 수 있다. 학생이 교사를 자신의 능력을 판단할 만한 믿음직한 사람이라고 여긴다면, 이러한 교사의 진술들은 학생의 자기효능감에 영향을 미칠 것이다.

수학 문제를 풀고 나서 학생들이 스스로 답을 확인하는 것처럼 학생 스스로 자신의 수행에 대해 피드백을 주는 경우에는 교사의 수행 피드백(performance feedback)의 역할은 매우 제한적일 수밖에 없다. 하지만 스스로 얼마나 성공적인 학습을 했는지를 판단하기 힘들 때에는 "잘했어. 점점 더 잘할 거야."와 같이 향상을 강조하는 교사의 피드백이 학생의 자기효능감을 증가시킨다. 반면, 학생에게 지나친 도움을 제공하는 교사는 학생의 자기효능감이 아닌, 기술만을 향상시킬 것이다. 왜냐하면 이런 상황에서 학생들은 자기 혼자서는 이것을 성공적으로 할 수 없다고 믿게 되기 때문이다.

'모델'은 자기효능감에 중요한 영향을 준다. 간혹 학생들은 능력 수준이나 특성이 비슷하지 않은 교사의 행동을 따라하기도 하지만, 또래가 성공하는 모습을 관찰하는 것이 자기효능감에 더 강한 영향력을 발휘한다. 특히 자신이 교사의 능력 수준에 도달할 수 없다고 생각하는 학습자에게는 더욱 그렇다(Schunk, 1989c). 이러한 학생들이 완벽한 교사 모델을 관찰하게 되면 오히려 학습에 대한 효능감을 느끼지 못할 수 있다. 그러나 비슷한 또래가 과제를 완성하는 것을 보면 학습에 대한 자신감을 느끼며, 동기가 부여될 수 있을 것이다.

학생들이 스스로 '목표'를 설정할 때, 목표 달성에 대한 효능감과 동기는 더 높아진다. 자기효능감은 학생들이 목표를 달성해 나가는 과정 속에서 구현된다. 목표 달성의 정도는 목표가 단기적이거나 구체적일 때 판단하기 쉽다(Bandura & Schunk, 1981). 비록 처음에는 학생들이 어렵게 느끼는 목표에 대해 이것을 달성할 수 있을지 자신의 능력을 의심하곤 하지만, 어려운 목표는 쉬운 목표에 비해 학생들의 학습 능력에 대해 더 많은 정보를 제공하기 때문에 결과적으로 자기효능감을 향상시키는 데 효과적이다. 학습의 초기 단계에서는 목표 달성의 과정에 초점을 두는 것이 도움이 되지만, 점차적으로 결과 중심의 목표로 관심을 이동시키는 것이 동기와 성취를 더 증진시킬 수 있다(Zimmerman & Kitsantas, 1999).

'보상(rewards)'은 학생들의 성취행동과 긴밀히 연관될 때 효능감을 강화시키는 유용한 수단이 된다. 예를 들어, 교사가 학생들에게 수행 정도에 따라 자유 시간을 주겠다고 말하면 학생들은 수행을 더 잘하기 위하여 서서히 자기효능감을 향상시키며, 점차 스스로 자신이 활동한 것을 확인하고 자신의 향상 정도를 주목하게 된다. 여기서 더 나은 보상을 받는 것은 향상의 상징이 되기 때문에 효능감을 입증하게 되는 것이다. 수행 수준에 상관없이 수행하는 모든 이들에게 보상을 제공하는 것은 동기를 부여할 수 없다. 이러한 보상 제공 방식은 학생들에게 교사가 자신의 학업 향상에 대해 많은 기대를 하지 않는다는 인상을 주게 되어 학생들의 자기효능감에 부정적인 영향을 끼치게 된다.

성공과 실패의 원인과 관련된 귀인 피드백(attributional feedback)은 효능감 정보를 얻을 수 있는 설득력 있는 출처다(3장 참조). 높은 능력과 노력이 성공과 연결되고 낮은 노력이 실패와 연결된다는 사실은 자기효능감과 동기를 향상시킨다(Schunk, 1989b). 이때 학습자는 반드시 피드백을 신뢰할 수 있어야 한다. 학생이 성공적 과제 수행을 위해 많은 노력을 기울여야 하는 상황에서, "잘하는구나."와 같이 능력에 대한 피드백을 제공하는 것은 자기효능감을 향상시키지 못한다. 학생이 과제가 쉽다고 생각하고 있는데, 교사가 "무척 열심히 하고 있네."와 같이 노력과 관련된 칭찬을 하는 것은 그 학생이 낮은 능력을 지니고 있다고 생각한다는 교사의 암묵적 기대로 학생들은 받아들일 수 있다(Weiner, Graham, Taylor, & Meyer, 1983). 학생들은 교사가 자신에 대해 별로 기대하지 않는다고 느낄 때 자신의 능력을 의심하게 될 것이다.

자기효능감 단서

효능감 단서는 과제에 참여하는 동안 나타난다. 자기효능감을 평가하기 위한 중요한 단서들에는 성공이나 실패 같은 수행결과, 결과 유형, 귀인, 모델의 유사성, 정보 출처의 신뢰감, 신체적 증상 등이 해당된다.

일반적으로 성공은 자기효능감을 증진시키고 실패는 감소시킨다. 결과 유형과 관련하여 살펴보면, 학습 초기에는 종종 실패하다가 자신이 점차 향상되었음을 지각하는 경우에 효능감이 증진된다. 반면에 학생들이 자신의 향상 속도가 너무 느리다고 생각하거나 자신의 기술이 낮은 수준에 머물러 있다고 믿는 것은 자기효능감 형성에 그리 도움이 되지 않는다.

내가 충분히 노력했기 때문에 성공했다고 귀인하는 것은 최소한의 노력으로 성공을 이끌었다고 귀인하는 것에 비해 효능감을 덜 증진시킨다. 왜냐하면 충분한 노력이 있었기에 성공을 할 수 있었다는 것은 개인의 능력이나 기술이 상대적으로 잘 발달하지 않았다는 의미로 받아들여지기 때문이다. 학습자가 성공에 필요한 노력의 수준을 지속할 수 있다고 믿는 한, 자기효능감은 높게 유지된다. 또한 학생의 기술이 발달함에 따라 성공에 대한 능력 귀인은 노력 귀인에 비해 효능감을 더 향상시킬 수 있다.

비슷한 또래의 기술이 향상되는 것을 관찰하는 것은 학생들로 하여금 자신들 또한 학습할 수 있다는 정보를 제공해 주지만, 실패자를 관찰할 경우에는 성공에 대한 학생의 능력에 의심을 심어 줄 수 있다. 모델과 자신의 유사성에 대한 판단은 지각된 능력이나 나이, 성별, 민족적 배경과 같은 개인적 특성에 기초할 수 있는데, 이것은 사실상 그러한 특성들이 모델화된 행동과 거의 관련이 없을 때조차도 그렇다(Rosenthal &

Bandura, 1978).

학생들은 교사처럼 신뢰할 수 있는 출처에게서 유능하다는 정보를 얻게 될 경우에 효능감을 느낀다. 반면에 덜 신뢰가 가는 출처로부터 제공되었다고 생각되는 충고는 무시한다. 또한 학생들은 만일 정보의 출처가 자신들이 이해하기엔 너무 어려운 경우처럼 과제의 요구사항을 제대로 이해하고 있지 않다고 생각되면, 이를 신뢰할 만한 출처라고 여기지 않는다.

신체적 증상은 생리적 단서로서 작용한다. 예를 들어, 발한과 떨림은 학생이 학습할 수 없다는 신호다. 자신이 과제에 대해 덜 초조해하는 것을 인지하는 학생들은 학습에 대해 더 높은 효능감을 느낀다. 〈적용 4-4〉는 이러한 동기화된 학습 모델을 교실에 적용한 예다.

적용 4-4 교실에서 동기화된 학습의 원리 적용하기

1. **학생들이 학습자료를 학습하기에 충분한 능력이 있음을 확인하라.** 초등학교 2학년 담임인 김인수 선생님은 수학 연습 문제를 풀게 하기 전에, 각각의 아이들이 모두 수를 재배열하여 뺄셈을 하는 방법을 이해하는지 확인한다.

2. **학생들에게 지금 학습하는 내용이 그들의 인생에서 얼마나 유용할 수 있는지를 알려 주어라.** 고등학교 과학 담당인 이채용 선생님은 가르쳐야 할 주제의 중요성을 학생들이 이해할 만한 자료로 설명한다. 예를 들면, 전기에 관한 단원을 시작하기 전에 이 선생님은 학생들과 함께 일상생활에서 전기가 사용되고 있는 모든 경우들에 대해 논의하였다. 그리고 수업하는 동안 이 선생님은 이런 경우에서 전기가 어떻게 작용하는지를 보여 주었다. 학생들은 수업 내용이 이렇게 실제로 다양한 방식으로 자신에게 영향을 준다는 사실을 배우는 것에 즐거움을 느꼈다.

3. **학생들에게 학습전략을 가르치고 그 전략을 사용함으로써 자신의 수행이 얼마나 증진되었는지를 보여 주어라.** 김우림 선생님이 맡고 있는 4학년 반에는 나눗셈을 어려워 하는 학생들이 몇 명 있다. 김 선생님은 소집단으로 나누어 나눗셈을 하는 절차에 대한 설명과 함께 절차를 간단한 약어로 요약해 제시해 주었다. 몇 번의 시범과 연습을 통해 학생들은 나눗셈 문제를 하나씩 풀어 갈 수 있었고, 이를 통해 전략적

접근이 학습에서 얼마나 중요한 차이를 가져오는지를 알게 되었다.

4. **학생들이 이해하는 방식으로 내용을 제시하고 학습에서의 개인차를 고려해 자료를 제시하라.** 전시영 선생님은 학생들에게 사회 과목 숙제를 설명하고 있었다. 몇몇 학생들은 숙제의 모든 세부 사항을 이해하고 기억하는 것을 어려워하였다. 그래서 전 선생님은 칠판에 활동의 개요와 모든 세부 사항들을 적어 주었다.

5. **학생들이 학습목표 달성을 향해 나아갈 수 있도록 도와주라.** 신해진 선생님은 이번 주말까지 구구단 8단을 모두 외우라고 말했다. 그는 학생들에게 매일 수업 시간에 연습할 것이고 집에서도 연습해야 한다고 권유하였다. 학생들은 매일 8단 구구단이 있는 연습지를 완성하고 자신의 향상 정도를 기록했다.

6. **신뢰할 수 있는 귀인 피드백을 제공하라.** 조시영 선생님이 맡고 있는 3학년 학급에는 정서 행동 장애를 가진 현수라는 아이가 있었다. 현수는 수업 시간에 집중하고 주의를 기울이는 것을 어려워하였다. 다른 선생님들은 조 선생님에게 현수는 계속해서 칭찬해 주지 않으면 몹시 흥분하고 사납게 굴 수 있다고 알려 주었다. 하지만 그녀는 좀 더 현실적인 접근이 필요하다고 생각하여, 현수에게 "현수야, 너는 충분히 똑똑해. 하지만 좀 더 열심히 노력하고 주의를 기울여서 집중해주었으면 좋겠어." 라고 말했다. 현수는 "선생님께서 저에게 그렇게 말씀해주시다니 전 믿을 수가 없어요. 왜냐하면 다른 선생님들은 제가 매우 멍청하다고 하셨거든요. 아마 이젠 주의를 더 기울이도록 노력할 수 있을 것 같아요."라고 대답하였다.

7. **학습 향상 정도에 대한 피드백을 주고, 향상과 함께 보상을 제공하라.** 고부용 선생님은 수진이에게 색채에 대해 가르치려 한다. 그런데 수진이는 컴퓨터 게임을 너무 좋아한다. 그래서 고 선생님은 수진이에게 색채를 배운다면 컴퓨터를 할 수 있는 시간을 따로 주겠다고 제안했다. 색채를 배울 때마다 수진이와 고 선생님은 컴퓨터 시간 사용 티켓의 블록을 그날 배운 색깔로 칠했다. 그리고 다섯 개의 블록이 칠해졌을 때, 수진이는 컴퓨터를 할 수 있는 시간을 얻게 되었다.

8. **자기효능감과 동기를 향상시키는 모델을 사용하라.** 전종현 선생님은 5학년 학생들에게 분수 감산에 대해 가르치고 있었다. 각 문제를 풀 때마다 전 선생님은 여러 학생들에게 칠판에 나가 그 문제를 푸는 방법을 설명해 보도록 했다. 학기말이 되자, 학급의 모든 학생들은 칠판에 문제풀이과정을 쓰고 설명하는 것을 한결 편안하게 느꼈다.

사회적 비교

사회인지이론은 동기에 있어서 자신을 타인과 비교하는 것을 의미하는 사회적 비교(social comparison)의 영향력을 강조한다. 사회적 비교는 행동의 적절성을 학습하기 위한 중요한 수단이다. 행동의 절대적 기준이 모호하거나 존재하지 않을 때, 행동의 용인 여부는 다른 사람의 행동과 비교되어 평가된다. 더 나아가 다른 사람이 어떠한 방식으로 행동을 한 후 칭찬 혹은 인정받는 것을 보게 되면 관찰자 자신도 보상받을 수 있다고 믿게 되므로 유사한 방식으로 행동하도록 동기화된다. 지금부터 우리는 사회적 비교 이론을 살펴보고, 아동의 발달에 따라 사회적 비교가 어떻게 변화하는지와, 동기와 성취에 있어서 사회적 비교의 역할이 무엇인지 살펴볼 것이다.

Festinger의 이론

Festinger(1954)는 사람들은 본래 자신의 능력과 의견을 평가하려는 동기를 가지고 있으며 종종 다른 사람과 자신을 비교함으로써 자신의 능력이나 의견을 평가한다고 주장했다. 즉, "객관적이고 비사회적인 방법을 이용할 수 없을 때 사람들은 자신의 생각과 능력을 다른 사람들과 각각 비교함으로써 평가한다."(p. 118) 또한 그는 가장 정확한 자기평가는 능력이나 특성이 자신과 비슷하다고 평가된 사람과의 비교에서 비롯된다고 주장했다. 비교할 대상을 선택할 때 사람들은 어떤 영역에서의 수행을 가장 잘 예언해 줄 수 있는 특성이나 자질이 유사한 사람을 선택하는 경향이 있다. 즉, 자신의 수학적 능력을 평가할 때 개인은 나이, 이전에 수강한 수학 과목, 수학 점수 등의 수학 수행과 관련된 특성이 자신과 유사한 사람을 선택하게 된다.

이러한 유사성 가설은 Suls와 Sanders(1982)의 연구와 사회인지이론에 의해 지지된다. 관찰자가 모델과 더 비슷하면 할수록 관찰자에 의해 행해진 유사 행동이 사회적으로 적절하다고 받아들여질 가능성이 높으며 비슷한 결과를 도출할 가능성 역시 높을 것이다(Bandura, 1986; Schunk, 1987). 주어진 방식으로 행동하는 것이 보상을 기대할 만한 결과라면 관찰자가 그에 따라 행동하도록 동기화될 수 있다.

그런데 Festinger의 이론은 지각된 유사성의 동기적 효과를 충분히 설명하지 못한다. 왜냐하면 이런 효과들은 자기효능감에 크게 의존하기 때문이다. 자신과 유사한 아동이 과제를 성취하는 것을 관찰한 아동은 자신도 성공할 것이라고 믿기 때문에 스스로 노력하는 경향이 있다. 흥미롭게도, 모델과의 지각된 차이점이 아동을 동기화시킨다는 연구도 있다. Schunk와 Hanson(1989a)은 대응모델이 학습하는 것을 관찰한 평균적인 성취 수준의 아동이 숙달모델을 관찰한 학생들보다 더 높은 기술을 학습할 수 있다고 스스로의 자기효능감을 판단한다고 주장했다. 전자의 학생들은 스스로 대응모델보다 더 능력이 있다고 판단한 반면, 후자의 학생들은 자신이 숙달모델의 능력과 비슷하다고 지각했다. 여기서 자신이 모델보다 더 능력이 있다는 믿음이 자기효능감과 동기를 강화시켰다.

사회적 비교의 발달

성인들은 자기평가에 있어서 사회적 비교를 주기적으로 사용한다. 그러나 비교 정보를 사용하는 능력은 높은 인지발달 수준과 타인과의 비교평가를 해 본 경험에 의존하게 된다(Veroff, 1969). 따라서 Festinger의 가설은 어린 아동에게는 적용하기 어렵다. 만 5, 6세 이하의 아동들은 두 개 이상의 요소를 연관 지어 생각하기 힘들고 인지적 사고의 초점이 '자기' 중심적이기 때문이다(Higgins, 1981). 이러한 특성들은 어린 아동들이 다른 사람과 비교하여 스스로를 평가하지 못한다는 것을 의미하는 것이 아니라, 원래부터 자동적으로 일어나지 않음을 의미한다. 아동은 초등학교에 가면서 비교 정보에 대해 점점 흥미가 느끼게 된다. 어린 아동의 행동은 "참 잘했구나." "더 잘할 수 있었을 텐데."와 같이 성인의 직접적인 사회적 평가에 의해 영향을 받지만, 4학년 이상의 아동들은 주기적으로 또래와의 비교를 통해 자신의 능력을 평가한다(Ruble, Boggiano, Feldman, & Loebl, 1980).

비교 정보의 의미와 기능은 아동의 발달에 따라, 특히 학교에 입학한 후에 변화한다. 미취학 아동의 경우 자신과 다른 아동이 받게 되는 보상의 물리적 특성들을 적극적으로 비교한다(Ruble et al., 1980). 그들은 비교를 통해 자신과 다른 사람이 얼마나 비슷한지 혹은 얼마나 다른지를 결정한다. 예를 들면, "나는 4와 1/2이고 너는 4야." "우리 둘 다 생일이 같아."와 같은 것들이다. 또한 그들의 비교는 자기 스스로에 대한 평가 없이 다른 사람보다 더 나은 모습으로 보이고 싶어 하는 바람에 기초하여 평가가 이루어지는 것으로 보인다. 예를 들면 아동들은 "나는 장군이야. 장군은 대위보다 높아."와 같이 비교하곤 한다(Mosatche & Bragonier, 1981). 자주 나타나지는 않지만, 간혹 아동은 "나도 할 수 있어."와 같이 자신의 자격을 평가하기 위해 비교를 적용하기도 한다.

Ruble과 동료들은 아동의 사회적 비교 발달이 여러 단계를 거친다고 주장했다(Ruble, 1983; Ruble & Frey, 1991). 초기 비교는 주로 유사점과 차이점에 관련된 것이지만, 그 이후에는 어떻게 과제를 수행해야 할지에 대한 대답을 찾기 위한 방향으로 변화한다. Feldman과 Ruble(1977)은 1학년 아동들의 경우 주로 정확한 답을 얻기 위한 목적으로 또래와 비교를 한다는 것을 발견했다. 어린 아동에게 비교 정보를 제공하는 것은 능력에 대한 정보를 획득하고자 하는 동기보다는 과제를 끝마쳐야 한다는 식의 실천적 이유에 대한 동기를 더 증가시킨다. 어린 아동을 동기화시키는 데에는 다른 아동이 더 나은 수행을 보였다는 사실을 알리는 것이 필요하지 않으며, 대부분의 아동들이 해당 과제 수행에 실패했다는 사실을 알리는 것 역시 어린 아동이 실패를 통해 겪게 되는 부정적인 영향을 경감시켜 주지는 않을 것이다(Ruble, Parsons, & Ross, 1976). 1학년이 지나면, 아동의 관심은 자기 또래가 얼마나 잘하고 있는지를 판단하는 쪽으로 증가되며, 능력을 평가하기 위해 비교 정보를 더 자주 사용한다.

향상 정도를 평가하기 위해서 이전의 수행과 최근의 수행을 시간의 흐름에 따라 비교하는 능력은 비록 그것을 적용하지는 못하더라도 어린 아동에게서도 나타난다. R. Butler(1998)는 4~8세 아동들에게 이와 같은 시간 차이에 대한 비교가 나이를 먹어 감에 따라 증가하기는 하지만 이러한 어린 아동들은 오로지 마지막 수행결과에 주목한다는 점을 발견했다. 반면, 좀 더 나이를 먹은 아동은 사회적 비교를 자주 사용하고 자신이 또래를 능가했을 때 자신의 수행을 더 높게 평가했다. Butler의 결과는 교사가 아동에게 이전에 보였던 수행과 비교하여 개선된 점을 보여 줌으로써, 아동이 시간 차이에 대한 비교를 사용하도록 도와줄 필요가 있다는 점을 시사한다.

Ruble과 Frey(1991)는 사회적 비교가 단지 연령에 의한 것이 아니라 과제 경험에 의해서 다양해질 수 있다고 제안했다. 그들은 사회적 비교가 각 단계에 따라 다른 역할을 담당한다는 네 단계 모델을 주장했다. 첫 번째 단계는 경험이 많지 않은 학습자가 새로운 과제를 접하면서 하게 되는 초기 평가에 해당된다. 골프를 배우는 경우를 예로 들어 보자. Ruble과 Frey는 이 단계에서는 학습자가 다른 사람과의 상대적인 수행에 초점을 두는 것이 아니라, 그 작업에 대한 정보를 획득하는 것, 즉 공중으로 공을 치는 법을 배우는 것 그 자체에 중점을 둔다고 말한다. 게다가 이 단계에서의 비교는 이전에 이루었던 수행 수준과 관련을 맺는다. 예컨대, "내가 지난번보다 이번에 공을 더 잘 쳤어."라고 하는 것이다. 두 번째 단계는 과제 숙달에서 다른 사람이나 절대적 기준과의 사회적 비교를 통한 경쟁적 평가다. 예를 들면, "나는 18번 홀에서 100타 아래의 점수를 기록할 수 있어."라고 하는 경우다. 세 번째 단계는 행동에 대한 확신이나 지속과 관련된 것으로, 하위 목표를 변화시키거나(예: 골프에서 한 홀에서 파를 기록하는 것) 다른 사람과 경쟁하는 것(예: 친구를 이기는 것) 등이 포함한다. 마지막 단계는 전체적인 목표와 활동의 지속성을 재평가하는 것이다. 사회적 비교는 네 단계 모두에서 작용할 수 있지만, 비교 과정의 본질과 기능은 단계마다 매우 다를 수 있다.

성차와 관련하여 Ruble, Feldman과 Boggiano(1976)는 미취학 아동부터 2학년까지의 아동들 사이에서는 남자 아동이 여자 아동보다 비교에 더 관심을 보인다는 점을 확인하였다. Spear와 Armstrong(1978)은 쉬운 과제에서는 비교 정보가 남자 아동의 수행에 동기적 효과를 가져왔지만 어려운 과제에서는 그러한 효과가 없었다고 하였다. 그리고 여자 아동에게는 과제의 종류에 상관없이 차이가 없었다. 이러한 결과들은 다른 사람과의 상대적인 평가가 이루어질 때 여아보다는 남아가 사회적 압력을 더 많이 받음을 시사한다. 지금까지는 사회적 비교 연구에서 성차와 관련된 연구들이 많이 이루어지지 않았지만, 이러한 주제는 학교교육에 있어서 중요하기에 앞으로 많은 관심이 필요한 영역이다.

동기와 성취

사회적 비교가 항상 학생들의 동기에 자동적으로 효과를 주지는 않지만 성취 상황에서는 학생들을 분명 동기화시킬 수 있다. 초등학생을 대상으로 한 Schunk(1983b)의 연구에서는 사회적 비교 정보는 과제 동기를 증진시키며 학습목표는 자기효능감을 강화시키기 때문에 결국 목표와 비교 정보가 함께 제시되면 최고의 학습을 이끌어낼 수 있다는 사실을 발견했다. 또한 Schunk(1983c)는 어려운 목표가 쉬운 목표보다 아동의 학습동기를 증가시키고, "너는 25개의 문제를 풀 수 있을 거야."와 같은 설득적인 정보가 사회적 비교 정보보다 자기효능감을 증진시키므로 어려운 목표와 설득적 정보가 더해지면 가장 높은 성취를 이끈다는 사실 또한 알아냈다.

자기효능감과 동기에 있어서 사회적 비교의 효과는 비교할 또래의 능력에 따라 달라질 수 있다. Guay, Boivin과 Hodges(1999)에 의하면, 아동들이 인식하는 자신의 능력과 실제 성취 간의 관계는 가장 친한 친구의 성취수준이 높을 때보다 낮을 때 더 강하게 나타난다. 가장 친한 친구의 성취와 비교를 할 때에는 대다수 학생들이 자신의 수행을 실제 수준보다 더 낮다고 인식하는 경향이 있다. 반대로, 공부 못하는 친구를 둔 경우의 아동들은 자신의 능력을 더 정확하게 평가하게 된다. 이런 경우엔 사회적 비교에 의존하기보다는 자신의 진도와 수행에 따라 객관적인 평가를 하게 되기 때문이다. 이는 자기개념 연구자들에 의해 제안된 큰-물고기-작은-호수(big-fish-little-pond) 효과와 일치한다(Marsh, 1993). 큰-물고기-작은-호수 효과는 학생들이 또래보다 자신이 더 능력 있다고 여길 경우엔 자기개념이 증가하고, 또래들이 자기보다 더 능력이 있다고 여기게 되면 자기개념이 낮아지는 것을 가리킨다.

요약하면, 비교 정보는 동기를 강화할 수 있지만 자기효능감이나 학습에 반드시 필요한 것은 아니다. 자신과 유사한 사람들의 평균적인 성취수준에 초점을 맞추는 사회적 비교 정보는 그들 또한 평균적이라는 것 이상의 정보를 제공하지 않기에 이것으로 인해 유능하다고 느낄 이유를 찾지 못한다. 그리고 높은 성취를 보이는 또래들과 사회적 비교를 할 경우 오히려 자기효능감은 낮아질 수 있다. 반면에 개인적 향상에 대한 정보는 다른 사람들의 수행에 대해서는 아무것도 설명하지 못하기 때문에, 이 경우에는 학생들이 자신의 향상에 초점을 맞추기 쉽다. 자신이 학습하고 있다는 지각은 자기효능감의 형성에 있어서 필수적이다.

자기조절과 의지실천

자기조절은 동기와 직접적으로 관련되어 있다. 자기조절은 학생들이 체계적으로 자신이 설정한 목표를 달성하도록 인지, 행동, 정서를 유발하고 유지하는 과정이다(Zimmerman, 1989, 2000). 목표 달성을 위해 동기화된 학생들은 자료를 반복 학습하고 애매한 정보를 명백하게 구조화하는 등 자신에게 도움이 된다고 믿는 자기조절 활동에 참여한다. 바꾸어 말하면, 자기조절은 학습을 촉진시키며 유능감에 대한 지각은 새로운 목표를 달성하기 위한 동기와 자기조절을 유지시켜 준다(Pintrich, 2004; Pintrich & Zusho, 2002; Zimmerman & Schunk, 2004).

자기조절의 한 측면으로 최근 많은 관심을 받고 있는 연구 영역으로는 의지실천(volition)이 있다. 1장에서 우리는 의지실천의 초기 연구들을 살펴보았다. 이 장에서는 최근 관점들을 살펴보고 자기조절과 의지실천을 연결해 보고자 한다.

자기조절

자기조절의 차원

Zimmerman(1994, 1998)은 〈표 4-4〉와 같이 자기조절 과정과 관련된 주요 질문들을 중심으로 개념적 구조를 조직화하여 발전시켰다. 자기조절의 중요한 특징으로는 학습자가 최소한 한 측면에서 이용할 수 있으면서 다른 것들보다 더 선호하게 되는 어떤 선택권(choice)을 가진다는 것이다. 이용 가능한 선택권이 주어진다는 것이 항상 학생들에게 이로운 것은 아니다. 즉, 선택이 주어진 상황에서 학생들은 얼마나 더 고민하고 결정해야 하는지 확신을 가지지 못할 수도 있고 교사에게 무엇을 해야 하는지 물어볼 수도 있다. 과제와 관련된 모든 측면이 통제된 상황에서 나타나는 학생들의 행동은 자기조절이 아닌 타인이나 상황에 의해 외재적으로 조절된 행동이라고 할 수 있다. 이러한 외재적 조절은 교사가 학생들에게 '언제, 어디서, 누구와, 무엇을, 어떻게, 왜 이 과제를 수행하는지' 에 대한 자유를 제한하게 될 때 일어난다. 자기조절의 가능성은 학습자가 얼마나 많은 선택을 할 수 있느냐에 따라 매우 다양하게 나타날 수 있다.

예를 들어, 교사가 기말 과제를 내어 주면서 주제를 직접 정해 주고, 과제는 글자 크기 10과 줄 간격 100으로 작성된 워드 문서 양식으로 제출하되 반드시 참고문헌을 포함해야 하며, 반드시 숙제처럼 개별적으로 작성해야 한다는 조건을 제시했다고 가정해 보자. 교사가 이런 방식으로 과제를 지시한다면, 학생들의 자기조절은 거의 불가능하다. 반대로, 교사가 특별히 정해지지 않은 주제를 주면서 개별적으로 하든 짝을 이루어서 하든 상관없으며, 수업에서 발표를 할 때에는 포스터나 파워포인트 등의 대안적인 양식을 선택할 수 있다고 말했다고 가정해 보자. 이 경우에는 앞의 경우보다 더 많은 자기조절이 가능할 것이다.

즉, 자기조절이라는 개념은 '자기조절을 한다 혹은 하지 않는다.' 와 같이 절대적인 관점에서 이해하기보다는 '얼마나 많은 자기 조절을 하는가.' 와 같이 정도의 관점에서 이해하는 것이 합당하다. 〈표 4-4〉에서는 자기조절이라 말할 수 있는 다양한 과정

표 4-4 ▸▸ 자기조절의 차원

학습 문제	자기조절 하위과정
왜	자기효능감과 자기목표
어떻게	전략 사용 또는 일상화된 수행
언제	시간 관리
무엇을	자기관찰, 자기판단, 자기반응
어디서	환경 구조
누구와	선택적 도움 구하기

을 보여 주고 있다.

자기조절은 동기와 혼동되어서는 안 된다(Pintrich, 2004). 비록 두 개념이 같은 요소를 공유하고 있을지라도 몇 가지 중요한 차이가 있다. 동기의 정의에는 선택이라는 요소가 포함되어 있지 않다. 학생들은 개인적 선택에 의해 동기화될 수도 있고, 외부의 요구에 의해 동기를 부여받을 수도 있다. 반면, 자기조절은 반드시 일정 정도의 선택이 요구된다. 게다가 자기조절 활동 중에 동기 과정이 개입될 수는 있겠지만, 인지적 정보처리과정에서 볼 수 있듯이 모든 자기조절이 동기적인 것은 아니다.

사회인지 과정

사회인지이론에서는 자기조절이 자기관찰(자기모니터링), 자기판단, 자기반응의 세 과정으로 구성된다고 본다(Bandura 1986; Kanfer & Gaelick, 1986; Schunk, 1994; Schunk & Zimmerman, 2003; Zimmerman, 1990). 자기관찰(self-observation)은 자신의 행동적 측면에 대해 주의를 기울이는 것을 말한다(Mace, Belfiore, & Hutchinson, 2001). 사람들은 자신이 무엇을 하는지 알지 못할 때 자신의 수행을 조절할 수 없다. 자기관찰은 종종 행동의 빈도, 강도, 질을 기록하는 작업을 통해 이루어진다. 자기관찰은 또한 활동에 대한 향상 정도를 판단하는 데에 중요한 역할을 한다. 자기관찰 없이 성공과 실패의 선택적 기억이 이러한 역할을 담당하기도 하지만, 결과에 대한 우리의 기억은 종종 실제 결과를 충실히 반영하지 못한다. 자기기록은 놀라운 학습결과를 양산해 낼 수 있는데, 예를 들어 자신의 학습 활동을 기록하는 것을 힘들어하는 학생들은 비학습적인 과제에 집중하여 공부시간의 반 이상을 낭비하기도 한다.

사람들은 자신이 무엇을 하고 있는가에 대해 인식할 때 이에 대해 반응하며 행동을 바꾸기 때문에 자기관찰은 결과적으로 동기를 증가시킬 수 있다. 그러나 이때 보통의 경우에는 자기판단과 자기반응 역시 요구된다.

자기판단(self-judgment)은 개인이 추구하는 목표와 최근 수행 수준을 비교하는 것을 의미한다. 자기판단은 자기평가에 사용되는 기준, 목표 특성, 목표 달성의 중요성, 귀인의 유형에 의존하여 이루어진다. 후자의 세 가지 주제는 3장에서 논의되었거나 이 장의 앞부분에서 논의되었으므로 여기서는 짧게 다루도록 하겠다.

특수성, 근접성, 난이도와 같은 목표 특성은 자기조절과 동기에 영향을 준다. 이런 특성들은 학생들의 학습 향상 비교 행동을 증가시킴으로써 학생들은 자신의 향상 정도를 판단하여 자기조절전략을 유지하거나 바꿀 수 있다. 또한 자기판단은 목표 달성의 중요성을 반영한다. 자신이 어떻게 수행할지에 대한 고민 없이는 자신의 수행결과를 평가하지 못하며 수행 수준을 증진시키려는 노력을 확대할 수도 없다(Bandura, 1986). 사람들은 자신이 가치 있다고 여기는 목표에 대한 학습 향상 정도를 판단한다. 귀인 역시 자기판단에서 중요하다. 목표 향상을 하지 못할 것이라고 믿는 학생들은 자신의 수행을 낮은 능력에 귀인하게 되고, 이는 자기효능감과 수행에 부정적으로 영향을 줄 수 있다. 그러나 낮은 수행 수준을 노력의 부족이나 부적절한 학습전략에 귀인하는 학생들은 자신이 좀 더 열심히 공부하거나 전략을 바꾸면 더 나은 수행을 할 수 있을 것이라고 믿는다.

자기평가 기준은 절대적(고정적)일 수도 있고, 다른 사람의 수행과 상대적으로 평가되어 규준적일 수도 있다. 기준은 정보를 제공해 주며 학생들을 동기화시킨다. 기준과 자신의 수행을 비교함으로써 학생들은 목표에 대한 향상 정도를 알게 되며, 자신의 수행 수준이 향상되고 있다는 믿음은 자기효능감과 동기를 강화한다. 기준은 종종 모델과의 사회적 비교로부터 획득되는데 특히 절대적인 기준이 존재하지 않거나 모호할 때 그렇다. Davidson과 Smith(1982)는 아동에게 자신보다 뛰어난 성인, 비슷한 또래, 자신보다 열등한 어린 아동이 각각 엄격하거나 혹은 관대한 기준을 설정하는 모습을 관찰하도록 했다. 관대한 모델을 관찰한 아동은 엄격한 모델을 관찰한 아동보다 낮은 점수를 받았을 때에도 스스로에게 더 자주 보상하는 모습을 보였다. 아동의 자기보상 기준은 자신이 관찰한 성인보다는 낮았고 비슷한 또래와는 같았으며 자신보다 어린 아동보다는 높았다. 모델과 관찰자의 연령 유사성은 또래에게 적합한 것이 자신에게도 적합한 것이라고 믿도록 아동을 유도했을 것이다. 아동들은 능력과 관련된 과제에서도 이미 설정된 기준을 고려하여 자신의 능력을 상대적으로 평가했다.

자기반응(self-reactions)은 자기판단에 대한 행동적, 인지적, 정서적 반응이다(Zimmerman & Schunk, 2004). 자기반응은 개인을 동기화시키는데, 이는 목표를 향한 향상이 있다는 믿음과 목표 성취를 통해 기대되는 만족이 자기효능감을 강화시키기 때문이다. 만약 사람들이 스스로 향상될 수 있다고 믿는다면 부정적인 평가도 동기를 감소시키지 않을 것이다. 그러나 만일 자신의 능력이 부족하다고 믿거나 아무리 열심히 하고 전략을 시도해도 성공할 수 없다고 믿는다면 동기는 향상되지 않는다.

자신의 수행에 대해 자기평가를 하도록 가르치는 것은 동기를 증진시킨다. 왜냐하면 사람들은 스스로 잘하고 있다고 생각할 때 더 지속적으로 열심히 일하게 되기 때문이다(Kanfer & Gaelick, 1986). 또한 사람들은 수행에 부수적으로 따라오는 실질적인 보상을 만들기도 한다. 이때 사회인지이론에서는 실제 결과 자체보다는 오히려 행동에 따라 기대되는 결과가 동기를 강화시킨다고 주장한다(Bandura, 1986). 즉, 좋은 성적을 받는다는 조건으로 자유 시간을 주거나 밤에 놀러 나갈 수 있도록 하는 것은 학생들이 열심히 공부하도록 동기화시킨다는 것이다.

실제 성취와 관련된 외부적 보상은 자기효능감과 동기를 강화시킨다. 학생들에게 성취에 기초하여 보상을 받을 것이라고 알려 주는 것은 학습에 대한 자기효능감을 키워 준다. 자기효능감은 학생들이 과제를 하고, 자신의 향상 정도에 주목하며, 향상을 의미하는 보상을 받음으로써 확인된다. 실제 수행과 관련 없는 보상은 실제로 부정적인 효능감 정보를 전달할 수도 있다. 학생들은 자신이 유능하지 않기 때문에 학습에 있어서 별로 기대되지 않는다고 추측할 것이기 때문이다(Schunk, 1983d).

자기조절의 순환성

사회인지이론은 개인, 행동, 환경 요소의 상호작용을 강조한다(Bandura, 1986; 1997; Schunk & Zimmerman, 2003; Zimmerman, 2000; Zimmerman & Schunk, 2004). 자기조절은 순환의 과정으로 볼 수 있는데, 이는 위의 요소들이 학생들이 학습하는 동안 끊임없이 변화하고 또한 확인되어야 하기 때문이다. 이렇게 변화가 확인되면 개인의 전략, 인지, 정서, 행동은 이에 따라 변화한다.

이러한 순환성은 Zimmerman(1998, 2000)의 3단계 자기조절 모델([그림 4-4])에서 살펴볼 수 있다. 선견단계(forethought phase)는 실제적인 수행에 선행되는 단계로 행동단계로 가도록 하는 과정을 의미한다. 수행(의지) 통제단계(performance(volitional) control phase)는 학습하는 동안 나타나는 과정을 포함하며 주의와 행동에 영향을 끼친다. 자기반영단계(self-reflection phase)는 수행 후에 나타나며 사람들은 자신의 노

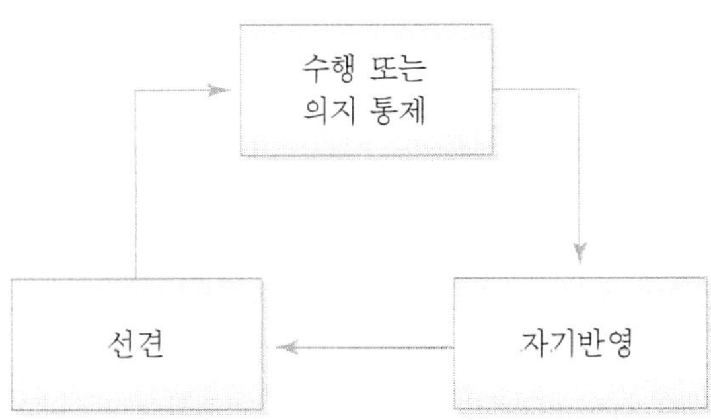

• 그림 4-4 • **자기조절 순환 단계**

출처: Zimmerman(1998).

력 여부에 대해 반응한다(Zimmerman & Schunk, 2004).

각 단계에 따라서 다양한 자기조절과정이 작동한다. 즉, 학습자는 목표와 목표를 달성하려는 다양한 자기효능감 수준을 가지고 학습 상황에 임한다. 수행 통제단계 동안에 학습자는 동기와 학습에 영향을 주는 다양한 학습전략을 사용한다. 그리고 자기 반영단계에서는 학습자가 향상에 대한 자기평가를 하고 이 평가에 대해 반응한다.

효과적인 자기조절을 위해서는 목표를 가지는 것과 그 목표를 달성하려는 동기가 필요하다(Bandura, 1986; Kanfer & Kanfer, 1991; Zimmerman, 1989, 2000). 학생들은 자신의 행동뿐만 아니라 자신의 성취와 잠재적으로 관련된 인지, 행동, 의도, 정서를 조절해야 한다. 많은 연구들은 성취 신념에 대한 자기점검(self-monitoring)이 학습에 대한 지속적인 노력을 유지하게 하고 성취를 증진시킨다고 주장한다(Schunk & Zimmerman, 1998, 2003; Zimmerman & Martinez-Pons, 1992).

효과적인 자기조절은 학생들이 자신의 학습을 조절하고 수행을 잘할 수 있다는 자기효능감 발달에 의존한다(Bouffard-Bouchard, Parent, & Larivee, 1991; Zimmerman et al., 1992). 학습에 있어서의 가능성이나 향상도에 대한 자기평가(self-evaluation) 과정은 매우 중요하다. 그러나 학생들은 자발적으로 자기평가를 하지 않을지도 모른다. 향상 정도를 높이는 하나의 방법으로는 자신의 향상을 주기적으로 평가하도록 시키는 것이다. 수행 향상 정도를 분명히 확인하는 것과 같은 자기점검은 자기효능감을 증진시키고 자기조절을 유지하며 학습 기술을 향상시킬 수 있다. White, Kjelgaard와 Harkins(1995)는 목표가 개인의 능력을 반영하여 설정된 것일 때 자기평가가 수행에 대한 목표 설정 효과를 강화시킨다고 주장하였다.

Schunk(1996)는 목표와 자기평가가 어떻게 성취 결과에 영향을 미치는지를 알아보았다. 그는 학생들에게 한 학기 동안 분수에 대해 배우고 연습하도록 하였다. 이때 일부 학생들은 문제 푸는 방법을 배우는 것이 목적인 과정목표 조건에, 그리고 일부 학생들은 단지 문제를 푸는 것이 목적인 결과목표 조건에 배정되게 하였다. 첫 번째 연구에서는 각각의 목표 조건에 속한 학생 중 절반은 자신의 능력을 평가하고 절반은 자기평가를 하지 않게 하였다. 과정목표를 가지면서 자기평가를 한 학생, 하지 않은 학생 모두와 결과목표를 가지면서 자기평가를 한 학생들은 결과목표를 가지면서 자기평가를 하지 않은 학생보다 더 높은 자기효능감과 성취와 동기를 보였다. 두 번째 연구에서는 각 목표 조건에 속한 모든 학생들이 기술 획득에 대한 자신의 향상 정도를 평가하도록 했다. 그 결과, 과정목표는 결과목표보다 더 높은 동기와 성취 결과를 이끌어 낸다는 점을 확인하였다.

Schunk와 Ertmer(1999)는 목표와 자기평가가 어떻게 자기효능감, 성취, 자기보고 능력, 자기조절전략의 사용에 어떠한 영향을 주는지를 연구하였다. 그들은 대학생들에게 한 학기 동안 컴퓨터 교육 프로그램을 수료하도록 지시했다. 학생들은 컴퓨터 응용 소프트웨어를 배우는 것 자체가 목표인 과정목표 또는 그 컴퓨터 프로그램을 실행시키는 것이 목표인 결과목표를 부여받았다. 첫 번째 연구에서는 각 목표 조건에 속한 학생의 절반에게 교육 프로그램을 하는 중간쯤에 자신의 학습 진행 상황을 평가하도록 하였다. 그 결과 과정목표는 더 높은 자기효능감, 자기판단의 향상, 자기조절 능력과 전략 사용을 이끌었으며, 자기평가의 기회는 자기효능감을 증진시키는 것으로 나타났다. 두 번째 연구에서는 자기평가를 한 학생들이 교육 프로그램의 각 단원을 마친 후 자신의 향상을 평가하도록 하였다. 잦은 자기평가가 과정목표나 결과목표와 짝지어졌을 때에는 비슷한 성취 결과가 나타났다. 즉, 이런 결과들은 가끔 자기평가를 하는 것이 과정목표를 이해하는 것을 돕기는 하지만 결국 다양하고 잦은 자기평가가 과정목표의 장점을 배가시키고 성취 결과를 향상시킨다고 제안한다.

이러한 연구는 교수의 교육 방식에 많은 함의를 준다(Schunk & Ertmer, 2000; Schunk & Zimmerman, 2003). 학생들은 일반적으로 자신의 기술이나 학습 향상을 스스로 평가하기보다는 교사들에게 의지한다. 따라서 학생들에게는 자기평가에 대한 훈련과 이것을 자주 연습할 수 있는 많은 기회들이 필요해 보인다.

능력의 사회적 근원과 자기 근원

Schunk와 Zimmerman(1996, 1997)은 Zimmerman(1989, 1994)의 자기조절 개념에 기반하여 어떻게 자기조절능력이 초반에는 학습 환경 속의 사회적 근원으로부터 발달하다가 점차적으로 어떻게 그 영향력의 출처가 여러 수준의 자기 근원으로 이동하는지에 대한 모델을 체계화했다(〈표 4-5〉 참조). 처음에 초보 학습자는 교사의 교육 방식, 모델링, 과제 구조, 격려를 통해 매우 급속하게 학습전략을 획득한다(Zimmerman & Rosenthal, 1974). 이러한 관찰수준(observational level)에서 많은 학습자들은 모델을 관찰하는 것으로부터 학습전략의 중요한 특징을 획득할 수 있지만, 이들 중 대부분은 그 기술을 획득하기 위한 연습 또한 필요하다. 참여적 모델링(participant modeling; Bandura, 1977)을 하는 동안에는 모델은 전략을 반복해 주고 학습자가 얼마나 정확하게 그 전략을 모방할 수 있는가에 기초하여 적절한 규칙을 제공해 준다.

학습자의 수행이 모델의 일반적인 형식에 가까워질 때 학습자는 기술의 모방수준(emulative level)에 이르게 된다. 이 수준에서는 관찰자가 모델을 직접적으로 따라하는

표 4-5 ▸▸ 자기조절에 대한 사회적 영향과 자기 영향

발달 수준	사회적 영향	자기 영향
관찰	모델링, 언어적 기술	
모방	사회적 안내와 피드백	
자기통제		내적 기준, 자기강화
자기조절		자기조절과정, 자기효능감 신념

것이 아니라 일반적인 패턴이나 스타일만을 모방한다. 즉, 학습자는 모델이 사용하는 단어 하나하나를 따라하는 것이 아니라 모델이 묻는 질문 유형을 모방하게 된다.

학습이 이루어지는 근원은 처음 두 수준 동안은 주로 사회적이지만 좀 더 나아가면 개인적 영향력으로 바뀐다(Zimmerman & Schunk, 2004). 세 번째 수준인 자기통제수준(self-controlled level)은 과제를 수행하는 동안 독립적으로 전략을 사용하는 학습자의 능력에 따라 특징지어진다. 학생의 전략 사용은 내면화되지만, 모델화된 수행에 대한 대표적인 기준(예: 내적 이미지, 언어적 의미)나 자기보상 과정에 의해 영향을 받는다.

학생들이 청소년기에 이르게 되면, 학습자에게는 더 높은 수준의 자기기능이 기대된다. 즉, 학습자가 학업 기술의 자기조절수준(self-regulated level)에 도달해야만, 개인, 상황 조건에 따라 적절한 전략을 체계적으로 적용시킬 수 있게 된다(Bandura, 1986). 이 수준에서 학습자는 전략과 상황 특성에 기초한 통합적인 적응기제를 사용하기 시작하며, 목표와 자기효능감에 의해 동기화된다. 학습자는 언제 특정한 전략을 사용해야 하는지를 선택하며, 그것을 모델의 안내 없이 변화하는 상황에 적용시킨다.

요약하면, 자기조절 발달에 대한 이 네 수준은 학습 기술의 지식을 획득하는 것(관찰)에서 이 기술을 사용하는 것(모방)으로, 그리고 그것을 내면화(자기통제)하고, 마지막엔 적응적으로 사용하는 것(자기조절)으로 확대된다. 비록 이러한 논의가 사회화 관련 연구로부터 도출된 것이라 하더라도 교육 현장에서 학생들에게 어떻게 학습을 자기조절할 수 있는지를 가르치는 데에도 유용하다(Schunk & Zimmerman, 1996, 1997, 1998, 2003; Zimmerman & Kitsantas, 2005; Zimmerman & Schunk, 2004).

의지실천

최근 많은 연구자들은 의지실천(Volition)을 동기와 다른 인지 과정을 포함하는 더 큰 자기조절 체계의 한 부분으로 정의한다(Corno, 1993, 1994; Snow, 1989).

> 의지실천은 개인적 혹은 환경적 혼란에 직면했을 때 자신의 집중력과 노력을 보호해 주는 심리적 통제과정에 대한 역동적 체계로 특징되어질 수 있으며, 따라서 학습과 수행을 도울 수 있다(Corno, 1993, p. 16).

최근 강조되는 의지실천의 개념적 기초는 주로 Heckhausen(1991)과 Kuhl(1984)의 행동통제이론에서 유래되었다. 이들은 의사결정과 목표 설정을 하게 하는 인지 활동을 포함한 사전 의사결정과정(predecisional processing)과 목표 설정에 따라 수반되는 활동들을 포함한 사후 의사결정과정(postdecisional processing)을 구별한다. 이 관점에서, 사전 의사결정과정은 목표를 결정하는 것을 포함하며 동기적인 반면에, 사후 의사결정과정은 설정된 목표를 실행시키는 것을 포함하며 의지적 측면이 강하다. 의지과정은 성취에 대한 개인의 목표와 이를 성취하기 위한 행동 간의 관계를 매개시킨다. 일단 학생들이 계획하고 목표를 설정하는 것에서 계획을 실행하는 것으로 이동하면 주사위는 던져진 것이며, 목표는 재고되거나 변화되기보다는 자기조절 활동에 의해 지켜지게 된다(Corno, 1993).

동기와 의지실천이 분리되는 구조인지, 아니면 의지실천이 동기의 한 형태인지에 대한 논쟁은 여전히 진행 중이다. 그럼에도 불구하고, 사후 의사결정과정과 사전 의사결정과정을 분리하는 것은 어떠한 관점에서는 유용할 수 있다. 수행 관련 연구에서 사용되어 온 일부 동기 과정은 학교 학습에 적합하지 않다. 예를 들면, 활동에 대한 선택권을 부여하는 것은 동기에 영향을 주지만 학교에서는 일반적으로 학생들이 자신이 참여할 활동을 선택할 수 있는 경우는 거의 없다. 즉, 학교에서는 학생이 할 수 있는 사전 의사결정 활동은 찾기 힘들다. 그러나 사후 의사결정 활동은 과제 성취를 위한 다양한 방법이 되기도 하며 과제 수행 동안에 극복해야 할 많은 혼란의 원인이 될 수도 있기 때문이다. 의지적 활동은 기본적으로 목표를 성취하도록 유도된 정보처리과정, 정서, 행동을 지시하고 통제한다고 여겨진다(Corno, 1993).

Kuhl(1985)은 의지적 전략의 분류화를 제안했다. Corno(1993)는 〈표 4-6〉에서 교육적 상황과 관련된 두 가지 영역의 전략들을 논의했다. 동기통제(motivation control)는 학생들이 자신의 동기를 조절하기 위해 사용할 수 있는 전략을 포함한다. 감정통제(emotion control)는 학생들이 자신의 정서를 통제하고 조절하기 위해 사용할 수 있는 전략을 나타낸다. 이런 의지적 관점에 대한 한 가지 의문은 목표 실행과 목표 설정을 분리하는 것이 정당한가 하는 것이다. 연구에 의하면 사람들은 사실상 과제를 수행하는 동안에도 목표를 조절하거나 새롭게 설정하기도 한다(Locke & Latham, 1990). 또

표 4-6 ▸▸ 의지적 통제 전략의 예

동기통제	정서통제
• 수행에 따른 부수적 사건 설정하기(예: 자기 보상) • 목표가 가진 가치를 상상하고 우선순위화시킴으로써 목표들을 점차적으로 확대하기 • 성공적으로 해냈던 작업을 시각화하기 • 더 재미있거나 도전적으로 만들 수 있는 방법 드러내기 • 목표를 성취하기 위한 계획에 자신을 몰두시키기 • 자기지시 • 재도전을 위한 실패 분석하기	• 머리로 10까지 세기 • 호흡을 천천히, 규칙적으로 깊게 쉬기 • 기분전환할 수 있는 유용한 방법 만들기(예: 자신이 좋아하는 노래 부르기) • 성공적인 작업을 하는 것과 이에 대한 긍정적인 느낌을 시각화하기(과제에 대해 정서적으로 반응하는 법을 바꿔라) • 자신의 강점과 이용가능한 자원들을 떠올리기 • 어떤 경험에 대해 가지고 있는 부정적인 감정을 고려하여 다시 자신감을 가질 수 있는 방법 고안하기

출처: Corno(1993).

다른 문제점은 과제를 실행하는 동안에 자기효능감이나 귀인과 같은 요소를 어떻게 의지와 연결시킬 것인가에 대한 것이다. 이러한 의문에 관한 추후 연구가 반드시 필요할 것이다.

사회적 동기

학생들은 다른 사람과 함께 상호작용하는 데 많은 시간을 소비한다. 사회인지이론은 이러한 상호작용의 동기적 영향력을 강조한다. 이 장에서는 사회적 동기와 관련된 세 가지 주제인 집단 동기, 집단 효능감, 동조와 순종에 대해서 논의하기로 한다.

집단 동기

교육적 목적을 위해서 교사들은 일상적으로 전혀 다른 이질적 특성을 가진 학생들로 집단을 구성하거나 학습을 통해 획득된 능력 수준이나 기술 수준의 차이에 따라 집단을 구성한다. 이처럼 교사는 집단 동기를 유발하고 최적의 수준으로 유지시킬 수 있는 방법을 고민한다. 긍정적인 집단 동기는 매우 중요하다. 왜냐하면 아동들과 청소년들의 친사회적이고 책임감 있는 행동들은 다양한 성취 결과를 예측할 수 있기 때문이다(Wentzel, 1996).

집단 동기는 개인 동기가 적용되는 것과 같은 원리로 작용한다. 집단 동기를 최적화되도록 만드는 요소들로는 성취 목표 설정, 성공적 수행에 대한 효능감, 긍정적인 결과 기대, 성공에 대한 귀인 요인(능력, 노력, 전략 사용 등) 그리고 향상 정도를 알려주는 피드백이 포함된다.

개인 동기와 집단 동기를 구별하는 것은 과제가 어떻게 구조화되어 있는지와 구성원들이 어떻게 보상을 받게 되는가와 관련되어 있다. 개인이 혼자 과제를 할 때는 모든 작업을 혼자서 하고, 모든 보상을 혼자 받는다. 그러나 학업적 집단 동기를 이용한 많은 작업들은 협동학습(cooperative learning), 즉 둘 또는 그 이상의 학생들이 과제를 완성하기 위해 함께 하는 작업들로 이루어져 있다(Slavin, 1983a, 1983b, 1995). 협동학습에서 사용되는 과제구조의 유형은 과제전담화와 집단연구다. 과제전담화(task specialization)에서 각 집단 구성원은 전체 과제의 한 부분을 완성할 책임이 있다. 반면, 집단연구(group study)는 집단 구성원이 함께 작업하며 과제가 분리되지 않는 상황을 말한다. 구성원이 받게 되는 보상과 관련해서 보상은 전체 집단 결과에 기초할 수도 있고 각 개인 수행의 합에 기초할 수도 있다.

협동학습에 대한 연구들을 살펴보면, 몇 가지 결과를 확인할 수 있다(Slavin, 1983a, 1983b, 1995). 첫째, 일반적으로 협동학습은 효과적이며 학생들은 종종 혼자 할 때보다 집단으로 할 때 더 잘 수행한다. 둘째, 효과적인 보상구조는 필수적이다. 보상이 없는 경우에서 집단 학습이 혼자 학습하는 것에 비해 더 높은 동기를 보이거나 더 나은 학습을 했다는 증거는 없다. 셋째, 개인적 책임이 필요하다. 개개인은 성공을 위해 집단 내에서 최선의 노력을 발휘해야 하며 각 구성원의 공헌도가 확인되어야 한다. 개인의 책임이 없다면, 한두 명의 구성원이 모든 일을 할 수도 있기 때문이다. 요약하면, 협동적 구조는 작업에 있어서 서로 도와주고 격려하는 것을 증가시킴으로써 수행이 향상되도록 이상적으로 계획되어야 한다.

또 다른 주요 사항은 집단이 성공했는가 실패했는가 하는 점이다. 협동집단에 대한 대부분의 연구들은 학생들이 능력과 동기를 더 높게 지각하는 경험을 했다는 점에서 집단 성공에 주목하였다. 그러나 Ames(1984)는 협동집단이 실패했을 때에는 비난에 집중하는 경향을 보이는데, 주로 집단에서 약한 구성원이 비난을 받게 된다는 것을 보여 주었다. 이런 상황은 자기효능감과 동기에 불리한 영향을 준다. 따라서 교사가 소집단을 구성할 때에 다음과 같은 사항을 주목해야 한다. (1) 교사는 집단 구성원들이 상대적으로 자신 있어 하는 과제를 선택하여 열심히 하면 성공을 경험할 수 있도록 해야 한다. (2) 각 집단 구성원이 집단 내에서 정해진 역할을 담당할 수 있도록 보장해야 한다. (3) 학습에 대해서 각 개인에게 책임을 주어야 한다. 〈적용 4-5〉에서는 교수와 학습을 위한 협동집단의 원리와 연구에 대한 적용 예를 확인할 수 있다.

적용 4-5 교실에서 협동집단의 원리 적용하기

1. **각 구성원들이 열심히 한다면, 집단이 성공을 경험할 수 있는 과제를 설계하라. 집단의 성공은 자기효능감과 동기를 강화시킨다.** 구성모 선생님은 4학년 학생들이 측량법을 배우는 데 도움을 줄 수 있는 방법을 고안했다. 그는 모든 학생들이 측량 활동을 성공적으로 할 수 있을 것이라 확신시킨 후, 학급을 협동집단으로 나누고 각 집단에게 스스로 하나의 아이템을 측량할 수 있는 방법과 재료들을 제공하였다. 구 선생님은 방법과 재료들이 충분히 제공되기 때문에 모든 아동들이 측량을 해 볼 수 있는 기회를 가지게 되고 자신의 집단에서 준비하는 아이템에 무언인가 공헌할 수 있을 것이라 확신했다.

   역사 담당인 민상혁 선생님은 역대 대통령에 대해 공부하기 위해 소집단을 구성하였다. 각 집단에서는 대통령의 일생에 관한 포스터를 준비해야 했다. 민 선생님은 집단에 좋은 조사자, 좋은 독서자, 좋은 지필자, 문서 작업을 잘하는 자, 예술가 등이 포함되어 있다고 확신했다.

2. **모든 집단 구성원이 각자의 책임을 가지고 있다고 확신하게 하고, 개별 수행에도 책임이 부여됨을 명확히 하라. 만약 일부 구성원들이 모든 일을 하고 있다면 집단을 다시 재구성하라.** 실과 담당 선생님은 각각의 프로젝트 활동을 위해 학급을 네 개의 협동집단으로 나누었다. 선생님은 각 집단의 능력과 재능이 동등해지도록 학생들을 섞어서 구성하였다. 그는 집단에 속한 학생들이 프로젝트를 완성하기 위해 각각 일부분의 역할을 담당해야 한다고 주지시켰다. 집단이 작업하는 동안 교사는 학생들을 관찰했고 구성원의 참여 정도에 기반하여 평가했다.

   학기가 시작될 때, 한정민 선생님은 소집단마다 여러 개의 사회 연구 프로젝트를 나누어 주었다. 두 번째 프로젝트가 완성될 무렵, 한 성생님은 과제의 대부분을 어떤 학생이 하고, 누가 거의 하지 않거나 아예 하지 않는지를 명확히 알 수 있었다. 그녀는 세 번째 프로젝트를 소개하기 전에 학생 집단을 재구성하였다. 그러고 나서 한 선생님은 각 집단을 개별적으로 만나서 학생들이 자신이 하고 싶어 하는 프로젝트의 부분을 선택할 수 있도록 하였다. 그리고 프로젝트 진전 정도를 평가하기 위해 정기적으로 학생들을 만났다. 프로젝트가 끝날 무렵, 교사는 학생들이 스스로 프로젝트의 질적 수준을 평가하도록 돕고 참여도를 논의하기 위해 각 집단과 다시 만났다.

3. **집단이 목표를 가지도록 하고 목표 달성에 대해서는 보상을 제공하라.** 고등학교 연극 담당의 김사랑 선생님은 학생들의 학교 경험을 묘사하는 '풍자극 짓기' 과제를 각 집단에게 내주었다. 학생 각각은 글쓰기, 연기, 소도구 고안 등의 역할을 통해 풍자극에 공헌해야만 했다. 그리고 이 중 성공적인 풍자극은 마지막 수업 시간에 공연하기로 약속했다.

   5학년 담당의 오근석 선생님은 각 소집단에게 전기 관련 단원에 대한 과학 프로젝트를 선택할 기회를 주었다. 각 프로젝트를 선택하고 완성하기 위한 지침서가 모든 집단에 제공되었다. 오 선생님은 각 집단이 선택한 프로젝트에 대한 지침서를 어떻게 적용할지에 대해 논의하기 위해 학생들을 만났다. 그리고 프로젝트를 잘 끝마친 모든 집단은 과학 박람회에 자신의 프로젝트를 가져갈 수 있도록 허락했다.

4. **집단의 향상 정도를 자주 점검하라. 향상된 결과에 대한 피드백과 수정 피드백을 제공하라.** 초등학교 미술 담당인 하수원 선생님은 멕시코에서 사용되었던 piñata(사탕 넣는 그릇)를 만드는 단원을 가르치기 위해 학생들을 소집단으로 나누었다. 하 선생님은 학생들이 자신의 piñata를 만들기에 앞서 piñata를 만드는 법을 직접 보여 주었다. 각 집단들이 작업을 시작한 후에, 하 선생님은 학생들의 향상 정도와 성공에 대한 정보를 제공하기 위해 매시간 교실을 돌며 학생들을 도왔다.

   왕보경 선생님은 학교에 봄 정원을 만드는 과학 프로젝트를 완성하기 위해 학생 집단과 함께 작업했다. 작업을 시작하기 전에 왕 선생님은 좋은 정원을 만들기 위해 필요한 작업을 포함하는 차트를 학생들과 함께 만들었다. 그녀는 학생들이 하고 싶어 하는 활동을 선택하도록 도와주고, 어떠한 세부 작업들이 완성되었는지 확인하고, 학생들이 정원 프로젝트를 성공으로 이끌 수 있게끔 지원해 주었다.

집단 효능감

집단 효능감(collective efficacy)은 집단이나 팀, 혹은 더 큰 사회적 체계의 자기효능감을 말한다(Bandura, 1997). 집단 효능감은 개별 구성원으로서의 지각된 능력과 과제, 기술, 역할 사이를 연결하는 관계의 효과성에 대한 집단 구성원으로서의 인식 둘 다를 포함한다. 집단 효능감은 단순히 개별 구성원들의 자기효능감을 합하여 평균 낸 값을 의미하는 것이 아니다. Bandura(1997)는 다음과 같이 말한다.

> 집단 효능감 신념은 사명감에 대한 인식과 체제의 목적 의식에 영향을 주며, 성취하려고 하는 것에 대한 일반적인 정도에 영향을 주며, 어떤 결과를 내기 위해 구성원들이 함께 얼마나 잘 일하는지, 그리고 어려움에 직면한 경우 집단 회복력이 얼마나 좋은지에 영향을 준다(p. 469).

그동안 집단 효능감에 대한 연구가 거의 없었으며, 주로 기업이나 산업 상황에만 집중되어 왔다. 그러나 분명 이 분야에 대한 교육적 연구는 필요하다. '집단 교사 효능감'은 한 학교에서 교사들의 집합적 노력이 학생들에게 긍정적으로 작용할 것이라는 교사의 믿음을 말한다(Goddard, Hoy, & Hoy, 2000; 교사 효능감은 9장에서 논의될 것이다). 교사의 집단 효능감은 교육 관리자들이 얼마나 발전을 강조하는지에 영향을 받으며 교사들이 목표를 성취하고 장애물을 극복할 수 있도록 돕는다. 게다가 교실에서 좋은 수행을 하기 위한 학생 개인의 자기효능감은 집단 상황에서 좋은 수행을 하기 위한 학생들의 집단 효능감에 따라 결정되기도 한다. 예를 들어, 교사가 집단 과제를 무분별하게 사용하여 집단이 제 기능을 하지 못하는 상황에서는, 학생들이 각자 스스로 유능하다고 느낀다 해도 학생들의 집단 효능감은 낮아지게 된다.

Bandura(1993)는 학교에 있는 전문 교직원의 집단 효능감이 학생의 학업성취에 영향을 준다는 것을 보여 주었다. 이 연구에서 집단 효능감은 이전 학업성취, 사회경제적 지위, 학생의 신체적 안정성과 같은 학생의 특성과 교사의 경력과 같은 요인에 의해 영향을 받았다. 이러한 요소들이 어떻게 작용하는지에 대해서는 추가적인 연구가 필요할 것이다.

동조와 순종

동조와 순종은 종종 복종을 의미하는 단어로 혼재되어 사용되지만, 이 두 단어는 다음과 같이 구별할 수 있다. 동조(Conformity)는 개인과 집단 구성원들이 대략 동등한 지위(또래)일 때 집단의 행동이나 관습에 의도적으로 복종하는 것이다. 반면, 순종(Compliance)은 힘이나 지위(하급자, 상급자)가 다를 때 다른 사람의 명령에 복종하는 것을 말한다.

동조

집단은 개인의 동기에 영향을 주는 명시적이거나 암묵적인 규칙이나 기대, 압력 등을 가지고 있다. 동조는 개인의 믿음에 상관없이 집단에서 바라는 방식에 따라 나타난다. 우리는 모두 직장에서, 학교에서, 집에서, 사회 조직에서 집단 기준에 따른다. 특히 동조는 학교에서 중요한데, 학교는 학생들이 사회적 규칙과 규준을 따르도록 배우는 곳이기 때문이다(Wentzel, 1996).

사회인지적 관점에서 보면, 동조는 집단의 행동을 모방하는 것으로 나타난다(Bandura, 1986). 동조는 이전에 논의되었던 모델링의 형태들을 반영한다. 어떠한 자극에 대한 반응으로 일어나는 행동은 반응촉진이다. 이 장의 서두에서 제시된 교실의 예에서 아동이 교실에 들어갔을 때 다른 사람들이 모여 있는 곳으로 가는 것은 반응촉진으로 설명할 수 있다. 만일 어떤 집단의 의장이 기부 바구니를 돌리는데 각 회원들이 천 원을 넣는다면, 그것은 새로운 회원도 천 원을 기부할 수 있다는 사회적 단서가 된다. 또한 동조는 억제와 탈억제로 나타날 수 있다. 어떤 집단에서는 후배 구성원이 선배 구성원을 비판하지 않고 따르기를 기대한다. 따라서 이 집단에서는 후배 구성원들이 선배의 의견을 자유롭게 비판하는 경향성을 억제함으로써 동조를 나타낸다. 반대로, 청소년들이 기존의 옷을 벗어 버리고 한 사회 집단에 동조하기 위해 특이한 스타일의 옷을 받아들일 때 탈억제가 나타난다. 이 장의 서두에서 나온 예에서 학생들의 소란스러운 행동은 교사가 처벌하지 않았기 때문에 탈억제되었지만 교사가 한 학생을 지적했을 때는 억제되었다. 마지막으로, 동조는 관찰학습을 의미하기도 한다. 집단의 관습과 전통은 학습을 통해 전달된다. 새 구성원은 이전 구성원을 관찰하면서 학습하고 관찰된 행동을 드러내는데, 이를 관찰학습이라 볼 수 있다.

동조의 힘은 Asch(1955, 1958)에 의해 설명되었다. Asch는 7~9명의 성인으로 구성된 집단을 만들었는데, 그중 한 명만 진짜 피험자였고 나머지는 실험협조자였다.

참가자들이 하게 될 실험은 선의 길이를 비교하는 시각적 판단에 대한 것이라고 설명을 들은 후, 하나의 기준선과 비슷한 3개의 선을 보여 주고 기준과 똑같은 선을 고르도록 하였다. 그 선들은 3/4인치에서 1과 3/4인치까지 다양했다. 참가자들은 기준선과 똑같은 것을 골라 각각 대답하였고, 피험자는 맨 마지막에 응답하도록 했다. 처음 두 번의 시도는 모두의 의견이 일치했다. 그러나 세 번째 시도가 시작되면서부터는 진짜 피험자 순서가 올 때까지 실험협조자들은 일부러 잘못된 선을 선택하였다.

정상적 상황에서 참가자들은 1% 이하로 실수했지만, 실험협조자들이 의도적으로 오답을 제시한 경우에 Asch는 37%의 전체 동조율을 얻어 냈다. 또한 Asch는 동조 집단의 크기가 잘못된 판단을 하는 데 중요하다는 사실을 발견했다. 한 사람만이 잘못된 대답을 했을 때는 피험자들의 동조율이 14%였지만, 3명이 잘못된 대답을 했을 때는 동조율이 32%로 증가했다. 그러나 그 이후에는 집단 크기가 커져도 동조율이 거의 변하지 않았다.

동조에 대한 동기는 특히 청소년들에게서 나타나는데, 이들은 남들과 차별화된 모습을 보이기 싫어하는 경향을 보인다. 이러한 동조성은 문제가 되기도 하는데, 어떤 학생이 높은 능력을 가졌지만 다른 사람들에게 공부하기 좋아하는 모습으로 비춰지기보다는 오히려 사교성이 좋은 모습으로 받아들여지기를 원한다면 이 학생은 학습 과제를 게을리 하여 자신의 능력보다 낮은 점수를 받을 수도 있다.

순종

우리는 Milgram(1963)의 유명한 심리 실험을 통해 순종을 소개하고자 한다. Milgram은 처벌의 효과를 연구하기 위한 것이라며 피험자들을 모집하였고, 각 피험자들은 실험에 대해서 듣고 실제로 실험협조자인 다른 사람들과 만났다. 실제 피험자들은 교사의 역할을, 실험협조자는 학습자의 역할을 맡았다. 학습자는 의자에 가죽 끈으로 묶였고 전기장치가 연결되었다. 그리고 실험 담당자와 교사 역할을 맡은 피험자들은 다른 방으로 이동했다. 교사는 '약함'에서 '강함' '위험함'까지의 수준으로 된 전기 자극을 보았다. 그리고 교사에게는 학습 과제가 설명되었고 학습자가 실수할 때마다 전기 충격을 주어야 한다고 지시하면서 매번 충격 수준이 증가될 것이라는 정보를 제공하였다. 그 협조자는 대부분 틀리게 대답했고 매번 '전기 충격'을 받았다. 사실상, 전기 충격 장치는 연결되어 있지 않았지만 교사 역할의 피험자는 그것을 알지 못했다. 실험협조자는 전기 충격을 받는 동안 내내 벽을 두드리기 시작했고 나중에는 응답을 포기하고 자리를 떠나 버렸다. 교사의 역할을 맡은 피험자는 학습자들이 처한 공포스러운 상황을 지각하였고 매우 긴장한 모습을 보였다. 피험자들은 여러 번 함께 있는 실험자를 돌아보며 자신이 어떻게 해야 하는지를 물었다. 실험자는 언제라도 자유롭게 가도 좋지만 가능하면 계속 전기 충격을 주라고 요구했다.

실험에 앞서, Milgram은 자신의 동료들과 학생들에게 실험 상황에 복종하는 피험자들이 얼마나 될 것 같은지를 물었다. 대부분은 일단 전기 충격이 고통스러운 수준이 되면, 피험자가 실험자에게 복종하지 않을 것이라고 했고, 가장 고통스런 전기 충격을 제공하는 단계에서는 단지 1～2%만이 실험 상황에 복종할 것이라고 예측했다. 하지만 실험 결과, 피험자의 65%가 가장 고통스런 전기 충격을 주었다. 그렇게 하지 않은 35%도 학생의 역할을 한 피험자가 벽을 두드리기 이전에는 전기 충격 주기를 멈추지 않았다. 이런 결과는 Milgram(1974)의 후속 연구와 다양한 참가자와 상황을 사용했던 다른 연구자에 의해 반복 확인되었다.

이러한 결과들은 사람들이 권위자를 따르는 강한 사회적 동기를 가지고 있다는 것을 보여 준다. 권위에 복종하는 것은 경우에 따라 필요하다. 그것이 없다면 사회가 효과적으로 작용할 수 없기 때문이다. 동시에 명령에 의한 일방적인 순종은 탈인간화와 책임 회피의 결과를 낳기도 한다. Milgram의 연구에서 보여 준 심리는 상대적으로 그 규모가 훨씬 작지만 마치 제2차 세계대전 때 집단 캠프와 베트남에서의 밀라이 학살의 책임자들이 보여 준 심리와 유사하다. Milgram의 연구에서 피험자들은 여러 가지 이유로 명령에 따랐다. 과학에 대한 존경심, 익명성, 보복을 피하고자 하는 보호심, 실험자가 기뻐하길 원하는 바람, 실험자에게 책임을 전가할 수 있다는 믿음, 실험자가 자신에게 위험한 사건을 시키지 않을 것이라는 믿음 등 여러 가지 이유가 확인되었다.

학교 상황에서 학생들은 마땅히 숙제를 해야 하고 규칙과 절차를 따라야만 한다. 많은 연구들은 학생들이 자신의 사회적 행동에 대한 책임을 받아들일 때, 더 나은 성취를 보인다는 결과를 보여 준다(Wentzel, 1991a, 1996). 사회인지적 관점에서 순종에 영향을 주는 또 다른 중요한 요인으로 자신의 행동 결과에 대한 학생의 기대와 결과 가치가 있다. 우리는 학생들이 긍정적인 결과를 기대하고 이것이 가치가 있다고 여기기 때문에 규칙에 순종하기를 바란다. Hamilton, Blumenfeld, Akoh와 Miura(1989)는 일본 학생들이 이러한 책임감을 매우 높이 받아들인다는 것을 발견하였다. 교사가 의사결정 과정에 학생을 포함시킬수록 이런 믿음을 촉진하는 데 도움을 줄 수 있다. 학교에서의 사회적 책임, 성취동기, 실제적 성취 간의 관계는 앞으로 더욱 활발히 연구되어야 하는 주제다.

적 용

사회인지이론은 학교에서의 학습과 학업성취 이외에도 광범위한 영역에 적용되어 왔다. 교수(teaching)에의 활용(9장 참조)과 양육(parenting)에의 활용(8장 참조)이 이후에 논의될 것이다. 이 장에서는 자기효능감을 중심으로 사회인지이론을 운동 기능, 진로 선택 및 건강과 안녕에 적용시켜 보기로 한다.

운동 기능

모델링이 운동 기능을 습득하고 향상시키는 효과적인 수단이라는 것은 이미 많은 연구들에서 밝혀져 왔다(Bandura, 1986). 사회인지이론에 의하면, 학습자가 운동 기능을 학습하기 위해선 자신의 현재 수행을 비교할 수 있는 기준이 되어 주는 정신적 모델을 구성해야 한다. 이때 실제 모델을 관찰하는 것이 정신적 모델을 구성하는 데 도움이 된다.

자기효능감은 운동 기능 발달에 있어서 중요한 동기 변인이다. 연구에 따르면 자기효능감은 운동기능의 획득과 수행을 예언할 수 있다고 한다(Bandura, 1997; Poag-DuCharme, & Brawley, 1993). 이 장의 앞부분에서 학업적 자기효능감에 대한 정보를 얻는 데 도움이 되는 다양한 변인들 역시 운동 기능에서 중요하다. 예를 들어, George, Feltz와 Chase(1992)는 여대생이 다리 스트레칭 과제를 수행할 때, 본인과 유사한 모델을 관찰한 학생들이 본인과 전혀 다른 모델을 관찰한 학생들에 비해 자기효능감이 높게 나타났음을 밝혔다. 또한 Lirgg와 Feltz(1991)는 6학년 여학생들에게 사다리 오르기를 가르칠 때, 기술이 능숙한 모델을 관찰한 아이들이 미숙한 기술을 보이는 모델을 관찰한 아이들에 비해 자기효능감이 높게 나타났다고 했다.

더불어 Poag-DuCharme과 Brawly(1993)는 자기효능감이 높을수록 지역 운동 프로그램에 대한 참여도가 높다는 것을 발견했다. 자기효능감이 높을수록 규칙적으로 운동하려는 계획을 방해하는 장애물을 극복하여 규칙적인 운동을 시작하고 또 그 계획을 훌륭하게 유지한다. Lee(1988)는 자기효능감과 팀과 관련된 요소, 즉 개인 목표와 팀 목표, 참여도, 계획, 팀의 승률 등과의 관계를 연구했다. 연구 결과에 의하면, 자기효능감과 승률은 정적 상관을 보였고, 팀 목표와 자기효능감이 직접적으로 팀 승률에 영향을 미친 것으로 나타났다.

진로 선택

많은 연구자들이 진로 선택에 있어서 사회인지적 과정의 역할을 연구해 왔다. 그 결과, 자기효능감은 직업을 잃은 후에 재취업에 영향을 주는 중요한 요인임이 밝혀졌다(Bandura, 1997). 자기효능감은 효과적인 직업 탐색 전략과도 상당 부분 연관되어 있으며, 재취업 결과와도 관련이 크다. Betz와 Hackett(1987)는 다양한 직업 관련 기술(예: 의사소통, 대인관계)에서의 자기효능감이 승진이나 더 좋은 이직 기회를 갖는 것과 정적으로 연관되어 있다고 했다.

앞서 언급한 바와 같이, 많은 연구들은 자기효능감이 진로 선택이나 진로 개발의 주요한 요소임을 보여 준다(Lent, Brown, & Hackett, 2000). 자신이 직업 현장에 필요한 교육 조건이나 업무 요건을 잘 완수할 것이라 믿는 자기효능감이 높은 사람들은 다양한 직업을 고려한다(Bandura, 1997). 또 다른 연구에 의하면, 아이들의 자기효능감은 아이들이 성공을 거둘 수 있을 것이라고 생각하는 직업의 유형에도 영향을 미친다고 한다(Bandura, Barbaranelli, Caprara, & Pastorelli, 2001).

진로 선택에 있어서는 성별 간의 차이를 보인다. 비록 여성은 스스로 남성에 비해 과학 관련 직업에서 성공하지 못한다고 일반적으로 생각하지만, 과학 관련 직업의 맥락이 아닌 일상적 맥락에서 과학 관련 과제를 수행할 때에는 이러한 남녀 차이가 사라진다(Matsui & Tsukamoto, 1991). 또한 일반적으로 여성들이 수와 관련된 활동을 하는 것에는 자기효능감이 낮을 것이라고 판단하지만, 전형적으로 여성적인 과제라고 여겨지는 상황에서 수와 관련된 행동을 할 때에는 여성이 남성보다 자기효능감이 낮을 것이라는 판단은 나타나지 않았다(Junge & Dretzke, 1995). 결국 여성의 진로 선택에 제한이 있는 것은 실제로 실질적 제한이 있는 것이 아니라 전통적으로 남성 직업이라고 여기는 고정관념 때문인 것이다.

건강과 안녕

자기효능감이 높을수록 건강과 안녕에 관련된 행동을 더 잘한다는 사실은 이미 연구를 통해 밝혀진 바 있다(Bandura, 1997; Maddux, Brawley, & Boykin, 1995). 연구자들은 자기효능감이 높을수록 금연이나 통증을 참는 것, 공포스러운 사건에 대처하는 것, 소극적 태도를 극복하는 것, 심장마비나 정신적 충격으로부터 회복하는 것, 폭식증을 참는 것, 에이즈 바이러스 감염을 통제하는 것과 같은 행동들을 잘 해낸다고 말한다(Bandura, 1997).

Bandura(2005)은 건강과 안녕에 있어서 자기조절의 중요성을 강조한다. 지금까지는 건강한 생활방식을 개발하고 유지하는 것을 의학적인 처방과 관리의 관점에서 설명해 왔다. 그러나 점점 연구자들과 현장 관계자들은 협동적인 자기관리의 중요성을 강조한다. 협동적인 자기관리란 이 장에서 설명한 많은 사회인지과정을 포함하고 있다. 가령, 건강 관련 행동의 자기관찰, 건강 관련 목표와 목표 달성에 대한 자기효능감, 진전 정도에 대한 자기평가, 자기 동기화를 위한 보상, 건강한 생활방식에 대한 사회적인 지원이 협동적인 자기관리의 일종이라고 할 수 있다(Maes & Karoly, 2005).

이러한 건강과 안녕에 대한 관점은 이 장의 처음에 설명한 Bandura(2005)의 인간 기능에 대한 주체적 관점을 반영한다. 일정 시간 동안 유지되는 성공적인 생활방식 개선을 위해서 사람들은 자신의 활동을 관리하고, 자신의 인생에 영향을 미치는 사건을 조절할 수 있는 자기효능감을 가져야 한다. 자기효능감은 사람들이 긍정적으로 생각하는지 부정적으로 생각하는지, 그리고 어떻게 사람들이 자기 자신에게 동기를 부여하고, 어려운 시간을 인내하는지, 스트레스를 받을 때 감정을 어떻게 다루는지, 실패한 상황에서 얼마나 잘 회복하는지, 그리고 중요한 시점에 어떤 결정을 하는지 등에 영향을 미친다(Benight & Bandura, 2004). 이처럼 사회인지과정이 건강과 안녕을 가져오는 활동에 어떻게 작동되는지에 대한 추후 연구는 계속적으로 이루어져야 할 것이다.

요약

사회인지이론은 다른 사람들을 관찰하고 그들 간의 상호작용을 통해서 사람들이 어떻게 지식, 규칙, 기술, 전략, 믿음, 감정을 습득하게 되는지에 초점을 맞추고 있다. 사회인지이론은 행동을 환경과 개인의 상호작용을 의미하는 것이라고 가정한다. 사회인지이론에 중요한 역사적 영향을 미친 이론으로는 모방이론과 Rotter의 사회학습이론이 포함된다. 비록 일부 역사적 관점들이 사회인지이론의 원리와 유사할지라도 각각의 역사적 관점이 인간 동기의 범위와 복잡성을 배제했다는 한계를 가지고 있다.

Bandura의 사회인지이론은 개인 요인, 행동, 환경 사이의 삼원적 호혜성을 가정하며, 이 세 요인은 상호작용하면서 서로에게 영향을 미친다. 사회인지이론은 학습을 했다고 해서 즉각적으로 그 행동이 표출되지 않을 수도 있기 때문에 수행과 학습을 구별한다. 비록 실제 수행을 통해 학습이 발생한다고 할지라도, 인간 학습의 범위는 대리적으로 학습할 수 있는 가능성으로 확장될 수 있다. 인간은 모델로부터 영향을 받지만, 모델의 행동은 그대로 따라하지는 않는다.

모델링은 하나 혹은 그 이상의 모델을 관찰한 결과로 생겨나는 행동적, 인지적, 정서적 변화를 일컫는다. 모델을 관찰하는 것은 억제를 강화시키거나 약화시킬 수 있고(억제/탈억제), 관찰자가 따라서 행동할 수 있도록 사회적 자극을 제공할 수 있으며(반응촉진), 모델링 이전에는 전혀 일어나지 않았던 새로운 행동들을 나타내도록 관찰자를 이끌 수도 있다(관찰학습). 관찰학습은 주의, 기억, 생산, 동기의 네 가지 하위 과정을 포함한다. 효과적인 모델의 특성에는 능력, 지각된 유사성, 신뢰, 열정이 있다. 모델화된 행동의 결과들은 관찰자에게 행동의 성공적인 결과와 행동에 따라 일어날 수 있는 결과에 대한 정보를 제공한다. 또한 모델화된 행동의 결과는 자기효능감과 결과 기대에 영향을 미침으로써 관찰자들에게 모델을 따라서 행동하도록 동기화시킨다.

Bandura는 동기를 행동의 결과로 예상되는 기대와 그러한 행동을 수행하기 위한 자기효능감에 의해 유발되고 유지되는 목표 지향적인 행동이라고 믿었다. 주어진 과제를 학습하거나 수행하기 위한 개인의 지각된 능력인 자기효능감은 학생의 과제 선택과 노력, 지속성, 성취에 영향을 주는 동기 과정의 핵심이다. 목표 설정이 동기 과정에 미치는 영향은 목표 특성, 선택, 책임에 달려 있다. 동기화된 학습은 과제를 수행하기 위한 것이라기보다는 기술과 전략을 획득하기 위한 동기를 의미한다. 학습 활동을 시작하기 전에 학생들은 학습에 대한 자기효능감에서 차이를 보이며 이는 개인적 요인, 이전 경험, 사회적 지지에 따라 달라진다. 과제를 하는 동안에 학생들은 학습이 얼마나 잘 이루어지는지를 보여 주는 과제 관련 변인들과 학습에 대한 효능감을 평가하기 위해 사용하는 단서들에 의해 영향을 받는다. 학습 진전 정도에 대한 자기평가는 자기효능감을 강화시키고 동기를 유지시킨다.

사회적 비교는 스스로를 다른 사람과 비교하는 과정이다. Festinger는 사회적 비교이론을 제안하고 정교화시켰으며, 연구자들은 아동의 발달과 함께 나타나는 사회적 비교의 변화를 확인하였다. 사회적 비교는 학교 내에서 널리 사용되고 있으며, 학생들의 성취행동을 동기화시킬 수 있다.

사회인지이론은 자기조절이나 학생들이 체계적으로 자신의 목표 달성을 지향하는 인지, 행동, 정서를 유발하고 유지시키는 과정을 설명하는 데에 적용되어 왔다. 자기조절은 학생들에게는 과제를 하는 동안에 몇 번의 이용 가능한 선택권이 주어진다는 점을 가정한다. 자기조절의 분야에서 증가되고 있는 중요한 주제 중 하나는 의지다. 많은 연구자들은 의지 과정을 성취를 위한 목표와 활동 간의 관계를 매개하는 것으로 보았다.

또한 사회인지적 과정은 사회적 상황에서도 영향력을 갖는다. 집단 동기는 개인 동기에 적용되는 동일한 원리에 따라 작용한다. 그 원리는 목표를 가지는 것, 목표 진전 정도에 대한 피드백을 받는 것, 훌륭한 수행에 대해 효능감을 느끼는 것, 긍정적인 결과 기대를 유지하는 것, 능력과 노력, 전략과 같은 요소들로 성공을 귀인하는 것을 말한다. 둘이나 그 이상의 학생들이 과제를 완성하기 위해 함께 작업하는 협동학습은 학교에서 흔히 일어난다. 집단 효능감은 한 집단이나 사회적 체계의 자기효능감을 의미하며 개인의 능력과 집단의 상호의존적인 관계의 효과성을 모두 포함한다. 학교 교직원의 집단 효능감은 학생의 동기와 성취에 영향을 주는 중요한 요인일 것이다. 집단행동과 기준을 모방하는 것을 의미하는 동조와 다른 사람의 명령에 따르는 것을 의미하는 순종은 강력한 사회인지적 과정이다. 동조와 순종은 학교에서 필요한 것으로, 교사는 긍정적인 역할 모델을 사용하고 의사결정과정에서 학생을 포함시키는 것이 중요하다.

사회인지이론은 학교에서의 학습과 학업 성취 이외에도 광범위한 영역에 적용되어 왔다. 운동 기능, 진로 선택, 건강과 안녕 분야가 여기에 속한다. 이 장에서 논의된 관찰학습, 자기효능감, 자기조절과 같은 원리들은 이 세 영역에서의 기술을 발달시키는 데 사용되어 오고 있다. 모델링은 기술을 가르치는 데 특히 효과적인 방법이다. 자기효능감은 운동 기능을 습득하고 숙련화하는 것뿐만 아니라, 생산적인 진로 선택을 하는 것, 그리고 건강이나 안녕과 관련된 행동에서도 강력한 예언력을 갖는다. 자기조절 원리는 사람들이 목표를 정하고, 그것을 달성하기 위한 자기효능감을 불어넣고, 행동을 스스로 관찰하고, 동기를 지속시키며, 경과를 스스로 평가하도록 하는 데 적용되어 왔다. 이와 같이 사회인지이론은 다양하게 적용될 수 있는 잠재력을 가지고 있기 때문에 교육뿐만 아니라 다른 분야에서도 적용되어 사람들이 인생의 중요한 측면을 스스로 관리할 수 있도록 도울 수 있을 것이다.

추천 읽기자료

Bandura, A. (1986). *Social foundations of thought and action: A social cognitive theory.* Englewood Cliffs, NJ: Prentice Hall.

Bandura, A. (1997). *Self-efficacy: The exercise of control.* New York: Freeman.

Locke, E. A., & Latham. G. P. (1990). *A theory of goal setting and task performance.* Englewood Cliffs, NJ: Prentice Hall.

Pajares, F. (1996). Self-efficacy belief in achievement settings. *Review of Educational Research, 66*, 543-578.

Schunk, D. H. (1995). Self-efficacy and education and instruction. In J. E. Maddux (Ed.), *Self-efficacy, adaptation, and adjustment: Theory, research, and application* (pp. 281-303). New York: Plenum Press.

Zimmerman, B. J. (2000). Attaining self-regulation: A social cognitive perspective. In M. Boekaerts, P. R. Pintrich, & M. Zeidner (Eds.), *Handbook of self-regulation* (pp. 13-39). San Diego: Academic Press.

제5장

목표 및 목표지향

서로 다른 학생들을 가르치는 4명의 교사가 학생들에 관해 의견을 나누고 있다. 강지성(유치원 교사), 지영미(초등학교 4학년 교사), 김은미(중학교 과학 교사), 김국현(고등학교 국어 교사) 선생님은 학생들이 가지고 있는 서로 다른 특성들에 대해 매우 큰 관심과 애정을 가지고 있다.

강지성: 우리 아이들은 모두 다 신체 활동에 대한 욕구가 강하기 때문에 실외 또는 실내에서 활발하게 몸을 움직일 수 있는 시간을 마련해 주어야 해요. 이 아이들에게는 서너 시간 동안 가만히 앉아 있는 것이 정말 힘든 일이죠. 교사는 이 점을 고려하지 않으면 안 됩니다.

지영미: 네, 제가 가르치는 학생들 중에서도 일부 남학생들은 뛰어노는 것을 좋아해요. 하지만 저는 모든 학생들이 다 개별 특성을 갖고 있다고 생각합니다. 가령, 최고가 되려는 욕구가 대단히 강한 아이들이 있지요. 그런 아이들은 매우 경쟁적이라 늘 1등을 하고 싶어 합니다. 또 인정받으려는 욕구가 강한 아이들도 있지요. 이런 아이들은 모든 친구들이 자기를 좋아해 주길 바랍니다. 제가 가르치는 한 여학생은 어떤 일이든 시작하기 전부터 제가 그 학생을 인정해 주고 칭찬해 주길 바랍니다. 주변 사람들 모두가 자신을 좋아하길 바라고 그러기 위해 신경 쓰는 것은 물론이고요.

김은미: 그래도 선생님들은 그다지 어려운 문제는 없는 것 같아요. 최소한 저처럼 질풍노도의 시기에 있는 아이들을 다뤄야 하는 건 아니니까요. 중학생들은 사춘기 호르몬 때문에 아주 예측불허입니다. 어떤 날은 차분하고 정상적인 것 같다가도 또 어떤 날은 지나치게 활동적입니다. 또 이성 친구들을 괴롭히거나 이성 문제로 걱정하기도 하지요. 이런 아이들을 다루는 일은 정말 정신없고 힘들어요. 어떤 때에는 중학교 교사는 그저 학생들이 고등학생이 되어 차분히 공부할 수 있을 때까지 아기를 보듯 학생들을 잘 다독여 주는 일을 하는 것이 아닌가 생각합니다.

김국현: 네, 하지만 고등학생이 되어도 그다지 크게 달라지는 것은 아닙니다. 중학생들처럼 예측불허는 아니라고 해도 고등학생 역시 학생들마다 다 제각각 다른 목표를 가지고 있어요. 어떤 학생들은 오직 이성 친구를 사귀는 것에만 목표를 두고, 다른 학생들은 아르바이트를 해서 돈을 벌

고 차를 살 생각만 하고 있고, 또 다른 학생들은 공부에 몰두해서 오직 대학에 가는 것만이 목표인가 하면, 또 어떤 학생들은 학교는 관심이 없고 빨리 빨리 졸업을 해서 직장 구하는 데만 관심이 있지요. 이렇게 각자 다른 목표를 가진 학생들이 학습동기를 갖도록 하는 것은 결코 쉬운 일이 아니에요.

위 교사들의 대화는 학생들의 욕구나 목표에 대한 직관적이고 비전문적인 접근을 보여 준다. 하지만 이에 대한 체계적 동기기론이 존재하고 있으며, 이들은 사람들이 각자 서로 다른 욕구와 목표를 가지고 있고 이를 충족시키기 위해 행동한다고 설명한다. 이 장에서는 먼저 욕구에 기반을 둔 동기 모델을 살펴본 후 동기에 관한 최근의 목표이론 모델을 다룰 것이다. 이 단원을 공부하고 나면 여러분들은 다음과 같은 것들을 할 수 있어야 한다.

- 욕구와 목표의 차이점을 구별할 수 있고, 이 두 구인의 개념이 사용된 이론적 모델을 구분할 수 있다.
- Murray와 Maslow의 욕구에 대한 이론 중 어떤 부분이 최근에 대두되고 있는 목표에 대한 인지적 이론과 관련되어 있는지 이해한다.
- 목표내용이론과 목표지향이론의 차이점을 구분할 수 있다.
- 목표내용이론의 원리를 학교 수업에 적용할 수 있다.
- 숙달목표와 수행목표의 차이를 이해하고 이 두 목표가 학생의 동기, 정서, 인지와 행동을 이해하는 데 어떠한 시사점을 제공하는지 이해한다.
- 학생들의 학습동기와 목표 수용(adoption)에 영향을 미치는 특징과 구조를 이해하기 위하여 TARGET 프레임워크(framework)를 사용하여 수업을 분석할 수 있다.

욕구와 목표에 관한 기존 연구

목표(goal)는 심리학, 특히 동기 심리의 분야에서 오랫동안 연구되어 온 구인 중 하나로 '총체적 에너지 구인' 으로 정의되는 인지적 표상이다. 목표가 라틴어 움직임(to move)에 어원을 두고 있다는 점에서 알 수 있듯이 본능, 충동, 습관, 욕구, 목표와 같은 구인은 사람들의 행동의 원동력이라 할 수 있다. 욕구와 목표는 행동의 방향을 제시해 준다. 즉, 욕구나 목표는 욕구를 만족시키거나 목표를 달성하기 위해 주어진 환경 내에서 어떠한 대상에 접근할 것인지 혹은 회피할 것인지를 결정하는 안내자 역할을 하는 것이다.

욕구와 목표에 관련해서 주요한 두 가지 관점이 바로 Murray와 Maslow의 이론이다. 우리는 이 두 관점을 차례대로 살펴볼 것이다.

Murray의 욕구 분류학

최근 인지주의가 강조되면서 욕구(needs)와 같은 구인들의 중요성이 가치가 많이 떨어졌지만, 그 이전에 욕구는 현재의 목표처럼 동기이론에 상당한 영향력을 가지고 그 방향을 제시하는 기능을 담당했다. 과거 동기이론들은 본능(McDougall, 1923; 제1장 참조)과 욕구(Murray, 1938)의 분류학에 주로 기반하고 있었다. 이러한 분류들은 생물학(예: 식물이나 동물을 분류하는 것)이나 심리학(귀인 및 귀인 차원에 관한 제3장 참조)에서 연구 분야의 기본 요소의 본질과 요소들 간의 관계를 알아낼 때 많이 사용되는 방식이다. McDougall의 본능에 대한 목록도 흥미롭지만, Murray의 욕구위계이론과 일반이론은 목표에 대한 근래의 몇몇 목표 모델들과 많은 부분 일치한다. 따라서 Murray의 욕구이론을 집중적으로 다루고자 한다.

욕구와 본능이 생물학과 연관되어 있음을 볼 때 Murray가 심리학이 아닌 생화학에서 박사학위를 취득한 것은 흥미로운 사실이다. 그는 영국에서 생화학 박사학위를 취득하면서 취리히에서 Carl Jung과 많은 시간을 보내며 심리학과 정신분석학에 대해 큰 관심을 가졌다. 미국으로 돌아왔을 때 그는 하버드 대학교의 심리 클리닉을 맡기 전에 록펠러 연구소에서 1년간 공부했다. 심리 클리닉은 이상심리학과 정신분석학 연구를 목적으로 세워졌는데, Murray는 정신분석학의 몇몇 이론들을 경험적으로 검증하려는 목적으로 사례 연구와 집중 인터뷰 기법을 주로 사용했다. 하지만 일반 행동이론에 관심이 있었던 그는 전통적인 정신분석학의 연구방식과 다르게 평범한 환경의 정상적인 사람들을 대상으로 연구했다(Hall & Lindzey, 1978). 이러한 점들을 고려해 볼 때, 그의 이론은 생물학적 요소가 가미된 동시에 정신분석학의 영향을 받았다는 것을 알 수 있다.

Murray는 욕구가 두 측면을 갖는다고 보았다. 욕구의 한 측면은 행동의 방향을 제시하는 질적인 측면이고, 다른 한 측면은 행동의 빈도, 강도, 지속성에 영향을 주는 동적이고 양적인 측면이다. Murray(1938)는 다음과 같이 말했다.

> '욕구'는 두뇌의 어떤 영역에 존재하는 (아직 알려지지 않은 어떤 물리-화학적) 힘 나타내는 (편의상의 허구 또는 가설적) 구인인데, 이러한 힘은 기존의 만족스럽지 않은 상황을 특정 방향으로 변형시킬 수 있도록 지각, 통각, 사고, 의욕, 행동 등을 조직한다. 욕구는 내적 과정에 의해 유발되는 경우도 있지만, 더 많은 경우는 (준비된 상황에서는) 개인에게 영향을 미치는 외부 상황의 압력(또는 이러한 외부 압력을 예기시키는 이미지)에 의해서 일어난다. 따라서 욕구는 유기체를 특정 상황과 부딪히게 하거나, 만약 이미 부딪혔다면 그러한 상황에 주의를 기울이거나 반응하도록 하는 행동을 추구하거나 또는 회피하도록 함으로써 그 존재를 드러내게 된다(p. 123-124).

이 이론에 대해 몇 가지 사항을 언급하자면, 첫째, 모든 욕구는 두뇌의 생리적 기질에 바탕을 두고 있으나 공기, 물, 음식 등에 대한 생리적 욕구와 전적으로 같은 것은 아니다. 둘째, 욕구는 모든 행동, 즉 지각, 생각, 규제 그리고 의지(Murray의 말로는 능동)와 같은 행동들에 '힘'을 준다. 셋째, 욕구는 고전적인 항상성 원리에 바탕을 두고 작동한다. 다시 말하면, 욕구 불만족은 긴장을 불러일으키고, 이러한 긴장을 해소시키거나 욕구를 만족시키기 위해 특정 행동에 접근하거나 회피하는 것이다.

〈표 5-1〉은 Murray가 제안한 일생 동안 한 인간의 행동을 이끌어 내는 20개의 욕구들을 나열한 것이다. Murray는 욕구를 개인의 안정적인 성격 특성으로 보았고, 목표나 행동을 추구하고자 하는 심리적 기질과 관련이 있으면서 신체적 영역을 넘어서는 구인으로 간주하였다. 학교 학습 상황에서는 여러 욕구 가운데 성취 또는 이해하고자 하는 욕구가 가장 중요할 것이다. 동기화에 대한 욕구 기반 이론을 개발했던 다른 연구자들도 Murray의 성취욕구, 친애욕구, 그리고 지배욕구에 초점을 둔다(〈표 5-1〉 참조). 이 연구자들의 이론과 Murray의 차이점은 단지 지배욕구를 권력에 관한 욕구

라고 새로 이름 지은 것뿐이다(Atkinson, 1964; McClelland, 1961; McClelland et al., 1953). Winter와 동료들(1998)은 성취, 친애, 그리고 권력에 대한 세 가지 동기는 "Murray의 목록에 기초가 되는 가장 기본적인 차원들로 보여질 수 있다."(p. 232)라고 했다.

욕구의 정의에서 언급한 바와 같이, Murray는 욕구가 개인의 심리적(내적) 과정에 의해 발생할 수도 있지만, 대부분의 경우 주어진 상황의 환경적 압력에 의해 발생된다고 보았다. Murray는 상황적 압력(press of situation)의 중요성을 처음으로 강조하였으며 압력이 직접 욕구를 유발시키거나 변형시킬 수 있음을 강조하였다(Hall & Lindzey, 1978). 이와 같이 개인-환경 간 상호작용에 초점을 맞춘 Murray의 접근은 개인에 초점(심리역동이론)을 맞추거나 환경에만 초점(행동주의 이론)을 맞추었던 당시의 이론들과 차별화된다.

Murray는 서로 다른 두 개의 환경적 압력들이 있다고 제안했다. 첫 번째 환경적 압력인 알파 압력은 연구자를 포함한 다수의 사람들에 의해 정의되는 환경의 객관적 현실을 의미한다. 베타 압력은 각 개인이 개별적으로 지각하고 구성한 환경을 의미한다. 예를 들어, 여러 사람들이 특정 수업이 성적을 매우 엄격하게 부여한다고 생각할 때 이는 알파 요소에 해당한다. 그러나 이런 경우에도 개인마다 성적 부여 방식에 대해 조금씩 다르게 인식할 수 있으며, 이것이 베타 요소에 해당한다. 즉, 어떤 학생은 이 수업에서 열심히 노력해 잘해야 한다는 생각을 하는데 반해(성취욕구의 활성화), 또 다른 학생은 이 수업을 피하고 싶어할 수 있다(자율욕구의 활성화). 실제적 환경과 지각된 환경을 구별하는 관점은 최근 동기에 관한 사회인지 및 구성주의 관점으로 이어진다. Linnenbrink와 Pintrich(2001)는 이러한 알파 요소와 베타 요소에 대한 개념을 환경과 개인의 목표 간의 관계를 설명하는 데 사용하고 있다.

표 5-1 ▸▸ Murray의 욕구 분류학

1. 굴종 (nAba)	외압에 수동적으로 대응하고자 하는 욕구, 자기비하 인정 욕구, 고통 · 벌 · 불운 등의 추구 욕구
2. 성취 (nAch)	어려운 일을 성취하고자 하는 욕구, 타인과 경쟁해 우월하고자 하는 욕구, 장애를 극복하려는 욕구, 고차원에 이르려는 욕구
3. 친화 (nAff)	주변 사람들과 함께하고자 하는 욕구, 누군가에게 의미 있는 존재가 되고자 하는 욕구
4. 공격 (nAgg)	상대방을 제압하려는 욕구, 상해에 복수하려는 욕구, 상대를 공격 · 상해 · 제거하려는 욕구, 반대하려는 욕구

5. 자율 (nAuto)	억압과 강압에서 벗어나려는 욕구, 지배층이나 권위로부터 저항해 독립하려는 욕구
6. 인정 (nCnt)	실패를 만회하려는 욕구, 높은 자긍심과 자존심을 유지하려는 욕구
7. 방어 (nDfd)	비판 · 공격 · 추궁에 자신을 보호하려는 욕구, 비행 · 실패 · 비난으로부터 자신을 변호하려는 욕구
8. 모방 (nDef)	우월한 것을 지지하고 찬양하려는 욕구, 동료를 열정적으로 따르려는 욕구, 표준을 따르려는 욕구
9. 지배 (nDom)	인간 · 환경을 지배하려는 욕구, 제안 · 격리 · 설득 · 명령을 통해 타인에게 영향을 미치려는 욕구
10. 전시 (nExh)	좋은 인상을 주려는 욕구, 타인에게 칭찬 · 열정 · 경이로움 · 즐거움 · 기쁨의 존재가 되고 싶은 욕구
11. 위험회피 (nHarm)	고통, 상해, 죽음을 회피 · 예방하려는 욕구, 위험을 피하고자 하는 욕구
12. 경시회피 (nInf)	굴욕 · 경시를 회피하려는 욕구, 멸시받는 행동을 중단하려는 욕구, 실패의 두려움이 있는 행동을 회피하려는 욕구
13. 보호 (nNur)	동정 욕구, 유아 또는 약하고 외롭고 어려운 처지에 있는 무기력한 존재의 욕구를 채우려는 욕구, 타인을 부양하거나 돕고 보호하고 위로해 주려는 욕구
14. 질서 (nOrd)	질서를 유지하려는 욕구, 정리 · 정돈 · 배열 · 조직 · 균형 · 간결함 · 정교함을 이루려는 욕구
15. 유희 (nPlay)	다른 의도 없이 즐기고자 하는 욕구, 긴장완화 욕구, 웃고 농담하며 게임이나 오락에 참여하고자 하는 욕구
16. 거부 (nRej)	물질적 존재와 차별화하려는 욕구, 열등한 것을 배제 · 제거 · 축출하려는 욕구
17. 탐미 (nSen)	심미적이고 감각적인 인상을 즐기고 추구하려는 욕구
18. 욕정 (nSex)	육체적인 관계 형성, 통정에 대한 욕구
19. 구원 (nSuc)	동료로부터 동정과 지원을 바라는 욕구, 타인으로부터 보호 · 지지 · 조언 · 애정을 받고자 하는 욕구
20. 구지심 (nUnd)	질문하고 답을 찾으려는 욕구, 이론을 탐색 · 형성 · 분석 · 일반화하려는 욕구

출처: Hall, C. S., & Lindzey, G. (1978). *Theories of Personality*, pp. 218-220. New York: Wiley.

Murray는 개인의 욕구와 환경적 요소들이 항상 서로 영향을 주고받기 때문에, 개인의 욕구와 환경적 요소를 연결시키는 보다 큰 분석 단위가 필요하다고 제안하였다. 그는 개인의 욕구와 환경적 요소들이 주제라는 하나의 분석 단위에 포함된다고 주장하였다. 주제는 개인의 욕구와 욕구를 불러일으킨 환경적 요소들, 그리고 이 둘의 상호작용에 의해 발생된 결과들을 포함한다(Hall & Lindzey, 1978). 이러한 주제 개념은 최근의 상호작용적 심리학의 개인-상황 간 구성에 대한 관점과(Magnusson, 1990;

Pintrich, 2000b) 목표이론에서 제안하는 특정 상황에서의 행동 도식(Ford, 1992)과 흡사하며, 또한 Vygotskian 관점(Wertsch & Tulviste, 1992)에서 유래된 개인-환경을 매개하는 도구(역자 주: 예를 들면, 언어 사용에 대한 이론)(person-operating-with-mediational-tools) 개념과도 유사하다. 이러한 모든 관점들은 개인보다 큰 분석 단위를 통해 개인을 환경적 맥락에서 이해하는 이론들이다.

심리학자들의 과제는 개인의 삶을 정의하는 이 주제들을 설명하고 이해하는 것이다. 이러한 과제를 해결하기 위해서 Murray(1936)는 주제통각검사(Thematic Apperception Test: TAT, 2장 참조)를 만들었다. 이 검사는 개인에게 애매모호한 사진들을 이야기와 함께 연속적으로 보여 주며 그들에게 무슨 일이 일어나고 있는지 이야기해 보라고 한다. 이야기들은 이후 이야기 내에 반영된 욕구들, 환경 요소들(개인별 관점이 반영되었기 때문에 베타 요소다), 욕구와 환경 요소의 상호작용으로 나누어 분석되었다. 비록 TAT는 성취, 친애, 그리고 권력(power)의 세 욕구를 측정하는데만 활용되었지만 1970년대까지는 동기화를 측정하는 데 가장 유용한 도구였다. 이후 McClelland와 Atkinson의 동기이론들이 Murray의 이론을 대체하였다(2장 참조).

Maslow의 욕구 위계론

후대 목표이론에 영향을 미친 또 다른 욕구이론에는 Maslow의 인본주의 이론이 있다(Maslow, 1954). Maslow의 이론은 임상연구 또는 병리심리학(psychopathology), 또는 행동심리학(behavioral psychology)이 아닌 정상적인 인간의 발달 과정에 초점을 맞춘 제3세대 심리학의 관점에서 나온 것이다. Maslow의 여러 연구 중 지금까지 가장 관심을 끄는 것은 욕구 위계론이다(〈표 5-2〉).

표 5-2 ▸▸ Maslow의 욕구 위계

고차원적 욕구(성장 욕구)	5. 자아실현의 욕구: 자신의 잠재력을 자각함으로써 성장, 이해, 통찰하고자 하는 욕구 4. 존경의 욕구: 성취 욕구, 타인으로부터 승인과 인정을 획득하고자 하는 욕구 3. 소속과 사랑의 욕구: 사랑, 애정, 안정감, 사회적 소속의 욕구, 정체성의 욕구 2. 안전 욕구: 고통, 두려움, 걱정, 혼란으로부터 보호, 안전의 욕구, 주거, 부양, 질서, 법, 행동 규칙에 대한 욕구
저차원적 욕구(결핍 욕구)	1. 생리적 욕구: 굶주림, 갈증, 욕정 등의 항상성 또는 유기체적 욕구

Maslow는 개별적인 각 동기에 등급을 매기고 각 욕구들을 하나하나 분류하는 것은 이론적으로 별 의미가 없다고 생각하였다(Heckhausen, 1991). 그는 모든 욕구를 다섯 개의 큰 분류로 나누었는데, 이 다섯 개의 집단을 인간의 발달 과정에 있어서 중요한 순서로 위계적인 것으로 해석했다는 점이 특히 중요하다. 〈표 5-2〉에서 알 수 있듯이, 자아실현과 같은 고차원적 또는 성장 욕구들은 인격 형성에 있어서 가장 중요하다고 할 수 있다. 그러나 이러한 높은 단계의 욕구들은 저차원적 또는 결핍 욕구들, 예를 들면 생리적 욕구 또는 안전 욕구 등이 충족되지 않는 한 만족될 수 없다(〈표 5-2〉 참조). 만약 두 가지의 서로 다른 욕구가 충돌하는 경우에는 저차원적 욕구가 고차원적 욕구를 억누르게 된다. 또 욕구 위계는 인간의 발달 과정(Erikson, 1963)에 대응한다. 갓난아기들은 생리적 욕구가 가장 중요하고 어린이들에게는 안전 욕구가, 좀 더 크면 소속과 존중의 욕구, 또 사춘기 청소년들과 성인에게는 자아실현의 욕구가 가장 중요한 것을 보면 이를 알 수 있다(Heckhausen, 1991).

Maslow의 욕구들은 Murray의 욕구들과 상당히 유사한 방식으로 행동에 기능한다. Maslow는 욕구가 인간 행동에 관여하는 방식을 긴장완화 항상성 유지 모형으로 이름 붙였다. 이 모형에 따르면, 욕구가 충족되지 못하면 그 욕구를 충족시키기 위한 행동을 하게 되고, 욕구가 충족되면 항상성이 이루어져 그 행동을 더 이상 하지 않게 된다. Maslow의 이 모형은 Murray의 모형보다는 욕구-행동-환경의 상호작용적 측면을 덜 강조하였으나, 이 욕구 위계 모형 역시 당연히 환경적 요소가 행동에 영향을 미친다고 하였다. Maslow에 의하면 환경은 욕구를 충족시킬 수 있는 기회를 제공하기 때문에 만약 환경이 없으면 기본적인 발달마저 이루어질 수 없다. 예를 들어, 기본적인 생리적 욕구 및 안전의 욕구를 충족시키지 못하는 가정환경에서 자란 아이는 가장 긍정적인 발달에 이를 수 없을 것이다.

학교가 점심뿐만 아니라 아침, 방과 후 활동, 건강관리, 치아관리 등 여러 가지 사회, 건강 서비스를 제공하는 것은 아이들이 배가 고프거나 건강하지 못하면 배우기 힘들 것이라는 생각에 기반하고 있는 것이다. 학생들뿐만 아니라 교사들의 안전까지 위협하고 있는 교내 폭력 문제는 Maslow의 욕구 위계 중 두 번째 단계에 해당할 것이다. 이러한 하위 욕구가 충족되지 않는 한 존중이나 자아실현 욕구와 같은 더 고차원적 욕구들은 만족되지 못할 것이다.

Murray와 Maslow 모형의 문제점

욕구가 충족되어야 한다는 것은 직관적으로 가능해 보인다. 굶주림, 육체적 피로, 외로움의 욕구는 각각 음식, 수면, 친교관계를 추구하게 한다. 교실 상황에서 교사들은 다양한 욕구나 목표를 달성하기 위해 애쓰는 학생들을 목격한다. 일반적인 욕구이론의 기초적 이해는 이러한 학생들의 행동을 안내하는 데 유용하게 사용될 수 있을 것이다.

하지만 욕구의 구인과 관련된 중대한 문제점들이 있다. 첫째, 모형의 경제성과 예측력이라는 두 조건을 동시에 만족시킬 수 있는 욕구 목록을 만드는 것은 쉬운 일이 아니다. Murray의 표는 길고 상세한 데 반해 McClelland와 Maslow의 표는 모든 행동을 설명하기에 다소 짧고 개괄적이다. 이와 똑같은 문제가 본능에 대한 연구에도 존재한다. 본능이란 모든 사람들이 갖고 있는 학습하지 않은 욕구 또는 충동을 나타낸다(Weiner, 1992). 1장에서 서술한 바와 같이, McDougall(1923)은 행동을 조종하는 본능에 대한 상세한 이론을 제안했다. McDougall의 이론은 비록 상세하긴 하지만, 본능이 무엇이고 그것이 어떻게 행동과 연관되는지를 알아낼 수 있는 과학적인 방법을 제시하는 데 실패하였다. 본능에 대한 이 이론들은 목록이 너무나 길어진 나머지(한 연구자는 2,500개가 넘었다고 언급하였다) 그 과학적 효용성이 떨어진다고 판단되어 결국 폐기되었다.

둘째, 인간은 특정 행위를 수행하는 경우 그 행위에 대한 욕구가 존재했다고 자연스럽게 추론하기 때문에, 인간 행동을 '욕구'나 '본능'으로 해석하는 이론들은 결국에는 같은 말을 반복하는 것이 되어 버린다. 예를 들어, 어떤 학생이 교실에서 교사를 폭행했다고 해 보자. 욕구이론에서는 이 아이가 행동으로 표출하고자 하는 공격적 욕구를 가지고 있기 때문이라고 설명한다. 어떤 아이는 조용하고 사교적이지 않으며 혼자 보내는 시간을 즐기는 반면, 다른 아이는 굉장히 사교적이고 사람들과 이야기를 잘하며 친구를 많이 사귀려고 한다고 하자. 욕구이론은 앞의 아이는 혼자 있고 싶어 하는 욕구가 있었고 뒤의 아이는 소속감에 대한 욕구가 있었다고 설명한다. 모든 행동은 그 행동을 불러온 욕구에 의한 것으로 욕구는 행동의 원인이 된다. 결국 욕구이론의 설명은 반복적이며 인간 행동에 대한 아무런 실질적 설명도 제공하지 못한다. 이러한 심각한 문제 때문에 현재 수행되는 연구에서는 욕구 구조를 이용한 이론들이 많이 사용되지 않으며, 이러한 문제점을 보완하고 전통적인 욕구에 관한 모형을 개선시킨 사회인지이론이 등장하게 되었다. 이제 최근의 인지적 모형에 관해 논의해 보자.

목표에 대한 최근의 인지적 관점

목표에 관한 인지적 관점은 여러 가지가 있지만(Austin & Vancouver, 1996) 여기에서 우리는 그중 두 가지를 살펴보도록 하겠다. 목표 설정에 대한 사회인지이론은 제4장에서 자세히 다루어졌기 때문에 여기에서는 간단히 살펴볼 것이며, 이 장에서는 주로 동기체계이론에서의 목표의 역할에 더 주의를 기울이겠다. 그리고 이 장의 마지막 부분에서는 성취 상황에서의 동기를 다루는 발달심리학과 교육심리학에서 가장 자주 쓰여 온 목표지향이론들에 대해 알아보도록 하겠다(Ames, 1992b; Dweck & Leggett, 1988; Nicholls, 1984).

사회인지이론

사회인지이론가들은 주요한 동기 과정으로서 목표 설정을 강조하고 있다(Bandura, 1988, 1997; Locke & Latham, 1990, 2002; Schunk, 1989a). 목표를 가지고 그 목표를 달성할 수 있다는 자기효능감을 가진 학습자들은 목표를 달성하는 데 도움이 되는 행동들을 한다. 목표가 달성되면 그들은 새로운 목표를 채택한다.

사회인지 연구에 따르면, 달성 시기가 가깝고 구체적이며 난이도가 중간 수준인 목표가 개인의 동기를 가장 증진시킨다. 목표의 특징뿐만 아니라 목표 실천력 역시 중요하다. 학습자가 자신의 목표에 열정적인 태도로 임하고 목표를 이루고자 하는 결의가 강할 때는 동기가 향상되는 데 반해 학습자가 자신의 목표에 전념하지 않는 경우에는 충분히 노력하지 않으며 따라서 성공을 예감하지 못할 것이다.

Locke와 Latham(1990)은 목표 설정의 주체, 달성하고자 하는 실제 목표, 그리고 절실히 달성하고자 하는 목표의 수준을 강조하였다. 자신이 설정한 목표는 부여된 목표보다 더 동기 부여가 강한 반면, 타인으로부터 설정된 목표의 경우 자신의 능력이 목표 달성을 위한 수준과 괴리가 있다고 생각하여 동기 부여가 어려울 수 있다. 아무리 이루기 쉬운 목표가 부여되고, 교사가 학생을 지원하는 경우일지라도 학습자의 노력과 끈기는 목표를 달성하는 데 무엇보다 중요하다.

집단 목표도 집단 구성원이 목표를 수용할 때 동기가 생긴다. 협동학습 상황에서는 과제를 수행하기 위해 소집단이 만들어지는데, 이러한 집단 활동은 각 구성원이 목표를 수용하고 목표 달성에 책임감을 가질 때 높은 동기를 가지고 이루어진다. 집단이 목표를 과소평가하면 동기가 활성화되지 못해 집단의 수행 수준이 낮아지며, 집단 구성원 가운데 일부만 과제를 수행하여 부정적인 결과를 낳을 수 있다.

동기체계이론

동기체계이론(MST)은 교실의 성취 상황에서뿐만 아니라 모든 인간 행동의 동기에 대한 포괄적인 모형으로 제안되었다(Ford, 1992; Ford & Ford, 1987; Ford & Nichols, 1991). Ford의 동기체계이론은 여러 동기이론들을 하나로 통합하는 이론으로, 현재의 동기이론들과 모순되지 않는다(Ford, 1992, p. 11). 이 이론은 생명체계 틀(living systems framework)에 기반하고 있으며(Ford, 1987; Ford & Ford, 1987) 발달에 있어 중대한 생물, 사회, 그리고 환경 맥락을 포함한다(Lerner, 1986). 이 이론은 생물학자가 특정 식물과 근접 환경, 그리고 생태계 전체의 관계를 설명하는 것처럼 인간의 발달을 그 환경과 연결시켜 설명한다. 이 은유를 빌어 Ford는 모든 관련 요소들을 하나의 모형에 나타내는 간단한 수학 공식을 제시한다.

성취 또는 능력＝(동기×기술)/생리적 요건×반응 환경

이 공식은 성취와 능력은 '동기'가 부여되고 그에 맞는 '기술'이 있으며 '생리적으로 타고난 요건'이 '반응 환경'과 상호작용을 하여 결정된다는 것을 보여 준다(Ford, 1992, p. 70). '동기'에 대해서는 뒤에서 더 자세히 설명할 것이다. '기술'은 여러 가지 인지적 정보처리 기능과 유능한 활동에 필요한 실제 행동들을 의미한다. '생리적 요건'이란 일의 성과를 올릴 수도 있고 낮출 수도 있는 한 사람의 신체적·생물적 능력을 말한다. '반응 환경'이란 개인의 발전에 긍정적 영향을 주는 여러 가지 상황(예: 집, 학교, 공동체)이다.

이러한 요소들이 어떻게 함께 작용하는지 설명하기 위해서 다음의 예를 생각해 보자. 동기 수준이 높고 기술도 뛰어난 농구 선수가 훌륭한 지도(반응 환경)를 받게 되더라도 그의 키가 150센티미터밖에 되지 않는다면(생물학적 요인의 제한을 받는다면) 그는 결코 프로 농구 선수가 될 수 없을 것이다. 같은 이유로 다른 학생은 그보다 농구를 하기에 훨씬 더 좋은 신체적 조건을 가지고 있을 수도 있다(키, 속도, 눈-손의 협응이 잘 이루어짐). 그러나 반응 환경, 즉 훌륭한 지도를 받거나 농구를 할 수 있는 기회 등이 따라 주지 않는다면 그 사람도 자신의 잠재력을 다 발휘하지 못할 것이다. 이 예들은 학습에서도 똑같이 적용된다. 만약 학생들이 적절한 '반응 환경'을 제공받지 못한다면 아무리 동기가 부여되고 인지적 능력이 있으며 신체적 제한이 없다 하더라도 반응 환경이 있는 상태보다는 성취도가 떨어질 수밖에 없다.

이 이론은 동기를 미래지향적(예측적)이며 목적을 가진 평가적 심리현상으로 정의한다(Ford, 1992, p. 248). 이는 다른 인지, 행동 요소들은 활동(앞의 공식에서 기술로서 표현되는 도구적 기능)의 방법을 마련하는 데 반해, 동기는 행동의 방향과 에너지를 제공(미래지향적 기능)하며 그 행동을 지속할 것인가 그만둘 것인가(지속성)에 대한 평가를 한다는 뜻이다. 동기의 세 가지 주요 요소들은 다음과 같다.

$$동기 = 목표 \times 감정 \times 개인적\ 신념$$

목표, 감정, 그리고 개인적 신념이 상호작용하여 동기를 결정한다. 이 공식은 만약 세 가지 요소 중 하나라도 빠지게 되면 동기가 생기지 않는다는 것을 함의한다. 이 공식에서 목표의 구성 요소에 대해서는 다음 부분에서 자세히 다룰 것이다. 개인적 신념은 기본적으로 자기효능감 신념과 같다고 보면 된다(4장 참조). 또 여기서 감정은 상황 맥락과의 상호작용을 통해 유발되며 행동을 촉진할 뿐 아니라 행동을 조절하는 평가적 정보를 제공한다. 감정에 대해서는 제6장에서 더 자세하게 살펴보자.

목표 내용

동기체계이론의 목표에는 두 가지 중요한 측면으로, 목표 내용과 목표 과정이 있다. 목표 내용이란 원하는, 혹은 원하지 않는 특정한 결과다. 목표 내용은 무엇을 원하는지, 무엇을 이루려고 하는지, 그리고 왜 어떤 행동을 한 것인지 물어보면 알 수 있다(Ford, 1992). 목표는 24개의 일반적 범주로 나누어 분류된다(〈표 5-3〉). 이 장 첫 부분에서 네 명의 교사가 논의한 목표 또는 욕구는 〈표 5-3〉에서 모두 확인할 수 있다.

이 분류는 Murray의 욕구 분류와 일치되는 부분들이 많지만(〈표 5-1〉과 Murray의 욕구와 Ford의 목표를 조합한 〈표 5-3〉 참조), Ford의 분류는 목표와 그 목표에 의해 생겨난 행동을 구분함으로써 Murray의 분류처럼 반복적이지 않다. 그리고 Ford의 분류는 Murray의 정신역학적인 분류에 비해 사회인지적인 면을 더 강조한다. 마지막으로, Ford의 분류와 그 분류에 속한 목표들은 Murray의 그것보다는 덜 포괄적이지만 Maslow의 다섯 가지 욕구(〈표 5-2〉)나 McClelland의 세 가지 욕구(성취욕구, 권력욕

표 5-3 ▸▸ Ford와 Nichols의 인간 목표의 분류

I. 개인 내적 차원
 A. 정의적 목표
  1. 유희: 홍미경험(〈표 5-1〉의 15번 참조)
  2. 평정: 긴장 없는 평안, 과도한 스트레스 회피
  3. 행복: 기쁨, 만족의 경험, 감정적 혼돈 회피
  4. 신체적 지각: 육체적 활동의 기쁨, 피로의 회피(〈표 5-1〉의 17번과 18번 참조)
  5 신체적 안녕: 건강한, 기운 넘침, 무기력, 약함, 질병의 회피
 B. 인지적 목표
  6. 탐구: 유의미한 호기심 충족
  7. 이해: 지식 추구, 오개념 회피(〈표 5-1〉의 20번 참조)
  8. 지적 창의성: 새롭고, 독창적인 생각, 부주의하고 익숙한 사고 유형 회피
  9. 긍정적인 자기평가: 자긍심 유지, 죄책감과 무기력 회피(〈표 5-1〉의 6번과 12번 참조)
 C. 주관적 조직목표
  10. 화합: 사람과 친화력, 결속력 유지
  11. 초월: 최적의 상태 기능 경험, 일반적 범위 내 타성을 회피함

II. 개인-환경 차원
 A. 자기주장적 사회관계 목표
  12. 개별성: 유일하고 특별하고 차별화된 목표, 타인과의 유사성 회피
  13. 자기결정: 선택의 자유, 외압으로부터 회피(〈표 5-1〉의 5번 참조)
  14. 우월성: 타인보다 우월한 지위 획득, 비우호적 비교의 회피
  15. 자원 획득: 승인, 지지 획득, 사회적 비난 회피(〈표 5-1〉의 19번 참조)
 B. 통합적 사회관계 목표
  16. 소속감: 집단내 소속감, 사회적 고립 회피(〈표 5-1〉의 3번 참조)
  17. 사회적 책임: 사회적 역할 유지, 도덕 및 사회 규칙 준수(〈표 5-1〉의 8번 참조)
  18. 평등: 정의, 평등 주창, 반인류/비도덕 행위의 회피
  19. 자원 공급: 승인, 지지를 제공, 이기심 회피(〈표 5-1〉의 13번 참조)
 C. 과제 목표
  20. 숙달: 성취 기준 도전, 수행의 저하, 무기력감의 회피(〈표 5-1〉의 2번 참조)
  21. 과제 창의성: 창조적, 미적 활동, 창의적 기회를 제공하지 않는 과제 회피
  22. 관리: 질서, 생산, 조직 목표(〈표 5-1〉의 14번 참조)
  23. 물질적 획득: 특정 재화 증가
  24. 안전: 육체적 안전, 무해함(〈표 5-1〉의 11번 참조)

출처: Ford, M. (1992). *Motivating Humans: Goals, Emotions, and Personal Agency Beliefs*. Newbury Park, CA: Sage Publications.

구, 친애욕구)보다는 범위가 더 넓고 명확하다고 주장한다.

Ford의 목표 분류에는 몇 가지 특징이 있다. 첫째, Maslow와는 달리 Ford는 목표들에 위계적 관계가 없다고 주장한다. 이는 24개의 목표 중 하나가 다른 하나보다 더

중요하거나 근본적이지 않다는 뜻이다. 물론 개인에게 어떤 목표들이 다른 목표들에 비해서 더 중요하거나 위압적일 수 있지만(예: 행복, 신체적 안녕, 소속감), 이것은 경험에 근거를 둔 해석일 뿐 이 모형의 이론적인 가정이 아니라고 한다. 둘째, Ford에 따르면, 행동은 여러 목표에 의해 동시에 결정되므로 특정 목표에 대한 행동이 다른 목표에 대한 행동을 배제하지 않는다고 한다. 마지막으로, 24개의 목표는 더 큰 단위의 '주제(Murray의 주제)'로 결합되어 여러 개의 목표 범주의 연합이 일어날 수 있다고 한다. 예를 들어, Ford에 의하면 우정이라는 목표는 소속감, 자원의 획득, 자원 공급에 대한 염려를 반영하고, 성취에 대한 욕구는 지배와 우위의 목표를 모두 나타낼 수 있다(Ford, 1992).

개인 내적 목표

〈표 5-3〉은 목표의 두 가지 큰 범주를 보여 준다. 개인 자신에게 영향을 미치는 개인 내적 목표와 개인과 주위 환경의 상호작용에서의 목표다. 개인적 목표에는 세 가지의 범주가 있다. 정의적, 인지적, 그리고 주관적 조직 목표다. 정의적 목표란 개인의 정의적 차원에서 접근하는 목표다. 예를 들어, 유희(1번)는 반복되는 지겨운 활동을 싫어하며 자극을 원하는 것을 나타내고, 평정(2번)은 과도하게 긴장되는 자극을 피하는 것을 나타낸다. 유희와 평정 목표의 균형을 찾는 것은 Berlyne(1960)이 제시하는 '최상의 각성 상태'를 말한다고 할 수 있다. 이것을 학교 상황에 적용하면 학생들은 호기심을 자극하는 활동을 원하지만 동시에 활동이 너무 어려워서도 안 된다는 것이다. 행복(3번)은 보통 사람들의 목표를 위계적으로 분류할 때 높은 자리를 차지하는 목표로 다른 목표들에 영향을 많이 미친다. 마지막 두 개의 정의적 목표(4번과 5번)는 신체적 감각과 관련이 있고('지금 뜨거운 물로 샤워했으면 좋겠다'—신체적 감각의 목표) 더 장기적인 신체적 목표와도 관련이 있다('내 심폐기능이 좋아서 에너지가 넘치는 삶을 오래 살 수 있었으면 좋겠다'—신체적 건강의 목표) (Ford, 1992).

인지적 목표에는 네 가지 종류가 있다. 첫 번째 목표인 탐구(6번)는 주위 환경에서 정보를 얻어 "모르는 것을 아는 것으로 바꾸려는"(Ford, 1992, p. 90) 욕구를 나타낸다(예: 신문을 읽어서 세상일을 터득하는 일). 학교 안에서는 학생들이 책, 문제, 수업, 그리고 실험실 등에서 정보를 얻는 일이 이 목표에 해당된다. 이와는 대조적으로 이해(7번)는 정보를 발견하고 관찰하는 단계를 넘어 사고하고, 이해하고, 해석하는 과정으로서 의미 있는 이해를 하려는 것이 목표다(예: 왜 사람들이 그런 방식으로 생각을 하는지 알고 싶어 하는 것). 대부분의 교사들은 학생들이 탐구 목표를 넘어서서 내용 영역에 대한 깊은 이해를 획득하기를 바란다. 세 번째 수준의 지적 창의성(8번)은 진실, 정확성, 정당성 또는 설득력 등을 추구하는 이해 목표에 비해 참신함, 영리함, 또는 기쁨 등을 중요시하는 정신적 결과물을 만드는 목표다. 마지막 인지적 목표는 일반적인 자기가치 또는 자기보호(9번), 자기가치 또는 자존감을 보호하려는 목표나 동인과 유사하다(Covington, 1992; Harter, 1990).

주관적 조직(Subjective organization) 목표는 정의적, 인지적 상태의 복합체라고 할 수 있다. 화합(10번)은 어떤 소집단이나 공동체에 대한 소속감을 느끼는 것(16번 목표)이나 정신적 부조화를 피하는 것에 그치지 않고, 더 큰 자연적 힘과의 화합(예: 신)을 느끼는 것을 말한다. 초월(11번)은 정상적인 의미에서의 최상의 컨디션을 의미하는 것이 아니라 Maslow의 이론에서 나타난 자아실현이나 Csikszentmihalyi의 최적의 경험 이론(Csikszentmihalyi & Rathunde, 1993; 제7장 참조)에서 설명하고 있는 몰입(flow) 상태와 비슷하다. 일상적인 용어를 사용하자면 '삼매경에 빠지다(being in the zone)' 정도이며 이 상태에서 개인은 완전히, 그리고 자신 있게 과업에 집중할 수 있다.

상호작용적 목표

두 번째 대 분류는 개인-환경과의 바람직한 상호작용의 결과다. 처음 여덟 가지 목표(12~19번)들은 개인이 중요시하는 자기주장적 사회관계 목표들(12~15번)과 소집단이나 타인이 더 중요시되는 통합적 목표들(16~19번)로 이루어져 있다. 각각의 자기주장적 목표들은 통합적 목표들과 짝지어져 있으며 이것은 개인과 소집단의 관계를 나타낸다. 개별성(12번)은 다른 사람과 다르고 싶어 하는 욕구를 나타내는 반면, 소속감(16번)은 어떤 조직이나 사회에 속하고 싶어 하는 욕구를 나타낸다. 청소년들은 자신의 정체성을 확인하고 또래 집단에 받아들여지기 위해 애쓴다. 그다음 두 가지 목표로 자기결정(13번)과 사회적 책임(17번)은 우리가 선택의 자유에 대한 욕구가 있다는 것을 나타내며 이것은 내재적 동기 이론(intrinsic motivation theory)의 자기결정(self-determination)의 욕구와 일치한다(Deci & Ryan, 1985). 이 목표들은 우리가 어떤 규칙이나 사회적 의무에 순응하는 욕구가 있다는 것을 나타낸다(Blumenfeld et al., 1983; Blumenfeld, Pintrich, & Hamilton, 1987; Hamilton et al., 1989).

우월성(14번)은 남보다 뛰어나고, 남보다 우수한 성적을 거두고 싶은 욕구, 남에게 뒤처지고 싶지 않은 욕구, 남을 이기고 싶은 욕구를 말한다. 이것은 Nicholls(1984)의 목표이론에서 일반적 자아지향성, Dweck(Dweck & Leggett, 1988)의 모델에서 수행지향성, 그리고 Ames(1992b)의 목표모형에서의 능력 초점(ability focus)과 유사하다.

Ford의 모형에서 반작용 목표는 정의, 평등, 그리고 공정을 중요시하는 평등(18번)과 같다. 마지막 두 목표들, 자원 획득(15번)과 자원 공급(19번)은 우리가 다른 사람들로부터 도움과 원조를 받는 것과 주는 것에 대한 욕구를 나타낸다.

〈표 5-3〉에서 마지막 항목은 과제 목표들인데 이것들은 우리가 일상생활에서 어떻게 각각의 일을 처리하는가를 보여 준다. 숙달(20번)은 어려운 일을 하거나 개인적인 발전에 대한 욕구다. 이것은 Dweck의 숙련 목표, Ames의 과제 목표, 그리고 Nicholls의 과제 개입 목표와 유사하다. 과제 창의성(21번)은 창의적인 표현과 관계되는 일을 하고 창조력이 없는 일을 피하는 욕구다. 관리(22번)는 우리의 일상적인 생활에서 정리를 하고 질서를 세우는 것에 대한 욕구다. 물질적 획득(23번)은 부와 물질을 모으는 욕구이고, 마지막으로 안전(24번)은 Maslow의 안전 욕구와 같으며, 우리가 위협이나 해로움부터 보호받고 싶어 하는 욕구다.

이 24개의 목표들은 광범위하고 일반적인 범주의 목표들이지만 개인은 개별화된 목표의 표상들을 가진다. 다른 목표 종류들 간의 비교를 가능케 하는 방법을 사용하여 개인 내 목표의 본질을 평가하는 것이 중요하다. 따라서 어떤 사람이 소속감 또는 개별성 목표를 더 중요하게 생각한다면 이는 그 사람의 행동을 이해하는 데에 도움을 줄 수 있다.

이 이론은 또한 사람들이 여러 개의 목표를 동시에 추구한다고 간주한다. Ford (1992)는 어떤 상황에서든지 등장할 수 있는 다중 목표들에 대하여 개인들이 우선순위를 세우고 조화를 이루는 데에 도움을 주는 목표 위계(goal hierarchies)가 있다고 제안하였다. 예를 들어, 전반적 목표가 있고(예: 과목에서 A를 받는 것) 개인의 진보를 평가하고 더 큰 목표로 향하도록 돕는 하위 목표 또는 근접 목표(예: 중간고사, 기말고사, 보고서에서 A학점을 받는 것)가 있다. 이러한 위계 안에는 목표 갈등과 목표 정렬이 있다. 우수한 학생은 이러한 목표들을 직선적으로 가지고 있으며 동기도 높다. 반면에 그렇지 못한 학생은 목표가 직선적이지 못하고 서로 간에 갈등을 빚는 목표를 가지고 있다. 예를 들어, A학점을 받는 것(숙달 목표)과 친구와 함께 있는 것(소속감 목표)이 갈등을 빚을 수 있다. 친구들과 함께 있고자 하는 전반적 목표를 뒷받침하는 행동들과 하위 목표들이 A를 받고자 하는 목표와 갈등을 일으키는 한, 학생의 동기는 이러한 다중의 목표들로 분산되고 수행은 나빠질 것이다. Wentzel(1989, 1991a)의 연구에서는 GPA가 낮은 학생들에게 성적이 좋은 학생들에 비해 친구들을 만들고 재미있게 지내는 것이 공부를 하는 것보다 더 높은 지위의 목표라는 결과가 나왔다.

사회적 목표

Wentzel(1989, 1991a, 1991b, 1991c, 1992, 1993, 1994, 1996, 1999, 2000)은 목표-내용 접근이 학생 수행과 성취를 이해하는 데에 어떻게 적용될 수 있는지를 논의하였고 Wentzel(1999, 2000)은 목표-내용 방법이 목표가 개인이나 맥락으로부터 도출될 수 있다고 가정한다는 것을 밝혔다. 학교에서는 타인의 목표를 위해 자신의 목표를 포기해야 하는 상황이나 단체의 목표를 지향하는 동시에 자신의 목표를 추구해야 하는 상황이 종종 있다. 학생들은 배우고, 친구를 사귀고, 교칙에 따르는 등 여러 가지의 목표를 동시에 수행하고 있는 것이다.

Wentzel은 학업성취에 있어서 사회적 목표의 역할을 연구하였다. 그녀는 학생들이 여러 가지 사회적 목표를 가지고 있다는 것을 밝혔는데 사회적 목표란 재미있게 노는 것, 어떤 일을 숙달하는 것, 지식을 얻거나 탐구하는 것 등이다. 이 외에도 책임감 있고 신뢰감 있는 것(〈표 5-3〉의 17번), 다른 사람의 인정을 얻는 것(15번), 친구 만드는 것(16번) 등이 포함된다(Wentzel, 1989, 1991a, 1991b, 1991c, 1993, 1996). Wentzel은 GPA 점수가 높은 학생들이 학문적인 숙달이나 가르침에 대한 목표를 추구하는 동시에 책임감이나 타인에게서부터 인정을 받는 등의 사회적 목표를 추구하는 것을 발견하였다. 이와 대조적으로, GPA 점수가 낮은 학생들은 점수가 좋은 학생들에 비해서 학문적인 면의 목표는 별 다른 차이가 없었지만 사회적 목표의 추구가 훨씬 더 낮았다는 것을 발견하였다(Wentzel, 1989, 1991a, 1991b, 1991c, 1993). 학문적, 사회적 책임 목표가 교실에서의 노력 수준을 예측하였기 때문이다(Wentzel, 1996). 따라서 학문적 목표뿐만 아니라 사회적 책임 목표까지 중요시하는 학생들은 그렇지 않은 학생들에 비해 결과가 좋을 수밖에 없는 것이다.

Wentzel은 성취와 관련이 없는 목표들(예: 친구 사귀기, 책임감)이 성취에 어떠한 영향을 미치는지에 관심을 가졌다. 이에 반해 Urdan과 Maehr(1995)는 어떻게 학생들이 사회적인 이유로 성취 목표(수업시간에 두각을 나타내고, 좋은 점수를 받고, 남들보다 잘하는 것)를 추구할 수 있는지에 초점을 맞추었다. 그들은 목표이론을 더 확장시켜 숙달과 성취목표 자체에 집중하는 것이 아니라 그로 인해 결과적으로 충족할 수 있는 사회적 목표들에 초점을 두었다. 그들은 학생들이 부모의 인정을 받는다든가 친구를 사귄다든가 하는 사회적 목표를 위해 성취목표를 추구한다고 주장했다. 이러한 일련의 사회적 목표들이 성취목표들을 추구하게 하는 원동력을 제공하고 또 어떠한 성취를 얻거나 피하고자 하는 방식을 결정하게 된다고 보았다. 예를 들어, 어떤 학생들은 친구를 사귀는 동안에 성취목표를 달성하는 것에 대해 긍정적으로 반응하는 반면, 다른 학생들은 이 두 목표가 대조적이라고 생각하여 우정을 유지하기 위해 학문적 목표를 포기할 수도 있다. 학생들이 이러한 다수의 목표를 어떻게 처리하고 이러한 처리가 성과에 어떤 영향을 미치는지에 대한 연구가 필요하다.

Wentzel(1999, 2000)은 사회적 목표가 학문적 목표의 성취에 어떻게 연관이 있는지 세 개의 모델을 통해 보여 준다. 첫 번째 모형은 사회적 목표와 학문적 목표의 관계가 독립적인 것이다. 이는 사회적 목표들과 학문적 목표들이 서로 보완적이고 독립적으로 추구되며 독립적인 효과를 낳는다. 예를 들어, 사회적 목표는 선생님이나 친구들과 긍정적인 관계를 정립하는 효과를 낳아서 학문적 성취를 가져올 수 있게 한다. 이 모델에서는 학문적 목표들은 개인으로 하여금 일을 하게 하고 이것은 사회적 목표의 결과와는 독립적으로 다른 학문적 성취를 가져온다.

두 번째의 모형은 사회적 목표와 학문적 목표의 관계가 발달적인 것으로, 사회적 목표가 학문적 목표를 촉진시켜 결과적으로 성취를 촉진한다는 것이다. 여기에서는 사회적 목표의 발달과 도달이 학문적 목표의 발달에 중요한 조건이 된다. 초등학교 교육 프로그램 중에는 선생님이 학문적 목표를 제시하기 전에 먼저 동기들과 친해지는 등의 사회적 목표를 달성해야 한다고 강조하는 경우가 많다. 이 모델에서는 사회적 유능감의 발달이 학문적 성취에 대한 중요한 선행조건이다(Wentzel, 1991b, 1991c). Patrick(1997)은 사회적 유능감과 학문적 목표는 사회적 목표가 학문적 지식, 그리고 전략 등을 제어하는 능력에 있다는 점에서 관련된다고 하였다. 즉, 어릴 때의 사회적 제어 능력이 이후의 학문적 조절 기술 발달의 바탕이 된다는 것이다.

마지막으로, 세 번째 모형은 사회적 목표와 학문적 목표의 관계가 위계적인 것으로 사회적 목표가 학문적 목표의 길잡이가 되고, 또 동시에 학문적 목표가 사회적 목표의 길잡이가 된다(Wentzel, 1999, 2000). 예를 들어, 학생들이 선생님에게 인정을 받는 사회적 목표를 추구하면 이 목표는 학문적으로 좋은 결과를 낳게 될 것이다. 같은 방식으로 학문적 목표를 추구하는 학생은 좋은 성적 때문에 선생님에게 인정을 받게 되는 사회적 목표를 달성하게 된다. 이러한 중요한 주제에 관해 더 많은 연구가 분명 필요하다.

목표 과정

Ford(1992)는 개인이 목표를 개념화하는 데에 사용하는 다른 방법과 양식들이 있다고 제안하였다. 어떠한 상황에서든(행동 에피소드) 개인이 그 목표들의 내용을 표상하는 데에 사용하는 전략들이 있다. 이러한 전략은 Bandura(1988), Locke와 Latham(1990, 2002; 4장 참조)의 연구에서의 전략과 기본적으로 같다. 전략은 인지와 행동을 안내하고 조정하며 나아가 구체적인 목표를 설정한다. 목표를 설정할 때에는 어렵지만 실현 가능한 목표를 설정하는 것이 좋은 결과를 낳는다(Csikszentmihalyi, 1975; Deci & Ryan, 1985; Locke & Latham, 1990). 숙달목표(특정 과업에 대한 수행)와 물질 획득 목표, 사회적 책임 목표, 또는 자원 확보 목표와 같은 목표들을 병렬시키는 목표 설정 전략은 행동을 촉진시킬 수 있다. 예를 들어, 시험을 잘 보겠다는 숙달목표가 있는 학생에게 상충되지 않는 다른 목표(부모님으로부터 보상을 받는다)가 있다면 시험을 더 잘 볼 것이다. 다중적인 목표들이 서로 반대되지 않고 일관성을 가진다면 목표들 간에 시너지 효과가 행동에 영향을 미칠 수 있다(Wentzel, 1999, 2000).

구체적인 에피소드에서 일어나는 목표 설정과 더불어, Ford(1992)는 사람들에게는 각각의 성격처럼 모든 상황과 행동 에피소드에 영향을 주는 좀 더 보편적인 목표 지향성이 있다고 제안한다. Ford와 Nichols(1991)는 목표 지향성이 다를 수 있음을 보여주는 세 가지의 보편적 차원으로서(이 장의 목표 지향에 대한 부분 참조) 활동적-반응적, 접근-회피, 유지-변화를 제시하였다.

첫 번째 차원은 활동적-반응적(active-reactive) 양식이다. '활동적' 지향성이라는 것은 주체적 · 지배적 · 계획적 행동으로 개인이 자신의 행동 방향성을 부여하는 것을 의미한다. 반면, '반응적' 방향 설정은 배경 환경으로 기능하는 행동을 말한다. 반응적 양식을 보이는 학생들은 교사가 무엇을 지시할 때까지 기다리는 수동적 모습을 보인다. 그리고 활동적 양식을 보이는 학생들은 자신이 먼저 주체적이고 주도적으로 움직인다.

두 번째 차원은 접근-회피(approach-avoidance)양식이다. 사람들이 원치 않는 결과를 회피하는 것(예: 〈표 5-3〉에서 숙달목표를 위해 무능력을 회피하는 것)이 아니라 원하는 결과에 접근하는 것(예: 숙달목표를 위해 도전을 추구하고 직면하는 것)으로 목표를 개념화한다. 회피 양식을 가진 학생은 새로운 과제를 시도하는 데 불안해하고 실패를 피하려고 하는 것과 대조적으로, 당연히 접근 양식을 가진 학생들은 새로운 일을 찾고 실패를 두려워하지 않을 것이다. 이 접근과 회피의 차이는 동기 지향(goal-orientation) 이론에서 중요한 부분을 차지한다(Elliot, 1997).

Ford와 Nichols(1991)가 제시하는 마지막 차원은 유지-변화(maintenance-change) 양식이다. 이것은 전반적인 목표와 행동을 그대로 유지하려는 사람들과 그것들을 더 발전시키려는 사람들로 구분한다. 유지 양식을 가지고 있는 학생들은 그들의 성과에 만족할 것이지만 변화 양식을 가진 사람들은 자신의 성과 기준을 높이고 새로운 것을 배울 것이다.

요약하자면 목표-내용 접근은 목표, 개인적 신념, 감정이 포함되었을 때 인간 동기에 대한 포괄적인 모형이 된다. 이 이론은 교육적 맥락과 직업, 그리고 임상적 상황에 적용되어 왔으며 교사들에게 시사점을 제공하고 있다. 〈적용 5-1〉은 교사들에게 유용한 전략을 나열하고 있다.

적용 5-1 교실에서의 목표-내용 이론의 적용

목표-내용 이론의 일반적 가정은 통제가 아닌 촉진(facilitation)이 사람들을 동기화시키기 위한 길잡이가 되어야 한다는 것이다. 나아가 촉진은 개인의 목표, 개인적 신념, 감정에 초점을 맞추어야 한다. 왜냐하면 협박, 심한 처벌, (정보 제공의 기능이 아닌) 통제적인 보상, 그리고 강요된 경쟁과 같은 통제 방법들이 단기간에는 긍정적인 효과가 있을 수 있지만 장기적 · 반복적 · 계속적으로 사용되면 부정적인 결과를 낳기 때문이다. 다음은 세부적인 적용들이다.

1. **학생들이 과제를 수행하는 데 적절한 목표를 활성화시켜라.** 과제는 학생 개개인에게 적절한 목표를 달성하는 기회로서 제공되어야 한다. 예를 들어, 소속감 목표가 높은 학생인 유리는 집단 단위의 협동학습에서 많이 배울 수 있을 것이다. 왜냐하면 협동학습 활동은 유리가 다른 학생들과 함께하며 친구들과의 우정을 돈독히 할 수 있는 기회가 되기 때문이다. 이렇듯 다양한 활동들로 이루어진 교실 수업은 학생들이 자신의 목표를 달성할 수 있는 절차를 부여하며 개인적으로 관련된 목표를 활성화할 수 있는 가능성이 증가될 수 있다. 그러나 그 반대의 수업은 과제를 통해 이러한 절차를 제공하는 다양성이 담보되지 않는다.

2. **목표가 분명하고 반드시 활성화되었는지 확인하고, 학생들이 각자의 목표를 달성하기 위해 무엇을 해야 하는지 확인하라.** 관련된 전략은 수행할 분명한 목표, 이 목표가 진행되는 과정을 모니터링할 수 있도록 하는 부차적 목표다. 교사는 큰 종이나 보고서에 거시적인 과제를 각각의 마감시간이 적힌 하위 과제(개요, 조사 노트, 1차

보고서, 최종 보고서 등)로 분류한다. 이러한 분류는 학생들이 과제를 운용할 수 있는 구체적인 형태로 만들어 주는 것이며, 마감시간이 있는 하위 과제 활동은 교사가 학생들의 절차를 확인할 수 있고 학생들이 본 과제를 완성하기 위해 자신들을 스스로 조절할 수 있음을 확인하도록 돕는다.

3. **여러 가지 목표를 활성화하라.** 최소한 학교 성적이 좋다는 우수한 학생들은 사회적 책임 목표를 위시하여 다양한 목표를 추구하고자 한다. 그래서 교사는 어느 특정한 과제를 주면서 왜 이 과제를 수행하는 것이 중요한지, 그리고 여러 가지 목표 형태가 있다는 것을 제시한다(과제 완성하기, 보상 획득하기, 벌 피하기, 성취감 맞보기 위함). 이를 통해 학습자들 각각의 목표를 활성화할 수 있으며, 최소한 여러 가지 중 한 가지는 모든 학생들을 반드시 활성화할 수 있기를 기대한다.

4. **동기를 촉진시키는 적절한 감정을 만들어라.** 교사는 학생들의 감정이 개입될 수 있는 한 가지 정도의 경험 상황극(simulation)을 제공한다. 예를 들어, 중학교 교사인 양 선생님은 중세 역사의 왕족과 농노의 관계를 설명할 때 역할극을 사용한다. 한 학생이 왕으로 임명되고 그 학생이 다른 학생들을 기사나 다른 왕족으로 선택하면 나머지 학생들은 노예나 소작인이 된다. 역할극에서 왕족 연기자들에게는 상당량의 자유와 자원에 대한 통제권이 주어지지만 노예 연기자들은 행동의 제약과 자원에 대한 접근을 제한받는다. 이러한 비민주적인 체제 안에서 노예들이 화가 나게 되면서 역할극 안에서 나타나는 정서와 감정은 보다 강렬해진다. 모든 학생들이 역할극에 참여하며 역할극은 동기적 경험이 된다. 양 선생님은 매우 고조된 감정이 예민할 수 있다는 것을 이해하고, 그것들이 통제를 벗어나지 않도록 한다.

목표지향에 관한 이론

인간 행동을 보다 광범위하게 고려하는 목표-내용 접근과는 대조적으로 목표지향 이론은 상당 부분 인간의 특정 성취행동을 설명하기 위하여 발전되어 왔다. 목표지향 이론은 발달심리학자, 동기학자, 교육심리학자 등에 의하여 학교 상황에서의 학습 과제에 대한 아동들의 학습과 수행을 설명하기 위하여 개발되었다. 따라서 목표지향이론은 학습과 교수에 매우 적절한 이론이다. 최근의 연구들은 성취동기와 적극적인 연관을 가지고 있다(Anderman & Wolters, 2006; Pintrich, 2000a, 2000c, 2000d).

우리는 먼저 목표지향을 정의하고 그다음 목표지향의 측정 방법들에 관하여 논하려고 한다. 그 후 어떻게 이러한 다양한 목표들이 인간의 동기적, 인지적, 감정적, 행동적 결과에 있어서 적응적 또는 부적응적 양상을 나타내는지 살펴보고자 한다. 성취 향상에 있어서 목표가 가지는 중요성을 가정하면서 우리는 나이, 성과 같은 개인적 선행 요인 그리고 맥락적 전례에 대하여 논의할 것이다. 마지막으로 우리는 적용 부분에서 목표이론이 교사들에게 주는 시사점을 논의할 것이다.

개념적 이해

성취행동에 관하여 다양한 목표지향이론이 있다. 목표지향성은 성취행동에 개입하는 목적과 이유다(Pintrich, 2003). Locke와 Latham(1990)의 목표설정이론(goal setting theory)에서는 10개의 문제를 맞히는 등의 구체적이고 근접한 목표들에 초점을 두는 반면, 목표지향이론은 왜 10개의 문제를 맞히기를 원하는지 그리고 어떻게 그러한 과제에 접근하고 관여하는지에 대해 초점을 둔다. 앞에서 설명했던 목표-내용 접근은 행동을 유도하는 가능한 모든 다양한 목표들(〈표 5-3〉 참조)에 초점을 두지만 목표지향이론은 성취해야 하는 과제에 대한 의도와 목표에 초점을 둔다.

목표지향은 "성취 상황에 접근하고, 관여하고, 반응하는 다양한 방법들"로 유도하는 통합된 신념양상을 나타낸다(Ames, 1992b, p. 261). 목표지향은 우리가 단지 수행 목표(즉, A를 받는 것)만을 추구하지 않고 성취 과제를 추구하는 이유다(Urdan, 1997). 목표지향은 성취에 대한 목적과 이유를 포함할 뿐 아니라 목표를 달성하는 데 있어서 그들의 수행과 성공 및 실패를 판단하는 기준을 반영한다(Pintrich, 2000a, 2000c, 2000d). 이 정의가 과제를 하는 이유, 그리고 목적의 본질과 과제 수행을 평가하는 표준으로 구성되어 있다고 할 때, 목표지향이라는 용어는 단지 목표만을 의미하는 것이 아니라 신념들을 통합하고 이들이 만들어 내는 양상을 의미한다. 가끔씩 목표라는 용어는 목표지향에 대한 약식 용어이지만, 목표지향 연구에서 다루어지는 '목표'는 목표설정이론이나 목표-내용이론의 목표와는 다르다.

숙달목표와 수행목표

정의와 차별성

다양한 목표지향이 있지만 많은 목표지향이론에서 항상 거론되는 목표지향은 두 가지인데, 학자에 따라 학습목표와 수행목표(Dweck & Leggett, 1988; Elliott & Dweck, 1988), 또는 과제관여목표와 자아관여목표, 또는 숙달목표와 수행목표(Ames, 1992b, Ames & Archer, 1987, 1988), 과제 중심 목표와 능력 중심 목표(Maehr & Midgley, 1991) 등으로 명명되고 있다. 그러나 이러한 목표 쌍들이 동일한 구인들을 의미하는가 하는 것에 대해 여전히 연구자들 간의 불일치가 있으나(Nicholls, 1990) 이 책을 비롯하여 많은 교과서에서는 연구자들의 다양한 목표 쌍들의 개념들이 상당히 중첩되어 있음을 설명하였다. 따라서 이 책에서는 이러한 일반적인 두 가지 목표지향을 나타내기 위해 숙달목표지향과 수행목표지향이라는 용어를 사용하고자 한다.

숙달목표지향(mastery goal orientation)은 자신의 기준과 자기발전에 근거하여 학습하고 숙달하는 것, 새로운 기술의 습득, 역량의 향상과 개발, 도전적인 과제를 성취하려고 노력하는 것, 그리고 이해와 통찰력을 가지려고 노력하는 것 등에 초점을 둔다(Ames, 1992b; Dweck & Leggtt, 1988; Harter, 1981b; Maehr & Midgley, 1991, Midgley et al., 1998; Nicholls, 1984; Pintrich, 2000d). 〈표 5-4〉는 숙달목표지향이 다양한 학자들에 의하여 어떻게 조작적으로 정의되었는가를 보여 주고 있다. 숙달목표와 수행목표 지향은 모두 리커트 척도(1~5점)를 사용하여 특정 묘사에 대하여 본인이 동의하는 정도를 표시하도록 하는 자기보고식으로 측정되었다. 〈표 5-4〉에서도 볼 수 있듯이 숙달목표, 학습목퓨, 과제 지향이 다른 이름을 사용하지만 적어도 측정 도구의 문항 면에서는 상당 부분 유사한 점이 나타난다.

수행목표지향(performance goal orientation)은 숙달목표지향과는 반대로 본인의 역량과 능력을 증명하고 다른 사람들과 비교하여 어떻게 평가될 것인가에 초점을 둔다. 예를 들면, 수행목표를 가진 학습자들은 상대평가의 수행 기준을 능가하려고 노력하고 다른 사람을 이기기를 원하며 다른 사람들과 비교하는 사회적 비교 기준을 많이 사용한다. 또 과제에 있어서 자기가 속한 학급과 집단에서 최고가 되려고 노력하며, 능력이 부족하다고 평가되거나 지는 상황을 회피하고 높은 수행 수준에 대하여 공식적으로 인정받고자 노력한다(Ames, 1992b; Dweck & Leggett, 1988; Midgley et al., 1998; Pintrich, 2000d). 수행목표지향을 측정하는 어떤 도구는 수행목표지향 또는 자아지향이라는 개념 대신에 상대 능력 지향(relative ability orientation)이라는 개념을 사용하였다(Urban, 1997). 그러나 〈표 5-4〉에서 보이는 숙달목표에 상응하는 다양한 개념들이 그랬듯이 수행목표지향과 자아목표지향의 측정 문항들은 서로 유사한 부분이 많다. 이 분야의 초기 연구들은 현재의 연구들과 같이 수행접근목표지향과 수행회피목표지향으로 구분하지 않았다는 것에 주목할 만하다(Midgley et al., 1998).

숙달목표와 수행목표의 이와 같은 기본적 구분과 더불어 다른 유형의 목표지향에 관한 연구도 많이 이루어졌다. 예를 들어, Pintrich와 그의 동료들은 외재적 목표지향성을 측정하였는데 좋은 성적을 받고 보상과 특전을 받기 위해서, 혹은 혼나지 않기 위하여 숙제를 하는 행동 등에 초점을 두었다(Pintrich, 1989; Pintrich & De Groot, 1990a; Pintrich & Garcia, 1991; Pintrich, Roeser, & De Groot, 1994; Pintrich, Smith, Garcia, & McKeachie, 1993; Wolters et al., 1996). Urdan(1997) 역시 학습과 성취 상황에서의 외재적 목표지향에 관하여 논의하였다. Nicholls와 동료들은 이 밖에도 자아관여목표와 과제 관여목표 외에 두 개의 목표를 더 발견하였으며 이를 과제회피(work avoidance)와 학업적 분리(academic alienation)라고 명명하였다(Nicholls, 1989; Nicholls et al., 1989). 과제회피목표는 과제나 일이 쉬울 때 느끼는 성공감을 고려하는 반면, 학업적 분리 목표는 학생들이 학업을 게을리 하고 숙제를 안 하며 학업에서 멀어지는 것을 성공이라고 느끼는 것으로 정의된다. Meece, Blumenfeld와 Hoyle(1998) 역시 많은 노력을 기울이지 않고 과제를 마치려는 욕구와, 최대한 노력을 하지 않는 것이 목표라는 점에서 과제회피목표를 논하였다. 앞부분에서 이미 논술 하였던 바와 같이 Urdan과 Maehr(1995)는 학생들이 성취 과제를 추구하면서 가질 수 있는 사회적 목표를 논의하였다.

이와 같은 다양한 목표와 그 지향을 살펴볼 때 이들은 공통점과 차이점을 모두 가지고 있으며 후속 연구에서는 이러한 목표들 간의 관계와 목표들과 다양한 결과 간의 연계성을 명료히 할 필요가 있다(Pintrich, 2000a, 2000c, 2000d, 2003). 동시에 목표이론에서 제일 중요한 양상은 숙달목표와 수행목표의 구별과 이 두 목표와 학생의 성취 간의 관련성이다. 이 장의 나머지 부분에서는 숙달목표와 수행목표의 역할과 두 목표의 접근, 회피 형태에 초점을 맞출 것인데, 이는 대부분의 연구들이 일반적인 접근-회피 목표들에 강조를 둔 것을 볼 때 적절한 방향이라고 할 수 있다. 외재적, 수행회피, 사회적, 그리고 다른 지향에 대한 연구들이 더 필요하다.

〈표 5-4〉에서 볼 수 있는 바와 같이 숙달목표지향과 수행목표지향 구인들의 측정 내용은 상당 부분 중첩되었으나(Jagacinski & Duda, 2001) 차이점도 분명히 있다. 첫째, Dweck, Ames, Maehr, Midgley 등의 학자들은 모두 학생들이 과제를 접근하는

표 5-4 ▸▸ 숙달목표지향과 수행목표지향을 평가하는 데 사용된 문항

Dweck	Ames	Midgley과 동료	Nicholls
학습목표 너무 어려워 많이 틀릴 수 있는 문제일지라도 실제로 배울 수 있게 하는 문제를 좋아한다.	숙달목표 나는 열심히 배운다. 틀리는 것도 배움이다.	과제 중심적 목표 1. 나는 내가 많이 틀리더라도 많이 배울 수 있는 과제를 좋아한다. 2. 내가 학교 공부를 좋아하는 중요한 이유 중의 하나는 새로운 것을 배울 수 있기 때문이다. 3. 내가 학교 공부를 좋아하는 이유는 내가 그 내용에 관해서 더 잘 알고 싶기 때문이다.	과제지향적 목표 1. 나는 재미있는 과제를 배웠을 때 매우 성공감을 느낀다. 2. 나는 내가 어떤 내용에 관해서 배운 다음 더 많이 알고 싶어질 때 성공감을 느낀다. 3. 나는 내가 배운 내용이 더욱 사고를 하게 할 때 성공감을 느낀다.
수행목표 1. 나는 너무 어렵지 않아서 많이 틀리지 않도록 하는 문제를 좋아한다. 2. 많이 어려워서 내가 똑똑함을 보여 줄 수 있는 문제를 좋아한다.	수행목표 1. 나는 열심히 공부하여 높은 점수를 받으려고 한다. 2. 틀리는 것은 정말 싫다.	수행접근 1. 나는 선생님에게 학급의 다른 학생들보다 똑똑하다는 것을 보여 주고 싶다. 2. 나는 학급의 다른 학생들보다 잘하고 싶다. 3. 나는 선생님이 내준 문제를 풀 수 있는 유일한 학생이 된다면 느낌이 매우 좋다. 수행회피 1. 나는 학급에서 다른 학생들에게 바보처럼 보이지 않는 것이 매우 중요하다. 2. 내가 과제를 하는 이유는 다른 사람들이 내가 무능하다고 생각하는 것이 싫기 때문이다. 3. 내가 과제를 하는 이유는 다른 사람들이 내가 능력이 없어서 못한다고 생각하는 것이 싫기 때문이다.	자아지향적 목표 1. 나는 내가 최고로 똑똑할 때 성공감을 느낀다. 2. 나는 내가 다른 사람들보다 아는 것이 많을 때 성공감을 느낀다. 3. 나는 내가 시험에서 제일 높은 점수를 받았을 때 성공감을 느낀다.

보편적인 방법, 과제를 하는 이유, 그리고 과제에 대한 일반적인 목표를 측정하려고 하였다. 이와는 대조적으로 Nicholls의 문항들은 '나는 ……할 때 매우 성공감을 느낀다'와 같은 형식을 취하는데, 제시되는 행동은 〈표 5-4〉에 제시된 문항들과 비슷하다. 이와 같은 Nicholls의 접근방법은 학생들이 과제를 수행할 때 어떤 상황에서 성공감을 제일 많이 느끼는지를 측정하는 것이다. 이것은 다른 목표이론 학자들과 조금 다른 접근방법으로 학생들이 학업적 성공을 어떻게 정의하고 있는가에 대한 관심을 반영한다. 즉, Nicholls의 연구 방법은 학생들에게 과제를 할 때 어떤 지점에서 가장 성공을 느끼는지를 질문하면서 목표에 관한 다소 다른 관점을 취한다. 이러한 관점은 학생들이 가지고 있는 학급에서의 성공에 대한 일반적인 이론을 반영한다. 연구의 한 부분으로 Nicholls는 무엇이 성공을 가져왔는지에 대한 학생들의 신념, 즉 기본적으로 성공에 대한 귀인을 측정하고 있다(3장 참조).

Nicholls의 모델에서 그는 개인의 목표지향은 성공의 원인에 대한 신념과 관계가 있다고 주장한다. 더불어 개인이 가지는 목표지향은 성공을 판단하는 일반적인 기준이 되기 때문에 목표지향은 성공의 원인에 대한 신념(귀인)을 반영한다고 가정하였다. 예를 들어, 학습에 초점을 두는 과제관여 목표지향을 가진 학생은 교사들이 학생의 성공에 대한 원인에 대하여 "이 학생은 기억하기보다 이해하려고 노력한다." 혹은 "스스로 생각하려고 노력한다."와 같은 반응을 하도록 만든다. 자기관여 목표지향을 가진 학생들은 자신의 능력을 드러내고 다른 아이들보다 잘하려는 것에 대해 집중하여 학교에서의 성공에 대하여 타인들로부터 "그들은 다른 학생들보다 시험을 잘 봐." 혹은 "그들은 다른 학생들을 이기려고 해."와 같은 언급을 많이 받을 것이다(Duda & Nicholls, 1992).

이와는 대조적으로 Dweck과 동료들은 목표지향은 지능의 본질에 대한 다양한 이론들에 따라 달라진다고 보았다(Dweck, 1999; Dweck & Elliott, 1983; Dweck & Legget, 1988; 〈표 5-5〉 참조). 지능이론은 지능과 능력이 시간이 경과함에 따라 어떻게 변화하는가에 대한 학생들의 지각으로 정의된다. 이러한 신념은 귀인이론에서 능력 귀인을 범주화하는 안정성 차원과 궁극적으로 같은 현상이다(3장 참조).

Dweck의 지능과 능력의 안정성에 관한 이론들은 자신들에 대한 정보를 해석하고 평가하는 도식을 형성하며 이는 목표, 결과와 행동을 평가하는 규준 및 기준이 된다. 그러므로 Dweck은 지능이론이 학생이 적용하는 목표지향의 유형을 끌어낸다고 가정하였고(〈표 5-5〉 참조) 그녀의 경험적인 연구들이 이러한 관점을 지지하였다(Dweck, 1999; Dweck & Leggett, 1988). Dweck의 모델에서 지능과 목표지향 간의 결과적 연

표 5-5 ▸▸ Dweck의 목표지향 모델

지능이론	목표지향	지능에 대한 자신감	행동 양상
고정이론: 지능은 고정된 것이다.	수행목표(능력에 대한 긍정적인 평가를 받기 위함)	만약 높다면 →	숙달목표지향 - 도전을 좋아함 - 강한 끈기
		만약 낮다면 →	무기력 - 도전을 회피 - 약한 끈기
증가이론: 지능은 변화 가능한 것이다.	학습목표(능력을 향상시키기 위함)	만약 높거나 낮다면 →	숙달목표지향 - 도전을 좋아함 (학습촉진) - 강한 끈기

출처: Dweck, C., & Leggett, E. (1988). A social-cognitive approach to motivation and personality. *Psychological Review, 95*(2), p. 259.

관성은 Nicholls의 이론에서 목표지향이 성공에 대한 신념과 귀인에 영향을 준다는 결과와는 반대되는 것이다. Dweck의 모델에서 학생이 지능과 능력에 대하여 고정신념(entity theory)을 가지고 있어 능력은 변하지 않는 안정적인 것으로 믿는다면, 과제를 수행할 때 수행목표를 적용할 가능성이 높다. 이러한 학생은 능력에 대한 안정적인 개념으로 인하여 본인의 수행이 어떻게 평가받는가, 그리고 그것이 어떻게 다른 학생과 비교되는가에 제일 관심이 많을 것이며 다른 사람보다 더 잘하기 위해 노력할 것이다. 그러나 이와는 대조적으로 증가신념(incremental theory)을 가진 학생들은 개인의 능력이 증가될 수 있다고 믿는다. 이러한 학생들은 자신의 역량을 향상시키고자 노력하며 목표 달성의 성공 여부를 평가할 때 타인과의 사회적 비교가 아니라 자신의 향상에 초점을 두는 기준을 사용하는 등 숙달목표를 더욱 많이 지향할 것이다. 따라서 Dweck과 Nicholls는 목표-과제지향 그리고 수행목표-자기지향과 같이 다소 비슷한 용어를 사용하지만 능력-지능에 대한 신념 그리고 목표지향 간의 인과적 관계에 대한 매우 다른 모형을 가지고 있다.

이러한 기본적인 차이 외에 최근의 목표이론 연구는 수행목표 중에서 수행회피목표와 수행접근목표 간의 매우 중요한 구분이 있음을 밝혀냈다. 예를 들어, Elliott와 Harackiewicz 그리고 그들의 동료들은 수행목표에서 수행접근목표와 수행회피목표라는 두 가지 매우 구분되는 유형을 구분하였다(Elliott, 1997; Elliott & Church, 1997; Elliott & Harackiewicz, 1996; Harackiewicz, Barron, & Elliot, 1998). 그들은 개인이 타인을 이기려고 노력하고 그들의 능력과 우월성을 증명하려고 긍정적으로 동기화될 수 있는데, 이는 일반적인 수행목표에 대한 접근 지향을 반영한다고 보았다. 이와는 대조적으로 개인이 실패하는 것, 능력이 없어 보이는 것을 회피하기 위하여 부정적으로 동기화될 수 있는데 이와 같은 목표지향을 수행회피목표지향이라고 한다.

이와 같은 맥락에서 Middleton과 Midgley(1997), Midgley와 동료들(1998) 또한 수행회피목표와 수행접근목표를 분리하였다. Skaalvik(1997), Skaalvik, Valas와 Sletta (1994)는 수행목표 혹은 자기목표의 두 가지 차원으로 자기강화적 자아지향(self-enhancing ego orientation)과 자멸적 자아지향(self-defeating ego orentation)을 제시하였다. 자기강화적 자아지향은 수행접근목표지향과 동일하게 다른 사람보다 잘하는 것, 다른 사람보다 능력이 뛰어난 것을 증명하기 위한 것이 목표가 된다. 반면, 자멸적 자아지향은 수행회피목표지향과 일치하게 부족하게 보이거나 부정적인 평가를 받는 것을 회피하기 위한 것이 목표가 된다. 수행접근 지향은 다른 사람들보다 잘하는 것과 또래보다 우월한 성취에 대하여 초점을 둔다. 이것은 Dweck, Ames, 그리고 Nicholls의 모델에서 수행지향 및 목표지향과 유사하다. 또한 비록 Dweck이나 Nicholls의 이론에서는 수행목표 혹은 자아 목표로 명확하게 구별되지는 않았지만 이 두 모형은 모두 수행지향과 자아지향을 개념화할 때 무능, 혹은 바보같은 느낌 등을 회피하려는 염려를 포함하였고 이는 Elliott과 Midgley의 수행회피목표지향, 그리고 Skaalvik의 자멸적 자아지향과 유사하다.

목표 분류

숙달목표와 수행목표의 연구 결과들을 구조화하기 위하여 두 가지 목표를 접근, 회피로 분류(〈표 5-6〉)하는 일반적 틀을 제공하는 것이 바람직한 것으로 보인다(Elliott, 1999; Pintrich, 2000a, 2000d). 〈표 5-6〉은 성취동기 연구의 특질인 일반적인 접근-회피 구분을 나타내고 있으며(Atkinson, 1957; Elliot, 1997; McClelland et al., 1953) 이는 또한 최근의 사회인지적 관점을 드러낸다(Convington & Roberts, 1994; Harackiewicz, et al., 1998; Higgins, 1997). Higgins는 다양한 자기조절 과정을 논하기 위하여 접근-회피(또는 Higgins의 용어로는 촉진-예방의 구분을 사용하였다. 접근 혹은 촉진 초점은 개인이 긍정적이고 바람직한 목표 상태로 나아가도록 이끌며 회피 혹은 예방 초점은 부정적이거나 바람직하지 않은 상태가 발생하는 것을 방지하기 위하여 이로부터 멀어지는 것을 의미한다(Higgins, 1997). 이와 같이 특정 목표에 접근하는 것과 회피하는 것은 분명히 구분되며 이에 따라 수반되는 학생의 학습결과에는 차이가 있다. 예를 들면, 촉진 혹은 접근 목표지향은 일반적으로 인지, 동기, 그리고 행동과 긍정적인 연관성이 있으며, 예방 혹은 회피 목표지향은 다양한 결과들과 부정적인 관계가 있다.

〈표 5-6〉에서의 가로 행들은 두 개의 일반적인 목표인 숙달목표와 수행목표로 이는 이 책에서 논의된 다양한 모델들 모두가 제안한 목표들이다. 〈표 5-6〉의 각 칸에는 두 주요 목표지향에 관해 서로 다른 모델들에서 사용한 이름이 괄호 안에 포함되어 있다. 이러한 모든 모델은 숙달목표(학습목표, 과제목표, 과제관여목표)들이 본인의 능력, 지식, 기술, 학습을 향상시키고 촉진하는 시도로서 나타나며 평가 기준들은 학습의 향상과 이해에 초점을 두어 본인이 스스로, 혹은 자기참조적으로 설정한다고 제안한다. 지금까지 숙달목표는 학생들이 목표에 접근하려고 하거나 획득하려고 하는 접근 지향이라는 관점에서만 주로 논의되고 연구되었다.

반면, 학생들은 잘못 이해하거나 과제를 숙달하지 못하는 것을 회피하려는 경우들이 있을 수 있다(Elliott, 1999; Pintrich 2000a, 2000d). 숙달회피목표는 상당히 직관에 어긋나지만 어떤 성취 맥락에서는 작용할 가능성이 있을 수 있다. 예를 들어, 아주 완벽주의적인 학생이라면 과제와 관련하여 어떠한 오류도 범하거나 잘못하는 것을 피

표 5-6 ▸▸ 두 가지 목표지향 그리고 접근 및 회피 성향

	접근 성향	회피 성향
숙달목표지향	과제를 숙달하고, 학습하고, 이해하는 데 초점을 둠. 본인의 향상, 과제에 대한 더 깊은 이해를 기준으로 함(학습목표, 과제목표, 과제관여목표)	잘못 이해하고, 전혀 배우지 않거나, 숙달하지 않는 것을 회피하는 데 초점이 있음. 과제를 틀리게 하지 않는 것을 기준으로 함
수행목표지향	탁월하고, 다른 사람을 이기고, 제일 똑똑한 사람이 되고, 과제에서 다른 사람들과 비교하여 최고가 되는 것에 초점이 있음. 그들은 최고의 점수를 받고, 학급에서 최고로 수행을 잘하는 학생이 되는 것을 기준으로 함(수행목표지향, 자아관여목표, 자기강화적 자아지향, 상대적 능력 목표)	잘못하는 것을 회피하고자 하고 다른 사람과 비교해 멍청하거나 못해 보이는 것을 피하고자 함 상대적 기준을 사용해 학급에서 가장 낮은 점수를 받거나 가장 잘 못하는 학생이 되는 것을 회피하고자 함(수행목표지향, 자아관여목표, 자멸적 자아지향)

하려는 기준을 사용할 수 있다. 즉, 이러한 학생들은 다른 학생들과의 비교(수행회피 목표) 때문에 잘못하는 것을 염려하는 것이 아니라 자신이 세워 놓은 높은 기준 때문에 걱정하는 것이다. 이 책의 저자 중 한 사람의 조카가 초등학교 국어 읽기 시간에 있었던 일이다. 선생님이 학생들에게 맞고 틀리는 것은 문제가 안 되니 자신들이 쓰기 원하는 단어들의 철자를 적어 보라고 하였다. 이와 같은 상황에서 저자의 조카는 단어 철자를 틀리게 적지 않으려고 매우 걱정하였고 이러한 조카의 관점은 교사가 좀 더 과제에 대한 방향 지도를 하지 않은 것에 화가 났다. 그녀가 주변 사람들에 대하여 염려한 것은 아니다. 그녀는 단지 단어의 철자에 있어서 맞고 틀림이 있고 철자를 잘못 쓰는 것을 피하려는 것이 목표였다.

Elliott(1999)은 숙달회피목표를 본인의 수행 능력이 과거의 뛰어난 수행에 미치지 못하는 것을 원치 않았던 나이 들어 가는 선수의 입장에서 설명하였는데, 선수는 숙달회피목표를 채택하여 특정 유형의 활동을 피하게 되었다(결국 은퇴함). 나이가 들어 가는 선수들은 일반적으로 그들이 했던 것처럼 과제를 잘하지 못하는 것을 염려할 수 있으며 이는 이러한 과제를 회피하게끔 할 수 있다. Elliott과 McGregor(2001)는 자기보고식 검사를 사용하여 학습 맥락에서 숙달회피목표를 조작적으로 구체화하였다. 이 자기보고식 검사의 수행회피 측정문항은 세 개로 "나는 이 수업에서 내가 배울 수 있는 내용을 다 배워 내지 못할까 봐 걱정한다." "가끔 나는 내가 이 수업 내용을 원하는 만큼 철저하게 이해하지 못할까 봐 걱정한다." "가끔 나는 수업에서 배워야 할 전부의 내용을 모두 배우지 못할까 봐 걱정한다."를 포함한다. Elliott과 McGregor(2001)는 요인분석을 실시하여 〈표 5-6〉에 제시된 4개의 요인들에 대한 경험적 지지를 얻었다.

〈표 5-6〉의 두 번째 행에는 모든 모형들이 제안하는 일반적 수행목표가 나타나 있지만 접근과 회피에 대한 각 열은 상대적 규준을 사용하여 타인을 이기고 이들보다 잘하려는 목표와 타인에 비교하여 부족해 보이거나 무능력하게 보이는 것을 피하려는 목표를 구분하였다. 연구에서도 수행접근목표와 수행회피목표에 따라 동기적, 인지적 결과와의 관계가 다르게 구분되는 것을 밝혔다(Harackiewicz et al., 1998; Middleton & Midgley, 1997; Midgley et al., 1998; Skaalvik, 1997). Dweck의 관점에서 수행지향은 자신에 대한 긍정적인 평가를 받고 부정적인 평가는 피하려는 것을 모두 포함한다(Dweck & Leggett, 1988). Nicholls(1984; Thorkildsen & Nicholls, 1998)는 자아관여지향 혹은 자아지향은 다른 사람보다 잘했을 때와 무능력해 보이는 것을 피했을 때 느끼는 성공감을 모두 포함한다고 주장한다. 비록 Dweck, Nicholls가 Elliott,

Midgley, Skaalvik가 했던 것처럼 수행접근과 수행회피를 개념적으로 혹은 경험적으로 분리하지는 않았지만 대부분의 초기 모델에서처럼 학생들이 다른 사람들을 이기거나 좋은 수행을 함으로써뿐만 아니라 다른 사람에게 능력이 없는 것처럼 보이는 것을 회피하는 것을 통하여 긍정적인 평가를 추구한다는 가능성을 인식하고 있다. 따라서 접근목표지향과 회피목표지향이 모두 가능하며 학생들이 접근목표지향과 회피목표지향을 적용하여 이러한 두 유형에 따라 차별적인 동기적, 인지적 결과를 가질 수 있다. 이러한 요인분석을 활용한 연구 결과는 접근목표와 회피목표가 분리될 수 있음을 보여 준다(Elliott & Church, 1997; Elliot & McGregor, 2001; Midgley et al., 1998).

동기적 결과와 인지적 결과와의 관계

목표지향은 개인 성취목표를 서술하지만 학습자의 학습 관련 행동과 성취목표를 이해하는 데 중요한 틀을 제공하기에 더욱 중요하다. 〈표 5-7〉은 숙달목표와 수행목표의 정의 및 동기적·인지적 변인과의 관계에 관한 최근까지의 연구 결과를 정리한 것이다. 하지만 목표이론에 대한 대다수의 초기 연구들은 숙달회피목표와 숙달접근목표, 그리고 수행회피목표와 수행접근목표를 구분하지 않았기 때문에 이곳에 요약된 결과는 숙달목표와 수행목표에만 초점을 두었다. Pintrich(2000d)가 논의한 목표의 접근과 회피 유형 간의 차별적인 관계에 대한 경험적 증거를 보여 주는 사례들과 다른 결과들도 함께 논의하겠다.

귀인 및 효능감

초기 목표이론 분야에서 귀인이론(3장 참조)은 개인의 성취목표를 설명하는 가장 유용한 접근법 중의 하나였다. 목표이론가들은 학생들이 과제를 해결하는 과정에서 형성하게 되는 동기적 측면에 관심을 가짐으로써 유능한 학습자들이 기대되는 수준보다 낮은 적응적 태도를 보이는 이유는 무엇인가, 실패에 대한 부정적인 반응을 보이는 이유는 무엇인가, 학습결과에 부적절한 귀인을 하는 이유는 무엇인가 등에 대한 해답을 찾고자 노력하였다. 이에 따라 목표지향에 관한 초기 연구에서는 목표지향이 어떻게 귀인 양상, 학습된 무기력, 성공과 실패에 대한 신념 등과 관련성을 가지는지에 초점을 두었다. 이와 관련한 대다수의 선행 연구들은 숙달목표지향은 긍정적이고 적응적인 귀인 양상과 관련성이 있는 반면, 수행목표지향은 무기력하고 부적응적인 귀인

양상과 관련성이 있는 것으로 보고하고 있다(Ames, 1992b; Dweck & Leggett, 1988).

숙달목표지향을 추구하는 학생들은 학습에 흥미를 가지며 과제를 숙달하고 유능감(competence)을 향상시키는 것에 관심을 가지는 반면, 수행목표지향을 추구하는 학생들은 자신의 능력에 대한 타인의 평가와 같은 과제 외적인 것에 가치를 두며 배우는 것 자체보다는 자신의 능력(ability)을 유지하고 향상시키는 것에 관심을 가진다. 이들 두 가지 목표지향은 학생들이 학습결과를 해석하는 방법에 상이한 영향을 미친다. 숙달목표지향을 추구하는 학생들은 노력과 결과 간의 관련성이 높은 것으로 인식하며 성공과 실패에 대한 노력 귀인을 많이 사용한다. 또한 숙달목표를 지닌 학생들은 노력을 많이 할수록 능력이 증가한다고 지각한다.

반면에 수행목표지향은 학생들이 성공과 실패에 대한 능력 귀인을 사용하도록 이끈다. 일련의 선행 연구 결과에 따르면 실패에 대한 능력 귀인은 부적응적이며 행동의 학습된 무기력을 유발할 수 있는 것으로 보고되고 있다(Dweck & Leggett, 1988; Weiner, 1986; 3장 참조). 또한 수행목표를 지닌 학생들은 숙달목표를 지닌 학생들과는 달리 노력과 능력이 역 관계에 있는 것으로 지각하는 경향이 있다. 따라서 수행목표를 지닌 학생들은 자신들이 더 많은 노력을 할수록 더 낮은 수준의 능력을 가지게 된다는 생각을 하는 경향이 있다. 이와 같은 신념은 학생들이 자신이 유능하다는 이미지(=능력)와 자기가치를 보호하기 위해 노력을 하지 않도록 이끌 수 있다(Covington & Omelich, 1979). 학생들의 무기력한 패턴은 Dweck와 Leggett의 모형(〈표 5-5〉 참조)에서도 보여지듯이 학생들이 수행목표지향과 지능에 대한 낮은 자신감·효능감을 지닐 때 나타나기 쉽다. 하지만 만약 학생들이 수행목표지향을 지니고 있는 반면에 지능에 대한 높은 자신감을 가지고 있다면 수행목표지향은 도전성과 지속성을 추구하는 것과 같은 적응적 귀인과 행동의 숙달 패턴을 이끌 수 있다.

숙달목표 및 자기효능감과 유능감의 판단에 기초한 귀인 양상은 일반적으로 긍정적인 것으로 받아들여지고 있다. 숙달목표 연구에 있어 보편적인 이론적 틀을 제공한 Dweck와 Leggett(1988)은 실험실 상황에서 실시된 연구 결과를 기초로 숙달목표를 지닌 학생들이 어려운 과제 상황에 직면했을 때에도 긍정적이고 적응적인 효능감 신념과 유능감 지각을 유지하는 것으로 보고하고 있다. Bandalos, Finney와 Geske(2003)는 숙달목표가 자기효능감과 정적 관계가 있다는 것을 발견하였다. 교실에 대한 상관 연구도 같은 일반적 패턴을 보여 주었다(Ames, 1992b; Kaplan & Midgley, 1997; Middleton & Midgley, 1997; Pintrich & De Groot, 1990; Pintrich & Garcia, 1991; Pintrich, Marx, & Boyle, 1993; Thorkildsen & Nicholls, 1998; Wolters et al., 1996). 새로운 것을

표 5-7 ▶▶ 목표지향과 동기적 및 인지적 결과

정의/결과	숙달목표	수행목표
목표의 정의		
성공의 의미	향상, 진보, 숙달, 창의성, 혁신, 학습	높은 점수, 상대적으로 높은 성취, 표준화 검사의 높은 성취, 수단을 가리지 않는 승리
가치 기준	노력, 도전적 과제의 시도	실패 회피
노력의 이유	학습 활동에 대한 내재적이고 개인적인 의미	자신의 가치 과시
평가 준거	절대적 기준, 진보의 증거	규준적, 사회적 비교
실수	정보적, 학습의 일부	실패, 능력 부족의 증거
목표에 따른 결과		
귀인양상	적응적, 실패의 노력 귀인, 학습결과는 개인의 노력 정도와 결부되는 것	부적응적, 실패의 능력 귀인
정서	노력으로 인한 성공에 대한 자부심과 노력 부족에서 오는 실패에 대한 죄책감 학습에 대한 긍정적인 태도 학습에 대한 내재적인 흥미	실패 후의 부정적 정서
인지	심층적인 인지처리전략 사용 계획, 인식, 자기점검과 같은 자기조절 전략 사용	표면적이고 기계적인 학습전략 사용
행동	도전 과제의 선택 새로운 과제에 대한 개방적이고 모험적인 태도 높은 수준의 성취도 적응적인 도움 행동 추구	쉬운 과제의 선택 모험을 각오하고 새로운 것을 시도하려는 의지의 부족 낮은 수준의 성취도 적응적인 도움 행동 부족

출처: Ames(1992b); Anderman & Maehr(1994); Maehr & Midgley(1991).

배워 익히고 향상시키는 것 자체에 궁극적인 목표를 두는 학생들은 숙달 수준의 진전 정도에 따라 자신의 능력을 판단하며 이는 이들이 높은 효능감 신념을 유지하는 데 기여하게 된다.

수행목표와 자기효능감의 관계에 대한 연구들은 일관된 결과를 산출하지 못하고 있다. 예를 들어, Anderman과 Midgley(1997)는 초등학생을 대상으로 한 연구에서 6학년에서는 수행접근목표와 유능감 지각 간에 정적 상관이 나타나는 반면, 5학년에서는 수행접근목표와 유능감 지각 간에 통계적으로 유의한 상관이 없는 것으로 보고하고 있다. Wolters와 동료들(1996)은 중학생을 대상으로 했을 때 수행접근목표와 유능감 지각 간에 정적 상관이 나타나는 것으로 보고하고 있다. 반면, Middleton과 Midgley(1997)는 중학생을 대상으로 한 연구에서 수행접근목표와 유능감 지각 간에는 상관이 없는 반면, 수행회피목표와 유능감 지각 간에는 부적 상관이 나타나는 것으로 보고하고 있다. 또한 Skaalvik(1997)는 6학년과 8학년을 대상으로 한 연구에서 유능감 지각은 수행접근목표와 정적 상관관계에, 수행회피목표와는 부적 상관관계에 있음을 보고하고 있다.

수행접근목표를 지향하는 학생들이 다른 학생들보다 더 잘하거나 우수한 능력을 입증할 수 있는 한, 수행접근목표는 학습자의 효능감 지각에 긍정적인 영향을 미칠 수도 있다. 앞에서 살펴본 수행접근목표와 자기효능감의 관계에 관한 일련의 연구 결과들이 불일치하는 이유 중에 하나는 연구 표집의 문제일 수 있다. 실제 연구 상황에서 수행접근목표를 지향하는 학생들을 하나의 집단으로 구성할 때 그 집단에는 실제 학업성취 수준이 높은 학생들이 주로 포함될 수도 있고 낮은 학업성취 수준의 학생들이 주로 포함될 수도 있기 때문이다. 반면, 수행회피목표를 지향하는 학생들은 지각된 효능감이 낮은 것처럼 보인다. 수행회피목표를 지향하는 학생들은 효능감을 낮게 판단함으로써 지속적으로 자신의 능력을 낮게 보고 불신하는 경향이 있다. 많은 선행 연구들은 교실 환경이 학습자의 목표지향에 영향을 미칠 수 있음을 밝혔다. 이들 연구들은 일반적으로 중학교 환경에서는 상대적으로 수행지향적인 특성이 강하게 나타나는 반면, 초등학교 환경에서는 상대적으로 숙달지향적인 특성이 강하게 나타나는 것으로 보고하고 있다(Midgley, 1993). 이는 초등학교보다 중학교에서 효능감과 수행접근목표 간의 정적 관련성이 더 잘 나타나는 것을 설명해 주는 근거가 될 수 있을지도 모른다(Anderman & Midgley, 1997).

정의적 결과

숙달목표는 또한 학습 상황에서의 다양한 정서적 결과와 관련되어 있다(Anderman & Wolters, 2006; 〈표 5-7〉). 귀인과 정서와의 관계를 설명하고 있는 귀인이론에 기초할 때 숙달목표가 성공에 대한 자부심과 실패에 대한 죄책감의 정서를 이끌 수 있다는 사실은 놀라울 것이 없다(Ames, 1992b; Jagacinski & Nicholls, 1984, 1987). 이러한 정서적 결과는 귀인의 소재를 노력과 같은 통제 가능한 것에 둘 때 나타날 수 있으며 숙달목표가 더 많은 노력 귀인을 이끌 수 있다면 이러한 정서적 결과는 귀인이론의 원리 안에서 생성될 수 있을 것으로 기대된다. 숙달목표는 높은 과제가치 신념뿐만 아니라 학습 과제에 대한 긍정적 태도와 내재적 흥미와 관련되어 있다(Ames, 1992b; Butler, 1987; Harackiewicz et al., 1989; Harackiewicz, Barron, Tauer, Carter, & Elliot, 2000; Harackiewicz, Barron, Tauer, & Elliot, 2002; Meece et al., 1988; Rawsthorne & Elliot, 1999; Stipek & Kowalski, 1989; Wolters et al., 1996). 이와 관련된 대다수의 연구들은 상기한 변인 간의 상관관계를 밝히는 것에 중점을 두었기 때문에 인과관계를 설명하기는 어렵다. 23개의 경험적 연구에 대한 메타분석에서 Rawsthorne와 Elliot (1999)는 숙달목표와 수행목표가 내재적 동기에 미치는 효과성에 대해 주장하면서 그 근거로 숙달목표의 흥미와 즐거움에 대한 자기보고식 검사결과와 내재적 동기를 측정하는 자유선택검사(7장 참조)와의 정적 상관관계를 들었다.

Linnenbrink와 Pintrich(2000, 2002)의 연구는 목표지향이 감정적 결과와 관련이 있다는 것을 보여 주었다. 숙달지향 학습자들은 낮은 진전 또는 학습 기대를 충족시키지 못하는 것을 성장을 위한 기회라고 보았다. 반대로 수행지향 학생들은 이러한 문제들을 그들이 타인들보다 덜 유능하다는 신호로 생각할 수 있다. 전자가 긍정적인 감정을 더 많이 느끼는 반면, 후자는 스트레스와 부끄러움을 느낀다. Kaplan과 Maehr(1999)는 또한 수행목표보다 숙달목표가 학생들의 심리적인 건강에 더 긍정적으로 관련되어 있음을 발견하였다.

수행목표와 효능감의 관계에 관한 연구 결과가 일치하지 않듯이 수행목표와 내재적 흥미 및 가치의 관계에 관한 연구 결과 또한 상이하게 나타나고 있다. 일련의 연구 결과는 숙달목표와 비교해서 수행접근목표가 반드시 흥미, 내재적 동기, 과제 참여(task involvement)에 부정적인 영향을 미치는 것은 아니라고 제안한다(Harackiewicz et al., 1998). 핀볼 게임, 퍼즐 해결 및 탁구시합을 수행하는 대학생을 대상으로 한 그들의 실험 연구에서 수행접근지향은 피험자가 높은 성취동기(전통적 성격 척도)를 가지고 있거나 좀 더 경쟁적인 맥락(상황 변인)이 형성될 때 내재적 동기와 과제 참여를 증진시켰다. 그들은 숙달목표와 수행접근목표는 학생들의 개인 특성과 과제가 수행되는 맥락이 적절하게 고려될 때 학생들의 바람직한 학습행동을 이끌어 낼 수 있음을 제안하고 있다. 하지만 수행회피목표는 일반적으로 학생들의 내재적 동기 및 과제 수행에 부정적인 영향을 미친다(Elliot, 1997). 수행목표와 흥미에 대한 그들의 메타분석에서 Rawsthorne와 Elliot(1999)는 수행회피목표는 흥미, 즐거움, 자유선택과 부적 상관을 나타내는 반면, 수행접근목표는 학생들의 내재적 동기를 감소시키지 않는 것을 확인하였다.

일부 상관 연구들은 일반적으로 학생들의 흥미, 내재적 동기, 과제가치와 수행접근목표는 정적 관련성을 가지는 반면, 수행회피목표는 부적 관련성이 있다는 것을 보여 주었다(Skaalvik, 1997; Wolters et al., 1996). 또한, 자신의 역량에 대한 부정적 평가를 회피하고자 하는 학생들은 시험과 과제수행에서 보다 불안감을 보인다고 보고된다(Linnenbrink, 2005; Middleton & Midgley, 1997; Skaalvik, 1997). 반면, 수행접근목표는 불안과 유의미한 관련성이 없거나(Wolters et al., 1996) 상대적으로 낮은 부적 상관을 보인다(Middleton & Midgley, 1997; Skaalvik, 1997). 수행회피목표가 학생들의 내재적 흥미 및 가치와 부적 관련성을 가진다는 것은 명백한 사실로 볼 수 있지만 수행접근목표에 대한 연구는 아직까지 명확하지 않은 실정이다. 수행접근목표와 정의적 결과의 관계와 이들에 잠재적으로 영향을 미치는 변인에 대한 더 많은 연구가 필요하다(Midgley, Kaplan, & Middleton, 2001; Rawsthorne & Elliot, 1999).

인지적 결과

인지적 결과 또한 숙달목표와 관련되어 있다(Anderman & Wolters, 2006; Meece, Anderman, & Anderman, 2006; 〈표 5-7〉) 숙달목표가 영향을 미칠 수 있는 학습자의 인지적 행동에는 메타인지 및 자기조절전략뿐만 아니라 학습자료에 대한 심층적인 인지처리과정을 촉진하는 전략들이 포함된다(Pintrich, 2000d). Dweck과 Leggett (1988)의 연구는 실험 연구들에서 자료를 요약하였지만 이 연구들의 대부분은 상관 교실 연구의 자기보고식 검사에 기반하고 있다. 교실 연구는 일반적으로 학생들의 목표지향과 다른 학습전략에 대해 보고된 활용을 평가한다. 비록 학습자의 자기조절전략을 측정함에 있어 자기보고식 검사방법을 사용하는 것이 측정학적으로 몇 가지 문제가 있지만(Pintrich, Wolters, & Baxter, 2000) 일련의 자기보고식 검사방법은 검사용으로 사용 가능한 심리측정학적 타당성을 확보하고 있다. 이는 특히 일련의 자기보고식 검사방법을 사용한 연구들이 숙달목표가 학습자의 인지적 결과를 10~30% 가량 설명한다는 일치된 결과를 제시함으로써 검사의 유용성을 지지하고 있다.

목표와 인지적 결과의 관계에 대한 연구는 연구 대상의 측면에서 초등학생부터 대학생까지 거의 모든 연령층에서 폭넓게 실시되고 있으며, 내용 영역의 측면에서도 영역 특수적인 교과(예: 영어, 수학, 과학, 사회)에서의 목표뿐만 아니라 일반적인 학교생활에서 학생들이 지향하는 목표에 대한 연구까지 광범위하게 진행되고 있다.

목표와 인지적 결과의 관계를 살핀 일련의 연구들은 숙달목표지향을 추구하는 학생들이 학습 활동을 수행하는 과정에서 자신의 인지 과정을 점검하기 위한 노력을 더 많이 하며 보다 효과적이고 효율적인 방식으로 학습 과정을 이해하기 위해 이해 점검 및 재이해 활동과 같은 학습방법을 추구한다고 보고하고 있다(Ames & Archer, 1988; Dweck & Leggett, 1988; Meece et al., 1988; Meece & Holt, 1993; Middleton & Midgley, 1997; Nolen, 1988, Pintrich, 1999b; Pintrich & De Groot, 1990; Pintrich & Garcia, 1991; Pintrich & Schrauben, 1992; Pintrich et al., 1994; Wolters et al., 1996). 또한 선행 연구 결과들은 숙달목표가 학습 과정에서 나타나는 학습자의 인지전략 사용 정도와 유의미한 관련성을 가지는 것으로 보고하고 있다. 특히, 이들 선행 연구에서는 지각된 학습자의 정교화 전략(예: 요약하기, 재구성하기) 및 조직화 전략(예: 개요작성, 네트워킹)과 같은 심층적 인지전략의 사용 정도는 숙달목표와 정적 관련성을 가지는 것으로 확인되고 있다(Ames & Archer, 1988; Bandalos et al., 2003; Bouffard, Boisvert, Vezeau, & Larouche, 1995; Graham & Golan, 1991; Kaplan & Midgley, 1997; Meece et al., 1988; Pintrich, 1999b; Pintrich & De Groot, 1990; Pintrich & Garcia, 1991; Pintrich et al., 1993; Pintrich, 1994; Wolters et al., 1996). 숙달목표는 특히 인지능력이 성숙한 학습자를 대상으로 했을 때 비효율적인 학습전략 및 피상적인 인지처리전략(예: 시연) 사용 정도와는 부적 상관을 보인다(Anderman & Young, 1994; Kaplan & Midgley, 1997; Pintrich & Garcia, 1991; Pintrich et al., 1993).

숙달목표에 관한 연구 결과와는 달리 수행목표와 인지적 결과의 관계에 관한 연구에서는 상이한 결과들이 도출되고 있다. 초기의 많은 목표이론 연구들을 살펴보면 일반적으로 수행목표와 다양한 인지적 · 행동적 결과 간에 부적 관련성이 있는 것으로 나타나지만(Ames, 1992b; Dweck & Leggett, 1998) 이는 초기의 목표이론이 수행목표를 수행접근과 수행회피로 분화하지 않았기 때문이다. 수행목표 유형에 접근과 회피의 구분을 적용한 최근의 연구들은 타인보다 우수한 능력 획득에 중점을 두는 수행접근목표와 다른 사람과 비교해서 상대적인 무능력이 드러나는 것을 회피하는 것에 중점을 두는 수행회피목표 간에 차별적인 특징이 있는 것으로 보고하고 있으며 수행회피목표보다는 수행접근목표가 학습자의 성취 결과에 더 긍정적인 영향을 미치는 것으로 제안하고 있다. 학생이 어떤 목표를 향상시키기 위해 과제에 접근한다면 학생은 과제에 보다 더 적극적으로 참여하려고 할 것이다. 반면, 어떤 목표를 회피하고자 한다면 학생은 과제를 참여하지 않고 포기하려는 경향을 보이게 될 것이다(Harackiewicz et al., 1998; Higgins, 1997; Pintrich, 2000c).

수행목표를 접근/회피 성향으로 구분하지 않은 대다수의 연구들은 수행목표가 심층처리를 요하는 학습전략 사용과 부적인 상관을 보이는 것으로 보고하고 있다(Bouffard et al., 1995; Meece et al., 1988; Nolen, 1988). 무능력 회피뿐만 아니라 타인보다 우수한 능력 획득을 지향하는 수행목표가 학생들의 심층처리를 요하는 학습전략 사용에 부정적인 영향을 미칠 수 있다는 것은 쉽게 예상할 수 있는 결과다. 타인보다 우수한 능력 획득에 목표를 두는 학생들은 심층처리를 요하는 학습전략을 사용하기 위해 필요한 시간과 노력을 상대적으로 적게 투자할지 모른다. 왜냐하면 이들은 적은 노력으로 성공을 성취하는 것이 능력의 지표라고 인식하고 있기 때문에, 심층처리를 요하는 학습전략을 사용하기 위해 쏟는 노력이 타인의 눈에는 능력 부족으로 보일 수 있다고 생각하기 때문이다. 다른 사람과 비교해서 상대적인 무능력이 드러나는 것을 회피하기를 원하는 학생들에게도 타인보다 우수한 능력 획득을 지향하는 학생들에게 나타나는 자기가치 보호 메커니즘이 나타날 수 있다(Covington, 1992). 따라서 이들은 자신의 능력이 부족해서가 아니라 노력을 하지 않았기 때문에 또는 학습전략을 사용할 수 없었다는 변명을 하기 위해 학습전략을 사용하기 위한 노력을 하지 않는다.

그러나 수행목표를 접근/회피 성향으로 구분한 최근의 연구들은 수행접근목표와 수행회피목표 간에 차별화된 특징이 있는 것으로 제안한다. Wolters와 동료들(1996)은 중학생을 대상으로 한 연구에서 숙달목표뿐만 아니라 수행접근목표 또한 심층처리를 요하는 학습전략 및 자기조절전략의 사용과 정적인 관련성이 나타나는 것을 찾았다. 그러나 Kaplan과 Midgley(1997)는 중학생을 대상으로 한 상관 연구에서 수행접근목표는 적응적인 학습전략과는 유의한 관련성이 없지만 표면처리를 요하는 학습전략 및 부적응적 학습전략 사용과는 정적인 관련성을 보이는 것으로 보고하고 있다. 앞의 두 연구는 수행회피목표를 측정하는 독립된 검사도구를 활용하지는 않았다. 반면, Middleton과 Midgley(1997)는 중학생을 대상으로 한 상관 연구에서 수행회피목표와 수행접근목표 모두 학습자의 인지조절전략 사용 정도와 관련성이 없는 것으로 보고하고 있다. 이와 같이 선행 연구 결과가 상이하게 나타나는 것은 측정 방법의 차이, 교실 환경, 피험자의 개인적 특성 등에 기인한다고 볼 수 있다. 접근/회피 수행목표와 인지적 결과의 관계에 대한 보다 명확한 이해를 하기 위해서 보다 체계적인 이론을 발달시킬 필요성이 있으며 연구 방법적 측면에서 자기보고식 방법을 활용한 상관 연구뿐만 아니라 더 많은 실험 연구들이 행해져야 할 것이다.

수행접근목표 및 수행회피목표 연구에서 결과 해석의 복잡성을 증폭시키는 요인

중에 하나는 수행목표를 설명하는 전통적인 Dweck의 목표지향 모델에서 성취목표와 성취결과의 관계를 효능감 신념이 매개할 수 있는 것으로 가정하고 있기 때문이다(Dweck & Leggett, 1988; 〈표 5-5〉 참조). 즉, 학생들이 과제를 수행할 수 있다는 높은 유능감 신념을 가지고 있을 경우에는 수행목표가 인지, 정서, 성취 결과에 부정적인 영향을 미칠 수 없다. 이 학생들은 숙달지향적인 학생과 동일한 패턴을 보이는 것으로 여겨진다. 수행목표는 학생의 유능감 신념이 낮은 경우에만 부정적인 효과를 가지는 것으로 가정된다. 따라서 유능감 신념이 낮으면서 수행회피지향적이거나 수행접근지향적인 학생들은 인지, 정성, 행동의 부적응적인 패턴을 보이는 경향이 있다(Dweck & Leggett, 1988).

또 다른 후속 상관 연구에서 수행목표와 효능감 간의 상호작용 효과와 효능감의 중재효과가 항상 나타나는 것은 아니다. 예를 들어, Kaplan과 Midgley(1997), Miller, Behrens, Greene와 Newman(1993)은 모두 전략 사용과 같은 인지적 결과에 대한 수행목표와 효능감 간에 상호작용 효과를 발견하지 못하였다. 실험연구설계와 상관연구설계를 모두 사용한 Harackiewicz(1998)의 연구에서도 성취결과에 숙달목표와 수행목표가 미치는 영향에 대한 효능감의 매개효과 및 중재효과가 나타나지 않는 것으로 보고하고 있다.

그럼에도 불구하고 수행접근목표는 학습자가 도전적이지 않고, 흥미가 없고, 자기증진의 기회를 많이 제공할 수 없는 과잉 학습 과제에 직면했을 때 인지적 자기조절 및 심층처리를 요하는 학습전략 사용을 이끌 수 있을지도 모른다(Wolter et al., 1996). 타인보다 우수한 능력 획득 및 학급에서 1등과 같은 외적 준거에 중점을 두는 것은 학생들이 지루한 과제에 더 많이 참여하게 하고 목표 성취를 위한 자기조절 학습전략의 사용을 이끌 수 있다. 반면, Kaplan과 Midgley(1997) 그리고 Middleton과 Midgley(1997)는 수행접근목표가 정적이든 부적이든 간에 인지적 자기조절과 큰 관련성이 없을지도 모른다고 언급했다. 상반되는 선행 연구 결과들을 종합적으로 볼 때 수행접근목표는 수행회피목표와 비교해서 상대적으로 인지적 자기조절 활동과 부적인 관련성을 가지지는 않는 것으로 보인다. 이는 수행접근목표 및 수행회피목표와 인지전략 사용, 자기조절 및 성취결과 간에 다중경로가 존재할지도 모른다는 것을 시사한다. 후속 연구에서는 이와 같은 다중경로를 명확하게 그리기 위한 시도가 필요하며 어떻게 수행접근목표와 수행회피목표가 인지적 자기조절전략과 다른 관련성을 가질 수 있는지에 대한 해답을 찾을 수 있어야 할 것이다(Barron & Harackiewicz, 2001; Pintrich, 2000c, 2000d).

행동적 결과

행동적 결과와 관련하여(〈표 5-7〉) 숙달목표는 대학생들의 시간 및 노력에 대한 자기조절과 정적으로 관련되어 있으며(Pintrich, 1989; Pintrich & Garcia, 1991; Pintrich et al., 1993) 그들의 적응적 도움요청 행동과도 정적인 관련성이 있는 것으로 보고되고 있다(Karabenick, 2004; Linnenbrink, 2005; Newman, 1994, 1998a, 1998b; Ryan & Pintrich, 1997, 1998; Ryan, Pintrich, & Midgley, 2001). 숙달목표를 가진 학생들은 도움요청 행동을 학습을 도울 수 있는 하나의 전략으로 인식하는 경향성이 있어(Newman, 1994, 1998a) 도전적인 과제 및 어려운 과제에 직면했을 때에도 문제해결을 위한 보다 적극적인 해결의지를 보인다(Dweck, 1999; Dweck & Leggett, 1998). 반면 수행목표를 가진 학생들은 도움이 필요한 경우에도 도움을 요청하지 않는 경우가 많은데 이는 그들이 자신의 능력을 부정적으로 반영한다고 보기 때문이다(예: 타인들에게 무능하다는 것을 보여 주는 것). Urdan(2004)은 수행회피목표가 자기손상(self-handicapping) 또는 성공적 수행에 대한 방해물을 만드는 것과 관련이 있음을 발견하였다. 또한 교실 연구들은 숙달지향을 촉진하는 맥락들이 적응적인 도움요청을 유도한다는 것을 보여 주었다(Newman, 1998b, Ryan, Gheen, & Midgley, 1998).

학습자의 가장 중요한 행동적 결과 중에 하나는 실제 학업성취결과 및 수행성취결과다. 목표 유형은 다른 동기적, 정의적, 인지적 패턴을 촉진할 수 있지만 이상적으로는 실제 학업성취결과와도 밀접한 관련성이 있을 수 있다. 숙달목표와 학습자가 보이는 긍정적인 인지적, 정의적, 동기적 결과와의 관련성에 관한 연구 결과에 기초해 봤을 때 숙달목표가 학업성취결과에 긍정적인 영향을 미칠 수 있음을 예상할 수 있다. 실험 연구들은 숙달목표를 가진 학생들이 보다 높은 학업성취결과 및 수행결과를 나타내는 것으로 보고하고 있고(Dweck & Leggett, 1988). 하지만 교실 맥락을 중심으로 실시된 일련의 상관 연구 결과들은 숙달목표가 성적 또는 GPA로 표시되는 성취와는 연관이 없다고 보고하고 있다(Elliot, McGregor, & Gable, 1999; Harackiewicz et al., 1998; Harackiewicz, Barron, Carter, Lehto, & Elliot, 1997; Pintrich, 2000c; VanderStoep, Pintrich, & Fagerlin, 1996). 또 어떤 일부 연구들은 수행접근목표가 학생들의 성적 또는 GPA와 관련성이 있는 것으로 보고하고 있다(Elliot et al., 1999; Harackiewicz et al., 1997, 1998).

수행목표의 역할에 대한 최근의 연구 결과들은 숙달-수행목표의 이분법적인 접근이 부적절하다는 문제의식을 야기시켰으며 이에 따라 다중목표이론의 관점과 같은 새로운 이론적 틀이 목표이론 연구에서 적용되고 있다(Elliot, 1997; Harackiewicz et al., 1998; Pintrich, 2000c). 그들은 바람직하고 적응적인 숙달목표와 나쁘고 부적응적인 수행목표라는 단순한 이분법을 넘어서서 다른 종류의 인지적 · 동기적 · 정의적 · 행동적 결과에 대한 또 다른 적응적 또는 부적응적 목표를 개념화할 필요를 제기한다. 즉, 어떤 결과를 고려하는지에 따라 목표가 적응적인지 아닌지가 달라진다. 예를 들어, 숙달목표는 더 많은 흥미와 내재적 동기로 유도되는 반면, 수행지향목표는 더 나은 수행을 이끌 수 있다(Harackiewicz et al., 1998).

목표의 유형에 대한 전통적 관점과 다중접근의 관점 모두에서 수행회피목표의 효능에 관한 연구 결과는 정확히 일치하고 있다. 다중접근의 관점에서 새로 제기된 가장 중요한 관점은 수행접근목표가 학생들의 몇몇 결과에 적응적일 수 있다는 것이다. 또한 목표를 성취하는 데에는 다양한 방법이 있을 수 있다고 보는 동일귀착성(Equifinality)의 관점에서 여러 다양한 목표들은 다양한 경로 또는 발달 궤도를 보일 것으로 보고, 이러한 다양한 경로들이 결국에는 비슷한 결과를 가져올 수 있다고 보는 입장이 있다(Barron & Harackiewicz, 2001; Pintrich, 2000c; Shah & Kruglanski, 2000). 또한 다양한 목표들 간에는 상호작용이 있을 것이고 이러한 상호작용은 '숙달-좋은 목표' '수행-나쁜 일반화' 라는 기존의 목표이론에서 나오는 단순한 직선적 관계가 상정하는 것보다 훨씬 더 복잡한 결과 유형을 가져올 것이라고 보기도 한다(Barron & Harackiewicz, 2001; Pintrich, 2000c).

Midgley와 동료들(2001)은 전통적인 목표이론을 수정할 필요가 없다고 주장했다. 숙달목표는 적응적이고 수행목표는 비적응적이라는 이분법적인 기본 가정은 여전히 목표이론을 전체적으로 가장 잘 일반화한 것으로 본다. 이들은 수행접근목표의 긍정적인 측면을 밝힌 대다수의 연구 결과는 특정한 경우에 한정되는 결과라고 지적하고 있다. 예를 들어, 자기효능감이 높은 학생을 대상으로 했거나(Dweck & Leggett, 1998), 수행접근목표뿐만 아니라 숙달목표 또한 높은 학생을 대상으로 했거나(Pintrich, 2000c), 수행목표를 채택하는 것이 도움이 되는 경쟁이 심한 대학교의 학급을 대상으로 연구가 진행된 것이다(Harackiewicz et al., 1998). 더구나 이들은 학교의 학습 상황은 많은 경우 수행지향적이고 경쟁적인 특징을 갖는데 이러한 상황에서 수행접근목표가 적응적 측면이 있다는 일련의 연구 결과들은 교사 및 학교행정가들이 학교의 경쟁적인 환경을 더욱 강화하게 만들 수 있으며, 그 결과 많은 학생들에게 부정적 영향을 미칠 수 있음을 지적하고 있다. 이 관점은 Brophy(2005)가 강조하였는데 그는 수행목표를 결과목표로 대체하고 경쟁보다는 성취를 강조하는 것을 추천하였다. 수행목표에 대한 연구들은 매우 활발히 진행되고 있으며, 앞으로 이루어질 많은 경험

적 연구들이 논쟁의 해답을 좀 더 명확하게 드러낼 것이다. | 응용연구 5-1 | 은 숙달목표 및 수행목표의 바람직한 모습을 논의한다.

| 응용연구 5-1 |

숙달목표와 수행목표 중 어느 것이 더 좋은 것인가?

이러한 질문을 던지면 교육자들은 아마 숙달목표라고 할 것이다. 교육자들은 학생이 동기화되고, 배우고 또 기술이 연마되기를 바란다. 교육자들은 과도한 경쟁을 늘 비난하며 다른 사람을 능가하고 경쟁하고자 하는 추진력을 길러 주고 싶어 하지 않는다. 그러나 경쟁이란 우리 인생 전반을 지배하고 있다(예: 스포츠). 혹자는 우리가 학생들이 필요한 경쟁 기술을 굳이 키우지 않도록 하면서 훌륭한 시민이나 성공적인 삶을 살 수 있게 준비할 수 있을지를 의심한다. 참 대답하기 어려운 문제다.

학생들이 경쟁적이어야 할 때가 있지만 사회에서는 다른 사람과 협력하고 또 사회 규칙을 준수해야만 한다. 우수한 대인관계 기술은 고등교육으로 갈수록 사업이나 정부, 교육계나 기타 등등에서 그 중요성이 증대되고 있다. 만약 우리가 학생들을 창의적이고 유능하게 만들기 위해 협력의 기술을 가르치지 않는다는 것은 학생들에게 크게 해를 입히는 것이다. 우리가 할 수 있는 최고의 충고는 학생들이 다른 환경에도 적응하고 자신들을 복되게 할 수 있도록 필요한 기술을 가르치는 것이다. 숙달이나 수행 차원에서 서로 다른 기술이 필요할 것이다. 숙달목표는 어떤 일을 하든 그 과정을 평가하고 필요한 기술이나 지식을 획득할 수 있는 전략을 요구하고 있다. 수행목표는 학생들이 경쟁에 있어 필요한 기술을 평가하게 하고 조우하게 되는 장애물을 극복하는 데 자신의 재능을 어떻게 사용할 수 있는지에 대한 전략을 개발하게 한다. 의사결정은 상황을 벗어나는 최적의 시기가 언제인지 알 수 있는 능력으로 환경을 변화시키기 위해 다른 사람들과 협력할 수 있어야 한다. 이러한 행동은 바로 동기가 요구되는 것으로 보다 나은 환경을 창출하고 사회의 이익을 위해 자신의 복지를 개발하여야 한다. 이것이 바로 학교교육의 중요한 목표가 된다.

개인적 변인과 맥락적 변인

만약 목표지향이 동기, 정서, 인지와 행동에 중요하다면 어느 변인이 목표 성취를 위해 채택되는지를 이해하여야 한다. 이 절에서는 먼저 연령, 성별, 민족성과 같은 개인적 변인을 살펴본 후 다양한 목표 채택 과정에 영향을 미칠 수 있는 맥락적 변인들에 대해 살펴볼 것이다. 목표지향이론의 가장 두드러진 특징 중의 하나는 개인이 채택하는 개별적 목표가 맥락적 특질에 민감하다는 것이다. 따라서 목표이론은 특히 교실에서 학생들을 지도하는 교사에게 매우 유용한 틀로서 작용할 수 있다. 왜냐하면 목표를 불변적인 개인적 변인으로 가정하지 않고 교실에서 교사들의 행동이나 교실의 체제 및 구조적 특성에 의해 형성될 수 있는 가변적인 것으로 가정하기 때문이다.

개인적 변인

발달 차이에 관한 연구들은 연령에 따라 목표와 관련 있는 지표로 볼 수 있는 능력, 지능, 노력, 성취를 개념화하는 데 있어 차이가 있는 것으로 제안하고 있다. 예를 들어, Dweck과 그의 동료들은 어린 아동들이 지능에 대한 증가신념(Incremental theories of intelligence)을 가지고 있는 반면, 10~12세의 성숙한 아동들은 지능에 대한 고정이론을 가지기 시작하는 것으로 보고하고 있다(Dweck, 1999; Dweck & Elliott, 1993). 지능에 대한 증가이론은 지능과 능력이 변화할 수 있고 시간과 노력에 따라 증진될 수 있다는 학생들의 신념을 반영하는 것이다. 반면, 지능에 대한 고정신념(entity theories of intelligence)은 지능은 고정적이고 안정적이며 변화하지 않는다고 보는 학생들의 신념을 반영하고 있다. 지능에 대한 고정이론을 가진 학생들은 영원히 자신들의 능력과 지능을 발전시킬 수 없을 것이라고 생각한다.

Dweck의 연구에서 지능에 대한 2가지 신념은 서로 상반되는 이분적인 변인으로 조작되며 실험처치 과정에서 피험자들은 지능에 대한 암묵적 이론 중에서 하나를 선택하도록 요구된다. 그러나 이 이론은 분할되는 것이 아니라 연속체로 존재할 수 있는 가능성을 제기하고 있으며 개인이 지능에 대한 복합된 신념을 가질 수도 있음을 암시하고 있다. 이와 같은 지능에 대한 신념은 12~13세 무렵에는 다소 안정적으로 나타난다. 따라서 비록 영역별로 차이가 있겠지만 지능이론은 맥락에 따른 차이에 초점을 두는 목표이론에 비해 보다 특질(trait)에 초점을 두고 있다고 볼 수 있다. 예를 들어, 여러분은 수학교과에서는 자신의 능력에 대한 고정이론을 가지고 있는 반면, 영어교과에서는 자신의 능력에 대한 증가이론을 가지고 있을지도 모른다. 이는 단지 학업과 관련된 영역에 국한되는 것은 아니다. 개인은 자신의 통제 불가능한 특성(예: 키)에 기초하여 농구에 대한 능력의 고정적 견해를 가질 수 있는 반면 테니스와 업무를 배우는 영역 등에서는 자신의 능력에 대한 증가적 견해를 가지고 있을 수 있다.

Dweck의 모델에서 제시된 지능에 대한 두 가지 이론은 서로 다른 목표지향을 이끌 수 있다. 어린 아동들은 숙달목표지향을 더 많이 채택하는 경향이 있고 연령이 높은 아동들은 수행목표지향을 더 많이 채택하는 경향이 있다. Eccles와 Midgley(1989)는 초등학생들이 중학교에 진학함에 따라 능력 및 지능에 대한 고정이론을 더 많이 가지게 되는 것으로 제안했다. 연구는 비록 대부분의 성인이 특정 영역에서 능력에 대한 증가이론을 가질 수도 있지만 전반적으로는 지능(general intelligence)에 대한 고정적 견해를 가지고 있는 것으로 제안한다. 예를 들어, 성인들은 일반지능이 언어 능력, 사고력, 문제해결력, 사회적 능력(social competence)으로 구성된다는 관점을 가지고 있지만(Sternberg, 1990), 일반지능 중에 언어 능력 및 문제해결력은 불변하는 고정적인 것으로, 사회적 능력(예: 타인과 잘 어울리는 능력, 약속시간 지키기)은 증가될 수 있는 것으로 생각한다. 만약 교사가 능력 및 지능에 대한 고정적 견해를 가지고 있다면 낮은 수준의 학업성취 결과를 보이는 학생들의 수행을 변화시키는 것이 어렵다고 믿을 수 있다. 이는 교사들에게 낮은 수준의 학업성취 결과를 보이는 학생들에 대한 기대 수준을 낮게 가지도록 이끌 수 있으며 결과적으로 학업성취 수준이 낮은 학생들을 차별하게 만들 수 있다(Brophy & Good, 1974; Eccles & Wigfield, 1985).

Nicholls와 동료들은 또한 능력이 무엇이고 능력이 운, 기술, 난이도, 노력 등과 어떻게 관련되어 있는지를 조망하는 관점에 있어 발달 차이가 있을 수 있음을 보여 주고 있다(Nicholls, 1978, 1990; Nicholls & Miller, 1983, 1984a, 1984b, 1985; 3장 참조). Nicholls는 발달적 관점을 따르고 있으며 그의 연구는 학생들의 이러한 개념의 이해 발달에 있어 일반적 수준이 있다는 것을 밝혔다. Nicholls는 비록 이러한 개념들을 연령과 관련한 발달 수준으로 논의하였지만 강력한 발달 단계 모델을 제안하지는 않았다. 오히려 아동들의 능력을 보는 관점에 대한 수준은 연령과 밀접한 관련성이 있지만 맥락에 따라 다르게 나타날 수 있으며 반드시 인지발달 수준(예: Piaget 이론에서 전조작기부터 구체적 조작기 사고로 이동하는 것)에 의존하는 것은 아니다.

Nicholls와 동료들은 5세 이하의 아동들이 성인과 달리 운, 기술, 능력, 노력의 개념을 구분하지 않는 것을 확인하였다. 예를 들어, 어린 아동들은 기술과 운을 구분하지 않으며 본질적으로 운에 의해 성취결과가 정해질 수 있는 과제에서도 노력이 성취결과의 차이를 만들 수 있다고 믿는다. 12세 정도가 되어서야 아동들은 비로소 노력과 운을 충분히 구분할 수 있으며 운에 의해 성취결과가 정해질 수 있는 과제에서는 노력이 성취결과의 차이를 만들 수 없는 반면, 전문적인 기술을 요하는 과제에서는 노력 정도에 따라 성취결과가 달라질 수 있음을 알게 된다.

Nicholls의 연구는 또한 취학 전 아동들은 과제 난이도와 능력 간의 관계에 대해 성인과 다른 개념을 가지고 있음을 확인하였다. 이들은 과제 난이도와 능력을 구분하는 3가지 수준, 즉 자기중심적 수준, 객관적 수준, 규준적 수준이 있다고 본다(3장의 〈표 3-3〉 참조). 자기중심적 수준에서 아동들의 과제 난이도 판단 준거는 자신의 유능감 정도이므로 이 수준에서 아동들이 난이도가 높다고 판단한 과제가 모든 사람들에게 반드시 어려운 과제는 아닐 수 있다. 객관적 수준으로 불리는 두 번째 수준에서 아동들은 과제 수준에 따라 요구되는 능력이 다르다는 것을 지각할 수 있게 된다. 그러나 객관적 수준에서도 아동들은 여전히 자신이 과제에 실패한 이유가 자신의 낮은 능력 때문인지 아니면 높은 과제 난이도 때문인지 구분할 수 없다. 6~7세 아동들에게 나타나는 규준적 수준에서 아동들은 모든 사람에게 어려운 과제와 단지 자신에게만 어려운 과제를 구분할 수 있게 된다. 후자는 그들이 낮은 능력을 가지고 있다는 것을 함의한다. 이러한 구별이 나타나는 이유는 학교에서 아동은 능력, 노력, 과제 난이도 판단을 위해 외부의 규준 정보 및 사회적 비교 정보에 대한 활용을 인지하기 시작하기 때문이다(Ruble & Frey, 1991).

마지막으로, Nicholls는 어린 아동들이 능력과 노력을 구분하지 못하는 것은 성인이 가지고 있는 능력과 노력의 정의에 대한 규준을 형성하지 못하고 있기 때문이라고 본다. 능력과 노력의 관계에 대한 아동의 관점은 크게 4가지 수준으로 구분된다. 5세 이하의 아동들은 능력, 노력, 결과의 개념을 통합하는 경향이 있기 때문에 열심히 노력하는 사람이 총명하고 총명한 사람은 열심히 노력한다고 믿는다. 6~7세 사이에 나타나는 두 번째 수준에서는 아동들이 능력과 과제 난이도에 대한 규준 개념을 발달시키는 과정에서 노력과 결과를 구분하기 시작한다. 하지만 이 수준에서 아동들은 여전히 노력이 결과를 결정할 수 있다고 믿으며 노력한 만큼 결과가 나타난다고 생각한다. 그렇기 때문에 이 수준의 아동들은 똑같은 노력을 했지만 결과가 다르게 나타날 경우 이를 받아들이는 데 어려움을 나타낼 것이며 자신의 신념체계 안에서 이를 조정할 수 있는 이유를 만들어 낼 것이다. 예를 들어, 이 수준의 아동들은 노력하지 않은 사람이 열심히 노력한 사람과 똑같은 성취결과를 나타낼 때, 열심히 노력하지 않은 것처럼 보이는 사람은 짧은 시간 동안 정말 열심히 노력했을 것이며 열심히 노력한 사람은 실수를 했다고 생각하게 된다. 세 번째 수준에서 아동들은 결과에 대한 능력과 노력 간의 상호작용이 나타날 수 있다는 개념을 발달시키기 시작하지만 체계적으로 이 개념을 적용하지는 못한다. 이 수준의 아동들은 열심히 노력했지만 다른 사람과 비슷한 성취결과를 얻지 못할 때, 이는 개인의 능력 차이 때문이라는 것을 이해하기 시작한다. 하지만 이 수준의 아동들은 여전히 노력의 정도와 성취결과 수준이 정비례 관계에 있다고 생각할지 모른다. 12~13세 사이에 나타나는 네 번째 수준에서 아동들은 성인처럼 능력과 노력은 구분되는 것이며, 간혹 공변할 수 있다고 보면서 능력에 대한 규준적 개념을 가지게 된다. 특히 이들은 능력을 역량(capacity)으로 지각함으로써 능력 수준에 따라 노력의 효과가 감소될 수도 있음을 알게 된다. 예를 들어, 이 수준의 학생들은 자신의 능력이 부족하다면 아무리 열심히 노력해도 도달할 수 있는 성취수준에는 한계가 있다고 믿는다. 반대로 만약 높은 능력을 가지고 있는 학생들이 열심히 노력하다면 높은 성취결과를 얻을 수 있다고 믿는다. 게다가 이 수준의 학생들은 개인의 능력이 뛰어나고 주어진 대부분의 과제가 많은 노력을 요구하지 않을 때 능력과 노력은 공변할 수 있다고 믿는다.

지능, 능력, 기술, 노력, 난이도, 운에 대한 아동의 신념에 있어 발달 차이를 확인한 일련의 연구 결과들은 연령이 높은 학생들보다 취학 전 아동 또는 초등학교 저학년 학생들이 상대적으로 숙달목표지향적이라는 것을 알아냈다. 학생들이 능력을 역량의 개념으로 지각하고 지능에 대한 고정적 신념을 가지게 됨에 따라 자신의 능력 또는 과제 수행 과정에서 자신의 능력이 어떻게 반영되는지에 대해 관심을 집중하게 될 것이다. 이와 같이 능력에 관심의 초점을 두는 것은 숙달목표지향보다는 수행목표지향과 일치하는 것이다. 지능과 능력에 대한 신념의 발달 차이를 가져오는 중요한 특성변인으로 맥락과 인지발달 측면을 생각해 볼 수 있다. Nicholls(1990), Ruble과 Frey(1991)는 환경에서 주어지는 다양한 정보들을 사용하고 이해하는 아동의 인지적 역량 변화가 발달차를 이끈다고 보고하고 있다. 반면, Rosenholtz와 Simpson(1984), Marshall과 Weinstein(1984)은 아동의 인지적/구조적 변화는 발달차를 설명하는 중요한 변인이 아니며, 학교 환경과 같이 아동이 속한 맥락의 속성이 발달차를 더 잘 설명하는 것으로 보고하고 있다. 또 다른 이들은 발달적 차이 하나보다는 중학교와 고등학교의 조직과 구조가 학생들의 동기 신념에 영향을 준다고 보았다(Anderman & Maehr, 1994; Eccles & Midgley, 1989; Maehr & Midgley, 1991). 아동이 상이한 목표지향을 선택하는 과정에 영향을 미치는 발달 요인과 맥락 요인 간에 상호작용이 존재하는 것처럼 보인다.

성차에 관한 연구에서 학습된 무기력에 대한 Dweck의 몇 가지 연구들은 여학생들이 덜 적응적인 귀인 양상을 갖는다는 것을 보여 주었다(Dweck et al., 1978). Dweck의 연구모형과 성별에 따른 귀인의 차이를 다른 기존 연구들을 고려하여 살펴보면 남학생보다 여학생이 더 수행목표지향적이고 능력에 대한 고정이론을 가지고 있음을 예상할 수 있다(Henderson & Dweck, 1990). 그러나 귀인에서의 성차에 관한 연구 결과는 혼재되어 있다. 많은 연구들은 여학생들에게 나타나는 비적응적인 귀인 양상을 찾지 못했으며(Eccles 1983; Eccles et al., 1998), 이는 여학생들이 덜 숙달목표지향적이고 더 수행목표지향적이라는 연구 결과가 분명치 않다. Henderson과 Dweck(1990)은 영리한 여학생은 영리한 남학생보다 거의 2배 정도 지능에 대한 고정적 이론을 가지고 있음을 밝혔다. 그러나 목표지향에 관한 대다수의 선행 연구들은 목표지향에 있어 성차에 따른 차이는 의미 있게 나타나지 않는 것으로 보고하고 있다. 그렇기 때문에 목표지향에 있어 성차에 따른 차이는 크지 않을지 모른다. 사실 남학생이 여학생보다 수행목표지향적이라는 주장이 제기될 수도 있다. 남학생이 여학생보다 경쟁적인 속성이 더 강하다고 가정할 때, 남학생은 동료들보다 더 우수한 수행이나 높은 학업성취결과를 추구하기 위한 목표를 여학생보다 더 많이 채택할지도 모른다. 하지만 여전히, 능력에 대한 동기적 신념과 목표지향에 있어서의 성역할과 관련된 정의적, 행동적, 귀인적 양상에 대한 보다 많은 연구들이 필요하다.

맥락적 변인

목표지향에 대한 연구는 맥락 의존적인 구인, 즉 교실-상황적인 구인으로 개념화되어 왔다. 학생들이 목표지향을 설정하는 데 있어 교실 맥락이 미치는 영향을 살펴본 연구들은 크게 실험 연구와 상관 연구 모두를 활용하였다.

Epstein(1989)은 학생들의 동기에 영향을 주며 조정이 가능한 6가지 차원의 교실 환경을 확인하였는데 이는 과제 설계, 권위의 분권, 학생의 인정, 집단 편성, 평가실행, 시간 할당이다. TARGET이라는 두음자어는 과제(task), 권위(authority), 인정(recognition), 집단 편성(grouping), 평가(evaluation), 시간(time)의 첫 글자를 따서 만든 것이다. 비록 이들 6가지 차원은 목표지향과 수행지향을 촉진할 수 있는 각각의 특징에 기초하여 개별적으로 논의되고 있지만 실제 교실 환경은 상호작용하며 중복되는 부분이 있을 수 있다. 〈적용 5-2〉는 TARGET을 적용하기 위한 전략들과 교실에서의 목표지향의 다른 특징들을 논의한다.

적용 5-2 교실에서 목표지향이론을 적용하기

학생들은 그들의 교실에서 강조되는 목표지향을 채택하는 경향이 있다. 숙달접근목표지향이 더 나은 동기, 인지적 결과를 낳는다는 연구가 확실하다면 다음과 같은 제안들은 학생들의 숙달목표 채택을 촉진할 것이다. 수행접근목표에 대한 논의가 아직 끝나지 않았기 때문에 수행목표를 촉진하는 방법은 다루지 않도록 한다.

1. **학습 활동의 의미에 초점을 맞춰라.** 선생님들은 교실에서 다루는 과제가 어떻게 실제 세상과 관련되어 있는지 강조해야 한다. 예를 들어, 10학년 생물 담당인 장 선생님은 학교 근처의 수질을 검사해 오는 과제를 낸다. 학생들은 근처의 냇가에서 샘플을 가져와서 수질 검사를 한 후 결과가 식수, 하수설비, 수질 공해 등과 관련하여 어떤 의미를 지니는지 토론한다.

2. **참신하고, 다양하고, 변화가 많으며 흥미로운 과제를 만들어라.** 선생님들은 여러 가지의 과제를 제시해야 하며 그 과제들의 참신함, 다양성, 변화 그리고 흥미에 신경을 써 학생들의 관심을 집중시켜야 한다. 3학년 담당의 신 선생님은 수학 공부를 위해 교실 컴퓨터를 사용하게 한다. 신 선생님은 여러 가지 수학 계산과 관련된 게임이나 판타지를 배경으로 한 프로그램을 사용한다. 컴퓨터에서 학생들이 하는 것은 단순히 연습-실습 활동이지만 특히 성적이 별로 좋지 않은 학생들은 노트에 문제를 푸는 것보다 컴퓨터에서 수학 계산을 하는 것을 좋아하는 것으로 나타났다.

3. **도전적이지만 학생의 능력 범위 안에 있는 과제를 만들어라.** 6학년 영어 담당인 양 선생님은 읽기와 쓰기를 가르친다. 모든 학생들은 자신의 포트폴리오에 들어갈 중심 프로젝트, 논설 그리고 숙제가 주어진다. 그러나 양 선생님은 범위가 넓은 여러 가지 추가 숙제를 제공함으로써 학생들의 서로 다른 능력을 반영한다. 이 추가 숙제에는 창의적 글쓰기와 기본 문법, 철자 숙제 등이 있다. 이 중에서 학생들은 자신이 원하는 것을 선택해서 할 수 있지만 양 선생님은 학생들에게 자신이 더 공부해야 할 분야의 숙제를 하도록 권장한다. 따라서 어떤 학생들은 문법 숙제가 더 많을 것이고 다른 학생들은 독해 숙제가 더 많아진다. 이 시스템은 집단 수업을 하지 않고도 학생 개개인의 능력에 맞출 수 있다.

4. **학생들에게 수업 활동에 대해 어느 정도의 선택권을 주어라.** 이것은 선생님들이 가지

고 있는 수업 내용에 대해 결정권을 포기하라는 뜻이 아니다. 만약 수업 계획을 학생들에게 모두 맡긴다면 이것은 선생으로서의 직무 책임을 회피하는 것이 될 것이다. 선생님은 학생들이 배울 분야에 대해 더 잘 알기 때문에 필요한 것이다. 그러나 학생들의 의견을 반영하여 수업을 계획하는 것도 가능하다. 한 예로 중학교의 사회 과목 담당인 김 선생님은 학생들이 보고서 과제의 주제에 대해 어느 정도 선택을 하도록 한다. 그는 전반적 주제를 제시하고(예: 미국독립혁명) 학생들은 이 주제에 관련된 하위 주제(예: 군사, 경제, 정치, 사회, 문화, 지리) 중 하나를 선택하여 자신이 원하는 관심사를 고를 수 있다.

5. **개인적 능력 향상, 학습, 진전, 그리고 숙달에 초점을 맞춰라.** 매일 언어적 피드백이나 보상을 내릴 때는 학생의 능력 향상에 초점을 맞추어야 한다. 4학년 담당인 박 선생님은 지난 며칠이나 몇 주 동안 학생의 수업 중 문제 풀이나 과제를 평가하여 개개인에게 피드백을 제공한다. 또한 박 선생님은 학생 개개인의 포트폴리오를 만들어 주기적으로 개인적 검토를 한다. 이 상담에서 박 선생님은 학생들에게 자신이 얼마나 기술적, 지식적으로 발전하고 있는지 알 수 있게 해 준다.

6. **공공적인 평가를 피하고 개인적인 평가를 하라.** 모든 평가를 개인적으로 하는 것은 (결국 교실이라는 공간은 공적인 공간일 수밖에 없다) 불가능하지만 공공적인 평가를 최소한으로 줄일 수는 있다. 7학년 영어 담당인 구 선생님은 시간을 아끼기 위해 받아쓰기 점수를 불러 주곤 했지만 이것은 누가 잘하고 못하는지 모두가 알게 되기 때문에 사회적 비교와 경쟁을 낳는다는 것을 알게 되었다. 받아쓰기를 잘하는 학생들은 경쟁에서 성공하였고 좀 더 지나자 상대적으로 받아쓰기 성적이 안 좋은 학생들은 받아쓰기 시험을 거부하는 현상을 보였다. 준비하는 데 일부러 시간을 오래 끈다든지 구 선생님이 단어를 불러 줄 때도 창밖 다른 곳에 정신이 팔려 있었으며 써 보려고 노력조차 하지 않았다. 구 선생님은 또 큰 게시판에 모든 과제, 시험, 그리고 보고서의 점수를 붙여 모든 사람이 볼 수 있게 했었다. 구 선생님에게는 편했지만 점수를 받은 학생들이 낮은 점수를 받은 학생들을 놀리는 등 좋지 못한 현상이 일어났다. 첫 번째 채점이 끝날 무렵 그는 이러한 방법을 더 이상 쓰지 않고 학생들의 성적을 컴퓨터에 스프레드시트로 저장하였다. 이런 방법은 시간이 더 오래 걸리긴 했지만 개인적인 평가를 좀 더 가능하게 하고 부정적 사회 비교를 멈추게 했다. 이와 더불어 그 스프레드시트 프로그램은 학생 개개인의 기록을 인쇄할 수 있어 학생에게 자신이 어떻게 하고 있는지 알려 주는 유용한 자료가 되었다.

7. **학생의 노력을 인정하라.** 노력이 평가의 유일한 기준이 되면 안 되고 그럴 수도 없지만 평가에 어느 정도 반영하는 것은 가능하다. 고등학교 영어 교사인 조 선생님은 중요한 연구 과제에 대해서는 노력 점수를 따로 매긴다. 그녀는 학생들의 노력이 연구의 전체적 질과 관련이 있다는 것을 학생들에게 알려 주려고 노력하지만 개인적 기술이나 지식의 차이로 내용에 차이가 있다는 점도 인정한다. 그럼에도 불구하고 그녀는 노력에 대한 높은 점수를 줌으로써 학생들을 격려하기를 원한다. 비록 문법이나 전반적인 글쓰기를 보강해야 하는 학생이라도 말이다.

8. **학생들에게 실수가 배움의 기회라는 것을 보여라.** 선생님들은 피드백을 주거나 채점 기준을 정할 때 실수는 학생의 능력을 나타내는 것이라는 견해를 보일 수도 있고, 실수를 배움의 기회로 삼아야 한다는 입장을 나타낼 수도 있다. 선생님들이 어떤 방식으로 틀린 답을 다루는지를 통해 배움에 있어 실수의 기능을 설명하는 것이다. 숙달지향을 촉진하기 위해서는 실수를 간과해서는 안 되고(설명 없이 실수를 넘기지 마라) 학생들이 실수를 긍정적이고 배움에 이익이 될 수 있는 것이라고 인식하게 해야 한다. 예를 들어, 고등학교 수학 담당인 곽 선생님은 학생들에게 수학 문제를 칠판에 풀게 한다. 반 전체를 두 명 또는 세 명의 집단으로 나누어 모든 학생이 동시에 칠판에 각각 자신이 속한 집단이 맡은 문제를 푼다. 학생들이 원래의 자리로 돌아가 앉으면 각 집단은 어떻게 문제를 풀었는지 차례로 설명한다. 이때 곽 선생님이나 나머지 학생들은 그들의 문제 풀이에 어려움이 있는지 혹은 어디에서 틀린 것인지 질문을 한다. 그 팀이 사용한 방식에서 실수가 있다면 이것은 하나의 학습 방법으로 취급되는 것이다. 또 두 명 혹은 세 명의 집단으로 문제를 풀었기 때문에 그 학생들은 문제에 대해 혼자 모든 부담을 지지 않는다.

9. **여러 가지의 협동집단을 통해 동료 간 상호작용을 조장하라. 또 진척 수준을 관리하기 위해서는 개인적인 과제를 이용하라.** 5학년 담당인 강 선생님은 사회, 과학 과목에서 협동집단을 사용한다. 그는 학생들의 능력과 타고난 재질, 창의력 등을 고려하여 집단을 설정한다. 학생들은 집단 안에서 각자 맡은 책임이 다르기 때문에 문제해결에 관심을 보인다. 한 단원이 종료하면서 각 학생은 성취 시험과 집단 활동의 참여도에 관해 평가를 받게 된다.

10. **과제를 끝내는 것에 어려움을 느끼는 학생들에게는 기간을 조정하라.** 학생들에게 과제 수행과 발달 스케줄을 짜게 하라. 최 선생님의 반에는 학습에 문제가 있는 학생들이 여러 명 있었다. 처음에 그 학생들은 주어진 기간 내에 과제를 끝내지 못하

였다. 최 선생님은 각각의 학생을 개인적으로 만나 각 과제의 수행 기간을 조정하였다. 그녀는 학생들에게 그들이 결국에는 모든 과제를 다 끝낼 수 있으리라 믿는다고 하였다. 매일 정해진 양의 일을 해서 6주 후에는 끝낼 수 있도록 각자의 목표를 세우도록 하였다.

'과제' 차원은 각종 학습 활동, 숙제 등의 설계에 관한 내용을 포함한다. 과제 수행 및 학습 활동은 학생들의 동기와 인지에 매우 중요한 영향을 미친다(Blumenfeld, Mergendoller, & Swarthout, 1987; Doyle, 1983). 학생들로 하여금 숙달목표를 채택하도록 고무할 수 있는 몇 가지 교실 과업의 특징들이 있다(Ames, 1992a, 1992b). 과제의 다양성과 차이점은 과제 수행에 대한 사회적 비교가 이루어질 수 있는 기회를 줄임으로써 숙달목표를 선정할 수 있도록 도와주어 궁극적으로 학생들의 학습 흥미를 유지시킬 수 있다(Marshall & Weinstein, 1984; Nicholls, 1989; Rosenholtz & Simpson, 1984). 과제의 또 다른 특징은 과제가 어떻게 학생들의 학습 활동에 도입되었는가에 관한 것인데 만약 교사가 학생들로 하여금 과제와 학생들의 관계를 인식하고 개인이 학교에서 배우는 과제 내용의 실제적인 의미를 알 수 있도록 도와준다면 더욱 쉽게 숙달목표지향을 확정할 수 있을 것이다(Brophy, 1987, 1999; Meece, 1991). 세 번째 특징은 과제 난이도 수준이다. 앞에서 논의했던 대부분의 동기이론들과 마찬가지로 목표지향이론은 한 과제가 학생들에게 도전의식을 최대한 제공할 때, 그리고 학생의 노력을 통하여 숙달할 수는 있지만 지루함을 느낄 정도로 쉽지 않고 근심과 불안이 생길 정도로 어렵지도 않을 때 학생들이 숙달목표를 매우 쉽게 설정할 수 있다(Ames, 1992b; Lepper & Hodell, 1989; Malone & Lepper, 1987). Ames(1992b)는 독특하고 단기적으로 목표에 접근하는 과제일수록 학생들이 그 목표를 향하여 자신의 노력을 배분할 수 있도록 도와주고, 또한 그 목표에 도달했을 때 효능감을 느끼게 해 준다고 말한다. 이러한 과제의 특징은 과제의 설계에 있어서 목표설정이론(4장 참조)에 기초해야 할 뿐만 아니라 사회인지이론(Schunk, 1991b)에도 기초해야 한다는 것을 재차 암시한다.

학생들의 숙달목표지향을 발전시키는 것과 관련된 교실의 동기전략이론은 매우 다양하다. 이러한 전략은 학습 흥미를 형성하고 개인적으로 다양한 도전을 시도하거나 학생들에게 실현 가능한 목표를 설정하는 것을 도와준다거나 학생들에게 목표 실현을 위한 조직관리 기술과 효과적인 과제 수행 전략을 발달시켜 주는 것을 포함한다(Ames, 1992a, 1992b). 과제 구조는 우리들로 하여금 단일차원적인 학급과 다차원적인 학급을 구별할 수 있게 한다(Rosenholtz & Simpson, 1984). 단일차원적인 학급에서는 학생들이 동일한 자료를 이용하며 숙제도 똑같으므로 능력 차이로 인한 충격을 많이 받게 한다. 이는 단일 차원의 학급에서는 학생들이 모두 똑같은 과제를 수행하기 때문에 사회적 비교가 더욱 쉽게 일어나기 때문이다. 다차원적인 구조에서는 학생들이 각기 다른 과제를 수행하기 때문에 부정적인 사회적 비교를 할 수 있는 기회가 적어진다. 따라서 학생들이 능력 차이로 인한 충격을 덜 받게 된다.

'권위' 차원은 학생들이 리더의 역할을 취하고 학습 활동에 대한 독립심과 통제감을 느낄 수 있는 기회의 정도를 포함한다(Ames, 1992b). 목표이론과 내재적 동기이론으로부터 온 연구들(7장 참조)은 학생들이 가지는 통제와 선택이 그들의 과제에 대한 흥미와 인지적 관여를 증가시킨다고 제안하였다(Ames, 1992b; Deci & Ryan, 1985). 이것은 학생들을 수업에서 의사결정에 참가하게 하는 것도 포함한다. 예를 들어, 어느 과제를 완성할 수 있는지가 아니라 언제쯤 과제를 완성할 수 있는지를 미리 예견하는 것이다. 그러나 무엇을 해야 할지는 교사의 책임으로 남아 있다.

다른 측면에서 이 척도는 학생들에게 학습의 속도를 설정하는 기회를 제공하거나 혹은 한 과제가 어떻게 완성되는지를 확인하도록 하는 기회를 제공하는 것이다. 이와 같은 유형의 기회는 학생들에게 실제적으로 선택할 수 있는 기회를 제공하고 학생들이 학습 과정에서 책임감을 높이도록 고무 · 격려한다. 동시에 학생들은 책임감을 형성, 증진시키는 데 필요한 인지적 기술 그리고 자기조절 기술을 반드시 가지고 있어야 한다(Corno & Rohrkemper, 1985). 그러나 아주 어린 아동이거나 학습장애가 있는 학생들은 수업에 적응하고 다양한 선택을 하도록 도와주는 자기조절 기술을 가지고 있지 않을 수도 있다. 만약 학생들이 수업에서 선택을 하고 통제하는 기회를 많이 가지기를 원하지 않거나 또는 그러한 기회가 있더라도 충분히 그 기회를 활용하지 않는다면 그러한 기회는 학생들의 동기와 성취 정도에 긍정적인 영향을 줄 수 없을 것이다(Ames, 1992b).

'인정' 차원은 학생들의 중요한 동기적 결과에 영향을 주는 모든 형식적이고 비형식적인 보상, 유인, 칭찬 등의 사용에 관련된다. 숙달목표지향을 발달시키기 위하여 Ames(1992a, 1992b)는 교사가 반드시 학생들의 노력, 진보, 성취를 제대로 인정해야 한다고 제안한다. 이러한 방법에서 어떠한 보상의 사용이나 인정은 개인의 학습 상황이나, 실제로 취득한 진척 수준에 근거하여 판단하여야 하지 감정적인 비교로부터 판단해서는 절대 안 된다. 또한 보상이나 인정은 학생들에게 중요한 정보가 담긴 피드백을 줄 수 있다. 보상의 역할에 관해서는 제7장에서 더욱 상세히 논의하게 된다. 그러나 반드시 기억할 것은 학생의 진보 또는 유능감에 대한 정보 전달적인 피드백으로 보상을 사용할 때, 그 보상은 아주 유용하다는 것이다(Deci, Koestner, & Ryan, 1999; Deci & Ryan, 1985; Lepper & Henderlong, 2000; Morgan, 1984). Ames(1992a, 1992b) 또한 모든 학생들에게 보상을 받을 수 있는 기회를 제시하는 것은 학생들의 숙달지향을 높여 주는 데 매우 긍정적인 영향을 일으킬 것이라고 제안했다. 만약 한 학생이 본인은 영원히 보상을 받을 수 없고 다른 사람의 인정도 받을 수 없다고 느낀다면 그 과제에 대한 흥미와 동기도 그만큼 떨어질 것이다. 주의할 점은 보상이나 인정은 단지 학생들의 전반적인 성과나 수행 상황에만 근거하여 주어지는 것이 아니라 그들의 노력 정도와 진보의 여부에 근거하여 주어져야 한다는 것이다(Brophy, 1998). 또 타인에게 피해를 주는 사적인 형태의 인정은 학생들을 보상해 주지 않는다.

'집단 편성' 차원은 사람들과 효율적으로 같이 일할 수 있는 능력에 초점을 맞추었다. 능력 차이가 동기의 차이로 전환되지 않도록 분위기를 조성하기 위하여 교사는 능력이 같지 않지만 협동할 수 있는 집단을 만들고 또래와 상호작용을 할 수 있는 기회를 마련하여야 한다(Ames, 1992a, 1992b; Brophy, 1998). 특히 소집단을 묶어 과제를 수행하는 것은 수행 능력이 낮은 학생들에게는 매우 큰 효과가 있다. 왜냐하면 수행 능력이 낮은 학생들은 집단 합작을 통하여 소집단의 성공을 함께 경험할 수 있고 높은 수행에 대한 효능감을 느낄 수 있기 때문이다. 집단 학습 활동은 학생들로 하여금 자신의 공부에 대하여 책임감을 높일 수 있게 한다. 그러나 개개인의 과제 수행도 매우 중요한 것이다. 왜냐하면 그것은 개인의 수행 수준을 아주 명확하게 묘사해 주기 때문이다.

소집단 학습뿐만 아니라 보다 큰 범주에서 한 학급 또는 한 학교 역시 전체를 강조하고 같이 배우는 것을 강조하는 '학습자들의 공동체'를 형성할 수 있다(Bransford, Brown, & Cocking, 1999; Brown, 1997; Maehr & Midgley, 1996). 이와 같은 공동체의 학급 분위기는 규준과 기대, 그리고 학생 혹은 선생님과 협력하는 것을 포함하는 것이며, 협동을 촉진시키는 구조를 포함한다(Brophy, 1998). 이와 같은 학급 혹은 학교의 분위기는 학습에 초점을 두고 숙달목표를 확정할 수 있도록 학생들을 도울 수 있다(Maehr & Midgley, 1996).

'평가' 차원은 학생들의 학습을 사정하고 지도하는 방법의 일종이다. 이러한 평가 실행 및 보상체제의 관점에서 목표지향이론은 숙달목표를 쉽게 달성하게 하는 여러 가지 요인이 있다고 제안했다(Ames, 1992b). 평가 실행의 공적인 본질은 사회적 비교와 수행지향의 가능성을 증진시킬 수 있다. 예를 들어, 학생의 학업성적을 게시판에 전부 제시하거나 혹은 몇 개의 집단을 선택하여 과목의 과제물 혹은 시험 점수를 공개 하는 것 등은 모두 학생들이 다른 학생들과의 비교 속에서 자신의 상대적인 수행 상황과 능력을 가늠하고 수행지향을 더욱 확고하게 할 수 있다(Ames, 1992b; Marshall & Weinstein, 1984; Rosenholtz & Simpson, 1984). 학급 내에서의 능력별로 소집단을 만드는 것 역시 학생들의 사회적 비교 행위와 자신의 능력에 대한 지각에 영향을 준다(Reuman, 1989).

세 번째 요인은 학생들이 자신의 수행 행동과 수행 평가에 사용된 규준에 관하여 학생에게 제공된 피드백 유형과 관련이 있다. '착오는 학습에서 불가피한 요소라는 것' 이며 노력이 중요하다는 피드백은 학생들에게 숙달목표에 도달하도록 도울 것이다(Ames, 1992b). 부가적으로 만약 평가 규준이 일반적인 비교보다는 한 개인의 진보와 숙달 정도에 관한 평가를 포함한다면, 학생들은 다른 사람과 경쟁을 하거나 수행목표를 달성하기 위하여 공부하기보다 숙달을 위해 더욱 열심히 할 수 있을 것이다. 또한 표준화 검사이거나 혹은 다중 선택 검사와 같은 전통적인 학습 평가방법은 몇몇 학생들에게 성공할 수 있는 기회를 더 많이 제공한다. 그러나 모든 학생들이 이러한 상황에서 최고 수준의 수행을 보이는 것은 아니다. 학생들에게 점수를 부여할 때 그 평가 방법과 규준의 다양성은 모든 학생들에게 자신의 유능성과 향상을 과시할 수 있는 기회를 제공한다(Brophy, 1998). 효과적으로 동기를 강화하는 평가전략은 학생의 진보, 그리고 숙달 정도, 그리고 학생들에게 진보할 수 있는 기회를 주는 것(예: 높은 점수를 취득하는 데 필요한 요소들을 바꾸는 것), 평가방법을 바꾸는 것(예: 검사, 보고서, 포트폴리오의 활용), 비공개적인 평가방법을 사용하는 것 등이다. 교사들은 다른 학생들과 쉽게 비교할 수 있는 일반적인 점수 부여 시스템을 사용할 때에는 반드시 신중해야 한다. 다른 사람들과 비교되기를 원하지 않는 학생들에게는 자신에 대한 효능감이 떨어지게 만들기 때문이다.

'시간' 차원은 학습량의 적절성, 교수의 속도, 과제 완성까지 주어진 시간을 포함한다(Epstein, 1989). 시간은 과제의 설계와 밀접하게 관련된다. 숙달목표를 강화하는 효과적인 전략은 과제를 완성하는 데 어려움이 있는 학생들에게 필요한 시간이나 과제의 요구를 조절하도록 하여 과제를 더욱 잘 완성하도록 하는 것에 있다. 예를 들어, 프로젝트와 다른 큰 규모의 과제(보고서, 디자인 숙제 등)는 학생들로 하여금 본인의 계획대로 과제를 완성할 수 있도록 자율성을 부여한다. 학생들에게 어느 정도의 자율성과 선택권을 주는 것은 학생들에게 숙달지향을 가지도록 촉진한다. 이와 같이 효과적인 전략은 학생들이 공부를 함에 있어서 가질 수 있는 초조함을 진정시켜 주고 학생들의 능력을 제고하며 동기를 증진시켜 준다.

TARGET의 차원들은 종종 중복된다. 학교 수업은 숙달 지향을 촉진시키기 위해 이러한 긍정적인 특징 모두 혹은 일부를 가질 수 있으며, 각각의 특징이 또한 갈등을 일으킬 수 있다. 예를 들어, 수업에서 숙달지향을 촉진하는 어떤 과제 구조 특징(예를 들어, 흥미로운 과업)을 가질 수 있는데, 여기서는 학생의 선택이나 통제가 거의 없고 성적을 공개할 수도 있다. 그래서 학생들에 대한 공식적인 평가와 사회적인 비교가 매우 활성화되어 있는 교실에서는 학생들로 하여금 수행목표를 더욱 많이 지향하도록 한다. 동시에 본인이 더욱 잘하는 것에 관한 개인들의 인식이 다를 수 있다는 것이다. 즉, 어떤 학생들은 평가적인 수업 구조에 더욱 관심을 가질 것이고 어떤 학생들은 과제 중심적이거나 권위적인 수업 구조에 더욱 관심을 가질 것이다. 이는 중요하지만 목표이론에서 해결되지 않은 문제이므로 더 많은 교실 기반 연구가 필요하다.

목표지향이론에는 다른 해결되지 않은 이슈들이 있다. 첫 번째, 앞에서 지적한 바와 같이 숙달목표지향과 수행목표지향의 정의에 관하여 많은 학자들의 의견이 일치되지 않고 있다는 것이다. 연구자들은 이 두 일반적인 목표의 정의에 대하여 그리고 이 두 목표의 측정 방법에 대하여 모두 다른 견해를 가지고 있다. 이 두 가지 목표에 대한 정의를 넘어서서 목표지향이 상황적인지, 맥락적인지, 또는 개인적인 요인에 의해 정해지는 경우가 더 많은지에 대한 논쟁이 있다. 만약 누군가가 상황적 관점을 채택한다면 자신의 목표를 설정할 때 교실 수업이 더욱 중요한 작용을 하게 될 것이다. 이것은 학생들의 동기 발달에 있어서 아주 낙관적인 관점이라고 할 수 있다. 왜냐하면 선생님들은 이와 일치하는 방식으로 모든 학생들의 숙달목표지향을 높여 주도록 수업을 구성할 수 있기 때문이다. 이와는 대조적으로 목표지향이 다르다는 것은 선생님들이 학생들의 목표지향을 변화시키기 어렵다는 것을 예언한다.

두 번째, 목표지향성의 안정성과 관련한 문제를 해결하기 위해서는 상황적인 것과 개인적인 것 모두가 중요하다는 것을 가정하고 그들이 어떻게 상호작용하는지를 상세히 확인하는 것이 중요하다(Mischel, 1990; Pintrich, 2000a). 특정 종류의 목표지향에 대하여 상황적 특성의 영향을 많이 받는 개인적 특질이 있을 수 있다. 예를 들어, 교실 수업에서 상황적 특성이나 단서가 수행목표에 압력(stress)을 가할 때 모든 학생들은 원래 숙달목표지향을 가지고 있는지의 여부와 관계없이 수행목표를 지향하게 된다. 만약 강한 환경적인 단서가 없다고 하면 개인적으로 선호하는 목표지향을 가지게 될 것이다. 부가적으로 목표지향에는 발달적인 차이가 존재한다. 즉, 초등학교 학생들은 명확한 목표지향을 가지고 있지 않고 수업 방식의 영향을 많이 받게 될 것이고, 중학생의 경우 이미 안정적인 목표지향을 가지고 있어 수업 맥락의 영향을 더 적게 받을 것이다(Pintrich, 2000a).

세 번째, 목표지향이 다중목표지향을 가질 수 있고 또한 이러한 목표지향은 안정적이라는 것이다(Barron & Harackiewicz, 2001; Midgley et al., 2001; Pintrich, 2000c). Locke와 Latham(1990; 4장 참조)은 모든 개인이 동시에 다중목표지향을 가질 수 있다고 주장하고 있다. 다른 학자들도 목표는 서로 직교하는 것으로서 개인은 숙달목표와 수행목표를 동시에 가질 수 있다고 말한다(Meece & Holt, 1993; Nicholls et al., 1989). 하지만 이 문제에 관하여 목표지향이론에서의 해석은 언제나 명확하지 않았다. 또 어떤 사람들은 숙달목표와 수행목표는 개체의 양극으로 존재함으로써 개인은 오직 숙달목표와 수행목표 중의 한 가지만 지향할 수 있다고 주장하기도 한다(Dweck & Leggett, 1988). 이 두 목표의 이론적인 관계에서 목표를 연구하는 학자들은 개인이 다중목표를 가진다는 것을 연구를 통해서 증명하고 활성화하기 위한 최선의 방법으로 연구를 하고 있다. 그중 하나의 전략으로서 직교 차원(orthogonal dimensions)에서 다중목표지향을 명확하게 설명하고 있다(예: 개인의 목표를 2×2 행렬로 나누고 높은 그리고 낮은 숙달목표와 수행목표로 분류하는 것). 그리고 다른 하나의 전략은 군집분석을 이용하여 개인 내 유형(intraindividual pattern)을 검사하는 것이다(Meece & Holt, 1993).

위와 같은 다중목표의 상세화를 넘어서서 다중목표가 어떻게 동기, 인지, 성취에 영향을 주는가에 대한 연구가 아직도 많이 필요하다(Barron & Harackiewicz, 2001). 앞에서도 제기하였지만 수행목표를 어떻게 적응시킬 것인가에 관하여 항상 분쟁이 있어 왔기 때문이다. 일부 연구자들은 수행접근목표는 일부 결과에 적합할 수 있다고 제안했다(Harackiewicz et al., 1998; Pintrich, 2000c, 2000d). 다른 연구자들은 숙달목표의 적응적 특성과 수행목표의 비적응적 특성을 고려할 때, 목표이론의 일반화된 주요 논점은 개선할 필요가 없다고 주장한다(Midgley et al., 2001). 수행목표가 어떻게 다중목표와 관련을 가지고 있는가 하는 것은 앞으로 목표이론 관련 연구에서 계속 이슈가 될 것이다(Barron & Harackiewicz, 2001; Pintrich, 2000a).

요약

개인적 동기를 설명하기 위하여 다른 욕구와 목표 이론들이 제안되었다. Murray와 Maslow의 초기 욕구이론들은 인간 동기에 대한 보다 전체적이고 포괄적인 이론이다. 두 가지 이론 모두 행동을 일으키고 방향을 결정짓는 것으로 알려진 욕구의 분류체계를 제공한다. Murray의 목록은 20개의 욕구로 이루어진 것에 반해, Maslow의 욕구 단계는 5개 수준의 욕구로 이루어져 있다. 비록 욕구는 동기를 가진 행동에 대한 직관적 설명력을 가지고 있기는 하지만 이 구인과 관련해 심각한 개념적, 이론적 문제들이 있다. 특히 욕구와 행동의 관계에 관한 중복 논쟁을 피하고 욕구의 수를 경제적으로 줄이는 것에 있어 어려움이 있다.

현재의 동기에 대한 연구는 대개 욕구와 같이 개념적 문제를 가지지 않는 사회인지적 구인인 목표에 초점이 맞추어져 있다. 우리는 학생의 성취에 대한 두 개의 보편적 이론과 그 적용을 알아보았다. Ford의 동기체계이론은 여러 가지 다른 동기이론들을 하나로 통합한다. 이 이론은 목표, 개인적 신념(능력과 통제), 그리고 감정을 세 개의 동기 구조로 내세운다. 개인적 신념과 감정의 기능은 다른 동기이론의 그것과 같지만, 이 이론에서의 목표의 의미는 다른 동기이론에서의 목표와 다르다. Ford는 사람이 추구할 수 있는 목표는 24개라고 한다. 이 24개 목표의 분류는 학교라는 배경뿐만 아니라 직장이나 임상 같은 여러 가지의 환경을 바탕으로 얻어진 것이다. 이 목표들은 Locke와 Latham의 목표설정이론(4장 참조)에서 중심이 되는 일, 목표보다 훨씬 더 포괄적이고 심리적이다. 이 24개의 목표는 Murray의 20개의 욕구와 여러 가지 점에서 비슷하지만 Murray의 욕구들보다 더 정확하고 덜 정신역학적이며 Maslow의 이론에서처럼 위계적이지 않다. 또 이 24개의 목표는 여러 방법으로 결합될 수 있어서 개인은 복합적 목표를 가질 수도 있다. Ford는 동기 촉진에 대한 17가지의 보편적 원칙이 학급과 학교에 직접적으로 적용 가능하다고 제안하였다.

목표지향이론은 학급과 학생 동기에 매우 잘 적용될 수 있다. 이는 성취행동을 설명하기 위하여 개발되었고 아동과 성인이 학습 과제를 수행하는 많은 실험 및 교실 환경에서 검증되었다. 이 이론은 학생이 학업에 대해 가질 수 있는 일반적인 목표지향으로 두 가지를 제시한다. 내용을 배우고 숙달하는 데 초점을 두는 숙달목표지향과 능력을 보이고 좋은 성적과 보상을 획득하거나 다른 학생들보다 더 잘하는 것에 초점을 두는 수행목표지향이 그것이다. 최근에는 이 목표들을 접근과 회피 형태로 나누자는 견해도 있다. 성취목표를 접근과 회피로 나누는 것에는 실험적인 바탕이 있지만, 숙달회피에 대한 견해는 더 많은 이론적, 실험적 근거가 필요하다.

목표지향은 수많은 인지적, 감정적, 그리고 행동적 결과와 관련이 있다. 일반적으로 숙달목표지향은 적응적이고, 긍정적 감정과 관심, 높은 인지 활동, 많은 노력과 지속성, 그리고 적응적인 도움 요청과 위험 감수와 관련되어 있다고 나타났다. 이와 대조적으로 수행회피 목표지향은 좋지 않은 유형, 걱정, 일에 대한 낮은 가치 판단, 낮은 인지 활동, 적은 노력과 지속성 부족, 그리고 낮은 성취도와 관련되어 있다. 수행접근목표에 대한 연구 결과들은 혼재되어 있는데 긍정적인 면과 부정적인 면을 모두 보여 준다. 학생 결과에 더하여 목표지향이론과 연구들은 TARGET(과제, 권위, 인정, 소집단, 평가, 시간)이 학생들에게 숙달목표지향 또는 수행목표지향을 갖게 하는 데 영향을 미칠 수 있음을 보여 주었다. 특히 목표지향이론과 연구들은 교사들이 학급을 보다 숙달지향적으로 만들기 위한 다양한 교수전략을 제안한다.

추천 읽기자료

Ames, C. (1992). Classrooms: Goals, structures, and student motivation. *Journal of Educational Psychology, 84*, 261-271.

Elliot, A. J. (1999). Approach and avoidance motivation and achievement goals. *Educational Psychologist, 34*, 169-189.

Ford, M. (1992). *Motivating humans: Goals, emotions, and personal agency beliefs.* Newbury Park, CA: Sage.

Harackiewicz, J., Barron, I., & Elliot, A. J. (1998). Rethinking achievment goals: When are they adaptive for college students and why? *Educational Psychologist, 33*, 1-21.

Maslow, A. (1954). *Motivation and personality.* New York: Harper.

Pintrich, P. R. (2000). Multiple goals, multiple pathways: The role of goal orientation in learning and achievement. *Journal of Educational Psychology, 92*, 544-555.

Wentzel, K. (1999). Social-motivational processes and interpersonal relationships: Implications for understanding students' academic success. *Journal of Educational Psychology, 91*, 76-97.

제6장

흥미와 정서

구내식당에 몇몇 교사들이 모여 학생들의 동기에 관해 이야기를 나누고 있다. 동기는 교사들 사이에서 가장 인기 있는 주제 중 하나다. 교사들은 동기에 대해 서로 조금씩 다른 관점을 가지고 있지만, 학생들이 학업에 큰 흥미를 느끼지 못해 걱정하는 것은 공통적인 관심사다.

이은주: 너무 걱정이에요. 제가 가르치는 학생들 중 누구도 수학에 흥미가 없어요. 아이들은 학교와 관련된 일에는 관심이 없어요. 아이들은 올바른 가치를 가지고 있지 않고, 그저 이성친구들이나 채팅, 휴대폰, 그리고 친구들과 어울려 노는 것에만 관심이 있어요.

심정우: 글쎄요. 제가 가르치는 학생들 중에는 학습에 흥미를 갖고 있는 아이들이 몇 명 있어요. 그들은 학습에 열중하고, 저는 아이들이 의미 있는 학습을 할 수 있도록 노력하죠. 아이들에게 의견을 발표하고, 토론을 하게 하죠. 제가 보기에 적어도 몇 명은 그런 활동을 좋아하는 것 같아요. 그리고 때때로 수업이 잘되는 날에는 학급 토론이 너무 잘 이루어져서 일부 학생들이 토론에 너무 열중하고 몰입한 나머지 수업 외의 다른 생각은 하지 않는 것 같아요. 그런 날들이 있기에 사는 거죠. 가르치는 것을 의미 있게 만들어 주잖아요.

정희준: 음, 아무튼 선생님은 적응적이고 우수한 아이들과 함께인 것 같네요. 그들은 학업에 흥미를 가지고 있죠. 제가 가르치는 아이들은 수학에 흥미도 없고 수학이 그렇게 중요하다고 생각하지도 않아요. 하지만 저는 아이들과 함께 퍼즐이나 게임을 해요. 게임을 하는 날에는 잠깐이나마 아이들이 수학에 흥미를 갖게 되죠. 또한 수업에서 몇 가지 계산 공식을 가르치려고 노력해요. 아이들이 실생활에서 공식들을 필요로 할 때가 있으니, 저는 아이들의 수준에 맞춰 주려고 노력해요.

심정우: 맞습니다. 그래도 대학에 가야 한다는 압박은 아이들의 동기 유발에 항상 효과가 좋지요. 하지만 아시다시피 아이들은 대학 가는 것, 좋은 성적을 얻는 것, 수능에서 높은 점수를 받는 것에 대해 너무 긴장을 하고 있어서, 시험을 망치는 것에 많이 예민해져 있어요. 아이들이 시험 전과 마찬가지로 시험을 보면서 너무 걱정을 많이 하죠. 그래서 그런지 시험을 보면서 안절부절못하고, 진땀을 흘리며 전전긍

긍하는 것을 볼 수 있어요. 일부는 신경과민이 되어 버려요. 뛰어난 학생들 중에서도 일부 학생들은 시험 볼 때 문제가 발생해요. 그런 아이들은 숙제는 매우 잘해 오는데, 시험에서는 그렇지 못해요. 이런 아이들에게는 어떻게 해야 할지 모르겠어요.

이은주: 제 학생들 중에도 그러한 아이들이 있어요. 그들은 수학에 흥미가 많이 있는 것 같진 않은데, 시험에 대해 걱정을 아주 많이 해요. 저는 아이들 스스로 자신에 대해 좋은 감정을 느낄 수 있도록 옆에서 노력해요. 아무래도 사춘기에 가장 중요한 부분이잖아요. 사춘기 아이들은 자의식이 강하죠. 그들에겐 긍정적인 칭찬이나 피드백 그리고 자존감이 필요해요. 우리는 아이들에게 그런 긍정적인 피드백을 줄 수 있어요. 아이들은 스스로 감당하기 벅찬 많은 것들을 다루고 있고, 또 자존감 문제가 있는 것도 당연해요. 저는 그저 아이들이 학교생활에 더 많은 흥미를 갖게 되었으면 해요.

정희준: 글쎄요, 전 다만 그뿐인 것 같지는 않아요. 저도 자존감이 중요하다고 생각하지만 그보다 동기가 더 중요하지 않나 생각하기도 해요. 저 또한 시험 전에는 매우 불안해하곤 했어요. 숙제를 할 때에는 문제를 정확히 풀 수 있었기 때문에 나는 시험 준비가 됐다고 생각했지만 막상 시험이 시작되면 문제를 풀지 못할 것만 같았어요. 저는 이렇게 생각하곤 했어요. '나는 이번 시험을 망칠 거야. 낙제하게 될 것이고, 부모님은 내가 시험을 너무 못 본 것에 대해 화를 내실 거야.' 주위를 둘러보면 다른 아이들은 모두 잘하고 있는 것처럼 보였고, 그것이 저를 더욱 불안하게 만들었어요. 집중하는 게 너무 힘들었죠. 그런데 마침내 저를 도와주시는 선생님을 만났어요. 선생님은 나의 불안을 조절하는 데 도움이 되는 몇 가지 요령을 알려 주셨지요. 또한 내가 만약 시험을 못 봐도 멍청한 아이가 아니라는 것을 알게 해 주셨어요. 그리고 그 선생님은 제가 수학을 할 수 있는 능력이 있다는 것을 알도록 도와주셨어요. 사실 그 선생님 덕분에 제가 공부를 계속해서 수학교사가 될 수 있었던 것 같아요. 이제는 그 선생님이 저를 도와주셨던 것처럼 저도 아이들을 도우려고 노력하고 있는데, 그것은 단지 긍정적인 칭찬이나 어루만짐, 혹은 아이들의 자존감을 높이기 위해 노력하는 것만은 아니에요. 저는 높은 기준을 세우고, 아이들이 그 기준에 도달

할 기술들을 습득할 수 있도록 노력하고 있어요. 제가 단지 아이들에게 자신들이 얼마나 훌륭한지 말해 주는 것보다 아이들이 실제로 수학 문제를 잘 풀 수 있게 되면, 그들 자신에 대해 훨씬 더 만족하게 되겠지요. 만약 그들에게 능력 있다는 말만 되풀이한다면, 그들은 바로 그러한 위선을 알아차리게 되어 Holden Caulfield[1] 처럼 대부분의 어른들이 위선자라고 생각하게 되고, 결국 그러한 선생님은 필요하지 않다고 생각하고 말 거예요.

이 장에서는 학생들의 흥미, 학습과 성취에 관련된 다양한 정서적 혹은 감정적 변인들에 대해 논의한다. 다양한 변인들이 거론되기 때문에 이 장에서는 이전 장들처럼 한 가지 이론적인 관점을 중심으로 구성되지 않지만, 가장 관련이 많은 일반적인 변인들을 다루게 된다.

먼저 흥미와 정서에 관한 연구에서 일반적인 쟁점들이 포함된 역사적 고찰에 대해 살펴본다. 다음으로 동기에 대한 기술과 설명으로 가장 흔히 인용되는 학습과 성취에 대한 흥미의 역할을 다룬다. 이후에는 흥미, 정서와 관련 깊은 성취동기의 자기가치이론을 소개한다. 그리고 성취 상황에서 정서와 감정의 역할에 대한 연구를 살펴본다. 끝으로, 성취동기 연구에서 가장 많이 연구되는 구인 중 하나인 시험 불안에 대해 논의하고 그것이 학습과 수행을 어떻게 제한하는지 살펴볼 것이다.

이 장의 학습을 마친 후에 여러분은 다음과 같이 할 수 있게 될 것이다.

- 감정과 기분을 구별하고, 교실 맥락에서 발생할 수 있는 잠재적인 감정적 반응들을 이해할 수 있다.
- 상황적 흥미와 개인적 흥미를 구별하고, 이 두 가지가 성취 맥락에서 학생의 동기와 학습에 어떻게 관련되는지 설명할 수 있다.
- 성취동기에서 자기가치이론의 핵심 내용을 살펴보고 자기가치 변인들이 어떻게 동기와 성취에 영향을 미치는지 설명할 수 있다.

1) 역자 주-호밀밭의 파수꾼에 나온 냉소적인 십대의 전형

- 학습과 동기에서 감정과 정서의 역할에 대한 주요 연구 결과들을 이야기할 수 있다.
- 시험 불안에 대해 정의하고, 교실 상황이 어떻게 불안을 증감시키는지, 불안이 학생의 학습에 어떤 영향을 미치는지 설명할 수 있다.

홍미와 정서에 대한 역사적 기반

홍미는 활동에 대한 좋아함과 의도적인 참여를 의미한다(Schraw & Lehman, 2001). 홍미에 대한 연구는 심리와 교육 분야에서 오래된 주제지만, 최근 몇 년 동안 증가하고 있다(Hidi, 1990). 1800년대 독일 철학자 Herbart는 과제에 대한 홍미는 동기와 학습을 증진할 수 있다고 하였다. 많은 초기 심리학자들 중에서 특히 William James (1890)는 홍미가 증진될 수 있는 것이라고 강조했다. John Dewey(1913)는 개인과 환경은 홍미를 높이기 위해 상호작용한다고 그의 입장을 강하게 표명하였다. Thorndike (1935) 또한 사람들의 홍미와 과제에 대한 홍미가치에 의해 학습이 영향을 받는다고 주장함으로써 사람과 상황을 강조하였다. Bartlett(1932)은 홍미가 인간의 기억 활동을 촉진한다고 믿었다.

심리학에서 홍미에 관한 연구는 행동주의가 부상하자 줄어들기 시작했다. 이러한 현상은 인지심리학으로 중심이 변한 후에도 곧바로 회복되지 않았다. 왜냐하면 초기 인지이론들은 동기 과정을 배제한 정보처리에 초점이 맞추어져 있었기 때문이다. 하지만 이후 상황이 바뀌면서 교육, 발달, 사회 그리고 인지심리학의 연구자들이 학생들의 학습과 성취를 더욱 잘 설명하기 위해서 동기적 변인과 인지적 변인들을 통합하기 시작하였다(Hidi, 1990).

오늘날 연구자들은 일반적으로 개인(또는 개별)적 홍미와 상황적 홍미를 비교한다. '개인적 홍미'는 특정 주제나 영역에 대해 좀 더 안정적인 개인 특성인 반면에, '상황적 홍미'는 비교적 일시적이고, 주제에 대한 상황 특수적인 주의를 나타낸다(Urdan & Turner, 2005). 이러한 비교가 모든 연구에 일괄적으로 적용되는 것은 아니지만, 연구자들은 두 가지 유형 모두를 측정하려고 하지는 않기 때문에 때때로 혼란을 겪기도 한다. 많은 연구자들이 각 유형의 결과를 보고하고 연구했기 때문에, 우리는 이 두 유형을 구분하여 살펴볼 것이다.

이미 1장에서 언급되었듯이, 심리학의 초기 연구에서 정서와 감정에 대한 연구가 집중되어 이루어졌다. 특히 Freud 학파와 정신역동이론에서는 다양한 감정과 행동을 불러일으키는 무의식적인 욕구의 중요성을 강조하였다. 그러나 행동주의가 우세하기 시작하면서 감정과 정서의 역할에 관한 질문들은 주류 연구의 중심에서 벗어나게 되었다. 인지심리학의 우세와 더불어, 인지모형과 컴퓨터를 통한 은유가 인지와 학습 그리고 수행에 대한 많은 연구들을 불러일으키기 시작했다. 비록 이러한 모형들이 의도적으로 정서적 요소를 배제하도록 설계된 것은 아니지만, 정서적이거나 감정적인 과정이 아닌 합리적이고 인지적인 과정을 강조한 것이 사실이다.

그렇다고 해서 감정이나 정서에 관한 연구들이 오랫동안 이루어지지 않았다는 것은 아니다. 사회심리학에서의 태도와 감정에 대한 연구뿐만 아니라(Eagly & Chaiken, 1998; Schwarz & Clore, 1996; Zajonc, 1998), 발달심리학자들에 의한 정서 발달 연구도 수행되었기 때문이다(Saarni, Mumme, & Campos, 1998). 그러나 인지와 학습에 관한 연구가 반드시 이러한 작업을 통합할 필요가 없었다. Brown, Bransford, Ferrara와 Campione(1983, p. 78)는 『아동심리학 논문집(*Handbook of Child Psychology*)』에서 "우울하게 들릴지도 모르지만, 인지에 관한 연구는 상대적으로 노력이 많이 들고, 고립되어 있으며, 쓸쓸하다. …… 그 이유는 인지에 관한 연구는 주요 관심이 효율성에 필요한 지식과 전략에 있으며, 효율성을 촉진하거나 저해하는 감정적 요인들에 대해서는 거의 강조하지 않기 때문이다." 이러한 진술은 오늘날에는 들어맞지 않지만, 순수 인지모형들이 전성기였던 때 이루어졌던 연구의 일반적인 시대적 분위기를 반영하고 있다.

게다가 성취동기에 대한 많은 연구들은 기대-가치 이론, 귀인이론, 사회인지이론, 목표이론, 그리고 자기결정이론 등과 같은 인지이론들에 의해 지배를 받아 왔다. 비록 이러한 이론들이 감정을 포함하기는 하지만 주로 귀인, 자기효능감과 유능감에 대한 판단, 목표 그리고 가치 신념과 같은 인지에 초점을 맞추고 있다. 귀인이론(3장)은 모든 이론들 가운데 가장 직접적으로 감정을 설명하고 있지만, 귀인이론에서 감정은 실패나 성공에 대한 인지적-귀인적 분석의 직접적인 결과다. 이러한 경우 귀인과 같은 인지는 여전히 이론에서 가장 중요한 구인이며, 감정은 상황에서 만들어진 귀인으로부터 나오게 된다(Weiner, 1986, 1995). 따라서 감정이 아닌 인지가 여전히 주요한 구인이다. 그러나 흥미 연구자들이 성취동기에서 감정과 정서에 대한 중요성을 인식함에 따라 이에 대한 연구들이 증가하고 있다.

개인적, 상황적 흥미

일반적으로 사람들은 흥미를 가지고 있다면 배우려 하고 잘하고 싶어 하지만, 흥미가 없다면 배우려고조차 하지 않는다고 생각한다. 예를 들어, 이 장의 서론에서 이은주 교사는 그녀의 학생들이 얼마나 학습에 흥미가 없는지 언급하였다. 또한 많은 부모들은 학교에서 자녀의 낮은 동기와 기대에 미치지 못하는 성취가 흥미의 부재에서 비롯되는 것이라고 설명한다. 학생들 역시 그들이 배우지 않는 이유가 학교와 수업이 지루하여 그들이 학업에 흥미를 가질 수 없기 때문이라고 말한다. 동기에 대한 이러한 직관적인 관점에서는 흥미를 주의집중, 학습, 사고, 성취에 영향을 미치는 동기의 중요한 양상으로 제안하고 있다. 이뿐만 아니라 많은 사람들은 자신이 흥미가 무엇인지 알고 있으며 그것이 학습에 어떻게 영향을 미치는지 알고 있다고 믿는다. 이러한 판단, 즉 흥미에 대한 직관적인 생각은 때때로 흥미에 대한 심도 있는 심리학적 연구의 발달을 방해하기도 하였다.

2장에서 언급했던 바와 같이, 흥미의 구인은 Eccles와 Wigfield가 내재적 흥미라고 불렀던 구인과 유사하다. 하지만 광범위하게 정의된 흥미에 대한 연구는 기대-가치 이론과 동기이론을 넘어서서 수많은 새로운 관점에서 수행되어 왔다.

흥미에 대한 연구는 심리학과 교육학 분야에서 한동안 우세했다가 쇠퇴했다고 이미 언급한 바 있다(Krapp, Hidi, & Renninger, 1992). 흥미에 대한 초기 관점들(예: Herbart, James, Dewey)은 심리학적 이론들보다 철학적 관점에 더 기초하고 있었으며, 이들을 지지하기 위한 경험적 연구가 부족하였다. 행동주의 시대의 미국에서는 호기심(Berlyne, 1960)과 태도(Evans, 1971)와 같은 관련 개념들이 검토되었지만(Krapp et al., 1992), 흥미에 관한 연구는 소수에 불과했다. 그러나 학습과 발달에 대한 인지주의, 구성주의 모형의 개발이 이루어지면서, 1980년대와 1990년대에 흥미에 대한 연구는 점점 인기를 얻기 시작하였다. 그럼에도 불구하고 최근의 흥미에 대한 이론적, 경험적 연구는 기대-가치이론, 귀인이론, 사회인지이론, 내재적 동기이론(7장)의 성과와 비교해 보았을 때, 아직도 시작단계에 불과하다.

흥미에 관한 세 가지 관점

흥미 연구에서 큰 쟁점 중 하나는 구인에 대한 이론적, 개념적 정의에 관한 것이

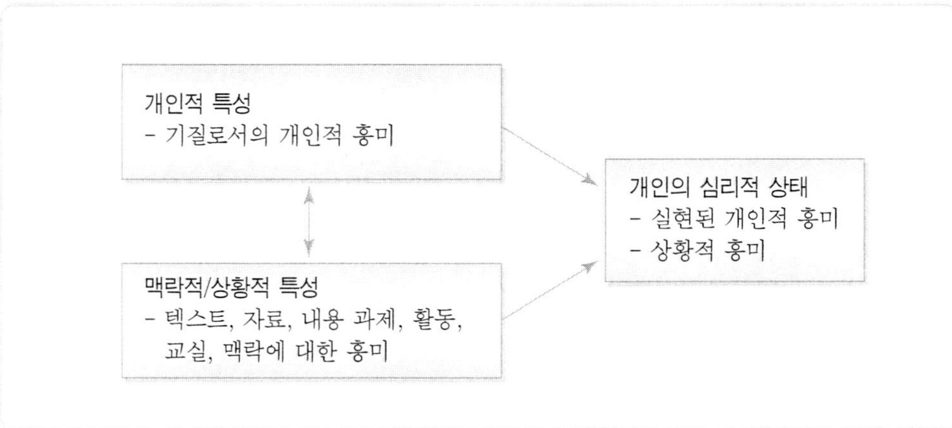

그림 6-1 **흥미 연구에 대한 세 가지 접근들**

출처: Krapp et al. (1992)

다. 동기심리학자, 발달심리학자, 교육심리학자, 그리고 읽기 능력에 관한 연구자들은 저마다 흥미에 대한 다양한 정의들을 내리고 있다. 이처럼 다양한 분야의 연구에 대하여 Krapp과 동료들(1992)은 우리의 이해를 도와줄 세 가지 일반적인 관점을 제안하였다([그림 6-1] 참조). 이 세 가지 접근은 개인적 흥미(개인적 성향), 흥미로움(interetingness, 맥락적 차원) 그리고 심리적 상태로서의 흥미(상황적 흥미 포함)다. 이 세 가지 각기 다른 관점은 다음에 다루어질 흥미에 관한 나머지 두 가지 일반적인 정의와 함께 설명될 것이다. 이러한 정의들을 통해서 흥미는 정서적 요소(예: 긍정적 정서) 그리고 지식이나 가치 같은 인지적 요소를 포함하고 있다는 것을 알 수 있다(Krapp, 1999).

개인적 흥미

개인적 흥미에 대한 연구자들은 그것을 한 개인의 비교적 안정적이고 영구적인 기질, 성격적 특질, 혹은 개인적 특성으로 생각해 왔다(Krapp et al., 1992). 또한 이러한 개인적 흥미는 일반적으로 '호기심'과는 달리 구체적인 활동이나 주제(예: 스포츠, 과학, 음악, 춤, 컴퓨터 등에 관한 특별한 흥미)에 직접적으로 연결된다고 여겨진다. 호기심은 좀 더 다양하게 분산된 개인의 특성으로 파악된다(예: 많은 것들에 대해 일반적으로 호기심이 많은 사람).

예를 들어, 적성 교육이나 직업 선택에 관한 연구들은 다양한 활동과 직업에 대한 개인의 흥미를 평가하는 것에 기반을 두고 있다. Eccles와 Wigfield의 내재적 흥미(2

장 참조)에 관한 개념은 개인적 흥미와 개념적으로 유사하다. 다른 연구자들은 개인적 흥미를 특정한 주제에 대한 선호(예: '나는 과학보다 수학을 더 좋아한다.'), 포괄적으로 어떤 주제 영역을 좋아하는 것(예: '나는 수학을 좋아한다.'), 개인적 즐거움(예: '나는 수학 문제 푸는 것을 즐긴다.'), 그리고 때때로 그 주제에 대한 중요성 또는 개인적 유의미함(예: '수학은 나에게 중요하다.')으로 평가해 왔다(Schiefele, Krapp, & Winteler, 1992). Eccles와 Wigfield의 모형에서는 이러한 마지막 양상이 흥미가 아니라 중요도 혹은 성취가치라는 별개의 구인이 된다(2장 참조). 이러한 정의를 바탕으로 이 연구는 개인적 흥미에서의 개인차와 이러한 개인차가 학습과 성취에 어떠한 관련이 있는지에 주목하였다. 하지만 개인적 흥미(개인적으로 선호 혹은 긍정적 태도나 정서)는 특정 내용이나 활동을 향한다는 점과 상대적으로 시간이 지나도 안정적이라는 점이 중요하다.

상황적 흥미에 이르게 하는 맥락적 요인으로서의 흥미로움

흥미 연구에 대한 또 다른 접근은 과제 혹은 활동을 재미있게 만드는 맥락적 특징에 관한 연구다([그림 6-1] 참조). 즉, 맥락에서의 흥미로움에 관한 연구다(Krapp et al., 1992). 이 연구에서 맥락에서의 흥미로움은 상황적 흥미(Krapp et al., 1992)를 유발시키는데, 이는 과제 혹은 활동에 흥미를 느끼게 되는 심리적 상태다. 텍스트에 기반한 흥미를 조사함으로써 상황적 흥미를 연구해 온 읽기 연구학자들은 텍스트의 서로 다른 측면들이 독자의 입장에서 어떻게 흥미를 발생시키고 유지시키는지 이해하려고 시도한다. 흥미를 유발시키는 텍스트의 여러 가지 속성들 중에는 신기함, 놀라움, 복잡성, 모호성, 특정 유형의 주제 포함(예: 사랑) 등이 있다. 이러한 상황적 관점에서 연구자들은 개인차를 무시하려는 태도를 보였으며, 그 대신 환경적 속성들(예: 교실, 미디어, 컴퓨터, 교재)이 상황적 흥미를 유발시키는 일반적인 원리를 찾고자 하였다. Brophy(1999)와 Bergin(1999)은 학생의 흥미를 유발시키는 교실의 많은 요소들에 대하여 논의하였다.

그러나 Hidi와 Anderson(1992)은 상황적 흥미가 각성이나 호기심과는 다르다고 언급하였다(Berlyne, 1960). 이는 상황적 흥미는 신기함, 놀라움과 같은 텍스트나 환경의 구조적인 특징보다 특정 내용(예: 우주여행에 관한 이야기)에 연결되어 있고, 각성에 비해 오래 지속되며, 개인적 흥미로 발전할 수 있기 때문이다. 비록 상황적 흥미는 개인적 흥미보다 맥락 의존적이지만, 여전히 텍스트나 맥락의 구체적인 특징과 주로 연결되어 있다. Hidi(2000)는 상황적 흥미가 정서적으로 몰두하여 과제에 집중하는 것과 긍정적인 정서를 모두 포함하는 것이라고 하였다.

게다가 상황적 흥미에는 두 가지 단계가 있다. 첫 번째 단계에서는 상황적 흥미가 유발되거나 활성화된다. 두 번째 단계에서는 흥미가 계속 지속된다(Hidi, 1990, 2000; Hidi & Baird, 1986; Hidi & Harackiewicz, 2000). Mitchell(1993)은 Dewey(1913)의 구분에 따라 흥미의 '포착(catching)'과 '유지(holding)'로 이 단계를 언급하였다. 그러나 Hidi(2000)는 유발(triggering)은 상황적 흥미가 초기에 활성화되는 것인데 반해, 포착은 이미 활성화된 상황적 흥미의 방향 혹은 전환을 나타낸다고 제안하였다.

심리적 상태로서의 흥미

[그림 6-1]에 제시한 바와 같이 상황적 흥미는 심리적 상태로서 흥미의 한 종류다. 앞 절에서 상황적 흥미는 맥락의 흥미로움으로부터 자극되거나 활성화된다고 하였다. 어떤 텍스트(신기한 내용의 소설 대 무미건조한 교과서)는 다른 텍스트보다 더욱 흥미롭고, 어떤 영역의 내용은 다른 내용보다 더 많은 흥미를 불러일으키며, 어떤 교사나 강연자는 수업이나 강연을 흥미롭게 만드는 데 능숙하여 모든 것으로부터 상황적 흥미를 만들어 낸다. 이러한 상황적 흥미는 맥락적 특성에서 비롯된 것이고 어떠한 개인적 흥미도 포함하지 않는다.

개개인은 개인적 흥미가 흥미로운 환경적 특성과 상호작용하여 '실현된 개인적 흥미(actualized individual interest)'를 발달시킬 수 있다(Krapp et al., 1992). 예를 들어, 과학 관련 주제에 대해 높은 수준의 개인적 흥미를 가지고 있는 중학생인 '유나'는, 국어 수업에서 때때로 과학 주제에 대한 설명식 텍스트를 읽게 된다. 이 경우 '유나'는 다른 텍스트를 읽을 때보다 더 높은 심리적 상태의 흥미를 경험하게 된다. 결과적으로 과학에 대한 '유나'의 개인적 흥미는 과학 수업에서도 활성하되며, 그녀는 실현된 개인적 흥미를 경험하게 된다.

Renninger의 흥미에 대한 연구는 흥미와 관련된 구인을 심리적 상태로 나타낸다(Renninger, 1990, 1992; Renninger & Wozniak, 1985). [그림 6-2]에서 제시한 바와 같이, 그녀는 흥미를 한 개인이 어떤 활동에 대해 높은 가치(그 활동을 하는 것을 선택하는 것, 그 활동이 중요하다고 생각하는 것)를 두는 것과 그러한 활동이나 주제에 대해 많이 축적된 지식(인지적 요소)을 포함하는 것으로 개념화하였다. 만약 개인이 어떤 활동이나 주제에 관하여 아는 것이 거의 없다면, 그것에 대한 흥미를 판단하는 것은 매우 어렵다. 사람들은 보통 높은 수준의 흥미를 가지거나 그것을 가치 있게 여기는 것에 대해서 더 많은 지식을 갖고 있다. 따라서 개인이 어떤 활동에 대해 높은 가치를 가지고 있지만 이에 대한 지식이 부족하다면, 이것은 흥미가 아니라 '매력'인 것이

〈 Renninger의 관계 모형 〉

		활동에 대한 가치	
		저	고
사전지식	저	무시	매력
	고	무홍미	홍미

〈 Tobias의 관계 모형 〉

		개인적 흥미	
		저	고
사전지식	저	1	2
	고	3	4

• 그림 6-2 • **홍미와 지식 간의 관계에 관한 모형 대조**

다. '무홍미'라는 것은 어떤 활동에 관하여 많은 지식을 가지고 있지만, 그 활동에 낮은 가치를 부여하는 것이다. 이러한 지식과 가치에 관한 2×2 행렬을 보면, 낮은 가치와 낮은 홍미가 만나는 네 번째 칸은 명명되고 있지는 않지만, 그 심리적 상태는 주제에 대한 무관심이나 냉담 혹은 무지일 것이다.

개인이 어떤 활동이나 주제에 대해 높은 가치와 지식을 모두 가지고 있을 때에만 홍미가 유발된다는 이러한 입장이 모든 홍미 연구자들에 의해 받아들여진 것은 아니다. 예를 들면, Alexander, Kulikowich, 그리고 Jetton(1994) 그리고 Tobias(1994)는 홍미/가치가 사전지식과 무관할 수 있다고 주장하였다. 그들은 개인이 높은 홍미와 높은 지식([그림 6-2]의 4번 칸)을 동시에 가질 수 있다고 가정하는데, 이것은 Renninger가 주장한 홍미와 유사하다. 그러나 이들은 개인이 어떤 주제에 대한 사전지식이 부족하더라도 높은 홍미를 가질 수 있다고 가정하였다([그림 6-2]의 2번 칸). Tobias(1994)는 칸마다 구체적인 이름을 정하지는 않았다. 성인이 낮은 지식과 높은 홍미를 나타내는 경우(2번 칸)는 매우 적지만, 특정 영역에서 아동들은 낮은 지식 또는 낮은 수준의 전문적 기술이 높은 흥미와 함께 나타날 수 있다는 것에 주목하였다. 따라서 Tobias(1994)는 이러한 높은 흥미-낮은 지식 상태를 발달의 과정에서 나타나는 일시적인 것이라고 제안한다. 그는 1번 칸과 3번 칸은 각각 Renninger의 행렬에서 무지와 무흥미와 유사하다고 주장하였다. 개인이 높은 흥미와 낮은 지식을 갖는 것은 직관적으로 가능해 보인다. 하지만 이러한 상태는 단지 매력일 뿐이라고 보는 Renninger(1992)의 논리 역시 그럴듯해 보인다.

사전지식과 흥미/가치의 관계에 관한 이러한 논쟁은 흥미 연구에서의 이론적이고 개념적인 어려움을 반영한다. 동시에 이러한 논쟁은 동기와 정서를 분명히 구분하는 다른 많은 모형들과는 달리, 흥미와 인지(지식)가 분리되지 않고 연결되어 있음을 분명하게 해 준다. 흥미 구인에 관한 더 나은 이론적 모형과 더 많은 경험적 연구가 필요하다. 다행히도 이러한 연구들은 현재 진행 중이며 그것들은 동기 이론 분야에서 중요한 연구 영역이 될 전망이다.

흥미의 측정과 연구 결과

흥미에 대한 다양한 정의와 이론뿐만 아니라, 자기보고식 방법을 포함한 여러 측정 방법들이 흥미를 측정하는 데 사용되어 왔다. 개인적 흥미에 관한 연구는 학생들로 하여금 다양한 주제와 활동에 대해 리커트 척도로 평정하게 하는 질문 형식과 같은 자기보고식 검사가 자주 이용되어 왔다. 문항에는 개인적 흥미에 대한 이론적 틀에 따라 다양한 방식으로 평가되는데, 여기에는 활동에 대한 전반적인 태도, 활동에 대한 구체적 선호, 활동을 즐기는 정도, 활동에 대한 개인적 중요성 혹은 유의미성, 활동의 내용에 대한 내재적 흥미, 활동의 선택 혹은 참여 등이 포함된다(Schiefele et al., 1992; Wigfield, 1994; Wigfield & Eccles, 1992). 이러한 흥미의 다양한 측면에 대한 학생들의 반응은 여러 활동(예: 수학 대 영어, 학업 대 스포츠)에 대한 흥미 수준을 측정하는 척도를 개발하는 데 사용된다.

이러한 척도들은 흥미에 대한 개인차(예: 어떤 사람들은 학업에 높은 흥미를 갖게 되고, 다른 이들은 스포츠에 높은 흥미를 갖게 될 것이다)를 나타내는데, 이는 미래에 할 활동의 선택, 끈기, 활동에 대한 노력이나 관여 수준, 실제 수행 등과 같은 다양한 결과를 예측하는 데 사용된다. 흥미에 대한 이러한 자기보고식 방법은 상당히 쉽고 효율적으로 사용될 수 있기는 하지만, 이러한 문항에 응답하는 과정에서는 개인의 메타인지 혹은 자기인식을 요구하기 때문에 타당성에 문제가 발생할 수 있다. 사실 이는 단지 홍미를 측정하는 자기보고식 문항에만 국한되는 문제는 아니다. 어떤 경우(예: 어린 아동)에는 사람들의 홍미를 정확히 보고하는 것 자체가 어렵다.

또한 홍미는 경험표집방법(Experience Sampling Method: ESM)으로 측정되어 왔다. 이는 Csikszentmihalyi(1982)에 의해 개발된 방법이다. 이 방법은 '몰입(flow)' (7장 참조)이라는 동기 상태를 측정하기 위해 설계된 방법으로, 실험자들은 일주일 동안 호출기를 가지고 다니면서 호출기가 울리면 자신들의 정서 상태('행복' '명랑함' '사교적임' 등의 문항으로 구성)와 활동 상태('활동적인' '경계하는' '강한' 등의 문항으로 구성)를 평가한다. 또한 자신의 현 상황을 도전 정도와 이용 가능한 기술들로 판단한다. ESM은 종종 '호출기 방법론'이라고 불리기도 한다.

Wild, Krapp, Schreyer와 Lewalter(1998)는 ESM을 사용하여 학교 활동과 기타 활동을 하는 장면에서 학생들의 홍미, 기분, 동기 그리고 인지에 대해 물었다. 학생들이 특정한 질문지 형태에 따라 그들의 정서, 홍미, 인지에 대해 보고한다는 점에서 이 연구 또한 자기보고식 방법을 사용한 것이지만, 이것은 호출기 소리를 듣고 특정한 시점에 자기보고 양식을 작성한다는 점에서 다르다. 이것은 과정 전반에 대한 홍미를 보고하도록 하는 일반적인 자기보고식 질문지에 의한 측정보다 훨씬 더 상황 특수적인 홍미의 측정을 가능하게 한다. 일반적인 자기보고식 질문지의 경우, 학생들은 여러 상황에 걸쳐 축적된 그들의 경험을 '종합'하게 되는데, 이 경우 학생들이 실제로 이러한 인지적 계산을 하였는지, 혹은 그들이 홍미를 느끼거나 지루해한 구체적인 시점에 기반하여 작성한 것인지가 분명하지 않다. 반면, ESM 방법은 특정한 시점에 자기보고를 요구하므로, 학생들의 홍미 경험에 대한 더 나은 지표가 될 수 있다. 물론 ESM 데이터는 개인에 따라 시간 혹은 장면에 걸쳐 합산이 되지만, 이러한 방법은 풍부한 데이터 세트를 제공함으로써 일반적인 질문지에 비해 좀 더 정확하게 홍미 경험을 추정하는 데 사용될 수 있다.

Renninger(1990, 1992; Renninger & Wozniak, 1985)는 또한 심리적 상태로서의 홍미를 측정하기 위해 어린 아동들의 놀이를 실제로 관찰하는 방법을 사용하였다. 자유롭게 노는 아동들을 240분 동안 관찰하였으며, 이때 홍미는 아이들이 (1) 반복적으로 가지고 노는 사물, (2) 다른 물건들보다 더 많은 시간을 함께 보내는 사물, (3) 혼자서 가지고 노는 사물, (4) 때때로 손으로 조작하면서 노는 사물 등으로 부호화되었다(Renninger, 1992). 이러한 방법으로 물건들은 아동의 실제 행동과 관련하여 높은 홍미와 낮은 홍미로 분류될 수 있었다. 이러한 절차는 각 개인의 홍미가 매우 민감하게 측정되는 것을 가능하게 했다.

이 결과는 어떤 아동들에게 높은 흥미가 있는 장난감이 다른 아동들에게는 그렇지 않을 수 있다는 것을 분명히 보여 주었다(예: 어떤 남아들은 트럭에 높은 흥미를 지녔지만, 다른 남아들은 그렇지 않았다). 또한 이러한 행동 측정 유형은 Renninger로 하여금 아동들에게 구체적으로 그들의 흥미를 물을 필요 없이 조사할 수 있도록 해 주었다. 따라서 이러한 측정 유형은 개인적 흥미에 대해 명시적으로 묻는 질문지의 문항처럼 개인이 그들의 흥미에 대해 메타인지적으로 알고 있다고 가정하지 않는다. 실제 관찰법은 언어적, 인지적, 메타인지적 기술이 부족할 수 있는 어린 아동을 대상으로도 흥미 연구가 가능하게 해 준다. 또한 관찰 측정법은 행동에 초점을 두기 때문에 '흥미'라는 용어를 참가자들에게 따로 소개할 필요가 없으며, 흥미에 대한 참가자들의 사전지식으로 인해 연구자의 의도와 다르게 질문지의 문항을 해석하는 것과 같은 타당성 문제를 막을 수 있다.

마지막으로, 텍스트 기반 흥미가 학생들의 학습에 미치는 영향에 관심을 가지고 있는 상황적 흥미 연구자들은 흥미에 관한 다양하고 많은 측정 방식들을 사용해 왔다(Alexander et al., 1994). 이들은 개인적 흥미 연구에서와 유사한 방식으로 자기보고식 질문지를 사용하여 일반적인 영역의 읽기(예: 과학)와 구체적인 주제의 읽기(예: 우주여행)에 대한 학생들의 흥미를 측정하였다. 이들은 또한 텍스트의 구체적인 세부사항(예: 달 위에서 걷는 것 혹은 우주 밖에서 사는 것)이나 텍스트 전반(예: 흥미로운 방식으로 작성된 우주여행에 관한 텍스트)의 흥미로운 정도에 대한 학생들의 개인 평정 방법도 사용하였다. 더욱 최근에 Ainley와 Hidi(2002)는 텍스트를 읽는 학생들의 흥미를 측정하기 위한 컴퓨터 방법론을 개발하였다. Boekaerts(2002)는 컴퓨터를 기반으로 하지는 않지만 학생들이 교실에서 과업이나 활동 참여 전후에 사용될 수 있고, 동기와 긍정적/부정적 정서, 흥미 상황에 대한 측정이 가능한 '온라인 동기 질문지'(On-line Motivation Questionnaire: OMQ)를 개발하고 타당화하였다.

텍스트 기반 흥미(Text-based interest) 연구는 또한 타인(다른 학생들, 성인, 교사, 전문가)에 의한 텍스트 평정 결과로 흥미를 평가하고, 평정에 근거하여 학생들을 흥미가 높은 집단과 낮은 집단으로 분류하기도 한다(Hidi & Anderson, 1992). 이러한 전략은 개별 학생이 텍스트를 어떻게 지각할지 고려하지 않은 채, 사람들이 텍스트를 일반적으로 흥미 있는 것과 흥미 없는 것으로 표준적인 분류를 할 수 있다고 가정한다. 이러한 방법은 또한 흥미를 측정하는 과정에서 표준화 및 개별화에 관한 타당도 문제를 일으키며, 이는 추후 연구에서 해결되어야 할 또 다른 문제다.

비록 홍미의 이론적 개념과 측정에는 많은 문제들이 존재하지만, 선행 연구들은 홍미가 인지, 성취결과와 같은 다른 구인들과 어떠한 관련성을 지니는지에 대해 상당히 일관된 결과를 보여 주었다. 인지적 관점에서 볼 때, 상황적 홍미와 실현된 개인적 홍미는 일반적으로 기억, 주의, 이해력, 깊은 인지적 관여, 사고, 성취와 정적 상관이 있다(Hidi, 2000; Hidi & Harackiewicz, 2000; Schiefele, 1991, 1992; Schiefele & Krapp, 1996; Schiefele et al., 1992; Tobias. 1994). 예를 들어, Renninger와 Wozniak(1985)은 미취학 아동들이 여러 활동에서 보이는 홍미가 추후 그 과제에 대한 주의, 지각, 기억력을 예측할 수 있다고 제안하였다. Schiefele(1991)가 대학생을 대상으로 실시한 실험 연구와 상관 연구에 따르면, 개인적 홍미는 정교화와 같은 심층적인 인지처리전략의 사용 문제에 직면했을 때의 정보 수집, 비판적 사고의 사용, 시간과 노력의 투입과 정적 상관이 있다고 하였다. Schiefele(1991)는 또한 개인적 홍미가 시연과 같은 표면적인 인지처리전략과는 부적 상관이 있다고 보고했다.

Pintrich와 동료들(Pintrich, 1989; Pintrich & De Groot, 1990; Pintrich & Garcia, 1991)은 대학생과 고등학생에게서 개인적 홍미와 과제가치에 대한 평가가 정교화, 조직화 전략뿐만 아니라 비판적 사고, 시간과 노력의 조절전략과 같은 심층적 인지처리전략과 정적 상관이 있다는 사실을 발견하였다. 비록 텍스트의 유형(대화체 대 설명체, 선형적 텍스트 대 비선형적 텍스트)과 학습자의 사전지식 수준에 따라 연구 결과가 더 복잡해지기는 했지만, 상황적 홍미와 텍스트 기반 학습에 관한 연구에서도 역시 유사한 관계 패턴이 나타났다(Ainley, Hidi, & Berndorff, 2000; Alexander et al., 1994; Hidi, 2000; Hidi & Anderson, 1992; Hidi & Harackiewicz, 2000; Tobias, 1994).

일반적으로 학습에서 홍미의 역할은 일관적이며 긍정적으로 나타났으며, 앞으로의 연구는 홍미가 학습에 영향을 주는가의 여부가 아니라 학습에 어떻게 영향을 주는가에 초점이 맞춰져야 한다(Hidi, Renninger, & Krapp, 1992). 그러한 연구는 이 장의 뒷부분에서 언급된 정서가 학습과 수행에 영향을 미칠 수 있는 네 가지 경로에 대한 연구처럼, 우리의 이해를 한층 더 깊게 해 줄 것이다. 앞서 기술하였듯이, 세 번째 인지적 경로에서는 주의 자원(attentional resources)과 홍미에 대해 다룬다. 선행 연구들은 일반적으로 홍미가 주의를 통해 학습에 영향을 미친다고 가정한다. 높은 수준의 홍미는 과제에 대한 높은 주의를 가져올 수 있고, 그 결과 기억과 학습에 긍정적인 영향을 준다.

비록 이러한 선택적 주의 이론은 일부 경험적 지지(Shirey, 1992)를 받았지만, 다른 학자들은 홍미가 사실상 과제에 대한 주의집중을 감소시킨다고 주장한다(Hidi, 1990). Hidi와 Anderson(1992)은 홍미가 높은 경우에는 선택적 주의를 하는데 그다지 많은 노력이 필요하지 않다고 제안한다. 사실 흥미는 자발적 주의를 증가시키며 인지적 노력을 감소시키는 결과를 가져올 수 있지만, 여전히 학습에 긍정적인 영향을 가져온다. Tobias(1994)는 또한 흥미가 높으면 학생들이 주제나 활동에 대해 가지고 있는 사전 지식망의 활성화가 촉진되어 기억하고 학습하는 것이 더 쉬워질 것이라고 주장한다(이 장의 서두에서 언급한 첫 번째 경로). 또한 높은 수준의 개인적 흥미는 학습자의 자기조절에 요구되는 시간과 노력을 감소시키고 실제 학습 활동 중에 사용 가능한 인지적 용량을 증가시킨다. 연구자들은 이러한 연구들을 통해서 또 다른 가능성을 탐구함으로써 어떻게 흥미가 학습에 영향을 미칠 수 있는지 이해하는 데 도움을 줄 것이다.

흥미의 발달차와 개인차

다른 동기 변인에 관한 연구와 비교해 볼 때 흥미의 발달 차이 또는 집단 차이에 관한 연구는 그다지 많지 않다. 발달적 관점에서 보면, 어린 아동(3~4세)조차도 상당히 안정적인 개인적 흥미를 가지고 있는 것으로 보이고, 이러한 개인적 흥미는 그들의 활동과 학습에 대한 선택과 밀접한 관련이 있다(Renninger, 1992). 그러나 흥미의 시간과 경험에 따른 발달에 관한 연구는 거의 없다.

많은 과제수행에 있어 행동에 영향을 미치는 흥미의 역할은 연령이 높은 아동이나 성인보다 어린 아동들에게 크게 나타날 것이다. 연령이 높은 아동과 성인은 흥미를 느끼지 않는 과제에 참여해야 하는 경우가 많다(예: 학교 과제 혹은 직업과 관련된 과제). 이런 경우에 흥미는 어린 아동들에게서 나타나는 여러 과제 상황에서의 다양한 효과보다는, 과제나 내용 영역에 따른 차별적인 효과로 나타날 것이다(Krapp et al., 1992). 예를 들어, Hidi와 Anderson(1992)은 연구를 통해 상황적 흥미가 초등학교 고학년 학생들의 쓰기보다 읽기에 더 큰 영향을 미친다는 것을 발견했다. 아동의 연령에 따라 흥미가 학습에 미치는 영향은 다를 수 있다. 흥미 수준의 발달적 차이에 대한 연구를 살펴보면, 학교와 학교 과제에 대한 학생들의 흥미는 연령에 따라 감소하는데, 특히 수학과 과학에 대한 흥미가 가장 떨어진다는 결과가 나타났다(Eccles et al., 1998; Kahle et al., 1993; Tracey, 2002; Tracey & Ward, 1998; Wigfield, 1994; Wigfield & Eccles, 1992). 학습과 발달에서 흥미의 역할이 영역과 발달 정도에 따라 다르게 나타나는 현상에 대한 연구가 더 많이 필요하다.

상황적 흥미의 발달은 종종 안정적인 개인적 흥미를 발달시키는 하나의 경로로 간주된다. 교사들은 수업에서 학생의 상황적 흥미를 유발시켜야 하며, 이를 계기로 수업 내용이나 주제들에 대한 학생들의 개인적 흥미를 발전시키도록 도와야 한다는 것이 일반적인 생각이다. 또한 교사들이 모든 학생들의 상황적 흥미를 유발시킴으로써 학생들 개개인의 흥미를 일일이 확인하고 학생들의 서로 다른 개인적 흥미에 맞춰 수업을 진행해야 하는 수고를 덜 수 있도록 해야 할 것이다(Hidi & Harackiewicz, 2000).

Hidi와 Baird(1986)는 상황적 흥미를 유발하는 요인과 유지시키는 요인을 제시했으며 Mitchell(1993)은 중학교 수학 수업에서 학생들의 흥미를 유발하는 요인과 유지시키는 요인을 발견하였다. 그는 모둠활동, 퍼즐, 컴퓨터의 활용 등이 학생들의 흥미를 유발하지만, 이를 유지시키지는 않는다고 하였다. 이와 반대로 의미 있는 작업을 하게 하는 것과 학습자로서 활발하게 활동에 참여하게 하는 것은 상황적 흥미를 유지시켜 주는 것과 관련이 있다. 이 장의 서두에서 심정우 교사와 정희준 교사의 대화 내용을 보면, 그들도 게임과 퍼즐뿐만 아니라 의미 있는 과제와 참여를 통하여 학생들의 흥미를 유발하고 유지하려고 한 것을 알 수 있다. Harackiewicz와 동료들(2000)은 대학생을 대상으로 한 연구를 통해 이와 유사한 연구 결과를 얻었다. 이 연구에서도 강의에 대한 유쾌한 경험이 흥미를 유발시킬 수는 있지만, 흥미를 유지하는 것 또는 수행과는 큰 상관이 없는 것으로 나타났다. 그러나 수업 내용에 관한 흥미를 측정한 연구 결과에 따르면, 수업 내용의 의미에 대하여 지각하고 내재적 흥미를 가지는 것이 흥미를 유지시켰으며, 단기적으로 수행과 관련이 있었다. 따라서 흥미 유지를 위해서는 수업을 재미있고 자극적으로 만드는 방법들보다 의미 있는 학습 활동에 학생을 적극적으로 참여시키는 것이 더 효과적일 것이다. | 응용연구 6-1 |은 어떻게 개인적 흥미와 상황적 흥미를 결합하는 것이 학교의 지루함을 줄이는 데 도움이 되는지 기술하고 있다.

선행 연구는 또한 흥미에 성차가 존재함을 밝혔다. Renninger(1992)는 미취학 아동들을 대상으로 한 연구를 통하여 남아와 여아가 흥미를 느끼는 대상이 다르다는 것을 발견하였다. 여아들은 소꿉장난을 하는 것에 흥미를 느끼며, 남아들은 흉내 내는 것에 흥미를 많이 느낀다. 또한 Renninger(1992)는 초등학생들이 산수 문제를 푸는 과정에서 나타나는 성차도 발견하였다. 남학생들은 재미없는 산수 문제를 풀 때 실수하기 쉬운 반면, 여학생들은 재미있는 산수 문제를 풀 때 실수하기 쉽다. 이런 현상에 관해서 Renninger는 흥미가 남학생이 문제를 이해하고 푸는 데에는 도움이 될 수 있지만, 여학생에게는 방해가 되고 주의 분산을 야기하는 것처럼 보인다고 설명하였다. Schiefele와 동료들(1992)은 또한 흥미와 성취 간의 관련성이 남자에게 더 강하게 나타난다는 것을 발견하였다. 남자의 경우, 성취를 설명하는 전체 변량 중 흥미가 12%

를 차지하는 데 비해, 여자의 경우 단지 6%만이 홍미에 의해 설명되는 것으로 나타났다. 한편, 중학교 1학년 학생들을 대상으로 한 연구에서는 자기개념이 홍미를 예언하며, 이 연구 결과는 성별에 관계없이 일관성 있게 나타났다(Marsh, Trautwein, Lüdtke, Köller, & Baumert, 2005). 상황적 홍미와 개인적 홍미에 대한 잠재적인 성차에 관한 연구가 앞으로 더 많이 이루어져야 할 필요가 있다. | 응용연구 6-1 |은 교사들에게 학급에서 학생들의 상황적 홍미와 개인적 홍미를 증진시키는 방법을 제시하고 있다.

| 응용연구 6-1 |

중퇴를 줄이기 위해 무엇을 할 수 있을까?

최근 미국에서 중퇴는 주요 문제다. 이 문제는 10장에서 자세히 다룬다. 학생들이 학교를 중퇴하는 이유는 다양하다. 많은 아이들이 실패에 대한 위험 부담을 가지고 있고, 읽기, 쓰기, 수리, 추론, 학습 기술에 대해 심각한 부진을 보이고 있다. 그러나 이러한 문제와는 별도로, 학교를 중퇴하는 대부분의 학생들이 학교를 지루한 곳이라 여기고, 학교교육에 낮은 홍미를 보이는 것이 문제가 되고 있다. 이러한 학생들의 경우 학교에서 다루는 주제에 대해 개인적 홍미가 부족하고, 학교 환경은 상황적 홍미를 일으키는 데 도움이 되지 않는다.

교실 속 많은 조건들이 상황적 홍미를 거의 일으키지 못한다. 상황적 홍미는 교사가 주도적으로 강의를 하는 경우, 교실 구성에 변화를 주지 않거나 학생들에게 학습 주제나 연구 주제에 대한 선택권을 주지 않는 경우, 그리고 일상생활과 관련지어 문제와 자료를 구성하지 않는 경우에는 거의 일어나지 않는다. 예를 들어, 이차 방정식을 공부할 때 교사가 풀이 과정을 모두 설명해 주고, 수업 동안 또는 집에서 숙제로 풀어야 할 문제들을 내주는 것은 따분한 연습이 될 수 있다. 공이 공중으로 던져졌을 때 어떻게 솟아오르는지에 대해 알아내는 것과 같이, 문제가 실생활에서 일어나는 사건들과 연결될 때 수업 내용은 좀 더 홍미로워질 수 있다. 창의적인 교사는 수학 방정식의 속성을 증명하기 위해서 실내 수업과 야외 수업을 잘 이용할 것이다.

모든 학생들은 개인적 홍미를 가지고 있으며, 창의적인 교사는 수업 주제와 개인적 홍미를 연결시키는 방법들을 찾을 것이다. 이러한 개인적 홍미와 상황적 홍미의 연결은 지루함을 없앨 수 있고, 궁극적으로 학교에서 학생들의 중퇴를 줄일 수 있다. 좋은 예로 점차 대중화되고 있는 졸업생 프로젝트를 들 수 있다. 이는 고등학교 졸업반 학생들이 개인적으로 홍미가 있는 주제를 고르고, 그것에 대해 조사하고, 그것에 관한 논문을 쓰고, 이를 프리젠테이션 하는 프로그램이다. 이러한 과제는 학교교육 프로그램의 일종으로, 학생들이 흥미를 가지고 자신이 선택한 주제에 대하여 심도 깊은 연구를 수행하도록 한다. 이 과제는 다양한 형식이 가능하며, 여러 가지 활동들을 포함한다. 학생들은 과제를 끝마치기 위해 스케줄을 조절하고 프리젠테이션 형식과 소품을 고른다. 졸업생 프로젝트는 상황적 흥미와 개인적 흥미를 결합시킴으로써 학생들에게 학교 학습이 얼마나 재미있을 수 있는지, 어떻게 학교 학습이 학생들 개개인의 관심 주제를 이해하도록 도울 수 있는지 보여 준다. 대학교에 진학할 예정이 아닌 학생들은 직업 흥미와 연결된 졸업생 프로젝트를 선택할 수 있다. 교사들은 학생들에게 이러한 프로젝트가 그들의 직업 기술을 어떻게 향상시킬 수 있는지, 그들의 경력에 얼마나 도움이 될지 제시할 수 있어야 한다. 이러한 믿음이 학생들을 학교에 머무르도록 도와줄 것이다.

기술이 필요 없다고 무시하는 것은 아니다. 왜냐하면 기술과 능력이 없다면 아무리 흥미가 있더라도 숙련된 성과를 이끌지 못하기 때문이다. 학교 중퇴의 위기에 처한 대부분의 학생들은 어느 정도 성공하기 위해서 보충적 지원이 필요하며, 학생의 흥미와 학습을 연결한 프로그램은 학생들의 중퇴 비율을 줄이고 좀 더 생산적인 시민이 되는 데 도움이 될 것이다.

적용 6-1 학급에서의 흥미 증진

학급에서 각 학생의 개인적 흥미에 맞추어 다양하게 지도하기는 어렵기 때문에, 상황적 흥미를 유발시키는 것이 교사에게는 비교적 쉬우며, 이러한 전략들이 개인적 흥미를 일으킬 수도 있다.

1. **독창적인 자료들을 사용하라.** 이러한 자료들은 일반적인 주제에서 벗어나 흥미롭고 구체적인 내용이 포함되며, 이는 상황적 흥미를 유발하는 데 도움이 된다. 고등학교에서 역사를 가르치는 이연우 교사는 수업 시간에 교과서뿐만 아니라 풍부한 자료들을 사용한다. 이러한 자료들은 교과서보다 더 자세하고 전문적인 지식을 제공해 준다. 학생들도 재미없는 교과서보다는 선생님이 준비한 자료를 읽는 것을 더 흥미

롭다고 느낀다.

2. **수업 내용에 대한 교사 자신의 열정과 흥미로 학생들에게 모범이 되어라.** 교사 자신이 수업에 흥미를 느낀다는 것을 학생들에게 전달해야 한다. 고등학교에서 생물과 화학을 가르치는 김지은 교사는 자신이 가르치는 과학수업을 더 흥미롭게 만들기 위해 학생들에게 자신의 학습방법과 과학이 어떻게 자신에게 흥미를 불러일으켰는지 알려 준다.

3. **학급에서 놀라움과 불균형을 만들어 내라.** 학생들의 사전지식이나 기대에 반하는 자료를 제공함으로써 일부 학생들에게 인지적 불균형 상태를 경험하게 할 수 있다. 학생들은 그러한 자료들이 왜 그들의 신념이나 지식에 어긋나는지 알아내려고 노력하면서 수업에 점점 더 빠져들게 된다.

   강은주 교사는 학생들에게 놀라움과 불균형을 유발시키기 위하여 과학 실험을 하기 전에 먼저 학생들에게 실험 결과가 어떻게 나올지 예측하도록 하고, 그 뒤 학생들의 예측이 틀렸음을 실험을 통하여 증명해 준다. 나머지 수업 시간에는 학생들이 왜 예측을 다르게 하게 되었는지를 토론하게 하고 그러한 예측이 잘못되었음을 증명하는 과학 원리를 설명해 준다.

4. **다양하고 새로운 자료를 사용하라.** 상식적으로 만약 학생들이 매일매일 똑같은 활동만 한다면 그들이 지루하게 느끼는 것은 당연하다. 그러한 점에서 매주, 매달, 매년 다양하고 새로운 활동을 하는 것은 흥미를 높이는 데 매우 유용할 것이다. 특히 기발한 생각, 내용, 과제, 활동 등을 제공하는 것은 학생들의 상황적 흥미 유발을 더 촉진시킨다.

   초등학교 3학년을 담당하는 유현우 교사는 교실에서 어린 학생들의 주의를 끌기 위해 다양한 과제와 활동을 이용한다. 학생들은 읽기, 산수, 과학, 사회 등의 과목을 공부할 때 다양한 활동을 한다. 게다가 읽기 과목에서 '놀이'와 같은 활동은 하나의 과목에만 적용하는 것이 아니라 다른 여러 과목에서도 사용한다. 학생들은 다양한 활동을 즐거워하고, 항상 유현우 선생님의 다음 활동을 기대한다.

5. **자신의 개인적 흥미에 따라 주제를 선택할 수 있게 하라.** 동기이론에 따르면 학습자에게 선택권을 부여하는 것은 동기를 증진시킨다. 이 경우 특정 주제에 대한 학생의 개인적 흥미를 높이는 데 초점이 맞춰진다.

   중학교 사회과목을 담당하는 이수은 교사는 매년 학생들에게 지리학에 관한 과제를 내준다. 그러나 학생들은 자신의 개인적 흥미에 맞게 주제를 선택할 수 있다. 어떤 학생들은 부모가 가 본 적이 있는 캐나다를 연구 주제로 정하고, 어떤 학생들은 부모의 고향을 주제로 정하고, 또 어떤 학생들은 여름휴가 때마다 가 보는 동해안을 연구 주제로 정한다. 비록 주제들은 매우 다양하지만, 이수은 선생님은 학생들이 자신의 삶이나 개인적 흥미와 관련 있는 것들을 공부하기 때문에 더욱 열심히 참여한다는 것을 발견하였다.

6. **학생들의 개인적 흥미를 토대로 수업을 설계하고 개인적 흥미들을 통합하라.** 비록 학생들마다 개인적 흥미가 다른 것은 사실이지만, 많은 학생들에게는 공통된 흥미가 있다. 교사가 개인의 흥미 혹은 학생들이 가진 공통된 흥미를 수업과 연결시킬 때 주의집중과 상황적 흥미를 유발할 수 있다.

   백은미 교사는 초등학교 6학년을 담당하면서 학급의 일부 남학생들이 기본적인 수학 원리를 복습하는 것에 흥미를 느끼도록 하는 데 어려움을 겪고 있었다. 복습을 재미있게 하기 위해 그녀가 고안해 낸 게임에 다른 학생들은 꽤 열심히 참여하였지만, 그들은 그것이 지루하다고 생각했다. 그러나 그녀는 그들이 야구와 메이저리그에 진출한 야구 스타들에 대해 이야기하는 데 많은 시간을 보낸다는 것을 알고는 곧 타율, 방어율, 장타율과 같은 다양한 야구 통계수치들을 계산하는 일련의 수학활동들을 고안해 냈다. 비록 다른 일부 학생들은 이 과제 활동을 좋아하지 않았지만, 더 많은 남학생들이 이러한 활동에 잘 참여하고 더 많은 질문을 하면서 이러한 통계수치들을 잘 계산하게 된 것을 발견하였다.

자기가치이론

개 관

개인적, 상황적 흥미와 관련된 또 다른 변인으로 자기가치(self-worth), 혹은 자존감(self-esteem)이 있다. 이는 자기 자신에 대한 정서나 감정, 느낌 혹은 자기 자신에 대한 평가에 관한 것이다. 서두에서 이은주 교사는 몇몇 학생들의 동기 문제를 설명하기 위해 자존감에 대해 말했다. 자기가치는 유능감에 대한 개인의 지각 혹은 자기효능감(self-efficacy)과 혼동되어서는 안 된다. 유능감에 대한 지각이나 효능감은 자기 자신에 대한 인지적 평가 혹은 믿음이다(2장과 4장 참조). 자기가치는 자신에 대한 정서적, 감정적 반응이다. 이것은 자기 자신과 자신의 행동에 대해 자신감을 갖는 것, 자신과 자신의 성취에 대해서 좋게 느끼는 것, 자신에 대해 전반적으로 긍정적인 이미지를 갖는 것을 의미한다. 게다가 자기가치는 보통 특정한 영역의 구체적인 과업이나 완성도에 대한 자신의 능력을 평가하는 구체적인 평가라기보다는 자신에 대해서 좀 더 확산적이며 덜 구체적인 반응이다(Harter, 1985a, 1990). 예를 들어, 어떤 사람이 자신이 테니스라는 운동을 잘 못한다고 생각하고 있더라도(테니스에 대한 자신감의 낮은 지각), 테니스가 그에게 중요하다고 생각하지 않는 한, 이러한 지각은 그 사람이 자신에 대해 전반적으로 가질 수 있는 긍정적이거나 부정적인 느낌에 영향을 미치지 않는다. Harter(1985a, 1990)는 자기가치가 모든 영역에서 포괄적으로 확산되어 연결되어 있다기보다는 영역마다 다른 양상으로 연결된다고 본다.

이러한 구별은 학교뿐 아니라 생활의 많은 영역에서의 자존감에 관한 일반적 관점에서 명확하게 나타나지 않으며, 이것은 동기와 자기신념(self-beliefs)이 행동에 미치는 영향에 대한 우리의 이해에 부정적 영향을 준다. 예를 들어, 많은 텔레비전의 토크쇼나 동기 유발에 관한 유명 서적들에서는 높은 자존감이 모든 개인적 문제의 만병통치약인 양 이야기되고 있다. 이러한 주장은 약하고 낮은 자존감이 자녀학대, 배우자의 외도, 약물남용, 체중과 몸매의 문제, 군에서의 배신, 직무태만, 실업, 범죄행위, 학습문제, 또는 단지 개인적인 불행이나 절망 등과 같은 모든 문제의 근원이라고 말한다. 이 가설에 따르면, 자존감을 증가시키면 이러한 문제들이 모두 치료될 수 있다고 간주된다. Lazarus(1991)가 언급했듯이, 이러한 논리는 사람들이 그들 자신에 대해서 단순히 반복적으로 긍정적인 말을 하는 것(예: 나는 좋은 사람, 학생, 근로자다.), 또는 다른 사람들이 이렇게 상황과 관계없이 긍정적인 피드백을 해 주는 것이 이러한 문제들을 피할 수 있게 한다고 믿게 한다. 하지만 이러한 관점은 문제가 가지는 복잡성에 비해서 너무나 단순한 것이다(Crocker & Wolfe, 2001).

몇몇 교사들은 대중의 이러한 강조점을 수용하면서, 자존감에 대한 단순한 관점에 동의한다. 교사들은 종종 학생들에게 그들의 학업 수행에 관해서 부정적으로 말하기 어려워한다. 그러한 말이 학생들의 자존감에 상처를 줄 수 있다고 믿기 때문이다. 자존감에 대한 프로그램을 시작하는 학교와 수업들이 있다. 이러한 프로그램은 아동이 자신의 자존감을 향상시키기 위해서 스스로 긍정적인 문장을 반복해서 말하게 하거나 교사들이 모든 학생들에게 무제한으로 긍정적인 피드백을 지도하도록 하는 수업이다(이 장의 서두에 있는 이은주 교사의 의견 참조). 이러한 자존감에 대한 잘못된 대중적 관점과는 대조적으로, Covington(1992, 1998; Covington & Beery, 1976)은 학생들의 동기에 대하여, 최근 이론들에 기반을 둔 자기가치 모형을 제안했다. 그는 학교 상황에서 우리에게 자기가치를 이해하는 데 도움을 주는 경험 연구 프로그램을 개발하였다.

개념적 모형

Covington(1992)은 자기가치의 욕구는 모든 인간에게 가장 기본적인 욕구라고 본다. 이러한 욕구는 자기수용(self-acceptance)에 대한 보편적인 탐색에서 나타난다. 서구 사회에서 취학 연령대 아동들의 가치는 종종 그들의 학업성취에 의해 결정되며, 이는 경쟁적인 방법들(예: 다른 학생들보다 더 잘하는 것)로 평가된다고 지적하였다. 아동이 일반적인 사회의 가치를 받아들이고 내면화함에 따라, 자신들의 가치는 학업성취(학업성적)에 달려 있다고 생각한다.

Covington(1992)은 자기가치의 욕구가 다양한 유형의 동기적인 믿음과 행동을 일으킨다고 제안하였다. 아동과 성인이 종종 자신의 성공을 자신의 능력으로 귀인하기를 원하는데, 이는 열심히 노력한 것에 귀인하는 것보다 능력으로의 귀인이 자기가치를 증가시키기 때문이다(3장 참조). 자기가치에 대한 욕구는 상황 속에서 다양한 귀인 유형을 유도한다. 이것은 개인의 욕구가 귀인 과정에 영향을 줄 수 있다는 가능성을 포함하지 않는 귀인이론에 추가적으로 기여하는 부분이다. Covington은 사람들이 종종 자신이 과제에 대해서 얼마나 많이 노력했는지 숨기고, 다른 사람들에게 단순히 그들이 높은 능력을 가지고 있다고 생각하게 하려 한다는 것을 지적하였다. 예를 들어, 몇몇 학생들은 학급 친구들에게 그들이 시험공부를 열심히 한 것을 말하지 않는다. 그리고 시험성적이 좋게 나오면, 그들은 공부를 열심히 하지 않았지만 높은 능력을 가지고 있기 때문에 성적이 좋았다는 귀인을 하게 한다(Covington, 1992, 1998).

Covington(1992, 1998)은 학생들이 종종 그들의 자기가치를 보호하기 위해서 성공에 방해가 되는 일을 하는 것과 같은 자기손상(self-handicapping) 행동을 한다는 것을 보여 주었다. 예를 들어, 학생들은 시험공부나 수업 과제, 또는 프로젝트를 미룬다. 만약 마지막 순간까지 미룬다면, 실제로 그들이 최선의 노력을 다했을 때보다 덜 성공할 것이다. 장기적으로 보면, 이러한 행동은 실제 수행결과가 최선의 노력을 통해 성공 가능한 수행결과보다 낮기 때문에 자기손상이라고 할 수 있다. 그러나 자기가치와 귀인의 관점에서 보면, 이 같은 지연 행동은 긍정적인 동기 효과를 가지고 있다. 만약 학생들이 잘 해내지 못한다면, 그들은 자기가치를 보호하면서 그들의 수행을 노력 부족으로 귀인할 수 있다. 왜냐하면 그들은 자신의 능력이 부족하다고 결론지을 필요가 없기 때문이다. 동시에 만약 그들이 지연 행동에도 불구하고 잘 해낸다면, 자신이 높은 능력을 가지고 있음에 틀림이 없다는 귀인을 할 수 있다. 그렇지 않다면, 그들이 적게 노력하고도 성공하는 것을 어떻게 설명할 수 있겠는가? 반면에 만약 그들이 미루지 않고 열심히 하지만 여전히 잘 못한다면, 학생들은 자신의 능력이 부족하다고 결론을 내리게 되고, 그들의 자기가치는 손상될 것이다. Covington은 자기가치 관점과 귀인이론의 구인들을 결합함으로써 우리가 믿어 왔던 단순한 자존감 모형보다 자기가치의 역할이 더욱 복잡하다는 것을 보여 주었다.

중요한 것은 자존감이 학교교육의 중요한 결과물이 아니라는 것이 아니다. Harter (1998, 1999)는 자기개념(self-concept)과 자존감에 대한 연구를 재검토해 왔다. 이 개념들은 비록 같은 구조는 아니지만 둘 사이에 일정한 상관관계가 있다는 것은 명백하다. 더욱 중요한 것은, 발달 연구에 따르면 자존감 또는 자기가치가 종종 발달 과정, 특히 사춘기 시절에 낮아진다는 것이 분명하다는 점이다(Harter, 1998, 1999). 이러한 자존감 혹은 자기가치의 감소는 종종 우울이나 다른 정신건강 문제의 증가를 동반한다(Harter, 1998, 1999). 물론 자존감이 이렇게 낮아지는 것은 단지 개인의 인지발달의 변화 혹은 상황적 변화(중학교/고등학교로의 진학)만의 작용이 아니라, 개인적이고 상황적인 요소들 간의 상호작용에 의한 것이다. 그럼에도 불구하고 자존감이 연령에 따라 감소한다는 사실과 남자보다 여자의 자존감이 더 많이 감소한다는 사실(Harter, 1998, 1999)은 중요한 이슈다. 흥미롭게도 Harter, Waters와 Whitesell(1997)은 이러한 자존감 감소의 원인의 일부가 성차 그 자체보다는 오히려 남성성-여성성의 가치에 대한 개인적 승인(endorsement)에 따른 것으로, 더 여성적인 사람들이 시간이 경과함에 따라 자존감에 대해 더 급감하는 모습을 보인다고 제안한다.

따라서 학교가 자존감에 대한 이러한 이슈들과 정신건강에 대한 보다 포괄적인 이슈들에 민감해야 하지만(Roeser, 1998; Roeser, Eccles, & Strobel, 1998), 단순히 자존감과 학업성취 간의 인과관계를 설정하는 것은 문제가 있다. 많은 일반인들과 교사들은 자존감이 중요하고 격려되어야 하는 것이라며, 기계적으로 무분별하게 칭찬을 하곤 한다. 자존감을 증가시킴으로써 학습, 동기, 그리고 성취가 자동적으로 향상될 것이라고 억측하는 것이다.

이러한 단순한 인과적 모형은 잘못된 것으로, 자존감은 실제 수행과 성취로부터 생길 가능성이 크며, 그 역은 아니다. Crocker와 Wolfe(2001)는 자기가치 유관(self-worth contingencies), 즉 사람들의 자기가치가 근거하고 있는 결과들에 대해 논의하였다. Damon(1995)이 지적하듯이(그리고 이 장 도입부의 정희준 교사의 일화에서 언급되었듯이) 유관성을 가지지 않고 학생을 칭찬하는 것은 해가 될 수 있다. 그러한 칭찬은 학생들이 그들의 실제적인 수행과 기술에 의해서가 아니라, 그저 칭찬받아야 한다고 생각하도록 만든다. 더욱이 장기적으로 봤을 때도 이러한 빈 칭찬은 학생들에게 도움이 되지 않는다. 그들은 자신의 실질적인 기술과 전문적 지식의 발전에 대한 피드백을 받지 못할 것이다. 그들의 기술이 발전하는 과정에서 정확한 피드백 없이, 그들 스스로 행동을 바꾸고 조절하는 노력을 하기는 어렵다. 예를 들어, 학생들이 아주 잘 읽지 못할 때조차 그들의 자존감을 보호하기 위해 무턱대고 칭찬하게 되면, 학생들은 읽을 수 없는데도 자신이 잘 읽을 수 있다고 생각하는 결과를 초래한다. 그러다가 그들은 인생의 어느 순간에 그들이 잘 읽을 수 없다는 사실에 직면할 것이다. 사춘기가 되어 자신의 기초적인 읽기와 쓰기 능력이 부족함을 알게 하는 것보다는, 가능한 한 일찍 읽기 능력을 향상시키도록 노력하게 하는 편이 낫다. 또한 자존감과 성취 간의 인과관계는 분명 쌍방향적이지만(Blumenfeld et al., 1982; Wigfield & Karpathian, 1991), 학생들의 자존감을 유관 없이 증대시키려고 노력하기보다는 학생들이 학업에서 성공하기 위해 필요한 기술과 지식을 학습하도록 돕는 것이 더 쉬울 것이다.

감정과 교육적 결과

자기가치이론에서는 홍미와 동기에 중요한 결과를 야기할 수 있는 자기 또는 자존감에 대한 정서를 강조한다. 지난 몇 년간 교육 분야에서 감정에 대한 주제, 특히 학습과 동기에 영향을 미치는 감정과 인지의 상호작용에 대한 연구는 점점 강조되어 왔다. 이 장에서는 감정과 교육적 결과의 상호작용에 대해 논의하도록 하겠다.

감정의 분류

성격심리학자와 사회심리학자들은 감정을 정의하는 데 다양한 분류법이나 방식들을 사용한다(Frijda, 1986; Plutchik, 1980; Russell & Barrett, 1999; Watson & Tellegen,

1985; Watson, Wiese, Vaidya, & Tellegen, 1999). 그러나 우리는 학생들의 동기, 학습, 수행에 대한 논쟁들과 관련 있는 분류법을 사용할 것이다(Pekrun, 1992; Pekrun & Frese, 1992). 분류법에 대한 설명을 하기 전에 몇 가지 용어를 명확하게 정의하도록 하자.

Forgas(2000)가 지적했듯이 연구자들 사이에서 용어의 의미에 대한 충분한 동의가 이루어지지 않았기 때문에 정서(affect), 느낌(feeling), 감정(emotions), 기분(mood)과 같은 용어들을 정의하는 데 어려움이 있다. 이것은 동기에 관한 연구에서 드문 일은 아니지만(Murphy & Alexander, 2000), 감정과 기분에 관한 연구를 수행하는 과정에서는 특히 문제가 될 수 있다.

Forgas(2000)는 정서(affect)를 특수한 감정과 전반적인 기분을 포함하는 가장 폭넓고 포괄적인 용어로 생각할 수 있다고 언급하였다. Forgas는 기분(mood)에 대해서는 원인에 해당하는 특별한 사건이 없고 인지적인 내용이 거의 없는 것으로서, 정서적 상태에 대한 강렬함이 비교적 낮고, 확산적이며, 지속적인 상태로 정의할 수 있다고 제안하였다. 사람들은 특별한 선행사건이 없거나 왜 (인지적 원인에 대해) 그러한 느낌을 갖는지 알 수 없어도 기분이 좋거나 나쁘다고 느낄 수 있다. 이와 대조적으로 Forgas(2000)는 감정(emotions)은 특별한 원인(예: 시험의 실패)을 가지고 있고 일반적으로 사람들이 그 원인을 알고 있으며 지속성이 짧은 강렬한 현상이라고 주장했다. 또한 감정은 일반적으로 일부 명확한 인지적 내용이나 대상이 있다고 언급하였다. 자부심(pride), 분노(anger), 동정심(pity), 두려움(fear), 수치심(shame), 죄책감(guilt)과 같은 특별한 감정들이 감정 연구의 대상이 되는 것과는 달리, 전반적이며 보다 확산적인 것으로 여겨지는 좋고 나쁜 기분과 같은 것들은 기분 연구자들의 연구 분야다.

Pekrun(1992; Pekrun & Frese, 1992)은 학생들의 동기, 학습, 성취와 관련 있는 일반적인 감정 분류법을 제안하였다. 〈표 6-1〉은 그들의 모델을 요약하여 제시해 주고 있다. 표에서 세로 칸은 감정의 긍정성/부정성 차원을 반영하는 것이다. (또한 유쾌함/불쾌함으로 명명되기도 함; Russell & Barrett, 1999; Watson et al., 1999) 또 다른 감정 연구에서는 활성화/비활성화(또는 참여/불참여; Russel & Barrett, 1999; Watson et al., 1999) 두 가지 차원으로 제시하기도 하지만, 〈표 6-1〉의 분류에 제시된 것들을 다 반영하지 못하고 있다. 대조적으로, 과제 관련 감정(task-related emotions)과 사회적 감정(social emotions)의 두 가지 범주로 구분되기도 한다. 과제 관련 감정은 직무 분야에 대한 업무 관련 과제뿐만 아니라 다양한 환경이나 학교에서의 성취, 학업 과제와 관련이 있다(Pekrun & Frese, 1992). 사회적 감정은 다른 사람들과의 사회적 상호작용

표 6-1 ▸▸ 학생들의 감정 분류

	긍정적	부정적
과제 관련 감정		
과정 관련 감정	즐거움	지루함
예상되는 감정	희망 기대되는 즐거움	불안 무기력감(체념/절망)
회고적인 감정	안도감 결과 관련 즐거움 자부심	- 슬픔 실망 수치심/죄책감
사회적 감정		
	감사 공감 감탄 동정/사랑	분노 질투/시기 경멸 반감/증오

을 통해 산출되는 잠재적인 감정을 의미한다.

〈표 6-1〉과 같이 과제 관련 부분은 다시 세 가지 범주로 구분된다. 과제에 실제로 참여할 때 경험하는 감정이 그중 하나인데, 여기에는 어떤 과제를 하는 과정에서 느끼는 즐거움과 지루함이 해당된다. 두 번째 범주는 학생들이 어떠한 과제를 하고자 할 때 또는 과제 참여와 기대되는 결과에 대해 생각할 때 경험할 수 있는 감정을 반영한다. 이렇게 예상되는 감정에는 희망, 기대되는 즐거움과 함께 과제에 대한 불안, 무기력감, 절망 등이 포함된다. 세 번째 범주는 학생이 과제를 완수한 후에 경험하는 안도감, 기쁨, 자부심뿐 아니라 슬픔, 실망, 수치심, 죄책감 등의 부정적 감정도 포함하는 회고적 감정이다. 물론 이러한 회고적 감정의 대부분은 3장에서 다룬 귀인 과정의 결과들과 같다. 자부심, 수치심, 죄책감 등과 같은 회고적 감정은 과제 수행에 대한 개인의 귀인 유형과 밀접하게 관련되어 있다(Weiner, 1986, 1995).

〈표 6-1〉의 분류는 학교나 성취 맥락에서 발생할 수 있는 구체적인 감정(emotion)들을 나타내고 있다. 이러한 감정들이 좋은 기분, 나쁜 기분과 같은 포괄적인 구분보다 더 구체적인 것은 분명하다. 또한 이러한 감정들의 대부분은 감정과 관련된 인지적 요소를 포함하고 있다. 다시 말하면, 기분(mood)은 감정에 비해 불분명하고 감정과 같이 각 기분에 해당하는 인지적 대상을 가지고 있지 않은 반면, 자부심, 수치심, 죄책감 등과 같은 감정은 주로 어떤 특정한 과제, 행동, 성취 등의 대상이 있다. 사람

은 별 생각 없이도 그저 기분 나쁜 상태에 머무를 수 있지만, 자부심이나 수치심을 느낄 때에는 대부분 시험을 잘 보거나 못 보는 것, 대회 또는 게임에서 잘하는 것 등과 같은 특정한 사건을 생각하게 된다. 물론 사람들은 어떤 특정한 인지적 내용 또는 사건 없이도 '막연한' 불안 또는 분노를 느낄 수도 있지만, 대부분의 경우 왜 불안하거나 화가 나는지 인지적으로 반추하거나 생각하게 된다.

또한 Forgas(2000)는 기분과 감정의 구별을 정서와 인지의 상호작용에서 어느 정도 찾을 수 있다는 점에 주목했다. 예를 들어, 감정 연구자는 귀인과 같은 다양한 평가 전략을 포함하는 감정적 반응의 맥락적, 인지적 원인에 초점을 맞추는 경향이 있다. 그들은 사람들이 다양한 상황(〈표 6-1〉에 제시된 것과 같은)에서 발생하는 특정한 감정들을 어떻게 그리고 왜 경험하게 되었는지 이해하고자 노력한다. 이와 대조적으로 기분 연구자는 기분이 인지와 인지 과정에 미치는 영향에 관심을 갖기 때문에, 이 경우 기분이 독립변인이 된다. 반면, 감정 연구자들에게는 감정이 다양한 인지 과정과 평가 과정으로부터 발생하는 종속변인이 되는 경우가 많다.

감정이 학습과 동기에 미치는 효과

인지와 정서(affect)의 인과적 선후 관계에 대한 연구는 오랜 역사를 가지고 있다(Smith & Kirby, 2000; Weiner, 1985b; Zajonc, 1980, 2000). 자기개념과 성취의 인과적 선후 관계에 대한 논쟁(Wigfield & Karpathian, 1991)과 유사하게, 인지-정서의 관계에 대한 현재의 가장 그럴듯한 관점은 이를 쌍방향적으로 보는 것이다. 인지가 정서에 영향을 미치는 것인지, 아니면 그 반대인지에 대해 논의를 계속할 필요가 있는지 분명하지 않으나, 어떤 조건에서는 어떻게 · 왜 · 언제 인지가 정서를 선행하고 정서에 영향을 미치며, 어떤 조건에서는 어떻게 · 왜 · 언제 정서가 인지를 선행하고 인지에 영향을 미치는지 이해할 수 있는 모델을 개발할 필요가 있다.

귀인이론을 다룬 3장에서는 인지적 평가와 귀인이 감정에 영향을 미칠 수 있는 방식을 설명했다. 이 장에서는 정서가 인지에 미치는 영향에 더 초점을 두고자 한다. 정서와 그에 후속하는 인지, 학습, 수행의 관계에 대해, Pekrun(1992)은 감정 또는 기분이 다양한 결과에 영향을 주는 4개의 일반적 경로가 있다고 제안했다. 이 중 3개의 경로는 인지적 매개요인으로 통하는 경우이고, 나머지 하나는 동기적 경로를 통하는 경우다. 이 장에서 논의되는 다양한 모델과 구인들은 4개의 경로를 모두 잘 설명한다(Linnenbrink & Pintrich, 2000).

감정 또는 기분이 학습과 수행에 영향을 미칠 수 있는 첫 번째 경로는 인출과 정보 저장과 같은 기억 과정을 통한 것이다(Pekrun, 1992). 기분 의존적 기억(mood-dependent memory)에 대한 연구는 상당히 많은데, 그러한 연구들의 공통된 주제는 기분과 같은 정서적 상태가 다른 정보들과 동시에 부호화되어, 관련된 네트워크 안에서 그 정서가 정보와 밀접하게 연결된다는 것이다(Bower, 1981; Forgas, 2000). 이는 정서-상태 의존 인출(affect-state dependent retrieval)과 같은 것의 발견으로 이어졌는데, 정서-상태 의존 인출이란 정보를 인출할 때의 기분이 부호화될 때의 기분과 일치할 때 인출이 향상된다는 것이다(Forgas, 2000). 또한 연구는 기분 또는 정서적 상태가 그와 정서적으로 일치하는 자료의 회상을 촉진하는 결과를 보여 주었다(Forgas, 2000). 즉, 기분이 좋은 상태에 있는 사람은 긍정적 정보를 더 잘 회상하는 경향이 있고, 기분이 나쁜 상태에 있는 사람은 부정적 정보를 더 잘 회상하는 경향이 있다는 것이다. 다른 연구에서 Linnenbrink와 Pintrich(2000), Linnenbrink, Ryan과 Pintrich (1999)는 부정적 정서가 목표지향의 효과를 중재함으로써 작업기억에 영향을 미칠 수 있다고 보고하였다. 이 연구에서, 부정적 정서는 작업기억에 손상을 줄 수 있지만, 긍정적 정서는 작업기억과 관련이 없는 것으로 나타났다(이 장의 뒷부분에서 다룰 예정이다). 이러한 부호화, 인출, 정서 과정의 통합에 대한 일반적인 설명은 개인적 흥미와 상황적 흥미 연구의 주된 영역이다.

두 번째의 매개적 경로에 의하면, 정서가 다양한 인지, 조절, 사고 전략의 사용에 영향을 미치고, 이는 다시 서로 다른 양상의 수행결과와 성취로 이어질 수 있다 (Forgas, 2000; Pekrun, 1992). 예를 들어, 초기 연구들 중 일부는 긍정적인 기분은 보다 빠르고, 덜 자세하고, 덜 체계적인 정보처리를 가져오는 반면, 부정적인 기분은 더 체계적이고 분석적이고 자세한 정보처리를 가져온다고 제안했다(Forgas, 2000; Pekrun, 1992). 그러나 최근의 연구는 이 연구 결과들을 지나치게 단순화된 입장으로 여기고, 좀 더 복잡한 제안이 필요하다고 본다. Fiedler(2000)는 긍정적 정서는 일반적으로 접근 성향을 가지는데, 생산적 과정, 하향(top-down)적 과정, 신기함을 추구하는 것과 같은 창의적 과정 등 동화 과정을 더 촉진한다고 보았다. 이와 반대로 부정적인 기분은 기피 또는 회피 지향성을 가지며 외부 정보와 세부사항에 초점을 두고, 자극 구속적(stimulus-bound)이며 실수를 하지 않으려고 하는 것 등을 포함하는 순응 과정을 촉진한다고 보았다.

학교 상황에서의 인지전략 및 자기조절전략의 사용에 관한 다른 연구들은 정서의 역할을 자세하게 다루지 않았으나, 정서의 역할을 다룬 몇 안 되는 연구들은 부정적 정서가 심층적이고 보다 정교한 정보처리를 가능하게 하는 인지전략의 사용 가능성을 줄인다는 연구 결과를 보여 주었다(Linnenbrink & Pintrich, 2000). 예를 들어, Turner, Thorpe와 Meyer(1998)는 부정적 정서가 초등학생들의 심층적 전략 사용과 부적 상관이 있음을 보였다. 게다가 부정적 정서는 수행목표와 전략 사용 간의 부적 관계를 매개하는 것으로 나타났다. 부정적 정서 또는 감정이 일반적으로 회피적인 상태라면, 부정적 정서를 경험하는 학생들은 심층적 인지전략을 사용할 가능성이 낮다. 왜냐하면 심층적 인지전략은 보다 많은 개입과 학습 과제에 대한 긍정적 접근을 필요로 하기 때문이다. 이와 반대로 긍정적 정서는 보다 많은 개입과 심층적 전략 사용을 가져올 것이다. 긍정적 정서에 대한 이러한 가설은 개인적 흥미와 상황적 흥미의 연구결과들과 유사하다.

세 번째의 인지적 경로에 의하면 정서는 학생들이 사용할 수 있는 주의 자원(attentional resource)을 증가 또는 감소시킨다(Linnenbrink & Pintrich, 2000; Pekrun, 1992). Pekrun이 주목했듯이, 감정은 작업기억의 공간을 차지해 인지적 부하를 증가시킬 수 있다. 예를 들어, 어떤 학생이 어떤 학업 과제를 하려고 할 때, 공포나 불안의 감정을 가지고 있다면, 이러한 감정(그리고 이와 함께 나타나는 걱정과 자기의심에 대한 지각)은 제한된 작업기억용량을 차지하고 학업 과제를 수행하는 데 필요한 인지처리를 방해할 수 있다(Hembree, 1988; Wine, 1971; Zeidner, 1998). 이러한 일반적인 간섭 또는 인지적 부하에 관한 것은 이 장의 뒷부분에서 상세하게 논의될 시험 불안에 대한 연구에서 대표적으로 사용하는 설명방식이다. 이러한 일반적인 인지부하 가설에 따르면, 감정은 그것이 긍정적이든 부정적이든 간에 주의 자원을 사용하게 되고, 이는 인지처리 또는 수행을 감소시키는 결과를 가져온다. 하지만 실제로는 그렇지 않은 것으로 보인다. 긍정적 정서와 부정적 정서에 대한 연구 결과가 차이가 나고 비대칭적인 것을 고려할 때(Forgas, 2000), 감정과 기분이 어떻게 주의 자원에 영향을 미치고 궁극적으로 수행에 영향을 미치는지에 대해서 좀 더 심화된 설명이 필요하다.

Pekrun(1992)이 마지막으로 제안한 일반적 경로는 감정이 내재적·외재적 동기 과정에 영향을 미칠 수 있는 것이다. Linnenbrink와 Pintrich(2000) 또한 동기 과정과 정서 과정은 상호작용을 통해 인지적·행동적 결과에 영향을 미칠 수 있다고 제안했다. 이러한 일반적 가정에 따르면 과제를 수행하는 동안의 즐거운 경험 또는 과제의 예상되는 결과와 관련된 기쁨(〈표 6-1〉) 등을 포함하는 긍정적인 감정은 과제에 대한 내재적 동기로 이어질 수 있다. 7장에서는 내재적 동기의 다양한 정의들을 살펴보고 있는데, 즐거움의 경험과 과제에 대한 깊은 몰두 경험은 그들 중 하나다. 이러한 관점에서 보면 지루함, 슬픔, 공포와 같은 부정적 감정은 어떤 과제를 수행하는 것에 대한 내재적 동기를 감소시킬 수밖에 없다. 다만 부정적 감정 중 공포와 같은 일부 감정들은 과제에 대한 외재적 동기를 증가시킬 수도 있다.

정서 과정과 동기 과정이 상호작용하고 이러한 상호작용을 통해 인지, 학습, 수행에 영향을 미칠 수 있다는 것은 분명해 보인다(Linnenbrink & Pintrich, 2000). 동시에 보다 상세하게 연구되어 온 동기 및 인지 과정을 어떻게 정서 과정과 효과적으로 통합시킬 것인지에 대해서는 좀 더 많은 연구가 필요하다. 이는 향후 성취동기 분야의 주된 연구 주제 중 하나일 것임이 분명하다.

감정과 목표

감정 연구에서 최근 몇 년 동안의 관심사는 자기조절과의 상호작용이다. 자기조절의 주요 과정은 목표 설정이라고 할 수 있는데, 자기조절은 과제를 수행하는 동안의 목표 설정과 목표 향상 평가(assessing goal progress)를 포함한다. 이러한 향상에 대한 지각은 자기효능감(지각된 유능성)을 발달시키고 동기를 유지시킨다.

Linnenbrink와 Pintrich(2002, 2004)는 수업 목표에 영향을 주는, 학교와 학습에 관한 학생들의 정서에 대한 모델을 제시하였다. 긍정적인 정서를 가진 학생은 접근목표를 취하기 쉬운 반면에(5장), 부정적인 정서를 가진 학생은 회피목표를 취하는 경향이 있다. 그러나 접근목표 또는 회피목표는 모두 숙달목표 또는 수행목표와 관련될 수 있다. 결과를 달성할 수 있는 자원을 갖고 있다고 생각하는 학생은 학습목표를 채택하거나, 다른 사람들에 비해 유능하다는 것을 증명하는 목표를 채택하기 쉬우며, 이는 회피목표를 가질 때에도 비슷하다.

또한 Linnenbrink와 Pintrich(2002, 2004)는 성취목표가 학생들의 특정한 감정에 영향을 준다고 보았다. 이때의 감정은 보통 짧은 시간 동안 지속되며 시간이 지나면 전반적인 기분 상태에 흡수된다. 접근목표는 목표에 접근했을 때의 의기양양함, 또는 목표에 접근하지 못했을 때의 슬픔과 관련되어 있을 수 있다. 회피목표는 목표가 회피되었을 때의 안도감, 혹은 목표가 회피되지 않았을 때의 불안감과 관련될 수 있다. 숙달접근목표(approach mastery goal)는 긍정적인 감정의 증가와 부정적인 감정의 감소를 가져온다. 반면에 수행접근목표(performance approach goal)는 긍정적인 감정과 관련이 없고 부정적인 감정을 증가시킬 수 있다.

지금까지 이러한 예들을 확인하는 연구는 거의 없었고, 연구 결과들 또한 복잡하다. 수학 학습에 대한 긍정적, 부정적인 정서와 관련된 연구에서 긍정적인 정서는 노력과 인지적 자기조절에 긍정적인 효과를 주지만 학습에는 효과가 나타나지 않았다. 과학 분야에서는 긍정적인 정서가 적응적 전략의 사용과 인지처리와는 다소 연관되지만, 개념적 변화와는 관련이 없다고 보고하고 있음을 볼 수 있다.

이러한 발견들은 관계가 복잡해 보이기는 하지만, 결국 긍정적인 정서가 노력과 전략의 사용을 증가시킨다고 결론지을 수 있을 것이다. 향후 연구에서는 동기와 성취에서 아직 설명되지는 않았지만 잠재적으로 중요한 주제들을 반드시 연구해야 할 것이다.

시험 불안

서두에서, 교사들은 시험 불안(Test Anxiety)의 문제점과 이것이 시험에서 학생의 수행에 어떻게 부정적으로 영향을 미치는지 논의했으며, 정희준 교사는 그가 학생이었을 때 어떤 시험 불안을 겪었는지 이야기했다. 시험 불안은 초등교육에서부터 중등과정 이후의 교육에 이르기까지 모든 수준에서 교실 내 주요 문제가 될 수 있다. 시험 불안은 학습에 부정적인 영향을 미칠 수 있는 정서의 대표적인 한 유형인데, 이는 개인적 흥미, 상황적 흥미에 의해 생겨나는 긍정적인 효과와는 상당히 대조적이다.

최근에서야 흥미에 관한 경험적 연구가 부활한 것과는 달리, 시험 불안에 대한 연구는 적어도 1950년대부터 꾸준히 진행되었다(Tryon, 1980). 오늘날은 시험 불안에 관한 저널이나 전문 연구기관들뿐만 아니라, 불안과 스트레스 문제를 다룬 책들도 많이 있다(Hagtvet & Johnsen, 1992; Schwarzer, van der Ploeg, & Spielberger, 1989). Zeidner(1998)는 시험 불안에 관해 훌륭하고 종합적인 최고 수준의 개관 논문을 펴내기도 하였다. 시험 불안의 역할에 관해 더 세부적인 흥미가 있다면 이러한 자료들을 참고해야 할 것이다. 여기에서는 포괄적인 처치에 관한 주제는 다루지 않고, 시험 불안과 학업 수행에 관한 몇 가지 중요한 쟁점들만 살펴보도록 하겠다.

시험 불안의 정의

시험 불안이라는 용어를 정의할 때, 생각해 보아야 할 중요한 쟁점들이 많이 있다.

불안에 대한 일반적인 정의는 "생리적 그리고 행동적으로 동시에 나타나는 불쾌한 느낌 혹은 감정적 상태로, 주로 의례적인 시험이나 다른 평가 상황에서 경험하게 되는 것"이다(Dusek, 1980, p. 88). 시험 불안은 시험 상황과 관련한 일반적인 평가 불안의 구체화된 형태다. Zeidner(1998)는 시험 불안을 "시험 혹은 이와 유사한 평가 상황에서 나타날 수 있는 부정적인 결과 혹은 실패에 대한 걱정을 동반하는 현상학적이고, 생리적이며, 행동적인 반응들의 집합"으로 정의하였다.

시험 불안의 현상학적인 측면은 주로 인지적 · 감정적 요소들을 포함한다. 인지적 요소라는 것은 근심(worry)이고, 감정적 요소는 감정(emotion) 혹은 정서(affect)로 명명된다(Liebert & Morris, 1967; Wigfield & Eccles, 1989; Zeidner, 1998). 인지(예: 근심) 요소는 시험에서 낙제할지도 모른다는 걱정, 시험 실패로 나타날 결과에 대한 생각(예: 부모님이 화가 나는 것, 대학에서 낙제하는 것), 시험을 마칠 수 없을 것 같은 불안, 자신이 답할 수 없는 문제에 대한 생각, 낮은 성적으로 당황할 것에 대한 생각(이 장의 초반부 정희준 교사의 의견 참조) 등과 같은 불안을 동반한 인지를 가리킨다. 이러한 것들은 시험을 치를 때 시험 불안을 강하게 느끼는 사람의 마음에서 떠오르는 것들이다.

감정적 요소는 두려움, 불안감, 혹은 기분 언짢음과 같이 시험을 치를 때 경험하는 실제적인 각성을 가리킨다(Zeidner, 1998). 이러한 각성은 평가 상황에서 고전적으로 조건화된 감정적 반응일 수 있다(Wigfield & Eccles, 1989). 비록 수행 상황에 놓일 때 대부분의 사람들이 약간의 불안을 느끼기는 하지만, 시험 불안을 느끼는 사람은 그 불안에 굉장히 압도되어 다른 비평가적인 상황에서는 완벽히 해낼 수 있는 과제를, 시험 상황에서는 해내지 못하게 된다. 이 장 초반에 제시된 예에서, 정희준 교사는 자신이 수학 숙제를 할 때(비평가적 상황)는 잘할 수 있었지만, 수학 시험을 볼 때는 어려움을 겪었던 것을 회상했다. 많은 음악가들, 배우들 그리고 운동선수들은 리허설이나 연습 때와는 대조적으로 실제 수행에서 불안 때문에 능력을 발휘하지 못하는 결과를 보여 주기도 한다. Zeidner(1998)는 또한 시험 불안에 따른 생리적 측면으로 손에 땀이 차고, 위장이 거북해지고, 심장 박동수가 증가하는 것과 같은 각성 증상들이 포함된다고 하였다.

시험 불안에 관한 Zeidner(1998)의 모형에서, 이러한 세 가지 현상학적, 생리적 그리고 행동적 요소들은 시험 불안에서 가장 중요한 부분이다. 불안의 행동적 측면은 사람들이 자신의 불안을 다루기 위해 사용하는 다양한 대처 기제(coping mechanism)뿐 아니라, 과제와 관련된 사고, 인지, 주의력, 그리고 실제 수행과 같은 행동적이고 인지적인 결과를 포함할 수 있다. 또한 맥락적 요인과 개인적 요인 모두가 시험 불안의 활성화에 영향을 미친다. 시험 상황은 그 자체가 불안을 일으킬 만한 요인이 될 수 있다. 게다가 똑같이 객관적인 시험 상황을 다양한 방식으로 평가하게 하는 개인적 특성(예: 개인 특질, 자기효능감, 실제 능력, 자기조절 기술, 전문성 등)도 매우 많다. 어떤 사람들에게는 시험이 도전으로 여겨질 수 있고, 다른 이들에게는 불안을 일으키는 상황일 수 있다(Zeidner, 1998). 그러나 맥락과 단서들의 다양성에도 불구하고, 시험 불안의 다양한 형태는 동일한 유형의 인지적이고 동기적인 과정에 의해 결정되는 것처럼 보인다(Zeidner & Matthews, 2005).

시험 불안의 정의와 관련된 두 번째 쟁점은 시험 불안의 안정성에 관한 것이다. 시험 불안에 관한 대부분의 모형들은 시험 불안에 대한 기질 특성과 상태 특성 모두를 제안한다(Covington, 1992; Spielberger, 1972; Zeidner, 1998). 이러한 이분법은 비교적 지속되는 개인 특성으로서의 개인적 흥미와 외적 조건에 의해 촉진되는 상황적인 흥미를 구분하는 것과 유사하다. 기질적 시험 불안(trait test anxiety)은 안정적인 개인차를 보인다. 어떤 사람들은 다른 사람들에 비해 다양한 상황에 걸쳐 훨씬 더 높은 시험 불안을 지닌다. 높은 시험 불안을 지닌 사람들은 대부분의 시험이나 평가 상황에서 불안을 경험하는 경향이 있다. 이들은 평가 상황에서 불안을 자극시키는 방식으로 그 상황을 해석하고 평가하기 쉽다. 반면에 기질적 불안이 낮은 사람들은 동일한 평가 상황을 그러한 위협적인 방식으로 평가할 가능성이 낮다.

반면, 상태 시험 불안(state test anxiety)은 보다 상황 특수적이며, 어떤 압박적인 상황에서 다수의 혹은 대부분의 사람들이 경험한다. 예를 들어, 많은 사람들에게 높은 중요성을 지니는 대학이나 대학원 입학시험(예: 수능, SAT, GRE 등)은 아마 많은 수험자에게 상태 시험 불안을 가져올 것이다. 이처럼 위험성이 높은 시험 상황 외에도 시험, 성적 그리고 경쟁 등이 강조되는 학급들은 학생들에게 높은 수준의 상태 시험 불안을 일으킬 수 있다(Hill & Wigfield, 1984). 또한 대부분의 시험 불안 모형은 기질적 시험 불안이 높은 사람들이 이러한 자극 상황에서 훨씬 더 큰 불안을 느끼게 될 것이라고 예측한다.

학습과 수행에 미치는 영향

학업수행에서의 불안의 부정적 효과에 관한 경험적 연구는 상당히 방대하며 지속적으로 이루어져 왔다(Zeidner, 1998). Hembree(1988)는 시험 불안과 학업성취에 관한 562개 연구의 메타분석을 통해서 낮은 수행을 유발하는 시험 불안이 자존감과 부적으로 연관되어 있으며, 학생의 부정적 평가에 대한 방어적 태도 및 두려움과 직접적으로 연관되어 있음을 발견하였다. Hill과 Wigfield(1984)는 시험 불안과 성취 간에 -.60 이상의 부적 상관이 나타났다고 보고하였다. Hill과 Wigfield는 대부분의 학급에서 약 10%의 아동이 상대적으로 높은 기질적 불안 수준을 가지고 있으며 이는 한 학급당 두세 명의 아동으로 파악된다고 추정하였다. 이에 따르면 미국의 초 · 중등학교의 4~5만 명 정도의 아동이 높은 수준의 시험 불안을 경험할 것이라 추정된다. Hill과 Wigfield는 또한 상위 10%의 높은 시험 불안 집단 외에도 어느 학급이든 또 다른 10~15%의 아동들이 어느 정도의 불안을 경험한다고 하였다. 이를 함께 고려해 볼 때, 학급 내 아동들 중 25%가 불안 관련 문제를 가지고 있을 것이라는 결과추정치는 미국 내 대략 10만 명의 아동들이 시험 불안에 의해 영향을 받을 수 있음을 나타내 준다. 따라서 시험 불안이 어떻게 작용하는지와 시험 불안을 줄이기 위해 할 수 있는 일이 무엇인지를 이해할 필요가 있다(Wigfield & Eccles, 1989).

불안이 학습과 수행에 어떻게 영향을 미치는지 설명하기 위한 많은 심리기제와 모형들이 연구자들에 의해 제안되어 왔다(Zeidner 1998). 많은 경험적 연구들이 감정 요소보다 근심 요소가 수행을 떨어뜨리는 것과 더 긴밀히 연관되어 있음을 보여 주었기 때문에(Covington, 1992; Tryon, 1980), 연구들은 근심 요소의 역할에 초점을 맞추어 설명하는 경향이 있다. Tobias(1985)는 시험 불안의 영향에 관한 두 가지 설명을 통합하는 모형을 제안하였다.

이 가운데 한 가지 설명은 모든 부정적인 생각과 근심들이 개인으로 하여금 과제에 집중하지 못하도록 만들기 때문에, 불안이 주의를 방해하게 된다는 것이다(Wine, 1971; Zeidner, 1998). 작업기억의 용량이 제한되어 있다는 점을 고려할 때, 이러한 산만한 생각들이 과제(시험)를 하는 데 필요한 인지/주의 자원들을 차지하게 된다. 여러 가지로 이러한 학생들은 정보처리모형의 인출 단계에서 어려움을 겪게 될 것인데, 이는 시험을 잘 치르기 위해 필요한 정보를 설사 시험 전에 알고 있었다 하더라도 이를 시험 상황에서 회상해 낼 수 없게 만든다(Zeidner, 1998). 이러한 설명은 앞에서 언급한 정서가 학습에 미치는 영향에 대한 첫 번째 경로와 세 번째 경로를 포함한다(Pekrun, 1992).

또 다른 설명은 높은 시험 불안을 지닌 학생들은 일반적인 인지 학습전략이나 시험 전략이 부족하다는 것이다. 즉, 그러한 학생들은 공부를 잘할 수 있는 방법을 모르고, 시험을 전략적으로 치르는 방법을 모르며, 종종 시험 준비를 잘하지 못한다는 것이다. 이러한 설명은 정서가 인지에 미치는 영향에 관한 두 번째 경로와 유사하다(Pekrun, 1992). 이러한 기술의 부족은 인출(retrieval)의 어려움이라는 결과를 가져올 수 있다. 더욱 중요한 것은, 이 모델에서 진짜 문제는 자료를 학습할 당시 부호화의 문제라고 본다. 학생들이 단지 시험에서 그것을 잘 기억할 수 없는 것이 아니라, 학생들이 처음부터 제대로 학습하지 못했다는 것이다(Zeidner, 1998). Tobias(1985)는 제한된 인지 용량을 고려할 때, 이들 두 모형이 상호보완적인 관계에 있다고 제안했다. 그는 학생들이 유용한 학습 기술과 시험 전략을 가지고 있다면, 작업기억 용량에서 더욱 여유를 가질 수 있을 것이며, 따라서 높은 시험 불안에 의해 생겨나는 부정적인 생각이나 근심에 대처할 수 있게 될 것이다. 반면, 학생들이 그러한 학습기술을 지니고 있지 않다면, 높은 시험 불안에 의해 생겨나는 근심이 주의와 인지 과정을 방해하게 되어 수행이 떨어지게 된다.

이렇게 다양한 설명을 정리하기 위해 많은 연구가 필요하지만, 특히 불안과 인지의 상호작용적 특성, 학습과 대처전략, 자기조절에 초점을 둔 연구는 특히 유망하다. 사실 시험 불안에 관한 최근의 모형은 이 두 가지 설명을 결합한 자기조절이론 혹은 대처/평가(coping/appraisal) 모형에 기반하고 있으며, 동기적이고 감정적인 대처전략뿐만 아니라 인지적이고 메타인지적인 전략들이 어떻게 시험 상황에서 사용되는지(혹은 사용되지 않는지)에 초점을 맞추고 있다(Zeidner, 1998). 예를 들어, Schutz와 Davis(2000)는 시험 불안을 포함한 감정이 교실 맥락에서 다양한 인지적, 감정적 조절전략들의 사용과 어떻게 연관되는지에 대하여 세부적 모형을 제시하였다. 이러한 유형의 모형은 시험 불안뿐 아니라 교실 내 모든 감정 및 정서에 관한 앞으로의 연구에 있어 선구자적 역할을 하게 될 것이다.

교실에서 야기되는 상태 불안 유발 기제와 관련하여, Hill과 Wigfield(1984) 그리고 Wigfield와 Eccles(1989)는 아동의 불안을 증가시키는 학급의 여러 가지 특징에 대해 논의하였다. 첫째, 그들은 많은 학급 상황과 표준화된 성취검사들이 어떤 과제를 정해진 시간 안에 끝내야 된다는 식으로 제한을 두어 압박을 느끼게 하는 것에 주목하였다. 시간의 부족(또는 학생이 시간이 부족하다고 지각하는 것)은 학생의 불안을 증가시킬 수 있고, 부분적으로 자신들의 수행에 대해 걱정하느라 시험시간을 소비하게 한다. 이러한 혼란은 인지/주의를 감소시키는 것은 물론, 시험 문제에 대해 생각하는 전체 시간의 양을 감소시킬 것이다. 게다가 이러한 시험의 결과들은 종종 학생들의 상대적 능력으로 받아들여지고 있는데, 이는 사회적 비교와 불안을 높일 수 있다. 마지막으로 Hill과 Wigfield(1984)는 시험의 형태와 구조가 학생들에게 익숙하지 않거나 혹은 평소 학교 공부보다 더 어려울 수 있음에 주목하였다.

지나치게 높은 평가 기준을 지닌 학습 상황 역시 높은 수준의 불안과 연관된다(Helmke, 1988; Wigfield & Eccles, 1989; Zatz & Chassin, 1985). 적성-처치의 상호작용(aptitude-treatment interactions)에 관한 연구는 구조화된 교수법과 상당히 쉬운 과제들이 불안한 학생들로 하여금 더 잘 배울 수 있도록 도움을 주는 반면, 덜 구조화되고 학생 중심적이지 못한 교수법은 불안한 학생에게 효과가 없을 수 있다고 제안한다(Cronbach & Snow, 1977; Tobias, 1980; Wigfield & Eccles, 1989). 더욱이 학년이 증가함에 따라 채점방식이 더 까다롭고 규범화되어 있는 중·고등학교로 학생들이 진학하게 되므로, 시험 및 평가에 대한 학생들의 불안이 증가될 수 있다. 마지막으로, 표준화된 시험과 성적은 학생들에게 점점 중요하게 부각되며, 이 성적이 다음 학년에 중요한 결과를 가져오게 되므로 학생들의 불안은 증가하게 된다(Wigfield & Eccles, 1989). 학생들이 느끼는 불안이 점점 증가하는 것에는 이 모든 맥락적 요인들이 중요하긴 하지만, 최근의 불안 모형들은 학생 개개인이 그 맥락을 어떻게 지각하고 평가하는가가 가장 중요한 요소라고 강조한다(Zeidner, 1998). 즉, 단순히 객관적인 교실 환경이 중요한 것이 아니라, 이것을 학생들이 어떻게 지각하고 판단하는가 하는 것이 더욱 중요하다는 것이다. 이 포괄적인 지각-매개 모형(perception-mediating model)은 이 책에서 논의된 모든 동기 모형들과 일맥상통한다.

개입

Hill과 Wigfield(1984)는 학교나 학급의 평가 및 성적표 활용방식의 변화를 시도했던 여러 연구들을 개괄하였다. 이러한 연구들은, 교실에서 시험을 볼 때 시간제한을 없애는 것과 같은 단순한 변화만으로도 불안해하는 학생들의 수행을 도울 수 있다고 제안한다. 물론 이것은 수업시간이 45~50분밖에 안 될 경우에는 쉽지 않을지도 모른다. 그러나 교사들은 모든 학생들이 그들의 실력을 발휘할 수 있을 만큼 충분한 시간을 가질 수 있도록 시험 방식을 변화시키는 창의적인 방법들을 개발할 수 있다. 만일 학습 자료에 대한 숙달 정도가 평가에서 가장 중요한 측면이라면, 학생들의 수행 속도와 능력에 개인차가 존재한다는 점을 고려하였을 때 과제를 하는 데 걸리는 시간의 양은 그다지 중요하지 않을 수 있다. 또한 Hill과 Wigfield는 교사들이 시험에 부여하는 중요성의 정도를 줄이고, 성적표 등급과 시험 점수를 비교하는 것과 같은 사회적 비교의 가능성을 줄이면(예: 성적을 게시판에 공개하지 않는 것), 불안감이 덜한 학급 분위기를 조성하는 데 도움이 된다는 것을 발견하였다.

학급 분위기와 구조를 변화시키는 것과 더불어, 많은 연구들이 불안을 다루는 학생들의 대처전략을 변화시키는 것을 시도해 왔다(Wigfield & Eccles, 1989; Zeidner, 1998). 이러한 개입은 정희준 교사의 학창시절 수학 선생님이 그에게 가르쳐 준 '요령' 들을 포함한다. 이러한 개입이나 처치에 관한 일부 연구들은 주로 감정 요소들을 다루어 왔고, 또 다른 연구들은 인지 혹은 근심 요소들을 다루어 왔으며, 두 요소 모두 다루려고 시도한 연구들도 있다(Tryon, 1980; Zeidner, 1998). 감정 요소에 초점을 둔 처치는 상황에서 생겨난 부정적인 정서를 둔감화(desensitization)하는 유형들을 시도하는데, 이는 행동치료에서 공포증을 치료하기 위해 둔감화 치료가 이루어지는 것과 유사하다. 몇몇 연구들은 학생들이 부정적인 정서와 불안에 대처하는 것을 돕기 위해 자기주도적 이완 기법들을 사용해 왔다(Zeidner, 1998). Tryon(1980)은 이러한 연구들이 부분적으로만 성공한 이유는 아마도 정서 요소에만 초점을 둠으로써 실제 수행의 저하와 더 밀접하게 연관되어 있는 근심 요소를 고려하지 않았던 것이 원인일 수 있다고 보았다.

근심 요소에 초점을 둔 개입은 학생들이 그들의 불안을 통제하고 다스리도록 돕기 위해 학습지도, 전략 기술 훈련, 원치 않는 산만한 생각들을 통제하기 위한 인지행동적 자기조절, 그리고 동기적 혹은 귀인적 훈련을 포함한다(Zeidner, 1998). 이러한 인지적인 처치들은 불안을 줄이고 수행을 향상시키는 데 긍정적 영향을 좀 더 강하게 미치는 것으로 나타났으나, 대부분의 연구자들은 다양한 방법들을 통하여 개입에 감정 요소와 근심 요소를 모두 다루어야 할 필요가 있다고 믿는다(Hill & Wigfield, 1984; Tryon, 1980; Zeidner, 1998). 예를 들어, Hill과 Wigfield(1984)는 동기적, 귀인적 훈련뿐만 아니라 학습과 시험 기술 훈련을 모두 포함하는 학교 기반의 불안 감소 프로그램의 윤곽을 그려 보았다. 이와 같이 학급 내 불안의 여러 측면을 다루는 생태학적 타당성을 가진 프로그램들은 단일 처치나 단순한 개입들에 비해 더욱 성공적일 것이다. 불안 개입 프로그램은 학교 교과과정으로 좀 더 통합되어야 하고, 발달적 차이에 민감해져야 하며, 다양한 유형의 시험 불안을 가진 학생들의 다른 종류의 문제를 해결하도록 도와주는 전략(기술 훈련 대 불안 통제)을 개발할 필요가 있다(Wigfield & Eccles, 1989). 〈적용 6-2〉는 교실에서 시험 불안을 감소시키기 위한 몇 가지 구체적인 방법들을 제공한다.

적용 6-2 교실에서 시험 불안 연구를 적용하기

교실에서 일어나는 시험 불안을 줄일 수 있는 다양한 전략들이 있다(Zeidner, 1998).

1. **시험을 다 끝마칠 수 있도록 시간을 좀 더 제공하라.** 시간제한의 완화는 시험 불안을 가지고 있는 많은 학생들에게 도움을 준다. 중학교 2학년을 담당하는 이정민 수학 교사는 몇몇 학생들과 기말 시험을 볼 때, 추가 시간을 줄 것을 약속했다. 그는 대부분의 학생들이 50분의 시간제한이 있는 시험을 보는 데 40~45분이 걸린다는 것을 알고 있다. 그러나 일부 학생들은 시험 불안 때문에 좀 더 많은 시간을 필요로 한다. 그는 이러한 학생들에게 다음 수업 시간까지 시험 문제를 풀 수 있도록 허락해 준다. 다음 수업 시간 또한 기말 시험을 보기 때문에 방해가 되지도 않는다.

2. **시험 문항의 난이도와 순서를 변경하라.** 이 책을 통해 이야기했던 것처럼, 시험을 포함한 과제들은 도전적이지만 지나치게 어렵지는 않도록 학생들의 지식 수준과 연관성이 있어야 한다. 즉, 도전의 정도가 너무 높아서는 안 된다. 이 원칙은 불안감에 대해서도 적용될 수 있다. 너무 어려운 과제들은 불안감을 형성한다. 너무 어려운 시험 문제 역시 불안감을 야기시킨다. 학생들의 기술 수준과 시험 문제는 잘 맞아야 할 뿐만 아니라, 시험 문제의 난이도에 따라 문제 배열 순서가 정해져야 한다. 즉, 시험의 첫 부분은 쉬운 문제들로 배열하고, 후에는 난이도가 높은 문제들로 배열하는 것이다. 영수는 고등학교 역사 교사로서, 선택형 시험 문제를 만들 때 첫 부분에는 쉬운 문제를, 마지막 부분에는 어려운 문제들을 배열한다. 그는 이러한 방식이 모든 학생들, 특히 시험 불안을 느끼는 학생들에게, 시험에 대한 준비운동이 되도록 도와준다는 것을 발견하였다. 이렇게 시험을 시작하면, 학생들은 약간의 성공을 경험하게 되어 좀 더 편안함을 느낄 수 있다. 또한 학생들의 불안감은 사라지고, 시험을 더 쉽게 풀어 나갈 수 있다.

3. **학생들에게 시험이나 시험 문제에 대해서 의견을 이야기할 수 있는 기회를 제공하라.** 학생들이 시험 문제, 특히 애매하거나 어려운 문제들에 대해 의견을 적어 내는 것은 학생들의 수행에 더욱 도움이 된다. 이경수 교사는 시험을 볼 때마다 학생들이 문제에 대한 그들의 생각과 어려움 등을 적을 수 있도록 약간의 공간을 비워 둔다. 학생들은 이러한 방식을 좋아하고, 이로 인해 불안감을 덜 느낀다.

4. **사회적인 비교와 시험 점수의 공개를 줄여라**. 교사와 학생들이 시험 점수에 관해서 공개할 때(예: 공개 게시판에 점수를 올려놓거나, 교실 앞에서 점수를 부르는 것), 이것은 학생들 사이에서 사회적 비교를 하게 될 가능성을 높인다. 이러한 경우 학생들은 다른 사람들이 어떻게 했는지를 보면서 부정적이고 부적응적인 비교를 하기 시작하고, 다른 사람들의 성적이나 자신의 결과를 귀인하기 시작한다. 교사들은 이러한 사회적 비교를 줄이고 시험 결과에 대해 학생들이 적절하게 귀인할 수 있도록 노력해야 한다.

5. **시험 상황에서 수행지향적 특성을 줄이고 숙달과 형성평가에 초점을 두라**. 만약 교사가 시험이 소수의 사람만이 이길 수 있는 경쟁(상대평가)이며 다른 학생들을 이기는 방법이라고 이야기한다면, 이는 높은 불안감을 가진 학생들뿐만 아니라 모든 학생들에게 불안감을 만들어 낼 수 있다. 서민수 교사는 시험이 모든 학생들에게 그들이 배운 것을 증명할 기회이며, 교사에게는 교수법을 평가하는 방법이라고 이야기한다. 그는 시험을 통해 학생들이 자신들이 숙달하지 못한 학습내용을 다시 학습하도록 돕는 점에 주목하며, 시험에서 대부분의 학생들이 특정 개념을 제대로 숙달하지 못한 것으로 나타날 때에는 이를 통해 그 개념을 다시 가르칠 필요가 있다는 정보를 얻는다.

요약

홍미는 어떤 활동에 대한 선호와 의도적인 참여를 의미한다. Dewey나 Thorndike와 같은 역사적인 교육 연구자들은 흥미가 학습과 성취에 중요하다고 생각하였지만, 행동주의 심리학이 지배적이었던 시기에는 흥미에 대한 연구가 거의 이루어지지 않았다. 오늘날 연구자들은 학습과 동기에서 흥미의 역할을 평가하기 위해 적극적으로 흥미를 연구하고 있다.

개인적 흥미와 상황적 흥미는 학습과 수행에 영향을 줄 수 있는 두 가지 다른 종류의 흥미다. 개인적 흥미는 안정적인 성격 변인 혹은 개인차 변인이다. 개인적 흥미는 구체적 행동이나 주제와 관련되어 있지만, 어떤 활동이나 주제가 개인적 흥미인지는 개인마다 매우 다양하다. 반면, 상황적 흥미는 환경적 특성에 의해 야기되는 흥미이며, 이는 맥락적 관점에서의 흥미다. 상황적 흥미는 재미있는 교재나 미디어, 프레젠테이션, 좋아하는 것 등을 이용함으로써 증가될 수 있고, 일반적으로 개개인마다 상대적으로 일관되게 나타난다. 개인적 흥미와 상황적 흥미 모두 미래 행동의 선택, 기억, 주의, 깊은 인지처리, 실제 성취와 수행 등과 긍정적으로 관련이 있다.

자존감과 자기가치는 자신에 대한 정서적 반응이다. 자기가치는 자신에 대한 감정적인 반응이나 느낌을 말한다. 자존감에 대한 대중적인 관점은 너무 단순하여 교실에서 학생들의 성취를 이해하는 데 많은 도움을 주지 못한다. Covington의 자기가치이론은 학교 학습에서 자기가치의 역할에 대해 논의하며, 귀인이론과 같은 최근의 이론적인 동기 모형과 관련성을 갖는다. 자기가치 연구들은 자기가치가 학교교육의 중요한 결과물이라는 점을 보여 준다. 자존감이 높아지면 더 나은 학습과 성취로 이어질 것이라는 대중적 관점은 자존감과 학교 학습 간의 관계에서 유용한 관점이 아니다. 자존감과 학습의 관계는 쌍방향적이라는 것이 중요하다. 즉, 서로 영향을 미친다는 것이다.

정서는 특정한 감정과 전반적인 기분을 포함한다. 감정은 분명한 이유에 의한 일시적인 현상인 반면에, 기분은 강도가 낮고, 두드러진 원인이나 인지적 내용 없이, 확산된 정서 상태를 말한다. 학생들이 경험하는 감정들을 구분하는 방법들은 다양하다. 어떤 분류법은 긍정적인지 혹은 부정적인지, 그리고 과제 관련인지 또는 사회적인 것인지에 따라 감정들을 분류한다. 과제 관련 범주의 감정은 과정에서 나타나는 것, 예상되는 것, 그리고 회고적인 것으로 구분된다.

정서가 어떻게 다양한 학습과 수행을 이끄는지에 대해서는 여러 경로들이 있다. (1) 정서적 경험은 어떻게 정보가 암호화되고 회상되는지에 영향을 주고, (2) 정서적 경험은 사용하는 인지적 자기조절전략의 유형에 영향을 주며, (3) 정서적 경험은 주의와 작업기억 자원에 영향을 주며, (4) 정서적 경험은 내재적 동기와 외재적 동기에 영향을 준다.

시험 불안은 몇 가지 구성 요소를 가지지만, 가장 중요한 두 가지는 근심 요소와 감정 요소다. 근심 요소는 개개인이 시험 보는 상황에서 걱정을 할 때 갖게 되는 인식 또는 생각들이다. 감정 요소는 종종 평가 상황에서 야기되는 감정적 각성(두려움과 부정적 정서)을 포함한다. 개인적 흥미와 상황적 흥미의 차이와 유사하게, 시험 불안은 종종 기질 불안과 상태 불안으로 나누어진다. 기질 불안은 상당히 안정적인 개인의 성격으로 나타나는 반면, 상태 불안은 긴장되는 시험 환경 때문에 일어나는 것으로 좀 더 상황적인 불안이라고 할 수 있다. 시험 불안은 주의, 기억, 전략 사용 등에 영향을 미침으로써 학습과 수행에 부정적인 영향을 미치는 것으로 나타났다. 학생들에게 시험 시간을 길게 주는 것과 수행에 대한 사회적 평가를 최소화하는 것을 포함한 다양한 전략들은 시험 불안을 감소시키는 데 도움이 된다.

추천 읽기자료

Covington, M. V. (1992). *Making the grade: A self-worth perspective on motivation and school reform.* New York: Cambridge University Press.

Forgas, J. (2000). The role of affect in social cognition. In J. Forgas (Ed.), *Feeling and thinking: The role of affect in social cognition* (pp. 1-28). New York: Cambridge University Press.

Hidi, S. (1990). Interest and its contribution as a mental resource for learning. *Review of Educational Research, 60*, 549-571.

Pekrun, R. (1992). The impact of emotions on learning and achievement: Towards a theory of cognitive/motivational mediators. *Applied Psychology: An International Review, 41*, 359-376.

Renninger, K. A. (1992). Individual interest and development: Implications for theory and practice. In K. A. Renninger, S. Hidi, & A. Krapp (Eds.), *The role of interest in learning and development* (pp. 361-395). Hillsdale, NJ: Erlbaum.

Zeidner, M. (1998). *Test anxiety: The state of the art.* New York: Plenum.

제7장

내재적 동기와 외재적 동기

고등학교 문학 담당인 조대성 교사는 집에서 다음 주 수업을 구상하고 있다. 그는 요즘 학생들에게 황순원, 현진건, 김동인과 같은 한국의 현대 작가들에 대해 가르치고 있고, 학생들에게 그 당시의 작가 중 한 사람의 작품에 대한 비평을 쓰는 과제를 내주었다. 조 교사는 학생이 선택한 개별 주제에 대해 도서관에서 자료를 찾고 조사하기를 포함하여 학급 전체, 소집단별, 개인의 활동을 계획하고 있다.

조 교사는 문학과 가르치는 일을 매우 좋아한다. 그는 자신이 고등학생이었을 때 훌륭한 문학작품들을 공부하는 일이 얼마나 재미있었는지 기억한다. 그때 역동적이고 열정적으로 가르쳐 주셨던 문학 선생님들은 학생들이 문학작품을 생생하게 느낄 수 있도록 도와 주셨으며, 작품 속에 등장하는 주제와 사건들이 현재의 삶에 어떻게 관련이 있는지를 보여 주셨다. 당시 조 교사에게 문학 수업 자체는 단지 시작일 뿐이었다. 그는 문학 시간에 선생님이 하라고 하는 것 이상으로 많은 책도 읽고 공부를 했는데 그 이유는 문학 공부에 대한 열정 때문이었다. 그는 문학에서 늘 좋은 성적을 받았지만 성적 자체는 그에게 중요한 것이 아니었으며, 문학 공부를 통해 얻는 흥미가 더 중요했다.

조 교사의 과제는 바로 그러한 열정을 그가 가르치는 학생들에게서 끌어내는 것이었다. 그러나 지금까지의 결과는 실망스럽다. 그의 학생들은 다른 과목에는 흥미가 있지만 문학에는 관심이 없는 것처럼 보이기 때문이다. 가령, 두영이는 며칠 전에 조 교사와 대화를 나누면서, 대학에 가기 위해 전 과목 평균 평점을 높이려면 문학 과목에서 꼭 '수'를 받아야 한다고 했다. 그러면서 두영이는 조 교사에게 어떻게 하면 확실히 '수'를 받을 수 있는지 물었다. 가영이는 문학 수업을 들어야만 하는 것에 대해 불만을 표현했고, 자신이 수업 시간에 깨어 있기만 해도 다행이라고 말했다. 심지어 수진이는 학급 친구들에게 '문학 따위'는 현재 우리가 살아가는 것과 아무런 관련도 없는 시간 낭비에 불과하다고 주장했다. 동우 역시 노골적으로 표현하지는 않았지만, 수진이와 같은 입장에서 현대의 청소년을 잘 표현하는 작가들의 작품을 더 많이 다루었으면 좋겠다고 말했다. 유빈이만은 예외적으로 문학에 정말 관심이 많은 것 같았고 조 교사가 예전에 느꼈던 것과 같은 문학에 대한 흥미와 즐거움을 보여 주었다. 두 명의 다른 학생들도 유빈이와 비슷하게 내재적 동기를 갖고 있는 것으로 보이나 전체 23명 중에 단지 3명만이 학습 내용에 흥미를 가지고 있었고 이에 대하여 조

교사는 암울한 현실이라고 생각했다.

조 교사는 자신이 직면하고 있는 문제에 대해 깊이 생각해 보았다. 그의 과목은 필수 과목이어서 학생들이 졸업하기 위해서 꼭 들어야 한다. 학생들은 어떤 선생님에게 이 과목을 배울 것인지에 대한 선택권이 없고 주제는 이미 정해져 있어 바꾸기 힘들며, 과제는 일괄적으로 부과되는 것이어서 학생들에게는 재량권이 없다. 많은 학생들이 성적에 신경을 쓰며, 학생들은 적어도 친구들에게 바보처럼 보이는 것은 원하지 않는다. 게다가 학생들에게 문학 수업을 통해 과거의 문학을 자신의 삶과 관련시키는 것 자체는 쉽지 않은 일이다.

조 교사는 문학에 대한 학생들의 내재적 동기를 향상시킬 수 있는 방법을 생각해 보았다. 기말 보고서가 좋은 출발점이 될 수 있을 것 같았는데, 그 이유는 학생들이 각자 자신만의 주제를 선택할 수 있고 학생이 교사의 도움을 받아 자신만의 형식을 만들어 갈 수 있기 때문이다. 그는 문학 속의 주제와 사건들을 현 시대의 일에 관련시켜 보는 활동에 비중을 두기로 결정했다. 예를 들어, 『톰 아저씨의 오두막집』의 노예제도 반대에 관한 주제를 현 시대에서의 차별과 연관시킬 수 있을 것이다. 또한 조 교사는 학생들이 소집단 활동과 토론을 좋아한다는 것을 알고 있기에 그러한 방식들을 더 많이 활용하기로 계획했다. 한 학기 중 몇 시간은 토론 수업을 통해 문학이 현 시대의 사건과 학생들의 삶에 어떻게 관련되는지를 주제로 다룰 수도 있을 것이다. 또한 조 교사는 역할극을 시도해 보기로 했다. 학생들이 문학 작품 속 등장인물의 역할을 맡고 몇 장면들을 연기하는 것이다. 한 시간 정도는 자신이 소설가 황순원으로 분장해 학생들 앞에서 그의 삶과 작품에 대해 이야기하는 수업을 할 수도 있을 것이다. 조 선생은 학생들이 성적에 신경을 쓰는 것과 같이 자신의 힘으로 바꿀 수 없는 것들이 많다는 점을 알고 있지만, 이러한 모든 새로운 시도들이 합해지면 수업이 보다 흥미로워질 것이고 학생들은 더욱더 수업에 몰두할 수 있을 것이라고 믿었다.

대부분의 교사들처럼 조 교사는 학생들의 학습에 대한 내재적 동기를 중요하게 생각한다. 내재적 동기(intrinsic motivation)란 어떤 활동 그 자체를 위해 그 활동을 하고자 하는 동기를 말한다. 어떤 과제에 내재적 동기를 갖고 있는 사람은 그 일 자체가 즐겁기에 그 일을 한다. 과제 수행을 하는 자체가 보상이며, 외부적 보상 또는 다른 외부적 제약에 의존하지 않는다. 이와 반대로 외재적 동기(extrinsic motivation)란 목적에 대한 수단으로서 어떠한 활동에 참여하게 되는 동기를 말한다. 어떤 과제에 외재적 동기를 갖고 있는 사람은 과제 수행을 통해 보상, 교사의 칭찬, 벌의 회피 등과 같이 원하는 결과를 가져올 수 있을 것으로 믿기 때문에 그 일을 한다.

이 장에서는 몇 가지 관점에서 내재적 동기와 외재적 동기를 살펴보고자 한다. 예를 들어, 효능 동기(effectance motivation), 불일치(incongruity), 숙달 동기(mastery motivation), 개인 인과성(personal causation)과 통제(control), 자기결정성(self-determination), 발현 동기(emergent motivation), 자기지각(self-perception), 그리고 과잉정당화(over-justification)와 같은 여러 가지 관점에서 내재적 동기를 살펴보고, 아울러 외재적 보상 등의 다양한 조건들이 내재적 동기에 어떤 영향을 주는지도 살펴볼 것이다. 내재적 동기에 대한 다양한 관점들은 각각 차이가 있으면서도 공통된 주제를 가지고 있다. Lepper와 Hodell(1989)은 내재적 동기는 도전, 호기심, 통제, 상상의 네 가지 주요 원천을 갖고 있다고 제안했다. 먼저 학생들은 중간 정도로 어려운 목표를 가지고 성공 여부가 불확실한 상황에서 어떠한 활동이 도전할 만하다고 생각할 때 내재적 동기를 갖게 된다. 둘째로, 학습자들은 어떠한 활동이 놀랍거나 특이할 때, 또는 기존 지식과 일치하지 않을 때 호기심이 생김으로써 내재적 동기를 갖게 된다. 셋째로, 내재적 동기는 학습자가 학습과 과제 참여에 대해 통제감을 경험하는 것에서 부분적으로 유래하게 된다. 마지막으로, 학습자로 하여금 공상이나 상상에 빠져들게 하는 활동이 학습자의 내재적 동기를 향상시킬 수 있다. 이 장을 학습한 후, 다음과 같은 것을 할 수 있어야 한다.

- 내재적 동기를 정의하고 그것과 외재적 동기를 구별할 수 있다.
- White의 효능동기이론과 불일치를 강조하는 다른 관점들을 설명할 수 있다.
- 사회적 환경의 역할을 포함하여 Harter의 이론에 나타난 주요 변인들에 대해 논할 수 있다.
- 통제소재와 개인 인과성의 주된 특징에 대해 기술할 수 있다.
- 내재적 동기에서 자기결정성의 역할을 설명할 수 있다.

- 몰입 경험의 특징과 몰입이 어떻게 동기와 학습에 연관이 되는지 논할 수 있다.
- 과잉정당화 현상을 설명하고, 그것과 인지평가이론을 통해, 내재적 흥미를 갖고 있는 과제 수행에 외재적 보상을 제공하는 것이 왜 내재적 동기를 감소시키는지를 설명할 수 있다.
- 학생들의 학습에 대한 내재적 동기를 향상시킬 수 있는 방법을 기술할 수 있다.

내재적 동기와 외재적 동기의 특징

내재적 동기와 외재적 동기의 특징을 살펴보기에 앞서 흥미(interes; 6장 참조)와의 개념적 비교를 통해 두 형태의 동기와 흥미의 차이를 확인하는 것이 유용할 것이다. 흥미는 좋아함, 활동에 자발적으로 참여하는 것과 관련이 있다(Schraw & Lehman, 2001). 6장에서 설명한 것처럼 흥미는 특정한 주제나 영역에 대한 개인의 비교적 안정적인 성향을 의미하는 '개인적 흥미'와, 어떤 주제에 대해 일시적이고 상황 특수적인 관심을 의미하는 '상황적 흥미'가 있다(Urdan & Turner, 2005).

흥미란 동기의 종류라기보다는 동기에 영향을 미치는 요인이라고 할 수 있다. 학생이 어느 주제에 대해 배우고 싶다든지 어느 영역의 기술을 익히고자 한다면 활동의 선택, 노력, 인내, 성취와 같은 동기가 부여된 행동이 나타날 것이다.

내재적 동기와 개인적 흥미는 다소간 공통점이 있어 보이지만, 개인적 흥미와 상황적 흥미 자체는 내재적 동기나 외재적 동기 그 어느 쪽과도 연관이 있는 것은 아니다. 특정 주제에 대해 내재적 혹은 외재적 이유가 있는 학생은 개인적으로 또는 상황적으로 흥미를 가질 수 있다. 교육자의 목표가 학생의 흥미를 개발하고 학습에 대한 내재적 동기를 향상시키는 것일 수 있으나, 학생의 흥미의 기저에는 너무도 다양한 이유가 있으며 이것이 모두 내재적 동기에 영향을 주는 것은 아니다.

흔히 내재적 동기와 외재적 동기를 연속선상의 양쪽 끝에 존재하는 것으로 생각하여 내재적 동기를 가지고 있는 정도가 높을수록 외재적 동기가 낮아지는 것으로 이해하기 쉬우나, 사실 내재적 동기와 외재적 동기는 이렇게 단순한 관계가 아니다(Lepper, Corpus, & Iyengar, 2005). 어떠한 활동에 대해 두 동기 모두 높거나 두 동기 모두 낮을 수 있으며 또는 두 동기 모두 중간 정도일 수도 있고 하나는 높고 다른 하나는 중간일 수도 있다. 따라서 내재적 동기와 외재적 동기는 분리된 연속체로 각기 독립적으로 높거나 낮을 수 있는 것으로 이해하는 것이 더 적절하다.

외재적 동기와 내재적 동기는 시간과 맥락에 의존한다, 즉, 이 두 개념은 어떤 특정한 활동 및 시간의 조건 안에서 규정되는 것이다. 같은 활동이라도 사람에 따라 내재적으로 동기화될 수도 있고, 외재적으로 동기화될 수도 있다. 조 교사의 영어 수업은 두영이에게는 외재적 동기를 갖게 할 수 있으나, 유빈이에게는 내재적 동기를 갖게 할 수 있다. 또 다른 예로 승철이와 노승이가 함께 기타를 연습하고 있는 상황을 가정해 보자. 승철이는 자신의 즐거움을 위해 연주하기 때문에 내재적 동기는 높으나 외재적 동기는 낮다고 할 수 있다. 반면에 노승이는 밴드에서 돈을 벌 수 있을 정도의 수준이 되기 위해 기타를 연습하고 있다면 외재적 동기가 높다고 할 수 있으며 이를 내재적인 이유 때문이라고 보기는 어려울 것이다.

내재적 동기는 맥락에 의존하기 때문에 시간이 경과함에 따라 변할 수 있다. 아동은 연령이 높아짐에 따라 어렸을 때 흥미롭다고 느꼈던 것(예: 인형극)에 대해 매력을 점차 덜 느끼게 될 수 있다. 내재적 동기의 수준이 급격히 변하는 것은 드문 일이 아니다. 만약 승철이가 경제적 어려움을 겪게 되어 돈을 벌기 위해 기타를 연주하기로 결심하게 된다면 그는 기타를 잘 연주하는 것에 대해 외재적으로 동기화된 것이다. 자신이 원해서 어떤 일을 하던 것은 쉽게 그 일을 해야만 하기에 하는 것으로 바뀔 수 있다.

사람들이 자신이 좋아하는 활동을 할 때 갖게 되는 즐거움과는 별개의 개념으로 내재적 동기가 학습과 관련이 있는지에 대해 살펴보도록 하자. 학생들은 학습 내용 자체를 즐길 때 더 잘 학습할 수 있는가, 아니면 학생의 목표가 교사를 기쁘게 하는 것, 좋은 성적을 받는 것, 또는 부모님과의 갈등을 피하는 것 등일 때도 똑같이 잘 학습할 수 있는 것인가? 우리 모두는 자신이 학습에 대해 내재적 동기를 가졌던 때와 외재적 동기를 가졌던 때를 기억할 수 있다. 이처럼 학습자는 내재적 이유 또는 외재적 이유로 학습을 하게 된다. 그렇지만 내재적 이유로 인해 어떤 과제를 하게 되는 경우 그 과제를 더 즐길 수 있을 뿐 아니라, 학년에 상관없이 내재적 동기는 학습, 성취도, 유능감 지각과 정적 상관을, 불안과는 부적 상관을 갖는다는 연구 결과들이 있다(Gottfried, 1985, 1990; Lepper et al., 2005).

내재적 동기가 학습에 유익한 영향을 가져오는 것은 내재적 동기를 갖고 있는 경우 학습을 향상시키는 활동에 더 몰두하게 되기 때문이다. 즉, 내재적 동기를 가진 학생들은 수업에 주의를 기울이고, 새로운 정보를 시연하며, 내용을 구조화하고, 그것을 이미 알던 지식과 연결시키고, 획득한 기술과 지식을 다른 맥락에 적용한다. 또한 그들은 학습에 대한 자기효능감을 경험하고, 불안감으로 인한 부담을 느끼지 않는다.

이렇게 향상된 학습은 다시 내재적 동기를 촉진시키게 된다. 학생들은 기술을 발전시켜 나감에 따라 기술의 향상 정도를 스스로 느끼고 학습에 대한 효능감도 커지게 된다. 이렇게 높아진 자기효능감과 긍정적인 결과에 대한 기대(4장 참조)는 내재적 동기를 높이고 더 많은 학습을 촉진한다(Bandura, 1986, 1993).

내재적 동기의 초기 관점

내재적 동기의 초기 이론은 내재적 동기를 발달적 현상 또는 각성과 불일치에 따라 나타나는 현상으로 설명했다. 먼저 이러한 초기 관점들에 대해 논의한 후 최근의 관점들에 대해 살펴보도록 하자.

효능 동기

White(1959)는 이미 고전이 된 그의 논문에서 효능 동기(Effectance Motivation)를 다음과 같이 설명하였다.

> 적합함 혹은 능력은 역량, 재능, 유능감, 효율성, 숙련성, 기술 등과 동일한 의미로 제안되었다. 이것은 물건을 집기, 탐색하기, 기기, 걷기, 주의, 지각, 언어, 사고 및 주위를 조작하고 주변을 바꾸는 것과 같은, 효과적이고 유능하게 환경과 상호작용하도록 촉진하는 모든 행위들을 묘사하는 데 적합하다. …… 그런 행동은…… 방향성을 가지며, 선택적이며 지속적이다. 그리고 원초적 추동을 만족시키기 위해서가 아니라 환경을 다루고자 하는 내재적 욕구를 충족시키기 위해서 계속된다(pp. 317-318).

White는 사람들은 유능감을 느끼고 자연과 효과적으로 상호작용하고자 하는 내재적 욕구를 가지고 있다고 보았다. 효능 동기의 목표는 숙달감 또는 효율성이다. 이러한 욕구는 시야에 들어온 물체를 쥐려고 하는 아기들에게서 볼 수 있듯이 생애 초기부터 존재한다. 점점 아기가 성장해 가면서, 눈에 보이는 물건을 관찰하고 넘어뜨리고 밀치고 당기고 하는 행동들을 하게 되는데, 이는 환경을 통제하고자 하는 노력의 일부다. 효능 동기는 반사행동 또는 완벽하게 학습된 행동을 포함하지 않으며, 음식,

공기, 물에 대한 욕구와 같이 항상성의 동기가 충족되었을 때에만 나타난다. 효능 동기는 유기체가 환경적 힘에 대해 유능하게 대처할 수 있게 도와준다는 의미에서 진화론적 가치를 갖는다. 비록 효능 동기의 주된 기능은 아니라 할지라도, 효능 동기는 학습에도 기여할 수 있다. 예를 들면, 부엌의 찬장을 열어 본 아동은 그 안에 과자가 있다는 것을 알게 되고, 이 지식은 배고픔을 만족시키기 위하여 사용된다.

White는 어린 아동의 경우 효능 동기가 분화되어 있지 않다고 주장한다. 즉, 이때의 효능 동기는 포괄적이며 그들의 주위를 끄는 환경적 특성에 의해 유도된다. 예를 들면, 유아는 같은 동작(예: 전원 스위치를 켰다 껐다 하는 행동)을 반복적으로 하기도 한다. 이때 부모는 그러한 행동을 이해할 수 없을지 모르나 발달학적 측면에서 그러한 행동은 매우 중요한 기능을 담당한다. 아동이 발달해 감에 따라 효능 동기는 점차 특화되어 간다. 학교에 들어가면서 아동의 효능 동기는 어떤 특정 과목을 숙달하는 것으로 분화될 수 있다. White는 학업성취 및 다양한 형태의 성취(예: 미술과 음악 분야에서의 숙달)들이 효능 동기로부터 나오는 것으로 가정한다. 성인의 경우 효능 동기는 더욱 특화되고 특정 직업에서의 기술 숙달로 더욱 뚜렷이 나타난다.

White는 사람들이 유능감을 추구하려는 효능 동기를 가지고 있고, 이것은 숙달의 느낌으로 만족될 수 있다고 주장했는데, 이는 직관적으로는 설득력을 지닌다. 하지만 비록 그의 이론이 효능 동기라는 하나의 포괄적인 구인을 통해 다양한 현상을 설명하려고 시도했다 하더라도, 일반화된 이 구인으로는 사건을 예측하고 설명하는 데 한계를 가진다. 효능 동기가 타당성을 가지고 영향을 미칠 수 있는 환경을 규정하기 위해서는 효능 동기 구인의 세분화와 이에 대한 평가가 필요하다. 효능 동기의 개념은 내재적 동기에 관한 다른 많은 관점에서 나타나는데 이는 특히 뒤에서 다룰 숙달 동기에 관한 연구에서 가장 분명하게 나타난다.

각성과 불일치

Berlyne의 주장(1960, 1963)에 따르면(1장 참조), 사람들은 적절한 수준의 생리적 각성(신경계에 미치는 자극)에는 적응성을 가진다. 각성(arousal)이 너무 낮으면 각성을 증가시키고자 하는 내재적 동기를 갖게 되며, 각성 수준이 너무 높으면 이를 줄이려는 동기를 갖게 된다. Berlyne은 또한 신기함, 모호함, 불일치성, 놀라움 등과 관련된 자극의 속성이 각성에 영향을 미치고 사람들로 하여금 그 대상을 탐구하고자 하는 동기를 갖게 한다고 생각했다.

Hunt(1963)는 내재적 동기가 탐색적 행동과 호기심을 일으키며, 사전지식과 새로운 정보 간의 불일치(incongruity)로부터 발생한다고 주장했다. 새로 투입된 정보와 기존 지식 간에 불일치가 존재할 때 사람들은 그러한 불일치(1장의 인지적 불일치와 유사한 개념)를 줄이고자 하는 내재적 동기를 갖게 된다. Hunt는 사람들이 적합한 수준의 불일치를 필요로 한다고 보았다. 이 불일치가 심할 때 사람들은 그것을 줄이고자 하는 욕구를 갖게 된다.

Hunt의 불일치는 Berlyne의 각성과 개념적으로 유사하다. Hunt와 Berlyne의 개념은 직관적으로는 이해할 수 있는 것들이지만, 적합한 수준의 불일치 또는 각성이라는 개념은 모호하며, 내재적 동기를 자극하기 위해 어느 정도의 불일치 또는 각성이 필요한지가 명확하지 않다. 실제로 신기함, 놀라움, 불일치를 학급 상황에서 사용하는 것은 학생들의 학습에서의 흥미를 높이는 데 쓰이는 대중적인 방법이다. 그러나 이때 적합한 수준이라는 개념이 중요하다. 만약 각성 또는 불일치가 너무 심한 경우, 사람들은 무력감을 느끼고 그 상황으로부터 도망치려고 하거나 각성의 수준을 낮추려고 하게 되기 때문이다.

숙달 동기

효능 동기에 대한 최근의 관점은 환경의 도전을 정복해 보고자 하는 개인의 목표나 지도에 관심을 가진다. 여기에서는 Harter와 동료들의 연구에 대해 살펴보도록 한다.

Harter의 이론

Harter(1978, 1981a, 1996)는 효능 동기의 선행 요인들과 결과를 분류화하고자 하였다. 그는 효능 동기는 발달적 관점 체제에서 가장 잘 설명될 수 있다고 보았는데, 이는 발달에 따라 이 동기의 내용과 작용이 변하기 때문이다. White는 성공이 효능 동기에 미치는 영향에 초점을 맞추었지만, Harter는 실패가 미치는 영향도 중요하다고 보았다. 더 나아가, 그는 과제가 가진 도전 수준이 결과의 효과를 중재하는 중요한 변인이라고 보았다. 또한 환경 내에서 사회화 주체(socializing agent)와 보상(rewards)의 역할도 고려되어야 한다. 아동이 어떻게 숙달목표를 내면화하고 자기보상체계를 발전시키는가도 역시 중요하다. 마지막으로 효능 동기와 상관을 갖는 중요한 변인들

(예: 지각된 유능감, 지각된 통제)도 확인될 필요가 있다.

Harter의 효능동기모형이 [그림 7-1]에 제시되어 있다. 그림의 좌측 부분은 성공 경험의 경우에 해당하고 이는 White의 최초 이론과 유사하다. 제일 위쪽에 위치하는 개념부터 살펴보면 효능 동기가 숙달의 시도를 유발할 수 있음을 볼 수 있다. White는 효능 동기를 포괄적인 것으로 가정했지만 Harter는 이를 영역(학업성취, 동료관계, 신체 운동 분야의 성취)에 따라 세분화했다. 대부분의 행동은 과제의 도전 정도가 적절할 때(너무 쉽지도 너무 어렵지도 않을 때) 일어나고 그러한 과제는 또한 최대한의 기쁨을 줄 수 있어야 한다. 성공은 내재적 동기를 일으키고 효능감과 통제감을 느끼게 하며, 순환적으로 이러한 결과들은 다시 효능 동기를 강화시킨다.

[그림 7-1]의 좌측 하단 부분은 사회화 주체의 역할을 나타내고 있다. Harter는 아동이 효능 동기를 발달시키고 유지하기 위해서는 숙달을 위한 시도에 대하여 긍정적인 강화가 필요하다고 보았다. 이러한 강화의 많은 부분은 초기 아동기 동안, 주요 양육자로부터 제공된다. 충분한 강화를 받으면 아동은 점차 자기보상체계(self-reward system)와 숙달목표를 내면화한다. 자기보상체계를 갖춤으로써 아동은 자신의 숙달 시도에 대해 스스로 강화할 수 있게 된다. 관찰학습과 강화를 통해 아동은 양육자로부터 숙달목표를 습득하게 된다. 발달이 진행됨에 따라 아동의 숙달목표는 점점 더 내면화되고 모형 또는 강화를 주는 요인들에 의존하는 정도가 줄어들게 된다.

[그림 7-1]의 좌측 부분은 아동의 사회적 환경이 그들의 자연적 욕구와 조화될 때 나타나는 긍정적인 결과를 보여 주고 있다. 이와 반대로 그림의 우측 부분은 부정적인 결과 또는 외재적 지향성을 갖게 되는 경우를 보여 주고 있다. 숙달에 대한 모형을 제공하지 않거나 부상을 하지 않는 환경 속에서 시도한 숙달 시도가 실패로 나타날 경우, 아동은 자신의 능력을 낮게 지각하고 결과가 외적 요인에 의해 통제된다고 지각하며, 성취 환경에서 불안감을 가지게 된다. 효능 동기는 아동이 목표 설정과 노력에 대한 강화에 있어 타인에게 의존하는 정도가 커짐에 따라 감소하게 된다.

지각된 유능성(perceived competence)은 Harter의 모형에서 핵심적 변인으로, 모든 영역에서 일반적인 특성이라기보다는 영역 특수적으로 적용된다. 그가 개발한 아동용의 지각된 유능성 척도(The Perceived Competence Scale for Children; Harter, 1982)는 인지적, 사회적, 신체적 영역 등 세 가지 영역에서 아동의 능력 지각을 평가하며, 자기가치(6장 참조)를 측정하는 네 번째 척도를 포함하고 있다. Harter(1981b)는 또한 학교 학습에서의 내재적/외재적 동기 성향 검사를 개발했는데 이는 호기심, 도전, 숙달 등과 같은 측면을 평가한다. 이 검사는 내재적 동기는 다음의 다섯 가지 측면을 포함한다는 가정에 기초하고 있다(Harter & Connell, 1984).

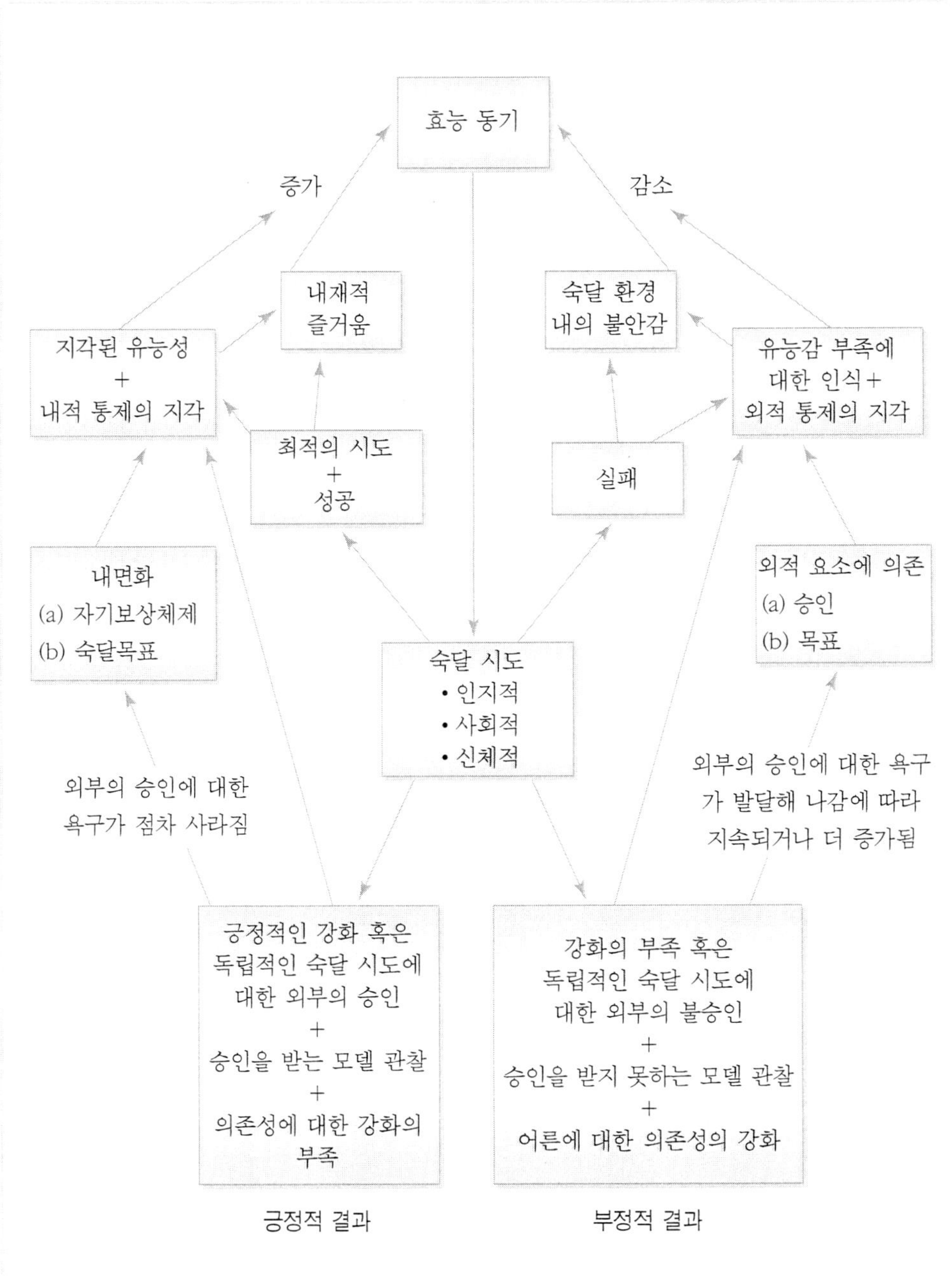

그림 7-1 **Harter의 효능(숙달)동기모형**

출처: Harter, S. (1981). A Model of Mastery Motivation in Children, In W. A. Collins (Ed.), *Aspects on the Development of Comtetence: The Minnesota Symposia on Child Psychology* (Vol. 14 p. 218). Hillsdale, NJ: Lawrence Erlbaum Associates.

1. 쉬운 일보다는 도전적인 것을 선호함
2. 교사의 칭찬 또는 좋은 점수의 획득을 얻기 위해 공부하는 것이 아니라 자신의 흥미와 호기심을 만족시키기 위해 공부함
3. 교사에 의존하기보다 스스로 독립적으로 숙달 시도를 함
4. 교사의 판단에 의존하기보다 독립적으로 판단함
5. 성공과 실패를 판단하는 기준이 외부가 아니라 내부에 있음

선행 연구 결과

Harter 모형에서 가정한 변인들 간의 관계에 대한 많은 가설들이 이후 연구 결과를 통해 확인되었다. 가령, 내재적 동기는 지각된 유능성 및 내적 통제와 정적 상관을 갖는다(Harter, 1981a, 1996; Harter & Connell, 1984). 자신이 유능하다고 믿는 학생들은 자신의 능력이 낮다고 지각하는 학생들에 비해, 더 즐겁게 과제에 참여하고 더 높은 내재적 동기를 보인다(Boggiano, Main, & Katz, 1988; Gottfried, 1985, 1990). 도전 정도와 관련해 아동은 쉬운 과제보다는 어려운 과제에서 성공했을 때 자신의 능력을 더 높게 지각하고 더 큰 기쁨을 느끼는 것으로 나타났다(Harter, 1978, 1981a). 모델링과 강화는 아동의 숙달 시도와 숙달목표 및 자기보상의 내면화에 영향을 미친다(Bandura, 1986). 반면, 학업과 관련된 문제점들을 지닌 학생들은 자주 학업에 실패하고 자신이 잘할 수 있는 유능성이 부족하다고 믿으며, 이는 내재적 동기를 낮추게 된다(Licht & Kistner, 1986; Schunk, 1989b). 이러한 아동은 또래들에게 존중을 받는 정도가 낮고 부모들에게 받는 학업성취도에 대한 기대도 낮다(Bryan & Bryan, 1983). 숙달 시도에 대해 적절한 보상을 하지 않는 가정에 속해 있거나, 숙달지향적인 또래와 어울리지 않는 아동의 경우 동기가 저해된다(Schunk & Miller, 2002).

Harter는 효능 동기가 다양한 발달 단계 전반에 걸쳐 작용하지만 이에 상응하는 행동은 발달 단계에 따라 변화한다고 보았다(Harter, 1978). Harter의 한 연구(1975)에서, 4세 아동과 10세 아동이 여러 색깔의 원반을 받은 후 하나를 선택하는 차별 과제에 참가하였고, 이 과제에서 아동이 올바른 원반을 선택했을 때 구슬이 튀어나왔다. 실험 결과, 연령이 높은 아동은 옳은 답을 찾아내고자 동기화되는 반면, 연령이 낮은 아동은 감각운동적 이유들(예: 불이 켜지거나 꺼지도록 버튼을 누르는 것, 구슬이 나오도록 하는 것) 때문에 동기화되었다. 이러한 결과는 효능 동기가 아동이 발달함에 따라 점점 세분화된다는 White(1959)의 주장을 지지한다.

Harter(1981b)는 초등학교 시기에서 중학교 시기를 거치는 동안 아동의 내재적 동기가 전반적으로 감소됨을 관찰하였다. 이러한 감소 현상을 설명하기 위한 다양한 이유들이 주장되었는데, 그중 대표적인 것은 초등학교에서 중 · 고등학교로 발달해 감에 따라 학교에서 아동의 학업성취에 대해 상대평가적인 점수체계를 이용하여 능력을 평가하며 외재적 보상을 사용하여 사회적 비교를 하기 때문이라는 것이다(Wigfield & Eccles, 2000). 그럼에도 불구하고, 내재적 동기의 감소가 그만큼의 외재적 동기의 증가를 수반하는지에 대해서는 의문이 제기된다.

Lepper, Sethi, Dialdin과 Drake(1997)는 Harter의 연구에 대한 반복 연구를 통해 더욱 명백한 결과를 얻었다. 이 저자들은 연령과 학년 수준이 증가함에 따라 아동의 내재적 동기가 꾸준히 감소한다는 사실을 관찰했다. 이와 유사한 결과는 다른 연구들에서도 확인되었다(Lepper et al., 2005; Otis, Grouzet, & Pelletier, 2005). 그러나 Lepper와 동료들(1997, 2005)도 외재적 동기의 증가가 내재적 동기 감소에 수반된다는 증거는 얻지 못했다. 이러한 결과는 이 장의 서두에서 언급했듯이 내재적 동기와 외재적 동기가 독립적으로 작용한다는 주장을 지지한다. 이러한 결과는 어떤 형태의 외재적 동기가 내면화될 수 있음을 시사하고 있으며, 이에 대해서는 뒤에 나오는 자기결정이론의 논의에서 다시 다룰 것이다.

내재적 동기의 발달과 다른 변인들 간의 관계 및 자기표상(self-representations)의 발달(Harter, 1998, 1999; 6장 참조)을 다루고 있는 Harter(1996)의 이론은 많은 연구들을 이끌어 냈고 그러한 연구들을 통해 많은 가설들이 확인되었다. 〈적용 7-1〉에서는 교실에서 학생들이 숙달 동기를 갖도록 도와줄 수 있는 몇 가지 방법에 대해 제안하였다. 이와 동시에 Harter는 학생들이 숙달목표를 내면화하고 자기보상체제를 발달시키는 데 근본적으로 영향을 미치는 요인을 사회화 주체로부터의 모델링과 보상이라고 보았다. 이 요인들이 핵심적인 영향을 미치는 것은 사실이지만, 동기 관련 연구들에 의하면 학습목표의 설정, 학습결과를 노력 및 전략의 사용 등과 연결시키는 귀인의 제공, 자기조절행동에 대한 교육 등 숙달 행동을 향상시키는 다른 방법들도 존재한다(Ames, 1992a; Pintrich & Schrauben, 1992; Schunk, 1995; Zimmerman, 1989). 이 이론이 가진 또 다른 잠재적인 제한점은 교육적 시사점에 대한 연구가 거의 없다는 점이다. 우리는 학생들이 학교 학습에 대해 내재적 지향성을 갖도록 가르칠 수 있는지, 또 그 방법은 무엇일지에 대해 질문을 제기할 수 있을 것이다. 2장과 4장에서는 학생들의 자기효능감과 유능성의 지각, 통제지각을 향상시킬 수 있는 방법에 대해 논의했다. Harter의 이론은 이처럼 교육적으로 영향을 줄 수 있는 역할을 포함하는 방향으로 확장될 필요가 있다.

적용 7-1 교실에서 숙달 동기를 적용하기

1. **학생들이 쉬운 과제보다 도전적인 과제를 선호하도록 가르쳐라.** 한 유치원 교사가 아영이에게 말했다. "오늘은 이 퍼즐을 하는 것이 어때? 선생님이 어제 보니까 아영이가 저기 쉬운 퍼즐은 너무 금방 끝내더라. 선생님은 아영이가 더 어려운 것을 할 수 있다는 것을 알아."

   중학교 2학년에서 사회과목을 가르치는 하 선생님은 학생들이 프로젝트를 수행하도록 하였다. 그는 각 프로젝트마다 학생들이 할 수 있는 활동들을 목록화하였고 학생들이 더 많은 활동을 선택하여 완성할수록 더 높은 점수를 얻을 수 있게 하였다.

2. **교사를 기쁘게 하거나 좋은 점수를 획득하는 것보다 학생들 자신의 흥미와 호기심을 충족시키고자 하는 욕구를 갖도록 격려하라.** 박 선생님은 5학년 담당으로서 학생들이 연구보고서를 위해 주제를 선정하는 것을 도와주고 있다. 그는 학생들에게 자신들이 진짜로 배우기를 원하는 주제를 선택하기를 바란다고 말했다. 그는 각 학생들과 연구를 수행하고 자료를 모으고 보고서를 쓰는 모든 과정을 같이했다. 보고서가 완성되었을 때, 박 선생님은 그들의 노력, 그들이 배웠다고 느낀 정도, 그리고 완성된 결과물의 질에 기반을 두어 성적을 주었다.

   한 초등학교 3학년 선생님은 매주 금요일마다 수학, 작문, 읽기, 과학, 사회, 예술, 음악 등 다양한 과외활동을 실시하였다. 학생들은 하나 이상의 활동을 선택하여 오전 내내 그것에 몰입하였다.

3. **교사에 의존하기보다 스스로 숙달 시도를 하도록 격려하라.** 마 선생님은 4학년 담당으로 6주 동안 한 주를 시작할 때마다 학생들이 5개의 학습목표를 선택하도록 개별적으로 지도한다. 학생들은 그 목표들을 달성하기 위해 기술과 개념을 숙달하는 과정을 스스로 기록해 둔다. 이후 주기적으로 학생들은 개별적으로 교사와 만나 얼마나 발전하고 있는지 논의한다.

   한 고등학교 과학 선생님은 학생들에게 매 수업마다 해야 할 활동과 학습목표 목록을 제시해 주었다. 학생들은 과제를 독립적으로 수행한 뒤에 학습목표에 대한 숙달 여부를 확인하기 위해 지필 시험과 실험실 수행 과제를 실시하였다.

4. **학생들이 교사의 판단에 의존하기보다 스스로 독립적으로 판단하도록 도와주라.** 심 선생님은 중1 국어 담당으로 학생들이 작문과정 전체를 스스로 점검하도록 한다. 학

생들은 이전 시간의 작문보다 얼마나 진보하고 향상되었는지를 판단하는 체크리스트를 사용하였다. 각 과제 수행의 마지막 단계에서 교사는 학생들과 개별적으로 만나 학습 과정, 향상 정도 및 최종 점수에 대해 논의했다.

2학년을 담당하고 있는 김 선생님은 매일 아침 6~8개 정도의 독립 활동 목록을 칠판에 적는다. 김 선생님은 학생들이 하고 싶어 하는 활동 중에 4개의 활동을 고르도록 하고, 순서도 결정할 수 있도록 한다.

5. **학생들이 성공과 실패를 판단할 때 외적 준거가 아닌 내적 준거를 사용하도록 유도하라.**

백 선생님은 야구부 코치로 팀원들이 다양한 기술을 숙달할 수 있도록 돕고 있다. 경기를 녹화한 비디오테이프를 검토하면서 그는 팀원들에게 자신의 수행을 평가해 보고 그들의 성공과 실패의 원인을 분석해 보라고 하였다. 그들은 자신이 한 행동과 자신이 어떻게 했어야 하는지에 대해 이야기하였다.

양 선생님은 고등학교 윤리 담당으로 한 학년 동안 다룰 다양한 단원들을 정하고 각 단원별로 사용할 다양한 개별 또는 집단 프로젝트를 계획했다. 매 단원마다 선생님은 학생들에게 그 단원을 통해 무엇을 배웠는지, 그 단원에서 성공 또는 실패하는 데 영향을 미친 것이 무엇인지, 그들이 배운 새로운 지식과 시사점을 그들의 삶에 어떻게 적용할 것인지에 대해 두세 개의 문단으로 작성하게 했다.

지각된 통제

과제 참여(task engagement)와 학습결과에 대한 지각된 통제(Perceived Control)의 개념은 내재적 동기이론의 핵심적인 부분이다. 서두의 예화에서 조 교사는 학생들이 자신의 통제력에 대해 낮게 지각하는 것이 내재적 동기를 낮추는 요인이 될 수 있다고 느꼈다. 지금부터는 통제에 대한 중요한 두 가지 관점인 통제 소재와 개인 인과성에 대해 살펴볼 것이다.

통제 소재

Rotter(1966)는 자신의 사회학습이론(Social learning theory: 3장, 4장 참조) 속에 통제 소재(Locus of Control)라는 개념을 포함시켰는데, 통제 소재란 행동이 결과(성공, 실패)에 영향을 미치는 정도에 대한 일반화된 믿음을 뜻한다. 통제 소재가 외부에 있다고 지각하는 사람은 자신의 행동이 결과에 미치는 영향이 약하고 따라서 결과를 바꾸기 위해 그들이 할 수 있는 바가 거의 없다고 믿는다. 반면, 통제 소재가 내부에 있다고 지각하는 사람은 결과가 그들의 행동과 관련이 있고 대체적으로 그 결과를 통제할 수 있다고 믿는다. Rotter(1966)는 다음과 같이 언급했다.

> 우리는 자신의 행동에 뒤따르는 강화가 전적으로 자신의 행동에 의한 것은 아니라고 지각할 때, 그 원인을 운, 우연, 운명 혹은 힘 있는 타인의 통제로 지각하거나, 또는 자신을 둘러싼 거대한 복합적인 힘 때문에 어떤 것이 원인인지 예측할 수 없다고 지각한다. 개인이 어떤 사건을 이러한 방식으로 인식하면, 우리는 이를 외적 통제(external control) 신념이라고 부를 수 있다. 반면, 만약 개인이 사건을 자신의 행동에 따른 것, 또는 비교적 변하지 않는 자신의 특성과 관련이 있다고 인식한다면, 우리는 이를 내적 통제(internal control) 신념이라고 칭할 수 있다(p. 1).

통제 소재는 학습, 동기, 행동에 영향을 미친다. 성공 또는 실패에 대해 자신이 통제할 수 있다고 믿는 학생은, 자신의 행동이 결과에 대해 거의 영향력이 없다고 믿는 학생에 비해 학습 과제에 참여하고 노력을 기울이며 어려운 과제를 쉽게 포기하지 않고 해결하려는 동기가 더 강하다. 결국 이 동기적 효과는 학습을 향상시키게 된다. 이러한 통제의 내적 소재와 동기, 학업성취와의 정적 관계에 대한 가정은 여러 연구에 의해 경험적으로 지지되어 왔다(Phares, 1976).

내적 통제 소재는 White(1959)의 효능 동기와 유사성을 갖는다. 내적 통제 소재를 갖는 사람은 환경에 대한 통제(숙달)를 얻고자 많은 노력을 기울이는데(Phares, 1976), 이는 내재적 동기에 해당한다고 볼 수 있다. 통제 소재는 다양한 상황에서 행동에 영향을 미치는 일반화된 기대라고 가정할 수도 있지만, 상황에 따라 통제 소재가 변할 수 있다고 보는 연구자들도 있다(Phares, 1976). 가령, 어떤 학생은 수학 시간에는 내적 통제 소재를 가지나 영어 시간에는 외적 통제 소재를 가질 수 있다. 즉, 통제 소재 자체를 이해하는 것도 중요하지만, 통제 소재에 영향을 미치는 조건을 구체화할 필요가 있으며, 여러 다른 과제와 상황에서 통제 소재가 일반화될 수 있는 범위를 명확하게 할 필요가 있다. 또한 3장에서 언급했듯이 귀인이론은 통제의 소재를 소재와 통제의 두 차원으로 분리하여 재구조화하였는데, 이러한 두 차원은 동기와 학업성취에 다른 영향을 미칠 수 있다.

개인 인과성

주인과 하인

내적 동기에서 개인 인과성이 차지하는 역할은 de Charms(1968, 1984)에 의해 강조되었다. 개인 인과성(personal causation)은 개인이 환경을 변화시키고자 하는 행동을 시작하고 주도하는 것이다. de Charms는 사람들은 행동을 일으키는 인과적 주체(causal agent)가 되고자 하며, 그들의 일차적인 동기는 환경에 변화를 가져오는 것이라고 제안했다. Rotter가 통제의 소재를 외부와 내부로 구분했듯이 de Charms(1968)는 개인 인과성의 측면을 주인(origin)과 하인(pawn)이라는 용어를 통해 구분하였다.

> 하도록 강제되는 것과 자유롭게 선택하는 것의 구별을 의미하기 위해 간단한 용어로서 '주인' 과 '하인' 을 쓰기로 한다. '주인' 은 자신의 행동이 자기 자신의 선택에 의해 결정된다고 지각하는 사람이다. 반면, '하인' 은 자신의 행동이 자신의 통제 밖에 있는 외부의 힘에 의해 결정된다고 지각하는 사람이다. '주인' 과 같이 느끼는 것은 '하인' 과 같이 느끼는 것에 비해 행동에 강한 효과를 지닌다. 이러한 '주인' 과 '하인' 의 구분은 분리된 것이 아니라 연속적인 것이다. 즉, 어떤 사람이 어떤 환경하에서는 '주인' 과 같은 느낌을 갖고 또 다른 환경에서는 '하인' 과 같은 느낌을 가질 수 있다(pp. 273-274).

주인은 개인 인과성을 강하게 느끼고 환경에서 일어난 변화를 자신의 행동에 귀인시킨다. 이들은 자신의 행동에 대해 책임을 느끼며, 그들이 어떠한 효과를 만들어 냈음을 보여 주는 피드백을 받으면 이러한 개인 인과성의 느낌은 강화된다. 개인 인과성의 지각은 행동하고자 하는 동기를 가져온다. 주인은 그들이 가치 있게 여기는 행동에 참여하며, 행동에 대한 결과는 그들이 기대하는 바와 일치할 것이라고 믿는다. 이와 대조적으로 하인은 행동의 원인이 자신의 통제 밖에 있고 외부의 힘 또는 타인의 행동에 있다고 믿는다. 이들은 전형적으로 무력감과 무능력함을 느끼고 그들이 처한 상황을 위협적인 것으로 지각한다. 개인 인과성에 대한 낮은 지각은 행동을 억제하는 결과를 가져온다. 이러한 '하인' 의 느낌은 자기충족적이다. 즉, 낮은 동기는 행동의 회피로 이어지고 활동에 대한 참여의 부족은 주변 사건들을 보다 잘 대처할 수 있도록 돕는 기술 획득을 지연시킨다.

Rotter의 내부/외부 통제 소재의 구분과 유사하게, 주인으로 지각하는 경우 내재적 동기를 가진 사람의 행동이 나타나고 이와 반대로 하인으로 지각하는 경우 인과의 소재를 자신의 외부에 두고자 하는 경향이 나타난다. 주인은 현실적인 목표를 세우고, 자신의 장단점을 잘 알고 있으며, 목표를 달성하기 위해 할 수 있는 행동을 결정하고, 목표의 달성 정도를 평가한다. 주인/하인 구분이 갖는 한 가지의 문제점은 내재적 동기의 설명을 지나치게 단순화하고 있다는 것이다. 대부분의 사람들이 전적으로 자신을 주인 혹은 하인으로 지각하기보다는 맥락에 따라 그러한 지각을 달리하기 때문이다. 이러한 점에도 불구하고, de Charms의 원리는 학교의 학급 상황과 매우 밀접한 관계가 있다. 이제 학생들로 하여금 주인이라는 믿음을 발달시킬 수 있도록 도울 수 있는 프로그램에 대해 논의해 보자.

개인 인과성 훈련

de Charms(1976)는 학생이 주인 행동(origin behavior)을 기르도록 도울 수 있는 교사 양성을 위한 종단적 훈련 프로그램을 제안하였다. 이러한 교사 훈련은 학습동기의 자기학습, 현실적인 목표 수립, 목표 달성을 위한 구체적 계획 세우기, 목표 달성 정도를 평가하기 등을 포함하고 있다. 교사 훈련 후, 교사들은 학교로 돌아갔고 주인 행동을 유도하기 위한 방법들을 학교 학습 활동에 통합하였다. 교실 활동은 학생의 학습동기, 자기개념, 현실적 목표 설정, 학습에 대한 개인적 책임감 등을 향상시키기 위한 방향으로 고안되었다. 가령, 교사는 학생들에게 철자법의 학습을 위해 난이도가 상, 중, 하인 단어들을 직접 고르게 함으로써 현실적인 목표 설정을 하도록 가르친다. 학습에 대한 책임감을 가르치기 위해서 교사는 학생들에게 주어진 줄거리로부터 가상의 성취동기에 대한 이야기 글을 쓰게 하기도 한다(예: 이전보다 더 잘하고자 끊임없이 노력하는 어떤 영웅에 대한 이야기 작성하기).

이러한 훈련의 결과, 학생들의 주인 행동이 유의미하게 증가했고 이는 시간이 경과해도 지속되었다. 반대로, 훈련받지 않은 교사를 통해 정규 교육과정을 학습한 통제집단의 학생들은 주인 행동에 있어서 어떠한 변화도 나타나지 않았다. 2년에 걸친 주인 행동의 훈련 결과, 성취수준이 낮은 아동이 시간이 경과함에 따라 또래보다 점점 더 성적이 뒤처지는 일반적인 현상이 나타나지 않았다. 또한 이러한 훈련이 학생들의 무단결석과 지각을 줄이는 효과도 있다고 나타났고 교사들의 동기에도 긍정적인 영향을 미쳤다. de Charms(1984)는 학생들의 주인 행동을 향상시키기 위한 다른 시도에서도 이와 비슷한 결과가 나타났음을 보고했다.

Alderman(1985)은 목표 설정과 자기평가를 여자 고등학생의 체육 수업에 적용했다. 학생들은 자신의 건강, 체력 상태, 다양한 운동에 대한 관심 등에 관해 평가하고 체력 목표도 세웠다. 학생들은 매주 유산소 운동, 유연성, 근력, 자세 등에 대해 자기평가를 실시하였다. 중간 시험 기간이 끝날 무렵, 교사는 학생들이 기말 시험에 대한 목표를 직접 설정하도록 지시하였다. 학생들은 유산소 운동에서의 목표를 성취하는 방법으로 달리기, 걷기, 줄넘기 등을 스스로 선택할 수 있었다. 교사는 학생들과 만나 목표 설정을 평가하고 목표가 현실적이지 않아 보일 때에는 조언을 해 주었다. 학생들은 9주에 걸쳐 일주일에 최소 세 번씩 연습하는 계획을 세우고 연습 후 결과를 기록했다. 기말 시험 후, 학생들은 자신이 학습한 것에 대해 자기평가를 수행했다.

이러한 개입을 통해 몇 가지 결론을 얻을 수 있다. 첫째, 학생들의 주인 행동을 기르기 위해서는 교사 스스로가 주인이라는 믿음이 있어야 하고 자신과 유사한 행동을 학생이 하도록 유도할 수 있어야 한다(de Charms, 1984). 둘째, 주인 행동을 훈련하기 위해서는 교사의 구조화된 계획이 필요하다. 교사는 학생들에게 가능한 선택권을 제시한 후 학생들이 직접 선택하도록 해야 하지만, 이때 교사는 선택권의 범위를 결정해 줘야 한다. 주인 학급(origin classroom)은 무엇을 언제 할지에 대한 모든 선택권들을 학생에게 주는 구조화된 학급이 아니다. 셋째, 개인적 책임감이 발달되어야 한다. 학생이 선택을 하고 나면 선택의 결과에 대해 책임을 져야 한다. 책임감을 가르치기 위한 한 가지 방법은 학생들이 결과의 원인으로서 노력에 강조점을 두고 실패했을 때 타인을 탓하거나, 성공했을 때 운이 좋았다고 생각하지 않도록 교사가 도와주는 것이다. 학생이 성공을 경험함에 따라 자기효능감이 높아지고 학습목표 달성에 대해 스스로 통제할 수 있다는 믿음을 가질 수 있어야 한다(3장, 4장 참조). 이러한 세 가지 시사점을 교실에 적용한 사례가 〈적용 7-2〉에 나와 있다.

적용 7-2 각성이론을 교실에 적용하기

1. **교사는 개인적 책임감의 시범을 보이며 자신이 학생들의 개인적 책임감을 발달시킬 수 있다는 것을 믿어라.** 김 교사는 쉬는 시간에 늘 자신의 책과 교수 자료들을 정리해 놓고 휴지를 주우며 책상을 가지런히 해 놓는다. 김 교사의 학급은 늘 깨끗해 보이고 학생들은 수업 시간에 필요한 책과 자료를 쉽게 찾을 수 있다. 김 교사는 또한

매 활동이 끝나면 학생들과 함께 자료를 정리한다.

이 교사는 토론 시간에 학생들이 자유롭고 열띤 토론을 하도록 권장한다. 이 교사는 학생들이 굳이 손을 들어 이야기하지 않고, 서로의 생각을 자유롭게 교환하도록 유도한다. 이 교사는 학생들이 말하는 중간에 절대 끼어드는 법이 없고 모든 학생의 의견이 전체에게 중요한 기여를 할 수 있다고 믿는다.

2. **학생들에게 선택권을 주고 각각을 선택했을 때 나타날 결과에 대해 스스로 생각해 보도록 지도하라.** 고등학교 상담교사인 박 교사는 소집단의 학생들과 다음 학기에 수강할 과목 선택에 대해 토의하였다. 박 교사는 학생들에게 각 과목을 듣기 위한 필수 요건과 졸업에 필요한 평점과 과목 수에 대해 학생들에게 설명하였다. 박 교사는 학생들에게 각자 선택할 과목을 세 개씩 생각해 놓도록 했다. 그리고 학생들과 일대일로 만나 각 과목의 장단점에 대해 논의하였다.

   양 교장은 중학교 교장으로 철수의 공격적인 행동을 교정하고자 프로그램을 계획하여 이를 적용해 보려고 한다. 먼저 양 교장은 철수에게 학교 생활에서 어떤 점들이 어려운지에 대해 물었다. 그리고 양 교장과 철수는 이러한 상황들을 어떻게 처리할 것인지에 대한 다양한 방법과 각 해결방안들이 가져올 결과들에 대하여 함께 논의하였다.

3. **학생들이 내적 귀인을 하도록 지도하라. 학생들이 그들의 실패에 대해 남을 탓하거나 성공을 운으로 귀인하지 않도록 하라.** 유 교사는 각 단원의 시험 결과에 대해 학생들과 일대일로 면담을 실시하였다. 그는 학생들과 시험의 각 부분에 대해 살펴보면서 각 학생들이 왜 그 부분을 잘했는지 또는 왜 못했는지에 대해 이야기하였다. 또한 어떻게 하면 제대로 준비하고 더 나은 성적을 받을 수 있을 것인지에 대해 이야기하였다.

   유치원 교사인 최 교사의 학급에는 나무토막 쌓기를 좋아하는 민희라는 아이가 있다. 민희는 나무토막을 쌓았다가 쓰러지면 늘 울기 시작하고 누군가가 그것을 쓰러뜨렸다고 말하곤 했다. 최 교사는 민희가 나무토막을 쌓을 때 대화를 시도해 보았다. 나무토막을 쌓은 것이 무너지면 최 교사는 민희에게 왜 쓰러졌을까 생각해 보게 하였고 다음에 무너지지 않게 하려면 어떻게 하는 것이 좋을까에 대해 생각해 보게 하였다. 민희가 쌓은 나무토막이 쓰러지지 않으면 최 교사는 민희를 칭찬해 주었고 열심히 끈기를 가지고 했기 때문에 나무토막이 쓰러지지 않았다는 것을 민희가 깨닫도록 하였다.

4. **학생들로 하여금 목표를 설정하고, 주기적으로 자신의 향상 정도를 평가하며 전략 변화가 필요한지 결정하도록 지도하라.** 고등학교 수학 교사인 윤 교사는 수업 시간에 소집단 교수방법, 컴퓨터 프로그램, 다양한 학습 활동 모음 등을 사용한다. 매 단원의 첫 시간에 그는 학생들에게 전 단원에서 학습했던 내용과 현재의 단원에서 해야 할 새로운 목표들을 작성해 보도록 한다. 그리고 매 수업 시간의 마지막에는 학생들이 자신이 얼마나 향상되고 있는지, 컴퓨터 과제와 수업활동을 얼마나 잘 수행하고 있는지에 대한 확인 목록을 작성토록 한다. 윤 교사는 오후에 학생들이 작성한 목록을 확인하고 어려움이 있거나 추가적인 도움 또는 활동에 변화가 필요한 학생들과 개인 면담을 위한 시간을 정한다.

   신 교사는 1학년 학생인 민호가 주어진 시간 안에 활동을 끝내는 습관을 들이도록 지도해 왔다. 신 교사는 민호가 하루 일과를 시작하기 전에 그날 얼마만큼의 과제를 완성할 수 있을지에 대해 이야기했으며, 매일 완성하는 과제의 양을 조금씩 늘려 나갔다. 수업이 끝날 때 신 교사는 민호가 과제를 얼마나 했는지, 하루에 하는 양을 조정할 필요가 있는지에 대해 민호와 함께 점검하였다. 매 수업이 끝날 때마다 민호와 신 교사는 그날의 목표와 성취한 것을 기록하였다.

개인의 책임감은 부정행위를 방지하는 데도 중요한 역할을 한다. 학교에서의 부정행위는 지난 몇 년간 점점 증가하는 추세다. 조사에 따르면, 고등학생의 약 67%가 시험에서 부정행위를 하며, 약 90%가 숙제에서 부정적인 방법을 쓰는 것으로 알려져 있다. 대부분의 학생들이 그것이 옳지 않은 것임을 알면서도 그대로 한다. 어떤 학생들은 높은 성적을 얻어야 한다는 부담감에 부정행위를 하기도 하며, 다른 학생들은 그저 학교에 관심이 없기 때문에 이러한 부정행위를 한다. 동기에 관한 연구에 따르면, 학생들이 시험, 평가, 학습의 외적인 보상에 중점을 두는 경우에 부정행위를 하는 비율이 높아진다(Anderman, Griesinger, & Westfield, 1998). 학생들의 부정행위를 막기 위해서는 학습에 대한 내적 가치를 보다 강조하는 학습 환경을 조성하는 것이 바람직하다. Anderman과 동료들(1998)은 학생들의 학습에 대한 개인의 책임감을 발달시키기 위한 방안으로 다음과 같은 것들을 제안했다.

- 학생의 학습동기를 촉발시키기 위해 시험, 보상, 외적 보상을 사용하는 것을 피한다.

- 학생들의 능력을 사회적으로 비교하게 하는 교수법, 평가방법을 피한다.
- 학생들의 흥미를 일으키고 학교 밖에서의 삶과 관련이 있는 학습경험을 만들고, 그들이 하는 것을 새로운 학습 환경에 적용할 수 있도록 유도한다.
- 새로운 내용의 학습, 새로운 기술의 습득, 새로운 아이디어의 이해라는 측면을 평가와 연관시킨다.
- 학생들이 학습한 것에 대해서 의미 있는 정보를 줄 수 있는 피드백을 제공하는 평가체계를 고안한다.

자기결정성이론

de Charms(1968), Rotter(1966), White(1959) 및 Harter(1978)의 관점은 동기가 자신이 환경을 통제할 수 있다는 신념에서 나옴을 강조한다. 이와 관련된 관점으로 Deci, Ryan, Connell, Skinner와 동료들은 인간이 자율적이고자 하는 욕구를 갖고 있고 스스로 원하기 때문에 활동에 참여한다고 간주한다. 이 절에서는 내재적 동기를 자기결정성(자율성)의 관점에서 접근하고자 한다. 이러한 관점은 현존하는 이론 중 가장 포괄적이며 경험적으로 가장 많은 지지를 얻은 동기이론 중의 하나다. 또한 이 이론은 내적 통제(Rotter, De Charms)와 숙달 동기 또는 내재적 동기(Harter)에도 관심을 가진다는 점에서, 이 장에서 다룬 다른 이론들과 모델들을 포함하고 있다고 말할 수 있다. 이 책에서는 자기결정성이론을 성취와 학습의 관점에서 논하겠지만, 이 이론은 업무, 체육, 건강, 사회적 삶의 영역 등의 여러 영역에도 폭넓게 적용되고 있다.

가정

Deci와 동료들(Deci, 1980; Deci & Moller, 2005; Deci & Ryan, 1985, 1991; Reeve, Deci, & Ryan, 2004; Ryan & Deci, 2000)은 자기결정성을 의지와 구별했다. 의지(will)는 "인간 유기체가 자신의 욕구를 어떻게 만족시킬 것인지 결정할 수 있는 역량"(Deci, 1980, p. 26)을 의미하며, 자기결정성은 "자신의 의지를 활용하는 과정"(Deci, 1980, p. 26)을 의미한다. 자기결정성을 갖기 위해서는 자신의 장점과 한계를 인정하고 자신에게 작용하는 힘을 인식하며 선택을 하고 욕구를 만족시킬 방법을 결정할 수 있어야 한다. 의지와 자기결정성은 연결되어 있어서 자기결정적이려면 자신의 환경에 어떻게 영향을 행사할지를 결정해야만 한다. 만약 개인의 욕구가 모두 저절로 만족되어 자신이 어떠한 것을 선택하고 선택한 것을 어떻게 달성할 것인지에 대해 스스로 결정할 필요가 없어진다면 사람들은 만족을 느낄 수 없을 것이다.

Deci와 Ryan은 세 가지의 기본적으로 타고난 심리적 욕구가 행동의 기저에 있음을 제안했다. 이는 유능(competence), 자율성(autonomy), 관계(relatedness)의 욕구다. 유능에 대한 욕구는 White(1959)의 이론에서의 환경에 대한 숙달(정복)의 욕구와 유사하다. 이 욕구는 또한 귀인이론(Weiner, 1986)에서 가정하는 이해와 숙달의 욕구와도 유사하다. 사람들은 다른 사람들, 과제나 활동, 그리고 더 넓은 범위의 환경과의 상호작용 과정에서 유능감을 느끼고 싶어 하는 욕구가 있다. 매우 기초적인 수준에서 볼 때 유기체가 환경과의 상호작용을 숙달하지 못하면 진화론적 관점에서 생존하지 못할 수 있다. 자율성에 대한 욕구는 환경과의 상호작용에서 통제감, 주체성(agency), 자율성을 느껴 보고자 하는 욕구나 혹은 귀인이론의 관점에서 말하는 내적 인과 소재를 지각하고자 하는 욕구(Ryan & Deci, 2000)를 의미한다. Ryan과 Deci는 개인은 자율성과 통제감을 느끼고자 하는 기본적인 심리적 욕구가 있다고 제안했다. 마지막으로, 관계에 대한 욕구는 어떠한 집단에 속하고자 하는 욕구로서 때때로 소속감의 욕구로 불리기도 한다.

이러한 유능, 자율성, 관계의 세 가지 욕구는 고전적인 성취동기이론(Atkinson, 1958; Winter et al., 1998; 2장 참조)에서 말하는 성취의 욕구, 권력의 욕구, 친애의 욕구와 다소 유사한 면이 있다. 친애의 욕구는 관계의 욕구와 매우 유사하다. 성취의 욕구는 어느 정도 유능의 욕구와 겹친다. 권력의 욕구와 자율성의 욕구가 가장 상이한데 권력의 욕구가 다른 사람에게 영향을 주거나 다른 사람을 지배하거나 통제하고자 하는 욕구 또는 소망을 말한다면, 자율성의 욕구는 좀 더 내면 지향적이고 내적 통제감 및 선택과 행동의 자유를 느끼고자 하는 욕망 또는 욕구를 뜻한다.

내재적 동기는 "환경과의 관계에서 유능하고 자기결정적이고자 하는 인간의 욕구"(Deci, 1980, p. 27)를 의미한다. 내재적 동기에 대한 욕구는 사람의 의지를 한층 북돋아 주고, 이러한 의지는 욕구를 만족시키기 위해, 충돌하는 욕구들 간의 갈등을 해결하기 위해, 그리고 욕구들을 제어하기 위해 내재적 동기의 에너지를 이용한다. 내재적 동기는 의지를 가지고 행동할 때 만족된다. 사람으로 하여금 내재적 동기를 갖게 하는 것은 자기결정의 과정이지, 겉으로 드러난 행동 기저에 있는 욕구가 아니다. 가령, 어떤 사람이 배우고자 하는 본래의 욕구를 책을 읽는 행동으로 드러낼 수 있다. 물론 책을 실제로 읽는 행동이 내재적 동기를 충족시킬 수 있지만, 어떤 책을 읽을 것인지 혹은 언제 그 책을 읽을 것인지 결정하는 과정 속에서도 내저적 동기는 만족된다.

동기 과정

자기결정성이론 내에서의 내재적 동기에 대한 관심은 인지평가이론(Deci & Ryan, 1985; Ryan & Deci, 2000)으로 알려진 하위이론에 의해 설명된다. 자기결정성이론은 처음에 모든 인간 행동의 범위를 다루고자 시도하지만, 실제로 인간의 모든 행동 중 단지 일부만이 내재적으로 동기화된다는 점을 인정하였다. 인지평가이론은 인간 행동의 내재적 동기 부분을 설명하기 위해 개발되었다. 내재적 동기는 사람들로 하여금 도전을 추구하고 이를 성취하도록 이끔으로써, 그들이 가진 유능하고자 하는 욕구와 자기결정적이고자 하는 욕구를 만족시킨다(Deci & Porac, 1978). 도전은 학생이 도달할 수 있는 정도일 때 이상적이며, 도전이 너무 쉽다면 학습자는 더 어려운 도전을 찾을 것이고 도전이 너무 어렵다면 노력을 포기할 것이다. 자기결정성을 발휘할 수 없을 때 내재적 동기는 손상을 입는다. 사람들은 자신의 행동에 대해 책임을 느끼고, 자유롭게 선택할 수 있기를 원한다(4장의 자기조절에 관한 부분 참조). 불행히도, 많은 교실 상황에서 학생들은 무엇을, 언제, 어떻게 할지에 대해 거의 결정할 수 없다. 자기결정성이론은 또한 사람들이 자신의 행동이 외부적으로 결정되었다고 믿을 때 내재적 동기가 감소할 것이라고 설명한다.

이 장의 모든 이론들에서 언급되었듯이 지각된 통제는 내재적 동기의 중요한 결정요인이다. Skinner와 동료들(1990)은 지각된 통제 형성에 기여하며 학교 상황에서도 중요한 세 가지 종류의 신념을 구분했다. 이 세 가지 신념은 능력 신념(capacity beliefs), 전략 신념(strategy beliefs), 통제 신념(control beliefs)으로, 행위 주체자, 행위 주체자가 사용할 수단 또는 전략, 행위 주체자가 수단이나 전략을 통해 달성하고자 하는 목적이나 목표 간의 관계를 통해 조직될 수 있다(Skinner, 1995, 1996; [그림 7-2] 참조).

능력 신념은 능력, 노력, 타인, 운 등을 고려한 자신의 역량에 대한 개인의 신념(예: '나는 학교에서 도무지 열심히 할 수 없는 것 같다.')을 가리킨다. 이러한 신념은 자신이 무엇인가를 성취할 수단을 가지고 있다는 개인의 신념을 반영하며, 자기효능감 판단(Bandura, 1997) 또는 주체 신념(agency beliefs)(Skinner, 1995, 1996; Skinner et al., 1988a, 1988b)과 유사하다.

전략 신념은 능력, 노력, 타인, 운, 또는 알려지지 않은 요인들과 같이 학교에서의

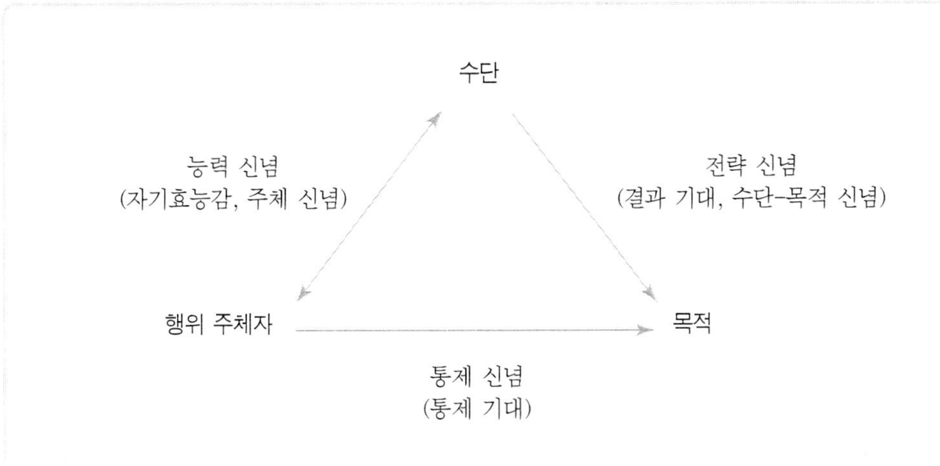

• 그림 7-2 • **세 가지의 지각된 통제**

출처: Skinner(1995, 1996)에서 수정해 사용함.

성공에 영향을 주는 요소들에 대한 기대 또는 지각(예: '내가 좋은 성적을 얻는 최상의 방법은 열심히 공부하는 것이다.')이다. 이러한 신념은 수단이 목적 달성과 연결되어 있다는 지각, 다시 말하면 전략을 사용하면 목표가 달성될 것이라는 지각을 뜻한다. 이는 또한 결과 기대(outcome expectancy)(Bandura, 1997)와 수단-목적 신념(means-ends beliefs)(Skinner, 1995, 1996)으로 불리기도 한다.

통제 신념은 특정한 수단에 의지하지 않고도 자신은 학교에서 학업을 잘 수행할 수 있을 것이라는 기대(예: '나는 내가 원하면 학교에서 잘 해낼 수 있다.')를 의미한다. 이러한 신념은 행위 주체자와 목적 또는 목표 간의 관계([그림 7-2] 참조)를 말하며, 통제 기대 신념(control expectancy belief)(Skinner, 1995, 1996)이라고도 불린다. Skinner와 동료들(Skinner, 1995; Skinner et al., 1990)은 지각된 통제가 학습에의 능동적인 참여를 증가시키거나 감소시킴으로써 학업성취에 영향을 미친다는 것을 발견했다. 교사는 명확하고 일관된 지도와 피드백을 제공하며, 학습에 흥미를 가지도록 자극하고, 적절한 자료를 제공함으로써 학생들의 통제 지각에 기여할 수 있다.

자기결정성에 관한 선행 연구

지금까지 자기결정성과 내재적 동기의 관계에 대한 많은 연구들이 진행되어 왔다(Ryan, 1993). Ryan과 Grolnick(1986)은 아동들에게 de Charms(1976)의 주인환경검사(Origin Climate Questionnaire)와 지각된 유능감, 지각된 통제, 숙달 동기의 검사를 실시하였다. de Charms의 주인환경검사는 아동들이 가진 교사와 학급에 대한 주인으로서의 지각(자율성) 정도 대 하인으로서의 지각(통제) 정도를 측정한다. 그 결과, 환경에 대해 좀 더 주인 지향적으로 지각하는 아동에게는 결과에 대한 내적 통제, 지각된 유능감, 숙달 동기가 더 높게 나타났다.

다른 연구들에서는 선택권이 내재적 동기에 영향을 주는 것으로 나타났다(Swann & Pittman, 1977; Zuckerman, Porac, Lathin, Smith, & Deci, 1978). Zuckerman의 연구에서 대학생들 중 일부는 자신이 퍼즐을 선택하고 다른 일부는 다른 사람에 의해 선택된 퍼즐을 받았는데, 스스로 퍼즐을 선택한 학생들은 선택권을 부여받지 못한 학생들에 비해 더 높은 내재적 동기를 보여 주었다. Swann과 Pittman(1977)은 아동이 놀이에 대한 선택권을 가지고 있다고 믿게 되면 내재적 동기가 증가함을 발견했다.

Glass와 Singer(1972)는 한 실험 결과를 통하여 환경에 대해 통제할 수 있다고 느끼는 경우, 혐오 자극에 대해 더 잘 견디고 더 높은 수준의 수행을 보이는 것을 보고했다. 이 실험에서 성인들은 과제를 수행하면서 주기적으로 시끄럽고 신경에 거슬리는 소음을 듣게 되었다. 통제불능(No-control) 집단은 소음을 통제할 수 없었다. 직접 통제 지각(perceived direct control) 집단의 성인들은 버튼을 누름으로써 스스로 소음을 멈출 수 있지만 필요할 때에만 버튼을 누르라고 지시받았다. 간접 통제 지각(perceived indirect control) 집단은 버튼을 누르면 그 소음을 멈출 수 있는 사람을 알게 될 것이라고 지시받았다. 또한 이 집단 역시 꼭 필요할 때에만 버튼을 누르도록 지시받았다. (직접 또는 간접) 통제 지각 집단은 통제불능 집단에 비해 과제 지속성이 유의하게 더 길었고 실수가 더 적었다. 통제 지각 집단의 성인은 통제불능 집단의 성인에 비해 소음이 덜 혐오적이라고 지각했다. Rodin, Solomon과 Metcalf(1978)가 실시한 흥미로운 연구에서는 엘리베이터가 같은 정도로 붐비는 동일한 조건하에서 엘리베이터의 제어판 앞에 서 있는 사람들은 제어판과 떨어져 있는 사람들에 비해 엘리베이터가 덜 붐빈다고 느끼는 것으로 나타났다.

Deci와 Ryan(1987)은 자기결정성과 내재적 동기를 증가시키거나 저해시키는 맥락적 특징들에 대한 연구 결과를 요약했다. 이러한 맥락적 요소들은 통제적 특성을 가진 보상을 제공한다는 특징을 포함하고 있는데, 예를 들어 단지 활동에 참가만 하면 보상을 제공하는 것으로 이는 자기결정성을 감소시킨다. 위협과 마감기한 역시 자기결정성을 저해하는데, 그 이유는 사람들이 어떤 행동을 하는데 있어서 그 자체에 대한 관심에 의해서라기보다 위협 또는 마감기한에 의해 행동을 강요당한다고 느끼기 때문이다. 세 번째의 부정적인 맥락 요소는 평가와 감독이다. 이 두 요소는 학교 현장에서 흔히 볼 수 있는 것인데, 이들은 흥미와 내재적 동기를 감소시키는 것으로 나타났다(Deci & Ryan, 1987). 자기결정성을 높여 주는 두 가지의 긍정적인 요소는 선택권의 허용 정도 그리고 유능감과 자기효능감에 관한 긍정적인 피드백이다. 앞에서 제시한 부정적인 맥락의 특징들을 교사들이 완전히 제거할 수는 없겠지만, 어떻게 학생들의 자기결정성과 내재적 동기를 향상시킬 수 있을지에 대해서 교사들의 신중한 고민이 필요할 것이다.

자기결정성의 발달

내재적 동기는 타고난 인간의 욕구이며 유능감과 자기결정성에 대한 일종의 미분화된 욕구의 형태로 유아기부터 나타나기 시작한다(Deci & Porac, 1978). 이러한 입장은 White(1959)의 입장과 상당히 유사하다. 아동이 발달해 감에 따라 이 욕구는 학업, 운동, 작업 등에서의 성취욕구와 같이 특정 영역으로 분화해 간다. 어떤 활동이 아동의 관심 대상이 되는지는 환경과의 상호작용에 달려 있다. "주변에 음악가와 미술가들이 있고 다양한 예술적 노력에 대해 지원을 받는 환경에 있는 아동은, 대학에 가기 전까지 예술을 접해 보지 못한 학생에 비해 예술에 대한 내재적 동기를 갖게 될 가능성이 더 높다." (Deci & Porac, 1978, p. 153)

동시에 모든 행동이 다 내재적으로 동기화되는 것은 아니다. 사실, 발달의 중요한 측면 중의 하나는 사회적 가치와 관습을 내면화한다는 점이다(Deci & Ryan, 1991; Ryan, Connell, & Deci, 1985). 학교에서 제공하는 외재적 구조, 통제, 보상은 아동의 자기결정성과 내재적 동기의 추구와 부합하지는 않지만 사회에서 바람직하게 행동하고 기능할 수 있도록 돕는다. 결국 이러한 외재적 동기를 유발하는 요소들은 아동들에게 내면화되고, 자기조절과정의 일부가 된다. 모든 중요한 행동들이 내재적으로 동기화되는 것만은 아님을 인식하면서, Deci와 Ryan(1985; Ryan & Deci, 2000)은 외재적으로 동기화된 행동을 다루기 위해 자기결정성이론이라는 큰 이론 안에 두 번째의 하위이론을 개발했고 이를 유기체적 통합 이론(Organismic Integration Theory: OIT)이라고 명명했다. [그림 7-3]은 이 이론과 하위이론에 따라 분류된 동기의 형태를 보여 준다.

[그림 7-3]에 점선으로 구분되어 나타나 있듯이, Deci와 Ryan 및 동료들(Deci & Ryan, 1985; Rigby, Deci, Patrick, & Ryan, 1992; Ryan & Deci, 2000)은 무동기에서 외재적 동기를 거쳐 내재적 동기로 이어지는 동기의 개념을 성립하였다. 그들은 이러한

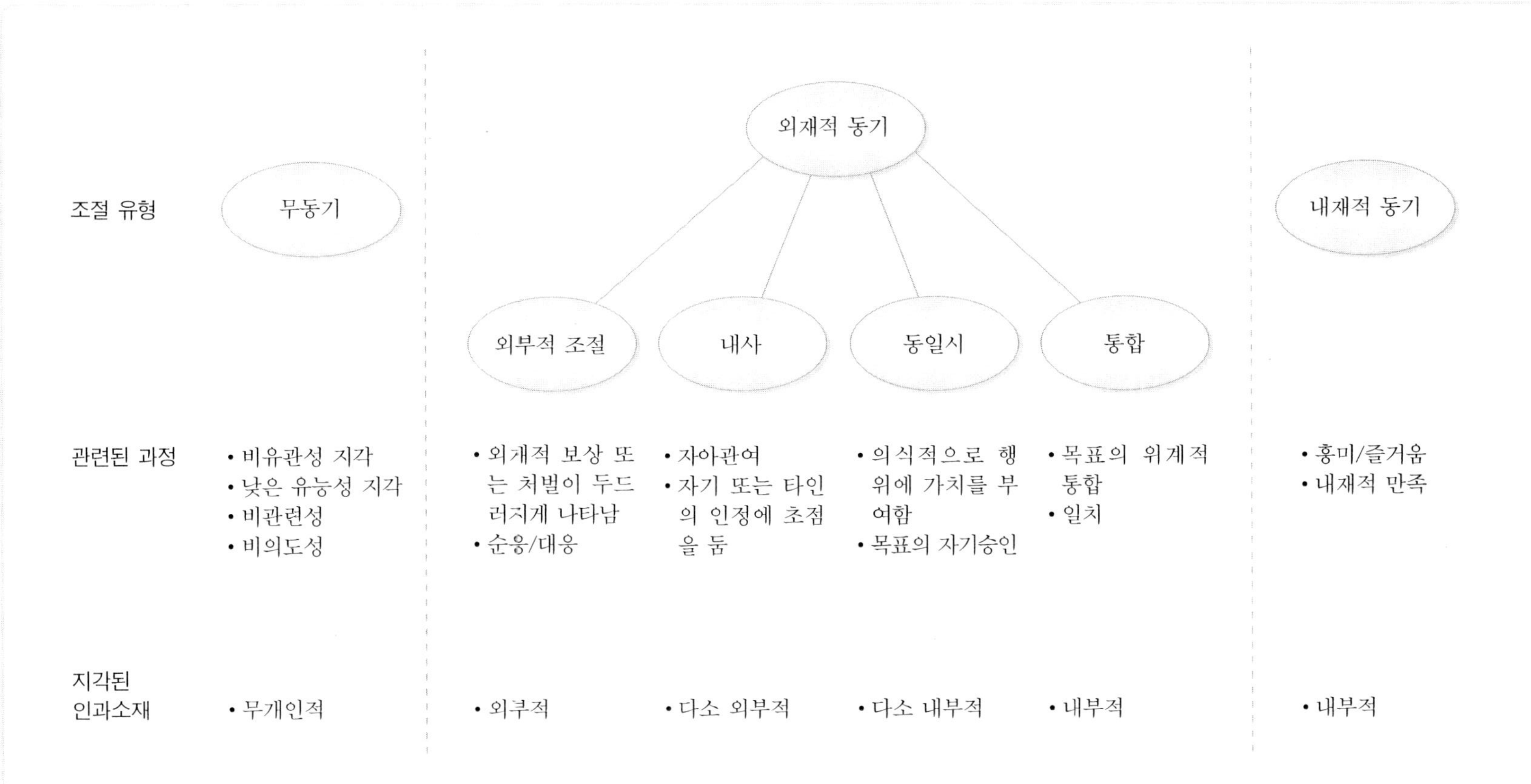

그림 7-3 자기결정성이론의 동기 유형

출처: Ryan & Deci(2000)에서 수정해 사용함.

세 개의 구별된 종류의 동기 유형을 '조절 유형'이라고 불렀는데, 이때 조절 유형은 인지적 자기조절전략(Pintrich, 2000d)을 의미하는 것이 아니라, 동기화되는 방법임에 유의해야 한다. 앞서 언급했듯이, 내재적 동기는 '자기목적적인(autotelic)' 행동, 즉 그 자체와 즐거움을 위해 하는 행동과 관련된 것이다. 사람들은 이러한 활동을 자유롭게 선택해 왔고 이는 개념상으로 자기결정적이라고 할 수 있다([그림 7-3]의 오른쪽 끝부분). 이는 앞선 절에서 나왔던 인지평가이론에서 핵심적으로 다루고 있는 부분이다. 외재적 동기는 일련의 네 가지 유형으로 구분되는데, 이들은 정의상으로는 내재적으로 동기화된 것이라 볼 수 없는 것으로, 본래 외재적으로 동기화된 행동이지만 점차 내면화되어 이제는 자기결정적으로 변한 것이다([그림 7-3]).

그림의 맨 왼쪽 부분은 무동기의 행동을 나타낸다. 과제가치가 낮거나 과제가 중요하지 않다고 지각하는 것(기대-가치이론에 관해 언급한 2장 참조)뿐 아니라, 개인이 유능감을 느끼지 못하거나(낮은 자기효능감, 낮은 능력 신념), 행동과 결과 간에 관계가 없는 비유관성을 지각하거나(전략 신념과 통제 신념이 낮음; Skinner, 1995, 1996), 학습된 무기력감(Peterson et al., 1993)을 느끼는 경우 등이 이에 해당한다. 이러한 동기 유형(Deci와 Ryan의 용어로는 조절 유형)을 가진 개인들은 자기의 행동이 의도된 것이라든지 자기결정적이라는 느낌 역시 갖기 힘들다. 이러한 동기 유형을 가진 학생들은 학교 학습 활동과 관련해 낮은 가치감, 자기효능감, 내적 통제감을 가지므로 학교 학습에 대해 거의 동기화되지 않을 것이다. 이러한 학생들에 대해 교사들은 흔히 "그 아이들은 어떤 것에도 동기화되거나 흥미를 느끼지 못해. 심지어 처벌하겠다고 위협을 해도 공부하려고 하지 않아."라고 말하곤 한다.

그림의 가운데 부분은 네 가지의 외재적 동기 유형 또는 자기조절 유형을 나타내는데 이것은 앞의 무동기와 대조적으로 동기를 갖고 있는 경우에 나타난다(그림의 점선 부분은 무동기와 외재적 동기 간의 질적 차이를 구분하기 위한 것이다). 네 가지 동기 유형 중 첫 번째 수준을 Deci와 동료들은 외부적 조절(external regulation)이라고 구분하였다. 가령, 맨 처음에는 숙제를 하고 싶지 않았으나 교사의 보상을 얻기 위해, 또는 벌을 회피하기 위해 하는 경우가 이에 해당한다. 이러한 학생들은 벌에 대한 위협 또는 외재적 보상의 제공에 대해 잘 반응하고 순응적일 것이다. 이들은 내재적으로 동기화되거나 높은 흥미 수준을 보이지는 않지만, 보상의 획득 또는 처벌의 회피를 위해 학습 활동을 하거나 바람직한 행동을 보여 줄 것이다. 이러한 경우, 통제는 외부적이며, 학생 입장에서 자기결정성을 가지지 않는다.

외재적 동기의 다음 수준의 경우, 학생들은 해야만 한다고 생각하기 때문에 혹은 과제를 하지 않을 경우(가령, 시험 공부를 하지 않을 경우) 죄책감을 느끼기 때문에 과제에 참여한다. Deci와 동료들은 이를 내사된 조절(introjected regulation)이라고 부르는데 이는 동기의 근원은 개인 내부('해야만 한다'는 느낌, 죄책감)에 있지만, 동시에 이러한 느낌의 통제를 받고 있기 때문에 자기결정적이라고 할 수는 없다. 이러한 학생들이 오로지 보상의 획득, 처벌의 회피를 위해서 과제를 하는 것은 아니다. 하지만 죄책감 또는 '해야만 한다'는 느낌은 실제로 개인 내적인 것이기는 하나 타인(교사 또는 부모)을 기쁘게 하기 위해서 한다는 점에서 동기의 근원은 여전히 어느 정도 외부적이라고 할 수 있다.

세 번째 수준 또는 유형은 동일시된 조절(identified regulation)이라고 불린다. 이 경우 사람들은 그 일이 자신에게 개인적으로 중요하기 때문에 그 활동을 한다. 가령, 어떤 학생은 대학 입학을 위해 필요한 좋은 점수를 얻기 위해 매일 몇 시간씩 공부를 한다. 이러한 행동은 학생 자신의 목표를 반영한 것이나, 이때 목표는 학습 자체와 같은 내재적 가치보다는 좀 더 유용 가치(Wigfield & Eccles, 1992; 2장 참조)를 지닌다. 하지만 학생이 스스로 의식적으로 선택한 것이고, 교사나 부모와 같은 타인에게 중요한 것이 아니라 학생 자신에게 중요한 것이라고 느껴지므로, 인과 소재가 좀 더 개인 내부에 있다고 할 수 있다. 물론 과제에 대한 내재적 흥미보다는 유용성이 중요할지라도 학생들은 과제가 자신에게 중요하기 때문에 그 과제를 하고 싶어하는 것이다.

마지막 수준의 외재적 동기는 통합된 조절(integrated regulation)이다. 이 경우, 개인들은 다양한 내·외부적 근원의 정보를 통합하여 고유한 자기 도식을 만들고, 특정 행위가 자아인식(sense of self)에 중요한 영향을 미친다고 생각하기 때문에 그 행동에 참여한다. 이 마지막 수준은 내재적 동기처럼 그 자체가 목적이기보다는 여전히 수단이 되는 것이지만, 통합된 조절은 자기결정성과 자율성의 하나의 형태를 의미한다. 이렇게 내재적 동기와 통합된 조절은 외부적 조절 또는 투사된 조절에 비해 좀 더 많은 정도의 인지적 개입과 학습을 가져온다(Rigby et al., 1992; Ryan & Deci, 2000).

Deci와 동료들의 자기결정성이론은 많은 연구로 이어졌으며 교육 현장에 중요한 의미를 지닌다. 이 이론의 많은 부분들은 아직 명확히 구체화되지 않았고 계속적으로 발달해 가는 과정에 있지만, 연구자들은 자기결정성이론이 다른 영역뿐 아니라 학급 상황에 어떻게 적용될 수 있을 것인가에 대해 점점 더 많은 연구를 수행하고 있다. 다음 절에서는 발현 동기와 몰입에 대한 이론과 연구들을 검토해 봄으로써 내재적·외재적 동기에 관한 논의를 계속 이어 가고자 한다.

발현 동기와 몰입

내재적 동기에 대한 관점은 지각된 통제, 자율성에 대한 욕구, 그리고 환경을 통제하려는 욕구와 같은 특성들을 강조하고 있다. Csikszentmihalyi와 동료들은 환경과의 상호작용의 결과로 발생하는 새로운 목표나 보상을 발견하면서 시작되는 동기를 발현 동기라고 정의하였다. 이러한 관점은 내재적 동기와 밀접하게 관련된다(Csikszentmihalyi, 1975, 1978, 1985, 1990, 1996, 1997, 1999; Csikszentmihalyi, Abuhamdeh, & Nakamura, 2005; Csikszentmihalyi & Csikszentmihalyi, 1988; Csikszentmihalyi & Rathunde, 1993, 1998).

> 블록 놀이를 시작할 때 어린아이들은 미리 계획을 세우거나 목표를 가지고 있는 경우가 드물다. 대개의 경우 먼저 쌓은 블록의 옆 또는 위에 두는 방식으로 블록을 쌓다가, 어느 순간 특정한 형태의 모양이 나오면 아이들은 그때서야 비로소 앞으로 어떤 식으로 블록을 쌓을지에 대한 목표 또는 계획을 세운다. 이때의 목표는, 다음 블록이 하나씩 놓일 때마다 발전되어 가는 블록 구조에 의해 새로운 방향에 대한 가능성을 확인하면서 변하게 될 것이다. 이때 아이들로 하여금 계속 블록을 쌓게 만드는 보상은 아이들이 원하는 구조와 얼마나 근접하게 만들 수 있는지에 대해서 피드백을 주는 것이다. 목표와 보상은 미리 구체화될 수 없다. 왜냐하면 목표와 보상 모두 상호작용으로부터 나타나기 때문이다(Csikszentmihalyi, 1978, p. 207).

Csikszentmihalyi에 따르면 행동이란 내재적 동기와 외재적 동기의 영향력에 의해 지배된다. 외재적 영향력은 생물학적으로 인간이 필요로 하는 것(음식, 수면 등)이거나 사회화된 보상 구조(돈, 명예, 성적, 타인의 인정)로부터 나타난다고 한다. 내재적 영향력은 주어진 행위나 결과가 그 자체만으로 추구할 가치가 있다는 개인의 신념으로부터 발생한다. 이런 경우의 행동은 '자기목적적인' 특성을 가지며, 스스로 빠져들고 즐길 수 있는 행동이기에 그 행위 자체만으로 가치 있는 경험이 된다. 그는 다양한 창의적인 행위들, 음악, 스포츠, 게임이나 종교적 의식 등이 이러한 자기목적적인 경험의 맥락이 될 수 있다고 하였다(Csikszentmihalyi, 1999). 자기목적적인 활동은 Deci와 Ryan(1985)의 자기결정성이론에서 논의된 내재적으로 동기화된 행위 또는 자기결정 활동과 유사하다.

몰입

Csikszentmihalyi(1985)는 내재적으로 동기화된 행동을 하는 개인들이 활동에의 완전한 몰입 경험을 한다는 것을 발견하였다. 이러한 몰두 또는 몰입(flow)은 "사람들이 전적으로 어떤 일에 빠져들어 느끼는 총체적 감흥"이라고 정의되고 있다(Csikszentmihalyi, 1985, p. 36). 인간의 다른 동기들과 몰입의 관계는 [그림 7-4]에 나타나 있는데, 이들의 관계는 폐쇄적 대 개방적 체계의 목표, 그리고 개인 간 대 개인 내적 과정의 2×2의 분류로 나누어진다. 폐쇄적 목표는 유전학적 욕구 또는 사회화에 의해 결정되는 것들이고, 개방적 목표는 경험의 결과로 발전된 것으로 이미 존재하는 요소로는 설명될 수 없다. 개인 간 과정은 원래가 사회적인 특징을 지닌 반면, 개인 내적 과정은 개인 자체를 의미한다. 몰입이란 개인적인 과정이며 개방된 체계의 목표를 반영한다. 이는 Maslow의 성장 동기(growth motivation)와 Rogers의 완전하게 기능하는 개인(fully functioning individual)과 유사하다(1장, 5장 참조).

몰입을 경험하는 사람들은 어느 과제에 전적으로 몰두함으로써 시간과 공간에 대한 인식을 잊을 수도 있다. 그들은 보상을 기대하기보다는 몰입의 경험 그 자체를 추구한다. 몰입은 어떤 활동에서도 일어날 수 있지만, 주로 게임이나 놀이, 예술과 같

	개인 내적 과정	개인 간 과정
폐쇄적 체계 목표	욕구(들) • 배고픔 • 갈증 • 안전 • 최적의 활성화 등	사회화 • 성 • 친애 • 성취 • 제시된 삶의 주제
개방적 체계 목표	발현 동기 • 내적 동기 • 몰입 • 자기발전 • 발견된 삶의 주제	교화 • 가치 • 사회적 목표 • 정체성 • 이데올로기

그림 7-4 **발현 동기와 다른 동기들과의 관계**

출처: Csikszentmihalyi(1985)에서 수정해 사용함.

은 창의적이거나 자유로운 표현이 허락된 경우 발생하기 쉽다. de Charms(1968)의 원초 상태(origin state)도 몰입과 많은 공통점을 가진다. 다음 문단에서 인용된 예시들은 작업에 몰두하면서 몰입 상태를 경험한 개인을 인터뷰한 것이다. 이 예들은 개인이 특정 활동에서 느끼는 강렬한 몰입 상태를 보여 줄 것이다.

한 작곡가는 작곡을 할 때의 자신의 몰입을 다음과 같이 묘사했다. "무아지경의 상태로 어느 순간 내가 존재하지 않는 것 같은 절정의 시기에 이르게 되지요. 저는 이런 것을 자주 경험하게 되는데…… 마치 내 손이 내게서 떨어져 나가 존재하고 있는 것 같은…… 어떠한 일이 일어나는지에 대해서 난 알지 못하며, 그저 마치 곡이 저절로 써지는 것과 같은 경이로운 광경을 목격하게 됩니다……."(Csikszentmihalyi, 1975, p. 44) Csikszentmihalyi는 또한 시인과 어머니, 이 두 사람을 통해서 몰입의 느낌과 경험을 묘사하였다. 시인의 경험에 따르면 "내가 어떤 일을 하면서 그 일에 완전히 빠져버리게 돼요. 오로지 그것만 생각함에 따라 시간 개념이 완전히 사라져 버리고, 또 다른 내가 그 일을 하고 있는 모습을 보는 것 같은 상태가 돼요."(Csikszentmihalyi, 1996, p. 11) 한 어머니의 다음과 같은 경험에서 우리는 몰입이라는 것이 굳이 곡을 쓴다든지 시를 쓴다든지 하는 창의적인 일에만 관련 있는 것은 아님을 알 수 있다(Csikszentmihalyi, 1999). "제가 딸과 작업을 하고 있는데 딸이 무엇인가 새로운 것을 발견한 것 같았어요. 그 아이는 자신만의 새로운 쿠키 만드는 비법을 만들어 낸 것이었어요.…… 딸이 한 일은 마치 훌륭한 작품 같았고, 그 녀석은 자신을 자랑스러워하더군요. 그 방법을 죽~ 읽어 가면서 어찌나 그 일에 빠져들던지…… 딸이 제게 읽어 주고 제가 또 딸에게 읽어주면서…… 우리도 모르게 같이 읽어 가면서 완전히 그것에 빠져 들었죠. 마치 우리 이외의 세계와 단절된 듯 했어요……." (Allison & Duncan, 1988, p. 129)

위의 인용들은 사람들이 어떻게 완전히 행위에 몰입하게 되며, 그것을 경험하는 시간뿐만 아니라 자기 자신의 존재감 자체도 잊어버리게 되는지를 보여 준다. 이러한 대부분의 사례에서 중요한 점은 바로 이러한 몰입의 상태를 경험하는 데에는, 그 일을 하기 위해 필요한 기본 기술이나 지식이 확실하게 사전에 연습이 되어 자동화 수준에 이르러 있었으므로 개인이 그 활동을 할 때 빠져 들기가 용이했다는 것이다. 만약에 초보 작곡가나 시인이었다면 기본적인 작곡이나 작문의 기술을 습득하는 것만으로도 버거워, 위 사례와 같은 몰입의 경험이 발생하기 어려웠을 것이다. 스포츠 경기 선수들도 경기 중에 "바로 그 지점에 도달하게 됨" "시간이 느려진 듯하며 모든 것이 느린 동작으로 움직이는 것처럼 보이는 것"과 같은 몰입의 순간을 경험하기도 한다. 몰입의 한 부분으로 별다른 노력 없이도 이루어지는 이러한 수행은, 필요한 기

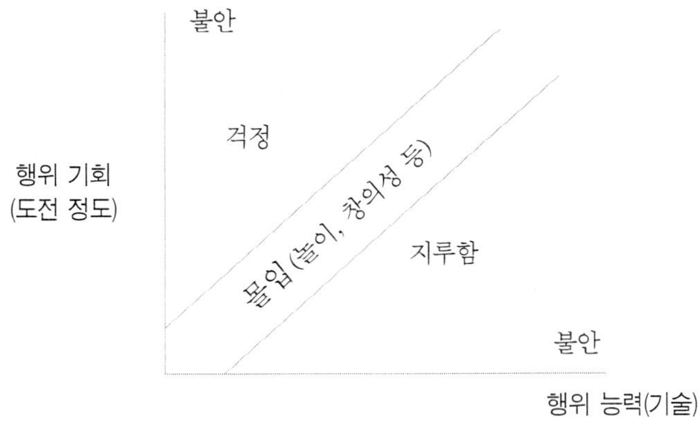

• 그림 7-5 • **몰입 상태**

출처: Csikszentmihalyi, M. (1982). Toward a Psychology of Optimal Experience. In L. Wheeler (Ed.), *Review of personality and social psychology* (Vol. 3, pp. 13-36). Bevely Hills, CA: Sage.

술과 기법이 확실하게 연마되어 자동화 되어 있으므로 가능하다(Csikszentmihalyi, 1999). 이러한 점이 몰입의 역설적인 면이다. 왜냐하면 몰입을 경험하기 위해서는 우리가 하고 있는 활동을 통제할 수 있는 상태에 있어야 하지만, 이러한 행위나 행동을 의식적으로 통제하려고 노력한다고 해서 가능한 것은 아니다. 게다가 그저 자신을 기분 좋고 자연스럽고 자발적인 상황 속으로 던지는 것과 같이 "흐름에 맡기는 것"과 같은 의미도 아니다(Csikszentmihalyi, 1999). 이러한 몰입의 경험은 기술과 숙련됨, 집중과 인내를 요구하며 그저 기분 좋게 시간을 허비하는 것을 의미하지는 않는다.

[그림 7-5]는 몰입 상태의 모형을 나타낸 것으로, 몰입이란 활동의 도전 정도와 개인의 역량 사이의 균형 상태를 나타낸다. 사람들은 자신이 지각하고 있는 기술 수준이 그것을 사용할 기회 수준을 초과하면 지루함을 느끼게 되며, 도전 정도가 그들의 기술 수준을 초과하면 불안해하게 된다. 몰입은 학습자가 가진 기술과 도전 정도의 비율에 따라 그 강도가 달라질 수 있다. 이러한 관계는 아마도 일상의 경험뿐 아니라 절정의 경험에서도 나타난다. 이 책에서 다루고 있는 최적의 동기(optimal motivation)는 기술 또는 지식이 과제의 난이도 및 도전 정도와 적절히 맞아 떨어지는 바로 그때 발생하는 것이다. 몰입에 대한 이론과 연구는 사람들의 정서적인 반응이 과제의 난이도와 그들의 숙련성 정도와 관련되어 있음을 보여 준다. 앞서 지적한 대로, 초보 작곡가나 초보 시인은 기본적인 기술에 있어서 어려움을 겪기 때문에, 대단한 작품이나

시를 만들어 내려고 시도할 때, 몰입의 경지에 이르기 어려울 것이다. 반면에 그들에게는 그렇게 난해하지 않은 과제, 예를 들어 기존에 많이 만들어진 형태의 음악이나 시를 만드는 것은 도리어 몰입을 발생시킬 수 있는 적정 수준의 과제라 할 수 있다. 이처럼 학습과 성취에 있어 중요한 점은, 과제를 학생의 수준이나 그보다 약간 높은 수준으로 제시하여 학습자로 하여금 지루함이나 불안함이 아닌 긍정적인 정서를 경험하고 즐거움을 느끼게 해 주는 것이다.

몰입에 관한 선행 연구

다소 모호한 점이 있지만 몰입의 개념은 직관적으로 이해되는 것이다. Csikszentmihalyi(1982)는 경험표집방법(Experience Sampling Method: ESM)이라는 자기보고 검사법(6장 참조)을 도입하여 연구를 수행하였다. 성인들은 무선호출기를 가지고 다니며 일주일 중 소리가 날 때마다 자신의 정서 상태(행복함, 명랑함, 사교적임)와 활성화 정도(활발함, 경계함, 강함)를 평가했으며, 현재 상황의 도전 정도와 자신에게 가능한 기술을 판단하였다. 이때 몰입을 현재의 도전 정도와 가능한 기술이 서로 동등한 상태로 정의하고, 참가자 자신이 몰입의 상태에 있는 시간의 양을 판단하게 하였는데, 이는 정서 및 활성화와 긍정적인 상관을 가지는 것으로 나타났다.

Csikszentmihalyi(1982)의 보고에서 Mayers는 고등학생의 학교 교과목과 학급 활동을 그 도전 정도와 기술에 따라 평가하였는데, 그 결과 선호하는 과목에서는 도전 정도가 기술과 동등할 때 몰입의 상태를 나타내었다. TV와 음악 감상은 각각 '낮음'이었으며, 친구는 '중간', 예술(드라마나 발레)과 스포츠는 각각 '높음'이라고 나타났다. 인문학과 사회과학은 기술이 도전 정도보다 높아 지루함을 나타냈고, 과학과 수학은 기술을 초과하여 불안감을 나타냈다. 이는 학교 교과목과 과정이 학생들의 몰입을 이끌어 내지 못할 뿐만 아니라 종종 긍정적인 감정도 창출하지 못하며 도리어 지루함이나 불안을 야기시키는 것으로 나타났다.

다른 연구들은 몰입 경험에 대한 세 청소년 집단을 비교하고 있다. 이탈리아의 한 공립학교와 시카고 부근 교외의 일반 고등학교, 또 시카고의 수학영재학교에 다니는 세 집단의 청소년들 간의 몰입 경험을 경험표집방법으로 조사하였다. 그 결과, 이탈리아에 있는 학생들이 미국의 청소년들보다 몰입 경험이 더 자주 나타났으며, 특히 수학영재학교 학생들과 유의미한 차이를 나타냈다. 미국 학생들 간에는, 일반 고등학교 학생들이 영재학교 학생들보다 더 많은 몰입 시간을 보고했다. 미국의 수학 영재학생들은 높은 수준의 지루함(기술이 도전 정도보다 높음)과 불안(지식이 도전 정도보다 낮음)을 보고하였다. 흥미로운 점은 영재학생들이 무관심의 영역에서 다른 두 집단보다 유의미하게 낮은 점수를 나타냈는데, 이는 필요한 지식(기술)과 도전 정도가 평균 이하로 규정된 영역(예를 들어, TV 보기와 음악 감상과 같은 것들)을 의미한다. 요약하면, 이러한 경험들은 평균 수준과 평균 이상의 학생들이 문화보편적으로 비슷하였고, 미국의 영재학생들은 몰입과 무관심이 드물게 나타나고 지루함과 불안이 좀 더 자주 나타났다.

이러한 연구 결과가 교수-학습에 시사하는 교육적 함의는, 도전 정도와 지식(기술) 사이의 균형을 유지하여야 하며, 무관심을 방지하기 위해 적절한 수준의 높은 도전 정도가 유지되어야 한다는 것이다. 불행하게도 학교 현장의 학습 활동은 학생들에게 도전적이지 않은 경우가 대부분이다. 이전 장과 이 장에서 제안한 학습자의 선택권과 도전 정도, 지각된 유능성을 증진시키는 것은 바로 몰입을 증가시키는 것과 밀접한 관련이 있다. 학습자에게 도전적인 목표를 세우게 하고, 자신의 능력에 대한 신념을 쌓을 수 있도록 어려운 과제를 극복하게 하는 환경을 만드는 것은 몰입을 극대화하는 방법이다.

발현 동기와 몰입 이론은 어떻게 정서 반응의 연구가 독창적이고 흥미로운 동기이론으로 발전되는지를 보여 주는 좋은 예다. 이 이론과 연구는 성인들과 학생들이 일상에서 자신의 감정과 정서를 어떻게 느끼는지 이해하려는 노력의 일환으로 시작되었다. 여기서 주로 사용되었던 경험표집방법은 매우 혁신적이며 많은 연구에서 시도되고 있다. 정서적 경험의 기술을 통해, 이러한 이론은 행위의 참여와 실제 성취가 정서적 경험과 연결되어 있음을 보여 준다. 학생이 즐기면서 학교 활동에 참여한다면 그들의 성취수준도 높아지고 더 많은 것을 학습할 것이라는 점은 분명하다. 이에 따라 본 이론은 정서가 동기와 학습 그리고 성취에 중요한 역할을 한다는 점을 뒷받침하고 있으며, 이전 장에서 중요하게 다루었던 자기효능감 판단이나 목표와 같은 인지적인 요인에 크게 주목하지 않고 있다. 이 이론은 일상에서의 정서와 감정의 중요성을 제안해 주고 있긴 하지만, 추후 연구를 통해 다른 동기의 구성 요소들을 통합해 나갈 필요가 있다. 〈적용 7-3〉은 교실에서 실현 가능한 발현 동기와 몰입 이론의 몇 가지 적용 방법을 제안하고 있다.

적용 7-3 교실에 몰입 이론을 적용하기

1. **과제의 도전 정도를 학생의 수준에 맞추어라.** 몰입은 개인의 역량과 과제나 상황에 대한 도전 정도 간의 상호작용으로부터 발생한다. 몰입이란 개인의 독특한 현상이므로 이러한 몰입을 촉진하도록 교수안을 설계하는 것은 쉽지 않은 일이다. 그러나 학습자가 긍정적인 감정(즐거움)을 가질 가능성을 증가시키고 지루함이나 공포감과 같은 부정적인 감정을 가질 가능성을 감소시킬 수 있는 보편적인 방법은, 학생들을 동기화시킬 수 있도록 과제의 도전 정도와 학생의 숙련 수준을 적절하게 맞추는 것이다.

   고등학교에서 영어를 가르치는 이 교사는 수업에서 학생들과 『햄릿』을 읽고 분석하고 있다. 이 수업은 소강의, 희곡을 소리 내어 읽기, 직접 연기하고 토론하기, 다른 학생들의 연기 감상하기, 다양한 버전의 영화 감상하기 등의 활동들로 구성되어 있으며, 몇 주 동안에 걸쳐 이루어졌다. 이 교사가 효과적이라고 느낀 학습 활동 중 하나는 학생들에게 현대극으로 상황을 바꾸어 『햄릿』의 한 장면을 개작하게 하는 것이었다. 그녀는 학생들에게 『햄릿』의 다양한 장면을 배정하였는데, 어떤 학생들에게는 개작하기에 꽤 어려운 장면을, 또 어떤 학생들에게는 다소 쉬운 장면을 배정하는 등 학생들의 기술적인 수준과 과제의 난이도를 적절히 맞추도록 고려하였다. 그리고 이 교사는 그 장면을 개작한 학생과 함께 그 장면을 연기해 보았다. 학생들은 현대극으로 개작하는 것, 새로운 장면을 연기하는 것, 현대극과 고전극과의 맥락을 토론하는 것 등의 활동을 즐겼으며, 자기가 연기하지 않는 장면에서도 관심을 보이며 지루함을 느끼는 학생은 거의 없었다.

2. **통제할 수 있고 활동할 수 있는 기회를 제공하라.** (대부분의 내재적 동기와 흥미 이론에서 알 수 있듯이) 몰입 이론의 또 다른 중요한 측면은 선택권과 통제권에 관한 것이다. 학습자가 스스로 선택하고 결정할 수 있는 기회가 있다는 것, 적극적으로 무엇을 할 수 있는 기회를 가진다는 것은 매우 중요해 보인다.

   중학교 과학 담당인 최봉달 교사는 컴퓨터 시뮬레이션을 통한 탐구 수업을 좋아한다. 이 시뮬레이션을 통해서 학생들은 스스로 실험 준비 및 실시, 데이터를 수집 및 분석한다. 10대의 컴퓨터에 두세 명씩 집단이 되어 서로 다른 아이디어를 검사하게 되는데, 이때 아이들은 실험 구조에 변화를 주며 다양한 버전의 실험을 해 볼 수 있고, 자신들의 결과뿐만 아니라 다른 집단들의 데이터도 분석해 볼 수 있다. 컴퓨터를 직접 사용할 수 있다는 점과 신속하게 그들의 실험 결과를 알 수 있다는 점에 들뜬 학생들은 수업에 적극적으로 참여하고 있다.

3. **긍정적인 교실 분위기를 만들어라.** 몰입 이론에서 긍정적인 감정은 매우 중요한 요소이기에, 걱정이나 두려움, 또 다른 부정적인 감정으로부터 자유로운 교실 환경을 만드는 것이 중요하다.

 초등학교 5학년 담임인 최주미 교사는 교실 분위기를 가능한 한 학생들이 서로 신뢰하고 존중하며 배려하는 분위기로 만들려고 노력한다. 최 교사는 학생 개인의 생활에 관심을 가지며 사랑으로 학생들을 대하려 하기에, 이러한 노력 덕택에 그녀의 학급 분위기는 따뜻하고 부드럽다. 특히 최 교사는 학생들에게 다른 사람들의 의견을 항상 존중해야 함을 늘 주지시키며, 그녀 자신이 모범을 보이고자 한다. 이 학급에는 어떻게 다른 학생에게 묻고 대답해야 하는지, 어떤 방식으로 토론을 해야 하는지 등의 몇 가지 규칙이 있다. 최 교사는 이러한 여러 가지 규칙을 가르치는 시간을 충분히 할애하고 주의 깊게 관찰하며 1년 동안 이를 지속적으로 실시하였다. 그 결과, 학생들은 대체적으로 행복해 보이고 학교에 오는 것을 즐거워한다. 학생들에게 학교는 집처럼 편안하고 안전한 곳이며 새로운 아이디어를 발견하는 장소일 뿐 아니라 재미있는 공간으로 인식된다.

4. **구조화된 목표를 가진 과제를 부여하라.** 몰입 이론은 과제의 목표가 명확할 때 학생들이 과제에 몰두하게 된다고 본다. 예를 들어, 농구나 축구와 같은 스포츠 활동의 경우 득점을 해야 한다는 목표가 분명하며, 이렇게 명확한 목표는 학습자들이 노력을 하는 데 집중하게 한다. 동시에 이런 스포츠를 하면서 개인이 통제와 선택을 하여 목표(골을 넣는 것 혹은 이기는 것)를 이루는 데는 여러 가지 방법이 있을 수 있다.

 김영미 교사는 고등학교 음악을 가르치며 학교 밴드부를 담당하고 있다. 김 교사는 가르치는 반마다 과제에 따른 명확한 목표를 제시한다. 연습시간은 악보의 어느 부분을 그저 반복만 하는 시간이 아니라, 김 교사는 각각의 세션마다 목표를 명확하게 제시함으로써 학생들이 연습시간에 무엇을 해야 하는지 알게 해 준다. 또한 그녀는 목표수준에 도달하는 방식에 대해 어느 정도의 융통성을 허락하기에, 밴드의 각 영역별로 다른 방식의 연습 방법을 채택하기도 한다.

5. **피드백이 필요한 과제를 주고, 다양한 기회의 피드백을 제공하라.** 구조화된 목표가 있는 과제는 피드백이 필요한 경우가 대부분이다. 중학교 수학 담당인 한영임 교사는 학생들과 컴퓨터 활동 수업을 자주 하는 편이다. 그녀는 컴퓨터 활동이 학생들의 학습에서 효과적이며, 학생들의 과제 동기를 높이는 수단임을 파악하였다. 뿐만 아

니라 컴퓨터 활동은 학생 스스로 얼마나 잘하고 있는지에 대한 피드백을 제공할 수 있다. 학생들이 집단 활동을 하거나 작업을 할 때, 한 교사는 언제든지 학생들에게 도움을 줄 수 있도록 교실 내를 돌아다니며 질문을 던져 보기도 하고, 피드백을 주면서 활동에 참여한다.

보상과 내재적 동기

앞서 우리는 내재적 동기의 네 가지 원천인 도전, 호기심, 통제, 상상에 대해 살펴보았다(Lepper & Hodell, 1989). 내재적 동기에 대한 여러 관점들은 이러한 원천들의 중요성을 지지한다. 관점별로 다소 차이가 있긴 하지만, 다양한 관점들은 모두 내재적 동기가 인간의 삶에서 강하고 긍정적인 힘으로 작용한다는 점을 분명히 주장하고 있다.

우리는 주로 내재적 동기의 성장과 발전의 측면에 대해서 생각하지만, 반대로 내재적 동기의 감소도 있을 수 있다. 많은 연구들을 통해 내재적 흥미가 있는 활동에 외재적 보상을 얻기 위해 참여하게 될 때는 오히려 내재적 동기를 저해할 수 있음이 밝혀졌다(Deci, Koestner, & Ryan, 1999; Lepper & Greene, 1978; Lepper & Henderlong, 2000). 이러한 연구 결과는 현재의 학교 현장에서 보상을 즐겨 사용하고 있음을 고려할 때 교육에 중요한 시사점을 제공해 준다. 이제 보상과 내재적 동기에 관한 이론과 연구를 살펴보고, 보상이 학생들의 동기를 향상시키고 유지할 수 있는지에 대해 논의할 것이다.

실험 연구의 결과

Lepper, Greene와 Nisbett(1973)의 초기 연구는 보상이 내재적 동기를 손상시킨다는 증거를 보여 주었다. 연구 참여자는 유치원 아동들로 이 아동들은 대부분의 자유놀이 시간에 그림 그리기를 하였다. 연구자는 아동을 개인별로 데리고 가서 그림을 그리도록 하였다. '기대된 보상' 집단의 아동에게는 '우수상장'을 보여 주었고 그림을 그리면 그 상을 받을 수 있다고 말했다. 이 아동이 그림을 그리고 난 후 연구자들은 아동에게 그림을 잘 그렸다고 말하고 상을 주었다. '기대하지 않은 보상' 집단의 아동에게는 상에 대해 사전에 예고하지 않았고 그림을 그린 후 '기대된 보상' 집단의 아동과 똑같은 피드백과 상을 주었다. 두 집단에 동일한 피드백과 우수상장을 제공함으로써 보상에 의해 나타나는 효과는 실험적으로 통제되었다. '무보상' 집단의 아동은 상에 대해 전혀 이야기를 듣지 않고 그림을 그렸고 그린 후에도 상을 받지 않았기에, 그림으로 발생하는 어떠한 효과도 기대되지 않았다. 그러고 나서 2주 후에 위의 아동들이 자유 놀이 시간에 얼마나 많은 시간을 그림 그리는데 보내는지를 관찰하였다.

'기대된 보상' 집단의 아동들은 실험 전에 비해 실험이 끝난 후에 그림을 그리는 시간이 줄어들었으나 다른 두 집단은 실험 전과 후에 유의미한 변화가 없었다. 또한 다른 두 집단에 비해 '기대된 보상' 집단의 아동들은 실험 후에 그림을 그리는 데 더 적은 시간을 보내는 모습을 보였다. 연구자는 실험 기간 동안 아동이 그린 그림의 수준도 평가했는데, 세 집단 모두 그린 그림의 수는 별 차이가 없었지만 '기대된 보상' 집단의 그림 수준이 다른 두 집단의 그림 수준보다 낮았다. 연구 대상(아동, 청소년, 성인), 보상의 종류(금전적, 사회적), 목표 행동(Deci, Koestner, & Ryan, 2001; Lepper & Greene, 1978; Lepper & Henderlong, 2000) 등을 달리한 다른 여러 연구에서도 비슷한 결과가 나왔다.

이 연구로부터 얻을 수 있는 결론은 좋아하는 어떤 일을 하는 것에 대해 보상을 제공하겠다고 제안하는 것은 그들의 내재적 동기를 손상시킬 수 있고, 결과적으로 그 일에 대한 흥미를 떨어뜨릴 수 있다는 것이다. 이러한 결론은 종종 사람들에게 그들이 좋아하는 어떤 일에 대해 보상을 제공하면 그것에 대한 흥미가 줄어들게 된다고 잘못 이해되기도 한다. 이는 잘못된 결론으로, 결정적인 요소는 보상의 제안 여부이지 실제 보상을 받는 것 자체가 아니다. 만약 정말로 사람들에게 그들이 좋아하는 일에 대해 보상을 제공하였을 때 흥미가 감소하게 된다면, 고액 연봉을 받는 유명 운동선수들은 1년 후에 은퇴를 해야 할 것이다. 또한 최고의 성적을 받는 학생은 자퇴할 것이고 임금을 대폭 인상 받는 사람들은 직장을 갑자기 그만두어야 할 것이다. 그러나 이런 사람은 거의 드물다. 바로 다음 부분에서 다루겠지만 보상이 이후의 내재적 동기에 미치는 영향을 결정하는 조건은 많다.

그러한 조건 중의 하나는 보상의 현저함(the salience of the reward)이다. Ross (1975)는 유치원 아동들에게 드럼을 치는 것(내재적 흥미를 갖는 활동)에 대해 보상을 주겠다고 제안했다. 그리고 어떤 아동들에게는 보상에 대해 추가적인 언급을 하지 않았고, 다른 아동들(현저한 보상 조건)의 경우에는 보상이 주변 상자에 들어 있었고 연습이 끝나면 주겠다고 말했다. 통제집단에 속한 아동들에게는 보상을 주겠다고 제안하지도 않았고, 보상을 실제로 주지도 않았다. 실험 결과, '현저한 보상 조건'의 아동들은 다른 두 집단에 비해 드럼을 치는 것에 대한 흥미가 이후에 줄어들었음이 나타났다. 두 번째 연구에서 유치원 아동들은 드럼을 가지고 놀면 보상을 받을 것이라는 제안을 받았다. 어떤 아동들은 활동에 참여하는 동안 그 보상에 대해 생각해 보도록 지시 받았고(현저한 보상 조건) 다른 아동들은 다른 것에 대해 생각해 보도록 지시 받았다(주의 전환 조건). 통제집단의 아동은 생각하도록 지시 받은 것이 없었다. 그 결과, '현저한 보상 조건'과 통제집단에 비해 '주의 전환 조건'은 드럼을 치는 것에 대해 더 높은 흥미를 보였다.

과잉정당화

앞에 나온 연구 결과와 그와 비슷한 다른 연구 결과들을 설명하기 위해 Lepper와 동료들은 과잉정당화(overjustification) 가설을 제안했다. 이는 내재적 흥미가 있는 과제를 어떤 목적에 대한 수단으로서 그것을 해야 하는 상황이 된다면 과제 수행에 대한 내재적 동기가 감소할 수 있다는 것이다(Lepper, 1981, 1983; Lepper & Greene, 1978; Lepper & Henderlong, 2000; Lepper & Hodell, 1989). 사람들은 어떠한 보상을 얻기 위해 어떠한 과제를 하게 되면, 자신의 행동을 외재적 동기화 되었다고 보는 경향이 있다. 자신이 좋아하는 일을 하는 사람에게 그 일을 하는 대가로 보상을 지불하게 되면 참여에 대해 적절한 수준을 초과하는 정당화를 제공하는 것(과잉정당화)이 된다. 그러다가 보상 유관(the reward contingency)이 사라지게 되면, 사람들은 그 일을 하는 것에 대한 정당화의 근거를 잃게 되고 그 일을 하고자 하는 동기마저 잃게 된다. 반면에 사람들이 어떤 일에 참여하는 이유가 될 수 있는 외재적 조건 없이 일을 할 때는, 자신의 행동이 그 일에 대한 흥미를 반영하는 것이라고 믿게 된다. 즉, 그들은 자신이 그 일을 해야 하기 때문에 하는 것이 아니라 하고 싶어서 하는 것이며, 그 일은 어떤 목적에 대한 수단이 아니라 목적 그 자체가 된다. 이렇게 생긴 내재적 동기는 이후에 계속 유지된다.

이러한 과잉정당화이론은 인지부조화이론에서 나온 것이다(1장 참조). 인지부조화 연구는 종종 자신의 믿음과 모순되는 방식으로 행동하게 된 사람들의 반응을 대상으로 하고 있다. 연구에 의하면, 사람들이 분명하지 않거나 강력하지 않은 외재적 압력에 의해 자신의 믿음과 반대되는 행동을 할 경우, 자신의 믿음과 반대되는 행동을 내면화하고 자신의 믿음을 바꾸려는 경향이 더 강한 것으로 나타났다(Lepper & Greene,

1978). 인지부조화에 대한 연구 결과는 Bem(1967, 1972)에 의해 재해석되었는데 그는 자기지각(self-perception) 또는 자기귀인(3장 참조)을 강조했다. Bem은 어떠한 활동에 대한 사람들의 태도는 부분적으로 그들이 왜 그 활동을 하고 있는지에 대한 지각에 의해 결정된다고 보았다. 사람들이 어떠한 활동을 할 때 그것을 하는 이유를 설명할 수 있을 만큼 분명하고 충분한 외재적 요인이 있으면 자신의 행동을 외재적 요인에 귀인하고, 그러한 외재적 요인이 자신의 행동을 설명하기에 불분명하고 불충분하면 자신의 행동을 내부적 요인으로 귀인하는 경향이 있음이 나타났다. 귀인이론의 관점에서, 학생들은 과제 수행에 대한 보상을 제안받으면 자신의 행동을 보상에 귀인하지만, 외재적 보상이 없거나 또는 그 보상이 너무 미약하여 자신의 참여를 정당화하기 힘들 때에는 그들의 행동을 자신들의 욕구로 귀인한다.

보상의 통제적 및 정보적 측면

보상을 제안하는 것이 내재적 동기에 미치는 부정적 영향을 가장 잘 설명하는 이론이 과잉정당화 가설인지에 대해서는 논쟁의 여지가 있다. 비록 과잉정당화 가설과 다소 겹치는 부분이 있지만, 인지평가이론을 통해 또 다른 대안적 설명이 가능하다(Deci, 1975; Deci & Moller, 2005; Deci & Porac, 1978). Deci(1975)에 의하면 다음과 같다.

> 모든 보상(피드백 포함)은 두 가지 측면을 가지고 있는데 하나는 통제 측면이고 다른 하나는 정보 측면이다. 여기서 정보 측면은 보상을 받는 사람에게 자신의 능력과 자기결정성에 대한 정보를 제공한다. 두 측면 중 어느 것이 상대적으로 더 두드러지는지에 따라 둘 중 어느 측면이 작동할 것인지 결정되는데, 만약 통제 측면이 우세하면 지각된 인과 소재에 변화가 생기기 시작하며, 정보 측면이 우세하면 유능감과 자기결정성에 변화가 생기기 시작한다(p. 142).

모든 보상은 잠재적으로 통제와 정보의 특성을 갖는다. 통제와 정보 중 어느 것이 상대적으로 더 우세한가에 따라 내재적 동기에 미치는 영향이 결정된다. 만약 개인이 주어진 과제를 성취하거나 특정 수준의 수행을 하는 것과 연관되어 보상이 제공된다면, 보상은 행동을 통제하게 된다. 이러한 이유로 교사는 학생들에게 과제를 마치면 자유 시간을 가질 수 있다고 말하고, 상관은 부하 직원에게 회사의 이윤을 높이면 급여를 인상해 주겠다고 하며, 부모는 자녀에게 저녁을 다 먹으면 후식을 주겠다고 말하는 것이다. 보상이 자신의 행동을 통제한다고 생각할 때(이때 사람들은 자신이 행동을 하는 이유가 보상을 얻기 위한 것이라고 생각한다), 사람들은 자신의 행동을 자신의 외부에 있는 요소(예: 보상)에 귀인하게 되고, 이는 자기결정성에 대한 지각에 손상을 주게 된다. 그러다가 보상 유관이 더 이상 유효하지 않게 되면, 그들을 행동하도록 강요하는 것이 없어지게 되면서 흥미는 감소하게 된다.

보상이 실제 행동 또는 발전과 연관될 때 개인에게 자신의 기술 또는 능력에 대한 정보를 줄 수 있다. 학생이 새로운 기술을 배우거나 새로운 지식을 습득했을 때 칭찬하거나, 상관이 부하직원에게 기준보다 일을 더 잘 수행했을 때 보너스를 주거나, 부모가 자식이 방을 깨끗이 청소했을 때 장난감을 사 주는 경우 등이 그 예다. 이와 같이 보상을 통해 수행에 대한 정보를 얻을 수 있는 사람은 효능감을 느끼고 자기결정성을 경험하게 된다. 이러한 경우 보상 상황이 없어지더라도 내재적 동기는 계속 유지되는데 그 이유는 행동의 인과 소재를 개인 내부(예: 배우고자 하는 자신의 욕구)에 두기 때문이다.

연구 결과에 의하면 과제유관 보상(수행 수준과 상관없이 과제 수행 자체에 대해 보상을 주는 경우), 우수선수상 받는 것을 제안하는 것, 마감기한, 강요된 목표, 불쾌한 자극의 회피, 감시, 사회적 평가 등은 내재적 동기를 감소시킬 수 있다(Cameron & Pierce, 1994; Deci & Ryan, 1991; Morgan, 1984). 이와 반대로 사람들은 선택을 할 수 있는 상황에 있거나 통제당하는 것이 아니라 자율성을 보장하는 환경을 지각할 때, 내재적 동기가 유지되거나 증가하는 것으로 나타났다(Deci & Ryan, 1991). 지각된 유능감을 증가시키는 긍정적인 피드백 역시 내재적 동기를 증가시키는 것으로 나타났다(Deci, Vallerand, Pelletier, & Ryan, 1991).

Schunk(1983d)는 보상체제가 자기효능감, 동기, 기술 습득에 영향을 미치는지를 실험해 보았다. 어떤 아동들은 문제해결 수준에 따라 보상을 제공받았고(수행 유관 보상), 다른 아동들은 수행 수준과 상관없이 과제를 했다는 것 자체에 대해 보상을 제공받았고(과제 유관 보상), 통제집단의 아동들은 보상을 제공받지 않았다. 그 결과, 수행에 따라 보상이 주어진 아동들이 가장 높은 수준의 기술, 동기, 자기효능감을 보였고, 과제에 참가하는 것만으로 보상을 제공받은 집단은 보상을 제공받지 않은 집단에 비해 더 나은 효과가 나타나지 않았다.

이러한 효과는 학습에만 국한된 것이 아니다. 연구에 의하면 신기하고 창의적인 노력을 기울인 정도에 따라 보상이 제공될 때 창의성이 신장되며, 창의성 수준에 상관없이 수행 자체에 대해 보상이 제공될 때 창의적 수행에 대한 내재적 동기가 저해되는 것으로 나타났다(Eisenberger & Armeli, 1997; Eisenberger, Armeli, & Pretz, 1998; Eisenberger & Rhoades, 2001).

보상을 제공하면 내재적 동기가 손상될 수 있다는 결과를 보여 주는 연구들의 기본 토대가 확고함에도 불구하고 보상의 효과에 대한 논쟁은 계속되고 있다. 사실 이 책의 초판이 편집된 이후 그러한 논쟁은 다시 활발해졌는데 그 주된 이유는 Cameron, Eisenberger와 동료들(Cameron & Pierce, 1994, 2002; Eisenberger & Cameron, 1996, 1998; Eisenberger, Pierce, Cameron, 1990)이 수행한 최근의 몇몇 메타분석 연구로 인한 것이었다. Cameron과 Pierce(1994)는 그 주제에 관한 96개의 실험 연구들을 검토했고 전반적으로 보상이 내재적 동기를 감소시키지 않는다는 결론을 내렸다. 미리 기대된 눈에 보이는 보상이, 단순히 과제를 수행하는 것에 대해 제공될 경우에만 부정적 영향을 미치는 것으로 나타났다. Eisenberger와 Cameron(1996, 1998) 역시 비슷한 결론을 내렸다.

그러나 예상할 수 있듯이 이들의 논문들은 동기 분야에 대한 연구자 집단으로부터 부정적 반응을 얻었고, 연구자들은 그 논문들의 개념적, 방법론적 토대에 대해 비판했다(Deci, Koestner, & Ryan, 1999; Kohn, 1996; Lepper, Henderlong, & Gingras, 1999; Lepper, Keavney, & Drake, 1996; Ryan & Deci, 1996). 이렇게 다시 불거진 논쟁은 Sansone와 Harackiewicz(2000)에 의해 한 권의 책으로 출판되어 나왔는데, 그 책의 많은 지면은 내재적 동기를 손상시키는 보상의 역할에 관한 핵심 주제들을 다루고 있다. 또한 이후 Cameron과 Pierce(2002)에 의해 쓰여진 책 또한 출판되었다. 이들 간의 논쟁은 다양한 연구 결과를 요약하는 데 메타분석방법을 어떻게 적용할 것인지(Lepper & henderlong, 2000), 보상의 개념적 본질에 관한 주제, 내재적 동기와 외재적 동기의 정의 및 측정에 관한 문제 등에 관한 합의가 이루어지지 않고 있다는 점에서 복잡성이 더해지고 있다(Sansone & Harackiewicz, 2000).

이러한 복잡성이 있지만, 이 책에서는 이 주제를 요약하는 최선의 방법은 보상의 통제 및 정보 측면을 통해서라고 본다. 단순히 어떠한 과제를 수행했다는 사실 자체에 대해 주어지는 보상은 개인의 기술과 능력에 대한 어떠한 정보도 전달하지 못하고, 따라서 자기효능감 또는 내재적 동기를 향상시키기 어렵다. 심지어 이러한 종류의 보상은 자기효능감에 대한 부정적 정보를 전달할 가능성도 있다. 학습자는 자신이 더 많은 것을 학습하거나 성취할 것이라고 기대되지 않기 때문에 단순히 현재 일한 것에 대해 보상을 받는 것이라고 결론 내릴 수도 있을 것이다. 이러한 부정적 믿음은 사람들에게 보상은 통제적인 것이며 과제는 흥미 없는 것이라고 여기도록 만들 수 있다. 성취수준에 따라 보상이 주어지며 보상을 받는 것이 학습에서의 향상을 의미한다고 확인시켜 줄 수 있을 때, 보상이 자기효능감과 동기에 가져올 수 있는 최대의 효과가 나타날 수 있다. 이러한 보상은 학생들에게 자신의 능력, 향상, 학습에 대한 정보를 제공하고, 그들의 효능감과 미래의 수행을 향상시킬 수 있다. 이러한 이론을 교실에 적용하는 예가 〈적용 7-4〉에 제시되어 있으며, 응용연구 7-1 에서는 학생들의 높은 성적에 대해서 보상을 제공하는 실용적인 방법에 대해 논의한다.

적용 7-4 교실에서 보상을 활용하기

교실에서 보상을 사용해 학생들의 동기를 증진시키기 위해서는, 보상이 학생의 진보, 기술 향상, 학습, 능력과 연계되어야 한다. 보상이 이러한 결과들과 관련되어 있을 경우, 학생들은 보상을 통해 자신의 학습에 관한 정보를 얻게 되며, 이는 학생들에게 자기효능감을 심어 주고 동기를 유지시킨다. 수행 수준과 상관없이 시간만 보내도 주어지는 보상은 이러한 동기 효과를 가져오지 못한다.

1. 유치원에 근무하는 백 교사는 학생들이 알파벳의 글자와 발음을 배우도록 동기를 부여하기 위해 칭찬을 많이 하는 방법을 사용한다. 학생들과 일대일로 활동하면서 백 교사는 학생들에게 알파벳의 글자와 발음을 말해 보도록 하였다. 수진이와 이러한 활동을 하면서 백 교사는 "수진아, 지난번에는 14개만 맞혔는데 오늘은 21개나 맞혔네. 게다가 발음도 잘 말해 주었어. 수진이가 이렇게 열심히 공부해 알파벳을 점점 더 잘 알게 되니 너무 자랑스럽구나."

2. 초등학교 4학년을 가르치는 강 교사는 곱셈과 나눗셈 부분을 가르치고 있다. 학생들의 향상 정도에 따라 강 교사는 컴퓨터 수학 게임을 할 수 있는 자유 시간을 제공하는 보상을 준다. 학생들은 매 수업 때 수학 시간에 배운 내용들에 대해 시간제한이 있는 수학 시험을 본다. 학생들은 한 문제를 더 맞힐 때마다 컴퓨터를 사용할 수 있는 시간을 1분 더 얻게 된다. 예를 들면, 규식이라는 학생이 월요일에는 52개를 맞히고 화요일에는 54개를 맞혔다면, 규식이는 2분의 쉬는 시간을 얻게 된다. 2주 후에는 그렇게 얻은 시간을 사용할 수도 있고, 계속해서 문제를 맞혀 쉬는 시간을 더 적립할 수도 있다.

3. 고등학교 1학년 과학 과목을 가르치는 문 교사는 방과 후 심화 보충 활동을 학생들의 기말 점수에 대한 보너스 점수도 활용한다. 그는 수업 시간에 배운 내용과 관련 있는 실험활동들을 작성하여 학생들이 직접 해 보도록 한다. 그 실험을 하는 동안 학생들은 보고서를 작성해야 하는데, 이때 학생들은 실험 절차와 실험 과정에서 나타나는 반응을 적고 최종적으로 결론을 내리게 된다. 학생들은 개별적으로 얼마나 많은 실험을 할지 결정하며, 한 가지의 실험을 완성할 때마다 문 교사는 학생의 기말 점수를 3점씩 올려 준다.

4. 심리학과 교수인 한 박사는 학생들의 기말 과제가 보다 광범위하며 연구 기반의 기말보고서로 발전할 수 있도록 학생들을 돕는다. 그는 보고서에 들어가는 요소들을 다양한 활동들로 나누어 구성한다. 한 박사는 학생들과 개별적으로 2주에 한 번씩 면담을 하면서 보고서의 진행 상황을 점검한다. 다양한 과제들을 성공적으로 완성할 때마다 학생들은 5점까지 추가 점수를 받게 되며, 학생이 20점까지 받게 되면, 학기 중에 한 번의 쪽지 시험을 면제 받는다.

| 응용연구 7-1 |

어린이들의 성적에 대해 보상을 주어야 할까?

"'수' 하나는 만 원, '우'는 오천 원, '미'는 이천 원, '양'과 '가'에는 한 푼도 없을 거야. 공평하니?"

"물론이죠, 아빠."

부모와 아이들 사이의 이런 대화에 익숙한가? 그렇다면 아마도 당신은 보상을 주어 왔거나 혹은 받아 왔을 것이다. 이러한 상황은 부모들이 아이들의 성적에 대해 보상을 제공하는 일상적인 모습이다. 누구도 아이들이 보상으로 인한 돈을 감사하게 여기는 것에 대해서는 논쟁하지 않지만, 우리가 반드시 고민해야 할 점은 그러한 조치가 학습과 성취를 위한 아이들의 내재적 동기에 해로운 영향을 줄 수 있지 않을까 하는 점이다.

우리가 이 장을 통해서 논의했던 바와 같이, 이에 대한 대답은 아이들이 보상에 대해 해석하는 방식에 따라 달라진다. 어떤 아이들은 그러한 보상을 자신들의 행동을 통제하는 것으로 받아들일 수도 있다. 그들은 돈이 필요하고 그것을 원하므로, 돈을 얻기 위해 열심히 공부해야 하고 높은 성적을 받아야만 한다. 타인이 그들이 원하는 방향으로 자신의 행동을 통제한다고 느끼는 경우에는 학습에 대한 내적인 동기가 저해된다. 반대로, 다른 학생들은 그들의 성취를 보상 자체로 여기고, 보상을 그 성취에 대한 타인들의 인정으로 이해한다. 이런 아이에게는 내재적 동기의 감소가 없을 것이고, 오히려 보상이 학습에 대한 아이들의 내재적 동기를 강화하는 데 도움이 되기도 한다.

우리는 부모들이 아이들의 좋은 성적에 대해 보상을 해야 하는지 여부에 대해 어느 한 입장을 지지하지는 않는다. 대신 우리는 그러한 보상을 사용하고자 하는 부모들이 잊지 말아야 할 몇 가지를 제안하고자 한다.

먼저 부모들은 보상이 진행 과정 혹은 성취와 밀접한 관련이 있도록 해야 한다. 성적이 '미'에서 '우'로 오르는 것과 같이 향상에 대해 주어지는 보상은 그것을 받은 아이들의 발전을 의미하며, 이것은 아이들의 자기효능감과 동기를 강화한다. 또한 보다 어려운 과제에서 거둔 좋은 성적에 대해 주어지는 보상은 아이가 그것을 받게 될 때, 유능감을 나타내는 지표로서 전달된다. 그러나 모두가 '수'를 받는 수업에서 받게 된 '수'에 대해 주어지는 보상은 이러한 능력에 대한 정보를 수반하지 않는다.

둘째, 보상과 그 보상의 제공을 강조하지 말고, 보상과 성취 사이의 관계를 강조해야 한다. 비록 학생들이 자신의 좋은 성적에 대해 보상을 기대한다고 해도 그것에 대해 미리 언급하지 않고 보상을 주는 것이 보상의 제공을 덜 강조할 수 있으며, 보상과 성취 사이의 관련성을 제공할 수 있다.

마지막으로, 보상을 성적표 같은 것보다는 다른 종류의 성취에 대해 제공하도록 노력해라. '수'를 받은 학생(혹은 일등을 하는 것)을 보상할 때, 그들이 유능감이 나타나기 위해 열심히 그리고 성실히 공부한 것이 보상받을 만한 사실임을 강조하는 것은 긍정적인 결과를 가져올 수 있다. 이와 같은 보상을 미리 제공하지 않음으로써, 부모들은 아이들이 스스로 가질 수 있는 자기효능감, 동기, 그리고 긍정적인 결과 기대들을 강화할 수 있다.

내재적 동기의 발달

앞의 논의는 높은 수준의 내재적 동기를 가진 경우 보상이 부정적 영향을 미칠 수 있는 경우에 초점을 맞춘 것이었다. 그러나 학교에서는 많은 학생들이 낮은 내재적 동기 수준을 보인다. 교사의 중요한 목표 중의 하나는 학생들의 동기를 높이는 것이다. 보상을 사용할 때 결정적으로 중요한 부분은 학생의 내재적 동기를 향상시킬 수 있도록 보상이 학생의 능력 발달과 연결되어야 한다는 것이다. 기술 습득에 대해 보상을 제공하는 것(예: 기술을 숙달했을 때 점수를 주는 것)은 학생들에게 자신이 능력과 기술을 발달시키고 있다는 정보를 주며, 이것은 그들의 자기효능감을 높여 줄 수 있다(Cameron & Pierce, 1994; Morgan, 1984; Schunk, 1995).

앞선 장에서 논의했던 것처럼, 목표와 귀인 피드백과 같은 다른 수업 요인들도 능력에 관한 정보를 전달할 수 있고 자기효능감과 동기를 높여 줄 수 있다. 점점 더 많은 연구자들이 내재적 동기를 최대한 높일 수 있는 교수적(instructional), 사회적 요인들을 구조화하는 방법에 관해 관심을 보인다. 내재적 동기를 향상시키기 위해서는 무엇보다도 이 장의 서두에서 언급했고 〈표 7-1〉에도 나와 있는 내재적 동기의 네 가지 요소들(도전, 호기심, 통제, 상상)에 주의를 기울여야 할 것이다(Lepper & Hodell, 1989).

도전

학생의 능력에 도전이 되는 활동은 내재적 동기를 갖게 할 수 있다(Deci, 1975; Harter, 1978; White, 1959). 도전적 활동은 도전 난이도가 중간 수준에 있어야 하며, 학생들이 기술을 발전시킴에 따라 적절한 도전 수준을 유지하기 위해 난이도가 지속적으로 높아지도록 조정되어야 한다. 도전적인 목표의 달성으로 학습자 자신이 점점 유능해지고 있다는 정보를 얻게 되고, 이는 학생의 자기효능감과 결과에 대한 지각된 통제를 높일 수 있다. 이는 다시 학습자가 새로운 도전적인 목표를 설정할 수 있게 하고 이는 내재적 동기를 유지하게 하는 역할을 한다.

호기심

학생들의 현재 지식 또는 믿음과 일치하지 않거나, 놀라워 보이거나 모순되어 보이는 정보 또는 생각이 제시되는 활동 속에서 학생들의 호기심이 유발된다(Berlyne, 1960, 1963; Hunt, 1963; Lepper & Hodell, 1989). 그러한 불일치성은 학생들로 하여금 정보를 직접 찾아보고 모순을 해결하고자 하는 동기를 일으킨다. 도전의 경우와 마찬가지로 불일치성도 적당한 수준일 때 가장 효과적인데, 그 이유는 불일치성의 정도가 적절할 때 개인의 정신 구조에 쉽게 통합될 수 있기 때문이다. 불일치성이 지나치게 클 때에는 관심의 대상에서 쉽게 제외될 수 있다.

Lowenstein(1994)은 호기심은 인지적 결핍감이며, 이는 개인이 정보들 간의 차이

표 7-1 ▸▸ 내재적 동기의 원천

원천	시사점
도전	학생들에게 중간 정도의 도전성을 가진 과제를 제공함으로 학생들이 과제를 완성할 수 있다는 효능감을 갖도록 하라.
호기심	놀랍거나 모순되는 정보를 제공해 학생들로 하여금 자신이 가진 지식과의 격차를 줄이고자 하는 동기를 갖게 하라.
통제	학습자가 스스로 선택할 수 있는 기회를 제공하고 자신의 학습 결과를 스스로 통제하고 있다는 느낌을 갖도록 하라
상상	학습자를 시뮬레이션과 게임을 통해 상상하게 하라.

를 인식할 때 생기는 것으로 보았다. 그런데 학생들이 그러한 정보들 간의 차이를 인식할 수 있으려면 기존의 배경지식이 있어야 한다. 그러한 선행지식이 없는 상태에서는, 호기심을 일으키기 위한 기법으로 흔히 제안되는 방법인 '학생에게 질문하기'의 방법을 쓰더라도 그다지 효과를 보기 힘들다. 또한 그러한 정보의 차이가 자신이 해결할 수 있는 것이라는 믿음이 학생에게 필요한데, 그러한 믿음은 적절한 수준의 불일치가 제공될 때 형성될 수 있다. 정보 간의 차이를 메울 수 있다고 믿는 호기심이 많은 학습자는 효능감을 느끼게 되고 그러한 정보 간의 차이를 메우고 학습하고자 하는 동기를 갖게 된다.

통제

자신의 학업 결과에 대해 통제감을 가질 수 있게 하는 활동은 학생들의 내재적 동기를 향상시킬 수 있다(de Charms, 1968; Deci, 1980). Boggiano, Main과 Katz(1988)는 아동의 지각된 유능감과 개인의 통제감이 그들의 학업의 내재적 동기, 그리고 도전에 대한 선호와 정적 상관이 있음을 보였다. 학생들에게 활동의 선택권을 주고 규칙과 절차를 확립하는 데에 일정한 역할을 부여하면 통제의 지각을 형성할 수 있다. 지각된 통제는 또한 우수한 수행에 대한 자기효능감이 생기도록 한다(Schunk, 1995). 이와 반대로 학생들이 자신의 행동이 결과와 거의 관계가 없다고 믿게 되면 활동에 참여하고자 하는 동기를 갖지 않게 된다. 낮은 통제 지각은 학습된 무기력감과 관계가 있다(3장 참조).

상상

현실에 존재하지 않는 상황을 제공하는 시뮬레이션과 게임을 통해 학습자를 상상 혹은 가상의 세계에 참여하게 함으로써 내재적 동기를 활성화시킬 수도 있다(Lepper & Hodell, 1989). 허구적 인물과의 동일시를 통해 학생들은 일상적으로 느낄 수 없었던 대리 만족감을 느낄 수 있다. [그림 7-6]에서 볼 수 있듯이, 게임과 같은 요소들은 자칫 지루할 수 있는 활동에 의미를 보탤 수 있다. 상상 과제는 학생들에게 자신이 배운 학습 내용이 적용될 수 있는 학교 외부의 상황을 묘사해 주기도 하는데, 이를 통해 교사는 학습의 유용성 측면을 학생들에게 더욱 설득력 있게 강조할 수 있다. 이로 인해 학습에 더 큰 가치를 부여한 학생들은 학습에 대해 더 큰 내재적 동기를 가지게 될 것이다.

상상의 요소가 포함되지 않은 수업과 비교할 때, 상상이 학습을 향상시킬 수 있다는 연구 결과가 있다. Parker와 Lepper(1992)는 3학년과 4학년 학생들을 대상으로 두 개의 연구를 수행하였다. 그중 한 연구에서 학생들은 두 집단으로 나누어 컴퓨터 그

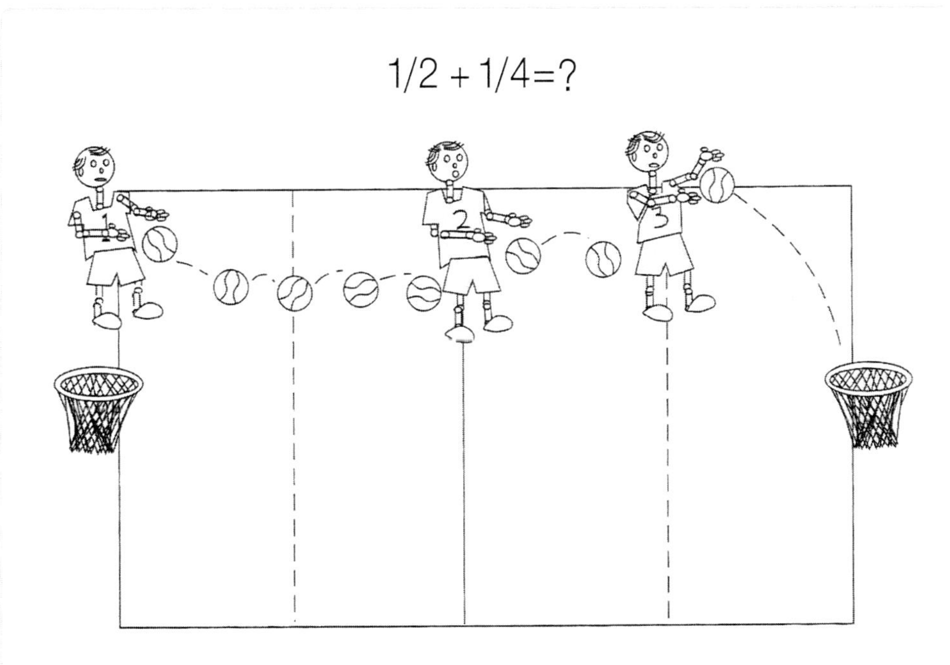

그림 7-6 **분수 과제의 전통적 형식(위)과 게임 형식(아래)**

주: 선수 1이 농구공을 코트의 끝에서 중간 부분까지 드리블을 하고 선수 2에게 패스를 했다. 선수 2는 선수 3이 있는 곳까지 공을 드리블 하고 선수 3에게 패스를 했고 선수 3은 슛을 하였다. 코트의 얼마만큼을 드리블 했는가?

래픽 프로그래밍 수업을 받게 하였는데, 이때 한 집단의 학생들은 직접적 방식의 수업을 받았고 다른 집단은 해적, 탐정, 우주비행사 등 상상의 요소를 가진 맥락으로 각색된 수업을 받았다. 학생들은 전통적인 방식의 수업보다 상상적 맥락의 수업을 선호했다. 두 번째 연구에서 아동들은 '개별화된 상상' '부과된 상상' '상상 없음' 의 세 조건으로 나뉘어져 컴퓨터 수업을 받았다. 앞의 두 개의 상상 조건은 상상의 요소들이 수업에 포함되어 있다. '개별화된 상상' 집단의 학생들은 상상 맥락을 스스로 선택했고 '부과된 상상' 집단의 학생들은 '개별화된 상상' 집단과 같은 비율의 상상 맥락을 실험자에 의해 부여받았다. 실험 결과, '상상 없음' 조건의 학생들에 비해 상상 조건의 학생들에게 더 많은 학습이 이루어진 것으로 나타났다. 상상 맥락은 또한 일반화로 이어질 수 있는 것으로 나타났다. 예를 들어, 상상 조건의 학생들이 기하학적 개념에 대한 일반적 이해 수준이 더 높은 것으로 나타났다.

Lepper와 Malone(1987)은 높은 흥미를 느끼는 학습 활동을 할 때 더 나은 학습이 일어나는 기제에 대해 설명했다. 이 기제의 작동은 학습자의 주의가 학습 맥락과 관련된 특징에 집중되고 학습 활동에 대한 인지적 노력이 증가될 때 나타난다. 많은 상상의 요소들은 본질적으로 학습자의 주의를 집중시키고 인지적 노력을 증가시킨다. Cordova와 Lepper(1996)는 학습 시 배울 자료를 의인화하고 의미 있는 맥락을 상황으로 제시하고, 학생에게 선택권을 일부 제공하면 아동의 인지적 개입, 지각된 유능감, 내재적 동기가 향상될 수 있음을 밝혔다.

그러나 동기를 높이기 위한 방법이더라도 그러한 각색이 과제 자체와의 관련성이 없는 경우 혹은 지나치게 주의를 분산시키는 경우를 주의해야 한다(Lepper & Hodell, 1989). 관련성이 없는 요소들이나 주의를 분산시키는 요소들은 과제와 관련된 요소들에 대한 학생들의 정신적 주의 노력을 증가시키지 못할 것이고 학생들에게 결과에 대해 자신들이 통제할 수 있는 부분이 없다는 정보를 전달하게 되므로, 결과적으로 내재적 동기를 향상시키지 못할 것이다. 컴퓨터 학습 프로그램에서 빛과 소리와 같이 학습자가 하는 과제와의 관련성이 약한 요소를 동기 향상 요인으로 사용한다면 얼마 지나지 않아 동기화는 사라지고 오히려 학생들의 주의를 분산시키게 된다. 만약 향상의 요인이 학습자의 기술 습득 향상과 관련되어 있다면 학습자에게 능력이 발달되고 있다는 정보를 줄 수 있고 이는 다시 학습자의 내재적 동기를 높여 주게 된다. 이러한 내재적 동기의 원천들을 교실 활동에 적용하고자 하는 전략들이 〈적용 7-5〉에 소개되어 있다.

적용 7-5 교실에서 내재적 동기의 원천을 적용하기

1. **도전: 중간 정도의 난이도를 가진 활동을 통해 학생들이 도전의식을 갖도록 하라.** 학생들이 쉬운 과제 때문에 지루함을 느끼거나 과제가 지나치게 어렵게 느껴져서 수행을 꺼리게 되지 않도록 주의하라. 중학교 수학 담당인 안 교사는 매 단원을 시작하기 전에 학생들에게 사전 검사를 실시한다. 그 검사 결과를 분석한 후에 안 교사는 각 학생들이 도전의식을 느끼지만 할 수 있다고 생각될 정도의 과제를 개별적으로 또는 소집단별로 계획한다.

   초등학교 6학년 담당인 방 교사는 수학 시간에 종종 협동학습을 이용한다. 학생들이 집단별로 활동하게 될 때에도, 그는 모든 학생들이 각자에게 도전적이지만 성취 가능한 활동에 개입할 수 있도록 한다.

2. **호기심: 학습자의 기존 지식 및 신념과 약간의 불일치를 가지는 아이디어를 제시하라.** 학급 활동에 놀라움과 불일치의 요소를 포함시켜라. 고등학교 교사인 강 교사는 학생들에게 자신이 보게 될 다음 단원 시험을 직접 만들어 보도록 했다. 학생들은 주어진 읽기 자료를 읽으면서, 관련된 활동을 만들어 보거나 단원 평가를 위한 시험 문제 목록을 만들어 보았다. 이를 통해 모든 학생들은 개별적으로 또는 소집단별로 또는 전체 학급 단위로 단원에서 하게 될 활동과 시험을 만드는 데 기여하게 된다.

   6학년 과학 담당인 한 교사는 그의 학급 학생들에게 소집단별로 점토와 나뭇가지를 가지고 화산의 모형을 만들어 보도록 했다. 그 후 한 교사는 집단별로 정확한 비율의 베이킹 소다와 식초를 주어 폭발을 시연해 보도록 했다. 집단별로 화산 폭발 실험이 끝난 후 다양한 화학물질의 혼합과 반응에 관한 단원을 학생들에게 소개하였다. 그 단원이 끝난 후, 집단별로 실험을 다시 해 보고 왜 화산 폭발이 일어나게 되었는지를 설명하게 하였다.

3. **통제: 학습 활동 시 학생들에게 선택할 수 있는 기회를 주고 규칙과 절차를 만드는 데 학생들의 의견을 반영하라.** 학생들이 자신들이 통제할 수 있는 요소들에 대해 원인을 귀인할 수 있도록 만들어라.

   새 학년이 시작될 때마다 박 교사는 그의 4학년 학생들이 학급 규칙을 정하게 하고 그것을 지키거나 어겼을 때의 보상 또는 벌칙을 정하도록 도와주었다.

   중학교 교감인 김 교감은 학생회의 모임에 참여하고 있다. 그는 위원회를 소집단으로 나누어서 집단별로 브레인스토밍을 하도록 한 뒤, 전체 학생회에서 각 집단의 제안을 평가하고 전체적인 가이드라인과 결과를 발전시키도록 했다.

4. **상상: 학생들이 가장활동**(make-believe activity), **게임, 시뮬레이션 활동 등에 참여하도록 하라.** 그러나 이러한 동기를 향상시키고자 하는 활동들은 학습 내용과 관련 있어야 하고 주의를 너무 분산시키지 않는 것이어야 한다는 점을 명심하라.

5학년을 담당하는 최 교사는 역대 대통령의 복장과 목소리를 흉내 낸다. 그는 역대 대통령 중 한 명(예: 이승만 대통령)처럼 복장을 입고 와서 마치 자신이 그 대통령인 것처럼 그 대통령의 삶에 대해 이야기하곤 한다. 그는 자신이 묘사하고자 하는 사람을 현실감 있게 묘사하여 학생들이 단지 복장이나 목소리에만 관심을 두지 않고 그 인물의 삶에 관심을 가지고 학습할 수 있도록 만들어야 한다는 점을 잘 알고 있다.

임 교사는 초등학교에서 컴퓨터 실습 수업을 한다. 그는 컴퓨터 실습실에서 학생들에게 키보드 다루는 법, 문서작성 방법과 기타 다른 기술들을 가르치기도 하지만, 컴퓨터 시뮬레이션을 활용한 수업을 실시하기도 한다. 그는 컴퓨터 시뮬레이션을 학생들이 정규 수업에서 배우는 것과 연결시켜 보고자 한다. 한 예로, 과학 시간에 해양 생물에 대해 배울 때, 학생들은 컴퓨터 시뮬레이션을 활용해 해저 환경에 대해 공부하였다.

요약

내재적 동기는 활동 그 자체를 위해 참여하고자 하는 동기다. 반면, 외재적 동기는 어떤 목적을 이루기 위한 수단으로서 어떤 활동에 참여하고자 하는 동기다. 내재적 동기는 맥락적이다. 왜냐하면 내재적 동기는 사람들이 어떻게 행동을 바라보는지를 뜻하며, 시간과 환경의 변화에 따라 달라지기 때문이다. 어떤 시기에 한 개인에게는 서로 다른 수준의 내재적 동기와 외재적 동기가 동시에 존재할 수 있다. 이 두 동기는 개념적으로 별개의 것이 아니며, 각각 낮은 수준에서 높은 수준까지 분리된 연속체로 존재하게 된다. 내재적 동기가 외재적 동기보다 학습과 학업성취를 더 잘 증진시킨다는 연구 결과가 있다.

내재적 동기에 관한 초기 이론들은 내재적 동기를 발달적 현상으로 보거나 각성이나 불일치에 따른 것으로 보았다. White는 효능 동기가 유능하다고 느끼고자 하는 동기이며 환경과 생산적으로 상호작용하려는 동기라고 설명했다. 효능 동기는 초기 아동기에는 분화되지 않는 것으로 보이나 발달과 함께 특수화된다. Berlyne은 사람들이 적정 수준의 각성을 유지하기 위해 내재적으로 동기화된다고 보았다. Hunt는 내재적 동기가 이전 경험과 새 경험 간의 불일치로 인해 발생하는 것으로 보았다. 이러한 관점들은 중요하지만 학교 현장에 적용되기에는 지나치게 일반적인 경향이 있다.

Harter는 효능 동기 구인을 정교화하고 그 선행 요인과 결과를 분류한 숙달 동기이론을 제안했다. Harter는 숙달 동기의 내용과 작용은 발달과 함께 변화한다고 보았다. Harter의 모델에서는 성공과 실패 경험도 다루고 있다. 이 이론에서의 중요한 변인으로는 과제의 도전 정도, 보상, 사회적 요인, 인정 욕구, 지각된 유능성, 숙달목표의 내면화 등이 있다. Harter는 내재적 동기가 도전에 대한 선호, 호기심을 만족시키고자 하는 욕구, 독립적인 숙달의 시도, 독립적인 판단, 성공과 실패에 대한 내면적 기준 등으로 구성된다고 보았다.

많은 이론들이 결과에 대한 지각된 통제를 내재적 동기의 필수적인 요소로 강조했다. Rotter는 사람들마다 통제 소재가 다르며, 일반적으로 어떤 일의 결과가 자신의 행동과 독립적으로 일어난다고 믿는 경우도 있고(외부적 통제), 자신의 행동과 관련해 일어난다고 보는 경우(내부적 통제)도 있다고 보았다. de Charms는 개인 인과성, 즉 환경을 변화시키기 위한 행동의 개시에 대해 논의하였다. de Charms에 따르면, 주인처럼 행동하며 자신의 행동이 자신의 선택에 의해 결정된다고 믿는 사람들이 있으며, 반면 하인처럼 행동하며 행동이 자신이 통제할 수 없는 외부적 힘에 의해 결정된다고 믿는 사람들이 있다.

다른 관점에서는 인간에게 자율적이고자 하는 욕구가 있어 자신이 원하는 활동을 하려고 한다고 보았다. 이는 Deci, Ryan과 동료들이 제안한 자기결정성이론으로, 개인은 어떻게 행동할 것인지에 대해 결정하고자 하는 욕구가 있다고 제안하였다. 내재적 동기를 가진 사람은 자신의 능력에 적절한 도전을 찾아 나서며 그것을 성취하고자 한다. 자기결정성을 갖지 못할 때 사람들의 동기는 손상 받게 된다. 전략, 역량, 통제 신념 등으로 구성된 지각된 통제는 내재적 동기의 주요 결정 요인이다. 내재적 동기는 타고난 욕구이고 가치 내면화와 자기조절을 통해 발달 과정을 거치면서 개인별로 차이가 생기는 것으로 볼 수 있다.

Csikszentmihalyi는 발현 동기이론을 주창하였다. 이 이론에 따르면, 사람들은 과제의 도전 정도가 개인이 가지고 있는 숙련 정도와 기술에 적절할 때, 완전히 빠져드는 듯한 집중력, 즉 몰입을 경험한다. 몰입은 긍정적인 정서와 감정을 포함할 뿐 아니라

인지적으로도 강력한 몰두를 의미한다. 특정 상황에서 발생한 몰입과 긍정적인 정서는 더 많은 과제에 대한 관여와 내재적 동기, 시간이 지남에 따라 더 나은 수행과 관련된다.

많은 교육심리학 연구들에서는 외재적 보상이 내재적 동기에 미치는 영향이 다루어져 왔다. 예외가 있지만, 공통적으로 발견한 것은 내재적 동기를 가지고 있는 일에 대해 외재적 보상을 제공하게 되면 내재적 동기가 감소한다는 것이다. Lepper와 동료들은 과잉정당화 가설을 제시하였다. 과잉정당화 가설은 내재적 흥미를 가지고 있는 과제에 참여하는 것이 어떤 목적을 이루기 위한 명백한 수단으로 인식되는 상황에 놓이면, 보상의 제공이 과제 참여를 정당화하게 되어 이후에는 과제에 대한 내재적 흥미가 감소한다는 것이다. 이러한 경우 보상 상황이 더 이상 유효하지 않게 되면, 사람들은 동기를 잃게 된다. Deci와 Ryan은 모든 보상에는 통제적 측면과 정보적 측면이 있다고 제안하였다. 보상이 행동을 통제하는 때는, 어떤 주어진 과제를 완수하거나 특정 수준의 수행을 보일 때 보상이 제공될 경우다. 통제적인 보상은 사람들로 하여금 그들의 행동을 외부적 요인에 귀인하게 하고 자기결정성을 잃게 한다. 수행의 실제 수준 또는 향상에 따라 보상을 제공할 때 그 보상은 정보적 보상이라고 할 수 있다. 정보적 보상은 내재적 동기를 향상시키는 자기효능감과 자기결정감을 이끈다.

학생의 내재적 동기는 도전, 호기심, 통제, 상상에 의해 영향을 받을 수 있다. 어떤 활동이 학생의 내재적 동기를 불러일으키기 위한 조건은 다음의 네 가지로 제시할 수 있다. 첫째, 학생의 능력 수준에 비추어 다소 도전적인 활동을 제공하는 것이며, 둘째, 학생이 현재 보유하고 있는 지식이나 신념과 불일치하거나 '놀랍다' 또는 '다르다' 라고 보이는 정보나 아이디어를 제공하는 것이다. 셋째, 결과에 대해 통제감을 가질 수 있게 하는 것이며, 넷째, 학생에게 실제로 존재하지 않는 가상 상황을 제공하는 시뮬레이션이나 게임을 제공함으로써 상상 혹은 가상 상황에 참여하도록 하는 것이다.

Csikszentmihalyi, M. (1990). *Flow*. New York: Harper & Row.

Deci, E. L., & Ryan, R. M. (1985). *Intrinsic motivation and self-determination in human behavior*. New York: Plenum.

Harter, S. (1996). Teacher and classmate influences on scholastic motivation, self-esteem, and level of voice in adolescents. In J. Juvonen & K. P. Wentzel (Eds.), *Social motivation: Understanding children's school adjusment* (pp. 11-42). Cambridge, England: Cambridge University Press.

Lepper, M. R., Sethi, S., Dialdin, D., & Drake, M. (1997). Intrinsic and extrinsic motivation: A developmental perspective. In S. S. Luthar, J. A. Burack, D. Cicchetti, & J. R. Weisz (Eds.), *Developmental psychopathology: Perspetives on adjustment, risk, and disorder* (pp. 25-50). New York: Cambridge University Press.

White, R. W. (1959). Motivation reconsidered: The concept of competence. *Psychological Review*, *66*, 297-333.

제8장

사회문화적 영향

한얼 초등학교의 교장으로 새로 부임한 김다희 씨는 곤란한 문제로 고민한 적이 있었다. 김 교장은 지난 5년 동안 이웃 교육청 소속 학교의 교장이었고 그 이전에는 초등학교 교사로 14년간 근무했었다. 김 교장은 보다 많은 사람들을 위해 일하고 싶어서 한얼 초등학교 교장으로 전근을 간 것이지만 자신의 결정이 과연 현명했는지에 대해선 확신할 수 없었다.

한얼 초등학교의 학생들은 다양한 민족으로 구성되어 있었고 학생 대부분의 사회경제적 지위는 중간 이하였다. 학생들의 학업성취 점수는 지역 교육청 소속 학교 중에서 가장 낮은 수준에 속했으며 학생 훈육은 인근 학교 중 최하위였다. 게다가 40년 된 낡은 학교 건물은 다음 해까지 개수해야만 했다. 학교 건물 안에 있는 기재와 다른 설비 역시 열악하였다. 그러나 교육감은 김 교장에게 곧 한얼 초등학교가 부대시설에 대한 추가 예산을 최우선적으로 받을 수 있을 것이라고 보장하였기 때문에 김 교장은 학교 개선과 학업성취 점수 향상을 위해 학생들 및 학교 교직원들과 함께 일할 수 있을 것이라고 믿었다.

하지만 김 교장은 지역 공동체가 학교에 대해 매우 무관심하다는 것을 모르고 있었다. 학기가 시작하기 전에 열리는 교내 오리엔테이션에 참석하는 학부모 수는 매우 적었다. 김 교장이 부임하고 첫 한 달 동안 김 교장은 학부모가 아픈 아이를 데려가야 하는 꼭 필요한 일 외에 학교를 방문하는 것을 보지 못했다. 교직원들은 학부모들이 학교에서 무슨 일이 일어나는지 전혀 관심이 없다고 불평하였다. 또한 교사들은 과제를 내주면 그것을 완성해 오는 학생이 거의 없다고 하였다.

이런 와중에 지난밤에 열린 교사와 학부모 간의 회의에서 김 교장은 더 이상 참을 수가 없었다. 한 시간가량 진행된 학부모 회의 동안 교사들은 새 학년의 목표와 다양한 교과목(예: 산수, 읽기, 쓰기, 사회, 과학)의 교과과정을 설명하였다. 또한 교사들은 학교의 규칙과 절차에 대해서 설명하였고 학부모들은 이에 대해 질문을 할 수도 있었다. 그리고 학교의 다양한 활동을 위하여 자원 봉사할 학부모를 모집하고자 했다.

학부모 회의에 대한 충분한 공지와 좋은 날씨에도 불구하고 학부모의 10%만이 참석하여 김 교장은 매우 실망하였다. 그녀는 새 학년 동안 진행될 흥미로운 활동들과 학교를 보여 주고 싶었다. 김 교장은 학부모들이 왜 참석하지 않는지에 대해 자문하였다. 그들은 자녀의 학교에 대해 관심이 없는 것일까? 어떻게 하면 개선할 수 있을까?

다음 날 김 교장은 주임 교사들, 학교 자문위원 및 다른 주요 관련자들을 회의에 소집하였다. 김 교장은 학부모의 무관심에 대한 이유와 이에 대한 해결책을 논의하고 싶었다. 회의에 참석한 사람들은 지역 공동체가 학교에 관심을 가지도록 자극하기 위해서 무언가 해야 할 필요성을 느꼈다. 지역 공동체의 리더들을 만나야 한다는 의견이 제안되었다. 인근 대학에서 수업을 듣는 한 교사가 자신의 교수들과 이러한 상황에 대하여 의논해 보겠다고 자원하였다.

이어지는 대화를 통해 김 교장은 학교에 대한 만연한 무관심이 여러 가지 원인 때문임을 알았다. 또래 문화는 학교에서의 성취보다 운동, 친구들과 어울려 다니기, 방과 후 아르바이트 등에 더 가치를 두고 있었다. 초등학교 학생들은 손위 형제자매의 영향을 많이 받았고, 노동자 계층 집단은 학교를 삶의 질을 향상시켜 주는 수단이라기보다는 단순히 다녀야만 하는 곳이라고 보고 있었다. 마지막으로, 이전 학교행정가들은 지역 공동체가 기존의 방식(예: 학부모회)을 넘어서서 학교에 참여하도록 유도하는 다른 시도들을 거의 하지 않았다.

김 교장은 교직원, 관심 있는 학부모, 지역 공동체의 리더들, 두 명의 대학교수들과 함께 지역 공동체의 참여를 향상시키기 위한 계획을 세웠다. 학교와 지역사회 주민들로 구성된 전체 학교의 기획위원회가 조직되었다. 각 학년의 교사들은 교사들 및 학부모들과 함께 활동 계획을 세웠다. 학생들은 인근 지역을 걷는 짧은 도보 여행을 다녀와서 지역 지도를 만들고, 지역 공동체의 역사에 대한 글짓기를 하였다. 학생들은 시간이 많이 소요되는 장거리 견학 여행보다 인근 식당, 상점, 기업체, 지역 공동체 기관 등을 방문하여 어떻게 운영되는지를 배웠다. 학부모회는 학생들이 인근 강에서 탈 수 있는 보트를 빌리기 위해 기금을 조성하였고 교사들은 견학을 하는 동안 강과 생태계에 대한 과학 수업을 진행하였다.

김 교장은 또한 졸업생들에게 학교를 방문하여 그들이 학생이었을 때의 학교 모습과 생활에 대한 이야기를 학생들에게 해 달라고 부탁하였다. 그해에 가장 재미있었던 활동은 아마도 '직업의 밤(occupation night)' 이었을 것이다. 체육관과 교실, 복도 곳곳에 테이블을 설치하고 목수, 수리공, 교사, 은행원 등 각자의 직업을 명시하여 지역사회 주민들을 배치하였다. 학생과 학부모들은 테이블을 방문하면서 다양한 직업과 그 직업에 필요한 기술에 대해 배웠다. 90% 이상의 학생들이 이 활동에 참여하였다. 김 교장은 입구에 서서 학생들과 학부모들이 복도를 오르내리는 모습을 보며 짧은 시간 동안 학교가 얼마나 많이 변화되었는지를 생각하면서 미소 지었다.

앞선 7개의 장에서는 성취동기와 그에 대한 개인 및 환경 요소의 영향에 대해서 논의하였다. 그런데 우리가 살펴본 것의 대부분은 학생, 교사, 학급, 학교 환경과 같은 학교 내의 요소로 제한되었다. 이러한 요소들은 분명히 중요하며, 많은 연구들은 이 요소들이 어떻게 작용하는지에 대해 우리가 이해하도록 도움을 준다.

이 장에서는 여태까지와는 다른 요소들을 다룰 것이다. 이는 사회문화적 영향들로서 또래, 가정, 지역 공동체, 문화에 관한 것이다. 이는 학생들의 동기를 다룰 때 때때로 간과되기는 했지만 학교에 있는 학생들에게 분명히 영향을 주는 요소다. 이러한 학교 밖 요소들의 역할에 대한 연구들은 향후 동기 연구에 있어서 중요한 영역이 될 것이다.

먼저 또래와 또래 문화에 대한 논의를 시작할 것이다. 오랫동안 많은 연구자와 실천가들은 또래가 결정적인 영향력을 갖는다고 생각은 해 왔지만 이에 대한 연구는 최근에 와서야 비로소 이루어졌다. 우리는 가족의 영향과 사회경제적 차이에 대한 주제를 살펴보고, 부모의 교육 참여와 조기 개입 프로그램, 학교에의 지역 공동체 개입과 문화적 영향에 대해 논의함으로써 이 장을 마칠 것이다.

이 장을 공부하고 난 뒤에는 다음과 같은 것들을 할 수 있을 것이다.

- 촉진, 억제, 탈억제, 관찰학습을 나타내 주는 또래 모델링(peer modeling)에 대한 예를 제시한다.
- 학생들의 학습동기에 영향을 줄 수 있는 또래 관계의 방식에 대해 설명한다.
- 우정이 어떻게 학교 적응에 영향을 주는지 기술한다.
- 학교 중도 탈락에 미치는 주요 영향 요소들을 설명한다.
- 사회경제적 지위와 관련된 요소들이 어떻게 아동의 학습동기와 성취에 영향을 주는지에 대하여 논의한다.
- 환경 자극, 어머니의 반응과 자기효능감, 아버지의 참여 등의 가정 요소들이 아동의 동기에 미치는 영향에 대한 연구 결과들을 설명한다.
- 자녀의 학교교육에 대한 부모의 참여가 자녀의 동기와 학습에 영향을 주게 되는 다양한 경로를 설명한다.
- 조기 개입 프로그램이 학생들의 학습동기에 어떤 영향을 미치는지에 대한 증거를 논의한다.
- 학교 발전 프로그램(School Development Program)의 주요 원칙과 구성 요소에 대해 기술한다.

- 다문화 및 다민족 배경에서 비롯된 동기의 차이가 신념, 태도, 행동들에 어떻게 반영되는지 논의한다.

또래와 학생의 동기

또래가 학생들의 동기에 영향을 미치게 되는 다양한 경로를 보여 주는 연구자가 많아지고 있다. 우리는 먼저 4장에서 다루었던 모델링에 대한 이론적 내용들을 살펴볼 것이다. 이는 또래들이 서로에게 어떻게 영향을 주는지 이해하는 데 중요하다. 그리고 학습동기와 학교 적응 영역에서 또래의 역할에 대해 논의할 것이다. 끝으로 학교 중도 탈락과 관련된 동기 관련 쟁점들을 다룸으로써 이 장을 마칠 것이다.

이론적 배경

모델링과 행동

4장에서 논의한 바와 같이, 사회인지이론은 (1) 모델링(modeling)의 다양한 기능과 (2) 한 명 혹은 그 이상의 모델을 관찰함으로써 나타나는 행동적, 인지적, 정서적 변화를 보여 준다(Bandura, 1969, 1989; Rodenthal & Bandura, 1978; Schunk, 1987). 모방에서 중요한 세 가지 기능은 억제/탈억제, 반응촉진, 그리고 관찰학습이다.

특정 행동에 개입하려는 것에 대한 관찰자의 제지는 관찰하는 모델에 의하여 강화되거나 약화될 수 있다. 모델이 그의 행동에 대해 벌을 받으면 모델과 같은 행동을 하였을 때 벌을 받게 될 것이라 믿기 때문에 그 행동을 하지 않는다. 반대로 모델이 벌을 받지 않거나 보상을 받게 되면 관찰자의 제지는 약화되고 모델과 동일한 행동을 할 가능성이 높아진다. 여기서 주목해야 할 것은 억제 혹은 탈억제 행동은 이미 학습되었다는 점이다. 모델은 행동 후에 일어날 결과에 대한 정보를 전달하며 이것이 동기를 유발한다.

모델화된 행동이 관찰자가 따라서 행동하도록 하는 사회적 신호로 작용할 때에는 반응촉진이 일어난다. 억제/탈억제와 함께 반응촉진 행동은 이전에 학습된 것으로 모델은 정보를 전달하고 모델의 행동은 관찰자의 동기를 유발한다. 이 두 가지에 차이점이 있다면 반응촉진 행동은 전형적으로 중립적인 반면, 억제/탈억제 행동은 규범 통제적이면서 도덕적 혹은 법적 의미를 갖는다는 점이다. 어떤 학생이 학교 복도를 걷다가 다른 학생 무리가 교실을 엿보고 있으면 그 학생도 걷는 것을 멈추고 교실 안을 구경할 것이다. 이것이 반응촉진 효과이고, 그 행동은 중립적이다. 반대로 교사가 잘못된 행동을 하는 학생을 훈육할 때 다른 학생들의 잘못된 행동은 즉각적으로 억제된다. 잘못된 행동은 학교 규칙에 의해 제한되기 때문에 중립적이지 않다. 반응촉진과 억제/탈억제 간의 또 하나의 차이점은 반응촉진과 달리 억제와 탈억제는 불안, 흥분과 같은 감정을 자주 수반한다는 것이다.

모델링을 통한 관찰학습은 비록 동기 요인이 제공된다 하더라도 모델링이 일어나기 전에는 나타날 확률이 0이었던 행동을 새롭게 학습하는 것을 말한다(Bandura, 1969; Rosenthal & Bandura, 1978). 즉, 동기화를 위한 어떤 노력을 하더라도 행동을 유발하지 못하는 것은 관찰자가 대상 행동을 학습하지 않았기 때문인 것이다. 관찰학습은 강력하다. 만약 관찰을 통해 학습된 모든 반응이 수행되고 강화되었다면, 학습이 일어날 수 있는 범위와 속도는 상당히 확장될 것이다.

4장에서 논의했듯이 관찰학습은 네 가지 과정, 즉 주의, 파지, 생산, 동기로 이루어져 있다. 동기 과정은 다른 세 과정과 분리되기는 하지만 나머지 세 과정에 영향을 준다. 관찰한 행동을 학습하고자 동기화된 관찰자는 모델에 집중하고, 관찰된 행동을 기억하고자 하며, 필요시 그 행동을 수행할 것이다.

이러한 모델링의 세 가지 유형은 학생들 사이에서 쉽게 찾아볼 수 있으며, 특히 또래 효과를 잘 보여준다. 반응촉진은 학생들이 입는 옷 유형에서도 나타난다. 특정 또래 집단에서 인정받기 원하는 학생은 그 또래 집단이 입는 옷과 동일한 유형의 옷을 입을 것이다. 학생들이 특정 집단에서 처벌 없이 기이한 행동을 하는 것을 관찰하면 학생들 사이에서 이러한 행동은 탈억제될 것이다. 또한 집단 구성원 간의 연합을 통해서 학생들은 속어나 표현 방식, 집단 내 행동들을 학습하게 된다.

모델링과 관찰자의 믿음

모델은 또한 관찰자의 믿음에 영향을 줄 수 있다. 모델링은 정보를 제공하며 동기를 유발한다. 4장에서 논의했듯이 모델과 관찰자 간의 주요 특성에서의 유사성은 관찰자가 행동의 적절성을 평가하는 데 도움을 준다. 관찰자가 모델과 유사할수록 관찰자가 행하는 유사한 행동이 사회적으로 타당하게 받아들여지고, 모델의 경우와 상응하는 결과가 발생할 확률이 커진다. 이러한 결과 기대(outcome expectation)는 관찰자가 그에 따라 행동하도록 동기화시킨다.

모델 유사성은 관찰자의 자기효능감에 영향을 준다. 자신과 비슷한 다른 학생들의 성공을 관찰하는 것은 관찰자의 자기효능감을 증가시키고 그 과제를 수행하도록 동기를 부여한다. 예를 들어, 관찰자는 다른 사람이 성공하면 본인도 잘할 수 있다고 믿는다. 그러나 자신과 비슷한 다른 학생들이 실패하는 것을 관찰하게 되면 자신이 성공할 능력이 부족하다고 믿음으로써 그 과제를 시도하지 않게 된다. 학생들이 자신의 수행 능력을 확신하지 못할 때, 예를 들면 과제 친숙성이 부족하고 자기효능감을 판단할 정보가 부족하거나 이전에 과제 해결에 어려움을 겪었거나 혹은 자기 불신 등이 있을 때, 유사성은 가장 큰 영향력을 갖는다(Bandura, 1986; Schunk, 1987, 1996).

또래들은 여러 면에서 서로 매우 비슷하기 때문에 또래 모델의 영향을 받을 가능성이 매우 크다. 더욱이 아동과 청소년은 그들이 겪게 되는 많은 과제에 대해 친숙하지 않으므로 지각된 유사성이 결과 기대와 자기효능감에 미치는 영향이 더욱 클 것이다.

목표와 성취동기

또래가 학생들의 목표와 성취동기에 미치는 영향은 몇몇 연구자들에 의해 연구되었다. 목표 설정에 대한 연구는 또래 관찰이 그에 상응하는 목표를 학생들이 설정하도록 돕는다고 보고한다(Banduara, 1986, 1988).

또래 지향 목표(peer-oriented goal)는 학생들에게 높게 가치 평가된다. 이러한 사회적 목표는 다양하다. 예컨대, 아동은 다른 학생들로부터 인정받고 인기 있기를 바라고, 사회적 혹은 친밀한 관계를 형성하고 협력하기를 원하며, 교사나 코치로부터 호감을 얻기를 원한다(Dweck, 1996; Wentzel, 1991c). 4장과 5장에서 가치 부여된 목표가 학생들의 선택, 노력과 인내력을 유도하고 힘을 부여하는 방법을 살펴본 바 있다.

학습동기는 목표들 간의 조화에 달려 있는데 그 이유는 목표들 간에 갈등이 자주 발생하기 때문이다. 예를 들면, 어떤 고등학생이 높은 성적을 받아 좋은 대학에 입학하기를 원하는 동시에 학업보다 어울려 놀기에 가치를 두는 사회 집단에 받아들여지기를 원할 수 있다. 이 경우 원하는 것을 모두 얻으려는 행동은 갈등과 불안을 야기한다. 학생들은 자신이 공부하는 것을 숨기고 공부를 얼마만큼 했는지 거짓말을 하거나 비밀로 한다. 그들은 자신이 속한 사회 집단에서는 성적에 관해 이야기하지 않으며 사실 A를 받았으나 B를 받았다고 말하는 등의 거짓말을 한다. 학생들은 시간이 지나면서 목표 갈등을 계속해서 조정할 수 없다는 것을 깨닫게 되고, 이때 어떤 목표들은 포기하게 된다(예: 학구적인 또래들과 사귀면서 비학구적인 또래들을 멀리 하는 것).

유능감(competence)에 대한 학생의 지각도 또래들의 영향을 받으며 이것은 다시 학습동기에 영향을 준다. Eccles와 동료들(Eccles et al., 1984, 1998; Eccles & Midgley, 1989)은 초등학교에서 중학교로 진학한 후 발생하는 변화에 대해서 연구한 바 있다(〈표 8-1〉 참조). 초등학교 단계의 학생들은 학교에서 많은 시간을 같은 또래들과 지내며 보다 개별적인 관심을 받고 개인별 진전이 중요시된다.

표 8-1 ▸▸ 초등학교에서 중학교로의 변화

변 인	초등학교	중학교
또래 집단	학교 다니는 동안 안정적임	학급이 바뀔 때마다 변함
교사의 관심	상당히 개별적임	거의 개별적이지 않음
학생의 개별적 진전	보다 강조됨	덜 강조됨
교사의 평가	개별적 진전	규준에 따름
학생의 자기효능감	일반적으로 높음	일반적으로 하락함

중학교로의 진학은 몇 가지 변화를 가져온다. 일반적으로 몇 개의 초등학교가 같은 중학교로 진학하게 된다. 학생들은 학급이 바뀌면서 서로 몰랐던 여러 또래들에게 노출된다. 평가는 규준 중심이 되어 학생의 개별적 진전에 대한 교사의 관심은 줄어든다. 넓어진 사회 규준 집단과 함께 평가 기준의 변화는 학생들이 학업 성공을 위하여 자신의 능력을 재평가해야 할 필요성을 요구한다. 이러한 변화들은 많은 학생에게 있어서 자기효능감과 동기를 감소시키는 큰 사건으로 작용한다. 초등학교 6학년과 비교했을 때 중학교 1학년이 되면서 많은 학생들은 자신의 능력에 대한 지각이 하락하는 것을 볼 수 있다(Eccles et al., 1998; Harter, 1996).

또래 네트워크

또래 네트워크(peer network)의 역할에 대한 연구가 많이 이루어지고 있다. 친한 친구들과의 관계와 달리 또래 네트워크는 서로 연결되는 모든 학생들로 구성된 보다 큰 또래 집단이다. 또래 네트워크 안에서 학생들은 서로 매우 비슷한 경향을 보이고(Cairns, Cairns, & Neckerman, 1989), 학생들이 모델링에 의해 서로 영향을 받을 가능성이 더욱 높아진다.

또래 네트워크는 여러 면에서 구성원의 학습동기에 상당한 영향을 준다. 또래 네트워크는 학생들의 상호작용, 다른 학생들의 상호작용 관찰, 그리고 활동에 대한 접근을 위한 기회를 정의하는 데 도움을 주는 개념이다(Dweck & Goetz, 1978; Ryan, 2000). 시간이 경과함에 따라 네트워크 구성원들은 점점 더 비슷해진다. 연구자들은 친구들 간의 토론이 그들의 활동 선택에 영향을 주며, 그로 인하여 친구들끼리는 비슷한 선택을 하는 것을 발견하였다(Berndt, 1999; Berndt & Keefe, 1992).

중요한 쟁점은 또래 효과(peer effect)가 선택성에 의한 것이냐, 아니면 사회화에 의한 것이냐이다(Ryan, 2000). 즉, 많은 학부모들은 자녀들의 동기가 부족하거나 학교에서 성취가 낮은 이유가 '잘못된 친구들을 사귀었기 때문'이라고 자주 귀인한다. 이는 또래가 학생들에게 부정적인 영향을 주고 부적응적인 동기에 대한 신념을 채택하도록 사회화하여 학교에 덜 참여하도록 만든다는 것으로, 사회화 설명에 해당된다. 한편, 선택성에 의한 설명은 학생들이 종종 자신의 가치, 태도, 신념의 유사성에 근거하여 친구와 또래 집단을 선택하며, 그 결과 결국 유사한 사람들끼리 같은 집단에 속하게 된다고 주장한다. 물론 이러한 유사한 집단 내에서 가치와 신념은 강화되고, 그것은 학교에서의 동기와 참여도를 증가 혹은 감소시킨다(Ryan, 2000).

Kindermann과 동료들(Kindermann, 1993; Kindermann, McCollam, & Gibson, 1996)은 초등학교 4~5학년의 아동과 중학교 3학년에서 고등학교 2학년까지의 청소년 사이에서 이루어지는 또래 선택과 사회화를 연구하였다. 예상대로 청소년의 또래 네트워크가 아동의 네트워크보다 복잡한 양상을 나타내었다. 대부분의 아동 네트워크는 2인조로 평균 크기는 2.2명이었으며 더 큰 네트워크는 드물었다. 청소년 사이에서는 2인조와 3인조가 많았고 더 큰 네트워크도 있었으며 평균 집단 크기는 3.2명이었다. 그리고 두 집단 모두에서 어떠한 네트워크에도 속하지 않은 학생이 소수 존재했다.

여기에는 물론 성차도 있었다. 아동 사이에서는 또래 집단들이 배타적으로 동성으로 구성되어 있었다. 반면, 청소년 사이에서는 양성을 포함하는 집단들이 존재하였다. 연구자들은 학생들과 교사들을 대상으로 자기보고 방식을 이용해 동기를 평가하였다. 학생들의 보고에 의하면 동기에서 유의미한 감소가 나타났으나, 교사들은 전체 학년에 걸쳐 학생의 동기가 비슷한 수준인 것으로 보고하였다. 고학년일수록 저학년보다 낮은 동기를 보였다.

개인과 또래 집단의 동기 점수 비교에서는 중학교 3학년 학생들의 경우 학습동기가 높을수록 큰 또래 네트워크를 갖는 것으로 나타났다. 낮은 동기를 가진 청소년들은 또래 네트워크에서 친구가 적은 것으로 나타났다. 학교 생활을 하는 일 년 동안 전 학년 수준에 걸쳐 학생들의 동기 점수는 일정하게 유지되었다.

또래 집단을 통한 동기적 선택과 사회화에 대한 분명한 증거가 존재한다. 전 학년에 걸쳐 살펴본 아동의 동기 변화는 새 학년 초기에 나타난 또래 집단 소속에 의해 정확하게 예상되었다. 또한 서로 다른 학년의 학생들로 구성되는 또래 네트워크로 인하여 발생한 효과도 있었다. 여러 학년으로 구성되어 있고 동기가 매우 높은 또래 집단에 소속된 학생들은 전 학년에 걸쳐 동기가 증가하는 경향을 보였다. 학년 구성이 다양하지 못하고 낮은 동기 수준을 지닌 집단에 속한 학생들은 시간이 지나면서 동기가 감소하였다.

Sage와 Kindermann(1999)은 또래 집단은 또래의 행동이 집단의 규범과 일치하는지 아닌지에 따라 지지하거나 비난하는 경향이 있다는 점을 밝혔다. 높은 학습동기를 가진 학생들은 학업에 더 많은 동기를 가진 집단의 구성원이 되기 쉬우며, 이들의 긍정적인 학업 행동은 동료의 지지를 받는다. 학습동기가 낮은 학생들은 덜 동기화된 집단의 구성원이 되는 경향이 있으며, 이들의 긍정적인 행동에 대한 지지는 대부분 교사로부터 온다.

흥미롭게도 청소년의 경우 또래 집단 구성원이 자주 바뀌어도 그들의 동기적인 특징은 상대적으로 일관적이었다. 높은 동기를 가진 집단에 속한 아동들은 해당 학년 동안 긍정적으로 변한다. 반면, 낮은 동기 집단에 속한 아동들은 부정적인 변화를 나타내었다. 청소년 사이에서는 다양한 학년으로 구성된 또래 집단에서 변화에 대한 증거가 가장 강력했다. Kindermann과 동료들의 연구(1996)는 상관관계 연구이기 때문에 인과관계에 대한 결론을 이끌어 내지는 못하지만, 학습동기와 또래 사회화 과정간의 중요한 관계가 존재함을 강조하고 있다.

다른 연구들 또한 이러한 쟁점에 대해 조사하였다(Ryan, 2000). 예를 들면, Ryan (2001)은 선택성과 사회화는 모두 청소년 동기에 주요한 작용을 한다고 보았다. 학생들은 학년 초기에 자신들과 비슷한 동기적 신념을 가진 또래 관계에 소속되었다. 그러나 해당 학년 동안 또래 집단은 집단의 구성원에게 영향을 주게 되고 따라서 구성원들은 시간이 경과함에 따라 더욱 비슷해진다. 또한 Ryan은 또래 집단의 사회화 영향이 동기적 결과의 속성에 달려 있음을 발견하였다. 성적과 같은 실제 수행뿐만 아니라 학교에서의 내적 흥미도 또래 집단의 영향을 받았다. 그러나 학교가 얼마나 유용한지에 대한 학생들의 생각은 또래 사회화 효과와 관련이 없는 것으로 나타났다. 선택성은 새 학년이 시작될 때 한 학생을 특정 또래 집단으로 소속되도록 만드는 기능을 수행하는 것으로 보인다. 친구와 또래 집단의 효과에 대한 설명은 선택성과 사회화로 모두 가능하며 이 두 가지 설명의 상대적 효과를 분리하는 후속 연구가 필요하다고 보인다(Ryan, 2000).

이러한 연구 결과는 Steinberg, Brown과 Dornbusch(1996)의 종단 연구에 의해 지지되었다. 10년 이상에 걸쳐 연구자들은 다양한 지역의 9개의 고등학교로부터 20,000명의 청소년들을 조사하였고 많은 학부모와 교사들을 대상으로 면담하였다. 또래 네트워크는 세 집단으로 구분되었다(<표 8-2>). '가장 친한 친구(best friends)'는 자유 시간의 대부분을 같이 보내는 또래로 정의된다. 그다음 수준이 '도당(clique)'으로 구성원들은 친구관계이기는 하나 그 친밀도가 '가장 친한 친구'보다는 못하며 시간에 따라 그 중요도도 변한다. 도당'은 전형적으로 6~10명으로 구성되며 유사한 가치, 신념, 태도를 공유한다. 가장 넓은 범위가 '무리(crowd)'로 공통적인 속성을 가졌으나 모든 사람들이 친구는 아니며 비슷한 유형의 학생들로 구성되어 있다. '무리'에 속한 학생들은 공통적인 흥미, 태도, 그리고 원하는 활동들이 비슷하기는 하지만 가까운 관계는 아니다.

표 8-2 ▸▸ 또래 네트워크

집단	구성원
가장 친한 친구	대부분의 자유 시간을 같이 보내는 또래
도당	친구인 또래들: 가장 친한 친구만큼 친하지는 않고, 친구 간 우정은 때에 따라 변한다.
무리	같은 흥미와 목적을 가진 또래들로 유사한 특성을 공유하지만 무리에 속한 모든 이들이 친구는 아니다(예: 인기 아동, 운동 잘하는 아동, 약물복용 아동, 학구파, 외톨이, 평균아 등)

친구(여기서는 <표 8-2>의 집단 중 '가장 친한 친구'를 의미함)와 도당은 앞에서 언급했듯이 학생들에게 모델링이나 강화와 같은 방법을 통하여 또래에게 강한 영향을 미친다(친구에 대해서는 다음 절에서 논의할 것이다). 또한 친구와 도당은 그 집단 구성원에게 특정 활동에 참여하자고 압력을 가할 때에는 강제적인 특성을 갖기도 한다(예: "야, 우리랑 한번 술을 마시는 게 어때?").

무리는 구성원들이 준수해야 할 것으로 믿는 규준과 규범을 형성함으로써 간접적인 영향력을 가진다. 무리와의 동일시가 형성되면 청소년들은 준수해야 할 규범을 자아감으로 통합시킨다(Steinberg et al., 1996).

Steinberg와 다른 연구자들은 다양한 유형의 무리가 있음을 확인하였다. 인기 아동(populars)은 사회적 지위 및 호감과 관련이 있으며, 학업에 대해서도 열심히 노력하는 모습을 보인다. 그러나 이들은 비행과 불법적 약물복용에도 어느 정도 참여한다. 운동 잘하는 아동(jocks, 원 뜻: 힘센 운동선수)은 스포츠나 운동에 관심이 많은 것이 특징이며, 인기 아동과 비슷하지만 술을 제외한 약물복용에 참여하는 일은 거의 없다. 약물복용 아동(druggies, 원 뜻: 마약 상용자)은 방관적이고 비행을 일삼는 특징이 있으며 약물복용과도 깊은 관련이 있다. 그리고 교사나 다른 사람들에게 적대적이다. 학구파(brains)는 매우 학업 지향적이고 약물과는 거리가 멀며, 교직원들과 아주 가까운 관계를 형성한다. 외톨이(loners)는 사회적으로 미숙하고 사회적 지위가 낮다. 마지막으로, 규모는 크지만 일정한 특성이 없는 무리인 평균아(averages)가 있는데, 이들은 학업을 비롯하여 모든 분야에서 눈에 띄지 않는다.

Steinberg와 동료들(1996)은 학습동기와 수행 등 여러 활동에 미치는 또래 압력의 영향에 발달적 패턴이 있음을 확인했다. 또래 압력은 아동기에 증가하기 시작하여 중학교 2학년에서 3학년 때 최고조에 이르며, 고등학교 시기에 감소한다. 또래 압력의 영향력은 대략 12세와 16세 사이에 최고조에 이른다. 흥미로운 것은 이 시기에 부모가 자녀에게 개입하는 정도가 감소한다는 점이다. 초등학교 6학년에서 고등학교 1학년 사이의 청소년 시기에 부모의 역할은 감소하고 또래의 역할은 증가함에 따라, 특히 이 시기에는 또래 압력의 영향을 쉽게 받게 된다.

Steinberg와 동료들(1996)은 학생들이 고등학교에 입학하여 졸업할 때까지 3년 동안을 추적 조사하였다. 고등학교를 입학할 당시 성적 면에서 동일했던 학생들이 서로 다른 무리에 속하게 되면 이들에게 학업 변화가 어떻게 나타나는지 연구하였다. 연구자들은 학생들의 학업수행과 비행은 그들이 속한 무리와 연관이 있음을 발견하였다. 보다 학업 지향적인 무리에 속한 학생들은 덜 학업 지향적인 무리에 속한 학생들보다 학업성취가 높았다. 비행 무리에 속한 학생들은 행동 문제(conduct problem)와 약물복용, 음주와 관련된 비행에 보다 자주 연루되었다. 비행에 덜 참여하는 무리에 속한 학생들은 이러한 문제를 나타내지 않았다.

우리는 부모의 영향에 대해서도 뒤에서 논의하겠지만 Steinberg와 그의 동료들(1996)의 결론이 갖는 시사점은 많다. 적어도 고등학교까지는 학교 수행과 약물복용에 미치는 친구들의 영향이 가정에서 이루어지는 부모 교육의 영향보다 크고 중요하다. Steinberg와 동료들은 부모는 전형적으로 자녀들을 위한 목표를 세우고 활동에 참여하도록 함으로써 자녀가 특정한 경로를 시작하게 할 수 있지만, 시작 이후에 어떤 일이 발생하는가도 중요하다고 제안한다.

예를 들어, 자녀가 학업 지향적이 되기를 바라는 부모는 자녀가 학업을 강조하는 활동에 참여하기를 원한다. 이러한 상황에서 또래 집단이 부모의 바람대로 학업 지향적이라면 또래의 영향은 부모들에게 반가운 일이겠지만, 반대인 경우 아동은 덜 학업 지향적인 또래 집단의 영향 아래 있게 된다. 일련의 이러한 과정은 모두 사회화의 기제로 설명될 수 있다.

학교 적응

학생들은 학교에서 적응해야 할 많은 일들에 부딪힌다. 해마다 교사, 교실, 학교와 학급의 규범과 과정, 수행에 대한 기대, 과제 난이도, 또래들이 변한다. 이러한 난관을 잘 극복해 내느냐가 이후 학생들의 학교에서의 성공을 예측하는 중요한 요인이 된다.

학교 적응(school adjustment)은 역사적으로 학생의 학업적 성장이나 성취를 가지고 추론해 왔다(Birch & Ladd, 1996). 학생의 이러한 결과적 측면이 중요하기는 하지만 이것은 그 범위가 매우 협소하기 때문에 적응에 영향을 줄 수 있는, 아동의 환경에서 나타나는 선행 요인과 사건을 찾는 데 한계가 있다. 학생의 학업성취나 향상뿐만 아니라 더 넓은 수준에서 학교에 대한 태도, 불안, 외로움, 사회적 지지, 학습동기(참여, 회피, 결석)까지 적응에 포함시켜 고려해야 한다(Birch & Ladd, 1996; Roeser, 1998; Roeser et al., 1998).

연구자들은 대인 관계가 아동의 학습동기에 영향을 준다고 주장한다. Connell과 Wellborn(1991)는 관여(involvement)가 강력한 동기 부여라고 한다. 관여는 학생이 또래와 교사들과 갖는 관계의 질을 의미하는 것으로, Ryan과 Powelson(1991)은 학교 학습이 학생을 다른 사람과 함께하도록 이끄는 학습 맥락에 의해 촉진될 수 있다고 설명했다.

두 아동 사이의 자발적인 호혜적 관계를 일컫는 우정(friendships)의 역할에 대한 연구가 증가하고 있다(Berndt, 1999; Birch & Ladd, 1996). Ladd와 동료들에 의한 연구는 동기와 성취에 우정이 영향을 준다는 주장을 지지한다(Birch & Ladd, 1996; Ladd, 1990; Ladd & Kochenderfer, 1996). 우정은 학교 환경에서 학생을 지지하며 그의 적응을 돕는다. 친구가 있는 학생들은 문제를 해결하기 위해서 혹은 외로워지는 것을 피하기 위해서 친구를 지지의 근원으로 이용할 수 있다.

Berndt(1992, 1999; Berndt & Keefe, 1992, 1996)는 친구들이 두 가지 방법으로 서로에게 영향을 준다고 제안한다. 첫째, 학생들은 친구들의 태도, 행동 및 다른 특징들에 의해 영향을 받는다. 둘째, 학생들은 우정의 질에 의해 영향을 받는다. 긍정적인 친구 특징과 친밀한 관계는 학교 적응에 건설적인 방법으로 영향을 준다.

친구가 학교 적응에 끼치는 영향은 네 가지 동인(motives)에 의해 영향을 받는다. 바로 인정(aparoval)의 욕구, 동일시(identification)의 욕구, 자기고양(self-enhancement)의 욕구, 옳고자 하는(to-be-correct) 욕구다. 학생들은 호감을 얻고 싶어 하기 때문에 친구들을 기쁘게 하고 친구들이 인정해 줄 만한 활동에 참여하려고 노력한다. 동일시는 친구들과 같게 생각하고 행동하는 것을 의미하며, 자기고양은 학생 자신이 사회적으로 친구들과 비교하고 부분적으로 그러한 비교를 기초로 하여 자신의 능력을 평가하는 것을 말한다. 마지막으로 옳고자 하는 욕구는 옳은 믿음을 갖고자 하는 욕구다. 신뢰받는 친구들은 이러한 믿음을 확실하게 해 주는 정보의 중요한 원천으로 간주된다. 학생들은 그 원천에 대한 정확성을 평가하기보다는 그 상황을 보다 잘 이해하기 위해서 친구가 말하는 것에 집중할 수 있다. 연구들은 이러한 각 동인들의 영향을 지지한다(Berndt & Keefe, 1996).

Berndt와 Keefe(1992)는 또래 압력이 부정적인 방식보다는 긍정적인 쪽으로 자주 작용한다는 것을 밝혔다. 친구들은 부정적 행동, 약물과 음주, 낮은 학업성취를 지양하도록 하고, 친사회적 행동, 좋은 학업 행동, 그리고 학습동기를 높인다(Berndt & Keefe, 1996). 우정은 초등학교에서 중학교로 진학할 때 학생의 성공에 영향을 줄 수 있다. Berndt, Hawkins와 Jiao(1999)는 진학 후에도 양질의 우정을 계속 유지하는 학생들은 리더십과 사회성이 증가하는 것을 발견하였다. 역으로, 문제행동을 보이는 친구들과 계속해서 우정을 유지하게 되면 학생들의 문제행동은 학년이 높아질수록 증가하였다.

연구들은 좋은 우정을 가진 아동과 청소년은 다른 학생들에 비하여 친사회적인 행동을 나타내고 인기가 있으며, 높은 자아존중감과 학교에 대한 좋은 태도를 가질 뿐만 아니라 높은 성취를 보인다는 것을 보여 준다(Berndt & Keefe, 1996). Wentzel, Barry와 Caldwell(2004)은 친구의 친사회적 행동이 다른 또래의 친사회적 행동의 변화를 예측해 준다는 것을 확인하였다. 또한 이러한 변화는 친사회적 행동의 바람직성 또는 개인이 그렇게 노력하고자 하는 목표 정도에 의해 영향을 받는다. 부정적인 형태의 우정은 학급에 대한 낮은 참여와 보다 많은 문제행동을 야기한다. 흥미롭게도, 친구의 수는 학교 적응과 관련성이 약하다. 그러므로 관계의 질이 양보다 영향력이 크다고 할 수 있다. 이 연구의 많은 부분은 상관 연구이지만 Berndt과 Keefe(1996)는 종단연구의 자료를 이용해 양질의 우정이 학업 참여(동기)를 증가시킴을 확인하였다.

요약하자면, 상기 연구들은 또래가 학생들의 학교 적응에 중요한 역할을 한다는 상당한 증거를 제시한다고 할 수 있다.

학교 중퇴

학교 중퇴(School Dropout)는 궁극적으로 낮은 학습동기를 나타낸다. 중요한 동기 지표 중 하나가 활동의 선택이다. 학교 중퇴는 학교에 출석하지 않기로 선택하는 것을 의미한다. 미국에서는 고등학교 학생의 11%가 중퇴를 하며, 중퇴 비율은 도시 지역의 소수민족 학생들에게서 매우 높게 나타난다(Hymel, Comfort, Schonert-Reichl, & McDougall, 1996).

학교 중퇴에 대한 대부분의 연구는 비사회적 요인에 초점을 둔다(예: 학업, 가정, 학교). 그러나 사회적 요인의 하나인 또래 역시 중요한 역할을 한다. Ryan과 Powelson (1991)에 따르면, 관계되어 있다는 느낌은 동기와 학습에 영향을 미친다. 또래와의 관계는 이러한 영향의 중요한 일부다.

Hymel과 동료들(1996)은 학생들의 학교 활동에 대한 관여와 참여는 학교 환경이 얼마나 학생들의 자율성과 관계성에 대한 지각에 영향을 주었는가에 영향을 받으며, 이것은 다시 유능감에 대한 인지(자기효능감)와 학업성취에 영향을 준다고 제안한다. 학부모와 교사는 자율성과 관계성에 영향을 주지만, 청소년기에는 또래의 역할이 매우 중요해진다. 또래 집단은 학생들의 관계성에 대한 느낌을 증가 혹은 감소시키는 맥락을 만들어 낸다(예: 소속, 친애).

Hymel과 동료들(1996)은 또래 영향의 네 가지 양상을 밝혀냈다. 첫 번째는 또래 집단 내에서의 사회적 수용이다. 또래에게 거절당한 학생들은 사회적으로 수용되는 학생들보다 적응 문제에 있어서 큰 위험을 겪게 된다(Parker & Asher, 1987). 또래들에게 수용되지 못한 학생들은 사회적 수용이 큰 학생들보다 향후에 더 많이 학교를 중퇴하는 것으로 나타났다(Hymel et al., 1996).

두 번째 요소는 사회적 고립 대 참여다. 사회적으로 거절당한 모든 청소년이 다 학교를 그만두는 것은 아니다. 보다 중요한 것은 학생들이 또래 집단에서 거절 혹은 고립되었다는 인식이다. 사회적으로 배척되었더라도 스스로 그렇게 인식하지 않는 학생들은 중퇴의 위험이 낮다.

세 번째 요소는 또래의 부정적인 영향이다. 또래 집단이 학생의 동기에 영향을 준다는 점을 상기해 보라. 학교를 그만두는 학생들은 다른 학생들보다 학교 중퇴 위험이 있는 또래 집단에 속해 있기가 쉽다(Cairns et al., 1989). 이들은 학교를 집단적으로 중퇴하기도 한다. 학생들이 사회적으로 고립되어 있지 않더라도 부정적인 또래들의 영향을 받을 수 있다.

마지막으로, 공격과 반사회적 행동은 학교 중퇴에 영향을 준다. 졸업하는 학생들에 비해 중퇴하는 학생들은 교사와 또래들에게 공격적인 행동을 보인다고 평가받는다(Hymel et al., 1996). 중퇴하는 학생들은 또한 음주와 약물복용 문제에 대해 높은 발생률을 보이며, 범죄 기록을 가질 확률이 더 높다.

다음 절에서 동기에 대한 가정의 영향을 논하겠지만, 가정, 학업, 학교, 그리고 사회적 요소들이 모두 합쳐져 학교 중퇴에 영향을 미친다. 또래 집단은 특히 청소년기에 큰 영향을 주며, 이때 학교 중퇴가 많이 발생한다. 중퇴자들의 학교 참여 부족과 주류 학교 문화와의 관계성 부족에는 다양한 요소가 영향을 준다.

가족의 영향과 사회경제적 지위

앞서 우리는 또래가 어떻게 학생들의 동기에 영향을 미칠 수 있는지 살펴보았다. 그러므로 가족 역시 직관적으로 학생들의 학습동기에 영향을 줄 것이라고 추측해 볼 수 있다. 어떤 연구자들은 아동의 발달에 가족이 미치는 영향은 과장되어 왔다고 주장하기도 하지만(Harris, 1998), 가족의 결정적 역할을 지지하는 연구 결과가 많이 축적되어 왔다(Collins, Maccoby, Steinberg, Hetherington, & Bornstein, 2000; Vandell, 2000). 또래들과의 작용에서 살펴본 많은 요소들이 가족 안에서도 똑같이 영향을 준다. 예를 들면, 부모가 자녀의 학교 참여를 얼마나 격려하느냐는 자녀의 동기를 예측하는 주요 요소다. 이 절에서는 사회경제적 지위, 가정 환경, 어머니의 신념과 기술(skill), 아버지의 참여 역할에 대해 살펴본 후, 이와 관련된 중요한 주제인 부모의 학교교육 참여에 대해 논의할 것이다.

사회경제적 지위

정의

사회경제적 지위(socioeconomic status: SES)에 관해서는 다양한 정의들이 존재한다. 정의들은 대체로 사회적 지위(위치, 계급)와 경제적 지표(부, 교육)를 포함하고 있다.

오늘날 사회경제적 지위에 대한 많은 정의들은 자본(자원, 자산)의 개념을 포함하고 있다(Bradley & Corwyn, 2002). 자본은 재정적 및 물질적 자원(예: 수입, 자산)과 인간 혹은 비물질적 자원(예: 부모의 교육), 그리고 사회적 자원(사회적 네트워크와 연결을 통해 얻는 것들)을 포함한다(Putnam, 2000). 직관적으로 자본이 아동의 동기와 학습에 영향을 미칠 것이라고 예상해 볼 수 있다.

사회경제적 지위의 복잡함에도 불구하고, 사회경제적 지위는 기술적인(descriptive) 변인이지 설명적인 변인은 아니라는 점을 명심할 필요가 있다. 가정의 사회경제적 지위와 학생의 학습동기에 대한 관계는 매우 잘 입증되어 왔다(Meece, 1997). 낮은 사회경제적 환경을 가진 아동들은 전형적으로 낮은 학습동기와 학업성취를 보이며, 학교에서의 실패와 중퇴에 있어서도 더 큰 위험을 가지고 있다(Borkowski & Thorpe, 1994). 하지만 낮은 사회경제적 지위가 꼭 낮은 학습동기를 가져오는 것은 아니다. 오히려 낮은 사회경제적 지위에 수반되는 요소들이 동기와 성취에 긍정적 영향을 줄 수 있다. 더욱이 낮은 사회경제적 지위를 가진 가정의 아동이 상기한 문제점들을 더 많이 가졌다고 예견할 수도 없다. 빈곤층에서 성장하였지만 학업과 전문 분야에서 성공한 수많은 사람들이 있다는 것이 이를 설명해 준다.

사회경제적 지위와 동기

어떤 요소들이 사회경제적 수준과 관련되어 동기에 영향을 미치는가? 이 질문에 대해 자원(resources)은 핵심적인 요소라고 할 수 있다. 가난한 가정은 높은 사회경제적 지위를 가진 가정에 비해서 자녀들의 학교 외 학업을 지지할 자원이 적다(Meece, 2002). 자원에 대한 문제는 매우 중요한데, 그 이유는 낮은 사회경제적 지위의 아동들은 자주 학습 문제를 나타내고, 따라서 별도의 지원을 필요로 하기 때문이다. 따라서 필요한 지원(예: 아동을 도와줄 개인교사나 부모)을 제공받지 못하는 가정의 자녀는 학업 면에서 불리한 입장에 있게 된다.

다른 요소는 가정의 사회화다. 사회경제적 지위가 낮은 가정에서 이루어지는 자녀들의 사회화는 중산층에 기반하고 있는 학교와 학급에서 그들이 조화롭게 지내거나 적응할 수 있도록 준비시키지 못한다. 이러한 불일치와 적절한 훈련의 부족으로 인하여 낮은 사회경제적 지위의 학생들은 더 많은 행동문제와 훈육문제를 갖게 되며, 이것은 결국 동기와 성취에 부정적인 영향을 미치게 된다.

낮은 사회경제적 지위의 학생들은 학교교육이 주는 많은 혜택을 이해하지 못한다(Meece, 2002). 그들은 자신이 좋은 교육을 받으면 대학에 입학할 수 있고 좋은 일자리와 경제적 안정을 가질 수 있는 기회가 증가한다는 것을 인식하지 못한다. 게다가 그들은 교육이 미래에 가져다줄 장기적인 이익과 현재 일하는 것이 가져다주는 단기적인 이익을 바꾸기를 원하지 않거나 그럴 만한 능력이 되지 않을 수 있다. 낮은 사회계층의 아동들은 미래 가치에 더 많은 중심을 두고 성공한 긍정적인 역할 모델을 거의 가지고 있지 않다. 대학은 그들에게는 닿을 수 없는 존재라고 믿고 자신이 가진 모델, 즉 대부분 학교를 그만두고 낮은 임금의 직업을 갖거나 실직한 사람들을 따르게 된다.

Stipek과 Ryan(1997)은 소외계층과 비소외계층의 유아 및 유치원 연령의 아동들을 대상으로 인지와 동기를 측정하였다. 인지 기술 검사(예: 읽기, 기억, 언어)에서는 예상한 대로 사회경제적 차이가 나타났는데, 소외계층 아동들의 수행이 낮았다. 낮은 사회경제적 지위의 아동들은 특히 수학과 읽기 성취에서 낮은 수행을 보였다. 반대로, 동기 측정(예: 지각된 유능감, 학교에 대한 태도, 성공 혹은 실패 후 택하는 과제 난이도)에서는 집단 간에 실제적인 차이가 없었다. 저자들이 말한 대로 "대부분의 어린 아동들은 가정의 경제적 상황과 상관없이 상당한 열정, 자아존중감, 학습에 대한 의지를 가지고 학교에 입학한다." (Stipek & Ryan, 1997, p. 721) 소외계층 아동들이 재학 중 후반에 보이는 동기 결핍은 학교에서 겪는 부정적인 경험으로부터 비롯될 수 있고 가정의 자원 부족과도 관련이 있을 수 있다.

사회경제적 지위에 대한 연구들은 헤드 스타트(Head Start)와 같이 기술(skill)의 결핍을 없애고 잠재적 학습문제를 치료할 수 있다고 알려진 프로그램을 제안한다. 아동들이 긍정적인 동기를 유지할 수 있도록 하는 효과적인 방법은 자신이 학습하는 데 필요한 인지적 선행 조건을 가지고 있다고 확신시키는 것이다. 이러한 것이 없으면 뒤따르는 실패에 대해 낙심하기 쉬워져 그들의 동기도 저하된다. 이 같은 아이디어에 대한 사례들은 〈적용 8-1〉에 제시되어 있다.

적용 8-1 또래와 학교의 지지 전략을 적용하기

연구들은 아동이 필수적인 인지 기술과 대처 기술이 부족하면 학습문제를 겪고 동기가 낮아질 수 있음을 시사한다. 이는 학업 결손이 가능한 한 빨리 관심을 갖고 해결되어야 함을 의미한다.

1. 강정표 교사는 2학년 학급을 담당하고 있다. 강 교사는 1학년 때부터 읽기 수업에 문제를 보였던 학생을 몇 명 가르치고 있는데, 이들은 낮은 사회경제적 배경을 가지고 있다. 하지만 강 교사는 이 학생들과 충분한 시간을 보낼 수 없었고 그를 도와줄 자원봉사 부모들도 부족했다. 그는 지역 대학을 통하여 예비교사 프로그램의 학생 몇 명을 그의 학급에 오도록 하여 어려움을 겪는 학생에게 개별적으로 기초적인 읽기 기술을 가르치도록 하였다. 몇 주 후, 학생들은 읽기 능력이 향상되었고 지속적인 향상을 통해 보다 큰 자기효능감을 갖게 되었다.

2. 영희는 박 교사가 담임으로 맡은 6학년 학생으로 오랜 기간 동안 입원한 경험이 있고 집에서 치료를 요하는 중한 병을 가지고 있었다. 영희는 발병 전에 평균적인 학생이었지만 지금은 모든 과목에서 뒤처져 있다. 박 교사는 영희의 학급 친구들 몇 명이 또래 조교 역할을 할 수 있도록 이들을 가르쳤다. 영희가 학교로 돌아오게 되자 박 교사는 영희가 체육 시간, 휴식 시간 등 다른 학생들 활동에 참여할 수 없을 때, 하루에 두 시간 정도 또래 조교들과 같이 과제를 하도록 하였다. 한 학기가 끝날 쯤 영희는 학교 과제에서 반 친구들의 진도를 따라 가게 되어 다음 해에 중학교에 진학할 수 있었고 이를 매우 즐거워하였다.

3. 두리는 3학년으로 양 교사의 학생이다. 그의 부모들은 최근 이혼하였고 그의 가정 환경은 안정적이지 못하고 차가운 분위기다. 그는 어머니와 살고 있고 방과 후 프로그램에 등록되어 있다. 이러한 이혼과 불안정한 가정 분위기는 두리의 학습동기와 성취에 불리하게 영향을 미쳤다. 양 교사는 두리 어머니의 동의하에 수업이 끝난 후 자신이 교실에서 한 시간 정도 일하는 동안 두리를 교실에 함께 있게 하였다. 두리는 컴퓨터를 좋아했기 때문에 읽기, 철자, 수학의 기본 능력들을 요구하는 소프트웨어 프로그램으로 공부를 하도록 하였다. 두리는 이 프로그램을 통해 성공을 경험하게 되자, 자기효능감과 학습에 대한 동기가 증가하였다.

4. 6명의 고등학생이 학교 규칙을 위반하여 정학을 당하게 되었다. 그들의 성적은 매우 낮았고 학습동기 또한 거의 없었다. 나 교감은 그 학생들과 함께 지내면서 상담교사에게 학생들이 학습할 때 겪는 어려움에 대처할 수 있는 계획을 세우도록 하였다. 각각의 학생들에게 각 과목마다 6주라는 기간 동안의 계약이 만들어졌다. 계약을 통해 학생들이 과제를 완성하는 데 사용할 수 있는 전략들을 세부화하였다. 예를 들면, 역사 과목에서는 매주 읽기와 퀴즈, 단원별 시험, 그리고 독후감이 주어졌다. 계약은 단기목표를 세분화하고, 명료한 목표 달성 계획을 세우는 활동이었다(예: 언제,

어디서 학생들이 공부해야 하는가, 시험에 적절히 대비하고 읽기와 보고서를 시간 안에 완성하기 위해선 언제까지 세부 과제를 완성해야 하는가 등). 모든 학생들은 성적이 향상되었고 계속해서 성실하게 공부하려는 동기도 높아졌다.

가정 환경

이 책에서 강조했듯이 호기심을 불러일으키고 적절한 도전을 할 수 있도록 흥미로운 활동을 충분히 제공해 주는 환경에서 아동은 활동을 하거나 새로운 정보와 기술을 배우는 것에 동기화된다. 이것은 가정 환경에도 동일하게 적용된다. 그러나 가정마다 동기에 영향을 주는 요소들은 매우 다양하다. 어떤 가정은 아동의 사고를 자극하는 많은 활동뿐만 아니라 컴퓨터, 책, 퍼즐 등이 풍부하다. 이러한 가정의 부모들은 자녀의 인지적 발달에 지대한 관심을 가지고 그들의 학습에 많은 시간을 투자한다. 그러나 어떤 가정에서는 이러한 자원들을 제공하지 못할 뿐만 아니라 어른들이 자녀의 교육에 많은 관심을 두지 않기도 한다(Eccles et al., 1998).

가족의 수입과 아동의 지적 발달 간의 관련성에 있어 가족 간 차이는 사회경제적 지위에 따른 것이라기보다는, 지적인 자극을 가져오는 가정 환경으로부터 온다고 할 수 있다(Young, Linver, & Brooks-Gunn, 2002). Meece(2002)는 다음과 같이 제시하였다.

> 오늘날 아동의 지적 발달에 미치는 환경의 영향에 대해 의문을 제시하는 아동발달 연구자들은 거의 없다. …… 아동의 지적 발달은 부모의 직접적 영향 아래에 있는 영아기와 초기 유아기 동안의 가정 환경에 의해 가장 많은 영향을 받는다. 아동이 성장함에 따라 학교나 또래 역시 그들의 지적 사회화에 중요한 역할을 하기 시작한다(p. 208).

가정에서 이루어지는 조기 학습의 질이 향후 자녀의 지적 발달과 읽기 기술에 정적인 관계가 있다는 가정을 지지하는 많은 연구들이 있으며(Meece, 2002; Sénéchal & Lefevre, 2002), 부모의 학교교육 참여 역시 성취를 예언한다(Englund, Luckner, Whaley, & Egeland, 2004). 어머니의 반응성과 양육 방식, 자녀에 대한 개입, 그리고 환경의 구성과 적절한 학습자료, 일상생활에서의 자극 기회, 탐구에 대한 격려, 호기심 자극, 자녀의 지적 발달을 가속화하는 놀이와 학습자료의 제공 등과 같은 다양한 가정 요소들이 중요하다고 알려져 왔다(Meece, 1997).

Gottfried, Fleming과 Gottfried(1998)는 아동의 학업에 대한 내재적 동기에 영향을 미치는 가정에서의 인지적 자극의 역할에 대해 종단연구를 실시하였다. 이 연구에서 추정된 가정 환경 변인들은 가족 간 토론, 문화 활동 참여, 도서관 방문, 여행, 독서의 중요성, 과외활동 제공, 놀이 장비에 대한 접근 가능성, 음악, 미술, 문학에 대한 가족의 흥미 등을 포함하였다. 연구저자들은 아동이 8세 때의 가정 환경과 9, 10, 13세 때의 학습동기를 측정하였다.

연구 결과는 가정이 인지적 자극을 많이 제공할수록 9~13세 때의 학습동기가 높아짐을 보여 주었다. 사회경제적 지위의 영향은 간접적이었다. 즉, 높은 사회경제적 지위를 가진 가정들은 인지적 자극을 주는 가정 환경을 제공하였고, 이러한 가정 환경이 직접적으로 학습동기를 증가시키는 것이었다. 가정 환경이 단기적 그리고 장기적인 영향을 모두 갖는다는 사실은 또래 영향이 보다 강력해지는 청소년기 초기에도 가정 환경이 지속적으로 영향을 미침을 시사한다. 이러한 결과는 부모들에게 학습경험을 어떻게 제공할 것인지를 교육하는 부모 프로그램이 필요함을 보여 준다.

가정 환경 안에서 우리는 어머니와 아버지 역할을 모두 살펴보아야 한다. 두 부모의 차별적인 행동은 아동의 발달에 영향을 주는 변인으로 자주 거론되어 왔기 때문이다(Eccles et al., 1998; Volling & Elins, 1998). Eccles와 동료들(1998)은 아동의 동기 신념에 영향을 주는 부모의 잠재적인 신념 6가지를 제시하였다. (1) 자녀의 학업성취에 대한 귀인, (2) 학업 과제의 난이도 인식, (3) 자녀의 능력에 대한 기대와 신념, (4) 학업에 대한 가치, (5) 실제 성취 기준, (6) 성공에 대한 장애물과 장애물을 극복하는 전략에 대한 믿음이 이에 해당된다. 우리는 계속해서 어머니와 아버지 모두의 역할에 대해 알아볼 것이다.

양육 방식과 부모-자녀 관계

양육 방식(Parenting Styles)

대부분의 연구에서 부모 변인을 어머니와 자녀 간의 상호작용에 초점을 두었기 때문에 아동의 학습동기에 영향을 주는 가족 활동에 대한 우리의 지식은 한계가 있다. 여기에는 많은 이유들이 존재하지만, 어머니들이 연구에 보다 참여하기 쉽기 때문이기도 하다. 많은 연구들이 아동의 발달에 어머니와의 애착이 결정적이라는 아이디어를 제안해 왔다. 그러나 연구자들이 아버지의 영향을 탐구하기 시작하면서 아버지와 어머니 모두 아동의 성취와 동기에 영향을 준다는 사실이 명확해졌다(Eccles et al., 1998; Meece, 2002).

연구자들은 아동의 발달에 차별적인 결과를 가져오는 부모의 다양한 양육 방식 간에 중요한 차이점이 있음을 밝혀냈다(Baumrind, 1971; Maccoby & Martin, 1983). 네 가지의 양육 방식이 연구를 통해 확인되었고, 부모의 통제, 반응성, 민주적 의사소통, 그리고 애정 어린 돌봄의 측면에서 차이가 있다. 권위주의형(Authoritarian) 부모는 높은 통제와 낮은 반응성, 그리고 낮은 수준의 돌봄으로 규정된다. 이러한 부모들은 엄격한 규칙을 세우고 복종하도록 엄격한 처벌을 사용한다. 권위주의적 부모의 아동들은 결정하는 것에 대한 권한과 기회가 적다. 권위형(Authoriative) 부모들 역시 행동에 대한 명백한 기준과 제한을 세우기는 하지만, 그들은 규칙과 결정에 대한 이유도 함께 알려 준다. 이러한 부모들은 자녀와 좀 더 개방적으로 의사소통하며, 자녀가 책임감을 가지고 자기 스스로를 조절하도록 격려한다(예: 자율성 지지). 다른 한편으로는 두 종류의 무관심한 양육 방식이 있다. 허용-방임형(permissive-indulgent) 부모들은 그들의 자녀에 대해 높은 책임감을 가지고 있기는 하지만, 그들에게 거의 요구하지 않는다. 규칙을 일관되게 집행하지 않고 아동 스스로 자신의 행동을 조절하도록 한다. 마지막으로, 허용-무관심형(permissive-indifferent) 부모들은 자녀로부터 감정적으로 분리되어 있으며, 자녀의 삶에 개입하지 않는다.

연구들은 양육 방식이 자녀의 학습동기에 차이를 가져온다는 것을 보여 준다. 일반적으로 부모가 결정을 내릴 때 자녀들이 참여하게 하고, 지시보다는 제안과 같은 형식으로 기대를 표현하고 자녀의 감정과 욕구에 대해 알고, 대안과 선택권을 부여할 때 동기는 증가한다(Dornbusch, Ritter, Liederman, Roberts, & Fraleigh, 1987). 반면, 지나치게 통제하거나 방임을 하는 양육 방식은 아동의 동기와 성취를 감소시킬 수 있다. 권위형 양육의 긍정적인 영향이 비록 백인과 라틴아메리카계 청소년에게서 가장 많이 나타나기는 했지만, 미국 내의 다양한 민족 집단 모두에게 일반적으로 나타났다(Dornbusch et al., 1987).

부모-자녀 간의 다른 상호작용도 학생의 학교에 대한 동기에 영향을 미칠 수 있다. 예를 들어, Newman(2000)은 아동에게 자동적으로 주어지는 답을 주는 부모보다 힌트와 즉각적인 조언을 해 주는 부모들이 아동의 탐구와 비판적 사고를 촉진시킨다고 보고했다. 그리고 이러한 현상은 동기가 높은 아동 사이에서 보다 빈번히 나타났다.

Jacobs와 Bleeker(2004)는 부모들이 딸보다 아들에게 수학 및 과학과 관련된 장난감을 더 많이 구입해 주는 경향이 있다고 보고했다. 연구는 또한 부모들이 자녀를 격려하거나 비난하는 활동뿐만 아니라, 자녀의 수행에 대한 인과적 귀인이나 진술을 통해 자녀가 자기개념을 형성하는 것을 돕는다고 설명하였다(Eccles et al., 1998). 자녀의 수행에 대하여 적응적 귀인을 하는 부모들은 자녀의 능력에 대해 높은 자부심을 가지고 있으며, 학업을 높게 평가하고, 그들의 자녀가 귀인, 자기효능감, 과제가치와 같은 긍정적인 동기 신념을 가지도록 격려한다. 최근 연구 결과들에 따르면 자녀의 성취에 대하여 청소년기 초기에 형성된 부모의 기대가 12년 후의 교육 계획과 직업 선택을 예측할 수 있다고 한다(Jacobs & Bleeker, 2004).

어머니의 효능감과 양육과의 상호작용

연구자들은 양육 방식과 관련하여 아이를 키우는 일에 대한 어머니의 자기효능감의 역할을 조사했다. 자녀 양육에 더 많은 효능감을 느끼는 어머니들이 자녀의 동기와 학습을 높이는 데 더 많이 노력하고 좋은 교육 기회를 제공할 것이라고 예측했다.

이러한 예측을 지지하는 증거가 있다. Brody, Flor와 Gibson(1999)은 도시 외곽, 한부모, 흑인들 사이에서 나타나는 어머니의 효능감에 대한 믿음, 발달적 목표, 양육 방식을 연구하였다. 효능감에 대한 문항들은 교육, 의사소통, 일반적인 양육 방식에 관한 영역을 포함하였다. 어머니들의 자녀에 대한 발달적 목표는 존경을 표하는 것, 좋은 교육을 받는 것, 다른 사람들과 잘 지내는 것, 그리고 예의바르게 잘 행동하는 것 등을 포함하였다. 또한 연구자들은 아이들의 계획, 추구, 주의력에 관한 자기조절을 평가하였다. 그 결과, 양육에 대해 높은 효능감을 가진 어머니들은 자녀를 위해 긍정적인 발달 목표를 세우고 더 나은 양육 방식을 실천하는 것으로 나타났다. 동기 변인을 포함하는 자녀들의 자기조절은 효과적인 양육 방식에 의해 영향을 받았고 학업적 유능감을 예측했다.

어머니들의 자녀에 대한 반응성은 청소년기 동안의 강력한 또래 영향을 능가할 수 있다. Bogenschneider, Wu, Raffaelli와 Tsay(1998)는 어머니들이 청소년의 또래 지향성과 약물 사용에 영향을 주는 것을 발견하였다. 어머니의 반응성은 사랑, 칭찬 등을 표현하거나 자녀들이 필요할 때 도움을 주고 함께 이야기에 참여하는 정도로 정의된다. 높은 반응성을 가진 어머니의 자녀는 또래 지향성이 낮기 때문에 약물 사용이 적은 것으로 나타났다.

DeGarmo, Forgatch와 Martinez(1999)는 이혼한 어머니들을 상대로 한 연구에서

양육 훈련이 집에서 아이들이 보다 많은 기술 습득 활동을 하게 하고 더 나은 학교 행동과 성취를 가져오게 한다는 것을 발견하였다. 이 연구에서 관심을 둔 양육 훈련은 훈육과 가족의 문제해결이었다. 요약하면, 어머니의 신념과 자녀와의 상호작용은 그들의 양육 훈련과 자녀들의 동기적 그리고 학업적 결과에 영향을 가져온다. 하지만 다음 절에서 논의하듯이, 아버지 역시 중요하다.

아버지의 참여

아버지에 대한 개념은 수년에 걸쳐 매우 다양하게 변화하였다. 맹목적인 사랑을 주지만 현명한 아버지의 오랜 이미지[예: 영화 〈신부의 아버지(Father of the Bride)〉와 〈아빠가 제일 잘 알아(Father knows Best)〉]는 아버지는 필요 없는 존재라는 개념과 아버지가 부재한 한부모 가정이라는 부정적인 개념에 자리를 내주었다. 그러나 둘 다 아버지의 주요 특성을 정확하게 나타내는 것은 아니다. 최근 가족학 연구자들과 정책가들이 자녀의 발달에 있어서 아버지의 중요성을 주장하며 국가적인 관심의 대상으로 부각시켰다.

아버지의 참여는 매우 다른 유형을 취할 수 있다(Lamb, 1997; 〈표 8-3〉 참조). 가장 흔한 관점은 책임감의 한 형태로 보는 것이다. 아버지들은 경제적인 자원을 제공하고 자녀들의 생활을 계획하고 조직하는 것을 도와주는 등 자녀의 욕구를 만족시키는 책임을 맡아 왔다. 이러한 관점은 경제적 제공자라는 좁은 관점을 넘어 아버지의 참여를 존재 및 비존재, 자녀에 대한 지지 제공, 방문 빈도라는 면에서 엄격히 정의한다.

아버지 참여에 대한 좀 더 심도 깊은 평가는 참여와 접근 가능성과 같은 지표를 사용할 수 있다. 참여는 자녀를 돌보고 자녀와 놀아 주며 여가를 같이 보내면서 아동과 직접적인 대면을 하거나 상호작용하는 정도를 포함한다. 그리고 접근 가능성은 아버

표 8-3 ▸▸ 아버지의 참여 유형

유형	특징
경제적 제공자	경제적으로 필요한 자원 제공
함께 있음	자녀와 시간 보내기, 지지 제공
책임	자녀의 욕구 만족, 경제적으로 필요한 자원 제공, 자녀의 생활을 계획하고 구성하는 것을 도와줌
참여	자녀를 돌보고 자녀와 놀아 주며 여가를 같이 보내면서 아동과 직접적인 대면을 하거나 상호작용을 함
접근 가능성	아버지의 존재와 접근 용이성

지의 존재와 접근 용이성을 의미한다(Tamis-LeMonda & Cabrera, 1999).

우리는 앞서 또래의 중요성이 커지는 시기에 부모가 아동의 학교 생활과 분리되어, 아동이 또래 영향의 위험에 무방비로 노출되는 것에 대하여 논의했다(Steinberg et al., 1996). 흥미롭게도, 청소년기에 아버지의 참여는 청소년 비행의 낮은 발생과 연관이 있다. 아버지는 문제를 야기할 수 있는 또래 집단의 부정적인 영향에서 청소년기의 아들, 딸을 보호하는 것을 도와줄 수 있다.

연구들이 아버지의 참여가 자녀의 어떤 성취에 영향을 주는지에 대해 지표를 명확히 보여 주지는 않는다. 연구들은 일반적으로 아버지 참여는 생애 첫 달부터 아동의 발달과 관련이 있고(Tamis-LeMonda & Cabrera, 1999), 아버지의 애착과 참여는 아동의 인지적 · 사회적 발달과 관련이 있다는 사실을 보여 준다(Cabrera, Tamis-LeMonda, Bradley, Hofferth, & Lamb, 2000). 어린 아동들의 안녕과 인지적 · 사회적 발달은 아버지의 자원 제공과 애착, 정서적 투자 등에 의해 긍정적인 영향을 받는다(Lamb, 1997). 어떤 연구들은 아버지 참여와 자녀의 능력 간에 정적인 상관을 보여 준다(Yogman, Kindlon, & Earls, 1995).

이에 관해서 설명이 명확하지는 않지만 몇 가지 가능한 답들이 있다. 아버지 참여는 어머니-자녀 관계에 직접적인 영향을 줌으로써 간접적으로 자녀의 성과에 영향을 미칠 수 있다(Tamis-LeMonda & Cabrera, 1999). 아버지의 참여가 높을수록 아버지는 어머니를 잘 대하고 이것은 어머니-자녀의 관계에 긍정적인 영향을 준다. 즉, 자녀의 어머니와 좋은 관계를 가진 아버지들은 자녀의 생활에 더 잘 참여하게 되는 것이다(Belsky, 1998).

아버지들은 자녀에게 직접적인 영향을 미치기도 한다. 경제적인 안정은 매우 강한 영향 요인으로 빈곤과 성취, 사회적 문제, 비행 등과 밀접한 관련이 있다(Tamis-LeMonda & Cabrera, 1999). 또한 아버지들은 자녀들의 기술, 특히 운동 기술을 잘 가르쳐 주며, 오늘날에는 많이 변하기는 했으나 전통적으로 아버지가 어머니보다 더 자주 수학이나 과학 문제에 도움을 준다. 아버지의 충고와 안내를 통하여 자녀들은 안정감을 갖고 성공에 대한 자신감을 고취시킬 수 있다.

앞으로 아버지들이 자녀의 동기에 주는 직 · 간접적 영향을 명확히 발견하는 추후 연구가 필요하다. 더불어 자녀와 함께 살지 않는 아버지의 영향에 대한 연구도 필요하다. 아이들이 어머니와 함께 사는지 혹은 다른 가족들과 함께 사는지에 따라 아버지의 참여에는 많은 다양성이 존재한다.

부모의 학교교육 참여

아동의 성취와 관련하여 부모의 학교교육 참여의 중요성을 보여 주는 연구들은 많다(Fan & Chen, 2001). 하지만 부모의 학교교육 참여가 아동의 학습동기에 미치는 영향에 관한 연구는 매우 적은 편이다.

부모가 자녀들의 학교교육에 참여하는 방식에는 여러 가지가 있는데, 가장 일반적인 방식은 자녀의 숙제와 과제에 참여하는 것이다. 부모들은 또한 자녀의 학교를 방문하여 교사를 만나고, 학교 활동과 행사에 참가하기도 하고, 학교에 자원봉사를 가거나 학교 행사를 위한 자원을 모으고, 자녀의 진로 선택에 도움을 주고, 아동의 학업 진도가 뒤처지지 않도록 하고, 그들의 교육적 가치를 자녀에게 심어 줌으로써 학교교육에 참여하게 된다. 많은 연구들이 부모의 학교교육 참여가 학교 활동, 내재적 동기, 지각된 유능성과 통제, 자기조절, 숙달목표지향, 독서에 대한 동기 등과 같은 여러 동기 관련 변인에 긍정적으로 작용함을 보여 준다(Gonzalez-DeHass, Willems, & Doan Holbein, 2005; Ratelle, Guay, Larose, & Senécal, 2004). 부모 참여는 아동의 자기조절기술의 발달과 유의미한 관계가 있다(Stright, Neitzel, Sears, & Hoke-Sinex, 2001). 선행 연구는 집 없는 가족의 부모 참여 역시 아동의 성취 및 적절한 학교 태도와 긍정적인 관계가 있다는 것을 보여 주기도 한다. 또한 아동의 적절한 학교 태도는 동기와 밀접한 상관이 있다(Miliotis, Sesma, & Masten, 1999).

학교 밖이나 안에서 이루어지는 아버지의 참여는 아동의 동기와 성취에 직접적인 관련이 있다(Gonzalez-DeHass et al., 2005; Tamis-LeMonda & Cabrera, 1999). 비록 아버지가 부모-교사 협의회나 학교 회의와 같은 행사에서 어머니에 비해 덜 참여할지라도, 이러한 활동에서 아버지의 참여는 매우 중요하다. 아버지의 참여는 아버지가 자신의 시간 일부를 학교에서 보내려고 한다는 점에서 자녀에게 학교가 중요하다는 메시지를 줄 수 있을 것이다.

Gonzalez-DeHass와 동료들(2005)은 부모의 참여가 아동의 동기에 미치는 이점에 대해 그럴듯한 설명을 제공한다. 첫째, 부모의 참여가 아동의 지각된 유능성(자기효능감; 4장 참조)과 통제를 향상시킨다는 것이다. 자신의 학습에 대해 높은 효능감과 통제를 느끼는 아동은 학습에 대해 높은 동기를 가지기 쉽다. 둘째, 부모의 참여는 또한 아동에게 안전감과 유대감을 가져다준다. 특히 부모의 참여는 아이들이 성장하면서 자신이 부모에게 매우 중요한 존재임을 알게 해 준다. 이러한 유대감은 아동이 그와 같은 생각을 가진 또래들과 우정을 키우도록 돕는다. 셋째로, 부모의 참여는 아동이 교육적 가치를 내면화하는 것을 돕는다. 부모의 참여는 교육이 중요하다는 것을 시사하며, 이러한 가치는 아마도 학교 중퇴를 고려하고 있는 친구를 가진 청소년들에게 특히 중요할 것이다. 마지막으로, 아동의 동기는 실제로 부모의 참여를 증가시킬 수 있다. 아동이 학교 생활을 잘하고자 하며 활동에 참여하고자 할 때, 부모들은 그들을 지지하고 격려하려 한다. 그러므로 부모의 참여와 아동의 동기 간의 영향은 상호보완적이다. 이러한 개념의 몇 가지 적용 사례는 〈적용 8-2〉에서 확인할 수 있다.

적용 8-2 부모와 가족의 지지 전략을 적용하기

부모들은 자녀의 동기에 직접적(예: 충고 제공, 숙제를 하도록 하는 것 등)으로 혹은 간접적(예: 바람직한 활동과 그들의 동기에 영향을 주는 사람들에게 안내)으로 영향을 줄 수 있다. 이러한 예는 다음과 같다.

1. 영희는 집에서 누워 뒹굴면서 TV와 비디오를 보며 지냈다. 영희의 학습동기를 자극시키기 위하여 부모는 영희를 여름 도서 클럽에 가입하도록 하였다. 그리고 영희가 책 10권을 읽으면 주말에 해변에 데려가기로 하였다. 이것은 영희를 동기화시키게 되어 긍정적인 효과를 가져왔다. 10권의 책을 끝내고도 독서에 대한 동기가 유지되어 새 학기가 시작되기 전까지 5권의 책을 더 읽은 것이다.

2. 김준호 씨는 일주일에 한 번 3학년인 딸 수희를 데리러 학교에 가서 같이 점심을 먹는다. 김준호 씨는 언제나 몇 분 일찍 도착하여 수희가 수업이 끝나 나오기 전에 학교에 들어가 교직원(예: 교장, 교내 방송 직원, 사무실 직원, 교사 등)과 다른 학부모들과 인사를 한다. 수희는 아버지와 점심을 먹으러 나가는 것을 좋아한다. 이렇게 아버지가 바쁜 일정 속에서도 시간을 내어 학교에 와서 수희와 지내는 것은 아버지가 학교를 얼마나 중요하게 생각하는지를 수희에게 보여 주는 것이다. 학년이 중반쯤에 이르렀을 때 김준호 씨는 학교의 몇 가지 활동에 자원봉사하게 되었고 이것은 그가 수희의 학교 활동에 참여하려는 동기를 더욱 높였다.

3. 12세 태규의 부모는 태규의 친구 두 명이 학업을 중요하게 생각하지 않는 집단에 있는 것이 걱정되었다. 어느 날 여름 밴드 캠프 광고를 보고 누가 참석하는지 다른 부모들과 함께 살펴보았다. 태규의 부모는 캠프에 참가하는 많은 학생들이 좋은 성적

을 받는 학생들인 것을 알고 태규에게 그 캠프에 참가하라고 설득하였다. 태규의 친구들 중 누가 그 캠프에 참여할지 통제할 수는 없지만, 캠프에 참여하는 학생 집단들이 학교 생활을 잘하는 아동들이었기 때문에 많은 신경을 쓰지 않았다.

4. 14세인 재호의 친구들 대부분은 주말에 쇼핑센터에서 시간을 보낸다. 재호의 부모는 재호가 그들과 어울리지 않기를 바란다. 재호의 반 친구 중 시내에 오래된 건물을 하나 소유하고 있는 한 학생의 부모도 같은 걱정을 했다. 재호의 부모를 비롯한 다른 부모들은 다 같이 그 건물을 수리하여 청소년들을 위한 게임과 장비들을 들여놓았다. 그 건물이 개방되자 재호와 많은 아동들은 쇼핑센터에 가는 대신 그곳으로 오기 시작했다. 부모들은 돌아가며 아이들의 활동을 감독하였는데, 그러면서 재호의 부모는 거기에 오는 아동들이 학교에서 사회적이고 학구적인 학생들이라는 것을 알게 되었다.

5. 10세인 리나는 학교에서 돌아오면 매일 어머니에게 학교에서 있었던 일에 대해 이야기한다. 그녀의 어머니는 이 시간에 하던 일을 멈추고 리나에게 관심을 집중한다. 리나는 자신의 요구에 반응하는 어머니에게 늘 감사한 마음을 갖는다. 대화가 끝나면 리나와 어머니는 숙제를 하기 위한 계획을 세운다. 그리고 교사로부터 받는 리나의 성적표는 어머니가 양육 효능감을 갖도록 하는 데 도움을 줄 뿐만 아니라 계속해서 리나와 시간을 가질 수 있도록 동기화시켜 주고 있다.

이를 요약해 보면 부모의 학교교육 참여가 아동의 심리적 행동, 학습동기, 성취뿐만 아니라, 인지, 사회, 그리고 정서 발달에 큰 영향을 미친다는 증거가 있다고 할 수 있다. | 응용연구 8-1 |은 이러한 문제에 대해서 좀 더 설명하고 있다. 우리는 이제 아동의 동기 및 성취에 영향을 미치는 조기 개입 프로그램의 역할에 대해서 살펴볼 것이다.

| 응용연구 8-1 |

부모는 자녀의 교육에 어떻게 참여할 수 있는가?

이 장에서 우리는 자녀의 교육에 부모가 참여하는 것이 아동의 학습과 동기에 긍정적인 영향을 미친다는 것을 보여 주는 연구를 살펴보았다. 그러나 이와 동시에, 아동이 성장하면서 또래의 영향이 증가하게 될 뿐만 아니라 부모가 그들의 삶을 방해하지 않기를 바라는 아동의 소망으로 인해 부모가 참여를 계속 유지하는 것이 점차 어려워지게 된다.

부모가 자녀를 통제하는 것처럼 보이지 않으면서 자녀의 교육에 계속 참여할 수 있는 방법들은 다양하다. 그중 몇 가지를 소개하면 다음과 같다.

1. **아이에게 대부분의 참여자들이 긍정적인 성취 믿음과 행동을 보여 주는 모임이나 활동에 참여하도록 격려하라.** 여기에는 학교 동아리, 음악 단체, 체육 팀을 예로 들 수 있다. 학생은 여러 활동과 운동에 참여하면서도 계속 성적을 유지해야 한다. 바빠진다는 것은 학생이 시간 관리법과 공부 기술을 학습하도록 요구하기 때문이다. 부모들은 누가 자녀의 친구가 되는지를 통제할 수는 없지만, 성취를 가치 있게 생각하는 학생들로 구성된 또래 집단으로 자녀를 이끌 수는 있다.
2. **아동의 교육과정을 함께 계획하라. 이것은 고등학교에서 매우 중요하다.** 부모들은 자녀 및 학교 상담자와 함께 필수과목 및 선택과목을 논의할 수 있다. 이러한 과정은 아동이 자신의 능력에 맞는 교육과정을 이수하도록 하는 데 도움을 주기 때문에 너무 쉽거나 어렵다는 이유로 과목을 포기하는 일은 발생하지 않을 것이다. 너무 쉽거나 어려운 난이도는 동기를 저해한다.
3. **아동의 숙제, 시험, 과제를 파악하고 아동이 과제들을 완수할 수 있도록 시간계획을 세우는 것을 도와라.** 아동은 종종 과제를 완수하기 위해 얼마의 시간이 필요한지에 대해 비현실적이다. 대부분의 부모들은 자녀가 과제에 대해서 아무런 말도 하지 않고 있다가 갑자기 과제가 내일까지라고 말하여 당황했던 경험이 있을 것이다. 부모들은 일상적으로 자녀에게 숙제가 무엇이며 언제까지 완수해야 하는지 묻는 것이 좋다. 계획표를 사용하는 것은 주로 중학생과 고등학생에게 매우 도움이 될 것이다. 일단 필요한 사항을 알고 있으면 부모와 자녀는 과제를 완수하기 위한 계획을 논의할 수 있다.
4. **학교 활동에 참여하라.** 부모들이 학교에 참여할 수 있는 방법은 많다. 어린 아동은 일반적으로 자신의 부모가 교실에 있는 것을 개의치 않는다. 아동이 성장함에 따

라 부모들은 학부모회, 부모-교사 협의회, 학교 체육대회, 그리고 학교 행사에 지속적으로 참석해야 한다. 또한 부모들은 미디어 센터나 방과 후 학교 활동 등에 일하는 조심스러운 방식으로 자원봉사를 할 수도 있다.

조기 개입 프로그램

이 장에서는 가정 환경과 부모의 참여가 아동의 학습동기에 매우 중요한 역할을 한다는 것을 보여 주었다. 이는 격려하는 가정 환경에 있지 않거나 학교 생활에 참여하지 않는 가족의 아동은 학습과 성취에 부정적인 영향을 받게 되어 심각한 동기적 손실을 입게 될 것임을 암시한다.

지난 몇 년간, 아동이 학교교육에서 혜택을 받을 수 있도록 도와주는 많은 조기 교육 프로그램이 실행되어 왔다. 가장 널리 알려진 프로그램은 헤드 스타트다. 이 장에서는 조기 개입 프로그램의 동기적 효과성과 관련한 내용들을 요약하고자 한다.

헤드 스타트

조기 개입 효과 중 가장 잘 알려진 것은 미국의 저소득 가정의 학령 전 아동(3~5세)을 대상으로 연방정부가 지원을 하는 헤드 스타트(Head Start) 사업이다. 헤드 스타트가 처음으로 시행된 1965년부터 천만 명이 넘는 아동이 헤드 스타트 프로그램에 참여하였다. 헤드 스타트 프로그램은 학령 전 아동에게 집중적인 교육 경험뿐만 아니라, 사회, 의학, 그리고 영양 관련 서비스를 제공한다. 대부분의 프로그램은 부모 교육과 참여 요소도 함께 포함하고 있다(Washington & Bailey, 1995). 헤드 스타트에 대한 초기 평가에서는 모든 프로그램이 IQ 점수에 대해 단기적인 증진을 가져올 수 있는 것으로 나타났다. 헤드 스타트 프로그램에 참여하지 않은 비교 집단의 아동과 비교할 때 프로그램에 참여한 아동들이 유치원과 1학년에서 실시된 인지 평가에서 더 높은 수행을 보였다(Lazar, Darlington, Murray, Royce, & Snipper, 1982). 비록 헤드 스타트 프로그램에 참여한 아동들이 10세에서 17세가 되면 이러한 차이는 확인되지 않지만, 참여자들이 비참여자들에 비해서 학년을 유급하거나 특수교육을 받거나, 고등학교를 중퇴할 가능성이 더 적은 것으로 나타났다(Lazar et al., 1982).

다른 연구들과 마찬가지로, 헤드 스타트에 관한 연구들은 가정과 가족 요소가 프로그램 참여자들의 성과에 영향을 줄 수 있다는 것을 보여 주고 있다. 예를 들어, Robinson, Lanzi, Weinburg, Ramey와 Ramey(2002)는 국가 헤드 스타트/공립학교 유아 전환 운동 사업(National Head Start/Public School Early Childhood Transition Demonstration Project)에 참여한 5,400명 아동 가운데 성취수준이 상위 3%인 아동들을 3학년 때 조사한 바 있다. 다른 아동들과 비교해서, 이 아동들은 상대적으로 보다 부유한 자원(자본)의 가정에 속해 있었다. 이러한 가정은 또한 보다 긍정적인 양육 태도를 가지고, 자녀의 학업 발전을 매우 지지하고 격려하며, 자녀의 학교에 자주 자원봉사를 나갔다. 교사들은 이러한 아동들이 학문적으로 성공하는 데 보다 높은 동기를 가졌다고 보고하였다. 비록 동기 변인에서 아동의 점수는 큰 차이가 없었지만, 상위 3% 집단에 속한 아동의 경우 다른 집단에 속한 아동에 비해 더 적은 수의 아동이 학교가 부정적이라고 응답했다. 그러므로 일반적인 가정뿐만 아니라 저소득 집단의 경우에도 더 나은 부모의 지원과 가정의 자원이 아동의 성취와 동기에 긍정적인 영향을 미친다고 할 수 있다.

다른 개입 프로그램

헤드 스타트의 성공에 힘입어, 오늘날 미국의 많은 주들은 저학년 아동의 실패를 감소시키기 위해 공립학교의 지원 아래 3, 4세 아동을 위한 유치원 입학 전 프로그램을 실시하고 있다. 미국의 4세 아동 가운데 24%와 저소득 가정의 절반 이상 아동이 유치원 입학 전 프로그램에 참여하고 있는 것으로 추정된다(Clifford, Early, & Hill, 1999). 대부분의 프로그램들은 반나절 동안 이루어지며, 교사-학생 비율, 사회경제적 다양성, 민족 다양성, 질, 교육과정에 있어 프로그램마다 매우 다양한 모습을 보인다. 그럼에도 불구하고 이러한 프로그램들에 대한 초기 평가는 희망적이다. 유치원 입학 전 프로그램에 입학한 아동들은 언어와 수학 기술의 표준 측정에서 평균적으로 향상됨을 보여 주었다(FPG Child Development Institute, 2005). 이러한 프로그램들의 장기적인 이점은 아직 알려지지 않았지만, 다음에서 기술하였듯이 양질의 조기 개입 프로그램은 아동에게 장기적인 이득을 가져다줄 수 있을 것이다.

저소득 가정의 아동을 위한 학령 전 프로그램 가운데 매우 효과적인 것 중 하나는 High/Scope Perry 취학 전 프로젝트다. 이 프로젝트는 헤드 스타트에 앞서 1962년에 시작되었다. 이 2년짜리 프로젝트에서 3, 4세 아동은 반나절 동안 Piaget의 발달 원리에 기초한 인지 지향적 프로그램을 제공받게 된다(Oden, Schweinhart, & Weikart, 2000). 또한 교사들은 수업 활동에 대해 검토하고 가정에서 유사한 활동을 할 수 있도록 논의하기 위해 매주 90분씩 어머니와 아동들을 가정 방문한다. 25년에 걸쳐 수집된 종단연구 자료는 이 프로그램이 아동의 학교 성취를 향상시키고, 특수교육 기간을 감소시키며, 학년 유급을 줄이고, 학교 교육과정을 모두 마치게 한다는 것을 보여 주었다(Oden et al., 2000; Schweinhart & Weikart, 1997).

또 다른 연구는 유아기에 시작된 조기 개입 프로그램의 영향이 아동이 학교에 입학할 때까지 유지될 수 있다는 것을 보여 주었다. Campbell, Pungello, Miller-Johnson, Burchinal과 Ramey(2001)는 Carolina Abecedarian 프로젝트를 통해 종단 자료를 수집하여 이를 평가하였다. 이 사업은 저소득 가정의 아동을 대상으로 하는 종일제 아동보육사업으로 1972년에 시작되었다. 이 프로그램에는 유아(약 3개월)부터 8세의 아동까지 참여하였다. 프로그램의 참여자들은 하루 종일 이루어지는 프로그램에 참석하고, 근육, 인지, 언어, 그리고 사회적 기술의 발달을 촉진하기 위해 전문가의 가정 방문을 받도록 하였다. 아동이 초등학교에 입학하면, 학교교육에 부모의 참여를 증진시키기 위한 부모 교육 요소가 추가된다. 후에 유아기부터 성인 초기에 이르기까지 평가가 이루어졌다. 연구자들은 개입 프로그램의 이점이 아동이 마지막 평가를 받을 때까지(그들 중 다수가 21세에 마지막 평가를 받았다) 지속된다는 사실을 발견하였다. 이렇게 장기적 효과를 평가하는 것은 매우 가치 있는 일이긴 하지만, 언제, 어떤 조기 개입 프로그램을 실시하는 것이 아동이 학교 생활을 준비하는 데 좋은지 판단해 내는 것은 어려운 일이다.

비록 조기 개입 프로그램이 특별히 동기 변인을 측정하고 있지는 않지만, 우리는 조기 개입이 아동이 학교에서 성공하는 기술을 익히는 것 외에도 학교 학습에 대한 아동의 자기효능감을 형성시킬 것이라고 가정한다. 성공할 것이라는 더 많은 자신감을 가지고 학교에 입학한 아동은 학교 학습에 대해 낮은 자기효능감을 가진 아동에 비해서 더 높은 학습동기를 보인다. 학습에 대한 자기효능감을 지속적으로 강화시키는 것은 학습을 향상시킨다. 이러한 관점에서, High/Scope Perry 취학 전 프로젝트에서 수집된 자료는 프로젝트에 참여한 아동이 참여하지 않은 아동에 비해 학교에 보다 헌신적임을 보여 준다(Barnett, 1995).

지역 공동체의 참여

지금부터는 지역 공동체가 아동의 학습동기에 미치는 영향을 살펴볼 것이다. 지역 공동체의 영향력은 일반적으로 인정되고 있지만, 최근까지 그러한 영향력에 대한 체계적인 연구는 거의 이루어지지 않았다.

참여의 유형

아동교육에 있어서 지역 공동체의 참여는 새로운 것이 아니다. 실제로 대부분의 학교들이 지역 공동체를 여러 가지 방법으로 참여시키고 있다. 지역 공동체의 참여 형식은 매우 다양하다. 가장 흔한 형식은 학교에서 일하고 학부모회에서 활동하는 부모들의 자원봉사다. 그들은 자녀의 교실, 사무실, 미디어센터, 혹은 그 밖의 여러 곳에서 일할 수 있다. 지역 공동체 구성원들은 방과 후 학교 활동을 돕거나 행사 개최 준비에 참여할 수 있다. 지역 공동체 구성원들은 아동과의 대화나 교실 방문에 초대받을 수도 있다.

또 다른 형식의 참여는 학생들이 그들의 지역을 견학할 때처럼 학생들을 지역 공동체 속으로 데려오는 것이다. 지역 공동체 사업과 관련된 실습 프로그램들이 종종 계획되고, 여기서 학생들은 사업 과정과 관련된 훈련을 받으며 하루 중 일부 시간을 보낸다.

최근 다양한 지역 공동체 기관들은 아동과 청소년들이 학교에 있지 않을 때 더 많은 프로그램을 제공하는 역할을 적극적으로 하기 시작했다. 지난 30년간 어머니들의 참여 경향을 살펴보면, 유치원에서부터 중학교 2학년 사이에 있는 아동의 약 38%가량이 방과 전, 방과 후 학교 프로그램에 참여하고 있는 것으로 추정된다(National Center of Education Statistics, 2001a). 이러한 프로그램은 계발 활동(예: 음악, 미술, 혹은 댄스 레슨), 4-H 클럽(역자 주: 실천을 통하여 배운다는 취지 아래 설립된 세계적인 청소년 단체), 스카우트, 조직적인 운동, 그리고 다양한 후원자(예: 공공 레크리에이션 프로그램, 청소년 리더십 협회, 교회, 개인적인 사업)를 통한 레크리에이션 활동 등을 포함하여 매우 다양한 형식을 취할 수 있다. 명시적으로 학업에 초점을 맞춘 방과 전, 방과 후 학교 프로그램은 상대적으로 새로운 것이기는 하지만 21세기 지역 공동체 학습센터를 위한 연방 정부의 지원금으로 급격하게 확장되고 있는 추세다(Dryfoos, 1999).

1998년에 시작된 이러한 연방 정부의 참여는 아동 및 청소년에게 학교 밖에서도 약물복용을 하지 않고 성인의 감독하에 안전한 환경을 제공해 주기 위해 학교와 비영리 지역 공동체 기관 간에 제휴를 맺는 것이 그 목표다. 이러한 프로그램들 중 다수가 레크리에이션과 자기 계발을 위한 기회뿐만 아니라 개별 지도와 교육적 향상 요소를 포함하고 있다(Dryfoos, 1999).

아동들은 이러한 학교 밖 활동들을 통해 이득을 얻을 수 있을까? 조기 개입에 대한 연구와 마찬가지로 그 답은 보살핌과 프로그램 내용의 질에 달려 있다(Vandell & Shumow, 1999). 대부분의 학교 기반 프로그램들은 학업성취와 학교에 대한 태도, 그리고 교실 행동에서 긍정적인 효과를 보여 준다(Dryfoos, 1999). 학교 기반 프로그램의 이점은 특히 저소득 가정의 아이들에게 많은 것으로 보인다(Mahoney, Lord, & Carryl, 2005).

이러한 방과 전, 방과 후 학교 프로그램을 제외하더라도 학교 전체의 지역 공동체 참여 사례들이 있다. 가장 잘 알려진 프로그램이 학교 발전 프로그램(School development program)인데, 이에 대해선 다음에서 논하고자 한다.

학교 발전 프로그램

James Comer는 학교 프로그램의 계획과 실행에 지역 공동체가 참여해야 한다는 입장을 옹호하는 것으로 잘 알려져 있다. Comer와 동료들은 학교 발전 프로그램(School Development Program: SDP; Comer, 2001; Comer & Haynes, 1999)을 개발하였다. 이것은 1968년에 두 학교에서 시작되었고 500개 이상의 학교로 미국 전역에 확산되었다.

이 프로그램의 원동력은 Comer의 학교 경험에서 나왔다. 이것은 그가 학교에서 일한 초기의 일화와 관련이 있는데, 이에 대한 내용은 다음과 같다.

> 내가 본 것은 믿을 수가 없었다. 아이들은 소리와 비명을 지르고 뛰어다니며 서로 때리고 욕하고 교사들까지도 욕했다. 교사가 질서를 요구하면 바로 무시되었다. 내가 정숙과 질서를 요구하자 나도 무시당했다. 이전에는 내게 전혀 일어나지 않았던 일이었다. 우리 교사들은 혼란스럽고 절망스러웠다(Comer, Haynes, & Joyner, 1996, p. 2).

커머 프로그램(Comer Program)이라고도 불리는 학교 발전 프로그램은 다음과 같은 원리에 기초한다(Emmons, Comer, & Haynes, 1996; 〈표 8-4〉 참조). 아동의 행동은 물리적, 사회적, 심리적 환경과의 상호작용에 의해 형성된다. 아동이 잘 발달하기 위해서는 성인과의 긍정적인 상호작용이 필요하다. 아동을 중심으로 수립된 계획 및 아동과 성인의 협력은 긍정적인 상호작용을 강화시킨다. 아동 발달을 위한 계획은 전문가와 지역 공동체 구성원들과의 협력적인 노력으로 이루어져야 한다.

학교 발전 프로그램은 무엇을 포함하는가? 여기에는 세 가지 원리가 있는데, 합의, 협동, 무과실이다. 이러한 원리에 따라 결정은 일치된 합의에 기초하여 이루어지며, 이것은 중요한 결정에서 이기기 위하여 한쪽을 일방적으로 지지하는 것을 막아 준다. 협동은 팀의 한 부분으로 기꺼이 일하도록 요구한다. 무과실은 변화에 대한 책임을 모두가 수용한다는 것을 의미한다.

교직원과 이해관계자들은 세 팀으로 조직되었다. '학교 계획과 관리 팀' 은 학교 활동을 계획하고 조정하였다. '학부모 팀' 은 학교 활동의 모든 수준에서 부모들을 참여시켰다. '학생과 교직원 지원 팀' 은 전반적인 학교 문제 예방과 개별적인 학생 사례들을 다루었다.

프로그램의 핵심은 이것이 학교 차원의 포괄적인 계획이라는 것이다. 주요 구성은 교육과정, 교수, 평가, 사회 및 학업 분위기, 그리고 지역 공동체와 학교 간의 정보 공유 등을 포함하며, '학교 계획과 관리 팀'은 학교장, 교사, 부모, 협력 직원 등을 포함한다. 포괄적인 학교 계획은 학업, 사회적 분위기, 교직원 발전, 지역 주민과의 유대 관계 안에서의 활동들을 조직화하여 제공하고, '학교 계획과 관리 팀' 이 우선순위를 정하고 이에 따라 학교 발전을 조정할 수 있도록 허용한다(Comer et al., 1996).

초기에 이 프로그램이 성공하자 그 후 대학, 교육청, 또 다른 기관과의 파트너십을 형성하는 것으로 확대되기에 이르렀다. 참여 대학은 학교 발전 프로그램에서 사용되는 목표들과 과정을 중심으로 하여 기존의 예비교사 프로그램을 수정하였다.

표 8-4 ▸▸ 학교 발전 프로그램의 원리

- 아동의 행동은 물리적, 사회적, 심리적 환경과의 상호작용에 의해 결정된다.
- 아동이 잘 발달하기 위해서는 성인과의 긍정적인 상호작용이 필요하다.
- 아동 중심 계획과 성인과의 협동은 긍정적인 상호작용을 강화시킨다.
- 아동 발달을 위한 계획은 전문가와 지역 공동체 구성원들이 협력하여 수립해야 한다.

출처: Emmons et al. (1996).

학생의 동기에 미치는 영향

Comer 학교는 학생들의 동기에 어떤 영향을 미치는가? Comer와 동료들이 보고한 결과는 매우 인상적이다(Haynes, Emmons, Gebreyesus, & Ben-Avie, 1996). Comer 학교는 학생들의 성취에서 큰 성과가 있었고 수학, 읽기, 그리고 언어 기술에서 지역 교육청 학교들의 평균을 훨씬 능가하였다.

긍정적인 동기 변화에 대한 보고도 있었다(Haynes et al., 1996). Comer 학교의 학생들은 다른 학교 학생들보다 일반적으로 출석, 학급 행동에 대한 교사의 평정, 권위에 대한 태도, 집단 참여 등에 모두 긍정적인 변화를 나타내었다. 또한 Comer 학교 학생들은 통제집단 학생들에 비해 자기개념 검사에서 높은 점수를 받았다.

Cook과 동료들은 Comer 학교의 효과성을 Comer 프로그램의 일부가 아닌 비슷한 다른 학교들과 비교하여 평가하였다(Cook et al., 1999; Cook, Murphy, & Hunt, 2000). 연구자들은 다양한 측정 도구를 가지고 시카고 그리고 메릴랜드 주 조지스 카운티의 프로그램들을 평가했다. 그들은 실행된 프로그램에서 학교 간 다양성을 발견하였다. 통제집단 학교들과는 달리, Comer 학교의 학생과 교사들은 학교 분위기를 보다 호의적이라고 판단하였다. 비록 Comer 학교 구성원들이 읽기와 수학 점수에서 통제집단의 학교에 비해 약간 높은 점수를 보였지만, 성취 점수는 학업에 강력히 초점을 맞춘 참여 학교에서 가장 두드러졌다. 이러한 결과는 학업 분위기와 사회 분위기를 모두 강조하여 실행한 Comer 프로그램의 중요성을 분명히 나타낸다.

그러나 학교 발전 프로그램이 어떻게 학생들의 동기에 영향을 주는지 결론짓기 위해서는 더 많은 자료가 필요하다. 또래와 가정에 관련된 앞에서의 논의를 고려해 보면 학교 관계자와 지역 공동체 구성원들의 많은 참여가 긍정적인 결과를 가져올 것이라고 기대할 수 있다. 학교가 학교 발전 프로그램을 수용하는지에 관계없이 사용된 원리들, 특히 지역 공동체 구성원들의 참여 증가는 학교에 이익을 가져온다. 이 장의 서두에서 김다희 교장이 학교 발전 프로그램 원리의 많은 부분을 한얼 초등학교에 적용한 것을 살펴보았다. 이러한 프로그램의 적용 사례는 〈적용 8-3〉에 나타나 있다.

적용 8-3 지역 공동체 참여 전략의 적용

교육전문가들이 지역 공동체 구성원들을 그들 자녀의 학교에 참여하게 만드는 방법은 많다. 일반적으로 사람들은 자신들의 도움이 필요할 때 기꺼이 도와주려 한다.

1. 김다희 교장과 마찬가지로 민현식 교장은 한빛 고등학교의 교장으로 보다 적극적인 지역 공동체의 참여를 위해 노력하고 있다. 지역 교육청 예산이 삭감되자 민 교장은 학교 조경 사업을 수행할 예산을 얻을 수 없었다. 그는 지역의 사업체를 방문하여 이 사업에 기부하도록 설득할 학부모 자원봉사자 명단을 만들었다. 유아원에서는 나무와 관목, 나무뿌리에 덮을 짚을 기증하였고, 주택 개조 센터에서는 정원 장비를 기증하였으며, 많은 기업체가 자금을 기부하였다. 민 교장은 학부모 팀을 조직하였고, 이들은 토요일마다 식목과 조경을 하였다. 학교 자부심은 높아졌고 사람들은 학교를 개선하려는 목표로 동기화되었다. 이러한 변신은 매우 인상적이어서 신문은 이것을 인기 기사로 실었다.

2. 신동 초등학교에서 1km 떨어진 곳에 은퇴자 지역 공동체가 있다. 심영희 교감은 최근 지역 사람들에게 학교를 방문하여 학생들의 읽기를 도와주도록 요청하였다. 30명의 지역 주민이 자원봉사를 자청하였을 때 심 교감은 그들을 위해서 교습 훈련 프로그램을 짰다. 지역 주민들은 1주일에 한 번 혹은 두 번 방문하여 1~2시간 프로그램에 참여하였고 개별 학생들을 30분간 가르쳤다. 주민들은 누군가를 도울 수 있다는 경험에 만족하였고 아동들은 읽기 기술과 동기가 높아졌으며, 교사들은 이러한 지원에 매우 감사하였다. 학년 말에 심 교장은 이러한 개인교사들과 학생 모두를 위해 피자 파티를 열었다.

3. 불곡 중학교는 단위 학교 경영을 실행하는 한 지역 교육청에 속해 있다. 전동휘 교장은 학부모 조직의 회원들에게 계획을 설명하고 학교 시설, 교육과정, 장기 계획에 대한 세 개의 학교위원회에서 자원봉사할 사람들을 모집하였다. 몇 명의 학부모들이 지원하였고 전 교장은 학부모, 교사, 관리자, 직원, 그리고 학생들로 구성된 위원회를 구성하였다. 학교에서 일하는 것과 더불어 각 위원회의 대표들은 지역 협의회나 시민 동호회 등과 같은 지역 공동체 모임에 정기적인 보고서를 제출하였다. 더 많은 지역 공동체 참여가 이루어지자 교직원, 학생, 지역 공동체 구성원 간에 지속적인 학교 개선을 위한 동기가 강화되었다.

4. 미정 초등학교의 교사들은 학교 전체 차원에서 지역 공동체에 관한 사회 교과과정을 실시하려고 하였다. 그들은 지역의 단체들과 오랫동안 살아온 주민들을 포함시켜 계획위원회를 조직하였다. 각각의 단원이 개발된 후에 각 학년 수준별로 전반적인 학습결과가 산출되었다. 저학년에서는 집, 상점, 거리, 공원 등 지역 공동체에 무엇이 있는가를 공부하였다. 고학년에서는 지역 공동체의 역사를 배우고 바위 생성, 지하수 위치 등 과학적 측면에 대해서도 공부하였다. 또한 모든 학생들은 지역 공동체 견학을 다녀왔다. 주민들과 대표들은 어떻게 공동체가 형성되었고 시간에 걸쳐 어떠한 큰 변화가 있었는지에 대한 정보를 제공하기 위해 학급과 학생들을 방문하였다. 각 학년에 걸쳐 학습의 연속성을 유지하고 매년 지역 공동체에 대하여 더 배우도록 동기를 부여하였다.

문화와 동기

가족에 대한 대부분의 연구는 주로 중산층을 대상으로 표본을 수집한다. 우리는 이 장에서 낮은 계층의 가족들을 대상으로 수행된 연구의 사례를 설명한 바 있다. 연구 결과는 매우 일관되게 나타났으며, 학생들의 학업성취와 관련하여 부모의 신념과 부모의 참여가 갖는 이점은 일관되게 확인된 결과 중 하나다.

예를 들어, Halle, Kurtz-Costes와 Mahoney(1997)는 경제적으로 어려운 아동의 부모들의 성취 신념과 행동에 대해서 조사한 적이 있다. 부모 신념은 아동의 성취 결과와 밀접한 관련이 있었다. 나아가, 아동의 수리 능력과 읽기 능력에 대한 부모의 인식 사이에 정적 관계가 확인되었다. 또한 책이 많은 가정의 아동은 책이 별로 없는 가정의 아동에 비해 더 높은 읽기 성취를 보였다(책은 경제력의 지표 가운데 하나다). Hill(2001)은 사회경제적 지위가 낮은 가정(이들 중 대부분은 흑인이다)의 유치원생들의 경우 사전 읽기(pre-reading) 수행과 부모가 교육에 얼마나 가치를 두는지가 부모-교사 간의 관계에 관한 교사의 평정과 정적 관계가 있다는 것을 밝혀냈다.

우리가 학교 너머와 지역 공동체를 살펴볼 때, 우리는 문화가 동기에 어떻게 영향을 미치는지 설명할 수 있으며 문화적 차이의 정도를 확인할 수 있다. 동기 과정에서의 문화적 차이와 다양성은 설명적이라기보다 기술적(descriptive)이다. 즉, 그것은 차이의 소재, 방향, 중요성을 나타내지만, 무엇이 차이를 가져오는지에 대한 설명은 부족하다. 문화적 차이를 설명하기 위해서는 먼저 신념, 태도, 행동을 조사하고 관찰된 차이들과 이들을 연결시켜야 한다.

연구자들은 여러 가지 이유로 인하여 동기에 있어서 문화적 차이를 찾아내지 못했다. 문화(그리고 민족적 배경)는 주로 통제 변인으로 다루어져 왔기 때문이다. 다시 말해 문화의 영향을 통계적으로 통제하여 동기에 대한 다른 변인들의 영향을 주로 연구한 것이다. 이로 인해 문화적 정체성과 차이가 연구에서 부차적인 요인으로 다루어지고, 그 결과 연구자들은 결과에 대해 일반적인 해석에 머물게 되는 것이다(Portes, 1996).

잠재적인 문화적 차이에 대한 잘못되고 부족한 해석은 인간의 동기를 설명하고자 하는 모든 이론에 심각한 제한점을 가져온다. 기대-가치이론이 한 예다. 초기 연구는 성취동기를 매우 개인적이고 경쟁적인 관점에서 설명하였다(Atkinson, 1957; McClelland et al., 1953). 즉, 어떤 과제를 빨리 그리고 다른 사람들보다 잘 해내고자 하는 사람은 성취에 대해 높은 동기를 가진다는 설명이 그것이다.

그런데 이러한 설명은 서양 사회와 남성 성취에 치우친 관점이라고 비난받고 있다(Schunk, 2000). 세상에는 경쟁과 개인적 성취보다 협동과 집단 성취가 높게 평가되는 문화도 있다. 많은 교육자들은 또한 이러한 경쟁적 행동들이 전통적인 여성성과 모순되는지에 대해서도 의문을 가지고 있다. 그러므로 고전적인 기대-가치이론의 일반화는 문화적 신념과 사회적 관습에 의하여 제한을 받을 수 있다.

비슷한 예로 동기에서 목표의 중요성에 초점을 둔 최근의 쟁점에서도 찾을 수 있다. 학습과 수행목표(5장 참조), 사회적 목표, 그리고 다중 목표(Wentzel, 1996)에 대한 현대 연구 결과들은 서양 문화에 매우 치우쳐 있다. 우리는 다른 문화 학생들이 또래에 비해 더 잘 수행하는 것에 관심을 갖는지, 그리고 학업적 목표를 사회적 목표와 함께 다루고 있는지 등에 대하여 살펴보아야 한다.

이러한 쟁점에 관한 연구 결과들은 McInerney, Hinkley, Dowson과 Van Etten (1998)에 의하여 발표되었다. 연구자들은 호주의 고등학생을 세 집단, 즉 백인 호주인, 호주 토착 원주민, 그리고 이민자로 나누어 숙달, 수행, 사회적 목표를 측정하였다. 그 결과, 세 집단이 목표 신념에서 유사한 것으로 나타났다. 모든 집단은 숙달 욕구를 만족시키는 것에 강조를 두었고 사회적 목표와 수행목표 욕구를 만족시키는 것을 덜 중요하게 평가하였다. 이것은 백인과 이민자 호주 학생들에게 효과가 가장 크게 나타났으며, 호주 토착 원주민 학생들은 성공이 숙달목표와 수행목표 욕구를 만족시키는 것에 기인하다고 믿는 경향성이 낮았다. 결과적으로 호주 토착 원주민 학생들은 다른 집단보다 사회지향적이고, 덜 개인지향적인 것으로 나타났다.

이러한 결과들은 문화적 지식의 관점에서 해석되어야 한다. 많은 호주 토착 원주민 학생들은 전통적인 가치(예: 소속, 사회적 관심)를 중시하는 집안의 출신이다. 그러므로 그들이 더 큰 가치를 그런 목표에 두는 것은 놀랄 만한 일이 아니다. 이러한 아동과 이와 비슷하게 반응하는 다른 집단의 아동들에 대한 교육적 시사점은 협동학습과 같이 사회적 연계를 포함하는 많은 활동들이 교육에 포함되어야 한다는 것이다. 그러나 이것이 숙달에 대한 강조를 학교에서 포기해야 한다는 것을 의미하지는 않는다. McInerney와 동료들(1998)의 연구에서, 모든 집단들은 숙달목표지향이 되도록 고무되어 있었다. 또한 숙달목표지향과 수행목표지향은 창의적으로 연결될 수 있다. 앞으로 이루어질 다른 문화들에 대한 연구는 동기 연구에 지대한 공헌을 할 것이며, 앞으로의 연구에 대한 중요한 방향을 제시할 것이다. 우리가 다양한 맥락과 문화에서의 동기를 진정으로 이해하기를 원한다면, 우리가 동기에 대한 일반적인 원리들을 발전시킨 것과 같이, 동기 연구 결과가 전 문화에 걸쳐 일관성이 있는지를 확인하는 것은 매우 중요한 일이다.

Kinlaw, Kurz-Costes와 Goldman-Fraser(2001)는 유럽계 미국인 어머니들과 중국계 미국인 어머니들 간의 귀인 신념을 비교했다. 귀인 연구와 일치하게(3장), 연구자들은 중국계 미국인 어머니들이 노력 관련 신념을 더 많이 강조하는 것으로 나타났다. 또한 학교 준비성 검사에서 중국계 미국인 학생들이 준비성과 자율성에서 더 높은 점수를 받았다. 비록 이와 같은 자료가 상관 연구이기 때문에 인과관계를 보여주는 것은 아닐지라도, 연구 결과는 심지어 학령기 이전 어머니의 귀인 신념에 있어서 문화적 차이가 존재한다는 것을 보여 준다. 이것은 아동이 학교에 입학한 후 이러한 신념이 동기 및 학습과 긍정적인 관련을 가질 수 있음을 말해 준다.

요약

또래, 가족, 문화, 그리고 지역 공동체에서 비롯된 사회문화적 영향은 학생의 발달, 성취, 동기에 매우 중요한 역할을 한다. 이러한 많은 요인들은 학교 내에서의 학습과 동기의 다양한 측면에 영향을 주지만, 이와 동시에 공식적 학교 생활 밖에서도 큰 영향을 준다.

모델링은 또래가 다른 학생들에게 영향을 주는 중요한 과정이다. 모델링의 중요한 기능 세 가지는 억제/탈억제, 반응촉진, 그리고 관찰학습이다. 모델은 관찰자의 믿음에 영향을 준다. 모델과의 유사성은 그들의 영향력을 증가시킨다. 또래들이 공유한 배경과 경험의 유사성은 결과 기대와 자기효능감에 영향을 줄 수 있다.

또래들이 영향력을 행사하는 또 다른 방법은 목표의 선택을 통하여 나타난다. 학생들은 친구들을 사귀고 학교의 학업도 잘 수행하는 것 등과 같은 다중 목표를 모두 성취하기를 바랄 수 있다. 또래들로부터의 수용에 대한 바람은 목표 선택에 영향을 줄 수 있다. 다수의 목표들이 서로 갈등을 빚을 때 동기와 행동은 영향을 받을 수 있다.

또래 네트워크는 학생들이 연계하는 보다 큰 또래 집단이다. 네트워크의 학생들은 많은 면에서 유사한 경향이 있다. 또래 네트워크는 구성원들의 학습동기에 여러 가지 방향으로 영향을 미칠 수 있다. 네트워크는 학생들의 사회적 상호작용에 대한 성격을 규정하고 타인의 상호작용을 관찰하여 가능한 활동이 무엇인지 알게 한다. 연구자들은 동기적 사회화가 네트워크 안에서 발생한다는 것을 발견하였고 네트워크의 구성원들은 시간이 흐름에 따라 점점 더 유사해짐을 보여 주었다.

또래 압력은 친구, 도당, 무리로부터 행사된다. 압력은 직접적일 수 있으나 구성원들이 따라야 한다고 생각되는 규범과 기준을 통하여 종종 간접적으로 작용한다. 압력은 아동기에 발생하기도 하나 중학교 2~3학년에 최고조로 작용한다. 불행하게도 또래 압력이 가장 강한 이 시기에 자녀의 활동에 대한 부모의 참여는 감소하며, 이로 인하여 청소년들은 또래 압력에 더욱 민감하다.

연구자들은 학교 적응과 학교 중퇴에 관한 요인들을 분석한 결과, 이 두 현상은 모두 학습동기에 대한 요소를 수반하는 것으로 나타났다. 적응은 학생들의 인정에의 욕구, 동일시의 욕구, 자기고양의 욕구, 그리고 옳고자 하는 욕구 등에 의하여 영향을 받는다. 학업적인 것을 중시하는 또래 관계에 있는 학생들은 초등학교에서 중 · 고등학교로 진학할 때 적응을 더 잘한다. 학교 중퇴는 학교 활동에 대한 낮은 참여와 또래들의 부정적인 영향으로 예측된다.

가족은 학생들의 발달과 동기에 매우 결정적인 요소다. 가정에서 사용하는 양육 방식의 유형은 학교와 관련된 성과와 매우 밀접한 관련을 맺고 있다. 엄격하거나 지나치게 방관적인 양육 태도는 아동의 동기와 학교 성취에 부정적인 영향을 준다. 반대로, 아동이 자신의 행동을 조절하고 책임감을 가질 수 있도록 안내와 제약을 제시하는 권위형(authorative) 양육 태도는 아동에게 도움이 된다.

학교교육에 대한 가족 참여는 자녀의 동기를 예측한다. 자주 연구되는 변인은 사회경제적 지위다. 낮은 사회경제적 배경을 가진 아동은 낮은 성취와 동기를 나타내는 경향이 있다. 이러한 결과를 가져오는 변인들에는 가정에서의 적은 학습 자원, 학교생활에 대한 미숙한 준비, 그리고 학교교육의 가치에 대한 부적절한 이해 등이 포함된다.

흥미 있는 활동이 많은 가정은 아동의 학습동기를 자극한다. 가정 환경의 질은 특히 아동기에 영향을 주며, 청소년기로 가면서 그 중요성이 감소한다. 부모가 의사결정을 할 때 아동의 의견을 반영하고 제시하는 형태로 기대를 전달하고, 아동의 기분을 존중하면서 선택권을 제공하면 아동의 동기는 보다 높아진다.

자녀 양육에 대한 어머니의 효능감 신념은 아동의 동기를 예측하는 데 도움이 된다. 아동의 요구에 대한 어머니의 반응은 매우 중요하다. 아동의 학교 생활에 대한 아버지의 참여는 동기와 긍정적인 관계가 있다. 부모가 학교에 참여하는 것은 교육이 중요한 가치를 가지고 있다는 것을 분명히 전달하는 것이다. 아버지는 자원을 제공하고 어머니와 자녀의 긍정적인 관계를 촉진하는 것을 통하여 아동의 동기에 대해 간접적으로 영향을 줄 수도 있다.

조기 개입 프로그램은 아동이 학교에 입학하는 것을 준비할 수 있도록 도와준다. 1960년대와 1970년대에 개발된 양질의 프로그램은 아동에게 장기적으로 도움이 된다는 것을 보여 주었다. 오늘날 많은 학교 체제는 저학년의 학업적 어려움과 실패 같은 일을 줄이기 위해 유치원 입학 전 프로그램을 운영하고 있다.

교육에 대한 지역 공동체 참여의 중요성도 부각되고 있다. 지역 공동체 구성원들은 전통적으로 학교 활동과 지역 공동체 견학 등의 방법을 통하여 교육에 참여하고 있다. 학교 발전 프로그램(school development program: SDP)은 Comer와 동료들에 의하여 개발되었고 이는 학교 발전 원리에 기초한다. 오늘날 많은 지역 공동체들은 맞벌이 부모를 가진 아동들을 위한 방과 전과 후의 학교 프로그램을 제공하기 위해 학교들과 협력하고 있다.

학교 발전 프로그램은 지역 공동체 구성원들을 교과과정을 계획하는 데 참여시키고, 학교와 공동체 간의 협력을 강조하여 공동체의 교육에 대한 참여를 높은 수준까지 올렸다. 연구 결과들에 따르면 학교 발전 프로그램의 학생의 동기에 긍정적인 영향을 주는 것으로 나타났다.

동기 변인에서 종종 문화적 차이가 나타난다. 태도, 신념, 문화적 관습 등은 이러한 차이의 원인을 규정하는 데 고려되어야 한다. 사회경제적 지위와 같은 외부적 변인의 효과를 통제하는 것도 중요하다. 문화적 혹은 민족적 집단 간에 동기의 차이가 믿을 수 있게 나타났을 때, 학생들은 그들의 학습동기를 향상시키기 위해 개발된 프로그램에 참여함으로써 더 많은 혜택을 받을 수 있을 것이다.

추천 읽기자료

Berndt, T. J. (1999). Friends' influences on students' adjustment to school. *Educational Psychologist, 34*, 15-29.

Bradley, R. H., & Corwyn, R. F. (2002). Socioeconomic status and child development. *Annual Review of Psychology, 53*, 371-399.

Comer, J. P., Haynes, N. M., & Joyner, E. T. (1996). The school development program. In J. P. Comer, N. M. Haynes, E. T. Joyner, & M. Ben-Avie (Eds.), *Rallying the whole village: The Comer process for reforming education* (pp. 1-26). New York: Teachers College Press.

Lamb, M. (1997). *The role of the father in child development.* New York: Wiley.

National Research Council and Institute of Medicine. (2002). *Community programs to promote youth development.* Washington, DC: National Academy Press.

Newman, R. S. (2000). Social influences on the development of children' s adaptive help seeking: The role of parents, teachers, and peers. *Developmental Review, 20*, 350-404.

Stinberg, L., Brown, B. B., & Dornbusch, S. M. (1996). *Beyond the classroom: Why school reform has failed and what parents need to do.* New York: Simon & Schuster.

제9장 교사의 영향

교수 활동
- 교수계획과 의사결정
- 수업 집단 편성
- 효과적인 교수
- 모델의 사용

교사-학생 상호작용
- 교사의 피드백
- 보상
- 학급 풍토
- 칭찬과 비판
- 요청받지 않은 도움

교사 기대
- 피그말리온 연구
- 교사 기대 효과의 모형
- 차별적 교사 행동
- 비평

교사 효능감
- 원인과 결과
- 집단 자기효능감

구성주의적 교수

요 약

추천 읽기자료

올해 교직 생활이 6년째인 김 교사는 학급을 맡으면서 지금처럼 낙심한 적이 없었다. 이번 학기가 시작되고 2개월이 지난 후, 그녀는 자신이 담임으로 있는 4학년 학급을 포기하고 싶을 지경이었다. 김 교사의 문제 중 하나는 그녀가 지난 여름에 새로운 지역에 오게 되었고, 익숙하지 않은 학교에서 일하게 되었다는 것이었다. 그러나 이보다 더 큰 문제는 김 교사가 학생들과 상호작용하는 데 있었다. 김 교사는 자신이 완전히 녹초가 되었다고 생각했다.

김 교사는 학기가 시작되기 일주일 전 학생들을 맞이하기 위해 교실을 정리하고 있었던 그날을 떠올려 보았다. 노련한 박 교사가 일이 잘되고 있는지 둘러볼 겸 김 교사에게 들렀다. 박 교사는 자리에 앉아 김 교사에게 그녀가 맡게 될 반 학생들 몇 명에 대해 설명해 주었다. 철재는 여름에 도둑질하다가 붙잡혔고, 정주는 학대하는 아버지와 살고 있으며, 지영이의 어머니는 약물 중독자이며, 진범이의 형은 감옥에 있고, 종환이의 아버지는 알코올 중독자였으며, 채수는 나이 많은 불량배들이랑 어울려 다닌다고 하였다. 박 교사는 "김 선생님, 그 아이들에게 너무 많은 것을 기대하지 마세요. 그리고 최선을 다하되 너무 무리하지는 마세요. 그 아이들은 학교에서 잘하기엔 너무 많은 문제를 가지고 있어요. 그러니 누구도 선생님을 비난하지 않을 거예요."라고 말해 주었다. 박 교사는 김 교사에게 신경 쓸 가치가 있는 몇몇 착한 학생들의 이름도 말해 주었다.

김 교사는 아이들을 만났을 때, 박 교사에게 들었던 이야기들만 생각났다. 학기가 시작되고 처음 몇 주 동안, 김 교사는 박 교사가 말해 줬던 것을 토대로 각각의 학생들에 대한 기대치를 세우고, 그것에 맞추어 행동했다. 이전에 김 교사는 평균 학급 수준으로 수업을 했으나, 지금은 학생들이 할 수 있을 것이라고 생각되는 수준으로 낮추어 수업을 했다. 김 교사는 새로운 단원을 소개할 때, 내용이 조금 어려울 수 있으며 일부 학생들은 따라가기 어려울 수 있다고 이야기했다. 그녀는 똑똑하다고 생각하는 학생들에게는 어려운 질문을 했고, 배우는 데 어려움이 있다고 생각하는 학생들에게는 쉬운 질문을 했다. 또한 학습 집단을 편성할 때는 학업 능력이 뛰어난 학생들과 학업이 뒤처지는 학생들을 서로 떨어뜨렸다.

예상했던 대로, 그녀의 기대에 따라 시나리오는 그대로 연출되었다. 잘 학습할 수 있을 것이라 기대했던 학생들은 잘 따라왔지만, 그녀가 기대하지 않은 학생들은 잘 학습하지 못하였다. 잘 못하는 학생들은 점점 더 뒤처져 갔고, 김 교사 스스로도 그들을 도우려는 동기가 점점 낮아져 갔다. 학급 규율 문제는 더욱 심각해졌다. 김 교사가 낙심하는 것도 이상한 일이 아니었다.

김 교사는 지역 대학의 석사학위 과정에 입학했다. 그녀가 수강한 수업 가운데 하나는 동기에 대한 단원을 다루고 있었다. 그 단원은 교사의 기대와 학급 요인이 학생들의 동기에 미치는 영향에 대한 논의를 다루고 있었다. 김 교사는 교사의 기대가 자기충족적 예언이 될 수 있다는 연구 결과를 흥미롭게 읽었다. 가령, 교사가 기대를 낮게 하면 높은 기대를 할 때보다 학생들의 수행이 나빠진다는 것이다. 김 교사는 대학 수업 시간에서 그녀의 경험을 공유하였으며, 이에 대한 활발한 토론이 이어졌다. 김 교사는 이 주제에 매우 많은 관심을 가지게 되었고, 이 주제를 수업의 학기말 논문 주제로 선택하였다.

김 교사는 자신의 교수 방침에 조금 변화를 주기로 하였다. 첫째, 김 교사는 학생들을 차별하는 것을 멈추고, 대신 모든 학생들이 배울 수 있다고 생각하기로 하였다. 김 교사는 성취에 대해 더 높은 기준을 가지고 다시 교수계획을 세웠다. 김 교사는 단원을 소개할 때 학생들이 성실하게 임하기만 하면 누구나 수업 내용을 학습할 수 있다고 말했다. 또한 그녀는 학습 집단을 편성할 때 능력 수준이 다른 학생들을 함께 배치했고, 모든 학생들이 자기 집단의 성공을 위해 책임이 있다는 것을 강조했다. 김 교사는 무엇이 학생들에게 동기를 부여할 수 있는지에 대해서 생각하고, 이를 토대로 모든 학생들에게 도전감을 주었다.

학급의 변화는 즉시 나타났다. 박 교사가 학습할 수 없을 것이라고 이야기했던 일부 학생들은 사실 쉽게 학습할 수 있었다. 학생들은 학습에 보다 높은 동기를 가졌고, 학급 규율 문제는 줄어들었다. 학업에 뒤처졌던 학생들도 수업에 따라오기 시작했다. 김 교사는 맡은 학급을 절대 포기하지 않기로 결심했고, 자신이 학생들의 학습을 잘 도와줄 수 있다는 것을 느꼈다. 그리고 결국에는 이번 해가 그리 나쁘지 않았음을 깨달았다!

교사가 학생들의 학습동기에 영향을 줄 수 있다는 사실에 이의를 제기할 사람은 거의 없을 것이다. 앞의 김 교사의 일화는 학급에서 교사가 학생들의 학습동기에 영향을 미치는 몇 가지 방식을 보여 주고 있다. 수업계획을 세우고 학생들과 상호작용을 하는 과정에서, 교사들은 학생들의 동기에 많은 영향을 미칠 수 있도록 교실 상황을 구성할 수 있다. 하지만 역사적으로 동기 부여자로서의 교사의 기능은 좁은 의미에서만 다루어져 왔다. 학생들에게 동기를 부여하기 위한 교사들의 주요 수단은 성적, 차별, 칭찬, 상, 그리고 스티커를 이용하여 보상을 제공하는 것이었다. 조작적 조건화 이론(1장 참조)으로부터 나온 이러한 관점은 동기의 근원을 환경에 둔다. 조작 체계의 궁극적 목표는 학생들이 각각의 학습에 많이 참여하도록 하는 것이다. 교사는 수업자료들을 정리하여 제시하고, 학생들은 이에 반응하며 강화를 받는다. 학습은 교사와의 상호작용이 거의 없을 때도 이루어질 수 있다(Keller, 1968).

교사의 이러한 역할은 다양한 자료로부터 얻은 증거들로 인해 바뀌고 있다. 실제로 교사들이 행하는 모든 것은 잠재적으로 학생들의 동기에 영향을 줄 수 있다(Stipek, 1996). 이러한 교사의 행동에는 교사가 의도적으로 학생에게 동기를 부여하기 위해 하는 행동들(예: 목표 설정, 우수한 수행에 대한 보상)뿐만 아니라, 일반적인 수업 관련 활동(예: 학습 집단 편성, 질문 전략), 그리고 학급을 운영하려는 교사의 노력, 학급 규율과 관련된 문제행동을 감소시키는 방법들 역시 포함된다.

학습동기 연구의 또 다른 발전은 교사와 학생의 상호 호혜적인 영향에 대한 인식이 증대된 것이다. 교사 효능감에 대한 많은 선행 연구들은 교사의 행동이 학생들의 동기에 영향을 준다고 여겼으나, 학생들의 행동이 교사에게 어떤 영향을 미치는지 알아보는 노력은 거의 없었다(Dunkin & Biddle, 1974). 최근의 연구 결과들은 학생들이 교사의 생각과 행동에 영향을 미칠 수 있다는 것을 보여 주고 있다. 교사의 계획과 수업 활동은 학생들의 인지와 학습에 영향을 주고, 마찬가지로 수업 활동에 대한 학생들의 반응 역시 교사들의 생각과 행동에 영향을 준다. 이런 관점은 인지, 행동, 환경 요소간의 상호작용을 강조한 Bandura(1986)의 주장을 상기시킨다(4장 참조).

이 장은 학생들의 동기가 교사의 교수 활동과 어떤 관련이 있는지에 대한 논의로부터 시작할 것이다. 그리고 교사와 학생의 상호작용에 대해 논의하고, 학생의 학습과 수행에 대한 교사의 기대가 어떻게 학생의 동기에 영향을 미치는지 다룰 것이다. 다음으로, 교사 효능감의 동기적 역할에 대해서 설명하고, 마지막으로 구성주의적 교수의 실제에 대해 논의하면서 이 장을 마무리할 것이다.

이 장을 학습한 후에 다음과 같은 문제들에 대하여 답할 수 있어야 한다.

- 교사들이 가장 많이 취하는 교수계획과 의사결정 과정의 유형에 대해 설명할 수 있다.
- 경쟁적, 협동적, 개인적 학습 집단 편성 구조의 주요한 차이에 대하여 상술할 수 있다.
- 몇몇 효과적인 교수 활동들에 대해 언급하고, 그것들이 왜 동기와 성취를 증진시키는지 설명할 수 있다.
- 교사의 다양한 피드백(성적, 동기전략, 귀인전략) 형태가 학생들의 동기 부여에 어떤 영향을 주는지 설명할 수 있다.
- 권위적, 민주적, 방임적 지도 방식에 대해 상술하고, 이 방식들이 잠재적으로 학생들의 동기부여에 어떤 결과를 불러오는지 설명할 수 있다.
- 교사가 학생에 대한 기대를 어떻게 형성하는지, 또 그러한 교사의 기대가 학생들의 동기에 영향을 미치는 교사의 행동으로 어떻게 드러나는지 설명할 수 있다.
- 교사 효능감을 정의하고 그것이 학생들의 동기 및 성취와 어떤 관련이 있는지 설명할 수 있다.
- 구성주의적 교수의 원칙이 어떻게 학생들에게 동기를 부여하고 학습을 촉진시키는지 이해할 수 있다.

교수 활동

교사의 교수 활동(instructional practices)은 학생들의 동기와 학습에 영향을 미친다. 오늘날 학습에 대한 인지적 관점 및 구성주의적 관점은 학생들이 학습할 과제에 능동적으로 참여할 때, 그들이 가장 잘 배울 수 있다고 가정한다. 이러한 시각은 정보를 수동적으로 받아들임으로써 학생들이 학습할 수 있다고 가정한 전통적인 행동주의적 관점과 대치된다(Schunk, 2004). 오늘날 연구자들 및 교육자들은 교사의 교수 활동이 학생들의 배우고자 하는 동기와 실제 학습에 영향을 미칠 수 있다는 것을 안다.

수업에 있어서 두 가지 매우 중요한 측면은 계획과 교수로, 이것은 교수 활동을 위해 집단을 편성하는 것을 포함한다. 이 장에서 우리는 이러한 교수 활동이 학생들의 동기에 미치는 영향에 대해서 살펴볼 것이다.

교수계획과 의사결정

교수계획에 대한 많은 모형들은 학생들의 학습을 촉진하기 위해 교사가 무엇을 해야 하는지에 대해서 규정하고 상술하는 것으로 시작한다(Clark & Yinger, 1979). 이러한 모형들은 학습목표를 구체적으로 기술하고, 교사와 학생의 활동을 선택하며, 그러한 활동을 조직하고, 평가하는 수단을 자세히 설명하는 단계들을 포함하고 있다. 이러한 모형들은 수업의 목표를 달성하기 위해서는 교수계획이 정돈된 사고를 필요로 한다고 가정하기 때문에 선형적이고 합리적이다. 또 다른 교수계획 모형은 교사가 어떤 학습 활동을 해야 할지 결정하는 활동으로부터 시작하는 것으로 교수계획을 생각한다. 이러한 맥락에서, 학습목표는 학습 활동들로부터 기인하며, 이 활동들과 함께 통합된다. 이 모형에서는 교수 활동의 수단과 목표가 통합되기 때문에 목표는 초기에 구체화되지 않는다.

최근 학습이론과 연구 방법이 발전하면서 몇몇 연구자들은 이러한 교수계획 모형의 유형에서 벗어나서, 학생들을 가르치기 전, 가르치는 동안, 그리고 가르친 후 교사의 사고 과정을 살펴보고자 하였다(Gagné, Yekovich, & Yekovich, 1993). 이러한 관점에서 볼 때 교수계획과 의사결정은 수업 전 교수 활동에 제한되는 것이라기보다는, 수업이 실시되고 있는 동안을 포함하여 모든 교수 과정에서 일어나는 것이라 할 수 있다. 이 관점은 기억에 있어서 정보의 수용, 조직, 부호화를 강조하는 학습에 대한 인지적 정보처리이론에 기반을 두고 있다(Anderson, 1990; Gagné et al., 1993). 교사의 사고 과정을 탐구하기 위해서 연구자들은 인터뷰와 설문지를 통한 자기보고식 방법, 교사들이 교수계획을 하는 사고 과정을 말로 표현하는 사고 구술법(think-aloud protocols), 교사들이 자신의 수행을 찍은 비디오테이프를 보면서 교수계획을 세우고 교수 활동을 하는 동안의 자신의 사고 과정에 대해 설명하도록 하는 자극 회상(stimulated recall) 등과 같은 방법을 사용한다(1장 참조).

교수계획은 학생들의 요구와 능력, 그리고 동기와 같은 특성에 의해 크게 영향을 받는다(Clark & Peterson, 1986; Clark & Yinger, 1979). 학생들의 능력과 적성에 따라, 교사는 학생들이 주어진 수업목표를 달성하도록 어떻게 촉진할 것인가에 관심이 있을 뿐만 아니라, 자신의 수업과 활동이 얼마나 학생들의 흥미를 끌 수 있을 것인지에도 관심을 가진다. 교사가 학생의 흥미를 고려하는 경우, 학생들의 활동이 논리적으로 학습목표를 구체화하는 것으로부터 계획되지 않으며, 학습목표를 구체화하는 것이 교수계획에 있어서 언제나 가장 중요한 요소로 간주되지는 않는다(Zahorik, 1975).

학생들의 동기에 대한 고려는 교사의 의사결정에 있어서 중요하다. Clark와 Yinger (1979)는 초등학교 교사로 하여금 연구자가 구성한 국어 수업 장면들을 보고 자신의 학급에서 각 활동을 얼마나 사용하고 싶은가의 관점에서 점수를 매기도록 한 연구를 보고한 바 있다. 이후 교사는 점수를 높게 매긴 활동들에 대해서, 어떤 특징 때문에 그런 결정을 내렸는지 그 특징을 열거하도록 하였다. 이 중 자주 언급된 특성들은 학생(특히, 학생들의 동기와 참여)을 포함하고 있는 것들이었다.

수업을 진행하는 동안의 교사 의사결정에 대해 조사한 연구들에서 역시 이와 비슷한 동기의 중요성을 찾을 수 있다. 한 연구에서, 교사들은 자신이 실시한 수업의 한 부분을 보고, 특정 시점에 자신이 어떤 생각을 하고 있었는지 기억하도록 요청받았다. 이 연구의 중요한 발견은, 교사들은 수업이 잘 진행되지 않는다고 생각할 때에만 다른 대안적인 교수방법을 사용하려고 하며, 교사들이 자신의 수업이 잘 진행되고 있는지를 판단하는 중요한 잣대는 학생들의 관심과 참여라는 점이다. 즉, 교사들은 학생들의 동기가 처질 때, 학습법을 바꾸려고 생각한다는 것이다. 다른 연구 역시 학생들의 동기와 관련된 인지적, 정의적 과정에 대한 교사 자신의 추측이 교사들이 수업을 진행하는 동안 내리는 의사결정에 많은 영향을 미친다는 점을 지지한다(Clark, & Yinger, 1979).

종합해 보면, 교사들은 종종 합리적인 교수계획 모형을 따르지 않는데 그것은 그들이 수업계획을 수업의 특정 목적이나 목표와 관련하여 시작하지 않기 때문이다(Clark & Yinger, 1979). 교사들은 종종 학생들의 참여와 관심과 같은 동기적인 것에 대해 먼저 주목한 뒤, 수업 환경이나 가르칠 내용에 대해 고려함으로써 교수계획을 시작한다. 수업 중에 일어나는 의사결정과 관련하여 교사들은 보통 그들의 계획에서 거의 벗어나지 않는다. 그러나 교사들이 계획에서 벗어나는 것은 주로 학생들의 흥미가 떨어지는 것과 같은 동기적인 이유 때문이다. 교사와 학생 간에는 상호적인 영향이 존재한다. 교사들은 교수계획과 수업을 통해서 학생들의 동기와 학습에 영향을 준다. 그러나 수업에 대한 학생들의 반응 역시 교사들로 하여금 수업 상황에 대해 인식하게 하고, 학생들의 동기와 학습에 더 좋은 효과를 준다고 믿는 전략들을 실행하도록 한다.

수업 집단 편성

교수계획의 중요한 요소 가운데 하나는 학생들이 수행할 활동을 결정하는 것이며, 이는 학생들의 집단을 어떻게 편성할 것인지 결정하는 것을 포함한다. 집단 편성이 학생들의 학습동기에 미치는 효과에 대한 많은 연구들이 존재한다(Webb & Palincsar, 1996). 집단 편성 유형에는 경쟁적 상황, 협동적 상황, 개인적 상황의 세 가지가 있다.

'경쟁적' 상황에서는 개인들의 목표가 서로 부적으로 연결되어 있고, 그래서 한 사람이 목표를 획득하면 다른 사람이 목표를 얻을 기회가 줄어들게 된다. '협동적' 상황이란 구성원의 목표가 정적으로 연결되어 있어서 타인이 목표를 획득해야만 개인도 자신의 목표를 획득하게 되는 경우다. '개인적' 상황은 각 개인들의 목표 사이에 관련이 없는 상황이다. 즉, 어떤 한 사람이 자신의 목표를 성취하느냐 성취하지 못하느냐는 다른 사람들이 목표를 달성하는 데 아무 영향을 미치지 않는다(Johnson & Johnson, 1974; Slavin, 1983a, 1995). 〈표 9-1〉에 이 세 집단 편성 유형에 대한 설명과 예시가 나와 있다.

학습 집단의 구조는 학생들에게 자신의 능력에 대해 알려 주는 단서를 제공한다는 측면에서 동기에 많은 영향을 미친다(Ames, 1984; Johnson & Johnson, 1985). 경쟁적 집단 구조는 능력의 중요성과 다른 사람의 수행과 자신의 수행을 사회적으로 비교하는 것을 강조한다. 동기는 학생들이 자신이 다른 사람보다 잘한다고 믿을 때 향상되지만, 자신의 수행이 다른 사람보다 열등하다고 느낄 때는 약화된다. 경쟁적 상황에서는 일부 학생들이 계속해서 상을 타는 일이 흔히 일어난다. 이러한 상황에서는 그 학급의 많은 학생들의 동기가 향상되지 않을 것이다. 개인적 집단 구조에서 보상은 자기 스스로 향상했을 때 주어진다(Ames, 1984). 학생들은 타인과 자신의 수행을 비

표 9-1 ▸▸ 학급 집단 편성

집단 편성 유형	설 명	예 시
경쟁적	학생들의 목표가 서로 부적으로 연결되어 있다. 즉, 다른 학생들이 목표를 성취하지 못했을 때만 자신의 목표를 이룰 수 있다.	교사가 '정규분포곡선'에 의해, 15%의 학생들에게는 A를, 25%의 학생들에게는 B를 주는 것 등
협동적	학생들의 목표가 서로 정적으로 연결되어 있다. 즉, 다른 학생들이 목표를 성취했을 때만 자신의 목표를 이룰 수 있다.	교사가 과제를 수행하기 위한 집단을 편성한다. 모든 학생들은 최종 결과물을 함께 완성하기 위해 자신들이 담당한 부분을 완성할 책임을 가지고 있다.
개인적	학생들의 목표가 서로 관련을 갖지 않는다. 즉, 자신의 목표 달성 여부는 타인의 목표 달성에 아무런 영향을 주지 않는다.	학생들은 개별적으로 컴퓨터 소프트웨어 프로그램을 가지고 학습하고 기록지에 목표 달성 여부를 기록한다.

교하기보다, 현재의 결과가 이전의 수행에 비해 얼마나 나아졌는지를 비교한다. 자신이 성장했다고 생각하는 학생들은 학습에 대한 자기효능감을 느끼게 되고 계속 나아가도록 동기를 부여 받는다(Schunk, 1989c; Schunk & Pajares, 2005). 협동적 집단 편성에서 학생들은 자신이 속한 집단의 수행에 따라 성공 또는 실패를 공유한다. 집단의 수행결과는 학생들의 능력에 대한 인식에 영향을 준다.

Ames(1981)는 아동의 자기평가에 대해 경쟁적 집단 편성과 협동적 집단 편성이 미치는 효과를 비교하였다. 경쟁적 조건하에서는 학생에게 짝을 짓게 하여 승자는 상을 받게 될 것이라 말하였다. 협동적 조건하에서는 그들이 특정한 수행목표에 도달하면 둘 다 상을 받게 될 것이라 말하였다. 경쟁적 조건하에서 수행결과는 한 학생이 다른 학생보다 우수하게 수행하는 것으로, 협동적 조건하에서 수행결과는 구성원 둘 다 그들의 목표를 이루거나 혹은 이루지 못하는 것으로 설정되었다. 그 결과, 협동적 집단의 수행결과가 학생들의 지각된 능력과 만족감에 직접적인 영향을 주는 것으로 나타났다. 또한 집단의 성공은 낮은 수행을 보인 개별 학생들의 부정적인 자기지각을 감소시켰고, 집단의 실패는 좋은 수행을 보인 학생들의 긍정적인 자기지각을 낮췄다.

이 연구를 비롯한 다른 연구들(Ames, 1984)은 경쟁적인 환경에서의 실패는 비경쟁적 상황보다 자기지각에 해로운 영향을 끼친다는 결과를 보여 주었다. 협동적 집단에서 낮은 성취자들은 높은 성취자들만큼 집단의 성공을 공유한다. 그러나 동시에, 협동적 집단이 실패했을 때 개별 수행과는 상관없이 학생들의 불만이 높아질 수 있다. 낮은 성취자들에게 있어서 협동적 집단에서의 성공적인 수행은 자기효능감을 구축하는 데 도움이 될 수 있다. 그러나 협동적 집단의 실패는 경쟁적 조건하에서의 실패와 똑같이 자기효능감에 부정적인 영향을 미친다(Ames & Felker, 1979).

교수계획뿐만 아니라 교사들이 어떻게 수업을 하고 학생들의 수행을 모니터할 것인지는 학생들의 동기에 중요한 영향을 미친다. 이 절에서는 교사의 교수 활동이 학생들의 동기에 미치는 영향에 관한 연구들을 살펴볼 것이다.

효과적인 교수

여러 연구자들은 교수 활동이 학생들의 성취에 미치는 영향에 대한 연구를 수행해왔다. 몇몇 연구에서 일부 교사는 학급에서 다양한 실제 수업을 할 수 있도록 훈련시키고, 나머지 다른 교사는 훈련 없이 기존에 하던 방식에 따라 계속 가르치도록 하였다. 이러한 연구들은 효과적인 수업 실제를 이행하도록 훈련받은 교사들이 그렇지 않은 교사들에 비해 학생들에게 더 높은 성취를 끌어낸다는 사실을 지속적으로 보여 주고 있다(Brophy & Good, 1986; Floden, 2001).

Rosenshine과 Stevens(1986)는 단계적으로 배울 수 있는 지식과 기술을 습득하거나 새로운 문제 또는 내용에 적용할 수 있는 일반적인 규칙을 획득하는 것이 목표인 상황에서, 효과적인 교사들이 어떻게 구조화된 내용을 가르치는지에 대한 연구를 검토하였다. 이러한 교수 활동의 예로는 구구단과 연산, 대수방정식 풀기, 해독 기술, 문법과 어휘, 기보법, 지도 읽기, 편지 쓰기의 기술, 그리고 역사와 과학의 사실적인 면에 대한 것들이 있다. 이에 대한 결과는 〈표 9-2〉에 요약되어 있다.

표 9-2 ▸▸ 구조화된 내용을 위한 효과적인 교수 활동

- 선행 학습 내용에 대하여 간단히 개관하고 목표를 진술하는 것으로 단원을 시작하라.
- 새로운 학습자료는 작은 단계로 진술하며 각 단계를 마친 후 학생들에게 연습할 시간을 주어라.
- 명확하고, 자세한 지시와 설명을 제공하라.
- 학생들에게 높은 수준의 연습 활동을 함께 제공하라.
- 질문을 해서 학생들의 이해 정도를 확인하고, 모든 학생들의 반응을 살펴라.
- 초기 연습 시간 동안 학생들을 안내하라.
- 체계적인 피드백을 주고 교정 수업을 필요시 제공하라.
- 교수는 명백히 하고, 자습 시간을 주어라. 또한 자습하는 동안 학생들의 상태를 확인하라.

출처: Rosenshine & Stevens(1986)로부터 발췌된 자료임.

〈표 9-2〉에 제시된 결과는 현대 학습에 관한 인지이론의 법칙과 일치한다(Anderson, 1990; Gagné et al., 1993). 예를 들어, 수업을 시작할 때 이전에 다뤘던 관련된 자료에 대해 짧게 복습하고 학습목표를 명시함으로써, 교사들은 학생들의 장기기억 내 정보를 활성화시키고, 또한 새로운 자료를 기억할 수 있는 인지 구조를 제공해 줄 수 있다. 학생들은 새로운 정보를 이전의 학습과 통합함으로써 보다 쉽게 정보를 처리할 수 있으며, 이로 인해 지식에 대한 더 나은 조직화된 사고 네트워크를 구축할 수 있다. 작은 단계마다 학습자료를 제공하고 연습시키는 것은 학생들의 정보처리 용량에 과부하가 걸리지 않도록 해 주고, 효과적으로 정보를 처리하며, 다른 자료들이 더 주어지기 전에 정보를 기억에 저장하도록 해 준다. 연습은 정보를 기억 속에서 조직하고 저장하는 것을 도와주는 반복 시연의 형식을 띤다. 연습을 반복함으로써, 의식적인 주의를 거의 기울이지 않고도 학습자료와 기술을 익힐 수 있는데, 이를 통해 새로운 학습을 위한 작업기억 용량의 여유를 가질 수 있다. 명확한 설명과 시연을 통해

학생들은 내용을 잘 이해할 수 있으며, 교사가 무엇을 말했는지 이해하기 위해 복잡한 사고 과정을 거치지 않을 수 있다. 학생들에게 질문을 하고, 이해했는가를 확인하며, 학생들의 학습 상태를 확인하고, 정확한 피드백을 제공함으로써 학생들은 효과적으로 학습할 수 있으며, 지식을 잘못 습득하기 이전에 오류를 바로잡을 수 있도록 해준다.

위에서 설명한 몇 가지 단계들은 특정 학습 내용 유형과 특정 학습자에겐 보다 중요하다(Rosenshine & Stevens, 1986). 가령, 작은 단계들로 나누어 가르치는 것은 학습에 문제가 있는 학생들, 특정 내용을 학습하는 초기 단계에 있는 학습자들, 그리고 정보처리 능력에 있어서 한계를 가진 어린 아이들에게 도움이 된다. 학습자료를 작은 단계로 나누어 제공하는 것은 학생들이 정보 과부하에 걸려 잘못된 학습을 하지 않도록 해준다. 더 어린 학생들은 더 많은 연습과 피드백을 필요로 한다. 발달이 진행됨에 따라 나이가 많은 학생들은 더 효과적으로 정보를 반복시연하고 부호화할 수 있기 때문에 상대적으로 연습 시간에 비해 교사의 강의가 더 늘어날 수 있다. 이 모든 사항들은 기본적인 기술을 숙달한 뒤에야 발전된 기술을 익힐 수 있는 과제처럼, 위계적으로 정리된 학습자료나 작은 단계들로 쪼개서 접근해야 하는 어려운 과제와 많은 연습을 통해 배울 수 있는 과제에 가장 잘 적용된다.

교수에 관한 연구와 학습에 관한 연구들을 통합하여, Rosenshine과 Stevens(1986)는 〈표 9-3〉에서와 같이 수업의 주요 기능에 관한 목록을 개발했다. 이러한 수업의 주요 과정들은 학생들의 학습동기와 성취를 증진시켜야 한다. 전에 다뤘던 학습자료에 대해 확인하는 것은 학생들이 새로운 학습을 준비하고 학습에 대한 초기 자기효능감을 가지도록 도와준다. 학생들은 선행 학습자료를 이해했다면 새로운 자료도 학습할 수 있다고 믿는 경향이 있다. 특히 작은 단계마다 새로운 학습자료를 제공하는 것은 학생들을 성공적인 수행으로 이끌고 성공적인 수행은 학습동기를 유지시키는 중요한 수단이 된다(Schunk, 1995, 2004). 교사의 피드백은 학생들의 자기효능감을 불러일으키는 또 다른 원천이다. 잘하고 있다고 격려해 주거나 정확한 정보를 제공해 주는 교사는 학생들이 학습에 대한 자기효능감을 유지하는 데 도움을 준다. 또한 개별과제는 자기효능감을 증가시킨다. 자기 스스로 과제에 성공할 수 있는 학생들은 학습에 대하여 자기효능감을 느끼고, 지속적으로 성장하고자 하는 동기를 가지기 때문이다. 학생들이 잘 수행하고 있는지 주기적으로 확인함으로써 학생들은 새로운 정보를 잘 학습하고 기억할 수 있다. 이를 통해 학생들은 자신의 능력에 대한 믿음을 가질 수 있으며, 이는 학습에 대한 그들의 동기를 향상시킨다.

표 9-3 ▸▸ 수업의 주요 기능

- 복습하라. 전날 배웠던 것을 다시 확인하라. 필요하다면 다시 가르쳐라.
- 새로운 학습자료들을 보여 줘라.
- 교사의 안내에 따라 학생들이 연습하도록 하라. 그리고 이해했는지 확인하라.
- 피드백을 제공하라. 필요하다면 다시 가르쳐라.
- 학생들에게 개별 과제를 제공하라.
- 주 단위나 월 단위 간격을 두고 복습하라.

출처: Rosenshine & Stevens(1986).

모델의 사용

모델은 학생들의 동기에 중대한 영향을 미친다(Bandura, 1986; Schunk, 1987; 4장 참조). 모델로서의 교사는 학생들에게 자기효능감에 관한 정보를 제공하는 대리적인 원천이 된다. 교사가 개념 및 학습 기술을 설명하고 시연하는 것을 관찰함으로써 학생들은 그들이 학습할 수 있다고 믿게 된다. 특히 교사가 학생들이 감당할 만큼의 학습자료를 보여 주고 명확한 설명을 제공할 때, 학생들은 교사의 설명과 정신적인 시연 과정을 따라가면서 자신이 자료를 학습하고 있다고 생각할 것이다.

또한 교사들은 학생들에게 설득력 있는 정보를 제공한다. 교사가 수업을 어떻게 소개하는가에 대한 다음 사례를 보라.

> 오늘 우리는 분모가 같은 분수들을 더하는 방법에 대해 배울 거랍니다. 지난 며칠 동안 우리는 분수에 대해서 알아보았고, 여러분 모두는 자연수를 더하는 방법도 알 거예요. 여러분들이 이미 할 수 있는 방법들을 통해 분모가 같은 분수들을 더할 수 있어요. 그래서 나는 여러분 모두가 분수를 더하는 방법에 대해 충분히 배울 수 있다는 걸 알고 있어요.

이러한 소개는 학생들에게 그들 자신이 스스로 학습할 수 있는 능력이 있다고 믿게 해 준다. 학생들의 자기효능감은 그들이 이 과제를 수행하고 성공을 경험하는 데 유효하게 작용한다. 또한 교사는 학생들의 주의를 끌고 유지시킬 수 있는 재미있는 표현이나 발표들을 통해 학생들의 동기를 향상시킬 수 있다. 주의는 학습에 있어서 매우 중요한 구성 요소이며, 주의를 통해 생긴 흥미는 학생들의 동기를 유발시킨다. 마지막으로, 교사는 종종 이 학습이 왜 중요한지에 관한 정보를 제공한다. 교사는 이 학습이 중요한 까닭과 그것이 다른 과제에 어떻게 도움을 주는지 학생들에게 알려 줌으로써, 학습자료에 주의를 기울이고, 내용을 기억하기 위해 정보를 조직하고 시연하며, 필요한 자료들을 활용하려는 학생의 동기를 향상시킬 수 있다.

또 다른 모델로서의 또래 역시 학생의 학습동기에 영향을 미친다(Schunk, 1987; 4장 참조). 비슷한 또래가 과제를 잘 수행하는 것을 보는 것은 자기효능감을 불러일으킨다. 학생들은 자신의 또래가 성공할 수 있다면 그들도 또한 성공할 수 있다고 믿는다. 이러한 자기효능감은 학생들이 주어진 과제를 잘 수행할 수 있도록 동기를 부여해 주고, 또한 성공을 경험하게 하는 데 유효하게 작용한다. 활용되는 모델의 수는 모델링에 있어서 중요한 변수다(Schunk et al., 1987). 모델이 하나일 때에 비해 여럿일 경우, 학생들이 모델 가운데 적어도 하나가 자신과 비슷하다고 지각할 가능성이 높아진다(Thelen et al., 1979). 능력과 같은 중요한 특성이 자기와 다르기 때문에 어느 한 모델의 성공을 도외시하는 학생이라도 과제를 성공적으로 수행한 다른 여러 또래 모델의 영향을 받을 가능성은 높다.

자기효능감을 높일 수 있는 다른 방법은 대처 모델(coping model)을 사용하는 것이다. 대처 모델은 초기에는 관찰자가 가진 전형적인 두려움과 결점을 드러내지만, 점차 보다 나은 수행을 보여 주며, 자신감을 획득하는 모델이다. 대처 모델은 노력과 긍정적인 자기 인식이 어려움을 어떻게 극복할 수 있게 해 주는지 보여 준다. 학생들은 숙달 모델들의 빠른 학습에 비해 자신들의 전형적인 수행과 비슷한 대처 모델들의 초기 어려움과 점차적인 성장을 관찰함으로써 동질감과 자기효능감을 증진시킨다.

교사의 교수계획, 의사결정, 그리고 교수 활동은 학생들의 동기에 긍정적인 영향을 미칠 수 있다. 몇 가지 교실에의 적용이 〈적용 9-1〉에 제시되어 있다.

적용 9-1 교수를 통해 학생들의 동기 향상시키기

계 획

1. 정 교사의 3학년 반에는 서로 다른 능력 수준을 가진 학생들이 있다. 정 교사는 어떤 학생들은 시각적으로 더 잘 학습하고, 어떤 학생은 청각적으로 더 잘 학습하며, 또 수업 시간에 손으로 직접 써 보는 것은 모든 학생들에게 도움이 된다는 것을 알고 있다. 그녀는 모든 방식으로 수업 자료가 제시될 수 있도록 많은 신경을 쓰고 있다.

2. 강 교사는 교수 형태가 다양할수록 학생들에게 도움이 된다는 것을 알고 있다. 그는 자신의 6학년 국어 수업에서 큰 집단 학습, 작은 집단 학습, 그리고 (미디어센터에서 과제를 수행하는) 개별 학습 활동을 하기로 계획을 세웠다.

집단 편성

협동적 집단은 학생들의 동기를 향상시킬 수 있지만, 한두 학생이 과제의 대부분을 도맡지 않도록 하기 위해서는 반드시 모든 학생들이 책임을 가지도록 해야 한다. 5학년을 담당하고 있는 나 선생은 사회수업 시간에 서로 다른 능력 수준을 가진 학생들을 섞어 협동적 집단을 편성하고, 집단 과제를 완성하는 데 각 집단의 구성원들이 일정한 책임을 지닐 것을 확실히 하였다.

교 수

박 교사는 자신이 가르치고 있는 미적분 선행 수업의 학생들이 원뿔(예: 원, 포물선) 단원을 이해하는 데 어려움을 겪고 있음을 알고 있다. 박 교사는 다음 내용으로 넘어가기 전에 각각의 학생들이 원뿔 단원의 각 유형을 이해하고 있는지 확인하는 데 많은 신경을 썼다. 그는 각 학생들의 요구에 맞춘 일대일 교수를 제공하였다.

모 델

도 교사는 학생들이 예술적 재능에 있어서 모두 차이가 있다는 점을 알고 있다. 자신이 담당하고 있는 중학교 학생들을 격려하기 위해, 도 교사는 여러 가지 형태들을 그리는 방법에 대해 시범을 보이는 서로 다른 능력을 가진 모델을 선택하였다. 이를 통해 학생들은 하나 혹은 그 이상의 모델들이 자신과 비슷한 미술 실력을 가졌다고 여길 수 있었다.

교사-학생 상호작용

교실은 교사와 학생들이 지속적으로 상호작용하는 활동적인 공간이다. 교사는 학생들에게 질문을 하고, 피드백을 제공하며, 보상과 처벌을 하고, 칭찬과 비판을 하며, 학생들의 질문과 도움 요청에 응답하고, 또 학생들이 어려움을 겪을 때 적절한 도움을 제공한다(Davis, 2003). 이 절에서 우리는 이러한 상호작용이 학생들의 학습동기에 어떤 영향을 미치는지에 대하여 논할 것이다.

교사의 피드백

교사의 피드백은 주요한 교수 역할이다(Rosenshine & Stevens, 1986). 교사 피드백의 다양한 종류가 〈표 9-4〉에 요약되어 있다.

표 9-4 ▸▸ 교사 피드백

유형	설명	예시
수행	과제의 정확성에 대한 피드백을 제공한다. 정답에 대한 교정 피드백이 포함될 수 있다.	"맞았어요." "처음 부분은 맞지만 다음 번호까지 계속 해야죠."
동기	학생의 향상과 능력에 대한 정보를 제공한다. 비교와 설득이 포함될 수 있다.	"지금 훨씬 나아졌어요. 잘하고 있어요." "나는 네가 이것을 할 수 있다는 것을 알아."
귀인	학생의 수행을 하나 이상의 귀인과 연결시킨다.	"너는 이런 과제에 유능하구나." "너는 지금껏 열심히 해 왔고, 참 잘하고 있어."
전략	학생들에게 그들이 얼마나 전략을 잘 사용하고 있으며, 전략을 사용함으로써 그들의 학습이 어떻게 향상되는지 알려 준다.	"넌 올바르게 하고 있고, 그건 네가 정확한 순서에 따라 단계적으로 학습하고 있기 때문이야." "5단계 방법을 쓰면 더 잘하게 될 거야."

수행 피드백

수행 피드백은 일의 정확도에 대한 피드백이며 교정 정보를 포함한다. 수행 피드백은 학생들의 학습에 중요한 영향을 미친다. 교사는 학생들의 다음 네 가지 반응에 따라 수행 피드백을 제공한다(Rosenshine & Stevens, 1986).

① 신속하고 자신감 있게 정확한 답을 냄
② 주저하지만 정확한 답을 냄
③ 부주의한 실수로 인해 오답을 냄

④ 실제 지식의 부족이나 과정상의 오류로 인해 오답을 냄

학생들은 학습의 후반부나 복습을 하는 동안 더 정확하게 답하는 경향이 있다(①의 경우). 이때 반응의 정확성에 대해 교사가 피드백해 주는 것(예: "맞아요.")은 유익하다. 여러 연구들은 이러한 피드백 이후 교사가 새로운 질문을 하거나, 여세를 몰아 수업을 진행해야 한다고 제안한다.

맞는 답이지만 주저하는 반응(②의 경우)은 학습의 초반부에 학생들이 안내된 학습 혹은 개별 연습을 하는 중 교사가 학생의 이해 정도를 확인할 때 많이 나타나는 경향이 있다. 교사는 학생에게 확인적 피드백(confirmatory feedback; "정확해요." "잘했어요." 등)을 제공할 필요가 있으며, 학생이 정답에 도달하기 위해 거친 과정 전체에 대한 피드백을 줘야 한다. 이러한 과정에 대한 피드백은 자신이 무엇을 하고 있는지 잘 모르는 다른 학생들에게도 정보를 제공해 줄 수 있다(Rosenshine & Stevens, 1986).

학생들이 부주의한 오류를 범했을 때(③의 경우) 교사는 교정 피드백을 제공해야 하지만 다시 그 과정을 설명할 필요는 없다(Rosenshine & Stevens, 1986). 사실적 지식의 부족이나 과정상의 오류로 나타나는 학생들의 오답(④의 경우)은, 학습의 초기 단계 동안 일어나는 경향이 있다. 이러한 상황에서 교사는 정답으로 학생들을 이끌어 가거나, 학습 내용을 이해하지 못한 학생들을 다시 가르칠 수 있다. 만일 교사가 수업을 진행하고 있는 경우라면, 힌트나 더 쉬운 질문을 통해 학생들을 정답으로 이끌어 주는 시도가 도움이 될 것이다. 하지만 이런 상호작용은 30초 이내의 짧은 시간으로 제공될 때 가장 효과적이다. 더 오랜 시간 개별적으로 학생과 접촉할 경우, 학급의 나머지 학생들의 주의를 뺏는 경향이 있다. 만일 그 학생이 짧은 접촉을 통해 정답을 도출하지 못한다면, 그 학생을 비롯하여 학습 내용을 잘 이해하지 못한 다른 학생들에게 내용을 다시 가르칠 필요가 있다. 가령, 나머지 학생들이 독립적인 과제를 따로 연습할 때 가르치면 된다.

재수업(reteaching)과 학생들을 정답으로 유도하는 것은 학습을 촉진하는 효과적인 방법이다(Rosenshine & Stevens, 1986). 접촉 시간이 짧을 경우엔 간단한 질문을 하고 힌트를 제공하는 것이 유용하다(Anderson, Evertson, & Brophy, 1979). 많은 학생들이 수업에서 오류를 범하는 경우에는 재수업이 도움이 된다. 작은 집단이라면 교사는 학생 전체에게 다시 가르치면 된다. 비교적 큰 집단에서 그중 일부만이 도움을 필요로 할 때는 반드시 다른 학생들이 학습자료를 공부하고 있을 때 이들을 위한 재수업을 해야 한다(Arlin & Webster, 1983). 또 다른 방법은 휴식 시간(점심시간이나 수업 사이

쉬는 시간)에 재수업을 하거나, 집단의 동료 학생들이 재수업을 할 수도 있다.

학생들에게 답안이 맞았다고 알려 주는 피드백은 학생들의 동기를 향상시킨다. 왜냐하면 그것은 학생들이 더 유능해졌으며 이후 학습 내용을 잘 배울 수 있음을 암시하기 때문이다(Schunk, 1989c). 오류에 대한 피드백은 더 잘 수행하는 방법을 알려 주는 교정 정보가 이후 제공될 경우, 학생들의 동기와 자기효능감을 향상시킬 수 있다. 이 같은 피드백은 학생들로 하여금 교사가 보여 준 방법을 활용함으로써 더 잘 수행할 수 있다는 믿음을 형성하도록 한다. 학습할 수 있다는 믿음은 동기를 향상시키고, 학생들이 더 나은 학습 기술을 습득하도록 이끈다.

동기 피드백

교사는 종종 학생들에게 답의 정확성에 대한 정보보다 동기를 향상시키기 위한 피드백을 제공한다. 동기 피드백의 한 유형은 다른 학생들의 능력에 대한 사회적 비교 정보를 제공하는 것이다. 가령, 선생님이 영수에게 다음과 같이 말할 수 있다. "자, 철민이가 얼마나 잘했는지 보렴. 너도 이렇게 해 보지 않겠니?" 또 다른 동기 피드백의 일반적 유형은 "나는 네가 이것을 할 수 있다는 것을 알아." 혹은 "지금처럼 계속 잘해 줘."처럼 설득적인 형태의 진술로 나타난다. 비록 이 두 형태의 피드백이 능력에 대한 정보를 간접적으로 제공한다 할지라도, 이 피드백들의 주요 기능은 학생들로 하여금 주어진 과제를 수행하도록 하고 학생들이 효율적으로 과제에 참여하도록 유지시키는 것이다.

사회적 비교와 설득적 피드백과 함께 제공되는 대리정보는 자기효능감 정보의 중요한 원천이다(Bandura, 1986; Schunk, 1989c; 4장 참조). 유사한 타인의 성공을 관찰함으로써 과업을 끝까지 해내려는 관찰자의 자기효능감과 동기는 향상된다. 학생들이 과업에 참여하여 성공을 경험하면, 초기 개인이 지각한 자기효능감이 실제화되고 동기는 향상된다. 유사성은 특히 과제 수행에 어려움을 겪거나 자신이 잘 수행할 수 있다는 생각에 의심을 가지는 상황에서 특히 중요하다. 또한 긍정적인 설득적 피드백도 학생들의 효능감을 유발한다. 학생들은 교사와 같은 믿을 만한 이로부터 학습에 대한 능력이 있다고 들었을 때는 높은 효능감을 경험하지만, 신뢰하지 않는 이로부터 받은 충고에 대해서는 불신한다. 또한 학생들은 믿을 만한 사람이라고 할지라도 그(녀)가 제시하는 과제 요구(예: 학생들이 이해하기에 난이도가 높음)나 상황적 요소(예: 교실이 너무 시끄럽거나 더움)를 완전히 이해하지 못한다고 생각할 경우에는 그(녀)를 불신한다.

대리정보와 설득적 피드백이 자기효능감에 미치는 영향은 일반적으로 실제 수행이 자기효능감에 주는 효과에 비해서 미약하다. 따라서 대리정보와 설득적 피드백으로 인해 향상된 자기효능감을 계속된 성공적 수행을 통해서 확인하는 일이 절대적으로 필요하다. 확증되지 않은 동기 피드백으로부터 유도된 정보는 그 효과를 잃는다.

귀인 피드백

귀인 피드백은 학생들의 동기를 향상시키기 위해 그들의 수행을 하나 이상의 귀인(결과에 대한 지각된 원인)과 연결시킨다(Schunk, 1989c; 3장 참조). 학습의 초기 단계에서 어려움을 겪는 학생들은 그 어려움을 자신의 낮은 능력으로 귀인한다. 자신의 수행 능력이 부족하다고 생각하는 학생들은 공부에 열의를 기울이지 않고 쉽게 포기한다. 이러한 부정적 동기의 효과는 학습을 지체시킨다. 교사는 학생들이 자신의 어려움을 통제 가능한 요인(예: 노력 부족, 부적절한 전략 사용 등)에 귀인하도록 훈련시켜야 한다.

노력 귀인의 효과는 지금까지 특별한 주목을 받아 왔다. 만약 학생들이 과거의 실패를 낮은 능력 때문이라고 생각한다면, 그들은 후속 학습에서 성공을 위한 노력을 많이 기울이지 않을 것이다. 하지만 만일 학생들이 실패를 노력 부족에 귀인한다면, 학생들은 열심히 공부할 것이다. 왜냐하면 노력은 통제 가능한 요인이기 때문에 학생들은 아마도 노력하면 더 좋은 결과가 있을 것이라 생각하기 때문이다. 많은 연구들이 학생들은 결과를 노력에 귀인하는 법을 배울 수 있으며, 노력 피드백(effort feedback)은 자기효능감, 동기, 학습 기술에 유익한 영향을 미침을 보고했다(Andrews & Debus, 1978; Dweck, 1975; Relich et al., 1986; Schunk, 1982; Schunk & Cox, 1986; Schunk & Rice, 1986). 아이들의 과거 성취를 노력과 연결시키는 것(예: "너는 참 열심히 했어.")은, 미래의 성취를 노력과 연관시키는 것(예: "더 열심히 해야 해.") 또는 노력에 대한 피드백을 해 주지 않는 것에 비해 동기, 자기효능감, 학습 기술을 증가시키는 데 더 유익하다(3장, 4장 참조). 노력 피드백은 학생들이 믿을 수 있도록 제공되어야 한다. 즉, 학생들은 학습 초기 단계에서 그러했던 것처럼 혹은 어려운 내용을 공부할 때와 마찬가지로 성공을 위해 현실적으로 노력해야 한다.

노력 피드백은 특히 학습문제를 가진 학생들에게 유용하다. 일반적으로 학생들이 성공을 위해 열심히 노력해야 할 때 노력 피드백은 믿을 만하고, 학습 기술 습득 시에 자기효능감을 증가시킨다(Schunk & Cox, 1986). 또한 노력 피드백은 쉽게 타인을 신뢰하고, 성공을 노력에 귀인하는 경향을 가진 어린 학생들의 동기를 유발하는 데 효과적이다. 그러나 9세 무렵이 되면, 아이들은 능력에 대한 차별적인 개념을 형성하기 시작한다(Nicholls, 1978, 1979; 3장 참조). 능력 귀인은 발달과 함께 매우 중요해지는데, 이에 따라 점차 노력의 영향력은 감소한다(Harari & Covington, 1981). Schunk(1983a)는 평균적인 성취를 보이는 초등학생들 사이에서, 이전의 성공에 대한 능력 피드백("예를 들어 너 거기에 소질이 있더구나.")이 노력 피드백이나 노력 및 능력 결합 피드백보다 자기효능감과 기술을 더 향상시켰음을 발견하였다. 두 종류의 피드백을 결합시키는 것은 아이들이 노력을 지지하는 몇몇 능력 정보의 가치를 감소시키게 만들지도 모른다. 아이들은 만약 성공하기 위해 열심히 해야 한다면 자신의 능력이 그리 뛰어나지 않다고 생각할지도 모른다. Schunk(1984)는 초기 학습 성공에 대한 능력 피드백이, 그것이 나중에 계속되는지 여부와 상관없이, 노력 피드백보다 성취결과를 높였다는 것을 발견하였다.

전략 피드백

전략 피드백은 학습자가 전략을 얼마나 잘 활용하고, 전략 사용이 그들의 수행을 얼마나 증진하는지에 대한 정보를 제공한다(Pressley et al., 1990). 전략은 학습자들이 과제에 주의를 기울이고, 중요한 부분에 집중하고, 자료를 조직하며, 학습을 위한 생산적인 심리 상태를 유지하도록 돕는다(Weistein & Mayer, 1986). 전략은 더 나은 수행으로 이끌기 때문에, 전략 사용은 자기효능감과 동기를 증진시킨다. 전략 사용은 성취 및 자기효능감과 정적인 관계가 있다(Borkowski, Carr, Rellinger, & Pressley, 1990; Pintrich & De Groot, 1990; Zimmerman & Martinez-Pons, 1992).

물론 단순히 전략을 가르친다고 해서, 학생들이 그 전략을 잘 사용할 것이라고 확신할 수 없다. 전략 사용에 실패하는 것은, 전략의 유용성을 알더라도 사용 가능한 시간 또는 들이는 노력만큼 전략이 중요하지 않다고 믿기 때문일 수 있다. '전략 가치의 정보'는 전략이 수행에 얼마나 도움이 되는가와 관련된 유용성에 대한 정보이다(Paris, Lipson, & Wixson, 1983; Pressley et al., 1990). 학생들에게 전략 가치에 대한 피드백을 제공해주는 교사는, 학생들이 효과적인 전략을 사용하여 학습하고 있다는 믿음을 형성시켜주고, 이 믿음은 자기효능감을 높여 전략을 계속하여 적응하도록 동기화한다(Schunk, 1989c). 전략 가치에 대한 피드백을 제공하는 것은 수업만 제공하는 것에 비해 학업성취 및 전략 사용을 증진시킨다(Borkowski et al., 1988; Kurtz & Borkowski, 1987; Paris, Newman, & McVey, 1982).

Schunk와 Rice(1987)는 독해 기술이 낮은 아동들에게 독해 전략을 가르쳤다. 수행에 대한 지원의 일환으로서 전략의 일반적 유용성 및 과제에 대한 특수한 가치 모두를 강조하는, 다양한 형태의 전략 가치 정보를 제공받은 아동들은, 둘 중 하나의 정보를 제공받은 경우보다 더 높은 효능감과 기술을 발달시켰다. Schunk와 Rice(1987)는 또한 특정 전략에 대한 가치 정보를 전략의 사용이 더 개선된 수행을 가져왔다는 피드백과 결합하는 것(예: "너는 정확한 순서를 따르고 있으니 바르게 하고 있구나.")이 특정 전략에 대한 가치 정보 또는 전략 피드백 중의 하나만을 제공하는 것에 비해 자기효능감과 기술을 더 향상시켜 준다는 것을 발견하였다. 그리고 Schunk와 Swartz(1993)는 전략 피드백이 학생들의 자기효능감과 쓰기 기술에 유익하다는 것을 알아냈다.

사실 전략 피드백은 귀인 피드백의 한 종류다. 왜냐하면 전략 피드백은 결과를 전략 사용과 연결시킴으로써 전략 귀인을 제공하기 때문이다. 전략 피드백은 노력 피드백과 효과적으로 결합할 수 있다(예: "맞아. 너는 열심히 하면서, 적절한 단계들을 사용하고 있구나.").

보상

교사는 모범적 행동과 학업수행에 대해서 학생들에게 다양한 보상을 제공한다. 이러한 보상에는 점수, 특권, 표창, 자유 시간, 다른 것과 교환 가능한 점수나 토큰, 스티커, 그리고 별 등이 있다. 보상은 동기 이론 및 연구에 있어 두드러진 지위를 차지하고 있다(7장 참조). Skinner(1953)의 조작적 조건화 이론(1장 참조)에서 보면 행동의 결과에 대한 보상(강화)은 행동을 강화시키고, 미래에 그러한 행동을 할 확률을 증가시킨다. 자극에 의해 강화된 반응은 반복될 것이다. 반면, 처벌된 반응은 반복되지 않는다.

Bandura(1986)는 이러한 관점이 동기에 미치는 영향에 대한 불완전한 관점이라고 도전하였다. 중요한 것은 보상 자체가 아니라, 행동의 결과에 대한 개인의 신념이다. 개인적 경험 및 모델 관찰에 기초하여, 사람들은 행동의 결과가 어떠할 것인지에 대한 신념을 형성한다(4장 참조). 주어진 방식으로 행동하면 보상받게 될 것이라고 사람들이 기대하기 때문에, 보상은 동기를 부여하는 것이다. 보상의 중요성 혹은 가치와 결합된 이러한 신념은 보상을 획득할 수 있다고 여기는 방식으로 사람들이 행동하도록 이끈다.

지각된 유사성은 동기 부여의 효과를 향상시킬 수 있다. 모델에게 보상이 주어지는 것을 관찰하는 학생들은 그와 같이 행동하도록 동기화된다. 이러한 동기 부여의 효과는 어떤 부분에서 자기효능감에 의존한다(4장 참조). 비슷한 타인에 대한 관찰은 관찰자의 자기효능감을 증가시키고, 그 과제를 수행하도록 동기를 부여한다. 이러한 동기부여 효과는 교실 내에서 흔히 볼 수 있다. 다른 학생들이 어떤 과제를 잘 수행하는 것을 관찰한 학생들은 스스로 최선을 다하고자 동기화될 것이다.

또한 보상은 학생들에게 기술 습득에 있어서 그들의 발전에 대한 정보를 제공함으로써 학생들의 동기를 유지시킨다(7장 참조). 학생들의 실제 성취와 관련된 부수적 보상은 자기효능감을 증진시킬 수 있다. 교사가 학생들에게 성취한 정도에 기초하여 보상을 제공한다고 말해 주면, 수행을 잘하는 것에 대한 자기효능감이 생긴다. 그리고 이것은 그들이 과제를 수행하고, 발전하고 있다는 것을 인지하는 과정에서 입증된다. 보상을 제공하는 것은 발전을 상징하므로 자기효능감을 더욱 강화한다. 반면, 교사들이 수행을 얼마나 잘하는지와 관련 없이 공부 시간에 대해서 보상할 때, 보상은 효능감에 대한 부정적인 정보를 전달하고 동기를 저하시킬 수 있다(Morgan, 1984). 학생들은 스스로 능력이 부족하기 때문에 기대한 만큼 학습하지 못한다고 추론해 버릴 수 있다. 수학 수업에서 Schunk(1983d)는 학생들의 뛰어난 수행에 동등한 보상을 주는 것이 동기, 자기효능감 및 성취를 증가시키는 반면, 수행 수준에 상관없이 과제 참여에 기초하여 보상을 제공한 경우에는 아무런 유익함이 없었다고 보고했다.

7장에서 우리는 학생들이 좋아하는 과제를 수행하는 것에 대한 보상이 학생들의 내재적 동기에 잠재적으로 해로운 효과를 준다는 점에 대해 논의한 바 있다(Lepper & Greene, 1978). 그리 많지 않은 연구물들이 학생들의 흥미 유발에 도움이 되는 방법에 대하여 보고해 왔다. 흥미의 증가는 부분적으로 활동에 대한 유능감에 달려 있다(Lepper & Hodell, 1989; Lepper et al., 1997). 수행 정도에 따른 보상은 그것이 학생들의 학습 진전과 지각된 자기효능감을 촉진할 때 흥미를 향상시키는 것이다(Schunk, 1989c).

학급 풍토

학급 풍토(classroom climate)는 학급의 사회적, 심리적, 감정적 상황을 의미한다(Dunkin & Biddle, 1974). 학생들의 동기와 관련하여 학급 분위기의 중요성은 교수(teaching)를 학급 행동에 영향을 주기 위하여 의도된 리더십으로 생각하는 것으로부터 도출할 수 있다. 학급 환경은 종종 '따뜻한' '차가운' '자유로운' '민주적인' '권위적인' 그리고 '학습자 중심의' 와 같은 표현으로 묘사된다. 학급 환경은 대개 교사와 학생의 상호작용을 통해 구축된다.

Lewin, Lippitt와 White(1939)의 고전적 연구는 리더십의 형태가 동기 및 행동에 어떠한 영향을 미치는지를 보여 주고 있다. 비록 이 연구가 학교에서 실시된 것이 아닐지라도, 그 결과는 학급에 대한 시사점을 가지고 있다. 성인 지도자가 10세 소년들이 집단과제(예: 가면 만들기)를 수행하는 것을 감독하였다. 소년들은 세 가지 서로 다른 형태의 리더십을 접하게 되었다. 권위적(독재적) 지도자는 냉담하고 엄격하였으며, 통제권을 쥐고 무엇을 해야 하는지 이야기하였고, 전적인 책임을 떠맡으며, 소년들이 공헌하는 것을 허락하지 않았다. 민주적(협동적) 지도자는 아이들과 협동적으로 함께 일했고, 과제를 어떻게 완성시킬지에 대한 자극을 주었으며, 질문을 제기하고, 아이디어를 공유했다. 비록 지도자가 궁극적인 결과에 대한 책임을 진다고 하더라도, 그는 아이들로 하여금 문제해결과 의사결정에 참여하도록 북돋았다. 방임적(허용적) 지도자는 간섭하지 않는 자세로 아이들의 과제 수행을 최소한으로만 관리했다. 그는 과제의 결과에 대해 책임을 지지 않았고, 과제를 완성하는 데 틀이나 제안 또는 도움을 제공하지 않았다.

집단 생산성은 권위적 양식과 민주적 양식에서 가장 높았다. 권위적 지도자 아래에서 아이들은 지시를 따랐고 과제를 완수했다. 비록 효과적일지라도 이 집단은 불안과 긴장, 복종 그리고 공공연한 반항의 성격을 띠고 있었다. 지도자가 있을 때는 생산성이 높았으나 지도자 부재 시 생산성이 떨어졌고 공격적 그리고 파괴적 행동들이 발생했다. 방임적 집단은 가장 낮은 생산성을 보였는데 본질적으로 이 집단은 지도자가 없었기 때문이다. 아이들은 그들의 목표에 대해 일치를 이루지 못했고 조직화되지 못한 채 따로 과제를 했다. 아이들은 일을 즐기는 듯 보였지만, 적대감과 희생이 존재했고 목표를 달성한 사람은 거의 없었다.

아이들은 민주적 양식의 리더십을 선호했다. 민주적 지도자는 과제 지향적, 협동적, 친교적 집단을 만들어 냈다. 아이들은 높은 독립성과 창의성을 보였고 지도자의 부재 시에도 생산적으로 과제를 계속하였으며 실패나 좌절도 잘 참아 냈다. 그들은 효율성에 있어서는 권위적 집단에 비해 조금 떨어졌다. 이것은 아마도 문제를 해결하고 일치점을 찾는 데 소비한 시간 때문인 것으로 보인다. 그러나 이는 사소한 문제였고, 민주적인 집단 분위기에 의해 충분히 보상되는 것이었다. 민주적 리더십 양식은 부정적 특징이 배제된 다른 두 양식의 이점을 동시에 보여 준다.

학급에서의 함의는 분명하다. 방임적 리더십은 혼란과 불확실성을 발생시킨다. 권위적 리더십은 높은 수준의 수행을 이끌지만 또한 좌절, 공격성, 그리고 부정적인 집단 분위기를 발생시킨다. 민주적 리더십은 학습자들로 하여금 좌절이나 공격성을 보이지 않고 그들의 목표에 다다를 수 있도록 해 준다. 민주적 리더십은 과제를 위한 협동을 가르치고 지도자가 부재할 시에도 독립적으로 과제를 수행한다는 추가적인 이점을 가진다.

이러한 리더십 양식들은 실로 일반적이며 여러 특징들을 포함하여 각 양식의 주요 특징을 판단하는 것은 그리 쉽지 않다. 이러한 발견들을 교실에 적용한 연구자들은 지도자의 감정적 지지 혹은 따뜻함의 정도가 바로 중요한 변수라고 제안해 왔다(Davis, 2003; Dunkin & Biddle, 1974). 다음으로 중요한 특징은 지도자가 집단의 행동을 지도하는 정도일 것이다. 이는 중간 정도가 바람직하다. 효과적으로 학생을 가르치기 위해서 교사는 학생의 자율성과 교실 구조 간의 균형을 맞추는 것이 필요하다(Davis, 2003). 학생에게 든든한 감정적, 교수적 지지를 제공하는 교사는 교사-학생 관계 및 (학교에서 실패할 위험이 있는 학생을 포함한) 학생의 성취를 향상시킨다(Hamre & Pianta, 2005). Daniels, Kalkman과 McCombs(2001)는 학습자 중심의 교실에 속한 아동은 그렇지 않은 아동에 비해 학습에 높은 흥미를 느끼며, 더 잘 학습한다는 사실을 보고한 바 있다. 〈적용 9-2〉는 민주적 리더십의 원칙을 교실에서 적용한 몇 가지 제안된 방법들이다.

적용 9-2 교실에서 민주적 리더십 원칙을 적용하기

1. **협동 집단을 통해 협동적인 관계를 육성하라.** 김 교사는 사회 시간에 학생들을 협동 집단으로 나눈다. 이때 그는 다양한 능력과 재능을 가진 학생들을 섞어서 집단을 편성한다. 김 교사는 한 학생이 같은 집단에만 있지 않도록 학생들을 지속적으로 순환시킨다.

   박 교사는 고등학교 연극 교사인데, 텔레비전 광고를 만들기 위해 세 명씩 학생 집단을 구성한다. 학생들은 품목을 고르고 광고를 제작한다. 각 집단의 세 학생 모두 평균 점수에 기초하여 학점을 받는다. 각 학생들은 팀원들이 과제의 어려운 부분을 완성할 때 서로 돕도록 장려된다.

2. **학생들에게 질문하고 과제 완성 방법에 대한 아이디어를 공유하라.** 역사 단원을 소개하는 동안 교사는 그 단원에 적합할 것 같은 프로젝트에 관한 아이디어를 학생들에게 브레인스토밍하게 한다. 다음으로, 세 개의 프로젝트를 설정하고 각 학생들은 그

중 하나를 선택한다. 각 학생들은 그 프로젝트에 포함될 활동 목록을 일반화할 수 있다. 학점은 활동의 독창성과 완성도에 기초한다.

최 교사는 2학년 학생들에게 방에서 볼 수 있는 다양한 물체들의 기하학적 형태를 알아내게 한다. 학생들이 물체들을 가지고 놀고 모든 모양을 알게 된 후, 그녀는 각 학생들에게 색도화지로 만든 같은 모양의 복사본들을 나누어 주었다. 학생들은 그것을 그림을 완성하는 데 사용했다.

3. **학생들이 문제해결 및 의사결정을 하도록 격려하라.** 수학 교사인 윤 교사는 각 단원을 '까다로운 문제'(학생들이 문제를 푸는 데 있어 새 단원에서 배울 수학 기술들을 활용해야 하는 문제)로 시작했다. 학생들은 그 문제해결 방법을 결정하기 위해 매 수업의 마지막 10분에 짝을 이루어 함께 생각했다. 그 학생들은 까다로운 문제를 풀 때 사용한 단계들을 기록했다.

   초등학교 교사인 차 교사는 척도에 관한 단원을 개관하고 있었다. 그녀는 학생들을 세 집단으로 나누고 각 집단에 12인치 자, 야드 자, 실 꾸러미, 메모장, 그리고 연필을 주었다. 그녀는 각 집단에 학교 건물에서 이 도구들을 가지고 측정할 수 있는 세 가지 물체를 찾게 했다. 학생들은 그 물체들을 스케치하고 이들의 수치를 표시했다. 활동이 끝날 때 각 집단은 전체 학급과 스케치한 것들을 공유하였고, 도구들을 어떻게 선택하고 측정하였는지 설명했다.

4. **학급 활동에 대한 궁극적인 책임은 교사에게 있다는 것을 학생들에게 인지시켜라.** 임 교사는 고등학교 교사다. 그는 학생들에게 자신의 과학 과제를 고르도록 했다. 과제를 선택한 후 학생들은 자신의 과제를 정의하고 과제의 개요를 적은 제안서를 완성했다. 그다음 임 교사는 과제에 대해 토의하기 위해 학생들과 개별적으로 만났다. 동시에 임 교사는 학생들의 제안서를 승인 혹은 수정하거나, 또는 새로운 제안서를 만들기 위하여 학생들과 함께 작업하였다.

   황 교사는 3학년 교사인데, 학급 규칙을 정하기 위해 학생들과 함께 작업했다. 학생들이 규칙과 결과를 정하기 전에 황 교사는 목록에 반드시 포함되어야 한다고 자신이 언급한 규칙에 대해 논의하고, 학생들이 결정한 모든 규칙과 결론들을 그녀가 꼭 승인할 것이라고 말했다.

칭찬과 비판

교사와 학생의 상호작용은 종종 학생들에 대한 칭찬과 비판을 포함한다. 칭찬과 비판이 학생의 행동에 미치는 효과와 관련한 연구는 매우 많다. 지금부터 칭찬 및 비판과 학생 동기의 관계에 대하여 알아볼 것이다.

칭찬

칭찬(praise)은 인정이나 긍정적인 언급을 나타내는 긍정적 피드백이다. 칭찬은 행동이 적합했다거나 답이 맞았다는 것을 가리키는 단순한 피드백을 넘어서는 것이다. 왜냐하면 그것은 긍정적인 교사의 정서를 전달하고, 학생 행동이 지니는 가치에 대한 정보를 제공하기 때문이다(Brophy, 1981). 교사들이 “맞아. 너 정말 잘했어.”라고 말할 때 이 발화의 전반부(“맞아”)는 수행에 대한 피드백이고 후반부는 칭찬이다. 긍정적 강화의 형태로서 학생들의 행동에 대해 주어지는 칭찬은 학생들이 그 행동을 반복하도록 이루어져야 한다(Skinner, 1953). O' Leary와 O' Leary(1977)는 강화로서의 칭찬이 효과적이기 위해서는 칭찬이 강화된 행동의 수행에 수반되어야 한다고 언급한 바 있다. 교사는 학생들이 교실에서 바람직한 행동을 보이거나 학습에 있어서 진보를 이루었을 때, 그 칭찬이 기대된 행동을 강화함으로써 그 행동을 반복하게 할 것이라는 기대 속에서 칭찬을 한다.

Brophy(1981)는 교사 칭찬에 대한 연구를 검토한 결과, 칭찬이 학생들의 반응 후에 자주 전달되지 않기 때문에 칭찬이 언제나 강화의 기능을 하는 것은 아니라는 점을 알아냈다. 칭찬은 종종 비주기적이고 비유관적이며, 특정한 행동과 관련되어 있다기보다는 일반적이었다. 칭찬은 또한 학생들의 실제 수행보다는 교사가 지각한 학생들의 칭찬에 대한 요구에 더 많이 의존했다(Wittrock, 1986). 또한 칭찬은 학생들의 성취와 정확하게 연관되어 있는 것이 아니라는 증거도 있다(Brophy, 1981). 칭찬과 학생들의 성취에 대한 상관은 약하고 방향도 뚜렷하지 않았다(Dunkin & Biddle, 1974). 칭찬의 효과는 학년, 사회경제적 지위, 그리고 능력과 같은 변수에 의해 달라진다. 사회경제적 지위와 능력이 낮은 어린 초등학생일 경우, 칭찬은 성취와 약한 정적 상관을 가지고 있으며, 사회경제적 지위와 능력이 높은 학생들과는 낮은 부적 상관이 있거나, 혹은 전혀 관련이 없었다(Brophy, 1981).

Bandura(1986)는 강화물이 반응 강화자로 작용한다는 Skinner의 관점에 반론을 제기했다. 강화물은 정보를 제공하고 동기를 부여해 준다는 것이다. 강화는 개인에게 반응의 바람직성과 정확성에 대하여 알려 준다. 또한 강화는 동기를 부여할 수 있다. 특정 행동에 대한 강화를 기대하고 고려하는 학생들은 그에 따라서 행동한다. Wittrock(1986)은 이처럼 정보를 제공하고 동기를 부여하는 강화의 기능이 교사의 칭찬과 관련 있음에 주목하였다. 일반적으로 칭찬은 약한 강화물이며, 이는 저학년 시기가 지나면 특히 그러하다(Brophy, 1981). 8세 정도까지의 아이들은 어른들을 기쁘게 하려는 열망이 있고, 그래서 행동에 대한 칭찬의 효과는 강력할 수 있다. 그러나 칭찬은 의도하지 않은 효과를 낸다. 칭찬은 학생들에게 교사의 기대에 대한 정보를 주기에, 쉬운 과제를 성공한 학생을 칭찬하는 것은 학생들에게 많이 배우기를 기대하지 않는다는 메시지를 보내는 것과 같다. 학생들은 교사가 그들의 능력을 낮게 본다고 믿어버리는데, 이는 동기에 부정적인 영향을 미친다(Weiner et al., 1983).

귀인의 관점에서(3장 참조), 칭찬은 학생들에게 그들의 능력에 관한 교사의 믿음에 대한 정보를 전달해 준다(Pintrich & Blumenfeld, 1985). 학습의 성공과 진전에 대한 칭찬은 학생들이 학습하고 있다는 믿음을 보여 주고, 배움에 대한 자기효능감을 증진시킨다. 무차별적 칭찬은 학생의 능력에 대한 정보를 전혀 제공하지 않고, 행동 향상에 거의 효과가 없다. Good과 Brophy(1987; Brophy, 1981; Brophy & Good, 1986 참조)는 효과적인 칭찬에 대한 가이드라인을 제시한 바 있다(〈표 9-5〉). 가이드라인에서 분명히 했듯이, 효과적인 칭찬은 성공적인 수행에 한해서 수반되어야 하며, 학생들의 지각된 유능감과 학습에 대한 동기를 증진시키는 데 목적을 두어야 한다.

표 9-5 ▸▸ 효과적인 칭찬을 위한 가이드라인

- 간단하고 직접적으로 칭찬하라. 과장되지 않게 자연스러운 목소리로 말하라.
- 과장된 감탄문이나 수사 의문문보다는 단순하고 분명한 문장을 사용하라.
- 어떤 성취를 칭찬하고 있는지 분명히 밝히고, 주목할 만한 노력, 관심, 그리고 끈기를 인정하라. 학업적 진전과 기술의 발달에 주의를 기울이라.
- 학생을 칭찬할 때는 다양한 표현을 사용하라.
- 언어적 칭찬과 함께 인정의 의미를 띠는 비언어적 의사소통을 사용하라.
- 애매한 문장을 피하라(예: "너 오늘 정말 잘했어."). 그리고 지시에 순종했기 때문이 아니라, 잘 학습했기 때문에 칭찬하는 것임을 분명히 하라.
- 공적으로 칭찬했을 때의 거북함을 피하기 위해 개별 학생들에게 사적으로 칭찬하라.

출처: Good & Brophy(1987)로부터 발췌된 자료임.

비판

비판(criticism)은 언어적인 피드백 또는 제스처를 통해 교사가 학생의 행동에 반대하고 있음을 의미한다. 비판은 수행 피드백과 구별되는데 학생들의 행동에 대해 바람직하지 않다고 생각한다는 정보를 제공하기 때문이다. "철민아. 그건 틀렸어. 나는 네가 더 잘하지 못했다는 것에 대해 실망했어."라는 문장은 수행 피드백(앞부분)과 비판(뒷부분)을 포함한다.

우리는 직관적으로 학생들을 비판하는 것은 나쁘며, 이는 수행과 동기를 낮출 것이라 생각한다. 하지만 연구 결과는 혼재되어 있다. 연구에서 밝혀진 바로는 비판은 어떤 경우에는 학생들의 성취와 무관하거나, 때로는 부적으로 연관되어 있었고, 또 어떤 경우에는 곡선형의 관계(비판을 삼가는 것은 동기 부여에 도움을 주지만 비판이 증가하거나 감소함에 따라 효과는 감소)를 가졌다(Dunkin & Biddle, 1974). 하지만 Wentzel(2002)은 교사의 비판이 학생들의 학업수행과 부적으로 관련되어 있음을 보고하였다.

수행에 있어서 비판의 효과는 다른 변수들에 의해 조절된다. 관찰 연구들에서는 비판이 여학생들보다는 남학생들에게, 백인 학생들보다는 흑인 학생들에게, 교사로부터 높은 기대를 받고 있는 학생들보다는 낮은 기대를 받고 있는 학생들에게, 높은 사회적 지위를 가진 학생들보다 낮은 사회적 지위를 가진 학생들에게 더 빈번하게 주어진다는 것이 밝혀졌다(Brophy & Good, 1974). 확실히, 교사들이 어떤 학생들에게 다른 학생들보다 더 자주 비판을 하는 이유는 복합적이다.

비판이 동기를 증가 또는 감소시키거나, 혹은 영향이 있든지 없든지 간에, 그것은 동기의 과정을 포함하고 있는 정도에 달려 있다. 그러므로 비판은 자신들이 유능하고, 더 노력하거나 더 좋은 전략을 사용하면 더 잘될 것이라 생각할 때, 학생들에게 동기를 부여한다. 비판은 학습의 가치에 대한 정보를 제공해 주며, 목표까지의 진보에 대한 정보를 제공해 주는 등의 역할을 한다. "나는 너에게 실망했어. 나는 네가 더 잘 할 수 있다는 것을 알아."라는 문장은 비판과 격려를 담고 있다. 그것은 설득적인 자기효능감에 대한 정보를 포함하고 학생들에게 더 노력하도록 동기 부여한다. 역으로, "나는 너에게 실망했어. 너는 아마 결코 이것을 알아낼 수 없을 거야."라는 말은 학생들의 자기효능감과 동기를 낮춘다. 교사들은 비판을 긍정적인 동기 부여의 말과 함께, 다른 동기 부여 방법들이 효과가 없는 상황에서 현명하게 사용해야 한다.

요청받지 않은 도움

요청받지 않은 도움의 제공은 교사들이 학생들과 상호작용하는 또 다른 방법이다. 요청받지 않은 도움은 교사들이 학생들에게 교정 피드백과 지도로 도움을 주는 학급 행동과 반대되는 측면을 보여 준다. 자율학습 시간에 교사들은 학생들의 문제를 살펴보기 위해 혹은 문제를 바로 잡아 주기 위해 머물러 있다. 학생들은 또한 그들이 무엇을 해야 할지 몰라 당황스러울 때 도움을 요청한다. 도움 찾기는 동기와 성취와 정적인 상관을 갖는 자기조절 학습전략이므로 중요하다는 연구 결과가 있다(Newman, 2000; Newman & Schwager, 1992). 비록 도움이 일반적으로 학습을 증가시키는 방향으로 작동한다고 해도, 특정 조건 아래서 그러한 도움은 동기에 원치 않는 효과를 가져올 수 있다.

먼저 도움 제공의 이점에 대해 생각해 보자. 학습에 어려움을 겪는 학생들에게 교정 피드백을 제공하는 교사는 학생들의 학습에 도움을 주는 경향이 있다. 그러한 도움에 대한 결과로 학생들은 공부를 더 잘할 수 있다는 것을 깨닫게 되고, 이는 자기효능감과 성장에 대한 동기를 높여 준다. 도움을 제공하는 동안 교사는 또한 올바른 수행에 대해 칭찬을 해 준다(예: "너 정말 이 부분에 대해서 잘하는구나."). 그리고 설득적인 자기효능감에 관한 정보를 준다(예: "나는 네가 이것을 하는 법을 배울 수 있을 거라고 믿어."). 이러한 교사의 말 또한 자기효능감과 동기를 높여 준다.

요청받지 않은 도움의 다른 면은 그것이 학습자의 능력에 대한 정보를 제공한다는 것이다. 귀인이론에 따르면(3장 참조) 요청받지 않은 도움은 학습자가 지니는 문제의 원인을 지각하도록 해 준다(Weiner, 1985a). 도움은 대부분 지각된 원인이 학습자가 조절할 수 있는 범위 밖의 요인(예: 낮은 능력)일 때 나타나기 쉽다. 만약 원인이 되는 요소가 학습자의 통제 가능 범위에 있는 것으로 나타나면 학습자는 그 원인에 대한 책임을 느끼고 도움은 주어지지 않는다. 학습자는 도움의 결과에 따라 도움을 주는 사람의 의도를 추측한다. 학습자는 도와주는 사람이 자신의 능력을 낮다고 생각했기 때문에 도움을 제공했다고 믿을 수 있다. 그 결과, 학습자는 학습의 어려움을 낮은 능력에 귀인하게 된다. 이것은 능력에 대한 지각과 동기에 부정적인 영향을 미친다.

교사들은 긍정적인 말과 함께 도움을 줌으로써 도움의 잠재적인 부정적 효과를 경감시킬 수 있다. 교사들은 학생들이 무엇을 잘하였고, 무엇이 더 개선되어야 하는지 그리고 더 잘 수행하기 위해서 학생들에게 필요한 것이 무엇인지에 대해서 언급해야 한다. 용기를 북돋아 주는 말과 함께 도움을 제공하는 것은 동기에 유익하다("나는 네가 이것을 해낼 수 있을 것이란 걸 알아."). 응용연구 9-1 에서 이 문제와 관련하여 보다 일반적으로 논의하고 있다.

| 응용연구 9-1 |

어느 정도의 도움이 적당한가?

아동이 완수해야 할 숙제와 과제를 들고 학교에서 집에 오는 일은 그리 드문 일이 아니다. 가끔 아동은 과제 내용을 잘 이해하지 못하거나 무엇을 해야 하는지 헷갈릴 때 부모에게 도움을 구할 것이다. 하지만 때때로 아동은 도움을 구하지 않을 수도 있다. 하지만 부모가 아동에게 그들이 해야 하는 일에 대해 질문할 경우, 그것은 분명히 아동이 과제를 완수하도록 도와주는 요청받지 않은 도움이 된다.

이 장에서 살펴본 내용은 요청받지 않은 도움이 학생들의 동기에 부정적인 영향을 미칠 수 있음을 제안한다. 어른들이 아동에게 도움을 주는 것이 아동 자신에게 과제를 스스로 완수할 수 없다는 메시지로 전달될 때, 이러한 부정적 효과가 발생한다. 대부분의 부모들은 종종 자식에게 거절당할 도움을 강제로 제공하는 상황에 부닥치게 된다.

동시에, 부모들은 아동이 학교 수업을 따라가고 과제를 완수하도록 할 책임을 가지고 있다. 아동의 학교교육에 대해 부모가 책임을 지고 있다는 입장에서 볼 때, 도움을 제공하지 않는 것은 무책임해 보인다. 그러므로 부정적 능력에 대한 정보를 전달하지 않고 도움을 제공하는 것이 중요하다. 아래 몇 가지 부모를 위한 제안은 이러한 목표를 달성하는 데 도움이 될 것이다.

• 아동에게 그들이 정확히 무엇을 이해하지 못했는지 설명하도록 요청하라.

대부분의 경우 아동은 학습 내용을 이해할 것이다. 이 말은 곧 아동이 학습 내용을 이해하지 못하는 경우는 적지만 있을 수 있다는 것을 의미한다. 예를 들어, 수학 과제를 수행하면서 아동은 대부분의 문제의 풀이 방법을 이해할 것이다. 하지만 어떻게 풀어야 할지 모르는 문제가 일부 있을 수 있다. 과제 가운데 일부에 한해서만 도움을 제공하는 것은 능력에 대한 부정적인 정보를 전달하지 않을 것이다.

• 아동의 진전을 지적하라.

아동이 과제를 수행하여 더욱 나아지게 될 때, 그들이 얼마나 잘하고 있는지 지적하라. 아동이 자신의 진전을 인식함으로써 그들의 기술을 돋보이게 하고, 자기효능감을 형성할 수 있다.

• 왜 당신이 도움을 주는지 분명히 밝혀라.

부모가 자식에게 적절한 학교교육을 받을 수 있도록 하는 것이 부모의 의무라고 이야기할 경우, 대부분의 아동은 이를 이해할 것이다. 당신은 아동에게 도움이 필요한가를 묻는데, 이것은 아동이 학교에서 잘 배우도록 하는 것이 당신의 임무이기 때문이다. 언젠가 그들도 그들의 자식에게 동일한 일을 할 것이다.

• 어느 정도의 도움을 줄 것인지 그 한계를 설정하라.

학교 숙제는 아동 자신의 과제라고 설명하라. 자식의 과제를 수행하는 것은 부모로서 당신의 임무가 아니다. 오히려, 그들이 학습하고 과제를 스스로 완수할 수 있도록 하는 것이야말로 부모의 임무다. 그러므로 당신은 자식을 위해 그들의 과제를 대신하는 것이 아니라, 아동이 잘 배울 수 있도록 도와주어야 할 것이다.

교사 기대

학생들의 학습동기에 영향을 미치는 중요한 요소에는 교사가 학생들의 학습과 수행에 대해서 가지고 있는 기대가 포함된다. 거의 40여 년 동안, 교사 기대에 대한 연구는 교사들이 기대를 어떻게 형성하는가, 그 기대를 어떻게 학생들에게 전달하는가, 기대가 학생들의 수행결과에 영향을 미치는가와 같은 주제들에 대해 다루어 왔다 (Braun, 1976; Cooper & Good, 1983; Cooper & Tom, 1984; Dusek, 1985; Jussim, 1986, 1991; Rosenthal, 2002; Stipek, 1996). 현장의 교사들도 동일하게 기대 효과에 대해 걱정한다. 이 장을 시작하면서 이야기했던 김 교사의 일화를 회상해 보라.

우리는 교사 기대의 역할에 대해 관심을 불러일으킨 유명한 연구에 대해 논하면서 이 교사 기대에 대해 살펴보고자 한다. 그리고 어떻게 기대가 형성되고, 교사들이 어떻게 그 기대를 학생들에게 전달하며, 또한 기대가 학생들에게 어떻게 영향을 미치게 되는지에 대해 설명해 주는 모형을 제시할 것이다. 그리고 교사 기대의 한 유형인 교사의 자기효능감에 대한 부분을 살펴볼 것이다. 우리는 교사 기대의 효과에 대한 비판을 제시하고, 그것을 학급에서 생산적으로 응용할 수 있는 제안에 대해 이야기하면서 결론을 맺고자 한다.

피그말리온 연구

1968년 Rosenthal과 Jacobson의 지휘 아래, 후에 피그말리온 효과(Pygmalion effect; 피그말리온이라는 이름은 조지 버나드 쇼의 연극에서 유래했다. 이 연극에서는 여주인공에 대한 다른 사람들의 기대가 그들이 그녀를 어떻게 지각하고 어떻게 대하는지에 영향을 준다는 내용이 나온다)라는 단어를 탄생하게 한 '교실 안에서의 피그말리온' 이라는 제목의 고전적인 연구가 시작되었다. 연구자들은 초등학교 학생들(1학년부터 6학년까지)에게 학년 초에 비언어적 지능검사를 실시했다. 교사들은 이 검사가 한 해 동안 학생들의 지적 능력이 성장할지를 예언해 준다고 들었다. 사실 연구자들은 20%의 학생들을 무작위로 추출하여 지적 능력 성장이 기대되는 학생이라고 명명했고, 이 학생들의 이름을 그들의 교사에게 주었다. 교사들은 이 검사가 지능의 성장을 예언하지 않는다는 것과 그들이 받은 학생들 이름은 검사 성적과 무관하다는 것에 대해 전혀 알지 못했다. 교사들은 그들의 기존 방식대로 학생들을 계속 가르쳤고 학생들은 1학기, 1년, 그리고 2년 후에 재검사를 받았다. 처음 두 검사 동안 학생들은 지능 성장이 기대되는 학생들의 가짜 목록을 받은 교사의 학급에 있었고, 마지막 검사 동안에는 그 목록을 받지 않은 교사의 새로운 학급에 있었다.

1년이 지난 후에 지능성장기대집단(지능 성장이 기대되는 학생이라고 가짜로 분류된 학생들의 집단)과 통제집단(지능 성장 기대되는 학생들로 분류되지 않은 집단)의 학생들 사이에 지능 면에 있어서 유의미한 차이가 있었다. 이 차이는 1학년과 2학년의 학생들에게서 더 크게 나타났다. 다음 해에 '지능성장기대집단' 의 어린 학생들은 통제집단의 학생들과 비교하여 처음 해와 같은 유의미한 차이를 보이지 않았다. 하지만 상위 학년에 있는 '지능성장기대집단' 의 학생들은 통제집단에 비해 더 높은 성장을 보였다. 그리고 그 성장 정도의 차이는 높은 성취나 낮은 성취를 보이는 학생들보다는 평균 정도의 성취를 보이는 학생들에게서 더 두드러지게 나타났다. 각 학년별로 지능성장기대집단은 독해 영역에 있어서 통제집단 학생에 비해 통계적으로 유의미하게 더 높은 점수를 얻었다. 이러한 차이는 평균적인 성취를 보이는 학생들일수록, 더 어린 학생들일수록 더 크게 나타났다. 하지만 독해와 지능검사 둘 다에서 '지능성장기대집단' 과 통제집단의 학생들의 차이는 전반적으로 작았다.

Rosenthal과 Jacobson은 학생들의 성취는 결국 교사의 기대를 반영하기 때문에, 교사의 기대는 자기충족 예언으로서 작용하게 된다고 결론 내렸다. 학년 수준의 차이와 관련하여, 연구자들은 더 어린 학생들이 잘하는 이유는 교사들과의 가까운 접촉에서 비롯되며, 영향력 있는 교사와 개인적인 접촉을 잃게 되었을 때 사라지게 된다고 설명하였다. 반면, 높은 학년의 학생들은 새로운 교사의 학급으로 옮겨간 후에 자율성으로 인해 더 잘 수행할 수 있었을지 모른다.

이러한 피그말리온 효과에 대한 결론에는 논쟁의 여지가 있다. Rosenthal과 Jacobson의 연구는 개념적인 면과 방법적인 면에서 비판을 받아 왔다(Elashoff & Snow, 1971; Jensen, 1969). 피그말리온 연구를 재현하려는 많은 시도가 있었으나, 그것이 항상 성공적이지는 않았다(Cooper & Good, 1983). 관련된 일련의 연구들에서 Schrank(1968, 1970)는 사실상 무작위로 할당한 조건에서, 어떤 교사들에게는 학생들이 높은 학습 잠재력을 가진 학생들을 가르치고 있다고 말했고, 다른 교사들에게는 학급 학생들이 낮은 학습 잠재력을 가지고 있다고 말했다. '높은 잠재력 조건'의 교사들이 맡은 학생들은 낮은 잠재력 집단의 학생들에 비해 더 잘 학습했다. 뒤따른 반복 연구에서 교사들은 학생들이 능력에 의해서가 아니라 무작위로 편성되었다는 것을 알고 있었지만 Schrank(1968, 1970)는 교사들에게 마치 그들이 능력에 의해서 편성된 것처럼 가르칠 것을 요구했다. 연구 결과, 두 집단의 차이는 없는 것으로 나왔다. 종합하면 이 두 연구는 교사의 신념이 학생들의 학습에 잠재적인 영향을 미침을 잘 보여 주고 있다.

교사 기대 효과의 모형

교사 기대의 효과에 대해서 다양한 설명이 제안되어 왔다. Brophy와 Good(1974)은 교사의 기대가 형성되고 학생들에게 전달되며 학생들의 행동에 영향을 미치는 과정을 묘사했다. 학년 초에 교사는 학생들과의 초기 상호작용과 학생들의 학교 성적에 대한 정보에 기초하여 학생들에 대한 기대를 형성한다. 그리고 교사들은 자신의 기대에 따라 학생들을 차별적으로 대하기 시작한다. 교사 행동은 상호 관련되어 있다. 예를 들어, 학생들과 따뜻한 상호작용을 보였던 교사는 학생들로부터 따뜻하게 대우받는 경우가 많다. 따라서 학생들의 행동은 교사들의 행동과 기대를 보완하고 강화하기 시작한다. 차별적인 교사 행동은 학습의 기회라든가 제공되는 피드백의 종류, 부여되는 리더십 역할 등 다양한 영역으로 확장되어 나갈 수 있다. 이런 차별적인 교사 행동의 효과는 대부분 그 기대가 엄하고 부적절한 것일 때 두드러지게 나타난다. 기대가 적절한 것일 때 혹은 부적절하지만 바뀔 가능성이 충분한 것일 때 학생들의 행동은 교사의 기대를 입증하거나 수정하게 할 수 있다. 하지만 그 기대가 부적절하고 쉽게 바뀌지 않는 것이라면 학생들의 수행은 나빠질 것이고 결국 그 부정적 기대와 일치하게 될 것이다.

또 다른 모형은 Cooper와 Tom(1984)에 의해 제안되었다. 학생들은 서로 다른 능력과 배경을 가지고 학습 환경에 들어가고 교사들은 학생들에 대한 이전의 경험과 학교 성적으로부터 알게 된 그들의 지능과 능력에 대한 지식을 바탕으로 학생들에게 개별적인 초기의 신념을 형성한다. 중요한 변수는 교사들이 학생들의 수행에 대해 통제할 수 있다고 지각하는가다. 통제는 학습 내용과 시기, 학생들과의 상호작용의 지속에 영향을 끼치는 교사의 능력을 나타낸다. 통제에 대한 교사의 신념은 상황에 따라 다양하다. 교사들에게 특정 환경은 다른 환경보다 통제에 대한 신념을 더 크게 한다. 통제 신념은 학생들에게 특정 피드백(예: 칭찬, 비평)을 줄 것인지에 대한 교사의 결정과 학생들에게 형성되는 사회 감정적 분위기의 유형에 영향을 미친다. 이렇게 서로 다른 분위기와 피드백의 종류는 학생들 자신의 수행 능력과 보다 나은 수행을 가져오는 노력의 가치에 대한 신념에 영향을 준다. 또한 능력과 노력에 대한 신념이 학생들의 동기와 성취에 영향을 미치게 된다.

Braun(1976)은 교사 기대의 기원에 대한 설명을 위한 모형을 만들었다. 교사 기대의 원천으로는 지능과 능력 검사 점수, 성별, 이전 담임교사로부터 얻은 정보, 기록에 의한 의학적 · 심리학적 정보, 인종적 배경, 그 학생의 손위 형제에 대한 지식, 외모적 특성, 이전의 성취, 사회경제적 지위, 그리고 학생들의 실제 행동 등이 있다. 연구는 이러한 요인들의 잠재적인 영향을 지지한다. 교사들은 종종 낮은 능력을 가진 학생들에 비해 높은 지능이나 능력을 가진 학생들에게 더 높은 기대를 한다(Brophy & Good, 1974). 교사들은 여학생들에게 문제행동이 더 적을 것이라 기대하며, 적어도 초등학교 수준에서는, 여학생들이 학문적으로도 더 좋은 수행을 보일 것이라고 기대한다. 그러나 중학교에 들어가기 시작하면서부터, 많은 교사들은 수학이나 과학에서 여학생들이 남학생들보다 더 못할 것이라고 기대한다(Eccles, 1983). 교사들은 일반적으로 흑인 학생들에 비해 백인 학생들에게 더 높은 기대를 가진다(Brophy & Good, 1974). 기대는 또한 성취 수준에 따라 다양하다. 교사는 과거에 높은 성취를 한 적이 있는 학생들에게 더 높은 기대를 가진다.

다른 연구에서는 교사들이 매력적인 외모를 가진 학생들이 그렇지 않은 학생들보다 더 똑똑할 것이라고 믿으며, 이에 따라 교사들이 매력적인 외모를 가진 학생들에게 더 높은 기대를 하는 것을 보여 주었다(Brophy & Good, 1974). 또한 교사의 기대는 기록된 성적, 이전 담임교사로부터 얻은 정보, 손위 형제들에 대한 지식 등에 의해 영향을 받는다. 기대의 원천에 대한 Braun(1976)의 목록에 따르면, 우리가 쓰는 말씨도 교사의 기대에 영향을 미친다는 사실을 알 수 있다. 표준어를 구사하지 않는 어린이들은 교사들로부터 부정적으로 인식되는 경향이 있다. 교사들은 그들의 수행에 대해 더 낮은 기대를 가진다(Brophy & Good, 1974).

차별적 교사 행동

교사들이 기대를 형성한 후, 그 기대가 어떻게 학생들에게 전달되고 교사의 행동 속에서 나타나게 될까? 기대는 사회정서적 분위기, 언어적 입력, 언어적 산출, 피드백이라는 네 가지 영역에서 행동을 통해 드러난다(Rosenthal, 1974).

사회정서적 분위기는 언어적이고 비언어적인 모든 행동을 포함한다. 예를 들어, 미소 짓기, 고개 젓기, 눈 맞추기, 그리고 지지적이고 우호적인 행동 등이 있다. 일반적으로 교사는 낮은 기대를 가진 학생들보다 높은 기대를 가진 학생들에게 따뜻한 태도를 보이는 경향이 있다(Cooper & Tom, 1984).

언어적 입력이란 새로운 학습자료를 배울 수 있는 기회와 자료의 난이도를 의미한다. 높은 기대를 받는 학생들은 새로운 학습자료를 접하게 될 기회가 더 많다. 그리고 낮은 기대를 받는 학습자들에 비해 더 어려운 학습자료를 제공 받게 된다(Cooper & Tom, 1984).

언어적 산출이란 학문적인 상호작용의 횟수와 그 상호작용의 시간 길이를 의미한다. 연구에서 교사는 낮은 기대 학습자들에 비해 높은 기대 학습자들과 더 많은 시간 동안 학문적인 의견 교환을 하는 것으로 나타났다(Brohpy & Good, 1974). 높은 기대 학습자들은 낮은 기대 학습자들에 비해 교사들과 더 많은 교류를 하게 된다. 교사들은 높은 기대 학습자들에게 주로 공적인 학문적 의견 교환이나 상호작용을 하고, 낮은 기대 학습자들에게는 주로 사적이거나 개인적인 상호작용을 한다(Cooper & Tom, 1984). 교사들은 또한 높은 기대 학습자들에게는 계속적으로 기회를 준다. 만약 높은 기대 학습자가 질문에 대답하는 것에 실패한다면, 교사는 질문을 반복하거나, 다른 말로 바꿔서 다시 질문을 하거나, 대답할 수 있도록 단서나 조언을 제공해 주는 경향이 있다. 교사들은 낮은 성취를 보이는 학생들에 비하여 똑똑한 학생들에게 질문에 대답할 시간을 더 많이 주며, 그들의 대답에 더욱 많은 관심을 기울인다. 피드백은 학습에 대한 칭찬과 비판을 의미한다. 교사들은 기대가 높은 학습자들을 더 많이 칭찬하고, 기대가 낮은 학습자들을 더 많이 비판한다(Cooper & Tom, 1984).

이 각각의 요인들은 실제하며, 학급 현장에서 작용한다(Cooper & Tom, 1984). 동시에 교사마다 차이가 존재한다. 몇몇 교사들은 위의 네 가지 영역에서 모두 차별적인 행동을 할 수 있으며, 어떤 교사들은 이와는 전혀 달리 학생들을 차별대우하지 않을 수도 있다. 가장 타당한 결론은 많은 교사들이 때때로 이러한 요인들 중 한 가지와 일치된 행동을 한다는 것이다.

더불어 교사의 차별적인 대우는 학생들의 동기와 행동에 직접적인 영향을 줄 뿐 아니라, 학생들은 교사의 대우에 대하여 서로 다른 방식으로 지각한다. Weinstein과 동료들(Brattesani, Weinstein, & Marshall, 1984; Kuklinski & Weinstein, 2001; Weinstein, 1985, 1989, 1993; Weinstein & Middlestadt, 1979)의 연구에 따르면, 학생들은 학급에서 차별적인 교사의 행동을 지각한다. 종종 성취도가 높은 학습자들은 성취도가 낮은 학습자들에 비해 더욱 긍정적인 대우를 받으며, 더 많은 특권을 누리고, 그들의 학습에 대해 스스로 더 많이 선택하고 통제할 수 있으며, 교실에서 발언하고 질문에 대답할 수 있는 기회를 더 많이 제공받는다는 것을 지각할 수 있다. 교사가 학생들에게 서로 다른 기대를 하고, 남학생들과 여학생들을 차별대우하며, 특히 수학과 과학 학습에서 그러하다는 증거들도 있다(Becker, 1981; Leinhardt, Seewald, & Engle, 1979; Parsons, Kaczala, & Meece, 1982). 동시에, 이러한 교사 행동의 많은 부분은 실제 학생들의 행동에서의 차이에 기초하여 나타나는 반응적인 것이고, 성별과 같은 다른 것에 기초하는 것이 아닐 수 있다(Brophy, 1985; Jussim, 1991). 마지막으로, 남학생과 여학생이 교사의 같은 행동에 대해서 반응하는 방식에 많은 차이가 있으며(Eccles & Blumenfeld, 1985; Stipek, 1998), 서로 다른 기대나 차별적인 교사 행동이 학생들의 동기나 성취와 어떻게 관련되는지에 대해 광범위하게 일반화하는 것은 어려울 수 있다. 가장 중요한 점은 교사들이 학급에서 학생들의 실제 수행에 기초하여 정확하게 학생들을 지각하기 위해 노력해야 하고 이러한 정확한 지각을 바탕으로 그들의 수업계획을 세워야 한다는 것이다(Jussim, 1991).

비평

교사 기대는 일상적인 것이고, 보통 합리적이며, 관찰에 근거를 둔다. 교사가 학생들에게 가지고 있는 대부분의 신념은 그것이 다수의 수행에 대한 관찰에 근거한 것이기 때문에 정확하다(Jussim, 1991). 교사의 기대가 일반적으로 실제 학생들의 수행을 반영하기 때문에, 학생들의 수행에 대한 교사 기대의 효과는 일반적으로 적으며, 학생들의 성취에 미치는 영향도 크지 않다(Jussim, 1991). 교사 기대의 효과가 발견될 때가 있다면, 보통 그것은 부정적이다. 학생들에게 긍정적인 기대를 하는 것은, 부정적인 기대가 성취를 낮추는 것만큼 학생들의 수행을 향상시키지는 않는 것으로 보인다(Brophy & Good, 1974; Cooper & Tom, 1984; Good & Brophy, 1986; Wentzel, 2002).

Rosenthal과 Jacobson(1968)은 기대 효과가 어린아이들 사이에서 더 강하고, 성장함에 따라 약해진다는 것을 발견했다. 기대가 초등학교 저학년 학생들에게 더 큰 영향을 미치는 것은, 아마 전형적으로 저학년 학생들에게 보이는 밀접한 교사-학생 상호작용 때문일지도 모른다. 이러한 밀접한 상호작용은 교사들에게 앞선 영역들에서 다르게 행동할 기회를 준다(Rosenthal, 1974). 학년이 올라가며 학생들이 성장함에 따라, 교사-학생 상호작용은 덜 빈번해지고, 개인적인 관계는 더 사라진다.

어떤 기대는 적합하며 수업에 있어서도 건전한 영향을 미친다. 기대는 보통 학생들의 수행을 일으키는 원인이라기보다는 학생들의 수행에 대한 결과다(Brophy & Good, 1974). 교사들은 전형적으로 더 좋은 수행을 보이는 학생들에게 더 높은 기대를 가지고 있다. 이는 높은 수준의 성취자들에게 더 어려운 학습자료를 제공해 주고, 그에 대해 더 광범위하게 질문하고, 일련의 수업과정을 더 빨리 진행시킬 수 있도록 수업에 대한 감각을 가지게 해 준다. 요컨대, 기대가 학생들의 수행에 근거한 적합한 것이며, 학생들의 수행을 반영하여 바뀔 수 있는 것일 때 수업에 있어서 플러스 요인이 된다. 문제가 되는 것은, 그 기대가 부적절하고, 또 엄격하여, 학생들의 실제 수행과 무관하게 학생들이 무엇을 할 수 있고 할 수 없는지에 대한 확고한 선입견으로서의 역할을 할 때다(Brophy & Good, 1974).

기대 효과가 언제나 일어나는 것은 아니다. Smith(1980)는 기대 효과가 수학에서보다 읽기에서 더 강하게 나타난다는 것을 발견했다. 이것은 전형적으로 읽기 수업은 보통 작은 집단 단위로 교사와 학생 간의 상호작용이 많은 가운데 이루어지고, 수학 수업은 보통 큰 집단 단위로 비개인적인 활동을 통해 배우기 때문에 교사-학생 상호작용의 빈도가 낮기 때문인 것으로 보인다.

기대 효과는 일반적으로 기대의 부정확성이 높을 때는 나타나지 않는다. 똑똑한 학생들에게 낮은 기대를 가지고 있는 교사가 이 똑똑한 학생들의 수행을 낮추는 것은 아니다(Cooper & Tom, 1984). 상당 부분 편향된 기대는 믿을 만하지 않다. 일반적으로 교사의 기대와 학생들의 행동 사이의 작은 차이를 반영하는 정도의 자기충족 예언이 더 많이 나타나며, 이것이 왜 기대 효과가 전형적으로 작으며 부정적인 방향으로 일어나는지를 설명해 준다. 비록 교사 기대의 효과가 실재하는 것이고 학생들의 수행에 영향을 미칠 수 있는 것이라고 할지라도, 그 효과의 범위와 크기는 편향되어 있고, 이에 대해 앞으로 더 많은 연구가 필요하다(Jussim, 1991). 이러한 조심스러운 관점에서 〈적용 9-3〉에 교실 장면에서 교과 기대의 적용 가능성을 제시하였다.

적용 9-3 교실에서 교사 기대를 적용하기

1. **규칙은 공정하고 일관되게 적용하라.** 신입 유치원 교사인 김 교사는 연초에 교실에서의 규칙을 학생들과 함께 정했다. 그리고 그 규칙이 공정하고 일관되게 잘 적용되고 있는지 항상 점검했고, 규칙을 따르지 않는 아이들을 개인적으로 바로잡아 주었다. 그래서 모든 아이들은 규칙이 모두에게 적용된다는 점을 잘 인지하고 있었다.

   안 교사는 그의 두 번째 시간 수업인 체육에서 훈육 문제로 골치를 썩고 있었다. 그는 김 교사에게 자신의 수업을 관찰하고 피드백을 줄 것을 부탁했다. 관찰 결과, 김 교사가 항상 특정한 5명의 남학생들에게만 주의를 주고, 똑같은 잘못을 하는 다른 학생들에게는 야단을 치지 않는 것이 밝혀졌다. 이후 그가 보다 일관되게 규칙을 적용하고 난 후, 학생들의 문제행동은 훨씬 적어졌다.

2. **모든 학생들이 배울 수 있다고 생각하고, 그 기대를 모든 학생들에게 전달하라.** 유치원 아이들을 가르치는 박 교사는 학급의 학생들이 색깔에 대하여 공부한 것이 자신을 매우 기쁘게 했음을 이야기했다. 박 교사는 학생들에게 "나는 너희들이 무척 자랑스러워. 나는 너희들이 잘 배울 수 있을 것이라 생각했어. 이제 모양에 대해서 배워 보자. 나는 너희들이 모두 잘 배울 수 있을 것이라 믿어."라고 말했다.

   고등학교에서 영어를 가르치는 김 교사는 학생들에게 새로운 학급에 들어가서 첫 인사로 "나는 너희들 모두가 잘 배우기를 원해. 우리는 우리의 작문 실력을 향상시킬 수 있는 의미 있는 시간을 함께 가지게 될 거야. 그리고 우리가 노력하면 모두 작문 실력을 향상시킬 수 있어. 나는 너희들과 함께 공부할 것이고, 학기가 끝날 때면 우리 모두의 작문 실력이 향상되어 있을 거야."라고 말했다. 선생님의 말에 민정이는 "저는 문장 실력이 부족해요. 어떻게 저의 작문 실력을 향상시킬 수 있을지 잘 모르겠어요."라고 말했다. 김 교사는 민정이의 말에 "앞으로 같이할 문장연습은 글쓰기의 좋은 출발점이 될 거야."라고 대답했다.

3. **실제 수행과 관계없이 단지 학생들의 배경(예: 성별, 인종, 부모의 배경)에 근거한 차**

별적인 기대를 갖지 마라. 이 교사는 학생들의 특별 관리를 담당하는 교사로, 언제나 학생들을 보호하기 위해 대기해야 했다. 그는 자신의 학생들이 난폭한 이웃들과 함께 살고 있으며, 비행 활동을 하는 조직에 속해 있다는 것을 알았다. 몇몇 교사는 그 학생들을 무시했으며 이들이 학습에 어려움을 보일 때도 그들을 도우려 하지 않았다. 그러나 이 교사는 그 학생들과 함께 공부하였으며 이 교사는 학생들이 성취할 수 있도록 최선을 다해 도와주었다.

6학년 담당인 송 교사는 학생들이 부모와 함께하는 활동을 몇 개의 프로젝트 안에 포함시키려고 계획하였다. 진수와 정희는 부모님과 함께 학교 활동에 전혀 참여하지 않으며, 부모님은 아이들과 함께 공부해 본 적이 없었다. 송 교사는 개인적으로 학생들을 만나서 이야기했고 학생들에게 방과 후 부모님과 함께 활동할 것을 권유했다. 또한 교실에서 다른 여러 가지 활동 또한 수행하도록 하였다.

4. **낮은 수행에 대한 '변명'을 받아 주지 마라.** 정수는 김 교사에게 자신의 독해실력 부족으로 인하여 사회 숙제를 할 수 없었다고 말했다. 정수는 "아무튼, 저는 읽기 자료를 읽긴 읽었어요."라고 말했다. 김 교사는 정수에게 "나는 네가 자료를 읽었다는 것을 알고 있단다. 하지만 네가 사회과목 또한 잘한다는 것을 알아. 너는 언제나 토론하는 동안 질문들에 잘 대답했었어."라고 말했다. 그리고 정수가 너무 어렵다고 느꼈던 어휘들을 선별하여 도와주었다.

이 교사는 자신의 역사 수업에서 매 시간마다 과제를 내주었다. 경희는 유능하지만 게으른 학생이었고, 언제나 숙제를 완성하는 데 불만이 많았다. 경희는 선생님께 자신에게 준비물이 하나도 없다고 말했다. 이 교사는 종이, 연필, 볼펜, 책들을 모아서 경희의 집에 보내 주었다. 이 교사는 경희에게 지금부터 자신의 숙제를 잘 끝마쳐서 오길 기대한다고 이야기했다.

5. **학생들의 잠재 능력에 대한 상한선은 모르는 것이며, 더군다나 학교 학습과는 관계가 없다는 것을 직시하라.** 3학년 담당인 유 교사는 수진이의 수학 공부를 도와주고 있었다. 유 교사는 "수진아, 뺄셈 문제를 해결하기 전에 그 문제에 대하여 다시 생각해 보도록 하자. 조금 더 열심히 노력해 봐."라고 말했다. 수진이는 "저는 이것을 해결할 수 있을 만큼 똑똑하지 않아요. 이 문제는 너무 어려워요."라고 말했다. 유 교사는 수진이에게 "그건 아니야. 선생님은 수진이가 충분히 풀 수 있다는 것을 알아. 열심히 노력해 봐."라고 이야기했다.

대학에서 영어를 가르치는 한 교사는 그녀의 수업에서 시 단원을 소개하였다. 그녀는 학생들에게 이 단원이 끝나면 학생들은 각자 자신의 시를 쓸 수 있을 것이라고 말했다. 재민은 "저는 영어로 시를 쓸 수 없어요. 저는 시를 쓸 만큼 영어를 잘하지 않아요."라고 말했다. 한 선생님은 재민에게 "내가 도움을 준다면 네가 적어도 하나의 시는 쓸 수 있을 것이라고 생각해. 시의 종류는 매우 다양하고 네가 시의 다양한 종류 중 한 가지 양식으로 시를 쓸 수 있을 거야."라고 답했다.

교사 효능감

원인과 결과

학생들의 동기와 학습에 영향을 미치는 또 다른 중요한 요인은 바로 교사들의 자기효능감이다. 교사 효능감(혹은 교수 효능감)은 학생들이 학습하도록 도울 수 있는 자신의 능력에 대한 개인적 신념을 의미한다(Pajares, 1996; Tschanne-Moran, Woolfolk, Hoy, & Hoy, 1998). 사회인지이론에 따르면, 교사 효능감은 학생의 자기효능감이 영향을 미치는 활동과 동일한 유형에 영향을 미쳐야 한다. 이러한 활동 유형에는 활동의 선택, 노력, 지속, 성취 등이 있다(Ashton, 1985; Ashton & Webb, 1986; Bandura, 1997). 낮은 자기효능감을 지닌 교사들은 그들의 능력 밖의 일이라 생각하는 것은 수업 활동으로 계획하지 않으며, 학습에 부진한 학생들을 끈기 있게 가르치려 하지 않는다. 또한 학습자료를 찾는 데 노력을 거의 기울이지 않고, 학생들이 더 잘 이해할 수 있는 방식을 찾아 가르치려고 하지 않는다. 높은 자기효능감을 가진 교사들은 도전적인 활동을 개발하는 경향이 있고, 학생들이 성공할 수 있도록 도우며, 학습문제를 가진 학생들에 대해서도 끈기 있게 계속 가르친다. 이러한 교사들은 수업 활동 계획을 통해, 그리고 학생들과의 상호작용을 통해 학생들을 더 잘 배울 수 있도록 북돋아 준다(예: 학생들이 과제를 지속할 수 있도록 도와주고, 학문적인 필요에 대처하도록 한다). 이러한 교사의 동기 부여 효과는 학생들의 성취를 증진시킬 수 있다. Ashton과 Webb(1986)은 높은 자기효능감을 지닌 교사들은 긍정적인 학급 환경을 조성하고, 학생들의 생각을 지지해 주며, 학생들의 필요를 충족시키려는 경향이 있다는 것을 밝혔다. 교사의 자기효능감은 학생 성취에 대한 중요한 예측인자다. Woolfolk와 Hoy(1990)는 연구를 통해 아직 근무 경험이 없는 교사들과의 비교 결과를 얻은 바 있다. Feltz, Chase, Moritz와 Sullivan(1999)은 코치들의 자기효능감 역시 교사와 마찬가지로 동일한 영향을 미친다고 보고하였다.

교사들의 자기효능감이 수업 전과 수업 중의 행동에 영향을 미치는 것과 더불어, 교사 효능감은 수업이 끝난 후 교사들의 활동에도 영향을 미칠 수 있다(Tschannen-Moran, Woolfolk Hoy, & Hoy, 1998). 교사의 자기효능감은 학생들이 학습 성장을 보였을 때 더 높아진다. 더불어, 효과적인 교사는 다른 교수 전략을 통해서 가르치면 더 좋은 결과를 가져올 수 있다고 믿기에, 학생들의 부진을 실망스럽게 여기지 않는다.

연구자들은 학생들의 학습과 가장 관련이 높은 교사의 자기효능감 차원에 대해 연구한 바 있다(Gibson & Dembo, 1984; Woolfolk & Hoy, 1990). Ashton과 Webb(1986)은 교사 효능감을 일반적인 교수 결과에 대한 기대인 교수 효능감과 주어진 결과를 불러오는 특정한 행위를 수행하는 것에 대한 개인적 효능감인 자기효능감으로 구별하였다. 4장에서 언급했던 것처럼, 자기효능감과 결과 기대는 종종 관련이 되지만, 꼭 그런 것은 아니다. 만약 교사가 학생들의 학습은 대부분 교사의 통제 밖에 있는 가정이나 환경적 요인에 기인한다고 믿는다면, 설령 교사가 높은 수준의 개인적인 자기효능감을 가지고 있다고 하더라도, 교수 효능감은 낮을 수 있다.

Guskey(1987)는 이러한 생각을 뒷받침하는 연구 결과를 얻었다. 교사의 자기효능감은 나쁜 수행의 결과가 개인에 의한 것인지, 집단에 의한 것인지에 따라 차별화된 영향을 받았다. 특정한 한 명의 학생이 수행을 잘못하였을 때, 교사는 책임감을 별로 느끼지 않으며, 따라서 자기효능감에 상대적으로 큰 영향을 미치지 않는다. 그러나 많은 학생들의 수행이 떨어질 때, 교사는 결과에 대해 보다 큰 책임감을 느끼며, 교사의 자기효능감은 떨어지게 된다. 또 다른 연구는 수업효능감이 내적-외적인 구분을 반영한다고 제안한다. 내부적인 요인은 개인적인 영향과 힘에 대한 지각을 나타내고, 외부적인 요인은 학급 밖에 있는 원인의 영향과 힘에 대한 지각과 관련이 있다(Guskey & Passaro, 1994).

Bandura의 자기효능감을 높이는 원천과 관련하여, 신입 교사 또는 현직 교사 교육 프로그램의 중요한 도전 과제는 교사들의 수업효능감을 높여 주는 방법을 개발하는 것이다(실제 수행, 대리 경험, 설득, 생리적인 지표로 정의). Benz, Bradley, Alderman과 Flowers(1992)는 학급 담임교사들은 일반적으로 아직 경험이 없는 교사들에 비해 낮은 자기효능감을 보인다는 것을 발견했다. 아마도 그것은 일정 시간 동안 학급에서 일한 후에, 교사는 그들의 통제 밖에 있는 요인에 대해 더 크게 느끼게 되기 때문일 것이다. 오직 수업 계획과 평가에 대해서만, 현직 담임교사들이 아직 경험이 없는 교사들보다 높은 자기효능감을 보인다. 5장에서 논의했던 바대로, 모델에 대한 관찰(효능감 정보의 대리적 원천)은 관찰자의 학습과 자기효능감을 증진시킬 수 있다. 예를 들어, 학생들이 학습문제가 있는 부분이나 학습에 동기부여되지 않은 부분을 교사 모델이 어떤 방식으로 성공적으로 수행하는지를 관찰할 때, 학생들은 특정한 학습 기술과 성공에 대한 높은 자기효능감을 경험하게 된다. 교사의 자기효능감을 높이기 위한 제안 사항에 대해서는 〈적용 9-4〉에서 다룬다.

적용 9-4 교실에서 자기효능감을 적용하기

Bandura(1977)는 자기효능감의 네 가지 원천을 제시한 바 있다. 그 네 가지 요소는 성공적 수행, 대리 경험, 사회적 설득, 그리고 생리학적 지표다. 이들 각각은 아직 현장 경험이 없는 교사와 현직 교사들의 자기효능감을 증가시켜 줄 수 있다.

성공적 수행(Performance Accomplishments)

1. 최 양은 학부 학생이다. 그녀는 교사교육 프로그램의 일환으로 수업 실습에 참여한다. 이 학기에 그녀는 선임 교사가 소집단 활동을 계획하는 것을 도와주고 있고 아이들과 함께 이 활동을 하고 있다. 실제 수업을 하고 소집단과 함께 일을 하면서 최 양은 교수 자기효능감을 발전시키고 있다.
2. 채 교사는 처음으로 공립 고등학교 학급을 담당하고 있다. 학기 동안 그는 학생들이 자료를 얼마나 잘 이해하고 수업을 즐기는지 결정하기 위해 매일 자신의 수행을 고찰한다. 자신이 학생들의 학습을 도와주고 있음을 인식함으로써 채 교사는 성공에 대한 자기효능감을 느낀다.

대리 경험(Vicarious Experiences)

1. 신 교수는 학부 학생들에게 초등 수학의 방법에 관한 강의를 한다. 강의를 하면서 그는 종종 학생들에게 효과적인 교수방법을 실천하는 교사들의 비디오테이프를 보여준다. 성공적인 교사 모델을 관찰하는 것은 예비교사의 자기효능감을 증가시킨다.
2. 송 교사는 학급 운영에 관한 현직교사 연수 프로그램에 참석했다. 그 프로그램 중

교사들이 다루기 어려운 학급 상황을 어떻게 다뤘는지에 대해 자신의 경험을 공유하였다. 이러한 교사들의 이야기를 들음으로써 송 교사는 어려운 상황을 자신도 성공적으로 다룰 수 있다는 자기효능감의 증가를 경험했다.

사회적 설득(Social Persuasion)

1. 정 교사는 5학년 학급에서 학생들을 가르치고 있다. 그녀의 선임 교사인 심 교사는 그녀와 매일 수업계획과 교사 활동에 대해 토론한다. 정 교사는 때때로 잘 가르치지 못하는 것에 대한 자신감 부족을 표출한다. 심 교사는 "정 선생님, 지금까지 잘해 오고 있어요. 나는 선생님이 이것을 잘 해결할 수 있을 것이라는 걸 알아요."라고 말하면서 용기를 북돋운다.
2. 교사 집단이 제2차 세계대전 동안 미국의 역할에 대한 간학문적 논의를 다양하게 계획하기 위해 만났다. 교사 중 한 명인 민 교사는 한 번도 다른 간학문적 팀에서 일해 본 적이 없었다. 다른 교사들은 "민 선생님, 당신은 할 수 있어요. 무엇을 해야 할지 모르겠다면 우리에게 물어보세요. 우리가 도와줄게요."라고 말하면서 설득적인 자기효능감 정보를 제공했다.

생리학적 지표(Physiological Indicators)

1. 연 교사는 학생들을 가르치러 들어가기 전 매우 근심스러웠다. 학기가 진행되면서 그녀는 덜 불안하였고 매일 학생들과 공부하는 것이 기대되었다. 그녀의 대학 지도 교수가 그녀에게 "자네는 더 자신감을 갖게 될 걸세. 그것은 학생들과 더 잘 공부하도록 도와줄 것이네."라고 말했다.
2. 강 교사는 스트레스 관리에 관한 워크숍에 참석했다. 그는 긴장을 느낄 때 사용할 수 있는 긴장 이완과 호흡 활동을 배웠다. 그는 일에서 오는 스트레스를 다루는 방법을 알게 되었다고 그것을 인식하는 것이 가르치는 것에 대한 강 교사의 자기효능감을 증가시켰다. 왜냐하면 그는 스스로 스트레스를 제어할 수 있고 학생들을 가르치는 것에 보다 집중을 할 수 있다는 자신감이 생겼기 때문이다.

집단 자기효능감

최근 연구자들은 집단 교사효능감의 작용에 대해 탐구하기 시작했다. 집단 교사 효능감(collective teacher efficacy) 또는 집단 교사 자기효능감은 학생들의 성취에 영향을 미칠 수 있다는 집단적 자기신념을 의미한다(Goddard, Hoy, & Woolfolk Hoy, 2000). 집단 교사 효능감은 개별 교사들의 자기효능감의 단순 평균이나 합계가 아니다. 집단 교사 효능감은 하나의 단위로서 교사집단(faculty)의 능력에 대한 개인의 지각을 반영한다(Henson, 2002). 즉, 교사집단이 학생들의 성취에 대해 미치는 집단적 영향력을 의미한다는 것이다.

집단 효능감의 역할은 조직의 결합 수준에 따라 다양하다(Henson, 2002). 집단 효능감은 아마도 느슨하게 결합된 학교조직의 성취를 예언하지 못할 것이다. 이런 경우에는 개인의 자기효능감이 학교의 성취에 더 많은 영향을 미칠 것이다. 이러한 상황은 조직의 결합이 거의 존재하지 않거나, 존재한다 하더라도 결합이 전체 학교 수준이 아닌 각 부서 수준에 존재하는 일부 중등학교에서 발생할 수 있다. 반대로, 초등학교는 일반적으로 더욱 긴밀하게 결합되어 있으며, 학교 교사의 집단 효능감은 학생들의 성취에 영향을 미칠 수 있을 것이다.

Goddard와 동료들(2000)은 교사의 집단 효능감이 학생의 학습에 영향을 미치는 과정에 대해 논의한 바 있다. 집단 효능감에는 자기효능감과 동일한 네 개의 원천이 영향을 미치는데, 이것은 성공적 수행, 대리 경험, 사회적 설득, 그리고 생리학적 지표들이다. 집단 효능감은 변화를 위한 일을 교사들이 함께 성공적으로 수행했을 때, 서로 간에 또는 다른 성공적 학교로부터 학습할 때, 교육청으로부터 변화에 대한 격려를 받았을 때, 그리고 어려움을 해결하기 위해 함께 일할 때(Goddard, Hoy, & Woolfolk Hoy, 2004) 보다 강화되는 경향이 있다. 집단 효능감이 강화될수록, 교사들은 학생을 위한 교육 기회를 향상시키려는 노력을 지속할 것이다.

집단 효능감은 교사의 직무만족도와 직업의 지속에도 중요한 영향을 미친다. Caprara, Barbaranelli, Borgogni와 Steca(2003)는 교사의 집단 효능감 신념이 그들의 직무만족도와 매우 높은 정적 관련을 맺는다는 사실을 발견했다. 나아가, 다른 사람들도 (교장, 행정직원, 부모, 학생들과 같은) 자신의 의무를 다하기 위해 열심히 일한다는 믿음 역시 교사들의 집단 효능감에 영향을 미치는 것으로 나타났다. Bandura(1997)의 입장과 마찬가지로, 심지어 높은 자기효능감을 가지고 있더라도 주변 환경이 변화에 반응하지 않을 경우 실제 유익한 변화를 이끌지 못할 수 있다. 교사가 부족한 상황에서 교사들의 유능감을 촉진하고 그들의 노력이 긍정적 변화를 이끌어내는 환경은 교사들이 교직에 계속 머물도록 도움을 줄 것이다.

구성주의적 교수

교사-학생 관계에 대한 연구를 통해서 우리는 교사-학생 관계가 학생의 동기에 미치는 영향을 보다 쉽게 이해할 수 있다. 이러한 연구들은 교수에 대한 구성주의적 관점과 잘 맞아떨어진다. 구성주의 이론과 연구에 대한 모든 것을 요약하는 것은 이 책의 범위를 벗어나는 일이지만, 이 이론이 학생들의 동기와 학습을 다른 시각에서 바라보고 있는 점에 대해서는 언급하고 넘어가려 한다. 특히, 학생의 학습과 행동을 통제, 관리하는 데 초점이 있었던 연구와 이론은 구성주의 이론으로 인해서 학생들의 학습과 발달을 촉진시키고 격려하는 것으로 변화하고 있다.

구성주의는 개인은 자신이 학습하고 이해하는 많은 것들을 개인 그리고 사회적 활동을 통해 형성하고 구성할 수 있다는 심리학적, 철학적 관점이다(Bruning, Schraw, Norby, & Ronning, 2004). 학습자는 정보를 선택하고 이를 자신이 원래 알고 있던 것과 결합시킴으로써 의미에 도달한다. 학자들은 이러한 구성주의가 얼마나 개인의 활동과 사회적 상호작용의 영향을 받는가에 대해 논쟁하지만, 요점은 학습이 언제나 학습자의 고유한 공헌을 통해서 이루어진다는 것이다(Brooks & Brooks, 1999).

이러한 구성주의적 교수에 대한 많은 연구들은 학습과 성취의 인지적인 부분에 더 초점을 맞추고 있기 때문에, 이론적으로나 경험적으로나 학생들의 학습동기에 대해 직접적으로 시사해 주는 바는 없다(Hickey, 1997). 덧붙여서, 구성주의 연구에서 다루는 많은 부분은 실제 수업을 개선하는 데 유용한 새롭고 효과적인 기법들의 사용에 집중되어 왔다(Cognition and Technology Group at Vanderbilt, 1996). 이러한 노력은 초등, 중등, 그리고 고등학교에서 문학, 수학, 과학, 그리고 사회 과목의 수업에 기반을 두고 이루어졌다(Bruer, 1993; McGilly, 1994). 비록 이러한 구성주의 노력을 통해 얻어진 대부분의 중요한 원칙이 교과 내용 내에 포함되어 있는 것이라 하더라도, 이를 일반적인 교수의 개선과 개혁을 위해 고안된 원칙으로 요약해 보려는 시도가 있어 왔다(예: Blumenfeld, Fishman, Krajcik, Marx, & Soloway, 2000; Blumenfeld et al., 1991; Bransford et al., 1999; Brown, 1994, 1997; Brown & Campione, 1994; Greeno, Collins, & Resnick, 1996; Singer, Marx, Krajcik, & Chambers, 2000).

우리는 여기서 이렇게 고안된 원칙들의 몇 가지에 대해 다루고, 이 원칙들을 잠재적으로 동기 부여 및 성취 결과와 연결시켜 볼 것이다. 이러한 대부분의 연구에서는 이러한 새로운 구성주의 개혁이 학생들의 동기에 실제로 어떻게 영향을 미치는지에 관한 경험적인 증거가 매우 적은 편이다. 따라서 우리의 논의에서는 이론적인 예측에 대해 주로 다룰 것이다. 여기서 소개될 원칙 몇 가지는 5장에서 다룬 TARGET 틀과 중복되는 것도 있다. 또한 이 원칙들은 서로 중복되거나 서로 간에 지지하는 경향을 갖는다. 말하자면, 이 원칙들이 서로 직교하는 관계를 이룬다고 가정할 수 없다는 것이다. 마지막으로, 다음에 제시되는 원칙들은 교수 원칙에 대한 다른 관점과 글들과 상당 부분 관련을 갖는다고 할 수 있다.

1. **학습을 위한 주체성을 창조하라.**

이 설계 원칙(예: Brown, 1997)은 단지 자기효능감(4장 참조), 통제 신념(3장과 7장 참조), 기대 신념(2장 참조)의 중요성에 관한 연구 결과의 재진술이다. 기본적으로, 적극적인 학습자가 되도록 과제뿐만 아니라 선택과 통제를 제공함으로써 교사가 학생들이 자신의 학습에서 주체성을 경험하도록 해야 한다는 것이다. 우리가 이 책에서 지적해 왔듯이, 학생들에게 주체성을 경험하도록 하는 것은 학습에 대한 동기를 높인다.

2. **학습을 충분히 반성(숙고)할 수 있는 기회를 제공하라.**

학습에서 메타인지와 자기조절이 중요하듯(Bransford et al., 1999), 학생들에게 자신의 사고, 학습, 교실 행동에 대하여 반성할 수 있는 기회를 주어야 한다. 이러한 기회들을 제공하는 수많은 방법들이 있다. 교사가 자신의 사고와 반성을 모델링해 주는 방법에서부터, 아이디어 공유와 다른 학생들에 대한 질문을 촉진하는 소집단의 활용, 학생들이 자신의 답안을 생각해 보고 그것을 얻기까지의 방법을 생각해 보도록 하는 기술의 사용 등이 있다. 이러한 교실 활동들이 학생들의 메타인지와 인지의 자기조절에 직접적인 영향을 줄 수 있다. 그러나 학생 동기와의 관계는 덜 명확하다. 아마 자기조절을 통해서 자기효능감 지각이 더 정확하게 형성될 가능성은 존재한다. 이는 꽤 잘한다고 생각하거나 모든 정답을 알고 있다고 믿는 학생들이 아직 자신이 모르는 것이 있다는 것을 알게 할 수 있기 때문이다. 이러한 의문들에 대해서는 분명 더 많은 연구가 필요하다.

3. **학생, 교사, 그리고 다른 사람들 사이에 협동과 협력이 가능하도록 학급을 조직하라.**

사회 구성주의 관점이 학습에 대해 남긴 영향 중의 하나는, 학습이 본래 사회적 활동이라는 생각이다(Hickey, 1997). 학습의 사회적 본질이 있다고 하면, 학급 구성원들 간의 지속적이고 응집된 협동을 허락하는 학급을 조직하는 것이 중요해진다. Brown과 동료들(Brown, 1994, 1997; Brown & Campione, 1994)은 그들의 개혁 노력을 '학습자 공동체의 육성'이라고 이름 붙였는데, 이는 배움과 학문적 지식의 이해에 중점을 두는 공동체를 만들고 유지하는 것의 중요성을 강조한다. 학습자 공동체 창조는 분명 학습의 사회화를 돕고, 공유된 인지 활동의 새로운 기회를 만들지만, 그것이 학생들의 동기와 어떠한 관련이 있는지는 분명치 않다. 자기결정성이론(7장 참조)과 관련된 부분에서, 공동체의 창조는 모든 개인들에게 적용되리라 여겨지는 관계성과 소속감에 대한 기본 욕구를 충족시키는 데 도움이 될 것이다. 모든 개인의 학습에 초점을 두는 학급 공동체는(학생뿐만 아니라 교사도 포함) 사회적 비교를 줄이고, 다른 사람을 이기려고 하는 행위(수행목표 채택; 5장 참조)보다는 배움과 이해에 중점을 두는 숙달 목표지향을 촉진할 수 있다.

4. **실제적인 학습 과제와 문제, 평가를 활용하라.**

인지와 동기 연구자들 모두 교실에서 실제적 과제, 문제, 평가 활용의 중요성을 지적하여 왔다(Blumenfeld et al., 1991; Brown, Collins, & Duguid, 1989; Greeno et al., 1996; Hickey, 1997). 일반적으로 실제적인 과제와 문제는 학생들에게 더 의미 있고, 흥미를 증진시키며, 더 나은 학습을 유도한다. 물론 어떠한 종류의 과업들이 진정 실제적인지에 대하여 논쟁이 있을 수 있다. 어떤 연구자들과 교사들은 학문의 지식과 틀에 기반하고 있기만 하면 과제가 실제적이라고 말한다. 이러한 경우, 예를 들어 과학에서는 학생들이 생물학자, 화학자, 또는 물리학자들이 자신의 학문 분야에서 과학적 연구를 하는 것과 비슷한 과제들을 한다. 같은 방식으로, 수학 수업은 학생들이 수학적으로 사고하고, '수학자'가 되거나, 일상의 문제들을 수학화하는 것에 초점이 주어진다. 또 다른 이들은 학교 과목들이 학문 분야와는 다르고, 학문 분야와는 다른 교육목표를 가져야 하며, 모든 이들을 작은 수학자나 과학자로 만드는 것은 아니라고 주장한다. 강조점은 여전히 학문적 내용에 있지만, 초점은 일상생활에의 적용 또는 교실 밖에서의 활용성을 가진 내용에 둔다. 이러한 논쟁에도 불구하고, 실제적 과제는 인지적으로 유용하다고 여겨지는데, 이것들이 교실 맥락 밖에서의 학습 전이를 촉진하기 때문이다. 동기적 관점에서 보면, 더 나은 학습과 성취를 유도하는 실제적 과제들이 학생들이 흥미, 내재적 동기, 또는 활용 가치(2, 6, 7장 참조)를 지각하도록 한다는 것이 일반적인 가정이다.

5. **학습과 지식에 대해 학급 내의 의견교환이 계속 이루어지도록 하라.**

실제적 과업에 대한 협동 작업의 한 부분으로, 교사와 학생들은 배우고 이해하는 방법에 대한 일반적 주제뿐만 아니라, 수업의 내용적 지식에 관련된 화제에 대하여 이야기하고, 듣고, 질문하고, 토의하는 양식을 개발해야 한다. 이것은 실험과 기기 사용에 관해 논의할 때 학급 토의, 학생 발표, 또는 상보적 교수 활동(Brown, 1997; Palincsar & Brown, 1984)을 통해, 또한 이러한 설계 원칙은 인지에 초점이 더 있지만, 학습 공동체 구성원 대부분이 내용을 학습하고 이해하려고 노력하는 모습을 보면서 자신의 흥미 혹은 자기효능감을 지속시키는 데 긍정적 영향을 미칠 수 있다.

6. **사고와 학습의 방법을 실제로 실행할 수 있는 기회를 제공하라.**

이 설계 원칙은 이 장의 전반부에서 논의된, Rosenshine과 Stevens(1986)가 제안한 안내된 연습 원칙과 유사하다. 구성주의적 교실에서 이러한 원칙은 단순한 반복 훈련과 연습 활동을 언급하는 것이 아니라, 연습과 탐구의 공동체를 만드는 것을 말한다(Brown, 1994; Greeno et al., 1996; Singer et al., 2000). 이러한 맥락에서, 학생들은 학문의 전문가들이 자기 과제를 수행할 때와 같은 활동들의 일부에 실제로 개입하고 연습할 수 있는 기회를 갖는다. 예를 들어, 과학 수업을 하는 학생들은 깊은 과학적 내용과 실제 생활 문제에 대한 적용을 포함하는 실제 실험과 탐구에 참여해 볼 수 있다(Blumenfeld et al., 1991; Singer et al., 2000). 이는 자료수집 활동의 설계, 자료의 분석과 제시, 증거로부터 정확한 추론과 결론 얻기 등을 포함할 수 있다. 이는 자기효능감뿐만 아니라 흥미와 가치를 향상시킨다.

7. **도전적인 과제를 할 때, 이 학생들의 학습을 도와줄 수 있는 학습도구를 제공하라.**

구성주의적 교실에서 실제적 과제들의 유형, 탐구 및 학습의 특성은 학생들이 주로 다루기 어려운 프로젝트, 실험, 보고서, 발표 등을 포함한다. 게다가, 과제의 수행은 오랜 기간을 필요로 하며, 문제 풀이나 다른 간단한 수업 과제들처럼 짧은 시간에 마칠 수가 없다. 이러한 과업과 활동은 자기조절을 요구하고 종종 학생들의 실력과 지식을 넘어서도록 요구한다. 이러한 점에서 다양한 도구들, 특히 유용한 기술의 활용을 통해 학생들이 이러한 과업을 해내도록 도울 수 있다(Cognition and Technology Group at Vanderbilt, 1996; Edelson, Gordin, & Pea, 1999; Singer et al., 2000). 이러한 도구들은 학생들이 복잡하고 도전적인 과제를 수행할 때, 인지적 부하를 줄여 주고 더 효과적으로 사고 및 학습을 하도록 돕는다. 물론 동기적 관점에서 이러한 학습도구들을 사용하는 것이 재미가 있고 흥미롭기에, 흥미와 가치 신념(2, 6, 7장 참조)을 높여 준다. 또한 이러한 도구들은 더 높은 자기효능감을 가져오는 기능의 발달을 지원한다.

8. 학생들에게 자신의 생각을 설명하기 위한 다양한 자료를 만들고 사용하도록 하라.

구성주의 교실에서 아이디어와 지식을 공유하는 것은 도전적인 과제일 수 있다. 왜냐하면 학생들이 타인에게 명확하게 자신의 생각을 이야기하고 의사를 표현하기는 종종 어렵기 때문이다. 보고서, 개념 지도, 실제 모형, 차트, 그래프, 그림 등과 같은 자료를 만드는 것은 학생들이 자신의 생각을 구체적으로 형성하도록 돕는다. 또한 다른 학생들은 이러한 자료들을 보고 이것들의 의미를 토론해 볼 수 있다. 이것은 교실에서 학생들의 대화와 탐구를 지원하고 지속시켜 준다. 게다가, '인지'를 구체화시킴으로써, 학생들이 자신과 타인의 생각을 반성할 수 있도록 도와 준다. 자료 제작은 학생들의 학습 내용과 과업에 대한 흥미를 높일 뿐 아니라, 그들의 자기효능감도 높일 수 있다.

9. 학생들의 학습을 지지해 줄 수 있도록 발판을 제공하라.

'학습의 발판(비계)'이라는 어구가 거의 진부한 표현이 되었음에도, 이는 교수에 대한 Vygotsky와 사회 구성주의 관점의 중요한 원칙을 반영하고 있다(Hogan & Pressley, 1997). 기본적인 아이디어는 교사들(또는 다른 학생들, 학부모들)이 한 학생이 새로운 과제를 배우고 있을 동안 지원을 제공한다는 것이다. 이러한 지원은 학생이 조력 없이는 얻을 수 없는 수준에 도달하도록 돕는다. 이 학생이 도움 없이는 할 수 있는 것과 도움을 받고 할 수 있는 것 사이인 근접발달영역(ZPD; 4장 참조) 안에서 공부함으로써, 학생은 주어진 과제를 하는 방법을 배우게 된다. 그러고 나서 교사의 지원 또는 도움은 점차 사라지거나 제거된다(공사가 완료되면 발판이 철거되는 것과 같이). 교사와 다른 유능한 개인들은, 모델의 역할을 수행하거나 다른 설명을 제공해 주거나, 소리 내어 생각하거나, 힌트를 주거나, 유용한 피드백을 제공하거나, 학생들이 과제를 시작할 때 안내하거나 등을 통하여 발판을 제공할 수 있다. 이렇듯 학습 발판은 학생들이 혼자서는 완수할 수 없을 과제를 성취할 수 있게 함으로써 긍정적으로 자기효능감을 지지하고 개발시킬 수 있다.

10. **서로를 존중해 주는 학습 문화를 만들어라.**

어떤 점에서 보면, 마지막 원칙은 이전 모든 원칙들의 총합이다. 이 영역의 도입 부분에서 명시하였듯이, 원칙들은 서로 겹친다. 한 부분에 속해 있는 원칙이 보통 다른 원칙들에도 연결될 수 있다. 학습 문화를 만드는 것은 앞에 언급된 다른 원칙들을 함께 요구한다. 그러나 특히 앞선 아홉 가지 원칙들 중에서 언급되지 않은 하나는 타인들의 지식, 신념, 개인적 차이에 관하여 존경하는 것의 중요성이다(Brown, 1994). 학급은 10~40명의 학생들과 최소한 한 명의 교사가 있는 사회적 상황이며, 모든 이들은 다른 수준의 지식, 기술, 신념, 태도를 가지고 있다. 아이디어의 공유, 프로젝트에서의 협동, 대화, 탐구 및 연습에 참여하기와 관련한 다른 원칙들이 부드럽게 실행되려면, 타인의 생각과 신념에 대한 존경이 있어야 한다. 학생들이 자신의 생각을 밝히는 것을 비웃음이나 곤혹스러움 때문에 꺼려 한다면, 다른 구성주의 원칙 활용에 도움이 되지 않는다. 따라서 교사들은 이러한 기준과 기대를 학생들과 명확히 세워야 한다. 물론 이것은 다른 원칙들의 사용을 가능하게 하며, 또한 학생들의 동기에도 도움을 준다. 이는 5장에서 설명한 목표내용이론의 원칙들과 같은 것이며, 학생들의 일반적인 자기가치를 높여 주고 불안을 감소시켜 준다(6장 참조).

이러한 10가지 원칙은 구성주의 학급의 시작점이다. 이 원칙들은 일반적인 것이기 때문에, 항상 학교들에 영향을 미치고 있는 학급과 학교의 특수성(예: 어떤 기술이 적용 가능한지)뿐만 아니라 다른 교수 원칙들, 그리고 다른 학급 요인들(예: 학급의 크기, 학습자 유형)에 들어맞도록 수정, 변경될 수 있다. 이러한 생각과 원칙에 대한 이론과 연구의 대부분은 어떻게 이것들이 학생들의 인지를 개선할 수 있는지에 초점을 두고 진행되어 왔다. 그러나 이것들이 어떻게 학생들의 동기를 촉진시키는지에 대해서는 특별히 연구된 바가 없다. 〈적용 9-5〉에 몇 가지 추가적인 교수 적용이 제시되어 있다.

적용 9-5 교실에서 구성주의 원칙을 적용하기

1. **구성주의 교수는 수업에서 참 과제와 문제를 사용하기도 한다. 구성주의 학습은 창조, 적용, 그리고 지식의 확장을 포함한다.** 3학년 담임을 맡고 있는 강 교사는 달의

상(phase)에 대한 단원을 수업하고 있다. 단원에 대한 간략한 소개 뒤에, 강 교사는 학생들에게 2주 동안 달을 관찰하고, 관찰한 것을 과학일지에 날짜와 시간과 함께 그려 오라고 하였다. 7학년 언어 수업을 담당하고 있는 이 교사는 자서전 쓰는 법에 대한 단원을 진행하고 있었다. 학생들은 학교 도서관을 방문하여 공부할 위인들의 자서전을 골랐다. 박 교사의 8학년 대수학 수업에서는 지역 과학박물관의 나비 개체 수 변화를 모형화하고 분석하기 위해서 방정식을 사용한다.

2. **구성주의 교수는 연구, 문제해결, 탐구, 그리고 활동적 형태의 학습을 포함한다. 교사는 학생들이 이전에 가지고 있던 지식과 새로 이해한 내용을 연결시키도록 도움을 제공함으로써 학습을 촉진시킨다.** 학생들을 다 살펴본 뒤에 강 교사는 학생들에게 교실에 달의 상을 제시하는 것을 함께 도와달라고 요청하였다. 한 학생은 '달'과 '지구'를 들고 있었다. 강 교사는 달에 대한 태양의 패턴과 지구의 궤도를 보여 주기 위해서 손전등을 사용하였다. 학생들은 궤도상 서로 다른 지점에서 달의 모양을 그렸다. 이 교사의 학급 학생들은 자신이 가지고 온 자서전을 읽으며, 자서전 속 인물의 인생에서 중요한 사건과 전환점으로 구성된 시간 선을 그리는 자서전 정보 학습지를 완성하였다. 학생들은 위인들의 삶에서 중요한 전환점에 대해서 썼다. 박 교사의 학생들은 각자 나비 문제에 대한 과제를 수행하기 시작하였다.

   지역박물관의 현재 나비 개체 수는 300마리였다. 매년 약 20%가량의 나비가 죽고, 100마리의 새로운 나비가 유입되었다. 나비의 총 개체 수가 500마리가 되려면 몇 년이 걸리겠는가? 학생들은 이미 알려진 정보와 알려지지 않은 미지수를 활용해 현재와 미래 시점의 관계를 표현하는 방정식을 쓰도록 요청받았다.

3. **구성주의 교수는 교실에서 학습 공동체를 구성하는 것을 포함한다. 학생들은 사회적 상호작용, 담화, 그리고 자기반성을 통해 학습한다.** 강 교사가 달의 상을 모두 보여 준 뒤에, 학생들은 4명씩 집단을 지어 과제를 수행했다. 집단의 목표는 각자 관찰하여 일지에 그린 달을 달의 궤도의 측면에서 서로 비교하는 것이었다. 학생들은 그림을 통해 달이 궤도에 따라 다른 상처럼 보인다는 것을 다시 한 번 깨달았다. 이 교사의 학생들은 4명씩 집단을 지어 자신들의 자서전을 비교하고, 이야기가 어떻게 그들 자신의 삶 혹은 지인의 삶과 관련 있는지 이야기했다. 집단이 다 함께 좋은 자서전의 중요 요소를 확인하였다. 박 교사의 학생들은 4명씩 집단을 지어 자신들이 세운 방정식을 서로 비교했다. 학생들은 자신의 방정식을 설명하고, 왜 그들이 자신의 방정식이 옳다고 생각하는지 이야기했다. 집단이 다 함께 자료에 가장 적합한 해결책을 찾고, 이를 시각적으로 제시하는 그래프를 그렸다.

4. **구성주의 교수는 지식의 성장과 개념 및 기술에 대한 개념적 이해를 포함한다. 다양한 평가방식이 학생들의 시간에 따른 지식과 이해 변화를 추적하기 위해 사용될 수 있다.** 강 교사의 수업을 통해, 그녀는 학생들이 관찰한 달에 대한 설명과 그들이 달의 상에 대해 어떻게 이해하고 있는지 들었다. 강 교사는 학생들의 생각을 면밀히 살펴보기 위해 질문을 던지고, 학생들로 하여금 자신의 생각을 설명하도록 했다. 단원을 마쳤을 때, 그녀는 학생들이 달의 상에 대해 무엇을 배웠는지 일지를 작성하도록 했다. 이 교사는 교실에서의 소집단 논의를 진행하는 동안 교사로서 모델의 역할을 수행하였다. 단원이 끝날 무렵, 학생들은 자서전에 대해 지금껏 배운 것들을 바탕으로 자신의 자서전에 대한 개요를 작성하였다. 박 교사는 소집단 활동을 하는 동안 학생들의 이야기를 듣고 학생들의 생각을 면밀히 살폈다. 학생들은 자신들의 생각과 설명을 학급과 공유하였다. 수업을 마치면서, 박 교사는 또 다른 문제를 심화 적용 문제로 제시하였다.

요약

교사는 다양한 방식을 통해 학생의 동기에 영향을 미칠 수 있다. 학생의 동기를 향상시키기 위해 교사가 사용할 수 있는 중요한 방법 가운데 하나는 계획과 의사결정이다. 교수계획에 대한 일부 모형들은 정형화되어 있고 교사가 학생들의 학습을 촉진하기 위해 할 일을 미리 언급하고 있다. 또 다른 모형들에 의하면 계획은 어떤 종류의 학습 활동을 할 것인지 교사가 결정하는 일과 함께 시작된다. 수업의 목표는 활동과 함께 형성되고 활동과 통합된다. 많은 연구자들은 교수 이전, 동안, 이후의 교사의 사고 과정에 대해 연구해 왔다. 이러한 관점에서 보면, 계획과 의사결정은 사전 교수 단계에 제한된 활동이라기보다, 교수의 전 과정에서 일어나는 활동이다. 교사는 종종 합리적인 계획 모형을 사용하는 대신, 가르칠 내용과 환경을 고려함으로써 교수를 시작한다. 교수계획은 학생의 특성과 밀접한 관련이 있으며, 학생의 동기에 대한 교사의 염려는 교사의 의사결정에서 매우 중요하다.

교수계획에 있어서 매우 핵심적인 요소는 학생들이 어떤 활동을 할 것인지 결정하는 것이며, 이는 집단 편성에 대한 결정을 포함한다. 집단 편성 구조의 유형에는 경쟁적, 협동적, 그리고 개인적 집단이 있다. 집단의 구조는 학습자의 능력에 대한 단서를 제공함으로써 학생들의 동기에 매우 큰 영향을 미친다. 경쟁적 구조는 능력의 중요성을 강조하고 타인과의 사회적 비교 가능성을 증가시킨다. 개인적 구조에서는 개인의 향상에 따라 보상이 주어진다. 협동적 구조에서 학생들은 집단의 집단 수행에 따라 보상을 집단 편성원과 함께 공유한다.

교수 활동이 학생들의 성취에 미치는 영향에 대해 탐구해 온 연구들은 교사가 잘 구조화된 내용을 가르칠 때 학생들이 활동에 열심히 참여한다고 보고하였다. 이러한 사실은 학습에 대한 현대 인지이론의 원리와 일치한다(예: 이전에 배운 관련 자료를 짧게 검토하는 것으로 시작하라, 학습 과제를 작은 단계로 제시하라). 이러한 활동은 학생들이 잘 학습할 수 있도록 함으로써, 학생들의 동기를 향상시키고 성공을 촉진한다. 학생들의 동기에 영향을 미치는 또 다른 중요한 요소는 모델의 사용이다. 모델은 학습자의 자기효능감을 평가하고, 스스로 과제를 하도록 독려하는 대리 정보를 제공한다. 다양한 모델과 동료 모델은 학생들의 동기에 많은 영향을 미칠 수 있다. 또한 일부 학생들에게는 어려움을 점차 해결해 나가는 모델이 유용할 것이다.

교사-학생 관계는 학생들의 동기에 매우 중요한 영향을 미친다. 교사의 중요한 역할 가운데 하나는 다양한 형태의 피드백을 제공하는 것이다. 이러한 다양한 형태의 피드백에는 수행, 동기, 귀인, 그리고 전략 피드백이 있다. 또 다른 교사의 역할 가운데 하나는 보상을 수여하는 것이다. 보상은 만일 그것이 학습의 진전과 관련되어 학습자에게 자신의 능력에 대한 정보를 알려 주는 경우, 학생들의 동기를 향상시킨다. 학급 분위기 역시 동기에 영향을 준다. 학생들과 협동해서 과제를 수행하고 학생들의 문제해결과 의사결정을 격려하는 민주적(협동적) 교실 지도자는 학생들의 동기와 수행에 가장 좋은 영향을 미친다. 방임적(허용적) 지도자는 혼란과 불확실성을 증가시킨다. 권위적(독재적) 리더십은 좋은 수행을 이끌지만 좌절, 분노, 그리고 부정적인 집단 분위기를 조성한다.

교사-학생 관계는 칭찬과 비판을 포함한다. 칭찬은 긍정적 강화의 한 종류다. 비록 칭찬이 대부분의 경우에는 학생의 동기를 향상시키지만, 교사는 우수한 수행에 한해서 일관되게 칭찬하는 대신 불규칙적이고 일관되지 않게 칭찬을 하기도 한다. 저학년이 지나 고학년이 되면, 칭찬은 약한 강화물이다. 적당한 비판은 학생들을 동기 부여시키지만 강한 비판은 동기를 향상시키는 효과가 낮다. 학생이 요청받지 않은 도움을 제공하는 것 역시 교사가 학생과 상호작용하는 또 다른 방식이다. 도움은 문제를 교정하고 학생들에게 자신의 진전에 대한 정보를 제공해 주는데, 이러한 것들은 학생들의 동기를 향상시킨다.

많은 연구들이 학생의 학습과 수행에 대한 교사 기대의 효과에 대해 조사해 왔다.

피그말리온 연구는 학생의 성취가 교사의 기대를 반영함으로써 자기충족 예언을 수행한다는 것을 발견했다. 이러한 결론은 아직 논쟁 중이며, 모든 연구가 항상 기대 효과를 보고한 것은 아니다. 어떻게 교사가 학생에 대한 기대를 형성하며, 이것이 학생에게 전달되어 학생의 동기와 성취에 영향을 미치는가에 대한 다양한 설명이 제안되어 왔다. 대부분의 교사 기대는 현실적이며 관찰에 바탕을 두고 있다. 만일 교사 기대가 부적절하고 유연하지 않을 경우 문제가 될 수도 있다.

교사 기대의 중요한 유형 가운데 하나는 교사 효능감, 혹은 학생들이 학습하도록 도울 수 있다는 자신의 능력에 대한 교사의 신념이다. 효과적인 교사들은 도전적인 활동을 계획하고, 학생들이 학습하고 어려움을 극복할 수 있도록 끈기 있게 돕고, 학생들의 동기를 향상시키고 성취를 촉진하는 경향이 있다. 교사의 자기효능감은 성공적 수행과 효과적인 교수 활동을 보여 주는 모델을 관찰함으로써 개발될 수 있다. 집단 자기효능감은 학교 환경에서 교사가 학생의 학습 기회를 향상시킬 수 있도록 동기화시킨다.

구성주의 교수는 개인이 그들이 학습하고 이해할 것들의 많은 부분을 형성하고 구성한다는 구성주의에 바탕을 두고 있다. 10개의 일반적 원칙들이 논의되었으며, 이들은 학생들의 인지와 동기를 촉진시키는 데 도움이 되어야만 한다. 10개의 원칙에는 주체성 창조하기, 반성, 장려, 협동 촉진, 실제적 과제의 활용, 의견교환에 지속적 참여, 연습 기회 제공, 도구 활용, 다양한 자료 활용, 발판 제공, 서로 존중하는 문화 조성이 있다.

추천 읽기자료

Brooks, J. G., & Brooks, M. G. (1999). *In search of understading: The case for constructivist classrooms.* Alexandria, VA: Association for Supervision and Curriculum Development.

Rosenshine, B., & Steven, R. (1986). Teaching functions. In M. C. Wittrock (Ed.) *Handbook of research on teaching* (3rd ed., pp. 376-391). New York: Macmillan.

Resenthal, R., & Jacobson, L. (1868). *Pygmalion in the classroom.* New York: Holt, Rinehart & Winston.

Tschannen-Moran, M., Woolfolk Hoy, A. E., & Hoy, W. (1998). Teacher self-efficacy: Its meaning and measure. *Review of Educational Research*, *68*, 202-248.

Webb, N. M., & Palincsar, A. S. (1996). Group processes in the classroom. In D. C. Berliner & R. C. Calfee (Eds.), *Handbook of educational psychology* (pp. 841-873). New York: Macmillan.

Weinstein, R. (1993). Children's knowledge of differential treatment in school: Implications for motivation. In T. Tomlinson (Ed.), *Motivating students to learn: Overcoming barriers to achievement* (pp. 197-224). Berkeley, CA: McCutchan.

제10장

교실과 학교의 영향

현주와 용남, 그리고 유진은 대도시의 고등학교에 다니는 학생들이다. 이들은 아침 등굣길에 자신들의 학교에 대한 이야기를 나누고 있다.

현주: 난 정말 학교에 가는 게 싫어. 나한테는 정말 그래. 우리들은 매일 이곳에 와야 하고, 선생님들은 우리한테 끊임없이 떠들어 대기만 할 뿐, 절대로 우리 얘기를 귀담아들으려고 하지 않아. 선생님들이 신경을 쓰는 건 우리가 아니고, 기껏해야 책을 이해하는 것이나, 그깟 시험에서 얼마나 높은 점수를 받는지 정도란 말이지. 난 말이야, 과연 내 이름을 알고 있는 선생님들이 얼마나 될지 궁금할 정도야.

용남: 야, 현주야. 그렇게까지 말할 거 있니? 선생님들은 우리를 위해서 열심히 노력하고 계셔. 다만 학생들이 너무 많고, 가르치는 일 외에 다른 일에 신경 쓸 겨를이 거의 없는 현실이 문제일 거야.

현주: 그래도 말이지, 가끔씩이라도 우리들에게 관심을 보이는 시늉이라도 해야 하는 거 아냐?

유진: 맞아. 용남이가 학교를 좋게 보는 것은, 너는 학교 생활을 잘하고, 아무도 너를 괴롭히는 사람이 없기 때문이야. 넌 모두가 내버려두는 사람이고, 우린 언제나 우리들을 괴롭히는 애들이 있어. 난 이제 화장실을 갈 때마다 무서워서 죽을 거 같아. 나는 복도 끝에 있는 이층 화장실에는 절대로 가지 않을 거야.

현주: 맞아. 그곳은 문제아들이 어슬렁거리는 곳이지. 나도 그 녀석들이 무섭기는 해. 그 녀석들이 너를 보게 된다면 아마 너도 괴롭힘 당하지 않을까 싶다. 나도 거기는 가고 싶지 않아.

용남: 그 정도 가지고 뭘 그러냐? 체육관에 오면 진짜로 무서운 게 어떤 건지 알 수 있을걸? 절반 정도는 혹시라도 째려보는 걸로 보일까 봐 다른 사람들을 쳐다보지도 못해. 가끔 이런 행동들은 위험을 부르기도 하지. 서로를 쳐다보지 않으면 농구 경기가 제대로 되겠어? 그래도 내 친구들은 서로를 잘 알지. 싸움이 있기도 하지만, 우리는 우리가 어딘가에 소속되어 있다는 것을 잘 알고 있어. 아마 너희들은 어떤 것에도 소속되어 있다는 느낌을 갖지 않을 거야. 단지 난 내 일을 하면서, 학급에서 잘 지내려고 하고 있어. 난 이곳을 빠져나가서 대학에 가기를 그저

기다릴 수만은 없다고.

유진: 그래, 하지만 내가 화가 나는 건 그 아이들은 어떤 경우에도 선생님들에게 혼나는 일이 없다는 거야. 언제나 규칙을 어기고, 싸움질을 하지만 선생님들은 어떤 말도 하지 않아.

현주: 잘 모르겠다. 나도 그 아이들이 언제나 말썽을 피우는 거 같긴 해. 다만 선생님들은 그 아이들을 크게 혼내기 위해서 기다리는 것 같아. 결국 용남이 같이 선생님께 잘 보이는 스타일은 혼나는 일에서 쉽게 빠져나갈 수 있지만, 다른 애들은 결국 선생님께 혼나고 말지.

용남: 무슨 말이야! 난 단지 내 일을 하면서 문제에서 좀 떨어져 있을 뿐이라고.

현주와 유진: 그래, 그렇다고 하든가.

같은 시간에, 몇 명의 교사들이 일과를 시작하기에 앞서 휴게실에 모여 대화를 나누고 있다.

이 교사: 전쟁터에서의 하루가 또 시작이군요. 이렇게 하루하루 버텨 나가는 것이 너무 힘들어요. 대부분의 아이들은 의지도 없이 무기력하지, 나머지 녀석들은 모두 문제아들이니, 원. 전 가끔 이 녀석들이 규칙을 제멋대로 어기는 것을 밥 먹는 것처럼 당연히 여기는 것은 아닌가 하는 생각이 들기도 해요. 뭐라고 한마디라도 하려고 불러 세울라치면, 난리를 치고, 교장 선생님조차 우리를 도와주지 않죠.

김 교사: 너무 순진한 생각 아닌가요? 교사들의 절반 가까이가 규칙이라는 것을 신뢰하지 않아요. 이것이 바로 학교의 문제들 중 하나죠. 우리가 교실에서 어떻게 해야만 하는지에 대한 것은 물론이고, 교직원들조차 어떤 규칙이 있어야 하는가에 대해 동의하지 않고 있어요.

신 교사: 맞아요, 저는 몇 주 전에 '교수법에 대한 개념적 이해'라는 워크숍에 간 적이 있었어요. 그리고 그 아이디어들을 제 수업에 사용해 보면 좋을 것 같다고 생각했었어요. 그런데 동료 수학 교사들은 제 생각을 비웃더군요. 그들은 "도대체 누가 그런 것들에 관심을 가질까요?"라고 하면서. 결국 그들에게 중요한 것은 아이들이 정규 시험에서 좋은 점수를 보이는 것뿐이었어요. 그들은 끝까지 자신들의 수업 방식을 바꾸지 않을 것 같아요.

이 교사: 전 선생님들의 생각을 듣고 싶어요. 개념적인 변화가 과학적으로 매우 중요하지만, 난 어떻게 하면 우리가 이것을 할 수 있을지, 어떻게 교육과정 내에서 다룰 수 있을 것인지 잘 모르겠어요. 하지만 난 반드시 새로운 아이디어들을 적용해 볼 거예요. 그런 것들은 나에게 강한 동기가 되거든요. 하지만 우리가 언제쯤이나 이런 것을 해 볼 수 있을까요? 선생님은 4교시에 강의가 없지만, 전 2교시에 강의가 없으니, 이런 주제에 대해 이야기를 할 만한 시간을 도저히 만들 수 없네요.

김 교사: 수업 종이 울리는군요. 전쟁터에서의 하루를 또 시작해야죠.

위의 예화에서 학생들과 교사들은 학교 문화와 조직의 각기 다른 측면에 대하여 이야기를 나누고 있다. 앞 장에서는 교사의 특성이나 교사와 학생과의 관계가 학생의 동기에 어떤 영향을 주는지 살펴보았다. 이 장에서는 분석의 차원을 좀 더 거시적 차원인 교실과 학교로 높여 보고자 한다. 학생의 동기와 학습에 대한 교실과 학교의 영향에 관한 연구는 많은 학자들에 의해 진행되고 있으며, 점차 그 수도 증가하고 있다(Mac Iver, Reuman, & Main, 1995; Maehr & Midgley, 1991, 1996; Sarason, 1990).

앞 장에서 논의된 개인의 동기에 관한 많은 심리학적 개념들(예: 개인의 동기적 신념, 인식, 욕구, 목표)은 교실과 학교와 관련이 되지만, 교실과 학교는 사회학적 혹은 문화적 연구를 필요로 한다. 이 장에서 다루는 연구와 이론들의 많은 부분은 교육사회학 분야와 학교 효과성 문헌들에서 가져왔음을 먼저 밝힌다. 이들 연구 중 일부는 앞서 제시한 학생의 동기보다는 정규시험에서의 학생의 종합적 성취나 수행에 보다 관심을 가진다. 하지만 학교 문화와 학교 조직이 동기적 신념이나 행동에 미치는 효과에 대해서도 관심을 가지는 동기 심리학자들도 존재한다(Eccles & Midgley, 1989; Maehr & Midgley, 1991, 1996).

먼저 학급 조직과 관리에 관한 주요 주제들로 논의를 시작하도록 하겠다. 어떻게 학급을 조직할 것인가와 학생들이 얼마나 학교 활동에 생산적으로 참여하는가는 동기와 밀접한 관련을 가진다. 다음으로 학생들의 동기와 학습에 깊은 영향을 가져오는 학교 문화와 조직, 그리고 학교 진학이라는 주제에 대해 살펴볼 것이다. 마지막으로, 학생의 학습동기에 영향을 미칠 수 있는 학교 정책의 역할과 학교 개혁에 대한 노력들에 대해 제시하고자 한다.

이 단원을 학습한 후에는 다음과 같은 것을 할 수 있어야 한다.

- 단일차원적 학급과 다차원적 학급 간의 중요한 차이점에 대해 논의하고 이것들이 학생의 동기에 미치는 영향에 대해 설명할 수 있다.
- Kounin에 의해 제시된 학급 관리의 중요한 변인들(전지, 중첩, 흐름 관리, 집단 집중, 포화 최소화하기)에 대해 정의 내릴 수 있으며, 이들이 교실에서 어떻게 생산성을 향상시킬 수 있는지 설명할 수 있다.
- 다양한 학교 수준의 요소들을 교사와 학생 성취와 연결시킨 개념적 모델로 조직할 수 있다.
- 다양한 학교 수준의 요소들이 교사와 학생의 동기에 어떻게 영향을 줄 수 있는지 이해할 수 있다.
- 외적 제약과 기회들이 학교 개혁을 위한 노력을 어떻게 촉진시키고 제약하게 되는지와 결과적으로 어떻게 교사와 학생의 동기에 영향을 미치게 되는지를 이해할 수 있다.
- 학교교육에서의 진학이 학생의 동기에 긍정적인 효과를 줄 수 있기 위해서는 어떻게 구조화되어야 하는지 설명할 수 있다.
- 학교 개혁 혹은 개선을 위한 다양한 전략들을 교사나 학생들의 잠재적 성취결과 그리고 그것들을 보완하기 위한 시도의 관점에서 분석할 수 있다.

학급 조직과 운영

학급 유지에 있어 가장 중요한 요인 중에는 운영과 조직이 포함된다(Levin & Nolan, 2000). 이 절에서는 먼저 학급 조직에 대해 논의한 후, 학급 운영에 대해 살펴볼 것이다.

학급 조직

교사들은 자신의 계획, 조직, 운영, 상호작용을 통해 학생들의 동기에 영향을 미친다. 9장에서 우리는 계획과 상호작용에 대해 이미 살펴보았기 때문에, 여기서는 조직과 운영을 다루기로 한다.

학급 조직(classrom organization)은 어떻게 활동이 구성되는지, 어떻게 학생들을 집단에 배치하는지, 어떻게 학습을 평가하고 보상하는지, 어떻게 권위를 세우는지, 시간표를 어떻게 짜는지에 관한 것이다(Stipek, 1996). Marshall과 Weinstein(1984)은 학급은 매우 복합적인 공간으로, 학생들의 동기를 이해하기 위해서는 많은 요인들을 고려해야 하며, 또한 그 요인들은 하나의 요인이 다른 요인의 효과를 증가시키거나 혹은 감소시킴으로써 상호작용함을 주장하였다. 따라서 민주적인 학급의 동기 효과는 엄격한 능력중심의 집단 편성에 의해서 그 정도가 감소될 수 있다. 많은 연구들이 높은 능력을 가진 학생과의 사회적 비교가 어떻게 다른 학생들의 자기효능감에 부정적인 영향을 미치는지에 대해 보고하고 있다. 그러나 이러한 사회적 비교는, 특정 영역에서 어느 학생이 유능한지를 구분해 주며, 과제를 끝마치기 위해 도움이 필요한 학생이 누구인지를 구분해 주기도 한다(Marshell & Weinstein, 1984).

학급 조직의 중요한 관점으로 차원성(Rosenholtz & Simpson, 1984)을 들 수 있는데, 이는 단일차원적 학급과 다차원적 학급으로 구분할 수 있다. 단일차원적 학급은 학생들의 능력의 제한적인 영역만을 다루는 소수의 학습 활동들을 제시한다. 반면에, 다차원적 학급은 학생들의 능력과 수행에서의 다양성을 고려한 많은 활동들을 제시한다. 차원성을 구분하는 교실의 구체적인 기준은, 과제 구조의 분화, 학생의 자율성, 집단 편성의 패턴, 공식적인 수행 평가의 특징 등 네 가지다(〈표 10-1〉 참조).

단일차원적 학급은 분화되지 않은 과제 구조를 가진다. 즉, 모든 학생들은 유사한

표 10-1 ▶▶ 학급의 차원성 특성

특성	단일차원적 학급	다차원적 학급
과제 구조의 분화	분화되지 않음: 학생들이 동일한 과제를 동시에 수행함	분화됨: 동일한 시간에 학생들은 다른 종류의 과제를 수행함
학생 자율성	낮음: 학생들은 무엇을, 언제, 어떻게 할지에 대한 선택의 여지가 거의 없음	높음: 학생들은 활동의 종류, 시간, 장소, 그리고 그것을 수행하기 위한 수단에 대해 선택의 폭이 넓음
집단 편성 패턴	학급 전체 차원의 활동. 능력에 근거하여 소집단 형성	개별 작업. 능력에 근거하지 않는 소집단 형성
수행 평가	같은 과제로 평가됨. 성적은 공적으로 처리되며 많은 사회적 비교가 일어남	서로 다른 과제에 의해 평가되고, 성적이 개개인의 향상을 반영하기 때문에 사회적 비교가 덜 일어남

과제를 수행하고 수업 동안 질적으로 유사한 학습자료와 소수의 방법들이 사용된다(Rosenholtz & Simpson, 1984). 과제 구조가 분화되어 있지 않을수록, 매일의 일과에서 각각의 학생들은 일관된 수행을 보이는 경향이 많아지며, 그들이 다른 학생에 비해 얼마나 잘하고 있는지에 대해 평가하는 사회적 비교의 기회도 많아진다. 부정적인 비교는 저성취 학생들에게 해로운 효과가 있다. 학생들이 동일한 시간에 다른 과제들을 수행함으로써 과제의 구조가 점점 분화될 수 있다(다차원적 학급으로 변화한다). 다차원적 학급에서는 사회적 비교가 덜 일어나고, 학생들의 학습동기는 더 높아질 수 있다.

학생의 자율성은 과제를 언제, 어떻게 수행할지에 대한 학생들의 선택 정도를 의미한다(4장의 자기조절학습 부분과 7장의 내재적 동기이론 참조). 학급의 자율성이 낮을수록 단일차원적이 되며, 이것은 학생들의 동기를 억제할 수 있다. 다차원적인 학급은 학생들에게 학습 과제를 선택할 수 있게 하며, 그 과제를 수행할 시간과 장소에 대한 선택의 여지를 주므로 학습동기를 유발할 수 있다. 또한 높은 자율성은 내재적 동기를 향상시키는데 이는 자율성이 학생 개개인의 특성을 고려하고 그들에게 통제의 기회를 제공하기 때문이다(7장 참조).

단일차원적 학급은 학생들 간에 일어나는 사회적 비교로 특징지어지는데, 이러한 사회적 비교는 학생들이 학급 전체가 참여하는 활동을 하거나, 능력에 따라서 집단이 편성될 때, 더욱 일어나기 쉽다. 반면, 사회적 비교는 학생들이 개별적으로 과제를 수행할 때나, 집단이 능력에 따라 편성되어 있지 않을 때는 직접적으로 나타나지 않는다. 이처럼 집단의 편성 패턴은 학급의 다차원성에 기여하며, 학습동기에 있어서 그 의미하는 바가 크다. 또한 집단 편성은 집단이 온전히 남아 있고 학생들이 그들의 수행 수준에 관계없이 그들의 집단에 속한다는 것을 깨닫게 되면 장기적인 효과를 가진다.

형식적 수행 평가의 특징이란 공적인 점수 매기기의 특성을 의미한다. 단일차원적 학급은 동일한 과제로 학생들에게 성적을 부여하며, 그 성적이 공적으로 공개되는 경우 학생들이 다른 학생들의 성적을 알게 된다. 이로 인해 낮은 성적을 받은 학생들은 향상에 대한 동기가 저해될 수 있다. 성적 평가가 덜 공공연하게 일어날수록, 또한 다차원적 학급에서 그러하듯이 학생들에게 서로 다른 과제가 주어질수록, 점수 매기기가 학생들을 더 동기화시킬 수 있다. 이러한 동기화는 특히, 조금씩 향상되고 점차 나아지고 있는 학생들에게 효과적이다.

단일차원적 학급에서는 학생들의 수행이 매우 가시적인 형태로 나타난다(Rosenholtz & Rosenholtz, 1981). 이러한 상황은 고성취 학생들의 동기를 높일 수 있으나, 저성취

학생들에게는 전형적으로 부정적인 효과가 나타나게 된다. 다차원적 학급은 과제가 분화되어 있고, 학생들의 자율성이 높으며, 능력에 따른 집단 편성을 최소화하고 과제의 공개적인 점수 매기기가 적기 때문에 더 많은 학생들에게 동기를 부여할 수 있다. 단일차원적 학급과 다차원적 학급에서의 수행은 5장에서 제시한 프레임워크의 차원과 많은 부분을 공유한다.

지금까지의 논의를 단지 교사는 항상 다차원적 구조를 사용해야 한다는 의미로 해석해서는 안 된다. 단일차원적 구조를 사용해야 하는 것이 보다 적절할 수 있는 시기가 있기 때문인데, 예를 들어 모든 학생들이 습득할 필요가 있는 정보나 기술을 가르쳐야 할 경우는 단일차원적 구조를 사용하는 것이 좋다. 다차원적 구조를 항상 활용해야 한다는 점은 교사에게 너무 많은 업무를 부여하게 되며, 또한 그것이 학습과 동기를 향상시키는 데에 꼭 필요한 것은 아니다. 오히려 중요한 것은 교사가 오로지 단일차원적 구조에만 의존하지 않고, 모든 학습자들의 욕구를 만족시켜 줄 수 있는 다양한 교실 활동을 찾는 것이다. 교사가 일방적인 강의와 설명으로부터 벗어난다면, 학생들의 동기나 흥미를 보다 향상시켜 줄 수 있을 것이다.

학급 운영

동기를 촉진시키기 위해서는 좋은 학급 조직이 중요하지만, 운영이라는 측면 역시 필요하다. 학급 운영(classroom management)은 교사들이 교실 내의 질서를 유지하는 방법을 의미한다(Doyle, 1986). 질서란 교실에서 일어나는 사건에서 용인될 수 있는 학생들의 행동 정도라고 정의할 수 있다. 따라서 질서는 어떤 사건이 일어나는지에 따라 다르지만, 꼭 조용하고 수동적인 학생들을 의미하는 것은 아니다. 오히려 일반적으로 수용 가능한 한계선이 존재한다. 질서는 학생들에 대해 교수적 요구가 필요한 학습 환경의 유형에 따라 정의될 수 있다.

교사가 어떻게 학생들의 행동을 관리하는지가 학습에 영향을 미친다는 사실에는 논쟁의 여지가 없다. 효과적인 학급 운영을 하는 교사는 규칙과 절차를 세우고, 학생들을 계속 효율적으로 공부하도록 도와주는 활동을 조직한다. 이러한 교사의 행동은 훈육(discipline)의 문제점들을 미리 예방할 수 있다. 어떤 문제가 일어났을 때, 효과적인 교사들은 그것들을 빠르고 공정하게 처리하여 문제를 해결하고, 다른 학생들이 방해 받지 않도록 한다(Doyle, 1986). 종합적으로, 이러한 노력들은 학급 환경을 더 생산적으로 학습하도록 만들어 준다(Levin & Nolan, 2000). 문제행동을 예방하고, 최소화하며, 그것들을 해결하는 교사의 활동은 학생들의 동기에 영향을 미친다. 배우는 것을 즐거워하며, 똑똑하고, 과제 중심적인 학생들이라고 할지라도 시끄럽고 방해 요인이 많은 환경에서는 성실하게 공부하도록 동기 부여가 되기 어렵다. 또한 이러한 환경에서는 문제행동을 보이거나 벌을 받는 학생들도 마찬가지로 학습자료에 집중하도록 동기 부여가 되지 못한다. 학생들의 학습동기는 잘 관리된 학급에서 최상으로 나타난다(Doyle, 1986; Stipek, 1996).

학급 운영을 논의함에 있어, 사전예방적(proactive) 활동과 사후반응적(reactive) 활동을 구분하기로 한다. 사전예방적 활동은 훈육 문제가 일어나기 전에 예방하도록 하는 교사의 행동이다. 사후반응적 활동은 훈육 문제가 일어났을 때 그 문제를 해결하기 위한 과정으로, 문제행동을 일으킨 학생들을 학습으로 빨리 되돌리고, 다른 학생들에게 피해가 최소화되도록 만드는 행동을 말한다. 두 방법 모두 좋은 학급 운영과 학생들의 동기 부여에 있어서 중요하다. 먼저 효과적인 교실 운영에 대한 Kounin(1977)의 체계에 대해 살펴보자.

Kounin의 체계

Kounin(1977)은 어떤 요인들이 학생들의 수업 참여도를 높이고, 문제행동들을 줄이는지 진단하기 위해 초등학교 학급에서의 집단 운영의 차원에 대한 광범위한 분석 연구를 실시했다. Kounin(1977)의 연구는 우연한 사건에 의해 촉발되었다.

> 나는 정신 위생학에 대한 과정을 가르치고 있었다. 강의를 하는 동안, 나는 강의실을 둘러보았고 뒷줄에 앉은 어떤 학생 하나가 그의 앞에 신문을 완전히 펼쳐 놓은 채 열심히 읽는 것을 발견하게 되었다. 내가 이 강의에서 주장하고 있는 것과는 정반대로, 나는 화가 나서 어떤 상황에 대한 진단이나 이해 없이 그를 질책했다. …… 그 질책은 성공적이었다. 그는 신문을 읽는 것을 멈췄다. 아니 그는 신문을 제대로 접지도 못하였다. 그러나 내가 보기에 가장 크게 변화한 것은 그 수업에 있던 다른 학생들이었다. 학생들의 다른 학생들을 향한 곁눈질은 사라졌고, 옆 사람들과의 속삭임도 멈췄으며, 창밖이나 강사를 향하던 눈빛은 책상 위에 있는 노트로 고정되었다. 또한 마치 학생들이 교실에서 나가버린 것처럼 무거운 침묵만이 가득했으며, 그들은 안전한 노트 속으로 피해 버린 것 같았다. 만약 내가 재채기를 하면, 그들은 그 소리를 그들의 노트에 적을 것 같다는 생각이 들 정도였다(p. 1).

Kounin이 관찰했던 것은 파급 효과(ripple effect), 즉 교사가 한 학생의 문제행동을 다루는 것이 그 사건에 참여하지는 않았지만 지켜보았던 다른 학생들의 행동에 어떤 영향을 줄 수 있는가에 관한 것이었다. 파급 효과는 실제로 모델링(modeling)(4장 참조)의 한 형태로서, 위의 사례는 학생들의 문제행동에 대한 제지가 한 명의 위반자를 훈육시킴으로써 가능하다는 것을 보여 준다.

Kounin의 체계 안에서, '제지(desist)' 라는 용어는 학생들의 문제행동을 멈추기 위한 교사의 행위를 의미한다. 앞서 언급했던 사례에서, 교사의 제지에는 '파급 효과' 가 있다. Kounin은 다음의 4가지 상황(유치원, 고등학교, 대학, 7세에서 13세 정도의 학생들을 대상으로 한 여름 캠프)에서, 교사의 제지가 '파급 효과' 를 불러일으킬 것이라는 가설에 대해 실험을 실시하였다. 가장 강력한 효과는 비록 유치원 상황에서 나왔지만, 네 가지 상황 모두에서 지지하는 증거가 나왔다. 파급 효과는 학령기 초반에 더 많이 나타나며 학년이 올라감에 따라 점차 사라진다.

유치원에서의 연구에서 Kounin(1977)은 제지의 성격(명료함, 확고함, 그리고 거침)이 관찰한 아이들 사이에서 차이점을 형성하는지에 대해 탐구했다. 명료함은 문제행동을 일으킨 학생들을 지적하고, 받아들여지지 않는 행동이 무엇인지를 구체화하고, 제지의 이유를 제시하는 정도를 말한다. 확고함은 문제행동이 멈출 때까지 '내가 의미하는 것은 이것이다(I-mean-it)' 라는 제지를 얼마나 잘 전달하는지에 대한 정도다. 거침이란 제지를 위해 위협, 분노, 신체적인 제지, 처벌의 정도를 말한다. 명료함이 높으면 제지를 관찰하는 학생들에게도 순응 효과를 기대할 수 있고, 확고함은 문제행동을 저지르고 있던 다른 학생들이나, 그럴 경향이 있었던 학생들에 있어서 순응 효과가 있으며, 거침은 행동을 개선시키지 못하고 오히려 관찰하는 학생들로 하여금 감정적인 흥분상태를 불러일으키는 경향이 있다. 〈표 10-2〉에 이러한 성격들에 대한 사례가 제시되어 있다.

흥미롭게도, Kounin(1977)은 제지의 이러한 특질과 문제행동을 성공적으로 다루는 것에는 관련이 없다는 것을 발견했다.

> 제지의 명료함이나 확고함, 혹은 그 노력의 강도, 또는 교사가 그 문제행동에 제대로 집중하고 있는지나 교사가 아이들을 긍정적/부정적으로 혹은 중립적으로 다루고 있는지와 관련한 모든 것들을 통해서는 아이가 문제행동을 멈추고 얼마나 빨리 규정된 과제로 돌아가느냐에 있어서 어떠한 차이도 만들지 못한다(p. 70).

표 10-2 ▸▸ 제지의 특성

특성	정의	예시 설명
명료함 (Clarity)	문제행동을 일으킨 학생들의 이름을 부르고, 받아들여지지 않는 행동이 무엇인지 구체화하고, 제지의 이유를 제시하는 정도	"민희야, 경수를 그만 괴롭혀. 너는 혼자 공부해야 한다는 걸 알고 있잖아. 네 자리로 돌아가서 수학 공부를 계속하도록 해."
확고함 (Firmness)	문제행동이 멈추기 전까지 '내가 의미하는 것은 이것이다(I-mean-it)' 라는 제지를 전달하는 정도	"상혁아, 우리는 줄을 섰을 때, 밀지 않아야 해. 줄을 제대로 서지 않으면, 너는 쉬는 시간이 없다."
거침 (Roughness)	제지를 위해 위협, 화, 신체적인 제지, 그리고 벌을 사용하는 정도	"성준아, 너는 너무 게으르구나. 너는 너의 형보다 더 못하고 있어. 형이 끝내 놓은 것을 보렴. 넌 나를 화나게 하는구나. 정말이지 나는 네가 이 수업에 없으면 좋겠다."

즉, 제지의 특성은 관찰하는 학생들의 행동에는 영향을 주지만, 문제를 일으키는 학생들의 행동에 대해서는 영향을 주지 못한다. Kounin(1977)은 문제행동을 다루는 기법은 '얼마나 아이들이 교실에서 제대로 행동하는지' 에 관해서나 '문제행동이 다른 학생들에게로 확산될지' 에 대한 좋은 예측 요인이 되지 못한다고 결론 내렸다. 직관적으로 볼 때, 문제행동에 대한 교사의 반응에 따라 전반적인 학급에서의 수업 참여도가 거의 차이가 없다는 것은 당혹스러운 결과다. 이를 앞서 구분한 사전예방적 훈육과 사후반응적 훈육 기법의 개념을 통해 살펴볼 필요가 있다. 문제를 사전에 막기 위한 교사의 노력은 문제가 발생한 후 그것을 다루는 기법보다 더 중요하다. Kounin (1977)은 집단 운영과 긍정적인 관련이 있는 사전예방적 교사 활동에 대해 정의하였다. 이에 대해 이후 다시 논의할 것이다.

전지(Withitness): 학급 내에서 어떤 일이 일어나고 있는지 교사가 항상 알고 있음을 보여 주는 표현, '뒤통수에도 눈이 있다.'

중첩(Overlapping): 하나 이상의 주제에 동시에 집중하는 교사의 능력

수업 흐름 관리(Movement management): 교실 안에서 활동을 시작하고, 유지하고, 또 흐름을 바꾸는 교사의 전략

집단 집중(Group focus): 교사가 학생들을 학습 과제에 집중시킬 수 있는 정도

포화 최소화하기(Minimizing satiation): 학습자료의 반복으로 인한 지루함을 교사들이 얼마나 잘 최소화할 수 있는지 정도

전지는 "단순히 '무슨 일이 일어나고 있는지 알고 있다.' 라기보다 교사의 실제 행동을 통해 학생들이 무엇을 하는지를 '뒤통수에도 눈이 있다.' 는 속담처럼 알고 있다는 것을 전달하는 것" 이다(Kounin, 1977, pp. 80-81). 예를 들어, 교사는 등을 돌리고 칠판에 필기를 하면서도 아이들의 문제행동을 관찰할 수 있다. 이때 교사는 아마 돌아서지 않은 채로 "철민아, 네 짝꿍을 괴롭히는 걸 그만두도록 해. 그리고 선생님에게 집중해." 라고 말할 것이다. 철민이는 아마 선생님이 그를 쳐다보지도 않았는데도 자신의 문제행동을 알고 있다는 사실에 놀랄 것이다. 이러한 교사의 행동은 철민에게 교사의 전지를 보여 준 것이다.

Kounin은 교사들이 때때로 자신의 전지를 나타내기 위한 제지의 말을 하는 가운데, 저지르기 쉬운 두 종류의 오류에 대해 언급하였다. 대상의 오류(target errors)는 제지를 하기 위해 문제학생을 확인할 때 일어난다. 예를 들어, 철민이의 짝인 성수가 철민이를 괴롭힌 것이고 철민이는 성수를 그만두게 하려고 한 것일 뿐인데, 교사가 철민이에게 제지를 가하는 경우에 대상의 오류가 나타나게 된다. 교사가 더 심각한 잘못을 보지 못하고 덜 잘못한 학생을 그만두게 하기 위해 제지를 사용할 때도 대상의 오류가 나타난다. 예를 들어, 교실 뒤쪽에서 학생 두 명이 치고 받고 소리를 지르는 가운데, 교사가 앞쪽에서 작은 소리로 이야기를 하고 있는 학생 두 명에게 주의를 주는 경우다. 시기의 오류(timing error)는 잘못된 행동이 더 많은 학생들에게로 퍼지거나 교사가 개입하기 전에 더 심각해진 것을 말한다.

Kounin은 전지가 좋은 학급 운영에 있어서 중요한 예측 요인임을 발견했다. 기존 연구들은 전지가 학생들의 교실 전체 활동과 집단 및 개인 활동 모두에서, 학생들의 수업 참여도와 일탈행동의 부재와 정적인 상관이 있다는 것이 밝혀졌다. 비록 이러한 결과가 인과관계를 말해 주지는 않지만, 더 높은 수준의 교사의 전지가 있을 때 교사의 학급 운영이 더 나아지고, 학습 환경과 학생들의 학습에 대한 동기를 더 향상시킬 수 있다.

중요한 교사의 특성 중에서 두 번째로 논의하게 될 중첩은 교사가 동시에 두 가지 일을 다뤄야 할 때, 교사가 어떻게 하는지로 정의된다(Kounin, 1977). 중첩은 교사가 학생들과 어떤 과제를 수행하고 있는데, 학급에서 문제가 일어나는 상황에서 발생한다. 예를 들어, 어떤 교사가 소집단 학생들의 독서 지도를 하는 동안 나머지 학생들

은 자습을 하고 있는데, 갑자기 학생 두 명이 떠들기 시작하면서 자습에 집중하지 않는다고 하자. 이러한 상황이 바로 독서 집단에 주의를 기울이면서, 동시에 다른 학생들이 떠드는 것을 중지하도록 제지해야 하는 것이 중첩의 상황이다. 어떤 경우에는 교사가 독서 집단을 떠나서, 떠드는 학생들에게로 가서 제지를 가할 수 있다. 또 다른 경우에 교사는 독서 집단과 함께 있으면서 그들을 과제에 집중시킨 채로, 동시에 떠드는 학생들을 제지할 수 있다. 교사들은 동시에 두 가지 일에 집중할 수 있을 때, 중첩 상황에 잘 대처할 수 있다.

중첩은 수업 상황과 자습 상황 모두에서, 과제 참여도와 문제행동의 감소에 정적인 상관을 가지며, 특히 과제 참여를 북돋우는 것보다 문제행동의 감소와 더 높은 상관관계를 가진다. 물론 이러한 결과를 해석하는 것은 어려운 일이다. 왜냐하면 중첩과 전지는 종종 동시에 일어나므로 중첩의 이러한 상관의 일부는 전지로부터 나온 결과일 수 있기 때문이다. 높은 정도의 전지 능력을 보이는 교사들은 일반적으로 두 가지 일에 동시에 주의를 기울일 수 있다. 수업 상황과 자습 상황 모두에서, 중첩 단독으로 일어나는 것보다는 전지 단독으로 일어나는 것이 학급 운영의 성공과 더 강한 상관관계를 가진다는 연구 결과들이 있다.

세 번째로 살펴볼 중요한 요소인 수업 흐름 관리는 교사들이 매끄럽게 수업을 진행하는지, 원활하게 한 활동에서 다른 활동으로 전환하는지를 말한다. 교사가 순조롭게 수업 상태를 유지하고, 추진력 있게 수업을 진행하고, 원활하게 다른 활동으로 전환하는 것은 매우 중요하다. 교사가 저지르기 쉬운 실수의 두 가지 유형으로 갑작스런 활동 전환과 속도의 지체가 있다. 갑작스런 활동 전환(jerkiness)은 주로 교사가 갑자기 활동을 바꾸겠다고 함으로써 학생들을 당황스럽게 하거나, 한 가지 활동이 다 끝나기 전에 일시적으로 혹은 완전히 다른 활동으로 넘어가버릴 때 발생한다. 시간을 낭비하는 속도의 지체(slowdown)는 교사가 활동의 지시와 설명에 너무 많은 시간을 소요하거나, 한번에 쉽게 끝낼 수 있는 것을 불필요하게 작은 과제들로 나누어서 실행할 때 발생한다.

Kounin(1977)은 속도의 지체 없이 추진력 있게 진행하는 것은 수업 상황에서 과제 참여도와 문제행동의 감소에 정적인 상관을 가진다는 것을 발견했다. 그러나 자습 상황에서는 정적인 상관이 거의 나타나지 않았다. 이것은 추진력 있게 진행하는 것이 수업 상황에서의 학생들의 행동 양상과 더 높게 관련되어 있음을 보여 준다. 매끄러운 진행은 수업 상황과 자습 상황 모두에서 참여도와 문제행동의 감소에 정적인 상관을 가진다. 덧붙여서, 추진력 있는 것과 순조로운 진행은 서로 정적인 상관을 가진다.

학생들을 과제에 집중시키려는 교사의 노력인 집단 집중은 세 가지 차원으로 구성된다. 첫 번째 차원인 집단 긴장(group alerting)은 집단 활동을 하는 동안 교사가 학생들의 집중을 유지할 수 있는 정도를 의미한다. 예를 들어, 교사는 학생들을 무작위로 호명할 수 있다. 두 번째 차원인 책임(accountability)은 집단 내의 학생들이 배운 개념들을 학습할 책임이 있음을 의미한다. 그러므로 교사는 학생들이 기본적인 개념을 숙지한 후에 새로운 학습자료로 넘어가게 해야 한다. 세 번째 차원인 구성(format)은 모든 학생들의 활동 참여를 촉진할 수 있도록 집단을 형성하는 것을 의미한다. 예를 들어, 한 학생이 발표하는 수업 상황에서, 교사는 어떻게 다른 학생들도 참여하도록 만들 것인가?

이러한 세 가지 집단 집중의 차원 중에서, 책임과 집단 긴장은 서로 정적인 상관을 가지며, 학급 행동의 차원들과도 정적인 상관을 가진다. 책임은 전체 학급 상황에서만 과제 참여도와 문제행동 감소에 상관이 있었다. 교사들에게 있어서 모든 학생들이 교과 내용을 학습하고 있다는 확신은 중요하다. 학급 전체 활동에서, 긴장은 과제 참여 및 문제행동 감소와 상관을 보이며, 자습 상황에서 긴장은 문제행동 감소와 약한 정적 상관관계를 가진다. 학생들을 긴장시키고 과제에 집중시키는 것은 학급 전체 활동에서 매우 중요하다. 집단 구성은 어떤 결과와도 상관을 보이지 않는데, 이는 집단 구성 그 자체보다는 교사가 다양한 집단 구성을 통해 '어떻게' 학급을 이끌어 가는가가 학급 운영과 학습동기에 있어서 더 중요함을 의미한다.

Kounin(1977)은 포화(satiation)를 '반복으로 인한 활동 가치의 변화'로 정의하고, 이를 최소화하기 위해 어떻게 교사들이 노력하는지를 규명하였다. 반복하는 것은 지루함을 느끼게 하며, 좋아하던 활동을 싫어하게 만든다. Kounin은 학생들이 자신이 나아지고 있다고 느끼고 과제가 반복적이지 않다고 여길 때, 지루함을 느끼지 않거나 천천히 느낀다는 것을 발견했다. 지루함을 최소화하고 동기를 유발하는 다른 변수로는 다양성과 도전성이 있다. 다양성(variety)이란 단위 시간 안에 할 수 있는 활동의 종류나 수가 많은 것을 의미하며, 도전성(challenge)은 교사가 열의를 보여 주고, 활동의 긍정적인 유의성에 대해 강조하는 것(예: "다음 과제는 정말 재미있어. 너희들은 아마 진짜 좋아할 거야."라고 말하는 것)과 이 활동의 도전적인 측면에 대해 말해 주는 것(예: "이건 좀 어려운 과제인데, 나는 너희가 이것을 해결할 수 있다고 믿는다."라고 말하는 것)을 의미한다.

요약해 보면, Kounin(1977)은 좋은 학급 운영이 '교사가 훈육 문제에 어떻게 대처하는지'에 의해 예측 가능하지 않다는 사실을 발견했다. 문제가 별로 없고 학생들이 학습에 잘 참여하는 학급과 문제가 많고 학생들이 낮은 수업 참여도를 보이는 학급은 교사가 문제를 예방하기 위해 사용하는 사전예방적 기법들에 의해 구별된다. 효과적인 학급 운영자는 전지하며, 한 번에 한 가지 이상의 문제를 다룰 수 있고, 학급의 수업 흐름을 잘 유지하며, 학생들을 과제에 주의집중시킬 수 있으며, 지루함을 최소화하고, 학습 환경을 더 생산적으로 만들며, 학생들에게 문제행동을 일으킬 기회를 거의 주지 않는다. 학생(그리고 교사)의 동기가 이러한 상황에서 더 높은 것은 당연하다. Kounin의 체계를 실제 학급 장면에서 응용해 본 것이 〈적용 10-1〉이다.

적용 10-1 교실에서 Kounin의 아이디어를 적용하기

전지

1. 유치원에 근무하고 있는 백 교사는 반 아이들과 점심을 먹으러 가다가, 뒤에서 뭔가 소동이 일어나고 있음을 들었다. 백 교사는 멈춰 서서 돌아보지 않은 채로 말했다. "우리는 모두 줄을 맞춰서 가야 해요. 그리고 형민이랑 진주, 너희는 시끄럽게 떠드는 것을 그만두도록 해. 그래. 고마워요. 난 우리 모두가 식당에 도착할 때까지 조용하게 이동할 수 있을 거라고 믿어요."
2. 음악 담당인 김 교사는 봄 학예회를 위해 5학년 학생들에게 노래를 가르치려 한다. 그중 3명의 학생은 나머지 학생들과 호흡을 맞추지 않고, 전혀 다른 음정으로 노래를 불러 노래의 균형을 깨뜨리려고 하였다. 김 교사는 노래를 제대로 부르지 않는 학생들이 누구인지 알 수 있었기에, 노래를 멈추고 3명의 이름을 불렀다. 그리고 그들을 교실 앞으로 나오도록 하고 나머지 학생들만을 연습시켰다.
3. 이 교사는 학생과 상담 교사와의 면담 때문에 3교시 영어 수업에 늦었다. 이 교사가 교실에 다다랐을 때, 몇몇의 학생들이 교감 선생님에 대해 욕을 하고 있는 소리를 듣게 되었다. 이 교사는 교실 밖에 서서, 누가 그런 이야기를 하는지 확인하였다. 그는 교실에 들어가 인사를 하고, 수업에 늦은 것에 대해 사과를 했다. 그러고 난 후, 칠판으로 가서 5명의 이름을 쓴 후, "이름이 적힌 5명의 학생들은 수업 후 나를 만나러 오세요."라고 말하고 수업을 시작하였다.

중첩

1. 1학년 학급을 맡고 있는 임 교사는 학급에서 많은 활동을 동시에 진행하고 있다. 교

실 한쪽에서 임 교사는 소집단의 아이들과 학습을 하고 있으며, 몇몇 학생들은 다른 활동에 몰두하고 있었고, 나머지 학생들은 자기 자리에 앉아 아침에 내준 과제를 하고 있다. 그런데 컴퓨터 코너에서 학생 두 명이 다음 차례로 누가 수학 게임을 할 것인지로 다투기 시작했다. 임 교사는 소집단의 학생들 중 한 명에게 읽기를 시키고, 컴퓨터 쪽으로 걸어가서 컴퓨터를 껐다. 그리고 다툰 두 학생들에게 자기 책상으로 돌아가서 머리를 숙이고 있으라고 지시했다. 임 교사는 읽기를 시킨 학생이 그 문단을 다 읽기 전에 다시 그 소집단으로 돌아갔고, 소집단과 과제를 끝냈을 때, 그녀는 문제를 일으킨 두 학생에게 다가가, 컴퓨터 코너에서 지켜야 할 학급의 규칙에 대해 다시 한 번 주지시켰다.

2. 6학년 담당인 황 교사는 교실 앞쪽에서 소집단 활동을 하느라 매우 분주했다. 황 교사는 자습을 하고 있는 나머지 학생들을 등지고 서 있었다. 그런데 갑자기 현우와 지민이가 낄낄거리며 웃기 시작했다. 황 교사는 그들이 웃고 있다는 사실을 즉시 알아차린 후, 그들을 쳐다보기보다는 가까이 앉은 아이에게 짧은 메모를 적어 그 아이들에게 전달시켰다. 메모에는, "현우와 지민아, 너희들은 지금 다른 아이들을 방해하고 있구나. 선생님은 너희들이 다른 아이들만큼이나 과제를 얼른 끝내고 싶어 한다는 것을 알고 있어. 만약 지금처럼 계속 논다면, 쉬는 시간이 없을 거야."라고 적혀 있었다.

수업 흐름 관리

1. 2학년 담당인 박 교사는 매일 아침 집단 활동 시간에 그날 해야 할 일에 대해 상기시켜 준다. 오늘 박 교사는 읽기 활동에 앞서, 학생들에게 다음과 같이 말했다.

"여러분, 오늘 아침에는 새로운 이야기를 읽을 거예요. 나는 여러분에게 이야기를 훑어볼 수 있는 5분의 시간을 줄 것입니다. 그런 후에는 우리는 함께 이야기를 읽고, 나는 여러분이 풀게 될 문제에 대해 설명을 해 줄 것입니다. 나와 함께 문제를 풀 소집단을 정하게 되면, 나머지 학생들은 제자리에서 문제를 풀면 됩니다. 문제를 다 풀고 나면 칠판에 가서 자신의 이름이 이야기에 나오는 등장인물 중 어떤 인물의 이름 밑에 있는지 확인하세요. 자, 먼저 여러분의 읽기 책과 문제집, 그리고 연필을 꺼내세요. 그리고 87쪽을 펴세요. 오늘 이야기의 제목은 '뒤뜰에서 신비스러운 물건을 발견한 철수' 입니다. 각자 87쪽에서 96쪽까지 조용히 읽으세요."

5분이 지난 후 박 교사는 학생들을 집중시킨 후, 이야기에 대해 설명하기 시작했다. 그때 학생들은 필요한 부분을 찾기 위해 책을 읽었다. 토론이 끝난 후, 박 교사는 말했다. "자. 이제 읽기 책을 덮고, 문제집 54쪽을 펴세요. 오늘은 54쪽에서 56쪽까지 풀 것입니다."

박 교사는 어떻게 문제집을 푸는지에 대해 설명하였고, 학생들에게 문제집에서 질문이 있는지 혹은 책을 읽는 동안 모르는 것이 있었는지 물었다. 그러고 난 후, 박 교사는 "자, 주인공 철수의 이름 밑에 적힌 친구들은 읽기 책상으로 오세요. 나머지 친구들은 조용히 문제집을 풀 것이라고 생각해요. 만약 질문이 있으면, 옆에 있는 친구에게 조용히 물어보세요. 만약 해결이 되지 않으면, 선생님에게 조용히 오세요."

2. 고등학교 2학년 역사 수업을 맡은 김 교사는 매 수업 시작 전에 항상 칠판에 그 시간에 할 수업 활동에 대해 적는다. 그래서 학생들은 수업 활동의 순서를 알고 어떤 자료를 준비해야 하는지에 대해서도 알게 된다. 오늘 수업 시간에는 수업에 대한 소개를 한 후, 소집단 활동이 예정되어 있다. 수업을 시작하면서 김 교사는 말했다. "여러분, 오늘은 수업 대부분을 소집단 활동으로 진행할 것이기 때문에, 수업을 시작하기 전에 여러분이 집단별로 모여 있는 것이 좋을 것 같아요. 집단 활동을 하기 위해 책상을 옮기는 동안 책과 연필을 미리 꺼내 놓으세요." 이처럼 수업 전에 학생들을 소집단에 맞게 배치시키는 것은 수업 중간에 책상을 바꾸어야 하는 필요를 줄이며, 수업의 몰입에도 영향을 주지 않게 된다.

   수업의 전반적인 소개를 하면서, 김 교사는 학생들에게 말했다. "우리는 앞으로 10분 동안 미리 읽어 온 내용에 대해 토론을 할 것입니다. 그러고 난 후 소집단별로 내용에 맞는 활동들을 하게 될 것입니다. 8장에서 가장 중요하다고 생각하는 사건을 말해 볼 사람 있나요?"

   토론이 끝날 무렵 김 교사는 말했다. "지금까지 8장의 중요한 사건들에 대해 살펴보았습니다. 모두들 정말 잘했어요. 지금부터 여러분은 집단별로 배치된 책상을 다른 집단원들과 마주볼 수 있도록 다시 정렬하고, 자신의 생각을 적을 수 있는 종이와 필기구를 준비하세요. 그러고 나서 각 집단마다 어떤 활동을 해야 하는지에 대해 설명할 것입니다."

집단 집중

1. 4학년 담임인 백 교사는 학생들에게 책을 읽고 난 다음 독후감 쓰기를 장려한다. 독후감에는 책의 내용이나 중요 사건뿐만이 아니라 포스터, 지도, 그림자 상자와 같이 책과 관련된 기획을 포함할 수 있다. 학생들이 독후감을 완성한 다음에는, 학급 앞에서 발표하는 시간을 가진다. 발표하는 학생들은 항상 즐거워하지만, 가끔 몇몇 학생들은 듣는 것에 재미를 느끼지 못하는 모습을 보였다.

   백 교사는 이러한 문제점을 해결하고자, 학생들이 사용할 수 있는 비평문 형식을 만들었다. 여기에는 학생들이 자신이 좋아하는 주인공, 가장 재미있었던 부분들, 그리고 발표자의 내용이나 기획에서 좋았던 내용 등을 포함한다. 학생들이 최대한 긍정적인 비평을 적도록 유도하며, 교사는 개선 방향에 대한 조언을 제공한다. 발표의 끝에는 발표자가 다른 학생들을 지목하여, 내용에 대한 피드백과 질문을 받는다.

2. 중학교 1학년인 연아는 수업 시간에 단원의 부분을 몇 명의 학생들이 지목되어 읽는 수업방식이 지루하다고 생각하고 싫어한다. 하지만 민 교사의 사회 수업에서는 다른 방식이 사용되고 있다. 먼저 학생들을 세 집단으로 나눈 후, 각 집단의 모든 학생들은 함께 책을 읽는다. 만약 한 집단이 다른 집단보다 먼저 읽기를 마치면 남은 시간 동안 핵심 내용에 대해 함께 이야기를 나눈다. 민 교사는 교실을 돌아다니며, 모든 학생들이 읽기와 토론에 참여하고 있는지 살펴보고, 읽기가 끝날 무렵에는, 읽은 내용에 대해 전체가 토론을 하게 한다. 민 교사는 적어도 모든 학생이 한 번은 대답할 수 있는 기회를 제공하며, 학생들은 읽지 않은 나머지 부분을 마저 읽는다. 보다 많은 학생이 읽을 수 있고 참여할 수 있기 때문에 연아는 이러한 방식을 매우 좋아한다.

포화 최소화하기

1. 이 교사는 자신이 맡은 2학년 학생들에게 수학을 가르치는 것을 좋아한다. 오늘 이 교사는 수의 자릿값에 대해서 가르치려고 한다. 어떻게 9에 1을 더하게 되면 십의 자리로 올라가고, 99에 1을 더하면 백의 자리로 올라가는지를 살펴볼 것이다. 이 교사는 칠판에 있는 자석들을 사용하여, 학생들에게 앞으로 나와 자석들을 재구성 해 보라고 시켰다. 이런 과정은 일의 자리에서 십의 자리로 변화하는 것과 십의 자리에서 백의 자리로 변화하는 것을 보여 주기 위한 이유였다. 그때 다른 학생들에게도 작은 조각들을 나누어 주어 각자의 자리에서 해 볼 수 있는 기회를 주었다. 9에 1을 더하는 경우나 99에 1을 더하는 경우에 어떤 일이 일어나는지 보여 주기 위해, 매번 다른 학생들에게 참여할 수 있는 기회를 주었다. 수업 시간 동안, 이 교사는 학생들에게 "이 단원이 어려워 보이지만, 여러분들은 똑똑하기 때문에 이것들을 이해할 수 있을 것이라 생각합니다."라고 말했다.
2. 김 교수는 생물학 강의에서 다양한 방식을 활용할 계획을 세운다. 하루는 짧은 강의를 한 후, 학생들을 소집단으로 구성하여 각 집단에게 질문을 나누어 주고 이에 대해 논의를 시켰다. 다른 수업 시간에는 강의를 하면서, 학생들에게는 실험 테이블에서 실험을 하도록 하였다. 또 어떤 시간에는 학생들에게 동물 집단에 관한 차트를 만들도록 하였고, 조별로 차트를 비교하는 시간을 가졌다. 그는 이러한 다양한 수업 방식이 자신에게 그러했듯이, 주제에 대한 학생들의 관심을 계속 지속시킬 수 있을 것이라고 생각하였다. 그는 또한 학생들에게 격려를 아끼지 않았고, 도전을 제공하

였다. 어느 날, 학생들은 많은 동물들의 학명(scientific name)에 대해 공부하였다. 김 교수는 "이러한 학명이 어렵고 이상한 것으로 보일 수도 있지만, 나는 여러분들이 잘 배울 수 있다는 것을 알고 있습니다. 만약 여러분이 그것들을 암기해서 다음 시간에 내가 나누어 준 목록을 완성한다면, 나는 학기말 성적에 추가로 3점을 부여할 것입니다."라고 말했다.

기대와 규칙

효과적인 교사는 좋은 학급 환경을 조성한다. 학기 초는 학생들이 그해에 따라야 할 규칙과 절차들을 배우는 시기로, 좋은 학급 환경을 조성할 수 있는 시점이라 할 수 있다. 이때 가장 중요한 목표는 규칙과 절차를 따르고 자신에게 부여된 과제를 성공적으로 완성하겠다는 학생들의 자발적인 협조를 얻는 것이다. 교사는 가르쳐야 할 규칙과 절차를 통해, 학생들에게 그들의 행동에 대한 교사의 기대를 전달한다. Emmer, Evertson과 Worsham(2002) 및 Evertson, Emmer와 Worsham(2000)의 연구에서는 좋은 학급 환경 조성을 위한 3단계 순서를 제시하고 있다. (1) 학생들에게 바람직한 행동에 대해 설명하고 시범을 보여라. (2) 학생들에게 행동을 반복적으로 실행하게 하라. (3) 그들이 제대로 수행했는지에 대해 학생들에게 피드백을 제공하고, 어떤 부분에서 개선이 필요한지에 대해 제시하라.

이러한 아이디어는 3학년 학급에서 실시된 일련의 연구들에 의해서 지지된다(Emmer, Evertson, & Anderson, 1980). 연구자들은 학기 초와 학기 중에 학급을 관찰하였다. 그들은 좋은 학급 운영자와 그렇지 못한 학급 운영자를 구별하는 것이 무엇인지를 살펴보기 위해, 학기 초에 첫 3주 동안 교사가 하는 일을 비교해 보았다. 가장 중요한 차이점은 어떻게 교사들이 규칙과 일상적인 절차를 다루는지에 있었다. 효과적인 학급 운영자는 관리를 위한 분명한 규칙을 세운다(예: 수업을 위해 준비하기). 또한 그들은 과제를 수행하기 위한 규칙적인 과정을 정해 놓는다(예: 화장실에 다녀오기). 이때 중요한 사항은 학기 초 며칠 동안에 이러한 규칙과 절차들을 학생들에게 확실하게 가르쳐야 한다는 것이다. 반면에 비효과적인 교사들의 경우에는 분명한 규칙과 절차를 정해 놓지 않는다. 어떤 경우에는 아무런 규칙과 절차를 정해 놓지 않기도 하며, 또는 정해 놓은 규칙들이 명료하지 않을 때도 있다(예: 알맞은 시간에 알맞은 장소에 있기). 그들은 종종 명확한 설명 없이 불쑥 규칙을 제시하곤 한다.

이 연구에서는 교사가 학급의 행동에 대해 높은 기대를 가지고, 그러한 기대를 학생들에게 전달하는 것이 중요하다는 점을 강조한다. 교사들은 학생들이 규칙을 따르기를 기대하고, 그 규칙들을 어기는 것에 대한 변명을 받아들이지 않는다. 이러한 연구는 생산적인 학급을 만들기 위한 교사의 사전 노력이 좋은 학급을 운영하는 데 중요하다는 Kounin의 발견을 입증하였다(Emmer et al., 2000; Evertson et al., 2000; Levin & Nolan, 2000). 규칙, 절차, 그리고 기대는 학급에서 일어나는 문제들을 예방하기 위한 교사들의 사전예방적 기법이라 할 수 있다. 이러한 기법을 현명하게 사용하며, 이를 학기 초에 학생들에게 철저하게 가르치는 데 시간을 투자한다면, 이후 자신이 시간을 허비했다고 후회하는 교사는 없을 것이며 오히려 이로 인해 학생들의 동기를 고취시키는 데 유용했음을 알게 될 것이다.

학교 문화와 조직

학교의 문화와 조직은 어떻게 교실이 조직되고 운영되는지뿐 아니라, 학생들의 동기에 강력한 효과를 미친다. 이들의 역할은 [그림 10-1]에 잘 나타나 있는데, 일반적인 개념틀을 표현하고 있는 이 그림은 학교 효과에 대한 Lee, Bryk, 그리고 Smith (1993), 그리고 Maehr와 Midgley(1991)의 견해에 기초하고 있다. 그림의 위쪽에 위치한 요소는 다양한 외적인 제약과 기회들을 의미한다. 이것들은 교사와 학생뿐만 아니라, 학교의 문화와 조직에도 영향을 준다. 우리의 주 관심사는 그림 중간에 위치하고 있는 학교 문화와 조직의 요소다. 5장에서 보았던 것처럼, Epstein(1989)에 의해 개발되고 교실과 학교에 적용되어 온(Maehr & Midgley, 1991, 1996), TARGET의 개념틀이 학교 문화와 조직의 주된 분석 틀로 사용될 것이다. 마지막으로, [그림 10-1]은 학교 문화와 조직이 교사와 학생의 동기와 행동에 어떻게 영향을 주고 있는지를 보여 준다. 우리는 학교 문화와 조직 요소에 대해 먼저 살펴보고 나서, 어떻게 이것들이 교사와 학생의 동기와 행동에 영향을 주는지 개략적으로 살펴볼 것이다. 그다음 우리가 발달차와 개인차에 대해 논의했던 앞 장의 구성과 마찬가지로, 다양한 외적 제약과 기회들이 학교 문화와 조직이라는 요소와 교사와 학생들의 결과 요소들 간의 일반적인 관계를 어떻게 조절해 나가는가를 논의할 것이다.

[그림 10-1]의 다양한 학교의 특성들을 제시하고 있는 학교 문화와 조직 부분을 보면, 교사와 학생 측면에서의 결과에 영향을 미칠 수 있는 8가지 하위 차원들이 제시

되어 있다. 이러한 8가지 차원들이 설명상의 편의를 위해 분리되어 제시되어 있는데, 현실의 학교 상황에서는 이 차원들이 서로 중첩되거나, 상호 간에 의존 혹은 영향을 주고받으면서 학교의 문화를 구성해 나간다. 이 장에서는 처음의 두 가지 차원들, 즉 '학교 규범, 가치, 공유된 신념'과 '학교 풍토'에 보다 많은 비중을 두었다. 나머지 6가지 차원은 이미 5장의 TARGET 차원들을 설명하는 가운데 논의되었기 때문이다.

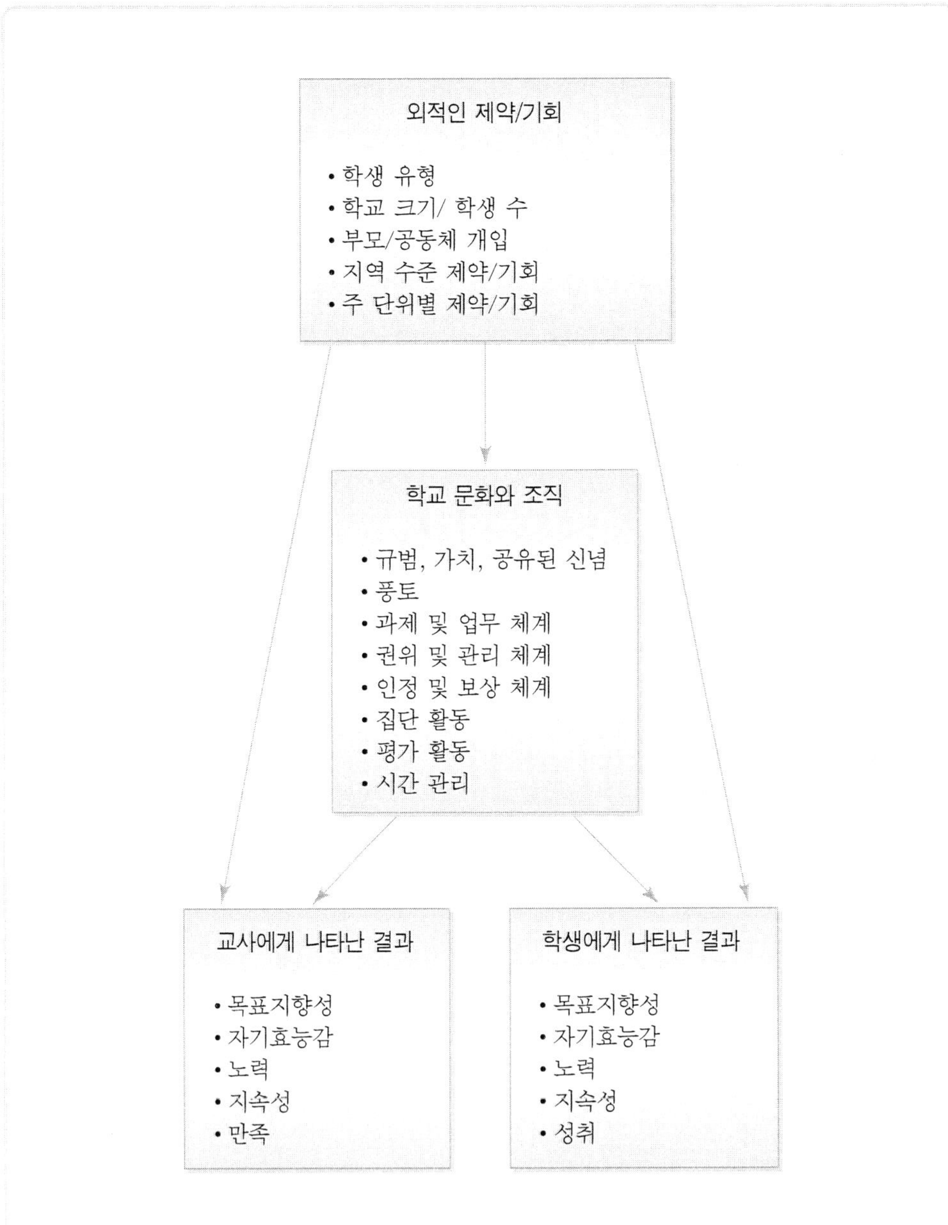

• 그림 10-1 • 학교 문화와 조직의 개념적 모델

규범, 가치, 공유된 신념

'규범, 가치 및 공유된 신념' 은 여러 이론에 따라 다양하게 정의되고, 개념화될 수 있다. 우리는 이 책의 목적에 따라, 보다 넓고 일반적인 정의를 사용하고자 한다. 만약 여러 나라들이 문화를 갖는 것과 마찬가지로 학교 역시 문화를 갖는 공간으로 여긴다면, 학교에서 생활하는 개인들은 조직, 조직의 기능, 학생, 교수와 학습의 실행(practice) 등에 대해 공통의 가치와 신념을 공유할 것이다. 이와 같은 핵심적인 신념과 가치는 개인들에 의해 구성되는 것이며, 학교 목표에 대한 목록이 명시적으로 존재하는 경우에는 의식적으로 유지될 수도 있고, 아니면 일상 장면에서 교사와 학생의 행동에 영향을 주는 암묵적인 신념의 형태가 될 수도 있다. 이러한 신념은 학교 구조와 조직에 의하여 부분적으로 만들어지기 때문에, 학교 구성원들 사이에 어느 정도의 암묵적인 합의가 있을 수 있다. 하지만 학교 내에는 언제나 개인들의 하위 문화가 있기 마련이며, 이러한 문화가 반드시 더 큰 수준의 집단 신념과 일치하는 것은 아니다. 어찌되었든, 누군가가 학교 구성원과 이야기를 해 보고 학교의 실제와 조직을 관찰한다면 학교의 규범과 가치 및 공유된 신념에 대해 이해할 수 있을 것이다.

이러한 신념이 학생들에게 효과를 미칠 수 있는 정도는 교사가 학생과 상호작용하는 과정에서 나타나는 실질적인 활동을 통해 조정된다. 따라서 공유된 신념의 역할에 대해 아는 것도 물론 중요하지만, 교사가 실제로 사용하는 행동에 대해 논의하는 것이 더욱 중요하다. 우리는 이 부분에 대해 이 장의 후반부에서 다룰 것이다. 그러나 공유된 신념은 교사나 학교의 현실을 바꾸기 위한 노력이 있을 경우에 더 중요하게 부각될 수 있는데, 이는 그 신념이 개혁을 위한 노력에 제약으로 작용할 수 있기 때문이다(Blumenfeld et al., 2000). 이러한 공유된 신념은 개념적 변화와 관련한 문헌에서 나타난 것처럼, 개별 학생들이 과학적 개념들에 대해 스스로 확립한 신념이나 지식과 유사한 것으로 이해할 수 있다(Patrick & Pintrich, 2001; Pintrich, Marx, & Boyle, 1993; Woolfolk, Hoy, & Murphy, 2001). 동일한 방식으로 생각해 보면, 학교 차원에서의 공유된 신념은 변화를 받아들이고 적용하고 혹은 저항하는 학교 수준의 사고 생태계로서의 역할을 수행할 수 있다. 학교에 대한 공유된 신념을 변화시키는 것은 개인적인 차원에서의 개념적인 변화 과정에서 발생하는 어려움과 유사하다(Maehr & Midgley, 1996).

앞으로 제시되는 일반적인 네 가지 신념은 교사가 실시하는 교수법이나 교사와 학생이 상호작용하는 방식에 영향을 미침으로써 동기에 영향을 주게 된다. 첫 번째 일반적인 신념은 인간 본연의 특성에 대한 매우 포괄적인 믿음이다. 과연 학생들은 기본적으로 좋은 학습자이고, 학습에 대해 동기화되고, 학교 과제에 내적 흥미를 느낄 것인가, 아니면 기본적으로 나쁜 학습자이고, 학습에 대해 동기화되지 않고, 학교 과제를 하는 데 있어 통제와 강압적인 지시를 해야만 할 것인가? 이러한 일반적인 신념들은 학교에서 실시되는 규율과 관리의 유형에 영향을 줄 수 있다(Maehr & Midgley, 1996). 우리는 목표지향성이론(5장 참조)과 내재적 동기이론(7장 참조)으로부터 학생들에게 통제권과 선택권을 적게 주는 것은 학생들의 숙달지향적 성향과 내재적 동기를 낮아지게 한다는 것을 확인하였다.

공유된 신념의 두 번째 측면은 학생의 학습과 능력에 대한 변화 가능성과 안정성에 관련된다. 교사들은 학생들은 학습할 수 있고 그들의 지식을 향상시킬 수 있으며, 학교 생활을 잘할 수 있는 능력을 향상시킬 수 있다(학습과 지능에 대한 증가 신념)고 믿기도 하고, 혹은 학생들의 능력에는 한계가 있으며, 이것은 쉽게 변하지 않는다는 신념(고정 신념, Dweck, 1999; Dweck & Leggett, 1988; Woolfolk, Hoy & Murphy, 2001)을 가지기도 한다. 교사들이 학생들의 능력이 변화 가능하다고 바라보는 신념은 효과적인 학교에 관한 문헌들에서 확인할 수 있으며 이는 교사가 모든 학생들에 대해 높은 기대 수준을 가져야만 한다는 것과 관련이 있다(Brookover, Beady, Flood, Schweitzer, & Wisenbaker, 1979; Edmonds, 1979; Purkey & Smith, 1983; Rutter, Maughan, Mortimore, Ouston, & Smith, 1979). 학교 효과성에 관한 문헌들에서는, 효과적인 학교를 만들 수 있는 원리 중 하나가 모든 학생들이 학습할 수 있는 능력을 가지고 있다고 믿는 교직원들 간의 공유된 신념이라고 제안한다. 따라서 교사들은 모든 학생들의 학습에 대한 능력과 학습자료들을 숙달할 수 있다는 것에 대해 높은 기대를 가져야만 한다는 것이다(9장 참조). 이러한 관점에서, 증가 신념과 고정 신념, 목표지향성, 그리고 귀인의 안정성을 다루고 있는 최신의 동기이론들은 학교 수준에서 학생들의 학습의 변화 가능성에 대해 일반적으로 증가 신념을 가지는 것이 교수에 관한 긍정적인 학교 수행을 이끌 수 있음을 제시한다(Ames, 1992b; Dweck, 1999; Dweck & Leggett, 1988, Maehr & Midgley, 1991; Weiner, 1986). 따라서 교사가 모든 학생들이 학습할 수 있고 그들의 능력이 고정된 것이 아니라고 믿는다면, 교사의 노력과 학생들의 지지가 더욱 요구되는 호혜적 교수와 같은 교수법들을 사용하려는 의지가 더 증가하게 된다(Rosenshine & Meister, 1994).

공유된 신념 체계의 세 번째 측면은 수업 및 교수법에 관한 것으로, 어떻게 교수법이 교실에서 나타나야 되는지에 대한 규준들을 의미한다. 예를 들어, 학생들이 조용히 공부하고 그들의 자리에서 개별적으로 공부하는 것을 좋은 교수법 혹은 좋은 교사의 교수법의 지표라고 보며 조용한 교실을 요구하는 학교의 규준은, 최근의 교수법과 학습의 구성주의적 관점에서 볼 때 학생들의 동기와 인지에 가장 도움이 되지 않는 규준일 것이다(9장 참조). 만약 이것들이 정해진 규준이며 교장이나 다른 교사들에 의해 직접적으로 강요된다면(이 장의 서두에서의 교사들의 대화를 상기하라), 구성주의적 교수법, 협동학습 집단의 편성, 발견 혹은 조사 학습, 또는 프로젝트 기반 학습 등, 교사와 학생 사이에 더 많은 상호작용과 토론이 요구되는 다양한 학습 활동을 구성하기 어려울 것이다.

또한 교사들이 가지고 있는 교수에 대한 신념은 통제에 대한 지각과 자기효능감에 대한 교사 지각을 의미한다(Ashton & Webb, 1986; Goddard et al., 2000; Tschannen-Moran et al., 1998; Woolfolk & Hoy, 1990). 학교 내의 교사들이 그들의 교수적인 행동이 학생의 동기와 학습에 영향을 줄 수 있다는 신념을 공유하는가? 아니면 학생들의 변화가 그들의 통제 밖에 있다는 신념을 공유하는가? 만약 교수에 대한 통제와 효능감이 부족하다는 신념이 고착화된다면, 교사들은 그들의 노력에 대해 학습된 무기력감을 갖게 될 것이다. 예를 들어, 대도시에 있는 큰 규모 학교에서 많은 스트레스를 받는 아동들을 담당하고 있는 교사들은 그들의 교수적인 노력이 결실이 없다고 느낄지도 모른다. 물론 3장의 귀인이론에서 살펴본 바와 같이, 이렇게 무기력한 귀인의 유형은 행동 변화, 노력, 지속성에 도움이 되지 않는다. 이러한 신념 패턴을 가진 교사들은 혁신적인 교수법을 위해 노력하지 않으며, 이는 학생의 동기와 학습에 부정적 영향을 미친다. Midgley, Feldlaufer와 Eccles(1989a)는 초등학교에서 중등학교까지의 종단연구를 통해, 초등학교에서 수학에 대해 높은 자기효능감을 가지고 있는 교사로부터 배우다가, 진학하여 낮은 자기효능감을 가지고 있는 중학교 수학 교사를 만난 학생들의 경우, 다른 학생들에 비해 수학에 있어서 가장 낮은 수준의 기대 신념을 갖게 된다고 보고하였다.

최근에는 교사 효능감 신념이 교사의 행동과 학생의 성취에 어떤 관계가 있는지에 대한 관심이 증가하였다(Goddard et al., 2000; Tschannen-Moran et al., 1998; Woolfolk & Hoy, 1990). 개인적 차원의 교사 효능감과 집단적 차원에서의 교사 효능감을 구분했던 9장의 내용을 상기시켜 보자. 개인적 차원의 교사 효능감은 4장에서 언급했던 학생의 자기효능감과 같은 의미로 볼 수 있는데, 목표를 달성하기 위해 행동을 조직하고 계획하려는 교사의 자기효능감에 대한 신념이다(Tschannen-Moran et al., 1998). 개인적 차원의 자기효능감이 높은 교사들은 그들이 특정한 교수 전략을 만들 수 있으며, 학생의 학습과 동기에 영향을 줄 수 있다고 믿는다. 반면, 낮은 자기효능감을 가진 교사들은 교수 전략 및 행동을 사용할 수 없다고 믿으며, 자신이 학생들에게 정말로 영향을 줄 수 있을지 의심한다.

집단적 차원에서의 교사의 자기효능감은 목표를 달성하기 위해 실행하는 전략에 대한 학교 또는 조직 수준의 자기효능감 신념이다(Goddard et al., 2000). 개인적 차원, 집단적 차원에서의 교사 효능감에 대한 연구에서는 높은 수준의 효능감을 가지고 있는 교사와 학교는 학생들의 높은 성취 및 학습과 관련이 있음을 보여 준다. 교사 효능감과 집단 효능감 모두가 학생의 동기와 성취에 영향을 주는 중요한 신념이라는 것은 분명하다.

교사와 학생에 영향을 주는 신념 체계의 네 번째 요소는 학교의 공유된 목표와 목적에 관한 것이다. 학교 효과성 연구들은 학교가 분명하게 동의된 목적과 목표를 가지는 것이 중요하다는 사실을 강조해 왔다(Brookover et al., 1979; Edmonds, 1979; Good & Brophy, 1986; Purkey & Smith, 1983; Rutter et al., 1979). 교장에 대한 관련 문헌들에서는 교수적 리더로서의 역할뿐 아니라, 학교 내 교직원들에게 명확하고 유기적인 목표를 발전시키고 추구하도록 만드는 조력자로서의 역할을 또한 강조한다(Leithwood & Montgomery, 1982; Manassee, 1985). 지속적으로 강조되는 명확하고 공유된 목표의 설정은 교사와 학생들이 그들의 행동을 선택하는 데 도움을 준다(이 장의 서두에서 이 교사의 대화 참조). Good와 Brophy(1986)는 분명한 목표가 세워진 학교가 교사의 사기를 높이고, 교실 붕괴를 막으며, 학생들의 일탈을 막고, 과제에 대한 기일을 엄수하며, 학생들의 장기 결석을 줄이는 등 교사와 학생의 측면에서 모두 성과를 가져온다고 말했다([그림 10-1] 참조).

학교가 분명한 목표를 가지고 있어야 한다는 것 못지않게, 목표들의 내용 측면 또한 매우 중요하다(Lee et al., 1993). 우선, 한 학교에서도 다른 수준으로 작용하는 다중 목표가 있을 수 있으며(예: 시험을 위해 가르치는 것과 개념적 이해를 위해 가르치는 것; 이 장의 서두에서 신 교사의 대화 참조), 이러한 목표들의 내용이 양립 불가능할 수도 있다. 또한 비록 조직 차원의 목표가 분명하게 공유되어 있다고 하더라도, 목표의 적절성에 대해서는 불일치할 수 있다. Lee와 동료들(1993)은 매우 분명하고 공유되고 있는 목표를 가지고 있는 두 개의 조직을 예로 들었다. 하나는 의학 대학이며(Becker, Geer, & Hughes, 1961), 다른 하나는 근본주의자 학회(fundamentalist academy)인데(Peshkin, 1986), 두 조직의 문화가 가장 적응적이거나, 민주적인 것은 아니다. 의학 대학의 경우, 매우 분명한 목표를 가지고 있고 공통의 활동을 하지만, 그 결과는 개인적 지지가 낮은 경쟁적인 환경이다. 또한 근본주의자 학회의 경우, 명확하게 유기적인 목표를 가지고 있지만 그 목표가 다양성에 대한 관용을 장려하지 않으므로 결과적으로 기본적이고 민주적인 가치에 대조적인 것으로 보인다. Lee와 동료들(1993)은 학교에서는 사회적이고 개인적인 관계, 공동체, 공유된 기풍이 매우 강조되어야 한다고 하였다.

공유된 신념과 규범의 내용에 관한 다른 연구들은 학교에서의 학술적인 측면을 강조한다(Hoy & Sabo, 1998; Hoy, Tarter, & Kottkamp, 1991). 학교의 주요 목표를 학업 수월성으로 삼는 경우에는, 그렇지 않은 학교에 비해 더 높은 성취 수준을 나타내는 경향이 있다. 이러한 학교에서는 교사들이 모든 학생들에 대해 높은 목표 및 기대를 가지고 있는 것이 특징이며, 학교의 환경은 학술적인 이슈에 대해 진지하고, 교사들은 학생의 성공에 대해 책임을 지며, 교사와 교장도 학업적인 성공을 추구하고 중시한다. 이러한 결과는 어떤 점에서 학교 효과성 연구와 유사하다고 할 수 있지만, 중요한 것은 학업적인 성취와 성공에 초점을 맞추고 있는 학교 내의 교직원들 간의 공유된 규범 및 목표가 있다는 것이다.

Maehr와 Midgley(1996) 또한 공유된 목표의 내용의 중요성에 대해 관심을 보였다. 학교 수준에서 성취목표의 역할에 대한 그들의 연구에서(Anderman & Maehr, 1994; Maehr & Midgley, 1991; Midgley & Wood, 1993), 학교는 일반적으로 숙달목표 유형과 일치하는 목표를 설정해야 한다고 제안하였다. 5장에서 지적했던 바와 같이, 이러한 목표 유형은 성공을 개인적인 향상, 성장과 숙달로 정의한다. 목표의 가치는 노력에 달려 있고, 평가 기준은 절대적이며, 목표를 달성해 가는 과정이 중요하며, 또한 오류는 그 자체가 하나의 정보이며 학습의 부분으로 간주된다. 대조적으로 수행목표 유형에서는, 성공을 시험 및 성적에서 타인에 비해 우월한 것, 또는 어떤 희생을 치르더라도 얻게 되는 승리로 정의한다. 이 경우 목표의 가치는 실패를 피하는 것이고, 평가 기준이 규준적이며 교사와 학생들은 비교를 강요한다. 또한 오류는 어떠한 경우에도 피해야 하는 실패로 간주된다. 학교 차원에서 나타나는 서로 다른 목표 유형은 여러 가지 방식으로 반영된다. 예를 들어, 표준화된 시험 점수 강조, 점수나 등수 공개(예: 일부 학생들만의 성취를 공개하는 게시판), 학업 수행을 위한 경쟁(예: 책을 읽고 이해했는가에 대한 고려 없이 한 달 동안 읽은 책의 수만을 조사하는 것), 집단 활동과 교수 실제, 그리고 학업 수행에서 좋은 성과를 보인 데 대해 주어지는 차별화되고 독특한 보상(예: 학교에서의 수행에 순위를 매겨 상위 10%의 학생들에게 특별 체험 견학의 기회를 주는 것) 등이다. 이러한 모든 것들은 학생의 성취에 영향을 준다(Mac Iver, Reuman, & Main, 1995).

앞에서 제시한 것과 같이, 여러 방식에서 초래되는 학교 수준의 신념과 실행은 이번에는 개인적인 목표 유형을 야기한다(Anderman & Maehr, 1994; Maehr & Midgley, 1996). 5장에서 살펴보았던 것과 같이, 수행목표에 비교해 볼 때 숙달목표지향성의 개인이 더 나은 자기효능감, 더 많은 노력 및 지속성, 더 많은 인지적 몰입, 더 나은 성취 등과 같은 여러가지 긍정적인 동기적, 인지적 결과와 강한 관련성을 보인다. 5장에서는 개인적인 목표지향의 중요성을 강조했었지만, 학교 맥락의 연구들은 이와 같은 개인적인 목표들이 교실과 학교의 맥락에 의해 만들어지고, 지지되고, 유지된다고 제안한다. 만약 학교가 학생들에게 학습 활동 시 숙달목표를 가지기를 바란다면, 학교가 추구하는 목표들도 숙달목표와 동일한 유형을 반영해야 할 것이다(Maehr & Midgley, 1996).

풍토

교사와 학생의 행동에 영향을 미칠 수 있는 학교 풍토는 여러 가지 방법들에 의해 정의되어 왔다(Anderson, 1982; Moos, 1979). 학교 문화와 조직의 요소로서 [그림 10-1]에서 제시되었던 6가지 TARGET 차원의 대부분은, 앞에서 살펴보았던 규범과 가치, 공유된 신념의 차원에서뿐만 아니라, 학교 풍토에도 포함될 수 있다(Anderson, 1982). 그러나 우리는 학교 풍토의 정서적인 측면을 크게 세 가지로 구분하고, 그것들을 [그림 10-1]에 제시된 나머지 7가지 차원의 부분으로서가 아니라 풍토 자체의 부분으로서만 살펴볼 것이다. 이 세 가지 측면은 다음과 같다. (1) 공동체 의식과 소속감, (2) 개인적 관계에서 나타나는 따뜻함과 예의, (3) 안전과 보호에 대한 느낌이다. 〈적용 10-2〉는 구체적인 예를 보여 준다.

적용 10-2 학교 풍토 개선하기

학교 풍토의 세 가지 중요한 측면에는 공동체 의식, 따뜻함과 예의, 그리고 안전과 보호에 대한 느낌이 있다. 교수 및 학습 환경에서 이들을 규정하는 것은 어려운 일이 아니다.

공동체 의식

초등학교 교장인 이 교장은 학부모들, 학생들, 그리고 교직원들과 이야기할 때 항상 '나' 라는 단어 대신에 '우리' 라는 단어를 사용하도록 노력한다. 그녀는 비록 학생들이 다양한 공동체에서 왔으나, 적어도 학교에서는 하나의 공동체에 포함되어 있다는 사실을 강조한다. 그녀의 이러한 태도는 아동들과 학부모들 사이에서 학교와 관련된 일을 함께해 나가기 위한 내재적 동기를 촉진시킨다.

김 교사는 교사교육 프로그램에서 모든 학생들이 학습할 수 있는 활동들을 구상하는 방법에 대해 배웠다. 그가 3학년 학급을 처음 맡았을 때, 그는 학생들이 항상 같은 집단에만 있으려 하며, 다른 집단의 학생들을 무시하는 것을 발견했다. 그래서 김 교사는 다양한 방식으로 집단을 편성할 수 있는 활동들을 구상하였고, 몇 주 후 여러 명의 아이들이 그들과 원래 어울리지 않았던 아이들에게 말을 건네는 모습을 발견하였다.

따뜻함과 예의

이 교장이 동산 고등학교에 부임했을 때, 특정 과목의 교사들이 다른 교사들보다 스스로 우월하다고 생각하고 있으며, 나머지 교사들과 거의 교류가 없다는 것을 알게 되었다. 다른 교사들과 상호 교류가 있어야 하는 상황에서도 그 과목의 교사들은 거만한 태도를 보였다. 몇 주가 지난 후 이 교장은 그 교사들을 만났고, 자신이 관찰했던 것들에 대해 이야기했다. 이 교장은 그 교사 집단의 태도가 자신이 추구하는 학교의 목표인 따뜻하고 예의 있는 학교 만들기와 역행하는 태도라는 점을 지적했다. 이에 덧붙여 이 교장은 그들이 다른 교사들과 협력하여 통합적 교수방법(interdisciplinary teaching)을 개발할 수 있도록 노력해 줄 것을 기대한다고 말하였다. 이에 어떤 교사는 전근을 요구하는 등 심하게 반발하였고 의견 조율에 어려움을 겪기도 하였지만, 반년이 지난 후 이들 교사들은 다른 교사들과 함께 특정 교과를 넘어서 주제들을 통합적으로 가르치는 방식을 개발하고 있었다.

김 교사는 자신의 4학년 학생인 정우가 윤주에게 "너는 바보 같아! 앞으로도 계속 바보야!"라고 말하는 모습을 보았다. 김 교사는 정우를 불러, 그가 했던 말이 학교에서 절대 써서는 안 되는 말이라는 점을 지적하였다. 정우는 다시는 그런 말을 하지 않겠다고 말했고, 윤주에게 사과하였다. 윤주는 정우의 사과를 받아들였고, 김 교사는 두 학생이 이후 잘 지내는 모습을 확인할 수 있었다.

안전과 보호에 대한 느낌

대학에서 간호학을 전공하는 4학년 희수는 학생건강서비스(Student Health Service)에서 근무하는 상담사를 만났다. 희수는 자신이 기숙사 룸메이트로부터 위협을 느끼고 있으며, 그녀가 자신의 물건 몇 개를 가져간 것으로 생각된다고 말했다. 상담사는 학생생활담당관에게 통지를 했고, 그는 기숙사 동 조교를 만났다. 상담이 모두 끝난 후, 두 학생들에게 남은 학기 동안 다른 방을 배정해 주기로 결정하였다.

홀어머니와 사는 초등학생 영수는 공부에 전혀 흥미를 느끼지 못한다. 그의 아버지는 함께 살지는 않지만, 가끔 술에 취한 상태로 집에 들어와서 영수와 영수의 어머니에게 소리를 지르며 난폭한 행동을 한다. 영수의 어머니는 밤낮으로 일을 하기 때문에 집에 있을 시간이 거의 없다. 교장, 교사와 상담사는 이러한 사실을 교육청의 사회복지 부서에 통보를 했고, 그의 어머니를 만나기 위해 가정 방문을 했다. 그들은 교사가 아침에 영수의 집에 들러 함께 학교에 가고, 방과 후에는 영수가 어머니가 일이 끝난 후 4시에 데리러 올 때까지 놀이방에서 놀 수 있도록 계획을 짰다. 학교에서의 영수의 태도는 현저히 달라졌고, 점차 학교생활을 즐길 수 있게 되었다.

공동체 의식

공동체 의식(sense of community)은 개인이 어떤 집단이나 조직에 속해 있다는 개인적인 느낌을 포함하는데(이 장의 서두에서 용남이가 했던 대화의 내용을 생각해 보라), 이는 개인들이 조직의 목표와 가치를 수용하는 것이며(앞의 논의 참조), 여기에는 조직이 개인 구성원들에 관심을 갖고 염려하는 등의 상호적 관계도 포함된다. Lee와 동료들(1993)은 학교 조직 내의 개인들이 맺는 사회적 관계의 질적 측면에 초점을 두는 공동체주의적인 관점의 중요성을 강조하였다. 이들은 학교에서 이루어지는 관리자, 교직원, 학생들 상호 간의 존중과 서로에 대한 관심이 교사와 학생들에 대한 긍정적인 결과와 관련이 있다고 보았다([그림 10-1] 참조).

Noddings(1992)는 타인에 대한 돌봄이 교육과정 내에서 명백하게 가르쳐야 할 요소일 뿐 아니라, 학교 내의 모든 관계에 포함되어야 하는 중요한 요소임을 제안하였다. 학업을 포기하거나 이와 유사한 위험에 처한 학생들에 대한 연구들에서도 역시 교사의 관심과 돌봄의 결여(이 장의 서두에서 현주가 했던 대화의 내용을 생각해 보라)가 학교를 중도에 그만두는 학생들이 언급하는 중요한 요인이라고 제안하고 있다(Bryk, Lee, & Holland, 1993; Calabrese & Poe, 1990; Lee et al., 1993; Natriello, 1986). Deci와 Ryan(1985) 또한 모든 개인은 소속감과 관계 맺음에 대한 기본적인 욕구를 가지고 있으며, 이러한 욕구를 지지하고 만족하는 조직의 구조가 조직에 대한 내재적 동기와 참여를 높일 수 있을 것이라고 제안하였다(7장 참조). Skinner와 Belmont(1993)는 관계성에 대한 학생들의 감정은 교실의 맥락적인 면에 민감하며, 학생들의 미래의 동기 및 관여와 연관된다는 점을 보여 주었다. 따라서 지금까지 살펴본 연구들은 교사와 학생들이 학교에서 공동체 의식을 경험해야 한다는 결론을 지지한다.

따뜻함과 예의

풍토의 두 번째 차원은 같은 학교 안에 있는 개인들 간의 관계에서 나타나는 따뜻함(warmth)과 예의(civility)와 같은 정서적인 생활을 반영한다. Lee와 동료들(1993)은 연구를 통해 교사와 관리자 수준에서 교사와 관리자 간의 협력적인 관계가 조직의 효과성과 같은 긍정적인 성과와 관련이 있음에 주목하였다. 효과적인 학교에 대한 연구 문헌들 역시 학교 효과성을 위한 동료 간 협력적인 관계의 중요성에 대해 강조하고 있다(Purkey & Smith, 1983). 또한 친근하고 협력적인 관계는 교사들이 개인적으로 느끼는 교직의 고립감을 감소시키며 더 높은 교사 만족도와 연관이 있다(Lee et al., 1993).

학생에 대한 배려, 돌봄, 후원과 존중, 그리고 긍정적인 교사-학생 간 상호작용 역시 긍정적인 동기의 형성과 연결된다(Calabrese & Poe, 1990; Eccles, Midgley, Wigfield, Buchanan et al., 1993; Midgley, Feldlaufer, & Eccles, 1989b; Natriello, 1986). Bryk와 동료들(1993)은 가톨릭계 학교 연구를 통해, 타인의 안녕에 대한 염려나 돌봄을 제공하는 모임 등을 만드는 것이 전체 학생에게, 심지어 실패 위험에 있는 집단에서조차 매우 긍정적인 효과를 준다고 제안하였다. 중학교를 대상으로 연구한 결과에서 중학교가 초등학교에 비해 더 관료적이며, 덜 인간적이고, 교사-학생 간의 긍정적인 상호작용은 덜 만들어 낸다는 결론을 도출하였다. 이러한 차이는 학생들이 중학교로 진학하면서 발생하는 학습동기의 감소와 관련이 있다(Eccles, Midgley, Wigfield, Reuman et al., 1993; Midgley et al., 1989b).

교수법의 과정-산출 연구에 대한 고찰에서, Brophy와 Good(1986)은 교실에서의 정서적인 풍토(교사의 비난과 교사와 학생의 부정적인 정서에 의해 정의된)가 학생의 성취와 종종 관련이 있다고 하였다. 그러나 비록 부정적인 정서적 풍토가 성취를 저하시킬 수는 있지만, 따뜻한 정서적 풍토가 반드시 더 나은 성취와 관련이 있는 것은 아니라는 점 또한 지적한다. 그들은 중립적인 풍토가 따뜻한 정서적 풍토만큼 성취에 지지적일 것이라고 주장하였다. 결국, 기존의 연구들은, 학교 차원에서 교사-학생 간의 긍정적인 상호작용이 학교 공동체의 모든 구성원들을 위한 긍정적인 풍토를 조성할 수 있음을 제시한다.

안전과 보호에 대한 느낌

풍토에 대한 마지막 측면은 교사와 학생들이 느끼는 안전과 보호에 대한 느낌을 말한다(이 장의 서두에서 제시되었던 학생들의 대화를 상기하라). 현재 많은 학교에서는 이러한 요소를 신체적 차원의 안전함 혹은 신체적인 위해에서 오는 두려움, 걱정으로부터 벗어나는 것으로 간주하고 있기는 하지만, 이는 다른 생각과 의견을 표현하는 것에 대해 느끼는 위험 감수 혹은 안전한 느낌을 개인이 느끼는 것을 의미할 수 있다. 놀랄 것도 없이, 안전과 규율이 있는 환경을 제공하는 학교는 높은 성취 수준을 가져오는데, 특히 소외된 학생들에게 긍정적 영향을 준다(Lee & Bryk, 1989). 또한 Maslow (1954)의 욕구위계론에서 제안하는 것처럼(5장 참조), 기본적인 생존과 안전의 욕구를 염려하는 개인은 다른 목표를 달성하는 것이 어렵다. 따라서 모든 교직원과 학생들을 안전하게 보호하는 환경을 제공하는 것은 매우 중요하다고 할 수 있다.

과제 및 업무 체계

학교 문화와 조직에 대한 나머지 6개 차원은 교실에서의 목표 체계에 대해 살펴보았던 5장에 제시된 TARGET 차원에 반영된다. 이 동일한 차원들은 학생과 교사에게 영향을 주기 때문에 학교 조직이라는 보다 큰 단위에도 적용될 수 있다(Anderman, 1997; Anderman & Maehr, 1994; Anderman, Maehr, & Midgley, 1999; Lee et al., 1993; Maehr & Midgley, 1991, 1996; Midgley, 1993; Midgley, Anderman, & Hicks, 1995; Midgley & Edelin, 1998).

첫 번째 요소는 과제 및 업무의 체계다. 이것은 학생과 교사들이 학급에서 교육과정을 시행할 때 참여하는 활동 및 교육과정의 특징을 의미한다. 이는 또한 교사의 업무나 역할 분담의 관점에서 학교가 어떻게 조직화되어 있는가를 의미한다고 볼 수도 있다. Maehr과 Midgley(1991)은 교육과정과 과제의 특성을 고려했을 때 숙달 지향적인 학교는 단지 학생들에 대한 평가를 하기 위해 혹은 관료제적인 필요를 충족시키기 위해 교육과정을 운영하지 않으며, 학생들에게 학습의 가치나 흥미를 길러 주는 방식으로 교육과정과 학업 과업을 규정한다고 제시하였다. 이는 교육과정에서 실생활과 관련된 문제, 학생의 경험과 배경에 관련한 의미 있는 과제와 활동을 함으로써 달성될 수 있다(Blumenfeld et al., 2000; Singer et al., 2000). 이러한 과제는 또한 학생들에게 도전적인 것이어야 하며, 학생들의 능력 수준을 벗어나서는 안 된다. 또한 숙달 지향 교육과정에서는 회사에서의 인턴십과 현장 실습, 교과 외 활동처럼 학교 이외의 환경에서의 학습을 포함할 수 있다(Maehr & Midgley, 1991, 1996). 결국 학교 차원에서 학습의 가치와 이러한 활동들을 강조하는 것은, 학생들에게 긍정적인 영향을 주는 숙달목표지향성을 개개인이 적용하는 것을 지지한다.

학교 업무의 체계라는 관점에서, Lee와 동료들(1993)은 경험적인 증거가 부족하기는 하지만, 규모가 크고 관료제적인 학교의 몇몇 업무의 특징들이 [그림 10-1]에 제시된 교사와 학생의 긍정적인 성과에 반하는 영향을 준다고 주장하였다. 예를 들어, 교사 역할이 부서화 및 전문화되는 경우에는 상대적으로 교사와 학생들 간의 상호작용이 일시적으로 나타나게 된다. 초등학교의 경우 한 명의 교사가 하루에 학생들과 만날 수 있는 시간이 4~6시간 정도이지만, 대부분의 중등학교에서는 학생들이 4~6명의 교사들을 각각 하루에 45분 내지 60분 정도의 수업 시간에만 만나게 되는 것이다. 이와 같이 상호작용을 위한 시간이 결여되는 경우, 교사와 학생 간의 개인적인 유대감 형성에 장애가 되며(풍토에 관해서는 앞의 내용 참조), 학생 소외감의 문제를 야기하기도 한다(Lee et al., 1993; Newmann, 1981). The Carnegie Council on Adolescent Development(1989)에서는 교사들이 적은 수의 학생 집단과 생활할 수 있도록 학교가 조직되어야 보다 친밀한 관계가 형성될 수 있다고 주장한다. Bryk와 동료들의 연구(1993)에서는 보다 소규모로 조직되고 교사의 역할을 특정 영역으로 전문화 및 부서화하지 않고 보다 상호적인 측면을 강조한 가톨릭 학교에서 교사와 학생 간의 개인적인 관계의 발달을 위한 기회를 더 많이 제공하고 있다는 것을 발견하였다.

권위 및 관리 체계

TARGET 틀의 두 번째 요소는 학교와 교실 활동에 대한 교사와 학생의 참여에 영향을 주는 '권위 및 관리 체계'다. 많은 연구에서 보다 많은 교사의 통제, 권한 부여, 학교 의사결정 및 관리에 대한 교사 참여를 강조한다(Bolin, 1989; Duke, Showers, & Imber, 1980; Shedd & Bacharach, 1991). 동기적 관점에서 볼 때, 목표지향성이론(Ames, 1992b; Maehr & Midgley, 1996)과 내재적 동기이론(Deci & Ryan, 1985) 모두 교사들이 그들의 업무 환경에 대해 지각하는 통제감과 자율성이 긍정적인 성과와 관련이 있다고 가정한다.

Maehr와 Midgley(1991, 1996)는 학습 및 학교의 의사결정에 있어서 학생들의 참여를 허용하는 것이 숙달지향성을 발달시키는 데 도움이 될 것이라고 하였다. 학생들에게 학급 자율성, 선택권, 통제감을 갖게 하는 것은 그들의 자기조절전략을 발달시킬 뿐 아니라, 동기와 학습에도 긍정적인 효과를 준다. 또한 의사결정에 참여하는 기회는 학생들의 책임감, 독립심, 리더십 기술을 발달시키는 데도 도움을 준다. 물론 교직원과 교사들에게 학생들에 대한 자신들의 권위를 포기할 것을 제안하는 것은 아니지만, 학생들이 어느 정도 통제권을 행사할 수 있는 권위 체계로 확장할 수 있는 부분이 있을 것이다. 예를 들어, 학교 의회는 의사결정에 있어 학생 구성원들이 적극적인 역할을 하도록 허용할 수 있다. 학교 규율에 관한 문제에서 집단과 제도적 행동의 방향을 제시하는 가치에 대한 토론과 명확화 작업에 학생들을 포함시킬 수 있다. 학교는 또한 교육 환경에 대한 선택의 기회를 제공할 수도 있으며, 정규 과정이나 비정규 과정 활동들에 대해 모든 학생들에게 선택과 참여를 촉진할 수도 있다.

인정 및 보상 체계

인정 및 보상 체계는 학생들이 그들의 수행이나 성취를 어떻게 인정받는가와 관련된다. Maehr과 Midgley(1991, 1996)는 학교 차원의 인정 체계가 중요하다고 강조하며, 단순히 교실 차원에서의 변화로는 학교에서의 변화를 가져올 수 없다고 하였다. 그들은 교사들과 함께 각자의 교실 분위기를 숙달지향적으로 만들어 가고자 하였다. 이러한 노력에서 가장 많은 부분을 차지한 것은, 사회적 비교, 경쟁, 외재적 보상이 아니라, 학생의 수행 향상, 숙달 정도, 개인적인 진보, 노력에 기반하여 교실 차원의 인정과 보상의 체계를 정립하는 것이었다. 그러나 교사들은 학교의 우등생 명단이 이러한 숙달지향적인 기준의 유형을 인정하지 않고, 오히려 학생들 간의 사회적 비교를 증가시키고, 학습보다는 좋은 점수를 받고자 하는 경향을 기르는 규범적인 기준을 인정한다는 점을 지적했다.

이 학교에서는 또한 많은 책을 읽은 학생들에게 보상을 주는 독서 프로그램을 진행하고 있었는데, 이 프로그램은 종종 참여하는 학생들이 도전적이거나 어려운 책들은 피하고, 쉽고 내용이 적은 책들만 읽는 결과를 초래했다. 물론 숙달지향적인 기준에 의한 인정을 늘리려는 학급의 노력과 학교 수준의 인정 체계 간의 부조화가 일어난다면, 교실 차원에서 보상 체계를 변화시키려는 교사의 노력은 효과를 거두기 어려울 것이다.

따라서 교실 차원의 인정 및 보상 체계가 숙달과 향상, 개인적인 진보에 초점을 두는 것이 중요하지만, 학교 차원에서의 인정 기준이 교실 차원에서의 기준과 일치하고, 그 기준을 지지할 수 있는 것도 중요하다. 더욱이 학교 차원의 인정 체계가 규준적이고 경쟁적인 것에만 기반한다면 매번 특정한 유형의 학생들만이 인정받을 수 있게 된다. 예를 들어, 높은 학업성취를 보이는 동일한 학생 집단이 항상 우등상을 받게 되면, 다른 학생들에게 좋은 학업성취는 불가능한 것이며, 안정적이고 기질적인 특성으로 여겨지게 된다. 이러한 보상과 인정에 대한 메시지는 결국 다른 학생들의 사기를 저하시켜, 학업성취를 향상시키기 위한 노력조차 하지 않게 만든다.

모든 학생들을 동기화시키기 위해서, 학교는 모든 학생들이 인정받을 수 있는 다양한 기회를 제공해야 한다. 예를 들어, '가장 향상된 사람' 이나 '지금까지 자신의 성적 중 가장 높은 성적을 받은 사람' 등을 인정하거나 보상하는 것이다. 숙제는 이를 위한 좋은 가능성을 제공한다. 연구들에 따르면 숙제와 학업성취 사이에는 긍정적인 관계가 있다(Cooper, Robinson, & Patall, 2006). 숙제는 모든 학생들의 숙달 정도를 보일 수 있는 과제다. 학교에는 숙제와 관련한 합리적인 정책들이 있어야 하며(예: 교사는 하루에 일정 수준 이상의 숙제를 내주어서는 안 된다), 교사는 그 정책을 잘 고수하고, 숙제를 완성한 학생들에게 점수를 줄 수 있다. 성공적으로 숙제를 완성하는 것은 아동들에게 자신들이 충분히 능숙하다는 점을 알게 하며, 이는 효능감과 동기의 원천이 된다. 참여하는 프로젝트에 대해 연구하고 보고하는 고학년의 프로젝트 과제 역시, 모든 학생들이 수행을 잘할 수 있는 가능성을 제공한다.

교사와 학생들이 성취의 경쟁적인 수준만이 아닌, 목표 획득에서의 향상에 초점을 맞추도록 지원하는 다양한 학교 수준의 전략과 정책이 있다. Mac Iver와 동료들(1995)은, 학생들의 개인적인 향상에 대해 인정하고 보상할 수 있는 학교 차원의 프로그램들을 살펴보았다. 이러한 프로그램은 최소한의 학업을 시작하게 하기 위해서는 보상이 필요한 학생들이 있다는 사실을 가정한다. 더욱이 이러한 보상이 학생들에게 자신의 능력에 대한 정보를 제공하거나 그들의 자기효능감을 높여 줄 수 있는 방식이라면, 이러한 것들이 학생들에게 긍정적인 영향을 줄 수 있는 것으로 보인다(Cameron & Pierce, 1994, 2002; Morgan, 1984). 마지막으로, Maehr과 Midgley(1991, 1996)는 학교들이 총점에 근거한 전체 학업성취 수준에 대해서만 인정하는 것이 아니라, 다양한 영역들(예: 과학 전시, 토론 모임, 미술 및 음악에서의 성취, 학교 내 인간관계)에서 학생들의 성취를 인정해 줄 수 있다고 조언했다.

집단 편성 실제

집단 활동은 학생들 간의 상호작용과 사회적 기술 등을 발달시킬 수 있는 체계를 의미한다. 집단 활동은 교실 내 집단(예: 능력별 독서 집단)이나, 협동집단 혹은 전체 집단 교수에 대한 대안적인 형태를 활용하는 것을 포함한다. 학교 차원에서는, 집단 편성의 한 측면이 전체 집단에 대한 교수에 필요한 대안적 지원과 관련된다. 많은 연구들은 집단 편성에 있어, 적절하게 설계되고 수행되었음을 가정할 때, 소집단과 협동집단을 편성하여 활용하는 것을 주장한다. 이 경우, 안내와 지도가 없이 학생들이 상호작용하도록 내버려두는 형태는 아니다(Bossert, 1988; Cohen, 1994; Johnson, Maruyama, Johnson, Nelson, & Skon, 1981; Rosenshine & Meister, 1994; Sharan, 1980; Slavin, 1983a, 1983b, 1995; Webb & Palincsar, 1996). 만약 학교 정책과 활동이 교실 내의 소집단 활용에 부정적이라면, 교사들은 집단 편성을 교수전략의 하나로 사용하는 데 어려움을 겪게 될 것이다.

교실 내에서의 소집단 활용을 넘어서서, 학교 차원에서는 학급 간 능력별 반 편성(classroom tracking)을 활용할 수 있다. 능력별 반 편성의 효과에 대한 문헌은 너무 광범위하여 여기서 간단하게 요약하기는 어렵지만 더 자세한 내용을 원한다면 다음의 논문들을 참조하라(Alexander, Cook, & McDill, 1978; Bowles & Gintis, 1976; Gamoran & Berends, 1987; Jencks & Brown, 1975; Lee & Bryk, 1988; Mac Iver et al., 1995; Oakes, 1985; Rosenbaum, 1976, 1980; Sorensen, 1987; Sorensen & Hallinan, 1986). 우리는 학급 간 능력별 반 편성의 부정적 효과를 완화시키는 학교 차원의 정책에 대해 일반적으로 논의의 초점을 맞출 것이다.

오늘날 많은 미국 학교에서는, 연구 초기에(Lee et al., 1993) 규준으로 사용되었던 학교 내의 2~3개 정도의 영역(즉, 학업적, 상업적, 직업적)이, 명확하게 잘 정의되어 있지 않다. 요즈음에는 학생들이 강의를 선택하는 패턴이 유연하고 다양하며, 학교 내에서 다양한 범위의 강의를 개설하는데, 특히 대도시의 종합 고등학교인 경우 더욱 그러하다. 또한 온라인 수업과 가상 고등학교의 보급은 학생들의 선택의 폭을 더욱 넓히고 있다. 따라서 명목상의 반 편성 자체의 효과성에만 초점을 맞추기보다는 학생들에 의해 선택되는 차별적인 강의들을 살펴보고 이러한 강의들에서 학습과 교수의 기회와 자원이 어떻게 제공되는가를 살펴보는 것이 중요하다.

Mac Iver와 동료들(1995)은 다양한 유형의 수업에 접하는 것이 학생들에게 긍정적인 기회 혹은 부정적인 제약을 가져올 수 있다고 보았다. 그들은 많은 학교들이 대학 예비 수업이 보다 심화된 학습 내용을 다루며, 대학 입학에 필요한 것임에도 불구하고 모든 학생들에게 동등하게 수강할 기회를 제공하지 못하고 있다고 보았다. 하지만 그들은 학교 수준에서의 계획과 자원의 제약, 교사와 상담자, 학생 수준의 정보 부족

등이 학교 측의 고의적인 의사결정에 의한 것이 아닌 수강 등록의 결정에 책임이 있다고 제안하였다. 그럼에도 불구하고, 학생들이 선택한 강의 유형(예: 고급 또는 심화 과정 수강)은 다른 학생 배경 변인들을 통제하고 강의의 질적인 측면을 고려하지 않았을 때에, 성취 수준과 높은 상관이 있다고 나타난다(Lee et al., 1993).

많은 연구들은 일반적인 대학 예비 수업뿐만 아니라, 고급 혹은 심화 수학 강좌(예: 중학교 2학년 대수 강의)의 수강도 학생들의 수학 성취에 매우 긍정적인 영향을 주는 것을 보여 준다. 예를 들어, Lee와 Bryk(1988)의 연구에서 고급 수학 강좌의 수강과 학업성취와의 상관을 0.65로 보고하고 있다. 이러한 상관은 학생 배경, 태도, 행동 등을 고려한 후에도 여전히 높은 상관관계를 보였다(Lee et al., 1993). Mac Iver와 동료들(1995)은 이해를 강조하는 강좌(질적으로 높은 강좌)가 높은 수준의 상위 수준 학생들에만 제한되어 있다는 점을 지적하였다(Oakes, 1985; Page, 1990; Raudenbush, Rowan, & Cheong, 1993). 현재 상위 수준 학급에서조차 이해에 초점을 두는 교수법이 많지는 않은 편이지만, 동기와 인지의 현 구성주의적 관점에서, 이러한 종류의 교수법은 학생들에게 긍정적인 효과를 가져오는 것이 명백해 보인다(9장 참조).

지금까지 논의한 바를 볼 때, 학교는 보다 심화되고 도전적인 강좌를 수강할 수 있는 기회를 모든 학생들에게 제공하는 것이 매우 중요하다. Maehr와 Midgley(1991, 1996)는 소집단 교수법을 사용할 수 있다면, 학교는 모든 학생들에게 집단학습, 문제해결, 의사결정 등의 기회를 제공해야 한다고 주장하였다. 마찬가지로 이해를 강조한 교수법이 질적 교수법의 귀감이라고 여겨진다면 모든 집단들은 그러한 방식을 취해야 한다. 능력별 집단의 몇 가지 주어진 형태들은 대부분의 고등학교에 존재하지만, 소집단(예: 팀, 학습 공동체, 학교 내 학교)을 개발하는 것은 더욱 긍정적인 교사-학생 간, 학생-학생 간 상호작용의 기회를 제공할 수 있으며, 다양한 집단을 통한 구성원 의식이 집단 내의 동료관계의 범위를 확장시킬 수 있을 것이다.

평가 활동

평가 활동은 학생 평가의 특성과 활용, 그리고 평가 절차에 관한 것들을 포함한다. 집단 차원에서, 두 가지 수준의 학교 차원이 평가 활동에 영향을 줄 수 있다. 첫째, 몇몇 학교들은 성적의 분포에 대한 표준화된 정책을 가지고 있다. 학교 정책에는 A부터 F까지의 성적에 대한 분포가 존재하는데, A와 F 학점은 줄이고, B와 D 학점은 다소 늘리며, C 학점은 가장 많도록 하는 지침(즉, 정규 분포에 가깝도록)이 예가 될 수 있다. 이러한 규정하에서 교사들은, 학생의 개인적 노력, 향상, 수행 과정 등에 초점을 맞추는 숙달지향적인 학급 평가 체계를 사용하기가 매우 어려울 것이다(Maehr & Midgley, 1991, 1996). 따라서 일반적으로 학교가 지정한 성적과 평가 정책은 교실 수준에서 평가 활동을 바꾸고자 하는 교사들의 노력을 지지할 수도 있고, 혹은 해가 될 수도 있다.

또한 학교의 평가 정책은 학생의 동기에 직접적인 영향을 줄 수 있다. 예를 들어, 평가 절차에서 등수 매기기와 같은 학생들 간의 상대적인 비교가 강조된다고 하자. 이 경우, 사회적 비교가 이루어질 것이고, 좋은 결과를 얻지 못한 학생들은 유능감에 대한 지각과 자기효능감이 저해될 수 있다.

학교 차원의 평가 프로그램들은 교사들이 그들의 교수 과정에서 중요시하는 것과 학생들이 학습에서 중요하다고 믿는 것에도 영향을 줄 수 있다(Maehr & Midgley, 1991, 1996). 예를 들어, 학교 수준, 지역 수준, 그리고 구 수준에서 사용하고 있는 많은 평가들은 주로 개념적 이해와 고차원의 사고보다는 사실적인 지식을 평가한다. 그러므로 많은 교사들이 개념적 이해를 가르치지 않는다는 것은 그리 놀라운 일이 아니다. 더욱이 학생들 입장에서도 정규 교실 활동이나 의미 있는 과제에 연관되지 않은, 대규모로 실시되는 자신의 학습에 대한 평가의 효용성과 가치를 찾아내기는 쉽지 않을 것으로 보인다(Paris, Lawton, Turner, & Roth, 1991).

학교는 공적인 규준에 근거하는 사회적 비교에 대한 강조를 감소시킴으로써 평가 활동의 잠재적인 부정적 영향을 줄일 수 있다. 또한 학교는 학생 스스로 자신의 목표에 비추어 현재의 향상 정도를 평가할 수 있도록 하는 평가 절차를 만들 수도 있다. 예를 들어, 포트폴리오는 학생들이 특정 강좌에 대한 자신의 강점과 개선해야 할 영역을 반영하는 데에 도움을 준다(Paris & Ayres, 1994). 뿐만 아니라 포트폴리오는 교사들이 학생 개개인의 욕구를 충족시키기 위해 교수법과 평가를 개별화하고, 학생의 진전도와 향상 정도를 측정하는 데 도움을 줄 수 있다. 그러나 포트폴리오는 대다수의 학교, 교실, 교사들에게 아직은 낯선 평가도구인 것이 사실이다. 포트폴리오 평가의 신뢰도와 타당도에 대한 여러 가지 문제점들 역시 해결되어야 할 조건 중 하나다. 또한 평가에 걸리는 시간과 평가에 있어 교사 간, 학급 간, 학년 간 차이에서 발생할 수 있는 실용적인 측면에서의 문제점도 보완되어야 한다. 그럼에도 불구하고, 포트폴리오가 숙달목표지향성을 주장하는 연구자들이 제안하는, 많은 목표들을 촉진할 수 있는 평가의 한 가지 유형임은 분명하다(Ames, 1992b; Maehr & Midgley, 1991, 1996).

시간 관리

TARGET의 틀에서 마지막에 해당하는 것은 학교 차원에서 시간을 어떻게 사용하는가에 대한 내용이다. 숙달목표를 증가시키거나, 개념적 이해와 비판적 생각을 촉진하는 교수법을 개선하거나, 동료들 간에 규칙을 공유하는 분위기를 만들어 가는 것 등과 같은 여러 제안들은 결국 교사와 학생들에게 더 많은 시간을 요구하거나, 시간을 활용하는 방식을 바꿀 것을 요구한다. 하지만 대부분의 미국 학교들의 교사들에게 우리가 이 장과 이 책에서 제안한 내용들을 수용할 시간이 없는 것이 현실이다. Stevenson과 Stigler(1992)는 일본 학교에서의 교사들은 미국 학교의 교사들에 비해 강의 시수가 적기 때문에, 강의 계획과 동료 교사들과의 협의, 그리고 학생들에 대한 평가와 점수화에 상대적으로 많은 시간을 사용하고 있다는 점을 지적하였다. 그들은 강의 자체에 투입되는 시간이 상대적으로 적기 때문에 발생하는 여분의 시간을 결국 동료 교사들과의 협의와 협력적인 분위기 조성, 교사들 간의 상담 등을 위해 사용한다고 주장한다. 이러한 시간을 통해 교사들은 그들의 목표와 교수활동에 대해 논의하고, 이것들은 궁극적으로 학교의 규범과 목표에 관한 구성원들 간의 합의를 이끌어 내도록 유도할 수 있다는 것이다. 비록 대부분의 미국 학교에서 교사들이 수업 외 시간의 사용을 결정할 수 있는 거대한 변화가 나타날 것이라고 가정하는 것은 비현실적인 것처럼 보이지만, 교사들이 수업이 끝난 후에 추가적인 일에 시달리지 않고 학교와 교수법의 개선에 협력할 수 있는 방법을 찾는 것은 중요하다(Maehr & Midgley, 1996).

학교가 학생들의 시간 관리 기술을 발달시키도록 도움을 주는 데에는 여러 방법들이 있다. 예를 들어, 학생들이 하루 혹은 일주일 동안 자신들의 공부를 할 때 일정 수준의 융통성을 부여하는 것은 학생들의 통제감과 책임감을 증가시킬 수 있다. 물론 학생들은 먼저 자신들의 시간 관리에 대해 학습하고 안내를 받아야 하지만, 이러한 기회를 갖는 것은 학생들의 내재적 동기와 숙달지향적인 목표를 높이는 데 도움이 된다(Deci & Ryan, 1985; Maehr & Midgley, 1991, 1996). 또 다른 전략으로 학생들에게 과제를 끝마칠 수 있는 근접 목표와 장기 목표를 설정할 수 있는 기회를 제공하는 것이다(4장과 5장 참조). 학생들은 처음에는 교사들에 의해 관리를 받을 필요가 있다. 그러나 결국에는 이러한 기회를 이용하여 목표에 대한 평가, 그 목표를 달성하기 위한 계획 수립, 그리고 다른 종류의 목표들에 대한 자신들의 시간을 관리하는 과정 등을 경험함으로써 자기조절적이 되도록 도울 수 있다(Zimmerman, Greenberg, & Weinstein, 1994). 응용연구 10-1 에서는 시간 관리에 대해 더 자세하게 논의할 것이다.

| 응용연구 10-1 |

우리는 어떻게 시간 관리를 잘할 수 있을까?

시간 관리는 대부분의 아동과 성인들에게 문제점으로 여겨진다. 학교나 대학에서 활동하는 상담사들은 시간 관리라는 요소가 많은 학생들의 학업 문제의 원인이라는 점을 지적한다. 많은 학생들이 시험 전날 밤이 되면 공부를 시작하며, 그제야 공부할 시간이 얼마 없다는 사실을 인식한다.

시간 관리는 또한 직업현장에서도 문제점으로 나타난다. 상사 중에서 늑장을 부리다 며칠 전 혹은 몇 주 전에 했어야 할 일을 부하 직원에게 떠넘기는 경우를 쉽게 볼 수 있다. 비록 사회에서는 사무실에서 오랜 시간 동안 근무하는 것을 미덕으로 삼지만, 사실상 몇몇의 사람들은 시간 관리를 잘못하여 오랜 시간 앉아 있어야만 하기도 한다. 상사가 계획을 잘 세울수록 팀 내에서 사기가 높아진다.

어떻게 시간을 생산적으로 사용할 수 있을까에 대한 많은 상식들이 제안되었고 연구들을 통해 대부분 입증되었다. 학교 또는 가정에서, 또한 직업현장에서 효과적인 시간 관리자일수록 다음의 행동들을 따르는 경향이 있다.

1. **매일 해야 할 과제 목록을 만들어라.** 당신이 할 수 있다고 생각하는 양보다 많은 과제를 목록에 추가하는 것이 좋다. 당신이 이 모든 것을 예상한 것보다 적은 시간 안에 해낸다면, 당신은 성취감을 느낄 것이며 다른 과제도 열심히 해 나갈 수 있다.
2. **과제에 따라 소요되는 현실적인 제한시간을 설정하라.** 회의 일정을 세우는 것은 짧은 시간이 걸리지만, 보고서를 작성하는 데에는 많은 시간이 걸린다. 경험을 통해 당신은 보다 합리적인 시간 예측을 할 수 있을 것이다.
3. **하루 일정에 정해지지 않은 여분의 시간을 마련하라.** 당신이 외부와 고립된 동굴에서 일하지 않는 한, 당신의 일정에는 항상 변화가 생길 것이다. 사람들이 전화를 하거나 만나러 올 수도 있으며, 즉각적인 회신을 원하는 이메일이 오기도 하며, 당신의 상사가 급한 일을 부탁하기도 하며, 당신의 아이가 아파 의사를 찾아가야 할 수도 있다. 이러한 예상치 못했던 것들을 계획해야만, 그것들이 일어날 때 당신은 덜 좌절하게 될 것이다.
4. **장기 과제는 여러 개의 세부 과제로 나누고, 하루에 하나 혹은 그 이상의 과제를 수행할 것을 목표로 잡아라.** 중요한 서류를 쓰거나 긴 서류를 편집하는 것을 하루 안에 할 수 있다고 기대하는 것은 비현실적이다. 그것들을 부분으로 나누고, 며칠에

거쳐 할 수 있도록 계획을 짜라.

5. **우선순위를 매겨라.** 비록 그것은 어려운 일이나, 하루 중에 가장 기민한 상태일 때 가장 어렵다고 생각하는 일을 먼저 하는 것이 좋다. 여러분이 피곤할 수 있는 늦은 시간에 일하기보다는 집중이 잘되는 이른 시간에 어려운 일을 하는 것이 상대적으로 시간이 덜 걸린다.

외적 제약과 기회

지금까지 우리의 논의에서 암묵적으로 전제되어 있는 것은, 학교 문화와 조직에 대한 8가지의 차원들이 더 큰 맥락 속에서 만들어지고 구체화되어 존재하는 것이 분명해 보인다는 점이다. [그림 10-1]에 나타난 것과 같이 이러한 맥락이라는 것은 학교 문화와 조직의 발전에 제약으로 작용하기도, 혹은 적응적인 변화를 촉진하는 기회로 작용하기도 한다. 학교의 문화와 조직에 영향을 주는 외적 요소들은 셀 수 없이 다양하지만, 우리는 이 글에서 몇 가지 특징적인 것들을 살펴보도록 하겠다. 일반적으로 이러한 외적 요소들에 대해 관심을 가지는 연구들은 이러한 특징들을 교사와 학생의 성과에 직접적으로 연결시켜 왔다. 그러나 우리는 이러한 외적 요소들이 학교 문화와 조직에 미치는 영향을 통해 어떻게 교사와 학생의 성취에 간접적으로 영향을 주는지에 대해 집중적으로 살펴 볼 것이다(Lee et al., 1993).

학생 유형

학생을 특징짓는 요소들은 수없이 많지만, 우리는 일반적인 능력 혹은 성취 수준, 인종, 사회 계층, 연령 등에 초점을 두려고 한다. 능력의 구성이라는 관점에서 볼 때, 효과적인 학교들은 학문적으로 동기화되고 열정적으로 참여하는 핵심 집단을 적어도 한 개 이상은 가지고 있으며(Rutter et al., 1979), 또한 학습과 숙달을 강조하는 학교 문화의 발달을 촉진시킬 수 있는 환경을 가지고 있다. 반면에, 여러 심각한 문제들이 있고 학교에서 이탈하는 학생들이 많은 학교의 경우에는 학업에 집중하는 분위기를 형성하고 유지하기가 매우 어렵다. 또한 교사와 학급이 성취 수준이 낮고 다루기 힘든 학생들의 우세에 의해 제약을 받는 것과 마찬가지로(Barr & Dreeben, 1983), 학교도 비슷한 방식으로 제약을 받는다(Lee et al., 1993). 그러나 이러한 결과의 대부분은 상관 연구들이기 때문에, 긍정적인 학교와 교실 문화가 동기화되고 참여적인 학생들을 만드는 데 도움을 줄 것이라는 해석을 가능하게 하기도 한다.

인종 구성, 학교 통합, 그리고 성취에 관한 연구들은 이 장에서 요약할 수가 없을 정도로 방대하게 이루어져 왔다(Rossell & Howley, 1983). 그러나 공유된 가치와 좋은 사회적 관계의 풍토에 초점이 맞춰진 학교 문화에 대한 분석을 고려할 때, 소수인종의 학생들이 더 많이 있는 학교일수록 집단 간 관계에 있어 어느 정도 긍정적인 양상을 보인다는 증거들이 있다(Schofield & Sagar, 1983). 하지만 몇몇 사례 연구에서 수집된 자료에 따르면, 다양한 인종을 강제적으로 통합하고자 하는 학교에서는 공동체 및 응집력이 파괴되며, 동시에 학교 학습 분위기의 저하가 수반된다(Cusick, 1983; Lee et al., 1993). 따라서 다른 인종들로 구성된 학교들은 다양한 문화적 학습을 경험할 수 있는 기회를 제공할 수도 있지만, 만약 인종 집단들 간의 상호작용과 협력이 이루어지지 않을 경우에는, 공유된 가치와 사회 공동체적 풍토의 학교 문화가 형성되는 데 제약으로 작용할 수도 있다(Eyler, Cooke, & Ward, 1983; Grant, 1988).

사회 계층은 인종이 작용하는 것만큼 두드러지게 작용하지는 않는 것 같다. 하지만 Lee와 Bryk(1988)은 학교의 평균적인 사회경제적 지위(SES)가 전반적인 성취와 관련이 있다는 것을 발견하였다. 더욱이 효과적인 학교에 관한 연구들은 다양한 효과적인 학교를 위한 원리들을 실행하는 데 있어서 낮고 높은 사회 계층의 학생들에 따라 차이가 있음을 발견하였다(Hallinger & Murphy, 1986). 예를 들어, 주로 사회 계층이 낮은 학생들로 이루어진 학교의 교장들은 높은 사회 계층을 가지고 있는 학생들로 이루어진 학교의 교장보다 직접적인 통제와 권위를 행사한다(Lee et al., 1993). 숙달목표이론에 따른 학교 문화에 대한 우리의 분석을 고려한다면, 교장에 의한 높은 수준의 직접적인 통제는 Maehr와 Midgley(1991, 1996)가 제안한 변화를 달성하는 데 제약으로 작용할 수도 있다.

연령의 관점에서 보면, 특정 연령대의 학생들에게 적합한 학교 구조나 문화는 다양하게 존재한다. 예를 들어, 중학교 진학에 관한 보고서들(Anderman & Maehr, 1994; Anderman et al., 1999; Braddock & McPartland, 1993; Eccles, Lord, & Midgley, 1991; Eccles & Midgley, 1989; Eccles, Midgley, Wigfield, Reuman et al., 1993; Eccles et al., 1998; Midgley et al., 1995; 이 장의 다음 부분 참조)에서는 학생들이 초등학교에서 중학교로 진학함에 따라 성취, 동기, 참여 등에서 상당한 정도의 감소가 관찰되었다고 보

고한다. 전통적으로 심리학자들은 이러한 감소 현상을 사춘기에 겪게 되는 신체적 변화(Eccles et al., 1998)뿐만 아니라 메타인지와 사회적 비교의 능력(Anderman & Maehr, 1994; Ruble & Frey, 1991)과 같은 인지적 성장에 귀인하였다. 그러나 최근의 연구들은 이러한 감소 현상이 학생들의 욕구 및 능력과 중학교의 구조 및 조직의 특징이 서로 불일치하기 때문에 발생한다고 설명하고 있다.

예를 들어, 중학생들은 발달 단계로 보았을 때, 스스로 선택과 통제를 할 수 있고, 자기조절학습이 가능하고, 비판적 사고와 메타인지의 활용이 충분히 가능하다(Eccles & Midgley, 1989; Simmons & Blyth, 1987). 그러나 중학교들은 오히려 초등학교에 비해 학생들에게 선택과 통제를 할 수 있는 기회를 거의 부여하지 않으며 엄격한 규칙과 규율 체계를 갖추고 있다. 또한 수업 과제와 절차 역시 학생들이 자기조절학습이나 비판적 사고를 많이 하도록 허용하지 않는다(Anderman & Maehr, 1994; Eccles, Midgley, Wigfield, Reuman et al., 1993; Midgley et al., 1995; Urdan, Midgley, & Wood, 1995). 이와 같이 아동의 발달과 조직의 구조 간의 불일치가 일어나기 때문에, 학습에 동기화되고 참여적이었던 초등학생들이 중학교에 진학하게 되면서 동기와 열정이 줄어들게 되는 것은 놀랄 일이 아니다.

이러한 발달 단계에 따른 차이가 존재한다는 논의는, 학교 문화와 조직이 학생 성취에 미치는 효과가 학생의 연령에 따라 다양하게 나타날 수 있음을 의미한다. 우리가 지금껏 논의해 온 주제들의 대부분은 중학교 수준에서 특징적이고 중요하게 부각되는 것이다(Midgley et al., 1995; Urban et al., 1995). 물론 이러한 주제들은 고등학교에서도 중요한 것일 수는 있지만, 그 독특한 양상은 중학교에서만큼 분명하게 부각되지 않는다. 많은 고등학생들은 중학교를 거치면서 관료제적인 구조에 익숙해지므로 이와 유사한 고등학교에서의 학교 문화에는 쉽게 적응하게 된다. 학교 문화에 대한 우리의 분석이 정리되었지만, 그럼에도 불구하고, 우리는 고등학교 수준에서 학교 문화와 조직을 개선하기 위해 노력하는 것이 중요하다고 믿는다. 초등학교 수준에서는 학생들의 신념과 지식, 기술, 동기 등의 많은 부분이 발달하고 있기 때문에, 중학교 수준에서처럼 매우 절박하지는 않다. 더욱이 대부분의 초등학교들은 규모가 작으며, 좀 더 응집된 규칙과 구조를 가지므로, 상대적으로 긍정적인 학교 문화를 가진다(Maehr & Midgley, 1996; Midgley et al., 1995).

학교 규모

학교 규모는 다양한 방법으로 학교 문화와 조직을 바꾸는 데 촉진 혹은 제약 요소로 작용할 수 있다. Lee와 동료들(1993)은 큰 규모의 관료제적인 학교에서 발생하게 되는 세 가지 문제점을 지적하였다. 첫째, 대규모의 학교에서는 역할의 분화가 증가하고, 특히 고등학교에서 교과 분야에 따라 분화된 하위 조직에서는 학교에 대한 책임감과 충성심이 분산될 수 있다. 둘째, 대규모의 학교에서는 모든 교직원들 간의 의사소통이 충분히 이루어지기 어렵다. 이로 인해 구성원들이 동료 의식과 개인적인 관계를 형성하기가 곤란해지고, 공유된 가치를 형성하는 데에도 부정적인 영향을 주게 된다. 마지막으로, 규범과 목표는 학교 목표의 문서화 등을 통해 더 공식화될 수 있으나, 큰 학교 규모에 비해 교직원들의 상호작용 기회는 적기 때문에, 구성원들의 개인적인 신념과 목표들은 학교 차원의 공식화된 사명 선언문이나 학교 목표 등에 반영되기 어렵다. 이러한 상황은 개인의 목표와 신념이 학교 목표와 상충되는 결과를 가져올 수도 있으며, 이로 인해 구성원들이 학교 차원의 목표를 달성하기 위한 어떤 형태의 노력도 하지 않게 될 수 있다.

Maehr, Midgley와 그의 동료들(Maehr & Midgley, 1991, 1996; Urdan et al., 1995)은 학교의 목표를 숙달지향적인 방향으로 바꾸려고 노력하고 있는 초등학교, 중학교에서 나타난 문제점들에 대한 사례 연구를 제시하였다. 그들은 초등학교에서는 그러한 시도가 성공을 거둔 반면, 중학교에서는 초기에 그다지 성공하지 못했다고 보고하였다. 중학교의 경우 부장교사들은 성공적인 변화를 방해하였으며, 교장은 변혁의 과정에 모든 교직원들을 참여시키는 방법을 성공적으로 적용하지 못했다. 규모가 그 프로젝트의 성공과 실패에 대해 직접적인 원인은 아니었으나, 더 작고 관리하기 쉬운 초등학교의 경우에 더 지속적인 상호작용이 가능하였으며, 학교 변혁에 대한 일관성이 있는 계획들이 추진되었다. 이와 달리 중학교에서는 학교 규모가 제약으로 작용하여, 더 많은 구성원들이 참여하는 과정에서는 변화를 위한 합의를 이끌어 내기 어려워진다. 그럼에도 불구하고, 작은 집단으로 묶여진 중학교 교사들은 변화를 지속하기 위해 노력하였다. Urdan과 동료들(1995)은 중학교의 개혁과 관련된 특별한 제약과 문제들에 대해 논의하였다.

학부모와 공동체의 참여

우리가 8장에서 살펴본 것과 같이, 학부모가 학교 활동에 참여하는 것이 학교와 학생, 그리고 교사들에게 긍정적인 영향을 준다는 점은 많은 연구들에 의해 입증되었다(Becker & Epstein, 1982; Chubb, 1988; Comer, 1980, 2001; Epstein, 1986, 1987, 1995; Lee et al., 1993). 따라서 학교와 학급 활동에 학부모가 참여하는 것은 매우 중요한 것으로 보인다. 그러나 동시에 학교에 대한 학부모와 공동체의 참여 혹은 통제는 교직원의 전문적인 의사결정 및 전문성과 학부모나 공동체의 이해와 목표 사이에 갈등을 증폭시킬 가능성이 있다(Lee et al., 1993). 그러므로 공동의 이해관계와 가치, 목표 등에는 타협이 필요하다.

예를 들어, 앞에서 우리가 이전에 논의했던 숙달지향적인 목표를 촉진하기 위한 학교 차원의 여러 개혁과 변화에 대해, 학부모들은 자신들의 목표들에 비추어서 지지할 수도 있고 거부할 수도 있다. 어떤 학부모들은 숙달지향적인 목표를 지지하고 이를 위한 변화에 기꺼이 동참할 수 있다(Maehr & Midgley, 1996; Urdan et al., 1995). 반대로, 다른 학부모들은 일반적으로 숙달지향적인 목표가 아이들의 대학을 위한 경쟁이나 실제 생활에 도움을 주지 않을 것이라 믿을 수 있고, 이와 관련된 변화에 반대할 수 있다. 따라서 학부모와 공동체의 참여는 학교 문화와 조직에 대해 중재적인 역할을 수행하며, 특히 학교 개혁을 위한 노력을 촉진하거나 제약하는 방향으로 작용할 수 있다.

지역 수준의 제약과 기회

학교는 지역사회, 시(市), 국가의 맥락 안에서 작용한다. 이러한 모든 맥락은 학교 문화와 조직 차원에 영향을 줄 수 있다. 여기서 우리는 단지 구(區)와 시(市) 차원에서의 가능한 몇 가지 영향력에 대해서만 언급하도록 하겠다. 첫째, 항상 재정적인 제약과 기회가 있기 마련이다. 학교 재정에 관한 구 혹은 시의 재정 상황의 변동에 따라, 어떤 학교구들은 다른 학교구들에 비해 더 많은 재정 지원을 받게 된다. 이것은 재정이 풍부한 학교구들이 우리가 지금껏 논의한 바와 같은 학교 개혁을 위해 노력을 시도할 수 있는 기회를 더 많이 가지게 된다는 것을 의미한다. 예를 들어, 많은 재정을 지원받는 학교구는 더 많은 교직원을 고용할 수 있고, 결과적으로 시간 관리와 교직원의 업무 배분에 융통성을 발휘할 수 있게 된다.

저자 중 한 명이 같이 일한 적이 있는 구내에 있는 중학교에서는 충분한 재정 지원을 받아 교사들이 학생들과 다른 동료 교사들과 개인적으로 만날 수 있는 시간이 제공된다. 이러한 교사는 수업 시수가 적으며, 남는 시간에 자신들의 학생, 그리고 동료들과 가까운 관계를 만들기 위해 노력하곤 한다(중학교 개선을 위한 1989년 카네기 보고서와 동일한 맥락이다). 그러나 최근 예산 삭감으로 말미암아 교사들은 이와 같은 시간을 줄이고 수업을 위해 더 많은 시간을 투자해야만 했다. 흥미롭게도, 이러한 변화는 교사들에게 커다란 실망을 주었을 뿐 아니라 중학생들 또한 이러한 변화에 격분하여 수업 거부와 이사회에서의 시위 등의 행동을 보였다. 이러한 일화는 학교 재정 문제와 이 문제가 학교 개혁에 어떤 제약을 가져오는지를 보여 준다.

방과 후 프로그램을 제공하는 학교구의 경우 엄청난 성과를 거둔다. Mahoney와 동료들(2005)은 위험도가 높은 거주지역에 사는 학생들이 방과 후 프로그램에 참여하게 될 경우, 그들의 또래에 비해 성취나 동기가 높다는 것을 보고했다. 방과 후 활동에 열심히 참여할수록 아동의 성취율 또한 높았다.

구나 시 차원에서의 또 다른 유형의 제약은 평가 활동과 관련된 것이다. 구와 시 차원의 정규 시험들은 교사의 신념, 교육과정의 본질, 학교에서 채택하는 일반적인 목표, 교수의 본질에 커다란 영향을 줄 수 있다. 만약 시험들이 지식의 습득만을 반영하는 것이라면, 교육과정과 교수활동에 관한 의사결정들은 이러한 평가 유형에 맞도록 구성될 것이다. 이러한 경우, 개념적 이해나 비판적 사고를 가르치는 대신 교육과정의 범위와 파편적인 지식에 대한 반복학습에만 초점이 맞추어질 수 있다. 더욱이 만약 이러한 시험들이 수행에 따라 재정 지원이 결정되는 중대한 시험이라면, 이러한 평가는 학교 문화와 조직에 막대한 영향을 주게 된다.

요약해 보면, 교실과 학교 문화의 다양한 면들은 동기나 다른 성취결과 등에 영향을 미칠 수 있다. 비록 학교 규모나 학생 유형과 같은 요소가 장애물로 보일 수 있지만, 이것들 역시 학교 변화에 긍정적인 기회를 제시하기도 한다. 이제 동기에서 중요한 주제인 학교교육 내의 진학의 역할을 살펴보기로 하자.

학교 진학

학교 진학은 학습자로서의 아동의 발달에 중요한 역할을 한다(Eccles & Midgley, 1989: Pianta, 1999; Pianta & Cox, 1999; Wigfield, Eccles, Schiefele, Roeser, & Davis-

Kean, 2006). 동기와 관련시켜 볼 때, 많은 연구들은 유치원이나 중학교로의 진학에 관심을 가져왔으며, 고등학교로의 진학을 다루는 연구는 비교적 적다(Eccles, 2004). 앞에서 논의한 것과 같이, 학교 구조나 교실 상황의 대다수는 학생들이 새로운 학교 환경에 적응하는 데 중요한 역할을 한다. 중요한 학교 진학의 과정 동안, 아동들의 자기개념은 부모, 교사, 또래나 아동 스스로에 의해 재정립된다(Alexander & Entwisle, 1988). 이 단원에서 우리는 학교교육 내의 진학의 과정에서 나타나는 동기의 변화를 다룬 연구들을 살펴볼 것이다.

초등학교 진학

초등학교에 입학하는 것은 아동의 삶에서 중요하고 수많은 변화를 동반한다(Alexander & Entwisle, 1988; Pianta & Cox, 1999). 가정이나 유아원 환경과 비교해 볼 때, 초등학교 교실은 연령에 따라 구성되기 때문에 아동들은 자신의 기술이나 능력을 다른 아동들과 비교할 수 있게 된다. 또한 많은 학교들에서, 아동들은 읽기나 수학 수업에서의 능력에 따라 집단이 편성되기도 한다. 아동들의 능력은 표준화된 성취검사에 의해 처음 평가받는다. 취학 전 아동들은 놀이나 탐구를 통해서 학습하는 반면, 유치원이나 1학년 교사들의 경우에는 교과서 중심적이며 기본적인 기술 교육의 방식을 활용한다(Stipek, Feiler, Daniels, & Milburn, 1995). 게다가, 저학년 아동들에게 교사와 또래와의 관계는 학교 적응이나 성취에 중요한 영향을 미칠 수 있다. 마지막으로, 문화적이나 언어적으로 다양한 환경에서 온 아동들은 학교 환경이 특정한 주요 문화를 선호하는 학교 문화에 적응할 것이 예상된다(Meece & Kurtz-Costes, 2001).

아동들의 초기 학교 경험들은 그들이 가진 기술적 수준, 부모의 기대와 가정의 수입 등의 자원뿐만 아니라 성이나 인종의 요소에 의해 형성된다(Alexander & Entwisle, 1988). 아동들의 기질, 또래관계나 자기조절적 과정들이 학생들의 성공적인 진학에서 중요한 역할을 담당한다는 연구들(Bronson, 2000; Entwisle, Alexander, Pallas, & Cadigan, 1987; Howse, Calkins, Anastopoulous, Keane, & Shelton, 2003; Ladd & Kochenderfer, 1996; Miles & Stipek, 2006), 그리고 가정 환경의 특성이 학교 초기의 성취를 중재한다는 연구들도 있다(Alexander & Entwisle, 1988).

초등학교 진학과 관련한 종단연구에서, Alexander와 Entwisle(1988)는 교사에 의해 주의 깊고, 흥미가 많으며, 협력적이라고 지각된 1학년 학생들은 예비 검사 점수의 차이를 통제한 상태에서도 수학과 읽기에서 높은 초기 점수를 받았다. 게다가, 이러한 아동 능력의 초기 평가는 표준화된 점수보다 많이 사용되었으며, 이러한 평가 점수를 통해 아동들을 수학과 읽기 집단으로 편성하기도 했다. 또한 교사가 인격적 성숙이 낮다고 지각하고 첫 학기에 읽기 평가에서 낮은 점수를 받은 것은 1학년에서 낙제에 대한 강한 예측 요인이 되며, 인종이나 성별 그리고 가족 수입 수준의 효과를 줄이기도 한다(Alexander & Entwisle, 1988). 부모와 교사에 의해 형성된 차별화된 교수법과 성취 기대 때문에, 학급 내 능력별 집단 편성과 저학년 시기의 낙제는 이후 아동의 성취나 동기에도 강력한 영향을 준다(Pallas, Entwisle, Alexander, & Stluka, 1994). 2학년이 끝날 무렵까지의 아동들의 초기 수행은 이후 성취에 대한 가장 중요한 예측 요인의 역할을 하게 되며, 이는 3학년으로 올라가면서 개인 혹은 가정 관련 변인들의 효과의 중요성을 감소시킨다(Alexander & Entwisle, 1988).

아동의 특성과 관련한 연구들 또한 교수법이나 교사-학생 관계의 질적인 면들이 초등학교 저학년 시기의 성취나 동기에 영향을 미친다고 주장한다. 예를 들어, Stipek과 동료들(Stipek, Feiler, Byler, Ryan, Milburn, & Salmon, 1998; Stipek et al., 1995)은 교과 중심 교수법과 아동 중심 교수법을 비교하였다. 교과 중심 접근은 높은 수준의 직접적 교수법을 제공하며, 활동을 모색하고, 수업을 하며, 규칙을 설정함에 있어서 중요한 역할이 교사들에 의해 정의된다. 수업은 기본적 기술과 실제 지식 획득에 초점이 맞춰져 있다. 반면, 아동 중심 접근을 사용하는 교사들의 경우 동반자의 입장으로 학습에 참여하며, 방향이나 조언을 제공하여 아동들이 자신의 능력을 개발할 수 있도록 도우며 또한 아동에게 학습에 대해 스스로 책임을 느낄 수 있는 기회를 제공한다. 이 경우, 교사-학생 관계는 따뜻함, 돌봄과 지지라는 단어에 의해 정의된다.

이러한 방식을 비교한 연구들은 저학년 아동의 동기나 학습에서의 지속적인 효과를 확인하지 못하였다(Hamre & Pianta, 2005; Rutter & Maughan, 2002; Stipek et al., 1995, 1998). Stipek과 동료들(1995, 1998)은 교과 중심 수업을 받은 학생들의 경우 읽기 능력이 많이 향상된 반면, 아동 중심 수업을 받은 학생들은 문제해결이나 말하기, 그리고 개념적 집단화 과제에서 높은 성취를 나타냈다고 보고했다. 수학 성취에서도 약간의 차이가 발견되었다. 동기와 관련하여 차이점들은 성취 기대, 부정적 정서, 순응, 질서 등과 관련하여 나타났다. 대체로 동기적 차이에 관한 연구 결과는 아동 중심 방법이 더 긍정적인 영향을 주는 것으로 나타났다. 따라서 초등학교 저학년에서 교과 중심 접근을 이용할 경우, 이후 학업성취와 관련하여 동기적인 손실을 가져올 수 있다는 점을 고려해야 한다.

최근 초등학교 진학에 관련된 연구들은, 학년 초기에 실패를 경험할 위험이 있는 아동들에게 교수적 접근의 차이가 미치는 효과성에 대해 관심을 가진다. 가족 수입이나 부모의 교육 수준, 성격의 성숙도 등 아동의 특성들이 2학년 때 성취 궤도를 다르게 만드는 경향이 있다는 점을 떠올려 보자. 학년 초기의 성공에서 이러한 요인들 중 열악한 조건을 가진 아동들은 치료, 낙제, 그리고 초기 실패를 겪을 위험성이 높다(Alexander & Entwisle, 1988). 이 집단의 아동들에게는 높은 수준의 직접적인 교수와 평가적 피드백이 부모의 낮은 교육 수준이나 초기 학습의 어려움이라는 부정적인 효과들을 상쇄할 수 있다(Hamre & Pianta, 2005; Morrison & Connor, 2002). 그러나 학교 실패의 위험성이 큰 아동들은, 행동적, 사회적, 그리고 학습의 문제들이 입학 초기부터 복합적으로 나타나는데, 이 경우 교사와 또래와의 긍정적인 관계로 인해 형성된 정서적으로 따뜻한 교실이 성취 획득에 대한 중요한 예측 요인이 될 수 있다(Hamre & Pianta, 2005). 다음 부분에서 다시 논의하게 될 것인데, 교실에서의 교사와 또래와의 지지적인 관계가 학생들의 학업성취를 추구하려는 동기를 증가시킬 수 있다는 결과는 초등학교 고학년 학생들과 중학교 학생들에 관한 연구와도 일치한다.

학교는 유치원 혹은 1학년으로 진학한 아동과 가족들을 돕기 위한 많은 전략들을 활용한다(Smolkin, 1999). 이러한 전략들에는 예비 유치원 과정을 늘리거나, 유치원 학급 규모를 줄이거나, 학교에 진학하기 전 참여할 수 있는 여름학기 프로그램을 만든다거나, 가정 방문을 장려하는 것을 포함하며, 또한 학교-가정 연계 프로그램을 만들거나, 성공적인 학교 진학에 필요한 사회적 또는 학업적 행동들을 배울 수 있는 교과과정 평가나 개입을 활용할 수도 있다. 많은 학교에서 1~2학년의 학급 규모를 줄인 전략은 긍정적인 결과를 이끌어 냈다. 미국 테네시 주에서 약 11,000명을 대상으로 주 전체의 유치원에서부터 3학년까지 학급 규모를 줄인 결과, 읽기와 수학 성취가 눈에 띄게 증가한 것을 확인할 수 있었다(Nye, Hedges, & Konstantopoulos, 2000). 이러한 극적인 효과는 학교에 입학하였을 때부터 작은 규모의 교실에서 시작한 학생들에게 가장 잘 나타났다. 게다가 작은 규모의 교실은 학년 낙제의 위험성이나 문제행동뿐만 아니라 저소득 학생들의 고등학교에서 높은 중도 탈락률을 감소시키는 것으로 나타났다(Nye et al., 2000). 이러한 긍정적 효과가 나타나기 위해서 이상적인 유치원 학급 규모는 13~17명의 학생으로 구성된 학급이다.

중학교 진학

연구들은 일반적으로 학생들의 동기가 중학교에 진학하는 과정에서 부정적으로 변한다고 말한다. 예를 들어, Harter(1981b)는 3학년 때의 내재적 차원의 동기가 중학교 3학년에서는 보다 외재적 차원의 동기로 변화함을 보고했다(7장 참조). 이러한 변화는 특정 아이들에게 더 뚜렷하게 나타나기도 하지만, 대부분의 아동들이 중학교 1학년이 되면서 읽기, 수학, 과학, 사회 영역에서 내재적 동기가 유의미하게 감소하게 된다(Gottfried, 1985). 내재적 동기의 발달적 변화는 자신감의 감소와 불안감의 증가를 동반한다(Harter & Connell, 1984).

수많은 연구들은 어떻게 초등학교와 중학교의 환경 차이가 동기의 부정적인 변화를 설명할 수 있는지에 대해 논의하고 있다(Eccles, 2004; Eccles & Midgley, 1989; Meece, Anderman, & Anderman, 2006; National Research Council, 2004; Wigfield & Eccles, 2002). 예를 들어, Eccles와 Midgley(1989)는 초등학교와 중학교의 환경 차이를 다양한 측면에서 확인하였다. 첫 번째로, 중학교는 초등학교에 비해 규모가 크기 때문에 또래관계를 어렵게 만들고 익명이나 소외감을 느끼기 쉽게 한다. 일반적으로 초등학교에서는 하루 종일 한 선생님과 같은 또래 집단과 생활을 하지만, 중학교에서는 여러 선생님들을 만나게 된다. 따라서 중학교 학생들은 학습이나 동기를 증진시킬만한 교사-학생 관계 유형을 경험하기 힘들다(Wentzel, 2002). 게다가 중학교 교실은 좀 더 반 전체적인 교수법과 공적인 수업 상황인 특성이 있으며, 개별적인 교수법이 제공되기 힘들고 학생들에게 의사결정과 선택의 기회가 적은 특성들이 있다(Eccles & Midgley, 1989). 이러한 상황에서 학생들은 학습에 있어 적극적인 역할을 하기 힘들며, 행동적, 학업적 문제를 경험할 때 필요한 도움을 받기 힘들다. 또한 많은 연구들은 중학교 교사들이 초등학교 교사에 비해, 학생들의 이해를 위한 교수법이나 학생들이 노력하는 모습을 인정해 주는 것, 실수도 학습의 일부임을 인정해 주는 등의 숙달목표를 강조하는 교수기법을 덜 사용한다고 보고한다(Midgley, Anderman, & Hicks, 1995).

마지막으로, 성적의 산출방식 또한 초등학교에서 중학교로 진학하면서 학생들이 겪게 되는 변화 중 하나다. 초등학교 교사들은 개별적인 진보에 기초하여 학생들의 성적을 매기는 반면, 중학교 교사의 경우 상대적이고 규정적인 기준에 따라 성적을 부여하는 경향이 강하다. 학생들 또한 능력별 반 편성과 같은 좀 더 공식적인 체계를 경험하기 시작한다. 중학교 교실에서의 제한된 능력 범위는 높은 점수를 얻기 위한 경쟁을 증가시킨다. 결과적으로, 학생들은 중학교에 진학하면서 숙달목표에 초점을 두기보다는 수행목표를 강조하는 교실 환경을 인식하게 된다(Anderman & Midgley, 1997). 학교나 교실 목표가 변화함에 따라, 학생들은 그들의 학업수행에 있어 수행목표를 받아들이게 된다(Anderman & Anderman, 1999; Roeser, Midgley, & Urdan, 1996).

중학교로 진학하면서 생기는 동기 변화를 피할 수 없는 것은 아니다. 이러한 변화는 중학교의 정책이나 관례들에 뿌리를 두는 경향이 있다(Anderman, Maehr, & Midgley, 1999; Maehr & Midgley, 1996). 그래서 중학교 진학의 과정을 용이하게 하기 위한 많은 전략들이 사용되고 있는데, 많은 학교구(학군)들에서 구역별 일정 관리, 자문팀, 멘토링 프로그램, 순환 프로그램(looping program), 교과 간 상호 연결된 교수방법, 학교 간 연결 구조 등이 실시되고 있다(Jackson & Davis, 2000; Lipsitz, Mizell, Jackson, & Austin, 1997). 그러나 중학교 개혁의 참여자들은 이러한 노력들이 아직 충분하지 않다고 말한다(Lipsitz et al., 1997). 최근의 연구들은 중학교 학생들이 학업 발달에 있어 도전적이면서도 지지적인 학급 환경을 요구한다고 제시한다(Anderman, Patrick, Hruda, & Linnenbrink, 2002; Turner et al., 2002). 이러한 관점의 연장선에서 보면, Meece와 동료들(2003)은 중학교 학생들이, 교사가 고차원적인 사고, 긍정적인 관계, 학생의 자율성, 그리고 개별적 요구에 따른 교수법들을 포함한 학습자 중심 교수법을 사용하고 있다고 느끼는 경우, 보다 많은 참여를 하며 숙달지향목표를 가진다고 보고하였다. 〈표 10-3〉은 학습자 중심의 학급에서의 중요한 요소들을 제시한다.

표 10-3 ▸▸ 학습자 중심 학급에서의 교사 활동

- 학생들에게 의미 있을 것으로 보이는 주제들에 대한 학습 활동을 조직하라.
- 개념적이고 분석적인 사고를 증진시킬 수 있는 복잡하고도 도전적인 학습 활동을 제공하라.
- 학생 스스로 비판적이며 고차원적인 사고 기술을 통해 자신의 이해를 개발하고 다듬을 수 있도록 도와라.
- 학생들에게, 스스로 과제를 선택하고 자신에게 맞는 페이스로 공부할 수 있는 기회를 제공하라.
- 학생들에게 다양한 연령, 문화, 능력을 가진 또래들과 협동할 수 있는 기회를 제공하라. 이때 일종의 교수법으로 또래 수업 등의 기회를 제공하라.
- 학생들의 욕구를 충족할 수 있는 다양한 교수전략과 교수방법들을 사용하라.
- 학생들의 개별적, 문화적으로 관련된 학습 활동을 포함시켜라.
- 의사결정을 공유하도록 장려하며, 학생들의 자율성 및 학습에 대한 책임감을 증가시킬 수 있는 기회를 제공해라.
- 학생들의 관점에 귀 기울이고 존중하라.
- 학생들의 향상된 정도를 평가하여, 지속적으로 개별적인 성장과 향상에 대한 피드백을 제공해라.
- 표준화되고 대안적인 평가 형식을 사용하라. 그리고 다양한 방식을 통해 교육적인 기준의 성취와 유능감을 느끼도록 도와라.
- 협동, 공유된 책임감과 소속감을 증진시킬 수 있는 다양한 집단활동을 만들어라.

출처: McCombs & Whisler(1997).

고등학교 진학

고등학교 진학은 동기 연구에 있어 상대적으로 생소한 영역이다. 초등학교나 중학교와 비교해 볼 때, 고등학교는 규모가 더 크며, 보다 관료적이며, 비개인적이고, 보다 학업적으로 도전적이다. 많은 고등학교에서는 능력이나 목표로 하는 직업에 의해 학급을 편성하는 반 편성 제도를 이용한다. 불행하게도, 저소득층의 흑인과 히스패닉계 미국 학생들의 경우 미래의 교육적이고 경제적인 기회를 제한하는 교과 편성을 할당받고 있다(Oakes, 1985). 고등학교의 반 편성 제도는 인종이나 성, 혹은 사회경제적인 배경과 관련 없이 모든 학생들에게 최상의 교육을 제공하기보다는 사회적 계층화를 강화한다(Lee & Bryk, 1989; Oakes, 1985). 가족의 강력한 지원과 학교에 대한 긍정적인 태도를 가진 학생이라 해도, 고등학교를 진학하는 과정에서 어려움을 겪을 수 있다. 가족이나 개인 또는 학업 문제를 겪고 있는 학생들에게 고등학교의 첫 1년은 학교를 중도 탈락하게 만들기도 한다(Alenxander, Entwisle, & Kabbani, 2001).

어떻게 학생들이 고등학교에 반응하는지에 대한 동기 연구는 제한되어 있다(Eccels, 2004). Rogers와 Freiberg(1994)는 청소년들에게 무엇이 학교에서 공부하도록 동기화시키는지에 대해 물었다. 학생들은 공통적으로 존중받고 신뢰받기를 원하며, 자신들이 성공할 수 있도록 교사들이 도와주기를 원하며, 선택권을 가지기를 원한다고 보고했다. 중학교 학생들이 고등학교로 진학 시에, 학습자 중심의 교수법은 학생의 참여와 숙달목표지향성에 긍정적인 영향을 줄 수 있다. 게다가 보다 학습자 중심적이라고 지각되는 교실 환경에서 학생들의 수행목표는 약간 낮아지는 경향이 있다(Meece et al., 2003). 그러나 다른 연구들에 의하면 대부분의 고등학교의 규모와 구조, 문화에 의하여 교사와 학생들의 공동체 의식이 훼손된다고 말한다(Bryk & Thum, 1989; Lee & Burkam, 2003). 연구는 또한 고등학교 환경이 중학교나 초등학교에 비해 경쟁지향적이라는 점을 보여 준다(Roeser, Marachi, & Gelbach, 2002).

고등학교 중도 탈락의 빈도는 고등학교가 청소년기에 미치는 영향에 대한 또 다른 정보의 출처다. 최근 자료에 따르면 최근 공립 고등학교 중도 탈락률은 12%에 이른다(National Center of Educational Statistics, 2001b). 이 자료에서는 히스패닉계 학생이 29%라는 높은 비율을 보였고, 흑인의 경우 백인 학생보다 2배의 중도 탈락률을 보였다. 대략적으로, 고등학교 중도 탈락의 2/3는 고등학교 1학년 이전에 발생한다. 중학교 3학년 시기는 특히 중요한 전환기다. 고등학교 첫해에 학업 혹은 행동 문제를 경험한 학생들은 중도 탈락의 위험성이 높아지며, 중학교 3학년 때 낙제를 했다면 중도 탈락의 가능성은 더욱 커진다(Letgers & Kerr, 2001).

대다수의 청소년들에게, 고등학교 중도 탈락이라는 길은 초등학교나 중학교 시절에 또래들에게 따라가는 데 어려움이 있거나, 적절한 행동을 하는 것이나 학교 환경에 적응하는 것 등에 어려움이 있는 경우에서 시작된다(Alexander & Entwisle, 1988). 따라서 중도 탈락은 하나의 사건으로 보기보다는 하나의 과정으로 보는 것이 더 낫다(Alexander et al., 2001). 또래보다 나이가 많고, 백인이 아닌 소수인종이며, 남자이고, 경제 여건이 낮은 학생들의 경우 다른 학생보다 초기 고등학교 중도 탈락의 위험이 높으며(Wehlage & Rutter, 1986), 학년 낙제, 낮은 학업수행, 잦은 결석, 반사회적인 또래들, 그리고 일탈 행동들 또한 중도 탈락에 있어서 중요한 역할을 한다(Rumberger, 2001).

가정과 학생 특성들이 특정한 집단들을 학교 중도 탈락으로 이끄는 소인이지만, 고등학교 환경 특성 또한 중요한 역할을 담당한다는 점도 여러 학자들 사이에 이견이 없다. 예를 들어, 1980년대 초기 High School and Beyond 프로젝트에서 나온 자료를 바탕으로, Wehlage와 Rutter(1986)는 고등학교 중도 탈락을 하는 학생들은 교사가 학생에게 관심이 없으며, 학교 규율이 비효율적이며 공정하지 않다고 생각한다고 보고했다. 소수 민족의 청소년에 관한 연구들 또한 비지지적인 교사 관계, 차별적 대우, 포괄적이지 못한 교과과정, 부적절한 교수법들이 어떻게 소수인종 학생들의 학업성취와 학교 참여를 저하시키는지를 보고하고 있다(Meece & Kurtz-Costes, 2001). 이와 반대로 Lee와 Burkam(2003)은 1,500명 이하의 학생수를 가지며, 좀 더 도전적인 과정들을 제공하고 보충 과정이 적으며, 교사와 학생들 간의 긍정적인 관계를 장려하는 학교의 경우, 학생들의 중도 탈락률이 줄어드는 것을 발견하였다. 비슷한 경우로, 고등학교 수료와 관련한 동기모형을 사용한 Hardre와 Reeve(2003)의 연구에서는 시골 학생들의 경우 학교 환경이 지원이나 소속감, 유능감과 자기결정성을 지지하는 경우에 어떠한 과정을 통해 학생들이 중도 탈락을 생각하는 비율이 줄어드는지를 보고하였다. 모두 고려해 볼 때, 이러한 연구 결과들은 몇몇 학교들이 학생을 학교 밖으로 밀어내는 환경을 만들고 있다는 관점과 일치한다(Fine, 1991).

최근 고등학교 개혁은 국가적인 관심 속에 있으며, 많은 노력들이 중학교 3학년의 진학에 초점을 맞추고 있다. Letgers와 Kerr(2001)는 중학교 3학년의 성공을 증진시키기 위한 여러 가지 방법들을 제시한다. 그 전략들에는 작은 학습 공동체(예: 직업 관련 또는 신입생 대상 학회들), 중요 과목에 대한 추가 수업 및 학업적 코칭, 고등학교에서 성공하기 위해 필요한 학업적 혹은 사회적 기술들을 학생들이 배울 수 있도록 돕는 특별 세미나, 생활지도교실 지원 편성, 학생 중심적 교수 접근(예: 협동적 혹은 프로젝트 기반 학습), 능력별 반 편성 제도를 없애는 것 등이 포함된다. 이러한 많은 전략들은 고등학교의 환경이 학생들의 참여와 동기를 높은 수준으로 육성시킨다고 간주한다(National Research Council, 2004). 이러한 개혁 행위들이 광범위하고 지지적인 기반 속에서 이루어진다면, 중학교 3학년 학생들은 학업적 완성과 성취의 증진을 보여 줄 수 있다(Letgers & Kerr, 2001). 보다 자세한 학교 개혁과 동기에 관한 내용은 다음 부분에서 다루도록 한다.

학교 개혁과 동기

앞에서 살펴보았던 많은 연구들은 학교 개혁에 대해 함의를 제공하며, 이러한 제안들 가운데 일부는 교육 연구자와 정책 입안자들에 의해 추진되어 오기도 했다(Muncey & McQuillan, 1993; National Research Council, 2004; Perkins, 1992; Sizer, 1992, 1996). 1997년 미국의 연방 법률은 교육부 내에 Comprehensive School Reform Program (CSRP)을 설립하여, 포괄적이고 일관적이며 과학적인 기반의 학교 개혁을 위해 재정적인 지원을 하고자 하였다. 이후 연방정부와 사적 재단의 지원을 받아, 많은 모델들이 현재 수천 개의 초등학교, 중·고등학교를 개혁하기 위해 사용되고 있다(예: Accelerated Schools, 학교 발전 프로그램, High Schools That Work, Paideia, Success for All). 본 단원에서는 지금까지의 시행된 모든 시도들을 다루지 못할 뿐만 아니라, 아래에서 논의할 몇 가지 시도들과 동등하게 다룰 수도 없다. 하지만 여기서 우리는 학교

표 10-4 ▸▸ 학교 개혁을 위한 지침

- 공통의 학교 규범, 가치, 공유된 신념을 발달시켜라.
- 좋은 동료 의식과 개인적 관계를 만드는 학교 풍토를 조성하라.
- 학교 소속감 혹은 연대감을 느낄 수 있도록 만들어라.
- 규모가 큰 학교 환경 속에서 작은 학습 공동체를 개발하라.
- 학생들의 참여와 자율성을 촉진하는 과제와 과업 구조를 기획하라.
- 선택권과 통제권을 허용하는 권위 및 관리 체계를 구상하라.
- 모든 학생에게 인정과 보상을 받을 기회를 제공하라.
- 학생들의 상호작용을 촉진할 수 있도록 집단을 편성하라.
- 평가 활동은 진보와 향상에 초점을 맞추어라.
- 학교 조직과 문화의 변화를 촉진할 수 있는 방향으로 시간 관리가 되어야 한다.

에서의 변화를 위한 안내 지침으로 다음 몇 가지를 살펴보고자 한다(〈표 10-4〉). 이 책의 중심 주제와 연장선상에서, 아래의 지침들은 학생의 동기를 강조하고 있을 뿐만 아니라 학생의 성취와 교사들의 성과를 향상시키고자 한다.

공통의 학교 규범, 가치, 공유된 신념을 발달시켜라

앞에서 이미 살펴본 바와 같이, 공유된 신념과 목표를 가지고 있는 학교들은 더 잘 기능하며, 효율적이다. 비록 행동하는 것보다 말하는 것이 더 쉽지만, 교사와 교직원들이 함께 일하고 협동하면서 학교에 대한 공유된 비전을 발달시킬 기회를 가져야만 한다. 예를 들어, Sizer의 Coalition of Essential Schools(Muncey & McQuillan, 1993; Sizer, 1992)는 학교의 조직과 교육과정, 교직원들을 관리하는 9가지 원리들을 제안하였다. 이러한 원리들은 매우 일반적인 것이며, 우리가 이 장에서 논의한 다양한 아이디어들을 반영하고 있다. 동시에 9가지 원리들은 지역적인 학교 상황, 교직원, 이용 가능한 자원들에 따라 개정되거나 보완될 수 있음을 인식해야 한다. 따라서 우리가 9가지 원리들을 어떻게 각 학교에 적용할 수 있을 것인가에 대해 더 많은 시간을 고민해야 할 것이다. Maehr와 Midgley(1991, 1996), Urdan과 동료들(1995) 역시 숙달목표지향적인 학교를 만들어 가기 위해서는 상당한 시간과 에너지, 자원이 학교 차원에서 투입되어야 할 필요성이 있다는 학교 개혁 과정을 주장하였다. 학교에서의 학업을 강조하는 연구들 역시 학업 성공에 초점을 두는 규준을 만드는 것이 중요하다고 제안한다(Hoy et al., 1991).

반드시 공유되어야 하는 중요한 규범은 바로 모든 학생이 학습할 수 있는 잠재력을 가졌다는 점이다. 이러한 규범에 따르면 효과적인 학교는 학생들의 능력 수준이나 사회경제적 배경과는 무관하게 학생들의 성취를 향상시키고 그 수준을 높인다(Letgers & Kerr, 2001). 이러한 학교의 학생들은 최선을 다하도록 격려받으며, 도전적인 교육과정을 제공받으며, 성취나 행동에 대한 높은 기준을 세울 수 있으며, 설정한 기준에 만족할 수 있도록 추가적인 도움이나 개인지도를 제공받을 수 있다. Lee와 Smith(1995, 1999)는 학교의 학업 압력(즉, 교사와 학생들이 학업 우수성에 대해 강조하고 학업적 기준을 따르는 정도)은 학생들의 동기와 성취와 높은 관련성을 보인다는 것을 보여준 바 있다.

좋은 동료 의식과 개인적 관계를 만드는 학교 풍토를 조성하라

첫 번째 제안과 관련하여, 학교는 교직원과 학생들 간의 개인적인 관계가 상호 간의 신뢰와 학교 공동체에 대한 관심을 반영할 때 더욱 잘 운영된다. 물론 교직원들 사이의 다양한 입장차와 개인차로 인해 이러한 풍토를 조성하는 것은 어떤 학교라 할지라도 쉬운 일은 아니다. 그러나 교장들은 적절한 행동을 하도록 도울 수 있다. 또한 Sizer(1984, 1992)가 자신이 경험한 교사와 학교에 대한 일화를 언급한 바와 같이, 교직원들이 학교에 중요하고 실질적인 변화를 가져올 수 있는 학교 개혁에 관련된 공통의 과업에 참여하고 있을 때, 구성원들 간의 존중하고 신뢰하는 관계가 발전할 수 있다.

학교 소속감 혹은 연대감을 느낄 수 있도록 만들어라

학생들에게 학교에 대한 애착을 증가시키는 환경은 동기와 성취에 있어서 중요하다. 동기의 자기결정성이론들에서는 모든 연령의 아동들에게 가장 기본적인 욕구로 관계성의 중요함을 강조한다(7장 참조). 학교에 대한 소속감은 학교교육의 가치나 목표에 대한 동일시뿐 아니라, 교사와 동료들에 의해 인정받고 있다고 느끼는 것을 포함한다(Goodenow, 1993). 지지적인 학생-교사 관계의 이점은 이 장의 앞부분에서 이미 논의하였다. 많은 다른 연구들에서도 학교에 대한 소속감은 학생들의 동기, 성취, 그리고 만족도에 긍정적인 영향을 미친다고 말한다(Osterman, 2000). 또한 학생들의 학교 소속감은 고등학교 중도 탈락, 우울증, 사회적 거부, 그리고 문제행동으로부터 학생들을 보호할 수 있다(Anderman, 2002; Finn, 1989). 반면에 낮은 학교 소속감을 가진 학생들의 경우 낮은 성취와 문제행동을 보일 위험성이 크다.

규모가 큰 학교 환경 속에서 작은 학습 공동체를 개발하라

학교 소속감을 기르기 위한 한 가지 방법으로 규모가 큰 학교 환경 안에 작은 학습 공동체를 만드는 것이 있다. 초등학교 저학년에서 작은 규모의 교실 환경은 장기적인 긍정적 효과를 갖는데, 여기에는 고등학교 중도 탈락률이 감소되는 것이 포함된다(Finn, Gerber, & Boyd-Zaharias, 2005). 중등학교 수준에서, 직업 교육과 같은 작은 규모의 주제 중심 공동체들은 학습의 주요 내용을 학교 밖의 세계와 연결시킴으로써 학생들의 참여와 동기를 증진시킬 수 있다(National Research Council, 2004). 작은 학습 공동체에서는, 학생들이 교사의 관심을 더 많이 받게 되며, 교사 및 또래 간의 긍정적인 관계를 확립할 기회가 더 많아질 수 있다. 다음에서 논의하게 되는, 주제 중심의 학습 공동체는 능력별 반 편성 제도에 대한 긍정적인 대안이 될 수 있을 것으로 보인다.

학생들의 참여와 자율성을 촉진하는 과제와 과업 구조를 기획하라

학생들은 그들의 배경과 흥미, 경험에 부합하는 과제에 열심히 참여하는 경향이 있다. 학생들에게 믿을 만하고 의미 있는 과제와 활동을 제공하기 위해 교사들은 다양한 방법들을 활용할 수 있다. 예를 들어, Paris와 Ayres(1994)는 초등학교에서 읽기 과제, 저널, 편지, 자기 묘사, 또래 회의, 자기평가 등을 포함한 포트폴리오 과제를 통해 학생들이 어떻게 동기화되고 이것이 어떻게 자기조절 발달을 촉진하는지를 설명하였다. Sizer(1992)는 학생들이 자신들의 학습 성과를 의미 있는 방식으로 표현할 수 있는 여러 가지 '전시회'를 제안하였다. 최근의 프로젝트 혹은 연구 기반 교수법에 대한 요구들 역시 교사와 학교가 학생들을 의미 있는 활동에 참여할 수 있는 방법들을 제안하고 있다(Blumenfeld et al., 1991; Kahle, Meece, & Scantlebury, 2000; Singer et al., 2000).

선택권과 통제권을 허용하는 권위 및 관리 체계를 구상하라

또한 교사에게 선택, 의사결정, 그리고 학습 활동에 대한 기회를 허용하는 교실 구조를 제공하는 것은 매우 중요하다(Meece, 1991; Stipek, 2002). 학생들에게 자율성을 제공하는 것은 다양한 형태로 나타날 수 있다. 예를 들어, 개별화된 교수법이 포함될 수 있는데, 이는 학생들의 요구나 흥미를 수용할 수 있으며 학습 상대나 과제 혹은 주제 중심 학습 공동체를 선택할 수 있는 기회를 제공한다. 스스로의 행동을 조절할 수 있는 능력이 떨어지는 아동들을 제외하고는, 모든 연령대의 아동들은 자율성이 존중된다고 느끼는 교실 상황에서 유능감과 참여, 내재적 동기, 행복이 나아진다고 보고된다(Deci & Ryan, 2002). 강한 교사 통제를 가진 교실 구조에서는 학생들의 자율성이 잠재적으로 낮을 수 있다. 7장에서 논의된 것과 같이, 보상과 유인가는 학생의 참여를 증가시킬 수 있으나, 주의해서 사용할 필요가 있다. 왜냐하면 이들이 특정한 상황에서는 통제의 수단으로 인식될 수 있기 때문이다.

모든 학생에게 인정과 보상을 받을 기회를 제공하라

학교는 그저 기준에 의한 성취 수준이 아니라, 학생 개개인의 향상 정도에 따라 인정해 주고 보상해 줄 수 있는 프로그램을 구상할 수 있다. 비록 대안적인 보상 체계를 계획하는 것이 다소 어려운 일이기는 하지만, 많은 학교 개선 프로그램에서 다른 유형의 점수 체계와 인정 체계를 실행하고 있다. Sizer(1992)는 학교가 학생들의 지식과 기술을 실제로 증명할 수 있는 '전시회' 방법을 어떻게 사용할 수 있는지를 기술했다. 이러한 '전시회' 방법은 상대평가에 따른 비교가 아닌 교사집단에 의해 설정된 절대적인 기준에 따라 판단될 수 있다. 학생의 향상과 노력에 초점을 둔 포트폴리오는 규준 또는 집단에 근거하기보다는 절대적인 기준을 반영할 것이다.

학생들의 상호작용을 촉진할 수 있도록 집단을 편성하라

학급 내에 작은 집단을 형성하는 것은 학생-학생 간의 상호작용을 촉진할 수 있다. 학급 간 집단 편성 혹은 능력별 반 편성 제도는 최소화되어야 한다(National Research Council, 2004). 능력별 반 편성 제도의 부정적인 영향은, 교육적 자원들이 사회경제적 집단 그리고 인종 집단에 따라 불공정하게 배분된다는 점인데, 이는 많은 연구들에서 지지되고 있다(Lee & Burkam, 2003; Oakes, 1985). 능력별 반 편성을 대신하여 사용할 수 있는 많은 대안들이 있는데, 협동학습이나, 연구 집단, 튜터링 프로그램, 학교 내의 학교(schools-within-school) 혹은 교사와 학생 팀 구성 등이 그 예다. 이러한 차별화된 교사 팀 구성이나 학생의 집단화 방식들은 서로를 알 수 있는 더 많은 기회를 제공해 주기 때문에, 교사-학생 간, 학생-학생 간 상호작용을 증진시킬 수 있다.

평가 활동은 진보와 향상에 초점을 맞추어라

학습에서 나타나는 문제를 확인하기 위해 지속적이고 공식적인 평가를 통해 학생들의 진보 과정을 살펴보는 것은 매우 중요하다. 학생들의 성취에 높은 기준을 설정하는 것과 그 기준에 도달하는 것에 대해 학생에게 책임감을 가지게 하는 것은, 학생들로 하여금 수월성을 성취하도록 하는 데 영향을 미친다. 하지만 동기 연구들에 의하면 학생들이 특정 주제 영역 내에서 자신의 유능감을 증명하기 위해서 다양한 방법을 필요로 한다고 제안한다. 특히 고부담 조건에서, 오로지 표준화된 검사 점수에 집중하는 것은, 학생들이 기준이나 척도를 만족시킬 만한 학업적 지원이나 기술들을 가지지 못할 경우에 그들의 학습동기를 저하시킬 수 있다. 포트폴리오와 같은 대안적 평가도구는 교사와 학생들이 그들의 향상 정도를 판단하고 자신의 강점과 약점을 파악하는 데 도움을 준다. 이러한 활동은 학교 수준에서보다는 교실 수준에서 더 유용하나, 학교 차원의 등급화 방침이 교사의 활동에 영향을 미칠 수 있다. 성적표는 숙달과 향상을 강조하는 방향으로 변화될 수 있다. 성적표에 문자화된 등급이 표시될 필요가 없으며, 88%와 같은 백분율도 기재될 필요가 없다. 물론 문자화된 등급은 숙달과 향상에 대한 평가로 사용될 수도 있으나, 이러한 개인적인 준거 체계는 일반적으로 A-E와 같은 문자 등급을 사용하지 않는 것이 나을 것이다.

학교 조직과 문화의 변화를 촉진할 수 있는 방향으로 시간 관리가 되어야 한다

학교는 학교 개혁 노력을 위해 필요한 시간을 제공할 수 있는 차별화된 교수활동을 위해 다양한 전략을 사용할 수 있다. Maehr와 Midgley(1996)는 함께 일했던 중학교에서 시간표의 경직성이 극복하기 힘든 제약이었다고 보고하고 있다. Sizer(1992) 역시, 시간 관리와 일일 시간표가 대다수의 학교 개혁 노력에 있어서 제약으로 작용될 수 있다고 주장하였다. 통합 수업(Block scheduling; 예: 45분짜리 두 수업을 90분간의 수업으로 통합하는 형태)은 교사와 학생들에게 지속적인 활동과 프로젝트에 집중할 더 많은 시간을 제공할 수 있으며, 이러한 방식이 학교 풍토와 학생들의 성취를 향상시켰다는 여러 증거들이 있다(Zepeda & Mayers, 2006). 학교 내의 학교 구조는 교사와 학생의 상호 간에 조정해야 할 인원수가 적으므로 더욱 유연한 시간표 설정이 가능하다.

이러한 제안들이 모두 포함되어야 하는 것은 아니다. 하지만 이 제안들은 동기 이론이나 연구에서 공고히 확립된 학교 변화에 대한 기초를 제공해 준다. 최근 연구는 포괄적인 학교 개혁의 중요성을 강조하며, 특히 이러한 학교 개혁은 가장 도전적인 학생들을 위해 강조된다(Borman, Hewes, Overman, & Brown, 2003). 학교 개혁이 성공적이기 위해서는, 이러한 개혁을 위한 노력이 학교 환경의 한두 가지 요소에 초점을 맞추기보다는 통합적이고, 일관적이고, 포괄적일 필요가 있다. 앞서 언급했듯이, 포괄적인 학교 개혁에 대한 다양한 모델들이 이용 가능하다. 이러한 초기 모델의 대부분은 교과과정, 교수법(pedagogy), 학교 조직, 그리고 공동체 관계에서 중요한 변화를 포함하고 있다. 학생의 동기를 고려해 볼 때, 고등학교 수준에서의 포괄적인 학교 개혁은, 국가 전문가 심사단에 의해, 세 가지 모델이 가능성이 있는 것으로 나타났다(National Research Council, 2004). 이러한 모델에는 (1) Edison Schools(Edison Project), (2) First Things First(Institute for Research and Reform in Education), 그리고 (3) Talent Development High School with Career Academies(Johns Hopkins University's Center for Research on the Education of Children Placed at Risk)가 있다. 이 장에서 살펴본 연구들이 독자들을, 모든 학생들의 학습동기를 향상시킬 수 있는 학교 환경에 우호적이도록 만드는 데 도움이 되기를 바란다.

요약

교실과 학교의 다양한 측면은 학생과 교사의 성취에 영향을 줄 수 있다. 연구자들은 동기 측면에서의 교실 구조나 조직의 역할을 살펴보았다. 중요한 조직학적 관점 중 하나는 차원성이다. 단일차원적 학급은 학생들의 제한된 능력 범위 내에서 적은 수의 활동만을 수행한다. 다차원적 학급은 학생들의 능력과 수행에 있어서의 매우 다양한 차이를 허용하는 보다 많은 활동들이 이루어진다. 단일차원적 학급과 다차원적인 학급은 과제 구조, 학생의 자율성, 집단 편성 패턴, 그리고 공식적 수행 평가의 특징에서도 차이를 보인다. 다차원적 학급이 학생들의 다양한 영역의 흥미에 호소하기 때문에, 보다 많은 동기적인 이점을 제공한다.

학급 관리와 관련된 교사 활동은 문제를 예방하고, 최소화하며, 적절히 대응하기 위해 고안된 것이지만 학생들의 동기에도 영향을 미친다. Kounin은 몇 가지 중요한 변인들을 정의하였는데, 파급 효과, 제지, 전지, 중첩, 수업 흐름 관리, 집단 집중, 포화 최소화하기 등이 그것이다. Kounin은 좋은 학급 관리가 훈육 문제를 예방하는 교사의 사전예방적 노력에 따라 좌우된다는 것을 발견하였다. 그러나 교사가 문제행동에 어떻게 반응하는지와 문제행동을 다루는 데 사용하는 기술 등은 좋은 학급 관리에 있어서 별 차이를 가져오지 못했다. 생산적인 교실에서는 학생들이 학습에 대해 동기화되어 있고, 기대와 규율을 가지고 있으며, 이것은 학년 초기에 가장 잘 성립되어 지속적으로 시행된다.

우리는 학교 문화와 조직에 대한 8가지 차원의 모형을 제안하였다. 처음 두 가지 요소들은 보다 더 지각적이고 구성적이어서 학교에 대한 교사들의 신념을 잘 반영하고 있다. 규범과 가치, 공유된 신념은 인간 본성, 학습의 안정성, 교사의 통제 가능성, 그리고 이러한 신념들에 대한 합의 등을 반영한다. 학교 풍토는 모든 교직원과 학생들을 위한 따뜻함과 예의뿐 아니라 교직원들 사이의 동료적이고 전문적인 관계로 정의된다.

학교 문화와 조직에 대한 나머지 6가지의 차원들은 5장에서 논의된 TARGET 틀을 따른다. 과제 및 업무 체계는 학교에서의 과업이 어떻게 구성되고 성취되는가에 관한 것이다. 권위 구조는 교사와 학생들이 얼마나 많은 선택과 통제가 허용되는지에 관한 교사와 학생 간의 관계의 특성을 의미한다. 인정 및 보상 체계는 어떠한 보상이 분배되고, 누가 보상을 실제로 받게 되는지에 관한 기준을 포함한다. 집단 활동은 교실 내에서 교수를 위해 대안적인 집단을 편성하는 것과 학급 간 능력별 반 편성을 모두 포함한다. 평가 활동은 시험에 대해 학생들이 어떻게 평가되는지와 관련되어 있다. 마지막 차원인 시간 관리는 학교 내에서의 시간을 조정하는 방법에 관한 내용이다.

이러한 8가지 차원들은 학교의 내적인 문화와 조직을 구성하고, 교사와 학생의 성취에 직접적인 영향을 줄 수 있다. 그러나 학교 문화의 형성을 촉진하거나 방해하는 외적인 요소들 또한 존재한다. 성취, 인종, 사회 계층, 연령과 같은 학생들의 복합적 구성은 긍정적인 학교 문화를 발달시키거나 혹은 발달의 제약으로 작용할 수도 있다. 학교의 규모 또한 외적인 요소들 중 하나이며, 일반적으로 작은 규모의 학교에 비해 큰 규모의 학교에서 학교 문화에 부정적인 효과가 발생한다. 부모와 지역 공동체의 참여 역시 학교 문화의 발달을 지지하거나 방해하는 역할을 할 수 있다. 마지막으로, 지역사회의 요소도 학교의 문화와 조직에 중대한 영향을 줄 수 있다.

학교 진학은 학습자로서의 아동발달에 중요한 역할을 담당한다. 연구에 의하면 새로운 학교 환경으로의 성공적인 진학은 아동의 배경(인종, 성, 그리고 부모의 교육 수준), 학교 구조, 학급 교수법, 그리고 교사-학생 관계의 복합적인 상호작용의 결과다. 작은 학습 공동체, 긍정적인 교사나 또래와의 관계, 의미 있고 참여하게 하는 교수법, 그리고 보충수업이나 행동적인 지지는 성공적인 진학을 촉진시키고 학생들의 학습동기를 유지하는 데 필요한 요소다.

우리는 학교 개혁을 위해 몇 가지를 제안하였다. 여기에는 공통의 학교 규범, 가치, 공유된 신념을 발달시키는 것, 긍정적인 학교 풍토를 발전시키는 것, 큰 학교 환경 내에 작은 학습 공동체를 만드는 것, 학교 소속감을 기르는 것, 몇 가지 선택권을 허용하는 관리 체계를 구성하는 것, 모든 학생들에게 인정받을 수 있는 기회를 제공하는 것, 교사와 학생 간의 상호작용을 기르는 것, 평가의 초점을 진보와 향상에 맞추는 것들이 포함된다. 이러한 제안들은 종합적으로 학생과 교사의 동기적 성과를 촉진하며 학교 내에서 보다 나은 학습 풍토를 조성할 수 있도록 한다.

Kounin, J. (1997). *Discipline and group management in classrooms.* Huntington, NY: Krieger.

Lee, V., Bryk, A., & Smith, J. (1993). The organization of effective secondary schools. In L. Darling-Hammond (Ed.), *Review of research in education* (Vol. 19, pp. 171-267). Washington, DC: American Educational Research Association.

Maehr, M., & Midgley, C. (1996). *Transforming school cultures.* Boulder, CO: Westview Press.

Marshall, H., & Weinstein, R. S. (1984). Classroom factors affecting students' self-evaluations: An interactional model. *Review of Educational Research, 54,* 301-325.

National Research Council. (2004). *Engaging schools: Fostering high school students' motivation to learn.* Washington, DC: National Academies Press.

Sizer, T. (1992). *Horace's compromise: Redesigning the American high school.* Boston: Houghton Mifflin.

Urdan, T., Midgley, C., & Wood, S. (1995). Special issues in reforming middle level schools. *Journal of Early Adolescence, 15,* 9-37.

James-Lange 이론(James-Lange Theory of Emotion) 정서가 행동의 선행(원인) 요인이라기보다는 결과이며 각성을 일으키는 상황에 대한 유기체의 반응 자체의 지각을 포함함

TARGET 동기에 영향을 주는 교실의 여섯 가지 차원을 나타내는 두문자어. 과제(task), 권위(authority), 인정(recognition), 집단 편성(grouping), 평가(evaluation), 시간(time)

가설(Hypothesis) 실험적으로 증명될 수 있는 가정

가치 요소(Value component) 기대-가치이론에서, 성취 과제를 하기 원하는 이유에 대한 개인의 신념

감성 통제 전략(Emotion control strategies) 정서, 감정, 기분을 통제하고 소설하기 위한 전략

감정(Emotion) 일시적이고 강렬하고 구체적인 느낌

강화 가치(Reinforcement value) 개인이 다른 잠재적 결과보다 특정한 결과에 상대적으로 얼마나 가치를 두는지의 정도

강화(Reinforcement) 반응의 강도를 높이는 자극이나 사건

개인 인과성(Personal causation) 환경을 바꾸려는 의도를 가진 개인의 행동 개시

개인적 흥미(Personal interest) 특정 주제나 활동에서의 흥미를 경험하는 개인의 고징적인 기질 혹은 특성

결과 기대(Outcome expectation) 행동의 결과에 대한 믿음

결정 경향성(Determining tendency) 목표가 행동으로 바뀔 수 있도록 하는 과정

경험표집방법(Experience sampling method) 정해진 시간에 호출기가 울리면 자신의 경험, 인지, 정서 상태를 보고하도록 하는 방법. '호출기' 방법이라고도 함

고정관념 위협(Stereotype threat) 집단에 대한 부정적 고정관념이 활성화되어, 그 집단 구성원의 수행을 감소시키는 심리적 과정

공동체 의식(Sense of community) 개인이 어떤 집단이나 조직에 속해 있다는 개인적인 느낌

과잉정당화(Overjustification) 보상과 같은 목표를 획득하기 위한 수단으로써 과제를 수행한 후에, 과제에 대한 내적 흥미(동기)가 감소하는 것

과제가치(Task value) 기대-가치이론에서 과제를 하는 이유 혹은 과제를 하기를 원하는 이유에 대한 주관적인 신념

관찰학습(Observational learning) 모델을 관찰하고 새로운 방식의 행동을 보이는 것. 그 행동을 모델링하기 이전에는 동기적 유인책이 있더라도 발생 가능성이 전혀 없었음

교사 기대(Teacher expectation) 학생의 성취, 인지, 동기, 학습 잠재력에 대한 교사의 믿음

교사 효능감(Teacher self-efficacy) 학생의 학습을 도울 수 있는 자신의 능력에 대한 교사의 주관적 믿음

교수 효능감(Instructional self-efficacy) 교사 효능감 참고

교육적 매력(Educational seduction) 강연자가 권위 있고 매력적인 성격을 가졌다고 판단되면 교육적 내용이 없어도 청중들이 학습했다고 느끼는 과정

구성주의(Constructivism) 개인은 학습하고 이해한 것을 개인적, 사회적 활동을 통해 형성하고 구성한다고 주장하는 심리적, 철학적 관점

구성주의적 교수(Constructivist teaching) 학생들이 자신의 학습을 구성할 수 있도록 구성주의적 원리를 포함시킨 지도 방법

권력 욕구(Need for power) 다른 사람에게 힘을 갖고 지배하고자 하는 동기, 욕구 및 노력

귀인(Attributions) 개인이 지각한 결과의 원인

귀인과정(Attribution process) 환경적, 개인적 요인들이 귀인을 형성하는 과정으로서 인지적, 정의적, 행동적 결과에 영향을 줌

귀인 재훈련(Attribution retraining) 학생들의 동기와 성취를 증진시키려는 목적으로 결과의 원인을 다른 요인에 귀인하도록 가르치는 것

귀인 피드백(Attributional feedback) 성공과 실패를 하나 이상의 요인에 귀인하도록 하는 피드백

근접발달영역(Zone of proximal development) 학생에게 적절한 교수적 조건이 주어질 때 가능한 학습의 범위

긍정적 자기존중(Positive self-regard) 자기경험으로부터 나오는 긍정적 존중

긍정적 존중(Positive regard) 존경, 좋아함, 따뜻함, 공감 그리고 수용과 같은 감정

기대(Expectancy) 구체적인 행동 뒤에 특정 강화가 일어날 가능성과 관련된 개인의 믿음

기대 요소(Expectancy component) 기대-가치이론에서 과제를 수행할 수 있는 능력과 관련된 믿음

기대 원리(Expectancy principle) 귀인이론에서 성공 기대의 변화는 사건의 원인에 대해 지각된 안정성의 영향을 받는다는 원리

기본 귀인 오류(Fundamental attribution error) 환경적 요인을 무시하고 기질적 영향으로 귀인하는 편향

기분(Mood) 종종 구체적인 선행사건이 없는, 만연하고 일반적인 감정

내사된 조절(Introjected regulation) 자기결정이론에서 해야 한다는 내적인 생각이나 느낌, 또는 죄책감에 의해 동기화되고 조절되는 과정

내성법(Introspection) 사물이나 사건에 노출되었을 때 개인이 즉각적으로 갖게 되는 인식을 언어화하여 보고하도록 하는 자기분석적 방법

내재적 동기(Intrinsic motivation) 어떤 활동 그 자체를 위해 그 활동을 하고자 하는 동기

내재적 흥미 또는 내재적 가치(Intrinsic interest or intrinsic value) 기대-가치이론에서 네 가지 과제 가치 신념 중 하나로서 과제가 개인에게 가지는 개인적 흥미와 관련됨

능력 신념(Capacity beliefs) 능력, 노력, 전략 등을 고려한 자신의 역량에 대한 개인의 신념으로 주체 신념이라고도 함

다중충분도식(Multiple sufficient schema) 하나 혹은 다른 하나의 원인이 존재하는 경우에 원인 추론을 이끄는 도식

다중필요도식(Multiple necessary schema) 양쪽 원인이 존재하는 경우에만 원인 추론을 이끄는 도식

다차원적 학급(Multidimensional classroom) 다양한 활동이 이루어지고 학생들이 다양한 기준에 따라 평가받는 교실

단일차원적 학급(Unidimensional classroom) 과제가 다양하지 않고 학생들이 제한된 기준으로 평가되는 교실

대리학습(Vicarious learning) 실제적 혹은 상징적 모델의 관찰을 통한 학습과 같은, 명시적 수행이 없이 일어나는 학습

대응모델(Coping model) 초기에는 관찰자들이 전형적으로 가지는 공포와 결점을 가지고 있지만 점차 자신의 수행과 자기효능감을 향상시키는 모델

대응의존행동(Matched-dependent behavior) 모델의 행동적 단서에 의존한 모방자의 행동

대화(Dialogue) 둘 이상의 사람들 사이의 담화

도당(Clique) 유사한 가치나 신념을 공유하는 또래 집단으로서 무리(crowd)보다는 작은 범위이고 가장 친한 친구보다는 큰 범위에 속함

도식(Schemas) 조직화된 사고와 행동의 기저를 이루고 이를 가능하도록 만드는 인지적 구조

동기(Motives) 특정 결과를 추구하거나 바라는, 학습되었지만 고정적인 개인차 혹은 기질. 종종 의식적이라기보다 암묵적인 인지

동기부여(Motivation) 목표 지향 행동을 유발하고 유지하는 과정

동기적 피드백(Motivational feedback) 정답의 정확성을 알려 주기보다는, 학생들을 동기화하기 위한 피드백

동기 통제 전략(Motivation control strategies) 동기의 다양한 측면을 통제하고 조절하기 위한 전략

동기화된 학습(Motivated learning) 과제 수행 자체보다는 기술과 전략을 습득하려는 동기

동일시된 조절(Identified regulation) 자기결정이론에서 과제가 개인적으로 얼마나 중요한지에 대한 내적 사고에 의해 동기화되고 조절되는 과정

동조(Conformity) 개인과 집단 구성원들이 거의 동등한 지위일 때 집단의 행동이나 관습에 스스로 복종하는 것

또래 네트워크(Peer network) 학생들로 구성된 또래의 큰 집단

리더십 유형(Leadership styles) 학급 분위기의 구성 요소로 권위적(독재적)인, 민주적(협동적)인, 방임적인 유형을 포함함

메타인지 지식(Metacognitive knowledge) 인지와 인지적 과정에 대한 지식

메타인지/초인지(Metacognition) 인지의 통제와 조절 및 인지에 대한 지식

메타인지 전략(Matecognitive strategy) 인지를 통제하고 조절하기 위한 전략

면접법/인터뷰(Interview) 논의해야 할 문제나 요점을 질문자가 제기하면 응답자가 구두로 답하는 질문지법의 한 형식

모델링(Modeling) 하나 혹은 그 이상의 모델을 관찰하여 나타난 행동적, 인지적, 정서적 변화

모방(Mimesis) 문해 능력, 도덕적 방식의 예를 보여 주는 관념적 모델 및 타인의 행동 관찰을 통해 배우는 것

목표(Goal) 개인이 의식적으로 수행(달성)하고자 노력하는 행동(결과)

목표 내용(Goal content) 목표가 향하고자 하는 실제 본질 또는 영역

목표 설정(Goal setting) 행동의 목적으로 삼을 수 있는 기준이나 목표를 세우는 과정

목표 위계(Goal hierarchies) 상위와 하위 방식으로 정리된 목표. 일부는 다른 것들보다 중요하거나 다른 것들을 포함하기도 함

목표 헌신도(Goal commitment) 개인이 특정 목표에 대해 얼마나 강한 애착을 가지는지, 얼마나 열정적인지, 성취하기 위해 얼마나 굳게 결심했는지를 보여 주는 것

목표지향성(Goal orientation) 성취 과제에 참여하는 일반적인 목적과 이유, 그리고 평가 과

정에 대한 일반적인 기준

몰입(Flow)　완전히 어떤 일에 빠져들어서 느끼게 되는 일체의 합일적 감흥으로 시간, 공간 또는 자기 자신에 대한 인식을 잊고 전적으로 몰두함

무리(Crowd)　유사한 특징, 흥미, 원하는 활동을 나누는 넓은 범위의 또래 집단이지만 가까운 관계는 아님

무조건 반응(Unconditioned response)　무조건 자극에 의한 반응

무조건 자극(Unconditioned stimulus)　제시되었을 때 개인의 자연적 반응을 이끌어 내는 자극

무조건적인 긍정적 존중(Unconditional positive regard)　조건이 부과되지 않는 수용과 존중의 태도

반응촉진(Response facilitation)　관찰자가 이전에 학습한 행동이 모델의 행동에 의해 촉발되는 것

발판(비계)(Scaffolding)　학습자의 능력 이상인 과제의 요소들을 통제하여, 학습자가 빨리 이해할 수 있도록 과제의 특성에 집중하고 숙달하도록 해 주는 것

발현/출현 동기(Emergent motivation)　새로운 목표 또는 환경과의 상호작용 결과로 발생하는 보상을 발견함으로써 일어나는 동기

베타 압력(Beta press)　인간에게 영향을 미칠 수 있는 주관적인 환경, 맥락 또는 상황

본능(Instinct)　행동을 통해 나타나는 내적 경향

부적 강화(Negative reinforcement)　반응 후에 부적 강화물을 제거하는 것

부적 강화물(Negative reinforcer)　반응 후에 제거하였을 때, 그 상황에서 일어나는 반응의 발생 가능성이 높아지는 자극

불일치(Incongruity)　개인이 이전 경험, 지식과 새롭거나 상충되는 정보 사이의 차이를 줄이기 위해 동기화된다는 개념

비용 신념(Cost belief)　기대-가치이론에서 네 가지 과제 가치 신념 중 하나로서 과제에 관여하는 것에 대한 부정적 비용과 관련됨

비판(Criticism)　언어나 제스처를 통해 반감을 표현하는 피드백

사고 구술법(Think-aloud)　참여자가 과제를 수행하는 동안 자신의 생각, 행동, 감정을 크게 소리 내어 말하는 것

사적 언어(Private speech)　자기조절 기능을 갖고 있지만 사회적인 대화가 아닌 자기지시적 언어

사회경제적 지위(socioeconomic status)　가족의 재정적, 사회적 지위를 포함하는 기술 변인

사회적 비교(Social comparison)　자신의 신념과 행동을 다른 사람의 신념, 행동과 비교하는 과정

삼원적 상호호혜성(Triadic reciprocality) 사회인지 이론에서, 행동, 환경 변인, 인지와 다른 개인적 요인 간의 상호작용(인과 관계)

상관 연구(Correlational research) 변인들 간에 존재하는 관계에 대해 조사하는 연구

상황적 흥미(Situational interest) 맥락적 특징에 의한 홍미의 경험

설명 양식(Explanatory style) 상황이나 영역에 관계없이 사건을 설명하는 또는 귀인하는 일반화되고 습관화된 양식. 귀인 양식이라고도 함

성공 가능성(Probability for success) Atkinson의 성취 동기 모델에서, 과제의 성공 가능성에 대한 개인의 주관적 믿음. 성공기대 참고

성공 기대(Expectancy for success) 자신이 과제에서 성공한다는 믿음. 기대는 성취 과제에서 미래에 어떤 일이 일어날지에 대한 개인의 믿음을 나타내는 좀 더 일반적인 용어임

성공 동기(Motive for success) 성공을 추구하는 동기로, 성취 과제에 접근하거나 참여하려고 또는 성공하려고 노력하는 것

성공 접근 동기(Motive to approach success) 성공을 추구하는 동기

성취 욕구(Need for achievement) 성공하고자 하고 성취 결과를 위해 노력하고자 하는 동기나 욕구

세포 집합(Cell assembly) 지식을 나타내는 뇌 구조로서 반복적인 자극에 의해 점진적으로 발달함

소거(Extinction) 무조건 자극 없이 조건 자극만 반복적으로 제시됨으로 인해 조건 자극의 강도가 감소하고 소멸하는 것. 반응에 대한 강화를 해 주지 않음으로써 반응을 감소시키는 것

소재 차원(Locus dimension) 귀인이론에서 개인이 원인의 소재를 내재적으로 지각하는지 또는 혹은 외재적으로 지각하는지를 나타내는 차원

수업 흐름 관리(Movement management) 교실 활동의 흐름을 시작하고 유지하고 바꾸는 교사의 행동

수행 피드백(Performance feedback) 교정적 정보를 포함한 수행의 정확성에 대한 피드백

수행목표(Performance goal) 타인에게 똑똑하게 보이려는, 타인보다 잘하려는, 바보처럼 보이기를 피하려는, 타인이 자신을 유능하다고 믿도록 하려는 목표. 이는 자아 관여 목표, 능력 초점 목표, 상대적 능력 목표라고도 함

수행접근목표(Approach performance goal) 다른 사람들보다 똑똑해 보이기 위해, 다른 사람들보다 더 잘하기 위해, 높은 능력을 보여 주기 위해 노력하는 수행목표, 자기강화적 자아지향 목표라고도 함

수행회피목표(Avoid performance goal) 무능해 보이지 않기 위해 노력하는 수행목표, 자멸적 자아지향 목표라고도 함

숙달 동기(Mastery motivation) 효능 동기 참고

숙달모델(Mastery model)　시범 과정 동안 실수 없이 수행을 해내고, 높은 자기 효능감을 보이는 모델

숙달목표(Mastery goal)　기술을 학습하고 과제를 숙달하며, 자신을 계발하고 새로운 것을 이해하는 것을 통해 자신의 능력을 향상시키려는 목표. 이는 학습목표, 과제관여 목표, 과제집중 목표라고도 함

숙달접근목표(Mastery approach goal)　과제를 배우고 숙달하며, 새로운 기술을 학습하고 자신을 발전시키려는 목표

숙달회피목표(Mastery avoid goal)　실수를 피하려 하거나 과제를 잘못하는 것을 피하려는 목표

순응(Compliance)　힘이나 지위 차이가 존재할 때 다른 사람의 명령에 복종하는 것

습관 강도(Habit strength)　자극-반응 연합의 강도

시험 불안(Test anxiety)　시험 수행에 대한 두려움, 불안, 스트레스, 의심, 걱정과 관련된 인지

실패 회피 동기(Motive to avoid failure)　실패를 피하려는 동기

실험 연구(Experimental research)　하나 또는 그 이상의 변인을 변화시키고 그 변인이 다른 변인에 미치는 영향을 평가하는 연구

실험실 연구(Laboratory research)　통제된 환경에서 수행되는 연구

실현 경향성(Actualizing tendency)　다른 동기들의 기원이 되며, 개인적 성장, 자율성 및 외부적 통제로부터의 자유를 지향하는 타고난 동기

심적 에너지(Psychical energy)　행동을 책임지는 내적 힘

안정성 차원(Stability dimension)　귀인이론에서 개인이 원인을 얼마나 고정적 혹은 비고정적으로 지각하는지 정도를 나타내는 차원

알파 압력(Alpha press)　인간에게 영향을 미칠 수 있는 환경, 맥락, 또는 상황의 '객관적 현실'

압력(Press)　학업 압력 참조

억압(Repress or repression)　개인의 내적 힘에 대한 저항. 보통 힘이 무시되거나 회피되는 것을 거의 알아채지 못하는 무의식적 과정

억제(Inhibition)　반응을 하지 않음으로 인한 피로, 그리고 피로로 인해 반응하지 않음으로 인해 제공되는 강화

연결주의(Connectionism)　학습은 감각적 경험과 행동 간의 연합 또는 연결을 형성함으로써 이루어진다고 가정하는 이론

외재적 동기(Extrinsic motivation)　목적에 대한 수단으로써 어떠한 활동에 참여하게 되는 동기

외적 조절(External regulation)　자기결정이론에서 개인이 외재적 보상이나 처벌의 회피에 의해 동기화되고 조절되는 과정

욕구(Need)　특정한 상태 또는 목적을 얻거나 피하려는 내적인 힘 혹은 추동

우정(Friendship) 두 사람 사이의 자발적인 상호적 관계

유기체적 통합이론(Organismic Integration theory) 외재적으로 동기화된 행동을 설명하는 자기결정이론의 하위 이론

유능성(능력)에 대한 자기지각(Self-perception of competence (ability)) 자신의 과제에 대한 유능성이나 능력에 대한 개인의 평가적 판단. 지각된 능력이라고도 함

유인 가치(Incentive value) Atkinson의 성취 동기 모델에서 성공에 대한 자부심으로, 성공 가능성의 역을 의미함

유인 동기(Incentive motivation) 목표 달성을 위한 동기

유인가(Valence) 환경 내에서 목적에 부과된 가치 혹은 중요성

의욕(Conation) 능동 요소라고도 하며 의지, 의지실천, 또는 목표를 이루기 위해 노력하는 것을 뜻함

의지(Will) 개인의 바람, 욕구, 목적을 반영하는 마음의 부분

의지실천(Volition) 의지(will)의 수행목표를 달성하기 위한 행동 실행을 다루는 과정

이드/원초아(Id) 기본적 욕구의 획득에 전념하는 성격 구조

이론(Theory) 현상을 설명하기 위한 것으로 과학적으로 수용 가능한 원리의 집합

이차적 통제(Secondary control) 다른 사람이나 사건에 대한 개인적 통제를 포기하는 과정

인지 부조화(Cognitive dissonance) 사람들이 자신의 신념, 태도, 인식에 있어 이들 간에 일관된 관계를 유지하고자 하는 동기가 있다고 가정하는 이론으로서 신념, 태도, 인식이 불일치한 경험을 말함

인지일관성(Cognitive consistency) 인지와 행동 간의 관계로부터 동기가 발생한다고 가정하는 이론

인지지도(Cognitive map) 목표를 달성하기 위해 필요한 활동들에 대한 기대를 포함하는 내부 계획

인지적 참여(Cognitive engagement) 개인이 인지적으로 과제에 열중하게 되는 과정

인지적 모델링(Cognitive modeling) 모델의 생각과 특정 행동에 대한 이유가 언어화되어 전달되는 모델의 설명과 수행

인지전략(Cognitive strategy) 텍스트를 이해하기 위해, 새로운 내용을 학습하기 위해, 사고와 문제해결을 위해 사용되는 전략

인지평가이론(Cognitive Evaluation Theory) 내재적 동기 과정의 역할을 다루는 자기결정이론의 하위 이론

일반성 차원(Globality dimension) 귀인이론에서 개인이 지각하는 원인이 얼마나 일반적인지 또는 상황 특수적인지를 나타내는 차원

일차적 통제(Primary control) 자신, 타인 혹은 사건을 통제하려는 개인의 시도에 관련된 과정

자극 회상(Stimulated recall) 과제 수행 중의 다양한 시점에서, 연구자가 참여자에게 그들의 생각을 상기해 내도록 요청하는 절차

자기개념(Self-concept) 자신의 학업적, 사회적, 신체적, 개인적 능력과 특성에 대한 개인의 믿음

자기가치(Self-worth) 인간으로서의 자신에 대한 전반적 느낌이나 감정 자아 존중감과 유사

자기결정(Self-determination) 자율성, 유능성, 관계성을 발달시키려는 동기 구분 없이 시작하지만 점차 구체적 영역으로 차별화됨

자기관찰(Self-observation) 개인의 행동적 측면에 의도적으로 주목하는 것

자기교수훈련(Self-instructional training) 인지적 모델링, 명시적 안내, 명시적 자기 안내, 자기안내의 점차적 감소, 내면화된 자기 안내의 과정을 포함하는 교수적 절차

자기 도식(Self-schemas) 자신의 능력, 특성, 흥미, 가치 등에 대한 인지적 혹은 지식 구조

자기 모델링(Self-modeling) 자기 자신의 수행을 관찰함으로써 행동, 사고, 정서가 변화하는 것

자기반응(Self-reaction) 목표에 대한 수행 판단 후에 일어나는 신념과 행동의 변화

자기보고(Self-reports) 자기 자신에 대한 판단과 진술

자기점검(Self-monitoring) 자기관찰 참고

자기조절 학습(Self-regulated learning) 자기조절 참조

자기조절(Self-regulation) 학습자가 체계적으로 설정한 목표를 달성하기 위해 자신의 행동, 인지, 정서를 직접 유발하고 유지하는 과정

자기중심 편향(Self-centered bias) 결과에 대해 개인적 책임을 부과하려는 경향성

자기판단(Self-judgment) 자신의 목표와 현재 수행 수준을 비교하는 것

자기평가(Self-evaluation) 자신의 목표와 비교하여 내린 현재의 수행에 대한 자기판단과 현재 수행의 주목성, 수용 여부 등을 고려한 판단에 대한 자기 반응으로 구성된 과정

자기효능감(Self-efficacy) 지정된(목표한) 수준의 학습 혹은 수행에 대한 개인의 지각된 능력

자본(Capital) 경제적, 물질적, 인적 혹은 비물질적, 사회적 자본을 모두 포함하는 개념

자아존중감(Self-esteem) 자신에 대한 전반적이고 좀 더 정서적인 반응 및 평가. 자기가치와 유사함

잘못된 일치효과(False consensus effect) 자신의 행동과 인식이 다른 모든 사람들을 대표하는 전형적인 형태라고 보는 경향

잠재적 학습(Latent learning) 목표나 강화 없이 일어나는 학습

전지(Withitness) 교사가 자신은 항상 어떤 일이 일어나는지 안다고 하는 것. "뒷통수에도 눈이 있다"

전략 신념(Strategy beliefs) 수단이 목적과 얼마나 연결되어 있는가에 대한 믿음. 이는 수단-목적 신념이라고도 함

전략 피드백(Strategy feedback) 학습자가 전략을 얼마나 잘 적용하고 있고 전략이 수행을 얼마나 향상시키고 있는지에 대해 알려 주는 피드백

정서(Affect) 전반적인 기분이나 구체적인 감정을 모두 포함하는 일반적인 용어

정서적 기억(Affective memories) 과제에 대한 이전의 경험에 대한 기억, 특히 그 과제가 일으키는 감정

정적 강화(Positive reinforcement) 반응 후에 정적 강화물이 제시하는 것

정적 강화물(Positive reinforcer) 반응 후에 제시되었을 때, 그 상황에서 일어나는 반응의 발생 가능성이 높아지는 자극

제지(Desist) 학생의 문제행동을 멈추기 위한 교사의 행위

조건 반응(Conditioned response) 조건 자극에 의해 유발된 반응

조건 자극(Conditioned stimulus) 무조건 자극과 반복적으로 연결되면 무조건 반응과 유사한 조건 반응이 유발되는 자극

조건적 존중(Conditional regard) 특정 행동과 관련하여서만 존중을 가짐

주인(Origins) de Charms의 이론에서 자신의 행동은 자신의 통제하에 있다고 믿는 사람

주제(Thema) Murray의 이론에서 개인의 필요, 환경 압력, 초래된 결과의 조합

준비의 법칙(Law of readiness) 행동할 준비가 되어 있을 때에는 하는 것이 만족을 주고 안 하는 것이 불쾌감을 주지만, 행동할 준비가 되어 있지 않을 때에는 억지로 시키는 것이 불쾌감을 주게 된다는 원리

중첩(Overlapping) 하나 이상의 일에 동시에 참여하는 교사의 능력

지각된 능력(Perceived competence) 자기능력 인식 참조

지각된 통제(Perceived control) 통제 소재 참조

지능에 대한 고정신념(Entity theory of intelligence) 지능이나 능력이 안정적이고 고정되어 있으며 경험이나 학습에 의해 바뀌지 않는다고 믿는 신념

지능에 대한 증가신념(Incremental Theory of Intelligence) 지능이나 능력이 경험이나 학습에 의해 변화, 발달, 성장할 수 있다는 믿음

직접 관찰(Direct observations) 동기에 대한 행동적 사례

직접학습(Enactive learning) 실제로 해 보고 자신의 행동 결과를 경험함으로써 학습하는 것

질적 연구(Qualitative research) 집중적 학습, 사건의 기술, 의미의 해석을 특징으로 하는 연구

집단 집중(Group focus) 교사가 학생들을 학습 과제에 집중시킬 수 있는 정도

집단 효능감(Collective efficacy) 집단, 팀, 또는 더 큰 사회적 체계의 자기효능감

차원성(Dimensionality) 학급에서 일어나는 활동의 수와 이들이 학생들의 능력과 수행에서의 다양성을 얼마나 잘 포괄하는지와 관련된 학급 조직 특징

참여적 모델링(Participant modeling) 모델시연, 상담자와 내담자의 협동 수행, 수행 보조의 점진적 철회, 내담자에 의한 숙달된 수행 등의 절차로 이루어진 치료 방식

처벌(Punishment) 반응 후에 정적 강화물을 제거하거나 부적 강화물을 제시하여 그 자극이 있을 때 반응의 미래 발생 가능성을 줄이는 것

촉진자(Facilitator) 유의미한 학습을 지향하도록 학급 분위기를 만들고 학생들이 학습에 대한 분명한 목적을 갖도록 돕는 역할을 하는 사람

추동(Drive) 항상성을 유지하고자 하는 내적인 힘

친애 욕구(Need for affiliation) 다른 사람과 가까운 관계를 형성하고 소속되고자 하는 동기, 욕구 및 노력

칭찬(Praise) 찬성이나 인정을 표현하는 피드백

커머 프로그램(Comer Program) 학교 발전 프로그램 참조

쾌락 편향(Hedonic bias) 긍정적인 결과에 대해서는 책임을 수용하고 부정적인 결과에 대해서는 책임을 거부하는 경향으로 자기접대 편향, 자기고양 편향, 자기보호 편향이라고도 함

통제 소재(Locus of control) 결과에 대한 일반화된 통제 여부를 나타내는 동기적 개념. 어떤 결과가 자신의 행동 여부와 독립적으로 일어난다고 믿거나(외부적 통제), 결과가 자신의 행동 여부와 밀접히 관련이 있다고 믿는 경우(내부적 통제)로 나눌 수 있음

통제 신념(Control beliefs) 행위 주체자와 목적 간의 연결에 관한 기대, 통제기대 신념이라고도 함

통제가능성 차원(Controllability dimension) 귀인이론에서 개인이 인지하는 사건의 원인에 대한 통제 가능성의 정도를 가리키는 차원

통합된 조절(Integrated regulation) 자기결정이론에서 개인이 내적 그리고 외적 요인들을 자신의 일부로 통합함으로써 동기화되고 조절되는 과정

투영 검사법(Projective test) 모호한 그림에 대한 개인의 반응이 점수화되어 그들의 동기적 구조를 나타내는 검사법

특질(Trait) 모든 상황에 걸쳐 상대적으로 일관되게 나타나는 개인의 행동을 설명하는데 도움이 되는 개인 내 독특한 특성

파급 효과(Ripple effect) 교사가 한 학생의 잘못된 행동을 다루는 것을 관찰함으로써 다른 학생들의 행동이 영향을 받는 것

패러다임(Paradigm) 현상을 이해하고 조사하기 위해 사용되는 특정한 이론적 또는 개념적 관점. 사용된 모델, 구조, 방법을 포함

포부 수준(Level of aspiration) 개인이 설정한 과제에 대한 성공이나 수행을 판단하는 목표 또는 기준

포화 최소화하기(Minimizing satiation) 학습자료의 반복으로 인한 지루함을 교사들이 얼마나 잘 최소화할 수 있는지 정도

프리맥 원리(Premack principle) 더 선호하는 활동을 할 기회가 덜 선호하는 활동을 하는 것을 강화하는 것

피그말리온 효과(Pygmalion effect) 다른 사람의 기대가 그대로 행동하게 이끄는 과정

하인(Pawns) de Charms의 이론에서 자신의 행동을 자신이 통제할 수 있다고 믿지 않는 사람. 외부의 요소가 그들의 행동을 통제한다고 믿음

학교 발전 프로그램(School Development Program) 학교 프로그램을 계획하고 실행하는 데 있어서 공동체의 참여를 강조하는 학교 조직

학교 적응(School adjustment) 진보, 성취, 학교에 대한 태도, 불안, 외로움, 사회적 지지, 동기에 기반한 학생 지표

학급 운영(Classroom management) 교사들이 교실 내의 질서를 유지하는 방법

학급 풍토(Classroom climate) 학급의 사회적, 심리적, 감정적 특징

학급 조직(Classroom organization) 학급에서의 활동 구성, 집단 배치, 평가와 보상, 권위 형성, 시간 구성 등을 포함하는 개념

학습된 무기력(Learned helplessness) 행동과 결과 사이에 연관이 없다고 생각하게 만드는 학습된 인지적, 귀인적, 행동적 형태로, 개인을 희망이 없고 우울하고 수동적으로 만들게 됨

학업 압력(Academic press) 교사와 학생들이 학업 우수성에 대해 강조하고 학업 기준을 따르는 정도

항상성(Homeostasis) 생리적 상태의 최적의 수준

행동 잠재력(Behavior potential) 개인이 다양한 행동양식 중 특정 방식으로 행동할 가능성

행동주의 이론(Behavioral theory) 환경이나 자극의 작용에 따른 행동(반응) 발생의 비율 또는 빈도, 또는 유형의 변화로 동기를 바라보는 이론, 강화 이론이라고도 함

행위자-관찰자 편견(Actor-observer bias) 행위자의 경우 자신의 행동을 상황적 요인에 귀인하고, 관찰자의 경우 다른 사람의 행동을 기질에 귀인하는 편향적인 경향

현장 연구(Field research) 참여자들이 생활하거나 일하거나 공부하는 학교 현장에서 수행되는 연구

협동학습(Cooperative learning) 둘 또는 그 이상의 학생들이 과제를 완성하기 위해 함께 작업하도록 하는 것

호혜적 교수(Reciprocal teaching) 교사가 먼저 활동을 시연하고 그후에 교사와 학생이 번갈아 교사 역할을 하는, 교사와 학생 간의 상호작용적 대화

환원주의(Reductionism) 복잡한 사건이 단순한 현상으로 축소될 수 있다고 보는 관점

획득가치(또는 중요성)(Attainment value(or importance) 기대-가치이론에 포함된 네 가지 과

제 가치 신념 중 하나로서 개인이 과제에 대해 느끼는 주관적인 중요성

획득된 추동(Acquired drives) 선천적으로 타고 난 것이 아닌 학습된 추동

효과의 법칙(Law of effect) 연결의 강도는 상황에 대한 반응을 형성한 결과에 의해 영향을 받는다는 원리. 만족스러운 결과는 연결을 강화하지만 불쾌한 결과는 연결을 약화시킨다고 하였으나, 이후 Thorndike는 불쾌한 결과가 연결을 약화시키지는 않는다고 수정함

효과적인 반응 잠재성(Effective reaction potential) 행동의 발생 가능성

효능 동기(Effectance motivation) 환경과 효과적으로 상호작용하고 중요한 측면들을 통제하려는 동기

효능감 기대(Efficacy expectations) 자기효능감 참고

효용가치(Utility value) 기대-가치이론의 네 가지 과제 가치 신념 중 하나로, 과제의 유용성에 대한 주관적 믿음

참고문헌

Abrami, P. C., Leventhal, L., & Perry, R. P. (1982). Educational seduction. *Review of Educational Research, 52*, 446-464.

Ach, N. (1910). *Uber den Willensakt und das Temperament.* [On the will and the temperament.] Leipzig, Germany: Quelle & Meyer.

Ainley, M., & Hidi, S. (2002). Dynamic measures for studying intent and learning. In M. Maehr & P. R. Pintrich (Eds.), *Advances in motivation and achievement: New directions in measures and methods* (pp. 43-76). Oxford, England. JAI Press-Elsevier.

Ainley, M., Hidi, S., & Berndorff, D. (2002). Interest, learning, and the psychological processes that mediate their relationship. *Journal of Educational Psychology, 94*, 545-561.

Alderman, M. K. (1985). Achievement motivation and the preservice teacher. In M. K. Alderman & M. W. Cohen (Eds.), *Motivation theory and practice for preservice teachers* (pp. 37-51). Washington, DC: ERIC Clearinghouse on Teacher Education.

Alexander, K., Cook, M., & McDill, E. (1978). Curriculum tracking and educational stratification: Some further evidence. *American Sociological Review, 43*, 47-66.

Alexander, K., & Entwisle, D. (1988). *Achievement in the first 2 years of school: Patterns and processes* (Vol. 53). Chicago: Society for Research on Child Development.

Alexander, K., Entwisle, D., & Kabbani, N. (2001). The dropout process in life course perspective: Early risk factors at home and school. *Teachers College Record, 103*, 760-822.

Alexander, P., Kulikowich, J., & Jetton, T. (1994). The role of subject-matter knowledge and interest in the processing of linear and nonlinear texts. *Review of Educational Research, 64*, 201-252.

Allison, M., & Duncan, M. (1988). Women, work, and flow: In M. Csikszentmihalyi & I. Csikszentmihalyi (Eds.), *Optimal experience: Psychological studies of flow in consciousness* (pp. 118-137). New York: Cambridge University Press.

Allport, G. W. (1937). *Personality: A psychological interpretation.* New York: Henry Holt.

Altermatt, E. R., & Pomerantz, E. M. (2003). The development of competence-related and motivational beliefs: An investigation of similarity and influence among friends. *Journal of Educational Psychology, 95*, 1-13.

Ames, C. (1981). Competitive versus cooperative reward structures: The influence of individual and group performance factors on achievement attributions and affect. *American Educational Research Journal, 18*, 273-287.

Ames, C. (1984). Competitive, cooperative, and individualistic goal structures: A cognitive-motivational analysis. In R. Ames & C. Ames (Eds.), *Research on motivation in education* (Vol. 1, pp. 177-207). New York: Academic Press.

Ames, C. (1992a). Achievement goals and the

classroom motivational climate. In D. H. Schunk & J. Meece (Eds.), *Student perceptions in the classroom* (pp. 327-348). Hillsdale, NJ: Erlbaum.

Ames, C. (1992b). Classrooms: Goals, structures, and student motivation. *Journal of Educational Psychology, 84*, 261-271.

Ames, C., & Archer, J. (1987). Mothers' beliefs about the role of ability and effort in school learning. *Journal of Educational Psychology, 79*, 409-414.

Ames, C., & Archer, J. (1988). Achievement goals in the classroom: Students' learning strategies and motivation processes. *Journal of Educational Psychology, 80*, 260-267.

Ames, C., & Felker, D. (1979). An examination of children's attributions and achievement-related evaluations in competitive, cooperative, and individualistic reward structures. *Journal of Educational Psychology, 71*, 413-420.

Ames, R. (1975). Teachers' attributions of responsibility: Some unexpected nondefensive effects. *Journal of Educational Psychology, 67*, 668-676.

Anderman, E. M. (1997). Motivation and school reform. In M. L. Maehr & P. R. Pintrich (Eds.), *Advances in motivation and achievement* (Vol. 10, pp. 303-338). Greenwich, CT: JAI Press.

Anderman, E. M. (2002). School effects on psychological outcomes during adolescence. *Journal of Educational Psychology, 94*, 795-809.

Anderman, E. M., & Anderman, L. H. (1999). Social predictors of changes in students' achievement goal orientations. *Contemporary Educational Psychology, 25*, 21-37.

Anderman, E. M., Griesinger, T., & Westerfield, G. (1998). Motivation and cheating during early adolescence. *Journal of Educational Psychology, 90*, 84-93.

Anderman, E. M., & Maehr, M. L. (1994). Motivation and schooling in the middle grades. *Review of Educational Research, 64*, 287-309.

Anderman, E. M., Maehr, M. L., & Midgley, C. (1999). Declining motivation after the transition to middle school: Schools can make a difference. *Journal of Research and Development in Education, 32*, 131-147.

Anderman, E. M., & Midgley, C. (1997). Changes in achievement goal orientations, perceived academic competence, and grades across the transition to middle-level schools. *Contemporary Educational Psychology, 22*, 269-298.

Anderman, E. M., & Wolters, C. A. (2006). Goals, values, and affects: Influences on student motivation. In P. Alexander & P. Winne (Eds.), *Handbook of educational psychology* (2nd ed., pp. 369-389). Mahwah, NJ: Erlbaum.

Anderman, E. M., & Young, A. (1994). Motivation and strategy use in science: Individual differences and classroom effects. *Journal of Research in Science Teaching, 31*, 811-831.

Anderman, L. H., Patrick, H., Hruda, L. Z., & Linnenbrink, E. (2002). Observing classroom goal structures to clarify and expand goal theory. In C. Midgley (Ed.), *Goals, goal structures, and patterns of adaptive learning* (pp. 243-278). Mahwah, NJ: Erlbaum.

Anderson, C. (1982). The search for school climate: A review of the research. *Review of Educational Research, 52*, 368-420.

Anderson, J. R. (1990). *Cognitive psychology and its implications* (3rd ed.). New York: Freeman.

Anderson, L. M., Evertson, C. M., & Brophy, J. E. (1979). An experimental study of effective teaching in first-grade reading groups. *Elementary School Journal, 79*, 193-222.

Andrews, G. R., & Debus, R. L. (1978). Persistence and the causal perception of failure: Modifying cognitive attributions. *Journal of Educational Psychology, 70*, 154-166.

Arlin, M., & Webster, J. (1983). Time costs of mastery learning. *Journal of Educational Psychology, 75*, 187-195.

Arnold, M. B. (1968). *The nature of emotion*. Middlesex, England: Penguin.

Aronson, E. (1966). The psychology of insufficient justification: An analysis of some conflicting data. In S. Feldman (Ed.), *Cognitive consistency: Motivational antecedents and behavioral consequences* (pp. 109-133). New York: Academic Press.

Asch, S. E. (1955). Opinions and social pressure. *Scientific American, 193*(5), 31-35.

Asch, S. E. (1958). Interpersonal influence. In E. E. Maccoby, T. M. Newcomb, & E. L. Hartley (Eds.), *Readings in social psychology* (3rd ed., pp. 174-183). New York: Holt.

Ashton, P. T. (1985). Motivation and the teacher' s sense of efficacy. In C. Ames & R. Ames (Eds.), *Research on motivation in education. Vol. 2: The classroom milieu* (pp. 141-171). Orlando, FL: Academic Press.

Ashton, P., & Webb, R. (1986). *Making a difference: Teachers' sense of efficacy and student achievement.* New York: Longman.

Assor, A., & Connell, J. P. (1992). The validity of students' self-reports as measures of performance affecting self-appraisals. In D. H. Schunk & J. L. Meece (Eds.), *Student perceptions in the classroom* (pp. 25-47). Hillsdale, NJ: Erlbaum.

Atkinson, J. W. (1957). Motivational determinants of risk-taking behavior. *Psychological Review, 64*, 359-372.

Atkinson, J. W. (1958). *Motives in fantasy, action, and society.* Princeton, NJ: Van Nostrand.

Atkinson, J. W. (1964). *An introduction to motivation.* Princeton, NJ: Van Nostrand.

Austin, J., & Vancouver, J. (1996). Goal constructs in psychology: Structure, process, and content. *Psychological Bulletin, 120*, 338-375.

Bailey, S. M. (1993). The current status of gender equity research in American schools. *Educational Psychologist, 28*, 321-339.

Bandalos, D. L., Finney S. J., & Geske, J. A. (2003). A model of statistics performance based on achievement goal theory. *Journal of Educational Psychology, 95*, 604-616.

Bandura, A. (1969). *Principles of behavior modification.* New York: Holt, Rinehart & Winston.

Bandura, A. (1977). Self-efficacy: Toward a unifying theory of behavioral change. *Psychological Review, 84*, 191-215.

Bandura, A. (1982). Self-efficacy mechanism in human agency. *American Psychologist, 37*, 122-147.

Bandura, A. (1986). *Social foundations of thought and action: A social cognitive theory.* Englewood Cliffs, NJ: Prentice Hall.

Bandura, A. (1988). Self-regulation of motivation and action through goal systems. In V. Hamilton, G. H. Bower, & N. H. Frijda (Eds.), *Cognitive perspectives on emotion and motivation* (pp. 37-61). Dordrecht, The Netherlands: Kluwer.

Bandura, A. (1989). Social cognitive theory. In R. Vasta (Ed.), *Annals of child development* (Vol. 6, pp. 1-60). Greenwich, CT: JAI Press.

Bandura, A. (1993). Perceived self-efficacy in cognitive development and functioning. *Educational Psychologist, 28*, 117-148.

Bandura, A. (1997). *Self-efficacy: The exercise of control.* New York: Freeman.

Bandura, A. (2001). Social cognitive theory: An agentic perspective. *Annual Review of Psychology, 52*, 1-26.

Bandura, A. (2005). The primacy of self-regulation in health promotion. *Applied Psychology: An International Review, 54*, 245-254.

Bandura, A., Barbaranelli, C., Caprara, G. V., & Pastorelli, C. (2001). Self-efficacy beliefs as shapers of children' s aspirations and career trajectories. *Child Development, 72*, 187-206.

Bandura, A., & Cervone, D. (1983). Self-evaluative and self-efficacy mechanisms governing the motivational effects of goal systems. *Journal of Personality and Social Psychology, 45*, 1017-1028.

Bandura, A., & Cervone, D. (1986). Differential engagement of self-reactive influences in cognitive motivation. *Organizational Behavior and Human Decision Processes, 38*, 92-133.

Bandura, A., & Schunk, D. H. (1981). Cultivating competence, self-efficacy, and intrinsic interest through proximal self-motivation. *Journal of Persoality and Social Psychology, 41*, 586-598.

Bandura, A., & Walters, R. H. (1963). *Social learning and personality development*. New York: Holt, Rinehart & Winston.

Barnes, R., Ickes, W., & Kidd, R. (1979). Effects of perceived intentionality and stability of another's dependency on helping behavior. *Personality and Social Psychology Bulletin, 5*, 367-372.

Barnett, W. S. (1995). Long-term effects of early childhood programs on cognitive and school outcomes. *The Future of Children, 5*, 25-50.

Barr, R., & Dreeben, R. (1983). *How schools work*. Chicago: University of Chicago Press.

Barron, K., & Harackiewicz, J. (2001). Achievement goals and optimal motivation: Testing multiple goal models. *Journal of Personality and Social Psychology, 80*, 706-722.

Bartlett, F. C. (1932). *Remembering: A study in experimental and social psychology*. New York: Cambridge University Press.

Battle, E. (1965). Motivational determinants of academic task persistence. *Journal of Personality and Social Psychology, 2*, 209-218.

Battle, E. (1966). Motivational determinants of academic competence. *Journal of Personality and Social Psychology, 4*, 634-642.

Baumrind, D. (1971). Current patterns of parental authority. *Developmental Psychology Monograph, 4* (1, Part 2).

Becker, H., & Epstein, J. (1982). Parent involvement: A survey of teacher practices. *Elementary School Journal, 83*, 85-102.

Becker, H., Geer, B., & Hughes, E. (1961). *Boys in white: Student culture in the medical school*. Chicago: University of Chicago Press.

Becker, J. (1981). Differential treatment of females and males in mathematics classes. *Journal for Research in Mathematics Education, 12*, 40-53.

Beckman, L. (1970). Effects of students' performance on teachers' and observers' attributions of causality. *Journal of Educational Psychology, 61*, 76-82.

Behrend, D. A., Rosengren, K. S., & Perlmutter, M. (1992). The relation between private speech and parental interactive style. In R. M. Diaz & L. E. Berk (Eds.), *Private speech: From social interaction to self-regulation* (pp. 85-100). Hillsdale, NJ: Erlbaum.

Belsky, J. (1998). Paternal influence and children's well-being: Limits of and new directions for understanding. In A. Booth & A. C. Crouter (Eds.), *Men in families* (pp. 279-293). Mahwah, NJ: Erlbaum.

Bem, D. J. (1967). Self-perception: An alternative interpretation of cognitive dissonance phenomena. *Psychological Review, 74*, 183-200.

Bem, D. J. (1972). Self-perception theory. In L. Berkowitz (Ed.), *Advances in experimental social psychology* (Vol. 6, pp. 1-62). New York: Academic Press.

Benight, C. C., & Bandura, A. (2004). Social cognitive theory of posttraumatic recovery: The role of perceived self-efficacy. *Behaviour Research and Therapy, 42*, 1129-1148.

Bennett, W. J. (1993). *The book of virtues: A treasury of great moral stories*. New York: Simon & Schuster.

Benz, C. R., Bradley, L., Alderman, M. K., & Flowers, M. A. (1992). Personal teaching efficacy: Developmental relationships in education. *Journal of Educational Research, 85*, 274-285.

Bergin, D. (1999). Influences on classroom interest. *Educational Psychologist, 34*, 87-98.

Berk, L. E. (1986). Relationship of elementary school children's private speech to behavioral accompaniment to task, attention, and task performance. *Developmental Psychology, 22*, 671-680.

Berk, L. E. (1992). Children's private speech: An overview of theory and the status of research. In R. M. Diaz & L. E. Berk (Eds.), *Private speech: From social interation to self-regulation* (pp. 17-53). Hillsdale, NJ: Erlbaum.

Berlyne, D. E. (1960). *Conflict, arousal, and curiosity*. New York: McGraw-Hill.

Berlyne, D. E. (1963). Motivational problems raised by exploratory and epistemic behavior. In S.

Koch (Ed.), *Psychology: A study of a science* (Vol. 5, pp. 284-364). New York: McGraw-Hill.

Berndt, T. J. (1992). Friendship and friends' influence in adolescence. *Current Directions in Psychological Science, 1*, 156-159.

Berndt, T. J. (1999). Friends' influences on students' adjustment to school. *Educational Psychologist, 34*, 15-29.

Berndt, T. J., Hawkins, J. A., & Jiao, Z. (1999). Influences of friends on adjustment to junior high school. *Merrill-Palmer Quarterly, 45*, 13-41.

Berndt, T. J., & Keefe, K. (1992). Friends' influence on adolescents' perceptions of themselves at school. In D. H. Schunk & J. L. Meece (Eds.), *Student perceptions in the classroom* (pp. 51-73). Hillsdale, NJ: Erlbaum.

Berndt, T. J., & Keefe, K. (1996). Friends' influence on school adjustment: A motivational analysis. In J. Juvonen & K. R. Wentzel (Eds.), *Social motivation: Understanding children's school adjustment* (pp. 248-278). Cambridge, England: Cambridge University Press.

Betancourt, H., & Lopez, S. (1993). The study of culture, ethnicity, and race in American psychology. *American Psychologist, 48*, 629-637.

Betz, N. E., & Hackett, G. (1981). The relationship of career-related self-efficacy expectations to perceived career option in college woman and men. *Journal of Counseling Psychology, 28*, 399-410.

Betz, N. E., & Hackett, G. (1983). The relationship of mathematics self-efficacy expectations to the selection of science-based college majors. *Journal of Vocational Behavior, 23*, 329-345.

Betz, N. E., & Hackett, G. (1987). Concept of agency in educational and career development. *Journal of Counseling Psychology, 34*, 299-308.

Birch, S. H., & Ladd, G. W. (1996). Interpersonal relationships in the school environment and children's early school adjustment: The role of teachers and peers. In J. Juvonen & K. R. Wentzel (Eds.), *Social motivation: Understanding children's school adjustment* (pp. 199-255). Cambridge, England: Cambridge University Press.

Blumenfeld, P. C., Fishman, B., Krajcik, J., Marx, R., & Soloway, E. (2000). Creating usable innovations in systemic reform: Scaling up technology-embedded project-based science in urban schools. *Educational Psychologist, 35*, 149-164.

Blumenfeld, P. C., Hamilton, V. L., Bossert, S., Wessels, K., & Meece, J. L. (1983). Teacher talk and student thought: Socialization into the student role. In J. Levine & M. Wang (Eds.), *Teacher and student perceptions: Implications for learning* (pp. 143-192). Hillsdale, NJ: Erlbaum.

Blumenfeld, P. C., Mergendoller, J., & Swarthout, D. (1987). Task as a heuristic for understanding student learning and motivation. *Journal of Curriculum Studies, 19*, 135-148.

Blumenfeld, P. C., Pintrich, P. R., & Hamilton, V. L. (1986). Children's concepts of ability, effort and conduct. *American Educational Research Journal, 23*, 95-104.

Blumenfeld, P. C., Pintrich, P. R., & Hamilton, V. L. (1987). Teacher talk and students' reasoning about morals, conventions, and achievement. *Child Development, 58*, 1389-1401.

Blumenfeld, P. C., Pintrich, P. R., Meece, J., & Wessels, K. (1982). The formation and role of self-perceptions of ability in the elementary classroom. *Elementary School Journal, 82*, 401-420.

Blumenfeld, P. C., Soloway, E., Marx, R. W., Krajcik, J. S., Guzdial, M., & Palincsar, A. (1991). Motivating project-based learning: Sustaining the doing, supporting the learning. *Educational Psychologist, 26*, 369-398.

Boekaerts, M. (2002). The on-line motivation questionnaire: A self-report instrument to assess students' context sensitivity. In M. Maehr & P. R. Pintrich (Eds.), *Advances in motivation and achievement: New directions in measures and methods* (pp. 77-120). Oxford, England: JAI

Press-Elsevier.

Bogenschneider, K., Wu, M., Raffaelli, M., & Tsay, J. C. (1998). Parent influences on adolescent peer orientation and substance use: The interface of parenting practices and values. *Child Development, 69*, 1672-1688.

Boggiano, A. K., Main, D. S., & Katz, P. A. (1988). Children's preference for challenge: The role of perceived competence and control. *Journal of personality and Social Psychology, 54*, 134-141.

Bolin, F. (1989). Empowering leadership. *Teachers College Record, 91*, 81-96.

Bong, M. (2001). Between-and within-domain relations of academic motivation among middle and high school students: Self-efficacy, task-value, and achievement goals. *Journal of Educational Psychology, 93*, 23-34.

Bong, M., & Clark, R. E. (1999). Comparison between self-concept and self-efficacy in academic motivation research. *Educational Psychologist, 34*, 139-153.

Borkowski, J. G., Carr, M., Rellinger, E., & Pressley, M. (1990). Self-regulated cognition: Interdependence of metacognition, attributions, and self-esteem. In B. F. Jones & L. Idol (Eds.), *Dimensions of thinking and cognitive instruction* (pp. 53-92). Hillsdale, NJ: Erlbaum.

Borkowski, J. G., & Thorpe, P. K. (1994). Self-regulation and motivation: A life-span perspective on underachievement. In D. H. Schunk & B. J. Zimmerman (Eds.), *Self-regulation of learning and performance: Issues and educational applications* (pp. 45-73). Hillsdale, NJ: Erlbaum.

Borkowski, J. G., Weyhing, R. S., & Carr, M. (1988). Effects of attributional retraining on strategy-based reading comprehension of learning-disabled students. *Journal of Educational Psychology, 80*, 46-53.

Borman, G. D., Hewes, G. H., Overman, L. T., & Brown, S. (2003). Comprehensive school reform and achievement: A meta-analysis. *Review of Educational Research, 73*, 125-230.

Bossert, S. (1988). Cooperative activities in the classroom. In E. Rothkopf (Ed.), *Review of Research in Education* (Vol. 15, pp. 225-250). Washington, DC: American Educational Research Association.

Bouffard, T., Boisvert, J., Vezeau, C., & Larouche, C. (1995). The impact of goal orientation on self-regulation and performance among college students. *British Journal of Educational Psychology, 65*, 317-329.

Bouffard-Bouchard, T., Parent, S., & Larivee, S. (1991). Influence of self-efficacy on self-regulation and performance among junior and senior high-school age students. *International Journal of Behavioral Development, 14*, 153-164.

Bower, G. (1981). Mood and memory. *American Psychologist, 36*, 129-148.

Bowles, S., & Gintis, H. (1976). *Schooling in capitalist America: Educational reform and the contradictions of economic life*. New York: Basic Books.

Braddock, J., & McPartland, J. (1993). Education of early adolescents. In L. Darling-Hammond (Ed.), *Review of educational research* (Vol. 19, pp. 135-170). Washington, DC: American Educational Research Association.

Bradley, R. H., & Corwyn, R. F. (2002). Socioeconomic status and child development. *Annual Review of Psychology, 53*, 371-399.

Brandt, L., Hayden, M., & Brophy, J. (1975). Teachers' attitudes and ascription of causation. *Journal of Educational Psychology, 67*, 677-682.

Bransford, J., Brown, A., & Cocking, R. (1999). *How people learn: Brain, mind, experience, and school*. Washington, DC: National Academies Press.

Brattesani, K., Weinstein, R., & Marshall, H. (1984). Student perceptions of differential teacher treatment as moderators of teacher expectation effects. *Journal of Educational Psychology, 76*, 236-247.

Braun, C. (1976). Teacher expectation: Sociopsychological

dynamics. *Review of Educational Research, 46*, 185-213.

Brewer, W. F. (1974). There is no convincing evidence for operant or classical conditioning in adult humans. In W. B. Weimer & D. S. Palermo (Eds.), *Cognition and the symbolic processes* (pp. 1-42). Hillsdale, NJ: Erlbaum.

Broadhurst, P. L. (1957). Emotionality and the Yerkes-Dodson law. *Journal of Experimental Psychology, 54*, 345-352.

Brody, G. H., Flor, D. L., & Gibson, N. M. (1999). Linking maternal efficacy beliefs, developmental goals, parenting practices, and child competence in rural, single-parent, African American families. *Child Development, 70*, 1197-1208.

Bronson, M. B. (2000). *Self-regulation in early childhood*. New York: Guilford Press.

Brookover, W., Beady, C., Flood, P., Schweitzer, J., & Wisenbaker, J. (1979). *School social systems and student achievement: Schools can make a difference*. New York: Praeger.

Brooks, J. G., & Brooks, M. G. (1999). *In search of understanding: The case for constructivist classrooms*. Alexandria, VA: Association for Supervision and Curriculum Development.

Brophy, J. (1981). Teacher praise: A functional analysis. *Review of Educational Research, 51*, 5-32.

Brophy, J. (1983). Conceptualizing student motivation. *Educational Psychologist, 18*, 200-215.

Brophy, J. (1985). Teacher-student interaction. In J. B. Dusek (Ed.), *Teacher expectancies* (pp. 303-328). Hillsdale, NJ: Erlbaum.

Brophy, J. (1987). On motivating students. In D. Berliner & B. Rosenshine (Eds.), *Talks to teachers* (pp. 201-245). New York: Random House.

Brophy, J. (1998). *Motivating students to learn*. New York: McGraw-Hill.

Brophy, J. (1999). Toward a model of the value aspects of motivation in education: Developing appreciation for particular learning domains and activities. *Educational Psychologist, 34*, 75-85.

Brophy, J. (2005). Goal theorists should move on from performance goals. *Educational Psychologist, 40*, 167-176.

Brophy, J., & Good, T. L. (1974). *Teacher-student relationships: Causes and consequences*. New York: Holt, Rinehart & Winston.

Brophy, J., & Good, T. L. (1986). Teacher behavior and student achievement. In M. C. Wittrock (Ed.), *Handbook of research on teaching* (3rd ed., pp. 328-375). New York: Macmillan.

Brophy, J., & Rohrkemper, M. (1981). The influence of problem ownership on teachers' perceptions of and strategies for coping with problem students. *Journal of Educational Psychology, 73*, 295-311.

Brown, A. (1994). The advancement of learning. *Educational Researcher, 23*, 4-12.

Brown, A. (1997). Transforming schools into communities of thinking and learning about serious matters. *American Psychologist, 52*, 399-413.

Brown, A., Bransford, J. D., Ferrara, R. A., & Campione, J. C. (1983). Learning, remembering, and understanding. In P. H. Mussen (Series Ed.) and J. H. Flavell & E. M. Markman (Vol. Eds.), *Handbook of child psychology: Vol. 3. Cognitive development* (4th ed., pp. 77-166). New York: Wiley.

Brown, A., & Campione, J. (1994). Guided discovery in a community of learners. In K. McGilly (Ed.), *Classrooms lessons: Integrating cognitive theory and classroom practice* (pp. 229-270). Cambridge, MA: MIT Press.

Brown, J., & Weiner, B. (1984). Affective consequences of ability versus effort ascriptions: Controversies, resolutions, and quandaries. *Journal of Educational Psychology, 76*, 146-158.

Brown, J. S., Collins, A., & Duguid, P. (1989). Situated cognition and the culture of learning. *Educational Researcher, 18*, 32-42.

Bruer, J. (1993). *Schools for thought: A science of learning in the classroom*. Cambridge, MA: MIT Press.

Bruning, R. H., Schraw, G. J., Norby, M. M., &

Ronning, R. R. (2004). *Cognitive psychology and instruction* (4th ed.). Upper Saddle River, NJ: Merrill/Prentice Hall.

Bryan, J. H., & Bryan, T. H. (1983). The social life of the learning disabled youngster. In J. D. McKinney & L. Feagans (Eds.), *Current topics in learning disabilities* (Vol. 1, pp. 57-85). Norwood, NJ: Ablex.

Bryan, J. H., & Walbek, N. H. (1970). Preaching and practicing generosity: Children's actions and reactions. *Child Development, 41*, 329-353.

Bryk, A. S., Lee, V. E., & Holland, P. (1993). *Catholic schools and the common good.* Cambridge, MA: Harvard University Press.

Bryk, A. S., & Thum, Y. M. (1989). The effects of high school organization on dropping out of school: An exploratory investigation. *American Educational Research Journal, 26*, 353-383.

Butler, R. (1987). Task-involving and ego-involving properties of evaluation: Effects of different feedback conditions on motivational perceptions, interest, and performance. *Journal of Educational Psychology, 79*, 474-482.

Butler, R. (1998). Age trends in the use of social and temporal comparison for self-evaluation: Examination of a novel developmental hypothesis. *Child Development, 69*, 1054-1073.

Byrne, B. M. (1984). The general/academic self-concept nomological network: A review of construct validation research. *Review of Educational Research, 54*, 427-456.

Byrne, B. (1996). *Measuring self-concept across the life-span: Issues and instrumentation.* Washington, DC: American Psychological Association.

Cabrera, N. J., Tamis-LeMonda, C. S., Bradley, R. H., Hofferth, S., & Lamb, M. E. (2000). Fatherhood in the twenty-first century. *Child Development, 71*, 127-136.

Cairns, R. B., Cairns, B. D., & Neckerman, J. J. (1989). Early school dropout: Configurations and determinants. *Child Development, 60*, 1437-1452.

Calabrese, R., & Poe, J. (1990). Alienation: An explanation of high dropout rates among African American and Latino students. *Educational Research Quarterly, 14*(4), 22-26.

Cameron, J., & Pierce, W. D. (1994). Reinforcement, reward, and intrinsic motivation: A meta-analysis. *Review of Educational Research, 64*, 363-423.

Cameron, J., & Pierce, W. D. (2002). *Rewards and intrinsic motivation: Resolving the controversy.* Westport, CT: Bergin & Garvey.

Campbell, F. A., Pungello, E. P., Miller-Johnson, S., Burchinal, M., & Ramey, C. T. (2001). The development of cognitive and academic abilities: Growth curves from an early childhood educational experiment. *Developmental Psychology, 37*, 231-242.

Cannon, W. B. (1927). The James-Lange theory of emotion: A critical examination and an alternative theory. *American Journal of Psychology, 39*, 106-124.

Caprara, G. V., Barbaranelli, C., Borgogni, L., & Steca, P. (2003). Efficacy beliefs as determinants of teachers' job satisfaction. *Journal of Educational Psychology, 95*, 821-832.

Carnegie Council on Adolescent Development. (1989). *Turning points: Preparing American youth for the 21st century.* New York: Carnegie Foundation.

Caslyn, R., & Kenny, D. (1977). Self-concept of ability and perceived evaluations by others: Cause or effect of academic achievement? *Journal of Educational Psychology, 69*, 136-145.

Chapin, M., & Dyck, D. G. (1976). Persistence in children's reading behavior as a function of N length and attribution retraining. *Journal of Abnormal Psychology, 85*, 511-515.

Chen, C., & Stevenson, H. (1995). Motivation and mathematics achievement: A comparative study of Asian-American, Caucasian-American, and East Asian high school students. *Child Development, 66*, 1215-1234.

Chester, M. D., & Beaudin, B. Q. (1996). Efficacy

beliefs of newly hired teachers in urban schools. *American Educational Research Journal, 33*, 233-257.

Chubb, J. (1988). Why the current wave of school reform will fail. *The Public Interest, 90*, 28-49.

Clark, C. M., & Peterson, P. (1986). Teachers' thought processes. In M. C. Wittrock (Ed.), *Handbook of research on teaching* (3rd ed., pp. 255-296). New York: Macmillan.

Clark, C. M., & Yinger, R. J. (1979). Teachers' thinking. In P. L. Peterson & H. J. Walberg (Eds.), *Research on teaching: Concepts, findings, and implications* (pp. 231-263). Berkeley, CA: McCutchan.

Cliffod, R. M., Early, D. M., & Hill, T. (1999). About a million children in school before kindergarten. *Young Children, 54*, 48-51.

Cobb, P. (1994). Where is the mind? Constructivist and sociocultural perspectives on mathematical development. *Educational Researcher, 23*(7), 13-20.

Cognition and Technology Group at Vanderbilt. (1996). Looking at technology in context: A framework for understanding technology and education research. In D. Berliner & R. Calfee (Eds.), *Handbook of educational psychology* (pp. 807-840). New York: Macmillan.

Cohen, E. (1994). Restructuring the classroom: Conditions for productive small groups. *Review of Educational Research, 64*, 1-35.

Collins, J. (1982, March). *Self-efficacy and ability in achievement behavior.* Paper presented at the meeting of the American Educational Research Association, New York.

Collins, W. A., Maccoby, E. E., Steinberg, L., Hetherington, E. M., & Bornstein, M. H. (2000). Contemporary research on parenting: The case for nature and nurture. *American Psychologist, 55*, 218-232.

Comer, J. P. (1980). *School power: Implications of an intervention project.* New York: Free Press.

Comer, J. P. (2001, April 23). Schools that develop children. *The American Prospect*, 30-35.

Comer, J. P., & Haynes, N. M. (1999). The dynamics of school change: Response to the article, "Comer's School Development Program in Prince George's County, Maryland: A theory-based evaluation," by Thomas D. Cook et al. *American Educational Research Journal, 36*, 599-607.

Comer, J. P., Haynes, N. M., & Joyner, E. T. (1996). The School Development Program. In J. P. Comer, N. M. Haynes, E. T. Joyner, & M. Ben-Avie (Eds.), *Rallying the whole village: The Comer process for reforming education* (pp. 1-26). New York: Teachers Colleage Press.

Connell, J. P. (1985). A new multidimensional measure of children's perceptions of control. *Child Development, 56*, 1018-1041.

Connell, J. P., & Wellborn, J. G. (1991). Competence, autonomy, and relatedness: A motivational analysis of self-system processes. In M. R. Gunnar & L. A. Sroufe (Eds.), *Minnesota symposium on child psychology* (Vol. 23, pp. 43-77). Hillsdale, NJ: Erlbaum.

Cook, T. D., Habib, F., Phillips, M., Settersten, R. A., Shagle, S. C., & Degirmencioglu, S. M. (1999). Comer's School Development Program in Prince George's Country, Maryland: A theory-based evaluation. *American Educational Research Journal, 36*, 543-597.

Cook, T. D., Murphy, R. F., & Hunt, H. D. (2000). Comer's School Development Program in Chicago: A theory-based evaluation. *American Educational Research Journal, 37*, 535-597.

Cooper, H. M., & Dorr, N. (1995). Race comparisons on need for achievement: A meta-analytic alternative to Graham's narrative review. *Review of Educational Research, 65*, 483-508.

Cooper, H. M., & Good, T. L. (1983). *Pygmalion grous up: Studies in the expectation communication process.* New York: Longman.

Cooper, H. M., Robinson, J. C., & Patall, E. A. (2006). Does homework improve academic achievement? A synthesis of research, 1987-2003. *Review of Educational Research, 76*, 1-62.

Cooper, H. M., & Tom, D. Y. H. (1984). Teacher expectation research: A review with implications for classroom instruction. *Elementary School Journal, 85*, 77-89.

Cordova, D. I., & Lepper, M. R. (1996). Intrinsic motivation and the process of learning: Beneficial effects of contextualization, personalization, and choice. *Journal of Educational Psychology, 88*, 715-730.

Corno, L. (1993). The best-laid plans: Modern conceptions of volition and educational research. *Educational Researcher, 22*(2), 14-22.

Corno, L. (1994). Student volition and education: Outcomes, influences, and practices. In D. H. Schunk & B. J. Zimmerman (Eds.), *Self-regulation of learning and performance: Issues and educational applications* (pp. 229-251). Hillsdale, NJ: Erlbaum.

Corno, L., & Mandinach, E. B. (1983). The role of cognitive engagement in classroom learning and motivation. *Educational Psychologist, 18*, 88-108.

Corno, L., & Rohrkemper, M. (1985). The intrinsic motivation to learn in the classroom. In C. Ames & R. Ames (Eds.), *Research on motivation in education* (Vol. 2, pp. 53-90). New York: Academic Press.

Cotton, J. L. (1981). A review of research on Schachter's theory of emotion and the misattribution of arousal. *European Journal of Social Psychology, 11*, 365-397.

Covington, M. V. (1992). *Making the grade: A self-worth perspective on motivation and school reform*. New York: Cambridge University Press.

Covington, M. V. (1998). *The will to learn: A guide for motivating young people*. New York: Cambridge University Press.

Covington, M. V., & Beery, R. G. (1976). *Self-worth and school learning*. New York: Holt, Rinehart, & Winston.

Covington, M. V., & Omelich, C. L. (1979). Effort: The double-edged sword in school achievement. *Journal of Educational Psychology, 71*, 169-182.

Covington, M. V., & Omelich, C. L. (1991). Need achievement revisited: Verification of Atkinson's original 2×2 model. In C. D. Spielberger, I. G. Sarason, Z. Kulcsar, & G. L. Van Heck (Eds.), *Stress and emotion: Anxiety, anger, and curiosity* (Vol. 14, pp. 85-105). Washington, DC: Hemispher.

Covington, M. V., & Roberts, B. (1994). Self-worth and college achievement: Motivational and personality correlates. In P. R. Pintrich, D. R. Brown, & C. E. Weinstein (Eds.), *Student motivation, cognition, and learning: Essays in honor of Wilbert J. McKeachie* (pp. 157-187). Hillsdale, NJ: Erlbaum.

Crandall, V. C., Katkovsky, W., & Crandall, V. J. (1965). Children's beliefs in their own control of reinforcements in intellectual-academic achievement situations. *Child Development, 36*, 91-109.

Crandall, V. J., Katkovsky, W., & Preston, A. (1962). Motivational and ability determinants of young children's intellectual achievement behavior. *Child Development, 33*, 643-661.

Crespi, L. P. (1942). Quantitative variation of incentive and performance in the white rat. *American Journal of Psychology, 55*, 467-517.

Crocker, J., & Major, B. (1989). Social stigma and self-esteem: The self-protective properties of stigma. *Psychological Review, 96*, 608-630.

Crocker, J., & Wolfe, C. (2001). Contingencies of self-worth. *Psychological Review, 108*, 593-623.

Cronbach, L. J., & Snow, R. (1977). *Aptitudes and instructional methods*. New York: Irvington.

Csikszentmihalyi, M. (1975). *Beyond boredom and anxiety*. San Francisco: Jossey-Bass.

Csikszentmihalyi, M. (1978). Intrinsic rewards and emergent motivation. In M. R. Lepper & D. Greene (Eds.), *The hidden costs of reward: New perspectives on the psychology of human motivation* (pp. 205-216). Hillsdale, NJ: Erlbaum.

Csikszentmihalyi, M. (1982). Toward a psychology of optimal experience. In L. Wheeler (Ed.), *Review of personality and social psychology*

(Vol. 3, pp. 13-36). Beverly Hills, CA: Sage.

Csikszentmihalyi, M. (1985). Emergent motivation and the evolution of the self. In D. A. Kleiber & M. L. Maehr (Eds.), *Advances in motivation and achievement* (Vol. 4, pp. 93-119). Greenwich, CT: JAI Press.

Csikszentmihalyi, M. (1990). *Flow*. New York: Harper & Row.

Csikszentmihalyi, M. (1996). *Creativity: Flow and the psychology of discovery and invention*. New York: HarperCollins.

Csikszentmihalyi, M. (1997). *Finding flow*. New York: Basic Books.

Csikszentmihalyi, M. (1999). If we are so rich, why aren't we happy? *American Psychologist, 54*, 821-827.

Csikszentmihalyi, M., Abuhamdeh, S., & Nakamura, J. (2005). Flow. In In A. J. Elliot & C. S. Dweck (Eds.), *Handbook of competence and motivation* (pp. 598-608). New York: Guilford Press.

Csikszentmihalyi, M., & Csikszentmihalyi, I. (1988). *Optimal experience: Psychological studies of flow in consciousness*. New York: Cambridge University Press.

Csikszentmihalyi, M., & Rathunde, K. (1993). The measurement of flow in everyday life: Toward a theory of emergent motivation. In J. E. Jacobs (Ed.), *Nebraska symposium on motivation 1992* (Vol. 40, pp. 57-97). Lincoln: University of Nebraska Press.

Csikszentmihalyi, M., & Rathunde, K. (1998). The development of the person: An experiential perspective on the ontogenesis of psychological complexity. In W. Damon (Series Ed.) & R. Lerner (Vol. Ed.), *Handbook of child psychology: Vol. 1. Theoretical models of human development* (5th ed., pp. 635-684). New York: Wiley.

Cusick, P. (1983). *The egalitarian ideal and the American high school*. New York: Longman.

Damon, W. (1995). *Greater expectations: Overcoming the culture of indulgence in America's homes and schools*. New York: Free Press.

Damon, W., & Hart, D. (1988). *Self-understanding in childhood and adolescence*. Cambridge, England: Cambridge University Press.

Daniels, D. H., Kalkman, D. L., & McCombs, B. L. (2001). Young children's perspectives on learning and teacher practices in different classroom contexts: Implications for motivation. *Early Education and Development, 12*, 253-273.

Davidson, E. S., & Smith, W. P. (1982). Imitation, social comparison, and self-reward. *Child Development, 53*, 928-932.

Davis, H. A. (2003). Conceptualizing the role and influence of student-teacher relationships on children's social and cognitive development. *Educational Psychologist, 38*, 207-234.

de Charms, R. (1968). *Personal causation: The internal affective determinants of behavior*. New York: Academic Press.

de Charms, R. (1976). *Enhancing motivation: Change in the classroom*. New York: Irvington.

de Charms, R. (1984). Motivation enhancement in educational settings. In R. Ames & C. Ames (Eds.), *Research on motivation in education* (Vol. 1, pp. 275-310). New York: Academic Press.

Deci, E. L. (1975). *Intrinsic motivation*. New York: Plenum.

Deci, E. L. (1980). *The psychology of self-determination*. Lexington, MA: D. C. Heath.

Deci, E. L., Koestner, R., & Ryan, R. M. (1999). A meta-analytic review of experiments examining the effects of extrinsic rewards on intrinsic motivation. *Psychological Bulletin, 125*, 627-668.

Deci, E. L., Koestner, R., & Ryan, R. M. (2001). Extrinsic rewards and intrinsic motivation in education: Reconsidered once again. *Review of Educational Research, 71*, 1-27.

Deci, E. L., & Moller, A. C. (2005). The concept of competence: A starting place for understanding intrinsic motivation and self-determined extrinsic motivation. In A. J. Elliot & C. S. Dweck (Eds.), *Handbook of competence and motivation* (pp. 579-597). New York: Guilford

Press.

Deci, E. L., & Porac, J. (1978). Cognitive evaluation theory and the study of human motivation. In M. R. Lepper & D. Greene (Eds.), *The hidden costs of reward: New perspectives on the psychology of human motivation* (pp. 149-176). Hillsdale, NJ: Erlbaum.

Deci, E. L., & Ryan, R. M. (1985). *Intrinsic motivation and self-determination in human behavior.* New York: Plenum.

Deci, E. L., & Ryan, R. M. (1987). The support of autonomy and the control of behavior. *Journal of Personality and Social Psychology, 53,* 1024-1037.

Deci, E. L., & Ryan, R. M. (1991). A motivational approach to self: Integration in personality. In R. A. Dienstbier (Ed.), *Nebraska symposium on motivation 1990* (Vol. 38, pp. 237-288). Lincoln, NE: University of Nebrask Press.

Deci, E., L., & Ryan, R. M. (2002). The paradox of achievement: The harder you push, the worse it gets. In J. Aronson (Ed.), *Improving academic achievement: Impact of psychological factors on education* (pp. 62-90). San Diego: Academic Press.

Deci, E. L., Vallerand, R. J., Pelletier, L. G., & Ryan, R. M. (1991). Motivation and education: The self-determination perspective. *Educational Psychologist, 26,* 325-346.

DeGarmo, D. S., Forgatch, M. S., & Martinez, C. R., Jr. (1999). Parenting of divorced mothers as a link between social status and boys' academic outcomes: Unpacking the effects of socioeconomic status. *Child Development, 70,* 1231-1245.

Dewey, J. (1913). *Interest and effort in education.* Boston: Riverside Press.

Diener, C. I., & Dweck, C. S. (1978). An analysis of learned helplessness: Continuous changes in performance, strategy, and achievement cognitions following failure. *Journal of Personality and Social Psychology, 36,* 451-462.

Dornbusch, S., Ritter, P, Liederman, P., Roberts, D., & Fraleigh, M. (1987). The relation of parenting styles to adolescent school performance. *Child Development, 58,* 1244-1257.

Dowrick, P. W. (1983). Self-modelling. In P. W. Dowrick & S. J. Biggs (Ed.), *Using video: Psychological and social applications* (pp. 105-124). Chichester, England: Wiley.

Doyle, W. (1983). Academic work. *Review of Educational Research, 53,* 159-199.

Doyle, W. (1986). Classroom management. In M. C. Wittrock (Ed.), *Handbook of research on teaching* (3rd ed., pp. 392-431). New York: Macmillan.

Dryfoos, J. (1999). The role of the school in children's out-of-school time. *The Future of Children. When School is Out, 9,* 117-134.

Duda, J., & Nicholls, J. (1992). Dimensions of achievement motivation in schoolwork and sport. *Journal of Educational Psychology, 84,* 290-299.

Duke, D., Showers, B., & Imber, M. (1980). Studying shared decision making in schools. In S. B. Bacharach (Ed.), *Organizational behavior in schools and school districts* (pp. 220-268). New York: Praeger.

Dunkin, M. J., & Biddle, B. J. (1974). *The study of teaching.* New York: Holt, Rinehart & Winston.

Dusek, J. B. (1980). The development of test anxiety in children. In I. G. Sarason (Ed.), *Test anxiety: Theory, research, and applications* (pp. 87-110). Hillsdale, NJ: Erlbaum.

Dusek, J. B. (1985). *Teacher expectancies.* Hillsdale, NJ: Erlbaum.

Dweck, C. S. (1975). The role of expectations and attributions in the alleviation of learned helplessness. *Journal of Personality and Social Psychology, 31,* 674-685.

Dweck, C. S. (1996). Social motivation: Goals and social-cognitive processes. A comment. In J. Juvonen & K. R. Wentzel (Eds.), *Social motivation: Understanding children's school adjustment* (pp. 181-195). Cambridge, England: Cambridge University Press.

Dweck, C. S. (1999). *Self-theories: Their role in motivation, personality, and development.* Philadelphia: Taylor & Francis.

Dweck, C. S., Davidson, W., Nelson, S., & Enna, B. (1978). Sex differences in learned helplessness: II. The contigencies of evaluative feedback in the classroom. III. An experimental analysis. *Developmental Psychology, 14*, 268–276.

Dweck, C. S., & Elliott, E. S. (1983). Achievement motivation. In P. H. Mussen (Series Ed.) & E. M. Heatherington (Vol. Ed.), *Handbook of child psychology: Vol 4. Socialization, personality, and social development* (4th ed., pp. 643–691). New York: Wiley.

Dweck, C. S., & Goetz, T. (1978). Attributions and learned helplessness. In J. Harvey, W. Ickes, & R. Kidd (Eds.), *New directions in attribution research* (pp. 157–179). Hillsdale, NJ: Erlbaum.

Dweck, C. S., & Leggett, E. L. (1988). A social-cognitive approach to motivation and personality. *Psychological Review, 95*, 256–273.

Dweck, C. S., & Repucci, N. (1973). Learned helplessness and reinforcement responsibility in children. *Journal of Personality and Social Psychology, 25*, 109–116.

Eagly, A., & Chaiken, S. (1998). Attitude structure and function. In D. Gilbert, S. Fiske, & G. Lindzey (Eds.), *The handbook of social psychology* (Vol. 1, 4th ed., pp. 269–322). New York: McGraw-Hill.

Eccles, J. S. (1983). Expectancies, values and academic behaviors. In J. T. Spence (Ed.), *Achievement and achievement motives* (pp. 75–146). San Francisco: Freeman.

Eccles, J. S. (1987). Gender roles and women' s achievement-related decisions. *Psychology of Women Quarterly, 11*, 135–172.

Eccles, J. S. (1993). School and family effects on the ontogeny of children's interests, self-perceptions, and activity choice. In J. Jacobs (Ed.), *Nebraska symposium on motivation: Developmental perspectives on motivation* (pp. 145–208). Lincoln, NE: University of Nebraska Press.

Eccles, J. S. (2004). Schools, academic motivation, and stage-environment fit. In R. Lerner & L. Steinberg (Eds.), *Handbook of adolescent psychology* (2nd ed., 125–152). Hoboken, NJ: Wiley.

Eccles, J. S. (2005). Subjective task value and the Eccles et al. model of achievement-related choice. In A. J. Elliot & C. S. Dweck (Eds.), *Handbook of competence and motivation* (pp. 105–121). New York: Guilford Press.

Eccles, J. S., Adler, T., & Meece, J. (1984). Sex differences in achievement: A test of alternate theories. *Journal of Personality and Social Psychology, 46*, 26–43.

Eccles, J. S., & Blumenfeld, P. (1985). Classroom experiences and student gender: Are there differences and do they matter? In L. Wikinson & C. Marrett (Eds.), *Gender influences in classroom interaction* (pp. 79–114). Hillsdale, NJ: Erlbaum.

Eccles, J. S., & Harold, R. (1991). Gender differences in sport involvement: Applying the Eccles' expectancy-value model. *Journal of Applied Sport Psychology, 3*, 7–35.

Eccles, J. S., Lord, S., & Midgley, C. (1991). What are we doing to early adolescents? The impact of educational contexts on early adolescents. *American Journal of Educations, 99*, 521–542.

Eccles, J. S., & Midgley, C. (1989). Stage-environment fit: Developmentally appropriate classrooms for young adolescents. In C. Ames & R. Ames (Eds.), *Research on motivation in education* (Vol. 3, pp. 139–186). San Diego, CA: Academic Press.

Eccles, J. S., Midgley, C., & Adler, T. (1984). Grade-related changes in the school environment: Effects on achievement motivation. In J. Nicholls (Ed.), *Advances in motivation and achievement: The development of achievement motivation* (Vol. 3, pp. 283–331). Greenwich, CT: JAI Press.

Eccles, J. S., Midgley, C., Wigfield, A., Buchanan, C., Reuman, D., Flanagan, C., & Mac Iver, D. (1993). Development during adolescence: The impact of stage-environment fit on young adolescents' experiences in schools and families. *American Psychologist, 48*, 90–101.

Eccles, J. S., Midgley, C., Wigfield, A., Reuman, D.,

Mac Iver, D., & Fedlaufer, H. (1993). Negative effects of traditional middle schools on students' motivation. *Elementary School Journal, 93*, 553-574.

Eccles, J. S., & Wigfield, A. (1985). Teacher expectancies and student motivation. In J. B. Dusek (Ed.), *Teacher expectancies* (pp. 185-226). Hillsdale, NJ: Erlbaum.

Eccles, J. S., & Wigfield, A. (1995). In the mind of the actor: The structure of adolescents' achievement task values and expectancy-related beliefs. *Personality and Social Psychology Bulletin, 21*, 215-225.

Eccles, J. S., Wigfield, A., Flanagan, C., Miller, C., Reuman, D., & Yee, D. (1989). Self-concepts, domain values, and self-esteem: Relations and changes at early adolescence. *Journal of Personality, 57*, 283-310.

Eccles, J. S., Wigfield, A., Harold, R., & Blumenfeld, P. (1993). Age and gender differences in children' s self-and task perceptions during elementary school. *Child Development, 64*, 830-847.

Eccles, J. S., Wigfield, A., & Schiefele, U. (1998). Motivation to succeed. In W. Damon (Series Ed.) & N. Eisenberg (Vol. Ed.), *Handbook of child psychology: Vol. 3. Social, emotional, and personality development* (5th ed., pp. 1017-1095). New York: Wiley.

Edelson, D., Gordin, D., & Pea, R. (1999). Addressing the challenges of inquiry-based learning through technology and curriculum design. *The Journal of the Learning Sciences, 8*, 391-450.

Edmonds, R. (1979). Effective schools for the urban poor. *Educational Leadership, 37*, 15-24.

Eisen, S. V. (1979). Actor-observer differences in information inference and causal attribution. *Journal of Personality and Social Psychology, 37*, 261-272.

Eisenberger, R., & Armeli, S. (1997). Can salient reward increase creative performance without reducing intrinsic creative interest? *Journal of Personality and Social Psychology, 72*, 652-663.

Eisenberger, R., Armeli, S., & Pretz, J. (1998). Can the promise of reward increase creativity? *Journal of Personality and Social Psyhology, 74*, 704-714.

Eisenberger, R., & Cameron, J. (1996). Detrimental effects of reward: Reality or myth? *American Psychologist, 51*, 1153-1166.

Eisenberger, R., & Cameron, J. (1998). Reward, intrinsic interest, and creativity: New findings. *American Psychologist, 53*, 676-679.

Eisenberger, R., Pierce, W. D., & Cameron, J. (1999). Effects of reward on intrinsic motivation—Negative, neutral, and positive: Comment on Deci, Koestner, and Ryan (1999). *Psychological Bulletin, 125*, 677-691.

Eisenberger, R., & Rhoades, L. (2001). Incremental effects of reward on creativity. *Journal of Personality and Social Psychology, 81*, 728-741.

Eisenberger, R., Rhoades, L., & Cameron, J. (1999). Does pay for performance increase or decrease perceived self-determination and intrinsic motivation? *Journal of Personality and Social Psychology, 77*, 1026-1040.

Elashoff, J. D., & Snow, R. (1971). *Pygmalion reconsidered*. Worthington, OH: Jones.

Elliot, A. J. (1977). Integrating the "classic" and "contemporary" approaches to achievement motivation: A hierarchical model of approach and avoidance achievement motivation. In M. Maehr & P. Pintrich (Eds.), *Advances in motivation and achievement* (Vol. 10, pp. 243-279). Greenwich, CT: JAI Press.

Elliot, A. J. (1999). Approach and avoidance motivation and achievement goals. *Educational Psychologist, 34*, 169-189.

Elliot, A. J., & Church, M. (1997). A hierarchical model of approach and avoidance achievement motivation. *Journal of Personality and Social Psychology, 72*, 218-232.

Elliot, A. J., & Harackiewicz, J. M. (1996). Approach and avoidance achievement goals and intrinsic motivation: A mediational analysis. *Journal of Personality and Social Psychology, 70*, 461-

475.

Elliot, A. J., & McGregor, H. (2001). A 2×2 achievement goal framework. *Journal of Personality and Social Psychology, 80*, 501-519.

Elliot, A. J., McGregor, H., & Gable, S. (1999). Achievement goals, study strategies, and exam performance: A mediational analysis. *Journal of Educational Psychology, 91*, 549-563.

Elliot, A. J., & Thrash, T. M. (2001). Achievement goals and the hierarchical model of achievement motivation. *Educational Psychology Review, 13*, 139-156.

Elliott, E. S., & Dweck, C. S. (1988). Goals: An approach to motivation and achievement. *Journal of Personality and Social Psychology, 54*, 5-12.

Emmer, E. T., Evertson, C. M., & Anderson, L. M. (1980). Effective classroom management at the beginning of the school year. *Elementary School Journal, 80*, 219-231.

Emmer, E. T., Evertson, C., & Worsham, M. E. (2000). *Classroom management for secondary teachers* (5th ed.). Boston: Allyn & Bacon.

Emmons, C. L., Comer, J. P., & Haynes, N. M. (1996). Translating theory into paractice: Comer's theory of school reform. In J. P. Comer, N. M. Haynes, E. T. Joyner, & M. Ben-Avie (Eds.), *Rallying the whole village: The Comer process for reforming education* (pp. 27-41). New York: Teachers College Press.

Englund, M. M., Luckner, A. E., Whaley, G. J. L., & Egeland, B. (2004). Children's achievement in early elementary school: Longitudinal effects of parental involvement, expectations, and quality of assistance. *Journal of Educational Psychology, 96*, 723-730.

Entwisle, D. R., Alexander, K. L., Pallas, A. M., & Cadigan, D. (1987). The emergent academic self-image of first-graders. Its response to social structure. *Child Development, 58*, 1190-1206.

Entwisle, D. R., & Baker, D. P. (1983). Gender and young children's expectations for performance in arithmetic. *Developmental Psychology, 19*, 200-209.

Epstein, J. (1986). Parents' reactions to teacher practices of parent involvement. *Elementary School Journal, 86*, 277-294.

Epstein, J. (1987). Toward a theory of family-school connections: Teacher practices and parent involvement. In K. Hurrelmann, F. Kaufmann, & F. Losel (Eds.), *Social intervention: Potential and constraints* (pp. 121-136). Hawthorn, NY: Aldine de Gruyter.

Epstein, J. (1989). Family structures and student motivation: A developmental perspective. In C. Ames & R. Ames (Eds.), *Research on motivation in eduation* (Vol. 3, pp. 259-295). San Diego, CA: Academic Press.

Epstein, J. (1995). School/family/community partnerships: Caring for the children we share. *Phi Delta Kappan, 76*, 701-712.

Erikson, E. (1963). *Childhood and society*. New York: Norton.

Erickson, F. (1986). Qualitative methods in research on teaching. In M. C. Wittrock (Ed.), *Handbook of research on teaching* (3rd ed., pp. 119-161). New York: Macmillan.

Ericsson, K., Krampe, R., & Tesch-Römer, C. (1993). The role of deliberate practice in the acquisition of expert performance. *Psychological Review, 100*, 363-406.

Ericsson, K., & Simon, H. (1993). *Protocol analysis: Verbal reports as data* (2nd ed.). Cambridge, MA: MIT Press.

Evans, K. (1971). *Attitudes and interests in education*. London: Routledge & Kegan.

Evertson, C., Emmer, E. T., & Worsham, M. E. (2000). *Classroom management for elementary teachers* (5th ed.). Boston: Allyn & Bacon.

Eyler, J., Cooke, V., & Ward, L. (1983). Resegregation: Segregation within desegregated schools. In C. Rossell & W. Howley (Eds.), *The consequences of school desegregation* (pp. 126-162). Philadelphia: Temple University Press.

Fan, X., & Chen, M. (2001). Parental involvement and students' academic achievement: A meta-analysis. *Educational Psychology Review, 13*,

1-22.

Feather, N. (1982). Human values and the prediction of action: An expectancy-valence analysis. In N. T. Feather (Ed.), *Expectations and actions: Expectancy-value models in psychology* (pp. 263-289). Hillsdale, NJ: Erlbaum.

Feather, N. (1988). Values, valences, and course enrollment: Testing the role of personal values within an expectancy-value framework. *Journal of Educational Psychology, 80*, 381-391.

Feldman, N. S., & Ruble, D. N. (1977). Awareness of social comparison interest and motivations: A developmental study. *Journal of Educational Psychology, 69*, 579-585.

Feltz, D. L., Chase, M. A., Moritz, S. E., & Sullivan, P. J. (1999). A conceptual model of coaching efficacy: Preliminary investigation and instrument development. *Journal of Educational Psychology, 91*, 765-776.

Festinger, L. (1954). A theory of social comparison processes. *Human Relations, 7*, 117-140.

Festinger, L. (1957). *A theory of cognitive dissonance.* Stanford, CA: Stanford University Press.

Fiedler, K. (2000). Toward an integrative account of affect and cognition phenomena using the BIAS computer algorithm. In J. Forgas (Ed.), *Feeling and thinking: The role of affect in social cognition* (pp. 223-252). New York: Cambridge University Press.

Fine, M. (1991). *Framing droputs: Notes on the politics of an urban public high school.* Albany, NY: State University of New York Press.

Finn, J. D. (1989). Withdrawing from school. *Review of Educational Research, 59*, 117-142.

Finn, J. D., Gerber, S. B., & Boyd-Zaharias, J. (2005). Small classes in the early grades, academic achievement, and graduating from high school. *Journal of Educational Psychology, 97*, 214-223.

Fish, M. C., & Pervan, R. (1985). Self-instruction training: A potential tool for school psychologists. *Psychology in the Schools, 22*, 83-92.

Fiske, A., Kitayama, S., Markus, H., & Nisebett, R. (1998). The cultural matrix of social psychology. In D. Gilbert, S. Fiske, & G. Lindzey (Eds.), *The handbook of social psychology* (Vol. 2, 4th ed., pp. 915-981). New York: McGraw-Hill.

Fiske, S., & Taylor, S. (1991). *Social cognition.* New York: McGraw-Hill.

Fletcher, G., & Ward, C. (1988). Attribution theory and processes: A cross-cultural perspective. In M. H. Bond (Ed.), *The cross-cultural challege to social psychology* (pp. 230-244). Newbury Park, CA: Sage.

Floden, R. E. (2001). Research on the effects of teaching: A continuing model for research on teaching. In V. Richardson (Ed.), *Handbook of research on teaching* (4th ed., pp. 3-16). Washington, DC: American Educational Research Association.

Ford, D. H. (1987). *Humans as self-constructing living systems: Putting the framework to work.* Hillsdale, NJ: Erlbaum.

Ford, D. Y., & Harris, J. (1996). Perceptions and attitudes of Black students toward school, achievement, and other educational variables. *Child Development, 67*, 1141-1152.

Ford, M. (1992). *Motivating humans: Goals, emotions, and personal agency beliefs.* Newbury Park, CA: Sage.

Ford, M., & Ford, D. H. (1987). *Humans as self-constructing living systems: Putting the framework to work.* Hillsdale, NJ: Erlbaum.

Ford, M., & Nichols, C. W. (1991). Using goal assessments to identify motivational patterns and facilitate behavioral regulation and achievement. In M. L. Maehr & P. R. Pintrich (Eds.), *Advances in motivation and achievement: Goals and self-regulation* (Vol. 7, pp. 51-84). Greenwich, CT: JAI Press.

Fordham, S., & Ogbu, J. (1986). Black students' school success: Coping with the burden of "acting white." *Urban Review, 18*, 176-206.

Forgas, J. (2000). The role of affect in social cognition. In J. Forgas (Ed.), *Feeling and thinking: The role of affect in social cognition* (pp. 1-28). New York: Cambridge University Press.

Försterling, F. (1985). Attributional retraining: A review. *Psychological Bulletin, 98*, 495-512.

Försterling, F., & Morgenstern, M. (2002). Accuracy of self-assessment and task performance: Does it pay to know the truth? *Journal of Educational Psychology, 94*, 576-585.

FPG Child Development Institute. (2005). *Early developments. NCEDL prd-kindergarten study, 9* (1). Chapel Hill, NC: Author. Available online at: http://www.fpg.unc.edu/~ncdel

France-Kaatrude, A., & Smith, W. P. (1985). Social comparison, task motivation, and the development of self-evaluative standards in children. *Developmental Psychology, 21*, 1080-1089.

Freud, S. (1966). *The complete introductory lectures on psychoanalysis* (J. Strachey, Trans.). New York: Norton.

Frey, K., & Ruble, D. N. (1987). What children say about classroom performance: Sex and grade differences in perceived competence. *Child Development, 58*, 1066-1078.

Friend, R., & Neale, J. (1972). Children's perceptions of success and failure: An attributional analysis of the effects of race and social class. *Developmental Psychology, 7*, 124-128.

Frijda, N. (1986). *The emotions*. Cambridge, England: Cambridge University Press.

Fuhrer, M. J., & Baer, P. E. (1965). Differential classical conditioning: Verbalization of stimulus contingencies. *Science*, 150, 1479-1481.

Fuligni, A. (1997). The academic achievement of adolescents from immigrant families: The roles of family background, attitudes, and behavior. *Child Development, 68*, 351-363.

Gagné, E. D., Yekovich, C. W., & Yekovich, F. R. (1993). *The cognitive psychology of school learning* (2nd ed.). New York: HarperCollins.

Galanaki, E., & Kalantzi-Azizi, A. (1999). Loneliness and social dissatisfaction: Its relation with children's self-efficacy for peer interaction. *Child Study Journal, 29*, 1-22.

Gamoran, A., & Berends, M. (1987). The effects of stratification in secondary schools: Synthesis of survey and ethnographic research. *Review of Educational Research, 57*, 415-435.

Garcia, T., & Pintrich, P. R. (1994). Regulating motivation and cognition in the classroom: The role of self-schemas and self-regulatory strategies. In D. H. Schunk & B. J. Zimmerman (Eds.), *Self-regulation of learning and performance: Issues and educational applications* (pp. 127-153). Hillsdale, NJ: Erlbaum.

George, T. R., Feltz, D. L., & Chase, M. A. (1992). Effects of model similarity on self-efficacy and muscular endurance: A second look. *Journal of Sport and Exercise Psychology, 14*, 237-248.

Gibson, S., & Dembo, M. H. (1984). Teacher efficacy: A construct validation. *Journal of Educational Psychology, 76*, 569-582.

Glasgow, K. L., Dornbusch, S. M., Troyer, L., Steinberg, L., & Ritter, P. L. (1997). Parenting styles, adolescents' attributions, and educational outcomes in nine heterogeneous high schools. *Child Development, 68*, 507-529.

Glass, D. C., & Singer, J. E. (1972). *Urban stress: Experiments on noise and social stressors*. New York: Academic Press.

Goddard, R. D., Hoy, W. K., & Woolfolk Hoy, A. (2000). Collective teacher efficacy: Its meaning, measure, and impact on student achievement. *American Educational Research Journal, 37*, 479-507.

Goddard, R. D., Hoy, W. K., & Woolfolk Hoy, A. (2004). Collective efficacy beliefs: Theoretical developments, empirical evidence, and future directions. *Educational Researcher, 33*(3), 3-13.

Gonzalez-De Hass, A. R., Willems, P. P., & Doan Holbein, M. F. (2005). Examining the relationship between parental involvement and student motivation. *Educational Psychology Review, 17*, 99-123.

Good, T., & Brophy, J. (1986). School effects. In M. C. Wittrock (Ed.), *Handbook of research on teaching* (3rd ed., pp. 570-602). New York:

Macmillan.

Good, T., & Brophy, J. E. (1987). *Looking in classrooms* (4th ed.). New York: Harper & Row.

Good, T., & Grouws, D. A. (1979). The Missouri mathematics effectiveness project. *Journal of Educational Psychology, 71*, 355-362.

Goodenow, C. (1993). The psychological sense of school membership among adolescents: Scale development and educational correlates. *Psychology in the Schools, 30*, 79-91.

Gottfried, A. E. (1985). Academic intrinsic motivation in elementary and junior high school students. *Journal of Educational Psychology, 77*, 631-645.

Gottfried, A. E. (1990). Academic intrinsic motivation in young elementary school children. *Journal of Educational Psychology, 82*, 525-538.

Gottfried, A. E., Fleming, J. S., & Gottfried, A. W. (1998). Role of cognitively stimulating home environment in children's academic intrinsic motivation: A longitudinal study. *Child Development, 69*, 1448-1460.

Graham, S. (1984). Communicating sympathy and anger to black and white students: The cognitive (attributional) antecedents of affective cues. *Journal of Personality and Social Psychology, 47*, 40-54.

Graham, S. (1991). A review of attribution theory in achievement contexts. *Educational Psychology Review, 3*, 5-39.

Graham, S. (1992). "Most of the subjects were white and middle class": Trends in reported research on African Americans in selected APA Journals, 1970-1989. *American Psychologist, 47, 629-639.*

Graham, S. (1994). Motivation in African Americans. *Review of Educational Research, 64*, 55-117.

Graham, S., Doubleday, C., & Guarino, P. (1984). The development of relations between perceived controllability and the emotions of pity, anger, and guilt. *Child Development, 55*, 561-565.

Graham, S., & Golan, S. (1991). Motivational influences on cognition: Task involvement, ego involvement, and depth of information processing. *Journal of Educational Psychology, 83*, 187-194.

Graham, S., & Long, A. (1986). Race, class, and the attributional process. *Journal of Educational Psychology, 78*, 4-13.

Graham, S., Taylor, A. Z., & Hudley, C. (1998). Exploring achievement values among ethnic minority early adolescents. *Journal of Educational Psychology, 90*, 606-620.

Grant, G. (1988). *The world we created at Hamilton High.* Cambridge, MA: Harvard University Press.

Greeno, J., Collins, A., & Resnick, L. (1996). Cognition and learning. In D. Berliner & R. Calfee (Eds.), *Handbook of educational psychology* (pp. 15-46). New York: Macmillan.

Guay, F., Boivin, M., & Hodges, E. V. E. (1999). Social comparison processes and academic achievement: The dependence of the development of self-evaluations on friends' performance. *Journal of Educational Psychology, 91*, 564-568.

Guskey, T. R. (1987). Context variables that affect measures of teacher efficacy. *Journal of Educational Research, 81*, 41-47.

Guskey, T. R., & Passaro, P. D. (1994). Teacher efficacy: A study of construct dimensions. *American Educational Research Journal, 31*, 627-643.

Hackett, G., & Betz, N. E. (1981). A self-efficacy approach to the career development of women. *Journal of Vocational Behavior, 18*, 326-339.

Hagtvet, K., & Johnsen, T. B. (1992). *Advances in test anxiety research* (Vol. 7). Amsterdam: Swets & Zeitlinger.

Hall, C. S., & Lindzey, G. (1978). *Theories of personality.* New York: Wiley.

Hall, V., Howe, A., Merkel, S., & Lederman, N. (1986). Behavior, motivation, and achievement in desegregated junior high school science classes. *Journal of Educational Psychology, 78*, 108-115.

Halle, T. G., Kurtz-Costes, B., & Mahoney, J. L. (1997). Family influences on school achievement in low-income African American children.

Journal of Educational Psychology, 89, 527-537.

Hallinger, P., & Murphy, J. (1986). The social context of effective schools. *American Journal of Education, 94*, 328-355.

Hamilton, V. L., Blumenfeld, P., Akoh, H., & Miura, K. (1989). Citizenship and scholarship in Japanese and American fifth grades. *American Educational Research Journal, 26*, 44-72.

Hamre, B. K., & Pianta, R. C. (2005). Can instructional and emotional support in the first-grade classroom make a difference for children at risk of school failure? *Child Development, 76*, 949-967.

Hansford, B., & Hattie, J. (1982). The relationship between self and achievement/performance measures. *Review of Educational Research, 52*, 123-142.

Harackiewicz, J. M., Barron, K. E., Carter, S., Letho, A., & Elliot, A. J. (1997). Determinants and consequences of achievement goals in the college classroom: Maintaining interest and making the grade. *Journal of Personality and Social Psychology, 73*, 1284-1295.

Harackiewicz, J. M., Barron, K. E., & Elliot, A. J. (1998). Rethinking achievement goals: When are they adaptive for college students and why? *Educational Psychologist, 33*, 1-21.

Harackiewicz, J. M., Barron, K. E., Tauer, J. M., Carter, S., & Elliot, A. J. (2000). Short-term and long-term consequences of achievement goals: Predicting interest and performance over time. *Journal of Educational Psychology, 92*, 316-330.

Harackiewicz, J. M., Barron, K. E., Tauer, J. M., & Elliot, A. J. (2002). Predicting success in college: A longitudinal study of achievement goals and ability measures as predictors of interest and performance from freshman year through graduation. *Journal of Educational Psychology, 94*, 562-575.

Harari, O., & Covington, M. V. (1981). Reactions to achievement behavior from a teacher and student perspective: A developmental analysis. *American Educational Research Journal, 18*, 15-28.

Hardre, P., & Reeve, J. (2003). A motivational model of rural students' intentions to persist in, versus drop out of, high school. *Journal of Educational Psychology, 95*, 347-356.

Harris, J. R. (1998). *The nurture assumption: Why children turn out the way they do*. New York: Free Press.

Harter, S. (1975). Developmental differences in the manifestation of mastery motivation on problem-solving tasks. *Child Development, 46*, 370-378.

Harter, S. (1978). Effectance motivation reconsidered: Toward a developmental model. *Human Development, 21*, 34-64.

Harter, S. (1981a). A model of mastery motivation in children: Individual differences and developmental change. In W. A. Collins (Ed.), *Aspects on the development of competence: The Minnesota symposia on child psychology* (Vol. 14, pp. 215-255). Hillsdale, NJ: Erlbaum.

Harter, S. (1981b). A new self-report scale of intrinsic versus extrinsic orientation in the classroom: Motivational and informational components. *Developmental Psychology, 17*, 300-312.

Harter, S. (1982). The perceived competence scale for children. *Child Development, 53*, 87-97.

Harter, S. (1983). Developmental perspectives on the self-system. In P. H. Mussen (Series Ed.) & E. M. Heatherington (Vol. Ed.), *Handbook of child psychology: Vol. 4. Socialization, Personality, and social development* (4th ed., pp. 275-386). New York: Wiley.

Harter, S. (1985a). Competence as a dimension of self-evaluation: Toward a comprehensive model of self-worth. In R. Leahy (Ed.), *The development of the self* (pp. 55-121). *New York: Academic Press.*

Harter, S. (1985b). *The self-perception profile for children: Revison of the perceived competence scale for children* (Maunal). Denver, CO: University of Denver.

Harter, S. (1986). Processes underlying the construction,

maintenance, and enhancement of the self-concept in children. In J. Suls & A. C. Greenwald (Eds.), *Psychological perspectives on the self* (Vol. 3, pp. 137-181). Hillsdale, NJ: Erlbaum.

Harter, S. (1990). Causes, correlates, and the functional role of self-worth: A life-span perspective. In R. J. Sternberg & J. Kolligian (Eds.), *Competence considered* (pp. 67-97). New Haven, CT: Yale University Press.

Harter, S. (1996). Teacher and classmate influences on scholastic motivation, self-esteem, and level of voice in adolescents. In J. Juvonen & K. R. Wentzel (Eds.), *Social motivation: Understanding children's school adjustment* (pp. 11-42). Cambridge, England: Cambridge University Press.

Harter, S. (1998). The development of self-representations. In W. Damon (Series Ed.), & N. Eisenberg (Vol. Ed.), *Handbook of child psychology. Vol. 3. Social, emotional, and personality development* (5th ed., pp. 553-617). New York: Wiley.

Harter, S. (1999). *The construction of the self: A developmental perspective.* New York: Guilford Press.

Harter, S., & Connell, J. P. (1984). A comparison of children' s achievement and related self-perceptions of competence, control, and motivational orientation. In J. G. Nicholls (Ed.), *Advances in motivation and achievement: The development of achievement motivation* (Vol. 3, pp. 219-250). Greenwich, CT: JAI Press.

Harter, S., Waters, P., & Whitesell, N. (1997). False self behavior and lack of voice among adolescent males and females. *Educational Psychologist, 32,* 153-173.

Harter, S., Whitesell, N., & Lowalski, P. (1992). Individual differences in the effects of educational transitions on young adolescents' perceptions of competence and motivation orientation. *American Educational Research Journal, 29,* 777-807.

Hartley, E. T., Bray, M. A., & Kehle, T. J. (1998). Self-modeling as an intervention to increase student classroom participation. *Psychology in the Schools, 35,* 363-372.

Haynes, N. M., Emmons, C. L., Gebreyesus, S., & Ben-Avie, M. (1996). The School Development Program evaluation process. In J. P. Comer, N. M. Haynes, E. T. Joyner, & M. Ben-Avie (Eds.), *Rallying the whole village: The Comer process for reforming education* (pp. 123-146). New York: Teachers College Press.

Hebb, D. O. (1949). *The organization of behavior.* New York: Wiley.

Hebb, D. O. (1966). *A textbook of psychology* (2nd ed.). Philadelphia: Saunders.

Heckhausen, H. (1977). Achievement motivation and its constructs: A cognitive model. *Motivation and Emotion, 1,* 283-329.

Heckhausen, H. (1991). *Motivation and action.* Berlin: Springer-Verlag.

Heidbreder, E. (1933). *Seven psychologies.* Englewood Cliffs, NJ: Prentice Hall.

Heider, F. (1946). Attitudes and cognitive organization. *Journal of Psychology, 21,* 107-112.

Heider, F. (1958). *The psychology of interpersonal relations.* New York: Wiley.

Helmke, A. (1988). The role of classroom context factors for the achievement-impairing effect of test anxiety. *Anxiety Research, 1,* 37-52.

Hembree, R. (1988). Correlates, causes, effects, and treatment of test anxiety. *Review of Educational Research, 58,* 47-77.

Henderson, V., & Dweck, C. S. (1990). Motivation and achievement. In S. Feldman & G. Elliott (Eds.), *At the threshold: The developing adolescent* (pp. 308-329). Cambridge, MA: Harvard University Press.

Henson, R. K. (2002). From adolescent angst to adulthood: Substantive implications and measurement dilemmas in the development of teacher efficacy research. *Educational Psychologist, 37,* 137-150.

Hess, R., Chang, C., & McDevitt, T. (1987). Cultural variations in family beliefs about children' s performance in mathematics: Comparisons among People' s Republic of China, Chinese-American, and Caucasian-American families.

Journal of Educational Psychology, 79, 179-188.

Hickey, D. (1997). Motivation and contemporary socio-constructivist instructional perspectives. *Educational Psychologist, 32*, 175-193.

Hidi, S. (1990). Interest and its contribution as a mental resource for learning. *Review of Educational Research, 60*, 549-571.

Hidi, S. (2000). An interest researcher's perspective: The effects of extrinsic and intrinsic factors on motivation. In C. Sansone & J. Harackiewicz (Eds.), *Intrinsic and extrinsic motivation: The search for optimal motivation and performance* (pp. 309-339). San Diego, CA: Academic Press.

Hidi, S., & Anderson, V. (1992). Situational interest and its impact on reading and expository writing. In K. A. Renninger, S. Hidi, & A. Krap (Eds.), *The role of interest in learning and development* (pp. 215-238). Hillsdale, NJ: Erlbaum.

Hidi, S., & Baird, W. (1986). Interestingness—a neglected variable in discourse processing. *Cognitive Science, 10*, 179-194.

Hidi, S., & Harackiewicz, J. (2000). Motivating the academically unmotivated: A critical issue for the 21st century. *Review of Educational Research, 70*, 151-179.

Hidi, S., Renninger, K. A., & Krapp, A. (1992). The present state of interest research. In K. A. Renninger, S. Hidi, & A. Krapp (Eds.), *The role of interest in learning and development* (pp. 433-446). Hillsdale, NJ: Erlbaum.

Higgins, E. T. (1981). Role taking and social judgment: Alternative developmental perspectives and processes. In J. H. Flavell & L. Ross (Eds.), *Social cognitive development: Frontiers and possible futures* (pp. 119-153). Cambridge, England: Cambridge University Press.

Higgins, E. T. (1997). Beyond pleasure and pain. *American Psychologist, 52*, 1280-1300.

Hill, K. T., & Wigfield, A. (1984). Test anxiety: A major educational problem and what can be done about it. *Elementary School Journal, 85*, 105-126.

Hill, N. E. (2001). Parenting and academic socialization as they relate to school readiness: The roles of ethnicity and family income. *Journal of Educational Psychology, 93*, 686-697.

Hilton, D. J., & Slugoski, B. R. (1986). Knowledge-based causal attribution: The abnormal conditions focus model. *Psychological Review, 93*, 75-88.

Hogan, K., & Pressley, M. (1997). *Scaffolding student learning: Instructional approaches and issues.* Cambridge, MA: Brookline Books.

Holloway, S. (1988). Concepts of ability and effort in Japan and the United States. *Review of Educational Research, 58*, 327-345.

Hong, Y., Morris, M., Chiu, C., & Benet-Martinez, V. (2000). Multicultural minds: A dynamic constructivist approach to culture and cognition. *American Psychologist, 55*, 709-720.

Howse, R. B., Calkins, S. D., Anastopoulous, A. D. Keane, S. P., & Shelton, T. L. (2003). Regulatory contributions to children's kindergarten achievement. *Early Education and Development, 14*, 101-119.

Hoy, W., & Sabo, D. (1998). *Quality middle schools: Open and healthy.* Thousand Oaks, CA: Corwin.

Hoy, W., Tarter, C., & Kottkamp, R. (1991). *Open schools/healthy schools: Measuring organizational climate.* Thousand Oaks, CA: Corwin.

Hudly, C., & Graham, S. (1993). An attributional intervention to reduce peer-directed aggression among African-American boys. *Child Development, 64*, 124-138.

Hull, C. L. (1943). *Principles of behavior: An introduction to behavior theory.* New York: Appleton-Century-Crofts.

Hull, C. L. (1951). *Essentials of behavior.* New Haven, CT: Yale University Press.

Hull, C. L. (1952). *A behavior system: An introduction to behavior theory concerning the individual organism.* New Haven, CT: Yale University Press.

Humphrey, G. (1921). Imitation and the conditioned reflex. *Pedagogical Seminary, 28*, 1-21.

Hunt, J. McV. (1963). Motivation inherent in information processing and action. In O. J. Harvey

(Ed.), *Motivation and social interaction: Cognitive determinants* (pp. 35-94). New York: Ronald.

Hunt, M. (1993). *The story of psychology.* New York: Doubleday.

Hymel, S., Comfort, C., Schonert-Reichl, K., & McDougall, P. (1996). Academic failure and school dropout: The influence of peers. In J. Juvonen & K. R. Wentzel (Eds.), *Social motivation: Understanding children's school adjustment* (pp. 313-345). Cambridge, England: Cambridge University Press.

Jacobs, J. E., & Bleeker, M. M. (2004). Girls' and boys' developing interests in math and science: Do parents matter? In H. A. Bouchey & C. Winston (Eds.), *Social and self processes underlying math and science achievement, New Directions for Child and Adolescent Development*, No. 106, 5-21.

Jacobs, J. E., Lanza, S., Osgood, D. W., Eccles, J. S., & Wigfield, A. (2002). Changes in children's self-competence and values: Gender and domain differences across grades one to twelve. *Child Development, 73*, 509-527.

Jagacinski, C. M., & Duda, J. (2001). A comparative analysis of contemporary achievement goal orientation measures. *Educational and Psychological Measurement, 61*, 1013-1039.

Jagacinski, C. M., & Nicholls, J. G. (1984). Conceptions of ability and related affects in task involvement and ego involvement. *Journal of Educational Psychology, 76*, 909-919.

Jagacinski, C. M., & Nicholls, J. G. (1987). Competence and affect in task involvement and ego involvement: The impact of social comparison information. *Journal of Educational Psychology, 79*, 107-114.

Jagacinski, C. M., & Nicholls, J. G. (1990). Reducing effort to protect perceived ability: "They'd do it but I wouldn't." *Journal of Educational Psychology, 82*, 15-21.

James, W. (1884). What is an emotion? *Mind, 9*, 188-205. (Reprinted in K. Dunlap (Ed.), *The emotions* (pp. 11-30). Baltimore, MD: Williams & Wilkins, 1922.)

James, W. (1890). *The principles of psychology* (Vol. 2). New York: Henry Holt.

James, W. (1892). *Psychology: Briefer course.* New York: Henry Holt.

Jencks, C., & Brown, M. (1975). Effects of high schools on their students. *Harvard Educational Review, 45*, 273-324.

Jensen, A. (1969). How much can we boost IQ and achievement? *Harvard Educational Review, 39*, 1-123.

Johnson, D., & Johnson, R. (1974). Instructional goal structure: Cooperative, competitive, or individualistic. *Review of Educational Research, 44*, 213-240.

Johnson, D., & Johnson, R. (1985). Motivational processes in cooperative, competitive, and individualistic learning situations. In C. Ames & R. Ames (Eds.), *Research on motivation in education* (Vol. 2, pp. 249-286). New York: Academic Press.

Johnson, D., Maruyama, G., Johnson, R., Nelson, D., & Skon, L. (1981). Effects of cooperative, competitive, and individualistic goal structures on achievement: A meta-analysis. *Psychological Bulletin, 89*, 47-62.

Johnson, T. J., Feigenbaum, R., & Weiby, M. (1964). Some determinants and consequences of the teacher's perceptions of causation. *Journal of Educational Psychology, 55*, 237-246.

Jones, E. E., & Harris, V. A. (1967). The attribution of attitudes. *Journal of Experimental Social Psychology, 3*, 1-24.

Jones, E. E., & Nisbett, R. (1972). The actor and the observer: Divergent perceptions of the causes of behavior. In E. E. Jones, D. E. Kanouse, H. H. Kelley, R. Nisbett, S. Valins, & B. Weiner (Eds.), *Attribution: Perceiving the causes of behavior* (pp. 79-94). Morristown, NJ: General Learning Press.

Junge, M. E., & Dretzke, B. J. (1995). Mathematical self-efficacy gender differences in gifted/talented adolescents. *Gifted Child Quarterly, 39*, 22-26.

Jussim, L. (1986). Self-fulfilling prophecies: A

theoretical and integrative review. *Psychological Review, 93*, 429-445.

Jussim, L. (1991). Social perception and social reality: A reflection-construction model. *Psychological Review, 98*, 54-73.

Kahle, J., Meece, J., & Scantlebury, K. (2000). Urban African American middle school science students: Does standards-based teaching make a difference? *Journal for Research on Science Teaching, 37*, 1019-1041.

Kahle, J., Parker, L., Rennie, L., & Riley, D. (1993). Gender differences in science education: Building a model. *Educational Psychologist, 28*, 379-404.

Kanfer, F. H., & Gaelick, L. (1986). Self-management methods. In F. H. Kanfer & A. P. Goldstein (Eds.), *Helping people change: A textbook of method* (3rd ed., pp. 283-345). New York: Pergamon.

Kanfer, R., & Kanfer, F. H. (1991). Goals and self-regulation: Applications of theory to work settings. In M. L. Maehr & P. R. Pintrich (Eds.), *Advances in motivation and achievement* (Vol. 7, pp. 287-326). Greenwich, CT: JAI Press.

Kaplan, A., & Maehr, M. L. (1999). Achievement goals and student well-being. *Contemporary Educational Psychology, 24*, 330-358.

Kaplan, A., & Midgley, C. (1997). The effect of achievement goals: Does level of perceived academic competence make a difference? *Contemporary Educational Psychology, 22*, 415-435.

Karabenick, S. A. (2004). Perceived achievement goal structure and college student help seeking. *Journal of Educational Psychology, 96*, 569-581.

Kassin, S., & Pryor, J. (1985). The development of attribution processes. In J. Pryor & J. Day (Eds.), *The development of social cognition* (pp. 3-34). New York: Springer-Verlag.

Keller, F. S. (1968). Good-bye, teacher … *Journal of Applied Behavior Analysis, 1*, 79-89.

Kelley, H. H. (1967). Attribution theory in social psychology. In D. Levine (Ed.), *Nebraska symposium on motivation* (Vol. 15, pp. 192-238). Lincoln, NE: University of Nebraska Press.

Kelley, H. H. (1971). *Attributions in social interactions*. Morristown, NJ: General Learning Press.

Kelley, H. H. (1972). Causal schemata and the attribution process. In E. E. Jones, D. E. Kanouse, H. H. Kelley, R. Nisbett, S. Valins, & B. Weiner (Eds.), *Attribution: Perceiving the causes of behavior* (pp. 151-174). Morristown, NJ: General Learning Press.

Kelley, H. H., & Michela, J. (1980). Attribution theory and research. *Annual Review of Psychology, 31*, 457-501.

Kindermann, T. A. (1993). Natural peer groups as contexts for individual development: The case of children's motivation in school. *Developmental Psychology, 29*, 970-977.

Kindermann, T. A., McCollam, T. L., & Gibson, E., Jr. (1996). Peer networks and students' classroom engagement during childhood and adolescence. In J. Juvonen & K. R. Wentzel (Eds.), *Social motivation: Understanding children's school adjustment* (pp. 279-312). Cambridge, England: Cambridge University Press.

Kinlaw, C. R., Kurtz-Costes, B., & Goldman-Fraser, J. (2001). Mothers' achievement beliefs and behaviors and their children's school readiness: A cultural comparison. *Applied Developmental Psychology, 22*, 493-506.

Kohn, A. (1996). By all available means: Cameron and Pierce's defense of extrinsic motivators. *Review of Educational Research, 66*, 1-4.

Kounin, J. S. (1977). *Discipline and group management in classrooms*. Huntington, NY: Krieger.

Krapp, A. (1999). Interest, motivation, and learning: An educational-psychological perspective. *European Journal of Psychology of Education, 14*, 23-40.

Krapp, A., Hidi, S., & Renninger, K. A. (1992). Interest, learning, and development. In K. A. Renninger, S. Hidi, & A. Krapp (Eds.), *The role of interest in learning and development* (pp. 3-25). Hillsdale, NJ: Erlbaum.

Kruglanski, A. (1977). The place of naive contents in a theory of attribution: Reflections on Calder' s and Zuckerman' s critique of the endogenous-exgenous partition. *Personality and Social Psychology Bulletin, 3*, 592-605.

Kuhl, J. (1984). Volitional aspects of achievement motivation and learned helplessness: Toward a comprehensive theory of action control. In B. A. Maher (Ed.), *Progress in experimental personality research* (Vol. 13, pp. 99-171). New York: Academic Press.

Kuhl, J. (1985). Volitional mediators of cognition-behavior consistency: Self-regulatory processes and action versus state orientation. In J. Kuhl & J. Beckmann (Eds.), *Action control: From cognition to behavior* (pp. 101-128). New York: Springer-Verlag.

Kuklinski, M. R., & Weinstein, R. S. (2001). Classroom and developmental differences in a path model of teacher expectancy effects. *Child Development, 72*, 1554-1578.

Kun, A., & Weiner, B. (1973). Necessary versus sufficient causal schemata for success and failure. *Journal of Research in Psychology, 7*, 197-207.

Kurtz, B. E., & Borkowski, J. G. (1987). Development of strategic skills in impulsive and reflective children: A longitudinal study of meta-cognition. *Journal of Experimental Child Psychology, 43*, 129-148.

Ladd, G. W. (1990). Having friends, keeping friends, making friends, and being liked by peers in the classroom: Predictors of children's early school adjustment? *Child Development, 61*, 1081-1100.

Ladd, G. W., & Kochenderfer, B. J. (1996). Links between friendship and adjustment during early school transitions. In W. M. Bukowski, A. F. Newcomb, & W. W. Hartup (Eds.), *The company they keep: Friendship in childhood and adolescence* (pp. 322-345). New York: Cambridge University Press.

Lamb, M. (1997). *The role of the father in child development*. New York: Wiley.

Lange, C. G. (1885). One leudsbeveegelser (I. A. Haupt, Trans.). In K. Dunlap (Ed.), *The emotions* (pp. 33-90). Baltimore, MD: Williams & Wilkens, 1922.

Lazar, I., Darlington, R., Murray, H., Royce, J., & Snipper, A. (1982). Lasting effects of early education: A report from the Consortium for Longitudinal Studies. *Monograph of the Society for Research in Child Development* (Serial no. 195).

Lazarus, R. (1991). *Emotion and adaptation*. Oxford, England: Oxford University Press.

Lee, C. (1988). The relationship between goal setting, self-efficacy, and female field hockey team performance. *International Journal of Sport Psychology, 20*, 147-161.

Lee, V. E., & Bryk, A. S. (1988). Curriculum tracking as mediating the social distribution of high school achievement. *Sociology of Education, 61*, 78-94.

Lee, V. E., & Bryk, A. S. (1989). A multilevel model of the social distribution of high school achievement. *Sociology of Education, 62*, 172-192.

Lee, V. E., Bryk, A. S., & Smith, J. B. (1993). The organization of effective secondary schools. In L. Darling-Hammond (Ed.), *Review of research in education* (Vol. 19, pp. 171-267). Washington, DC: American Educational Research Association.

Lee, V. E., & Burkam, D. T. (2003). Dropping out of high school: The role of school organization and structure. *American Educational Research Journal, 40*, 353-394.

Lee, V. E., & Smith, J. B. (1995). Effects of high school restructuring and size on early gains in achievement and engagement. *Sociology of Education, 68*, 241-270.

Lee, V. E., & Smith, J. B. (1999). Social support and achievement for young adolescents in Chicago: The role of school academic press. *American Educational Research Journal, 36*, 907-945.

Leinhardt, G., Seewald, A., & Engel, M. (1979). Learning what's taught: Sex differences in instruction. *Journal of Educational Psychology,*

71, 432-439.

Leithwood, K., & Montgomery, D. (1982). The role of the elementary school principal in program improvement. *Review of Educational Research*, *52*, 309-339.

Lent, R. W., Brown, S. D., & Hackett, G. (2000). Contextual supports and barriers to career choice: A social cognitive analysis. *Journal of Counseling Psychology*, *47*, 36-49.

Lepper, M. R. (1981). Intrinsic and extrinsic motivation in children: Detrimental effects of superfluous social controls. In W. A. Collins (Ed.), *Aspects of the development of competence: The Minnesota symposia on child psychology* (Vol. 14, pp. 155-214). Hillsdale, NJ: Erlbaum.

Lepper, M. R. (1983). Extrinsic reward and intricsic motivation: Implications for the classroom. In J. M. Levine & M. C. Wang (Eds.), *Teacher and student perceptions: Implications for learning* (pp. 281-317). Hillsdale, NJ: Erlbaum.

Lepper, M. R., Corpus, J. H., & Iyengar, S. S. (2005). Intrinsic and extrinsic motivational orientations in the classroom: Age differences and academic correlates. *Journal of Educational Psychology*, *97*, 184-196.

Lepper, M. R., & Greene, D. (1978). Overjustification research and beyond: Toward a means-ends analysis of intrinsic and extrinsic motivation. In M. R. Lepper & D. Greene (Eds.), *The hidden costs of reward: New Perspectives on the psychology of human motivation* (pp. 109-148). Hillsdale, NJ: Erlbaum.

Lepper, M. R., Greene, D., & Nisbett, R. E. (1973). Undermining children' s intrinsic interest with extrinsic reward: A test of the "overjustification" hypothesis. *Journal of Personality and Social Psychology*, *28*, 129-137.

Lepper, M. R., & Henderlong, J. (2000). Turning "play" into "work" and "work" into "play": 25 years of research on intrinsic versus extrinsic motivation. In C. Sansone & J. Harackiewicz (Eds.), *Intrinsic and extrinsic motivation: The search for optimal motivation and performance* (pp. 257-307). San Diego, CA: Academic Press.

Lepper, M., Henderlong, J., & Gingras, I. (1999). Understanding the effects of extrinsic rewards on intrinsic motivation? Uses and abuses of meta-analysis: Comment on Deci, Koestner, and Ryan (1999). *Psychological Bulletin*, *125*, 669-676.

Lepper, M. R., & Hodell, M. (1989). Intrinsic motivation in the classroom. In C. Ames & R. Ames (Eds.), *Research on motivation in education* (Vol. 3, pp. 73-105). San Diego, CA: Academic Press.

Lepper, M. R., Keavney, M., & Drake, M. (1996). Intrinsic motivation and extrinsic rewards: A commentary on Cameron and Pierce' s meta-analysis. *Review of Educational Research*, *66*, 5-32.

Lepper, M. R., & Malone, T. (1987). Intrinsic motivation and instructional effectiveness in computer-based education. In R. E. Snow & M. J. Farr (Eds.), *Aptitude, learning, and instruction* (Vol. 3, pp. 255-296). Hillsdale, NJ: Erlbaum.

Lepper, M. R., Sethi, S., Dialdin, D., & Drake, M. (1997). Intrinsic and extrinsic motivation: A developmental perspective. In S. S. Luthar, J. A. Burack, D. Cicchetti, & J. R. Weisz (Eds.), *Developmental psychopathology: Perspectives on adjustment, risk, and disorder* (pp. 23-50). New York: Cambridge University Press.

Lerner, R. M. (1986). *Concepts and theories of human development* (2nd ed.). New York: Random House.

Letgers, N. & Kerr, K. (2001, January.) *Easing the transition to high school: An investigation of reform practices to promote ninth grade success.* Paper prepared for Civil Rights Project at Harvard University' s Graduate School of Education and Achieve, Inc., Cambridge, MA. Retrieved May 23, 2006, from http://www.civilrightsproject.harvard.edu/research/dropouts/letgerskerr.pdf

Levin, J., & Nolan, J. F. (2000). *Principles of classroom management: A professional decision-making model.* Boston: Allyn &

Bacon.

Lewin, K. (1935). *A dynamic theory of personality: Selected papers* (D. K. Adams & K. E. Zener, Trans.). New York: McGraw-Hill.

Lewin, K., Dembo, T., Festinger, L., & Sears, P. (1944). Level of aspiration. In J. McV. Hunt (Ed.), *Personality and the behavioral disorders* (Vol. 1, pp. 333-378). New York: Ronald Press.

Lewin, K., Lippitt, R., & White, R. K. (1939). Patterns of aggressive behavior in experimentally created "social climates." *Journal of Social Psychology, 10*, 271-299.

Licht, B. G., & Kistner, J. A. (1986). Motivational problems of learning-disabled children: Individual differences and their implications for treatment. In J. K. Torgesen & B. W. L. Wong (Eds.), *Psychological and educational perspectives on learning disabilities* (pp. 225-255). Orlando, FL: Academic Press.

Liebert, R., & Morris, L. (1967). Cognitive and emotional components of test anxiety: A distinction and some initial data. *Psychological Reports, 20*, 975-978.

Lilienfeld, S., Wood, J., & Garb, H. (2000). The scientific status of projective techniques. *Psychological Science in the Public Interest, 1*, 27-66.

Linnenbrink, E. A. (2005). The dilemma of performance-approach goals: The use of multiple goal contexts to promote students' motivation and learning. *Journal of Educational Psychology, 97*, 197-213.

Linnenbrink, E. A., & Pintrich, P. R. (2000). Multiple pathways to learning and achievement: The role of goal orientation in fostering adaptive motivation, affect, and cognition. In C. Sansone & J. Harackiewicz (Eds.), *Intrinsic and extrinsic motivation: The search for optimal motivation and performance* (pp. 195-227). San Diego, CA: Academic Press.

Linnenbrink, E. A., & Pintrich, P. R. (2001). Multiple goals, multiple contexts: The dynamic interplay between personal goals and contextual goal stresses. In S. Volet & S. Jarvela (Eds.), *Motivation in learning contexts: Theoretical and methodological implications* (pp. 251-269). Amsterdam: Pergamon.

Linnenbrink, E. A., & Pintrich, P. R. (2002). Achievement goal theory and affect: An assymetrical bi-directional model. *Educational Psychologist, 37*, 69-78.

Linnenbrink, E. A., & Pintrich, P. R. (2004). Role of affect in cognitive processing in academic contexts. In D. Y. Dai & R. J. Sternberg (Eds.), *Motivation, emotion, and cognition: Integrative perspectives on intellectual functioning and development* (pp. 57-87). Mahwah, NJ: Erlbaum.

Linnenbrink, E. A., Ryan, A., & Pintrich, P. R. (1999). The role of goals and affect in working memory functioning. *Learning and Individual Differences, 11*, 213-230.

Lipton, J. P., & Garza, R. T. (1977). Responsibility attribution among Mexican-American, Black, and Anglo adolescents and adults. *Journal of Cross-Cultural Psychology, 8*, 259-272.

Lirgg, C. D., & Feltz, D. L. (1991). Teacher versus peer models revisited: Effects on motor performance and self-efficacy. *Research Quarterly for Exercise and Sport, 62*, 217-224.

Locke, E. A., & Latham, G. P. (1990). *A theory of goal setting and task performance*. Englewood Cliffs, NJ: Prentice Hall.

Locke, E. A., & Latham, G. P. (2002). Building a practically useful theory of goal setting and task motivation: A 35-year odyssey. *American Psychologist, 57*, 705-717.

Lowenstein, G. (1994). The psychology of curiosity: A review and reinterpretation. *Psychological Bulletin, 116*, 75-98.

Luzzo, D. A., James, T., & Luna, M. (1996). Effects of attributional retraining on the career beliefs and career exploration behavior of college students. *Journal of Counseling Psychology, 43*, 415-422.

Mac Iver, D. (1998). Classroom environments and the stratification of pupils' ability perceptions. *Journal of Educational Psychology, 80*, 495-505.

Mac Iver, D., Reuman, D., & Main, S. (1995). Social structuring of the school: Studying what Is, illuminating what could be. *Annual Review of Psychology, 46*, 375-400.

Mace, F. C., Belfiore, P. J., & Hutchinson, J. M. (2001). Operant theory and research on self-regulation. In B. J. Zimmerman & D. H. Schunk (Eds.), *Self-regulated learning and academic achievement: Theoretical perspectives* (2nd ed., pp. 39-65). Mahwah, NJ: Erlbaum.

Maccoby, E., & Martin, J. (1983). Socialization in the context of the family: Parent-child interaction. In P. H. Mussen (Series Ed.) & E. M. Heatherington (Vol. Ed.), *Handbook of child psychology. Vol. 4: Socialization, personality, and social development* (4th ed., pp. 1-102). New York: Wiley.

Maddux, J. E., Brawley, L., & Boykin, A. (1995). Self-efficacy and healthy behavior: Prevention, promotion, and detection. In J. E. Maddux (Ed.), *Self-efficacy, adaptation, and adjustment: Theory, research, and application* (pp. 173-202). New York: Plenum.

Maehr, M. L., & Midgley, C. (1991). Enhancing student motivation: A schoolwide approach. *Educational Psychologist, 26*, 399-427.

Maehr, M. L., & Midgley, C. (1996). *Transforming school cultures*. Boulder, CO: Westview Press.

Maes, S., & Karoly, P. (2005). Self-regulation assessment and intervention in physical health and illness: A review. *Applied Psychology: An International Review, 54*, 245-277.

Magnusson, D. (1990). Personality development from an interactional perspective. In L. A. Pervin (Ed.), *Handbook of personality: Theory and research* (pp. 193-222). New York: Guilford Press.

Mahoney, J. L., Lord, H., & Carryl, E. (2005). An ecological analysis of after-school program participation and the development of academic performance and motivational attributes for disadvantaged children. *Child Development, 76*, 811-825.

Major, B. (1980). Information acquisition and attribution process. *Journal of Personality and Social Psychology, 39*, 1010-1023.

Malone, T., & Lepper, M. R. (1987). Making learning fun: A taxonomy of intrinsic motivation for learning. In R. Snow & M. Farr (Eds.), *Aptitude, learning and instruction* (Vol. 3, pp. 223-253). Hillsdale, NJ: Erlbaum.

Manassee, A. (1985). Improving conditions for principal effectiveness: Policy implications of research. *Elementary School Journal, 85*, 439-463.

Mandler, G., & Sarason, S. (1952). A study of anxiety and learning. *Journal of Abnormal and Social Psychology, 47*, 166-173.

Markus, H., & Nurius, P. (1986). Possible selves. *American Psychologist, 41*, 954-969.

Marsh, H. W. (1984a). Relations among dimensions of self-attribution, dimensions of self-concept, and academic achievements. *Journal of Educational Psychology, 76*, 1291-1308.

Marsh, H. W. (1984b). The relationship between dimensions of self-attribution and dimensions of self-concept. *Journal of Educational Psychology, 76*, 3-23.

Marsh, H. W. (1986). Global self-esteem: Its relation to specific facets of self-concept and their importance. *Journal of Personality and Social Psychology, 51*, 1224-1236.

Marsh, H. W. (1989). Age and sex effects in multiple dimensions of self-concept: Preadolescence to early adulthood. *Journal of Educational Psychology, 81*, 417-430.

Marsh, H. W. (1990a). Causal ordering of academic self-concept and academic achievement: A multivariate, longitudinal panel analysis. *Journal of Educational Psychology, 82*, 646-656.

Marsh, H. W. (1990b). The structure of academic self-concept: The Marsh/Shavelson model. *Journal of Educational Psychology, 82*, 623-636.

Marsh, H. W. (1993). Academic self-concept: Theory, measurement, and research. In J. Suls (Ed.), *Psychological perspectives on the self*

(Vol. 4, pp. 59-98). Hillsdale, NJ: Erlbaum.

Marsh, H. W., Byrne, B., & Shavelson, R. (1992). A multi-dimensional, hierarchical self-concept. In T. Brinthaupt & R. Lipka (Eds.), *The self: Definitional and methodological issues* (pp. 44-95). Albany, NY: State University of New York Press.

Marsh, H. W., & Hattie, J. (1996). Theoretical perspectives on the structure of self-concept. In B. Bracken (Ed.), *Handbook of self-concept* (pp. 38-90). New York: Wiley.

Marsh, H. W., & O' Neill, R. (1984). Self-description questionnaire Ⅲ: The construct validity of multidimensional self-concept ratings by late adolescents. *Journal of Educational Measurement, 21*, 153-174.

Marsh, H. W., & Shavelson, R. (1985). Self-concept: Its multifaceted hierarchical structure. *Educational Psychologist, 20*, 107-123.

Marsh, H. W., Trautwein, U., Lüdtke, O., Köller, O., & Baumert, J. (2005). Academic self-concept, interest, grades, and standardized test scores: Reciprocal effects models of causal ordering. *Child Development, 76*, 397-416.

Marshall, H., & Weinstein, R. S. (1984). Classroom factors affecting students' self-evaluations: An interactional model. *Review of Educational Research, 54*, 301-325.

Maslow, A. (1954). *Motivation and personality*. New York: Harper.

Matsui, T., & Tsukamoto, S. (1991). Relation between career self-efficacy measures based on occupational titles and Holland codes and model environments: A methodological contribution. *Journal of Vocational Behavior, 38*, 78-91.

McClelland, D. (1961). *The achieving society*. Princeton, NJ: Van Nostrand.

McClelland, D., Atkinson, J. W., Clark, R. A., & Lowell, E. L. (1953). *The achievement motive*. New York: Appleton-Century-Crofts.

McCombs, B., & Whisler, S. (1997). *The learner-centered classroom and school*. San Francisco: Jossey-Bass.

McDougall, W. (1923). *Outline of psychology*. New York: Scribner.

McDougall, W. (1926). *An introduction to social psychology* (Rev. ed.). Boston: John W. Luce.

McGilly, K. (1994). *Classroom lessons: Integrating cognitive theory and classroom practice*. Cambridge, MA: MIT Press.

McInerney, D. M., Hinkley, J., Dowson, M., & Van Etten, S. (1998). Aboriginal, Anglo, and immigrant Australian students' motivational beliefs about personal academic success: Are there cultural differences? *Journal of Educational Psychology, 90*, 621-629.

McMillan, J. H. (1980). Children' s causal attributions in achievement situations. *Journal of Social Psychology, 112*, 31-39.

Meece, J. L, (1991). The classroom context and students' motivational goals. In M. L. Maehr & P. R. Pintrich (Eds.), *Advances in motivation and achievement* (Vol. 7, pp. 261-286). Greenwich, CT: JAI Press.

Meece, J. L. (2002). *Child and adolescent development for educators* (2nd ed.). New York: McGraw-Hill.

Meece, J. L., Anderman, E. M., & Anderman, L. H. (2006). Classroom goal structure, student motivation, and academic achievement. In S. Fiske, A. Kazdin, & D. Schacter (Eds.), *Annual review of psychology* (Vol. 57, pp. 487-504). Palo Alto, CA: Annual Reviews.

Meece, J. L., Blumenfeld, P. C., & Hoyle, R. H. (1988). Students' goal orientation and cognitive engagement in classroom activities. *Journal of Educational Psychology, 80*, 514-523.

Meece, J. L., & Eccles, J. S. (1993). Introduction: Recent trends in research on gender and education. *Educational Psychologist, 28*, 313-319.

Meece, J. L. Herman, P., & McCombs, B. (2003). Relations of learner-centered teaching practices to adolescents' achievement goals. *International Journal of Educational Research, 39*, 457-476.

Meece, J. L., & Holt, K. (1993). A pattern analysis of students' achievement goals. *Journal of Educational Psychology, 85*, 582-590.

Meece, J. L., & Kurtz-Costes, B. (2001). Introduction: The schooling of ethnic minority children and youth. *Educational Psychologist, 36*, 1-8.

Meece, J. L., Parsons, J., Kaczala, C., Goff, S., & Futterman, R. (1982). Sex differences in math achievement: Toward a model of academic choice. *Psychological Bulletin, 91*, 324-348.

Meece, J. L., Wigfield, A., & Eccles, J. S. (1990). Predictors of math anxiety and its influence on tyoung adolescents' course enrollment intentions and performance in mathematics. *Journal of Educational Psychology, 82*, 60-70.

Meichenbaum, D. (1977). *Cognitive behavior modification: An integrative approach*. New York: Plenum.

Meichenbaum, D., & Goodman, J. (1971). Training impulsive children to talk to themselves: A means of developing self-control. *Journal of Abnormal Psychology, 77*, 115-126.

Meyer, W, Bachmann, M., Biemrann, U., Hempelmann, M., Plöger, F., & Spiller, H. (1979). The informational value of evaluative behavior: Influences of praise and blame in perceptions of ability. *Journal of Educational Psychology, 71*, 259-268.

Mickelson, R. (1990). The attitude-achievement paradox among Black adolescents. *Sociology of Education, 63*, 44-61.

Middleton, M., & Midgley, C. (1997). Avoiding the demonstration of lack of ability: An underexplored aspect of goal theory. *Journal of Educational Psychology, 89*, 710-718.

Midgley, C. (1993). Motivation and middle level schools. In M. Maehr & P. R. Pintrich (Eds.), *Advances in motivation and achievement* (Vol. 8, pp. 217-274). Greenwich, CT: JAI Press.

Midgley, C., Anderman, E., & Hicks, L. (1995). Differences between elementary and middle school teachers and students: A goal theory approach. *Journal of Early Adolescence, 15*, 90-133.

Midgley, C., & Edelin, K. (1998). Middle school reform and early adolescent well-being: The good news and the bad. *Educational Psychologist, 33*, 195-206.

Midgley, C., Feldlaufer, H., & Eccles, J. (1989a). Change in teacher efficacy and student self-and task-related beliefs in mathematics during the transition to junior high school. *Journal of Educational Psychology, 81*, 247-258.

Midgley, C., Feldlaufer, H., & Eccles, J. (1989b). Student/teacher relations and attitudes toward mathematics before and after the transition to junior high school. *Child Development, 60*, 981-992.

Midgley, C., Kaplan, A., & Middleton, M. (2001). Performance-approach goals: Good for what, for whom, under what circumstances, and at what cost? *Journal of Educational Psychology, 93*, 77-86.

Midgley, C, Kaplan, A., Middleton, M., Maehr, M., Urdan, T., Hicks Anderman, L., Anderman, E., & Roeser, R. (1998). The development and validation of scales assessing students' achievement goal orientations. *Contemporary Educational Psychology. 23*, 113-131.

Midgley, C., & Wood, S. (1993). Beyond site-based management: Empowering teachers to reform schools. *Phi Delta Kappan, 75*, 245-252.

Miles, S. B., & Stipek, D. J. (2006). Contemporaneous and longitudinal associations between social behavior and literacy achievement in a sample of low income elementary school children. *Child Development, 77*, 103-117.

Milgram, S. (1963). Behavioral study of obedience. *Journal of Abnormal and Social Psychology, 67*, 371-378.

Milgram, S. (1974). *Obedience to authority: An experimental view*. New York: Harper & Row.

Miliotis, D., Sesma, A., Jr., & Masten, A. S. (1999). Parenting as a protective process for school success in children from homeless families. *Early Education and Development, 10*, 111-133.

Miller, D. T., & Ross, M. (1975). Self-serving biases in the attribution of causality: Fact or fiction. *Psychological Bulletin, 82*, 213-225.

Miller, J. G. (1984). Culture and the development of everyday social explanation. *Journal of Personality and Social Psychology, 46*, 961–978.

Miller, N. E. (1948). Studies of fear as an acquirable drive: I. Fear as motivation and fear-reduction as reinforcement in the learning of new responses. *Journal of Experimental Psychology, 38*, 89-101.

Miller, N. E. (1963). Some reflections on the law of effect produce a new alternative to drieve reduction. In M. R. Jones (Ed.), *Nebraska symposium on motivation* (Vol. 11, pp. 65-112). Lincoln, NE: University of Nebraska Press.

Miller, N. E., & Dollard, J. (1941). *Social learning and imitation*. New Haven, CT: Yale University Press.

Miller, R., Behrens, J., Greene, B., & Newman, D. (1993). Goals and perceived ability: Impact on student valuing, self-regulation, and persistence. *Comtemporary Educational Psychology, 18*, 2-14.

Miller, S. A. (1995). Parents' atttributions for their children's behavior. *Child Development, 66*, 1557-1584.

Mischel, W. (1968). *Personality and assessment*. New York: Wiley.

Mischel, W. (1990). Personality dispositions revisited and revised: A view after three decades. In L. Pervin (Ed.), *Handbook of personality: Theory and research* (pp. 111-134). New York: Guilford Press.

Mitchell, M. (1993). Situational interest: Its multifaceted structure in the secondary school mathematics classroom. *Journal of Educational Psychology, 85*, 424–436.

Moos, R. (1979). *Evaluating educational environments*. San Francisco: Jossey-Bass.

Morgan, M. (1984). Reward-induced decrements and increments in intrinsic motivation. *Review of Educational Research, 54*, 5–30.

Morrison, F. J., & Connor, C. M. (2002). Understanding schooling effects on early literacy: A working research strategy. *Journal of School Psychology, 40*, 493–500.

Mosatche, H. S., & Bragonier, P. (1981). An observational study of social comparison in preschoolers. *Child Development, 52*, 376–378.

Mowrer, O. H. (1960). *Learning theory and behavior*. New York: Wiley.

Mullen, R., & Riordan, C. A. (1988). Self-serving attributions for performance in naturalistic settings: A meta-analytic review. *Journal of Applied Social Psychology, 18*, 3–22.

Multon, K. D., Brown, S. D., & Lent, R. W. (1991). Relation of self-efficacy beliefs to academic outcomes: A meta-analytic investigation. *Journal of Counseling Psychology, 38*, 30–38.

Muncey, D., & McQuillan, P. (1993). Preliminary findings from a five-year study of the Coalition of Essential Schools. *Phi Delta Kappan, 74*, 486–489.

Murphy, P. K., & Alexander, P. (2000). A motivated exploration of motivation terminology. *Contemporary Educational Psychology, 25*, 3-53.

Murray. H. A. (1936). Techniques for a systematic investigation of fantasy. *Journal of Psychology, 3*, 115-143.

Murray, H. A. (1938). *Explorations in personality*. New York: Oxford University Press.

Naftulin, D. H., Ware, J. E., & Donnelly, F. A. (1973). The Doctor Fox lecture: A paradigm of educational seduction. *Journal of Medical Education, 48*, 630–635.

National Center of Education Statistics. (2001a). Before-and after-school activities survey of the 2001 National Household Education Surveys Program. Washington, DC: U. S. Department of Education. Retrieved on May 27, 2006, from http://nces.ed.gov/nhes

National Center of Education Statistics. (2001b). *Dropout rates in the United States: 2000*. Washington, DC: U. S. Department of Education. Retrieved on May 23, 2006, from http://nces.ed.gov/pubs2002/droppub_2001

National Research Council. (2004). *Engaging schools: Fostering high school students' motivation to learn*. Washington, DC: National

Academy Press.

National Research Council and Institute of Medicine. (2002). *Community programs to promote youth development*. Washington, DC: National Academy Press.

Natriello, G. (1986). *School dropouts: Patterns and policies*. New York: Teachers College Press.

Newman, R. S. (1994). Adaptive help-seeking: A strategy of self-regulated learning. In D. H. Schunk & B. J. Zimmerman (Eds.), *Self-regulation of learning and performance: Issues and educational applications* (pp. 283-301). Hillsdale, NJ: Erlbaum.

Newman, R. S. (1998a). Adaptive help-seeking: A role of social interaction in self-regulated learning. In S. Karabenick (Ed.), *Strategic help-seeking: Implications for learning and teaching* (pp. 13-37). Hillsdale, NJ: Erlbaum.

Newman, R. S. (1998b). Students' help-seeking during problem solving: Influences of personal and contextual goals. *Journal of Educational Psychology, 90*, 644-658.

Newman, R. S. (2000). Social influences on the development of children's adaptive help seeking: The role of parents, teachers, and peers. *Developmental Review, 20*, 350-404.

Newman, R, S., & Schwager, M. T. (1992). Student perceptions and academic help-seeking. In D. H. Schunk & J. L. Meece (Eds.), *Student perceptions in the classroom* (pp. 123-146). Hillsdale, NJ: Erlbaum.

Newmann, F. (1981). Reducing student alienation in high schools: Implications of theory. *Harvard Educational Review, 51*, 546-564.

Newmann, F. (1993). Beyond common sense in edcational restructuring: The issues of content and linkage. *Educational Researcher, 22*, 4-13.

Nicholls, J. G. (1978). The development of the concepts of effort and ability, perception of academic attainment, and the understanding that difficult tasks require more ability. *Child Development, 49*, 800-814.

Nicholls, J. G. (1979). Development of perception of own attainment and causal attribution for success and failure in reading. *Journal of Educational Psychology, 71*, 94-99.

Nicholls, J. G. (1984). Achievement motivation: Conceptions of ability, subjective experience, task choice, and performance. *Psychological Review, 91*, 328-346.

Nicholls, J. G. (1989). *The competitive ethos and democratic education*. Cambridge, MA: Harvard University Press.

Nicholls, J. G. (1990). What is ability and why are we mindful of it? A developmental perspective. In R. Sternberg & J. Kolligian (Eds.), *Competence considered* (pp. 11-40). New Haven, CT: Yale University Press.

Nicholls, J. G., Cheung, P., Lauer, J., & Patashnick, M. (1989). Individual differences in academic motivation: Perceived ability, goals, beliefs, and values. *Learning and Individual Differences, 1*, 63-84.

Nicholls, J. G., & Miller, A. (1983). The differentiation of the concepts of difficulty and ability. *Child Development, 54*, 951-959.

Nicholls, J. G., & Miller, A. (1984a). Development and its discontents: The differentiation of the concept of ability. In J. Nicholls (Ed.), *Advances in motivation and achievement: The development of achievement motivation* (Vol. 3, pp. 185-218). Greenwich, CT: JAI Press.

Nicholls, J. G., & Miller, A. (1984b). Reasoning about the ability of self and others: A developmental study. *Child Development, 55*, 1990-1999.

Nicholls, J. G., & Miller, A. (1985). Differentiation of the concepts of luck and skill. *Developmental Psychology, 21*, 76-82.

Nisbett, R., & Ross, L. (1980). *Human inference: Strategies and shortcomings of social judgment*. Englewood Cliffs, NJ: Prentice Hall.

Nisbett, R., & Wilson, T. (1977). Telling more than we can know: Verbal reports on mental processes. *Psychological Review, 84*, 231-259.

Noddings, N. (1992). *The challenge to care in schools*. New York: Teachers College Press.

Nolen, S. (1988). Reasons for studying: Motivational

orientations and study strategies. *Cognition and Instruction, 5*, 269-287.

Nussbaum, E. M., & Kardash, C. M. (2005). The effects of goal instructions and text on the generation of counterarguments during writing. *Journal of Educational Psychology, 97*, 157-169.

Nye, B., Hedges, L. V., & Konstantopoulos, S. (2000). Do minorities and the disadvantaged benefit more from small classes? Evidence from the Tennessee Class Size Experiment. *American Journal of Educational Research, 109*, 1-26.

Oakes, J. (1985). *Keeping track: How schools structure inequality*. New Haven, CT: Yale University Press.

O' Connor, C. (1997). Dispositions toward (collective) struggle and educational resilience in the inner city: A case analysis of six African-American high school students. *American Educational Research Journal, 34*, 593-629.

Oden, S., Schweinhart, L., & Weikart, D. (2000). *Into adulthood. A study of the effects of Head Start*. Ypsilanti, MI: High/Scope Educational Research Foundation.

Ogbu, J. (1987). Variability in minority school performance: A problem in search of an explanation. *Anthropology and Education Quarterly, 18*, 312-334.

O' Leary, K., & O' Leary, S. (1977). *Classroom management: The successful use of behavior modification* (2nd ed.). New York: Pergamon.

Olson, J., Ellis, R., & Zanna, M. (1983). Validating objective versus subjective judgments: Interest in social comparison and consistency information. *Personality and Social Psychology Bulletin, 9*, 427-436.

Ortony, A., Clore, G., & Collins, A. (1988). *The cognitive structure of emotions*. Cambridge, England: Cambridge University Press.

Osterman, K. (2000). Students' need for belonging in the school community. *Review of Educational Research, 70*, 323-367.

Otis, N., Grouzet, F. M. E., & Pelletier, L. G. (2005). Latent motivational change in an academic setting: A 3-year longitudinal study. *Journal of Educational Psychology, 97*, 170-183.

Page, R. (1990). The lower track curriculum in a college-preparatory high school. *Curriculum Inquiry, 20*, 249-282.

Pajares, F. (1996). Self-efficacy beliefs in achievement settings. *Review of Educational Research, 66*, 543-578.

Pajares, F. (1997). Current directions in self-efficacy research. In M. Maehr & P. R. Pintrich (Eds.), *Advances in motivation and achievement* (Vol. 10, pp. 1-49). Greenwich, CT: JAI Press.

Pajares, F., & Miller, M. D. (1995). Mathematics self-efficacy and mathematics performances: The need for specificity of assessment. *Journal of Counseling Psychology, 42*, 190-198.

Pajares, F., & Schunk, D. H. (2001). Self-beliefs and school success: Self-efficacy, self-concept, and school achievement. In R. J. Riding & S. G. Rayner (Eds.), *Self-perception: International perspectives on individual differences* (Vol 2. pp. 239-265). Westport, CT: Ablex.

Pajares, F., & Schunk, D. H. (2002). Self and self-belief in psychology and education: A historical perspective. In J. Aronson (Ed.), *Improving academic achievement: Impact of psychological factors on education* (pp. 3-21). San Diego: Academic Prses.

Palincsar, A. S. (1986). Metacognitive strategy instruction. *Exceptional Children, 53*, 118-124.

Palincsar, A. S., & Brown, A. L. (1984). Reciprocal teaching of comprehension-fostering and comprehension-monitoring activities. *Cognition and Instruction, 1*, 117-175.

Pallas, A. M., Entwisle, D. R., Alexander, K. L., & Stluka, M. F. (1994). Ability-group effects: Instructional, social, or institutional? *Sociology of Education, 67*, 27-46.

Paris, S., & Ayres, L. (1994). *Becoming reflective students and teachers with portfolios and authentic assessment*. Washington, DC: American Psychological Association.

Paris, S., Lawton, T., Turner, J., & Roth, J. (1991). A developmental perspective on standardized testing. *Educational Researcher, 20,* 12-20.

Paris, S., Lipson, M. Y., & Wixson, K. K. (1983). Becoming a strategic reader. *Contemporary Educational Psychology, 8,* 293-316.

Paris, S., Newman, R. S., & McVey, K. A. (1982). Learning the functional significance of mnemonic actions: A microgenetic study of strategy acquisition. *Journal of Experimental Child Psychology, 34,* 490-509.

Paris, S., & Oka, E. (1986). Children's reading strategies, metacognition, and motivation. *Developmental Review, 6,* 25-56.

Parker, J. G., & Asher, S. R. (1987). Peer relations and later personal adjustment: Are low-accepted children at risk? *Psychological Bulletin, 102,* 357-389.

Parker, L. E., & Lepper, M. R. (1992). Effects of fantasy contexts on children's learning and motivation: Making learning more fun. *Journal of Personality and Social Psychology, 62,* 625-633.

Parsons, J., & Goff, S. (1978). Achievement and motivation: Dual modalities. *Educational Psychologist, 13,* 93-96.

Parsons, J., Kaczala, C., & Meece, J. (1982). Socialization of achievement attitudes and beliefs: Classroom influences. *Child Development, 53,* 322-339.

Parsons, J., & Ruble, D. N. (1977). The development of achievement-related expectancies. *Child Development, 48,* 1075-1079.

Patrick, H. (1997). Social self-regulation: Exploring the relations between children's social relationships, academic self-regulation, and school performance. *Educational Psychologist, 32,* 209-220.

Patrick, H., & Pintrich, P. R. (2001). Conceptual change in teachers' intuitive conceptions of learning, motivation, and instruction: The role of motivational and epistemological beliefs. In B. Torff & R. J. Sternberg (Eds.), *Understanding and teaching the intuitive mind: Student and teacher learning* (pp. 117-143). Mahwah, NJ: Erlbaum.

Pavolv, I. P. (1927). *Conditioned reflexes* (G. V. Anrep, Trans.). London: Oxford University Press.

Pavlov, I. P. (1928). *Lectures on conditioned reflexes* (W. H. Gantt, Trans.). New York: International Publishers.

Pekrun, R. (1992). The impact of emotions on learning and achievement: Towards a theory of cognitive/motivational mediators. *Applied Psychology: An International Review, 41,* 359-376.

Pekrun, R. (1993). Facets of adolescents' academic motivation: A longitudinal expectancy-value approach. In M. L. Maehr & P. R. Pintrich (Eds.), *Advances in motivation and achievement: Motivation in adolescence* (Vol. 8, pp. 139-189). Greenwich, CT: JAI Press.

Pekrun, R., & Frese, M. (1992). Emotions in work and achievement. In C. Cooper & I. Robertson (Eds.), *International review of industrial and organizational psychology* (Vol. 7, pp. 153-200). Chichester, UK: Wiley.

Perkins, D. (1992). *Smart schools: From training memories to educating minds.* New York: The Free Press.

Perry, R. P. (1985). Instructor expressiveness: Implications for improving teaching. In J. G. Donald & A. M. Sullivan (Eds.), *Using research to improve teaching* (pp. 35-49). San Francisco: Jossey-Bass.

Perry, R. P., & Dickens, W. J. (1984). Perceived control in the college classroom: Response-outcome contingency training and instructor expressiveness effects on student achievement and causal attributions. *Journal of Educational Psychology, 76,* 966-981.

Perry, R. P., Magnusson, J. L., Parsonson, K. L., & Dickens, W. J. (1986). Perceived control in the college classroom: Limitations in instructor expressiveness due to noncontingent feedback and lecture content. *Journal of Educational Psychology, 78,* 96-107.

Peshkin, A. (1986). *God's choice: The total world of a fundamental Christian school.* Chicago:

University of Chicago Press.

Peterson, C., Maier, S., & Seligman, M. (1993). *Learned helplessness: A theory for the age of personal control.* New York: Oxford University Press.

Peterson, C., & Seligman, M. (1984). Causal explanations as a risk factor for depression: Theory and evidence. *Psychological Review, 91*, 347-374.

Peterson, C., Semmel, A., Von Baeyer, C., Abramson, L. Y., Metalsky, G. I., & Seligman, M. (1982). The attributional style questionnaire. *Cognitive Therapy and Research, 6*, 287-300.

Peterson, P., & Barger, S. (1984). Attribution theory and teacher expectancy. In J. Dusek (Ed.), *Teacher expectancies* (pp. 159-184). Hillsdale, NJ: Erlbaum.

Peterson, P., Swing, S. R., Braverman, M. T., & Buss, R. (1982). Students' aptitudes and their reports of cognitive processes during direct instruction. *Journal of Educational Psychology, 74*, 535-547.

Phares, E. J. (1976). *Locus of control in personality.* Morristown, NJ: General Learning Press.

Phillips, D. (1984). The illusion of incompetence among academically competent children. *Child Development, 55*, 2000-2016.

Phillips, D. (1987). Socialization of perceived academic competence among highly competent children. *Child Development, 58*, 1308-1320.

Phillips, D., & Zimmerman, M. (1990). The developmental course of perceived competence and incompetence among competent children. In R. Sternberg & J. Kolligian (Eds.), *Competence considered* (pp. 41-66). New Haven, CT: Yale University Press.

Piaget, J. (1962). *Play, dreams and imitation.* New York: Norton.

Pianta, R. C. (1999). *Enhancing relationships between children and teachers.* Washington, DC: American Psychological Association.

Pianta, R. C., & Cox, M. J. (1999). *The transition to kindergarten.* Baltimore: Paul H. Brookes Publishing Co.

Pintrich, P. R. (1988a). A process-oriented view of student motivation and cognition. In J. Stark & L. Mets (Eds.), *Improving teaching and learning through research: New directions for institutional research* (Vol. 57, pp. 65-79). San Francisco: Jossey-Bass.

Pintrich, P. R. (1988b). Student learning and college teaching. In R. Young & K. Eble (Eds.), *College teaching and learning: Preparing for new commitments: New directions for teaching and learning.* (Vol. 33, pp. 71-86). San Francisco: Jossey-Bass.

Pintrich, P. R. (1989). The dynamic interplay of student motivation and cognition in the college classroom. In C. Ames & M. L. Maehr (Eds.), *Advances in motivation and achievement: Motivation enhancing environments* (Vol. 6, pp. 117-160). Greenwich, CT: JAI Press.

Pintrich, P. R. (1999a). Taking control of research on volitional control: Challenges for future theory and research. *Learning and Individual Differences, 11*, 213-230.

Pintrich, P. R. (1999b). The role of motivation in promoting and sustaining self-regulated learning. *International Journal of Educational Research, 31*, 459-470.

Pintrich, P. R. (2000a). An achievement goal theory perspective on issues in motivation terminology, theory, and research. *Contemporary Educational Psychology, 25*, 92-104.

Pintrich, P. R. (2000b). Educational psychology at the millennium: A look back and a look forward. *Educational Psychologist, 35*, 221-226.

Pintrich, P. R. (2000c). Multiple goals, multiple pathways: The role of goal orientation in learning and achievement. *Journal of Educational Psychology, 92*, 544-555.

Pintrich, P. R. (2000d). The role of goal orientation in self-regulated learning. In M. Boekaerts, P. R. Pintrich, & M. Zeidner, (Eds.), *Handbook of self-regulation* (pp. 451-502). San Diego, CA: Academic Press.

Pintrich, P. R. (2003). A motivational science perspective on the role of student motivation in learning and teaching contexts. *Journal of*

Educational Psychology, 95, 667-686.

Pintrich, P. R. (2004). A conceptual framework for assessing motivation and self-regulated learning in college students. *Educational Psychology Review, 16*, 385-407.

Pintrich, P. R., & Blumenfeld, P. (1985). Classroom experience and children's self-perceptions of ability, effort and conduct. *Journal of Educational Psychology, 77*, 646-657.

Pintrich, P. R., & De Groot, E. (1990). Motivational and self-regulated learning components of classroom academic performance. *Journal of Educational Psychology, 82*, 33-40.

Pintrich, P. R., & Garcia, T. (1991). Student goal orientation and self-regulation in the college classroom. In M. L. Maehr & P. R. Pintrich (Eds.), *Advances in motivation and achievement: Goals and self-regulatory processes* (Vol. 7, pp. 371-402). Greenwich, CT: JAI Press.

Pintrich, P. R., & Garcia, T. (1993). Motivation and self-regulation in the college classroom. *Zeitschrift für Pädagogische Psychologie, 7*, 99-107.

Pintrich, P. R., Marx, R. W., & Boyle, R. (1993). Beyond "cold" conceptual change: The role of motivational beliefs and classroom contextual factors in the process of conceptual change. *Review of Educational Research, 63*, 167-199.

Pintrich, P. R., Roeser, R., & De Groot, E. (1994). Classroom and individual differences in early adolescents' motivation and self-regulated learning. *Journal of Early Adolescence, 14*, 139-161.

Pintrich, P. R., & Schrauben, B. (1992). Students' motivational beliefs and their cognitive engagement in classroom tasks. In D. Schunk & J. Meece (Eds.), *Student Perceptions in the classroom: Causes and consequences* (pp. 149-183). Hillsdale, NJ: Erlbaum.

Pintrich, P. R., Smith, D. A. F., Garcia, T., & McKeachie, W. J. (1993). Reliability and predictive validity of the Motivated Strategies for Learning Questionnaire (MSLQ). *Educational and Psychological Measurement, 53*, 801-813.

Pintrich, P. R., Wolters, C., & Baxter, G. (2000). Assessing metacognition and self-regulated learning. In G. Schraw & J. Impara (Eds.), *Issues in the measurement of metacognition* (pp. 43-97). Lincoln, NE: Buros Institute of Mental Measurements.

Pintrich, P. R., & Zusho, A. (2002). The development of academic self-regulation: The role of cognitive and motivational factors. In A. Wigfield & J. S. Eccles (Eds.), *Development of achievement motivation* (pp. 249-284). San Diego: Academic Press.

Plutchik, R. (1980). *The emotions: A psychoevolutionary synthesis.* New York: Harper.

Poag-DuCharme, K. A., & Brawley, L. R. (1993). Self-efficacy theory: Use in the prediction of exercise behavior in the community setting. *Journal of Applied Sport Psychology, 5*, 178-194.

Pollard, D. S. (1993). Gender, achievement, and African-American students' perceptions of their school experience. *Educational Psychologist, 28*, 341-356.

Portes, P. R. (1996). Ethnicity and culture in educational psychology. In D. C. Berliner & R. C. Calfee (Eds.), *Handbook of educational psychology* (pp. 331-357). New York: Macmillan.

Premack, D. (1962). Reversibility of the reinforcement relation. *Science, 136*, 255-257.

Premack, D. (1971). Catching up with common sense or two sides of a generalization: Reinforcement and punishment. In R. Glaser (Ed.), *The nature of reinforcement* (pp. 121-150). New York: Academic Press.

Pressley, M., Woloshyn, V., Lysynchuk, L. M., Martin, V., Wood, E., & Willoughby, T. (1990). A primer of research on cognitive strategy instruction: The important issues and how to address them. *Educational Psychology Review, 2*, 1-58.

Purkey, S., & Smith, M. S. (1983). Effective schools: A review. *Elementary School Journal, 83*, 427-452.

Putnam, R. D. (2000). *Bowling alone: The collapse*

and revival of American community. New York: Simon & Schuster.

Ratelle, C. F., Guay, F., Larose, S., & Senécal, C. (2004). Family correlates of trajectories of academic motivation during a school transition: A semiparametric group-based approach. *Journal of Educational Psychology, 96*, 743-754.

Raudenbush, S., Rowan, B., & Cheong, Y. (1993). Higher order instructional goals in secondary schools. Class, teacher, and school influences. *American Educational Research Journal, 30*, 523-553.

Rawsthorne, L., & Elliot, A. J. (1999). Achievement goals and intrinsic motivation: A meta-analytic review. *Personality and Social Psychology Review, 3*, 326-344.

Reeve, J., Deci, E. L., & Ryan, R. M. (2004). Self-determination theory: A dialectical framework for understanding sociocultural influences on student motivation. In D. M. Mclnerney & S. Van Etten (Eds.), *Bio theories revisited* (pp. 31-60). Greenwich, CT: Information Age Publishing.

Reich, J. D., Debus, R. L., & Walker, R. (1986). The mediating role of attribution and self-efficacy variables for treatment effects on achievement outcomes. *Contemporary Educational Psychology, 11*, 195-216.

Renninger, K. A. (1990). Children' s play interests, representation, and activity. In R. Fivush & J. Hudson (Eds.), *Knowing and remembering in young children* (pp. 127-165). Cambridge, England: Cambridge University Press.

Renninger, K. A. (1992). Individual interest and development: Implications for theory and practice. In K. A. Renninger, S. Hidi, & A. Krapp (Eds.), *The role of interest in learning and development* (pp. 361-395). Hillsdale, NJ: Erlbaum.

Renninger, K. A., Hidi, S., & Krapp, A. (1992). *The role of interest in learning and development.* Hillsdale, NJ: Erlbaum.

Renninger, K. A., & Wozniak, R. H. (1985). Effect of interest on attentional shift, recognition, and recall in young children. *Developmental Psychology, 21*, 624-632.

Rescorla, R. (1972). Informational variables in conditioning. In G. H. Bower (Ed.), *The psychology of learning and motivation* (Vol. 6, pp. 1-46). New York: Academic Press.

Rescorla, R. (1987). A Pavlovian analysis of goal-directed behavior. *American Psychologist, 42*, 119-129.

Reuman, D. (1989). How social comparison mediates the relation between ability-grouping practices and students' achievement expectancies in mathematics. *Journal of Educational Psychology, 81*, 178-189.

Rheinberg, F., Vollmeyer, R., & Rollett, W. (2000). Motivation and action in self-regulated learning. In M. Boekaerts, P. R. Pintrich, & M. Zeidner (Eds.), *Handbook of self-regulation* (pp. 503-529). San Diego, CA: Academic Press.

Rigby, C. S., Deci, E. L., Patrick, B. C., & Ryan, R. M. (1922). Beyond the intrinsic-extrinsic dichotomy: Self-determination in motivation and learning. *Motivation and Emotion, 16*, 165-185.

Robertson, J. S. (2000). Is attribution training a worthwhile classroom intervention for K-12 students with learning difficulties? *Educational Psychology Review, 12*, 111-134.

Robinson, N. M., Lanzi, R. G., Weinberg, R. A., Ramey, S. L., & Ramey, C. T. (2002). Family factors associated with high academic competence in former Head Start children at third grade. *Gifted Child Quarterly, 46*, 278-290.

Rodin, J., Solomon, S. K., & Metcalf, J. (1978). Role of control in mediating perceptions of density. *Journal of Personality and Social Psychology, 36*, 988-999.

Roeser, R. (1998). On schooling and mental health: Introduction to the special issue. *Educational Psychologist, 33*, 129-133.

Roeser, R, Eccles, J., & Strobel, K. (1998). Linking the study of schooling and mental health: Selected issues and empirical illustrations at the level of the individual. *Educational Psychologist, 33,* 153-176.

Roeser, R., Marachi, R., & Gehlbach, H. (2002). A goal theory perspective on teachers' professional identities and contexts of teaching. In C. Midgley (Ed.), *Goals, goal structures and of adaptive learning* (pp. 205-243). Mahwah, NJ: Erlbaum.

Roeser, R., Midgley, C., & Urdan, T. (1966). Perceptions of the school psychological environment and early adolescents' psychological and behavioral functioning in school: The mediating influence of goals and belonging. *Journal of Educational Psychology, 88,* 408-422.

Rogers, C. R. (1959). A theory of therapy, personality, and interpersonal relationships, as developed in the client-centered framework. In S. Koch (Ed.), *Psychology: A study of a science* (Vol. 3, pp. 184-256). New York: McGraw-Hill.

Rogers, C. R. (1963). The actualizing tendency in relation to "motives" and to consciousness. In M. R. Jones (Ed.), *Nebraska symposium on motivation* (Vol. 11, pp. 1-24). Lincoln, NE: University of Nebraska Press.

Rogers, C. R. (1969). *Freedom to learn.* Columbus, OH: Merrill.

Rogers, C. R., & Freiberg, H. J. (1994). *Freedom to learn* (3rd ed.). Columbus, OH: Merrill/Prentice Hall.

Rokeach, M. (1979). *Understanding human values.* New York: Free Press.

Rosenbaum, J. (1976). *Inequality: The hidden curriculum of high school tracking.* New York: Wiley.

Rosenbaum, J. (1980). Track misperceptions and frustrated college plans: An analysis of the effects of track and track perceptions in the NLS. *Sociology of Education, 53,* 74-88.

Rosenberg, M., & Simmons, R. (1971). *Black and white self-esteem. The urban school child.* Washington, DC: American Sociological Association.

Rosenholtz, S. J., & Rosenholtz, S. H. (1981). Classroom organization and the perception of ability. *Sociology of Education, 54,* 132-140.

Rosenholtz, S. J., & Simpson, C. (1984). The formation of ability conceptions: Developmental trend or social construction? *Review of Educational Research, 54,* 31-63.

Rosenshine, B., & Meister, C. (1994). Reciprocal teaching: A review of the research. *Review of Educational Research, 64,* 479-530.

Rosenshine, B., & Stevens, R. (1986). Teaching functions. In M. C. Wittrock (Ed.), *Handbook of research on teaching* (3rd ed., pp. 376-391). New York: Macmillan.

Rosenthal, R. (1974). *On the social psychology of the self-fulfilling prophecy: Further evidence for Pygmalion effects and their mediating mechanisms.* New York: MSS Modular Publications.

Rosenthal, R. (2002). Covert communication in classrooms, clinics, courtrooms, and cubicles. *American Psychologist, 57,* 839-849.

Rosenthal, R., & Jacobson, L. (1968). *Pygmalion in the classroom.* New York: Holt, Rinehart & Winston.

Rosenthal, T. L., & Bandura, A. (1978). Psychological modeling: Theory and practice. In S. L. Garfield & A. E. Bergin (Eds.), *Handbook of psychotherapy and behavior change: An empirical analysis* (2nd ed., pp. 621-658). New York: Wiley.

Rosenthal, T. L., & Zimmerman, B. J. (1978). *Social learning and cognition.* New York: Academic Press.

Ross, L. (1977). The intuitive psychologist and his shortcomings: Distortions in the attribution process. In L. Berkowitz (Ed.), *Advances in experimental social psychology* (Vol. 10, pp. 174-221). New York: Academic Press.

Ross, L., Bierbrauer, G., & Polly, S. (1974). Attribution of educational outcomes by professional and nonprofessional instructors. *Journal of Personality & Social Psychology, 29,* 609-618.

Ross, L., & Nisbett, R. (1991). *The person and the situation.* New York: McGraw-Hill.

Ross, M. (1975). Salience of reward and intrinsic motivation. *Journal of Personality and Social Psychology, 32,* 245-254.

Rossell, C., & Howley, W. (1983). *The consequences of school desegregation.* Philadelphia: Temple University Press.

Rotter, J. B. (1954). *Social learning and clinical psychology.* New York: Prentice Hall.

Rotter, J. B. (1966). Generalized expectancies for internal versus external control of reinforcement. *Psychological Monographs, 80*(1, Whole No. 609).

Rotter, J. B., Chance, J. E., & Phares, E. J. (1972). *Applications of a social learning theory of personality.* New York: Holt, Rinehart & Winston.

Ruble, D., & Martin, C. (1998). Gender development. In W. Damon (Series Ed). & N. Eisenberg (Vol. Ed.), *Handbook of child psychology: Vol. 3. Social, emotional, and personality development* (5th ed., pp. 933-1016). New York: Wiley.

Ruble, D. N. (1983). The development of social-comparison processes and their role in achievement-related self-socialization. In E. T. Higgins, D. N. Ruble, & W. Hartup (Eds.), *Social cognition and social development* (pp. 134-157). New York: Cambridge University Press.

Ruble, D. N., Boggiano, A. K., Feldman, N. S., & Loebl, J. H. (1980). Developmental analysis of the role of social comparison in self-evaluation. *Developmental Psychology, 16,* 105-115.

Ruble, D. N., Feldman, N. S., & Boggiano, A. K. (1976). Social comparison between young children in achievement situations. *Developmental Psychology, 12,* 192-197.

Ruble, D. N., & Frey, K. (1991). Changing patterns of comparative behavior as skills are acquired: A functional model of self-evaluation. In J. Suls & T. Wills (Eds.), *Social comparison: Contemporary theory and research* (pp. 79-113). Hillsdale, NJ: Erlbaum.

Ruble, D. N., Parsons, J., & Ross, J. (1976). Self-evaluative responses of children in an achievement setting. *Child development, 47,* 990-997.

Rumberger, R. W. (2001, January). *Why students drop out of school and what can be done.* Paper prepared for The Civil Rights Project at Harvard University's Graduate School of Education and Achieve. Inc., Cambridge, MA. Retreived May 23, 2006. from http://www.civilrightsproject.harvard.edu/research/dropouts/rumberger.pdf

Russell, J., & Barrett, L. (1999). Core affect, prototypical emotional episodes, and other things called emotion: Dissecting the elephant. *Journal of Personality and Social Psychology, 76,* 805-819.

Russell, W. A. (1970). *Milestones in motivation: Contributions to the psychology of drive and purpose.* New York: Applenton-Century-Crofts.

Rutter, M., & Maughan, B. (2002). School effectiveness findings 1979-2002. *Journal of School Psychology, 40,* 451-475.

Rutter, M., Maughan, B., Mortimore, P., Ouston, J., & Smith, A. (1979). *Fifteen thousand hours: Secondary schools and their effects on children.* Cambridge, MA: Harvard University Press.

Ryan, A. (2000). Peer groups as a context for the socialization of adolescents' motivation, engagement, and achievement in school. *Educational Psychologist, 35,* 101-111.

Ryan, A. (2001). The peer group as a context for the development of young adolescents' motivation and achievement. *Child Development, 72,* 1135-1150.

Ryan, A., Gheen, M., & Midgley, C. (1998). Why do some students avoid asking for help? An examination of the interplay among students' academic efficacy. teachers' social-emotional role, the classroom goal structure. *Journal of Educational Psychology, 90,* 528-535.

Ryan, A., & Pintrich, P. R. (1997). Should I ask for help? The role of motivation and attitude in adolescents' help seeking in math class. *Journal of Educational Psychology, 89,* 329-341.

Ryan, A., & Pintrich, P. R. (1998). Achievement and social motivational influences on help seeking in the classroom. In S. Karabenick (Ed.), *Strategic help seeking: Implications for learning and teaching* (pp. 117-139). Mahweh, NJ: Erlbaum.

Ryan, A., Pintrich, P. R., & Midgley, C. (2001). Avoiding seeking help in the classroom: Who and why? *Educational Psychology Review, 13*, 93-114.

Ryan, R. M. (1993). Agency and organization: Intrinsic motivation, autonomy, and the self in psychological development. In J. E. Jacobs (Ed.), *Nebraska symposium on motivation* (Vol. 40, pp. 1-56). Lincoln, NE: University of Nebraska Press.

Ryan, R. M., Connell, J. P., & Deci, E. L. (1985). A motivational analysis of self-determination and self-regulation in education. In C. Ames & R. Ames (Eds.), *Research on motivation in education* (Vol. 2, pp. 13-51). New York: Academic Press.

Ryan, R. M., & Deci, E. L. (1996). When paradigms clash: comments on Cameron and Pierce's claim that rewards do not undermine intrinsic motivation. *Review of Educational Research, 66*, 33-38.

Ryan, R. M., & Deci, E. L. (2000). Intrinsic and extrinsic motivations: Classic definitions and new directions. *Contemporary Educational Psychology, 25*, 54-67.

Ryan, R. M., & Grolnick, W. S. (1986). Origins and pawns in the classroom: Self-report and projective assessments of individual differences in children's preceptions. *Journal of Personality and Social Psychology, 50*, 550-558.

Ryan, R. M., & Powelson, C. L. (1991). Autonomy and relatedness as fundamental to motivation and education. *Journal of Experimental Education, 60*, 49-66.

Saarni, C., Mumme, D., & Campos, J. (1998). Emotional development: Action, communication, and understanding. In W. Damon (Series Ed.) & N. Eisenberg (Vol. Ed.), *Handbook of child psychology: Vol. 3. Social, emotional, and personality development* (5th ed., pp. 237-309). New York: Wiley.

Sage, N. A., & Kindermann, T. A. (1999). Peer networks, behavior contingencies, and children's engagement in the classroom. *Merrill-Palmer Quarterly, 45*, 143-171.

Salomon, G. (1984). Television is "easy" and print is "tough": The differential investment of mental effort in learning as a function of perceptions and attributions. *Journal of Educational Psychology, 76*, 647-658.

Sansone, C., & Harackiewicz, J. (2000). *Intrinsic and extrinsic motivation: The search for optimal motivation and performance*. San Diego, CA: Academic Press.

Sarason, S. B. (1990). *The predictable failure of school reform: Can we change course before it's too late?* San Francisco: Jossey-Bass.

Schachter, S. (1964). The interaction of cognitive and physiological determinants of emotional state. In L. Bekowitz (Ed.), *Advances in experimental social psychology* (Vol. 1, pp. 49-80). New York: Academic Press.

Schachter, S., & Singer, J. E. (1962). Cognitive, social, and physiological determinants of emotional state. *Psychological Review, 69*, 379-399.

Scheirer, M. A., & Kraut, R. E. (1979). Increasing educational achievement via self-concept change. *Review of Educational Research, 49*, 131-149.

Schiefele, U. (1991). Interest, learning, and motivation. *Educational Psychologist, 26*, 299-323.

Schiefele, U. (1992). Topic interest and levels of text comprehension. In K. A. Renninger, S. Hidi, & A. Krapp (Eds.), *The role of interest in learning and development* (pp. 151-182). Hillsdale, NJ: Erlbaum.

Schiefele, U., & Krapp, A. (1996). Topic interest and free recall of expository text. *Learning and Individual Differences, 8*, 141-160.

Schiefele, U., Krapp, A., & Winteler, A. (1992). Interest as a predictor of academic achievement: A meta-analysis of research. In K. A. Renninger, S. Hidi, & A. Krapp (Eds.), *The role of interest in learning and development* (pp. 183-212). Hillsdale, NJ: Erlbaum.

Scholfield, J., & Sagar, H. (1983). Desegregation.

school practices, and student race relations. In C. Rossell & W. Howley (Eds.), *The consequences of school desegregation* (pp. 58-102). Philadelphia: Temple University Press.

Schrank, W. (1968). The labeling effect of ability grouping. *Journal of Educational Research, 62*, 51-52.

Schrank, W. (1970). A further study of the labeling effect of ability grouping. *Journal of Educational Research, 63*, 358-360.

Schraw, G., & Lehman, S. (2001). Situational interest: A review of the literature and directions for future research. *Educational Psychology Review, 13*, 23-52.

Schunk, D. H. (1982). Effects of effort attributional feedback on children's perceived self-efficacy and achievement. *Journal of Educational Psychology, 74*, 548-556.

Schunk, D. H. (1983a). Ability versus effort attributional feedback: Differential effects on self-efficacy and achievement. *Journal of Educational Psychology, 75*, 848-856.

Schunk, D. H. (1983b). Developing children's self-efficacy and skills: The roles of social comparative information and goal setting. *Contemporary Educational Psychology, 8*, 76-86.

Schunk, D. H. (1983c). Goal difficulty and attainment information: Effects on children's achievement behaviors. *Human Learning, 2*, 107-117.

Schunk, D. H. (1983d). Reward contingencies and the development of children's skills and self-efficacy. *Journal of Educational Psychology, 75*, 511-518.

Schunk, D. H. (1984). Sequential attributional feedback and children's achievement behaviors. *Journal of Educational Psychology, 76*, 1159-1169.

Schunk, D. H. (1987). Peer models and children's behavioral change. *Review of Educational Research, 57*, 149-174.

Schunk, D. H. (1989a). Self-efficacy and achievement behaviors. *Educational Psychology Review, 1*, 173-208.

Schunk, D. H. (1989b). Self-efficacy and cognitive achievement: Implications for students with learning problems. *Journal of Learning Disabilities, 22*, 14-22.

Schunk, D. H. (1989c). Self-efficacy and cognitive skill learning. In C. Ames & R. Ames (Eds.), *Research on motivation in education* (Vol. 3, pp. 13-44). San Diego, CA: Academic Press.

Schunk, D. H. (1994). Self-regulation of self-efficacy and attributions in academic settings. In D. H. Schunk & B. J. Zimmerman (Eds.), *Self-regulation of learning and performance: Issues and educational applications* (pp. 75-99). Hillsdale, NJ: Erlbaum.

Schunk, D. H. (1995). Self-efficacy and education and instruction. In J. E. Maddux (Ed.), *Self-efficacy, adaptation, and adjustment: Theory, research, and application* (pp. 281-303). New York: Plenum Press.

Schunk, D. H. (1996). Goal and self-evaluative influences during children's cognitive skill learning. *American Educational Research Journal, 33*, 359-382.

Schunk, D. H. (2004). *Learning theories: An educational perspective* (4th ed.). Upper Saddle River, NJ: Merrill/Prentice Hall.

Schunk, D. H., & Cox, P. D. (1986). Strategy training and attributional feedback with learning disabled students. *Journal of Educational Psychology, 78*, 201-209.

Schunk, D. H., & Ertmer, P. A. (1999). Self-regulatory processes during computer skill acquistion: Goal and self-evaluative influences. *Journal of Educational Psychology, 91*, 251-260.

Schnunk, D. H., & Ertmer, P. A. (2000). Self-regulation and academic learning: Self-efficacy enhancing interventions. In M. Boekaerts, P. R. Pintrich, & M. Zeidner (Eds.), *Handbook of self-regulation* (pp. 631-649). San Diego: Academic Press.

Schunk, D. H., & Hanson, A. R. (1985). Peer models: Influence on children's self-efficacy and achievement. *Journal of Educational Psychology, 77*, 313-322.

Schunk, D. H., & Hanson, A. R. (1989a). Influence

of peer-model attributes on children's beliefs and learning. *Journal of Educational Psychology, 81*, 431-434.

Schunk, D. H., & Hanson, A. R. (1989b). Self-modeling and children's cognitive skill learning. *Journal of Educational Psychology, 81*, 155-163.

Schunk, D. H., & Hanson, A. R., & Cox, P. D. (1987). Peer-model attributes and children's achievement behaviors. *Journal of Educational Psychology, 79*, 54-61.

Schunk, D. H., & Miller, S. D. (2002). Self-efficacy and adolescents' motivation. In F. Pajares & T. Urban (Eds.), *Academic motivation of adolescents* (pp. 29-52). Greenwich, CT: Information Age Publishing.

Schunk, D. H., & Pajares, F. (2002). The development of academic self-efficacy. In A. Wigfield & J. S. Eccles (Eds.), *Development of achievement motivation* (pp. 15-31). San Diego: Academic Press.

Schunk, D. H., & Pajares, F. (2005). Competence perceptions and academic functioning. In A. J. Elliot & C. S. Dweck (Eds.), *Handbook of competence and motivation* (pp. 85-104). New York: Guilford Press.

Schunk, D. H., & Rice, J. M. (1986). Extended attributional feedback: Sequence effects during remedial reading instruction. *Journal of Early Adolescence, 6*, 55-66.

Schunk, D. H., & Rice, J. M. (1987). Enhancing comprehension skill and self-efficacy with strategy value informaion. *Journal of Reading Behavior, 19*, 285-302.

Schunk, D. H., & Swartz, C. W. (1993). Goals and progress feedback: Effects on self-efficacy and writing achievement. *Contemporary Educational Psychology, 18*, 337-354.

Schunk, D. H., & Zimmerman, B. J. (1996). Modeling and self-efficacy influences on children's development of self-regulation. In J. Juvonen & K. R. Wentzel (Eds.), *Social motivation: Understanding children's school adjustment* (pp. 154-180). Cambridge, England: Cambridge University Press.

Schunk, D. H., & Zimmerman, B. J. (1997). Social origins of self-regulatory competence. *Educational Psychologist, 32*, 195-208.

Schunk, D. H., & Zimmerman, B. J. (Eds.) (1998). *Self-regulated learning: From teaching to self-reflective practice*. New York: Guilford Press.

Schunk, D. H., & Zimmerman, B. J. (2003). Self-regulation and learning. In W. M. Reynolds & G. E. Miller (Eds.), *Handbook of psychology. Vol. 7: Educational psychology* (pp. 59-78). Hoboken, NJ: Wiley.

Schutz, P., & Davis, H. (2000). Emotions and self-regulation during test taking. *Educational Psychologist, 35*, 243-256.

Schwarz, N., & Clore, G. (1996). Feelings and phenomenal experiences. In E. T. Higgins & A. Kruglanski (Eds.), *Social psychology: Handbook of basic principles* (pp. 433-465). New York: Guilford.

Schwarzer, R., van der Ploeg, H., & Spielberger, C. D. (1989). *Advances in test anxiety research* (Vol. 6). Amsterdam: Swets & Zeitlinger.

Schweinhart, L. J., & Weikart, D. (1997). *Lasting differences: The High/Scope Perry Preschool curriculum comparison study through age 23*. (Monographs of the High/Scope Educational Research Foundation, 12). Ypsilanti, MI: High/Scope Press.

Seligman, M. E. P. (1975). *Helplessness: On depression, development, and death*. San Francisco: Frreman.

Sénéchal, M., & LeFevre, J. (2002). Parental involvement in the development of children's reading skill: A five-year longtitudinal study. *Child Development, 73*, 445-460.

Shah, J., & Kruglanski, A. (2000). Aspects of goal networks: Implications for self-regulation. In M. Boekaerts, P. R. Pintrich, & M. Zeidner (Eds.), *Handbook of self-regulation* (pp. 85-110). San Diego, CA: Academic Press.

Sharan, S. (1980). Cooperative learning in small groups: Recent methods and effects on achievement, attitudes, and ethnic relations.

Review of Educational Research, 50, 241-271.

Shavelosn, R., & Bolus, R. (1982). Self concept: The interplay of theory and methods. *Journal of Educational Psychology, 74*, 3-17.

Shedd, J., & Bacharach, S. B. (1991). *Tangled hierachies: Teachers as professionals and the management of schools*. San Francisco: Jossey-Bass.

Shell, D., Murphy, C., & Bruning, R. (1989). Self-efficacy and outcome expectancy mechanisms in reading and writing achievement. *Journal of Educational Psychology, 81*, 91-100.

Shirey, L. (1992). Importance, interest, and selective attention. In K. A. Renninger, S. Hidi, & A. Krapp (Eds.), *The role of interest in learning and development* (pp. 281-296). Hillsdale, NJ: Erlbaum.

Shulman, L. S. (1986). Paradigms and research programs in the study of teaching: A contemporary perspective. In M. C. Wittrock (Ed.), *Handbook of research on teaching* (3rd ed., pp. 3-36). New York: Macmillan.

Shultz, T. R., & Lepper, M. R. (1996). Cognitive dissonance reduction as constraint satisfaction. *Psychological Review, 103*, 219-240.

Simmons, R., & Blyth, D. (1987). *Moving into adolescence: The impact of pubertal change and school context*. Hawthorn, NY: Aldine de Gruyter.

Singer, J., Marx, R., Krajcik, J., & Chambers, J. C. (2000). Constructing extended inquiry projects: Curriculum materials for science education reform. *Educational Psychologist, 35*, 165-178.

Sizer, T. (1984). *Horace's compromise: The dilemma of the American high school*. Boston: Houghton Mifflin.

Sizer, T. (1992). *Horace' s compromise: Redesigning the American high school*. Boston: Houghton Mifflin.

Sizer, T. (1996). *Horace' s hope: What works for the American high school*. Boston: Houghton Mifflin.

Skaalvik, E. (1997). Self-enhancing and self-defeating ego orientation: Relations with task avoidance orientation, achievement, self-perceptions, and anxiety. *Journal of Educational Psychology, 89*, 71-81.

Skaalvik, E., Valas, H., & Sletta, O. (1994). Task involvement and ego involvement: Relations with academic achievement, academic self-concept and self-esteem. *Scandinavian Journal of Educational Research, 38*, 231-243.

Skaalvik, E. M., & Hagtvet, K. (1990). Academic achievement and self-concept: An analysis of causal predominance in a developmental perspective. *Journal of Personality and Social Psychology, 58*, 292-307.

Skinner, B. F. (1953). *Science and human behavior*. New York: Free Press.

Skinner, B. F. (1968). *The technology of teaching*. New York: Appleton-Century-Crofts.

Skinner, E. A. (1995). *Perceived control, motivation, and coping*. Thousand Oaks, CA: Sage Publications.

Skinner, E. A. (1996). A guide to constructs of control. *Journal of Personality and Social Psychology, 71*, 549-570.

Skinner, E. A., & Belmont, M. (1993). Motivation in the classroom: Reciprocal effects of teacher behavior and student engagement across the school year. *Journal of Educational Psychology, 85*, 571-581.

Skinner, E. A., Chapman, M., & Baltes, P. (1988a). Children' s beliefs about control, means-ends, and agency: Developmental differences during middle childhood. *International Journal of Behavioral Development, 11*, 369-388.

Skinner, E. A., Chapman, M., & Baltes, P. (1988b). Control, means-ends, and agency beliefs: A new conceptualization and its measurement during childhood. *Journal of Personality and Social Psychology, 54*, 117-133.

Skinner, E. A., Wellborn, J. G., & Connell, J. P. (1990). What it takes to do well in school and whether I' ve got it: A process model of perceived control and children' s engagement and achievement in school. *Journal of Educational Psychology, 82*, 22-32.

Slaughter-Defoe, D., Nakagawa, K., Takanishi, R., & Johnson, D. (1990). Toward cultural/ecological perspectives on schooling and achievement in African- and Asian-American Children. *Child Development, 61,* 363-383.

Slavin, R. (1983a). *Cooperative learning.* New York: Longman.

Slavin, R. (1983b). When does cooperative learning increase student achievement? *Psychological Bulletin, 94,* 429-445.

Slavin, R. (1995). *Cooperative learning.* Boston: Allyn & Bacon.

Smith, A. E., Jussim, L., & Eccles, J. (1999). Do self-fulfilling prophecies accumulate, dissipate, or remain stable over time? *Journal of Personality and Social Psychology, 77,* 548-565.

Smith, C. A., & Kirby, L. D. (2000). Consequences require antecedents: Towards a process model of emotion elicitation. In J. Forgas (Ed.), *Feeling and thinking: The role of affect in social cognition* (pp. 83-106). New York: Cambridge University Press.

Smith, C. P. (1992). *Motivation and personality: Handbook of thematic content analysis.* New York: Cambridge University Press.

Smith, E. R., & Miller, F. (1983). Mediation among attributional inferences and comprehension processes: Initial findings and a general method. *Journal of Personality and Social Psychology, 44,* 492-505.

Smith, M. L. (1980). Meta-analysis of research on teacher expectations. *Evaluation in Education, 4,* 53-55.

Smith, P. L., & Fouad, N. A. (1999). Subject-matter specificity of self-efficacy, outcome expectancies, interests, and goals: Implications for the social-cognitive model. *Journal of Counseling Psychology, 46,* 461-471.

Smolkin, L. B. (1999). The practice of effective transitions: Players who make a winning team. In R. C. Pianta & M. Cox (Eds.), *The transition to kindergarten* (pp. 325-330). Baltimore: Paul H. Brookes Publishing.

Snow, R. (1989). Cognitive-conative aptitude interactions in learning. In R. Kanfer, P. L. Ackerman, & R. Cudeck (Eds.), *Abilities, motivation, and methodology* (pp. 435-473). Hillsdale, NJ: Erlbaum.

Sohn, D. (1982). Sex differences in achievement self-attributions: An effect size analysis. *Sex Roles, 8,* 345-357.

Sorensen, A. (1987). The organizational differentiation of students in schools as an opportunity structure. In M. Hallinan (Ed.), *The social organization of schools* (pp. 103-129). New York: Plenum Press.

Sorensen, A., & Hallinan, M. (1986). Effects of ability grouping on growth in academic achievement. *American Educational Research Journal, 23,* 519-542.

Spangler, W. D. (1992). Validity of questionnaire and TAT measures of need for achievement: Two meta-analyses. *Psychological Bulletin, 112,* 140-154.

Spear, P. S., & Armstrong, S. (1978). Effects of performance expectancies created by peer comparison as related to social reinforcement, task difficulty, and age of child. *Journal of Experimental Child Psychology, 25,* 254-266.

Spence, K. W. (1960). *Behavior theory and learning: Selected papers.* Englewood Cliffs, NJ: Prentice Hall.

Spielberger, C. D. (1972). Anxiety as an emotional state. In C. D. Spielberger (Ed.), *Anxiety: Current trends in theory and research* (pp. 23-49). New York: Academic Press.

Steele, C. (1988). The psychology of self-affirmation: Sustaining the integrity of the self. In L. Berkowitz (Ed.), *Advances in experimental social psychology* (Vol. 21, pp. 261-302). New York: Academic Press.

Steele, C. (1997). A threat in the air: How stereotypes shape intellectual identity and performance. *American Psychologist, 52,* 613-629.

Steinberg, L., Brown, B. B., & Dornbusch, S. M. (1996). *Beyond the classroom: Why school reform has failed and what parents need to do.* New York: Simon & Schuster.

Sternberg, R. (1990). Prototypes of competence and

incompetence. In R. Sternberg & J. Kolligian (Eds.), *Competence considered* (pp. 117-145). New Heaven, CT: Yale University Press.

Stevenson, H., Chen, C., & Uttal, D. (1990). Beliefs and achievement: A study of black, white, and Hispanic children. *Child Development, 61*, 508-523.

Stevenson, H., & Stigler, J. (1992). *The learning gap*. New York: Summit Books.

Stipek, D. J. (1981). Children's perceptions of their own and their classmates' ability. *Journal of Educational Psychology, 73*, 404-410.

Stipek, D. J. (1984). Young children's performance expectations: Logical analysis or wishful thinking? In J. Nicholls (Ed.), *Advances in motivation and achievement: The development of achievement motivation* (Vol. 3, pp. 33-56). Greenwich, CT: JAI Press.

Stipek, D. J. (1996). Motivation and instruction. In D. C. Berliner & R. C. Calfee (Eds.), *Handbook of educational psychology* (pp. 85-113). New York: Macmillan.

Stipek, D. J. (1998). *Motivation to learn: From theory to practice*. Boston: Allyn & Bacon.

Stipek, D. J. (2002). Good instruction is motivating. In A. Wigfield & J. Eccles (Eds.), *Development of achievement motivation* (pp. 310-334). San Diego: Academic Press.

Stipek, D. J., Feiler, R., Byler, P., Ryan, R., Milburn, S., & Salmon, J. M. (1998). Good Beginnings: What differences does the program make in preparing young children for school? *Journal of Applied Developmental Psychology, 19*, 41-66.

Stipek, D. J., Feiler, R., Daniels, D., & Milburn, S. (1995). Effects of different instructional approaches on young children's achievement and motivation. *Child Development, 66*, 209-233.

Stipek, D. J., & Kowalski, P. (1989). Learned helplessness in task-orienting versus performance-orienting testing conditions. *Journal of Educational Psychology, 81*, 384-391.

Stipek, D. J., & Mac Iver, D. (1989). Developmental change in children's assessment of intellectual competence. *Child Development, 60*, 521-538.

Stipek, D. J., & Ryan, R. H. (1997). Economically disadvantaged preschoolers: Ready to learn but further to go. *Developmental Psychology, 33*, 711-723.

Storms, M. D. (1973). Videotape and the attribution process: Reversing actors' and observers' points of view. *Journal of Personality and Social PSychology, 27*, 165-175.

Stright, A. D., Neitzel, C., Sears, K. G., & Hoke-Sinex, L. (2001). Instruction begins in the home: Relations between parental instruction and children's self-regulation in the classroom. *Journal of Educational Psychology, 93*, 456-466.

Sue, S., & Okazaki, S. (1990). Asian-American educational achievement: A phenomenon in search of an explanation. *American Psychologist, 45*, 913-920.

Suls, J., & Sanders, G. S. (1982). Self-evaluation through social comparison: A developmental analysis, In L. Wheeler (Ed.), *Review of personality and social psychology* (Vol. 3, pp. 171-191). Beverly Hills, CA: Sage.

Swann, W. B., & Pittman, T. S. (1977). Initiating play activity of children: The moderating influence of verbal cues on intrinsic motivation. *Child Development, 48*, 1128-1132.

Tamis-LeMonda, C. S., & Cabrera, N. (1999). *Perspectives on father involvement: Research and policy* (Social Policy Report, Vol. 13, No. 2). Ann Arbor, MI: Society for Research in Child Development.

Tarde, G. (1903). *The laws of imitation* (2nd ed.). New York: Holt.

Taylor, R., Casten, R., Flickinger, S., & Roberts, D. (1994). Explaining the school performance of African-American adolescents. *Journal of Research on Adolescence, 4*, 21-44.

Thelen, M. H., Fry, R. A., Fehrenbach, P. A., & Frautschi, N. M. (1979). Therapeutic videotape and film modeling: A review. *Psychological Bulletin, 86*, 701-720.

Thorkildsen, T. A., & Nicholls, J. G. (1991). Students' critiques as motivation. *Educational Psychologist, 26*, 347-368.

Thorkildsen, T. A., & Nicholls, J. G. (1998). Fifth graders' achievement orientations and beliefs: Individual and classroom differences. *Journal of Educational Psychology, 90*, 179-201.

Thorndike, E. L. (1912). *Education: A first book*. New York: Macmillan.

Thorndike, E. L. (1913). *Educational psychology: Vol. 2. The psychology of learning*. New York: Teachers College Press.

Thorndike, E. L. (1932). *The fundamentals of learning*. New York: Teachers College Press.

Thorndike, E. L. (1935). *Adult interests*. New York: Macmillan.

Timberlake, W., & Farmer-Dougan, V. A. (1991). Reinforcement in applied settings: Figuring out ahead of time what will work. *Psychological Bulletin, 110*, 379-391.

Tobias, S. (1980). Anxiety and instruction. In I. G. Sarason (Ed.), *Test anxiety: Theory, research, and applications* (pp. 289-309). Hillsdale, NJ: Erlbaum.

Tobias, S. (1985). Test anxiety: Interference, defective skills, and cognitive capacity. *Educational Psychologist, 20*, 135-142.

Tobias, S. (1994). Interest, prior knowledge, and learning. *Review of Educational Research, 64*, 37-54.

Tollefson, N. (2000). Classroom applications of cognitive theories of motivation. *Educational Psychology Review, 12*, 63-83.

Tolman, E. C. (1932). *Purposive behavior in animals and men*. New York: Appleton-Century-Crofts. (Reprinted 1949, 1951, University of California Press, Berkeley).

Tolman, E. C. (1949). There is more than one kind of learning. *Psychological Review, 56*, 144-155.

Tolman, E. C., & Honzik, C. H. (1930). Introduction and removal of reward, and maze performance in rats. *University of California Publications in Psychology, 4*, 257-275.

Tolman, E. C., Ritchie, B. F., & Kalish, D. (1946). Studies in spatial learning. I. Orientation and the short-cut. *Journal of Experimental Psychology, 36*, 13-24.

Tracey, T. J. G. (2002). Development of interests and competency beliefs: A 1-year longitudinal study of fifth- to eighth-grade students using the ICA-R and structural equation modeling. *Journal of Counseling Psychology, 49*, 148-163.

Triandis, H. C. (1972). *The analysis of subjective culture*. New York: Wiley-Interscience.

Trope, Y. (1975). Seeking information about one's ability as a determinant of choice among tasks. *Journal of Personality and Social Psychology, 32*, 1004-1013.

Tryon, G. S. (1980). The measurement and treatment of test anxiety. *Review of Educational Research, 50*, 343-371.

Tschannen-Moran, M., Woolfolk Hoy, A. E., & Hoy, W. (1998). Teacher efficacy: Its meaning and measure. *Review of Educational Research, 68*, 202-248.

Tudge, J. R. H., & Scrimsher, S. (2003). Lev S. Vygotsky on education: A cultural-historical, interpersonal, and individual approach to development. In B. J. Zimmerman & D. H. Schunk (Eds.), *Educational psychology: A century of contributions* (pp. 207-228). Mahwah, NJ: Erlbaum.

Turner, J., Thorpe, P., & Meyer, D. (1998). Students' reports of motivation and negative affect: A theoretical and empirical analysis. *Journal of Educational Psychology, 90*, 758-771.

Urdan, T. (1997). Achievement goal theory: Past results, future directions. In M. Maehr & P. R. Pintrich (Eds.), *Advances in motivation and achievement* (Vol. 10, pp. 99-141). Greenwich, CT: JAI Press.

Urdan, T. (2004). Predictors of academic self-handicapping and achievement: Examining achievement goals, classroom goal structures, and culture. *Journal of Educational Psychology,*

96, 251-264.

Urdan, T., & Maehr, M. (1995). Beyond a two-goal theory of motivation: A case for social goals. *Review of Educational Research, 65*, 213-244.

Urdan, T., Midgley, C., & Wood, S. (1995). Special issues in reforming middle level schools. *Journal of Early Adolescence, 15*, 9-37.

Urdan, T., & Turner, J. C. (2005). Competence motivation in the classroom. In A. J. Elliot & C. S. Dweck (Eds.), *Handbook of competence and motivation* (pp. 297-317). New York: Guilford Press.

Valentine, J. C., DuBois, D. L., & Cooper, H. (2004). The relation between self-beliefs and academic achievement: A meta-analytic review. *Educational Psychologist, 39*, 111-133.

van Laar, C. (2000). The paradox of low academic achievement but high self-esteem in African American students: An attributional account. *Educational Psychology Review, 12*, 33-61.

Vandell, D. L. (2000). Parents, peer groups, and other sociallizing influences. *Developmental Psychology, 36*, 699-710.

Vandell, D. L., & Shumow, L. (1999). After-school child care programs. *The future of Children. When School Is Out, 9*, 64-80.

Vanderstoep, S., Pintrich, P. R., & Fagerlin, A. (1996). Disciplinary differences in self-regulated learning in college students. *Contemporary Educational Psychology, 21*, 345-362.

Veroff, J. (1969). Social comparison and the development of achievement motivation. In C. P. Smith (Ed.), *Achievement-related motives in children* (pp. 46-101). New York: Russell Sage Foundation.

Volling, B. L., & Elins, J. L. (1998). Family relationships and children' s emotional adjustment as correlates of maternal and paternal differential treatment: A replication with toddler and preschool siblings. *Child Development, 69*, 1640-1656.

Vygotsky, L. S. (1962). *Thought and language.* Cambridge, MA: MIT Press.

Vygotsky, L. S. (1978). *Mind in society: The development of higher psychological processes.* Cambridge, MA: Harvard University Press.

Ware, J. E., & Williams, R. G. (1975). The Dr. Fox effect: A study of lecturer effectiveness and ratings of instruction. *Journal of Medical Education, 50*, 149-156.

Washington, V., & Bailey, U. J. O. (1995). *Project Head Start: Models and strategies for the twenty-first century.* New York: Garland.

Watson, D., & Tellegen, A. (1985). Toward a consensual structure of mood. *Psychological Bulletin, 98*, 219-235.

Watson, D., Wiese, D., Vaidya, J., & Tellegen, A. (1999). Two general activation systems of affect: Structural findings, evolutionary considerations, and psychobiological evidence. *Journal of Personality and Social Psychology, 76*, 820-838.

Watson, J. B. (1914). *Behavior: An introduction to comparative psychology.* New York: Henry Holt.

Watson, J. B. (1924). *Behaviorism.* New York: Norton.

Watt, H. M. G. (2004). Development of adolescents' self-perceptions, values, and task perceptions according to gender and domain in 7th through 11th-grade Australian students. *Child Development, 75*, 1556-1574.

Webb, N. M., & Palincsar, A. S. (1996). Group processes in the classroom. In D. C. Berliner & R. C. Calfee (Eds.), *Handbook of educational psychology* (pp. 841-873). New York: Macmillan.

Wegner, D. M., & Wheatley, T. (1999). Apparent mental causation: Sources of the experience of will. *American Psychologist, 54*, 480-492.

Wehlage, G., & Rutter, R. (1886). Dropping out: How much do schools contribute to the problem? *Teachers College Record, 87*, 374-392.

Weiner, B. (1979). A theory of motivation for some classroom experiences. *Journal of Educational Psychology, 71*, 3-25.

Weiner, B. (1980a). A cognitive (attributional)-emotion-action model of motivated behavior:

An analysis of judgments of help-giving. *Journal of Personality and Social Psychology, 39*, 186-200.

Weiner, B. (1980b). May I borrow your class notes? An attributional analysis of judgments of help-giving in an achievement-related context. *Journal of Educational Psychology, 72*, 676-681.

Weiner, B. (1985a). An attributional theory of achievement motivation and emotion. *Psychological Review, 92*, 548-573.

Weiner, B. (1985b). *Human motivation*. New York: Springer-Verlag.

Weiner, B. (1986). *An attributional theory of motivation and emotion*. New York: Springer-Verlag.

Weiner, B. (1990). History of motivational research in education. *Journal of Educational Psychology, 82*, 616-622.

Weiner, B. (1992). *Human motivation: Metaphors, theories, and research*. Newbury Park, CA: Sage.

Weiner, B. (1994). Integrating social and personal theories of achievement striving. *Review of Educational Research, 64*, 557-573.

Weiner, B. (1995). *Judgments of responsibility: A foundation for a theory of social conduct*. New York: Guilford Press.

Weiner, B. (2000). Intrapersonal and interpersonal theories of motivation from an attributional perspective. *Educational Psychology Review, 12*, 1-14.

Weiner, B. (2005). Motivation from an attributional perspective and the social psychology of perceived competence. In A. J. Elliot & C. S. Dweck (Eds.), *Handbook of competence and motivation* (pp. 73-84). New York: Guilford Press.

Weiner, B., Frieze, I., Kukla, A., Reed, L., Rest, S., & Rosenbaum, R. (1971). *Perceiving the causes of success and failure*. Morristown, NJ: General Learning Press.

Weiner, B., Graham, S., & Chandler, C. (1982). Pity, anger, and guilt: An attributional analysis. *Personality and Social Psychology Bulletin, 8*, 226-232.

Weiner, B., Graham, S., Taylor, S., & Meyer, W. (1983). Social cognition in the classroom. *Educational Psychologist, 18*, 109-124.

Weiner, B., & Kukla, A. (1970). An attributional analysis of achievement motivation. *Journal of Personality and Social Psychology, 15*, 1-20.

Weiner, B., & Peter, N. (1973). A cognitive-developmental analysis of achievement and moral judgments. *Developmental Psychology, 9*, 290-309.

Weiner, B., Russell, D., & Lerman, D. (1978). Affective consequences of causal ascriptions. In J. Harvey, W. Ickes, & R. Kidd (Eds.), *New directions in attribution research* (Vol. 2, pp. 59-88). Hillsdale, NJ: Erlbaum.

Weinstein, C. E., & Mayer, R. (1986). The teaching of learning strategies. In M. C. Wittrock (Ed.), *Handbook of research on teaching* (3rd ed., pp. 315-327). New York: Macmillan.

Wienstein, R. (1985). Student mediation of classroom expectancy effects. In J. Dusek (Ed.), *Teacher expectancies* (pp. 329-350). Hillsdale, NJ: Erlabum.

Weinstein, R. (1989). Perceptions of classroom processes and student motivation. Children's view of self-fulfilling prophecies. In C. Ames & R. Ames (Eds.), *Research on motivation in education. Vol. 3. Goals and cognitions* (pp. 187-221). New York: Academic Press.

Weinstein, R. (1993). Children's knowledge of differential treatment in school: Implications for motivation. In T. Tomlinson (Ed.), *Motivating students to learn: Overcoming barriers to achievement* (pp. 197-224). Berkeley, CA: McCutchan.

Weinstein, R., & Middlestadt, S. (1979). Student perceptions of teacher interactions with male high and low achievers. *Journal of Educational Psychology, 71*, 421-431.

Weisz, J. (1983). Can I control it? The pursuit of veridical answers across the life-span. In P. Baltes & O. Brim (Eds.), *Life-span development and behavior* (Vol. 5, pp. 233-300). New York: Academic Press.

Weisz, J. (1984). Contingency judgments and achievement behavior: Deciding what is controllable and when to try. In J. Nicholls (Ed.), *Advances in motivation and achievement: The development of achievement motivation* (Vol. 3, pp. 107-136). Greenwich, CT: JAI Press.

Weisz, J., Rothbaum, F., & Blackburn, T. (1984). Standing out and standing in: The psychology of control in America and Japan. *American Psychologist, 39*, 955-969.

Wentzel, K. R. (1989). Adolescent classroom goals, standards for performance, and academic achievement: An interactionist perspective. *Journal of Educational Psychology, 81*, 131-142.

Wentzel, K. R. (1991a). Relations between social competence and academic achievement in early adolescence. *Child Development, 62*, 1066-1078.

Wentzel, K. R. (1991b). Social and academic goals at school: Motivation and achievement in context. In M. L. Maehr & P. R. Pintrich (Eds.), *Advances in motivation and achievement: Goals and self-regulatory processes* (Vol. 7, pp. 185-212). Greenwich, CT: JAI Press.

Wentzel, K. R. (1991c). Social competence at school: Relation between social responsibility and academic achievement. *Review of Educational Research, 61*, 1-24.

Wentzel, K. R. (1992). Motivation and achievement in adolescence. A multiple goals perspective. In D. Schunk & J. Meece (Eds.), *Student perceptions in the classroom: Causes and consequences* (pp. 287-306). Hillsdale, NJ: Erlbaum.

Wentzel, K. R. (1993). Social and academic goals at school: Motivation and achievement in early adolescence. *Journal of Early Adolescence, 13*, 4-20.

Wentzel, K. R. (1994). Relations of social goal pursuit to social acceptance, classroom behavior, and perceived social support. *Journal of Education Psychology, 86*, 73-182.

Wentzel, K. R. (1996). Social goals and social relationships as motivators of school adjustment. In J. Juvonen & K. R. Wentzel (Eds.), *Social motivation: Understanding children's school adjustment* (pp. 226-247). Cambridge, England: Cambridge University Press.

Wentzel, K. R. (1999). Social-motivational processes and interpersonal relationships: Implications for understanding students' academic success. *Journal of Educational Psychology, 91*, 76-97.

Wentzel, K. R. (2000). What is it that I' m trying to achieve? Classroom goals from a content perspective. *Contemporary Educational Psychology, 25*, 105-115.

Wentzel, K. R. (2002). Are effective teachers like good parents? Teaching styles and student adjustment in early adolescence. *Child Development, 73*, 287-301.

Wentzel, K. R., Barry, C. M., & Caldwell, K. A. (2004). Friendships in middle school: Influences on motivation and school adjustment. *Journal of Educational Psychology, 96*, 195-203.

Wertsch, J., & Tulviste, P. (1992). L. S. Vygotsky and contemporary development psychology. *Developmental Psychology, 28*, 548-557.

White, P. (1988). Casual processing: Origins and development. *Psychological Bulletin, 104*, 36-52.

White, P. H., Kjelgaard, M. M., & Harkins, S. G. (1995). Testing the contribution of self-evaluation to goal-setting effects. *Journal of Personality and Social Psychology, 69*, 69-79.

White, R. W. (1959). Motivation reconsidered: The concept of competence. *Psychological Review, 66*, 297-333.

Whitehead, G., Smith, S., & Eichorn, J. (1982). The effect of subject's race and other's race on judgements of causality for success and failure. *Journal of Personality, 50*, 193-202.

Wigfield, A. (1994). Expectancy-value theory of achievement motivation: A developmental perspective. *Educational Psychology Review, 6*, 49-78.

Wigfield, A., & Eccles, J. S. (1989). Test anxiety in

elementary and secondary school students. *Educational Psychologist, 24*, 159-183.

Wigfield, A., & Eccles, J. S. (1992). The development of achievement task values: A theoretical analysis. *Development Review, 12*, 265-310.

Wigfield, A., & Eccles, J. S. (2000). Expectancy-value theory of achievement motivation. *Contemporary Educational Psychology, 25*, 68-81.

Wigfield, A., & Eccles, J. S. (2002). The development of competence beliefs, expectancies for success, and achievement values from childhood through adolescence. In A. Wigfield & J. S. Eccles (Eds.), *Development of achievement motivation* (pp. 91-120). San Diego: Academic Press.

Wigfield, A., Eccles, J. S., Mac Iver, D., Reuman, D., & Midgley, C. (1991). Transitions during early adolescence: Changes in children's domain-specific self-perceptions and general self-esteem across the transition to junior high school. *Developmental Psychology, 27*, 552-565.

Wigfiled, A., Eccles, J. S., & Pintrich, P. R. (1996). Development between the ages of 11 and 25. In C. Berliner & R. Calfee (Eds.), *Handbook of educational psychology* (pp. 148-185). New York: Wiley.

Wigfield, A., Eccles, J. S., & Rodriguez, D. (1998). The development of children's motivation in school contexts. *Review of Research in Education, 23*, 73-118.

Wigfield, A., Eccles, J. S., Schiefele, U., Roeser, R., & Daviskean, P. (2006). Development of achievement motivation. In N. Eisenberg (Ed.), *Handbook of child psychology. Volume 3. Social, emotional and personality development* (6th ed., pp. 933-1002). Hoboken, NJ: Wiley.

Wigfield, A., & Karpathian, M. (1991). Who am I and what can I do? Children's self-concepts and motivation in achievement situations. *Educational Psychologist, 26*, 233-262.

Wigfield, A., Tonks, S., & Eccles, J. S. (2004). Expectancy value theory in cross-cultural perspective. In D. M. McInerney & S. Van Etten (Eds.), *Big theories revisited* (pp. 165-198). Greenwich, CT: Information Age Publishing.

Wild, K. -P., Krapp, A., Schreyer, I., & Lewalter, D. (1998). The development of interest and motivational orientations: Gender differences in vocational education. In L. Hoffman, A. Krapp, A. Renninger, & J. Baumert (Eds.), *Interest and learning* (pp. 441-454). Kiel, Germany: IPN-The University of Kiel.

Wiely, M., & Eskilson, A. (1978). Why did you learn in school today? Teachers' perceptions of causality. *Sociology of Education, 51*, 261-269.

Wine, J. (1971). Test anxiety and direction of attention. *Psychological Bulletin, 76*, 92-104.

Winne, P. H. (2001). Self-regulated learning viewed from models of information processing. In B. J. Zimmerman & D. H. Schunk (Eds.), *Self-regulated learning and academic achievement: Theoretical perspectives* (2nd ed., pp. 153-189). Mahwah, NJ: Erlbaum.

Winter, D. G., John, O. P., Stewart, A. J., Klohnen, E. C., & Duncan, L. E. (1998). Traits and motives: Toward an integration of two traditions in personality research. *Psychological Review, 105*, 230-250.

Wittrock, M. C. (1986). Student's thought processes. In M. C. Wittrock (Ed.), *Handbook of research on teaching* (3rd ed., pp. 297-314). New York: Macmillan.

Wolters, C., Yu, S, & Pintrich, P. R. (1996). The relation between goal orientation and students' motivational beliefs and self-regulated learning. *Learning and Individual Differences, 8*, 211-238.

Wong, P., Derlaga, V., & Colson, W. (1988). The effects of race on expectancies and performance attributions. *Canadian Journal of Behavioral Science, 20*, 29-39.

Woodworth, R. S. (1918). *Dynamic psychology*. New York: Columbia University Press.

Woolfolk, A. E., & Hoy, W. K. (1990). Prospective teachers' sense of efficacy and beliefs about control. *Journal of Educational Psychology*.

82, 81-91.

Woolfolk Hoy, A. E., & Murphy, P. K. (2001). Teaching educational psychology to the implicit mind. In B. Torff & R. J. Sternberg (Eds.), *Understanding and teaching the intuitive mind: Student and teacher learning* (pp. 145-185). Mahwah, NJ: Erlbaum.

Wylie, R. C. (1974). *The self-concept* (Vol. 1). Lincoln, NE: University of Nebraska Press.

Wylie, R. C. (1979). *The self-concept* (Vol. 2). Lincoln, NE: University of Nebraska Press.

Wylie, R. C. (1989). *Measures of the self-concept.* Lincoln, NE: University of Nebraska Press.

Yerkes, R. M., & Dodson, J. C. (1908). The relation of strength of stimulus to rapidity of habit-formation. *Journal of Comparative Neurology and Psychology, 18*, 459-482.

Yogman, M. W., Kindlon, D., & Earls, F. (1995). Father involvement and cognitive/behavioral outcomes in preterm infants. *Journal of the American Academy of Child and Adolescent Psychiatry, 343*, 58-66.

Young, W. J., Linver, M. R., & Brooks-Gunn, J. (2002). How money matters for young children's development: Parental investment and family processes. *Child Development, 73*, 1861-1879.

Zahorik, J. A. (1975). Teachers' planning models. *Educational Leadership, 33*, 134-139.

Zajonc, R. B. (1980). Feeling and thinking: Preferences need no inferences. *American Psychologist, 35*, 151-175.

Zajonc, R. B. (1998). Emotions. In D. Gilbert, S. Fiske, & G. Lindzey (Eds.), *The handbook of social psychology* (Vol. 1., 4th ed., pp. 591-632). New York: McGraw-Hill.

Zajonc, R. B. (2000). Feeling and thinking: Closing the debate over the independence of affect. In J. Forgas (Ed.), *Feeling and thinking: The role of affect in social cognition* (pp. 31-58). New York: Cambridge University Press.

Zatz, S., & Chassin, L. (1985). Cognitions of test-anxious children under naturalistic test-taking conditions. *Journal of Consulting and Clinical Psychology, 53*, 393-401.

Zeidner, M. (1998). *Test anxiety: The state of the art.* New York: Plenum.

Zeidner, M., & Mattnews, G. (2005). Evaluation anxiety: Current theory and research. In A. J. Elliot & C. S. Dweck (Eds.), *Handbook of competence and motivation* (pp. 141-163). New York: Guilford Press.

Zepeda, S. J., & Mayers, R. S. (2006). An analysis of research on block scheduling. *Review of Educational Research, 76*, 137-170.

Zimmerman, B. J. (1989). A social cognitive view of self-regulated academic learning. *Journal of Educational Psychology, 81*, 329-339.

Zimmerman, B. J. (1990). Self-regulating academic learning and achievement: The emergence of a social cognitive perspective. *Educational Psychology Review, 2*, 173-201.

Zimmerman, B. J. (1994). Dimensions of academic self-regulations: A conceptual framework for education. In D. H. Schunk & B. J. Zimmerman (Eds.), *Self-regulation of learning and performance: Issues and educational applications* (pp. 3-21). Hillsdale, NJ: Erlbaum.

Zimmerman, B. J. (1998). Developing self-fulfilling cycles of academic regulation: An analysis of exemplary instructional models. In D. H. Schunk & B. J. Zimmerman (Eds.), *Self-regulated learning: From teaching to self-reflective practice* (pp. 1-19). New York: Guilford Press.

Zimmerman, B. J. (2000). Attaining self-regulation: A social cognitive perspective. In M. Boekaerts, P. R. Pintrich, & M. Zeidner (Eds.), *Handbook of self-regulation* (pp. 13-39). San Diego: Academic Press.

Zimmerman, B. J., Bandura, A., & Martinez-Pons, M. (1992). Self-motivation for academic attainment: The role self-efficacy beliefs and personal goal setting. *American Educational Research Journal, 29*, 663-676.

Zimmerman, B. J., Greenberg, D., & Weinstein, C. E. (1994). Self-regulating academic study time: A strategy approach. In D. H. Schunk & B.

Zimmerman (Eds.), *Self-regulation of learning and performance: Issues and educational applications* (pp. 181-199). Hillsdale, NJ: Erlbaum.

Zimmerman, B. J., & Kitsantas, A. (1999). Acquiring writing revision skill: Shifting from process to outcome self-regulatory goals. *Journal of Educational Psychology, 91*, 241-250.

Zimmerman, B. J., & Kitsantas, A. (2005). The hidden dimension of personal competence: Self-regulated learning and practice. In A. J. Elliot & C. S. Dweck (Eds.), *Handbook of competence and motivation* (pp. 509-526). New York: Guilford Press.

Zimmerman, B. J., & Martinez-Pons, M. (1990). Student differences in self-regulated learning: Relating grade, sex, and giftedness to self-efficacy and strategy use. *Journal of Educational Psychology, 82*, 51-59.

Zimmerman, B. J., & Martinez-Pons, M. (1992). Perceptions of efficacy and strategy use in the self-regulation of learning. In D. H. Schunk & J. L. Meece (Eds.), *Student perceptions in the classroom* (pp. 185-207). Hillsdale, NJ: Erlbaum.

Zimmerman, B. J., & Ringle, J. (1981). Effects of model persistence and statements of confidence on children's self-efficacy and problem solving. *Journal of Educational Psychology, 73*, 485-493.

Zimmerman, B. J., & Rosenthal, T. J. (1974). Observational learning of rule governed behavior by children. *Psychological Bulletin, 81*, 29-42.

Zimmerman, B. J., & Schunk, D. H. (2003). Albert Bandura: The scholar and his contributions to educational psychology. In B. J. Zimmerman & D. H. Schunk (Eds.), *Educational psychology: A century of contributions* (pp. 431-457). Mahwah, NJ: Erlbaum.

Zimmerman, B. J., & Schunk, D. H. (2004). Self-regulating intellectual processes and outcomes: A social cognitive perspective. In D. Y. Dai & R. J. Sternberg (Eds.), *Motivation, emotion, and cognition: Integrative perspectives on intellectual functioning and development* (pp. 323-349). Mahwah, NJ: Erlbaum.

Zuckerman, M., Porac, J., Lathin, D., Smith, R., & Deci, E. L. (1978). On the importance of self-determination for intrinsically motivated behavior. *Personality and Social Psychology Bulletin, 4*, 443-446.

〈인명〉

〈내 용〉

저자 소개

Dale H. Schunk

교육심리학자이며, University of North Carolina, Greensboro(UNCG)의 사범대학(School of Education) 교수다. 인지, 학습, 자기조절학습, 학습동기 등에 관심을 가지고 연구를 진행해 왔다. 전 세계적으로 교재로 활용되고 있는 *Learning Theories: An Educational Perspective*를 저술했으며, *Contemporary Educational Psychology, Educational Psychology Review* 등 저널의 편집위원으로 활동해 오고 있다. 미국심리학회의 Early Contributions Award(1982), Fulbright Distinguished American Scholar Award(1997) 등을 수상한 바 있다.

Paul R. Pintrich(1953~2003)

학습동기의 발달, 개념적 변화, 인식론적 사고, 자기조절학습 분야의 대표적인 교육심리학자다. University of Michigan의 교육학-심리학 통합전공 교수였으며, *Educational Psychologist, New Series on Education and Psychology*의 편집장을 역임했다. 미국심리학회 교육심리분과장, 교육/교수/학교심리분과장이기도 했다. 생전에 140여 편의 연구논문을 저술했으며, Maehr와 공저한 *Advances in Motivation and Achievement*를 포함하여 공동저자 및 공동편집자로서 다수의 저서를 출간하였다.

Judith L. Meece

교육심리학자이며, 현재 University of North Carolina, Chapel Hill의 사범대학 교수로서 청소년발달, 아동발달, 학습동기, 학교심리 등을 주제로 연구를 하고 있다. 2013년 현재 미국심리학회 교육심리분과장이며, Phi Delta Kappa의 Outstanding Research Award(1997)를 수상하였다. 저서로는 *Child and Adolescent development for educators* 등이 교육심리 분야의 대표 교재로 활용되고 있으며, *Handbook of Research on Schooling, Schools, & Human Development, Child and adolescent development for educators* 등의 공저자이기도 하다. 최근에는 지역의 청소년 교육과 사회적 지원에 대한 연구를 진행하고 있다.

역자 소개

신종호(申宗昊)

현재 서울대학교 교육학과 교육심리학 전공 교수로 재직하고 있으며, 서울대학교 학습창의센터 소장을 맡고 있다. 최근 사회적 목적(social purpose), 창의성, 융합교육에 관한 연구를 진행하고 있으며, 『학습과학』(학지사, 2007), 『연구로 본 교육심리학』(학지사, 2008) 등 여러 권의 저서와 역서가 있다.

서울대학교 학습창의센터(Center for Learning Science and Creative Talent Development: CLC)

서울대학교 학습창의센터는 한국사회과학(Social Science Korea) 연구사업의 지원(NRF-2013S1A3A2055007)을 받아 학습과학 및 창의적 재능계발과 관련한 연구를 수행하기 위해 설립된 연구조직이다. 창의성을 포함해 개인의 잠재능력을 구성하는 인지, 정의, 행동 특성에 대한 경험과학적 연구결과를 기반으로 교육이론과 프로그램 계발을 위한 연구활동을 집중적으로 수행하고 있다. 본 연구센터에 대한 자세한 정보는 홈페이지(www.snuclc.com 또는 www.snuclc.org)에서 확인할 수 있다.

학습동기

Motivation in Education (3rd ed.)

2013년 7월 15일 1판 1쇄 발행
2025년 9월 25일 1판 6쇄 발행

지은이 • Dale H. Schunk · Paul R. Pintrich · Judith L. Meece
옮긴이 • 신종호 · 서울대학교 학습창의센터
펴낸이 • 김 진 환
펴낸곳 • (주) 학지사
04031 서울특별시 마포구 양화로 15길 20 마인드월드빌딩 5층
대표전화 • 02) 330-5114 팩스 • 02) 324-2345
등록번호 • 제313-2006-000265호
홈페이지 • http://www.hakjisa.co.kr
인스타그램 • https://www.instagram.com/hakjisabook

ISBN 978-89-997-0132-0 93370

정가 **23,000**원